G V. 29
F°
3105

Édition originale ; précieux exemplaire
en grand papier, ayant appartenu au célèbre orientaliste
Samuel Bochart, ami de Ménage, né à Rouen, qui y a,
de sa main, écrit de nombreuses notes ; les quelques lignes
sur le feuillet de garde, sont du même. Il faut remarquer aussi, dans la Préface, Ménage dit que Bochart
lui avait fourni de nombreuses observations dont il a usé pour
la rédaction de son ouvrage. — S'y rencontre aussi un ex-libris
au délicat et sçavant bibliophile de Crozentier, dont la plù-
part marque de son cru en ce livre, s'y trouvent trois
lettres inédites de Ménage.

VARIÉTÉS BIBLIOGRAPHIQUES

TROIS LETTRES INÉDITES DE MÉNAGE

Je me suis souvent demandé comment on n'avait pas publié, de notre temps, un volume de lettres inédites de Gilles Ménage. Rien qu'à la Bibliothèque nationale on en trouverait un assez grand nombre qui formeraient un recueil des plus intéressants (1). En tête de ce volume, j'aurais voulu voir figurer cette notice complète sur Ménage, qui nous manque encore (2) et qui devrait bien tenter quelque compatriote de l'auteur du *Dictionnaire étymologique de la langue française*. Et, puisque j'exprime ici ce vœu, pourquoi n'ajouterai-je pas que l'on pourrait faire une publication du même genre, en Languedoc, pour les lettres de Cujas (3); en Bourgogne, pour les lettres de Saumaise; en Provence, pour les lettres de Peiresc (4), etc. A défaut des lettres mêmes de ces savants hommes, que l'on nous donne au moins des extraits et des analyses de leur vaste correspondance, que l'on retrace, à l'aide de ces précieux documents, l'histoire définitive de leur vie et de leurs travaux!

En attendant la réalisation de ces beaux projets, je viens publier trois lettres de Ménage à son ami Jacques du Puy, prieur de Saint-Sauveur (5), lettres écrites avec la plus aimable simplicité, et qui

---

(1) M. Matter a inséré quatre lettres de Ménage à Nublé, tirées de la Bibliothèque impériale de Vienne, dans les *Lettres et pièces rares ou inédites* (Paris, 1846, in-8, p. 219-237). M. Monmerqué avait promis de publier toute la correspondance de Ménage et de Nublé.

(2) Aux notices de Perrault, de Niceron, de Moréri, de Bayle, de Joly, de Chaufepié, des auteurs du *Ménagiana*, on n'a guère à joindre, de nos jours, que les notices de M. Foisset (*Biographie universelle*), de M. Victor Fournel (*Nouvelle biographie générale*), de M. Eugène Baret (*Ménage, sa vie et ses écrits*, Lyon, 1859, brochure in-8). Citons encore un chapitre du livre de M. Hipp. Babou (*les Amoureux de madame de Sévigné*, Paris, 1861, in-8, p. 6-56), le *Commentaire*, de M. P. Paris, sur l'historiette consacrée à Ménage par Tallemant des Réaux (t. V, p. 241-256).

(3) Voir une note des *Vies des poëtes gascons*, par GUILLAUME COLLETET (note 1 de la page 37).

(4) Voir une note sous une *Lettre inédite de Claude Sarrau*, dans la *Revue de l'Aquitaine* de 1866, t. X, p. 397.

(5) Ce fut à Jacques du Puy et à Pierre du Puy que Ménage dédia, en 1650, ses *Origines de la langue françoise*.

joignent à ce grand mérite celui de nous apprendre diverses particularités littéraires et bibliographiques.

Philippe Tamizey de Larroque.

I[1]

Monsieur,

J'arrive de la campagne, où j'ay esté près de trois semaines, ce qui m'a empesché de vous escrire pendant tout ce temps-là. Girault (2) a reçeu icy, en mon absence, le livre qu'il vous a plu m'envoyer. Je vous en suis infiniment obligé et vous en remercie de tout mon cœur. Je n'en ay encore rien veu, mais ce que j'ay veu autrefois de son autheur ne me permet pas de douter du mérite de cet ouvrage (3). Je le liray dès aujourd'huy et très soigneusement, et je vous en diray mon avis par le prochain ordinaire. Nos affaires s'avancent fort, et je fais estat d'estre à Paris quinze jours après Pasques. Je remets en ce temps-là à vous remercier du soin que vous avez pris de m'escrire. Vos lettres ne m'ont pas seulement esté agréables, elles m'ont du tout esté très utiles, et elles sont cause que je suis à présent un des favoris de Monsieur nostre gouverneur. Il est parti depuis deux jours pour Paris où il pourra bien se donner l'honneur de vous aller voir. J'ay fait tenir la lettre de Monsieur Forget que je salue très amoureusement. Mes frères vous baisent mille fois les mains et à Monsieur vostre frère.

Son serviteur et le vostre très humble et très obéissant,
Ménage.

A Angers, ce 4 avril 1648.

---

(1) Bibliothèque nationale, collection du Puy, vol. 803, p. 346, 348. 350.

(2) Sur ce secrétaire de Ménage, voir Tallemant des Réaux (t. V et VII, *passim*), le *Ménagiana* (t. II et III, *passim*).

(3) On verra par la lettre suivante qu'il s'agissait d'un livre de ce M. de la Hoguette, dont le *Ménagiana* (t. III, p. 284) raconte ainsi les derniers moments : « M. de la Hoguette étant bien malade, et voyant beaucoup de médecins autour de son lit, s'avisa de faire comme un soldat qu'on va passer par les armes. Il fit approcher celui de tous ces médecins qu'il crut le plus habile, et lui dit : Monsieur, je vous prends pour mon parrain. » Sur Pierre Forton de la Hoguette, on peut consulter les *Historiettes*, un article de M. Weiss (*Biographie universelle*). M. A. Weiss ne cite qu'un seul ouvrage du beau-frère de l'archevêque Hardouin de Péréfixe : *Testament, ou Conseils d'un père à ses enfants* (1655, in-12). Ménage avait-il eu entre les mains d'autres ouvrages manuscrits de l'ancien commandant de Blaye? ou bien les bibliographes ont-ils oublié ses productions imprimées antérieurement à l'année 1655?

II

Angers, ce 18 avril 1648.

Monsieur,

Je vous le dis sans cajolerie, je ne saurois vivre plus longtemps sans vous voir, et quoyque mes affaires ne soient point terminées (1), je suis résolu de partir à la huitaine pour aller reprendre ma place en vostre cabinet (2). Je remets en ce temps là à vous remercier de tous vos soins. Cependant je vous diray que j'estime encore plus le livre de Monsieur de la Hoguette que vous ne me l'avez loué. Je l'ay leu cinq ou six fois, et toujours avec un extrême plaisir, et je l'aurois leu davantage si tous les curieux de nostre ville ne me l'eussent point emprunté tour à tour. Je porterai à Monsieur Gayet (3) le *Plaute* qu'il m'a demandé. Pour le livre des ladres verts que désire Monsieur vostre frère, il ne se trouve point, et je le tiens perdu (4). Mes baise-mains, s'il vous plaist, et mes remerciments, mes très humbles et très passionnez à tous les amis du cabinet et particulièrement au cousin Hullon (5) et à Monsieur de La Mote (6). Vous sçavez ce que je vous suis et à Monsieur vostre frère, et ce ne sera que pour satisfaire à la coutume que je vous diray icy que je suis de vous deux le très humble, très obéissant et très obligé serviteur,

MÉNAGE.

---

(1) Ménage était allé à Angers pour régler les affaires de la succession de son père, mort le 18 janvier 1648.

(2) Dans le cabinet des frères Du Puy se tenait une des plus célèbres assemblées du xviie siècle. Balzac a souvent glorifié le *cabinet* des savants bibliothécaires, notamment dans une lettre du 17 avril 1652. Claude Sarrau, dans la lettre citée plus haut, dit à Pierre Du Puy : « Je salue très humblement l'incomparable cercle de votre chambre duquel je considère comme pierres angulaires Menagius, Guyetus, Molta Vayerus, etc., et vous, comme la clef de voûte. » Voir sur le *cabinet* une excellente note de M. G. Servois dans le *La Bruyère des grands écrivains de la France* (t. I, p. 547-549).

(3) François Guyet, natif d'Angers, et que Bayle (*Dictionnaire critique*) appelle « l'un des meilleurs critiques qui aient vécu dans le xviie siècle. »

(4) Quel était ce livre des *Ladres verts* dont le titre tout seul me fait tant regretter la perte?

(5) On lit dans le *Ménagiana* (t. I, p. 303) : « Ce fut M. Hullon, mon parent, qui, à mon arrivée à Paris, me mena chez Messieurs Du Puy et plusieurs autres personnes de lettres. » Ménage a encore parlé de ce Hullon (qui paraît avoir été un fort singulier personnage), à la page 136 de ses *Remarques sur la vie de Pierre Ayrault* (Paris, in-4, 1675).

(6) La Mothe Le Vayer.

III

Monsieur,

Je suis épuisé sur le chapitre des remerciments, et je ne say plus que vous dire pour vous rendre grâces des soins que vous prenez de m'escrire. Madame de Servient (1) est fort alarmée de la nouvelle que vous m'avez mandée de Monsieur son mari. Elle espéroit que ce seroit luy qui reviendroit en France et qu'elle ne seroit point obligée de l'aller trouver à Munster. Je vous escrivis au dernier voiage comme nous avions partagez nos livres. Celuy de Thevet des hommes illustre (2) est tombé en mon partage. Si vous ne l'avez point, et je ne pense pas que vous l'ayez, je vous l'offre de tout mon cœur, et je vous prie de l'accepter. Je suis bien obligé à tous ces Messieurs du cabinet de l'honorable mention qu'ils font de moy et je vous le seray encore davantage si vous me faites la grace de les en remercier de ma part. Mes frères vous baisent les mains et à Monsieur vostre frère.

Son serviteur et le
Vostre très humble et très obéissant,
MÉNAGE.

A Angers, ce 7 may 1648.

LA COMÉDIE-FRANÇAISE

HISTOIRE ADMINISTRATIVE (1658-1757)

PAR JULES BONNASSIES

Paris, Didier, 1874, 1 vol. in-12 de xiv-380 pages, sur papier vergé et sur papier ordinaire. — Prix : 7 fr. 50 et 3 fr. 50.

M. Bonnassies poursuit le cours de ses savantes publications concernant l'histoire du théâtre en France, notamment celle de la mai-

---

(1) Augustine Le Roux, qui, veuve de Jacques Hurault, marquis de Vibraye, était devenue, le 7 janvier 1641, la femme d'Abel Servient, marquis de Sablé, créé ministre d'État en avril 1648 en récompense des services rendus par lui comme plénipotentiaire en Westphalie. Ménage avait eu de la succession de son père une terre qu'il vendit soixante mille livres à Servient, lequel au lieu de lui en payer le prix, lui en passa un contrat de trois mille livres de rente.

(2) *Les Vrais portraits et vies des hommes illustres, grecs, latins et payens, anciens et modernes, recueillis de leurs tableaux, livres, etc.* (Paris, 1584, 2 tom. en 1 vol. gr. in-folio).

ACQUISITION
65 1537

LES ORIGINES DE LA LANGVE FRANÇOISE

Les nottes qui sont dans ce livre sont de la main de Samuel Bochart
Dupont de Colleville

A PARIS.

Chez AVGVSTIN COVRBÉ, en la petite Salle du Palais, à la Palme.

M. DC. L.

AVEC PRIVILEGE DV ROY.

A
MONSIEVR DV PVY
CONSEILLER DV ROY
EN SES CONSEILS.

ONSIEVR

Il n'y a personne à qui ie doiue plus qu'à vous. Depuis vingt ans que vous m'honorez de vostre amitié, ie vous ay tousiours eu pour guide dans mes estudes, pour conseil dans mes affaires, & pour consolateur dans mes déplaisirs. Vous m'auez com-

ã ij

EPISTRE.

muniqué les Liures de voſtre Bibliotheque, qui eſt vne des plus curieuſes de toute l'Europe. Vous m'auez ouuert voſtre Cabinet, qui eſt vn threſor de noſtre Hiſtoire. C'eſt par voſtre moyen que j'ay connu tant d'excellens hommes qui s'aſſemblent tous les jours chez vous pour joüir de voſtre conuerſation & de celle de Monſieur voſtre Frere : & ſi j'ay quelque reputation parmy eux, c'eſt de vous ſeul que ie la tiens. Toutes ces choſes m'ont donné pour vous vne paſſion extraordinaire: & ie ſerois l'homme du monde le plus ingrat, ſi ie n'eſtois l'homme du monde le plus affectionné à voſtre ſeruice. Mais quand ie ne vous ſerois redeuable d'aucune de ces choſes, ie ne laiſſerois pas d'auoir pour vous la meſme paſſion, acauſe de voſtre bonté, de voſtre probité, de voſtre franchiſe, de voſtre ſageſſe, de voſtre ſça-

EPISTRE.

uoir, & de tant d'autres aimables quálitez qui sont en vous. Il y a long-temps que j'auois dans la pensée de rendre au public quelque témoignage du ressentiment que j'ay des faueurs dont vous m'auez comblé, & de l'estime que ie fais de vostre vertu. Mais comme ce que j'ay remarqué des Origines de nostre langue, ne me sembloit que fort mediocre, ie ne songeois ny à vous l'offrir, ny à le faire imprimer. Ie vous destinois mes Commentaires sur les Vies des anciens Philosophes comme vn Ouurage plus digne de vous, que ne sont des Etymologies d'vne langue vulgaire. Ce n'est pas, MONSIEVR, que cette matiere d'Etymologies en soit indigne. Vous sçauez qu'elle a esté traittée par les plus grands Personnages de l'Antiquité ; que Platon, tout diuin qu'il estoit, n'a pas dédaigné de mesler cette partie de

EPISTRE.

la Grammaire auec les plus hautes speculations de sa Philosophie ; que les Stoïciens, qui ont esté les plus serieux des Philosophes, & les Iurisconsultes, qui sont les veritables Philosophes; que Caton le plus seuere, & Varron le plus sçauant des Romains en ont fait des volumes tous entiers. Ce n'est donc pas la matiere de ce Liure qui me déplaisoit, mais la façon auec laquelle ie l'auois traittée. Et tant s'en faut que l'exemple de tous ces grands Personnages fust capable de m'exciter à publier mon Ouurage, qu'au contraire il m'en décourageoit. La pluspart de leurs Etymologies ne sont pas seulement mauuaises, elles sont pitoyables. Ceux qui ont escrit en suite sur le mesme sujet, comme Isidore Euesque de Seville, qui nous a laissé trente Liures des Origines de la Langue Latine, n'ont pas mieux rencontré.

EPISTRE.

Iules Cesar Scaliger vn des premiers Critiques & le premier Philosophe de son temps en auoit compilé jusques à quatre-vingts Liures. La grosseur de cet Ouurage estoit si prodigieuse, que durant sa vie il ne se trouua point de Libraire qui en voulust entreprendre l'impression; & il a esté perdu apres sa mort. Mais par les etymologies qu'il a inserées en son Liure des Causes de la Langue Latine, & qui ne sont pas meilleures que celles des Anciens, nous pouuons juger que cette perte n'a pas esté grande. Les Origines Flamandes de Goropius Becanus sont des chimeres toutes pures. Les Celtiques d'Isaac Pontanus ne sont gueres plus raisonnables. Les Espagnoles de Couarruuias; Les Italiennes de Monosini; Les Françoises de Budée, de Bayf, de Henry Estienne, de Nicod, de Perionius,

EPISTRE.

de *Syluius*, de *Picard*, de *Tripault*, de *Guischard*, de *Pasquier*, ne sont pas seulement vray-semblables: & on peut dire auec verité, que les Etymologies jusques icy ont esté l'ecueil de tous ceux qui en ont escrit. Ce seroit vne estrange presomption à moy, de croire que j'y eusse reüssi plus heureusement que les autres. Ie suis bien éloigné de cette creance. Pour reüssir en la recherche des Origines de nostre Langue, il faudroit auoir vne parfaite connoissance de la Langue Latine dont elle est venuë, & particulierement de la basse Latinité, dont les liures sont infinis & ennuieux à lire. Il faudroit auoir la mesme connoissance de la Langue Grecque, de qui la Latine s'est formée, & de qui nous auons aussi emprunté quelques dictions. Et pour remonter jusques à la source, il faudroit sçauoir & l'Hebreu

EPISTRE.

breu & le Chaldée, d'où plusieurs mots Grecs sont descendus. Il faudroit sçauoir & la langue qui se parle en Basse-Bretagne, & l'Alleman auec tous ses differens Dialectes, acause d'vn nombre infini de mots Gaulois & Allemans qui sont demeurez en nostre Langue. Il faudroit sçauoir l'Italien & l'Espagnol, acause de plusieurs mots Italiens & Espagnols qui se trouuent parmy nous : & pour bien sçauoir l'Espagnol il faudroit sçauoir l'Arabe qui en fait vne partie, & dont nous auons aussi pris quelques mots pendant nos guerres d'outre-mer. Il faudroit sçauoir auec cela tous les diuers idiomes de nos Prouinces, & le langage des Paysans, parmy lesquels les Langues se conseruent plus longuement. Il faudroit auoir leu tous nos vieux Poëtes, tous nos vieux Romans, tous nos vieux Coustu-

EPISTRE.

miers, & tous nos autres vieux Escriuains, pour suiure comme à la piste & découurir les alterations que nos mots ont souffertes de temps en temps. Et ie n'ay qu'vne legere connoissance de la moindre partie de toutes ces choses. Cependant, MONSIEVR, aprés auoir veu quelques essais de mes Origines, vous m'auez asseuré que la publication en pourroit estre vtile au public. Ie suis si fort au dessous de vous, & vostre humeur est si éloignée de toute sorte de dissimulation, que ce seroit encore plus de presomption à moy de m'imaginer que vous m'eussiez voulu flatter en cette rencontre : & ie me sens forcé de perdre cette mauuaise opinion que j'auois conceuë de mon Ouurage. En tout cas, ie suis obligé d'auoüer qu'il y a beaucoup de bonnes choses, puis qu'il y en a beaucoup que ie tiens de vous.

EPISTRE.

Mais quelque dégoust que j'en puisse auoir d'ailleurs, comme c'est par vostre conseil que ie me suis resolu de le faire imprimer, j'ay cru que ie ne pouuois manquer en vous l'offrant. J'ay appris de vous autrefois, que Monsieur Loisel celebre Aduocat au Parlement de Paris auoit accoustumé de dire des premieres editions, qu'elles ne seruoient qu'à mettre au net les Ouurages des Autheurs. Ce que cét homme judicieux disoit auec beaucoup d'apparence de toute sorte de Liures, se peut dire auec plus de verité des Dictionaires : mais sur tout de cette edition. Vous sçauez auec quelle haste elle s'est faite, & qu'on imprimoit à mesure que ie rangeois les choses en quelque ordre sur les Memoires que j'en auois recueillis. S'il s'en fait vne seconde, peut-estre sera-t'elle plus supportable & plus digne de vous. Ce-

EPISTRE.

pendant, ie vous supplie, Monsievr, d'auoir agreable que celle-cy, telle qu'elle est, paroisse sous la faueur de vostre nom, & de la receuoir comme vne reconnoissance de ce que vous doit, & vn hommage que rend à vostre vertu

MONSIEVR

Vostre tres-humble & tres-obeissant seruiteur Menage.

ADVERTISEMENT.

J'Avois dessein de traitter amplement en cét endroit des Langues en general, & de la Françoise en particulier: Mais le Discours que j'en ay fait n'estant pas encore en l'estat auquel ie souhaite qu'il paroisse, j'ay remis à le faire imprimer au deuant des Origines de nos façons de parler Prouerbiales, que j'espere donner au public dans peu de temps. Cependant, j'ay jugé apropos de mettre icy dés apresent la partie de ce Discours qui regarde l'affinité & la conuersion des lettres, parce que la connoissance en est absolument necessaire pour l'intelligence des Etymologies. Or comme ce Liure a esté composé & imprimé auec beaucoup de precipitation, & qu'il est de la nature de ceux où il y a tousiours quelque chose à adjouster; j'y en ay adjousté beaucoup qui m'estoient eschappées en le digerant par ordre, & dont il m'est souuenu en le relisant. Ces Additions sont de deux sortes. Les vnes regardent les mots dont j'auois parlé,

Advertissement.

& les autres ceux dont ie n'auois du tout rien dit; & ces dernieres sont distinguées d'auec les premieres par vn Asterisque à la marge. Parmy ces Additions il y a aussi quelques Corrections: c'est pourquoy ie supplie ceux qui voudroient plustost me reprendre publiquement de mes fautes, que m'en auertir charitablement en particulier, de prendre garde auparauant si ie ne les ay point preuenus, & si ie ne m'en suis point repris moy-mesme. Quelques-vns à qui j'ay fait voir quelque chose de ces Origines ont trouué à dire que j'y citois trop souuent les Escriuains de nostre siecle. Mais ie l'ay fait à dessein, pour ne les pas priuer de l'honneur quils meritent: & ie les ay citez lors mesme que j'ay rencontré dans leurs Liures des Etymologies que ie n'ignorois pas d'ailleurs. Pour ceux qui m'ont donné des auis ou indiqué des passages, ie n'ay pas non plus obmis de les nommer, quand j'ay jugé que la chose le meritoit. Celuy qui m'a dauantage aydé en ce trauail c'est Monsieur Guyet: car non seulement il m'a appris vn nombre infini d'Origines, mais encore la façon de les chercher, & de les trouuer par le moyen de l'Analogie; & ie puis dire qu'il est le principal Au-

Advertissement.

theur de cét Ouurage. I'y ay aussi esté beaucoup assisté par M. du Puy, par M. de Valois le jeune, par M. Nublé, par M. Sarasin, par M. Salmonet, par M. Bochart, par M. de Launoy, par M. de Launay, & par M. Doujat, que ie nomme tous par honneur & par reconnoissance. Au reste, depuis que ce Recueil est imprimé, j'ay sceu que M. de Caseneuue auoit trauaillé plusieurs années sur le mesme sujet, & qu'il faisoit imprimer à Thoulouse le Liure qu'il en à composé. Ce que j'ay veu de ses autres Ouurages, & sa reputation (car ie ne le connois que par là) ne me permettent pas de douter du merite de son trauail; & j'en suis tellement persuadé, que ie proteste icy que j'aurois supprimé le mien, si les choses eussent esté en leur entier, quand j'ay receu cét auis.

*Discat puer quid in literis pro-
prium, quid commune, quæ cum
quibus cognatio : nec miretur cur
ex* scamno *fiat* scabellum. Quintilien liure 1. chap. 4.

EXEMPLES

EXEMPLES DE LA CONVERSION DES LETTRES.

A

Osté du commancement.

GR. ἀγάνυμος, γάνυμος. ἀνήλιπος, γήλιπος. ἀιώδυνος, γώδυνος. ἀιόδ'ος, γωδὸς. Lat. ἄρυρα, rura. ἀμέλχω, mulgeo. ἄμητος, meto. Asparagi, sparagi. Varron dans Nonius au mot sparagi. Arrabo, rabo. Plaute dans sa Comedie intitulée Truculentus. Ital. amurca, morca.

Mis au commancement.

GR. σφὲ, Æol. ἀσφὲ. ςαφὶς, Att. ἀςαφὶς. ςάχυς, ἄςαχυς. σπαίρῃν, ἀσπαίρῃν. Moscopulus pag. 18. ὅτι δ' ἁ παρητέται Ἀτλικῶς, μηδὲν πλέον δηλῶν, ὡς ἐν τῷ ςάχυς, ἄςαχυς. σπαίρειν, ἀσπαίρῃν. ςαφὶς, ἀςαφὶς. Lat. ποτὶ, apud, qu'on a escrit premierement aput. Franc. lesina, alesne.

Changé en E.

GR. λαὸς, Att. λεὼς. Hesychius : λεὼς, Ἀτλικῶς, ὄχλος, λαός. Lat. daps, deuir ; & puis leuir. ὕρξ, sorex. ἅρπαξ, hurpex. πράτον, pretium. Quintilien liu. 1. chap. 7. Quid ? Non Cato

DE LA CONVERSION

Censorius dicam *&* faciam, dicem *&* faciem *scripsit; eumdémque in ceteris, quæ similiter cadunt modum tenuit? quod ex veteribus eius libris manifestum est.* Arceo, coërceo.

En I.

Lat. Ζεὺς πατὴρ, Iuppiter. μαχανὰ, machina. κάνατρον, canistrum. βάσκανος, fascinus. βυκάνη, buccina. πατάνη, patina. κάτανος, catinus. τρυτάνη, trutina. ῥυκάνη, runcina. ἅρπαγες, hirpices. δάω, δάσκω, disco. χάω, χάσκω, hio, hisco. χαμαλός, humilis. domicolium, *domicilium*. On disoit anciennement *coligo* pour *habitatio*; (& il se trouue encore dans Arnobe) de *colere* en la signification de *habitare*. Negabundus, *negibundus*. attare, *attire*. impetrare, *impetrire*. Massalia, *Massilia*. sarpiculæ, *sirpiculæ*. λεπαγή, qui se trouue dans Pollux & dans Athenée pour vne espece d'aiguiere, *lepista*, qui se trouue en la mesme signification dans Festus. Occanere, *occinere*. Tacite liure II. des Annales: *Occanere cornua, tubásque iussit.* Priscien liu. x. *Quidam & occano, occanui protulerunt, vt Sallustius in* I. *Hist.* Metelli cornicines occanuere. Recano, *recino*. Virgile dans le Culex selon les anciens manuscrits: *Et recanente lyrâ*, &c. *calamo recanente palustri.* insapientem, *insipientem*. tricapitem, *tricipitem*. Ciceron en son Orateur: *Quàm scitè* insipientem, *non* insapientem? iniquum, *non* inæquum? tricipitem, *non* tricapitem? concisum, *non* concæsum? *ex quo quidam* pertisum *etiam volunt, quod eadem consuetudo non probauit.* facio, efficio. Ital. andarn, *indarno*. Le Glossaire Alleman & Latin de Lipse: Andran *vel* andarn, *in vanum: nonne Italorum est* indarno?

En O.

Gr. ἄρακον, Att. ὄρακον. ἄραφις, ὄραφις. Athenée liure III. τὸν δ' ἄρακον οἱ Ἀττικοὶ διὰ τοῦ ο, ὄρακον λέγουσι, καὶ τάσδε καὶ ὀραφίδας. Les Eoliens & ceux de Crete changeoient de mesme α en ο, & disoient ὀνόχυρος pour ἀνάγυρις; βότις pour βάτις; πολυττὰ pour παλύρτη, d'où vient *pollenta*; πόλιω pour πάλιω, d'où vient *pollen*; πὸιρ pour παῖς, d'où vient *puer*. Lat. μάρμαρος, *marmor*.

DES LETTRES.

En V.
Gr. Ἑκάβη, *Hecuba*. θείαμβος, *triumphus*. ἰταλός, *vitulus*. εὔθαλος, *botulus*. κάπαλος, *capulus*. Ζανὰ, *Iuno*. Lat. *salsus, insulsus*.

En AI.
Franc. macer, *maigre*. alacer, *alaigre*. panis, *pain*. manus, *main*. amare, *aimer*. demane, *demain*. dama, *dain*. hamus, *hain*. racemus, *raisin*.

En AV.
Lat. πλατύς, *Plautus*. κλαδός, *claudo*. Πάνος, qu'on a dit pour Πάν, *Faunus*.

Æ

Osté du commancement.
Ital. æramen, *rame*. ærugo, *ruggine*. Espagn. æruginosus, *ruin*, c'est à dire, *méchant*. Horace liu. 1. Sat. 4. *Hic nigræ succus loliginis, hæc est ærugo mera.*

Changé en I.
Lat. inæquus, *iniquus*. concæsus, *concisus*.

AV

Changé en O.
Lat. cauda, *coda*. cautes, *cotes*.

B

Mis au deuant.
Gr. ῥόδον, βρόδον. Hesychius: βρόδα, Αἰολεῖς, ῥόδα. ἰσχύς, βισχύς. ἄρος, βάρος. Le mesme Hesychius : βισχύν, ἰσχύν, σφόδρα ὀλίγον, Λάκωνες. βάρος, κλάσμα ἄρτου κ̀ μάζης, βασιλεὺς κ̀ δεσπότης, Λάκωνες. Ils ont dit aussi βύνις pour ὗνις, d'où

iv DE LA CONVERSION

vient *buris*. Lat. ruscus, *bruscus*. Franc. ἀὰ ταριχὰ, *boutargues*. læsare, *blesser*. rugitus, *bruit*. orlo, *bord*. linum, *brin*. ragire, *braire*. ῥύω, ῥυτὸς, ryta, brita, *bride*.

Inseré.

Gr. σύαξ, σύβαξ. συᾶν, συβᾶν, d'où vient *subare*. Esp. homine, *hombre*. fames, *hambre*. nomine, *nombre*. Franc. camera, *chambre*. humilis, *humble*. numerare, *nombrer*. cumulare, *combler*.

Changé en D.

Gr. ἑυνός, Æol. δυνός. ὀβελὸς, ὀδελός.

En F ou PH.

Gr. ἀμφιλαβὴς, ἀμφιλαφής. Eustathius en ses Commentaires sur Dionysius: ἀμφιλαφὲς δὲ κυρίως ὅτι τὸ δασὺ, ὃ ἔστιν ἀμφοτέρωθεν λαβέσθαι, τραπέντος τοῦ Β εἰς Φ Μακεδόνων ἔτι. Lat. θρίαμβος, *triumphus*. βρέμω, *fremo*. βασκία, *fascia*. βάσκανος, *fascinus*. βύλλων, *fullo*. Sibilare, *sifilare*, qui se trouue dans Nonius Marcellus. Bupalus, *busalus*, d'où nous auons fait *buffle*. obficio, *officio*. Ital. bubulcus, *bifolco*. Franc. sebum, *suif*.

En G.

Gr. βλέφαρον, Æol. γλέφαρον. βάλανος, γάλανος, d'où les Latins ont fait *glans*. πρεσβύς, πρεσγύς. θλίβω, φλίβω, d'où vient *affligo*. βλήχων γλήχων. Au contraire des Atheniens. Corinthus: οὐ διὰ τοῦ γ, γλήχωνα, ἀλλὰ διὰ τοῦ β βλήχωνα, προφέρουσιν Ἀττικοί.

En M.

Lat. Submitto, *summitto*. globus, *glomus*. proboscis, *promuscis*. Franc. sorba, *corme*. Sabati dies, *Samedi*.

En P.

Gr. βλάστη, Æol. βλάτη, planta arboris. βάβαι, Papæ. κύββα, *cuppa*. κάνωβος, Canopus. βόσκω, *pasco*. βύθος, *puteus*. Quintilien liure 1. chap. 7. *Quæri solet in scribendo præpositiones sonum quem iunctæ efficiunt, an quem separatæ obseruare conueniat: vt cùm dico* obtinuit, *secundam enim literam B ratio poscit, aures magis audiunt* P.

En R.

Lat. subripio, *surripio*. abripio, *arripio*.

En V.

LAT. abferre, *auferre*. Ciceron en son Orateur: *Quid si absugites turpe visum est? & abser noluerunt, aufer maluerunt? quæ propositio præter hæc duo verba, nullo alio in loco reperietur.* FRANC. cubare, *couuer*.

C

Osté du commancement.

GR. κτύπος, τύπω. LAT. κάπρος, *aper*.

Mis au commancement.

LAT. ἕκατον, *centum*. ESP. apud, apo, *cabe*, d'où nous auons fait *chez*.

Inseré.

GR. μηκέτι, οὐκέτι au lieu de μὴ ἔτι & de οὐ ἔτι.

Changé en CH.

FRANC. Capo, *chef*. canis, *chien*. carpentarius, *charpentier*. catus, *chat*. carbone, *charbon*. cupina, *chopine*, &c. Plutarque liure x. des Sympoſiaques Problem. 3. τὸ γὰρ φι, ϰ τὸ χι, τὸ μὲν ὅτι πι, τὸ δὲ κάππα δασυνόμϕον.

En F.

FRANC. runculare, *ronfler*. excorniculare, *escornifler*.

En G.

LAT. κάλλος, *gallus*. Hesychius: κάλλαιοι, οἱ τῶν ἀλεκτρυόνων πώγωνες. κύκνος, *cygnus*. ἀγκύλος, *angulus*. Ἀκράγας, *Agrigentum*. κωβιὸς, *gobius*. κράβατος, *grabatus*. κανὴς, Genit. κανέος, Accusat. κανέα, *gauia*. Les anciens Romains n'auoient point de G, & se seruoient en sa place du C. Ausone:

Præualuit postquam Gammæ vice functa prius C.

Festus: *G olim, quod nunc C.* Terentianus Maurus:

Asperum quia vox sonorem leniore interpolat,
Vel priores G Latini nondum ab apice finxerant,
Caius prænomen inde C notatur, G sonat.

DE LA CONVERSION

Quintilien liu. 1. chap. 11. *Et cum C ac similiter T non valuerunt, in G ac D molliuntur.* D'où vient qu'en la Colomne de Duillius on lit: LECION, PVCNANDO, MACESTRATOS, EXFOCIVNT, pour LEGION, PVGNANDO, MAGISTRATVS, EFFVGIVNT. Voyez Marius Victorinus liure 1. de l'Ortographe. Ce fut Spurius Caruilius qui inuenta le G. Plutarque dans ses Questions Romaines: καὶ γὰρ τὸ Κ πρὸς τὸ Γ συγγένειαν ἔχει παρ' αυτοῖς (il parle des Romains) ὄψε γὰρ ἐχρήσαντο τῷ γάμμα, Καρβιλίου Σπορίου προσευρόντος. ITAL. macer, *magro.* alacer, *alegro.* FRANC. crypta, *grote.*

En P.

GR. ὁκοῖον, ὁποῖον. Hesychius: ὁκοῖον, ὁποῖον Ἀττικῶς. LAT. λύκος, *lupus.* ζηπός, *sepes.* σκύλον, *spolium.* σκυλεύω, *spolio.* κύκλον, Æol. κύκλιον, *clupeum.*

En S.

FRANC. racemus, *raisin.* placere, *plaisir.* saccire, *saisir.* Sarracenus, *Sarasin.* licere, *loisir.*

En T.

GR. κεῖνος, τῆνος. Moscopulus pag. 15. ἰστέον δὲ ὅτι ἡ ἐκεῖνος, ἡ χωρὶς τοῦ Ε γράφεται· ἡ ἔστιν ἡ χρῆσις αὐτοῦ, οὐ μόνον ἐν τῷ ποιητικῷ, ἀλλὰ καὶ πεζῷ λόγῳ. ὅτι ταύτην οἱ Δωριεῖς τῆνος λέγουσι, τὸ Κ τρέποντες εἰς Τ, καὶ τὴν δίφθογγον ἀφαιροῦντες. εἶτα τὸ μὲν Ε εἰς Η τρέποντες, τὸ δὲ Ι ἐκβάλλοντες. Le Scholiaste de Theocrite sur le premier vers du premier Idylle: τῆνα, Δωριακῶς οὕτω λέγεται, ἀντὶ τοῦ ἐκείνη. οἱ γὰρ Δωριεῖς ποτὲ μὲν γράφουσι τὸ Τ, ἀντὶ τοῦ Κ, ὡς ἐνταῦθα. ποτὲ δὲ τὸ Κ ἀντὶ τοῦ Τ, &c. LAT. κεμμὰς, Sicul. ταμμὰς, *Tamma,* d'où on a fait ensuite *Damma,* & puis *Dama.* FRANC. clausiporca, *clausporte.*

CH

Osté du commancement.

GR. χλιαρός, λιαρός. Hesychius: λιαρὸν, χλιαρόν. LAT. χλαῖνα, *lena.*

DES LETTRES. vij

Changé en F.

LAT. χλόος, *flos*. χλωεὶς, *Flora*. χάω, Æol. χάϝω, *fouo*, c'est à dire, *cauo, fodio*; d'où vient *fouea* & *fouissa*. χολὴ, *fel*. χύτος, *futus*, d'où on a fait ensuitte *futilis*.

En G.

LAT. χαλβάνη, *galbanum*. ἄγχω, *ango*. δοχὴ, *doga*.

En H.

LAT. χάω, *hio*. χαμαὶ, *humus*. χαμαλὸς, *humilis*. χόρτος, *hortus*. χελιδὼν, *helundo*, & puis *hirundo*. χὲρ, *her, heris*. χειμὰς, *hyemis*. χεσὶ (d'où vient χθὲς) *hesi*, & puis *heri*.

En SS.

FRANC. machinones, machiones, *massons*.

En TH.

GR. κάλχη, κάλθη (c'est ainsi que prononçoient les Siciliens) d'où les Latins ont fait *caltha*. Les Tarentins disoient aussi ὄρτιχας, que les autres Grecs prononçoient ὄρτιθες. LAT. μόσχος, *mustus*. Scaliger sur Varron de R.R. *Sanè Græci quicquid nouellum vocant* μόσχον, *vt Homer*. μέσχοισι, λύθροισι. *Latini idem retinuerunt: nam ab eo manifestò dictum est* mostum: *seu, vt nunc scribitur*, mustum: *vt* musta poma, musta ætas, *Næuio*.

CL *en* LL.

Esp. clamare, *llamare*. claue, *llaue*.

D...

Mis au commencement.

ITAL. vnde, *donde*. FRANC. vrna, *ourne* (c'est ainsi que prononcent les Thoulousains. Aquæ, *Dacqs*, Ville. angarium, *danger*.

Inseré entre deux voyelles, & ailleurs.

LAT. re ago, *redigo*. re arguo, *redarguo*. re eo, *redeo*. re emo, *redimo*. Horace liure 1. des Epistres:

Omnem crede diem tibi dilluxisse supremum

pour *illuxisse*.

viij *DE LA CONVERSION*
Et liure III. des Odes:
——— *Vos o pueri & puellæ*
Iam virum expertæ, maled ominatis
parcite verbis.
pour *male ominatis.* Voyez Muret liure XV. de ses Diuerses
Leçons chap. 19. & liure XIX. chap. 7. FRANC. ponere, *pondre.*
fulgure, *foudre.* attingere, *atteindre.* stringere, *estreindre.* gemere,
geindre. genero, *gendre.* corylus, *coudre.* cinere, *cendre.* tenero,
rendre. sicera, *sidre.* molere, *moudre.* submonere, *semondre.* consuere, *coudre.*

Changé en P. B.

GR. ἀϕύσαι, Æol. ἀβύσαι, δέλεαρ, βέλεαρ, κλάδη, κλάβα,
d'où les Latins ont fait *claua.* δελϕίνες, βελϕίνες. δελϕὺς, βέλϕυς.
δέρτυρ, βέρτυρ, d'où vient *verber.* LAT. duellum, bellum. Ciceron dans son Orateur: *Vt* duellum, bellum; *&* duis, bis:
sic Duellium *eum qui Pœnos classe deuicit,* Bellium *nominauerunt,*
cùm superiores appellati essent semper Duellij. Quintilien l. 4.
Sed B *quoque in locum aliarum literarum dedimus aliquando: vnde*
Byrrus, *&* Bruges *&* Belena: *necnon eadem fecit ex* duello,
bellum; *vnde* Duellios *quidam dicere* Bellios *ausi.* ITAL. funda,
frumba. FRANC. radutrum, *rabot.*

En G.

LAT. Chartada Pun. χαρχηδών, Carthago. adgero, aggero.
ITAL. diurnum, giorno. deorsum, deosum, giuso. ESPAGN.
damá, *gama.* delphin, *galfin.* FRANC. rodere, *ronger.* mandere, *manger.*

En I.

LAT. δέον, *ius.*

En L.

LAT. Ὀδυσσεύς, *Vlysses.* Quintilien l. 4. *Sic* Ὀδυσσεύς *quem*
Ὑδυσσία *fecerunt Æoles, ad* Vlyxem *deductus est.* δάκρυα, *lacrima.* Festus: Dacrimas *pro* lacrimas Liuius *sæpe posuit, nimirum quòd Græci appellant* δάκρυα. *Item* dautia *quæ* lautia *dicimus,*
& dantur Legatis hospitij gratiâ. Μηδίκαι, Melicæ *gallinæ.* Varron:
Tethyn

DES LETTRES.

Tethyn Telim *dicebant : sic Medicam* Melicam *vocabant.* ἀδαχρις, *alacer.* δαὴρ, *leuir.* δυρὸς, *lorus.* θόρηχα, *lorica.* adlido, *allido.* ITAL. cicada, *cigala.* ESP. cauda, *cola.*

En N.

LAT. Donat sur ce vers du Phormio de Terence :
Quia non rete accipitri tenditur, neque miluio :
Legitur & tennitur ; *habet enim* N *litera cum* D *communionem.*

En P.

LAT. adpono, *appono.*

En R.

LAT. adrideo, *arrideo.* medidies, *meridies.* Ciceron en son Orateur : *Ipsum* meridiem *cur non* medidiem ? *credo quòd erat insuauius.* Quintilien 1. 6. *Etymologia nonnumquam barbara ab emendatis conatur discernere, ut cùm* Triquetram *dici* Siciliam *non* Triquedram. Meridiem *an* Medidiem *oporteat, quæritur : aliáque quæ consuetudini seruiunt.* λέπυς λέποδος, *lepus leporis.* κόδιον, *corium.* adferius, *arferius.* Festus : *Arseria aqua quæ inferis libabatur.* Priscien liure 1. *Antiquissimi pro ad frequentissimè ar ponebant, aruenas, aruentores, aruocatores, aruocatos, arfines, aruolare, arfari ; vnde ostenditur rectè arcesso dici ab arcio verbo, quod nunc accio dicimus, quod est ex ad & cio compositum.* Arger *quoque dicebant pro* agger.

κηρύχειον, *Caduceus.*

En S.

LAT. adsideo, *assideo.* Quintilien XII. 10. *Quid ? quòd pleráque nos illâ quasi mugiente literâ cludimus* M, *quâ nullum Græcè verbum cadit. At illi* N *iucundam, & in fine præcipuè quasi tinnientem, illius loco ponunt, quæ est apud nos rarissima in clausulis. Quid ? quòd syllabæ nostræ in* B *literam &* D *innituntur ? adeò asperè, ut plerique, non Antiquissimorum quidem, sed tamen Veterum, mollire tentauerint, non solùm* asuersa *pro* aduersis *dicendo, sed in præpositione* B *absonam & ipsam* S *subijciendo.* FRANC. ad Aquas Sextias, *As Ais* (c'est ainsi que parlent les Prouençaux. Les Languedociens disent aussi *asagà* de *adaquare.*

En T.

LAT. δαῖς, Genit. δαιδὸς, Accusat. δαῖδα, teda. δαίρα, terra. δάσκον, tescum. δῖνος, tina. adtulit, *attulit*. adtinet, *attinet*. adtingo, *attingo*. adtamino, *attamino*. Sed, *set* dans les Pandectes de Florence. Quintilien 1.4. *Quid D literæ cum T quædam cognatio ? quare minus mirum si in vetustis operibus Vrbis nostræ, & celebribus templis legantur* ALEXANTER *&* CASSANTRA. FRANC. funda, *fonte*.

En Z.

GR. Ἀζάπλητος, ζάπλητος. LAT. Διαβολικὸς, *Zabolenus*. Diabolus, *Zabolus* dans Saint Cyprien. Diarrhytus, *Zarrhytus* dans l'Itineraire d'Antonin. diæta, *zeta*. ITAL. medium, *mezzo*. ordeum, *orzo*. frondosus, *fronzuto*. ESP. gaudium, *gozo*. gaudere, *gozare*. viridarium, *verziere*.

E

Osté du commancement.

GR. ἐκεῖνος, κεῖνος. M. de Saumaise *de Hellenistica* pag. 376. Βεοτι ἰὼν *pro* ἐγὼν *dicebant, non vt putabat Tryphon Grammaticus apud Apollonium* (il entend Apollonius Dyscolus, qui est manuscrit dans la Bibliotheque du Roy) *subtractione vel ὑφέσει ᾽ς γ & mutatione ᾽ς ε in ι, sed detractione ᾽ς ε, vt in pronomine* κεῖνος *pro* ἐκεῖνος. *Ita* γὼν *vel* γὰ *pro* ἐγὼν *dixere. Deinde* γάμμα *in iota mutarunt, & sic* ἰὼν *fecere pro* ἐγὼν. *Ideò & aspirarunt, quia gamma plerumque vicem tensi spiritus.* Et delà le *io* des Italiens & des Espagnols. LAT. eruta, *ruta*. Vlpien en la Loy 17. au Digeste *de act. empt. Ea placuit esse ruta, quæ eruta sunt*. ἐρεύγω, eructo, *ructo*. ὀλύδρης, Æol. & Att. ἐλύδρης, lutra. ITAL. eremita, *romita*. eruca, *ruca*. eruquetta, *ruquetta*.

Osté du milieu.

GR. Plutarque en son traitté de la Poësie d'Homere: Ἰώνων τὸ ὑφαιρεῖν τὸ Ε ἐν τῷ ἱρεὺς, καὶ ἵρηξ. Ils disoient de mesme ὀρτή pour ἑορτή.

DES LETTRES.

Mis au commancement.

GR. Plutarque en son Discours de la Poësie d'Homere : τῆς αὐτῆς ἐστι (il parle des Atheniens) ᾗ τὸ ἑῶρων, ᾗ ἑωνησάμlω ἐκ τέλοσ τρεϡηθέντων τὸ E, ὅθεν ᾗ τὸ ἑωνοχόει. FRANC. Nous mettons ordinairement vn E deuant les mots qui viennent des mots ou Latins ou Italiens qui commencent par vne S. species, *espece*. stringere, *estreindre*. squadrones, *escadrons*. scaco, *eschec*. sperare, *esperer*, &c.

Changé en A.

GR. ϛεγνὸν, Sicul. ϛαγνὸν, d'où vient *stagnum*. ἔχις, ἄχις. Ἄρτεμις, Ἄρταμις. Les Ioniens disoient aussi μέγιϛος pour μέγιϛος. LAT. ἔγχελὺς, *anguilla*. FRANC. emendare, *amander*.

En I.

GR. ἐφέσιος, ὁπίσιος. Eustathius sur ces mots de l'Odyssée, Z πᾶσιν γὰρ ἐπίσιόν ἐςι ἑκάςω : ἰςέον δὲ ὡς εἰ ᾗ Ἰώνων ἐςὶν ἡ ψίλωσις τ ἐπίσιον, ἀλλ' αὐτή ἡ λέξις τ ἰςίη κτ, ᾗ ἡ ἰςία, Σικελῶν εἶναι προβεβλήκασιν ἔρρεθη καθ' Ἡρακλείδην · ὃς εἰπὼν ὡς Σικελοὶ τὸ ἀρκτικὸν Ε ᾧ ἔπεται τὸ σίγμα εἰς ι μεταθέασιν, ἐπάγει ὅτι ὅπου τὴν τοιαύτην ἀκολυθίαν ἐκεῖνοι σώζουσιν, ὥϛε κᾂν μὴ ἔπηται τὸ σίγμα φύσει ἀλλ' ἔξωθεν παραπέη, ὁμοίως ποιοῦσι. τὸ γοῦν ἔχω, ἴσχω φασί, ᾗ τὸ ἔπω, ἴσπω ᾗ ἐνίσπω. ὕπω δὲ ᾗ τὸ ἕζω, ὅθεν τὸ καθέζομαι, ἵζω λέγουσι διὰ τὸ φύσει ἐπώδυνον ζίγμα τὸ ἀρκτικὸν τῆς συνθέσεως · τὸ γὰρ ζῆτα ἐκ τοῦ ζίγμα ᾗ δέλτα συγκεῖται. ταύτη τοι τὸ ἔϛω γραφόμενον φησὶ διὰ τοῦ Ε, ἁμαρτάνεται ὡς οἷα ὀφεῖλον, ἴϛω εἶναι. ᾗ ὕπω μ̅ ὕπο. ἰϛέον δὲ ὡς εἰ ᾗ τὸ ἐπίσιον Ἰωνικόν ἐςι ᾗ Σικελικόν, ἀλλὰ τὸ ἐφέσιον ἀτλικίζεται. Les Beotiens disoient aussi ϟιὸς au lieu de θεὸς, d'où vient le σιὸς des Lacedemoniens. LAT. πλέκω, *plico*. Quintilien 1. 4. *Quid ? non E quoque I loco fuit, vt* Menerua, *&* leber, *&* Magester. *&* Dioue *&* Veioue *pro* Dioui *&* Veioui?

En O.

GR. ϛέλλω, ϛολή. LAT. Περσεφόνη, Preserpina, *Proserpina*.

En T.

Lat. δαῖς, Genit. δαιδὸς, Accusat. δαῖδα, teda. δαίρα, terra. δάσκον, tescum. δῖιος, tina. adtulit, attulit. adtinet, attinet. adtingo, attingo. adtamino, attamino. Sed, set dans les Pandectes de Florence. Quintilien 1.4. *Quid D literæ cum T quædam cognatio ? quare minus mirum si in vetustis operibus Vrbis nostræ, & celebribus templis legantur* Alexanter *&* Cassantra. Franc. funda, *fonte*.

En Z.

Gr. διάπαντος, ζάπαντος. Lat. Διαβολικὸς, Zabolenus. Diabolus, *Zabolus* dans Saint Cyprien. Diarrhytus, *Zarrhytus* dans l'Itineraire d'Antonin. diæta, *zeta*. Ital. medium, *mezzo*. ordeum, *orzo*. frondosus, *fronzuto*. Esp. gaudium, *gozo*. gaudere, *gozare*. viridarium, *verziere*.

E

Osté du commancement.

Gr. ἐκεῖνος, κεῖνος. M. de Saumaise de *Hellenistica* pag. 376. *Βεωτὶ ἰὼν pro ἐγὼν dicebant, non ut putabat Tryphon Grammaticus apud Apollonium* (il entend Apollonius Dyscolus, qui est manuscrit dans la Bibliotheque du Roy) *subtractione vel ὑφέσει τ̄ γ & mutatione τ̄ ε in ι, sed detractione τ̄ ε, ut in pronomine κεῖνος pro ἐκεῖνος. Ita γὰρ vel γὰ pro ἐγὼ dixere. Deinde γάμμα in iota mutarunt, & sic ἰὼν fecere pro ἐγὼι. Ideò & aspirarunt, quia gamma plerumque vicem densi spiritus.* Et delà le *io* des Italiens & des Espagnols. Lat. eruta, *ruta*. Vlpien en la Loy 17. au Digeste de act. empt. *Ea placuit esse ruta, quæ eruta sunt*. ἐρεύγω, eructo, *rutto*. ὀνύδρης, Æol. & Att. ἐλύδρης, lutra. Ital. eremita, *romita*. eruca, *ruca*. eruquetta, *ruquetta*.

Osté du milieu.

Gr. Plutarque en son traitté de la Poësie d'Homere : Ἰώνων τὸ ὑφαιρεῖν τὸ Ε ἐν τῷ ἱρεὺς, ϗ̓ ἵρηξ. Ils disoient de mesme ὀρτή pour ἑορτή.

DES LETTRES.

Mis au commancement.

GR. Plutarque en son Discours de la Poësie d'Homere: τῶς αυτῶς ἐστὶ (il parle des Atheniens) ϰ τὸ ἑώρων, ϰ ἐποιησάμων ἐκ σφισου προτιθέντων τὸ Ε, ὅθεν ϰ τὸ ἐωνοχόει. FRANC. Nous mettons ordinairement vn E deuant les mots qui viennent des mots ou Latins ou Italiens qui commencent par vne S. species, *espece.* stringere, *estreindre.* squadrones, *escadrons.* scaco, *eschec.* sperare, *esperer*, &c.

Changé en A.

GR. ϛγνὸν, Sicul. ϛαγνὸν, d'où vient *stagnum.* ἔχις, ἄχις. Ἄρτεμις, Ἄρταμις. Les Ioniens disoient aussi μέγατος pour μέγιστος. LAT. ἐγχελὺς, *anguilla.* FRANC. emendare, *amander.*

En I.

GR. ἐφέϛιος, ἐπίϛιος. Eustathius sur ces mots de l'Odyssée, Ζ πᾶσιν γὰρ ἐπίϛιόν ἐϛὶν ἑκάϛω: ἰϛέον δὲ ὡς εἰ ϰ Ἰώνων ἐϛὶν ἡ ψίλωσις τ᾽ ἐπίϛιον, ἀλλ᾽ αὐτὴ ἡ λέξις τ᾽ ἰϛίη χ᾽ ϰ ἡ ἰϛία, Σικελῶν εἶναι προβεβληται ἔρρέθη καθ᾽ Ἡρακλείδων· ὃς εἰπὼν ὡς Σικελοὶ τὸ ἀρκτικὸν Ε ᾧ ἔπεται τὸ σίγμα εἰς ι μεταπίπτουσιν, ἐπάγ᾽ ὅτι ὑπὲρ τὴν τοιαύτην ἀκολουθίαν ἐκεῖνοι σώζουσιν, ὥϛε κ᾽ μὴ ἔπιται τὸ σίγμα φύσει ἀλλ᾽ ἔξωθεν παραδοθὲν, ὁμοίως ποιοῦσι. τὸ γοῦν ἔχω, ἴσχω φασί. ϰ τὸ ἔπω, ἴαπω ϰ ἐνίσπω. ὑπὸ δὲ ϰ τὸ ἔζω, ὅθεν τὸ καθέζομαι, ἴζω λέγουσι διὰ τὸ φύσει ἐπόμενον ζ ίγμα τὸ ἀρκτικὸν τ᾽ συνθέσεως· τὸ γὰρ ζῆτα ἐκ τ᾽ ζίγμα ϰ δέλτα συγκεῖται. ταύτῃ τοι τὸ ἔϛω γραφόμενον φησὶ διὰ τ᾽ Ε, ἁμαρτάνεται ὡς οἷα ὀφείλον, ἴζω εἶναι. ϰ ὑπὸ μ᾽ ὑπὸ. ἰϛέον δὲ ϰ ὡς εἰ ϰ τὸ ἐπίϛιον Ἰωνικόν ἐϛὶ ϰ Σικελικὸν, ἀλλὰ τὸ ἐφέϛιον ἀττικίζεται. Les Beotiens disoient aussi τιὸς au lieu de θεὸς, d'où vient le σιὸς des Lacedemoniens. LAT. πλέκω, *plico.* Quintilien 1. 4. *Quid? non E quoque I loco fuit, vt Menerua, & leber, & Magester. & Dioue & Veioue pro Dioui & Veioui?*

En O.

GR. τέλλω, τολὴ. LAT. Περσεφόνη, Preserpina, *Proserpina.*

xij *DE LA CONVERSION*

tego, toga. ἑκυρὸς, socer. benus (d'où vient benulus, & ensuitè bellus) bonus. FRANC. creta, crote. meta, mote.

En V.

LAT. εἰμὶ, Æol. ἐμὶ, sum. ἐντὶ, sunt.

En VI.

FRANC. sebum, suif.

F ou PH.

Macrobe : *Ipsum autem φ adeò Latinitas non recipit, vt pro ea in Græcis nominibus* P *&* H *vtatur, vt* Philippus, Phædon.

Mis au commancement.

LAT. αἰλὸς (d'où vient αἰλȣρὸς) Æol. Φαιλὸς, felis. Ie croy que les Latins ont changé le digamma Eolique en F, acause de sa ressemblance auec cette lettre. ῥήγνυμι, ῥήγω, ῥάγω, frago, frango. FRANC. lactare, flater. λαγὼν, flanc. rapere, rapare, fraper.

Inseré.

FRANC. runculare, ronfler. excorniculare, escornifler.

Changé en B.

GR. Φρύγες, Βέιγες. Stephanus : Βέιγες, ἔθνος Θρᾳκικόν. Ἡρόδοτος. οἱ δὲ Φρύγες, ὡς Μακέδονες λέγȣσι, καλέονται Βέιγες, ᾗ Βειγία, ἡ Τρωικὴ, τά τε πρὶν ἡ Φρυγία, ὑπὸ Φρυγȣ ȣ κατοικήσαντος ἐν Μακεδονίᾳ. LAT. Quintilien 1.4. *Sed* B *quoque in locum aliarum dedimus aliquando, vnde* Byrrhus *&* Bruges *&* Belena. Presentement encore la Phrygie s'appelle *Brichia*, comme il se voit dans Haitonus Armenius. φάλαινα, balæna. ȣφαρ, que les Eoliens ont dit pour οὖθαρ, uber. τύφαρ, tuber. ϲύφαρ, suber. ὀμφαλικὸς, umbilicus. ὄρφος, orbus. ἄλφος, albus. Hesychius : ἀλφȣς, λευκȣς. ἄμφω, ambo. ITAL. fiber, beuero. ESP. fremitus, bramido.

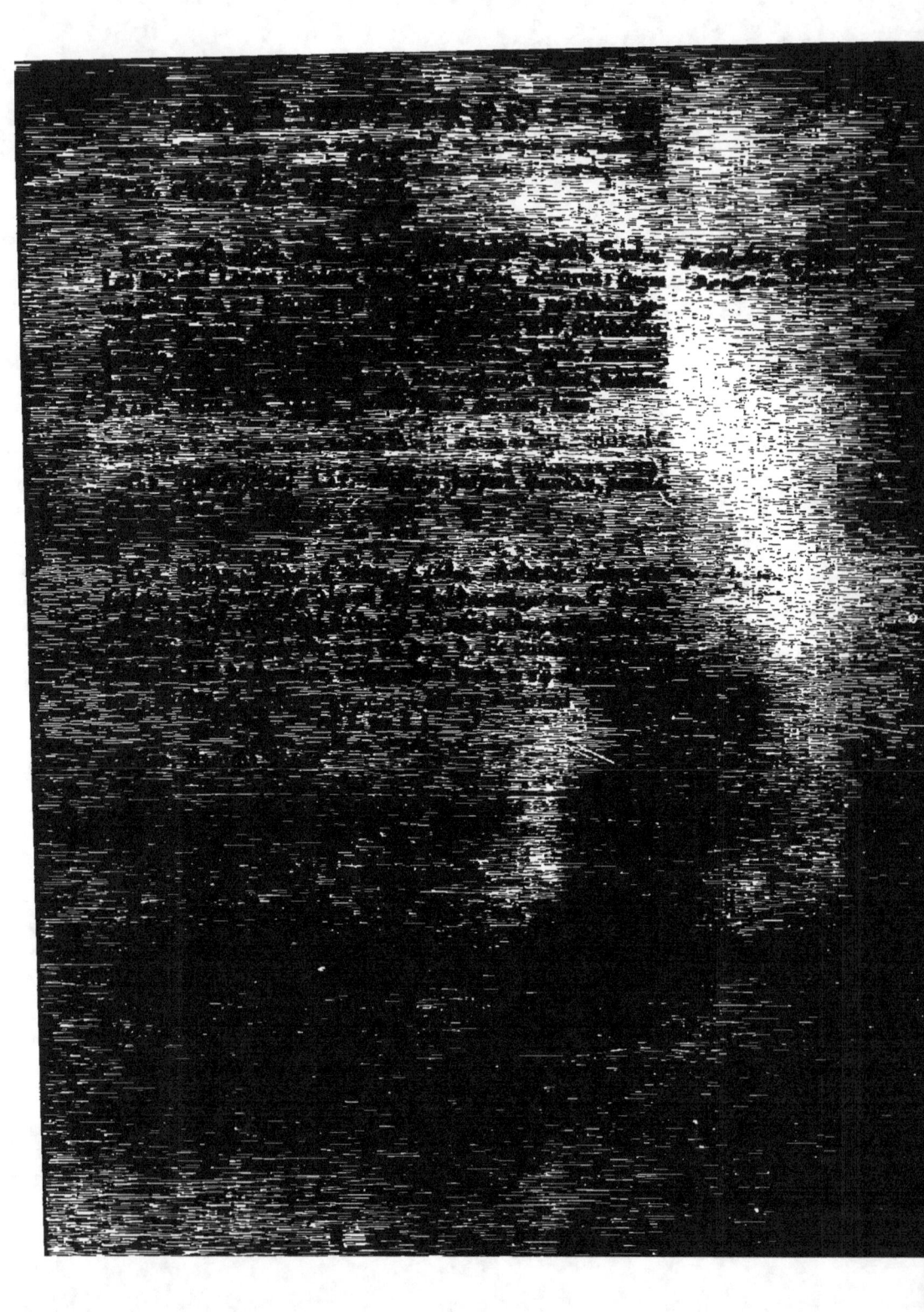

xiv *DE LA CONVERSION*

gamma où les Eoliens employoient leur digamma. λήμη, Æol. γλάμα, d'où vient *gramia*. νέφος, γνόφος. ἔλειος, γλειος, d'où vient *glis*. Lat. P'αῖκος, *Græcus*. Hesychius: P'αῖκος, Ἕλλην. P'ωμαῖοι δὲ τὸ γ προσθέντες Γραικόν φασι. Les Grecs ont dit aussi Γραῖκος. Le mesme Hesychius: Γραῖκος, Ἕλλην. Aristote. ὤκουν δὲ οἱ Σέλλοι ἐνταῦθα, καὶ οἱ Χαλκίδμιοι τότε μὲν Γραικοί, νῦν δὲ Ἕλληνες. Le Chronicon Marmoreum: ἀφ' οὗ ᾧ ὁ Ἕλλην ὁ Δευκαλίωνος ὠνομάσθησαν, τὸ πρότερον Γραικοὶ καλούμενοι. nauus, *gnauus*. noscere, *gnoscere*. La Loy des XII. Tables: *Ante meridiem causam gnoscito*. nobilis, *gnobilis*, qui se trouue dans Salluste. natus, *gnatus*. Ital. ire, *gire*. junctus, *giunto*. Esp. ouum, *gueuo*. Osca (Ville d'Arragon & de Grenade) *Guesca*. Franc. ranuncula, *grenoüille*. ringo, rinxi, rinxare, *grinser*. rado, rasi, ratum, ratare, *grater*.

Changé en C.

Gr. גמל *gamal*, κάμηλος. Lat. Les anciens Romains se seruoient du C au lieu du G. Voyez à la lettre C.

En H.

Esp. germanus, *hermano*.

En Q.

Lat. λόγος, *loquor*.

En S.

Lat. μόχερος, Æol. μυχερὸς, *miser*. Franc. fraga, *fraise*. caliga, *calga*, *chausse*.

En T.

Lat. τρυγὸς, Æol. τυργὸς, *turtur*.

En V.

Franc. doga, *douue*.

En Y.

Franc. pagare, *payer*. plaga, *playe*. pagus, *pays*. paganus, *payen*.

H

Osté du commancement.

Lat. Ciceron en son Orateur à Brutus: *Quin ego ipse cùm scirem, ita maiores loquutos esse, vt nusquam nisi in vocali, aspiratione vterentur, loquebar sic, vt* pulcros Cetegos, triumpos, Cartaginem *dicerem. Aliquando idque serò, conuicio aurium, cùm extorta mihi veritas esset, vsum loquendi populo concessi, scientiam mihi reseruaui.* Quintilien liure 1. chap.   parlant de cette lettre *Parcissimè ea Veteres vsi etiam in vocalibus, cum* œdos ircósque *dicebant. Diù deinde seruatum, ne consonantibus aspirarent, vt in* Graccis *&* in triumpis. *Erupit breui tempore nimius vsus, vt* choronæ, chenturiones, præchones *adhuc quibusdam inscriptionibus maneant. Qua de re Catulli nobile Epigramma.* Il entend parler de cette Epigramme.

 Chommoda dicebat si quando *commoda* vellet
  Dicere, & *hinsidias* Arrius *insidias.*
 Et tum mirificè sperabat esse loquutum,
  Cùm quantùm poterat dixerat *hinsidias.*
 Credo sic mater, sic liber auunculus ejus,
  Sic maternus auus dixerat, atque auia.
 Hoc misso Syriam requierunt omnibus aures,
  Audiebant eadem hæc leniter & leuiter.
 Nec sibi post illa metuebant talia verba
  Cùm subitò affertur nuncius horribilis,
 Ionios fluctus, postquam illuc Arrius isset
  Iam non *Ionios* esse, sed *Hionios.*

Aulugelle liure 11. chap. 3. *H literam siue illam spiritum magis quàm literam dici oportet, inserebant eam veteres nostri plerisque vocibus verborum formandis roborandisque, vt sonus earum esset viridior, vegetiórque. Atque id videntur secisse studio & exemplo linguæ Atticæ. Satis enim notum est Atticos* ἰχθὺν Ἱρὸν, *multa itidem alia, citra morem Gentium Græciæ ceterarum inspirantis primæ literæ dixisse. Sic* lachrymas, *sic* sepulchrum, *sic* ahenum, *sic* vehemens, *sic* inchoare, *sic* helluari, *sic* hallucinari, *sic* honera, *sic* honustum *dixerunt. In his enim verbis omnibus literæ seu spiritus istius nulla ratio visa est, nisi vt firmitas & vigor vocis, quasi quibusdam neruis additis, intenderetur.* FRANC. hasta, *ast de mail.* Les Lyonnois, les Gascons, les Languedociens & les Prouençaux n'aspirent aucuns mots. Ils disent *mon arangue* pour *ma harangue*: *mon allebarde* pour *ma hallebarde*. Les Eoliens de mesme n'aspiroient aucune diction ; mais au lieu de l'aspiration ils mettoient leur digamma. Macrobe : F *digammon est* Αιολέων, *quod illi solent magis contra vim aspirationis adhibere: tantùm abest vt pro* φ *habendum sit.*

Adiousté.

<small>*ames*</small>   FRANC. altus, *hault.* amis, Genit. amitis, Ablat. amite, *haute.* ostium, *huis.* ostrea, *huistre.* octo, *huict.* ESP. ouum, *hueuo.* Osca (Ville d'Arragon & de Grenade) *Huesca.* olet, *huele.*

I

Osté du commancement.

ESP. inarantia, *naranjas.*

Inseré.

GR. νώσκω, γινώσκω. ESP. serra, *sierra.* Græcus, *Griego.* FRANC. mel, *miel.* fel, *fiel.* locus, *leu, lieu.*

Changé en A.

ITAL. coffinus, *coffano.* Hieronymus, *Gierolamo.*

En E.

GR. ἱμέρα, ἐμέρα. Platon en son Cratyle : οἶσθα ὅτι οἱ παλαιοὶ οἱ ἡμέτεροι τῷ ἰῶτα ϰ τῷ δέλτα εὖ μάλα ἐχρῶντο. ϰ ὀυχ ἥϰιϛα αἱ γυναῖϰες, αἵπερ μάλιϛα τὴν ἀρχαίαν φωνὴν σώζουσι. νῦν δ' ἀντὶ μ τȢ ἰῶτα, ἢ E, ἢ ἦτα μεταϛρέφουσιν. ἀντὶ δὲ δέλτα, ζῆτα, ὡς δὴ μεγαλοπρεπέϛερα ὄντα. οἶον, οἱ μ ἀρχαιότατοι, ἱμέραν τὴν ἡμέραν

DES LETTRES. xvij

ἡμέραν ἐχθὲς ὧν· οἱ δὲ ἐμέσαν· οἱ δὲ νῦν ἡμέραν. LAT. Quintilien 1.7. Here *nunc* E *litera terminamus: at veterum Comicorum libris invenio*, heri ad me venit; *quod idem in Epistolis Augusti, quas suâ manu scripsit aut emendauit, deprehenditur.* &c. *& à Messala in libro de S litera positum sibe & quase scriptum in multorum libris est. Sed an hoc voluerint auctores nescio T. Liuium ita his usum ex Paediano comperi, qui & ipse eum sequebatur;* hæc nos i literâ terminamus.

En G.

FRANC. Simia, *singe.* leuiarius, *leger.* vadium, *gage.* grania, *grange.* saluia, *sauge.* commiatum, *congé.* burrio, *bourgeon.* alueus, aluius, aluia, *auge.* rubeus, rubius, *rouge.* cambium, *change.* pipio, *pigeon.* sturio, *estourgeon.* guuia, *gouje.* plumbiare, *plonger.* seruiente, *sergent.* fimbria, *frange.* cerium, *cierge.* cauea, cauia, *cage.*

En V.

FRANC. pellicia, *peluche.* expellicare, *esplucher.*

L

Osté du commancement.

GR. λεύβδρ, ἔιβδρ. λαπύνη, ἀπύνη. ITAL. ESP. lazurd, azurro, azul.

Osté du milieu.

FRANC. stolto, *sot.* fulcus, *soc.* plata, *pate.* culter, *coutre.*

Mis au commancement.

ἅβδρ, d'où vient *habere*, λάβδρ. Hesychius: ἅβδς, ἔχδς. FRANC. hedera, *lierre.* indemane, *lendemain.* andier, *landier.* indictum, *landi.* Cette addition de L en ces mots est venuë de l'article qui s'y est incorporé.

Inseré.

LAT. φωίξ, *fulix*, d'où vient *fulica*.

ú

xviij *DE LA CONVERSION*

En D.

Lat. μελετᾷν, *meditari.* Pline en son Panegyrique: *meditatio campestris turmarum.* μυδάλεος, *madidus.* Ital. amylum, *amido.* Esp. monopolium, *monipodio.* Franc. burla, *bourde.*

En G.

Gr. μόλις, Att. μόγις. Ital. lilium, *giglio.* Esp. alienus, *ageno.* mulier, *muger.*

En I.

Ital. flore, *fiore.* clamare, *chiamare.* clupea, *chiepa.* claue, *chiaue.* claustrum, *chioſtro.* planta, *pianta.* plenus, *pieno.* planus, *piano.*

L double en L I.

Lat. φύλλον, *folium.* ἅλλομαι, *ſalio.* ἄλλος, *alius.* ἀμείνων, ἀμύνων, ἀμέλλων, *melior.* Scaliger ſur Feſtus: *Cùm duæ in Græca voce liquidæ interueniunt, altera semper mutatur in ἰῶτα in Latina lingua.*

L precedée d'vne conſone, en LL.

Esp. clamare, *llamar.* planus, *llano.* plenus, *lleno.* flamma, *llama.* clauis, *llaue.* planctus, *llanto.*

L en N.

Franc. botulus, botylus, bodylus, *boudin.*

En R.

Gr. κλίβανος, Att. κρίβανος. Voyez Athenée. ἀλγαλέον, ἀργαλέον. Le Scholiaſte d'Ariſtophane ſur le premier vers du Plutus: ἀργαλέον εἴρηται ⸫ τὸ ἄλγος ἀλγαλέον· καὶ κατὰ τροπὴν τοῦ λ εἰς ρ, ὡς ποδαλγία, ποδαργία. flagellare, φραγελλῶσαι, qui ſe trouue dans les Euangeliſtes. flagellum, φραγέλλιον. Heſychius: μάστιξ, φραγέλλιον. Lat. ἅλως, *area.* Ital. vlulare, *vrlare.* luſciniolus, *roſsignuolo.* Esp. melancholicus, *merancolico.* luſciniolus, *ruyſeñor.* Franc. vlmus, vlmellus, *ormeau.*

En T.

Lat. Thelis, Thetis. Varron liure iii. *de Re Ruſt.* chap. 9. *Antiqui vt* Thetin, Thelim *dicebant, ſic* Medicam, Melicam *vocabant.* equiſetis (c'eſt l'herbe appellée, queuë de cheual) *equiſelis.*

DES LETTRES. xix
En V.
FRANC. alter, *autre*. altus, *haut*. calamus, *chaume*.

M
Mis au commancement.

GR. ἄμμα, μάμμα. Hesychius: ἄμμα, μήτηρ, τροφός. μάμμη ἡ μήτηρ τῆς μητρός, ἢ ὑποκόρισμα μητρός. Eustathius: μάμμην Ἀττικοὶ, καὶ μαμμαῖαν, τὴν μητέρα καλοῦσιν. ἰωῦ δὲ οἱ πολλοὶ τήθην τηθίδα. Martial: *Mamas atque tatas habet Afra*, &c. Ἄρης, Mars.

Changé en B.

GR. μύρμηξ, βύρμηξ. Hesychius: βύρμακας, μύρμηκας· τέρμινθος, τερέβινθος. μυρσίνη, βυρσίνη. ἀμφίμαλλον, ἀμφίβαλον. μίω, μίθος, Æol. βίθος: d'où vient *vitta*. LAT. mascauda, *bascauda*. scamnum, *scabellum*. Quintilien 1. 4. *Quare discat puer quid in literis proprium, quid commune, quæ cum quibus cognatio: nec miretur cur ex scamno fiat* scabellum. ITAL. cammarus, *gambero*. FRANC. flamma, flammellum, *flambe, flambeau*. marmore, *marbre*. tremulare, *trembler*.

En F.

GR. μύρμηξ, φόρμυγξ. Hesychius: φόρμιγξα, μύρμηκα: & de là *formica*. μόρος, *fors*.

En N.

LAT. πυγμή, pugna. σιγμή, *signum*. ὤκιμον (nom d'herbe) *ocimum*. Mortia, *Nyrtia*. μόρος, mors, mortis, Mortius, Mortia, *Nyrtia*. Le Scholiaste de Iuuenal sur ces mots de la Satyre XI. SI NYRTIA TVSCA FVISSET: *Fortunam vult intelligi Poëta*. Priscien liure 1. *M transit in N & maximè D, vel T, vel C, vel Q sequentibus: ut* tam, tandem; tantum, tantumdem; idem, identidem; num, nuncubi; *& ut Plinio placet*, nunquis, nunquam; anceps *pro* ambiceps: am *enim præposito F, vel C, vel Q sequentibus, in N mutat M; ut* anfractus, ancisus, anquiro: *vocali verò sequente intercipit B, ut* ambitus, ambesus, ambustus, ambages: *necnon etiam in* comburo, combustus *idem sit*.

Esp. limpidus, *lindo*. Franc. mappa, *nappe*. matta, *natte*. mespilus, *nefle*. Comes stabuli, *Conneſtable*.

En P.

Gr. ὄμμα, Æol. ὄππα. ὄμπη, Æol. ὄππα: d'où vient *offa*. μικκύλος, πικκύλος; d'où vient l'Italien *piccolo*.

En S.

Lat. μέρος, *sors*.

N

Oſté.

Gr. Hortenſius, Ὁρτήσιος. Tarruntius, Ταῤῥύτιος. Lat. columna, *coluna*; d'où vient *columella*. Voyez Quintilien 1. 7. effingo, *effigies*. lingua, *ligula*. Soſipater Chariſius: *In calceis lingula à ligando. Sed vſus ligulam ſine N frequentat.* Ital. ſponſus, *ſpoſo*. menſura, *miſura*. prehenſus, *preſo*. Esp. ſenſus, *ſeſo*. ſenſatus, *ſeſudo*. menſa, *meſa*.

Mis au commencement.

Franc. vmbilicus, *nombril*. anſa, *nance*.

Inſeré.

Lat. δασὺς, *denſus*. παχὺς, *pinguis*. ἔχις, Dor. ἄχις, *anguis*. λείχω, *lingo*. τόκα, *tunc*. θίχω, *tago*, *tango*. πήχω, *πάγω*, *pango*. ἐγχελὺς, *anguilla*. πλάτη, *planta pedis*. ϐλάςη, Æol. ϐλάςτη, *planta arboris*. οἶος, *oinus*, *vnus*. meſa, *menſa*. teſus, *tenſus*. theſaurus, *thenſaurus*. toties, *totiens*. quoties, *quotiens*. aphoriſmus, *anphoriſmus*. elephas, *elephans*, *elephantus*. piſere, *pinſere*. Ital. cubitus, *gombito*. pauitare, *pauentare*. lutra, *lontra*. Franc. laterna, *lanterne*.

Mis à la fin des mots finiſſans par vne voyelle.

Lat. atqui, *atquin*. alioqui, *alioquin*. Plaute:
ô Callicles, ô Callicles, ô Callicles,
Qualin animo meo commendaui bona?
pour *quali animo*. Horace, ſelon quelques manuſcrits:
Malè nominatis parcite verbis.

DES LETTRES.

pour *malè ominatis*. Voyez Muret liure xix. de ses Diuerses Leçons chap. 7.

Changé en B.

FRANC. nanus, nanottus, *nabot*.

En D.

LAT. Donat sur ce vers du Phormion de Terence:
Quia non rete accipitri tenditur, neque miluio.
Legitur & tennitur: *habet enim* N *litera cum* D *communionem.*

En G.

LAT. innotus, *ignotus*. Ciceron en son Orateur: Noti erant, *&* naui, *& nari: quibus cùm in præponi oporteret, dulcius visum est* ignoti, ignaui, ignari *dicere, quàm vt veritas postulabat.* Priscien liure 1. N *transit in* G: *vt* ignosco, ignauus, ignotus, ignarus, ignominia, cognosco, cognatus. *Potest tamen in quibusdam eorum etiam per concisionem adempta videri, quia in simplicibus quoque potest inueniri per adiectionem* G: *vt* gnatus, gnarus. *& sequente* G *vel* C, *pro ea* G *scribunt Græci. & quidam tamen vetustissimi Auctores Romanorum euphoniæ causa benè hoc facientes, vt* Agchises, agceps, aggulus, aggens, *quod ostendit Varro* 1. *de Origine Linguæ Latinæ his verbis*: Aggulus, aggens, agguilla, iggerunt. *In ejusmodi Græci & Actius noster binam* G *scribunt: alij* N & G, *quod in hoc veritatem facilè videre non est, similiter* agceps & agcora.

En L.

GR. ἀλάβαςρος, ἀλάβαςρον. πνεύμων πλεύμων, d'où on a fait *pulmo*. λέπυς, λέπυς, d'où vient *lepus*. ἐνύδρις, ἐλύδρις, d'où vient *lutra*. νίτρον, λίτρον. Mœris Atticista: λίτρον Ἀτ]ικῶς. νίτρον Ἑλληνικῶς. Phrynicus: νίτρον, ὑπο Ἀιολεὺς μὲν ἄν εἴποι, ὥσπερ οὖν καὶ Σαπφώ, δια τοῦ ν, Ἀ]ηναῖος δὲ δια τοῦ λ λίτρον. ἀσφάραγυς, ἀσφάραγλη. Hesychius: ἡ ἀντὶ τοῦ ἀσφάραγλη δια τοῦ λ, ὑπο γαρ φασιν οἱ Ἀτ]ικοὶ, λέγεσιν ἀσφάραγη. LAT. νύμφα, *lymfa*. Priscien liure 1. *Transit etiam* N *in* L, *vt* vnus, vllus, nullus: vinum, villum: catena, catella: bonus, bellus: catinum, catillum: *similiter,* collega, colligo, illido, collido. ITAL.

Esp. limpidus, *lindo*. Franc. mappa, *nappe*. matta, *natte*. mespilus, *nefle*. Comes stabuli, *Connestable*.

En P.

Gr. ὄμμα, Æol. ὄππα. ὄμπη, Æol. ὄππα: d'où vient *offa*. μικκύλος, πικκύλος; d'où vient l'Italien *piccolo*.

En S.

Lat. μέρος, *fors*.

N

Osté.

Gr. Hortensius, Ὀρτήσιος. Tarruntius, Ταρρύντιος. Lat. columna, *coluna*; d'où vient *columella*. Voyez Quintilien 1. 7. effingo, *effigies*. lingua, *ligula*. Sosipater Charisius: *In calceis lingula à ligando. Sed usus ligulam sine N frequentat.* Ital. sponsus, *sposo*. mensura, *misura*. prehensus, *preso*. Esp. sensus, *seso*. sensatus, *sesudo*. mensa, *mesa*.

Mis au commencement.

Franc. vmbilicus, *nombril*. ansa, *nance*.

Inseré.

Lat. δασὺς, *densus*. παχὺς, *pinguis*. ἔχις, Dor. ἄχις, *anguis*. λείχω, *lingo*. τόκα, *tunc*. θίγω, *tago*, *tango*. πήγω, πάγω, *pango*. ἔγχελυς, *anguilla*. πλάτη, *planta pedis*. ἐλάτη, Æol. ἐλάτιν, *planta arboris*. οἶος, *omus*, *unus*. mesa, *mensa*. tesus, *tensus*. thesaurus, *thensaurus*. toties, *totiens*. quoties, *quotiens*. aphorismus, *anphorismus*. elephas, *elephans*, *elephantus*. pisere, *pinsere*. Ital. cubitus, *gombito*. pauitare, *pauentare*. lutra, *lontra*. Franc. laterna, *lanterne*.

Mis à la fin des mots finissans par vne voyelle.

Lat. atqui, *atquin*. alioqui, *alioquin*. Plaute:
ô Callicles, ô Callicles, ô Callicles,
Qualin animo meo commendaui bona?
pour *quali animo*. Horace, selon quelques manuscrits:
Malè nominatis parcite verbis.

DES LETTRES. xxj

pour *malè ominatis*. Voyez Muret liure XIX. de ses Diuerses Leçons chap. 7.

Changé en B.

FRANC. nanus, nanottus, *nabot*.

En D.

LAT. Donat sur ce vers du Phormion de Terence :
Quia non rete accipitri tenditur, neque miluo.
Legitur & tennitur : habet enim N litera cum D communionem.

En G.

LAT. innotus, *ignotus*. Ciceron en son Orateur : Noti erant, & naui, & nari : *quibus cùm in præponi oporteret, dulcius visum est ignoti, ignaui, ignari dicere, quàm vt veritas postulabat*. Priscien liure I. *N transit in G : vt ignosco, ignauus, ignotus, ignarus, ignominia, cognosco, cognatus. Potest tamen in quibusdam eorum etiam per concisionem adempta videri, quia in simplicibus quoque potest inueniri per adiectionem G : vt gnatus, gnarus. & sequente G vel C, pro ea G scribunt Græci. & quidam tamen vetustissimi Auctores Romanorum euphoniæ causa benè hoc facientes, vt Agchises, agceps, aggulus, aggens, quod ostendit Varro I. de Origine Linguæ Latinæ his verbis : Aggulus, aggens, agguilla, iggerunt. In ejusmodi Græci & Actius noster binam G scribunt : alij N & G, quod in hoc veritatem facilè videre non est, similiter agceps & agcora.*

En L.

GR. ἀλάβαστρον, ἀλάβαστον. πνεύμων πλεύμων, d'où on à fait *pulmo*. ῥέπτης, λέπτης, d'où vient *lepus*. ἐνύδρης, ἐλύδρης, d'où vient *lutra*. νίτρον, λίτρον. Mœris Atticista : λίτρον Ἀττικῶς. νίτρον Ἑλληνικῶς. Phrynicus : νίτρον, ὅτι Αἰολεὺς μὲν ἂν εἴποι, ὥσπερ οὖν καὶ Σαπφώ, διὰ τοῦ ν, Ἀθηναῖος δὲ διὰ τοῦ λ λίτρον. ἀνδράχνη, ἀνδράχλη. Hesychius : ἢ ἀντὶ τοῦ ἀνδράχλη διὰ τοῦ λ, ὅτι γὰρ φασὶν οἱ Ἀττικοὶ, λέγουσιν ἀνδράχνη. LAT. νύμφα, *lymfa*. Priscien liure I. *Transit etiam N in L, vt vnus, vllus, nullus : vinum, villum : catena, catella : bonus, bellus : catinum, catillum : similiter, collega, colligo, illido, collido.* ITAL.

xxij *DE LA CONVERSION*

Πάνορμος, *Palermo*. venenum, *veleno*. Hieronymus, *Gierolamo*. Guntfanonerius, *Gonfaloniere*. Voyez le Pere Sirmond sur les Capitulaires de Charles le Chauue. FRANC. Bononia, *Boulogne*. colucula, *quenoüille*. anare, *aller*.

En M.

LAT. inmunis, *immunis*. Quintilien 1. 7. *Et immunis, illud N quod veritas exigit, sequentis syllabæ sono victum, M geminâ commutatur*. Priscien liure 1. *N transit in M, sequentibus B, vel M, vel P: vt* imbibo, imbellis, imbutus, immineo, immitto, immotus, improbus, imperator, impello. *Similiter in Græcis nominibus neutris in on desinentibus: vt* Παλλάδιον, *Palladium*: Πήλιον, *Pelium*. FRANC. stannare, *estamer*.

En R.

LAT. κνισῶν, *crissare*. μόρα, *mora*. δεινὸς, δείρῃ, *dirus, Diræ*. κνέφος, *crepus*: & de là *crepusculum*. κνισσὸς, *crissus*. γνῶμα, γνώμιος, *groma, gromaticus*. τόνος, *torus*. μόσος, Æol. μόρος, *merus*. cancer, *carcer*. Apulée. *Orci cancros iam ipsos adhæsisti*. Festus: *Cancri dicebantur ab Antiquis, qui nunc per deminutionem cancelli*. ὖνις, Æol. ὖρις, *buris*. ἄπανος (d'où vient ἄπαρος) Æol. πάνος, *parus*, d'où vient *parum*. genimen, *germen*. canimen, *carmen*. Priscien liure 1. *Transit etiam N in R: vt* corrigo, corrumpo, irrito. FRANC. Diaconus, *Diacre*. pampinus, *pampre*. tympanum, *tymbre*. coffinus, *coffre*. akena, *acre*.

En T.

GR. πέντε, πέντε. C'est ainsi que prononçoient les Siciliens.

En V.

FRANC. constare, *couster*. conuentus, *couuent*. monasterium, *moustier*. sponsare, *espouser*.

O

Osté du commancement.

LAT. ὀδοὺς, dens. ὄνομα, nomen. ὅρμος, ramus. ὄπισθε, post. ὀρύω, ruo. ὀκέλλω, cello. ITAL. obscurus, scuro. obliquus, bieco. officina, fucina. oryza, riso. ESP. Olysippo, Lisbona.

Osté du milieu.

LAT. κορώνιξ, cornix. ἀλώπηξ, Æol. Ϝαλώπης, vulpes.

Adjousté au commancement.

LAT. ὁ πλάγιος, obliquus.

Changé en A.

LAT. ἄροτρον, aratrum. σοφός, sapus. ὀπός, sapor. βόσκω, pasco. πάροψις, parapsis. fouilla, fauissa. Fouij, Fabij. ITAL. otium, agio. solidus, saldo.

En E.

GR. ὄρνις, Æol. ἔρνις. ὀδούς, ἐδούς. φράτωρ, φράτηρ, d'où vient frater. Hesychius: φρήτηρ, ἀδελφός. L'Etymologie de fere alter est ridicule. τορῶ, τιρῶ, τέρος, d'où vient teres. LAT. κύκλωψ, cocles. γόνυ, genu. ποκάδες, pecudes. λέπορ, liber pour cortex. βίλλος, Æol. βίβλορ, βλίβορ ou γλίβορ, liber. ὀχῶ, Æol. Ϝοχῶ, veho. Apollinis, Apellinis. elera (d'où vient eluela) olera. hemo, homo. temporis, pignoris, temperis, pigneris. Quintilien 1. 7. *Quid dicam vortices & vorsus, ceteráque ad eumdem modum, quæ primò Scipio Africanus in E literam secundam vertisse dicitur.* Priscien livre 1. *O transit in E; ut tutor, tutela: bonus, bene:* γόνυ, genu: πούς, pes. *Antiqui compes pro compos. In quo Æoles sequimur. Illi enim ἐδόντα pro ὀδόντα dicunt.*

En EV.

FRANC. mola, meule. mole, meule de foin. morus, meure. nouus, neuf. nouem, neuf. soror, sœur. ortare, heurter. bouς, bœuf.

xxiv *DE LA CONVERSION*

En I ou Y.

GR. ἀσώτερον, ἀσύτεροι. μόγερος, Æol. μύγερος. ὄνομα, ὄνυμα. Moscopulus pag. 148. τρέπεται τὸ ο μικρὸν ἐνίοτε εἰς υ ψιλὸν κτ᾽ συνήθειαν Αἰολικίω· ὕτοι γὰρ τὸ ὄνομα, ὄνυμα λέγυσι, ἢ τὸ σῶμα, σύμα. LAT. ὃς, is. κόνις, cinis. ὄμβρος, imber. Cρεάνιον, scrinium. πρόμος, primus. πανὸς, panis. Athenée liure III. πανὸς, ἄρτος: Μεσσάπιοι· ἢ τὼ πλησμονίω, πανίαι ἢ πάνια, τὰ πλή-σματα. Et ensuitte : ἢ Ρωμαῖοι δὲ πᾶσα τὸν ἄρτον καλῦσι.

En HVI.

FRANC. oleum, *huile*. ostium, vscio, *huis*. ostiarij, *huissiers*. ostreum, *huistre*. hodie, *huy*. octo, *huit*.

En OV.

GR. νόσος, Ion. νῦσος. πολὺς, πουλύς. μόνος, μοῦνος. ὄνομα, οὔνομα. ὄρεα, οὔρεα. Les anciens Grecs n'auoient point l'vsage de l'omicron, & leur o se prononçoit en ου. Eustathius sur l'Iliade E: ἰστέον δ᾽ ὅτι τὸ ε στοιχεῖον ει ἔλεγον οἱ παλαιοὶ προστιθέντες τὸ ι, ἵνα τῇ περὶ διφθόγγυ ἐκτάσει δύνωνται χρῆσαι ἢ αὐτὸ, κατὰ καὶ τ᾽ ἄλλα στοιχεῖα. τοιοῦτον δὲ ποιοῦσι καὶ ἐπὶ ου μικροῦ ο. ἢ ἐκεῖνο γὰρ περὶ τὼ αὐτίω αἰτίαν ου λέγυσι. Athenée liure x. aprés auoir cité des vers de Callias, où Διονύσου estoit mis pour Διονύσου: ἐν τούτοις, λείπει τὸ υ στοιχεῖον, ἐπεὶ πάντες οἱ ἀρ-χαῖοι ου ο ἀπεχρῶντο, ου μόνον ἐφ᾽ ἧς νῦν τάττεται δυνάμεως, ἀλλὰ ἢ ὅτι τὼ δίφθογγον ἀποσημαίνει, περὶ τῦ ο μόνου γράφυσι. Les Extraits d'Athenée : πάντες οἱ ἀρχαῖοι ου OY ἀντὶ ου O στοιχείῳ προσεχρῶντο. παραπλησίως ἢ τῷ EI ἀντὶ ου E. Marius Victorinus liu. 1. *Et significaueram priùs quàm Græcis inter vocales repertæ essent η & ω vicem earum tam apud illos quàm apud nos explesse e & o : o etiam scribi solitam pro syllaba ου.* Et de là vient qu'Ausone parlant de la negatiue ου, n'en parle que comme d'vne lettre vnique :

Vna fuit quondam, quâ respondere Lacones
Litera, & irato Regi placuere negantes.

Comme aussi Suidas : μεταπεμπομένου δὲ Διονυσίου αὐτὸν, ἢ ἀξιῦντος,

DES LETTRES. XXV

ἀξιώτος διὰ γραμμάτων ἐλθεῖν, Φιλόξενος ἀντιγράφειν μὲν οὐκ ἔγνω. λαβὼν δὲ βιβλίον, τὸ υ στοιχεῖον ἔγραψε μόνον πολλάκις ἐν αὐτῷ, διὰ τούτου δηλώσας, ὅτι τὴν ὠφέλειαν διωθεῖται. Et de là le prouerbe Φιλοξένου γράμμα. Or il est constant qu'vne diphthongue ne peut pas estre appellée vne seule lettre. Martial :

  Nævia sex cyathis, septem Iustina bibatur.
  Sex iubeo cyathos fundere Cæsar erit.

Voyez Scaliger sur Eusebe en sa Diatribe des Lettres, Casaubon sur Athenée XI. 5. & Muret liure XIX. de ses Diuerses Leçons chap. 1.

En V.

Lat. φώρ, *fur.* adolescens, *adulescens.* epistola, *epistula.* Priscien liure 1. au chapitre du nombre des Lettres : *O aliquot Italiæ ciuitates, teste Plinio, non habebant : sed loco eius ponebant V : & maximè Vmbri & Thusci.*

OE en V.

Lat. Φοῖβος, *pubes.* ἶνος, *vnus.* Hesychius : οἰνίζεν, τὸ μονάζειν κατὰ γλῶτταν. mœrus, *murus.* Virgile.

  Diuidimus mœros, & mœnia pandimus Vrbis.

cœrare, *curare.* mœnire, *munire.* œsus ; *vsus.* Martianus : *I copulatur O literæ in nomine* Iouis *&* Oinone: oisus *etiam dicitur : sic enim Veteres* vsum *dixere.*

En OV.

Lat. λύχνη, *luna.* Hesychius : λυχνόν, λαμπρόν.

P

Osté.

Franc. ptisana, *tisane.* ptomare, *tomber.*

xxvj *DE LA CONVERSION*

Changé en B.

GR. βρασική, βράσκη: & de là *brasica*. Hesychius: βράσκη, κράμβη, Ἰταλιῶται. Φερονίκη Βερονίκη (c'est ainsi que les Macedoniens prononçoient ce mot.) Ceux de Delphes, selon le tesmoignage de Plutarque en ses Helleniques, disoient aussi βατεῖν & βικρόν, au lieu de πατεῖν & de πικρόν. LAT. πύξος, *buxus*. ὑπὸ, *sub*. ἀπὸ, *ab*. πύῤῥος, *burrus*. Ciceron en son Orateur: *Burrum semper Ennius,nusquam Pyrrhum: vi patefecerunt Bruges, non Phryges, ipsius antiqui declarant libri. Nec enim Græcam literam adhibebant: nunc autem etiam duas. Et quamuis cùm* Phrygum *&* Phrygibus *dicendum esset,absurdum erat aut tantùm barbaris casibus Græcam literam adhibere, aut recto casu solùm Græcè loqui: tamen &* Phryges *&* Pyrrhum *aurium causâ dicimus.* Scaurus en son traité de l'Ortographe: *B cum P etiam consentit,quoniam origo eorum non sine labore coniunctione reuelli à quoquam potest. Græci &* Πυῤῥίαν, *nostri* Byrriam: *& quem* Purrum, *antiqui* Burrum. *Item* Publicolam, Boblicolam: *alij* Scapillum, *alij* Scabillum *dicunt*. On trouue encore dans les anciens monumens; *apsum, optineo, puplicum, apsoluo*. pour *absum, obtineo, publicum, absoluo*. ITAL. palcus, palcone, *balcone*. ESP. mancibium, *mancebo*. Episcopus, *Obispo*. lupus, *lobo*. FRANC. dupliones, *doublons*. pipinna, *binne*. pruina, *broüine*. pusa, *bosse*. polentiarius, *boulanger*.

En C *ou* Q.

GR. πῶς, Ion. κῶς. ποτέ, κοτέ. Moscopulus pag. 62. κοτέ ἀντὶ τοῦ ποτέ. λείπω, Æol. λείκω, d'où vient *linquo*. ἵππος, ἵκκος, d'où vient *equus*. τέσσαρα, Att. τέτταρα, Æol. πέτορα, κέττορα, *quatuor*. πέντε, πέμπε, κένυε, *quinque*. τίς, κίς, *quis*. πότος, κότος, *quotus*. ἕπομαι, ἕκομαι, *sequor*. LAT. σπινθήρ, spintilla, *scintilla*.

En CH.

ITAL. spina, *schieno*. sperno, *scherno*. FRANC. prope, *proche*. appropiare, *approcher*. rupe, *roche*. rupe, *ruche*. sepia, *seiche*. greppia, *creiche*. apium, *ache*. apua, *anchoie*.

DES LETTRES.

En D.

Ital. papilione, *padiglione*.

En F ou PH.

Lat. τρόπαιον, trophæum. πίϛις, Æol. πίτϛις, *fides*. ὄμπνι; Æol. ὄπνα, *offa*. Franc. præsaga, *fresaye*. capo, *chef*. Les Arabes n'ont point de P, au lieu duquel ils se seruent de F ou PH. Ainsi ils disent *Philistins* pour *Palestins*.

En M.

Lat. ὕπνος, sopnus, somnus. Franc. sapella, *semelle*.

En T.

Lat. σπουδὴ, *studium*. λίσση, *lista*.

En V.

Franc. sapo, *sauon*. cepa, *ciue*. cupa, *cuue*. sapa, *seue*. sapor, *saueur*. napettus, napellus, *nauet, naueau*. ripa, *riue*. papilio, *pauillon*. paputtus, *pauot*. separare, *seurer*. recuperare, *recouurer*. recooperire, *recouurir*. Sapaudia, *Sauoie*. lupa, *louue*. Lupara, *Louvre*.

P S.

osté.

Gr. ψάμμος, ἄμμός. Hesychius: ἄμμος, ψάμμος.

Changé en S.

Gr. ψίτ]ακος, σίτ]ακος. ψαρός, σαρός. ψαγδὰς (espece d'onguent) σαγδὰς.

Q

Changé en C.

Lat. Priscien liure 1. *De Q quoque sufficienter supra tractatum est, quæ nisi eandem vim haberet quàm C. nunquam in principijs infinitorum vel interrogatiuorum quorumdam nominum posita per obliquos*

DE LA CONVERSION

casus in illam transiret; vt quis, cujus, cui. *Similiter à verbis* Q *habentibus. In quibusdam participijs in* C *transfertur: vt* sequor, secutus; loquor, locutus. Et en effet le Q n'est autre chose que C & V. Diomede liure II. *Q consonans muta, ex C & V literis composita, supervacua, quâ vtimur, quando V & altera vocalis in vna syllaba iunguntur: vt* Quirinus. FRANC. Quare, *car.* Quadragesima, *Caresme.* quassare, *casser.*

R

Osté.

LAT. ἄρτρον, artus. λέκτρον, lectus. κέντρωνες, centones.

Inseré.

LAT. νύος, nurus. ESP. stella, estrella. FRANC. thesaurus, tresor. funda, fronde.

Changé en D.

LAT. κηρυκεῖον, Tarent. καρύκεον, caduceum. ITAL. rarus, rado.

En L.

GR. ῥάκος, λακός. Hesychius: λάκη, ῥάκη. Et de là le verbe inusité *laco*, dont on a fait *lacero*, & *lacino* & *lacinia*. LAT. λείριον, lilium. κρίβανος, clibanus. παῦρον, paulum. perlucidus, pellucidus. Terentius Scaurus en son traitté de l'Ortographe: *Item* L *&* D, *&* R *&* S, *inter se mutuis vicibus funguntur. Cuius rei maximum argumentum est, quòd qui* R *exprimere non possunt, aut* L *dicunt aut* S. *Nec minùs quòd* capra *per deminutionem* capella *dicatur, &* frater, fratellus. *Item* furuos *dicimus quos Antiqui* fusuos: *&* aras, *quas illi* asas: *&* Lares, *quos* Lases, *&c.* Quintilien liure I. chap. XI. ρ *literæ, quâ Demosthenes quoque laborauit* λ *succedit.* Socrate dans les Guespes d'Aristophane, se mocquant du begayement d'Alcibiade:

Ἐδόκει δέ μοι Θέωρος αὐτοῦ πλησίον
Χαμαὶ καθῆσθαι, τὴν κεφαλὴν κόρακος ἔχων.

DES LETTRES.   xxix

Εἴτ' Ἀλκιβιάδης ὕπε πρός με τραυλίσας,
Ὅλας Θέωλος τίω κεφαλίω κόρακος ἔχει.

Le Scholiaste sur cét endroit: οἱ τραυλοὶ τὸ λ ἀντὶ τοῦ ρ λέγεσι.
ITAL. peregrinus, *pellegrino*. ESP. parabola, *palabra*. papyrus, *papel*. FRANC. tempora, tempra, *temple*. murus, murottus, *mulot*.

En N.

LAT. τέρίω, tener. δῶρον, donum.

En S.

FRANC. quernus, *chesne*.

S

Osté du commancement.

GR. σφαιρίζειν, φαιρίζειν. Æol. φαειδδεῖν. LAT. σφόγγος, fungus. σφενδόνη, funda. σχοῖνος, funis. σφάλλω, fallo. scaphisterium, *capisterium*. scapellare, *capellare*.

Osté de la fin.

LAT. Ciceron en son Orateur: *Quinetiam quod subrusticum videtur, olim autem politius, eorum verborum, quorum eædem erant postremæ duæ literæ, quæ sunt in* optumus, *postremam literam detrahebant, nisi vocalis insequebatur. Ita non erat ea offensio in versibus, quam nunc fugiunt Poëtæ noui. Ita enim loquebamur:* Qui est omnibu' princeps, *non* omnibus princeps. *Et:* vita illa dignu', *non* dignus.

Adiousté au commancement.

GR. μάραγδος, σμάραγδος. Athenée liure VII. ἄνευ δὲ τοῦ Σ μάραγδος λεκτέον, ποιεῖ γὰρ τὸ μαρμαίρειν ὠνόμασται τῷ διαυγής ὑπάρχειν. μικρός, σμικρός. Moscopulus pag. 130. μικρός, ὁ καὶ μετὰ τοῦ Σ λέγεται σμικρός, Ἀττικῶς. μίγω, σμίγω. Le mesme au mesme endroit: μίγω, ὁ καὶ σμίγω γράφεται. τέρφος, σέρφος. τέρος, σέρος. Moscopulus pag. 22. τέρος Ἀττικῶς, τὸ σέρος. γλάφω Æol. & Sicul. γάλφω, σγάλφω, d'où vient *scalpo*. γλύφω, γλύφω,

* iij

DE LA CONVERSION

σκύλφω, d'où vient sculpo. μῦς, σμῦς. φαλάγγιον, σφαλάγγιον. χρῦτα, σκρῦτα, d'où vient scruta. μύῤῥα, σμύρνα. LAT. ei, si. ὑπέρ, super. ὑπό, sub. ὕς, sus. ἑπτά, septem. εἴρω, ἔρω, sero. εἱρμός, sermo. ἔρος, Æol. ἔρϝος, seruus. ὕραξ, sorex. ὁλκός, sulcus. ὅρος, sors. ἅλλω, salio. ἕρπω, serpo. ἕρπυλλον, serpillum. ἄβιν, sapinus. ἥκη, sica. ὅλος, solus. ὕλη, sylua. ἕδον, sedes. ὀπός, ὀπόρ, sapor. ἕκυρος, socer. ἅλος, salum. ἡμύ, semi. ῥοφέω (& par transposition ὀρφέω) sorbeo. Ἕξι, Ville de la Betique, Sexi. quadrones, squadrones. ESP. vmbra, sombra.

Inseré.

FRANC. galée, galere.

Doublé au milieu.

LAT. Quintilien 1. 7. *Quid, quod Ciceronis temporibus, paulúmque infra, ferè quoties S litera media vocalium longarum, vel subiecta longis esset, geminabatur? vt* cauſſæ, caſſus, diuiſſiones: *quo modo & ipsum, & Vergilium quoque scripsisse manus eorum docent. Atqui paululùm Superiores, etiam illud quod nos geminâ S dicimus* juſsi, *vnâ dixerunt* juſi. Et à ce propos il est à remarquer que les anciens Romains ne doubloient point les consones.

Changé en C.

FRANC. versellus, *berceau*. Le grand Sigma des Grecs est semblable au C des Latins. Ausone:

Accipe lunatâ scriptum testudine sigma.

En D.

GR. ὀσμή, ὀδμή. ἴσμεν, ἴδμεν. Plutarque en son traitté de la Poësie d'Homere: Αἰολέων τὸ σκαλάσκειν τὸ Σ εἰς τὸ Δ, ὡς ἐν τῷ λέγειν ὀδμὴ κὴ ἴδμεν.

En F.

LAT. συκός, *ficus*.

En H.

LAT. Priscien liure 1. *S sæpe pro aspiratione ponitur in his dictionibus quas à Græcis sumpsimus, vt* semis, sex, septem, se, si, sal. *Nam* ἡμῦν, ἕξ, ἑπτά, ἕ, οἷ, ἅλς *apud illos aspirationem habent*

DES LETTRES. xxxj

in principio. Adeo autem cognatio est huic literæ, idest, S cum aspiratione, quòd pro ea in quibusdam dictionibus solebant Bœoti pro S, H scribere, Muha *pro* Musa *dicentes.*

En L.

Lat. Ἀννίβας, Hannibal.

Changé en R.

Gr. σκληρότης, σκληρότηρ. Platon dans le Cratyle: οἶσθα οὖν ὅτι ἐπὶ τὸ αὐτὸ ἡμεῖς μὲν φαμὲν σκληρότης, Ἐρετριεῖς δὲ σκληρότηρ, &c. Strabon liure x. ἐπῴκησε δ᾽ ἔργον ἀπ᾽ Ἠλίδος (il parle des Eretriens) ἀφ᾽ οὗ καὶ τῷ γράμματι τῷ ρ πολλῷ χρήσαιντο, οὐκ ἐπὶ τέλει μόνον τῶν ῥημάτων, ἀλλὰ καὶ ἐν μέσῳ, κεκωμῴδηνται. Voyez M. de Saumaise *de Hellenistica* pag. 286. Les Eoliens & les Lacedemoniens faisoient le mesme changement. παῖς, πὶρ, d'où les Latins ont fait *por,* qu'on a depuis prononcé *puer.* Quintilien l.4. *In seruis iam intercidit illud genus,quod ducebatur à domino, vnde* Marcipores, Pubiporésque. σιὸς, σιόρ. Hesychius : Σιὸρ, θεός· Λάκωνες. κέλης, κελὴρ, d'où vient *celer.* νόμος, νόμορ, d'où vient *numerus.* Voyez soigneusement Casaubon sur Athenée liure viii. chap. xi. Comme aussi les Atheniens: ἄρσεν, ἄρρεν. θάρσος, θάρρος. τύρσις, τύρρις, d'où vient *turris.* Hesychius: τύρσις, πύργος, ἔπαλξις, προμαχών. Les Musiciens changeoient pareillement l'S qu'ils trouuoient rude, en R qu'ils trouuoient plus douce. Athenée liu. τὸ δὲ σαν ἀντὶ τοῦ Σ Δωρικῶς εἰρήκασιν. οἱ γὰρ Μυσικοὶ, καθά φησιν Ἀριστόξενος φησίν, τὸ σῖγμα λέγειν παρῃτοῦντο, διὰ τὸ σκληρόστομον εἶναι καὶ ἀνεπιτήδειον αὐλῷ. τὸ δὲ ρ πολλάκις παραλαμβάνειν. Et c'est pour cette raison que Pindare fit vne Ode sans sigma. Lat. Ciceron dans vne Epistre à Papirius Pætus: *Sed tamen, mi Pæte, qui tibi venit in mentem negare Papyrium quemquam vmquam nisi Plebeium fuisse? fuerunt enim Patritij minorum gentium, quorum princeps L. Papirius Mugillanus, qui Consul cum L. Sempronio Atratino fuit, cùm antea Censor cum eodem fuisset, annis post R. C. CCCXII. Sed tum Papisij dicebamini. Post hunc 13. fuerunt sella curuli, ante L. Papirium Crassum, qui primus Papisius est vocari desitus.* Quintilien 1. 4. *Nam vt* Valesij *&* Fusij *in* Valerios Furiósque *venerunt : ita* arbos, labos, vapos, *etiam & clamos ac lases ætatis fuerunt. Et hæc ipsa S litera ab his nominibus exclusa in quibusdam ipsa alteri successit. Nam* mertare *atque* pultare *dicebant.* Pomponius en la Loy 2 au Digeste de *Orig. Iur. Appius Claudius R literam inuenit, vt pro Valesis Valerij essent, & pro Fusijs Furij.* Et à ce propos, il est à remarquer que la Loy *Furia Caninia* est appellée *Fusia* par Vlpien. Festus au mot *Aureliam : Auselij dicebantur, vt Valesij, Papisi, pro eo quod est Valerij, Papisi.* Et ailleurs: *S pro R litera Antiqui posuerunt ; vt* majosibus, meliosibus, lasibus, fesijs, pro majoribus, melioribus, laribus, ferijs Et encore ailleurs: Aurum *Sabini* ausum *dicebant.* Varron liure IV. de *Lingua Lat. Casmenarum priscum vocabulum, ita natum atque scriptum est : alibi Carmenæ ab eadem origine sunt declinatæ , vt in multis verbeis. In quo Antiqui dicebant* S, *postea dicunt* R, &c. melios, melior: fœdesum, fœderum : plusima, plurima : asena, arena : janitos, janitor. Quare* casmena, carmena· *inde* carmina. R *postea extrito* camena *factum.* μυσάων, νυμφάων, Æol. μυσάων, νυμφάων. musasum, nymphasum, *musarum, nympharum.*

En T.

GR. γλῶσσα, Att. γλῶττα. σεῦτλον, τευτλον. πίσις, Æol. πίτης, d'où vient *fides.* Voyez Lucien en son Iugement des voyelles.

En Z.

ITAL. *Cicuta,* zucca. sapa, zuppa. sapa, zappa.

T

Osté.

GR. πόλις, πόλις. πόλεμος, πόλεως. πτόρτο, πόρτος. Ce qui se pratiquoit particulierement parmy les Cypriens & les anciens Atheniens. LAT. πτόρνη, perna. πτίσω, piso, & puis pinso πετευρός, πτεύος, Æol. πτέ νος, penna. συμὴ *signum* πτησήρ, pistor. FRANC stagione, *saison.* stolto, *sot.* patre, *pere.* matre, *mere.* patrinus, *parein.* matrina, *mareine.* vulturia, *vuri*

Mis

DES LETTRES. xxxiij
Mis au commencement.

Franc. amita, *tante.* arire, *tarir.*

Inseré.

Ital. rimaso, *rimasto.*

Changé en B.

Lat. λίτρα, *libra.* Hesychius: λίτρα, ὀβολός. οἱ δὲ νόμισμα ἐπὶ Σικελικοῖς· οἱ δὲ ἐπὶ σταθμοῖς· οἱ δὲ Ῥωμαῖοι διὰ τοῦ β λίβρα.

En C.

Lat. fœtus, fœtundus, *fœcundus.* iratus, iratundus, *iracundus.* Ital. turma, *ciurma.* ostium, *vscio.* guttula, *gosciola.* postea, *poscia.* angustia, *angoscia.* infantulus, *fanciullo.*

En D.

Gr. ἐπιλέχ{δ}α, ἐπιδελέχ{δ}α. διὰ πάντων, ΔΙΑ ΠΑΝΔΟΝ dans vne Inscription ancienne. Lat. βατὸν, *vadum.* αἶτος, *adus.* πίστις, Æol. πίστις, *fides.* κεμμάς, Sicul. καμμάς, Tamma, Damma, & puis *Dama.* Quintilien liure I. chap. XI. *Et cùm C ac similiter T non valuerunt, in G ac D molliuntur.* Velius Longus: *T quoque & D literæ, quæ sunt inter se affines, nonnullam habent obseruationem ne intempestiuè inuicem succedant,* &c. Ital. Capitolium, *Campidoglio.* Esp. catena, *cadena.* amatus, *amado.* Franc. intyba, *endiue.* catellum, *cadeau.*

En G.

Gr. ἰστέον, ἰσγέον. Hesychius: ἰσγέον, γνωστέον, ἰστέον. Franc. ætate, *aage.*

En L.

Ital. britia, *briglia.*

En P.

Gr. Τίγρις, Πίγρης. τέσσαρες, Æol. πίσυρες, πίτυρες, ou πέτορες. στάδιον, σπάδιον, d'où vient *spatium.* Hesychius: σπάδιον, τὸ στάδιον. πέντε, πέμπε. Lat. στάχυς, *spica.* τίς, Oscè *pis.* τί, *pit,* d'où vient *pitpit* pour *quicquid.* ταώς, Æol. ταρός, *pauo.* rustare, ruspare. pitita, pipita, d'où vient le François pepie. tibia, piuá, piuottus, d'où vient piuot. Ital. extinctus, spento.

TH en D.

Lat. θεὸς, Deus. πέρθω, perdo. γαθέω, gaudeo. ἔνθεν, inde. ἄθυρ, adur, ador.

En CH.

Gr. Chartada, χαρχηδών. ὄριθες, Sicul. ὄρνιχες.

En F.

Gr. θῆρες, Æol. φῆρες, d'où vient feræ. θλίζω, φλίζω, d'où vient fligo simple de affligo. Hesychius: φλίψις, θλίψις. θλᾶν, φλᾶν. θλαδῶν, φλαδῶν. θύλλις, φύλλις, d'où vient follis. θηλᾶν, φηλᾶν, d'où vient fellare. θύτης, φύτης, d'ou vient popa, idest victimarius. θερμὸς, φερμὸς, d'où vient fermus, idest calidus. Lat. θύρα, foris. θύραζε, foras.

En T.

Esp. θεὸς, tio.

En Z.

Ital. θεὸς, zio.

V
Mis au commencement.

Lat. Les Eoliens auoient de coustume de mettre leur digamma deuant les mots qui commançoient par vne voyelle, au lieu duquel les Latins ont mis vn V. οἶνος, vinum. εἴκατι, viginti. ὄχλος, & par transposition, ὄλχος, vulgus. ἦρ, ver. ἑστία, Vesta. ἔσθης, vestis. ἴον, viola. ἕσπερος, Vesper, Vesperus. εἰδέω, video. ἴουκες, vibices. Hesychius: ἴψις, στιγμή. ἐμῶ, vomo. ἐμετὸς, vomitus. ἴτυς, vitus, i. circumferentia rotæ. ὠνέω, veneo. ἰξὸς, Æol. ἴσκος, viscus. ἑιῶ, viuo. ἔτος, vetus. Cette etymologie me semble plus vray-semblable que celle de Ioseph Scaliger

DES LETTRES. xxxv

de Κρέτης. ἴταλος, vitulus. Hesychius : ἴταλος, ταῦρος. ἄντης ou ἄντος, ventus. Hesychius : ἄντας, ἄνεμοι. ἄντος, Εὖρος. Εὐριπίδης. Ἀΐδας, Βορέας ἐξ᾽ ὑπὸ Τυρρίων :

Inseré.

Les mesmes Eoliens inseroient leur digamma entre deux voyelles, au lieu duquel les Latins y ont inseré l'V. ὄϊς, ouis. ὠὸν, ouum. ἄορνος, auernum. κεραὸς, ceruus. ἀὼν, æuum. σκειά, scæua. Priscien liure 1. *Hiatus quoque causa solebant Æoles interponere F digamma, quod ostendunt etiam Poëtæ Æolidæ usi. Alcman :* ϗ χεῖμα, πῦρτε, δάριον. *Et Epigrammata quæ egomet legi in tripode vetustissimo Apollinis, qui stat in Xerolopho Byzantij, sic scripta :* Δημοφάϝων Λαχοϝάων. *Nos quoque hiatus causa interponimus V loco digamma F: vt* Dauus, Argiuus, pauo, ouum, ouis, bouis.

Changé en A.

Lat. κυὼν, κυνός, canis. κύλιξ, calix. μυδάω, madeo. Priscien liure 1. *V transit in A, vt* veredus, veredarius.

En B.

Esp. auus, auulus, *abuelo*. Franc. vara, *barre.* vellarius, *belier.* variè longus, *barlong.*

En E.

Lat. ῥυμὸς, remus. ῥυμϐλκὸς, remulcus. μαϑύη, mattea. Priscien liure 1. *V transit in E,* pondus, ponderis; dejerat, pejerat, *pro* dejurat, pejurat; labrum, labellum; sacrum, sacellum. *Antiqui* auger *&* augeratus *pro* augur *&* auguratus *dicebant.*

En F.

Franc. vices, vezes, *fois.* Vara, *la Fere* (Ville). nauis, *nef.* clauis, *clef.* boue, *bœuf.* nouum, *neuf.* ouum, *œuf.*

En G.

Franc. vespa, *guespe.* vadum, *gué.* Vasco, *Gascon.* Vartampa (fleuue) *Gartampe.* vastræ, *guestres.* bisvariare, *bigarrer.* vagina, *gaine.* vastare, *gaster.* viscum, *gui.* neue, *neige.*

** ij

xxxvj DE LA CONVERSION

En I.

LAT. carnufex, *carnifex*. acucula, *acicula*. peſſumus, *peſsimus*. Optumus, Maxumus, *Optimus*, *Maximus*. Quintilien 1. 7. *Etiam* Optimus Maximus, *vt mediam i literam, quæ Veteribus* u *fuerat, acciperent,* C. *primùm Cæſaris inſcriptione traditur factum.* FRANC. vacariæ, *iacheres*.

En M.

LAT. auita, *amita*. FRANC. varicare, *marcher*.

En O & OV.

LAT. Quintilien 1. 4. *Quid o atque u permutatæ inuicem?* vt Hecoba *&* notrix: Culchides *&* Pulyxena *ſcriberentur. Ac, ne in Græcis id tantùm notetur*, dederont ac probaueront. *Sic* O'δυσευς *quem* O'λυσσέα *fecerunt Æoles ad* VIyxem *deductus eſt.* Priſcien liure 1. *Multa præterea vetuſtiſsimi etiam in principalibus mutabant ſyllabis :* vt, *cùm* cungrum *pro* congrum, cunchin *pro* conchin: huminem *pro* hominem *proferentes :* funtes *pro* fontes: frundes *pro* frondes, *&c. quæ tamen à Iunioribus repudiata ſunt, quaſi ruſtico more dicta.* V *quoque multis Italiæ populis in vſu non erat, ſed è contrario vtebantur* O. *Vnde Romanorum quoque vetuſtiſsimi in multis dictionibus loco eius, o poſuiſſe inueniuntur:* poblicum *pro* publicum, *quod teſtatur Papyrianus de Orthographia:* polchrum *pro* pulchrum: colpam *pro* culpam *dicentes*, *&* Hercolem *pro* Herculem. *& maximè digamma antecedente hoc faciebant:* vt feruos *pro* feruus; volgus *pro* vulgus; Dauos *pro* Dauus.

En P.

LAT. ouilio, *opilio*. caluitur, *calpitur*. ITAL. veſpertilio, *pipiſtrello*.

X

Changé en SC.

LAT. ἀξίνη, *aſcia*. myxa, *miſca*. axilla, *aſcella*. ITAL. exire,

DES LETTRES.

vscire. exuccus, *sciocco.* exauguratus, *sciagurato.* exalbidus, *scialbo.* Les Æoliens ne se sont jamais seruis du ξ, & les Atheniens ne s'en sont seruis que fort tard. Les vns & les autres disoient σκένος au lieu de ξένος, & ἱέρακς au lieu de ἱέραξ. D'où vient que Quintilien 1. 4. dit qu'on pouuoit bien se passer de cette lettre: *Et nostrarum vltima x, quâ tamen carere potuimus, si non quæsissemus.* Les Espagnols prononcent encore apresent X comme SC.

En SS.

ITAL. Luxemburgum, *Lussemburgo.* FRANC. braxare, *brasser.* exauriculare, *essoriller.* Les Italiens n'ont point de X, au lieu duquel ils se seruent de S simple, comme *esempio* de *exemplum* : ou de S double, comme *Alessandro* de *Alexander.*

Y

Changé en A.

LAT. κυών, κυνός, *canis.* κύλιξ, *calix:* μυδάω, *madeo.*

En E.

LAT. ῥυμὸς, *remus.* ῥυμβαλκὸς, *remulcus.* ματθύη, *mattea.*

En O.

LAT. φύλλον, *folium.* μύλη, *mola.* μυσωτὸν, *moretum :* ἄγκυρα, *anchora.* νὺξ, *nox.* κύκλωψ, *cocles.*

En V.

LAT. μινύω, *minuo.* Velius Longus en son traitté de l'Orthographe: *Verrio Flacco videtur eandem esse apud nos V literam, quæ apud Græcos Y. Namque his exemplis argumentatur. Quod illi dicunt* κύμινον, *nos* cuminum. *Quam illi* κυπάρισσον, *nos* cupressum : *illi* κυβερνήτην, *nos* gubernatorem. *Nec non ex eiusmodi* Theseus, Mœnœtius, Peleus, *& similibus adfirmat.* δύω, μῦς, σῦς, τύρβη, ῥύω, πλύω, κύβος, τύ. *duo, mus, sus, turba, ruo, spuo, cubus, tu.* Donat sur l'Hecyre Act. 1. Sc. 2. *Syra:* Sura Veteres xxxviij *DE LA CONVERSION*

legerunt, u *pro* y *ponentes, vt* Musia, Suria. *Marius Victorinus:*
Y *verò factum eodem ordine scriptum habemus, quo illi, recisa tantùm virgula iuncta, sic* V. Les Italiens n'ont point d'Y.

Z

Changé en D.

Lat. βάζω, *vado.* ὄζω, *odo,* d'où vient *odor.* On a ensuitte dit *olo,* & ensuitte *oleo.* Les Espagnols disent encore apresent *olor* pour *odor.* Cyzicus, *Cydicus.* Sabazius, *saladius.* Lazi, *Ladi.* Priscien liure 1. chap. dernier: Y *& Z tantummodò ponuntur in Græcis dictionibus, quamuis in multis Veteres hæc quoque mutasse inueniantur, & pro* y, u: *pro* Z *verò, quod pro* SS *coniunctis accipitur* S *vel* D *posuisse: vt* fuga, murrha, *pro* φυγή, μύρρα; Sagunthum, massa, *pro* Ζάκυνθος, μᾶζα. Odor *quoque* ἀπὸ τοῦ ὄζειν; Sethus, *pro* Ζῆθος *dicentes, &* Medentius *pro* Mezentius.

En DD.

Gr. μάζα, Æol. μάδδα. παίζειν, παίδδειν. σφαιρίζειν, σφαιρίδδειν.

En DS.

Gr. παίζειν, Dor. παίδσειν.

En I.

Lat. ζυγόν, *iugum.* Ζεὺς πατήρ, Iuppiter.

Continet in se Etymologia multam eruditionem; siue illa ex Græcis orta tractemus, quæ sunt plurima, præcipuéque Æolica ratione, cui est sermo noster simillimus, declinata: siue ex Historiarum veterum notitia, nomina hominum, locorum, gentium, vrbium requiramus. Quintilien liure 1. chap. 6.

LES

LES ORIGINES DE LA LANGVE FRANÇOISE.

A A.

**A.** Riuiere qui passe à Saint Omer. Outre cette riuiere il y en a encore deux de ce nom à Bolduc; vne autre à Munster, que les Allemans appellent en Latin *Alpha*, qui tombe dans l'Ems; & vne autre non loin de Munster, qui tombe dans la Lippe. M. Sanson, tres-sçauant Geographe, croit que le mot AA a esté fait du Latin *aqua*. Pour moy ie croirois plustost que le Latin *aqua* auroit esté fait du Grec ἄα, qui dans Hesychius est interpreté deux fois *vn amas d'eau*, σύςημα ὕδατος, & qu'on y auroit adjousté vn c, comme en *specus* de σπέος. Mais il n'y a gueres d'apparence de croire que les Flamans & les Allemans ayent emprunté ce mot-là des Grecs. Dans le Dictionnaire Danois *aa* est expliqué *vn fleuue*: or comme les Danois ont possedé plusieurs endroits des Pays-bas, & particulierement le pays le long duquel coule cette riuiere de

Continet in se Etymologia multam eruditionem; siue illa ex Græcis orta tractemus, quæ sunt plurima, præcipuéque Æolica ratione, cui est sermo noster simillimus, declinata: siue ex Historiarum veterum notitia, nomina hominum, locorum, gentium, vrbium requiramus. Quintilien liure 1. chap. 6.

LES

LES ORIGINES DE LA LANGVE FRANÇOISE.

A A.

A. Riuiere qui passe à Saint Omer. Outre cette riuiere il y en a encore deux de ce nom à Bolduc; vne autre à Munster, que les Allemans appellent en Latin *Alpha*, qui tombe dans l'Ems; & vne autre non loin de Munster, qui tombe dans la Lippe. M. Sanson, tres-sçauant Geographe, croit que le mot AA a esté fait du Latin *aqua*. Pour moy ie croirois plustost que le Latin *aqua* auroit esté fait du Grec ἄα, qui dans Hesychius est interpreté deux fois *vn amas d'eau*, σύγχυμα ὕδατος, & qu'on y auroit adjousté vn *c*, comme en *specus* de σπέος. Mais il n'y a gueres d'apparence de croire que les Flamans & les Allemans ayent emprunté ce mot-là des Grecs. Dans le Dictionnaire Danois *aa* est expliqué *vn fleuue*: or comme les Danois ont possedé plusieurs endroits des Pays-bas, & particulierement le pays le long duquel coule cette riuiere de

A B.   A B.

Saint Omer (car nous voyons dans l'Histoire que Sifridus le Danois vers l'an 918. occupa le Comté de Guines) il y a grande apparence que ne sçachant pas le nom particulier de ce fleuue, ils l'appellerent du nom general *a a*, c'est à dire, *riuiere*; comme les Arabes ayant occupé la Sicile, appellerent le mont Etna *Gibel*, c'est à dire, *montagne*. Car ie ne suis pas de l'auis de Scaliger, qui pense que *Montgibel* a esté dit par corruption pour *Mulciber*, à cause de ses flâmes ; c'est dans ses Notes sur le poëme d'Ethna. Il a esté ainsi dit, comme ie croy, du mot Latin *mons*, & de l'Arabe *Gibel*, comme qui diroit, *la montagne de Gibel*. Ainsi *Gibraltar* a esté dit de *Gibal*, qui est la mesme chose que *Gibel*, & d'vn Capitaine nommé *Tarik*, comme l'a curieusement remarqué le mesme Scaliger dans son Liure de l'emendation des temps. Quant aux Allemans qui ont aussi appellé plusieurs riuieres de ce nom d'*a a*, quoy qu'eux & les Danois ne s'entendent comme point à present, il est certain neantmoins que la langue Danoise est originaire de l'Allemande ; & il est vraysemblable que ce mot a signifié autrefois parmy les Allemans ce qu'il signifie aujourd'huy parmy les Danois.

A B.

ABANDONNER. Le mot de *ban* a esté pris autrefois en plusieurs significations, & entre autres pour vne chose publique & voüée au public, comme nous le ferons voir en son lieu; ce qui a fait croire à Pasquier, que ce mot *abandonner* auoit esté fait de ces trois *à ban donner*, & que c'est comme qui diroit, *exposer à la discretion du public*. Voyez-le au liure VIII. chap. 36. de ses Recherches. Les Italiens disent aussi *abbandonnare*.

ABBAYER. De *adbaubare*. Les Gloses anciennes : *baubantur*, ὑλακθσιν. *Baubant, latrant*, ὑλακθσιν. L'Onomasticon Grec-Latin : *baubo*, βαΰζω. *Baubare* a esté fait de βαΰζειν: Hesychius, βαΰζειν, ὑλακτεῖν : & βαΰζειν, du son de la voix des chiens.

ABBÉ. De *Abbas*, qui vient du Syriaque אבא *Abba*, qui signifie *Pere*, parce que l'Abbé est comme le Pere des Moines. Les Gloses: *Abba, Pater*. Dans Hesychius ἄππας est interpreté ὁ τροφεὺς & il est pris pour *Pere* dans vn Hymne de Callimaque à Diane. Ces deux mots *Abba* & *Pater* se trouuent joints ensemble dans l'Epistre aux Romains, VIII. 15. *Non enim accepistis spiritum seruitutis iterùm in timore, sed accepistis spiritum adoptionis filiorum in quo clamamus Abba Pater*. Et dans l'Epistre aux Galates, IV. 6. *Quoniam autem estis filij, misit Deus spiritum Filij sui in corda vestra clamantem Abba Pater*. sur lesquels lieux Drusius remarque que ce n'est pas vn pleonasme, & que *Abba* est nom de dignité, & *Pater* de nature. De *Abbas Abbatis* on a fait *Abbatissa*, qui se trouue dans Sidonius, liure VIII. Epist. 17. d'où nous auons fait ABBESSE. Au reste, ce mot *Abbé* a esté pris autrefois parmy nous pour celuy de *noble* & de *Seigneur*, les meilleures Abbayes estant lors infeodées aux grands Seigneurs sous mesme condition de seruice personnel que les Fiefs. Cujas sur le Tiltre I. du liure I. des Fiefs: *De Abbatis nomine illud non omittam, nonnumquam in Historijs Abbates accipi pro Nobilibus, quod nomen etiam hodie retinent in montibus Pyrenæis nobiles quidam: & hoc sensu quantum opinor Annonius V. cap. 1. Carolus*, inquit, *ordinauit per totam Aquitaniam Comites Abbatésque, necnon alios plurimos quos Vassos vulgò vocant*. Et cap. 39. *Quibusdam Abbatiolas sicut erant integras dedit: quibusdam de Abbatiola Martiniana beneficiola donauit*. Et cap. 36. *Ludouicus quos potuit conciliauit sibi, dans eis Abbatias & Comitatus ac Villas*. Suidegerus in Chronicis Franciæ Gallicis: *Abbates*, inquit, *in antiquis Historijs non sunt Monachi vel Religiosi; sed Barones Magnatésque seculares, quibus Abbatias vel Monasteria Princeps dat ad tempus, vel quoad vixerit*, &c. Et comme ces Abbez estoient ordinairement & Ducs & Comtes, ils sont appellez *Abbicomites* dans Gerbert, epist. 17. Ils se trouuent aussi appellez *Archiabbates* dans vn Cartulaire de Saint Aubin d'Angers, & *Abbates Milites* dans vne Transaction entre l'Abbé de Moissac & le Comte de Montfort, comme l'a obserué M. Galland en son Franc-alleu, pag. 297. & suiuantes : où il obserue aussi qu'à la difference de ces Seigneurs Abbez, les Abbez qui faisoient les fonctions Ecclesiastiques furent appellez *reuera Abbates*, fondé sur vn tiltre de l'an 1219. par lequel la Communauté de Moissac rend hommage *al Senhor reuera Abbat.* mais c'est peut-estre vne faute d'escriture, au lieu de *Reuer. Abbat.* pour *Reuerendissime Abbé.* V. Fauchet $\overline{IX}$. 5.

ABECÉ. Des trois premieres lettres Françoises *a b c*, comme *Alphabet* des deux premieres Grecques ἄλφα & βῆτα.

ABECHER. Voyez *bec*.

ABEILLE. De *apicula*, d'où vient aussi *aueille*, comme *auette* de *apetta* ou *apette* diminutif de *ape*. On a aussi dit *eps* de *apis*. L'ancienne coustume de Monstrueil : *Se aucuns eps ou mousches à miel s'enuolent, &c.*

ABBEVILLE. Ville de Picardie. De *Abbatis villa*. Le Pere Sirmond dans ses Notes sur les Epistres d'Alexandre $\overline{III}$. epist. $\overline{XXXVI}$. *Villa Abbatis initio dicta est, quæ possessio erat Abbatis S. Richarij titulo Prioratus in agro Pontino Ambianensis Diœcesis ad Semonam. Nunc priscum etiam nomen retinet, postquam ad iustæ amplitudinis oppidum excreuit.*

ABBONNER. Comme quand on dit *terres abbonnées. Roucins de seruice abbonnez à tel prix, &c.* Pasquier liu. $\overline{VIII}$. chap. 62. estime qu'on a dit *abonner* par corruption pour *aborner*. Pour moy j'estimerois plustost qu'on auroit dit *aborner* au lieu de *abonner*, & *borne* au lieu de *bonne*, ce mot de *bonne* estant tres-ancien en nostre langue. Glaber Rodolphe qui viuoit enuiron le temps du Roy Robert : *Multi ibi limites quos alij* BONNAS *vocant suorum recognouerunt agrorum.* C'est au chap. 10. du liu. $\overline{II}$. de son histoire. En Perigord on dit encore *boine* pour *borne*, & en Picardie *bone*. *Bonna* peut venir de βυνὸς qui signifie *vne buie, vne eminence de terre*, les eminences de terres seruant de bornes d'ordinaire. Faustus & Valerius : *In limitibus vbi rariores terminos constituimus, monticellos plantauimus de terra, quos botontinos appellauimus.* Voyez Ragueau en son Indice.

AB.   AB.

ABLETTE. De *albuletta* diminutif d'*albula*, dont on a aussi fait *able*, qui se trouue dans la version de Rondelet. *Albula* a esté dit de ce poisson. Le Glossaire intitulé, *Excerpta ex vet. Lexico*, pag. 250. *albula*, ἰχτύερα: or ἰχτύερα en quelques lieux particuliers a signifié vne espece de poisson. Hesychius: ἰχτύερα, ἐθνικῶς ἰχθῦς. L'Eschole de Salerne:

Lucius & perca & saxaulis, albula, tinca.

Voyez M. Moreau sur ce lieu, & Gesner dans son liure des poissons. Il y a apparence que cet *albula* est l'*alburnus* dont parle Ausone en ces vers:

Quis non & virides vulgi solatia tincas
Norit, & alburnos prædam puerilibus hamis,

& qu'il a esté appellé *albula* de sa couleur blancheastre, de mesme que le Tibre. Festus: *Albula Tiberis fluuius dictus ab albo aquæ colore. Albus, albulus, albula*, A B L E. *Albuletta, abletta,* A B L E T T E.

ABOILAGE. C'est vn droict qu'ont les Seigneurs Chastelains de prendre les abeilles qui se trouuent dans les forests de leurs Chastellenies. Vn Tiltre de la Maison de Sully: *A tous ceux qui ces presentes,* &c. *C'est à sçauoir sur ce que li dis Messire Pierre auoit pris aboilles en son bois qui appartenoit à ladite Dame pour le droict de la Chastellenie,* &c. *à la parfin lesdites parties presentes,* &c. *Accordé fut en iugement en l'assise de Chasteau-Meillan,* &c. *que de cy en auant ladite Dame prendra & aura ledit aboilage, & ly demora li droict & la saisine de prendre & d'auoir ledit aboilage en bois doudit Cheualier, & ailleurs en sa terre pour raison de sa Iustice & dou droict de son cateaul & de sa Chastellenie. Donné le Dimanche apres la Saint George, l'an de grace* 1369. Et sur le tiltre il y a pour inscription: *Item, lettre de condamnation de Monsire Pierre de Guirlay, que toutes les abeilles qui seront trouuées en la Forest de Nichier seront à Madame.* Dans vn autre tiltre de la mesme maison: *Vniuersis,* &c. *Nobiles Viri Petrus de Guyrelayo Miles, & Guilermus eius filius Domicellus certi,* &c. *recognouerunt se adcensasse & ad censam tenere & habere in perpetuum à Domini nobili Margareta Domina Soliaci & Castro-Mellani pro viginti solidis Turonensibus annuæ pensionis siue censæ, reddendæ & soluendæ annuatim* *in perpetuum*, &c. *Abolagium nemorum de Nichier, quod abolagium eidem nobili pertinebat, ratione iuris Castellaniæ suæ de Castro-Mellani*, &c. *Datum die Veneris ante hyemale Festum B. Martini, anno Domini* 1319. De *aboilles* qu'on a dit pour *abeilles*, comme il paroist par le tiltre François cy-dessus allegué. Ces deux tiltres m'ont esté communiquez par M. de Launé Aduocat au Parlement.

ABRI. Les Espagnols disent de mesme *abrigo*. On deriue d'ordinaire l'vn & l'autre de *apricus*. Pasquier, liure VIII. de ses Recherches, chap. 61. *Ie ne veux pas icy oublier le mot de* apricus *Latin, dont les nostres ont formé* ABRI, *& toutefois tous deux de contraire signification: car le Latin signifie estre à l'ouuert, & le nostre au couuert du Soleil.* Couarruuias en son thresor de la langue Castillane: *Abrigo vale reparo contra las inclemencias del Cielo: particularmente contra el frio. Del Latino* apricus, *que vale* Soli expositus vel apertus. *Perque los lugares abrigados o puestos al medio dia los calienta el Sol.* M. de Saumaise sur Solin, pag. 990. *Aprica loca dicuntur quæ opportunè Solem accipiunt quasi* aperica, *quòd Soli aperta sint: nam* apericum *Veteres dixere. Id tamen cum modo fieri debet, nec omnis locus Soli expositus apricus dicitur ex Latinè loquentium vsu. Quid enim si adeò Soli patens sit & apertus, vt immodicis caloribus torreatur? hunc Latini* apricum *non dicerent:* ce qu'il prouue par plusieurs passages, en suitte desquels il adjouste: *Apricas terras Poëta simpliciter opposuit frigidioribus. Inde inepti Grammatici* apricum *quasi* ἄνευ φρίκης *dictum interpretantur, atque inde etiam appellatam* Africam. Il entend parler de Pompeius Festus. *Ab ea voce* apricum *locum idiotismo suo Galli vocant, qui à vento, pluuia & reliquis cæli iniurijs seclusus est ac tectus* ABRI, *hoc est,* apricum. *Glossæ:* apricus, τόπος εὐήλιος. Rectè εὐήλιος, *qui Solem adtemperatum recipit.* Ie trouue dans les mesmes Gloses: apricum ἡλιαζόμενον. Nicod en son thresor de la langue Françoise improuue cette etymologie: *Abri est en la terre ce que cale est en mer, & partant ne peut estre du Latin* apricus, iaçoit que Nebrissence rend en Espagnol *abrigado lugar* pour locus apricus. Et Pierre Pithou en son traitté des Comtes de Champagne, où apres auoir dit que la Brie a esté ainsi appellée du mot *abri*, qui fignifie *couuert*, il adjoufte: *Ce qui me fait émerueiller de ceux qui faifant profeſſion de la pureté de noſtre langue, interpretent* A B R I, *car ainſi l'eſcriuent-ils, lieu découuert & expoſé au Soleil, déduiſans ce mot du Latin* apricum: *veu meſme que Solomoch ancien Rabi, & comme aucuns penſent Champenois, qui s'ayde bien ſouuent des mots de ceux entre leſquels il a veſcu, vſe de cettuy-cy en la premiere ſignification que nous auons dite, exprimant au* III. *chap. de Ioël ce que les autres ont tourné* operimentum *par le mot d'*Abri, *qu'encor en tout euenement ie déduirois pluſtoſt de* arbre, *ſelon noſtre prononciation*. L'opinion de Pierre Pithou me ſemble la plus vray-ſemblable. *Arbor, albor, alberus*, d'où les Italiens ont fait *albero; albericus, albricus*, d'où les Eſpagnols ont fait *abrigo*, A B R I.

ABRICOTS. Les Latins ont appellé ces fruicts *mala præcoqua & præcocia*, à cauſe qu'ils ſont haſtifs, comme les Hebreux שקד *Sached* les amandes, du verbe שקד *Saçhad*, qui ſignifie eſtre diligent. Martial liu. XIII. *epigr*. 46.

Vilia maternis fueramus præcoqua ramis,
Nunc in adoptiuis Perſica cara ſumus.

Pline liu. X V. chap. 12. *Perſica duracina poſt autumnum matureſcunt, æſtate præcocia intra triginta annos reperta, & primò denariis ſingula venundata*. Dioſcoride liu. I. chap. 166. ἀρμδινιακά, ῥωμαῖτι δὲ πραικόκια. De *præcocia* les Grecs ont fait πραικόκκια. Galien *de puero epileptico*: καὶ τὰ πραικόκκια καλέυμδυα. Et πρεκόκκια. Le meſme Galien au titre du chap. 20. du liu. II. des facultez des aliments: περὶ ἀρμδινιακῶν καὶ πρεκοκκίων. Et en ſuite, βερικόκκια: ἐκ δὲ τῶν ὑγρῶν καὶ ὑδατωδῶν σωμάτων ἐςὶ τὰ βερικόκκια καλέυμδυα καὶ τὰ πραικά, c'eſt au liu. I. chap. 4. du meſme traitté des facultez des aliments. Et βερέκοκκα. Les Gloſes: βερέκοκκα, pruna. De βερέκοκκιον ou βερέκοκκον, les Italiens ont fait *bericoco & bericocolo*, & les Arabes auec leur article *al*, *albericoque*. Ce mot ayant paſſé depuis aux Eſpagnols, quoy qu'ils diſent plus communément *aluarcoque*, les François de l'Eſpagnol *albericoque* ont fait *abricot*, que les Anglois ont en ſuite emprunté de nous.

AC.

ACAKIA. Famille de Paris. Cette famille a esté ainsi appellée de Acakia Medecin de François I. & duquel il est fait mention dans Marot. Ce Medecin changea son nom de *Sans-malice* en celuy de *Acakia*, parce que ce mot en Grec signifie *sans-malice*, ἀκακία. Voyez M. Moreau dans la vie de Syluius, & M. Naudé dans le discours qu'il a fait du jugement des œuures de Niphus. Il y a encore presentement à Paris vn Medecin de cette famille, mais qu'on appelle *Acathias* par corruption ; & auec le temps il y a apparence qu'on l'appellera *Agathias*.

ACARIASTRE. Iacques Syluius en sa Grammaire Françoise, pag. 104. le deriue de Saint Acaire : *à Sto Aquario huius mali propulsatore*. Nicod dit la mesme chose en son Dictionnaire. *Acariastre, de Saint Acaire qu'on appelle en Latin Acarius, & auquel on meine les Acariastres.* Il y auroit plus d'apparence de croire qu'on auroit eu recours à ce Saint pour ce mal, à cause de la conformité du mot *acariastre* auec celuy d'*Acarius*. Ainsi on est s'est adressé à Saint Mathurin pour les fous, qu'on appelle en Italien *matti* ; à Saint Eutrope pour les hydropiques ; à Saint Auertin pour les Vertigineux, qu'on appelloit autrefois Auertineux ; à Saint Mammard pour les maux de mammelles ; à Saint Main pour les rongnes des mains ; à Saint Genou pour la goutte ; à Saint Aignan pour la taigne ; à Saint Clair pour le mal des yeux ; à Saint Oüen pour la surdité ; à Saint Fenin, qui est comme les paysans de Normandie appellent Saint Felix, pour ceux qui sont tombez en chartre, qu'ils appellent *fenez* ; à Saint Atourny, c'est Saint Saturnin, pour ceux à qui la teste tourne, &c. Voyez H. Estienne en son traitté preparatif pour l'Apologie d'Herodote, pag. 471. par cette mesme raison on a eu recours pour les choses égarées, qu'on appelle *épaues* à Saint Antoine de Padoüe. Coquille dans ses Institutions chap. des droicts de Iustice en commun ;

AC. AC. 9

mun: L'autre cas est des épaues, qui est vn mot François signifiant les choses mobiliaires égarées, desquelles on ne sçait le maistre & proprietaire. Ce mot a donné occasion à aucuns Chrestiens de facile creance de s'adresser par prieres à Saint Antoine de Padoüe de l'Ordre de Saint François pour recouurer les choses égarées; parce qu'en ancien langage Italien, que les Contadins retiennent encore, on appelloit PAVA, ce qu'aujourd'huy on appelle PADOVA, en laquelle ville repose & est grandement reueré le corps de Saint Antoine dit de Padoüe ou de Pade. Pour reuenir à nostre mot *acariastre*, j'estime quant à moy qu'il a esté fait de *acriaster*. *Acer, acris, acriaster* ACARIASTRE. Ainsi de *rudaster* deriué de *rudis* on a fait *rouastre*, qui est encore en vsage en quelques Prouinces.

ACCABLER. Cambden en sa Bretagne le deriue de l'Anglois *cablù*, qui signifie *opprimer*.

ACCE'S de fiévre. De *accessus* qu'on a dit pour *accessio*, qui se trouue en cette signification dans les bons Autheurs. Vespasien dans Suetone: *Prima morbi accessione Deus fio*. Le Glossaire intitulé *Excerpta ex vet. Lexic.* au tiltre de *medicina* pag. 261. *accessio*, εἰσβολή. Comme on a dit *accessus* pour *accessio*, on a dit de mesme *accessio* pour *accessus*. Plaute: *Qui tibi interpellatio, aut in consilium huc accessio est?*

ACCOINTER. De *adcomitare*.

ACCORDER. Les Italiens disent de mesme *accordare*. De *ad* & de *cor cordis*; d'où viennent aussi *concordare* & *discordare*, qui se trouuent dans les bons Autheurs Latins.

ACCORT. De l'Italien *accorto*. Pasquier VIII. 3. *Nous auons depuis 30. ou 40. ans emprunté plusieurs mots d'Italie, comme* contraste *pour* contention; concert *pour* conference; accort *pour* auisé; en couche *pour en ordre*; garbe *pour ie ne sçay quoy de bonne grace*; faire vne supercherie à vn homme, *quand on luy fait vn mauuais tour à l'impourueu*, &c. *accorto* vient de *accorgere*, qui a esté fait de *adcorrigere*, comme *porgere* de *porrigere*.

ACEE. On appelle ainsi vne beccasse dans la Xaintonge & dans le Poictou. Du Latin *acceia*. Les Gloses anciennes: *accia & acceia*, ἀσκαλάφη. L'ancien Lexicon Grec-

Latin au chapitre des oiseaux: *acceia, ἀοχγ λἀφη.* Bonauentura Vulcanius sur ce lieu des Gloses a remarqué que ce mot estoit en vsage parmy les Xaintongeois & les Poicteuins: *Auis est quam à rostri magnitudine Galli Beccasse, Belgæ Sneppe vocant. Pictones tamen hodie & Santones acceiæ appellationem vernaculâ suâ linguâ retinent.* Ce qu'il tenoit sans doute de Scaliger, qui auoit demeuré long-temps & en Xaintonge & en Poictou.

ACERER. Voyez *acier*.

ACHETER. Il y en a qui le deriuent de *acceptare*. il vient de *accaptare*, qui dans les Capitulaires de Charles le Chauue est employé pour *petere*, *captare*, *acquirere*; d'où les Italiens ont aussi fait *accattare*. Nous prononcions anciennement *achapter*, comme le témoigne le mot *achapt*, & il est tousiours ainsi escrit dans les vieux liures. Voyez le P. Sirmond sur les Capitulaires de Charles le Chauue pag. 38. & Vossus *de vitiis sermonis* IV. 1, qui croit que *accaptare* a esté corrompu de *acceptare*. M. Caseneuue est d'vn autre auis: c'est au chap. 12. du liu. II. de son Franc-aleu: *Dans les Capitulaires de Charles le Chauue tit.* XVI. *chap.* 13. *Accaptare signifie se rendre vassal d'vn Seigneur, comme il se voit en ces paroles adressées à ceux qui s'estoient détachez du party de Charles le Chauue*: Et mandat nobis noster Senior, quia si aliquis de vobis talis est, cui suus Senioratus non placet, & illi simulat vt ad alium Seniorem melius quàm ad illum acceptare possit. *Or d'autant que les mots passent auec le temps d'vne signification à autre, & produisent d'autres termes qui portent tousiours les marques de leur origine, de* accaptare *se formerent les mots* Acapitum, Acaptio *&* Acaptamentum, *lesquels signifient proprement le droict d'entrée, que les vieux Actes appellent* intragium, *& les Coustumes de Niuernois & de Bourbonnois* Entrage : *qui est cette somme d'argent qu'on payoit au Seigneur pour l'infeodation d'vn bien qui estoit d'vn trop grand prix pour estre donné sous la seule obligation de l'hommage, ou sous la redeuance d'vne petite censiue. Il y a dans le Registre* Olim *du Parlement de Paris, intitulé* Feuda, *vn acte de l'infeodation du chasteau de Beaucaire & des terres qui en dependoient, faite à Simon Comte de Montfort, par* l'*Archeuesque & Chapitre d'Arles*, *dans lequel ils confessent auoir receu du Comte, outre cent marcs d'argent de rente annuelle, à laquelle luy & ses successeurs s'obligent*, pro accapito M. CCCC. marchas boni & legalis argenti ad pondus Villæ Montispessuli. *Ce droict d'entrée est appellé* Prim acapte *dans vn vieux Acte en langue vulgaire de l'an* M. CCLV. *en ces termes*; Et auei nom donat d'intrada è de prim Acapté & de conqueremen $\overline{XI}$. sols de melgoires. *Il y a dans vn vieux liure des Archiues de l'Eglise de Saint Estienne de Tolose vn Acte où se lisent ces paroles*: Et in hoc Feuo dederunt illorum Domino Præposito $\overline{v}$. sol. Acaptionis, & in vno quoque anno vnum prandium optimum. *Et dans vn autre Acte des mesmes Archiues ce droict est appellé* munus, *par vne façon de parler plus douce & plus honorable à celuy qui faisoit l'infeodation*: Alios verò feudos laïcales quisquis teneat, nostra manu teneat, & si pro honore Acaptationis detur munus, fit medietas nostra & medietas Prioris. *I'ay veu encore vn Acte de l'an* M. CLXIV. *où il est dit*: Insuper soluet pro Acaptamento $\overline{xx}$. solidos Monetæ Tolos. benè pensantes, & vnum denarium eiusdem Monetæ annui censûs. *Ie trouue aussi que* Acaptamentum *signifie le droict qui se payoit à chaque changement de Seigneur & de Vassal, comme dans vn autre Acte extrait de ce registre* Olim, *& passé entre Simon Comte de Montfort & l'Euesque d'Agen*: Prædictas autem medietates Iusticiarum, & Monetam Agenni Episcopus tenebit à Comite in Feudum, & in mutatione Comitis seu Episcopi, tanquam Domino jurabit Episcopus Comiti fidelitatem, saluâ in omnibus Ecclesiæ Romanæ fidelitate, & dabit in mutatione Comitis seu Episcopi Acaptamentum in recognitione Domini vnum ostearium. *De là vient qu'en Languedoc* Acapte *&* Reacapte *sont des droicts qu'on doit payer à la mort du Seigneur & du Feodataire. Et de là vient aussi que le droict de rachapt qui se paye lors que le Fief tombe en ligne collaterale, est ainsi appellé, comme estant formé de* Reacaptum. *Tout cela témoigne clairement contre l'opinion de nos aduersaires, que* Acaptamentum *est vn droict different des lods & ventes, puisque primitiuement ce n'estoit que le droict d'entrée qu'on payoit à la premiere inuestiture ou infeodation; & que mesme depuis les*

B ij

mots de *Acaptio* ou *Acapitum*, *qui signifient mesme chose que Acaptamentum, n'ont esté pris que pour ce qui se payoit à la mutation du Seigneur ou du Vassal, qui ne peut point conuenir aux lods & ventes, lesquels ne furent iamais deus à raison de la mutation du Seigneur.* Et d'autant qu'en France presque tous les biens sont tenus en Fief, sur tout és endroits où la regle, Nulle terre sans Seigneur a lieu, & que par le moyen de ce droict appellé *Acaptamentum, Acapitum* ou *Acaptio*, les Feodataires acheptoient en partie les possessions qui leur estoient infeodées, toutes sortes d'acquisitions faites à prix d'argent y ont esté appellées *Achapts*, & la façon de les acquerir *Achepter*; Car du moins le verbe *Acaptare* se trouue pris en ce sens dans vn Acte rapporté par Fray Diago liu. II. chap. 80. de son Histoire des anciens Comtes de Barcelonne: Et ego Raymundus Comes Barchinonensis dono vxori meæ Almodi & filijs quos de ea habuero, omnia quæ acaptaui in Balaguerio. Le peuple de Paris dit encore aujourd'huy *estoffe de bon acabit*, pour dire vne bonne estoffe, vne estoffe de bon achapt.

ACIER. De *aciarium*, dont les Italiens ont aussi fait *acciaio*, & les Espagnols *azero*. Les Gloses anciennes: *aciarium*, ϛομωμα, où *acciarium* est dit pour *aciarium*. Voyez M. de Saumaise sur Solin, pag. 1084. *Acciarium* vient d'*acies*, dont Pline s'est seruy pour le mot de *chalybs*, parce que les pointes des outils de fer sont acerées. Du substantif *acier* on a fait le verbe *acierer*, qu'on prononce *acerer*.

ACONS. Les Poicteuins appellent ainsi ces petits bateaux auec lesquels ils vont par les marais, & que celuy qui est dedans mene en poussant la terre auec le pied: ce que Rapin a tres elegamment descrit par ce distique

Cimbula cœnosum plantis pulsata per æquor
Semiuiro vehitur, semiuirúmque vehit.

ie ne sçay pas bien l'ethymologie de ce mot. Il vient peut-estre d'*acus*, comme *arçons* d'*arcus*, à cause que ces batteaux sont pointus.

ACRE. On appelle ainsi en Normandie vne mesure de terre qui contient huict-vingts perches. Spelmannus en son Glossaire, & Vossius liu. II. *de vitijs sermonis*, chap. I. le

A C.   A D.

deriuent du mot Saxon *acher*, qui signifie *ager*, & qui en a esté fait. Il vient de *acra* qu'on a dit pour *akena*. M. de Saumaise sur Solin pag. 683. *Hero ἀκέναν facit decem pedum Philetæriorum : ἠδ'ὲ ἀκένα ἔχͥ πόδας φιλεταιρίȣς ί, ἤτοι δακτύλȣς ρξ. Alter Hero Geodætes Acenæ tribuit σπιθάμας sedecim, hoc est, pedes duodecim. Pedes ergo Italicos intelligit : ἡ ἀκαια σπιθάμας ις̅. Græci antiqui ἄκαιναν scribunt, recentiores ἄκεναν. Inde Acna Columellæ certo mensuræ agri modo ; recentior Latinitas Acram pro eo dixit. Hinc in veteribus legibus, Acra prati, acra terræ, quam vocem audio hodiéque Normanos retinere. Nec id obstat quòd ἄκενα decem pedes erat longa, Acnæ verò Columella centum pedes ac vicenos tribuit, qui Bæticos actum quadratum vocare scribit. Certè* acra *ab* acna. *Sic* Diacrum *pro* Diacono *dicimus*, Pamprum *pro* Pampino, Tymprum *vel* Tymbrum *pro* tympano. Acnua *vel* Agnua *Veteres scribunt libri apud Columellam. Auctor vetus :* Agnua habet pedes x̅i̅v̅. c̅c̅c̅. Iugerum habet pedes xxviii. ccc. Les Anglois & les Escossois vsent aussi du mot d'*acre* ; & il y a apparence qu'ils l'ont pris des Normands. Voyez Spelmannus & Vossius aux lieux alleguez, & Ragueau en son Indice.

ACVEILLIR. De *adcolligere* au lieu de *accolligere*. Voyez *cueillir*.

AD.

ADE'S. C'est vn vieux mot qui signifie *ores, maintenant*. Alain Chartier au Parlement d'Amours

Iamais n'eust fait adroit son point
L'Amant : car cette femme adez
Le faisoit iouer mal à point.

De *adipsum*, où l'on sous-entend le mot de *tempus*. Au lieu de *ipsum* on a dit *issum* ; tesmoin le lieu de Suetone, où il est dit que l'Empereur Claudius condamna vn Senateur à l'amende pour auoir dit *isse* pour *ipse*. Au lieu de *issum* on a dit en suitte *essum*, comme *ella* pour *illa* ; d'où nous auons fait elle. *Ellam* est interpreté dans les Gloses par ἐκείνην ; mais peut-

14 AD. AD.

eſtre que le lieu eſt defectueux, & qu'il faut lire ἰδὺ ἐxαἰρνη, comme le corrige Bonauentura Vulcanius, *ellum* ſe trouuant dans Plaute pour *en illum*. De *eſſum* les Italiens ont fait *eſſo* qui eſt encore en vſage parmy eux, auſſi-bien qu'*adeſſo* qu'ils ont fait, comme nous *adez*, de *adipſum*. Paſquier liu. VIII. chap. 3. pretend qu'ils ont fait *adeſſo* de noſtre mot *adez*; ce qui n'eſt pas vray-ſemblable.

ADIOVRNER. De *adiurnare*, qui eſt comme qui diroit *diem dicere*, & qui ſe trouue en cette ſignification dans les Capitulaires de Charlemagne. Voyez Spelmannus & Lindembrog dans leurs Gloſſaires, & Voſſius *de vitijs ſermonis*, liu. II. chap. 22. Nous vſions autresfois de ce mot dans vne autre ſignification, comme l'a remarqué Paſquier liu. VIII. chap. 3. *Nous vſons du mot* adjourner *quand nous faiſons appeller vn homme en iuſtice par la ſemonce d'vn Sergent. Le Roman de Pepin en a vſé, pour dire que le iour eſtoit venu; qui n'eſtoit pas trop mal propre. Nous en auons perdu la naifueté pour la tourner en chicanerie.*

ADVOE'S ou ADVOVE'S, & par contraction VOVE'S. On appelloit ainſi anciennement les Patrons Protecteurs & Defenſeurs des Egliſes & des Monaſteres. De *Aduocati*, c'eſt ainſi qu'ils ſont nommez dans nos Hiſtoires Latines, & leur charge *aduocatio* & *aduocatia*. Cette charge fut introduite apres le Conſulat de Stilicon pour maintenir les droicts & biens temporels des Eccleſiaſtiques contre les entrepriſes des puiſſances ſeculieres. Le Canon 99. du Concile de Carthage : *Poſt Conſulatum Stiliconis inducta eſt Aduocatorum defenſio pro cauſis Eccleſiæ*. Et ces Aduoez eſtoient pourueus par election qu'on faiſoit en ſuitte confirmer par le Prince. Les Capitulaires de Charlemagne, liu. V. 31. *Defenſores Eccleſiarum verſus potentias Sæcularium vel Diuitum ab Imperatore ſunt poſcendi*. Et au liu. VIII. 308. *Pro Eccleſiarum cauſis ac neceſſitatibus earum & ſeruorum Dei Executores, vel Aduocati ſeu Defenſores quotiens neceſſitas ingruerit à Principe poſtulentur*. D'où vient qu'en la Chronique de l'Abbaye de Saint Pierre de Beze au Dioceſe de Langres, on lit que le Roy Clothaire, à la prierè de Waldalenus Abbé de ce Monastere, luy accorda pour Defenseur & Aduoüé vn Seigneur tres-illustre appellé Gengoul: *Petijt à nobis vt inlustris vir Gengulfus omnes causas ipsius Monasterij ad prosequendum & redintegrandum deberet recipere. Cui nos hoc beneficium præstitisse cognoscite. Quapropter per præsens hoc præceptum iubemus ad memoratas omnes causas ipsius Monasterij, inlustris vir ille ex nostro permissu licentiam habeat prosequi & vnumquodque vt iustum est restituat. Sic tamen quandiu eorum pariter fuerit voluntas. Data $\overline{XV}$. KL. Sept. anno $\overline{VIII}$. regni Domini Chlotarij Regis.* Ces confirmations n'ont pas toutefois tousiours esté requises ny obseruées, car il se trouue vn nombre infiny d'elections & de prouisions d'Auocz faites par la seule authorité des Eglises & des Monasteres, comme l'a tres-curieusement remarqué André du Chesne en son Histoire de la Maison de Bethune, liu. $\overline{I}$. chap. 3. qui est de la dignité & charge des Aduoez, & où il produit plusieurs exemples de ces elections & prouisions faites sans auoir esté confirmées par les Princes. Outre ces Aduoez des Eglises & des Monasteres il y en auoit des Villes, Pays & Communautez, comme l'a aussi tres-curieusement remarqué Pierre Pithou en son liure des Comtes de Champagne: *Et tels sont, dit-il, ceux que nous trouuons estre appellez les Aduoez d'Ausbourg, de Zurich, de Bethune, de Bergues, d'Arras, de Therouenne, de saint Michel Nomeni & autres lieux.* Ce qu'il confirme par deux actes des années M. CLXXXVII. & M. CCX. par lesquels Berthoul Duc de Zeringe & Gouuerneur de la haute Bourgogne pour l'Empereur, se qualifie legitime Aduoé de Zurich: *Ego Berchtoldus de Zeringen Dux & Rector Burgundiæ, Dei & Imperiali gratiâ Thuregici loci legitimus Aduocatus, quod Kastuogt dicitur,* &c. *Berchtoldus Dux Zeringiæ Dei & Imperatorum ac Regum dono Iudex constitutus & Aduocatus, qui vulgò Kastuogt dicitur, in omne Thuregium Imperialem Iurisdictionem tenens.* Les Annales de Colmar remarquent semblablement qu'Adolphe Roy des Romains ayant resolu d'assister le Roy d'Angleterre contre Philippe le Bel Roy de France, institua Thibault Comte de Ferrette Aduoüé de la terre d'Alsace, pour la defendre contre les entreprises des François. Quant aux Aduoéz d'Arras, de Theroüenne, de Tournay & de Bergues, ils ont esté appellez Aduoüez, non pas, comme l'a crû Pierre Pithou, qu'ils le fussent de ces villes, mais parce qu'ils l'estoient des Eglises principales de ces lieux-là, ce qu'André du Chesne a observé au lieu allegué, où il remarque aussi que ces Aduoüez des Villes & Communautez n'ont esté ainsi appellez que bien tard & à l'exemple des Aduoüez des Eglises, à l'exemple desquels les maris & les tuteurs ont esté aussi appellez Aduoüez de leurs femmes & de leurs pupilles. Ainsi les Seigneurs de Bethune se qualifioient Aduoüez d'Arras à cause qu'ils estoient Protecteurs de l'Abbaye de Saint Vaast, à laquelle vne partie de la Iurisdiction & Seigneurie de la ville d'Arras appartenoit. Ils se disoient aussi Aduoüez de Bethune, non parce que cette ville fust en leur Aduoüerie, comme quelques-vns ont crû, car le domaine & la proprieté leur en appartenoit, & les habitans estoient leurs subjets; mais parce qu'ayant l'Aduoüerie de Saint Vaast d'Arras, & estant auec cela Seigneurs de la Ville & Baronnie de Bethune, ils attribuoient à leur Seigneurie le tiltre de leur charge & dignité. Voyez M. Bignon dans ses Notes sur Marculphe, Ragueau dans son Indice, François Pithou & Spelmannus dans leurs Glossaires, Cujas sur le $\overline{v.}$ liure des Fiefs, Pierre Pithou des Comtes de Champagne pag. 471. & les suiuantes, Ritterhusius sur Saluien pag. 221. M. Grotius *de Imp. summ. potest.* & sur tout André du Chesne en son Histoire de la Maison de Bethune. On a aussi dit ADVOYERS & ADVOVERIE, ce qui fait voir que pour *aduocatus* & *aduocatia* on a dit *aduocatarius* & *aduocataria*.

AF.

AFFEVRER ou *afforer*. C'est vn vieux mot François, qui signifie *taxer*, *estimer*, *mettre à vn certain prix*. Le vieux Coustumier de Normandie chap. 20. tiltre des Vsuriers: *Tel a affeuré son cheual à feur* &c. c'est à dire, acheté son cheual

cheual au prix, &c. Pasquier liu. VIII. chap. 50. se trompe de dire qu'il signifie *acheter*. Voyez Spelmannus au mot *afferatores*, & Ragueau au mot *asseurer*.

AFFIN. De *ad finem*. Anciennement on disoit *ad fin*, & vous le trouuerez ainsi dans Perceforest.

AFFRONT. De l'Italien *affronto*. Ce mot n'est pas ancien en nostre langue. Voyez Pasquier VIII. 3.

AFFVBLER. Nicod le dériue de *infulare*. Les Picards disent *affuler*.

AFFVST. AFFVSTER. Voyez *fust*.

AG.

AGASSER ou AGACER. Peut estre de *acaciare*. Comme les Latins ont dit *emax*, *vendax*, *fallax*, *verax*, *currax*, *catax* &c. ie croy qu'ils ont dit aussi *acax* du verbe *aceo*, d'où ils ont fait en suitte celuy de *acaciare*, & que delà nous auons fait *agacer*. En Picardie, en Bourgogne & en Gascogne on dit AGACE, & en Poictou AIACE pour dire *vne pie*, qui a esté fait aussi, comme ie croy, de *acacia*. Rabi Salomon habitant de Lunes, & pour cela surnommé *Iarchi*, expliquant le mot Hebreu qui signifie *vne pie* vse de ce mot d'*agace*. *Aceo*, *acax*, *acacis*, *acacia*, AGACE. *Acaciare*, AGACER.

AGE. De *ætate* ablatif d'*ætas*. Anciennement on disoit *eage*.

AGENT. De *agens*. Il y a vn tiltre au Code Theodosien, *de agentibus in rebus*. Symmaque fait souuent mention de ces agents.

AGHAIS. C'est vn vieux mot qui se trouue dans l'art. 63. de la Coustume de Lille: *Qui entend profiter d'aucun marché à* AGHAIS *est requis, à sçauoir le vendeur, consigner la denrée par luy vendue, & l'acheteur les deniers du marché, auant le temps desdits* AGHAIS *expiré*. M. Galland dans son traitté du Franc-alleu, chap. 6. expliquant le texte que nous venons d'alleguer de la Coustume de Lille semble le deriuer de *aquester*. C'est vne vente, dit-il, *faite à terme de payement & de liuraison; de laquelle celuy qui*

AG. AH.

desire profiter doit AGAISTER, c'est à dire, quetter, quester, aquester, obseruer le iour du terme, & ne le laisser écouler sans auoir prealablement liuré ou payé, & au refus de sa partie consigné en iustice, & fait signifier.

AGRIER. C'est ce que l'on appelle autrement *champart* ou *terrage*. De *agrarium*, mot qui se trouue en cette signification dans Marculphe, sur lequel voyez M. Bignon pag. 580. Voyez aussi Spelmannus & Lindenbrog en leurs Glossaires, & Ragueau en son Indice au mot *agrier*.

AGVILANLEV. Par corruption pour *au gui l'an neuf*, *ad viscum annus nouus*. Paule Merule Cosmog. part. 2. liu. III. chap. XI. *Sunt qui illud* au qui l'an neuf, *quod hactenus quot annis pridie Kalendas Ianuar. vulgò publicè cantari in Gallia solet, ab Druidis manasse autumant, ex hoc fortè Ouidij*

Ad viscum Druidæ, Druidæ cantare solebant.

Solitos enim aiunt Druidas per suos adolescentes viscum suum cunctis mittere, eóque quasi munere bonum, faustum, felicem & fortunatum omnibus annum precari. Voyez Goropius Becanus *in Gallicis*, Vigenaire sur Cesar, Vinet sur Ausone, Gosselin chap. 14. de son Histoire des anciens Gaulois, & André Fauyn liu. II. de son Theattre d'Honneur pag. 382.

AH.

AHAN. Nicod en son Dictionnaire, & Pasquier en ses Recherches VIII. 6. croyent que ce mot a esté fait du son des Bucherons ou autres manœuvres, lors qu'ils font quelque effort. Il vient de l'Italien *affanno*. Les Espagnols & les Languedociens disent encore à present *affan*, & dans le Lyonnois on appelle *affanneurs* les journaliers qui trauaillent aux champs. Bouteiller en sa Somme Rurale appelle *terres Ahanables* celles qui sont de grand rapport, & qui se labourent auec peine. La Coustume de Boulenois art. 170. vse du mot de *Ahauables*: *Si aucuns veulent planter iardins, hayes ou enclos contre terres ahauables*. Mais c'est vne faute d'impression, & il faut lire *ahanables*, comme M. Feramus Aduocat au Parlement l'a restitué dans les Commentaires sçauans &

AH. AI. 19

curieux qu'il a faits sur cette Coustume, & qu'il donnera bientost au public; & comme il se voit par l'ancienne Coustume de Boulenois redigée sous Charles VIII. Item, nul ne doit terres qui marchissent ausdits grands chemins, que ce ne soit en recouurant ladite terre à trois royes d'ahan, &c. Item, si aucunes diuisions sont entre bois & terres ahanables, &c. C'est au chapitre des usages, ordonnances & observations anciennes. On a dit ahaner la terre du mot ahan, qui signifie peine, trauail; comme labourer du mot labor, qui signifie la mesme chose.

AI.

AIGRE. De acer; comme maigre de macer, & alaigre de alacer. Les Italiens en ont aussi fait acro & agro.

AIGV. AIGVISER. De acutus & acutiare. Les Gloses : ἀκονιτης, samiarius, cotiarius, acutiator. Voyez Vossius de vitijs sermonis liu. iv chap. 1. On prononçoit anciennement agu, & vous le trouuerez ainsi écrit dans Marot :

Viser est plus agu du tiers.

AIGVIER. AIGVIERE. De aquarium & aquaria. Les Gloses: aquarium, ὑδραγώγιον. On disoit anciennement aigue pour eau, de aqua, témoin le mot d'Aigues-mortes, Aquæ mortuæ: & les Gascons & les Prouençaux le disent encore. Les Espagnols ont dit de mesme agua.

AIGVILLE. De acicula. On dit encore aigule en plusieurs Prouinces.

AILLEVRS. De aliorsum. C'est pourquoy il n'y faudroit qu'vne L.

AIMANT. Le P. Fournier en son Hydrographie, dit, que cette pierre a esté ainsi nommée pour l'amour que luy portent tous ceux qui en connoissent les effets, ou parceque se tournant tousiours vers le Pole, elle témoigne auoir de l'amour pour cette partie du monde plus que pour toute autre. Le Pere de la Philosophie l'admirable M. Gassendi croyoit au contraire, qu'elle auoit esté ainsi appellée de l'amitié qu'elle a pour le fer: & il me souuient qu'il m'alle-

C ij

guoit à ce propos ces vers de Claudien :

Flagrat anhela silex, & amicam saucia sentit
Materiam, placidósque chalybs agnoscit amores.

Mais elle l'a esté, sans doute, de *adamante* ablatif de *adamas*, dont on a vsé en cette signification. Remon Rulle : *Potentia visus verè videt quòd adamas attrahit ferrum.* C'est dans son liure *Ascensus & descensus intellectus.* Les Escossois l'appellent encore aujourd'huy *adamant.* Les Poëtes Grecs l'ont aussi appellée σιδηροδάμας : & *Androdamas* a esté pris par les Anciens pour vne sorte de pierre aimantine. Pline XXXVI. 20. *Sotacus quinque genera hæmatitarum tradit præter Magnetem*, &c. *Alterum Androdamanta dicit vocari colore nigro, pondere ac duritia insignem, & inde nomen traxisse: trahere autem in se argentum, æs, ferrum.* Dans vne vieille version Françoise du liure *de lapidibus* de Marbodus, que j'ay veuë manuscrite en la Bibliotheque de Saint Victor, le diamant que les Latins nomment constamment *adamas*, est aussi appellé *aimant* : ce qui ne laisse aucun lieu de douter que l'aimant n'ait esté ainsi dit de *adamante.* Il est pourtant estrange qu'on ait appellé du mesme mot ces deux pierres, qui ont ensemble vne telle antipathie (si on en croit Pline) que le diamant mis auec l'aimant l'empesche d'attirer le fer. Elles ont esté toutes deux ainsi appellées (comme ie croy) acause de leur dureté : ce que signifie le mot *adamas*, duquel, pour cette raison, on a aussi nommé vne sorte de fer. Hesychius : ἀδάμας, γένος σιδήρου. κέντρον, τὸ ἐν σιδήρῳ ἀδαμάντινον. De *adamante* les Espagnols ont fait pareillement *iman* : & Couarruuias se trompe qui le dériue de *magnes.* Cette pierre se trouuoit dans Heraclée ville de Magnesie, qui est vne partie de la Lydie, d'où elle a esté appellée par les Latins *Heraclius lapis, Magnes* & *Lydius.* Voyez *Marinette.*

AINE. De *inguine.*

AINS. De l'Italien *anzi*, qui a esté fait de *antius* non vsité, & qui l'auoit esté de *ante*, d'où les Espagnols ont aussi fait *antes.*

AINSI. De *in sic.* Anciennement on écriuoit *ensi*, &

vous le trouuerez tousiours escrit de la sorte dans Ville-Hardoüin. Les Espagnols disent *assi*, qu'ils ont fait de *ad sic*.

AIR. Comme quand on dit *de bel air*. Peuteſtre de l'Alleman *ardt*, qui ſignifie la meſme choſe.

AIRE. Ville de Gaſcogne. D'*Atyrum*. Scaliger ſur Auſone II.7. *Atyrenſium ciuitas retinet nomen, ſed deprauatione Vaſconica. Vocatur enim* Airenſium *ciuitas, quia ypſilon eliſum eſt, & dixerunt* Atrenſium. *Sic* Elyſa, *quia ypſilon corripitur, vt apud* Claudianum : *inuadit muros* Elyſæ, *proptereà fecerunt* Elſam. *Quod enim ypſilon corripiatur in* Atyro, *vnde dicti* Atyrenſes, *ex* Lucano *cognoſcimus, qui dixit & ripas* Atyri, *quas litore curuo. Hoc in cauſa fuit vt* Atrenſes *dixerint. Ipſi verò pronuntiant* Airenſes. *Nam numquam aliter ſolent* TR *efferre, quàm per* IR. *Sic* petram, peiram *dicunt;* patrem, paire; matrem, maire. *Nemini mirum videri debet, ſi cogar his exemplis vti: In re enim noua non omnes ſtatim mihi credituros, niſi his rationibus conuictos, puto. Quod non dico propter noſtrates. Ipſi enim ſtatim ſciunt quid velim, ſed propter alios Galliæ populos, præſertim Francos, quorum lingua & mores multùm abhorrent à Nouempopulanis. Nouempopulanorum longè integrior lingua eſt, quàm illorum, ſed illorum cultior propter aulam Regis. Ipſi verò Franci contrà* TR *deprauant in* IER. *Petram* pierre, *& ſimilia. Non eſt quòd aliquis noſtræ Galliæ veteres appellationes locorum ad recentiora nomina reuocare ſe poſtulet, niſi perfectè omnium idiomata teneat: quæ quidem facilè Vaſco diſcit, Francus negligit.* Ou de *Aduræ*. La datte des lettres par leſquelles Alaric ordonna la publication de l'abbregé & de l'interpretation qu'il auoit fait faire du Code Theodoſien eſt *Aduris*, c'eſt à dire à Aire. Aubertus Miræus en ſa Geographie Eccleſiaſtique: *Aduræ, ſiue Aturæ* AIRE *ad Atrum fluuium, Vrbs Epiſcopalis Vaſconiæ ſub Arch. Auſcenſi.*

AIS. De *axis*. Feſtus: *Tabula ſectilis axis appellatur.*

AISE. De l'Italien *agio*, qui vient du Latin *otium*.

AISNE'. De *ante natus*; comme puiſné de *poſt natus*. Voyez Coquille queſtion 257. de la difference d'aiſneſſe & primogeniture, & Paſquier VIII. 50. Anciennement on escriuoit *ainsné*, & vous le trouuerez tousiours ainsi escrit dans la Coustume de Champagne, & dans les Commentaires de Pithou sur cette Coustume. V. *ains*. Les Autheurs de la basse Latinité ont dit *antenatus* pour *priuignus*, a cause que le beau-fils est aisné des enfans du second mariage. Les Gloses d'Isidore: *Priuignus vulgo ante natus. Filiaster, priuignus, qui ante natus est.*

AISSELLE. De *ascella*, qu'on a dit pour *axilla*. Les Prouerbes de Salomon chap. XXVI. 15. *Aoscondit p. ger manus sub ascellâ suâ.* Vous trouuerez ce mesme mot dans Marcellus Empiricus chap. 18. Voyez Vossius *de vitijs sermonis* liu. III. chap. 1. & Golstad en ses Alemanniques sur le XI. chap. du liure d'Ison *de miraculis S. Othmari.*

AISSIEV. De *axiculus*.

AL.

ALBERT. Nom propre d'homme. C'est vn mot Saxon qui vaut autant à dire comme *homo illustris*. *Bert* en langue Saxonne signifie *illustre*, & *al* signifie *tout à fait*. Voyez au mot *Berte*, & Cambden au chapitre qu'il a fait des mots Anglo-Saxons.

ALBIGEOIS. Heretiques. Quelques-vns ont crû que ces Heretiques auoient esté ainsi nommez de la ville d'Albi, où ils furent condamnez par Gerand Euesque d'Albi l'an mil cent septante-six. Mais en cela ils se sont trompez; car outre que la premiere condamnation de ces Heretiques fust faite par le Synode de Tours, l'an mil cent soixante-trois, il ne se trouuera point qu'aucunes heresies ayent esté dénommées du lieu où leurs Autheurs ont esté condamnez. Celle-cy l'a esté de l'Albigeois où elle fut plus particulierement enseignée qu'en aucun autre lieu. Vn certain Pierre Bruis Prouençal l'enseigna premierement en Prouence l'an mil cent quarante, d'où ayant esté chassé il passa le Rhosne & vint en Languedoc, où il fut bruslé 20. ans apres à Saint Gilles. Ses sectateurs furent condamnez

AL.   AL.   23

en suite au Concile de Latran l'an 1180. & l'article du Concile porte qu'ils enseignoient leur fausse doctrine dans la Gascogne, l'Albigeois & vers Thoulouse sous le nom de Cathares ou Puritains. Hugues en son Appendice appelle l'heresie des Albigeois *l'heresie des Bulgares* ; d'où vient que dans les anciens tiltres escrits en langage François ou Gascon ces Heretiques sont appellez *Boulgres*, c'est à dire, sectateurs de l'heresie des peuples de Bulgarie qui estoient Manichéens. Voyez diligemment M. de Marca liu. VIII. de son Histoire de Bearn chap. 14.

ALCORAN. C'est vn mot Arabe, qui signifie *Recueil des preceptes*. القرآن *alchoiran*, & qui est composé de l'article ال *al*, & de قرآن *Koiran*, qui vient de la racine قرأ *Kere*, qui signifie *coaceruauit, congessit*. Il signifie aussi *legit*, & suiuant cette signification on pourroit dire que les Turcs ont appellé leur Loy *Alcoran*, comme les Hebreux la leur מקרא *mikra*, c'est à dire *lectio*, parce qu'on la doit lire incessamment. Les Turcs appellent outre cela leur Alcoran الفرقان *elphorcan*, qui vient de la racine فرق *phereke*. I. *Separauit, diuisit, quasi liber discretiuus, quòd vera à futilibus distinguat*.

ALCOVE. De l'Espagnol *alcoua* qui vient de l'Arabe القاوف *elkauf*, qui signifie le lieu où l'on dort, & qui se prend mesme pour le dormir : ou plustost de القبة *elcobbat*, qui signifie *tabernaculum, tentorium ex pellibus & corio, thalamus, domus rotunda & exigua* : ou de كشا *elchiua*, qui signifie aussi *tabernaculum, tentorium, sed propriè ex lana*, qui vient du verbe كشا *cheua*, qui signifie *abdidit, texit*, comme l'Hebreu חבא. Mais plus vray-semblablement de *elcobbat*, qui signifie plus particulierement vne petite maison ou vn pauillon fait de peaux, comme les Arabes les font. Les Persans nomment le sommeil جَوَاب‎ chouab, & en adjoustant جا‎ gia qui signifie lieu, ils appellent vn lit جَوَاب جَا‎ châbgia, quasi locum somni.

ALEMBIC. De l'article Arabe *al*, & du mot Grec ἄμβιξ, qui se trouue pour vne espece de vaisseau dans Athenée liu. XI. & dans Dioscoride liu. V. chap. 110. Casaubon liu. XI. de ses Animaduersions sur Athenée chap. 8. expliquant ce mot ἄμβιξ : *Ambix vasis nomen, quo Antiqui ita fermè vtebantur, vt nos hodie eò quòd sermo vernaculus* ALAMBICEM *vocat. Eius mentio in Græcorum Medicorum libris, vt apud Dioscoridem lib.* V. *vbi Plinius calicem vertere maluit Græca alia dictione, quàm istam retinere. Arabes primi frequentarunt huius vasis vsum, à quibus nos didicisse testatur nomen Hybrida. Eiusdem naturæ cùm alia vocabula quædam sunt, tum in primis famosissimæ artis* Alchymiæ *nomen*, &c. Scaliger sur le *Culex* de Virgile : *Arabes addito suo* al *pleráque Græca, ad morem suum interpolarunt. Vt liber Ptolomæi est* Almageste : *est enim* ἡ μεγίστη πραγματεία. *Sic* Alchymia χυμεία, *&* Alchymista χυμιστής. *Sic* Almanak *Kalendarium* : μαναχὸς *à luna & mensibus, vnde circulus lunaris apud Vitruuium* μαναχός. *Sic* ALEMBIC *à Græco* ἄμβιξ *apud Dioscoridem*. Vossius est de mesme auis liu. II. *de vitijs sermonis* chap. 2. Du nom *alembic* on a fait le verbe *alembiquer*.

ALERIONS. On appelloit ainsi anciennement les petites Aigles. :Guyot de Prouins contemporain de Philippe Auguste

Ses yaux deust toziorz auoir
Vers Dieu, qui li feist sauoir
La droite voye, que Faucons,
Ne Aigles, ny Alerions
Ne peussent voir si clair.

Et en effet les anciens parlant des seize alerions des armes de la Maison de Montmorency les appellent *aiglettes*, & les figurent auec les aisles rabatuës & le plus souuent auec vn bec

bec & des pieds, comme de petites Aigles. Voyez André du Chesne chap. 3. de son Histoire de la Maison de Montmorency, où il remarque qu'il n'y a pas cent ans que l'vsage a preualu de nommer ces seize Aiglettes *alerions*, & de les dépeindre à aisles estenduës, sans pieds & sans bec. Ce qui me fait croire que ce mot *alerion* a esté fait de *aquilario* diminutif de *aquila*, (*Aquila, aquilaris, aquilario, aquilarione*, ALERION.) plustost que de *alario*, qui auroit pû estre fait de *ala*. *Ala, alaris, alarius, alario*.

ALESNE. Les Espagnols disent de mesme *alesna*; mais les Italiens disent *lesina*, & les Gascons *lezene*: ce qui me fait croire que ce mot a esté dit *à lædendo*. *Lædo, læsus, læsinus, læsina*, & qu'on y a adjousté vn A, comme à plusieurs autres. C'est aussi l'opinion de Couarruuias.

ALESSO. Famille de Paris ainsi dite de Alessio fils de Brigide Martotille sœur de Saint François de Paule, lequel, ce Saint, sous le Regne de Loüys XI. fit venir en France, où il épousa Iacquette de Malandrin, du pays Blesois. Voyez du Brueil en ses Antiquitez de Paris.

ALEXANDRINS. Vers. Ce sont vers de douze à treize syllabes. La raison pour laquelle ils ont esté ainsi nommez n'est pas bien certaine. Quelques-vns ont crû que c'est à cause qu'Alexandre Pâris vieux Poëte François s'est seruy de ce genre de vers. Les autres, acause que Lambert li Cors, c'est à dire le Court, Alexandre Pâris, Pierre de Saint Cloct, & Iean li Niuelois s'en seruirent pour escrire la vie d'Alexandre le Grand. Voyez le President Faucher en la vie de Iean li Niuelois, & Pasquier liure VII. de ses Recherches chapitre 3. Cette sorte de vers, qui est apresent la plus commune parmy nous, estoit si peu en vsage du temps de Marot, que quand il s'en trouue dans ses Ouurages, il en auertit le Lecteur par ces mots qu'il met en titre: *Vers Alexandrins*.

ALEZAN. De l'Espagnol *alazan*. L'Espagnol vient de l'Arabe أَلْحَصَان *alhesan*, qui signifie *vn cheual courageux & de bonne race*.

ALGARADE. De l'Espagnol *algarada.*

ALGEBRE. De *Algebra,* qui vient de l'Arabe الجبر *Algiabarat,* qui signifie *rei redintegratio, reparatio ossis fracti, valetudinis reparatio,* &c. De la racine جبر *giabara* qui signifie *reparauit, roborauit, concinnauit, refecit,* parce que l'Algebre est la perfection, & comme la reparation de l'Arithmetique, laquelle les Arabes appellent التكسير *Altacsir,* fraction. D'où vient qu'on dit *les nombres rompus* pour les parties de l'vnité. Ceux-là se trompent qui dériuent *Algebre* d'vn nommé *Geber,* qu'ils font Autheur de cette science.

ALISE. Village de Bourgogne, où on croit, & auec beaucoup d'apparence, qu'estoit anciennement la grande ville d'*Alexia,* si fameuse par son siege & pour sa prise auec Vercingentorix Chef des Gaulois, & dont il est parlé dans les Commentaires de Cesar. Les plus anciens manuscrits de ces Commentaires ont *Alesia,* qui approche encore dauantage d'*Alise* que *Alexia.* Voyez soigneusement M. Sanson dans ses doctes & curieuses Remarques sur la Carte de l'ancienne Gaule, où il est de l'opinion de ceux qui croyent qu'*Alexia* est *Alise* : ce qu'il justifie par l'assiette du lieu. Diodore Sicilien dit que cette Ville fut bastie par Hercule, & qu'il l'a nomma ainsi, ὑπὸ τοῦ χγ τὼ Γερτίων ἄλης.

ALLEBRENT. Voyez *Halbran.*

ALLEGER. De *alleuiare,* comme LEGER de *leuiarius.* Saint Iacques v. 14. *Infirmatur quis in vobis? inducat Presbyteros Ecclesiæ, & orent super eum, vngentes eum oleo in nomine Domini: & oratio fidei saluabit infirmum, & alleuiabit eum Dominus, & si in peccatis sit, remittentur ei.* Esaie IX. 1. *Alleuiata est terra Zabulon.* Nous appellons *Allege* le vaisseau dans lequel on décharge les nauires pour les alleger. Les Latins se sont seruis d'*alleuiare* en cette mesme signification. Les Actes des Apostres XXVII. 38. *Et satiati cibo alleuiabant nauem, iactantes triticum in mare.*

ALLEMANS. Seruius sur ces vers des Georgiques
Est etiam flos in pratis cui nomen Amello
Fecere Agricolæ, &c.
──────── *tonsis in vallibus illum*
Pastores, & curua legunt propè flumina Mellæ,
deriue *Alemani* du fleuue Lemannus: *Mella fluuius Galliæ est iuxta quem herba hæc plurima nascitur, vnde & Amello dicitur: sicut etiam populi habitantes iuxta Lemannum fluuium Alemanni dicuntur.* Lucanus
    Desueuere cauo tentoria fixa Lemanno.
Seruius se trompe. *Allemanni* vient du mot Alleman *al* qui signifie *tout*, & de celuy de *man* qui signifie *homme*, parce que les Allemans estoient ramassez de toute sorte de gens. Cluuerius liu. I. de son ancienne Germanie chap. 8. *Alemani etiam diuersarum Galliæ nationum fuere colluuies, Rhenum sub Augusti principatu transgressi, quorum nomen est merè Germanicum ab alle, idest omnes, & mannen, idest viri, compositum.* Voyez Pasquier liu. I. chap. 6. du Tillet en ses Memoires, & Fauin liu. II. de son Theatre d'Honneur. De ce mot de *man* on a dit de mesme *Germani, Cenomani, Marcomani, Normani*, &c. On croit que *man* a esté dit de *Manus* fils du Dieu Tuiton. Tacite parlant des Germains: *Celebrant carminibus antiquis Tuitonem Deum terrâ editum, & filium* Manvm *originem gentis conditorésque.*

ALLER. De *anare*, qui a esté fait de l'Italien *andare*. En *p. 672.* Gascogne & en Prouence on dit encore apresent *ana* pour dire *aller*. *Andare* a esté fait d'*anduare* qu'on a dit pour *andruare*, qui se trouue dans Festus où il est interpreté *recurrere*, & dans les Gloses anciennes où il est expliqué ἀνδέζεται; mais où Bonauentura Vulcanius lit ἀναδεγμεῖν. Dans celles d'Isidore *redandruare* est interpreté *gratiam referre*. *Andruare, anduare, andare, anare,* aller. *n* en *l*.

ALLEV. auquel mot on adjouste ordinairement celuy *p. 672.* de *franc*. De *alodium*. Il y a grande diuersité d'opinions touchant l'origine de ce mot *alodium*, & M. Caseneuue a raison de dire qu'elle n'est pas moins inconnuë que celle de la source du Nil. Cujas au liure II. des Fiefs tiltre XVII. le

D ij

deriue de la particule *a*, & du mot primitif *lodis*; comme qui diroit *sine lode*, *quòd eius possessor nemini sit leodes*, c'est à dire *vassal*; & croit qu'on a dit *alodem, sine lode*, comme *amentem, sine mente*. Budée, Alciat, & Hadrianus Iunius estiment que *alodium* est dit de la particule *a* & du verbe *laudare*, celuy qui possede vne terre en franc-alleu n'estant point obligé de loüer son Autheur, ne la tenant de personne. Hotman au liure qu'il a fait *de verbis Feudalibus* improuue ces deux opinions. Beatus Rhenanus au liu. II. de ses Germaniques, & Ioachin Vadianus le deriuent de l'Alleman ANLOT ou *anlodt*, comme qui diroit vn bien inseparable de la famille. Et en effet le mot *alodium* & celuy de *patrimonium* se trouuent souuent joints ensemble. Goffridus Abbé de Vendosme liu. I. epist. XXV. *Monasterium nostrum patrimonium B. Petri, & eius alodium noueritis*. Sur lequel le P. Sirmond a fait cette Note: *Duo ista sæpè coniungit, & reipsa coniuncta sunt. Nam quod alodium est, transit ad hæredem & fit patrimonium. Quod in feudis alijsue beneficijs locum non habet. Etsi enim hodie plerisque in locis feuda sunt patrimonialia, id tamen non habent ex feudi natura, quod in personam Vassalli constitui solebat; sed ex peculiari pacto & conuentione. Alodium verò semper est patrimoniale. Quare patrimonium dicitur & hæreditas, quatenus ab alio manat: proprium ius & proprietas vt à Domino possidetur. Hinc illa sæpè connexa, in proprio alodio, de proprio alode, & alia id genus. Vrbanus* II. *Vgoni Abbati Cluniac. Monasterium Sanctiss. Trinitatis in Marciniaco quod in alodio proprio ædificasti. Noster epist.* II. *In patrimonium & alodium proprium*. François Pithou en son Glossaire sur les Capitulaires de Charlemagne semble deriuer le mot *alodium* de *alauda*: Car apres auoir dit que *alode* est vn mot Gaulois, il adjouste: *Plinius* II. 37. *Sueton. in Iulio cap.* 24. & dans ces deux lieux de ces deux Autheurs il est parlé de la legion de Cesar appellée *alauda*. Mais ce mot n'ayant aucun rapport auec celuy de *alleu*, l'opinion de Pithou est si peu vray-semblable, qu'on ne peut deuiner surquoy elle peut estre fondée. Amerbachius en ses Notes sur l'Epitome des Constitutions de Charlemagne veut qu'il vienne de l'Alleman *al* qui signifie *tout* ; ce qui est possedé en franc-alleu estant vn bien possedé auec toute la plenitude de la proprieté. Bodin liu. I. chap. IX. de sa Rep. le tire de *Aldius* ou *Aldia*, qui dans les loix des Lombards liu. 1. tit. VI. l. 4. & tit. 30. l. 5. & tit. 25. l. 82. & liu. II. tit. 44. l. 1. signifie *vn affranchy, Seruus sic libertatem consecutus, vt interim veteri Domino foret obnoxius.* Iean Auentin dans son Glossaire, & apres luy M. Bignon dans ses Notes sur les Formules de Marculphe pag. 435. 471. & 472. le deriuent de *Ald* qui en langage Alleman signifie *ancien.* Vossius liu. & chap. 2. *de vitijs sermonis* est à peu prés de mesme auis : *Cùm verò alodium, dit-il, & feudum sibi mutuò aduersentur : ac allodialia sint patrimonialia & à maioribus transeuntia ad hæredem, placet eorum coniectura qui putant alodium fieri ex Belgico* AL-OUT, *quasi quod iam ab antiquis temporibus possessum sit, tanquam proprium, non verò obtineatur & regio beneficio, propter quod homagium debeas.* M. Caseneuue en est d'vn autre, c'est au chap. IX. du liu. 1. de son Franc-alleu, dont voicy les termes : *Apres que les Nations barbares eurent conquis les terres de l'Empire, on appella* Sortes *le pays de leur conqueste où ils establirent leur demeure ; parce que, à mon aduis, elles leur estoient partagées au sort. Sidon Apollinaris liu.* VII. *epist.* VI. Populos Galliarum quos limes Gothicæ sortis incluserat. *Victor Vticensis liu.* II. *de la persecution des Vandales :* Non semel, sed sæpiùs constat esse prohibitum, vt in sortibus Vandalorum Sacerdotes nostri Conuentus minimè celebrarent. *Et Procope au liu.* I. *de la guerre des Vandales :* χλῆροι Βανδίλων. *Cela se voit encore bien plus clairement dans la loy des Bourguignons tit.* VI. §. I. Si quis fugitiuum intra Prouincias ad nos pertinentes corripuerit, pro fugitiuo solidum I. accipit, &c. Si extra sortem duos solidos, is, qui fugitiuum arripuerit pro fugitiuo accipiat. *On n'appelloit pas seulement* SORTEM *le pays où ces Nations establissoient leur demeure ; mais encore les terres & les possessions écheuës en partage aux particuliers, comme l'on peut voir en ces paroles de la loy des Wisigoths liu.* VIII. *tit.* V. *loy* V. Qui sortem suam concluserit, & aliena pascua absente Domino inuadit. *Et en celles-cy de la loy des Bourguignons tit.* LXXXIV. §. I. Quia cognouimus Burgundiones sortes suas nimia facultate distrahere, hoc præsenti lege credidimus statuendum, vt nulli vendere terram suam liceat, nisi illi qui alio loco sortem aut possessiones habet. *Or d'autant que ces Nations pour se maintenir dans le pays de leur conqueste, estoient obligées d'auoir tousiours les armes en main; les Princes qui les commandoient leur départirent depuis ces terres, auec obligation de seruir à la guerre, & ne leur en laisserent que l'vsufruit, retenans deuers eux la proprieté, c'est à dire la faculté d'en pouruoir vn autre apres leur mort; ce qui fut depuis appellé* feudum *&* beneficium. *Ce fut alors, à mon auis, que pour distinguer cette nature de biens, qui auoit esté iusques là inconnuë dans l'Empire Romain, les possessions hereditaires & patrimoniales, qui pour estre libres de ces deuoirs militaires, se trouuoient d'vne condition differente de ces biens appellez* SORTES, *prirent le nom d'*Allodium, *ou* Allodis *formé de la priuatiue* a *& du nom* los, *qui signifie sort en ancienne langue Tudisque ou Allemande. Le Glossaire Latin-Teudisque que Lipse a donné dans le* III. *liure de ses Epistres ad Belgas:* LOS, sortem. *Le petit Glossaire que Ioannes Isaäcus Pontanus a mis à la fin de son dernier liure des Origines Françoises:* LOZZE, sorte. *Et Keron Moine de Saint Gal, qui viuoit enuiron le temps de Charlemagne, en son ancien Glossaire:* sortiantur, si erlozzan. *D'où vient que depuis nous auons appellé* LOT *la portion d'vn partage, &* LOTIR *partager. Ce sont toutes les opinions touchant l'origine du mot* alleu *qui sont venuës à ma connoissance, dont la derniere me semble la plus vray-semblable. La Coustume de Meaux au lieu de* alleu *vse de* Aloy. *Il y a plusieurs terres en France qui s'appellent l'*Alleu *& les* Alleus, *comme l'a remarqué le Pere Sirmond dans ses Notes sur* Goffridus Vindocinensis *pag.* 5. Retinent hodiéque priscum alodij vocabulum vici aliquot in Gallia, quos, quia liberæ conditionis erant, Alodia & Alodos appellabant. Nam Alodos etiamnum vocant Andegaui, quos Adela Comitissa S. Albino dedit: & Pictaui *Monasterium* S. Mariæ de Alodijs, quod in eius nominis vico situm est. *Touchant la nature du franc-alleu, outre les lieux cy-dessus alleguez, voyez Pasquier liu.* II. *chap.* 15. *le P. Sirmond dans ses Notes sur les Capitulaires de Charles le Chauue pag.* 9. & 10. *Lindenbrog dans son Glossaire, Galland chap.* 1. *de son traitté du Franc-allou;*

& sur tout M. Caseneuue en sa Responce à ce traitté, & M. Dominicy en son liure *de prærogatiua Allodiorum.*

ALLOBROGES. Peuples du Dauphiné & de la Sauoye, *p. 674.* qu'on appelle encore aujourd'huy *Brodes* par corruption pour *Allobroges*, comme l'a remarqué Nicod en son Thresor de la langue Françoise au mot *Allobroges*. Voyez M. Sanson sur la Carte de la Gaule. Ce mot est ancien Gaulois. Le Scholiaste de Iuuenal sur ce vers de la Satyre VIII.

Vt Bracatorum pueri Senonúmque minores.

Allobrogæ Galli sunt, ideò dicti Allobrogæ *quoniam* Brogæ *Galli agrum dicunt.* Allo *autem aliud. Dicti igitur quia ex alio loco translati.* BRO en Anglois signifie encor apresent *region*, & ALLAV *dehors, externe.* V. Cambden en sa Bretagne. *Brœck-landt* en langage Belgique signifie aussi encore apresent *latifundia*; & *el* ou *alle alius*, comme le témoigne Isaac Pontanus en son Glossaire Celtique au mot *Allobroges*. Le vieux Commentateur d'Horace allegue vn autre etymologie de ce mot *allobroges*: *Allobroges sunt Galli rufi & Sequanici dicti, incolentes illum tractum Alpium, qui est à Vesontio in Germaniam, qui vehementer res nouas affectant, vnde & Ducibus suis rarò fidem seruant, habéntque flauum præcipuè capillitium.* Et Isidore dans ses Gloses: *Allobroga, Gallus rufus.* Isaac Pontanus au lieu allegué semble ne pas desapprouuer cette opinion: *Quæ verba in eam me ferè opinionem deduxerunt* Allobroges *ex Gothico præsertim siue Cimbrico idiomate ita nuncupatos. Nam rufos illi & in totum versicolores hodiéque* Albrogit, *nonnullo à nostrati locutione deflexu, disertè cognominant efferúntque.* M. Bochart liu. 1. des Colonies des Phœniciens ch. 42. est d'vne troisiesme opinion: *Apud vtrosque Britannos* BRO *regionem vel agrum sonat, vt Syris* ברא BARO, *&* HEL *vel* VHEL *excelsum, vt Hebræis,* על *hal vel al, & Syris* עילויו *ellojio. Inde à Gallis dicti* Allobroges, *qui montanam Sabaudiæ regionem obtinebant. Hoc multò verisimilius, quàm quod scribit Vetus Iuuenalis Scholiastes:* Dicti sunt Allobrogæ, quoniam Brogæ Galli, &c. Allo *aliud significat, sed Græcè, non Latinè. Interim hoc accipimus quòd* Brogæ *vult agrum sonare, quòd sermo Britannicus adeoque Syrus confirmant.*

ALLOVER. Vieux mot qui signifie *agreer.* Pasquier II. 15.

dit qu'il vient de *los*, qui est vn autre vieux mot qui signifie *gré & volonté*. Il vient de *allaudare*, dont le simple *laudare* se trouue souuent en cette signification.

ALMAGESTE. De *almagestus*, qui a esté fait de l'article Arabe *al* & du Grec μεγίϛη. Scaliger sur le Culex de Virgile: *Arabes addito articulo suo al pleráque Græca ad morem suum interpollarunt. Vt liber Ptolomæi est* ALMAGESTE: *est enim* ἡ μεγίϛη πραγματεία. Pancirolle titre VII. des choses nouuellement trouuées. *Al-megistus Ptolomæus, idem quòd hic Megistus, vel maximus Ptolomæus*. Vous trouuerez la mesme chose dans Vossius *de vitijs sermonis* pag. 174.

vide etymol. Vossii in Manacus p. 306.

ALMANAC. Couarruuias & Nicod le dériuent de l'article Arabe *al*, & de l'Hebreu מנה *manah*, qui signifie *nombrer*. Scaliger sur le Culex de Virgile le fait venir de μαναϰός: *Arabes addito articulo suo al pleráque Græca ad morem suum interpollarunt. Vt liber Ptolomæi est* ALMAGESTE; *est enim* ἡ μεγίϛη πραγματεία. *Sic* ALCHYMIA χυμεία, *&* ALCHYMISTA χυμιϛής. *Sic* ALMANAK Kalendarium: μαναϰός *à Luna & mensibus, vnde Circulus Lunaris apud Vitruuium* μαναϰός. *Sic* ALEMBIC *à Græco* ἄμβιξ *apud Dioscoridem. Et sur l'*Ætna: *Orbita Lunæ est linea* ἑλδπλιϰή. *Et Tarentina voce à Latinis vocabatur* Circulus manacut. *Vitr. lib. 9.* Circinnatio Circuli menstrui agatur qui manacus dicitur. *Nam vt* Βαρδιαῖοι *Illyrienses à Latinis dicti* Bardiaci, *sic* μηνιαῖος maniacus *&* manacus. *Vnde* ALMANAC *dixerunt Arabes Kalendarium, addito scilicet articulo suo. Non enim quod quibusdam persuasum audio, mera vox Arabica est; sed tantùm in Arabicarum vocum familiam recepta. Meritò ergo sententia doctissimi viri explodenda est, qui in Vitruuio non* manacus, *sed* μηνιαῖος *legendum censet. Et sur Properce liu. III. Manaca aliquando dicta ostendimus articulo Arabico & voce Græca quam tamen Latini inflexiore suam fecerant.* μηνιαῖος maniacus *seu* manacus: Βαρδιαῖος Bardiacus: Σπαρτιαῖος Spartiacus. *Nam Spartiacum etiam in quibusdam Historicis in Mss. libris semper legitur. At illa vox* ALMANAC *quamuis Arabes suam vsu fecerunt: tamen non hodie atque heri eam agnouerunt; sed diu est postquam hoc factum est. Porphyrius in Epistola ad Anebo Ægyptium citante Eusebio;* τάς τε εἰς δεκανοὺς τιμὰς ϰ̀ τȣ̑ς

AL.   AL.

τὺς ὡροσκόπυς, ἢ τὺς λεγομθύους κραταιὺς ἡγεμόνας. ὧν ἢ ἶζὰ ὀνόμαζα ἐν τοῖς ἀλμενιχιακοῖς φέρεται. Il vient de l'Arabe ALMANACH. M. de Saumaise en son liure des Climactériques pag. 605. apres auoir cité vn passage de Iamblichus où le mot de Σαλμεσχνιακὰ̣ se trouue: Σαλμεσχνιακὰ vocat quæ apud Eusebium scribuntur Αλμθιχιακὰ̣. Sed eo modo legitur etiam apud Hephestionem, Σαλμεσχνιακὰ̣. Nec dubito etiam veram esse lectionem, &c.

Vox Σαλμεσχνια Persica est & composita ex لمه Salmaha quæ periodum Lunarem significat, & شخنان quæ verba sunt ac sermones. Hinc شخنان Schundan ἑρμηνευτής, interpres, nuntius. Quem Græci Authores dixerunt Ασπάνδαρ. Ασπάρδης ἄγγελος Hesychio, de quo alibi. ماه mahe Persis est Luna. سال sal periodus. Vetustissimis سار sar genus periodi. Σάρος. Rho & Lambda quomodo inuicem permutentur, in omnibus fermè linguis notum est. Eam vocem Persicam Arabes corruperunt, & ex eo fecerunt suum المناخ Almanach, quod nihil in Arabico significat, & pro Kalendario ab his ponitur, hodiéque sic vocant omnes fermè Europeæ nationes. Les Armeniens disent aussi ալմանակ almanac: Ephemeris, Calendarium.

ALOSE. De *alausa*. Ausone dans l'Idylle de la Moselle
    Stridentésque focis obsonia plebis Alausas.
Les Venitiens appellent ce poisson *chiepa* par corruption de *clupea*, qui est vn ancien mot Gaulois, si on en croit Callisthenes en ses Galatiques. Voyez M. Bochart liu. I. chap. 42. des colonies des Pheniciens.

ALOVETTE. De *alaudetta* diminutif d'*alauda*, d'où nous auons fait *aloüé*, qui se trouue dans les vieux Poëtes François. Villon

————————————— *i'y perdis*
Vn grez, & vn manche de houé.
Alors huit Faucons, non pas dix
N'y eussent pas pris vne aloüé.

E

Alain Chartier dans le Regime de Fortune Balade III.

Les biens mondains, les honneurs & les gloires
Qu'on aime tant, desire, prise & loüe
Ne sont qu'abus & choses transitoires,
Plustost passans que le vol d'une aloüe.

Alauda est vn mot Gaulois. Pline liu. II. chap. 37. *Ab illa galerita appellata quondam: posteà Gallico vocabulo etiam legioni nomen dederat alaudæ.* Marcellus Empiricus au commencement du chap. 29. *Auis galerita, quæ Gallicè alauda dicitur.* Suetone en la vie de Cesar: *Quâ fiduciâ ad legiones quas à Repub. acceperat, alias priuato sumptu addidit. Vnam etiam ex Transalpinis conscriptam, vocabulo quoque Gallico (alauda enim appellabatur) quam disciplina cultúque Romano institutam & ornatam, posteà vniuersam ciuitate donauit.* Voyez Isaac Pontanus en son Glossaire au mot *alauda*. M. Bochart liu. I. chap. 42. des colonies des Pheniciens dit que *alauda* a esté dit pour *alasda*, & qu'*alasda* vient du Syriaque *alasata* qui signifie *millenarius*.

ALOY. Peuteftre de *adlex* qu'on aura pû dire de mesme qu'*exlex*: comme qui diroit *selon la loy*.

ALPES. Montagnes. Il y a diuersité d'opinions touchant l'origine de ce mot. L'Abbreuiateur de Festus le deriue de ALBVM: *Album quod nos dicimus à Græco quod est ἄλφον est appellatum. Sabini tamen Alpum dicunt; vnde credi potest nomen Alpium à candore niuium vocitatum.* L'Autheur du grand Etymologicum est du mesme auis: διὰ τὸ πλῆθος τῆς λευκῆς χιόνος Ἄλπις ἐκλήθη τὰ ὄρη. Les autres croyent que c'est vn mot Gaulois, qui signifie *hautes montagnes*. Seruius sur ces vers du X. de l'Eneïde

Cùm fera Carthago Romanis arcibus olim
Exitium magnum atque Alpes immittet apertas:

Denique loca ipsa quæ rupit (Hannibal) Apenninæ Alpes vocantur. Quamuis legatur à Pœnina Dea quæ ibi colitur Alpes ipsis vocari: Sanè omnes altitudines montium licet à Gallis altitudines vocantur, propriè tamen montium Gallicorum sunt. Philargyrius sur ces mots du III. des Georgiques

Tum sciat aëricas Alpes & Norica castra:

NORICA, *idest*, Gallica. *Et dicendo* AERIAS *verbum è verbo expressit. Nam Gallorum lingua alti montes* Alpes *vocantur.* Isidore dit la mesme chose liu. x̄ īv̄. chap. 8. de ses Origines. Et Cluuerius liu. ī. de son ancienne Germanie chap. 1. & 8. & Isaac Pontanus en son Glossaire Celtique sont de cette opinion. A quoy on peut adjouster que *Alpes* a esté pris en cette signification de *hault* par les Escriuains des derniers siecles. (Vous en pouuez voir plusieurs exemples dans Spelmannus en son Glossaire au mot *Alpes* & *Alpa* :) & que Eustathius sur Dionysius explique le mot Ἄλπις par celuy de κλεισύρα. Procope liu. ī. de ses Gothiques l'interprete *vn passage estroit*: ᾗ χώρα μὲν ἡ πρώτη τῆς Εὐρώπης, ἀμφί τε τὸν ὠκεανὸν κ̀ δύοντα ἥλιον, Ἰσπανία ὠνόμασται ἄχρι ἐς Ἄλπεις τοῖς ἐν ὄρη τῷ Πυρηναίῳ ὄρεσι. Ἄλπεις δὲ καλεῖν τὴν ἐν στενοχωρίᾳ δίοδον, οἱ ταύτῃ ἄνθρωποι νενομίκασι. τὸ δὲ ἐνθένδε μέχρι τῶν Λιγυρίας ὀρέων, Γαλλία ἐκλήθη. ἔνθα δὴ κ̀ Ἄλπεις ἕτεραι, Γαλλύσι κ̀ Λίγυρσι διορίζουσαι. Voyez M. Bochart liu. ī. des colonies des Pheniciens chap. 42. où il deriue le mot *Alpes* du Punique : en la signification de *blanc* de *alben* qui signifie *albescere*: & en la signification de *hault* de *al* qui signifie *altus*, & *de pen* qui signifie *collis*.

ALQVEMIE ALQVEMISTE. Par corruption pour *Alchymie* & *Alchymiste*. Libauius liu. v̄īī. chap. 24. de son Liure intitulé *Syntagma arcanorum chymicorum* dit que les Alchymistes sont ainsi nommez d'vn certain *Alchymus* qui faisoit de faux or : & Sauot chap. 16. de la īī. partie de son discours des Medailles semble approuuer cette opinion. D'autres font venir ce mot de l'article Arabe *Al* & de *Cham* fils de Noé, lequel ils font Autheur de l'Alquemie, & dont ils disent que Moyse & sa sœur Marie ont fait des liures. Pancirolle tit. v̄īī. des choses nouuellement trouuées, Scaliger sur le Culex de Virgile, Casaubon sur Athenée, Æmilius Portus sur Suidas au mot χυμεία, & Vossius *de vitijs sermonis.* liu. īī. chap. 2. le deriuent de l'article Arabe *al* & du mot Grec χυμίστης *infusor*. Salmuth sur ce lieu de Pancirolle improuue cette opinion, Suidas & Cedrenus nommant l'Alquemie χημείαν & non pas χυμείαν. Les paroles de Suidas meritent

E ij

d'estre icy rapportées tout au long: χημεία, ἡ τοῦ ἀργύρου καὶ χρυσοῦ κατασκευῆς τὰ βιβλία διερευνησάμενος ὁ Διοκλητιανὸς ἔκαυσε, διὰ τὰ νεωτερισθέντα Αἰγυπτίοις Διοκλητιανῷ. Et au mot δέρας: τὸ χρυσόμαλλον δέρας, ὅπερ ὁ Ἰάσων διὰ τῆς Ποντικῆς θαλάσσης σὺν τοῖς Ἀργοναύταις εἰς τὴν Κολχίδα παραγενόμενοι ἔλαβον, &c. οὕτω δὲ οὐχ, ὡς ποιητικῶς, φέρεται. ἀλλὰ βιβλίον ἦν ἐν δέρμασι γεγραμμένον, ὑπαγορεῦον ὅπως δεῖ γίνεσθαι διὰ χημείας χρυσόν. εἰκότως οὖν οἱ τότε χρυσοῦν ὠνόμαζον αὐτὸ δέρας, διὰ τὴν ἐνέργειαν τὴν ἐξ αὐτοῦ. On croit que cette science a esté fort familiere aux Egyptiens, & l'Egypte a esté dite χημία de חם chum qui signifie noir Plutarque en son traitté d'Osiris: ἔτι τὴν Αἴγυπτον ἐν τοῖς μάλιστα μελάγγειον οὖσαν, ὥσπερ τὸ μέλαν τοῦ ὀφθαλμοῦ, χημίαν καλοῦσιν. C'est pourquoy Salmuth au lieu allegué croit que l'Alquemie a esté ainsi appellée de ce mot χημία, comme qui diroit *la science d'Egypte.* Cœlius Rhodiginus liu. VII. chap. 2. estime qu'on l'a nommée de la sorte *quasi ἀργύρου χημεία.* D'autres, au rapport de Libauius liu. I. de ses Epistres Chymiques ep. 6. *quasi ἁλὸς χημεία,* desquels Casaubon se mocque liu. XI. ses Animaduersions sur Athenée chap. 8. *Eiusdem naturæ cùm alia vocabula quædam sunt, tum in primis famosissimæ artis* ALCHYMIÆ *nomen: nam quod aiunt ita dictam, quasi ἁλὸς χημείαν, quia finis eius scientiæ proximus vltimo sit sal illud θαυματουργὸν de cunctis rebus extrahere, ciniflonum commentum est parùm salsum & omninò falsum.* Toutes ces opinions ne me plaisent point, & la plus vray-semblable à mon auis est celle du sçauant M. Bochart, qui deriue ce mot de l'Arabe כמה chema qui signifie *occultare,* d'où l'on a fait כמיה chemia, & puis auec l'article אלכמיה alchemia, comme qui diroit *l'art occulte.* Voyez le au liu. IV. de son Phaleg chap. I. où il establit cette etymologie par plusieurs doctes raisons, & où il monstre que Iulius Firmicus, qui viuoit du temps de l'Empereur Constantin, est le premier des Autheurs que nous auons, qui a vsé du mot d'*Alchymie.*

ALTE, comme quand on dit *faire alte.* Les Allemans disent *halte* pour dire *arreste,* & *halten* pour *arrester,* & plusieurs croyent que nous auons emprunté ce mot *alte* d'eux; mais pour moy ie croirois plustost que nous l'aurions pris des

AL. AM. 37

Italiens qui disent *alto* & *far alto* pour *alte* & *faire alte*, qui est vne façon de parler elliptique pour *far alto legno*, comme qui diroit *hault le bois, dressez vos piques*, la coustume des Piquiers estant de mettre leurs piques en haut lors qu'ils s'arrestent. Ce mot de *bois* se dit proprement des armes d'ast, & particulierement de la pique & de la lance. De la pique est venu le Prouerbe *hault le bois*. De la lance *porter bien son bois*.

ALVIE. Petite ville du pays Chartrain. De *Allogia*, c'est ainsi que ce lieu est appellé dans les Epistres de Fulbert Euesque de Chartres.

ALVMELLE de cousteau. Par corruption pour *alemelle*. De *lamella* diminutif de *lamina*, d'où nous auons fait *lame*, comme quand on dit vne lame d'espée.

AM.

AMADOTE. Sorte de poires. Par corruption pour *Damoudot*. C'est ainsi que les Bourguignons appellent ces poires, du nom d'vne femme nommée *Dame Oudet*, qui estoit du village de Demigny entre Beaune & Chaalons, & qui la premiere eut de ces fruits en ce pays-là. I'ay appris cette etymologie dans vn traitté que M. Ferrand President en la Chambre des Comptes de Dijon a fait des espaliers, & qu'il m'a fait la grace de me communiquer.

AMADOVER. De *amatutare* inusité, qui a esté fait de *amatus*.

AMANDE. Fruit. De *amandala*, qu'on a dit par corruption pour *amygdala*. Le Capitulaire de Charlemagne *de villis suis*, que Hermannus Conringius a depuis peu donné au public article 70. où il fait mention des arbres fruitiers qu'il veut que son jardinier mette dans son jardin : *De arboribus volumus quod habeat pomarios diuersi generis*, &c. *Auellanarios, Amandalarios*, &c. On appelle depuis quelques années *amandes à la Prasline*, des amandes fricassées au sucre en conserue auec la peau. D'vn Sommelier du Mareschal du Plessis-Praslin, lequel le premier les a preparées de la sorte.

E iij

AMANDER. De *emendare*. Et delà *amande*, comme quand on dit *condamner à l'amande*. Anciennement on prononçoit *emende*, & vous le trouuerez ainsi escrit en plusieurs Coustumiers. Voyez Ragueau au mot *emende*.

AMASSER. De *admassare*, qui a esté fait de *massa*.

AMBASSADEVR. De *Ambasciator* ou *Ambassiator*, qui se trouue souuent en cette signification dans les Escriuains du bas siecle. Ruscelli sur ce vers de l'Arioste, Stance 63. chant IX.

Il fante al Re sa l'Ambasciata in fretta

confesse ingenuument qu'il ne sçait pas d'où peut venir ce mot : *L'etimologia ù origine di questa voce Ambasciata, io non ho saputo fin qui vintracciare, se non che ella è pura voce oltramontana. E principalmente d'ella lingua Spagnuola. Il commune d'Italia oggi dice più Imbasciata che Ambasciata : mà tuttauia cio è per corrottione del suo proprio. Ambascia poi è voce a noi che significa ansia, fastidio, o pensiero, o dispiacer d'animo & cura & sollecitudine, o affanno. Dante :*

E però leua sù, vince l'Ambascia
Con l'animo, che vince ogni bataglia.

Et questo autor nostro più di sotto :

Non ti merauigliar ch'io n'habbia Ambascia
E se di cio diffusamente io dico.

& se si sapesse l'etimologia e l'origine di questa, si potrebbe forse dire che di essa fosse fatto Ambasciatore, conuenendosi a vno Ambasciatore di star di continuo ansioso, affannato, pieno di cure & sollecito. Lindembrog dans son Glossaire le deriue de l'Alleman *Ambacht* ou *Ambachten*, qu'il dit signifier *operari*. Encore aujourd'huy en Flandres *Ambachten* signifie vn membre de la Republique, qui est obligé au corps de la Republique à certain seruice, & les quatre grands Membres de Flandres s'appellent les quatre Ambactes. Parmy les Danois, comme ie l'apprens d'Isaac Pontanus, ce mot *Ambacht* signifie aussi *munus officium, Præfectura : nam & Ambachts-heeren*, dit-il, *illustres sunt viri penes quos est summa rerum in municipijs & territorijs*, c'est au chap. 24. du liure VI. de ses Origines de France. Ce mot au reste est tres-ancien dans la langue Germanique, *Ambachta* se trou-

uant employé pour *Ministri* dans la version Teutonique de l'Harmonie des IV. Euangiles de Tatianus Syrus, qui selon l'opinion de Bonauentura Vulcanius est la piece la plus ancienne qui soit dans la langue Allemande. Pontanus l'a inserée toute entiere au liu. VI. chap. 24. de ses Origines de France. Voyez-le dans son Glossaire Gaulois au mot *Ambactus*, & Cluuerius liu. I. de son Ancienne Germanie ch. 8. où ils soustiennent que le mot *Ambactus* est Gaulois. Conformément à cette opinion Spelmannus dans son Glossaire croit que le mot & d'*Ambacten* & celuy d'*Ambasciator* viennent du Gaulois *Ambactus* : *Mihi autem omnia videntur à vetustissimo Gallico Ambactus deduci, de quo sic Festus* : Ambactus apud Ennium lingua Gallica seruus dicitur. *Certè hunc non tacuit Cæsar lib.* VI. *bell. Gall. de Equitibus Galliæ agens* : Eorum vt quisque est genere copijsque amplissimus, ita plurimos circum se Ambactos clientelque habet : hanc vnam gratiam potentiámque nouerunt. *Philoxeni Gloss. à Vulcanio iuxta Scaligerum emendate* : Ambactus, δοῦλος μισθωτός, ὡς Ἔννιος. *Sic vt Ambactus idem sit quod* περιφόρητος, *circumactus & nusquam consistens, cuius operas quotidianas dominus locat lucelli caussa, qui & locellaris & lucellaris appellatur. Alijs ministerialis.* Voyez Scaliger sur Festus pag. 14. & 15. & Turnebe liu. XIV. de ses Aduersairés chap. 12. M. de Saumaise pag. 486. sur l'Histoire Auguste estime au contraire que le mot *Ambactus* est purement Latin, d'où il dit que celuy de *Ambasciator* a esté fait : *Ambasciatores infima Latinitas dixit. Quod vocabuli ex bona & veteri Latina voce factum est.* Ambactus *veteribus Latinis seruum mercenarium significabat, qui hac & illac circum agitatur & circumducitur mercedis gratia.* Ambagere *vetus verbum pro* circumagere, *vt* ambire, circumire. *Optimæ Glossæ*: Ambactus, δοῦλος μισθωτός, ὡς Ἔννιος. *Glossæ Placidi* : Ambacti, serui. *Festus* : an. *Præpositio loquelaris, significat* circum. *Vnde seruus* Ambactus, *id est circumactus, dicitur. Sequitur apud eumdem Festum, vel eius abreuiatorem.* Ambactus apud Enniùm lingua Gallica seruus dicitur. *Scripserat Festus,* Ambactus apud Ennium seruus dicitur. *Voces illas lingua Gallica liquet mihi à Paulo additas esse, qui* Ambactus *apud*

Cæsarem in rebus Gallicis legerat, & putabat vocabulum esse Gallicum. Verba Cæsaris ex sexto Commentario belli Gallici : Atque eorum vt quisque est genere copijsque amplissimus, ita plurimos circum se Ambactos clientésque habet. *Ex his verbis non magis liceat colligere Gallicam vocem esse* Ambactos *quàm* Clientes. *Frustra igitur vir magnus apud* Festum (il entend parler de Scaliger) *qui notauit* Ambactus *cùm seruum significat Latinum esse; at cùm pro cliente sumitur,* Gallicum. Ambactus *pura Latina vox est*, ὁ περιφόρητος, ὁ περιφερόμενος. Ambactus *etiam pro eodem dicebatur.* Festus : Ambaxi, qui circumeunt, &c. *Nam vt à* figo *fixus & fictus; à* tago, *taxus & tactus; à* veho, *vexus & vectus; sic ab* ago, *actus & axus. Sic* Ambactus *&* Ambaxus *idem. Atque idem* Ambactia *vel* Ambaxia, *seruitium vel opera mercede conducta; pro quo recentiores Latini* Ambasciam *scripserunt in legibus Burgund.* Quicumque asinum alienum extra domini voluntatem præsumpserit, aut per vnum diem, aut duos in Ambascia sua &c. *Hinc & verbum* Ambasciare, *&* Ambasciator *pro Legato vel Internuntio & Intercursore & domestico etiam & adsecula.* Ambaxatores *Hispani dicunt ab* Ambactus. Ie suis de l'auis de M. de Saumaise.

p. 756. AMBLER. De *ambulare*, dont les Latins se sont seruis en cette signification. Ekkehardus chap. 7. Sternatur ambulatrix mea. Et au chap. 15. Ambulator cui ipse insederat, alacritatem equorum post se sentiens, caput concutiens exultare cœpit. Et au chap. 10. Ambulatorem valdè docibilem & alacrem. Les Grecs ont dit de mesme βαδίζειν. Les Gloses : *tolutarius*, βαδιστής. M. de Saumaise sur l'Histoire Auguste pag. 245. *Græci* βαδίζειν κατ' ἐξοχὴν *de hoc molli delicatoque Asturcorum gressu dixerunt, vt Latini* ambulare *& nos* amblare. *Vegetius liu.* IV. *cap.* 6. Inter colatorios & eos quos guttonarios vulgus appellat ambulatura eorum media est. *Et alibi :* Non enim circulis aut ponderibus prægrauant, vt soliti ambulare condiscant. *Ambulaturam vocat quam nos* amblam *dicimus, quæ & ipsa vox Latina est, & ex Latinorum consuetudine facta. Sic enim* resonam *pro* resonatione *à* resono. *Sic* ornam *pro* ornatione *vel* ornatura. *Sic* curam *pro* curatione *vel* curatura *à* curo. *Sic* sudam *pro* sudatione. *Ita* amblam

amblam *pro* amblatura. Les Espagnols disent aussi *cauallo ambladór* pour vn cheual d'amble. *Ambler* pour *voler*. Voyez *embler*.

AMBRE. De l'Italien *ambra*, que Caninius dans ses Canons des Dialectes à la lettre *p* deriue de l'Arabe *anbar*.

AMELLON. Nom de famille. Peuteſtre de *amello*, qui eſt vn nom de fleur, ainſi appellée de Mella fleuue de France. Virgile liu. IV. des Georgiques

Est etiam flos in pratis cui nomen Amello
Fecere Agricolæ, facilis quærentibus herba, &c.
——— *tonſis in vallibus illum*
Pastores, & curua legunt propè flumina Mellæ.

Seruius sur cét endroit: *Mella fluuius Galliæ est, iuxta quem herba hæc plurima naſcitur, vnde & Amello dicitur.* Les Gloses: *amellum*, μελίφυλλον. *Amellus*, ϛρύθιον. De *amello* on a fait *amelottus*, dont nous auons fait *Amelot*, qui est vn autre nom de famille.

AMIDON. De *amylum*, d'où les Italiens ont aussi fait *amido*, & les Espagnols *almido*.

AMIRAL. Il y a plusieurs opinions touchant l'etymologie de ce mot. La plus vray-ſemblable eſt de ceux qui le deriuent de ἁμυρὰς, qui se trouue en cette signification, & qui a eſté fait de l'Arabe *emir* ou *Amir* qui signifie *Seigneur*. Turnebe liu. XXVIII. de ses Aduersaires chap. 2. *Est & Magistratus ampliſsimus, qui oræ maritimæ Præfectus est: proinde & vocabuli originem Græcam esse multi suſpicati sunt. Ego Arabicam puto. Nam à Saracenis & Imperatores Græci hoc nomen ſumpsere: & nostri Reges vel à Saracenis vel à Græcis. Itaque in recentiorum Græcorum historijs ἁμυρὰς ſæpè reperitur. Quo nomine est apud nos Præfectus oræ maritimæ. Si quis aut veriora aut probabiliora his habet, me non vsque adeò pertinacem inueniet sententiæ meæ defenſorem, vt non libenter in alia omnia diſceſſurus ſim, modò verum aut veriſimilitudo probabilior oſtendatur.* La Chronique de Yues de Chartres: *Arabum Amiras miſſus ab Humaro cepit Cæsaream Paleſtinæ.* Celle de Sigebert: *In Regno Saracenorum quatuor Prætores ſtatuit qui Amiræi vocabantur, ipſe verò Amiras vocabatur, vel Protosymbulus.* Mathieu Paris en l'année 1203. *Procurator ciuitatis qui linguâ corum* (il parle des Turcs) *Emir dicebatur.* Et en l'année 1272. *Amiralius Ioppensis natione Saracenus, quæ dignitas apud nos Consulatus vocatur.* Curopalates: ὥσπερ ὁ μέγας Δομέπκος εὑρίσκεται εἰς τὸ φωσσάτον ἅπαν κεφαλὴ, ὕπω κỳ κατὰ θάλασσαν ὕπος (il entend le grand Duc) ἔχγ δὲ ὑπ' αὐτὸν τόντε μέγαν Δρυγγάειον ὃ φύλϰ, τὸν ἀμηράλιον, τὸν πρωτοκόμητα, τὺς Δρυγγαείυς κỳ τὺς κόμηντας. Et ailleurs: ὁ ἀμηράλιος ὑπὸ τὸν μέγαν Δϰϰαν εὑρίσκεται. ἡγεῖται δὲ ὃ φύλϰ παντός. Il est à remarquer que ce mot *amiral* a esté dit non seulement de ceux qui auoient commandement sur mer, mais aussi de ceux qui commandoient dans les Prouinces; ce qui refute l'opinion de Iunius, de Wats & autres qui croyent qu'il vient de *emir* & de ἅλιος qui signifie *marinus*. Le Moine Robert liu. IV. de son histoire de la guerre des Sarrazins: *Occisus est Cassiani Magni Regis Antiochiæ filius, & 12. Admiraldi Regis Babyloniæ, quos cum suis exercitibus miserat ad ferenda auxilia Regi Antiochiæ: Et quos Admiraldos vocant, Reges sunt qui Prouincijs regionum præsunt. Prouincia quidem est, quæ vnum habet Metropolitanum, 12. Consules, & vnum Regem. Ex tot itaque Prouincijs conuenerunt, quot ibi Admiraldi fuerunt mortui.* Et au commencement du liure suiuant: *Dominus noster Admiraldus Babyloniæ mandat vobis Francorum Principibus,* &c. De *amir* on a fait ἀμυρᾶς, ἀμηράιος, ἀμηραλὴς, ἀμηράλιος, *Amira, Amiras, Amireus, Ammiratus, Admirallus, Admiralis, Admiraldus, Admirans*: d'où les Espagnols ont fait *Almirante*: *Admirandus, Admirabilis, Admiraui*s*us, Almiramisus,* &c. qu'on a dit indifferemment. Voyez Vossius *de vitijs sermonis* pag. 173. la Popelinière dans son liure de l'Amiral, Wats dans son Glossaire sur Mathieu Paris, le P. Fauchet liu. II. de l'Origine des Dignitez & Magistrats de France chap. IX. le P. Fournier dans son Hydrographie, Meursius dans son Glossaire, Couarruuias au mot *Almirante*, & sur tout Spelmannus en la dissertation qu'il a faite de l'Amiral, & qui se trouue dans son Glossaire.

AMONCELER. De *admonticellare.* Voyez *monceau.*
AMONT. De *ad montem.*
AMORCER. De *admorsare*, qui a esté fait de *morsus.* De *morsellus* on a fait *morceau.*

AN.   AN.   43
AN.

ANCESPESSADE. Par corruption pour *lancespes-sade.* De l'Italien *lancia spezzata,* c'est à dire *lance mise en pieces.* Guicchardin liu. II. de son Histoire : *Il quale sequitato da una valorosa compagnia di giouani Gentilhuomini & lancie spezzate, sono questi soldati altieri tenuti fuora delle Compagnie ordinarie à prouisione,* &c. Henry Estienne pag. 289. de la Precellence du langage François. *Mais vn des plus notables exemples de ce que i'ay dit est* lancespessade, *ou* lancespezzade, *Car c'est bien vn des mots sous lesquels beaucoup de personnes imaginent quelque nouueau & grand secret. Et toutefois si on examine son origine pour bien découurir sa signification, on trouuera que quand ils vsent de ce mot ils ne parlent de rien qui ne soit vieil. Car* lancia spezzata *est comme si on disoit* lance despecée, *ou* lance mise en pieces : *& se baille ce nom à vn soldat qui est bien appointé & auquel on donne plus de priuileges qu'aux autres (aucunesfois aussi est honoré de quelque charge au defaut de ceux ausquels elle appartient) pource qu'anciennement celuy qui auoit perdu ses cheuaux, & n'auoit moyen de se remonter, venant se rendre parmy les gens de pied, estoit respecté tant en ce qu'il auoit gages extraordinaires, qu'en ce qu'il n'estoit subiect à tant de couruées que les autres. Or est-il certain que tout cecy conuient à ceux qui sont appellez* soldats appointez. *Que si quelques-vns des Italiens veulent puis non pas vser, mais abuser de leur* lancia spezzda, *& pareillement quelques François de leur mot emprunté* lancespessade, *c'est à eux, ie dy tant aux vns qu'aux autres, de rendre raison de leur abus. Et nonobstant ce que i'ay dit de l'origine de ce terme, ie n'ignore pas qu'aucuns luy en donnent vne autre, en le faisant venir du langage Espagnol: mais c'est en prononçant & escriuant autrement que* spezzada, *lequel mot toutefois nous auons suiuy.* Messire Louis de Mongommeri Seigneur de Courbouson dit que lancepessade est vn Cheuau-leger, lequel apres auoir perdu cheual & armes en quelque honorable occasion se iette dans l'Infanterie & prend vne pique attendant mieux, & que cette coustume & ce mot viennent des guerres d'Italie : *en ce cas, ce sont ses termes,*

F ij

le Cheuau-leger qui en vn combat auoit rompu sa lance honorablement, cas auenant que son cheual luy fust tué, l'on le mettoit en l'Infanterie auec la paye de Cheuau-leger. Depuis par corruption de temps on l'a fait Lieutenant ou aide de Caporal, &c. Nous disions anciennement *lances pesades*, & vous le trouuerez ainsi dans Maistre François Rabelais liu. IV.

ANCESTRES. De *ancessore* ablatif d'*ancessor*, qu'on a dit par contraction pour *antecessor*. Anciennement on disoit *ancesseurs*. Le Chanoine Gasse :

 Pour remembrer des ancessors
 Les faits, les dits & les morts, &c.

Lancelot du Lac: *Ses ancesseurs auoient le lieu establi & fondé, &c.* Froissard : *Il n'est gueres de mes ancesseurs qui soient morts en chambres.* Comme les Latins ont dit *antecessores* pour dire les ancestres, les Grecs les ont de mesme appellez *ascendans*. Les Gloses Nomiques : παρόντες, οἱ ἀνίοντες, ἤτοι γονεῖς.

ANCHOIX. Petit poisson. De l'Espagnol *anchoua*, ou plustost de l'Italien *anchioa*. Scaliger contre Cardan CCXXVI. 2. *Duo halecum sunt genera, pusillum quod anchioam Genuensem vocant Picentes.*

ANDOVILLE ou ENDOVILLE. De *indusiola*. On dit encore apresent *vestir des andoüilles* & *le vestu des andoüilles*. On prononçoit anciennement *andoille*.

ANDRÉ DES ARTS. Eglise Parochiale de Paris. Voyez *Estienne des Grecs.*

ANEAV. De *anellus*, qui se trouue dans Cicéron pour *anulus* : *Nec tamen Epicurum licet obliuisci si cupiam: cuius imaginem non modò in tabulis nostri familiares; sed etiam in poculis & in anellis habebant.* C'est au liu. V. *de finibus.*

ANEMONE. Fleur. Du Latin *anemone*, qui vient du Grec ἀνεμώνη, comme qui diroit *herba venti*, qui est comme quelques Simplistes l'appellent. Ouide liu. X. de sa Metamorphose parlant de cette fleur en laquelle Adonis auoit esté changé

 Namque malè hærentem, & nimia leuitate caducum
 Excutiunt ijdem qui præstant nomina venti.

AN.   AN.   45

C'est ainsi qu'il faut lire en cét endroit, & non pas, comme portent les liures imprimez, *qui perflant omnia venti.* Pline liu. XXI. chap. 23. *Flos numquam se aperit, nisi vento spirante: vnde & nomen accepit.*

ANFORGES. Vieux mot François, dont on appelloit anciennement ces deux grandes gibbecieres quarrées que les Marchands portent à cheual, que les Grecs appellent ἱπποπήρα, les Latins *bulgæ* & *lateralia*, & que nous appellons apresent *bouges*. De l'Espagnol *alforja*, qui vient de l'Arabe. Caninius en ses Dialectes à la lettre φ. *Æolij χ vertunt in ⊙, &c. quod Hispani in multis Punicis verbis faciunt, quæ in suam linguam traduxerunt.* ALCAIAT, alfaiate. I. *sarcinatorem.* ALCHILEL, alfilel. I. *calamistrum.* ALCHORG, alforjas. I. *hippopera.* القريبة ou الفراغ *Elpheriget, Elphireph,* signifie *vas viatorium multam aquam continens. Vas coriaceum amplum.* De la racine فرغ *pherege*, qui signifie *vacuauit.*

ANGAR. Nicod le deriue de l'Alleman *hangen*, qu'il dit signifier *appentis.*

ANGEVINE. On appelle ainsi en Anjou, en Poictou, au Maine, en Normandie & en Bretagne la feste de nostre Dame de Septembre, acause qu'elle fut premierement establie en Anjou par saint Maurille Euesque d'Angers. Bourdigné en son Histoire d'Anjou pag. 16. parlant de S. Maurille; *Ie ne vueil obmettre qu'il estoit de si grant saincteté de vie que le sainct Esperit fut veu descendre sur luy en forme d'vne colombe blanche. Et à luy fut, ainsi que plusieurs veulent dire, diuinement reuelé la feste de la Natiuité de Nostre-Dame deuoir estre en Septembre 8. iour celebrée :* Par quoy la dite feste de la Natiuité prit son nom de l'Angeuine, combien que aucuns y alleguent d'autres raisons. Chopin, liure 2. de Feudis Andegauis titre 2. *Clodione Comato, Francorum Rege, & Hengisto Saxone, Andegauorum Consule primo, admonitus fuit cœlesti quodam afflatu B. Maurilius Andium Episcopus, publicè celebrandi natalis D. Mariæ, octauâ Septembris luce,*

F iij

vertentis cuiusque anni. On appelle cette Feste à Paris *la Nostre-Dame des Oignons,* acause de la foire des oignons qui se tient ce iour là dans le parvis Nostre-Dame.

ANGIERS. Capitale d'Anjou. De *Andicarij.* Les villes capitales des Prouinces ont esté pour l'ordinaire appellées du nom des peuples. *Andes, Andis, Andius, Andicus, Andicarius.* ANGIERS. Voyez *Anjou.*

ANGOISSE. D'*angustia.*

ANGOISSE. Sorte de poires. I'auois tousiours crû que ces poires auoient esté ainsi appellées acause qu'elles sont de mauuais goust & qu'elles prennent à la gorge ; mais j'ay appris depuis peu dans vne Chronique de Limousin que M. du Puy Conseiller d'Estat & Garde de la Bibliotheque du Roy m'a fait voir, qu'elles estoient ainsi nommées d'vn village de Limousin : *Anno 1094. repertum est genus pyri agrestis à rustico in eius agro. Fructum vulgò nominant Pyras d'Angoisse. Vicus enim sic vocatur, & est in Lemouicino non longè à Monasterio S. Aredij, quod dicitur S. Irier.*

ANIOV. De *Andegauum,* d'où l'on a fait premierement *Anjau,* & il est escrit dans les vieux liures, & puis *Anjô,* & en suitte *Anjou.* Ainsi de *Pictauum* on a fait *Poictau, Poictô,* & puis *Poictou.* Voyez M. Besly dans vne lettre à M. du Puy-du Fou imprimée à la fin de son Histoire des Comtes de Poictou.

ANNVLLER. De *annullare* qui se trouue dans Optatus Mileuitanus, Yues de Chartres, & ailleurs. Voyez Vossius liu. II. *de vitijs sermonis* chap. 1.

ANPAN. En Alleman *ein span* signifie *vn anpan.* Ie croy que de ces deux mots nous n'en auons fait qu'vn, & que nous auons dit *enpan* que nous prononçons *anpan.* L'Alleman *span* a esté fait vray-semblablement du Grec σπιθαμή, qui signifie la mesme chose. Les Anglois & les Escossois disent aussi *span.*

ANTAN. Vieux mot qui signifie *l'an passé,* & qui est encore en vsage en cette signification parmy les Paysans. Villon dans vne de ses Ballades,

AN.   AN.   47

Mais où sont les neiges d'antan?
Rabelais 1 v. 32. *S'il discouroit c'estoient neiges d'antan.* De *ante annum*, d'où les Espagnols ont aussi fait *antaño*, comme *vgaño* de *hoc anno*, & les Gascons *hougan*. Les Grecs ont dit de mesme τῆτες, pour dire ἐν τῷ δε τῷ ἔτει, comme l'interprete Hesychius; & les Italiens *hoggidi* de *hocce die*. Nous auons dit aussi *mesoüan* de *medesimo hoc anno*. Frere Ian dans Rabelais liu. I. chap. 39. *Les perdrix nous mangeront les oreilles mesoüan.* Dans le Boulenois on appelle *Antennois* & *Antennoise* vn jeune bouuard & vne jeune genice, de *antennensis*, qui a esté fait de *ante annum*. On dit la mesme chose des moutons aux enuirons de Paris.

ANTIENNE. De *Antiphona*, qui signifie le chant de deux chœurs. Isidore liu. VI. de ses Origines chap. 19. *Antiphona ex Græco interpretatur vox reciproca : duobus scilicet choris alternatim psallentibus ordine commutato, siue de vno ad vnum: quod genus psallendi Græci inuenisse dicuntur.* Socrate liu. VI. chap. 8. attribuë l'inuention de ce chant à Ignace Euesque d'Antioche, lequel ayant eu vne vision d'Anges qui chantoient alternatiuement des Hymnes en l'honneur de la Trinité, fit chanter de la sorte dans son Eglise. Theodoret l'attribuë à Diodorus & Flauianus. Saint Ambroise porta en suitte cette coustume dans l'Eglise Latine. La Chronique de Sigebert ann. 387. *Ambrosius Episcopus ritum Antiphonas in Ecclesia canendi primus ad Latinos transtulit à Græcis. Apud quos hic ritus iam dudum inoleuerat ex instituto Ignatii Antiocheni Episcopi & Apostolorum Discipuli, qui per visionem,* &c. Voyez diligemment Spelmannus au mot *Antiphona*, & Vossius *de vitiis sermonis* pag. 771. & 354.

ANTIMOINE. De *Antimonium*. Mathiole sur Dioscoride pag. 663. *Stibium recentioribus Medicis, Chymicis ac Seplasiariis qui Mauritanorum doctrinam sequuntur Antimonium dicitur, quòd hoc nomine Serapio & Auicenna Stibium appellauerint.* Il est difficile de dire d'où vient ce mot *Antimonium*. Falopius au liure qu'il a fait des Metaux pag. 373. croit qu'il a esté dit par corruption pour *achamadium* : *Arabes vocant* Aitruad &

48 AN. AO.

Achiman *vel* Achman: *vnde Chymistæ Seplasiarii deduxere* Achamadium, *& ab hac voce posteà* Antimonium.

ANVIT. Vieux mot, qui signifie *auiourd'huy*. Les Allemans comptoient anciennement par les nuits comme a remarqué Tacite au traité qu'il a fait de leurs mœurs. Ce que les anciens Gaulois ont aussi pratiqué, comme il se voit par plusieurs endroits de la Loy Salique, par les Capitulaires, par les Formules de Marculphe & par plusieurs anciens instruments, dont François Pithou fait mention sur les Capitulaires. Ce qui se pratiquoit encore du temps de Gossridus Vindocinensis. C'est pourquoy le P. Sirmond dans les Notes qu'il a faites sur cét Autheur pag. 38. & M. Bignon dans celles qu'il a faites sur Marculphe pag. 593. estiment que ce mot d'*anuit* vient de cette ancienne coustume, comme qui diroit *hac nocte*. En quoy ils ont esté suuuis par Gosselin en son liure de l'Antiquité des Gaulois, & par Fauin en son Theatre d'Honneur liu. II. pag. 381. Il vient sans doute par corruption de *en huy*, comme qui diroit *in hodie*, & il est ainsi escrit dans tous les vieux liures. De *hodie* nous auons fait *huy*, qui est encore en vsage dans le Palais, où l'on dit *dans huy* pour dire *dans ce iour*, qui est la mesme chose qu'*en huy*, ou *auiourd'huy*, mot composé de ces quatre *au iour de huy*. Dans la Bresse, la Gascongne & le Languedoc *anuit* signifie *hier au soir*.

AO.

AORÉ. On appelloit ainsi anciennement le Vendredy Saint. Vn Arrest du Parlement de Paris de l'an 1423. Le Duc de Bethfort pour l'absence du Roy son neueu, *& representant sa personne montrera le* Vendredy *aoré la vraye Croix au peuple, comme ont accoustumé les Roys de France ledit iour*. La Chronique de Louis XI. pag. 146. *Et le* Vendredy Saint *& aourné vint & issit du Ciel plusieurs grands esclats de tonnoirre, espartissemens & merueilleuse pluye, qui esbahist beaucoup de gens, parce que les Anciens dient tousiours que nul ne doit dire ;* Helas! *s'il n'a oüy tonner en Mars*. En Normandie on

la

AO.   AP.

se nomme encore apresent *le Vendredy aoré*. De *adoratus*, parce que ce jour-là on va adorer la Croix. Les Anciens disoient *aourer* pour *adorer*. Martins li Beguins:

> Pour la belle que i'aour
> Qui sur toute a beauté & valour.

Voyez les Annotations d'André du Chesne sur les œuures d'Alain Chartier pag. 854.

AOVRNER. C'est vn vieux mot François qui signifie *orner, accommoder, aiuster*. Le Sire de Ioinville en la vie de Saint Louis pag. 7. *Il disoit que on se deuoit porter, vestir & aourner chacun selon sa condition*. Maistre François I. 39. *Comment, dist Ponocratés, vous iurez Frere Iean. Ce n'est, dist le Moine, que pour aorner mon langage*. Et II. 5. *Car, disoit-il, au monde n'y a liures tant beaux, tant aornez, comme sont les textes des Pandectes*. De *adornare*.

A P.

APANAGE. Du Tillet dans ses Memoires le deriue de πάνεγρς qu'il dit signifier *sustentation* ou *prouision*; ce qui ne m'est pas connu. παναγία se trouue dans Codinus pour du pain benist; mais pour πάνεγρς ie ne croy pas qu'il se trouue en quelque lieu que ce soit. Hotman dans sa Gaule Françoise chap. 9. le deriue du mot Celtique *abbannen* qui signifie *exclurre*, les puisnez des Roys au moyen de l'apanage estant comme exclus de la part qu'ils eussent pû pretendre legitimement en la succession du Roy leur Pere, & Ragueau dans son Indice est du mesme auis. Chopin liu. II. du Domaine de France chap. 3. estime qu'il a esté dit de πᾶν ἅγιον, comme qui diroit *tout-sacré*, le domaine du Roy d'où on tire l'apanage estant comme sacré. Spelmannus dans son Glossaire incline à le faire venir de *appendere*: *Si verò quod antiquius & vulgarius est scribendum sit* appennagium, *haud video cur non dicatur ab* appendendo, *quasi* appendagium junioris filij, *vel* appendagium Coronæ Franciæ, *proptereà quòd res ipsæ in hunc modum datæ eiusdem sunt appendices, & quales in Diui Edoüardi legibus* appendicia Coronæ Regni Britanniæ *nuncupantur.* M. Beſly Aduocat du Roy à Fontenay-le-Comte, dans vne de ſes lettres, qui m'a eſté communiquée par M. du Puy Conſeiller d'Eſtat, le fait venir de *paſtus,* d'où il dit que nous auons fait premierement *pas* pour *paſt,* & que de *pas* on a fait en ſuitte *paage* triſyllabe, & puis *panage* pour euiter la cacophonie, & enfin *apanage.* Nicod & pluſieurs autres le deriuent de *panis,* & cette etymologie me ſemble la plus vray-ſemblable. On s'eſt ſeruy de ce mot de *pain* pour toute ſorte d'alimens de l'homme, & il ſe trouue en cette ſignification dans l'Oraiſon Dominicale. Aulugelle IX. 2. *Ad Herodem adiit nobis præſentibus palliatus quiſpiam & crinitus, barbáque propè ad pubem vſque porrectâ, ac petiit æs ſibi dari* εἰς ἄρτους. Marc Aurele liu. IV. ἄρτους οὐκ ἔχω, φησὶν, ἢ ἐμελέτησα τῷ λόγῳ. Les Hebreux ont vſé ainſi largement du mot de לחם *lechem* pour toute ſorte de viures. Et ce qui me confirme dauantage en cette opinion, c'eſt que pluſieurs Autheurs diſent *panagium* & non pas *appanagium,* & entr'autres Paul Emile liu. VI. en la vie de Philippe Auguſte. On a formé *panagium* de PANIS, comme de VINVM *vinagium,* de POTVS *potagium,* de HOMO *homagium,* &c. Depuis on y a adjouſté vn *a*, comme en pluſieurs autres mots: Et on a dit *apanage* de *panis,* comme *ſalarium* de *ſal.* Voyez outre les Eſcriuains cy-deſſus alleguez Pierre Pithou en ſon traitté des Comtes de Champagne, où il dit que le mot *appanage* eſt purement François comme celuy de *ſouſanage,* & Paſquier VIII. 20. où il ſouſtient que nous auons emprunté ce mot du Leuant du temps de nos voyages d'outremer.

APARITOIRE. Herbe. De *parietaria*; c'eſt ainſi que les Latins ont nommé ce ſimple, & *muralium*; a cauſe qu'il vient d'ordinaire ſur les vieilles murailles. De *parietaria,* on a fait *parietaire,* d'où, auec l'article *la* qui s'eſt incorporé dans le mot, on a fait en ſuite *apparitoire,* au lieu de dire *la parietaire.*

APPATISSER. Vieux mot qui ſignifie *impoſer tailles pour le paſtis & nourriture.* Iuuenal des Vrſins Eueſque de Beauuais en son Epistre au Roy Charles $\overline{VIII}$. pendant les Estats d'Orleans l'an 1439. *appatissoient les villages. Tellement qu'vng pauure villaige estoit appatis à huit ou dix places. Et si on ne payoit, on alloit mettre le feu és villages.* Et en son Epistre enuoyée aux Estats de Blois six ans deuant, parlant des miseres de son Diocese : *Esquelles choses le pauure peuple de tous Estats cuidant mettre remede, delibera de soy appaticher à la garnison plus prochaine. Mais tantost toutes les autres garnisons commencerent à courir les villages voulant auoir patis.* Le liure des IV. Dames :

Et desir tient tout apatis
Mon vouloir qui est amatis.

Alain Chartier au Lay de paix pag. 544.

Pastissages
Et truages —
Tailles pour payer les gaiges, &c.

De *pastus*. Voyez *pas*.

APERCEVOIR. Caninius dans ses Canons des Dialectes le deriue de *percipere* : *a initio aliquando abundat*, ςαρίς ἀςαφίς vua passa ςαχὶς ἄςαχυς spica : *quod proprium Atticorum esse dicunt. Etruscè, vulturius* auoltoio. *Hispanicè, percipere* apercebir & *Gallicè* APERCEVOIR. Ie croirois plustost qu'il auroit esté fait de *adpercipere*.

APOTHICAIRE. De *Apothecarius*, qui a esté fait de *apotheca*, qui signifie *boutique*. Voyez *boutique*.

APOSTOLORVM. Sorte d'onguent mondificatif, ainsi dit des $\overline{XII}$. drogues qui le composent, qui est le nombre des Apostres.

APRETADOR. C'est vn ornement que les Dames portent sur leurs testes, comme vn filet de perles, ou vne petite chaisne de diamants, ou quelque autre chose semblable. De l'Espagnol *apretador*, qui signifie la mesme chose, & qui a esté formé de *apretar*, qui signifie *estreindre, serrer*. Ce mot est nouueau en France, & c'est la Reyne Anne d'Autriche qui l'y a apporté. Les Espagnols disent aussi *apretaderas*.

APROCHER. De *appropiare*. Exode $\overline{III}$. 4. *Cernens*

52   AQ.   AR.

autem Dominus quòd pergeret ad videndum, vocauit eum de medio rubi, & ait, Moyses Moyses? qui respondit, adsum. At ille ne appropies, inquit, huc. Il se trouue en plusieurs autres lieux de la Bible. Horace:

Plautus ad exemplum Siculi propiare Epicharmi.

c'est ainsi que le sçauant M. Guyet estime qu'il faut lire en ce vers, & non pas *properare*. On a fait *approcher* de *appropiare* en changeant *p* en *ch*, comme en PROCHE de *prope* : en ROCHE de *rupe* : en SCHIENA Italien de *spina* : en SEICHE de *sepia* : en CREICHE de *creppia*, &c.

APVIER. De *appodiare*. Le Poëte Brito liu. II. de sa Philippide:

Fossis iam plenis, parmas ad mœnia miles
Appodiat, sub eisque secare Minarius instat.

Voyez le mot *Puy*, & Vossius de *Vitijs Sermonis* chap. 1.

AQ.

AQVERIR. De *adquærire*, qu'on a dit pour *adquærere*.

AQVESTER. De *adquæsitare*.

AQVITAINE. De *Aquitania*. On croit que ce pays a esté ainsi appellé de la multitude des eaux qui le trauersent. Alain Chartier en sa Description de la Gaule: *Si est nommée cette Prouince Aquitaine, parce qu'elle est plus abondante de fontaines & de fleuues que nulle autre.* Aquoy, dit le P. Fauchet liure & chap. 1. des Antiquitez Gauloises, il n'y a pas grande apparence, puis qu'auant la venuë des Romains, & que les Gaulois parlassent Latin, ce pays portoit ia le nom d'*Aquitaine*.

AQVITER. Voyez *quite*.

AR.

ARABE pour dire *un exacteur auare*. Ie croy que ce mot nous est venu des Pelerins qui voyageoient en la Terre Sainte, a cause du mauuais traittement qu'ils receuoient des Arabes. Les Anciens ont dit de mesme *un Arabe* pour dire vn larron. Saint Hierofme fur Ieremie III. 2. *Pro latrone sine cornice in Hebræo scriptum est Arabi, quod potest & Arabes significare : quæ gens latrociniis dedita vsque hodie incursat terminos Palæstinæ, & descendens de Ierusalem in Ierichio obsidet vias.* Voyez Drusius liu. XI de ses Obseruations chap. 15.

ARACHER. Il y en a qui le deriuent de l'Alleman *ausreissen*, qui signifie la mesme chose. Ie croy que l'vn & l'autre viennent du Latin *abradicare*.

ARANTELLES. On appelle ainsi en termes de venerie ces filandres qui se trouuent au pied du Cerf, de la ressemblance qu'elles ont aux toiles d'araignées qu'on appelle en Poictou *arantelles*. De *araneæ tela*. Les Espagnols disent de mesme *telaraña*, & les Gascons *telaragne*. De *tela araneæ*. Nous disons en Anjou *erantaigne* ou *irantaigne* pour dire vn araignée. De *araneæ tinea*. Voyez du Foüilloux en son recueil des mots de la chasse imprimé en suitte de son liure de la Venerie.

ARBALESTE. De *arcubalista*. L'Onomasticon Grec-Latin : *arcubalista*, ὀξοβόλιον. *Arcubalista* a esté fait de *arcus* & de *balista* pour lequel on a dit *balistra*. Le Glossaire Grec-Latin : *balistra*, σφενδόνη, μάγγανον πολεμικόν. Et delà vient que les Italiens & les Espagnols disent *ballestra*, & qu'en plusieurs lieux de France on prononce *arbalestre*. Voyez le P. Fauchet dans son traitté de la Milice.

ARBORER. De *arbre*. Ce mot est nouueau dans nostre langue. Pasquier VIII. 3. Ie n'auois iamais leu arborer vne Enseigne *pour la planter, sinon aux Ordonnances que fit l'Admiral de Chastillon exerçant lors la charge de Colonel de l'Infanterie*, mot dont Viginaire a vsé en l'Histoire de Villardoüin.

ARCELER. Il y en a qui le deriuent de ἐπερεχελεῖν, qui signifie *irriter*, & qui a esté fait de ἔρις, ἐρέω, ἐρέσχω, ἐρεσχέω. De moy j'estime que *arceler* a esté fait de *arcellare*, qui l'a esté d'*arcere*. *Arceo, arcello, arcellare,* ARCELLER.

ARCENAC. Par corruption pour *arcenal*. De l'Italien *arsenale*, que quelques-vns deriuent de *arx arcis*, & les autres de *arcus*. Mais pour moy j'estime que les Italiens ont pris ce mot des Grecs de Constantinople, lesquels ont employé le mot ἀρσηνάλης en cette signification, comme il paroist par cette inscription qui fut mise à l'Arsenal de Constantinople par l'Empereur Theophile, & que Gruterus a inserée dans ses inscriptions pag. 169.

ΑΠΟ ΚΤΙΣΕΟΣ ΚΟΣΜΟΥ
Δ. Ψ. 4. Β. ΑΠΟ ΔΕ
ΧΡΙΣΤΟΥ ΕΤΟΥΣ. Ω. ΑΔ
ΒΑΣΙΛΕΥΣ ΘΕΟΦΙΛΟΣ
ΥΙΟΣ. ΜΙΧΑΗΛΟΥ. ΒΙΓΑ
ΑΡΧΩΝ. ΔΙΚΑΙΟΣ. ΚΑΙ
ΕΥΛΑΒΗΣ. ΚΑΙ ΠΡΟΣ ΤΟΥΣ
ΠΑΡΟΙΚΟΥΣ ΑΥΤΟΥ ΑΝΗΡ
ΑΓΑΘΟΣ ΕΚΤΙΣΕΝ ΠΡΟΣ
ΑΝΑΠΑΥΣΙΝ ΤΟΥ ΛΑΟΥ
ΤΟΥΤΟΝ ΜΕΓΑΛΟΤΑΤΟΝ
ΑΡΣΗΝΑΛΗΝ.

Meursius dans son Glossaire estime que le Grec ἀρσηνάλης a esté fait de l'Italien *arsenade* : mais cette inscription ayant plus de huit cens ans, il y a bien plus d'apparence de croire que les Venitiens ont pris & le mot & la chose des Grecs. Philippe de Commines parlant de l'Arcenal de Venise n'en parle que comme d'vn lieu où l'on equipe particulierement des vaisseaux : *Apres me feirent monstrer leur autre thresor, qui est vn Archenal où ils equipent leurs galées, & font toutes choses qui sont necessaires pour l'armée de mer, qui est la plus belle chose qui soit en tout le demourant du monde auiourd'huy, & la mieux ordonnée pour cela.* C'est au liu. VII. chap. dernier; & les Italiens appellent aussi *darsena* le lieu où ils mettent leurs galeres, tel qu'il y en a à Gennes & à Liuourne; & les Espagnols *dorsena*, tel qu'est l'Arsenal de Barcelonne. Ce qui me fait croire que *arsenala* a esté fait de *darsena* pour lequel on aura pû dire *arsena*: & c'est aussi l'opinion du P. Guadix, selon le tesmoignage de

Couarruuias au mot *arsenal*, où il dit que *darsenaa* est vn mot Arabe qui signifie la mesme chose que ARSENAL, *nauale νεώριον, armentarium, ὁπλοθήκη*. Les Turcs appellent encore apresent *tershane* le lieu où ils mettent leurs galeres.

ARCHIERS. De *arcuarij*, parce qu'anciennement ils portoient des arcs.

ARÇONS. De *arc*, parce qu'ils en ont la figure. M. de Saumaise sur l'Histoire Auguste pag. 164. *Arciones vocamus ab arcu, quòd in modum arcus sint incurui. Græci recentiores κύρβια vocauerunt*. Glossæ Græcorum: *κύρβον, τὸ καμπύλον ἢ ϛαμβόν. κἀντεῦθεν τὰ ξυλίκια τῆς σέλλας κούρβια λέγονται, ὡς καμπύλα. Ad verbum κούρβια sunt nostri arciones*. ARÇON en vieux langage signifioit *incendie*. Voyez Pasquier liu. IV. chap. I. & en cette signification il vient de *arsum*.

ARERAGES. Par contraction pour *arierages*, & on le prononçoit ainsi anciennement. *Arierage* a esté fait de *ariere* : & *ariere* de *à retro*, d'où les Espagnols ont aussi fait *arredrar*.

AREST pour jugement souuerain. Budée, Henry Estienne, Chassanée en son liure intitulé *Catalogus gloriæ mundi*, Vossius, Gosselin & autres le deriuent de ἀρέσον qui signifie *placitum*, & l'escriuent par vne r seule. Rabelais semble estre du mesme aduis liu. III. 42. *Il n'est de mauuaise cause qui ne trouue son Aduocat. Sans cela iamais ne seroit procés au monde; se recommanderoit humblement à Dieu le iuste; inuoqueroit à son aide la grace celeste; se deporteroit à l'Esprit Sacrosaint du hazard & perplexité de sentence diffinitiue; & par ce sort exploreroit son decret & bon plaisir que nous appellons Arest*. Il vient de *arrestare* qui signifie rendre vne chose stable, & qui a esté fait de *stare* d'où vient *statuo* & *statutum*. On a mis au deuant les particules *ad* & *re* qui seruent souuent à la composition de nos mots. Vossius *de vitijs sermonis* liu. III. chap. I. cite quelques Autheurs des derniers siecles qui ont vsé du mot Latin *arrestare*.

ARESTE. De *arista*, dont Ausone dans sa Moselle s'est seruy en cette signification:

Segmentis coeunt, sed dissociantur aristis.

Et ailleurs dans le mesme Poëme:

Squameus herbosas Capito inter lucet harenas
Viscere præ tenero furtim congestus aristis.

Voyez Scaliger liu. I. de ses Leçons sur Ausone chap. 26. On a appellé les arestes *aristas*, acause de la ressemblance qu'elles ont auec la pointe des espics. On les a aussi appellées *espines*, parce qu'elles sont pointuës comme des espines. Le Lexicon de Cyrille pag. 371. ἄκανθα ἀνθρώπου ϗ ἰχθύος, *spina*. Callisthenes dans Stobée discours 48. parlant d'vn poisson appellé *clupea* qu'on croit estre l'alose: ὑπεραυξήσας δὲ ὑπὸ τῶν ἰδίων ἀκανθῶν ἀναιρεῖται.

ARIEREBAN. De *Haribannum* ou *Heribannum*, qui vient de l'Alleman *hare* ou *here*, qui signifie *armée*; & de *ban* qui signifie *edit, conuocation*, comme nous le monstrons au mot *Ban*. Cujas dans sa Preface sur les liures des Fiefs: *Vasallorum condicio hæc est, vt, cùm delectus edicitur, in militiam eant, vel vicarium mittant, vel certum censum domini ærario inferant, quod Heribannum siue Haribannum dicitur à Germanorum antiqua voce* Here, *quâ significatur* exercitus, *quo sensu &* Herislit *dixerunt l.* 15. Lang. de exercit. l. 17. *De eo qui alij antest. desertionem exercitus. Theodulphus in Chronicis:* D. Pipinum Regem in exercitu derelinquens, & id quod Thedisca lingua HARISLIT *dicitur. Idem Hermannus Comes lib. de Origine Francorum. Heribanni quantitatem definiuit Carolus legum Langobardarum lib.* III. *Fridericus pro eâ portionem certam reditus feudi lib.* V. Bannum *est generale nomen, quo significatur edictum siue citatio.* HERIBANNVM *speciale, citatio nempe ad delectum. Vtroque nomine significatur etiam pœna edicto non obtemperantis. Igitur* Heribannum *non tantùm edictio delectus est, sed etiam pœna respondentis ad delectum, quam &* Herischuldam *Germani vocant Auentino teste.* RIEREBAN se trouue pour *arriereban* dans Guillaume Guyart. Voyez M. Galland en son Franc-alleu pag. 242.

ARIVER. De *adripare*, comme qui diroit *ad ripam apellere*.

ARLAN. C'est vn cry que nos soldats font quand ils veulent piller quelque chose. Ie croy que nous auons emprunté

prunté ce mot là des Hollandois, parmy lesquels il est aussi en vsage; & que les Hollandois apres que Frideric de Tolede eut pris sur eux la ville d'Arlem qu'il traitta fort cruellement, ayans pris en suitte quelqu'autre place sur les Espagnols vserent premierement de ce cry, comme pour dire qu'ils se souuenoient du traittement qu'ils auoient receu à Arlem. Ainsi en Italie lors que quelques compagnies Suisses, contre la parole donnée, furent taillez en pieces par les Espagnols au mont de Vis; quelque temps apres les autres Suisses égorgerent tous ceux des Espagnols qui tomberent entre leurs mains, crians, *Mont de Vis*. Il y a plusieurs autres exemples dans l'Histoire de semblables cris. Guicciardin liu. II. apres auoir descrit le combat de Fornouë où les François eurent l'auantage: *Sequitaron gli Francesi impetuosamente in sino ad fiume non attendendo se non ad ammazzare con molto furore coloro che fuggiuano senza farne alcuno prigione, & senza attendere alle spoglie, & al guadagno anzi s'udiuano per la campagna spesse voci di chi gridaua*: Ricordateui Compagnoni di Guineguaste. E *Guineguaste vna villa in Picardia presso à Terroana, doue ne gli vltimi anni del Regno de Luigi XI. l'essercito Francese gia quasi vincitore in vna giornata trà loro e Massimiliano Re de Romani, disordinato per hauere cominciato à rubare, fù messo in fuga.*

ARLES. Ville de Prouence. De *Arelas* qui se trouue dans Orosius pour *Arelate*, pour lequel on a dit aussi *Arelatus* & *Arelatum*. Gaguin dit que *Arelate* a esté dit pour *Ara lata*) qui est comme cette Ville s'appelloit autrefois) *à duabus colomnis quibus ara imposita erat*, & cite pour cela Geruasius. Le bon homme se trompe en cela bien lourdement. On croit qu'*Arelate* vient du mot Celtique *Arlaith*, qui signifie *humidité*. Cambden en sa Bretagne: *Arelate celeberrima Galliæ vrbs, quæ solo vliginoso posita, ab ipso situ nomen sumpsisse videtur. Ar enim Britannis super & laith humida significat*. M. Bochart liu. I. des colonies des Pheniciens chap. 42. deriue ce mot Celtique *laith* de l'Hebreu לחית *laüth*, qui signifie aussi *humidité*. On appelloit autrefois cette Ville *Theline*. Auienus Festus au liure qu'il a fait *de ora maritima*:

AR.   AR.

Arelatus illic ciuitas attollitur,
Theline vocata sub priore sæculo
Graio incolente.

Isaac Pontanus dans l'Appendix sur son Itineraire estime qu'elle fut ainsi appellée acause de l'abondance du lieu où elle est située, du mot Grec θηλὴ qui signifie *mammelle* ; d'où il croit qu'elle a esté aussi appellée *Mamillaria* dans vne ancienne inscription (car c'est ainsi qu'il estime qu'il faut lire en cette inscription, & non pas *Mamiliaria* comme elle porte) ce qu'il pretend prouuer par Ausone qui appelle la ville d'Arles *Gallula Roma*, comme voulant dire *la mammelle de la France* ; *Roma*, selon Festus, venant de *ruma* qui est vn vieux mot Romain qui veut dire *mammelle*. Cette explication d'Ausone est ridicule, & la correction de *mamillaria* n'est pas heureuse. Voicy les termes de l'inscription :

SALVIS. DD. NN.
THEODOSIO. ET
VALENTINIANO
P. F. V. AC. TRIVM
SEMPER. AVG. X̄V.
CONS. VIR. INL.
AVXILIARIS PRÆ.
PRÆTO. GALLIA.
DE. ARELATE. MA.
MILIARIA. PONI. S.
M. P. I.

Scaliger qui le premier l'a produite dans ses leçons sur Ausone liu. Ī. chap. 29. auouë ingenument qu'il ne sçait pas la raison pourquoy cette Ville a esté appellée *Mamiliaria*. M. de Marca liu. Ī. de son Histoire de Bearn chap. 13. ne croit pas qu'elle ait jamais esté ainsi appellée, & au lieu de *Mamiliaria* il estime qu'il faut separer ce mot, & lire MA. MILIARIA : *Le Siege* du Prefet du Pretoire eſtably dans Arles luy apporta beaucoup de gloire; de ſorte qu'encore qu'elle fuſt en l'ordre de l'Empire ſuiette anciennement à la Cité de Vienne, comme la Notice en fait foy; neantmoins par vn priuilege extraordinaire ayant ſuccedé à la dignité de la Cité de Treves que Saint Athanaſe nomme la Metropole des Gaules, elle fut auſſi auancée iuſqu'au degré ciuil de Metropole ou Mere des Gaules, qui eſt le tiltre que l'Empereur Honorius & Valentinien luy baillerent dans vne Conſtitution, comme repreſenterent les Eueſques de cette Prouince au Pape Leon l'an 450. Ie penſe qu'en conſequence de l'Ordonnance de Valentinien cette Ville eſt nommée MATER en l'inſcription grauée ſur la Colomne alleguée par Scaliger ſur Auſone en ces termes: Vir inl. Auxiliaris Præ. Præto. Gallia. De. Arelate. Ma. miliaria. Poni. S. M.P.I. combien que l'Eſcale eſtime que cette Ville eſt ſurnommée Mamiliaria dans cette inſcription. En quoy il eſt ſuiuy par Merula: car la ſyllabe Ma. qui eſt au bout de la ligne eſt ſeparée par vn poinct de la diction Miliaria, & le ſens de l'inſcription eſt ſans doute celuy-cy, qu'Auxiliaris Prefet du Pretoire des Gaules eſtablit depuis Arles la Cité Mere des Milliers ou des Colomnes ſur les grands chemins pour en remarquer les diſtances; à l'exemple de Rome, où l'Empereur Auguſte eſtablit le Millier d'or, auquel les grands chemins d'Italie venoient aboutir. Il eſt vray que Scaliger dans ſes leçons ſur Auſone liu. II. chap. 29. a crû que la ville d'Arles eſtoit appellée Miliaria dans cette inſcription, & c'eſt auſſi la creance d'Ortelius en ſon Threſor Geographique au mot Arelas: mais depuis Scaliger s'en eſt dédit, comme ie voy par ces paroles d'Iſaac Pontanus au lieu allegué: *Monuit me hîc duo Scriuerius, primò virum Illuſtrem Ioſ. Scaligerum malle modò diſunctim interpretandum,* DE ARELATE MASSILIAM MILIARIA, *&c. Deinde paulo aliter inſcriptionem eam ex Knibbij Schedis à Grutero productam, in hunc videlicet modum:*

DE. ARELATE MA:
MILIARIA PONI. S. :
M. P. I.

& *capiendum de maritima*, &c. Cette derniere opinion de Scaliger me ſemble la plus vray-ſemblable.

ARMET. De *arme*, par diminution, ou plustost de *helmetto*, par corruption pour *elmet*, comme qui diroit *petit heaume*. Ce mot n'est pas ancien en nostre Langue. Pasquier VIII. 3. *Ce que nos Anciens appellent* heaume, *on l'appella sous François* I. armet. *Nous le nommons maintenant* habillement de teste, *qui est vne vraye sottise de dire par trois paroles ce qu'vne seule nous donnoit.*

ARMES ARMOIRIES. Nos vieux guerriers à l'imitation des Romains faisoient peindre sur leurs escus leurs blasons & leurs deuises, ainsi que les vieux Romans en font foy & les anciennes sepultures, & c'est de là qu'est venu le mot d'*escusson* en termes d'armoiries. Or comme les escus estoient l'arme la plus commune aux gens de guerre, on les appella particulierement *armes*, lequel nom on donna ensuite aux blasons qui estoient peints sur ces escus. Bartole au liure qu'il a fait des Armoiries a vsé du mot *arma* en la mesme signification, dequoy il a esté repris par Laurens Valle, mais dont il a aussi esté justifié par Tiraqueau en son traitté de la Noblesse chap. IV. *Secutus est Bartolus communem vsum loquendi omnium populorum, & cæterorum vtriusque iuris interpretum, ita insignia, armorum nomine, appellantium. Et forte non inepte, aut certè non sine ratione, quoniam plerúmque hæc insignia in armis insculpi, & antiquis & nostris temporibus solebant, vt hinc armati, facie armis operta, dignoscerentur. In quo sensu accipi potest illud* Virg. I. Æneid.

Aut Capyn, aut celsi in puppibus arma Caïci.

Et lib. 3.

——————— cristásque comantes
Arma Neoptolemi.

Tanquam scilicet cristæ illæ comantes essent illius insignia. Et lib. VI.
Nomen & arma locum seruant.

Quo in loco Seruius. *Arma,* inquit, *depicta. Quod rectiùs de insignibus quàm de armis propriè intellectis, imò vix de illis intelligi potest,* &c. Voycz le P. Fauchet au chapitre des Armoiries, & Loiseau chap. V. de son traitté des Ordres des simples Gentils-hommes.

ARMORIQVE. C'est vn vieux mot bas-Breton, qui signifie *maritime*, & qui est composé de *ar*, c'est à dire *sur*, & de *more*, qui veut dire *mer*. Cambden en sa Bretagne: *Ante Britannorum nostrorum aduentum, hæc regio* (il parle de la Basse Bretagne) *primùm* Armorica *dicta erat, id est ad mare sita; deinde eodem sensu Britannicè* Llydaw. *i.* litoralis, *Latinè* Letauia *apud nostros mediæ ætatis Scriptores.* Voyez Argentré liu. I̅. de l'Histoire de Bretagne chap. 2. Fauin liu. I̅I̅I̅. de son Theatre d'Honneur pag. 886. & Isaac Pontanus en son petit Glossaire des mots Celtiques. On a appellé Armorique toute la coste des Gaules depuis les Pyrenées jusqu'au Rein. Cesar liu. V̅I̅I̅. de la guerre des Gaules: *Gallorum ciuitates quæ Oceanum attingunt, eorum consuetudine Armoricæ appellantur.* Et ceux qui croyent que la seule Bretagne, ou mesme toute la Bretagne soit Armorique, se trompent. Le dedans de cette Prouince ne l'est pas, & les Villes maritimes de Normandie contre lesquelles Cesar eut affaire, le sont. Et delà vient que les peuples de la coste de Calais, Theroüenne, &c. ont esté appellées *Morini.* Buchanan liu. I̅. de son Histoire d'Escosse: *Morinus quidem à* More*, id vetere Gallorum lingua* mare *significat, suam mihi originem testari videtur.*

AROCHER. On se sert fort de ce mot dans l'Anjou & dans les Prouinces voisines de l'Anjou pour dire *ietter*, comme quand on dit *arocher vne pierre à la teste de quelqu'vn*. Les Espagnols disent de mesme *arro, ar.* L'vn & l'autre viennent du mot *roche*.

ARPENT. De *aripennis* ou d'*arpendium*. Scaliger dans son Commentaire sur les Dires: *In Italia, vt & pueri sciunt, perticis antiquitus metabantur agros. Barbari verò funibus, vt & in sacris litteris, & apud Herodotum. Vnde* σχοινία μετρῆσαι. *Posteà hunc funem etiam Romanis* aruipendium *nominatum, inuenio. In veteri Glossario exponitur* σχοῖνος γεωμετρικός. *Quare cùm in Gallia diceretur* arpennium *pro* jugero*, non puto magis Gallicam vocem esse quàm Latinam Gallis receptam quasi* aruipennium. *Sic Plauto* dispennere *pro* dispendere. *In Gallia Belgica & Celtica etiam hodieque* iugerum arpen *vocant. Quin & in eodem peroptimo Glos-*

sario integrâ vox legitur: arpendia, πλέθρα, *non* arpennia. M. de Saumaise sur Solin pag. 683. *Reperitur in Glossis aruipendium* σχοῖνος γεωμετρικός. *Certè ab aruis pendendis, idest metiendis, dictum* aruipendium. *Posteà dictum* aruipennium *&* aripennium. *Inde corrupta vox* aripennis *de certo agri modo. Gallos ita vocare semijugerum tradit* Columella. (c'est au chap. 1. du liu. v.) *Bæticis hoc vocabulum tribuit incertus auctor de mensuris agrorum, qui actum quadratum ita Bæticos appellare notat, ab arando scilicet.* (Voicy les termes de cét Autheur. *Hunc Bætici* arapennem *dicunt ab arando scilicet.*) *Siue Bætica hæc vox sit, siue Gallica, ex Romano vtique solo translata & corrupta vt multæ iam olim apud Hispanos & Gallos.* Aripennis *igitur pro* aruipendis *, ab illo* aruipendium *, verbum* aruipendiare. *Inde nostrum* ARPENTER. *Aruipendiator* ARPENTEVR. Reginon au 1. liure de son Histoire vse du mot *aripennis* pour ce que nous appellons *arpent,* Gregoire de Tours & autres d'*aripennus.* Voyez Vossius *de vitijs sermonis* liu. III chap. 1. où il improuue l'etymologie de Scaliger de *aripennium* quasi *aruipennium,* & M. Bignon dans ses Notes *ad veteres Formulas* pag. 614. qui semble ne l'approuuer pas aussi. Isaac Pontanus liu. VI. de ses Origines Françoises chap. 24. soustient qu'*aripennis* est vn ancien mot Gaulois : ARIPENNIS *non tantùm Francica sed & vetus Gallica vox est semiugerum significans, etiam Columellæ eo sensu vsurpata, ab* aert *scilicet &* pandt *, nostratibus voculis* (il estoit Danois) *deducta.* Aert *enim terram,* pand *id significat quodcunque est certo termino modóque circumscriptum.* Il dit la mesme chose dans son Glossaire Celtique au mot *Arepennis.*

ARQVEBVSE. De l'Italien *arcobusio,* ainsi dit de *arco* qui signifie *vn arc,* & de *busio* qui signifie *vn trou.* Polydore Virgile liu. II. des Inuenteurs des choses chap. XI. *Appellatur* arcus busius *à foramine quo ignis in puluerem fistula contentum immittitur, nam Itali* busium *vulgo* foramen *dicunt, &* arcus, *quod instar arcus pugnantibus sit. Quippe hodie huiusmodi tormenti vsus in primo sta im pugnæ loco est, quem olim sagittarijs dabant, quùm à missilibus prælium inciperent.* Pour *arquebuse* on a dit autrefois *hiquebute,* & vous le trouuerez ainsi dans Rabelais & dans Marot.

ARRAMIR. C'est vn vieux mot François qui signifie promettre de prester serment à vn certain iour & dans vn certain lieu. *Adhramire* se trouue en cette signification dans la Loy Salique, dans les Formules de Marculphe & dans les Capitulaires. Spelmannus dans son Glossaire & Vossius *de vitijs Sermonis* liure II. chap. 22. croyent que le Latin a esté fait du François, & en effet le François est tres-ancien, comme il paroist par ces vers que François Pithou a produits dans son Glossaire au mot *adhramire*.

> *Molt les oyssez arramir,*
> *Serement faire & foy pleuir*
> *Que par morir ne l'y falleront :*
> *Tel fra comm'il fera feront.*

Voyez M. Bignon dans ses Notes sçauantes & curieuses sur les Formules de Marculphe pag. 588. Lindembrog dans son Glossaire, Pithou, Spelmannus & Vossius aux lieux alleguez.

ARTILLERIE. Vossius *de vitijs Sermonis* liu. III. chap. I. le deriue de *arcualia*, parce qu'anciennement on se seruoit de l'arc ; mais il vient de l'ancien mot *artiller* qui signifioit proprement rendre fort par art, & garnir d'outils & d'instruments de guerre. Le Roman du Cheualier au Barizel :

> *Prés de la marche de la mer*
> *Auoit fait son Castel fermer,*
> *Qui moult estoit bien batilliez,*
> *Si fort & si bien artilliez*
> *Qu'il ne creinoit ne Roy ne Conte.*

Artiller ou *Artillier* vient de *ars artis*. Ainsi les Grecs ont dit μηχανὴ, παρὰ τὸ μήδω dit le grand Etymologicum, & les Latins des derniers temps *ingenium* & *ingeniarij*. Asconius : *Machina est, vbi non tam materiæ quam ratio artis atque ingenij ducitur. Itaque fraudes, doli, insidiæ in hoc nomen apud Comicos aliosque passim venerunt.* Voyez *engin*, & Lipse liu. I. de ses Poliorcetiques chap. 3.

A S.

ASSAILLIR. De *adsallire*, qui se trouue dans la loy Salique, dans les Formules de Marculphe, & ailleurs. Voyez Spelmannus & Lindenbrog dans leurs Glossaires, M. Bignon dans ses Notes sur Marculphe pag. 520. & Vossius *de vitijs sermonis* liu. IV chap. 1.

ASSASSINS. Ce mot nous est venu du Leuant auec la chose. M. de Thou dans son Poëme contre les Parricides:

Notus & Eoo tantùm Assasinus in axe
Proh pudor! in nostro visitur orbe frequens.

Le vieil de la Montagne Prince des Arsacides ou Assassins & Beduins, du temps de nos voyages d'outre-mer s'estant fortifié dans vn Chasteau de difficile accés, y attiroit plusieurs gens ramassez qui se voüoient à luy pour assassiner tous ceux qu'il vouloit. Guillaume de Nangy: *Ce tres-mauuais & mal-veillant Seigneur des Assassins habitoit en la confinité & contrée d'Antioche & de Damas, en Chasteaux tres-bien garnis sur montagnes. Celuy Roy estoit moult redouté & craint des Chrestiens & des Sarrasins, Princes prochains & lointains: pource que moult de fois eux par ses Messagers indifferemment faisoit occire. Car aucuns enfans commandoit de sa terre estre amenez en ses Palais, & illec apprenoient toutes manieres de langues, & estoient enseignez d'aimer leurs Seigneurs sur toutes autres choses, & à luy iusques à la mort obeir, qu'ainsi pourroient aux ioyes de Paradis paruenir, & quiconque mouroit en obedience estoit honoré au gré de la terre des Assassins, & ainsi à leur Roy obeissans, moult de Princes occirent, comme ceux qui de leur mort auoient peu de crainte.* Delà est venu qu'en France & en Italie on a appellé *Assassins* ceux qui de sens froid faisoient des meurtres. Nicetas, Nicolles Gilles qui les appelle Arsacides, Mathieu Paris, Volaterran, Paul Emile liu. V. & autres font mention de ces Assassins. Voyez Nicod au mot *Arsacide*, Pasquier liu. VIII. de ses Recherches chap. 20. Fauin liu. III. de son Theatre d'Honneur pag. 587. Vossius *de vitiis sermonis* pag. 176. & Spelmannus en son Glossaire.

ASSEMBLER.

AS.   AT.

ASSEMBLER. De *adsimulare*, composé de *ad* & de *simul*, comme qui diroit *simul ponere*. Voyez *ensemble*.

ASSENER. De *assignare*. i. *ferire signum*.

ASSOMMER. Du mot François *somme*. Isaac Pontanus liu. VI. des Origines Françoises chap. 24. *Somnus* somme *vel* sommeil: *Vnde* assommer. Syluius en son *Isagoge* dit la mesme chose. Pontus de Tyard Sonnet VII.

Sommeil fils de la nuit, faueur chere à nos yeux, &c.

Vien assommer en moy le trauail soucieux, &c.

Guillemette en la farce de Parthelin:

Pardonnez-moy, ie n'ose
Parler haut, ie croy qu'il repose.
Il est vn petit applommé
Helas! il est si assommé
Le pauure homme.

AST de mail. De *hasta*. Les Italiens vsent aussi de *asta* en cette signification. De *hasta* on a fait pareillement *aste* qui se prend pour vne broche dans le Niuernois & dans plusieurs autres lieux de France.

AT.

ATACHER. De *attachiare*, qui se trouue dans les loix des Bourguignons, dans Mathieu Paris, & ailleurs. Voyez Vossius *de vitiis sermonis* II. 32. & dans l'Appendix pag. 854. *Attachiare* a esté fait de *attaxare*, qu'on a dit pour *attexere*.

ATAINDRE. De *attingere*.

ATAINE ATAINEVX. Vieux mots qui signifient querelle & querelleux. La vieille Regle de Saint Benoist: *En l'Abbaye sont deffenduës toutes ataines. Si establissons, que li vns des Freres ne fiere l'autre.* Alain Chartier dans le Quadrilogue inuectif pag. 436. *Longue fu & trop ataineuse qu'il n'affiert, la contention de ces deux qui estriuoient ensemble par paroles mordans tres-haineusement.* Voyez André du Chesne sur ce lieu d'Alain Chartier. Peutestre de *adtineare*, qu'on auroit fait de *ad* & de *tinea*.

I

ATEDIER. De *adtædiare*. *Adtediari* pour *tædio affici* se trouue dans Ioannes Major *de geſtis Scotorum*. Voyez Voſſius *de vitiis ſermonis* IV. I.

ATELER. Ie croy qu'il vient de *adtelare*, comme *deteler* de *detelare*. *Protelum* dans les Gloſes eſt expliqué *ἐξαρτηρ*. I. *Funis quo currui iunguntur ad trahendum iumenta*. Il y a apparence que delà on a dit *adprotelare*, & puis par contraction *adtelare*; d'où nous auons fait enſuite *atteler*. Dans Pline *protelum boum* ſe prend pour *iugum boum*: *Protelis boum & in Danubio extrahitur*. C'eſt au liu. IX. chap. 15. Et ailleurs: *Nec ſarrienda ſunt hoc modo ſata, ſed protelis binis ternisque ſic arant*. Mais il ſignifie proprement *tenor in ducendo quidam, tractusque longus & continuatus*. Voyez Scaliger ſur les Catalectes, & M. de Saumaiſe ſur Solin pag. 1318. & 1319. On appelle ATELLE ce collier de bois qu'on met au cou des cheuaux de charette & auec lequel ils tirent; & ce mot a eſté fait auſſi, comme ie croy, de *adtelum*, pour lequel on aura dit *adtela* & *adtella*.

ATIEDIR. De *adtepidire*, qu'on a dit pour *adtæpidare*. Les Gaſcons diſent *atieda*.

ATISER. De l'Italien *attizzare*. De *titio* les Italiens ont fait *tizo*, & de *tizo* le verbe *atizare*.

ATITRER. De *adtitulare*. *Attitulare* pour *inſcribere*; *titulum indere* ſe trouue dans Rufin. Voyez Voſſius *de vitiis ſermonis* IV. I.

ATRAPER. De *adtrapare*. Voyez *trape*. On diſoit anciennement *entraper* de *intrapare*, & les Bretons le diſent encore apreſent.

ATRE. De *atrium*. On appelle dans le Boulenois vn Cimetiere *atre*, a cauſe que les Cimetieres eſtoient ordinairement au deuant de l'Egliſe, *in atrio Eccleſiæ*.

A V.

AVALER. De *auallare*, qui a eſté fait de *ad* & de *vallis*, comme qui diroit *mettre à val*. Vne Charte du Roy Philippe: *Nullus mercator cum mercatura ſua poterat tranſire Rhoto-*

AV.   AV.   67

magum per Sequanam ascendendo, vel auallando, nisi per ciues Rhotomagi. Voyez Vossius *de vitijs Sermonis* liu. IV. chap. I.

AVANIE. C'est vn mot originaire Turc, & qui signifie proprement vn affront auec supercherie, vne querelle d'Alleman. Les Turcs prononcent *Auan*, qui vient vray-semblablement de l'Hebreu עוה *haua*, qui signifie *iniquè agere*, marcher de trauers en quelque chose.

AVANTPROPOS. De *auant* & de *propos*. Ce mot n'est pas ancien en nostre langue. Pasquier VIII. 3. *Le premier qui mit en œuure* Auantpropos *pour* prologue *fut Louis le Charrond en ses Dialogues, dont on se moquoit au commencement, & depuis ie vois cette parolle receuë sans en douter. Non sans cause, car nous auons plusieurs mots de mesme parure* auantgarde, auantjeu, auantbras, *& croy qu'il y auoit plus de raison de dire* auantchambre, *que ce que nous disons* antichambre. *Il voulut aussi d'vn* Iurisconsulte *Latin faire en nostre langue vn* Droict-Conseillant, *Mais il perdit son François*.

AVBAIN. Il y en a qui le deriuent de *alibi natus*. Cujas estime qu'il vient de ADVENA: *Alij sunt in eadem ciuitate originarij; alij μέτοικοι, qui & incolæ dicuntur. Posterior ætas aduenas quoque eos appellasse videtur, vnde vox Gallica orta est* AVBANOIS *& in Basilicis Gallicis* AVENAGE. *Sed non ita Latini, quibus aduena is est, qui in aliena ciuitate moratur ad tempus.* C'est sur la Loy IV. *de iure Fisci* tit. I. du liu. X. du Code. Il dit la mesme chose en ses Recitations Postumes sur le tit. *de hæred. Instituendis* col. 730. de l'edition de la Nouë. M. Caseneuue liu. I. du Franc-alleu cap. XVI. le tire du mot ALBANVS: *Le mot d'*Aubaine, *d'*Aubenage, *ou bien d'*Aubaineté *ou* Aubanité, *comme disent les Coustumes d'Artois & de Haynault, vient du mot* Aubain *qui signifie estranger. Quelques-vns se sont persuadez que le mot* Albinatus *estoit formé de* alibi natus. *On pourroit aussi dire que le mot* Aubain *viendroit du Latin* aduena; *car c'est ainsi que les Aubains sont appellez dans les Capitulaires de Charlemagne* liu. III. chap. XVIII. *& dans ceux de Charles le Chauue* tit. XII. chap. IX. tit. XIII. chap. VI. *& en d'autres endroits des mesmes Capitulaires, où ils sont aussi appellez* Aduentitij tit. *& chap.* XXXI. *Mais il est bien plus vray de*

I ij

dire que le mot Aubain *vient de* Albanus *ou* Albinus. *Car les Doctes ont desia remarqué comme les Escossois, ou pour mieux dire les Hibernois ausquels appartient proprement le nom de* Scoti, *estoient anciennement appellez* Albani : *C'est pourquoy dans quelques endroits de l'Escosse ils sont encore apellez* Allibauuns. *Et Gerardus Mercator en son Atlas dit que encore ceux des naturels Escossois, qui ont retenu quelque marque de leur ancienne langue, appellent l'Escosse* Albain, *& les Irlandois* Allabany. *Voire mesme George Buchanan liu.* V. *de l'Histoire d'Escosse soustient que Alcuin est surnommé* Albinus, *parce qu'il estoit Escossois. D'où il appert que Iulien Peleus question* 127. *n'auoit pas raison de dire que* Albinus *est vn mot corrompu, qui ne se trouue pas en aucun bon Autheur. Et d'autant que ceux de cette nation auoient accoustumé de voyager en pays estrange, voire mesme de s'y habituer;* Walafridus Strabo *liu.* II. *chap.* 47. *de la vie de saint Gal:* Nuper quoque de natione Scotorum, quibus consuetudo peregrinandi iam penè in naturam conuersa est, &c. *il auint auec le temps que toute sorte d'Estrangers nez hors le Royaume, furent appellez* Albani. *Les Lettres patentes de Lothaire & de Louis, données en faueur d'Elisiard Euesque de Paris :* Nec de liberis hominibus, Albanisque, ac colonis in supra dicta terra commanentibus, aliquem censum vel aliquas redhibitiones accipere. *Et vn acte de l'an* M. LXV. *extraict des Archiues de l'Abbaye de S. Pierre de Hasnon, rapporté par André du Chesne dans les Preuues de l'Histoire des Comtes de Guines :* Aduenas quos Albanos vocant. *M. Hauteserre en son liure des Ducs & Comtes de Prouince improuue cette opinion de M. Caseneuue, approuue celle de Cujas, & en propose vne nouuelle :* Idiotismus, Albinates, Aubains, deducto *scilicet nomine ex voce Latina* aduena. *Eosdem* Albanos *appellasse videtur diploma Lotharij & Ludouici ad petitionem Elisiardi Parisiensis Episcopi apud Pithoeum* , c'est dans son Glossaire sur les Capitulaires, quo ex loco malè sibi persuasum habuit quidam peregrinos in Gallia Albanos dictos ab Albanis, idest Scotis, quòd peregrinationibus valde dediti essent. Scio Scotos Albanos quandoque dictos, quòd Albionem Insulam, idest Britanniam, occuparint. Sed ex eo non moueor vt Albanorum nomen inde accommodatum sit peregrinis in Gallia. Hîc enim non alio quàm Sco-

AV.   AV.   69

torum nomine celebratos inuenies. Verius fuerit vocem Gallicam Av-
bains *semel ortam ex Latino* aduena, *imperitia æui in peius ruente,
Latinè redditam* Albanos *ob soni consensum. Quod si altiori inuestigationi huiusce nominis operam dare iuuaret,* Albanos *potius dictos videretur quasi* Albatos, *quòd vsum togæ albæ quæ erat insigne ciuis Romani & hominis liberi ambirent.* Pour moy ie suis de l'opinion de ceux qui le deriuent de *aduena. Aduena, aluena, albena,* avbene. *Albenus, Albanus,* Avbain.

AVBE de Prestre. De *alba* qu'on a dit absolument pour *alba vestis*, comme *prætexta, Dalmatica, galbina, pexa*, &c. Les Grecs ont dit de mesme πορφυρα, μαλακα, &c. Alba se trouue en cette signification de robe dans Trebellius Pollio en la vie de Clodius: *Albam subsericam, paragaudem, triuncem vnam.* Valerian dans l'Epistre à Zosymion: *Albam subsericam vnam cum purpura Girbitana.* De *alba* on a fait *albatus*, qui se trouue dans le mesme Trebellius Pollio en la vie de l'Empereur Gallien : *Inter togatos Patres, & equestrem Ordinem, albatos milites*, &c.

AVBERGE. De *heriberga, heribergum* ou *heribergium,* qui dans les Capitulaires & ailleurs est pris pour *hostelerie. Heriberga* a esté fait de l'Alleman *herbergen*, qui signifie *loger & receuoir vne armée*, mais qui a aussi signifié *loger* en general; & delà nous auons fait *heberger, esberger* ou *herberger*, & les Italiens *albergare*. Voyez François Pithou & Lindembrog dans leurs Glossaires, le P. Sirmond sur les Capitulaires de Charles le Chauue pag. 80. & Vossius *de vitijs sermonis* II. 9. Les Espagnols disent aussi *aluergue*, & les Italiens *albergo*.

AVBIGNI. Petite ville du Berry. De *Albiniacum*, qui est comme qui diroit *Albini ager. Acus* ou *acum* est vn vieux mot Gaulois qui signifie *maison, demeure*, ou du moins c'est vne terminaison qui dénote vne demeure. Ainsi Ausone appelle sa maison des champs *Lucaniacus* que Paulin appelle *fundus Lucani*:

Villa Lucani-mox potieris-aco.

Cette terminaison a esté renduë par les François tantost en *i*, tantost en *é*, & tantost en *ac : Aubigni, Aubigné, Aubignac.* Voyez M. du Chesne en son Histoire de la Maison de Mont-

I iij

morency liu. 1. chap. 2. Outre cette terminaison des maisons des champs en *acus* & *acum* les Latins du bas siecle en ont euë vne autre en *aria*, que nous auons tournée en *iere*. MORINIARIA, *Moriniere*, c'est à dire la maison de Morin.

AVBOVR. De *alburnum* qui se trouue dans Pline, & qui a esté ainsi appellé de sa couleur blanche. On a aussi dit *albarium* & *albinum* pour *alburnum*, comme témoignent les mots *aubier* & *aubin* dont on vse pour *aubour*. Le commun peuple d'Anjou dit prouerbialement, *Il n'y a point d'aubour en mon fait*, pour dire *Il n'y a point de tromperie*, acause que le bois où il se trouue de l'aubour n'est pas bon, particulierement pour estre employé au merrein.

AVBRI ou AVBERI. Nom de famille. De *Albericus*. Ainsi de MEDERICVS nous auons fait *Merri*. De THEODORICVS *Thierri*. CHASTEAVTIERRI c'est *Castellum Theodorici*. CASTELNODARI *Castellum de Alarico*.

AVCVN. De *aliquis vnus*, dont les Espagnols ont aussi fait *alguno*, & les Italiens *alcuno*.

AVEC. Ce mot n'a aucune conformité auec tous ceux dont les autres langues se seruent pour dire la mesme chose, & l'etymologie en est fort difficile. On disoit anciennement *au* pour *auec*, & les Gascons disent encore apresent *ab*. *Ab iou*, auec le jour : *dab iou*, auec moy. M. Guyet estime que ce mot *au* a esté fait du Latin *ab* qui se trouue dans Plaute à peu prés en cette signification, & croit que de *au* on a fait ensuite *aue* & puis *auec* pour euiter la rencontre des voyelles.

AVELINE. De *auellana*, que Scruius sur le 11. des Georgiques deriue de *Auella* village de Campanie. Nous disions anciennement *auelaine*.

AVERTINEVX. De *aduertiginosus*, comme *auertin* de *aduertiginium*.

AVEVGLE. D'*aboculus*, c'est à dire *sine oculis*; comme AMENS, *sine mente*. Pierre de Blois s'est seruy d'*abocellus* en cette signification dans son Sermon 18. & 48. Les Grecs ont appellé de mesme les aueugles ἐξ ὀμμάτων. Voyez M. de Saumaise sur l'Histoire Auguste pag. 117. & Vossius *de vitiis sermonis* liu. III. chap. 1. *Aboculus, auoculus, auoclus*, AVEVGLE.

AVGE. Henry Estienne le deriue de ἀγγεῖον. Il vient de *albia* qu'on a dit par metaplasme pour *albius*. *Albius* a esté dit pour *alueus*, & *albiolus* pour *alueolus*. Voyez M. de Saumaise sur l'Histoire Auguste pag. 437. & sur Solin pag. 1204.

AVGMENTER. De *augmentare* qui se trouue dans les Autheurs du bas siecle. Il se trouue aussi dans Ciceron *De Senectute: Sed viuendi finis est optimus, cùm integra mente, ceterisque sensibus, opus ipsa suum eadem, quæ augmentauit, dissoluit.* Mais il y a apparence que ce lieu est corrompu, & qu'il faut lire comme lit Vossius, *coagmentauit.* Voyez le *de vitijs sermonis* IV. 1.

AVIS AVISER. *Aduisare* pour *deliberare* se trouue souuent dans les Escriuains du bas siecle. Vossius *de vitiis sermonis* liu. II. chap. 2. croit que le Latin *aduisare* vient du François *auiser.* Ie pense que c'est le contraire, & que nous auons fait *auiser* de *aduisare* qu'on a dit pour *aduisere*, de *ad* & de *visere*. Les Flamans disent aussi *aduiseren*. AVIS, comme quand on dit *il est venu en Cour vn aduis*, a esté pris de l'Italien *auiso: E venuto auiso di Roma.* Voyez Henry Estienne pag. 268. & 269. de son traitté de la Precellence, &c.

AVITAILLER. Par corruption pour *auictuailler.* De *ad* & de *victualia.*

AVMOSNIERE. On a ainsi appellé en vieux langage vne petite bource, acause de l'argent qu'on y mettoit pour faire des Aumosnes. Voyez Nicod en son Dictionnaire, & Henry Estienne pag. 158. de son traitté de la Precellence &c. M. Sarasin a employé ce mot dans la Pompe Funebre de Voiture qu'il m'a fait l'honneur de m'addresser, Ouurage également remply d'erudition & de galanterie: *Comme son premier Thresorier luy bailla en garde son Aumosniere.* C'est au chap. VI. de la grand Chronique du noble Vetturius.

AVMVSSE. De *amicia.* Bayf de Re Vestiaria chap. XVI. *Sacerdotes qui Canonici dicuntur lacernis nigris ornantur vt cucullo, quum in ædis Choro sedentario diuinos Dauidis versus alternis vltrò citróque vicibus decantant. Tempore verò æstiuo vtuntur amictu pelliceo, quem ab amiciendo, opinor, vulgò* AVMICIAM *vocant.*

AVOVER. De *aduotare*, comme *deuoüer* de *deuotare*.

AVOVTRIE. Vieux mot qui signifie *adultere*. Les Italiens disent de mesme *auolteria* pour *adultere*, & *auolterare* pour *adulterer*. Voyez Pasquier VII. 50. Il peut venir de *adulter*. *Adulter*, *adulteria*, *auulteria*, AVOVTRIE. Ou de *abortare*, d'où nous auons pareillement fait *auorter*. *Abortare*, *auortare*, *auortaria*, AVOVTRIE. On a aussi dit AVOISTRE pour *fils de putain*. Maistre François III. 14. *Appellant vn enfant en presence de ses pere & mere champis ou auoistre, c'est honnestement, tacitement dire le pere coquu, & sa femme ribaude.*

AVPRES. De *adpressum*, dont les Italiens ont aussi fait *apresso*. Voyez *presque*.

AVRANCHE. Ville de Normandie. De *Abricantum*.

AVREVM. Sorte d'onguent, ainsi appellé de sa couleur qui approche de celle de l'or.

AVSSI. De *adsic*. Voyez *ainsi*.

AVSSONNE. Ville. Claude Iurain en son Histoire des Antiquitez d'Aussonne pag. 2. *Cette Ville est assise sur le bord de la riuiere de Saone deuers le Comté de Bourgogne, & pour ce suiet se nomme* Aussonne, *en Latin* Assona, *quasi* ad Saonam, *c'est à dire proche de Saone, & le Comté* Aussonium.

AVTAN. On appelle ainsi à Thoulouse & à Narbonne le vent de Sudest, qu'on appelle *Garbin* à Montpellier. Du Bartas en sa II. Semaine parlant du Paradis terrestre:

Là le robuste Adam ne sentoit point son corps
Agraué des Autans, ny roidy par les Nords.

M. Colletet dans vn Sonnet sur la mort de du Pin-Pager:

Ainsi dans nos iardins les fleurs Imperiales,
Les roses & les lys ne durent pas long-temps;
Tandis que les chardons dépitent les Autans,
Et passent des Estez aux saisons hyuernales.

De *Altanus* qui se trouue dans Pline en cette signification liu. II. chap. 43. *Namque & è fluminibus ac sinibus, & è mari videmus, & quidem tranquillo* (il parle des vents) *& alios quos vocant Altanos, è terra consurgere, qui quidem cum è mari redeunt tropæi vocantur, si pergunt apogæi.* Altanus a esté fait, comme ie croy, de *altum*, qui signifie *la veuë de la mer*. AVTANT.

AV.   AV.   73

AVTANT. De *aliud tantùm.*

AVTHENTIQVER, comme quand on dit *authentiquer vne femme adultere.* De l'Authentique *Vt nulli,* qui est de Iustinien collat. IX. tit. XVII. Nouell. 134. chap. 10. par laquelle les femmes adulteres doiuent estre mises dans vn Monastere.

AVTRVCHE. De *auis struthia* qu'on a dit pour *struthio.* Il faudroit escrire *austruche.*

AVTRVI. Du genitif *alterius* par transposition des voyelles *i* & *u. Alterius, altrius,* d'où les Italiens ont fait *altrui,* & nous AVLTRVY.

AVVAN. C'est vne contraction de *ostevent:* c'est pourquoy il faudroit escrire *ost-vent,* & il est ainsi escrit dans la version de la Bible par ceux de Geneve au chap. 40. d'Ezechiel vers. 9. *Puis apres il mesura de huit coudées l'allée du portail, & ses ost-vents de deux coudées, ensemble ceux de l'allée, qui menoit à la porte la plus en dedans.* Le mesme mot d'*ostuens* est repeté au verset 10. 14. 16. 21. &c. & les Commentateurs l'expliquent *auant-toits,* pour monstrer que c'estoit des ostuens à la façon des nostres. Le mot d'*ostevent* se trouue dans Philippe de Commines liu. IV. chap. 8. *Le Roy fit mettre ledit Seigneur de Contay dedans vn grand & vieil ostevent, qui estoit dedans sa chambre, & moy auec luy, afin qu'il entendist, & peust faire son rapport à son maistre, des paroles dont vsoit ledit Connestable & ses gens, dudit Duc. Et le Roy se vint seoir sur vn escabeau rasibus dudit ostevent.* Et plus bas: *Monseigneur de Contay qui estoit auec moy en cét ostevent, estoit le plus esbahy du monde,* &c. Mais par là il paroist qu'*ostevent* signifioit *parauent,* puisque c'estoit vn lieu clos où l'on s'enfermoit; à peu prés comme ces parauents d'aujourd'huy qui sont faits en forme de petite loge, & où il y a vne porte pour entrer & sortir. Les Dictionnaires Italien & Espagnol ont aussi *ostevent* escrit de la mesme sorte & dans la mesme signification: car l'vn l'explique *parauento, portiera,* qui est vne piece d'estoffe qui se met deuant la porte d'vne chambre ou d'vn cabinet, au lieu d'huis vert pour empescher le vent: & l'autre *parauiento.* M. de l'Estoille en sa Comedie de l'Intrigue

K

des Filoux s'eſt ſeruy du mot d'*auuent* pour ſignifier vne auance dans la ruë.

AVVERNAS. On appelle ainſi à Orleans les raiſins noirs, acauſe que le plan y a eſté apporté d'Auuergne. Ainſi on les appelle *blois* & *bourdelois* en Anjou, parce qu'ils y ont eſté apportez du pays Bleſois & de celuy de Bourdeaux. Aux enuirons de Paris on les appelle *morillons* de leur couleur.

AY.

AYEVL. De *Auulus* diminutif d'*auus*. L'Italien dit de meſme *auolo* & l'Eſpagnol *abuelo*.

AZ.

AZVR. De l'Italien *azurro* ou de l'Eſpagnol *azul*, qui viennent de l'Arabe ou du Perſan *lazurd*. Le ſçauant M. Bochart liu. 11. de ſon Phaleg chap. 12. *Cœruleum pigmentum quoddam Perſæ & Arabes* לאזורד *lazurd vocant. Græci recentiores:* λαζέριον. *Nos Azur prima reiecta. Quin & Græcis idem ſunt:* εἴκυαν & λεῦξιν: ἀπύνα & λαπύνη. Voyez Caninius en ſes Dialectes, où il deriue pareillement *azurro* de l'Arabe qu'il dit eſtre *azul*.

BA.

BAAILLER. De *balare*, qui a esté dit par onomatopée du cry des brebis. Quintilien 1. 5. *Sed minimè nobis concessa est ὀνοματοποιία. Quis enim ferat si quid simile illis meritò laudatis λίγξε βίος & σίζε ἄνεμος fingere audeamus. Iam ne balare quidem aut hinnire fortiter diceremus, nisi iudicio vetustatis niterentur.*

BABILLER. Nicod le dériue de la Tour de Babel où arriua la confusion des langues. Ie croy qu'il vient de *bambinare* qui a esté fait de l'Italien *bambino* qui signifie *enfant*, & qui est vn diminutif de *bambo*. Les Anglois disent de mesme *babble* pour *babiller*, & *babie* pour *enfant*. L'Italien *bambo* vient vray-semblablement de βάβιον qui est vn mot originaire Syriaque, & qui signifie *infans, puer*. Damascius dans Photius: Βάβια δὲ οἱ Σύροι, καὶ μάλιϛα οἱ ἐν Δαμασκῷ τὰ νεογνὰ καλοῦσι παιδία· ἤδη δὲ ἢ τὰ μειράκια ὑπὸ τ῀ παρ' αὐτοῖς νομιζομένης Βαβίας θεοῦ. Voyez M. Bochart liu. 1. des colonies des Pheniciens chap. 33. où il remarque ce que nous venons de dire de βάβιον, & de plus que les Arabes appellent encore aujourd'huy vn enfant בבוס *babus*. De *bambo* les Italiens ont fait *bambolo* qui signifie la mesme chose que *bambino*. De *bambolo* ils ont en suitte dit *bambole* pour *des poupées*; d'où, comme ie croy, nous auons fait BABIOLES, &, ce qui me confirme en cette creance, c'est qu'on appelle à Paris *Bimbelotiers* les faiseurs de poupées. Houed en la vie de Richard 1. vse de *baubella* en la signification de IOYAVX: *Rex tres partes thesauri sui, & omnia baubella diuisit Othoni Nepoti suo Regi Alemannorum*, que Spelmannus en son Glossaire deriue de ces deux mots François *beau* & *belle*. Carrio sur Aulugelle liu. 1. chap. 5. dit que le mot Latin *Barbuleius* qui se trouue dans Salluste & ailleurs, a esté fait de l'ancien mot François *babiller*; en quoy il se trompe, comme

K ij

76 BA. BA.

nous le faisons voir au mot *barboüiller*. Mais ses paroles ne laissent pas d'estre curieuses, & meritent d'estre icy rapportées: *Solent Histriones siue primarum, siue secundarum, siue tertiarum essent partium à vitio aliquo siue id esset in corpore, siue in gestu, siue denique alibi sortiri cognomina. Sic nonnulli* Spintheres *dicti sunt: cuius appellationis causa non est ambigua. Sic alij Barbuleij; quòd linguâ essent inquietâ. Verbo ex vetere Gallorum lingua tracto, paululùmque, Romanorum more, corrupto, quod hodiéque illis in vsu est.* BABILLER *enim vocant impendio loquaciorem. Barbuleium percitæ & inquietæ linguæ hominem Sallustius interpretatur Histor. lib.* II. &c.

BAC à passer l'eau. Peutestre par corruption pour *barc* de *barcus*, qu'on aura dit pour *barca*. Voyez *barque*. *Back* en Alleman signifie vn vase en general, d'où vient *backtroch*, c. *mactra*; mais particulierement vn vase à boire. De *back* on a fait les diminutifs *bacchinus* & *backettus*. Gregoire de Tours liu. 9. chap. 38. *Cum duabus pateris ligneis quas vulgò bacchinon vocant.* Rabelais III. 51. a vsé de BAC pour BACQVET: *Ie vous iure icy par les bons mots qui sont dedans cette bouteille-là, qui refraichit dedans ce bac.*

BACHELIERS. Pour ceux qui ont le premier degré en Theologie. On les a ainsi appellez des nobles Bacheliers qui estoient entre les Escuyers & les Cheualiers, & parce que ces Bacheliers estoient d'ordinaire de jeunes gens, les jeunes hommes qui commençoient d'entrer en l'aage de virilité, furent aussi nommez *Bacheliers* (& on les appelle encor ainsi en Picardie) & *Bachelettes* les jeunes fillettes. Rabelais liu. IV. chap. V. *Ces statuës antiques sont bienfaites, ie le veux croire: mais par Saint Ferreol d'Abbeville les ieunes Bachelettes de nos pays sont mille fois plus auenantes.* Et delà la Bachelette de Lusignan en Poictou, & la Bachelette de Cholet en Anjou, qui sont des Festes & des jeux des jeunes gens du pays. En Espagne *bacilier* qui est la mesme chose que Bachelier signifie pareillement *vn ieune homme*. Voyez André du Chesne sur Alain Chartier pag. 851. où il rapporte plusieurs exemples de ce mot en cette signification. Quant à l'etymologie de Bacheliers pour Escuyers & Cheualiers, il y a diuersité d'opinions. Cujas au tit. 5. & 7. du liure des Fiefs estime qu'ils ont esté ainsi nommez, *quasi Buccellarij qui posteriori ætate erant milites, corporis custodes siue protectores, qui Patronis suis assistunt semper.* Le President Fauchet estime qu'ils ont esté dits de la sorte, *quasi Bascheualiers.* Voicy ses termes du liure 1. de l'Origine des Cheualiers chap. 1. *Il y en a qui disent que le mot de* Bachelier *vient de bataille, comme s'il fallout dire batailler; mais il y a plus d'apparence que c'estoit à dire ieune & entrant en la virilité, comme ceux que les Latins appelloient* adolescentes *& les Grecs* Ephebes. *Car encore en Picardie* Bachelier *&* Bachelette *sont appellez, non pas les enfans ou fillettes de dix ans; ains les ieunes garçons de seize & dix-huit ans, & les filles prestes à marier: témoin le Vaudeville qui dit,* En voicy Bachelier suré. *Et comme encore aux Escoles de tous arts & sciences l'on appelle* Bacheliers *ceux qui sont auancez aux lettres & prests d'estre licentiez, c'est à dire congediez pour enseigner & paruenir au degré de Docteur-lisant.* Beat Rhenan tres-sçauant Alleman est de cét auis; ayant dit en ses *Annotations sur Tertullian,* en vn aduertissement au Lecteur touchant les liures du sçauant Tertullian: Que lors qu'on receut premierement le liure des Sentences de Pierre Lombard Euesque de Paris (c'est à dire enuiron l'an 1140.) que ceux qui les enseignoient & publierent furent lors premierement nommez Docteurs: Et pource qu'auant qu'ils eussent permission de lire, on leur mettoit vn baston en la main (qui en Latin s'appelloit Bacillus) ils furent nommez Bacilliers en François: & voila ce qu'vn si grand personnage dit. De fait les anciens liures portent Bacillier: mais ie suis d'auis que Bachelier est vn abbregé de Bascheualier, & que les ieunes hommes qui se sentoient forts pour endurer le faix des armes, du commencement prirent le nom de Bachelliers, comme estant plus bas & moindres que les hauts & anciens Cheualiers, puissans & adurez (c'est à dire endurcis) au trauail des guerres. Qui (à mon aduis) est l'etymologie la plus apparente; aussi-bien que de Hautber (c'est a dire grand & noble) s'est fait Baron. Car au dit du Bachellier d'armes vous lisez:

Qu'au premier Tournoy où il viegne,
Si tres-bien faire li souuiegne,
Pour l'ordre qu'a prise nouuelle,

K iij

I mette tot en la querelle
Cors & auoir en l'aduenture,
Et se Diex tant li aduenture,
Qu'il vainque le Tournoyement.
Il a moult bieau commencement:
Quand il a le Tournoy vaincu,
Où il porta premier l'escu.
Là prend de Bachelier le nom.

Mesme en maſſonnerie & tout autre meſtier de France où il y a maiſtriſe l'on appelle Bacheliers ceux qui ſont paſſez Maiſtres en l'art, mais qui ne ſont pas Iurez: & leſquels pour amander le rapport fait par les Docteurs-Iurez, doiuent eſtre deux fois autant. Louis Viuez tres-ſçauant Eſpagnol dit que les Bacheliers aux ſciences peuuent auoir pris leur nom de Baccalaureatus: *& ie croy qu'il l'entend, pource que les Poëtes ſouloient tadis eſtre couronnez de laurier en grande ſolemnité, comme le fut Petrarque à Rome l'an* M. CCC. L... *ne l'ayant voulu eſtre à Paris; ce dit l'Autheur de ſa vie.* On peut dire en faueur de Fauchet que Froiſſard liu. 1. chap. 127. vſe du mot de *Baſcheualeureux*, comme l'a remarqué Loiſeau ch. VI. de ſon traitté de la Haute Nobleſſe, qui eſt à peu prés de meſme auis que Fauchet, deriuant *bachelier* de *bas échelon*. M. Hauteſerre liu. 11. des Comtes de Prouence chap. 8. le dériue de *Baculus*: BACHELARIOS à baculis *dictos obſeruo, non ex eo quòd de feudo inueſtirentur per baculum, vt voluere nonnulli; ſed ex eo quòd ſcutis & baculis militiæ tyrocinium, & duelli aleam experirentur. Adreualdus Floriac. lib. 1. de mirac. S. Bened. c. 25. Tandem adjudicatum eſt, vt ab vtráque parte teſtes exirent, qui poſt Sacramenti fidem ſcutis ac baculis decertantes, finem controuerſiæ imponerent. Et Auctor vitæ Auſtragiſili Bituricenſis Epiſcopi apud Surium, tom. 3. 23. Maij: Iam certaminis aderat dies & Auſtragiſilus manè ſurgens, clypeum cum baculo (malè Surius jaculo) per pueros ſuos miſit in agrum, vbi Rex inter ſe confligentes expectare conſueuerat. Inde ſcutum & fuſtis præcipua inter milites arma cenſentur. Capitulare Caroli Magni lib. 3. cap. vlt. Armati veniant, id eſt qui poteſt habere cum lorica & ſcuto ancipite, atque fuſte: & ne dubitem*

Bachelarios *etymon repetere à* baculis, *magis moueor, quòd eos* baculares *dictos, non semel occurrit. Ordericus Vitalis lib.* 10. *Hist. Eccles. A. C.* 1100. Custodes itaque laudabili jam fide probati Heliæ candidam jusserunt tunicam indui, pro qua candidus bacularis solitus est ab illis nuncupari: *vt & iuniores candidati Theologiæ* Baculares *vocitantur*. Walsinganus *in Richard.* 11. 1383. Quidam de Ordine Carmelitarum, Frater Bacularius in Theologia. L'opinion de M. Hauteserre me semble la plus vray-semblable, les anciens liures portant *bacularius, bachilarius* & *bacalarius*. Il est vray que *Baccalaureus* se trouue dans Glaber liu. v. chap. 1. où parlant d'vn Demon qui luy apparut, il dit: *Post hoc igitur in Monasterio Sancti Benigni Diuionensis Martyris locatus, non dispar, imò idem mihi visus est in dormitorio Fratrum. Incipiente aurora diei currens exijt à domo latrinarum taliter inclamando*: MEVS BACCALAVREVS VBI EST: MEVS BACCALAVREVS VBI EST. Mais il y a apparence que c'est vne restitution du Copiste, & que l'original portoit *Bacalarius*, & c'est aussi l'auis de M. de Launoy le plus sçauant Theologien de la Faculté de Paris. Voyez Spelmannus au mot *Bacalarius*, où il suit l'opinion de Rhenanus.

BACLER. C'est vn mot dont les Paysans se seruent pour dire *fermer la porte par dedans*. De *baculare*, qui a esté formé de *baculum*. Les gens de village se seruent ordinairement d'vn baston ou d'vne cheuille au lieu de verroüil. *Baculare* se trouue dans Pierre de Blois Sermon 1. mais pour *baculo percutere*, & βακλίζειν dans les Gloses Grecques-Barbares. *Baculum, baclum*. Hesychius: ἀμυντήριον, ξίφος δίστομον, ἢ βάκλον. Les Gloses anciennes: *fustis*, ῥάβδος, βάκλον. *Baculare*, BACLER. Voyez Meursius au mot βάκλον.

BACON. On appelle ainsi *du lard* dans le Lyonnois, dans le Dauphiné & dans la Lorraine. Dans la Prouence ce mot se prend pour vn pourceau salé tout entier. Il se prend en la mesme signification parmy les Anglois, & aussi pour ces pieces de lard qu'on pend au plancher. Ie ne sçay s'ils ont emprunté ce mot là de nous, ou si nous le tenons d'eux. Il y a plus d'apparence qu'ils le tiennent de nous. Voyez le

Preſident Fauchet en la vie du Poëte Iean Chapelain.

BACQVET. Voyez *bac*.

BADAVLT. Voyez *badiner*.

BADINER. De *badinare*, diminutif de *badare*, lequel eſt encore en vſage parmy les Italiens, & qui ſignifie *beer*, & dont ce mot meſme de *beer* vient. Les Italiens diſent auſſi *bada* : *Star in bada ſenza far nulla*, d'où nous auons fait BADAVLT, & les Eſpagnols *badajo*, qui ſignifie la meſme choſe que *badault*, & outre cela *le batant d'vne cloche*.

p. 682

BAGANS. C'eſt vn mot Gaſcon qui ſignifie paſtres ou payſans qui gardent le beſtail dans les Landes de Bordeaux & des Lanes, auec vne charrette ſur laquelle ils portent ce qui leur eſt neceſſaire pour viure, ne ſe retirants dans leurs maiſons que rarement. Peuteſtre de *Vagantes*. Voſſius liu. II. *de vitiis Sermonis* chap. 3. le deriue de *Bagaudæ* ou *Bacaudæ*. Ces Bagaudes ou Bacaudes furent des payſans qui rauagerent la France, dont il eſt parlé dans Aurelius Victor, dans Mamertin, dans Saluian, dans Eutrope, dans Saint Hieroſme & ailleurs. Il eſt difficile de dire d'où ce mot a eſté fait, & il y a là deſſus diuerſité d'opinions. Le Preſident Fauchet ſur la fin du 1. liure des Antiquitez Gauloiſes : *Les Gaulois trauaillez de tailles & d'aydes publiques, s'eſleuerent l'an de* IESVSCHRIST CCXC. *ou enuiron ſous la conduite de Amand & Elian, qui prirent le nom de Bagaudes, que d'autres diſent ſignifier en vieil langage Gaulois rebelles ou traiſtres forcez, & d'autres les eſtiment auoir eſté payſans, & que ce mot ſignifie tribut : comme encore il n'y a pas long-temps qu'en certains endroits de France l'on appelloit les Malletoſtes, Bagoages. Ce trouble fut appaiſé par Maximinian compagnon de Diocletian*. Scaliger ſur ces paroles de l'Euſebe de Saint Hieroſme : *Diocletianus in conſortem Regni Herculium Maximianum aſſumit, qui ruſticorum multitudine oppreſſa, quæ factioni ſuæ Bacaudarum nomen indiderat, pacem Galliis reddidit*, pag. 222. *Hieronymus ex Eutropio. Ex quo nomen Bacaudarum aut Bagaudarum illis temporibus cœpiſſe diſcimus. Neque enim eſt vox Gallica, ſed nomen factionis aut populi. Ab eo tempore latrones in Gallia Bacaudas dici mos obtinuit. Aurelius Victor Schotti ſcribit Gallorum lingua latrones*

latrones Bacaudas vocari: quod verum est à temporibus Diocletiani, non autem retro. Neque solùm Bacaudæ latrones dicti, sed Bacauda latrocinium, tumultus popularis, motus agrestium, seditio. Prosper: Eudoxius arte Medicus, praui, sed exercitati ingenij in Bagauda id temporis mota delatus, ad Chunnos confugit. *Infrà:* Omnia penè Gallorum seruitia in Bagaudam conspirauere. πάντα ὃ Κελτικὰ ἀνδράποδα εἰς ἐπισύςασιν συνώμοσαν. *Eumenius Rhetor de Scholis:* Latrocinio Bagaudicæ rebellionis obsessa. *Saluianus lib. v. Et vocamus rebelles, vocamus perditos, quos esse compulimus criminosos. Quibus enim alijs rebus Bagaudæ facti sunt, nisi iniquitatibus nostris, &c. Vbi Bagaudæ pro rebellibus, quum ab Imperio Diocletiani omnes rebelles Bacaudæ vocari cœperint: quod & eiusdem Scriptoris alijs verbis confirmatur:* aut quid aliud etiam nunc agitur, quàm tunc actum est, idest, vt qui adhuc Bagaudæ non sunt, esse cogantur? μχλτα είχς *vocabant Constantinopolitani, & Bagaudam ipsam* μχλτοι, *corrupto nomine Latino tumultus, vt videtur. Zosimo* οἱ περὶ τὰς Ἄλπεις Βαγαῦδαι *sunt manifestò, quales in Pyrenæis* Bandolieri, *in montanis Pannoniæ* Martolossi *dicuntur, in desertis Moschoviæ* Cosaki. *Itaque gentes illæ in veteri inscriptione dicuntur* Baquates, &c. Il s'est de tout temps éleué dans les Royaumes des compagnies de voleurs qui ont esté nommez diuersement. M. du Puy en ayant fait vn memoire qu'il m'a communiqué, j'ay crû qu'il n'estoit pas hors de propos de l'inserer en ce lieu:

In Cilicia *Isauri.*

In Britannia *Scoti.* Cambden. in Britann. pag. 85. 86. 87.

In Pyrenæis *Bandolieri.* Voyez *Bandouliers.*

In Dalmatia, olim, idest ante annum 1000. *Nerentani*, nunc *Vscochi.* Leunclauius in Pandect. Turc. cap. 61.

In Illyrijs *Martoloßi*, olim *Scamari.*

In Polonia & in superioribus partibus Volgæ fluminis *Kosaki*, & ad inferiorem partem Boristhenis *Nisouij.*

In Hungaria *Heidones.*

In Africa *Alarabes.* De his plura apud Aluar. Gometium vitæ Francisci Ximenij lib. 4. pag. 1038.

In Gallia *Bacaudæ*, *Coterelli.* Voyez *Cotereaux.*

In extremis finibus Persarum *Turcomanni*. Leunclauius in Pandect. Turc. cap. 61.

Pour reuenir à nostre mot de *Bagaudes*, Saint Maur des Fossez prés Paris dans vn tiltre de cette Abbaye de l'an 868. est appellé *Castrum Bagaudarum* pour auoir seruy de fort á ces Bagaudes. Voyez Fauchet liu. v. de ses Antiquitez Gauloises chap. 13. Ciron en ses Paratitles sur le Droict Canon pag. 410. dit que les Bagaudes ont esté ainsi appellez *à Græco* βαγευειν *quod est* vagari *apud Suidam*, *sicut Pyratæ dicuntur* Cursarij κυρσάριοι *apud Nicetam*. M. Bochart liu. 1. des Colonies des Pheniciens chap. 42. deriue ce mot de l'Hebreu *bagad* qui signifie *rebellare*.

BAGATELLES. Voyez *bague*.

BAGNER. De *vagnare* qui a esté fait de *vagna*, qui se trouue pour vne bagnoire. Le Glossaire Germanique: *cupa, vagna*. Voyez François Pithou dans son Glossaire au mot *Butticularius*.

BAGVE. De *bacca*, que les Latins ont dit d'vne perle, acause de la ressemblance que les perles ont pour leur rondeur auec les bacques, & que les Grecs pour cette raison ont appellées μονοκόκκους. Virgile dans le Culex: *Nec Indi conchea bacca maris pretio est*. Et dans le 1. de l'Eneide.

——— *colloque monile*
Baccatum:

Publius:

Quo margarita carâ, vnibacca Indica?

Les Gloses d'Isidore: *baccatum, margaretum*. De ce mot BA-GVE nous auons fait celuy de BAGATELLES. M. de Saumaise sur Solin pag. 1124. *Mundum muliebrem qui in gemmis consistit* BAGAS *vocitamus à baccis, quæ sunt margaritæ: nam baccatum margaritis consertum significat, vt baccatum monile. Ex eo* BA-GATELLAS *dicimus* nugas & iocularia. *Latini quoque nugas dixere res omnes muliebris mundi*. Nugiuendos, *qui eas vendebant*. Les Grecs se sont de mesme seruis du mot de λῆροι en cette signification. Hesychius: λῆροι, τὰ περὶ τοῖς γυναικείοις ητοι κεχρυσωμένα. Pollux liu. v. chap. 16. ᾗ ἄλλους δὲ τινὰς κόσμους

BA. BA. 83

ὀνομάζουσιν οἱ Κωμῳδιδάσκαλοι λῆρον ὀχθοιβουσέλεθρον. Et au liure v. de l'Anthologie: κỳ λήρων οἱ χρυσοῖ κάλαμοι. Voyez *ioyaux*. Ce mot de *bague* signifie aussi quelquefois *vne putain*. Ainsi nous disons *la vieille bague* pour dire *la vieille putain*: & en cette signification quelques-vns croyent qu'il vient de l'Alleman *bag*, qui signifie comme le Latin *scortum*, & *du cuir*, & *vne putain*.

BAGAVDES. Voyez *Bagans*.

BAHV. De l'Alleman *behuten*, qui signifie *garder*. En Anjou on prononce *bahut* qui approche dauantage de *behuten*. Les Espagnols disent *bahul*.

BAILLER. De *bajulare* qui signifie *porter*. On dit souuent *apportez-moy cela*, pour *baillez-moy cela*. Voyez *Baillif*.

BAILLIF. De *bailliuus*, dont les Escriuains Latins du bas siecle se sont seruis pour *Officialis*, *Prætor*, *Iudex*, *Minister*. *Bailliuus* a esté fait de *baiulus*, qui a esté pris pour *vn nourrissier*, & vous le trouuerez en cette signification dans Gregoire de Tours & ailleurs, & qui a esté dit *à baiulando*, les Nourrissiers portants d'ordinaire dans leurs bras les enfans qu'ils nourrissent. *Quem ego paruulum gestaui*, dit vn Nourrissier dans Therence. Sidonius Apollinaris liu. IV. ep. 21. *Hîc incunabula tua fouimus, hîc vagientis infantiæ lactantia membra formauimus, hîc ciuicarum baiulabare pondus vlnarum*. Ruth ch. dernier 16. *Susceptúmque Noemi puerum posuit in sinu suo & nutricis ac gerulæ fungebatur officio*. D'où vient que les nourrisses ont esté appellées *gerulæ* absolument. Le vieux Lexicon: *Gerula, nutrix quæ pueros portat: & geraria*. Plaute en sa Comedie intitulée le Soldat Glorieux III. 1. 102.

Iampridem, quia nihil abstulerit, succenset geraria: & ὠλευοτρόφοι. On dit encore apresent en Italie *vna baglia*, & en Languedoc *vne baille* pour dire *vne nourrisse*. Ce mot *baiulus* a esté pris en suite pour *vn Pedagogue*. Le Scholiaste de Sophocle sur la Tragedie d'Ajax Mastigophore: παιδαγωγὸς κỳ παιδοτριβὴς, ὁ λεγόμενος Βαΐγλος. Celuy d'Oppian & Moschopulus disent la mesme chose. Sous la troisiesme race de nos Rois il passa des Pedagogues & des Nourrissiers aux

Iuges, d'où vient qu'en plusieurs lieux de ce Royaume les Iuges sont nommez Baillifs. Il passa aussi vers ce temps-là aux Tuteurs, & de là vient que la pluspart des Coustumes de France appellent Baillifs & Baillistes ceux qui ont la garde noble ou bourgeoise de leurs enfans. L'Autheur Anonyme *de Inuest. Episcop. Regni Teutonici : in testamento relictus sub baila seu tutela Vrbani IV. & Manfredi Principis Tarentinensis*, &c. *Sed ipse Papa & Princeps dictam bailam seu tutelam minus fideliter gessere* ; & mesmes aux maris, c'est pourquoy dans les qualitez des veuues vous trouuerez souuent *sine ballio alterius & tutela.* Vn Tiltre de la Maison de Sully : *Noueritis quod præsens propter hoc*, &c. *Dicta la Pilochette relicta,* c'est veuue, *defuncti dicti Pilochet de castro Mellani iuris sui existens sine Ballio alterius & tutela*, &c. Voyez le President Fauchet liu. 1 x. de ses Antiquitez Françoises chap. v. Pasquier en ses Recherches où il asseure qu'on ne commença à se seruir du mot de *Baillage* que sous le regne du Roy Iean, Pierre Pithou liure 1. des Comtes de Champagne pag. 473. & 474. Lindembrog, Spelmannus, Meursius & Watsius dans leurs Glossaires, M. Hauteserre liure & chap. dernier des Ducs & Comtes de Prouince, & Vossius *de vitiis Sermonis* liu. 2. chap. 3. En Perigord on appelle les Sergents *Bailles,* & les Marguilliers en plusieurs lieux de ce Royaume. Les Venitiens appellent aussi *Baille* leur Resident à Constantinople, & ce mot se trouue en cette signification dans Gregoras liu. 1 v. ὀλίγα μέντοι καὶ χρόνους τακτοὺς ἀρχὴν ἀποςελλόμενοι τούτων, ὁ μὲν ἐκ Βενετίας καλεῖται μπαίουλος, ὁ δὲ ἐκ Πίσης Κόισουλος. & dans Codinus : ὅταν ἔλθῃ μπαίουλος, καθ᾿ ἰοῦ μὲν πρώτην ἡμέραν προσκυνήσειν μέλλῃ, γονατίζει μόνον οὗτος τε καὶ οἱ μετ᾿ αὐτῷ.

BALANCE. De *bilancia* pour *bilanx.* Voyez Pasquier VIII. 30.

BALAY à baleer la place. C'est vne corruption pour *balé,* qu'on a dit pour *balet,* comme on le prononce encore à Paris. *Balet* a esté fait de *vallettus* diminutif de *vallus*, acause que les balays sont emmanchez au bout d'vn baston. De *vallettus* on a fait le verbe *valletare,* dont nous auons fait *baleer.*

BA.   BA.   85

BALCON. De l'Italien *balcone* qui vient du Latin *palcus*. *Palcus*, *palcone*, BALCONE; ou de l'Alleman *balk* qui signifie *poutre*. Les Italiens disent de mesme *balco* pour *il legname che regge il pauimento d'elle stanze, e l'istesso pauimento*; ce que l'on appelle en Latin *tabulata*.

BALET. Voyez *baller*.

BALEVRE. De *bislabra*. Voyez Pasquier VIII. 30.

BALLE de jeu de paume. De *palla*. De *palla* on a fait l'augmentatif *pallone* dont nous auons fait BALLON, comme qui diroit *grosse balle*, qui est comme Maistre François appelle le ballon liu. I. chap. 24. *Ioüoit à la grosse balle, & la faisoit bondir en l'air autant du pied que du poing.* On en a fait pareillement le diminutif BALOTE d'où vient BALOTER pour dire *se mocquer*; ainsi on dit *baloter vn tel*, comme qui diroit *s'en ioüer de mesme que d'vne balle*. Les Anciens se sont seruis à peu prés de la mesme façon de parler lors qu'ils ont dit: *Dij nos pilas habent.* Les Venitiens vsent aussi de *balotar*, mais dans la signification de ψηφίζειν, a cause que les élections se font parmy eux auec des balles. Les Grecs modernes ont pris de là leur μπαλλότα & leur μπαλλοτιάζειν pour *sors & sortem mittere*. Voyez Meursius en son Glossaire.

BALLER. De *ballare*, dont les Latins se sont seruis pour *saltare*, & qu'ils ont fait de βάλλειν, que les Grecs ont pris en cette signification. Le Concile de Laòdicée: ὅτι ὀ δεῖ Κρισιανὸς εἰς γάμους ἀπερχομένους βαλίζειν ἢ ὀρχεῖσθαι. Le Synode Romain sous Lothaire & Loüis chap. 35. *Vt Sacerdotes admoneant viros & mulieres, qui Festis diebus ad Ecclesiam conueniunt ne balando & turpia verba decantando Choros teneant & ducant.* Les Gloses de Tiron & de Seneque: *ballat, ballator, ballatrix*. Les Gloses anciennes: βαλίζω, *ballo*. *Ballistium* se trouue dans Vopiscus en la vie d'Aurelian, & *ballatio* dans les Capitulaires de Charlemagne, dans Benoist Leuite liu. VI. chap. CXCIII. & dans les Gloses d'Isidore. Voyez François Pithou & Spelmannus en leurs Glossaires, M. de Saumaise sur l'Histoire Auguste pag. 349. & Vossius *de vitijs sermonis* IV. 2.

BAN. Du vieux mot Alleman *ban*, qui signifie propre-

L iij

ment *publication* ; mais qui, comme les bannissemens se faisoient anciennement à son de trompe, a aussi signifié *proscription*. Vossius veut qu'il ait eu cette derniere signification acause qu'on punissoit de l'exil ceux qui estant conuoquez par l'Edit public qu'ils appelloient *ban*, ne comparoissoient point, & qu'il ait aussi signifié *amande*, parce qu'on les condamnoit aussi quelquefois à vne amande pecuniaire. En effet il se prend souuent en cette signification d'amande dans les loix des Lombards, comme l'a obserué Pierre Pithou liu. II. de ses Aduersaires chap. 20. De *ban* en la signification de *proscription* viennent nos mots de *bannir*, *ban*, *bannissement*, *forbannir*, & le *banditi* des Italiens, dont quelques Autheurs de la basse Latinité ont vsé pour *banniti*, pour lequel ils ont aussi dit *banniati*, & vous le trouuerez souuent dans Yues de Chartres, Pierre des Vignes, Mathieu Paris, Beka & autres. De *ban* en la signification de *publication* viennent ces mots *bans* pour les proclamations publiques des mariages, *ban* & *Ariereban*, *banlieuë*, *banier*, *banal*, comme quand on dit *taureau banier*, *pressur banier* ou *banal*, *abandonner* &c. & *banon* dont il est parlé dans le grand Coustumier de Normandie. Voyez Pasquier liu. II. de ses Recherches chap. 15. & liu. VIII. chap. 36. Vossius *de vitijs sermonis* II. 3. & 32. Spelmannus en son Glossaire, & Pithou au lieu allegué.

germ. Banck BANC. Les Italiens disent de mesme *banco*. De l'Alleman *banc* qui signifie la mesme chose; ou plustost du Latin *bancus* qui se trouue pour *scamnum* en plusieurs Escriuains du bas siecle. Vossius *de vitiis sermonis* liu. II. chap. 3. estime que *bancus* peut auoir esté fait de ABACVS *per aphæresim & N inserto*, comme en *totiens* & *thensaurus* : & c'est aussi l'opinion de Caninius en son traitté des Dialectes. De *banc* on a fait le verbe BANQVETER, acause qu'on mangeoit assis sur des bancs. Rabelais semble faire allusion à cette etymologie liu. I. chap. 17. *Et soudain apres banqueter, c'estoit sur vn beau banc ou vn beau plein lict s'estendre & dormir deux ou trois heures*, &c. Voyez *banque*.

BANDE. Lipse epist. 44. de la III. Centurie deriue ce

BA. BA. 87

mot de l'Alleman *bandt*, d'où il estime que les Persans ont aussi pris *band*; & en effet les Persans ont emprunté beaucoup de mots des Allemans. Caninius dans ses Canons des Dialectes deriue l'Italien *banda* de l'Arabe *Bend*: mais & les Allemans & les Persans & les François ont pris ce mot du Latin *pandum*, ou du bas Grec βάνδον. M. de Saumaise sur Solin pag. 1130. *Persæ band dicunt fasciam: id ex Græco βάνδον postremi Imperii, quod à Latino factum est pandum, τὸ περίπτασμα. Hinc bandum pro vexillo. Glossæ:* bandon, σίγνον. *Inde & nos Francoceltæ bandam pro fascia dicimus, & bandare pro fasciare: quod tamen à Persis non didicimus, sed inde prorsus vnde & Persæ habuimus.* Pasquier liu. VIII. de ses Recherches chap. 51. dit que *bandes* pour compagnies & trouppes de guerre vient des escharpes ou des bandes que portoient sous Charles VI. ceux qui fauorisoient le party du Duc d'Orleans contre le Duc de Bourgogne; en quoy il se trompe, ce mot estant plus ancien en nostre langue que le Regne de Charles VI. Il est vray pourtant que certe façon de parler vient des estendards que les Romains appelloient *bandes*. Suidas: βάνδον. ὕτω καλοῦσι Ῥωμαῖοι τὸ σημεῖον, τὸ ἐν πολέμῳ. L'Autheur du grand Etymologicum: σημαίας Ἰταλοὶ τὰ σίγνα, καὶ τὰ λεγόμενα βάνδα καλοῦσι, τὰ ἐν ταῖς τάξεσι ἐπίσημα. Simocatta liu. III. de son Histoire chap. 6. τά τε σημεῖα τῆς παρατάξεως, ἅπερ Ῥωμαίοις ἔθος τῇ πατρῴα φωνῇ βάνδα ἀποκαλεῖν. Stephanus *de Vrbibus* dit qu'ils ont aussi appellé de ce nom la Victoire, ce que ie n'ay point leu ailleurs, & ie croy qu'il se trompe: ἄλλα μὲν τὸν ἵππον, βάνδα δὲ τὴν νίκην καλοῦσι. ὅθεν καὶ περὶ Ῥωμαίοις βάνδα τὴν νίκην φασίν. De *bande* on a fait *banderole* & *banniere*, Voyez *banniere*.

BANDOVLIERS. On a ainsi appellé certains brigands qui habitoient les monts Pyrenées. Voyez au mot *Bagans*, & le President Fauchet liu. VI. chap. 14.

BANLIEVE. De *banleuga* ou *bannileuga*. Le Pere Sirmond sur l'Epistre 16. du liu. II. de Goffridus Vindocinensis: *Banleuga seu bannileuga dicitur is modus agri, cuius finibus loci alicuius immunitas vel iurisdictio terminatur.* Nota vox & significacatio multis in locis Galliæ. *Banni apud maiores nostros multiplex fuit notio. Nam & publicum Edictum bannum appellabant, & multam, & proscriptionem bonorum, & exilium & alia iudiciariæ summæque potestati connexa. Quos ergo ad fines ea potestas porrigebatur, eum ambitum siue procinctam, vt loquebantur, Bannileugam dicebant: seu qui leugæ spatio plùs minùs definiebatur, seu fortè quia leugæ siue leuwæ nomen pro quouis terræ spatio, tractúque vsurpabant. In Caroli Calui præcepto Sancti Dionysij Banleuga in hunc modum describitur.* Statuimus vt prædictus locus immunitatem habeat. *Et post alia.* Cui quidem immunitati ipsos eosdémque terminos imponi censemus, qui in priuilegio Domini Dagoberti Sereniſſimi Regis, quod de fugitiuis ad idem cœnobium idem glorioſiſſimus Rex fecit, præscripti sunt. Id est vsque ad eum locum, quo ad eandem Ecclesiam tendentes Tricenam pontem ingrediuntur. Nec non etiam vsque ad montem Martyrum, vbi ipse præcellentiſſimus Domini testis agonem suum fideliter compleuit. Similitérque vsque ad viam publicam, quæ ad Luperam ducit. Itaque hanc totam procinctam Deo, sanctóque eius Dionysio donamus, cum omni iudiciaria potestate. Hoc est bannum, omnémque infracturam, & si quæ sunt aliæ consuetudines legum. *Satis ex hac descriptione liquet, sancti Dionysij Banleugam vltra leugæ vnius spatium porrectam fuisse. Quod verò leuuam absolutè pro spatio & mensura, vsurpasse videantur, declarat aliud præceptum Caroli Magni, quo villas Fauerolas & Norontem in pago Carnoteno eidem Sancti Dionysij Monasterio cum sylua Aquilina donat. Eius autem syluæ leuguas, hoc est, spatia, regionésque suis finibus circumscribit, his verbis. Totum enim locum exscribam, etsi antiquariorum vitio parum castigatum:* Insuper & cum Foreste ad eas pertinente, quæ vocatur Aquilina, cum Forestariis & cæteris finibus in ea designatis. Videlicet contra pagum Madriacensem peruenit leuwa vsque ad Petram fictam. Deinde ad montem Presbyteri: deinde ad Condacum vsque ad Cuculosa. Secunda leuwa contra pagum Pinciasensem peruenit ad Codonarias, deinde ad Vennas vsque ad Aureouallo, deinde Leuicias. Tertia leuwa contra pagum Parisiensem

risiensem de Vlfanciacas peruenit ad Campum Dominicum. Deinde ad Campum Mulgeuerti. Deinde ad Sarnecum vsque ad Cellam Sancti Germani. Deinde per illam stratam quæ pergit ad vetus Monasterium. Contra pagum Stampensem peruenit leuwa ad Rasbacium. Deinde ad Affrumenterilas. Deinde ad Waranceras. Contra pagum Carnotensem peruenit leuwa ad Putiolos. Inde ad Putilittos. Deinde ad Hitlinuilare. Inde ad Wadastiuillam, & illud pirarium. Deinde ad illam formam quæ fuit Stephanonæ. Inde ad Calmontem Deinde ad illam stratam quæ pergit ad Helmoretum. Inde ad Longum Lucum & Senonæ vallem super Niuigellam. *Pro Banleuga leugam simpliciter posuit Iuo. Epist.* CI. *&* CCLIX. Quod ab omnibus molendinis Beluacensis leuuæ committitur.

BANNERETS. On appelloit ainsi autresfois ceux d'entre les simples Cheualiers qui auoient moyen de leuer banniere, c'est à dire, qui auoient si grands nombres de vassaux releuans de leurs Seigneuries, qu'ils estoient suffisans pour faire vne compagnie de gens de cheual: ou pour mieux dire, ceux qui deuoient seruir auec bannieres, d'où ils furent nommez *Bannerets* ou *Banderets*. Voyez Pasquier 11. 16. Pithou liu. 1. des Comtes de Champagne pag. 507. Spelmannus en son Glossaire, & Loiseau chap. VI. de son traitté des ordres de la haute Noblesse. Cette action de leuer banniere estoit reputée à grand honneur, & se faisoit auec grande solemnité, laquelle est décrite dans Froissard au liure 1. Le Banneret auoit deux payes de Bachelier, comme le Bachelier deux payes de l'Escuyer.

BANNIERE. Pasquier liu. VIII. chap. 36. estime qu'il vient du mot *ban*, qui signifie, comme nous l'auons dit, cette semonce publique d'aller à la guerre que les Souuerains font faire à leurs vassaux; l'estendart ou la banniere estant comme vn signe pour la retraitte commune des soldats. Hotman en son liure intitulé *Matagonis de Matagonibus* &c. le dériue de l'Alleman *bannier* qui signifie la mesme chose que *banniere*. Ie croy que l'Alleman & le François viennent du mot *bandum*,

& que nous auons dit *banniere* pour *bandiere*. Et c'est aussi l'opinion de Cœlius Rhodiginus liu. xv. de ses Leçons Antiques chap. 17. *Bandum Procopius signum dici militare ab Romanis interpretatur. Vnde factum coniectamus vt vulgus inscitum* BANDERIAS *nuncupet. Nam quod Cod. de Episc. & Cler. scriptum inuenias banno subiaceant Imperiali, aliud est: siquidem eo nomine recentioribus appellatur exilij species, quam proscriptionem dicebant Veteres, qui vsu togæ carent, quando est illis aqua interdictum & igni. Bannum item Galli publicum nuncupant edictum. Bandophorum dici legimus eum qui Ducis gerat signum:* Les Italiens disent *bandiera* & *banderuola*; ce qui ne confirme pas peu cette conjecture. Voyez *bande*.

BANQVE. De l'Italien *banca* qui a esté fait de *banco*. Les Grecs ont de mesme appellé *vne banque* du mot ξύλον, dont ils se seruoient pareillement pour dire *vn siege*. M. de Saumaise *de vsuris* pag. 511. ξύλον *etiam dicebatur mensa nummulariorum:* BANCAM *hodie vocamus. Sed &* BANCVM *scamnum dicimus. Sic Græci* ξύλον *quoque appellabant scamnum, siue sedile. Hesychius:* Ξύλον, πρῶτον βάθρον τὸ ἐν τῇ προεδρείᾳ, ἢ τῇ ἐκκλησίᾳ, ἢ τῷ δικαστηρίῳ. *Hinc* BANCARII *dicuntur nobis qui Veteribus trapezitæ & mensarii. Hinc mensæ in foro positæ non adsidebant, sed insidebant nummularii: ideo non solum mensæ, sed etiam scamni vel sedilis habuit nomen, &c. De banca* les Italiens ont fait ensuite *bancarotta*, d'où nous auons fait BANQVEROVTE. Les Grecs ont dit de mesme ἀνασκυαθεῖσα τράπεζα. Voyez, mais soigneusement, M. de Saumaise *de Trapez. Fœnore* pag. 36.

BANQVEROVTE. Voyez *banque*.

BARAGE. Droit domanial qu'on leue à Paris & ailleurs. Loiseau en son traitté du droit de Police chap. 9. *Le peage est appellé de diuers noms és Coustumes & Ordonnances, estant tantost nommé* BARAGE, *acause de la barre assise sur le chemin pour marque d'iceluy; tantost* PONTENAGE, *quand il se paye au passage d'vn pont; tantost* BILLETTE, *acause du petit billet de bois qu'on pend à vn arbre signe d'iceluy; tantost* BRANCHIERE, *acause de la branche d'arbre où ce billet est pendu; tantost* COVSTVME, *mot qui signifie generalement toute prestation introduite plustost par coustume que par*

BA.   BA.   91

tiltre particulier; tantost aussi droit de PREVOSTÉ, combien que la Preuosté comprenne toute sorte de menus droits casuels d'vn Seigneur dont le Collecteur est appellé Preuost des amendes, à la distinction du Preuost & Garde de la Iustice. Finalement, le peage est quelquefois appellé TRAVERS, acause qu'il est deu par ceux qui trauersent la terre du Seigneur, &c. combien que proprement, à mon auis, Trauers est vn autre droit que le peage, bien qu'il luy ressemble, assauoir le tribut que le Seigneur prend aux limites de son territoire sur les marchandises qu'on enleue de dessus sa terre, &c. Or il y a cette difference entre le peage & le trauers, que le peage se paye indifferemment par tous ceux qui conduisent de la marchandise dans le chemin Royal où la billette est assise; & ce que j'appelle Trauers est deu seulement par les Suiets du Seigneur qui transportent leurs meubles ou marchandises hors son territoire par quelque chemin ou passage que ce soit, ce qu'on appelle dégarnir la terre, lequel droict est appellé LEVAGE en la Coustume d'Anjou, &c.

BARAGOVIN. De ces deux mots *bara* & *guin* qui signifient en bas-Breton *pain* & *vin*, qui sont les deux choses dont on apprend premierement les noms quand on apprend les langues estrangeres. De ce mot *baragum* on a fait le verbe *baraguiner*, qui est comme qui diroit ne sçauoir autre chose d'vne langue que les mots de *pain* & de *vin*. M. Bochart liu. I. des Colonies des Phœniciens chap. 42. dériue le mot basBreton *bara* de l'Hebreu בר *bar* qui signifie la mesme chose. Pour *guin* ie ne doute point qu'il ne vienne de *vinum*. On y a preposé vn *g*, comme en *gué* de *vadum*, en *guespe* de *vespa*, &c.

BARAT. Vieux mot qui signifie *tromperie*, & qui se trouue joint ordinairement auec celuy de *guille*. Il est encore à present en vsage parmy les Languedociens. Dans le Quercy *barata* signifie proprement *tricher*: ainsi on dit, *Vous me baratas*, pour dire, *Vous trichez en iouant auec moy*. Les Italiens disent de mesme *barattiere* pour dire vn homme qui trompe, & particulierement au jeu. Ils disent aussi *barrattare* pour *troquer*, *changer*, *permuter*, & metaphoriquement pour *tromper*. Les Espagnols vsent pareillement de *baratar* pour *trocar vnas cosas por otras*: & de *barato* pour *el precio de las cosas muy baxo*. Voyez

M ij

Couarruuias en son Thresor de la langue Castillane, & Spelmannus en son Glossaire au mot *barator*, & Nicod en son Dictionnaire.

BARBACANE pour *antemurale*. De l'Italien *barbacane*, que Spelmannus en son Glossaire dit estre vn mot Arabe.

BARBEAN. Poisson. De *barbellus* diminutif de *barbus*, qui signifie la mesme chose. Ausone en sa Moselle:

Liberior laxos exerces Barbe natatus.
Tu melior peiore æuo: tibi contigit omni
Spirantum è numero non illaudata senectus.

Et ailleurs dans le mesme Poëme:

Propexique iubas imitatus Gobio Barbi.

Les Anglois disent *barbill*.

BARBE. Cheual. De *Barbarie* d'où ces cheuaux nous viennent.

BARBET. Chien. Du mot *barbe*. Les Espagnols disent *perro veluto*.

BARBOVILLER. De *barbulare* qu'on a fait de *barbula* diminutif de *barba*. *Barbuleius* se trouue dans Salluste pour vn bouffon enfariné: *Quia corpore & lingua percitum & inquietem, nomine Histrionis vix sant, Barbuleium appellabant.* C'est au liure 11. de son Histoire. Et dans Valere Maxime liu. IX. chap. 14. *M. Messala Consularis, & Censorius Menogenis, Curióque omnibus honoribus abundans, Barbuleij; ille propter oris aspectum; hic propter parem corporis motum, vterque Scænici nomen coactus est recipere.* C'est ainsi qu'il faut lire en ce lieu de Valere Maxime, comme l'a remarqué Carrion sur le chap. 5. du liu. 1. d'Aulugelle, & non pas *Burbuleii*, ainsi que portent les editions.

BARDACHE. De l'Italien *bardassa* ou *bardasso*. Les Turcs disent aussi *bardacha*, mais ils l'ont emprunté, comme ie croy, des Italiens; car leur mot propre pour dire *bardache* est *puscht*.

BARDES. Poëtes Gaulois. Hesychius: Βάρδοι, ἀοιδοὶ Γαλάτais. Festus: *Bardus Gallicè Cantor appellatur, qui*

BA. BA.

virorum fortium laudes canit. Ammian Marcellin liu. xv.
parlant des Gaules: *Per hæc loca hominibus paulatim excultis, viguere studia laudabilium doctrinarum inchoata per Bardos & Eutrages & Druidas. Et Bardi quidem fortia virorum illustrium facta heroïcis composita versibus cum dulcibus lyræ modulis cantitarunt.*
Lucain:

> *Vos quoque qui fortes animas, bellóque peremptas*
> *Laudibus in longum vates demittitis ævum,*
> *Plurima securi fudistis carmina Bardi.*

Strabon liu. IV. Βάρδοι ᾗ ὑμνηταὶ ᾗ ποιηταί. Posidonius dans Athenée liu. VI. τὰ δὲ ἀκρόματα αὐτῶν εἰσὶν οἱ καλούμενοι Βάρδοι, ποιηταὶ δὲ οὗτοι τυγχάνουσι μετ' ᾠδῆς ἐπαίνους λέγοντες. Diodore le Sicilien liu. V. Εἰσὶ δὲ παρ' αὐτοῖς ᾗ ποιηταὶ μελῶν οὓς Βάρδους ὀνομάζουσιν. οὗτοι δὲ μετ' ὀργάνων ταῖς λύραις ὁμοίων οὓς μὲν ὑμνοῦσιν, οὓς δὲ βλασφημοῦσι. M. Bochart liu. I. des Colonies des Phœniciens chap. 42. dériue ce mot de l'Hebreu פרט *parat*, qui signifie *modulari*: & Isaac Pontanus, en son petit Glossaire, de l'ancien mot Gaulois *baren* qui signifie *clamare*, ce qu'il confirme par ce passage de Tacite en son liure des Mœurs des Allemans: *Ituri in prælia canunt. Sunt & illis hæc quoque carmina, quorum relatu quem* baritum *vocant, accendunt animos, futuræque pugnæ fortunam ipso cantu augurantur. Nec tam vocis ille quàm virtutis concentus videtur. Affectatur præcipuè asperitas soni, & fractum murmur.* Voyez l'vn & l'autre. Voyez aussi le sçauant M. Valois sur Ammian Marcellin au lieu allegué, & Bucanan liu. 2. de son Histoire d'Escosse.

BARGVIGNER. Scaliger sur Festus au mot *arilator*, le deriue de l'ancien mot Latin BARGENNA: *à cunctando cunctio seu cuctio dictus. Nam veteres* cuctum *quod postea* cunctum. *Hoc genus hominum* BARGVIGNEVRS *vocant Galli ab antiqua appellatione, quæ ad posteriora etiam Latinitatis tempora durauit nempe* BARGENNA. *De quo alias.* Il vient de *barcaniare*. Les Capitulaires de Charles le Chauue pag. 255. *Si autem illum denarium bonum inuenerit, consideret ætatem & infirmitatem & sexum, quia & feminæ* barcaniare *solent.* Sur lequel lieu le P. Sirmond a fait cette note: *Tricari & tergiuersari. Id nostrum* barguigner *quod* *propriè est licitando cunctari.* Voyez Vossius liu. II. *de vitijs Sermonis* chap. 22. Au reste ce mot de *barguigner* est fort ancien en nostre Langue; car il se trouue dans Huon de Meri en son Tournoy de l'Antechrist, ainsi que l'a remarqué Pasquier liu. VIII. chap. 3. Les Anglois disent *bargen*.

BARIL. De l'Italien *barigle*, qui a esté fait vray-semblablement de *varra*, a cause des petites barres qui sont aux barils. Turnebe sur les Oraisons de Ciceron contre Rullus pag. 4. de l'edition de Paris in 4°. 1576. *Vernaculum nostrum barra & barro genus vasis vinarij, barrunculus, fluxit à varris.* De *barigle* on a fait le diminutif *bariglione*, d'où nous auons fait *Barillon* nom de famille. *Barridus* se trouue pour vne espece de vaisseau dans le Capitulaire de Charlemagne *de villis suis* art. 68. *Volumus vt bonos barridos ferro ligatos quos in hostem & ad palatium mittere possint iudices singuli præparatos semper habeant, & vtres ex coriis non faciant.*

BARISEL. De l'Italien *Barigello* ou *Bargello*, qui signifie le Capitaine des Sbirres, & qui vient de *Barigildus*, qui se trouue dans les Capitulaires de Charles le Chauue pag. 330. *Comes sic mallum suum teneat, vt Barigildi eius & Aduocati qui in aliis Comitatibus rationes habent ad suum mallum occurrere possint.* Sur lequel lieu le P. Sirmond a fait cette note : *Barigildi, apparitores : vnde nunc etiam apud Italos Barigelli vocantur principes apparitorum.* Voyez Spelmannus au mot *Baricellus*.

BARLONG. De *variè longus*.

BARON. De *Baro*, qui parmy les Romains signifioit vn homme fort & vaillant. Hirtius Pansa au I. liure de la Guerre d'Alexandrie, parlant de Cassius Gouuerneur de l'Espagne Vlterieure : *Concurritur ad Cassium defendendum, semper enim Barones complurésque euocatos cum telis secum habere consueuerat.* Les Gloses : *Baro,* ἀνήρ. Il signifioit aussi *brutal, feroce, stupide.* Ciceron liu. IX. de ses Epistres Epist. derniere : *Ille Baro te putabat quæsiturum, vnum cœlum esset an innumerabilia, quid ad te ? at hercule cœna nunquid ad te ?* Et en cette signification quelques-vns ont crû qu'il venoit de *varæ*, c'est à dire *stipites*. Mais ie suis de l'auis de M. de Saumaise qui en l'vne

BA.   BA.

& l'autre signification le deriue de θὴρ. C'est en son liure *de Hellenistica* pag. 395. où parlant du changement qui se fait ordinairement de φ en β, il dit : *Lingua Scytharum Chersonesi Tauricæ* FERS *idem erat quod homo. Alius hoc eodem nomine* BERS *vocabatur. Hoc est* Barus *vel* Baro. *Ita enim hominem vocarunt & quidem fortem & militarem : etiam stolidum & ferocem, vt apud Ciceronem aliquot locis accipitur. Ex Græco Æolico* φηρὼν *vel* φαρὼν, *vt* φάρεα *pro* φήρεα, *hoc est* θήρεα, *belluinis nempe præditus moribus & impetu valens ac mole ruens sua, vt solent belluæ.* Isidore liure 1 x. de ses Origines chap. 4. contre toute sorte d'apparence le deriue de βαρὺς : *Mercenarij*, dit-il, *sunt, qui seruiunt accepta mercede, ijdem & Barones Græco nomine, quod sint fortes in laboribus. Bαρέα enim dicitur grauis, quia sit fortis. Cui contrarius est leuis & infirmus.* Or comme ce mot de *Barons* se disoit des hommes forts & vaillants, & qu'ordinairement on mettoit au iour du combat les plus forts & les plus vaillans prés la personne des Rois, on appella en suite *Barons* ceux qui dans les batailles se tenoient prés des Rois : D'où vient que quand les Roys haranguoient deuant le combat, ils s'adressoient tousiours à ces Barons. Et parce que les Roys recompensoient d'ordinaire ces Barons de quelques fiefs, ce mot a esté pris en suite pour tout homme noble de qui la terre releue du Roy : & enfin cette qualité a esté donnée aux Seigneurs superieurs des Chastelains & inferieurs des Vicomtes. Voyez le President Fauchet liu. 2. de l'Origine & Dignité des Magistrats de France chap. 5. qui est des Barons, Nicod en son Thresor de la Langue Françoise au mot Baron, P. Pithou liu. 1. de ses Aduersaires chap. 8. Spelmannus en son Glossaire, Loiseau en son Traitté des Seigneuries, du Chesne chap. 5. de l'Histoire Genealogique de la Maison de Montmorency, & Vossius *de vitiis Sermonis* liu. 11. chap. 3. où vous trouuerez tout ce qui se peut dire sur cette matiere. Les Moscouites appellent *Boiarons* tous les Cheualiers & Gentilshommes qui sont apres leurs Knes, & ces Knes sont parmy eux ce que sont parmy nous les Ducs & Pairs. Quelques-vns croyent que ces Boiarons ont esté ainsi appellez de *Ba-*

rones, ce que ie ne voudrois pas asseurer. Dans Froissart vous trouuerez *Baron saint Iaques* pour *Monsieur saint Iacques*: *Or eurent-ils affection & deuotion d'aller en pelerinage en la ville de Compostelle au Baron saint Iacques*, &c. Et ailleurs: *qui estoient venus en pelerinage en la ville de Compostelle au Baron saint Iacques en grand deuotion*. Comme *Baro* a signifié *vir* parmy les Latins, & que *vir* se disoit aussi parmy eux du mary, témoin ce vers d'Ouide:

Vir tuus est epulas nobiscum aditurus easdem.

Le mot de *Baron* a pareillement signifié *mary*, & il le signifie encore aujourd'huy dans la Picardie.

BARQVE. Le Pere Fournier en son Hydrographie le deriue de Barce ville d'Afrique. Il vient de *barca*. Le Glossaire *barca*, σκάφος. Abbo liu. 11. du siege de Paris: *Barcas per flumina raptant.* Voyez Vossius *de vitiis Sermonis* 11. 3. où vous trouuerez plusieurs autres passages d'Autheurs Latins du bas siecle qui ont vsé de ce mot, & entre autres d'Isidore liu. XIX. chap. 1. Les Grecs du bas siecle en ont pareillement vsé. Les Gloses Grecques-barbares: ἀκάτιον, ἡ βάρκα, τὸ λέμβος. Cujas sur les Sentences de Paul liu. 2. tit. 4. *Constantinus lib. 2. Epitom. tit. περὶ ναυτικῶν scapham vulgo appellari βάλκαν & κουρτελάδα scribit.* Voyez Meursius en son Glossaire au mot βάρκα. Caninius en ses Canons des Dialectes dit que *barca* a esté dit pour *barsa* de βάρις: *f* en *c*. Godefridus Monachus pag. 269. de ses Annales vse de *barga*: *Nauiculas & bargas.* Voyez Spelmannus en son Glossaire où il obserue la difference qu'il y a de *barca* & de *barga*: *Differunt autem apud nos barca & barga* (Anglicè *a barke & a barge*) *hac euim, minori, in fluuiis tantùm vtimur, illa verò, nauicula maiori, maria traijcimus*: Et Meursius en son Glossaire au mot βάρκα.

BARRE. De *vara*, qui signifie *vn pieu, vne perche*. Les Gloses d'Isidore: *Varam vibia. Perticæ duæ sunt inter se colligatæ, quæ asserem sustinent. Vnde prouerbium* VIBIA VARAM SEQVITVR. Vitruue liu. X. chap. 19. *Cetras Chalcedonius de materia primum basin subiectis rotis fecit: supráque compegit arrectariis & iugis varas, & in his suspendit arietem.* Les Espagnols ont retenu le mot

BA. BA. 97

mot tout entier & difent *vara*, pour dire *vne barre*. De ce mot *barre* nous auons fait celuy de BARREAV, qui fignifie la mefme chofe que *barre*, mais qui fe prend auffi pour le lieu où plaident les Aduocats, acaufe des barreaux qui y font pour empefcher la foule des parties. Les Latins pour cette mefme raifon l'ont auffi appellé *caula*, qui fignifie proprement vn parc de brebis. Le Gloffaire de Meffieurs du Puy: *Caula, cancellum ante iudicem, vel ingreſſus*. Voyez au mot *parquet*, & M. de Saumaife fur l'Hiftoire Augufte pag. 484.

BARREAV. Voyez *barre*.

BASOCHE BASOCHIENS. De *Baſilica* & *Baſilicani*. Mornac fur la Loy *Certi iuris* au Code de *Iudicijs*: *Iuuenilia Baſilicanorum iudicia confirmari à Senatu meminit quædam* Io. Lucius *in ſuis placitis, vir ſané diligens ſtilique elegantioris ſtudioſus, ſed quem feſellit Græcæ vocis affinitas; non enim* ἐκ τοῦ βασιλεύειν, *quod apud Scholiaſtem Ariſtoph. ſed à Baſilica factum nomen eſt. Dicimus nos Galli Bazoches quod Latini Baſilicas. Et vt ſupercilium non ducant quorum ſuauem perſonæ inſcitiam prodit cenſuræ audacia, ita ſemper à magnis viris didici* P. Pithœo, Nic. Fabro, Præſ. Falchetio, Ant. Oiſello, Iac. Choartio.

BASSIN. De *Baccinum* diminutif de *baccum*. Le *Chronicum Laurishamenſe* en l'an 1179. *Baccina duo argentea, calicem*, &c. *Baccum, baccinum*, BASSIN. Voyez *bac*.

BAST de cheual. De *baſtum*, qui fignifie la mefme chofe, & qui vient de βαστός qui fignifie vn baſton auec lequel on porte des fardeaux; d'où vient le verbe βαστάζειν. Le Lexicon ancien: *Sagma, ſella quam vulgus baſtum vocat, ſuper quo componuntur ſarcinæ, clitellas alij vocant*. Voyez, mais diligemment, M. de Saumaife fur l'Hiftoire Augufte pag. 120. & 189. Voyez auſſi au mot *baſton*.

BASTARD. De l'Alleman *baſtard*, qui fignifie la mefme chofe, & qui eſt compoſé, à ce qu'on croit, de *boes* & de *ard*, c'eſt à dire, *mauuaiſe naiſſance*. Cujas fur la 11. partie de la Nouelle XVIII. apres auoir dit que le François *baſtard* venoit de l'Alleman *boeſſart : ideſt degeneris ingenij*. Les Latins ont dit de mefme *degeneres*, & les Grecs σκότιοι. *Baſtardus* ſe trouue dans

N

Mathieu Paris. Voyez M. Hauteserre liu. 11. des Ducs & Comtes chap. 9.

BASTELEVR. De *Batalator*. M. de Saumaise sur l'Histoire Auguste pag. 58. expliquant ces mots des Loix des Bauarois *arma batalare*, qui signifient *arma tractare, arma mouere: hinc* BATALATORES, dit il, *vulgò vocamus* θαυματοποιὸς, *& ludiones, qui in publico varios & mirificos armorum gestus edunt. Quod verbum etiam vulgus transtulit ad omne genus Histrionum.* Voyez *bataille*. M. Guyet le dériue de *bastel*, & croit que *bastel* a esté dit de *bastum* pour vn échaffaut de bois, & que *basteleur* signifie proprement vn homme qui monte sur le theatre. Voyez *baston*.

BASTILLE. Ce mot se prend dans les anciens Autheurs François pour vne espece de redoute qu'on faisoit deuant les places assiegées. Alain Chartier en son Histoire de Charles VII. pag. 67. *L'an* 1428. *fut mis le siege à Orleans par le Comte de Sallebery, & y mit les bastilles du costé de la Beausse.* Voyez *baston*.

BASTIR. Voyez *baston*. De ce mot *bastir* les Prouençaux ont fait *bastides* pour *fermes* ou *mestairies*, comme qui diroit *fermes basties*.

BASTON. De *bastone*, qui a esté fait de *bastum*, qui s'est pris pour vn baston auec lequel on porte des fardeaux, comme nous l'auons fait voir au mot *bast* où ie renuoye le Lecteur. Thomas Reinesius en ses diuerses Leçons: BASTON *formatum è Græco* βαςὸν, *quo perticam, stipitem, sudem de qua quid gestari, vel qua gradus firmari potest, appellant.* De *bastum* on a fait BASTION & BASTILLE. *Bastum,* BAST: *bastone,* BASTON: *bastium, bastione,* BASTION: *bastillia,* BASTILLE. Peuteftre que nostre mot de BASTIR en est aussi venu.

BATAILLE. De *Battualia*, qui signifie proprement le lieu où deux hommes s'exerçoient au combat. Ces deux combattants s'appelloient *batuatores*, du mot *batuare*, qui se trouue dans Plaute *in Casina: Quid quæso potius quàm sculponeas, quibus batuatur tibi os senex nequissime?* De *battualia* on a fait le mot de *batalia*, dont on s'est seruy pour signifier l'exercice & l'apprentissage des gens de guerre. Adamantius Martyr: *Batualia, quæ vulgò batalia dicuntur, exercitationes Gladiatorum vel militum significant*: Et en suitte pour signifier le combat, & en cette signification Helmoldus a dit *suscitare batalias*. De *batalia* on a fait *batalare*, qui se trouue dans les Loix des Bauarois. Le mot de *batuere* se trouue aussi pour *pugnare* dans Suetone en la vie de Caligule chap. 54. & chap. 32. Et dans les Gloses pag. 28. *batuit*, καταχόπτει. *Batutum* τυπτηθέν. Au lieu de *batuere* on a dit en suitte *battere*, qui se trouue dans les Constitutions de Charlemagne, d'où nous auons fait BATTRE. Voyez le President Fauchet liu. 1. de l'Origine des Cheualiers chap. 1. Scaliger dans ses Conjectures sur le IV. liure de Varron de L. L. Vossius *de vitiis Sermonis* liu. 4. ch. 2. & M. de Saumaise sur l'Histoire Auguste pag. 58. & 59.

BATEAV. Cambden en sa Bretagne le deriue de l'Anglois *bad*, qui signifie la mesme chose. *Bad, badel, badeau*, BATEAV. Ie croirois plustost qu'il viendroit de *bastellum* diminutif de *bastum*, qui a esté pris pour *perche, baston, pieu*, comme nous le faisons voir au mot *baston*, les bateaux estant faits de diuers morceaux de bois.

BAVBE BAVBOIER. Vieux mots qui signifient *begue* & *begayer*, & qui viennent de *balbus*, & de *balbutare* pour *balbutire*. Alain Chartier dans vn de ses liures intitulé l'Esperance ou Consolation des trois Vertus: *La haste de parler luy entrerompoit la voix, & faisoit sa langue bauboyer*.

BAVBIGNI. Nom de terre. De *Balbiniacum. Balbus, Balbinus, Balbiniacus*. Voyez *Aubigni*.

BAVCAL. De *baucalis*, d'où vient aussi l'Italien *boccale*. Scaliger sur les Catalectes: *Gillo aliter dicitur baucalis in Glossis. Nomen retinet in Italia & Gallia*. Alexander Trallianus liu. 1. 94. διὰ τί τὰ λεγόμενα βαυκάλια ἐν τῷ πληροῦσθαι ὕδατος ψόφον τινὰ ἀποτελεῖ. Caninius en ses Canons des Dialectes deriue βαυκάλις de l'Arabe *baucal*. Mais ie suis de l'auis de M. de Saumaise qui sur l'Histoire Auguste pag. 333. deriue *baucale* de *bauca*, qui se trouue dans Anastase le Bibliothecaire en la vie de Leon IV. *Cantharam exauratam vnam, baucas exauratas* tres, &c. Et dans la vie de Benoist III. *Baucas ex auro purissimo duas pensantes libras.* Au lieu de *bauca* on a aussi dit *cauca.*

BAVME. De *balsamum.* On prononçoit il n'y a pas long-temps *basme,* & il me souuient de l'auoir leu dans les Poësies de M. de Malleville. On appelle en Prouence BAVME vne cauerne en vn lieu eminent, telle qu'est la Saincte Baume. De *balma,* dont le menu peuple de ce pays-là se sert encore apresent pour *cauerne.* A vn demy quart de lieuë de la ville d'Angers dans le creux d'vne montagne il y a vn Couuent de Recollects, que René de Sicile Duc d'Anjou & Comte de Prouence fit bastir à l'imitation de la Sainte Baume, & qu'il nomma pour cette raison *Baumette,* comme qui diroit *petite baume.* On l'appelle apresent *Bamette.* Maistre François I. 12. *Ie sçay des lieux à Lyon, à la Basmette & Chainon, & ailleurs où les estables sont au plus haut du logis.* Ie ne sçay pas d'où peut venir *balma.* En Auuergnac *baume* signifie *tombe.*

BAY, comme quand on dit *vn cheual bay.* De *baius* dont les Italiens ont aussi fait *baio,* & les Espagnols *vayo.* Les Latins ont fait *baius* du Grec βάϊος qui signifie vn rameau de palme, laquelle est de couleur baye; d'où vient qu'on dit *color phœniceus* de φοίνιξ. De *bay* on a fait *bayard,* comme quand on dit *cheual bayard.* Pour *baius* on a aussi dit *badius.* Les Gloses anciennes : *badius,* χελιδόνιαος, c'est à dire, de couleur d'hyrondelle. De *badius* on a fait les diminutifs *badiolus* & *badiolettus,* duquel *badiolettus* nous auons fait BAILLET.

BAYE, comme quand on dit *donner vne baye.* Pasquier liu. VIII. chap. 59. estime que ce mot ne vient pas de l'Italien *baia,* mais de la Farce de Patelin, lequel ayant conseillé au Berger de respondre tousiours *bée* quand son Maistre luy demanderoit de l'argent, non seulement respondit tousiours de mesme au Berger, mais aussi à Patelin mesme ; & ainsi les paya tous deux de bayes. Pasquier se trompe, & *baie* vient indubitablement de l'Italien *baia,* qui signifie la mesme chose.

BE.

BEAVCOVP. De *beau* & de *coup.* Anciennement on diſoit *beauxcoups.* Le Roman de Lancelot du Lac: *Sire, dites nous en, s'il vous plaiſt, aucune auenture. Beauxcoups, diſt le Seigneur, vous en puis dire, car ie en vis plus de mille.*

BEAVPERE. Paſquier liu. VIII. chap. 50. eſtime que ce mot a eſté dit des Religieux par corruption pour *Beat pere*, acauſe de la ſainteté de leur vie: comme auſſi de ceux qui ont des enfans mariez, acauſe de la joye qu'ils en reçoiuent; & que de là on a dit enſuite *beau fils, belle fille, belle mere*, &c. Paſquier ſe trompe. On a dit *Beau pere*, comme *Beau Sire*, &c. Les Anglois diſent *Father in law*, c'eſt à dire *pere ſelon la loy*, & ainſi de la belle mere, de la belle fille, & du beau fils.

BEC. C'eſt vn vieux mot Gaulois. Suetone en la vie de Vitellius chap. dernier, parlant du Gaulois Antonius Primus: *Cui Tholoſæ nato cognomen in pueritia Becco fuerat: id valet gallinacei roſtrum.* De ce mot *bec* vient celuy de BECCASSE, acauſe de la longueur de ſon bec. Les Grecs pour la meſme raiſon l'ont appellée σκολόπαξ, de σκολόψ qui ſignifie vn bois long & pointu, & les Latins *roſtratula. Beccus, beccacius, beccacia*, BECCASSE. *Beccacius* eſt vn augmentatif de *beccus*, comme *libraccio* de *libro*. De *bec* on a fait *bechée* ou *becquée*, & *abecher*. On a dit auſſi *bec* de l'embouchéure des fleuues. *Le bec d'Alier. Le bec d'Ambés.* *p. 770*

BEC. Abbaye en Normandie. Voyez Henry Eſtienne en ſon traitté preparatif pour l'Apologie d'Herodote. *p. 770*

BECCAFIGVE. De l'Italien *beccaficho*. Les Grecs ont de meſme appellé cét oiſeau συκαλὶς, & les Latins *ficedula* acauſe des figues dont il eſt friand, & dont il s'engraiſſe. Martial:

Cum me ficus alat, cum paſcar dulcibus vuis,
Cur potius nomen non dedit vua mihi?

BECCASSE. Voyez *bec.*

BEDAINE. De *bis* & de *dondaine*, comme qui diroit

double dondaine. Anciennement on difoit *bedondaine*, témoin le liure intitulé *la Bedondaine des Prefidents,* dont Maiftre François fait mention au Catalogue des liures de la Bibliotheque de Saint Victor, & on le dit encore aprefent en quelques lieux de la Normandie. On appelloit proprement *dondaine* vn certain inftrument de guerre qui jettoit des boules de pierres rondes, & que le Prefident Fauchet en fon liure de la Milice compare à la Catapulte des Anciens. Et parce que cét inftrument eftoit court & gros on a de là appellé les grands ventres *des bedondaines,* & en fuitte *des bedaines*: & *groffe dondon* vne femme courte & groffe. Voyez le Prefident Fauchet au lieu allegué. On a dit auffi *bedon* pour *tabourin.* Rabelais vfe de *bedaines* pour les pierres que jettoient les bedaines; c'eft au liu. IV. chap. XI. où il parle d'vne truie qui eft vn inftrument de guerre : *c'eftoit vn engin mirifique, fait de telle ordonnance que de gros coüillars, qui par rang eftoient autour, il iettoit bedaines & quarreaux empennez.*

BEDEAVX. On appelloit ainfi anciennement certains Miniftres de la Iuftice. Les Ordonnances de Louis IX. *Vbi Bedelli & Seruientes ad remota loca mittuntur, eis abfque Superioris literis non credatur.* On appelloit auffi de mefme les Miniftres des Vniuerfitez, & en cette derniere fignification ce mot eft encore en vfage. Le Prefident Fauchet croit que ces Bedeaux ont efté ainfi appellez de *Bidaux,* qui eftoient des foldats payfans, les Bedeaux feruants aux Iufticiers fubalternes, au contraire des Sergents qui feruoient aux Royales; *car il femble,* adjoufte-t'il, *que les Sergents Royaux fuffent de franche condition, & les Bedeaux payfans,* qui eft la caufe pourquoy on dit que les Sergents eftoient les *Cæfariani du temps-paffé, & en Normandie* Sergenterie *eft nom de fief.* Les Italiens difent *Bidelli,* ce qui fauorife aucunement l'opinion du Prefident Fauchet. Les Latinifeurs ont dit *Bedellus,* que Voffius liu. II. de *vitijs* Sermonis chap. 3. & liu. III. chap. 2. eftime auoir efté dit *quafi pedellus, à pedo fiue baculo quem geftat.* Les autres le deriuent de *pes pedis, quòd alteri fit à pedibus,* & de cette opinion eft vn certain Ioannes Nifæus en la vie de Xyftus Betuleius

BE.　　BE.　　103

imprimée au deuant de Lactance; car voicy comme il parle du Bedeau de l'Vniuersité : *Academiæ seruijt, munere quod à pedibus solet appellari*. Ramus au traitté qu'il a fait *de Reformatione Vniuersitatis ad Carol. IX.* vse de *Pedellus* au lieu de *Bedellus*.

BEER. De *badare*. Voyez *badiner*.

BEFFROY. Pasquier liu. VIII. chap. 52. croit que ce mot a esté dit pour *effroy*; sonner le beffroy n'estant autre chose que sonner l'effroy. Nicod le dériue de *bée* & de *effroy*, le beffroy estant fait pour béer, c'est à dire pour regarder & faire le guet en temps soupçonneux, & pour sonner l'effroy.

BEGVE. De *balbus* en y adjoustant vn g. *Baluus* a esté dit pour *balbus*. Le Lexicon Grec-Latin pag. 637. τραυλὴ *balua, rauca*. τραυλίζω, *baluutio, rauco*. τραυλὸς *baluus, raucus, bessus*.

BEGVINES. On appelle ainsi en Flandres, en Picardie & en Lorraine certaines femmes & filles qui viuent ensemble deuotement sans faire de vœu. On croit que ces Beguines ont esté ainsi appellées de Begga sœur de Sainte Gertrude & femme de Anseguise, qui les fonda. Voyez ce qu'en a escrit Erycius Puteanus. Voyez aussi les Antiquitez d'Amiens, & Vossius *de vitijs sermonis* liu. II. chap. 3. Cæsarius liu. II. des miracles chap. 21. fait mention de certaines Nonnains qu'il appelle *Beginæ*. Ces femmes & ces filles portoient vray-semblablement quelque coiffure particuliere pour les discerner des autres; d'où est venu, selon l'opinion de quelques-vns, le mot de BEGVIN.

BEIAVNE. Par corruption pour *bec iaune*. Ce mot par metaphore des petits oiseaux niais qui ont le bec jaune, signifie parmy nous vn niais & vn apprentif en quelque art & science que ce soit. Ainsi dans les Escoles de Droit on appelloit anciennement *Beiaunes* les Institutaires, & on disoit *leur faire payer leur bec iaune* pour dire *leur faire payer leur bienvenuë*. Les Clercs de la Bazoche de Paris, pour auoir leurs priuileges de Bazochiens, prennent encore aujourd'huy des lettres de bec jaune. En Escosse, où le cours de Philosophie est de quatre ans, on appelle aussi encore apresent ceux qui estudient pour la premiere année *Beianos*: *Semibeianos* ceux qui estudient pour la seconde : *Baccalaureos* & *Magistrandos* ceux qui estudient pour la troisiesme & la quatriesme. Les Allemans se seruent de cette mesme metaphore, & ils appellent aussi vn niais *gelbsnabel*, c'est à dire mot pour mot *iaune bec*. Dans leurs Vniuersitez on appelle pareillement *Beanus* l'Escolier qui n'a pas encore déposé, pour vser de leurs termes, c'est à dire qui n'a pas encore souffert les auanies que le Depositeur, qui est vne personne publique & à gages, fait aux Escoliers nouuellement arriuez des basses Escoles aux Escoles de Droict : ce qui se fait en cette sorte. Le Deposé estant habillé en fou auec vne marotte sur la teste, le Depositeur fait semblant de le raser, de luy arracher les dents, & de le doler pour luy oster les ordures des basses classes. En suitte de toutes ces auanies il vient vn Professeur qui absoult le Deposé de toutes ses fautes, & luy mettant du sel dans la bouche, il luy dit ces paroles, *Accipe sal sapientiæ*. Puis il luy donne du vin en luy disant ces autres, *Accipe vinum prudentiæ*. Chaque lettre de ce mot *Beanus* en fait cette definition : *Beanus est asinus nesciens vitam studiosorum*. Ie ne doute point que *beanus* n'ait esté dit par corruption pour *bejanus*, & que *bejanus* ne vienne du François *bej aune*.

BELIER. Il y en a qui croyent qu'il vient de *balarius*, & que *balarius* a esté fait de *balare*. Mais il vient de *vellarius* qui a esté fait de *vellus*. Les Hebreux ont appellé de mesme vn bouc שעיר *sair*, comme qui diroit *pilosus*, & les Latins ont dit *pecus* de πόκος qui signifie *vellus*.

BELITRE. Scaliger sur le liure 11. *de Re Rustica* le dériue de *balatro*, & Gosselin chap. 49. de son Histoire des Gaulois de δίκτρος en y preposant vn *g*. Casaubon dans ses Notes sur Laërce en la vie de Zenon le Stoïque, estime qu'il vient de βλίτει ou βλίτυει, qui est vn mot dont Aristote & les autres Philosophes se sont seruis pour l'exemple d'vn mot qui ne signifie rien : *Non ignoro* (ce sont les paroles de Casaubon) *quid sentiant viri doctissimi de origine vocis nostræ Gallorum* belitre. *Mihi tamen non displiceret deduci eam ab hac voce* βλίτει *aut* βλίτυει,

BE.   BE.   105

vei, quod nihil est, vt significaretur homo nullius rei. Et Scaliger & Casaubon se trompent. *Belitre* vient de l'Alleman *betler* qui signifie *gueux, mandiant*: d'où les Italiens ont aussi fait leur *bliterone*.

BELLAY. Maison illustre d'Anjou. Par corruption pour *Berlay*. De Berlay Sire de Montrueil, d'où cette Seigneurie de Montrueil a esté aussi appellée Montrueil-Bellay. Voyez M. Besly en son Histoire des Comtes de Poictou pag. 81.

BELVTER ou BLVTER. Il y en a qui le dériuent de l'Alleman *beutelen* qui signifie proprement remuer vn sac de toile, que les Allemans appellent *bûtel*. Ie croy que le François & l'Alleman viennent du Latin *volutare*. *Blutare* se trouue en la signification de *expoliare* dans les Loix des Lombards: *Si casam cuiuscunque blutauerit*, &c. où les Gloses interpretent *blutauerit* par *euacuauerit*. Voyez Vossius *de vitijs sermonis* II. 22. & Spelmannus en son Glossaire. De *volutorium* nous auons fait BELVTOIR.

BENIOVIN. Voyez Scaliger contre Cardan CXLII. Les Italiens disent *Belzoi*.

BENNEAV ou BENNEL. C'est vn vieux mot qui signifie *tombereau*. Monstrelet liu. 1. chap. 43. *Et entretant que ces choses estoient dites & faites, Maistre Saussten & le Messagier de Pierre de la Lune, qui auoient apporté les lettres dessusdites au Roy, tous deux Arragonnois, mitrez & vestus d'habillemens où estoient figurées les armes d'iceluy Pierre de la Lune renuersees, furent amenez moult honteusement sur vn* BENNEL, *du Louvre en la Cour du Palais: où emprés le marbre au pied des degrez estoit vn eschaffaudis leué sur lequel ils furent mis, & monstrez moult longuement à tous ceux qui voir les vouloient.* Ce mot *benneau* est encore en vsage dans le Boulonnois & en Normandie. Il vient de *benellus* diminutif de *benna* qui est vn mot Celtique. Festus: *Benna, lingua Gallica genus vehiculi appellatur, vnde vocantur conbennones in eadem benna sedentes.* Nous disions anciennement *benne*, comme disent encore apresent les Allemans, ainsi que Cluuerius l'a remarqué liu. 1. de son ancienne Germanie chap. 8. *Hodie*

O

106 BE. BE.

apud Germanos genus carri, idest, vehiculi duarum rotarum, dicitur BENNE. Scaliger sur les Catalectes: *Belgarum fuit benna, qua etiamdum hodie vtuntur: quin & apud eos hodie genus carri, itémque apud Heluetios ein benne vocatur. Festus ait qui vnà in eo curru veherentur* COMBENNONES *dictos. Etiam in Lexico Latino-Græco scriptum fuit:* Conuennit, συμβαϛάζει. *Perperam pro* combennit. *In eodem:* bennarius, ὀχικάρχης. Voyez Isaac Pontanus en son Glossaire Celtique au mot *benna*, & M. Bochart en son traité des Colonies des Phœniciens pag. 746.

BERGAMOTES. Sorte de poires. Il y en a qui croyent qu'elles viennent d'Italie, & qu'elles ont esté ainsi nommées de *Bergame*. Mais elles viennent de Turquie où elles sont appellées *Begarmout*, c'est à dire, *poires de Seigneur*. BEG signifie *Seigneur* en langage Turquesque, & ARMOUT *poire*. Pour *begarmout* nous auons dit par corruption *bergamote*.

BERGER. Bodin en sa Methode de l'Histoire, & Gosselin dans son liure de l'Antiquité des Gaulois chap. 9. le dériuent de l'Alleman *berg* qui signifie *montagne*, acause que les Pasteurs menent paistre ordinairement leurs trouppeaux sur les montagnes. Il est vray que *berg* signifie *montagne* & *lieu eminent*. Buchanan liu. 1. de son Histoire d'Escosse: *Germanis* Berg *pro alto notius est quàm vt pluribus indicandum sit. Et Gallis olim eodem intellectu dictum fuisse ostendit locus Plinij libro tertio, quem ita legendum contendo:* Vnde Bergomates Cato dixit ortos, etiam nomine prodentes se altius, quàm felicius sitos. Albion igitur & Bergion homines, vt videtur, cæteris vicinis corporum proceritate præstantes, & fiducia virium in ea Ligurum ora latrocinium exercentes, quos Hercules cùm illac iter haberet, armis compescuit. Mais il est vray aussi que *berger* n'en vient pas, non plus que de Ϭαερδειος dont il semble que Meursius le vueille faire venir. Voyez le au mot Ϭαερδερης. Il vient de *berbicarius*. Voyez *Brebis*.

BERNABITES. De l'Eglise de Saint Bernabé de Rome, où ces Religieux furent premierement establis, & non pas de Saint Bernabé, comme plusieurs croyent. C'est Saint Paul qui est leur Patron.

BERNAGE. Vieux mot François, qui signifie tout le train & tout l'équipage d'vn grand Seigneur. Voyez Nicod. Henry Estienne en son traitté de la Precellence de la langue Françoise pag. 141. estime que ce mot de *bernage* vient de celuy de *benna*, qui est vn ancien mot Gaulois, qui signifie vne espece de chariot (comme nous l'auons fait voir au mot *benneau*) & que le premier vsage du mot *bernage* estoit de signifier les hardes qu'on meine par chariot. Pour moy ie pense qu'il vient de *Baronagium*, qui a esté dit des Barons qui estoient prés la personne des Roys, comme nous auons dit au mot *Baron*. Et en effet dans les anciens Romans il se prend souuent pour la Cour du Prince & pour son armée, comme qui diroit l'assemblée des Barons. Depuis par abus il a esté dit pour l'équipage des Barons, c'est à dire, pour tout l'équipage de la Cour, & puis enfin pour toute sorte de grand équipage. Ainsi on trouue escrit, *le bernage de la chasse*, pour dire l'équipage des Veneurs allant à l'assemblée. *Baronagium, Barnagium*, BERNAGE. Il y a vne famille à Paris qui s'appelle *Bernage*, & vne autre du mesme nom dans la Flandre. Voyez le liure intitulé *Flandria illustrata*. On appelle en Dauphiné *Bernage* vne peille de feu.

BERNARD. Nom propre d'homme. C'est vn mot Alleman, qui signifie *qui a le genie d'vn ours*. ARD signifie *genie*, & BERN *ours*. De là vient que ceux de Berne ont des ours en leurs armes. *Berreither*, c'est à dire, *cheuaucheur d'ours*, qui est vne injure atroce en Alleman.

BERNER. Casaubon sur Suetone en la vie d'Othon le deriue de βέρνεσθαι, qui est vn ancien mot Grec dont les Doriens se sont seruis pour πάλλειν. Hesychius: βερνώμεθα, κληρωσώμεθα. Δάκωνες. Or κληρῦσθαι est le mesme que πάλλειν κλήρους, comme il paroist par ce vers d'Homere:

κλήρους ἐν κυνέῃ χαλκήρεϊ πάλλον ἑλόντες.

Mais ie croirois plustost que *berner* vient de *berne*, qui est vn ancien mot François qui signifie vn certain habillement que les Latins ont appellé *sagum* auec lequel on bernoit. Suetone en la vie d'Othon ; *Ferebatur inualidum quemque corri-*

pere ac distento sago impositum in sublime iactare. Martial au commencement du 1. liure de ses Epigrammes:

Ibis ab excusso missus in astra sago.

d'où est venu le mot *sagatio*. Le Glossaire: *sagatio, παλλός*. Au lieu de *berne* on a dit aussi *bernie*, & vous le trouuerez ainsi escrit dans Nicod qui le deriue de *Ibernia*, & qui cite pour cela Oliuarius Scholiaste de Pomponius Mela. En effet cette sorte d'habillement est encore apresent fort commune parmy les Irlandois. Il est aussi en vsage parmy nos Mariniers qui l'appellent encore apresent *vne berne*, & ce qui me confirme dauantage en cette opinion, c'est que les Grecs ont dit Βερνία pour *Hybernia*.

BERS BERSEAV. De *versus* & *versellus, à vertendo*.

BERTE. Nom propre. De *Bert* qui est vn mot Alleman qui signifie *illustre* comme nous l'auons déja remarqué au mot *Albert*, ou, selon d'autres, *benin, courtois*. Monsieur de Valois liu. VIII. de son Histoire des choses de France pag. 482. apres auoir rapporté ces vers de Fortunatus:

Charibertus adest, qui publica iura gubernans
    Tempore præsenti gaudia prisca refert, &c.
    Qui Childeberti retinens dulcedine nomen, &c.

Quibus ex versibus iudicari potest lenem Francos Bertum appellauisse. Siquidem Fortunatus ait Charibertum Regem Childeberti patrui sui, vt regnum obtinuisse, sic lenitatem, dulcedinemue morum re & nomine referre. Quamquam auctor libri de vita Bertæ Abbatissæ Bertum clarum, fulgentem & splendidum interpretatur.

BESACE. De *bis sacca* pour *bis saccus*. Voyez *bissac*, & Pasquier VIII. 30.

BESAGVE. De *bis acuta*. *Bisacutus* se trouue dans Euagrius en la vie de Saint Antoine chap. 25. *Vt sarculum sibi bisacutum cum frumento deferret.* Et dans celle de Frontonius chap. 1. *Deferre ad eremum parua olerum semina, & bisacutos, paruosque sarculos.*

BESANT. Piece de monnoye d'or ancienne. Rabelais liu. 1. 30. *Depars d'icy presentement, & demain pour tout le iour sois retiré en tes terres, sans par le chemin faire aucun tumulte ne force.* Et *paye mille bezans d'or pour le dommage*, &c. La rançon de Saint Louis fut payée en cette monnoye. Ioinville en la vie de ce Prince chap. 42. *Et adonc le Conseil alla sauoir au Soudan combien il demandroit au Roy. Ils reuindrent vers le Roy & luy dirent que si la Reyne vouloit bailler deux cent mille besans d'or qui valoient lors cinq cent mille liures qu'il deliureroit le Roy.* Guillaume de Nangis, la Chronique de Saint Denis & Nicole Gilles disent que la rançon fut de huit mille besans Sarracinois. Les Rois de France auoient accoustumé de presenter treize de ces besans à la Messe de leur Sacre à Reims, & pour entretenir cette ancienne Coustume Henry II. en fit faire treize exprés pour son Sacre, qui furent nommez *bisantins*, & qui valoient enuiron vn double ducat la piece. Ragueau dans son Indice dit que les Bezans dont la rançon du Roy Saint Louis fut payée pouuoient valoir chacun cinquante liures tournois, qui est aussi la somme à laquelle Bacquet eualuë le besan: Mais il y a apparence qu'ils se mescontent. Au Stile du Parlement part. VII. aux Arrests de la Pentecoste 1282. le besant est prisé vingt sols. Vn ancien titre: *Le fief de la Iammonniere mouuant de la Chastelenie de la Garnache au relief de cinq besans apresent à cent sols.* Dans vne Declaration renduë le 19. Mars 1539. par René de la Brosse Seigneur de Cutepray aux Commissaires deputez par le Roy pour ses Fiefs,&c. *Ie tiens noblement & par hommage lige & au deuoir d'vn besant d'or apretié à vingt sols.* Par le passage du Sire de Ioinuille cy-dessus allegué, il paroist que le bezan d'or reuient à cinquante sols. Budée au petit abregé de son liure *de Asse*, dit que cette monnoye a esté ainsi appellée de *pondo*, comme qui diroit *pesant*. Et dans les plus anciens Titres de René de la Brosse il y a: *à deuoir de rachat abonné à vn pezant d'or*. Mais c'est sans doute vne faute de Clerc ou vne corruption de langage, & Budée n'a pas entendu l'origine de ce mot qui vient de *Byzantius*. Le chap. X. *de Iure Iurand*. dans Greg. *Byzantios duos*. à quoy il faut adjouster ce que nous venons de dire des Bysantins de Henry II. *Bysantius* a esté dit de la ville de Constantinople, appellée autrement Byzance, où l'on forgea premierement cette monnoye. Baldricus pag. 96. *Constantinopolis olim Byzantium, vnde adhuc monetam illius ciuitatis* BYZANTIOS *vocamus.* Et à ce propos il est à remarquer que sous la seconde race de nos Rois les monnoyes du Leuant auoient grand cours en ce Royaume. Goffridus Vindocinensis liu. 1. ep. 21. *Carrofensem Abbatem non regulariter electum, sed violenter, vt dicitur, intrusum pro mille solidis Barbarinorum, barbarâ minus auctoritate consecrari; immò, si verum est, execrari fecistis.* Sur lequel lieu le P. Sirmond a escrit ces mots, que i'ay trouué apropos d'inserer en ce lieu : *Solidos Barbarinorum, Arabicos, Saracenicos, barbaris notis signatos. Theodulphus Episcopus in Parænesi:*

  Hic & crystallum & gemmas promittit Eoas
   Si faciam alterius vt potiatur agris.
  Iste graui numero nummos fert diuitis auri,
   Quos Arabum sermo siue character arat.
  Aut quos argento latius stylus imprimit albo,
   Si tamen adquirat prædia, rura, domus.

Frequens iam tum aureorum huius notæ nummorum vsus erat in Gallia, rerum potiente alterâ Regum nostrorum familia: post stabilitum nempe Saracenorum Arabum Imperium in Hispania. Vnde ad nos, vt equidem censeo, illa externi auri copia ex commercio fluebat. Le mot de *besan* est encore en vsage parmy nous en matiere d'armoiries. Messieurs du Puy de Paris portent trois besants d'or sur vne bande d'azur.

 BESAS. De *bis* & de *as.* Voyez Pasquier VIII. 30.

 BESICLES. Pasquier VIII. 30. le deriue de *bis oculi.* Les autres de *bis circuli.* Il vient de *bis cycli.* κύκλος, *cyclus.*

 BESIE de Hery. Sorte de poires, ainsi appellées de *Besie,* qui en Bretagne, Anjou & Poictou signifie *poire sauuage,* & qui, comme ie crois, est vn mot Bas-Breton: & de *Hery* qui est vne forest de Bretagne entre Rennes & Nantes, où ces poires ont esté trouuées. De sorte que c'est improprement parler que de dire, comme on dit à Paris, *poires de besie de Hery.* En Bretagne & en Anjou on dit seulement *Besies de Hery.* Au reste il n'y a pas plus de trente ans que ces besies de Hery sont connuës hors la Bretagne, & i'ay ouy dire à des personnes dignes de foy que c'est M. de Vendosme & M. de Retz qui les ont mises en credit apres en auoir mangé en vne chasse qu'ils firent en cette forest de Hery.

BESSONS. On disoit anciennement *homs* pour *hommes*; ce qui a fait croire à Pasquier VIII. 30. que ce mot *bessons* venoit de *bis homines*. Ie croy qu'il vient de *bissones* qu'on a fait du Latin *bis*. Bis, *biso*, *bisso*, *bissonis*, *bissones*, BESSONS. De *bis* on a fait de mesme *bisus*, & de *bisus bisellus*, d'où nous auons fait BISEAV, qui signifie l'endroit par où les pains s'entretiennent, & qu'on appelle dans le Loudunois *grascuit*, parce qu'il n'est jamais si-bien cuit que les autres endroits du pain. Ceux qui croyent que *biseau* a esté dit pour *baiseau*, comme qui diroit le lieu par où les pains s'entrebaisent, se trompent.

BETOINE. Simple. De *Vettonica*, qui est vn mot Gaulois. Pline XXV. 8. *Vettonica dicitur in Gallia : in Italia autem serratula*. Encore aujourd'huy, au rapport de Cambden pag. 15. de son Angleterre, les Bas-Bretons appellent cette herbe *betony*. Les Gaulois au reste l'auoient ainsi appellée *à Vettonibus*, qui estoient des peuples d'Espagne d'où ils l'auoient apportée, ainsi que nous l'apprenons de Pline au lieu allegué.

BEVEVE. Peutestre de *bis veduta*. On ne voit pas distinctement les objets quand on les voit doubles.

BEVGLER. De *buculare* qui a esté fait de *bucula*. Les Gloses : βοίδιον, *buculus*. βοίον, *bucula*.

BEZOAR. Par corruption pour *Pazar*. De *Pazan* qui signifie *bouc* en langue Persane & Arabique, a cause que cette pierre vient, comme on croit, dans l'estomac des boucs de Perse. Voyez Garsias ab Horto chap. 45. de ses Drogues, Christophorus A costa chap. 35. Nicolas Monardés chap. 42. Gaspar Bauchinus Medecin de Basle au liure qu'il a fait *de lapide Bezaar*, Pancirolle tit. III. de sa 2. Partie, & Salmuth son Commentateur.

BI.

marginalia: Bible de vossie Etymol. p. 70. b.

marginalia: S'ais. olim Bihar de trauers. v. Bon' 1.50.

BICESTRE. C'est vn Chasteau prés de Paris. Il s'appelloit anciennement la Granche aux Gueux, & estoit à Iean Euesque de Winceftre en Angleterre; d'où il fut appellé *Vincestre*, & depuis par corruption *Bicestre*. Voyez le President Fauchet, & du Chesne sur Alain Chartier pag. 817. & 818.

marginalia: Βίχεν χίμακος, Hesych.

BICHE. M. de Saumaise sur Solin pag. 222. le dériue de *bicula*: *Nomen illud quo Ceruam* Biche *appellamus satis vetustum est, & legitur in Concilio Autissiodorensi biculam vel ceruulum facere. Ita enim scribendum, nec de vitulæ accipiendum aut cerui sacrificio, ut boni viri arbitrantur. Genus erat solemnis & tralatiçij ludicri apud Paganos in multis vrbibus Galliæ, quod & Christiani vsurparunt. Vnde prouerbium manauit:* N'EN FAIRE QVE LE CERF. Voicy les termes du Concile: *Non licet Kalendis Ianuarii vetula aut ceruolo facere, vel strenas diabolicas obseruare.* Ie suis bien de l'auis de M. de Saumaise en ce qu'il improuue l'opinion de ceux qui croyent que *facere* en ce lieu du Concile d'Auxerre signifie *sacrifier*, du nombre desquels est le President Fauchet liu. v. de ses Antiquitez Gauloises chap. 4. Il signifie sans doute *faire* ou *contrefaire*. L'Autheur de l'Homelie *de Kalendis Ianuarijs* attribuée à Saint Augustin: *Quis enim sapiens poterit credere aliquos sanæ esse mentis qui ceruulum facientes in ferarum se velint habitum commutare? Alii vestiuntur pellibus pecudum, alii assumunt capita bestiarum, gaudentes & exultantes, si taliter in ferina specie esse videantur.* Vn ancien Pœnitentiel: *Si quis in ceruolo aut vitula vadit, idest, si qui in ferarum habitu se commutant, & vestiuntur pellibus pecudum, adsumunt capita bestiarum. Qui taliter in ferinas species se transformant, tribus annis pœniteant, quia hoc dæmoniacum est.* Saint Eligius en son Sermon *ad omnem plebem*: *Nemo in Kalendis Ianuariis nefanda & ridiculosa, vetulas aut ceruolos vel ioëticos faciat.* Mais ie ne suis pas de son auis touchant sa correction de *bicula* au lieu de *vetula* qui est tres-bien, & qui a esté dit à la façon ancienne pour *vitula*, comme l'a crû le President Fauchet, & comme le P. Sirmond

l'a

l'a tres-clairement iuſtifié. Voyez ce dernier dans ſes Notes ſur ce Concile, & dans ſon Antirreticus II. p. 135. & 136. Ie ſuis encore moins de l'auis de M. de Saumaiſe touchant l'etymologie du mot *biche*, qui ſelon noſtre analogie ne peut venir de *bicula*. Ie croy qu'il vient de *bicca* feminin de *buccus* qui ſignifie proprement *bouc*, mais qui peut auoir eſté dit auſſi de quelques autres animaux. Et, ce qui me confirme en cette creance, c'eſt que les Anglois diſent *bucke* pour dire *vn Dain*. Ils appellent auſſi vne chienne *bitch*, & les Italiens vn ſerpent *bicia*. On a dit indifferemment *boccus*, *buccus*, *biccus*, & *beccus*. De *beccus* les Italiens ont fait *becco*, & nous *bicque* de *biccus*. En quelques lieux d'Anjou & aux enuirons de Paris on appelle encore apreſent les chevres *bicques*, & vous les trouuerez ainſi appellées dans la Couſtume de Champagne tit. x. Voyez *bouc*.

BICLE. De *obliquulus* diminutif d'*obliquus*. L'Autheur des Priapées:

   Obliquis Pathicæ quid me ſpectatis ocellis?

Lucain:

   Vnde tuam videas obliquo ſydere Romam.

Les Italiens d'*obliquus* ont fait *bieco* qui ſignifie *torto*, *ſtrauolto*, en oſtant, comme nous, l'*o* du commencement. Les Latins au contraire l'y ont adjouſté, ayans fait *obliquus* de πλάγιος.

BICOQVE. Pluſieurs croyent que ce mot nous eſt venu d'Italie, & que nous auons ainſi appellé vne place mal fortifiée acauſe de la Bicoque, qui eſt vne petite ville dans le Duché de Milan où nous fuſmes battus par les Coulonnes. Ie doute fort de cette etymologie, les Eſpagnols vſant auſſi de *bicoca* en la meſme ſignification: & ie croirois volontiers que nous aurions pluſtoſt emprunté ce mot-là d'eux que des Italiens.

BIERE. Breuuage. De l'Alleman *bier* qui ſignifie la meſme choſe; d'où vient auſſi l'Anglois *beere* & l'Italien *birra*. *Bier* vient du Latin *bibere*, ſi on en croit Voſſius au liure 1. de *vitijs ſermonis* chap. 4. *Videmus ex iſtis, quàm variè Barbari Zythum appellarint, ſiue quod vulgò* bieram *nominamus: nempe voce à*

Romanis militibus acceptâ, quibus illud in ore, Da bibere. *Sic enim Romani loquebantur: vt Terent. Andr. act.* III. *scen.* II. *Sed pro* bibere *etiam* ἐπὶ σκοπίω *dixere* biber. *Quod iccirco quidam Veterum nomen, ac neutri generis, putarunt. De hoc abundè ex Charisio & Capro, diximus in primo de Analogia cap.* XXVI. *Ex* biber *verò contractum* bier: *vt nomen* biriæ *sit generale: quale Græcis τὸ πίον: vt apud Aristotelem libello de ebrietate: vbi scribit, vino ebrios in faciem cadere pronos, at resupinari τῷ πίνῳ μεθυσθέντας. h. e. inebriatos potu hordeacio, siue ceruisia: cuius caussa est, quòd potus hic habeat quid καρωτικόν. i. soporiferum. Quando hoc* biriæ *nostræ etymo verisimilius est, quàm quod alij, quasi* piriam *dici volunt, quia è pyris exprimeretur, similiue pomorum genere ; vnde* pomatium *&* piratium *legimus apud Hieronymum. Vel etiam vt* biria *siue* beria*, vnius literæ mutatione factum sit ex* ceria ; *quod etymon placuit Ruellio lib.* 2. *de Nat. stirp. cap.*18. Cluuerius dans sa Germanie liure 1. chap. 19. estime que ce mot est ancien Germanique: *Zythi igitur, siue ceruisiæ vsum maiores nostri habuere. Iam inde à primordio gentis Celticæ, vnà cum gente ex Asia in Europam delatum. Patria hodie lingua vocatur* BIER, *& Saxonicâ dialecto vocatur* BEER. *Quod antiquissimum eius esse vocabulum, ex ipsa Asia, à confusione primæua linguæ, vna cum re in Septentrionem delatum, ex eo coniicere datur, quòd ex eadem radice cum Hebraica voce* BAR, *quæ frugem seu frumentum significat, originem cepisse videatur; quia ex fruge fiebat. Vnde & Græca vox mansit* πυρός, *frumentum seu triticum & ipsa notans. Ægyptiorum quoque vocabulum, quod Græci suæ linguæ accommodantes, scripsere* ζῦθος *siue* ζῦθον, *eadem ratione à fruge seu frumento petitum videtur. Nam Græca etiam ex eodem haud dubiè manauit fonte vox* σῖτος, *ipsa quoque frumentum significans: & similior Sarmatarum, quorum partes nunc Poloni ac Boiohæmi* Zyto. *Ab Hebraico* bar, *simili modo deductum est eidem genti vocabulum* biriah; *quod* pulmentum farinaceum *exponunt Interpretes in lib.* II. *Samuel. cap.* 13. *&c.* Golstad dans ses Alemaniques tom. 1. part. 1. pag.202. le dériue de l'Hebreu: *Verùm vnde* BIERÆ *siue* BIRÆ, *quæ nunc in vsu, deducemus? nos nec de hoc dubitamus, quin ex Hebræo* ברי beri, *idest, frumento petitum sit. Vnde & בריה* biriah *pulmentum farinaceum* II. *Reg.* 13. *interpretantur: & Græcorum* πυρὸς, *quod* triticum *atque* frumentum *notat, indubiè originem sumpsit. At verò de* BIRA *quid dicemus? deductum id à piro,* piren.

BIERE. Pour vn cercueil. De l'Alleman *baer* qui signifie la mesme chose, d'où les Italiens ont aussi fait *bara*, & les Anglois *beer*. Les Danois disent *berie* & *berrie* de *beren* qui signifie *porter*. Les Latins ont dit de mesme *feretrum* de *ferre*.

BIEVVRE. Animal. De *bebrus* que les Latins du bas siecle ont dit pour *fiber*. Voyez M. de Saumaise sur Solin pag. 186. Les Allemans de *fiber* ont aussi fait *bieber*, & les Italiens *beuero*. F en B. Ainsi les Espagnols de *fremitus* ont fait *bramido*.

BIEVVRE. Riuiere. Forest. Voyez *Gobelins*.

BIGARREAV. Voyez *bigarrer*.

BIGARRER. Pasquier IV. 30. dit qu'au Concile de Vienne sous le Pape Clement V, l'on fit deffences aux Clercs tonsurez de porter *vestes virgatas & diuersis coloribus partitas*, & que delà nous auons fait le mot de *bigarrer*. Ce qui me fait souuenir de ce que dit Seruius sur ces mots du VIII. de l'Eneide *Virgatis lucent sagulis: Benè allusit ad Gallicam linguam per quam virgæ purpura dicitur*. Isaac Pontanus dans les additions à son petit Glossaire Celtique le dériue de *gheeren*, qui est vn mot Flamand & Hollandois qui signifie les bordures & les franges des habits. Mais en cela ils se trompent tous deux manifestement. *Bigarrer* vient de *biuariare* que l'on a dit pour *bisvariare*. Dans les Prouinces d'Anjou & du Maine & en quelques lieux aux enuirons de Paris on appelle *garre* vne vache pie, & *garreau* vn taureau pie, de *varius* & *varellus*. De *bis* & de *varellus* on a aussi appellé *bigarreau* vne sorte de cerises, parce qu'elles sont bigarrées de noir, de rouge & de blanc. M. de Saumaise sur Solin pag. 958. BIGARELLA *appellant Francoceltæ: Burgundi nostri* GRAPHIONES. *Nominis vtriusque eadem ratio ac significatio, quòd vario colore sint ita appellarunt.* γραπτὰ ποικίλα *sunt varia. Inde* graphiones τὰ γραπτὰ *vel* κατὰ γραπτὰ χερσία. Bigarratum *Galli vocant quod est variegatum*. De *bisvarius* on a aussi fait BIGEARRE que l'on prononce apresent *bisarre*. Les Espagnols disent *bizarro*, mais pour *braue, leste,* acause que la nuance ou varieté des couleurs contribuë extrémement à la beauté des habits. Et les Italiens *bizzaro*, mais pour *iracundo, furioso*. Cœlius Rhodiginus se trompe de croire que *bisarre* ait esté dit des peuples appellez *Byzares*: *Dignum verò relatu imaginosos id genus homines dici passim Byzaros, credo, ab inconditis moribus populorum, qui in Ponto dicuntur Byzares, vt inquit Stephanus. Meminit Valerius Flaccus*

Byzarésque vagi.

C'est au liu. XVII. de ses Leçons antiques chap. 3. Anciennement nous appellions les Carmes *les Bigarrez*, acause que leurs habits estoient en ce temps-là barrez de blanc & de noir.

BIGLES. Ce sont ces petits chiens de chasse qui nous sont venus d'Angleterre, semblables à nos briquets, & qui sont descrits par Oppian sous le nom de Ἀγάσσαι. De l'Anglois *begles* ou *beagles*, qui signifie la mesme chose. Voyez Vlitius sur Nemesian pag. 353. & 355.

BIGNETS. Peutestre par corruption pour *bignuels*. De d'Espagnol *biñuellos*.

BIGOT. De l'Anglois *By god* qui signifie *par Dieu*. Cambden en sa Bretagne, au chapitre des Normans, produit vn passage d'vn ancien manuscrit portant que Rollon Prince des Normans estant conuié par ceux qui estoient auec luy de baiser les pieds du Roy Charles le Simple pour luy rendre grace de celle qu'il luy auoit faite de luy donner sa fille en mariage, il leur répondit *ne se by God*, qui veut dire en Anglois *non par Dieu*, d'où les Normans furent appellez *Bigods*. Voicy les termes du manuscrit que Cambden dit estre d'vn Monastere de la ville d'Angers: *Carolus stultus dedit Normanniam Rolloni cum filia Gisla. Hic non est dignatus pedem Caroli osculari; cumque Comites illum admonerent pedem Regis acceptatione tanti beneficij oscularetur, linguâ Anglicâ respondet* NE SE BY GOD, *quod interpretatur* NON PER DEVM. *Rex verò & sui illum deridentes, & sermonem eius corruptè referentes, illum vocauerunt* BIGOD, *vnde Normani adhuc vocantur* BIGODI. *Et hinc fortasse est*, dit Cambden, *quod hypocritas & superstitiosos Galli etiamnum* BIGODS *appellitent*. Pasquier dans ses Recherches VIII. 2.

derive pareillement ce mot *Bigod* de BY GOD. *Got, dit-il, en langue Germanique & Françoise signifioit Dieu, & delà nous tirons les mots de Bigot & Cagot, pour denoter ceux qui avec une trop grande superstition s'adonnent au service de Dieu. Il n'est pas que les pitaux de village pour couvrir leurs blasphemes n'ayent autrefois composé des vocables, où ce mot de Got est tourné en Goy : Car quand ils dirent* Vertugoy, Sangoy, Morgoy, *ils voulurent sous mots couverts dire tout autant que ceux qui disent* Vertudieu, Sangdieu, Mortdieu. *Encore en firent-ils un plus impie quand ils dirent un* Iarnigoy, *qui est tout autant comme s'ils eussent dit ie renie, &c. Comme les paroles se tournent avec le temps en abus nous ne pensions point mal faire usant de ces mots corrompus non entendus, toutefois il y va de l'honneur de Dieu. Au contraire nous avons tiré en mauvaise part le nom de* Bigot, *qui n'estoit tel sur son premier advenement, parce que Guillaume de Nangi recite que sous le Roy Charles le Simple les Normans desirants estre Chrestiens s'escrierent devant luy* Bigot, Bigot, Bigot, *qui valoit autant*, dit cét Autheur, *comme s'ils eussent voulu dire* de par Dieu. Voicy les termes de Nangy que M. du Puy a pris la peine de m'extraire du manuscrit dé cét Autheur qui est dans la Bibliotheque du Roy : *Anno* 896. *Karolus Simplex Rex Francorum facto fœdere cum Rollone Duce Normanorum ut baptizaretur, dedit ei terram maritimam, ab Epta fluvio usque ad Britannicos limites, cum filia sua Gisla. Qui baptizatus cum tota gente sua à Francone Rotomag. Archiepiscopo Robertus vocatus est. Cùm autem Regi Karolo homagium suum postmodum facerent Normanni Gallicè loqui nescientes idiomate proprio præstiterunt iuramentum dicentes* BIGOT, *quod interpretatur* per Deum. *Hoc audientes Franci deridebant eos dicentes quid sibi vult istud* BIGOT. *Hinc est quòd Normanni Bigot solent appellari.*

BIGOTERE. Instrument à relever la moustache. De l'Espagnol *bigotera*, qui signifie la mesme chose, & qui vient de *bigotes*, qui signifie *moustaches*.

BILAN. Les Marchands, & particulierement ceux de Lyon, appellent ainsi leur journal. De *bilanx*, a cause que d'un costé ils mettent la mise, & de l'autre la recepte, pour les balancer en suitte.

BILLET. De *billettus* diminutif de *billus*. *Billus* a esté fait de l'Alleman *bille* qui signifie la mesme chose, & d'où vient aussi l'Anglois *bill*: ou du Grec βίλλος qui a esté corrompu de βίβλος, & qui se trouue en Darmarius. Voyez Spelmannus au mot *billa*, & Meursius au mot βίλλος.

BILLON. On appelle ainsi la monnoye qui n'a plus de cours. Les Espagnols vsent du mesme mot pour la mesme chose. Antonius Nebrissensis le deriue de *vilis*, & Couarruuias de *vellus*, à cause qu'anciennement (à ce qu'il dit) les Romains marquoient leur monnoye de cuiure d'vne brebis. Ie croy qu'il vient de *binio* qui signifie *vn denier*, qui estoit vray-semblablement vne monnoye de mauuais metail. Les Gloses: *binio*, δίδραγμα. *biniones*, δίδραχμα.

BINNE ou PINNE. De *pipinna* qui se trouue en la mesme signification dans Martial:

Drauci Natta sui vocat pipinnam
Collatus cui Gallus est Priapus.

De *binne* vient le diminutif *binnette* qui signifie proprement *vne petite binne*; mais qui par metaphore se dit aussi de ce petit bout de chandelle qu'on tire du fonds du chandelier pour le mettre sur le haut auec du suif fondu, ce que l'on appelle *faire binnette*. Les Escossois appellent ce petit bout de chandelle *doup*, duquel mot ils se seruent aussi figurément pour exprimer vne petite pinne.

BIRETTE. De *buretta*, qu'on a dit pour *birettus* diminutif de *birrus* dont les Latins ont vsé pour vne espece de chapeau. Tertullian *de Pallio*: *Vestigia cestuum birrus occupauit*. Le vieil Interprete de Iuuenal sur ce vers

Tempora Santonico velas adoperta cucullo

explique ce mot *cucullum* par *birrum Gallicum*. Voyez M. de Saumaise sur l'Histoire Auguste pag. 391. & Meursius au mot βίρρος. Les Espagnols disent aussi *birete*. Mais les Italiens disent *baretta* & les Allemans *baret*.

BIRONNE. On appelle ainsi en Poictou vn guibelet. Ie ne sçay pas bien d'où peut venir ce mot. Les Espagnols disent *bareño* pour dire la mesme chose, & comme nous disons

BI.   BI.   119

d'vn homme qui a l'esprit de trauers qu'il a vn coup de guibelet dans la teste, ils disent de mesme *bareñado*. p.633

BIS pour noir, comme quand on dit *du pain bis*. Ie ne sçay pas bien d'où vient ce mot. Les Italiens disent *bigio* & les Espagnols *baço*. On appelle en Perigord le vent qui vient d'entre le Nord & l'Ouest *vent negre*; ce qui a fait croire à vn de mes amis que *bis* estoit dériué de *Bise*.

BISARE. Voyez *bigarrer*.

BISE. Vent. De *bisa*. Lipse Epist. 44. Centur. III. fait mention d'vn ancien Psaultier escrit quelque temps apres le regne de Charlemagne, où le Latin est expliqué entre ligne par l'Alleman. Parmy ces mots Allemans il y en a plusieurs qui ne sont plus maintenant en vsage, dont il a fait vn inuentaire imprimé dans cette lettre 44. entre lesquels le mot de *Bisa* est expliqué par celuy de *Turbo*: *Bisa*, *Turbo, vt Gallis*, VENT DE BISE, dit Lipse. Isaac Pontanus liu. IV. de ses Origines Françoises chap. dernier : *Ventorum nomina omnia cum Germanis, Belgis, Britannisque penitus adhuc sunt Gallis eadem. Causam autem cur ea cum reliquis non immutauerint, sed sola salua atque inuiolata hactenus permanserint, hanc existimem, quòd Romani cùm terra potius quam mari rem aduersus Gallos gesserint, reseruasse etiam Gallos, vt pote nemine alias addocente, familiares sibique proprias in rebus nauticis maritimisque voculas. Hinc Occidentalis ventus, qui Anglis* WEST-WINT, *Belgæ Germaniqúe* WESTEN *appellant, Gallis est vent de Ouest: Auster verò, qui Germanis* Suyden windt, *Anglis* Sout windt, *Gallis item est* Sud. *Orientalis qui* Oosten, *Germanis, Anglis* East, *Gallis dicitur* Est. *Quæ dialectus maximè cum verbis Taciti consonat quibus Æstios eos nuncupauit, idque ipsorum vocabulo, qui hodiéque Orientaliores versus Boream habitant. Denique Septentrionalis, quem Angli alijque omnes, & ipse Magnus Carolus* Noort *&* Noorden *nominat, Gallis est vent de* Bise. *Quo vno abire à nobis videantur, & vsitatam Latinis Boreæ vocem quodammodo æmulari: Sed ita res neutiquam habet; imo verum vetúsque Teutonicum idem est, & fortasse inter ea ventorum nomina, quæ vt Barbara reformasse Carolum dixit Eginhardus, reponendum. Nam* BIESEN *&* BIISEN *æstu agitari Belgis signi-*

ficat. Scarabeum quoque alis strepitantem & cum impetu se motitantem BIESBONT *Flandris Hodiéque dici Glossaria eius linguæ indicant. Est & Latinum Psalterium cum interpretatione Germanica vetustissima, vt pote Ludouici Pij aut illis temporibus concinnata, in quo* Bisa *pro turbine positum diserté legitur. Vnde & Lipsij Glossariolum ex eo collectum :* Bisa, Turbo, vt Gallis, *vent de Bise.*

BISEAV. Voyez *bessons.*

BISET, oiseau. Belon liu. vi. de la Nature des oiseaux chap. 21. dit que cét oiseau a esté ainsi nommé acause de sa couleur bise, c'est à dire noirastre. Iules Scaliger dans ses Commentaires sur les liures d'Aristote de l'Histoire des animaux pag. 248. dit la mesme chose.

BISSAC. De *bisaccium*, ou *bissaccus*. *Bisaccium* se trouue dans Petrone, *ceterum in promulsidari asellus erat Corinthius cum Bisaccio positus.* Voyez *besace.*

BIVOIE. C'est vn terme de Milice que nous auons pris depuis peu des Hollandois, qui signifie la garde extraordinaire du camp.

B L.

BLAIRIE. La Coustume de Niuernois art. 7. *Nul ne peut auoir droict de Blairie s'il n'a droict de Iustice.* Coquille quest. 263. *Le droict de Blairie en soy est droict de haute Iustice dépendant de Regale, dont l'exercice & profit par ancien establissement a esté attribué aux Seigneurs, non pas pour l'auoir* optimo jure & ex se; *mais pour en auoir l'vtilité sous la reconnoissance de la superiorité & souueraineté du Roy. Car de vray le droict de Regale,* &c. *le droict de Blairie pour vn des chefs consiste au pascaige des bestes ex grands chemins publics & autres lieux qui ne sont en la proprieté d'aucun. Et en l'autre chef est pour le pascaige des bestes ex heritages qui sont propres aux particuliers ; & ce pour le temps que lesdits heritages ne sont de defense, comme ex prez quand ils sont despoüillez de premiere & seconde herbe ; ex terres non labourées ny ensemencées ; ex bois pour le temps qu'ils ne sont de garde, pourueu que tels heritages ne soient clos ne fermez ; car audit cas ils sont de deffense en tout temps. Ce qui dépend de*
l'ancienne

BL. BL.

l'ancienne Loy politique, &c. *Ce droict est tel que les Suiets d'vne Iustice ne peuuent enuoyer leurs bestes pascager en autre Iustice sans permission du Seigneur Iusticier du lieu où est le pascage. Ce droict a esté appellé* BLAIRIE, *ou pource que la prestation est en bled, ou pource que le pascage, vt plurimum, est en pays de bled aprés les terres despoüillees,* &c. *Blairie a esté fait de bladiaria qui vient de bladare.* Voyez *blé*. De *bladaria* on a aussi fait *blasterie*. Le Tiltre de la Fondation de l'Eglise Nostre-Dame de la Guerche en Bretagne : *Ie donne la disme de Martigné, sçauoir est la moitié de toutes blasteries & pailles.*

BLANC. Ville de Berry. De *Oblincum*.

BLANC pour *albus*. Iules Scaliger contre Cardan exercit. cccxxv. chap. xi. le dériue du Grec βλάξ : *Vulgus album dicit* blanc, *quod à Græco est languidum significante. Sanè vmbratilem colorem sic primùm à militibus exprobratum puto. Vox est peruulgata* βλάξ. *Theophrastus in* iii. *de Causis, alba omnia putat imbecilliora.* I'ay appris de M. Guyet qu'il venoit de *albicus*, d'où les Italiens ont aussi fait *bianco*, & les Espagnols *blanco*. *Albus, albicus,* & par transposition *blaicus*, *blacus*, *blancus*, BLANC. Ansi de *albidus* nous auons fait *blond*, & les Italiens *biondo*. *Albus, albidus, blaidus, blaydus, blaundus, blondus,* BLOND. *Blanc* en Alleman signifie *luisant*, *resplendissant*, & *blak* en Anglois & Escossois *noir*.

BLANCS. Espece de monnoye, qu'on a ainsi appellée à la difference des sols nerets. L'Histoire de Bretagne : *Tunc temporis currebat in Britania moneta argentea, valente quolibet albo argenteo sex denarios Turonenses, & parui denarij nigri currebant tunc in Britannia. In qua quidem moneta alba erant insculptæ duæ herminæ circa Crucem, & in pila tres herminæ : in cuius quidem monetæ margine seu circumferentia erat scriptum sic :* MONETA ALANI DEI GRATIA BRITONVM DVCIS. Les Italiens disent aussi *bianco* pour vne espece de monnoye, & les Espagnols *blancos*. Les Latins ont dit pareillement *albi* en cette signification. Metellus Quirinus ecl. iii. *Argenti dedit albos.* Le vieux Glossaire : *asprum,* δυνάριον λευκόν. Et *flaui* pour vne certaine espece de monnoye d'or. Martial xii. 65

An de moneta Cæsaris decem sliuos.
Voyez le Glossaire de Lindembrog au mot *denarius*, & celuy de Spelmannus au mot *albus*. Nous auons eu plusieurs pieces de monnoye appellées *blancs*. I. Les grands blancs au Soleil de Loüis XI. estimez par l'Ordonnance à treize deniers, & qui depuis furent nommez *treizains*. II. Les blancs au K couronné, appellez vulgairement *Karolus*. III. Les pieces de six blancs, appellées autrement *Niesles* par corruption au lieu de *Nesles*, parce qu'elles furent premierement batuës à Paris en la Tour de Nesle prés l'Hostel de Nevers l'an 1549. IV. D'autres pieces de six blancs nommées *Pinatelles* l'an 1577. de Iacques Pinatel Officier des Monnoyes qui en donna l'auis, & qui depuis fut pendu pour en auoir fait de fausses.

BLANQVE. De l'Italien *bianca*. Voyez Pasquier VIII. 30.

BLASMER. De *blasphemare*. Voyez Nicod en son Dictionnaire, & François Pithou & Spelmannus en leurs Glossaires.

BLASON. Les jeunes Cheualiers portoient anciennement leurs deuises peintes sur leurs escus ou sur leurs cottes d'armes; d'où vient que quand nous parlons des armoiries de quelqu'vn nous vsons du mot *porter*. Ainsi on dit, *Il porte d'or à vn lyon de sable*. Ce mot *porter* me fait croire que *blason* pourroit bien auoir esté fait de *latio* en y preposant vn B, comme en *bruit* de *rugitus*, &c. Nos anciens Poëtes ont vsé du mot de *blasonner* en bonne & en mauuaise part, témoin Marot en ses Blasons du beau & du laid tetin.

BLE', ou comme on escriuoit anciennement BLED. De *bladus* ou *bladum* qui signifie *fruit, semence*; d'où vient *inbladare* pour dire *ensemencer*, dont nous auons fait EMBLAVER. *Bladum* vient, selon Vossius liu. II. *de vitijs sermonis* 3. & 24. du Saxon *blad* qui signifie la mesme chose, d'où vient que les Flamands appellent *blad, blade, bladinge* le reuenu des champs: ou bien du Grec βλαστὸν qui signifie *germen*, & qui vient de βλαστέω ou βλαστάνω qui signifie *germino*. Les Italiens disent aussi *blada*.

BL. BL. 123

BLEREAV. M. de Saumaise sur Solin pag. 316. le dériue de *glerellus* : *Quos hodie blerellos vocamus. Haud scio an ita dicti sint quasi glerelli : nam Γ & B sæpè confunduntur, vt Galbuli Valguli. Diuersi sunt tamen à gliribus, sed somno pariter pinguescunt*, &c. Et en la page 1009. il le dit affirmatiuement : *Blerellos quasi glirellus appellamus*. M. Guyet le dériue de *meles*. *Meles*, *melarus*, *melarellus*, *belarellus*, *blerellus*, BLEREAV.

BLESSER. De *læsare* en y preposant vn B. *Lædo*, *læsi*, *læsum*, *læsare*, BLESLER.

BLEV. De l'Alleman *blau*, qui signifie la mesme chose, & d'où les Anglois ont aussi fait leur *bleu*.

BLINDE. C'est vn certain obstacle qu'on met sur les tranchées d'approche lors qu'on est obligé de les faire enfilées, qui empesche qu'on ne soit veu des assiegez. Ce mot nous est venu de Hollande où il est en vsage en la mesme signification, & il a esté fait de l'Alleman ou du Hollandois *blind* qui signifie *aueugle*.

BLOC. Voyez *blocus*.

BLOCVS. De l'Alleman *blochus* qui signifie *vn boulevart de bois à l'espreuue du canon*, & qui est composé de *bloc*, c'est à dire *bilot*, & de *hus* qui signifie *maison*. BLOC au pays Chartrain & en Champagne signifie *vn gros morceau de bois*, d'où vient *en bloc* pour dire *en gros*.

BLOND. Voyez *blanc*.

BLVETTE. Ie croy qu'il vient de *balucetta* diminutif de *balux*, qui se prend pour ces petits grains luisans qui paroissent dans le sable. Les Gloses : χρύσαμμος, *baluca*. Hesychius : βαλλέτρα, ψῆφον. Martial xii. 57.

Illinc balucis malleator Hispanæ,

Car c'est ainsi qu'il faut lire en cet endroit, & non pas *paludis*, comme l'a fort bien remarqué Turnebe dans ses Aduersaires, & M. de Saumaise sur Solin pag. 277. fondez sur ce passage de Pline liu. chap. où parlant de l'or des Espagnols, il dit : *Idem quod minutum est balucem vocant*.

BO.

BOCAGE. Voyez *Bois*.

BOCHETTE. C'est vn mot nouueau que le Cardinal Mazarin a apporté en France, & qui signifie ce jeu de boule qu'on appelle *le maistre*. De l'Italien *bocietta* diminutif de *boccia*, qui signifie vne boule de Mail.

BOIAV. De *botellum*, diminutif de *buoto* ou *vuoto*, qui signifie *vuide*. Voyez *vuide*.

BOIS. De *boscium*, qu'on a fait de *boscum* ou *boscus*, qui signifie *saltus*, *sylua*. *Boscum* vient de l'Alleman ou du Flaman *bosk*, d'où les Italiens ont aussi fait *bosco*. Nous disions anciennement *bos* de *boscus*; témoin le refrain de la chanson :

Des sabots par la mordienne,
Des sabots de bos.

Guillaume de Dole au Roman de la Rose :

Ni a nul qui de faim ne muire
De ceux qui ont en bos esté.

Les Picards prononcent encore ainsi aujourd'huy, & les Lyonnois appellent *bostaupiers* ces engins de bois à prendre les taupes. *Boscus* se trouue dans Mathieu Paris, & ailleurs. Voyez Vossius *de vitiis Sermonis* II.3. & Spelmannus au mot *boscagium*. De *boscus* on a fait le diminutif *boskettus*, dont nous auons fait BOSQVET, & en suitte BOVQVET. De *boscium* on a fait pareillement le diminutif *boscione*, d'où nous auons fait BVISSON. On a dit aussi *bosca* au feminin, d'où vient nostre mot de *busche* : & *boscagium*, d'où vient BOSCAGE.

BOISSEAV. Voyez *bosse*.

BOMBANCE. De *pompancia*, qui a esté fait de *pompa*.

BOMBARDE. Il y en a qui croyent que ce mot a esté dit par corruption pour *lombarde*, parce que les Espagnols disent *lombarda* pour *bombarde*; & qui pensent que *lombarda* a esté dit de *Lombardie*. Mariana liu. XIX. de son Histoire d'Espagne chap. 14. l'an 1406. parlant de l'assemblée qui se tint à Tolede apres la mort de Dom Henry Roy de Castille, où

BO. BO.

il fut deliberé de l'ordre qu'il falloit apporter à toutes choses, & particulierement aux preparatifs de la guerre contre les Maures: *Tratose ante todas cosas que el Reyno siruiesse con alguna buena suma, tal que pudressen assoldar catorze mil de a cauallo, cinquenta mil peones, armar treynta galeras, y lleuar seys tiros gruessos que nuestros Coronistas llaman* Lombardas, *creo de Lombardia, de do vinieron primero a España, o porque alli se inuentaron,* &c. Pour moy ie suis de l'opinion de Laurens Valle, de Polidore Vergile, de Platine, de Pancirolle, de Volaterran, d'Erasme, de Spelmannus, de Vossius & autres qui le deriuent de *bombus.* Les paroles de Vossius meritent d'estre icy transcrites: *Nomen hoc ei impositum arbitrantur quòd cum sonitu & flamma globos ferreos euomat: nempe à* bombo *& * ardeo. *Iustus tamen Lipsus Epistolâ præfixâ Poliorceticis refert* Lombardam *vocari in superioribus annalibus, quod priori etymo repugnat. Verùm* Bombardam *quoque scripsit, & à* bombo *atque* ardeo *deduxit Laurentius Valla, qui anno* cIɔccccxx. *claruit, non ita multò post* Bombardam *inuentam, vt quam anno* 1380. *iuxta quosdam, aut biennio ante iuxta alios in perniciem generis humani quidam Constantinus Anclitzen Friburgensis vel Bartoldus Suarz, professione Monachus, Alchymiæ studiosus. Nec ineptè* bombardæ *nomen inditum à* bombo, *cùm* bombi *vox non tantùm dicatur de apum strepitu aut sono poculi bilbientis, sed etiam Eustathio teste tonitrui tribuatur, cuius sonum* bombardæ *imitantur.* C'est au liu. IV. chap. 13. art. 7. de sa Rhetorique. Voyez Nicod, Couarruuias, & Spelmannus au mot *bombarde,* & Pancirolle auec son Commentateur tit. XVIII. des choses nouuellement trouuées.

BOMBASIN. De *bombassinum.* De *bombyx* on a fait premierement *bombax,* comme de μάζυξ MAZAX; de *paropsis* PARAPSIS; de *solpuga* SALPVGA. Pour *bombax* on a dit en suite *bambax,* qui se trouue dans les Onirocrytiques d'Achmes chap. 244. & dont les Italiens ont fait *bombaggine.* De *bombax bombacis* on a fait aussi *bombacinum,* d'où nous auons fait BOMBASIN. Les Grecs modernes disent βάμπατζι. Voyez M. de Saumaise sur Solin pag. 296. M. Bochart liu. 1. des Colonies des Phœniciens chap. 7. & 45. *Bombycinum* se trouue dans Isidore XIX. 22. *Bombycina est à bombyce vermiculo, qui longissima ex se fila generat, quorum textura bombycinum dicitur, conficitúrque in insula Coa.*

BONACE. De *bonacia*, qu'on a dit au lieu de *malacia*, de mesme que Εὔξεινος au lieu de Ἄξενος, & *Beneuentum* au lieu de *Maleuentum*. Voyez M. Bochart liu. 1. des Colonies des Phœniciens chap. 7.

BONDREE. Nom d'oiseau. Ie ne sçay pas d'où il vient. On appelle en Sauoye cét oiseau *pondral*, qui est vn mot qui approche aucunement de celuy de *bondrée*.

BONNET. Peuteſtre de l'Anglois *bonnet*, ou de l'Alleman *bonnit*.

BONS-HOMMES pour Minimes. Du Plex en la vie de Louis XI. dit que les Minimes ont esté appellez *Bons-hommes* de François de Paule leur Fondateur, que le Roy Louis XI. appelloit d'ordinaire *le bon homme*, & que François de Paule les auoit nommez Minimes par humilité à l'exemple des Freres Mineurs. Voyez *Minimes*. D'autres disent qu'ils ont esté ainsi appellez, parce qu'on leur donna premierement la maison du Bois de Vincennes, où ils sont encore apresent, laquelle estoit aux Religieux de l'Ordre de Grammont, qu'on appelloit en ce temps-là *Bons-hommes*. Et en effet il y a prés la ville d'Angers vn Prieuré de l'Ordre de Grammont, qu'on appelle encore aujourd'huy *la Haye aux Bons-hommes*. Cambden dans le Comté de Bukincam fait mention de certains Religieux surnommez BONS-HOMMES: *In ipso collium ad ortum angulo accliuem situm Afsheridge secessus olim regius occupat, vbi Edmundus Cornubiæ Comes Richardi Romanorum Regis filius Cœnobium noui, tunc temporis, instituti, Religiosis,* BONOS-HOMINES *vocant, quos ille primus in Angliam induxit, excitauit: qui cœruleum, vt Fratres Heremitani, induti.*

BORD. Les Allemans disent aussi *bord*: & le François & l'Alleman viennent du Latin *orlum* en y preposant vn B, comme en *blesser* de *læsare*. *Orlum* a esté fait de *ora*. *Ora, orula, orulum, orlum*, d'où les Italiens ont fait *orlo*. Dans Ville-Hardoüin pag. 85. *hordé* se trouue pour *bordé*: *Assez iot de cels* qui loerent que on alaſt d'autre part de la vile de cele part, ou ele nere mie hordée. De *orlum* on a fait le diminutif *orletum*, d'où vient noſtre mot OVRLET.

BORDE. Vieux mot qui ſignifie *loge*, *maiſonnette*. Le Roman de Lancelot du Lac : *Vous ne trouuerez meshuy ne bourde ne maiſon*. Du Saxon *bord* qui ſignifie *maiſon*. Lindembrog en ſon Gloſſaire au mot *Bortmaget*. MAGET *hodie Germ*. ancilla. BORD *veteri lingua Saxonica* domus. *Vt in Epiſtola Alfredi Reg. Angl. ſcripta ad Wulſigeum Epiſc. Inde* BORDIG *oriundus*. Spelmannus : *Appellari videntur Bordarij, quòd circa ædes vel hoſpitium Domini ſeruilia peragebant opera*. BORD *enim Saxonicè* domus, hoſpitium, *&c.* Coquille queſt. 52. *Bordelaige* eſt dit de *borde*, *qui en ancien langage François ſignifie vn domaine ou terrement ez champs, que les Latins diſent* fundus. *Et le mot* borde *originellement eſt diction Tudeſque & Germaine, qui ſignifie vne terre ou domaine chargée de reuenus de fruits*. BORDE ſe prend auſſi pour vne *ferme*, & de là *bordier* & *bordiere*.

BORDEL. Nous diſions anciennement *bordeau* ; c'eſt pourquoy quelques-vns dériuent ce mot de ces deux *bord* & *eau*, acauſe que les bordels eſtoient autrefois au bord de l'eau. Ciceron *de ſupplicijs* : *Tametſi in acta* (c'eſt à dire, *au riuage*) *cum mulierculis iacebat ebrius*. Et en ſuite : *Ipſam illam ad partem littoris, vbi per eos dies tabernaculis poſitis caſtra luxuriæ collocarat*. Suetone en la vie de Neron 27. *Quoties Hoſtiam Tyberi deflueret, aut Baianum ſinum præternauigaret, diſpoſitæ per littora & ripas diuerſoriæ tabernæ parabantur, & inſignes ganeæ matronarum inſtitorias operas imitantium, atque hinc inde orantium vt appelleret*. Mais il y a peu d'apparence à cette etymologie, le mot de *bordello* des Italiens & celuy de *burdel* des Eſpagnols n'eſtant pas moins anciens que le noſtre *bordeau*. Ie croirois pluſtoſt que *bordel* ou *bordeau* viendroient de *borde* qui ſignifie *maiſonnette*, *loge*, comme nous le venons de monſtrer, les logis des Garces eſtant ordinairement de petites loges, & qui pour cette raiſon ont auſſi eſté appellez *cellæ* par les Romains. Les Eſpagnols appellent vn baſtard *borde*.

BORGNE. Ce mot ne venant ny du Grec ny du

128   BO.   BO.

Latin, de l'Italien ny de l'Espagnol, de l'Alleman ny de l'Anglois; il y a apparence qu'il vient du Bas-Breton *born* qui signifie la mesme chose, & que c'est vn mot Gaulois. Quoy qu'il en soit, il est ancien en nostre langue. Le Glossaire des Pithous : *Oculum erutum habentem*, BORGNE.

BOSSE. De *pusa* qui a esté fait de φύσα, φυσάω, φύσα, *pusa*, *busa*, BOSSE. Au lieu de *busa* on a dit *bussa*, d'où nous auons fait BVSSE, & de *busse* BVSSART. De *bussellum* diminutif de *bussa* nous auons aussi fait BOISSEAV. Les Latins de *pusa* ont fait *pusula* & *pustula*.

BOT, comme quand on dit *pied bot*. Ie croy que c'est vn mot Gaulois. Encore aujourd'huy parmy les Bas-Allemans il signifie *difforme*, *malfait*. Dans le vieux Glossaire *bor* est interpreté ὁ τὰς πόδας φλεγμαίνων. *Bot* en Poitevin signifie *sabot*, d'où il a esté fait par apherese, comme parlent les Grammairiens. Voyez *botte*.

BOTTE Vieux mot qui signifie *crapaud*, témoin cette façon de parler prouerbiale, *plus enflé qu'vne botte*. On dit encore apresent en Champagne vn *bot* pour vn crapaud, & en Dauphiné pour vne espece de petits crapauds. Les Italiens disent aussi *vna botta* en cette signification. Ie ne sçay s'ils ont pris ce mot là de nous, ou si nous auons pris *botte* d'eux. Il y a apparence que c'est nostre mot qui est l'original, & qu'il est vieux Gaulois. De *botte* on a fait le diminutif *boterel* qui se trouue plus souuent que *botte*. Hugues de Mery au tournoyement de l'Antechrist, parlant de la pierre crapaudine :

Mais celle qui entre les yeux
Au Boterel croist est plus fine
Qu'on seult appeller crapaudine.

Le Roman de Lancelot du Lac : *bottereaux & serpens*, &c. Caninius dans ses Dialectes des Canons à la lettre ρ dériue l'Italien *botta* du Syriaque *tabo* par inuersion, ce qui est assez ordinaire dans la formation des mots. Ainsi de *Ilerda* on a fait *Lerida*, &c. Le Syriaque vient de l'Hebreu צב *tsabh* qui a esté formé du verbe צבה *tsabha* qui signifie *s'enfler*. Du Syriaque *tabo* les Espagnols ont fait *sapo*.

BOTTE

BO. BO. 129

BOTTE pour vne sorte de chaussure. Voyez *bouteille. p. 773.*

BOTTINE. Voyez *bouteille.*

BOVC. De *buccus.* La Loy Salique tit. v. §. 3. *Si quis buccum furauit.* Gregoire de Tours liu. vi. chap. 24. *Buccus olidus vocabatur. Buccus* vient de l'Alleman *bok,* d'où l'Italien *becco* vient aussi. Dans la Coustume de Champagne tit. x. les chevres sont appellées *bicques,* & on les appelle encore de la sorte en plusieurs lieux de France, & mesme vers Paris.

BOVCCON. De l'Italien *buccone,* qui a esté fait de *bucca.*

BOVCHEE. De *buccata* ou *buccea. Buccea* se trouue dans vne lettre d'Auguste à Tibere, rapportée par Suetone en la vie d'Auguste: *Ne Iudæus quidem, mi Tiberi, tam diligenter Sabbathis, id ieiunium seruat, quàm ego hodie seruaui, qui in balneo demum post horam primam noctis duas bucceas manducaui.*

BOVCHER. I'estime qu'il vient de *buccarius* qu'on a fait de *bucca,* acause que les Bouchers coupent la viande par morceaux, & c'est aussi l'auis de Turnebe liu. xxvi. de ses Aduersaires chap. 15. *Sic nos lanionibus à bucca nomen imposuimus, & Buccarios vocauimus.* Les Italiens disent de mesme *beccaro* de *bocca,* o en E, comme en *becco* de *boccus.* Papyrius Masso liu. iii. de ses Annales: *Itali quidam Hugonem humili genere natum scripsere, seu ignorantiâ, seu odio. Dantes Poëta illum Parisiensis Beccari filium fuisse canit, quæ vox lanium sonat.* Dans les Constitutions Neapolitaines les Bouchers sont appellez *Buzerij,* qui peut auoir esté corrompu de *buccarij.*

BOVCLE. De *bucula,* comme BOVCLIER de *bucularium,* acause des boucles dont les boucliers estoient garnis. Tite Liue: *Neminem totis mox castris quietum videres, acuere alii gladios, alii galeas, buculásque scutorum.* Les Gloses d'Isidore: *ongia, ferrum, buculæ scuti. Ansile, scuti bucula intus, quæ ab intus tenetur.* Voyez le President Fauchet en son Traitté de la Milice chap. i. Les Grecs des derniers temps ont vsé du mot de *bucula.* Nicetas Choniates: πουκάπιον, ἤτοι βούκλαν.

BOVCLIER. Voyez *boucle.*

BOVDIN. De *botulus.* M. de Saumaise de *Trapez. Fænore*

R

130   BO.   BO.

pag. 449. BODINOS *Galli nominant deprauata voce ex Latina botulos, quasi bodilos. Nam* L *&* N *sæpe confunduntur.* Vossius *de vitiis sermonis* liu. & chap. 11. & Nicod au mot *boudin* disent la mesme chose.

BOVE. Peuteſtre du Flaman *brouë*, qui signifie la mesme chose. Les Flamans appellent Bourbourg *Brouëbourg*, comme qui diroit *ville de bouë*.

BOVET. Voyez *buée*.

BOVETTE. De *buxuletta* diminutif de *buxula*, qui a eſté fait de *buxus*, comme πύξις de πύξος, acauſe que les boüettes ſe faiſoient ordinairement de boüis. Voyez Vossius *de vitiis sermonis* liu. II. chap. 2. & liu. IV. de ſa Rhetorique chap. 8. art. XI.

BOVFON. Les Italiens diſent de meſme *buffone* & les Eſpagnols *bufon*. Ie ne ſçay pas bien l'origine de ce mot. Caninius en ſes Dialectes le dériue de *bubo*, en changeant B en F, comme en *bifolco* de *bubulcus*, & croit qu'on a dit *bouffon* de *bubo*, de meſme que les Grecs σκώπην, ἀπὸ τῶ σκώπων, qui ſont oiſeaux du genre des Chathuans.

BOVGETTE. De *bulgeta* diminutif de *bulga* mot Gaulois. Feſtus: *Bulgas Galli sacculos scorteos appellant*. Scaliger ſur cét endroit de Feſtus: *Adhuc Galli nomen retinent, sed ὑποκοριστικῶς Bulgetas. Sunt autem visci scortei.* L'Onomaſticon Grec-Latin: *bulgæ*, ἱπποπήρα. Varron & Lucilius ſe ſont ſeruis de ce mot. Voyez Vossius *de vitiis sermonis* 1. 2.

BOVGIE. Peuteſtre de Bugie ville d'Afrique. Les marchandiſes prennent ſouuent leur nom du lieu d'où elles viennent. Or il eſt conſtant que nos Marchands nous apportent ſouuent de la cire & des bougies d'Afrique. Gramaye liu. VII. chap. 12. de ſon Afrique: *Gigel burgus est hodie ob commercia Gallorum coria &* CERAS *in littorali plaga comparantium hic satis frequentatus, portu mediocri & ædificiis commodis decoratus, medio inter Argelam & Bvgiam itinere.* Ainsi les Mores ont appellé vn Singe *bugia*, comme l'a remarqué Scaliger *de subtilitate* 213. & comme il ſe voit au mot *Semamith* dans le Lexicon de Dauid Kimchi, qui viuoit en Eſpagne vers l'année

BO. BO. 131

1190. a cause qu'on apportoit quantité de Singes de cette coste. Iuuenal Satyre x.

Quales vmbriferos vbi pandit Tabraca saltus
In vetulâ scalpit iam mater simia buccâ.

Pierre Dau en son Histoire de Barbarie liu. 1. chap. 6. *Apres auoir passé Bugie nous doublasmes le Cap de Gigery assez connu par le grand nombre de Singes qu'on y va prendre pour les transporter ailleurs.* A quoy il faut adjouster ce qu'en dit Strabon liure XVII. C'est l'obseruation du sçauant M. Bochart. Voyez le en son liure des Colonies des Phœniciens pag. 539.

BOVGRE. Ie suis de l'auis de ceux qui le dériuent de *Bulgarus*, soit a cause que les peuples de Bulgarie, que Ville-Hardoüin & autres vieux Autheurs appellent *Bougres*, estoient addonnez à ce vice, ou parce qu'on brusloit ceux qui en estoient conuaincus, comme on faisoit les Heretiques qu'on appelloit aussi *Bougres*. M. Desbordes Mercier sur l'epistre 1. du liure 1. d'Aristenet, parlant des fausses creances qui se sont glissées dans l'esprit des hommes par de fausses inscriptions: *Dabo exempla illustria duo. Suetonii caput est in sceleribus Neronis, quo arsisse id monstrum refert etiam matris cupidine. Inscripsere vulgò, matris nefarius concubitus, insinuauitque se ex eo lemmate opinio inueterata sæculis multis, initam matrem ab hoc monstro,* &c. *Alterum exemplum è nostro Froissardo est, cuius caput septimum libri IV. de Betisacho Ioannis Bituricensis Ducis Quæstore. Videas lemma, credas quæsitam eius neci caussam ex confessione hæreseos & Sodomiti cælibidinis: ita enim scribunt. At in capite ipso attendas curatius, nihil fatetur nisi hæresim; Bulgaris se eadem sentire, nec certum esse de incarnatione, de resurrectione, & cæteris quæ tum Ecclesiæ credita. Error ex eo quod Bulgarum se fatetur, quo tum nomine Hæretici omnes vocati propter Romanorum à Pontifice Romano discessionem. At isti credidere accipiendum eo modo quo vulgò sumimus, quum Italicam vocem Bugerronis interpretamur,* &c. A Montargis chez les Iacobines il y a vn Epitaphe de la Comtesse de Montfort, où elle se qualifie femme de Guy Comte de Montfort qui deffit les Bougres d'Albigeois. Voyez au mot *Albigeois*.

BOVILLIR. De *bullire*.

R ij

BOVLANGER. De *polentiarius*. *Pollis, pollenta, pollentia, pollentiarius,* BOVLANGER.

BOVLEAV. De *betulellum* diminutif de *betulla* qui est vn mot Gaulois. Pline XVI. 18. *Betulla Gallica arbor mirabili candore.* Les Bas-Bretons le nomment encore aujourd'huy *betu* & *bedu.* Voyez Cambden en son Angleterre pag. 14.

BOVLEVART. Turnebe estime que les boulevarts, ou comme on prononçoit anciennement *bouleverts,* ont esté ainsi appellez quasi *boules vertes* : c'est dans ses Commentaires sur les Oraisons de Ciceron contre Rullus pag. 101. de la premiere edition. M. de Saumaise sur l'Histoire Auguste pag. 140. dérive *bolewer* (car c'est ainsi qu'il l'escrit) de βόλερος qui a esté dit pour ϑάλπος, & qui dans Nicetas est pris pour *murus cespitius*. Meursius au contraire dérive le Grec du François. Voyez le en son Glossaire au mot βολερός. Nicod au mot *boulevert* le tire de *boule* & de *wert* qu'il dit signifier *defense*, les Picards disans warder pour *garder*, & les boulevarts estans des deffences contre les boulets. M. Bignon m'a dit autrefois qu'il croyoit que *boulevart* venoit de l'Italien *baloardo* qui signifie la mesme chose, & que l'Italien venoit de βάλλω. Les Gascons disent encore apresent *balovart,* ce qui confirme l'opinion de M. Bignon. I'estime pourtant que nous auons pris ce mot de l'Alleman *bolwerk* qui signifie proprement vn ouurage de poutres, & qui est composé de *bol,* c'est à dire *poutre,* & de *werk* qui signifie *ouurage.* De *bolwerk* nous auons dit premierement *boulevert,* & en suitte *boulevart,* en changeant A en E; ce qui est assez ordinaire aux François, & particulierement aux Parisiens. Les Allemans disent aussi *bolwerd* si on en croit Nicod. Hotman en son liure intitulé *Matagonis de Matagonibus* &c. pag. 19. dérive *bolevert* de l'Alleman *bolwertz.*

BOVLLE. De *bulla,* acause de la rondeur des bulles qui se font sur l'eau lors qu'elle est excitée : ou plustost de *pola* qui signifie la mesme chose que *pila,* & dont *pila* a esté fait. Festus : *polit, pila ludit.*

BOVQVER. De *buccare*, qu'on a fait de *bucca* qui

signifie *ioué*. *Excerpta ex vet. Lex. Græc.* au chapitre des parties du corps : *buccæ*, γνάθοι. Les Latins ont dit *inflare buccas* à peu prés en cette signification. Horace Sat. 1. du liure 1.

Quid cauſſæ eſt, meritò quin illis Iuppiter ambas
Iratus buccas inflet ?

BOVQVET. Voyez *bois*.

BOVQVIN. M. Naudé en ſon Dialogue : *I'ay autrefois obſerué eſtant à Baſle, que les Allemans appellent vn liure* buc *ou* bouc, *comme quelques-vns prononcent : & d'autant que les plus anciens liures imprimez nous ſont venus d'Allemagne, où l'impreſſion fut trouuée il y a enuiron cent quatre-vingts dix ans, puiſque Iean Fuſt nous donna en* 1461. *le Durandus de Ritibus Eccleſiæ, & Pierre Schoifer la Bible en* 1462. *qui ſont les premiers liures imprimez que l'on ait iamais veu en l'Europe. Cela a eſté cauſe que les François voulant parler d'vn vieil liure, ont dit que c'eſtoit vn* buc *ou* bouquin, *comme qui diroit vn de ces vieux liures d'Allemagne qui ne ſont plus bons qu'à faire des fuſées, & à empeſcher*

Ne toga cordyllis, ne pænula deſit oliuis.

En vn mot les François ont voulu emprunter cette parole des Allemans, comme ils ont fait celle de Roſſe, *non pour ſignifier toute ſorte de cheuaux, comme elle fait en Allemagne ; mais ceux-là particulierement qui ſont recreus,* & *qui iam ilia dicunt, en les appellant* Roſſes *ou vieilles* Roſſes, *comme ils diſent auſſi quelquefois vieux* bouquin. Il eſt vray que *bouquin* eſt vn diminutif de l'Alleman ou de l'Anglois *booke* qui ſignifie *liure* : mais ie ſuis trompé ſi ce mot n'eſtoit en vſage parmy nous deuant l'Imprimerie. L'Alleman *booke* vient du Latin *buxus* ſi on en croit Lipſe epiſt. 44. de la III. Centurie : *Bok etiam vnde librum dicimus niſi quia è ligno & fago, acere, buxo olim pugillares ?* Prudentius :

Buxa crepant cerata.

BOVRACAN. De l'Italien *baracane*.

BOVRBON Archambault. Il y en a qui croyent que ce lieu a eſté ainſi appellé acauſe des bourbes. M. du Buiſſon, qui eſt vn des hommes du monde le plus intelligent dans l'ancienne Geographie, eſtime qu'il l'a eſté de *Bormo*. Ces bains ſont appellez *Aquæ Bormonis* dans la Carte de Peutinger, qui est faite du temps des Theodoses, & l'opinion de M. du Buisson est indubitable.

BOVRDE pour tromperie. De l'Italien *burla*. L en D, comme en *bride* de *briglia*. Voyez *bourdon*.

BOVRDON. Ce mot signifie plusieurs choses. I. vne espece de grosse mouche. II. le son & le murmure que font les mouches, d'où vient BOVRDONNER. III. le gros tuyau d'vne cornemuse, d'où vient *chanter en faux bourdon*. IV. Ce baston que portent les Pelerins. En la premiere signification, d'où les deux suiuantes sont venuës, ce mot a esté fait par onomatopée. En la signification de baston il vient du Latin *burdo* qui signifie *mulet*, a cause que les bourdons, comme les mulets, aydent à marcher, & c'est par cette raison qu'on appelle aujourd'huy à Paris les porteurs de chaises des mulets. Ainsi nous auons appellé vn baston *la haquenée des Cordeliers*, comme les Espagnols *el cauallo de San Francisco*. Et BOVRDES les potences dont se seruent les estropiez pour se soustenir. Daubigny dans son Baron de Feneste: *Il faut que vous confessiez que les boiteux y ont laissé vn amas de bourdes plus haut que le planché de cette salle*. C'est au chap. 5. du liu. II. où il produit ensuitte cette Epigramme:

 Que dites-vous disoit nagueres, &c.
 Tant de bourdes de ces boiteux?
 Qu'en dites-vous? ce sont des bourdes.

De *burdo* on a fait *bourdon*, & *bourde* de *burdus* qu'on a dit pour *burdo*. Calderinus sur l'Epigramme 24. du liure XII. de Martial: *Caballi, equi pusilli dicuntur, quos vulgò* burdos *vocabant*. De *burdus* on a fait en suitte le diminutif *burdinus*, & puis *burdinarius* qui se trouue souuent pour *Pelerin*. BVRDARE se trouue dans Mathieu Paris pour *decertare fustibus more rusticorum, qui Anglis* BVRDONS. Ce mot de *bourdon* au reste est fort ancien en nostre langue. Pierre chap. 62. de l'Histoire des Albigeois: *Baculos quos lingua communi* burdones *vocamus*. Voyez Vossius *de vitiis sermonis* II. 3. & Couuarruuias au mot *bordon*. De la ressemblance aux bourdons on a dit BOVRDONNASSE pour vne sorte de lances. Philippes de Commines liu. dernier chap. 5. parlant de la journée de Fornouë: *Si-tost que les cheuaux eurent vn peu repris leur haleine, nous mismes au chemin pour aller au Roy, ne sachant où il estoit: & allasmes le grand trot, & n'eusmes gueres allé que le veismes de loing, & fismes descendre les varlets & amasser des lances par le camp, dont il y auoit assez, par especial de bourdonnasses qui ne valoient gueres, & estoient creuses & legeres, ne pesant point vne iaueline, mais bien peintes; & fusmes mieux fournis de lances que le matin.*

BOVRDONNASSE. Voyez *bourdon*.

BOVRE. De *burra*. Ausone: *burras, quisquilias*, &c. Voyez *bure*. En Normandie on appelle vne canne *bourre*, vne petite canne *bourrette*, & vn canard *bourrard*. De *bourre* on a fait *bourrée*, acause que les bourrées sont faites d'ordinaire de branches fueilluës. Voyez *bourgeon*.

BOVRFONTAINE. Chartreuse de la Prouince de Valois, au milieu de la Forest de Villiers-Cotréts. Par corruption pour *Bonnefontaine*. C'est ainsi que cette Chartreuse est appellée dans les anciens Tiltres, acause d'vne grande fontaine qui est dans vne de cours.

BOVRG. Cujas liu. III. de ses Obseruations chap. 24. le deriue de πύργος. Casaubon dans ses Commentaires sur Strabon de Βύργος, qui en langage Macedonien & Thracien a esté dit pour πύργος. Les autres le deriuent du Latin *burgus*, qu'ils pensent auoir esté fait de ce mot Grec. En effet dans les Gloses de Cyrille πύργος est interpreté *turris, burgus*, & dans celles d'Isidore *burgos* est expliqué par *castra*. A quoy on peut adjouster que Vitruue liure V. de sa Milice chap. 10. appelle *bourg* vn petit chasteau, & que Iustinien en la Loy 2. §. 3. *de Off. Præf. Africæ*, vse aussi de ce mot en cette signification: *Sicut ex clusuris & burgis ostenditur*. Quoy qu'il en soit, il est constant que c'est vn des plus anciens mots qui soit en toute la langue Germanique, comme il paroist par les villes d'Allemagne qui se terminent en *bourg*, & particulierement par celle d'Aschenbourg, qui estoit si ancienne du temps de Tacite, qu'il dit dans sa Germanie qu'on croyoit qu'elle eust esté bastie par Vlysse. De *burgus* on a fait *burgenſis*, qui ſe trouue dans Yues de Chartres & ailleurs, d'où nous auons fait BOVRGEOIS. De *bourg* viennent *bourgade*, &c. Voyez Voſſius *de vitiis Sermonis* liu. 11. chap. 3. & Cluuerius liu. 1. de ſon ancienne Germanie chap. 13. où il ſouſtient que ce mot *Burg* eſt originaire Alleman.

BOVRGEON. De *burrio*, qui a eſté fait de *burra*. Les bourgeons des arbres ont quelque choſe de velu & qui approche de la bourre. Voyez *bourre*. L'ancienne orthographe de *bourjon* confirme cette Etymologie. Guillaume Cretin dans ſon Epiſtre à Maiſtre François Charbonnier:

Pluſieurs raiſins procedent d'vn bourjon,
Et maille à maille fait-on le hauberjon.

BOVRG-LA-REINE. Village prés de Paris ſur le chemin d'Orleans. I'ay veu chez M. Conrart, homme de grand merite & mon amy particulier, vn vieux manuſcrit tourné de vers en proſe par Nicole Houſſemaine Medecin de Meſſire Iean de Chabannes, tiré de pluſieurs Chroniques tant de Rome que d'Allemagne, nouuellement trouuées & à luy communiquées ſegrettement par aucun de ſes amis; le tout à l'honneur de la Seigneurie dudit Meſſire Iean de Chabannes, où il eſt dit que *Guerard de Dampmartin fort embraſé de la beauté de la Dame Colombe Royne de Friſe, ſe ſubmit iouxter à outrance contre Geffroy Roy de Friſe, par tel conuenant, que ſe il eſtoit conuaincu par ledit Geffroy, ſa femme luy ſeroit renduë, & par ce le Royaume demourroit pacifique, en payant grande rançon à iceluy Guerard, lequel offroit tel combat, eſperant mettre à mort iceluy Geffroy, & par ce eſpouſer ſa femme. Geffroy de Friſe à grant peine y voulut conſentir, toutefois terme fut aſſigné au Briquet prés de Paris, lequel lieu de preſent eſt dit le Bourg la Roine, parce que Guerard y conquiſt par armes la Royne de Friſe. Ils entrerent en champ d'honneur, auquel d'vn coup de lance fut tué Geffroy, & partant iceluy Guerard paruint à ſes fins & eſpouſa la Royne de Friſe.* Tout ce diſcours eſt fabuleux; i'ay bien voulu neantmoins l'inſerer en ce lieu, parce qu'il nous apprend que le Bour-la-Reyne s'appelloit anciennement *Briquet*.

BOVRGVIGNONS. De *Burgundiones*. Ces peuples ont

BO. BO. 137

ont esté ainsi appellez de *burgus*, qui signifie *vn chasteau* (comme nous l'auons fait voir au mot *bourg*) acause des frequentes forteresses qu'ils bastirent sur leurs Frontieres, comme le tesmoignent Orosius liu. VII. chap. 32. Isidore liu. IX. de ses Origines chap. 2. & Luitprandus liu. III. de son Histoire chap. 12. d'où vient qu'Agathias liu. I. les appelle Βυρουζίωνες. Voyez Vossius *de vitijs Sermonis* liu. II. chap. 3. & Gosselin dans son Histoire des anciens Gaulois.

BOVRGVIGNON Salé. De Serre en son Inuentaire sous Charles VII. ann. 1422. parlant d'Aigues-mortes dont les habitans tuerent la garnison des Bourguignons que le Prince d'Orenge y auoit establie: On y monstre encore auiourd'huy vne grande cuue de pierre où l'on saloit les Bourguignons.

BOVRRASQVE. De l'Italien *burrasca*, qui signifie la mesme chose.

BOVRREE. Voyez *boure*.

BOVRRIQVE. De *burichus*, *burricus* ou *buricus*, qui signifie *cheual*. Les Gloses d'Isidore: *Mannulus, caballus, buricus*. Celles de Philoxene: *mannis* βύριχος. Porphyrion sur l'Ode IV. des Epodes d'Horace, interprete pareillement *mannos* par *burricos*. Saint Hierosme dans son Epistre à Pammachius: *Vbi feruentes buricos, comatulos pueros*, &c. & Paulin Epistre X. à Sulpice Seuere: *Longè dispari cultu, macro illum & viliori asellis burico sedentem*. Voyez Meursius en son Glossaire au mot βύριχος. BOVRRIQVE parmy nous se prend pour *asnesse*, comme *burra* & *borricia* parmy les Espagnols, qui disent *borrico* pour *asne*. M. Bochart liu. IV. de son Phaleg chap. 26. deriue l'Espagnol *borrico* de βερκός: *Berkòs pro asino vox Africana est, quam è Libybus acceperunt Cyrenæi*. Hesychius: βερκός, ὄνον Κυρηναῖοι, βαρβαροι, *sup.* ὄνομα, *idest, barbarum vocabulum, & à vicinis barbaris sumptum. Ex quo ipso fonte haustum est Hispanorum* BORRICO. *Neque enim doctos id latet ex Africa in Hispaniam mille monstra vocabulorum vna cum Mauris transfretasse. Atque eodem forte pertinet quod* אלבראק *alborak vocant Arabes iumentum sui Prophetæ, mediæ naturæ, vt quidam volunt, inter mulum & asinum*. Ie ne suis pas de l'auis de M. Bochart, & ie ne fais aucun doute que l'Espagnol *borrico* ne vienne de *burricus*, puisque ce mot estoit en vsage parmy les Latins deuant que les Maures passassent en Espagne, comme il paroist par le lieu de saint Hierosme cy-dessus allegué, car ce Saint viuoit vers la fin du iv. siecle, & les Maures ne passerent en Espagne que vers le commencement du huictiesme. Ie croy mesme que le Grec βυρχὸς a esté fait du Latin *burricus*. *Burricus* est vn diminutif de *burrus*, qui est vn ancien mot Latin, témoin Byrrhus Capitaine des Gardes de Neron, car *byrrus* est la mesme chose que *burrus*, & l'vn & l'autre signifient *roux*, & viennent de πυρρὸς. Les Gloses anciennes : *barus, burrus,* πυρρὸς. *Burrum,* ξανϑὸν, πυῤῥὸν. Festus : *Burrum dicebant antiqui, quod nunc dicimus rufum. Vnde rustici burram appellant buculam, quæ rostrum habet rufum.* Comme les Latins ont dit *burra* d'vne vache, acause qu'elle est de poil rougeastre, ils ont dit de mesme *burrus* & *burricus* d'vn cheual ou d'vn asne dont le poil tire sur le roux. Bonauentura Vulcanius sur le lieu des Gloses que ie viens d'alleguer : *Hodie Hispani* Burram *vocant asellam, quæ colore accedit ad* τὸ πυῤῥὸν. Festus adjouste : *Pari modo rubens cibo ac potione ex prandio burrus appellatur.* Et de là vient le *borracho* des Espagnols pour *yurogne*. Scaliger sur cét endroit : *Eleganter homines ex potione rubentes ait* Burros *à veteribus dictos. Quod verbum eodem sensu retinet Hispanica lingua. Burraceos enim vocant ebriosos; & vas vinarium, burraceam.* Bonauentura Vulcanius dans ses Notes sur le Glossaire pag. 18. *Burrus etiam est rubellus. Vnde putarim Hispanos fecisse suum* borracho, *quo ebriosum significant.* Et pag. 19. *Ex burri appellatione pro eo qui è potu rubet, manauit fortasse* borracho *Hispanorum, quod ipsis ebriosum significat.* De *burrichus* on a formé le diminutif *burrichio*, dont nous auons fait *beurrichon* ou *burrichon* pour *roitelet*, acause de la couleur roussastre de cét oiseau, qu'on appelle aussi *beurrichot* de *burrichiottus* diminutif de *burrichus*. De *burrus* on a fait pareillement *burra* & *burrellum* pour vne espece d'étoffe de couleur rousse, d'où nous auons fait *bure* & *bureau*. Voyez *bure*.

BOVRSE. De *bursa*, dont les Escriuains de la basse La-

BO.   BO.

tinité se sont seruis pour *crumena*, & qui vient de βύρσα, qui signifie *cuir*. Les Flamans disent aussi *beurse* & *borse*, & les Espagnols *bolsa*. Voyez Vossius *de vitiis Sermonis* liu. & chap. 2.

BOVSSOLE. De *buxula*, acause de sa ressemblance à vne boüette. Voyez *boüette*.

BOVT. Ie croy qu'il vient de *bod*, qui est vn mot Celtique qui signifie *le fonds, l'extremité*. Pline liu. III. chap. 16. parlant du Pô: *Metrodorus Scepsius dicit, quoniam circa fontem arbor multa sit picea, quæ pades Gallicè vocetur, Padum hoc nomen accepisse. Ligurum quidem lingua amnem ipsum Bodincum vocari, quod significet fundo carentem, cui argumento adest opidum iuxta Industriam, vetusto nomine Bodincomagum, vbi præcipua altitudo incipit.* Les Allemans disent encore presentement *boden, bodem* & *boddem* pour dire *fonds*, & les Anglois *bottom*. I'ay leu dans vn contract Latin de l'an 1509. *butus* pour dire *bout*: *Ex vno buto*, &c. *& ex alio buto*, &c. Mais ce mot Latin a esté fait sans doute du François *bout*.

BOVTARGVES. On appelle ainsi en Prouence les œufs du muge confits auec de l'huile & du vinaigre. Rabelais IV. 60. *D'entrée de tables ils luy offrent Cauials*, c'est ainsi qu'il faut lire, *Boutargues*. De ὠὰ ταριχὰ en preposent vn B.

BOVTEILLE. De *buticula* diminutif de *butta*, d'où les Italiens ont fait *botte*, & qui vient de βύττις. Cujas liu. IX. de ses Obseruations chap. 26. *Ad L. vinaria D. de verb. sign. Basilica serias interpretantur* βύτιες *nouo vocabulo, quo etiam Hetrusci hodie vtuntur. Nicetas dixit* βύτζια, *& interpretatur* οἰνοδοχεῖα. *Veteres enim Glossæ dogas exponunt* βύτιες: *quod quidem dogarum nomen à Græcis captum videtur, quibus* δοχαὶ *vel* δοχαι *sunt quæ capacitati alicui parata sunt, & capacitates ipsæ vel mensuræ, vt in Aureliano Vopisci:* Facta est ratio dogæ cuparum, nauium. *Doga non vas, sed capacitatem significat. Cupas autem* βύτιες *μεγάλας exponunt veteres Glossæ, easdemque vocari à quibusdam gaulos. Idem buttarum & buticellarum nomen in veteri instrumento apochæ siue plenariæ securitatis legi, quod ligni membrana scriptum extat in Bibliotheca Regis,* &c. Voyez Casaubon sur Capitolin pag. 186. Heron le Mathematicien entre les vaisseaux à vin met aussi κύτα & κύτλις, & par la description qu'il fait de κύτλις, il paroist que ce vaisseau estoit plus large par en haut que par en bas; ce qui me donne quelque pensée que nostre mot *botte* pourroit venir de là, les bottes estant de mesme plus larges par en haut, & estant aussi de cuir comme cette sorte de grandes bouteilles. Car c'est particulierement de ces grandes bouteilles de cuir que ce mot *botte* a esté dit, & on les appelle encore ainsi en Angleterre. De *botte* en cette signification de chaussure vient le diminutif *botine*, & non pas, comme le dit M. Bochart, de κόθυρα, que Suidas interprete vne espece de chaussure. Quant à ce qu'a escrit Gosselin, que nous disions anciennement *brothes* au lieu de *bottes*, comme il paroist par le diminutif *brodequin*, & que *brothes* a esté fait de *othrea* qu'on a dit pour *ocrea*; c'est vne opinion qui n'est pas soustenable. Voyez le, ie vous prie, au chapitre 49. de son Histoire des Gaulois, où il pretend monstrer, contre l'opinion d'Agathias, que les anciens Gaulois ont eu l'vsage des bottes. De *buticula* on a fait *Buticularius* pour celuy qui auoit l'intendance des bouteilles, qui estoit vne charge considerable dés le temps de Charlemagne. Voyez le Glossaire de Pithou & celuy de Spelmannus au mot *buticularius*. Elle a esté long-temps dans la Maison des Bouteillers de Senlis, d'où ils ont pris ce nom de *Bouteillier*, & dont ils ont aussi pris leurs armes qui sont des bouteilles.

BOVTIQVE. De *botheca*, d'où les Italiens ont aussi fait *bothega* qui signifie la mesme chose, & les Espagnols *bodega* qui signifie *vn celier à vin*, *vne caue*; & *bodegon* qui signifie *vn cabaret*. Bonauentura Vulcanius qui dériue ces deux mots Espagnols de *ganea*, se trompe manifestement; c'est dans ses Notes sur les Gloses de Philoxene pag. 103. Caninius dans ses Dialectes à la lettre A dit que l'Italien *botega* a esté fait du Latin *apotheca* en ostant l'A du commencement, comme en *pendice* de *appendix*. M. de Saumaise sur Solin pag. 1274. est d'auis contraire: *Mutant sæpenumero Græci Latinique Γ in B & contrà. Fuit Veteribus* Zotheca. *Latinitas vltima* Iotheca & Gotheca *scripsit. Ita enim in omnibus Sidonij libris antiquitus scriptis ha-*

BO.   BR.   141

betur. Inde nostrum BOTHECA. *Sic vocamus pergulas siue tabernulas in publicum apertas, in quibus operantur sellularĳ opifices, & mercimonia sua habent exposita. Quæ vox non ab* apotheca *deducitur, vt quidam volunt, hoc enim vocabulo significatur horreum vel interior cella, & in penito ædium reposta.*

BOVTONS. Comme les Italiens de *pulsare* ont fait *bussare*, de *pultare* qu'on a dit pour *pulsare* nous auons fait *bouter* qui est vn vieux mot François qui signifie *pousser*; d'où vient *boutoir* instrument de Mareschal, & *boutins de lances* dans Alain Chartier pour coups poussez auec des lances. On dit encore en plusieurs lieux de France, & particulierement en Anjou, *Les arbres boutent* pour dire *poussent*; & à Paris *bouture* des branches des arbres qui estant couppées & mises en terre y prennent racine. On a dit de là *boutons des arbres*, comme qui diroit *poussemens des arbres*, & puis *boutons de pourpoint* par ressemblance aux boutons des arbres. Nous auons aussi appellé *boutons* pour cette raison de ressemblance ces instrumens de fer auec lesquels les Chirurgiens appliquent le cautere actuel, & ces petites boules qui se mettent au bout des fleurets que les Grecs appelloient à cause de leur rondeur σφαίρας & ἐπισφαίρια, comme nous le voyons dans Clement & dans Polybe. Les Italiens vsent du mot de *bottone* en toutes les significations dont nous venons de parler, & de plus pour vne raillerie subtile & ingenieuse, & qui offense sans qu'on s'en puisse plaindre; d'où vient le mot *sbonottare* ou *sbottoneggiare*

BR.

BRACELET. De *bracilettum* diminutif de *bracile*. Le liuret intitulé *Instrumentum plenariæ securitatis*, & qui est du temps de Iustinien: *Fibula de bracile*. BRACILE a esté dit pour *brachiale* qui se trouue dans les bons Autheurs. De *brachiale* on a fait le diminutif *brachialettum*, dont les Italiens ont fait *braccialetto*.

BRAGVE. De *bracca* qui est vn mot Celtique. Diodore le Sicilien liu. v. parlant des Gaulois: χρῶνται δὲ ἀναξυρίσιν

S iĳ

ἃς ἐκεῖνοι βράκας προσαγορεύουσι. Vne ancienne Epigramme rapportée par Suetone en la vie de Iules Cesar:

Gallos Cæsar in triumphum ducit, ijdem in Curia
Galli braccas deposuerunt, latum clauum sumpserunt.

Et c'est de là que la Gaule Narbonnoise a esté appellée *Gallia Braccata*. Voyez Vossius *de vitiis sermonis* l. 2: où il pretend que ce mot est du temps mesme de la confusion de Babel; & dans l'Appendix pag. 797. où il croit que les Gaulois ont pû prendre *bracca* du Grec βράκος pour ῥάκος. Voyez aussi Cluuerius liu. 1. de son ancienne Germanie chap. 8. & 16. Isaac Pontanus en son Glossaire Celtique, & Bayf chap. 20. de son traité *De Re Vestiaria*. De *bracca* on a aussi fait *braye*.

BRAIRE. De *barrire*: ou plustost de *ragire*, qui se dit proprement des asnes. Voyez M. de Saumaise sur l'Histoire Auguste pag. 168.

BRAN pour du son. Ie pense qu'il vient de *brance* qui est vn mot Gaulois. Pline liu. 18. chap. 7. *Gallia suum genus farris dedere, quòd illi* BRANCE *vocant, apud nos sandalum nitidissimi generis.* Les Anglois appellent encore apresent *vranc* & *brank* du son. Voyez Cambden en sa Bretagne. BRAN pour l'excrement de l'homme a esté dit de là par metaphore.

BRANCHE. De *branca*. M. de Saumaise sur Solin pag. 218. *In veteribus agrorum metiendorum auctoribus* branca vrsi *est* bracchium*, inde & bracchia arborum hodie* brancas *vocamus; &* brancarium chiramaxium. *Vetus Romanensis Gallorum lingua* brancam *pro* bracchio *dicebat* branc*, vt sæpe mihi lectum est.* Brancolare *inde Itali hodie dicunt, manibus iter prætentare.*

BRANDON. C'est vn mot ancien qui signifie *tison*, d'où est dit *le Dimanche des Brandons*. Guillaume Cretin en son Epistre à Charles VIII.

Laisseras-tu en dueil & ennuy celles
Que les brandons & viues estincelles
De Cupido atouchent de si prés.

De l'Alleman *brandt* qui signifie la mesme chose. Les Espagnols disent BLANDON. *Brandt* en Alleman signifie aussi *incendie*, & le Titre VII. de la Loy des Frisons qui est *de incendio* est conceu en ces termes: *de brandt*.

BRAQVE. Espece de chien de chasse. De *braccus*, qui se trouue en cette signification, comme aussi *bracco*, & qui a esté fait de l'Alleman *brachen* qui signifie la mesme chose. La Loy des Frisons tit. IV. §. 3. *Canem acceptoricium vel bracconem paruum, quem barmbraccum vocant*, &c. Le vieux Glossaire : *Licisca, bracco*. Marculphe : *Latrat bracco, sed non vt canis*. Voyez Lindembrog & Spelmannus dans leurs Glossaires. Les Saxons ont dit *racha* si on en croit Vlitius dans ses Notes sur Gratius pag. 168. *Integrum fuisse auguror veltracha* (il parle de l'Etymologie de *vertagus* que Gratius appelle *vertraha*) *quod hodie veltbrac diceremus. Velt campum significat. Idque Burgundiones in Veltrai iamdudum, & etiamnum in Veltro suo Itali, quæ à Veltracha formata expresserunt. Ita illi canes hos veloces, quia per campestria & plana venantur, vocarunt.* RACHA *Saxonibus canem significauit : vnde Scoti hodie* RACHE *pro cane fœmina habent, quod Anglis est* BRACHE. *Nos verò* BRACK, il parle des Hollandois, *non quemuis canem, sed sagacem vocamus, forsan κατ' ἐξοχήν vt venaticus pro sagaci*, &c. De *bracus* on a fait le diminutif *bracetus*, dont nous auons fait *Brachet*. Il y a vne famille à Paris & à Orleans qui s'appelle de ce nom de *Brachet*, & qui porte en ses armes vn petit braque. Monsieur de la Milletiere est de cette famille. Il y a eu aussi à Paris vne famille *des Bracs*, dont estoit le President de Brac, qui auoit fait bastir vne Chapelle où sont apresent les Peres de la Mercy, & de laquelle la ruë de Brac a esté ainsi appellée. Quant au tripot de Bracque du faux-bourg saint Marceau, il a pris ce nom d'vn chien bracque qui y pendoit autrefois pour enseigne. Ce tripot est fort ancien, & Rabelais en fait mention liu. 1. chap. 24. *Ce fait issoient hors tousiours conferants des propos de la lecture, & se déportoient en Bracque, ou ez prez, & iouoient à la balle, à la paulme, à la pile trigone.*

BRAQVEMART. Le President Fauchet en son traitté de la Milice le deriue de βραχυμάχαιρα : Quant au braquemart ie ne trouue pas que ce soit arme ordinaire des Cheualiers, & croy ceux qui disent que ces courtes espées viennent de Grece ; ainsi que le mot le porte *brakimachera* signifiant courte espée. C'est

BR.   BR.

aussi l'opinion de Nicod. Ce n'est pas la mienne.

BRASSER. De *braxare* qu'on a dit pour *brasiare*, qui signifie proprement *brasser de la biere*, & qui a esté formé de *brasium* qui signifie *biere*. Thomas Reinesius dans ses diuerses Leçons : *Brachinum & Bratiarium officinam coquendæ ceruisiæ appellarunt Semilatini*. Breuhaus : *Extat apud Indulphum Hist. Angl. scriptorem : Fecit etiam nouum brachinum & nouum pistrinum, omnia de lignorum pulcherrima tabulata. Et alibi : Coquinæ brachini & pistrini vasa & vtensilia contulit Monachis. Hoc in supplice ad Carolum M. libello Monachorum Fuldensium apud Brouuerum lib. 3. Antiq. Fuld. cap. 12. à Bratio. Bratium autem & Brasum hordeum aquatum tostúmque est. Statuta Gildæ seu societatis Burgensium in Scotia cap. 39. Nulla mulier emat in foro auenas ad faciendum Brasium. Hinc brasiare, quod & braxare Poëtæ Anonymo in laudibus Harlemi apud Ioann. de Leydis Chron. Belgic. lib. 1. cap. 11.*

    Quin & ceruisiæ varium braxas genus aptè,
    Quod solet ad multas vtribus ire plagas.

& Brasiatores & Brasiatrices, *de quibus* 1. *Reg. Scot. Constitut. in legibus Burgorum cap.* 69. Voyez Spelmannus & Wats dans leurs Glossaires, & Vossius *de vitiis Sermonis* II 3.

BRAYES. Voyez *brague*.

BRE' pour de la poix. De *bretia* ou *brutia*. M. Bochart liu. 1. chap. 23. des Colonies des Phœniciens : *Brutiam seu Σπετσίαν picem hodie brę vocamus lingua vulgari, & Hispani brea; vnde brear nauios picare naues. Et bruttare Italis est inquinare, tanquam pice Brutia, quia ὁ ἁπλόχδρος πίσσης μολυνθήσεται ἀπ᾽ αὐτῆ, qui tetigerit picem inquinabitur ab ea Ecclef.* XIII. 1. BRVTIA se trouue en cette signification dans Pline liu. XVI. chap. XI. *Pix liquida in Europa coquitur naualibus muniendis, &c. aceto spissatur, & coagulata Brutia cognomen accipit. Et Σπετσία* dans le grand Etymologicum : Σπετσία, μέλαινα πίσσα ᾗ βάρβαρος. La Brutie estoit fertile en bonne poix, d'où la poix a pris ce nom. Voyez M. Bochart au lieu allegué.

BREBIS. De *berbix* dont les Latins se sont seruis pour dire la mesme chose. Le Lexicon Grec-Latin : *berbix*,

BR. BR. 145

ἕανν. Les Gloses de Cyrille pag. 589. πρόϐατοι ἄρρον, verbella, ouis, verbis. πρόϐάτειον κρέας, hæc veruecina. Vopiscus en la vie d'Aurelian : *Vehementissimè autem delectatus est Phagone, qui vsque eo multùm comedit, vt vno die ante mensam eius aprum integrum, centum panes, berbicem & porcellum comederet*; car c'est ainsi que portent les meilleurs manuscrits, & non pas *veruecem* comme les imprimez, selon le tesmoignage de M. de Saumaise sur ce lieu de Vopiscus. Les Loix des Allemans tit. 99. §. 1. *Si quis gregem de porcis aut de vaccis, vel de berbicibus in pignus tulerit*. L'Autheur de la Collation des Loix Mosaïques & Romaines s'est pareillement seruy de ce mot tit. xi. & Anianus & Paulus Monacus. Voyez Lindembrog dans son Glossaire, & Pierre Pithou dans ses Notes sur la Conference des Loix Romaines auec celles de Moyse au lieu allegué. *Berbix* vient de *veruex*. *Veruex*, *berbex*, *berbix*. De *berbix berbicis* on a fait *berbigale* & *berbigarius*, & puis par contraction *bergale* & *bergarius*, d'où est venu BERCAIL & BERGER. *Berbigarius* se trouue dans les Loix des Allemans tit. 99. §. 3. *Et quod de berbigario aut vaccario fit*, &c. Et *bergarius* se trouue dans des Ordonnances d'Edoüard III. rapportées par Cambden pag. 578. de sa Bretagne : *Pro vaccarijs & Bergarijs oppidum extruxit*.

BRECHE. De l'Alleman *brechen* qui signifie *rompre*; d'où nous auons aussi fait *ébrecher*. BRECHEN a esté fait de *brix* qui est vn ancien mot Gaulois. Buchanan liu. 11. de son Histoire d'Escosse : *Apud Scotos à* DRIX *quod* veprem *significat, declinatur* DRIXAC; *& à* BRIX *quod* rupturam *indicat* BRIXAC, *quod nunc Galli pronuntiant* BRISSAC. *Quod enim* brix *Scotis dicitur, id Galli adhuc* bresche *appellant nullo discrimine in vocum significatione. Scriptura vt discrepet in causa est, quòd veteres Scoti & adhuc vniuersi Hispani* X *litera pro duplici* SS *vtebantur. Itaque veteres Galli à* Brix *Cœnomanorum oppidum* Brixiam *nominarunt, & à* Brixia *rursus* Brixiacum, *quod vulgò* Brissacum. BRISAC d'Allemagne est appellé dans les anciens Itineraires *Brisuscus*, & BRISSAC petite ville d'Anjou est appellée dans les vieux tiltres *Brigidi saccus*, & dans les moins anciens *Broche sac*.

BREF, comme quand on dit *Bref du Pape*. De *breuis* ou

T

breue qui se trouue pour *chartula* ou *libellus breuis* dans le Code Iustinien en la Loy 5. *De conu. Fisci debit.* en la Loy derniere *De fide instrum.* en la Loy 1. *De Apochis*, en la Loy derniere *De appellat.* dans Rufus Festus, dans Vopiscus, dans Saint Hierosme, dans Saint Gregoire le Grand, dans Symmaque & dans Cassiodore. Les Grecs ont fait de *breuis* βρέβιον, & ce mot se trouue dans vne Epistre de l'Empereur Iulian à la Communauté des Iuifs, dans Zonaras & dans Anna Alexiades. Voyez Cujas sur la Loy v. au Code *De conu. Fisci debit.* & Lindembrog, Spelmannus & Meursius dans leurs Glossaires. De *breue* on a fait le diminutif *breuettum*, d'où nous auons fait *breuet* pour dire vn rescrit du Roy. Anciennement ce mot de *Bref* se prenoit pour vne lettre. Lancelot du Lac: *Fist faire lettres qui disoient; Ia nul ne soit si hardy qui là sus monte, s'il ne veult combatre à Sornehault du Neufchastel; & quand il eut fait ce brief si fist mettre vne Croix au pied de la montagne, & illec fit seeller le brief.* En Alleman on appelle encore apresent *brief* vne lettre missiue. Le mot *breuet* se prenoit aussi anciennement pour vne reconnoissance par laquelle on confessoit auoir receu quelque chose : ainsi on disoit *passer breuet de la somme de* &c. Voyez Nicod au mot *breuet*. Encore aujourd'huy en Normandie on appelle vne obligation *vn breuet*.

BREHENNE ou *brehaigne*. De l'Anglois *barrayne* qui signifie *sterile*. L'Anglois vient de l'Alleman. Isaac Pontanus liu. vi. des Origines Françoises chap. 24. expliquant le mot *onberenti* qui se trouue dans l'Harmonie des iv. Euangiles de Tatianus traduite en vieille langue Teutonique : ONBERENTI sterilis, *hodie* onbruchtber. ONBERENTI *autem ab* on *priuatiuo &* beren *quod* gestare, ferre hodiéque *Danis est. Vnde &* berie *&* berrie *nobis* feretrum. ONBERENDE *ergo quasi* non ferens, *fructum puta aut vterum.* BARNO filij, liberi. *Anglis adhuc & Danis eo sensu vsurpatur. Est autem à* baëren, *quod est* generare.

BRESAGVE. Voyez *Fresaye*.

BREST. Port de mer dans la Bretagne. De *Briuates* genitif de *Briuas.* Scaliger sur Ausone liu. ii. chap. 14. *Ab*

Abricantis ad Briuatem portum, qui hodie concisum seruat nomen vetus BREST.

BRETAIGNE. Des habitans de la Grand' Bretagne, qui estans chassez de leur pays par les Anglois, occuperent cette Prouince. M. de Valois pag. 212. de son Histoire de France: *Britanni complures, subacta ab Anglis nobilissima parte Britanniæ Insulæ, externæ dominationis intolerantes, in tractum Armoricum, Duce Rioualo emigrauerant Placidi Valentiniani Principatu, & in finibus Venetorum, Curiosolitorum, & Osismiorum consederant, regionémque Britanniam appellauerant.* Il y a diuersité d'opinions touchant l'origine de ce mot *Bretagne* en la signification du Royaume d'Angleterre. Voyez Argentré en son Histoire de Bretagne, Cambden en son Angleterre, Bodin en la Methode de son Histoire, Isaac Pontanus en son Glossaire, Buchanan liu. 1. de son Histoire d'Escosse; & sur tout M. Bochart pag. 720. de son traitté des Colonies des Phœniciens, où il dériue *Britannia* de Βρεταννική, qu'il soustient auoir esté fait du Syriaque ברת־אנק *barat-anac*, c'est à dire, *ager stanni & plumbi*, a cause des mines d'estain qui sont dans les Isles Britanniques, d'où elles ont esté aussi appellées *Cassiterides* par les Grecs & par les Romains. A quoy on peut adjouster ce que M. de Salmonnet en son Histoire des Troubles de la Grand' Bretagne remarque de la Cour de l'Estain : *La Cour de l'Estain auoit esté establie dans la Prouince de Cornüäille, d'où se retire le meilleur estain du monde ; & c'estoit en faueur de ceux qui trauailloient dans les mines, afin qu'ils ne fussent point obligez de sortir de la Prouince pour plaider*, &c. C'est au liu. III. pag. 303.

BRETESCHE. Vieux mot qui signifie vne forteresse à creneaux, & aussi le lieu public où l'on fait les cris & proclamations de Iustice. De l'Italien *bertesca*, qui se dit de cette barriere qu'on met d'ordinaire deuant la porte des Palais.

BREVET. Voyez *bref*.

BREVNCHE. On appelle ainsi dans l'Anjou & dans quelques autres Prouinces la lie de l'huile. De *fraces* dont les Latins ont vsé en cette signification, & qui se trouue dans

Pline liu. xv. chap. 6. dans Columelle liu. vi. chap. 13. & dans Aulugelle liu. ii. chap. 7.

BREVVAGE, par transposition de lettres pour *beuurage*, qui se trouue dans les anciens liures, & qui vient de *biberagium* qui a esté fait de *bibere*, comme ABREVVER de *adbibere*. De *inbibere* on a fait de mesme *enbuuer*. L'Autheur du liure intitulé *Flandria illustrata* pag. 581. de l'Auctarium sur le Tome II. rapporte vne vieille lettre, où il est dit : *Lequel fossée Monseigneur Ian a fait faire à son mesme despens pour enbuuer les cheuaux des passants.*

BRICOLE. Machine de guerre. Magius liu. 1. de ses diuerses Leçons chap. 1. *Sunt Trabucchi machinæ lithobolæ (eiusdem generis ferè sunt & Briccolæ vocatæ) quibus auorum nostrorum memoria vasti molares in hostes iaciebantur, quibus Turcarum Imperatorem dum Eubœam expugnaret, vsum esse, atque his nedum saxa prægrandia, sed etiam equorum integra cadauera putrescentia, intra vrbem esse eiaculatum constat,* &c. *illud non est ignorandum Briccolis ex editioribus locis turribusque ipsis saxa eiaculati consueuisse, cuius rei nos admonet liber* III. *iuris municipalis Florentinorum, in quo ciues priuatim in turribus briccolas habere prohibetur.* Le President Fauchet liu. II. de son traitté de la Milice : *Les Fondelfes laschoient ausi des pierres ainsi que les frondes à main, lesquelles se nommoient ausi Bricolles, quand elles estoient instruments de guerriers, pour la reuerberation & sault que les pierres rondes faisoient heurtant les murailles,* ce dit *Abon*, parlant des *Normands* qui employoient cét instrument au siege qu'ils tenoient deuant Paris l'an 887. *Turri properantes, quam feriunt fundis.* Tout de mesme que l'estœuf bat celles d'vn ieu de paulme qui s'appelle à Bricolle quand il n'y a qu'vn toit du costé du seruice : à la difference des ieux faits en halles, qui ont des toits & galeries de costé & d'autre, tels ieux appellez *Blouses* à Orleans pour le son de l'estœuf heurtant dans le fonds de ces lieux caues, au bout desquels il y a des nates pour rabattre le coup, afin qu'il ne rejalist dans le ieu, ains tombast dans le trou de la Blouse.

BRIDE. De *brida*, qui a esté fait de ῥύω qui signifie *traho*; ῥύω, ῥυτὸς, *ryta*, *bryta*, *brida*, BRIDE. Au lieu de *bryta* on a dit *brytia*, d'où les Italiens ont fait *briglia*. Les Anglois disent *bridle* de *brytula*.

BRIE; Prouince. Pierre Pithou en son traité des Comtes de Champagne pag. 460. dit que cette Prouince a esté ainsi appellée du mot *abri*, acause que le pays de la Brie est fort couuert : *I'ose dire que la Brie (laquelle la Charte du testament de Dagobert semble appeller en son Latin* Brigeium *, & les plus anciens memoires de l'Abbaye de Rebais sur la fin d'*Aymoinus Brigiensem saltum*) a esté ainsi appellée du mot François qui signifie proprement ce que les Veneurs en leur terme appellent* couuert*, l'opposants à la campagne* : lequel mot on vsurpe encore auiourd'huy assez communément quand on dit se mettre à l'abry. Dans vn ancien memoire de Sens dont M. Besly fait mention en son Histoire des Comtes de Poictou pag. 97. cette Prouince est appellée *Bieria*, & ie croy que c'est de ce mot que nous auons fait celuy de *Brie*. Strabon & Stephanus disent que *Beia* signifie ville.

Brisser p. 725.

BRIGANDS. Le President Fauchet dans son traitté de la Milice chap. 1. le deriue de *brig* ou *brug*, qui est vn mot Gaulois qui signifie *pont*, acause que les passages des ponts sont propres pour les voleries & brigandages. Il est vray que ce mot *brig* signifie pont, comme nous le faisons voir au mot *briue*. Mais ce qui m'empesche d'estre de l'auis du President Fauchet, c'est que ce mot de *brigand*, comme celuy de *latro* a autrefois esté pris en bonne part, & signifioit vn homme de guerre armé de brigandine. Nicod estime qu'il peut venir de l'Alleman *berggan*, qui signifie vn homme qui erre parmy les montagnes, vn bandoulier. Et en effet les Portugais disent *bergante* ce que nous disons *brigand*, & les Italiens *bergantino* pour ce vaisseau de bas bord que nous appellons *brigantin*, & qui a esté dit sans doute de *brigand*, acause que les Brigands de mer & les Corsaires s'en seruoient ordinairement. Pour moy ie crois que *Brigands* vient de *Brigantes* peuples d'Hibernie, qui sous l'Empire Romain passerent en Angleterre, dont ils rauagerent toute la partie Septentrionale : & c'est aussi l'opinion de M. Ciron en ses Paratitles sur le Droict Canon pag. 410. où il propose encore vne autre Etymologie de ce mot. *Galli vocant* Brigan-

p. 725.

150 BR. BR.

dos *vel potius* Burgandos *à Burgando insigni prædone qui in partibus Aquitanicis tempore Nicolai* 1. *Papæ violentas depredationes exercebat, vt liquet ex can. de viuo* 12. qu. 2. *Nisi originem longius repetentes à Brigantibus populis Hiberniæ latrocinio & prædæ deditis deducere malimus, de quibus Tacit. lib.* 12. *Annal.* Voyez Nicod aux mots *brigants* & *brigantine*.

BRIGNOLES sorte de prunes. De Brignole ville de Prouence d'où elles viennent.

BRIGVE. De *briga*, dont les Autheurs Latins du bas siecle ont vsé pour *lis, iurgium*. Albertus Argentinensis en l'an CIƆCCLXIV. *Orta briga inter Henricum Comitem de Baden-Weiller & Neuenburgenses.* Et en l'an CIƆCCLXXVIII. *Rex Boemiæ absque briga viuens quietè.* Vous trouuerez dans le mesme Autheur *imbrigare* pour *liti insoluere*. Voyez Vossius *de vitijs Sermonis* II. 24. & Spelmannus en son Glossaire. Ie ne sçay pas d'où vient *briga*.

BRIMBORION. De *breuiarium*, dont on a fait *brebiarium* qu'on a prononcé en suitte *brimborion*. C'est l'opinion de Pasquier VII. 62.

BRIN. De *linum* en y preposant vn B. *Linum, blinum*, BRIN.

BRINDE, comme quand on dit en beuuant, *brinde à vostre Seigneurie*. C'est vne façon de parler qui est venuë des Flamans qui disent *ich brink u* quand ils portent vne santé, qui veut dire mot pour mot *ie vous le porte*. Les Italiens ont aussi pris de là leur *facio vn brindis à V. S.*

BRINDESTOC. On appelle ainsi dans la Flandre Françoise ces grands bastons auec lesquels on saute les canaux. Du Flaman *springstok*, qui veut dire la mesme chose, & qui est composé de *springhen* qui signifie *sauter*, & de *stok* qui signifie *baston*.

BRIQVE. De *brica*, dont on s'est seruy vray-semblablement dans les derniers siecles de la Latinité pour dire la mesme chose, & qui a esté fait de *imbricare*, qui se trouue pour *imbricibus tegere*, c'est à dire *couurir de tuiles*. Sidonius Apollinaris liu. II. epist. 2. *Cùm ab angulis quadrifariam concur-*

BR. BR. 151

rentia dorsa cristarum, tegulis interiacentibus imbricarentur. Le vieux Glossaire : *imbrices*, καλυπτῆρες. *Imbricat*, σκέπει, καλύπτει. Les Gloses Grecques-Latines : καλυπτηριάζω, *imbrico*. Pline liu. 1. chap. 1. *Supernè tantùm imbricatas flexibus vertebris.*

BRISER. Quelques-vns ont crû que ce mot exprimoit le bruit que fait vne chose qu'on rompt, & qu'il a esté fait par onomatopée. Ie tiens, pour moy, qu'il vient du mot Celtique *brix* qui signifie *rupture*, comme nous l'auons dit au mot *breche*: ou du Latin *brisare* qu'on a dit pour *presser, espreindre*, ainsi que nous l'apprenons de Cornutus sur la 1. Satyre de Perse. *Brisa* se trouue dans Columelle pour de la vendange foulée : *Posteà vinaceos calcare adiecto, recentissimo musto, quod ex alijs vuis factum fuerit, quas per triduum insolaueris : tum permiscere, & subactam brisam prælo subijcere.* C'est au chap. 39. du liu. XII. Ie croy que *briso* a esté fait de θλίβω, *premo*. Or comme on rompt les choses sur lesquelles on pese bien fort, on peut auoir dit *briser* pour *rompre*. De ce mot *briser* on a fait *brisées*, qui sont proprement les rameaux que les Veneurs rompent en questant la beste, & qu'ils jettent à costé parmy les bois pour reconnoistre leur enceinte. Et de là nous auons dit par metaphore *retourner sur ses brisées* pour dire *retourner à son propos*.

BRISSAC. Petite ville prés Angers. Voyez *breche*.

BRIVE LA GAILLARDE. Ville dans le Lymousin. Cette Ville est appellée en Latin *Briua Curetiæ*, comme Pontoise *Briua Isaræ* ; ce qui a fait croire à plusieurs que ce mot *Brue* est vn mot Gaulois qui signifie *pont*. Voyez Cluuerius liu. 1. de son ancienne Germanie chap. 1. & le President Fauchet chap. 1. de son traitté de la Milice, où ils estiment que Brioude ville d'Auuergne a eu aussi ce nom d'vn arc ou d'vn pont de merueilleuse grandeur, basty sur vne riuiere qui passe auprés de cette Ville. Et en effet elle est appellée *Briuate* dans Sidonius Apollinaris, & *bridge* en Anglois signifie *pont*. Il y a plusieurs lieux dont le nom est terminé en *briga*, comme *Samarobriga* qui est Amiens, ainsi que M. du Buisson l'a manifestement demonstré ; & il y a apparence que *briga* est la mesme chose que *briua*. Buchanan liu. 11. de son Histoire

d'Escosse dit que *briga* signifie *ville*. Ses paroles meritent
d'estre icy rapportées: Briam Strabo lib. 7. *& cum eo consentiens
Stephanus ait vrbem significare*: Id vt confirment, hæc nomina
inde facta proferunt Pvltobria, Brvtobria, Mesimbria
& Selimbria. *Sed quæ illis est* Brutobria *aliis est* Brutobrica,
& quæ Ptolemæo finiuntur in briga, *Plinio exeunt in* brica, *vt
verisimile sit* Briam, Brigam *&* Bricam *idem significare*. Verùm
originem omnibus è Gallia esse vel hinc apparet, quod Galli antiquitus
in Thraciam & Hispaniam, non autem illi in Galliam colonos misisse
dicuntur. Igitur apud Scriptores idoneos hæc ferè huius generis legun-
tur, &c. Il cite apres. cela quarante-cinq noms terminez en
briga, & les Auteurs dont ils sont tirez.

BROCARD. Vossius *de vitiis sermonis* liu. & chap. 11.
est d'opinion qu'on a dit *brocardica* quasi protarchica, hoc est
πρῶται ἀρχαί, *prima elementa, vt* Brocardica iuris Azonis.

BROCHET. De *brochettus* diminutif de *brochus*, qu'on
a dit de celuy de qui la levre de dessus est grosse & enflée.
Les Gloses: brocchus, ὁ τὸ ἄνω χεῖλος ἀδικώς. Varron liu. 11.
de Re Rustica chap. 7. *Quum dentes facti sunt brocchi, & supercilia
cana, & sub ea lacunæ, ex obseruatu dicunt eum equum habere annos
sedecim*. Pline liu. xi. chap. 37. *Labra, à quibus* Brocci, Labeones
dicti, &c. Dans Trebellius Pollio il est fait mention d'vn
homme appellé *Iunius Brochus*.

BRODEQVINS. De l'Espagnol *bordegiez*.

BRODEVR. De *bordeur* par transposition de lettres.

BRONCHER. De *pronicare* qui a esté fait de *pronus*.
Pronus, proni, pronicus, pronicare, broncher. Les Italiens appellent *bronchi* ces chicots de bois qui font broncher.

BROVAILLES, c'est à dire *intestins*. De *burbalia*. Le
petit Glossaire intitulé *Vocabula rariora collecta è Glossis veteribus*: Bvrbalia, *intestina*. On prononce *brueilles* en Normandie, où on dit *ebrueiller du poisson* pour *euenter*.

BROVET. De *brodettum* diminutif de *brodum* qu'on
a dit pour *brodium* qui se trouue en cette signification dans
Gaudentius au 111. traitté *de Paschate*, & qui vient de βλύδιον,
λ en γ, comme *grama* de γλάμα, Hesychius: βλύδιον, ἰηχὸς
ζέον.

BR.　　BR.　　153

ζέον. Voyez M. de Saumaise sur l'Histoire Auguste pag. 411. Les Italiens de *brodum* ont dit *brodo*. *Brodium, brodum, brodettum,* BROËT, BROÜET. Pontanus se trompe qui dériue le François *broüet* de l'Anglois *bread*, ou *broët* qui signifie *pain*.

BROVETTE. De *birotetta* diminutif de *birota*, qui se trouue en la Loy VIII. *de cursu publico* au Code Theodosien. Dans le mesme Code en la Loy I. *de Curiosis*, vous trouuerez *birotum* : & dans l'Onomasticon Grec-Latin pag. 18. *birotum*, δίτροχον. On a dit *birotum* & *birota*, acause des deux roües qui estoient à cette espece de carosse, comme *petoritum* acause des quatre. Festus: *Petoritum & Gallicum vehiculum esse, & nomen eius dictum existimant à numero quatuor rotarum. Alij Oscè, quod ij quoque petora quatuor vocent. Alij Græcè, sed* Aἰολικῶς *dictum.* M. Bochart en son liure des Colonies des Phœniciens pag. 746. *Petoritum Festus dici existimat à numero quatuor rotarum. Nempè Massiliensium à quibus Galli numeros didicerant, dialectus erat Æolica. Nam ex Phocea venerant quæ est vrbs Æolidis. Æolibus autem* πίσυρες, πίτυρες *& * πέτορες *idem sunt quod Ionibus* τέσσαρες. *Cambri hodie dicunt* peduar, *& Britanni Galliæ* peuar. Scaliger sur les Catalectes : CISIVM *proprium fuit Galliæ Cisalpinæ, vt* PETORITVM Oscorum. *Quod ita dictum quod quatuor rotas haberet : nam* πέτορα *pro* τέσσαρα *Tarentini dicebant*, &c. Aujourd'huy nostre broüette n'a qu'vne roüe, comme *pabo* dont les Gloses d'Isidore font mention : *pabo, vehiculum vnius rotæ.* Et *carruca* : L'Onomasticon Grec-Latin : *carruca,* μονότροχος.

BROVILLER. Peutestre de *brogliare*, qui a esté fait de *broglio* qui signifie *bois*. Voyez *brueil*. De *brogliare* on a dit *inbrogliare*, d'où nous auons fait *embroüiller*. Nous auons dit de mesme *embarrasser* du mot de *barre*, & *encombrier* de celuy de *combri*, & *frasque* de *frasca*, qui signifie *rameau*. Voyez *encombre* & *frasque*.

BROVINE. De *pruina*, P en B. Les Italiens, de *pruina* ont fait de mesme *brina*.

BROVTER. Perionius pag. 53. le dériue de βρύθειν, & Gosselin dans son Histoire des Gaulois chap. 8. de βρόσκειν. Ie suis de l'auis de M. Bochart qui le dériue de βρύτην,

V

Hesychius: βρύτἰν, ἐσθίειν. βρύξαι, δακεῖν, καταπιεῖν.

p. 775.   BRV. De *nurus*. *Nurus, rurus, brurus, brusus*, BRV. On y a preposé vn B, comme en *bruit* de *rugitus*, &c. Les Gascons disent encore apresent *nore*. Ou de l'Alleman *bruyt* qui signifie *vne espousée*.

p. 688.   BRVEIL. C'est vn ancien mot François qui signifie *vn bois, vn parc*. La Coustume d'Anjou article XXXVI. *Qui n'a forest ou breil de forest, ou longue possession, n'est fondé d'auoir chasse defensable à grosses bestes, s'il n'est Chastelain, pour le moins. Et est reputé breil de forest vn grand bois marmentau ou taillis, auquel telles grosses bestes ont accoustumé se retirer ou frequenter.* De *broilum* ou *broilus*. Les Capitulaires de Charlemagne : *De broilo ad Attiniacum Palatium*. Ceux de Charles le Chauue pag. 459. *In broilo Compendij Palatij*. Auesgaudus en ses Lettres : *Cum silua quæ vocatur* broilus. Voyez le Pere Sirmond dans ses Notes sur les Capitulaires de Charles le Chauue au lieu allegué, & M. Besly dans ses Remarques sur les Memoires de la Gaule Aquitanique. Pour *broilum* on a aussi dit *brolium* & *briolium*. Luitprandus Ticinensis liure III. chapitre 4. de son Histoire des Choses de l'Europe : *Sed & inter cetera quasi esset priuilegium amoris, concessit ceruum quem is suo in brolio venaretur, quasi quod nulli vnquam nisi clarissimis magnisque concessit amicis*. Et dans sa Legation à l'Empereur Nicephore : *Sed & idem Nicephorus in eadem cœna me interrogauit, si vos periuolia, idest briolia, vel si in periuolijs onagros vel cetera animalia haberetis. Cui cùm vos brolia & in brolijs animalia, onagris exceptis, habere affirmarem: Ducam te, inquit, in nostrum periuolium, cuius magnitudinem*, &c. M. de Saumaise sur l'Inscription d'Herodes Atticus dans l'Addenda, estime que *brolium* ou *briolium* a esté dit par corruption pour *peribolium* : BRIOLIVM vel BROLIVM pro peribolium. *Inde vox Gallica vetus* BRVEIL, *quæ syluam significat*: νεὼ περίβολον *Græci vocant, non tantùm templi muros, sed totum illud conseptum, quo vineæ, arbores, hortíque templo circumjacentes includuntur. Ælianus lib.* XVII. *cap.* 47. *Histor. Animal.* ἔχει ἐν τῷ νεὼ περιβόλῳ ἡ δαρσὺς ὀρνίθας πολλὰς τρέφεσθαι φησὶ, &c. *Hinc* περίβολος & περιβόλιον

BR. BR. 155

recentioribus Græcis hortus, vel sylua muris circumsepta. Parcum vulgo vocamus. Vossius de vitiis Sermonis liu. 11. chap. 2. est de mesme aduis, & cite pour cela le passage cy-dessus allegué de Luitprandus en sa Legation. J'estime pour moy que broilum a esté fait de brogilum qui se trouue dans de vieux liures. Le Capitulaire de Charlemagne de villis propriis art. 46. Vt lucos nostros, quos vulgus brogilos vocat, &c. Brogilum est vn mot Gaulois, qui vient de bro, qui signifioit ager, comme nous l'auons fait voir au mot Allobroges, & qui vray-semblablement a esté pris aussi pour ager arboribus consitus. Gilum n'est qu'vne terminaison. On a fait brueil de brogilum, comme Autueil de Autogilum; Chassenueil de Cassinogilum; Bonueil de Bonogilum; Vernueil de Vernogilum; Marueil de Marogilum, &c. Cassinogilum, Eurogilum, & Bonogilum se trouuent dans l'Autheur Anonyme de la vie de Louis le Debonnaire, qui viuoit du temps mesme de ce Roy. Vn des quartiers de la place de Venise s'appelle broglio, acause qu'il y auoit autrefois vn bois en cét endroit, & parce que c'est en ce quartier-là que les Senateurs s'assemblent pour parler des affaires publiques, on a dit de là far broglio & imbrogliare. Voyez brouiller.

BRVIRE. De rugire, comme BRVIT de rugitus, dont les Espagnols ont aussi fait ruido. On y a preposé vn B comme à BLESSER de læsare, à BRAIRE de ragire; ainsi les Herbolistes ont dit bruscus pour ruscus. Rugitus a esté dit non seulement du rugissement du Lyon, mais encore du brayement de l'asne. Iob VI. 5. Nunquid rugiet onager cum habuerit herbam? Et du cry de l'homme: Antequam comedam suspiro, & tanquam inundantes aquæ sic rugitus meus, dans le mesme liure ch. III. 24. Et du rut des cerfs. Voyez rut.

BRVLER. M. de Valois le jeune, homme de profonde erudition, croit qu'il vient de præustulare. M. Guyet le deriue de brusulare, & ie suis de son auis. De βρύζν qui signifie spumam eijcere & quasi florem emittere, ἐξανϑεῖν, ἀναβλύζν, ἀναπηδᾶν, d'où vient qu'on a appellé obrysum l'or le plus epuré, quod sæpius recoctum est, & coctionibus purgatum. De βρύζν, dis-je, les Latins ont fait brusare, comme il paroist par le mot

V ij

bruſar dont les Lombards ſe ſeruent encore apreſent, & dont les Italiens ont fait *abbrucciar*. De *bruſare* on a fait en ſuitte *bruſulare*, d'où nous auons fait BRVLER.

BRVN. Du Flaman *bruin* ou de l'Alleman *braun*, qui ſignifient la meſme choſe, & d'où les Italiens ont auſſi fait *bruno*. *Brunus* pour *fuſcus* ſe trouue dans Turpin en la vie de Charlemagne & dans l'Hiſtoire de Hongrie de Turocius. Voyez Voſſius *de vitiis Sermonis* II. 3. & Scaliger contre Cardan CCCXXV. 17.

BRVNIE. Vieux mot qui ſignifie *cuiraſſe*. De *brunia* ou *brunea*, qui ſignifient *caſque* ou *cuiraſſe*, car il n'eſt pas bien conſtant lequel des deux. *Brynn* en vieux Saxon ſignifie *caſque*, ce qui fait croire à Voſſius que *brunia* ſignifie la meſme choſe : mais d'vn autre coſté *thorax* & *lorica* ſont interpretez dans le Dictionaire Latino-Theodiſque par le mot *brunia*, ce qui luy fait croire auſſi qu'il ſignifie *cuiraſſe*. Voyez le liu. II. *de vitiis Sermonis* chap. 3. & 9. & dans ſon Appendix pag. 805. Quoyqu'il en ſoit *brunia* ſe trouue en pluſieurs lieux des Capitulaires de Charlemagne. Voyez Pithou & Lindembrog dans leurs Gloſſaires, le P. Sirmond dans ſes Notes ſur les Capitulaires de Charles le Chauue pag. 76. & le Preſident Fauchet en ſon traitté de la Milice chap. 1. où il prend *brunie* pour vne arme deffenſiue.

BRVSQVE. De l'Italien *bruſco*, qui ſignifie proprement *acre, aigret*. Ainſi on dit *vino bruſco* pour dire du vin verd: mais qui ſe prend auſſi pour *prompt & cholere*. *Bruſcamente* eſt expliqué dans la Cruſca par *adiratamente*. Les Eſpagnols vſent auſſi de *bruſco* en la meſme ſignification.

BV.

BVBON. M. de Saumaiſe dans la Diſſertation qu'il m'a fait l'honneur de m'adreſſer touchant la Tragedie d'*Herodes Infanticida* pag. 213. le dériue du Grec βουβών : βουβών *Græcè locus eſt inter femora & pudendum. Eodem nomine ſignatur & tumor qui in illis partibus oriri ſolet. Vnde & βουβωνιῶν dicuntur qui*

BV.   BV.   157

eo morbo laborant. Hinc & Galli bubon *vocant omnem tumorem, & præcipuè qui in peste correptis se ostendit, modò in illo quem dixi loco, modò in aliis partibus corporis. Sed sæpius inter femur & pudendum pestifer* βȣβὼν *surgere consueuit. Vnde &* βȣβῶνος λύμη *pro peste apud Græcos & recentiores.* Luem inguinariam, *qui eorum scripta Latinè verterunt, vocare solent, vt Historia Tripartita Auctor & Anastasius. Non ea est lues venerea, vt quidam interpretati sunt, sed lues pestifera & contagiosa.* Inguen *autem Latini id nominarunt, qui Græcis est* βȣβών. *Hinc à loci vicinitate pudenda ipsa vocarunt* inguina. *Nos Gallicè vocamus* les aisnes, *qui Græcis* βȣβῶνες.

BVCHE. Voyez bois.

BVEE. On appelle ainsi la lessiue dans les Prouinces d'Anjou, du Maine, de Touraine & de Normandie. De *bucata* qui a esté fait de *buca* qui signifie *trou*, pource que la lessiue se fait par le trou d'vne cuve, ou, comme nous disons en Anjou, d'vne panne. Les Allemans disent pareillement *buke* pour dire *lessiue*, & les Italiens *bucato*; d'où vient *boüet* qui est vn mot dont on se sert en plusieurs Prouinces pour dire *trou*. Bvca peut auoir esté dit pour *bucca*, a cause que la bouche est vn trou.

BVFFE. Voyez *rebuffade*.

BVFFET. Les Espagnols disent aussi *buffette*. Ie ne sçay s'ils ont emprunté ce mot de nous, ou si nous le tenons d'eux.

BVFLE. De *bufalus* qu'on a dit pour *bubalus*, comme l'a remarqué M. de Valois liu. VIII. de son Histoire des choses de France, parlant de la mort de Theodebert arriuée par la cheute d'vn arbre qu'vn Busle qu'il chassoit fit tomber sur sa teste : *Nec est quòd quis miretur bubalorum vel boum serorum in Gallia fieri mentionem. Nam Fortunatus Presbyter, in libri* VII. *carmine* 4. *ad Gogonem, in Arduenna silua, saltúque Vosago, quæ ambæ siluæ Regis Theodeberti & Mettis eius Regiæ proximæ erant, non modò elices, hoc est alces, vros, vrsos, onagros, sed etiam bubalos quos bufalos vocat, nasci affirmat,* &c.

BVGLER. Pasquier VIII. 6. dit que ce mot a esté fait par onomatopée. Ie croy plustost qu'il vient de *buculare* qui a esté formé de *bucula*.

BVISSON. Voyez *bois*.

BVLLES. De *bullæ*, acause des seaux pendans que les Autheurs de la basse Latinité ont ainsi appellez. M. de Saumaise en son liure intitulé *Specimen confut. animad. Heraldi* pag. 325. *Vocauit infima Latinitas dependentia sigilla* bullarum *nomine, quia & bullæ formam haberent, & eodem modo dependerent ex chartis, vt illæ ex pectore Prætextatorum. Nam veteribus Romanis* bulla *dicebatur aurea, quod insigne erat puerorum, quæ dependebat à pectore, vt notat Festus,* &c. De *bulla* on a formé le verbe *bullare* pour *obsignare*. Ratbodus Archeuesque de Treves : *Hanc epistolam Græcis literis hinc inde munire decreuimus, & anulo Ecclesiæ nostræ bullare censuimus.* Voyez le P. Sirmond dans ses Notes sur Geoffroy de Vendosme pag. 42.

BVRE. De *burra* qu'on a dit d'vne espece d'estoffe veluë, comme il paroist par ce vers d'vne Epigramme ancienne attribuée à Eucerias

Nobilis horribili iungatur purpura burræ.
De *burra* on a fait *reburrus*. Isidore: *reburrus, hispidus*, d'où nous auons fait REBOVRS. Voyez M. de Saumaise pag. 515. de ses Commentaires sur l'Histoire Auguste. De *burra* ou *burrus* on a fait *burellum* dont nous auons fait BVREAV. On a dit aussi *buretum*. La Chronique d'Anjou: *Goffridus Consul indutus panno quem Franci* grisetum *vocant, nos Andegaui* buretum. *Burrus* signifie proprement *rufus* & vient de πυῤῥὸς. Voyez *bourique*. Voyez aussi *burette*.

BVRETTE. Espece de vaisseau. C'est vn diminutif de *bure* qui signifie la mesme chose, & qui vient de *byrrus*. Hesychius: βυῤῥὸς, κάνθαρος Τυῤῥηνός.

BVRLESQVE. De l'Italien *burlesco* qui a esté fait du verbe *burlar* qui signifie *railler*. Au lieu de *burlesco* les Italiens disent aussi *Berniesco*, de Francesco Bernia qui le premier parmy eux a escrit en vers Burlesques. L'Autheur du *Capitolo d'elle fiche* :

Di lodare il mellone hauea pensato,
Quando Febo sorrise, & non sia vero
Ch'el fico, disse, resti abbandonato.

BV. BV. 159

Però se di seguir brami il sentiero
Ch'el Bernia corse col cantar suo pria,
Drizzar quiui l'ongegno hor sia mestiero.

Sur lequel endroit Hannibal Caro a fait cette Note ingenieuse : *Fù il Bernia vn certo huomo di Messer Domenedio, il quale con tutto che volesse esser Poëta, rabboffato dalle Muse, che non s'adatasse à scriuere, secondo che li dettauano, s'abottinò da loro, & disse tanto d'esse & de Poëti & della Poësia, che hebbe bando di Parnaso. Ma tosto che s'auide, che senza questa pratica era tenuto più tosto per giornea, che per Bernia, si deliberò di rappatumarsi con esse loro. Et appostando vn giorno che stauano nel medesimo giardino, fece tante moine intorno alle Berthe, che son fantesche delle Muse, che si fece metter d'entro per la Siepe, & come quello che era il più dolce zugo del mondo, trouandosi dentro, fece tante buffonerie che le Muse ve lo lasciarono stare. Dipoi s'ingegnò tanto, che rubò la chiaue del Cancello alla Madre Poësia lor portinara, & miseui d'entro vna schiera d'altri Poëti baioni, che ruzzando per l'orto lo sgominarono tutto : & secondo che andarono loro a gusto, così colsero & celebrarono chi le Pesche, chi le Faue, chi i Citriuoli, chi i Carciofi, & chi d'altre sorti frutte. Fecero poi sei altre cose da ridere. Tolsero le calze al Vignaruolo: fecero il Forno, la Ricotta, le Salsiccie : pianfero la morte della Ciuetta, & si belle tresche trouarono, che le Muse, per ricompensarli di tante piaceuolezze, dettero loro la copia di tutto il Registro delle Chiacchiare. E perche di tutte queste cose fù cagione il buon Bernia, il Poëta meriteuolmente lo nomina per lo primo che coresse l'aringo della burlesca Poësia.* Voyez M. Naudé au liure intitulé, *Iugement de tout ce qui a esté imprimé contre le Cardinal Mazarin* pag. 169. de la premiere edition. Il n'y a pas longtemps que ce mot *burlesque* est en vsage parmy nous ; & c'est M. Sarasin qui le premier s'en est seruy. Mais c'est M. Scarron qui le premier a pratiqué auec reputation ce genre d'escrire.

BVRON. Comme quand on dit *ny maison ny buron*. *p. 775.*
Peutestre de ϐύϱιον, dont les Grecs se sont seruis en cette mesme signification. Hesychius : ϐύϱιον, οἴϰημα. ϐυϱιώτης, οἰϰώτης.

BV. BV.

BVRRICHON. Voyez *bourrique*.

BVSQVE. Voyez *buste*.

BVSQVER, comme quand on dit *busquer fortune*. De l'Espagnol *buscar* qui signifie *chercher*. Les Italiens disent aussi *buscare*, mais pour dire *trouuer*.

BVSTE. De l'Itallen *busto*, qui signifie proprement le corps humain, sans y comprendre, ny la teste, ny les bras, ny les jambes; mais qui se prend aussi souuent, comme nous prenons *buste* en François, pour le corps d'vne statuë sur lequel il y a vne teste. Ie croy que de ce mot *buste* nous auons fait par corruption celuy de BVSQVE, acause que les femmes portent leurs busques le long de cét endroit du corps que les Italiens appellent *busto*. Plusieurs prononcent encore *buste* au lieu de *busque*, & il est ainsi escrit dans Nicod : BVSTE, *pectorale*.

BVTE. *Botto* & *botontinus* se trouuent en cette signification. Faustus & Valerius dans le Recueil des Autheurs qui ont escrit *de limitibus agrorum* pag. 312. *In limitibus vbi rariores terminos constituimus, monticellos plantauimus de terra, quos botontinos appellauimus.* Le Iurisconsulte Paulus liure v. de ses Sentences titre 22. *Qui terminos effodiunt vel exarant, arborésve terminales euertunt, vel qui conuellunt bodones*, &c. Cujas sur ce lieu : BODONES *sic vno exemplari scriptum legimus, cuius nobis copiam fecit Pithœus noster. Bodones siue botones vicem terminorum prœstant. Vox est Mensorum, vel eorum qui de agrorum & limitum conditionibus scripserunt.*

BVTIN. C'est vn diminutif du Bas-Alleman *bûte*, qui signifie la mesme chose.

BVTOR. De *bostaurus*. C'est ainsi que les Latins ont appellé cét oiseau, selon le témoignage de Belon. Et à ce propos il est à remarquer ce que Pline dit liu. x. chap. 42. qu'on l'appelloit *taurus* à Arles: *Est quæ boum mugitus imitetur, in Arelatensi agro taurus appellata*. Belon explique plus particulierement la cause de ce nom : *Quand il se trouue*, dit-il parlant du Butor, *à la riue de quelque estang ou marais, mettant son bec en l'eau il fait vn si gros son, qu'il n'y a bœuf qui puist crier si haut; car il fait retentir*

retentir les confins de tel son, qu'on l'oit d'vne demie licuë de loing, dont il gaigne son nom Latin taurus. Nicod au mot BVTOR : *Videtur nomen habere à tauro, cuius mugitum repræsentat rostro in aqua immerso: vt sit bos taurus, vel boatus taurinus.* De la paresse & lenteur de cét oiseau en marchant, nous auons dit figurément *vn butor* pour dire *vn idiot.* Ce qui approche de ce que dit Aristote liu. ix. chap. 18. de l'Histoire des animaux, que le butor est surnommé paresseux, & qu'vn esclaue paresseux fut autrefois metamorphosé en cét oiseau : ὁ ἀσπείας, c'est le butor, ἐρωδιῶν τρίτος γένος, ὁ ἐπικαλέμένος ὀκνός, μυθολογεῖται δὲ γενέϑαι ἐκ δύλων τὸ ἀρχαῖον. ἔτι δὲ κατὰ τὴν ἐπωνυμίαν τέτων ἀργότατος.

CA.

CA, comme quand on dit *par deça*. De *cehac* qu'on a dit pour *hacce*.

p. 775. CABALE. De l'Hebreu קבלה *cabala* qui signifie *receptio*.

CABANE. De l'Italien *capanna* qui signifie vne petite maisonnette de chaume, *tugurium*, & qui a esté fait du Grec καπάνη qui signifie proprement *præsepe*, mais qui se prend aussi pour vne espece de coche.

Briton- caban. CABARET. L'origine de ce mot est difficile. I'estime, pour moy, qu'il a esté fait de *caparetum* qui l'a esté de κάπη qui signifie le lieu où l'on mange, & qui vient de κάπτω qui signifie proprement *manger à goulée*. κάπη, *capa, caparis, capare, caparetum*, CABARET.

p. 688. CABARET. Espece de simple. Charles Estienne pag. 50. de son traitté *De re hortensi* le dériue de *bacchar*: *Bacchar ea herba est quam vulgus nostrum metathesi literarum ac diminutionis, syllabâ additâ, vocat du cabaret. Græci asarum appellant*. Et M. de Saumaise de *combrettum*: *Combrettum quod est simillimum baccari libri aliquando cobretum vocant. Inde Galli suum fecerunt cabaretum, quod esse Asarum volunt quidam Herbarij. Sic ex caltula Latinorum suam deprauauerunt calentulam Herbarii*. C'est sur Solin pag. 1068. L'opinion de M. de Saumaise me semble la plus vray-semblable.

p. 688. CABATS. Panier à figues. De l'Italien *cabaço* qui a esté fait de *cabaceus* ou *cabacius*, qui l'a esté de κάβακος. κάω, κάβω, κάβος, κάβακος, *cabaceus*, &c.

CABINET. Peutestre de *cauinettum*. *Cauum, cauinum, cauinettum*, CABINET.

p. 688. CABOCHIENS. Seditieux du temps de Charles VI.

ainsi appellez d'vn certain Caboche Escorcheur de la grande Boucherie de Paris, l'vn des principaux de ces seditieux. Voyez Iuuenal des Vrsins pag. 313. en l'an 1412.

CABVTS, comme quand on dit *choux cabuts*. De *cabutus* qu'on a dit pour *caputus*. *Capo*, *cabo*, les Gascons prononcent encore *cab*, *cabutus*. Les Allemans pour *choux cabuts* disent de mesme *kabs kraut*, c'est à dire mot pour mot *herbe à teste*.

CACHER. M. Guyet à qui ie defere beaucoup en toutes choses, & particulierement en ces matieres d'Etymologies, m'a dit que ce mot auoit esté fait de *caciare* qui signifie proprement *chasser*, mais qui, comme il croit, a signifié aussi *pousser*, acause qu'on pousse ce que l'on chasse; & en suitte *cacher*, acause qu'on chasse les choses que l'on pousse. De *cacher* nous auons fait CACHET, parce qu'il cache l'escriture. Voyez M. de Saumaise pag. 344. de son liure intitulé *Specimen Confut. animad. Heraldi*.

CACHET. Voyez *cacher*.

CADASTRE. On appelle ainsi en Dauphiné & en Prouence le Registre des fonds de chaque Communauté, contenant les noms de chacun des proprietaires, & l'estimation de chacune des pieces de ces fonds pour l'assiette des tailles, qui est ce que faisoient les Romains pour leurs Cens. Vlpien en la Loy 4. au Digeste *De Censibus*: *Forma censuali cauetur vt agri sic in Censum referantur: nomen fundi cuiusque, & in qua ciuitate, & quo pago sit, & quos duos vicinos proximos habeat, & id aruum quod in decem annos proximos satum erit, quot iugerum sit. Vinea quot vites habeat; oliua quot iugerum, & quot arbores habeat: pratum quod intra decem annos proximos sectum erit, quot iugerum: pascua quot iugerum esse videantur. Item siluæ cæduæ. Omnia, ipse qui defert, æstimet.* Plusieurs croyent que ce mot a esté fait de l'Espagnol *cada*, mais ils se trompent. Il vient de l'Italien *catasto*, & qui a esté fait du mot Florentin *accatastare*, si on en croit Machiauel liu. IV. de son Histoire: *Era durata questa guerra dal 22. al 27. & erano stacchi i Cittadini di Firenze d'elle grauezze poste insino allhora, in modo che si accordarono à rinouarle. E perche le fussero vguali secondo le richezze, si prouidde che le si po-*

164 CA. CA.

neſſer a i beni, & che quello che haueua C fiorini di valſente, n'haueẑẑe vn mezzo di grauezza, hauendola per tanto a diſtribuire la legge, e non gli huomini, venne a grauare aſſai i Cittadini potenti. Et auanti ch' ella ſi deliberaſſe, era disfauorita da loro. Solo Giouanni de Medici apertamente la lodaua, tanto ch' ella s'ottenne. Et perche nel diſtribuirla s'aggrauano i beni di ciaſcuno, il che i Fiorentini dicono accattare, ſi chiamò queſta grauezza CATASTO. Ie croy qu'*accattare* a eſté fait de *ad* & de *quotus*, comme qui diroit *adquotare*, QVOTISER. Le *cada* des Eſpagnols vient pareillement de *quota*.

CADEAV. On appelle ainſi proprement ces paraphes que font les Maiſtres à eſcrire autour des exemples qu'ils donnent à leurs Eſcoliers. De *catellum* qui a eſté fait de *catena*, *Catena*, *cadena*, comme les Eſpagnols diſent encore apreſent, *Cadella, cadellum,* CADEAV. Par metaphore nous diſons, *faire des cadeaux* pour dire, *faire des choſes ſpecieuſes, mais inutiles*.

CADENAS. De *cadenacium* pour *catenacium*. Il y en a qui prononcent *cadenat* qui vient de *catenatum*. Les Italiens diſent *catenaccio*.

CADENE. De *cadena* pour *catena*. Les Eſpagnols diſent auſſi *cadena*.

CADET. De *capitetum*, comme qui diroit *petit chef*, à la difference de l'aiſné qui eſt le veritable Chef de la famille. Anciennement on eſcriuoit *capdet*. La Chronique de Loüys XI. pag. 308. de l'edition in 4º. *Apres ladite deſconfiture ainſi faite ledit Duc en Auteriche, le Comte de Romont & autres de leur compagnie ſe ralierent & vindrent deuant vne place nommée Malaunoy, dedans laquelle eſtoit vn Capitaine Gaſcon nommé le Capdet Remonnent*. Et les Gaſcons le prononcent encore apreſent ainſi.

CAF. On appelle ainſi en Niuernois le nombre impair. Les Italiens diſent de meſme *caffo*. *Paio ò caffo*, c'eſt à dire *pair ou impair*. Il y a apparence que les Niuernois ont pris ce mot des Italiens, & que c'eſt le Duc Ludovic de Gonzague qui l'a apporté en leur pays.

CAFAR. De l'Arabe *cafar* qui ſe dit proprement d'vn homme qui de Chreſtien s'eſt fait Turc. Les Arabes ont pris

CA. CA. 165

ce mot de l'Hebreu כפר *caphar* qui signifie *renier*, d'où vient
כפר *copher* qui signifie *renieur, renegat*. Les Turcs disent encore
aujourd'huy *kiaphir* par injure pour dire *renegat*.

CAGE. De *cavia* qu'on a dit pour *cauea*. L'*i* deuient
consone & la lettre du milieu se perd, comme en *auge* de
aluium; en *pigeons* de *pipiones*; en *rouge* de *rubium*, &c. Voyez
M. de Saumaise sur l'Histoire Auguste pag. 227.

CAGOT. M. de Marca cy-deuant President du Parlement de Pau & apresent Euesque de Conserans, personnage de grande erudition, a traitté amplement de l'origine
de ce mot au liure 1. chap. 16. de son Histoire de Bearn: &
comme ce qu'il en a dit est également docte & curieux, j'ay
jugé à propos de le rapporter icy tout au long.

I. Ie suis obligé d'examiner en cét endroit, l'opinion vulgaire qui a
preualu dans les esprits de plusieurs, & qui mesmes a esté publiée par
Belleforest, touchant cette condition de personnes qui sont habituées en
Bearn, & en plusieurs endroits de Gascogne sous le nom de Cagots ou
de Capots; à sçauoir qu'ils sont descendus des Wisigots, qui resterent en
ces quartiers apres leur déroute generale. Cette difficulté ne peut estre
bien resoluë, sans auoir representé l'Estat de ces miserables, qui sont
tenuës & censées pour personnes ladres & infectes, ausquelles par article exprés de la Coustume de Bearn, & par l'vsage des Prouinces voisines, la conuersation familiere auec le reste du peuple est seuerement
interdite, de maniere que mesme dans les Eglises ils ont vne porte separée pour y entrer, auec leur Benestier, & leur siege pour toute la famille; sont logez à l'escart des villes & des villages, où ils possedent
quelques petites maisons; sont ordinaire mestier de Charpentiers, & ne
peuuent porter autres armes ny ferrements que ceux qui son propres à
leur trauail. Ils sont chargez d'vne infamie de fait, quoy que non pas
entierement de celle de droit, estant capables d'estre oüis en tesmoignage;
combien que suiuant le For ancien de Bearn, le nombre de sept personnes de cette condition, fust necessaire pour valoir la deposition d'vn autre homme ordinaire. On croit donc, que le nom de Cagots leur a esté
donné, comme si l'on vouloit dire Caas-Goths, c'est à dire Chiens
Goths, ce reproche leur estant resté, aussi-bien que le soupçon de ladrerie, en haine de l'Arianisme que les Goths auoient professé, & des

X iij

rigueurs qu'ils auoient exercées dans les contrées; & l'on se persuade qu'en suite pour vne peine de leur seruitude, on leur auoit imposé la necessité de couper le bois, comme l'on fit aux Gabaonites.

II. Mais ie ne puis gouster cette pensée, qui ne prend son fondement que du rencontre de ce nom de Cagot, auec l'origine qu'on luy donne : d'autant plus que cette denomination n'est pas si propre à ces pauures gens que plusieurs autres qu'on leur a données, & ne se trouue escrite que dans la Nouuelle Coustume de Bearn reformée l'an 1551. Au lieu que les anciens Fors escrits à la main, d'où cét article a esté transcrit, portent formellement le nom de Chrestiaas ou de Chrestiens, & de là l'endroit des Paroisses où ils sont bastis, se nomme par le vulgaire le quartier des Chrestiens, comme aussi on leur donne plus ordinairement dans les discours familiers, le nom de Chrestiens que de Cagots. Dans le Cayer des Estats tenus à Pau l'an 1460. ils sont nommez Chrestiens & Gezitains : En Basse Nauarre, Bigorre, Armagnac, Marsan, & Chalosse on leur donne diuers noms, de Capots, Gahets, Gezits, Gezitains & de Chrestiens : où ils sont aussi rejettez du commerce ordinaire & de la conuersation familiaire pour estre soupçonnez de ladrerie. Ce soupçon estoit si fort en Bearn en cette année 1460. que les Estats demanderent à Gaston de Bearn Prince de Nauarre, qu'il leur fust deffendu de marcher pieds nuds par les ruës, de peur de l'infection, & qu'il fust permis en cas de contrauention, de leur percer les pieds auec vn fer; & de plus que pour les distinguer des autres hommes, il leur fust enjoint de porter sur leurs habits l'ancienne marque de pied d'Oye, ou de Canard, laquelle ils auoient abandonnée depuis quelque temps. Cét article neantmoins ne fut pas respondu. Ce qui fait voir que le Conseil du Prince n'adheroit pas entierement à l'animosité des Estats, & qu'il n'estimoit pas que ces gens fussent vrayement infectez de ladrerie ; d'autant que s'ils eussent esté persuadez de cette opinion, il n'y auoit point de difficulté de faire les deffenses à ces miserables, de marcher pieds nuds par les ruës : comme fit Mahaua le Calyphe de Damas aux ladres de son Royaume, ainsi qu'on lit dans la Chronique d'Abraham Zacuth. Ie conclus de ce que dessus, que les diuerses denominations de Chrestiens & Gezitains, le soupçon de vraye ladrerie, & la marque du pied d'Oye ne pouuants s'accommoder à l'origine des Goths, qui estoient illustres en extraction, esloignez d'infe-

Elion, & suiuant Saluian, de profession Chrestienne, quoy que neantmoins Ariene, il est necessaire de tourner ailleurs sa coniecture, & rechercher vne descente à laquelle tous les soubriquets puissent conuenir.

III. Ie pense donc qu'ils sont descendus des Sarazins qui resterent en Gascogne apres que Charles Martel eut deffait Abdirama, qui en son passage auoit occupé les auenuës des monts Pyrenées & toute la Prouince d'Aux, comme l'escrit formellement Roderic de Tolede en son Histoire Arabique. On leur donna la vie en faueur de leur conuersion à la Religion Chrestienne, d'où ils tirerent le nom de Chrestiens; & neantmoins on conserua toute entiere en leur personne la haine de la nation Sarazinesque, d'où vient le surnom de Gezitains, la persuasion qu'ils sont ladres, & la marque du pied d'oye. Pour bien comprendre cecy, il faut presupposer que le Siege de l'Empire des Sarazins fut estably en la ville de Damas de Syrie, comme l'on apprend de l'Histoire Grecque de Zonare, de l'Arabique publiée par Erpennius, & de l'Espagnole escrite par Isidore de Badajos il y a neuf cens ans. De sorte que l'Affrique ayant esté conquise par les Lieutenans du Calyphe de Damas, l'Espagne fut la suite de leur victoire, & cette armée Mahometaine que le General Abdirama Sarazin fit penetrer de l'Espagne dans les Gaules, marchoit sous les auspices du Roy Sarazin de Damas en Syrie. Or comme les Medecins remarquent qu'il y a plusieurs pays suiets à certaines maladies locales, la Prouince de Syrie & celle de Iudée sont suiettes à la ladrerie, comme a obserué cét ancien Medecin Ætius & Philon le Iuif, qui de là tire vne raison de police touchant la deffence faite aux Iuifs de manger de la chair de pourceau. La preuue de cette infection pour les Syriens se tire aussi de l'Histoire de Naaman de Syrie qui fut guery de la lepre par Elisee; mais Giezi en fut frappé pour le prix de son auarice. C'est pourquoy les anciens Gascons, encore qu'ils donnassent la vie aux Sarazins qui embrassoient la Religion Chrestienne, conseruerent neantmoins cette opinion, qu'ils estoient ladres, comme estans du pays de Syrie qui est suiet à cette infection; & pour iustifier leur sentiment animé de la haine publique, employoient la lepre de Giezi, d'où vient la denomination de Gezits & Gezitains.

IV. Ils leur ont aussi tousiours reproché leur puanteur & leur odeur infecte, non seulement en haine de leur tyrannie, comme les Italiens donnoient cette mauuaise reputation aux Lombards, ainsi qu'on voit dans l'Epistre addressée à Charlemagne par le Pape Estienne, qui pour le diuertir du mariage de Berte fille de Didier Roy des Lombards, luy represente l'infection & la mauuaise odeur qui accompagnoit ordinairement la race des Lombards; mais parce qu'on a tousiours obserué par experience que les Sarazins sentoient mal, & auoient vne odeur puante qui exhaloit de leurs corps. Ce qui est tellement vray, qu'ils estimoient que cette mauuaise odeur ne pouuoit leur estre ostée que par le moyen du Baptesme des Chrestiens, auquel pour cét effet ces Agareniens ou Sarazins presentoient leurs enfans, suiuant leur ancienne coustume, ainsi que tesmoigne le Patriarche Lucas en sa Sentence Synodique, & Balsamon sur le Canon XIX. du Concile de Sardique; laquelle coustume les Turcs continuent encore aujourd'huy. Aussi Burchard en la description de la Terre-Sainte, certifie que les puans Sarazins auoient accoustumé de son temps, c'est à dire il y a 600. ans, de se lauer en cette fontaine d'Egypte, où la tradition enseignoit que Nostre-Dame lauoit son petit enfant & nostre grand Maistre, & que par le benefice de ce lauement ils perdoient la mauuaise odeur qui leur est comme hereditaire, ainsi que parle Burchard. A quoy j'adiousteray ce que Browerus a remarqué des Iuifs, qu'ils estoient aussi diffamez anciennement d'exhaler vne fascheuse odeur, que Fortunat escrit auoir esté effacée par le Saint Baptesme que l'Euesque Auitus leur confera. Ils ont autrefois esté accusez d'en procurer le remede par le sang des enfans Chrestiens qu'ils tuoient le Vendredy Saint, pour prendre ce sang meslé auec leurs azymes, comme ils pratiquerent en la personne du petit Simeon, en la ville de Trente, l'an 1475. au rapport de Iean Mathias Medecin, & auparauant en la ville de Fulde du temps de l'Empereur Frideric l'an 1236.

V. Ayant recherché l'origine de l'imputation de la ladrerie & de la puanteur des Gezitains ou Cagots dans la race des Sarazins, on doit deriuer de la mesme source la marque du pied d'oye ou de canard qu'ils estoient contraints anciennement de porter, quoy que l'vsage en soit maintenant aboly: combien que par Arrest donné contradictoirement au Parlement de Bordeaux, il ait esté autrefois commandé aux Cagots de Soule de porter la marque du pied d'oye ou de canard. Car comme le plus fort & le plus salutaire remede qui soit proposé dans l'Alcoran pour la purgation des pechez, consiste au lauement de tout le corps, ou

d'vne

d'vne de ſes parties, que les Mahometans pratiquent ſept fois, ou pour le moins trois fois chaque iour, on ne pouuoit conſeruer la memoire de la ſuperſtition Saraſineſque, par vn caractere plus exprés, que par le pied d'Oye, qui eſt vn animal qui ſe plaiſt à nager ordinairement dans les eaux, neantmoins en Catalogne la marque d'vn Saraſin eſtoit de porter les cheueux raſez, & coupez en rond, ſous peine de cinq ſols, ou de dix coups de fouet ſur la ruë, ſuiuant l'ordonnance des Eſtats tenus à Leride.

VI. Il reſte de ſatisfaire à la denomination de Cagots; laquelle, outre qu'elle eſt en vſage dans Bearn, eſt auſsi pratiquée dans le reſte de la Gaſcogne ſous le nom de Capots, & meſme en la Haute Nauarre, où cette ſorte de gens ſont appellez Agotes & Cagotes. Sur quoy ie n'ay rien de plus vray-ſemblable à propoſer, ſinon qu'on leur faiſoit ce reproche pour ſe moquer de la vanité des Saraſins, qui ayant ſurmonté les Eſpagnols, mettoient entre leurs qualitez, celle de vainqueurs des Goths, comme faiſoit Alboacen le Roy More de Conimbre petit fils de Tarif en ſon Edit, qui eſt au Monaſtere de Lorban en Portugal, lequel Edit Sandoual a produit en ſes Notes ſur Sampyrus. On pretendoit donc leur donner le titre de leur vanterie, en les qualifiant Chiens ou Chaſſeurs des Goths, par vne ſignification actiue : de meſme que Ciceron nomme Chiens, ces effrontez qui ſeruoient aux deſſeins de Verrés, pour butiner la Sicile; ſi l'on n'aime mieux croire que c'eſt vn ancien reproche, & terme de meſpris tiré de ce conuice de Concagatus, dont il eſt fait mention dans la Loy Salique. Ce qui peut eſtre confirmé, de ce que lors qu'on veut à bon eſcient meſpriſer ces gens, ou iniurier quelqu'autre perſonne, on employe le nom de Cagot pour vn conuice tres-atroce.

VII. Pour clorre ma coniecture touchant la deſcente des Cagots, & la deffence qui leur eſt faite de ſe meſler en conuerſation familiere auec le reſte du peuple; ie penſe qu'outre l'opinion de la lepre qu'on leur a touſiours imputée, l'ordre qui fut tenu dés le commencement en leur conuerſion, peut auoir donné lieu à la couſtume qui a perſeueré depuis, de les eſcarter du commerce ordinaire des hommes, particulierement en ce qui regarde les repas que nos payſans ne veulent iamais prendre communément auec eux. Car comme ils deuoient eſtre inſtruits en la Foy Chreſtienne auant que de receuoir le Baptême, & paſſer par les degrez des Catechumenes pendant vne ou deux années à la diſcretion des

Euesques; il falloit aussi qu'ils fussent traitez en qualité de Catechumenes pour ce qui regarde la conuersation auec les autres Chrestiens, qui estoit seuerement interdite aux Catechumenes, ainsi que l'on voit dans le Chapitre v. du Concile de Mayence tenu sous Charlemagne, en ces termes: Les Catechumenes ne doiuent point manger auec les Baptisez ny les baiser, moins encore les Gentils ou Payens. Ce qui fut fait au commencement par ceremonie Ecclesiastique, d'escarter les Sarazins nouueaux Catechumenes de la communion des repas & du baiser auec les autres Chrestiens, passa en coustume acause de la haine de la Nation accompagnée du soupçon de ladrerie; qui s'est augmenté auec le temps à mesure qu'on a ignoré la vraye origine de leur separation. Car à vray dire, ces pauures gens ne sont point tachez de lepre, comme les Medecins plus sçauans attestent, & entre autres le Sieur de Noguez Medecin du Roy & du pays de Bearn, tres-recommandable pour sa doctrine & pour les autres bonnes qualitez qui sont en luy, lequel, apres auoir examiné leur sang qu'il a trouué bon & loüable, & consideré la constitution de leurs corps qui est ordinairement forte, vigoureuse & pleine de santé, leur a accordé son certificat, afin qu'ils se pourueussent pardeuant le Roy pour estre déchargez de la tache de leur infamie, puis que c'estoit la seule maladie qui les pouuoit rendre iustement odieux au peuple.

VIII. Cette auersion n'est pas seulement en Gascogne, mais aussi en la Haute Nauarre, où les Prestres faisoient difficulté de les oüir en confession & de leur administrer les Sacremens l'an 1514. De maniere qu'ils eurent recours au Pape Leon X. lequel ordonna aux Ecclesiastiques de les admettre aux Sacremens comme les autres Fidelles. L'exposé de leur Requeste pretend de bailler à ces Agots ou Chrestiens (car c'est ainsi qu'il les nomme) vne origine toute nouuelle; disant que leurs ayeuls auoient fait profession de l'heresie des Albigeois, en haine de laquelle, bien qu'ils l'eussent abandonnée, on les chargea d'infamie qui passoit à leur posterité. Mais il y a de la surprise en cette Requeste, d'autant que les Cagots sont plus anciens que les Albigeois.. Car ceux-cy commencerent à paroistre en Languedoc enuiron l'année 1180. & furent ruïnez l'an 1215. & neantmoins les Cagots estoient reconnus sous le nom de Chrestiens dés l'an 1000, ainsi qu'on remarque dans le Cartulaire de l'Abbaye de Luc, & l'ancien For de Nauarre qui fut compilé du temps

CA.   CA.

du Roy Sancé Ramirés enuiron l'an 1074. *fait mention de ces gens sous le nom de* Gaffos, *d'où est venu celuy de* Gahets *en Gascogne, & les mettant au rang des ladres les traitte auec la mesme rigueur que le For de Bearn.*

IX. *Le Sieur de Bosquet tres-sçauant personnage, Lieutenant general au Siege de Narbonne, en ses Notes curieuses & pleines d'erudition sur les Epistres d'Innocent III. qu'il a publiées, soupçonne que ces* Capots *soient de la race des Iuifs; & qu'ils ayent pris l'origine de leur nom du terme Latin* Capus *qui signifie dans les Autheurs du moyen temps, comme chez Theodulphe d'Orleans, vn Espervier,* à capiendo; *d'où il estime que les Capitulaires de Charles le Chauue ayent donné par sobriquet le nom* Capi *aux Iuifs, à cause des vsures & des rapines qu'ils exerçoient; à laquelle signification se rapporte celle de* Gahets, *qui est vn des surnoms des* Capots *en Gascogne. Cette pensée est ingenieuse; mais ie doute que les* Capi *puissent estre pris dans les Capitulaires pour les Iuifs; au contraire pesant toutes les paroles de ce texte, il appert que c'estoient non pas des personnes d'vne secte particuliere; mais plustost vne espece de Marchands de certaines denrées, fussent-ils Chrestiens ou Iuifs, auec cette seule difference, que le Marchand Iuif deuoit payer pour les droicts du Roy le dixiesme denier, & le Chrestien l'onziesme. Nous disons* Capon *en Anjou pour dire gueux.*

CAILLE. Oiseau. L'Italien dit de mesme *quaglia*. Ie suis de l'opinion de Iules Scaliger qui croit que ce mot a esté fait du son de cét oiseau. Coturnix, ὄρτυξ, *vulgò* qualea, *à cantu quo primam syllabam iterat*. La caille est de chaude complexion, d'où vient nostre prouerbe, *chaut comme vne caille*.

CAILLER. De *coagulare*.

CAISSE. De *capsa*, comme CASSETTE de *capseta*. M. de Saumaise sur l'Histoire Auguste pag. 463. expliquant le mot κάσοι: *Sic cassetam pro capseta, hoc est parua casa, vulgò dicimus, & cassam alicujus Sancti pro capsa.*

CALANDRE. Les Parisiens appellent ainsi la plus grosse espece de grive. Belon en son liure de la Nature des Oiseaux dit que les Parisiens se trompent, & que la calandre est vne espece de grosse alloüette. Mais il se trompe aussi en ce qu'il croit que le mot François *calandre* vient du Grec

Y ij

172   CA.   CA.

κορυδαλός. Il vient du Latin *calandra* qui a esté fait de χάλαρ-δρος qui ne se trouue plus à la verité, mais dont le diminutif χαλάρδριον se trouue dans les LXX. pour vne espece d'oiseau, que la Vulgate appelle *caradrion*: c'est au ch. XI. du Leuitique vers. 19. Les Grecs d'aujourd'huy vsent encore apresent de ce mot χάλαρδρα pour cette espece d'alloüette dont nous venons de parler. La ruë de la Calandre à Paris a pris son nom d'vne calandre qui y pendoit pour enseigne. Ce mot de *calandre*, outre cét oiseau, signifie encore cette grande machine auec laquelle on tabise les taffetas, d'où vient le verbe *calandrer*, c'est à dire polir & applanir vne toile ou autre chose. Et cette petite beste qui ronge le froment, qu'on appelle autrement patepeluë ou charenson. Ie n'en sçay pas l'origine en ces significations-là.

    CALENGER. Vieux mot qui signifie *contredire, debattre, quereller*. Alain Chartier dans son Quadrilogue: *Mais ils ont failly aux places quand la proye leur a failly, & prins des amis ce qu'ils n'eussent osé sur les ennemis calengier*. L'Autheur des Doctrinaux:

    Et s'on prise preud'homme
    Ia n'y mettez calenge.

De *calumniari*, dont on a premierement fait *caloigner*, & ensuite *calengier*. *Caloigner* se trouue dans le Roman de Charité fait du temps de Philippe Auguste. Voyez du Chesne sur Alain Chartier pag. 857.

    CALOTE. C'est vn diminutif de *cale*. Ie ne sçay pas d'où vient *cale*. M. Sarasin m'a dit qu'il a veu dans vn vieux liure *escalote* pour *calote*, & qu'il croyoit que ce mot *cale* auoit esté corrompu de *scaille* qu'on a dit pour *escaille*. On appelloit autrefois *coquille* vne sorte de coiffure de femme, d'où la ruë Coquilliere à Paris a pris son nom; ce qui confirme aucunement la conjecture de M. Sarasin.

    CAMAILDOLI. Religieux qui sont à Grosbois prés de Paris. De Camalgdoli ville d'Italie proche celle de Rome, où ces Religieux ont esté premierement establis.

    CAMARGVE. Territoire d'Arles. La commune opinion des Sçauans est que les Anciens ont appellé ce lieu *Fossæ Marianæ*, & que nous l'auons appellé *Camargue* de *Caij Marij ager*. En effet il y a plusieurs villages dans la Prouence & dans le Languedoc qui se terminent en *argue*, comme *Massalargue*, *Emargue*, *Gallargue*, *Baillargue*, *Boüillargue*, *Candillargue*, &c. & qui viennent de *Massilij ager*, *Emari ager*, *Galli ager*, &c. Neantmoins ie suis de l'auis de M. Guyet qui croit que *Camargue* a esté fait de *Camarica* verbal de *Camara* qui estoit le nom d'vne Isle sur le Rhosne, comme nous l'apprenons du Moine Aimoinus; mais qui ensuite deuint contiguë à la terre, & fut appellé *Camarica*.

CAMBRÉ pour *courbé*. De *camuratus* qui a esté fait de *camurus*, qui signifie *curuus* selon la remarque de Seruius sur ce vers de Virgile:

———— *Et camuris hirtæ sub cornibus aures.*

CAMELOT. Plusieurs le dériuent de *camelus*. Couarruuias: *Camelotz, communemente dicho chamelote, es la lana del camello*. Il est faux que le camelot soit fait de poil de chameau, ce qui me fait douter que *camelot* ait esté formé de *camelus*. Ie croirois plustost que ce mot auroit esté ainsi corrompu de l'Italien *ciambellotto*. Caninius dans ses Dialectes croit que *ciambellotto* a esté fait par metaphese de *cymatilis*. Ie tiens qu'il vient de *Zambellot*, & que *Zambellot* est vn mot du Leuant. Scaliger contre Cardan Exercit. 199. 4. parlant des boucs de Phrygie: *Ex melliore villo preciosos conficiunt pannos. E crassiore Moiacar*, il faut lire *Mocaiar, ex mediocri id quod Zambellot, alij Camelot*. Nous disons *Camelot de Turquie*, acause qu'il nous est venu de ce pays-là: & *camelot ondé* que les Espagnols appellent *chamelote con aguas*, acause des ondes qui y sont representées. Busbeq en la premiere Epistre de sa Legation, apres auoir fait mention d'vn lieu appellé Chiausada: *Vidimus capras illas ex quarum vellere siue pilo, ne de lana caprina mihi controuersia sit, pannus ille texitur quem cymatilem siue vndulatum vocant. Est earum tenuissimus mireque nitens pilus ad terram vsque propendens. Hunc non tondent sed depectunt Caprarij, non multum pulchritudine cedentem serico. Capræ sæpius in fluminibus lauantur, gra-*

174 CA. CA.

mine pascuntur per eos campos exili & sicco; quod ad lanæ tenuitatem multùm conferre certum est: nam constat aliò translatis non manere eamdem, sed vnà cum pabulo mutari, totásque ita degenerare capras, vt vix agnoscantur. Deductum & huiusmodi vellere ab eius regionis mulieribus filum Ancyram portatur Galatiæ vrbem, vbi & texitur & tingitur. Et vn peu apres parlant d'Ancyre: *Hìc etiam spectauimus quemadmodum & tingeretur & affusâ aquâ vi preli vndas illas acciperet à quibus & nomen habet, & commendatur pannus ille cymatilis è lana caprarum de quibus dixi contextus. Is optimus & præstantissimus habebatur qui latissimarum vndarum vestigia receperat, &c.*

CAMPAIGNE. Voyez *Champaigne*.

CAMVS. Caninius en ses Canons des Dialectes le deriue de *simus*. Isaac Pontanus liu. VI. de ses Origines Françoises le tire de *camurus*, qui est interpreté *curuus* par Seruius sur ce vers de Virgile

———— *& camuris hirtæ sub cornibus aures.*

Son opinion est la plus vray-semblable, & c'est aussi celle de Siluius en sa Grammaire pag. 58. Dans son Glossaire Celtique il pretend de plus que *camurum* est vn mot Gaulois: *Macrobius lib. 6. cap. 4. cùm indicasset vros Gallicum esse, addidit & camuris in isto Virgiliano camuris hirtæ sub cornibus aures, verbum peregrinum haberi, quod significet in se redeuntibus. Et adijcit statim:* Forte & nos quoque cameram hac ratione figurabimus. *Peregrinum ergo cùm id esse testetur Macrobius, Gallicum voluisse intelligi hinc liquet, quod hodiéque Galli camur pro incuruo vsurpent,* &c. Et Macrobe & Isaac Pontanus se trompent. *Camurus* vient du Grec. Festus: *Camera, & camuri boues à curuatione, ex Græco* καμπτῷ *dicuntur*.

CANAILLE. Lipse epistre 44. de la 3. Centurie le deriue de *canis: Sunt & noua aut ficta, vt canaille: quod in annalibus alibi redditum legi canile lignagium. Sed conuitij hæc vox nata videtur à prisco more, de quo Otho Frisingensis de gestis Frid. lib. 11. cap. 28. Vetus consuetudo pro lege apud Francos & Suecos inoleuit, vt si quis Nobilis, Ministerialis, vel Colonus pro huiusmodi excessibus (prædæ aut incendij) reus inuentus*

fuerit, antequàm morte puniatur, ad confusionis suæ igno-
miniam, Nobilis canem, Ministerialis sellam, Rusticus aratri
rotam de Comitatu in proximum Comitatum gestare cogatur. *Et addit* : Hermannum Palatinum Comitem cum
decem complicibus suis canes per Teutonicum milliare por-
tasse. *Eadem Guntherus in Ligurino lib.* v.

 Quippe vetus mos est, vti si quis Rege remoto
 Sanguine, vel flammâ, vel seditionis apertæ
 Turbine, seu crebris Regnum vexare rapinis
 Audeat, ante grauem quàm fuso sanguine pœnam
 Excipiat, si liber erit, de more vetusto
 Impositum scapulis ad contigui Comitatus
 Cogatur per rura canem confinia ferre.

Sed & in alia caussa & culpa ignominiæ gratia sic tulerunt. Quod in Dodechino & alibi leges. Ciron dans ses Obseruations sur le Droict Canon liu. II. chap. 14. improuue cette etymologie de Lipse touchant le mot *canaille*, & croit qu'il vient de *canicola*, qu'on a dit de *canalis* qui estoit vn lieu à Rome où les gens de basse condition s'assembloient d'ordinaire. Festus : *Canalicolæ forenses, homines pauperes dicti, quòd circa canalem fori consisterent.* Pour moy, ie croy que *canaille* vient de *canalia* comme *bataille* de *batualia*. *Canis, canalis, canalia,* CANAILLE, qui est comme qui diroit *vne bande de chiens*.

 CANAPSA. On appelle ainsi ce sac de cuir que portent les goujats sur les espaules. De l'Alleman *knabsac* qui est
composé de *knab* qui signifie toute sorte de choses seiches
pour manger, comme crouste, fromage, bœuf fumé, &c. &
de *sak* qui signifie *sac*. Nous disons, *Il a porté le canapsa* pour
dire, *Il a esté simple soldat, il a esté goujat*.

 CANDI. Sucre. Selon quelques-vns de l'Isle de
Candie, & selon vn certain manuscrit d'Antoine de la Lain
que M. du Buisson m'a dit auoir veu, de Candie ou Gandie,
qui est vne Duché d'Arragon où il croist force sucre. Les
Arabes disent *elkende* ou *elkendit* pour dire du sucre en general : & M. Gaumin m'a dit autrefois qu'il croyoit que delà
nous auions dit *sucre candi*. Pour moy, ie croy que l'Arabe

176 CA. CA.

& le François ont esté faits de *canditum* qui l'a esté de *candiré* qu'on a dit de *candidus* pour *blanchir, épurer*. Cornelius Fronto: *album natura, candidum cura fit*.

CANICVLAIRES. Iours. On prononçoit autrefois *caniculiers*, & quelques-vns le prononcent encore apresent. De *caniculares*. Ces jours là ont esté ainsi appellez par les Latins, du leuer Heliaque, c'est à dire de la premiere apparition de la Canicule, qui arriuoit il y a enuiron deux mille ans vers le 20. Iuillet : duquel temps ils commencent & durent selon l'opinion de quelques-vns trente iours, & quarante ou cinquante selon l'opinion des autres. Apresent la Canicule ne se leue que vers la my-Aoust.

CANNE. Oiseau de riuiere. Plusieurs croyent que ce mot a esté fait de la voix de cét oiseau. Ie croy qu'il l'a esté de *ana* qu'on a dit pour *anas*, & dont les Italiens ont aussi fait *anitra*. De *canne* on a formé CANARD, & de *canard* CANARDER.

CANNEVAS. De *cannabaceus*, qui a esté fait de *cannabis*. *Canaua* se trouue dans le Capitulaire *de Villis* qu'Hermannus Conringius qui l'a publié depuis peu croit estre de Charlemagne : *Quid de lana, lino & canauâ*. C'est en l'article 62.

CANNON d'artillerie. De l'Italien *cannone* augmentatif de *canna*, a cause que le canon est creux, long & droit comme vne canne. Les Italiens vsent aussi de *canna* pour *canon d'arquebuse*, en y adjoustant *di ferro*.

CAPDAL de Butz. Qualité que prend M. d'Espernon comme Seigneur du Cap de Butz. De *Capitalis Bogij*, c'est ainsi que portent les vieux titres Latins. *Capitalis* en cét endroit se prend pour vn Vassal de marque, qui releue immediatement du Chef, c'est à dire du Souuerain, & il se trouue en cette signification dans Ordericus Vitalis, & dans la Chronique d'Albertus Argentinensis.

CAPET. Surnom d'vn de nos Roys. Il y a diuersité d'opinions touchant l'origine de ce surnom. Dans vne Chronique manuscrite qui est dans la Bibliotheque du Roy, cottée 1227. dans la Galerie, & qui m'a esté communiquée

par

par Messieurs du Puy, dignes Gardes de cette Bibliotheque, il est dit que Huë Capet fut ainsi surnommé, parce que, comme il estoit enfant, il ne cessoit d'oster aux enfans leurs chaperons. Le President Bertrand croit que ce fut acause de sa grosse teste. *Capitonum cognomina à capite dicta Cicero auctor est lib. 1. de Natura Deorum. Primus Ateiorum, quòd magno capite esset*, il parle d'Ateius Capito, *Capitonis nomen ipsi tributum ad posteros transmisit, peculiari Romanorum more apud quos cognomina ab euentu vni ex quadam familia tradita, ad posteros eius familiæ propagantur. Sic Silones, sic Scæuolas, sic Labeones, Syllas, aliosque innumeros dictos fuisse apud auctores legimus. Quem quidem morem veteres Galli non retinuere. Non enim posteros Hugonis Capeti Capetos dictos reperimus, licet eadem ratione à Gallis Capetus, quà Ateius à Romanis Capito nuncupatus sit. Sic Caroli Martelli successores Martelli cognomen non vsurpauere*, &c. C'est en la vie d'Ateius Capiro. Ainsi Milcolombe III. Roy d'Escosse fut surnommé *Canmore* acause de sa grosse teste, car CAN en Escossois signifie *teste*, & MORE *grand*. Et à ce propos il est à remarquer que les anciens François imposoient d'ordinaire les surnoms de quelque defaut corporel, comme l'a fort bien remarqué Buchanan liure VII. de son Histoire d'Escosse en la vie de Milcolombe III. de qui nous venons de parler: *Sunt qui tradant tum primùm cœptum, vt nobiliores ab agris cognomina sumerent, quod equidem falsum puto, cùm ea consuetudo ne nunc quidem apud priscos Scotos sit recepta: totáque tum Scotia prisco sermone & institutis vteretur. Loco verò cognominis, more Græcorum, patris nomen proprio subijciebant: aut ex euentu aliquo notatæ corporis aut animi vocabulum affingebant: eumdémque tum fuisse morem Gallis indicant illa regia cognomenta Crassi, Calui, Balbi: item multarum nobilium in Anglia familiarum cognomina, eorum maximè qui circa eadem hæc tempora Gulielmum Normanum secuti in Anglia sedes posuerunt. Apud reliquos etiam Gallos serò mos cognomina ab agris ducendi receptus videtur, vt ex Frossardi, scriptoris minimè contemnendi, historia intelligi potest.* Les Escossois vsent encore apresent de *Capet* pour *testu, opiniastre*, ce que j'ay appris de M. Salmonnet auec plusieurs autres choses plus considerables, &

178   CA.   CA.

ce qui ne confirme pas peu l'opinion du President Bertrand. Ie ne la tiens pourtant pas veritable, ce mot de *Capet* n'ayant pas la terminaison d'vn augmentatif selon nostre Langue, & ie suis de l'auis de M. Besly, qui dans son Histoire des Comtes de Poictou pag. 48. dit que Huë Capet depuis le iour de son Sacre ne porta iamais Couronne, se contentant du titre Royal comme il se voit dans Robert d'Auxerre, & qu'il fut surnommé Capet acause qu'il portoit tousiours vn chapeau. *Capa, capetta, capettus,* CAPET. Il est vray qu'il se trouue à saint Maur prés de Paris vn ancien titre auec vn seau où est l'effigie de Huë Capet couronnée, mais à cela on peut dire qu'on represente ordinairement les Roys dans leurs seaux comme ils sont vestus le iour de leur Sacre, & non pas comme ils le sont dans leur à tous les iours.

CAPISCOL. On appelle ainsi en Prouence & en quelques autres lieux le Doyen des Eglises Cathedrales. De *caput scholæ.* Scaliger Epist. 185. *De militiarum scholis hoc certò scias: quod in artificiis erat Collegium, id in militiis fuisse scholam. Schola autem propriè corpus erat militum, quod ad caput certum referebatur. Itaque in centuria militari erant decem Decuriæ, quæ olim Tabernacula dicebantur. Vnaquæque Decuria, quæ ex decem militibus constabat ad suum caput referebatur, quem Decanum vocabant. Aliter autem* caput scholæ. *Hodie eius rei vestigia in Collegijs Ecclesiasticis, seu, vt vocant, Canonicis exstant. Nam decimum Collegij alij Decanum, alij caput scholæ vocant. Itaque in tota Prouincia Narbonensi & meliori parte Italiæ Decanum* CAPISCHOL, *hoc est, caput scholæ vocant.*

CAPITOVS. On appelle ainsi à Thoulouse les Escheuins. De *Capitolini.*

CAPPE. De *cappa.* Isidore: *Capitulum quod vulgo capitulare, vel quòd duos apices vt litera cappa habeat, vel quòd sit capitis ornamentum.* Hinc, ce sont les paroles de M. de Saumaise sur l'Histoire Auguste pag. 390. CAPPAS *hodiéque palliola quibus mulieres caput tegunt, & cappellas vel capulas nostros pileos quibus ad caput tegendum vtimur vocare consueuimus:* ἀπὸ τοῦ κάππα *diminutiuum* καππάτιον. *Hesychius:* καππάτια, γυναικεῖα ἱμάτια.

Voyez Wats dans son Glossaire & Vossius *de vitiis Sermonis* 11. 3. où il deriue le mot Latin *cappa* de l'Alleman *cappe*, lequel il deriue en suite de *caput*. Le P. Sirmond sur l'Epistre 3. du liu. v. de Goffridus Vindocinensis, estime que *cappa* a esté dit *à capiendo : Sic dicta videtur capa, vt capis poculi genus, & capulum seu manubrium seu feretrum à capiendo. Vnde & capella.* Au lieu de *capella* on a aussi dit *capellus*, qui se trouue dans Mathieu Pâris, d'où nous auons fait CHAPEAV. De *cappa* les Espagnols ont fait l'augmentatif CAPARASSON, comme qui diroit *grande cappe*, lequel mot nous auons en suite emprunté d'eux comme l'a fort bien remarqué le President Fauchet liu. 1. de l'Origine des Armoiries. Voyez *chaperon*.

CAPRIOLER. De *capreolare*, qui a esté fait de *capreolus*.

CAR. Henry Estienne & autres le deriuent de γάρ. Il vient de *quare*, & c'est pourquoy vous trouuerez escrit *quar* dans les anciens liures. On prononçoit il n'y a pas encore long-temps *care, cando, canobrem, canquan* au lieu de *quando, quamobrem, quamquam*.

CARACOL. De l'Espagnol *caracol*, qui signifie proprement vn limaçon ; mais qui se dit aussi en la signification en laquelle nous en vsons, ie veux dire pour ce tour en rond que font les Caualiers, il se dit outre cela d'vn escalier qui va en tournoyant. Les Espagnols ont pris ce mot des Arabes, & les Arabes de l'Hebreu כרך *carac* qui signifie *inuoluere*. Les Italiens de l'Espagnol *caracol* ont fait de mesme *caragolo*.

CARACT. Alciat sur la Loy 77. au Digeste *De verb. signif.* le dériue de κεράτιον. Sauot au chap. 6. de sa 11. Partie des Medailles improuue cette opinion & le dériue de χαράτζιον. Voicy ses termes : *La pluspart des doctes le fait descendre du Grec* κεράτιον, *entant qu'il signifie vne espece de petit poids. Ie croy neantmoins qu'on le pourroit deriuer plus à propos du mot* χαράτζιον, *que Meursius nous explique en son Dictionnaire Grec-Barbare pour vn denier de tribut : Bulengerus en son traitté* De vectigalibus populi Romani *le prend aussi pour vne espece de monnoye destinée*

180 CA. CA.

à pareille fin: car tout ainsi que pour la diuision du fin en l'argent on s'est seruy du nom d'vne espece de monnoye qu'on appelle denier; il y a beaucoup d'apparence de croire que pour celle de l'or on s'est seruy aussi d'vne autre espece de monnoye appellée caract, dont le nom en demeure encore a present. I'estime que ce κεράτζιον, qui estoit le denier d'vn certain tribut, estoit d'or; car du temps du bas Empire, principalement sous Iustinien, la pluspart de toutes les impositions de deniers se faisoit en or: & de là sont venus ces mots d'impositions; Aurum publicum, negotiatorium, coronatorium, lustrale, glebale, oblatitium, largitionale, auraria pensitatio, præstatio, functio, aurarius canon. Et que les peines pecuniaires sont estimées & eualuées souuent par sols & liures d'or. Ce qui est le contraire de ce qui se pratiquoit du temps du haut Empire & auparauant, comme on le peut reconnoistre en ces paroles de Pline tirées du chap. 3. de son 33. liure : Sed præter alia equidem miror populum Romanum, victis gentibus, in tributo semper argentum imperitasse, non aurum. Ie croy qu'il vient de κεράτον qu'on a dit pour κεράτιον.

CARAVANE. Nous auons emprunté ce mot des Leuantins, lequel signifie proprement vn nombre de personnes qui voyagent ensemble. Les Turcs prononcent keruan.

CAREAV d'arbaleste. De quadrellum, dont les Italiens ont fait quadrello qui signifie la mesme chose.

CARESME. De Quadragesima, a cause des quarante jours de jeusne qui precedoient la Feste de Pasques. Les Empereurs Valentinien, Valens & Gratien en la Loy 6. au Code de Feriis: Quadraginta diebus, qui auspicio cæremoniarum Paschale tempus anticipant, omnis cognitio inhibeatur criminalium quæstionum. Ce nombre de quarante jours n'a pourtant pas tousjours esté pratiqué en tous lieux. Socrate liu.v. de son Histoire Ecclesiastique chap. 21. Ieiuniorum rationem quæ ante Pascha fiunt, aliter ab aliis obseruatam esse facile est reperire. Nam qui sunt Romæ tres Septimanas ante Pascha, Sabbato & Dominico exceptis, simul ieiunant. Qui autem in Illyria & tota Græcia; quique Alexandriæ habitant ante sex Septimanas ieiunia quæ ante Pascha fiunt, ordiuntur, illúdque tempus Quadragesimam nuncupant. Alii præter horum

CA. CA. 181

consuetudinem septem Septimanas ante illud Festum initium ieiunandi facientes, quamuis quindecim dies solùm quibusdam interuallis interpositis ieiunent, nihilominus tamen tempus illud Quadragesimam *vocant. Vnde non mediocris me capit admiratio, qua ratione isti, licet de numero dierum dissentiant, omnes eodem nomine* Quadragesimam *appellent. Alii autem causam huius nominis suopte ingenio excogitatam tradunt.*

CARILLONNER. De *quadrillonner* qui a esté fait de *quadrilla* mot dont on se sert encore eu Espagne pour dire *vn petit escadron*, & qui est vn diminutif de *quadra* : a cause, comme ie croy, que les carillons se faisoient autrefois auec quatre cloches. Ce qui me confirme en cette creance est ce que j'ay appris du R. P. Iacob, qu'à Chaalons sur Saone on dit TRESELER pour dire *carillonner*. Or il est certain que ce mot *treseler* a esté fait de *tresellare* qui l'a esté de *tres*. *Tres, tresellum*, TRESEAV, *tresellare*, TRESELER. Nous appellons en Anjou *treseau* trois hommes qui battent du blé.

CARLET. Poisson. A cause de sa forme qui est quarrée.

CARMES. Religieux. Du Mont Carmel de Syrie, où ces Religieux habitoient, & d'où six d'entr'eux furent amenez en France par Loüys IX. Iodocus Clichtoneus natif de Nieuport, Chanoine de Chartres & Docteur Theologien de Paris, dans le Sermon qu'il a fait *de excellentia & laudibus Ordinis Carmelitarum* : *Secundò exordii dignitatem manifestat apertè locus in quo Carmelitanus Ordo primùm institutus est, & à quo nomen desumpsit, vtpote Mons Carmelus quem in Terra Sancta in Phœniciam & Palæstinam situm esse D. Hieronymus super Isaiam auctor est.* Iean Trithemius au liu. 1. *De ortu & progressu Ordinis Carmelitarum* chap. 2. qui est intitulé *Quemadmodum Elias Propheta Domini Fundator extiterit Ordinis Carmelitarum* : *Elias Propheta Domini eximius rectè & Catholicè Fundator Carmelitanæ Religionis dicitur, si eius facta ex Regum voluminibus absque inuidia discutiantur. Enimuero ipse Montem Carmeli primus inhabitasse legitur, à quo Fratres Carmelitæ nominantur.* Et au chap. 7. qui est intitulé *Quare Carmelitæ Fratres dicantur B. Mariæ semper Virginis de Monte Carmelo*: *Sicut ergo à Carmelo Carmelitæ, ita à Capella quam ædificarunt, vsque*

182   CA.   CA.

in hodiernum diem Fratres Beatißimæ Dei Genitricis & Virginis appellantur.

CARNAVAL. De l'Italien *carnauale*.

CAROSSE. De *carruca* ou *carrucha*; car c'est ainsi que ce mot se trouue escrit dans les Pandectes de Florence. Dans le Glossaire Grec-Latin vous trouuerez aussi καρȣχον, & dans Hesychius ῥηδίων, καρȣχον.

CAROVSSE, comme quand on dit *faire carrousse* pour dire *faire débauche à boire*. De l'Alleman *garh aus* qui veut dire *tout vuidé*, supple *le verre*. De *garh aus* on a fait premierement *carrous*. Rabelais au Prologue du liure 3. *Ie ne suis de ces importuns lifrelofres, qui par force, par outrage & violence contraignent les gentils compagnons trinquer, boire carrous & allus qui pis est: & puis* CARROVSSE.

CARPE. De *carpa* qui se trouue en cette signification dans Cassiodore liu. XII. epist. 4. *In principali conuiuio hoc profectò decet exquiri, quod visum debeat admirari. Destinet Carpam Danubius, à Rheno veniat Anchorago exormis.* Voyez Vossius liu. IV. de sa Theologie Gentile & Physique Chrestienne chap. 13. & 31. & au liu II. *de vitiis sermonis* chap. 4. où, contre l'opinion commune, il ne fait qu'vn mesme poisson de *carpa* & de *carpio*.

CARPOT. On appelle ainsi en Bourbonnois vn droit qu'on leue sur le vin. Par corruption pour *quarpot*. Voyez Loiseau liu. I. de la distinction des rentes.

CARQVOIS. De l'Alleman *koëker*, d'où les Grecs modernes ont aussi fait κȣρον ou κȣκȣρον. Voyez Lipse epist. 44. de la III. Centurie, & M. Rigault dans son Glossaire au mot κȣκȣρον.

CARRIERE. De *carrera* dont les Espagnols vsent encore en cette signification, & qui a esté fait de *carra*, comme qui diroit le chemin des charrettes.

CARROVSEL. De l'Italien *carrosello* diminutif de *carro*.

CASAQVE. Les Flamands disent *casak*, que Lipse epistre 44. de la III. Centurie dériue du Grec κάσα: *Apud*

CA. CA. 183

Ægyptios φολὰς τινὰς πιλητὰς, verba sunt *Agatharcidæ*, πεξςα-ρθρευύοι χρύσας. 1. *Vestes quasdam coactiles vocant* casas. Acuë in vltima habes casak, difficili aliàs originatione. D'autres dériuent casaque de caracalla qui est yn mot Gaulois. Aurelius Victor en la vie d'Antoninus Caracalla: *Cùm è Gallia vestem plurimam deuexisset, talarésque caracallas, coëgissétque plebem ad se salutandum indutam talibus introire, de nomine huiusce vestis Caracalla cognominatus est.* Voyez Scaliger sur Eusebe pag. 218. M. de Saumaise sur l'Histoire Auguste pag. 165. & Isaac Pontanus en son petit Glossaire Celtique au mot *caracalla*. M. Guyet croit que *casaque* a esté dit par corruption pour *cosaque*, & que cét habillement a esté ainsi appellé des Cosaques, comme *hongreline* des Hongrois; & ie suis de son auis.

CASCADE. De l'Italien *cascata* qui a esté fait de *cascare*. Cado, casus, casicus, casica, casicare, cascare, cascata, CASCADE.

CASCAVEAVX. On appelle ainsi en Prouence & en Gascogne ces petites sonnettes à danser. De l'Espagnol *cascabeles* qui signifie la mesme chose, & qui vient du Latin *scabilli*. Scaliger sur le Copa: *Neque aliud intellexit Arnobius per scabillorum crepitus. Quam vocem hodie Hispani & Aquitani retinent pro similibus crepitaculis. Dicunt enim paulo deprauatiore inflexu* cascabillos. *Apud Lutatium in Thebaida Statii lib.* 7. *ad illum locum*

—— & ad insperata rotari

Buxa:

BVXA, *inquit*, tibia vel scabellum quod in sacris tibicines pede sonare consueuerunt. *Extat quoque ea vox apud Suetonium, sed vulgò non intelligitur*. Ce mot se trouue aussi dans Ciceron en l'Oraison pour Cœlius: *Deinde scabella concrepant, aulæum tollitur*. Et dans Saint Augustin liu. 4. de la Musique: *Quæro ex te vtrùm possint copulati sibi pedes quos copulari oportet, perpetuum quemdam numerum creare, vbi nullus finis certus appareat: veluti cum Symphoniaci scabella & cymbala pedibus feriantur, certis quidem numeris, & his qui sibi cum aurium voluptate iunguntur, sed tamen tenore perpetuo: ita vt si tibias non audias, nullo modo ibi notare possis, quousque procurrat connexio pedum, & vnde rursus ad caput redeatur.*

148   CA.   CA.

Le lieu de Suetone est en la vie de Caligula: *Repentè magno tibiarum & scabellorum crepitu, cum palla tunicáque talari prosiluit.* Sur lequel voicy la Note de Casaubon: *Saltatores & saltatrices cùm in Scenæ pulpito saltabant, præter ictum pedum varia instrumenta sono edendo apta adhibebant. Ferè enim iungebantur, vt Lucianus περὶ ὀρχήσεως indicat, κρούματα, πιρετίσματα & ποδῶν κτύπος. Inter alia organa eius generis & scabelli fuerunt. Eam vocem non magis Latinam puto esse quàm* barbitus, sambuca, nabla, *& alia pleráque omnia instrumentorum musicorum nomina, quæ simul cum vsu rerum quas significant, in ciuitatem Romanam sunt admissa. Assentior autem doctissimo amicissimóque Scaligero, qui scabellos siue scabella esse putat apud Suetonium & Arnobium quos Hispani & Aquitani* cascabellos *dicunt; quam dictionem Rabbi Iona vsurpat in explicatione vocis* נח. Voyez le mesme Casaubon sur Athenée liu. v. chap. 4. Il est à remarquer apropos de *cascabeles*, qu'il se trouue aux Indes vne espece de serpens que les Espagnols appellent de ce mot acause de certaines petites peaux qu'ils ont aux oreilles qui font vn bruit lors qu'ils se remuënt semblable à celuy des cascaueaux. M. de Marigny,

Qui mores hominum multorum nouit & vrbes,

m'a dit auoir veu en Dannemark à Coppenhague dans le cabinet de M. Sperlin Medecin du Roy de Dannemark, vn de ces serpens, long de trois ou quatre pieds. Il est aussi à remarquer apropos de *cascaueaux*, que sur le sujet de quelques impositions qu'on vouloit establir dans la Prouence il y a vn peu plus de vingt ans, il s'esmeut vne sedition à Aix qu'on appella *des cascaueaux*, parce que tous ceux qui en estoient portoient des cascaueaux.

CASE de trictrac. De *cassa* ou *capsa* qu'on a dit pour *cassus* ou *capsus* qui ont esté pris en cette signification du Grec κάψος ou κάσος. M. de Saumaise sur l'Histoire Auguste pag. 463. κάψοι vel κάσοι vel κάσσοι *sunt loculamenta calculorum in tabula*, & ce qui suit, que ie vous conseille de voir.

CASQVE. De *cassicum* ou *cassicus* diminutifs de *cassis*. *Cassis, cassica, casca, cascum* ou *cascus*, CASQVE. On a fait *cassica* de *cassis*, comme *casica* de *casus*. Voyez *cascade*.

CASSE

CA.   CA.

CASSE pour lichefrite. De *capsa.*

CASSE. Medicament purgatif. De *cacia* qu'on a dit pour *acacia*. M. de Saumaise sur Solin pag. 539. *Acaciæ vsus & ratio hodie prorsus ignoratur, qui succus erat Ægyptiæ spinæ candidæ : casia olim nesciebatur, qui succus est siliquæ è nigra spina Ægyptia. Nomen ipsum quo hodie casiam appellamus satis indicio est id verum esse quod diximus. Casiam infima ætas dixit, quam acaciam vetus dicebat, more tralaticio posterioris Latinitatis, C in S vertendo. Quod & idiotismus noster in multis retinuit.* Sic ex Latino placere fecimus PLAISIR, ex racemo RAISIN. Saccire *dicebant Veteres* τὸ σακκίζειν, nos SAISIR. *Infima etiam Latinitas* sasire, *vt ex Marculphi Formulis constat. Ita* Sarracenos *vocamus* SARRASINOS. *In aliis sexcentis hoc ita se habere comperies. Acacia igitur Veterum* casia *nostra est. Certè ex illo nomine nomen istud effictum est. Nec enim tam stupidi sumus, vt dicamus acaciam Veterum esse casiam nostram, aut eadem potestate vtrámque censeri.*

CASSER. De *cassare* qui se trouue dans Yves de Chartres epist. 48. 59. 62. 87. & 209. Et dans les Gloses : σαθρέμαι, *casso.* σαθρῶ, *quasso. Cassare* a esté dit pour *quassare* qui se trouue en cette mesme signification. Lucrece liu. III.

Nunc igitur quondam quassatis vndique vasis
Diffluere humorem.

Virgile :

Quassatæque rates & non tractabile cælum.

Iuuenal :

Quassatum calicem, &c.

Quassa olla se trouue pareillement dans Plaute pour *fracta olla.* Les Gloses : σαθρὸς, *quassatus, fragilis.* σαθρῶ, *casso.* Voyez M. de Saumaise dans ses Obseruations sur le Droit Attique pag. 299.

CASSETTE. Voyez *caisse.*

CASSOLETTE. De l'Italien *cassoletta* diminutif de *cassola* qui l'est de *cassa.*

CASTAGNETTES. De l'Espagnol *castañetas.* Les Espagnols ont ainsi appellé ces castagnettes de la ressemblance qu'elles ont auec des chastaignes.

[marginalia: or cadaver une couche on lit ou matelas de lin de cahors.]

CA.   CA.

CATELONGNES couuertures de lit. De *Catalongne* d'où elles nous sont apportées. Il y a diuersité d'opinions touchant l'origine de *Catalongne*. Les vns l'appellent *Cattalania* de *Catti* & d'*Alani*; les autres *Gothalania* de *Gotti* & d'*Alani*.

[marginalia: Angl. cattell pecus chattels meubles.]

CATEVX. Bouteiller: *Aucuns Sages mettent difference entre meubles & cateux. Si sachez que cateux sont meubles & immeubles. Si comme vrais meubles sont qui transporter se peuuent & ensuiuir le corps: immeubles sont choses qui ne peuuent ensuiuir le corps ny estre transportées. Cateux donc comprend les deux, assauoir meubles & immeubles, & tout ce qui n'est point en heritage.* Loiseau liu. III. des Offices chap. 4. *Cateux sont entre autres les bleds & fruits pendans par les racines que les Latins appellent* segetes, *& les Iurisconsultes* fructus pendentes. *Nos Coustumes* desblées, emblures *& ablés, selon le diuers langage des Prouinces. Les Coustumes de Beauquesne, d'Artois & autres disent que Bleds verds iusques à la My-May sont reputez heritages, depuis sont reputez Cateux, & le pied couppé meubles, &c. Vray est que les Cateux comprennent aussi, comme disent ces Coustumes, plusieurs besongnes rustiques qui peuuent estre transportées commodément hors de l'heritage, comme les huis, les fenestres, les granges & estables toutes de bois, & autres choses semblables, qui semble estre à peu prés ce que les Romains appelloient* ruta cæsa; *& disent ces Coustumes que ces Cateux sont partagez comme meubles. Du Moulin en l'Apostille de la Coustume d'Artois dit que Cateux* sunt immobilia caduca, *rencontrant plus à propos à la signification qu'à l'etymologie. I'estime de ma part que les Cateux de Picardie sont à peu prés ce qu'au pays de Beausse nous appellons* CHASTELS. *Car c'est chose notoire que le Dialecte Picard change volontiers* CH *en simple* c, *&c.* L'opinion de Loiseau me semble tres-veritable. *Cateux a esté fait de* catalla *qui l'a esté de* capitalia. Voyez Spelmannus aux mots *capitale* & *catalla*, & Ragueau en son Indice au mot *cateux*. *[marginalia: voyez chaptel p. 200.]*

[marginalia: p. 690.] **CATZ.** De l'Italien *cazzo* qui a esté fait de *caput* qu'on a dit pour signifier *bout*, & dont les Espagnols ont aussi fait *cabo* en cette signification de *bout*. Caput, capitis, capitium, capitio, cazzo, CATZ.

CA.   CE.   187

CAVSER pour iaser. De *causare* qu'on a dit pour *plaider*. Les Loix des Lombards 11. 52. 1. *Si quis causam alterius agere aut causare præsumpserit in præsentia Regis.* Voyez Nicod au mot *causeur*, où il remarque que les Gascons appellent *lenguaces* les Aduocats sous l'orme, acause de leur babil. *Causidicus* s'est pris de mesme en mauuaise part parmy les Latins.

CAVX. Pays de Normandie. De *Caletes*. C'est ainsi que Cesar appelle ce pays.

CE.

CEINTVRE de la Reyne. On appelle ainsi à Paris vn droict qu'on leue sur le vin. Muret liu. xv. de ses diuerses Leçons chap. 10. apres auoir cité ce passage de Xenophon : αἱ δὲ κῶμαι ἐν αἷς ἐσκήνων. Παρυσάτιδος ἦσαν εἰς ζώνην δεδομέναι : *Sed mihi excuti non potest quin ζώνην non ζωὴν legere oporteat, vt dicamus eam totam regionem Reginæ Parysatidi in cingulum attributam fuisse. Reginis enim Persarum multa oppida, multæque regiones in singulas mundi muliebris partes attribui solebant : verbi causa, in strophium, in amiculum, in cingulum, in sandalia, idque locupletissimus testis confirmat Plato in Alcibiade primo his verbis :* ἐπὶ ποτ' ἤκουσα ἐγὼ ἀνδρὸς ἀξιοπίστου τῶν ἀναβεβηκότων παρὰ βασιλέα, ὃς ἔφη παρελθεῖν χώραν πάνυ πολλὴν καὶ ἀγαθὴν, ἐγγὺς ἡμερησίαν ὁδὸν, ἣν καλεῖν τοὺς ἐπιχωρίους ζώνην τῆς βασιλέως γυναικός. Εἶναι δὲ καὶ ἄλλην ἣν αὖ καλεῖσθαι καλύπτραν. καὶ ἄλλας πολλὰς τούτους καλὰς καὶ ἀγαθὰς εἰς τὸν κόσμον ἐξῃρημένας τὸν τῆς γυναικὸς, ὀνόματα ἔχειν ἑκάστους τῶν τόπων ἀπὸ ἑκάστου τῶν κόσμων. *Sed & Lutetiæ Parisiorum vectigal quoddam vino impositum est, quod vulgò* CINGVLVM REGINÆ *vocant. Sic Themistocli apud eosdem Persas quinque vrbes, Magnesia, Lampsacus, Myus, Percope & Palæscepsis in panem, vinum, opsonium, stragula & vestitum adtributæ fuisse dicuntur.*

CENDRE. De *cinere* ablatif de *cinis* en y adjoustant vn D, comme en *pondre* de *ponere*, en *gendre* de *gener*, en *tendre* de *tener*, &c.

CEP de vigne. Il y en a qui le deriuent de *capo*. En effet

Aa ij

188   CE.   CE.

les Latins ont appellé *caput vineæ* les racines de la vigne, & ce mot se trouue en cette signification dans Virgile & dans Columelle, & dans les Loix des XII. Tables, comme l'a remarqué Scaliger sur Festus pag. 192. Mais il vient de *cippus*, qui dans les Gloses est interpreté κορμὸς, c'est à dire *tronc*.

CEPS. Pour fers ou bois qu'on met au pied des prisonniers. De *cippus*, dont les Latins se sont seruis en la mesme signification. Les Gloses anciennes: *cippus*, ξύλος λίθινος, κορμὸς, ποδοκάκη, & dont les Italiens ont aussi fait *ceppo*, & les Espagnols *cepo*. Cippus a esté dit par corruption pour *cuspus*, qui a esté fait de κυρὸς. Voyez M. de Saumaise *de modò Vsurarum* pag. 815.

CERCVEIL. M. de Saumaise sur Solin pag. 1204. le deriue de *sarcophagulus*: Sarcolivm *dicimus quamlibet arcam sepulchralem voce detorta ex* sarcophagulus. Sarcophage estoit vne pierre dont on faisoit anciennement les tombeaux, & d'où on a appellé en suitte sarcophages toutes sortes de tombeaux, quoyque faits d'vne autre matiere. L'Autheur d'vn ancien Cartulaire du Monastere de Saint Benoist sur la Garonne imprimé par P. Pithou, au deuant du Poëme d'Abbo, apres auoir dit qu'Abbo estoit mort d'vne blessure qu'il auoit receuë: *Mane feriæ quartæ Abbo cum ipsis quibus indutus erat vestimentis, vt mos est interemptos sepeliri, inlotus lapideo sarcophago in interiore crypta ante ipsius S. Patris Benedicti altare tumulatur.* Voyez Cujas en ses Obseruations liu. XXI. chap. 13. & M. de Saumaise au lieu allegué. Ie ne suis pas de l'auis de M. de Saumaise quant à l'etymologie de *cercueil*, & ie croy qu'il a esté fait de *sarcolium* qui l'a esté de σάρξ. σάρξ, σαρκὸς, *sarcolium*, sarcveil on l'escriuoit ainsi anciennement, cercveil.

CERNER. De *circinnare*. Scaliger dans ses Etymologies qui sont imprimées en suite de ses Notes sur Varron de la langue Latine: *Orbare seu vrbare Galli, dicunt* cerner, *quasi* circinnare. De *circinus* & *circinellus* nous auons fait de mesme cerne & cerneav.

CERS ou cyerce vent. Rabelais I v. 43. ô, *me disoit vn petit enflé, qui pourroit auoir vne vessie de ce bon vent de Langue-*

goth que l'on nomme *Cyerce! Le noble Scurron Medecin passant vn iour par ce pays, nous contoit qu'il est si fort qu'il renuerse les charrettes chargées.* De *Circius.* Seneque liu. v. de ses Questions naturelles chap. 17. *Venti quorumdam locorum proprij. Atabulus Apuliam infestat, Calabriam Iapyx, Galliam Circius, cui ædificia quassanti, tamen incolæ gratias agunt, tanquam salubritatem cœli debeant ei. D. certè Augustus templum illi cùm in Gallia moraretur, & vouit & fecit.* Fauorinus dans Aulugelle liu. 11. chap. 22. *Nostri quoque Galli,* il estoit de France, *ventum ex sua terra flantem quem sæuissimum patiuntur Circium appellant à turbine, opinor, eius ac vertigine.*

CERVELLE. De *cerebellum,* diminutif de *cerebrum. Excerpta ex vet. Lex. Græco-Lat.* au chap. *de membris humanis. Cerebellum,* ἐγκέφαλος.

CERVOISE. De *ceruisia,* qui est vn ancien mot Gaulois. Pline liu. xxII. chap. dernier : *Et frugum quidem hæc sunt in vsu medico: ex ijsdem fiunt & potus: Zythum in Ægypto; cælia & ceria in Hispania;* CERVISIA, *& plura genera in Gallia, aliisque Prouinciis, quorum omnium spuma cutem fœminarum in facie nutrit.* Isidore liu. xx. de ses Origines chap. 3. & apres luy Hadrianus Iunius dans sa Hollande, estiment que *ceruisia* ou *cereuisia* a esté dit *à Cerere.* Isaac Pontanus en son Glossaire au mot *Zythus* improuue cette etymologie, & deriue *ceruisia* du mot Danois ou Hollandois *gherwis,* & *ceria* de *ghere.* Ses paroles meritent d'estre icy rapportées tout au long. Gheren *Belgis Batauisque de potu isto hordaceo propriè vsurpatur, quando scilicet in spumam adhuc à recenti coctura vertitur. Qua de spuma ceruisiæ etiam bonitas præstantiáque exinde intelligitur. Et adhibent quoque eamdem nostrates spumam ad panis fermentationem. Quod & idem Plinius de Gallis pariter annotauit lib.* xvIII. *cap.* 7. *Galliæ, inquit, & Hispaniæ frumento in potum resoluto, quibus diximus generibus, spumâ ita concretâ pro fermento vtuntur. Qua de causa leuior illis, quàm ceteris, panis est. Dixerunt ergo ab ipsa forma* ceriam *pro* ghere. G *pro* C *transposito, vt* Cneus *pro* Gneus; Caius *pro* Gaius. *Vnde sequitur ex eodem quoque intelligendum* CERVISIAM *quam* GHERWIIS ; *quod erit,* in modum

p. 690.

istius, de qua loquimur, spumæ, siue geriæ conformatum. Et quamuis modus ille dicendi videatur insolentior, tamen sic etiam PARVIIS pro PARCK-WIIS videntur dixisse nostrates pronaum, vestibulum, quod & Gallis etiam hodie sic dicitur; PARVIS enim efferunt. Ghere verò ipsum, vt hoc interim admoneam, Cimbris Danisque magis quàm Batauis Belgisque est vsitatum. Batauis enim ista spuma non gher sed gist appellatur. Potus tamen ipse, vt innui, cùm eiusmodi spumam, siue spumæ condituram recipit gheren iis dicitur. Nec est quod admiretur quispiam etiam Hispanis, illis præsertim Aquitaniæ propinquioribus, nostratia subinde Germanicáque vsurpata vocabula: nam & Columella lib. V. cap. I. Prouinciæ Bæticæ rusticos ait certum agri spatium puta XXX. pedum latitudinem & CLXXX. longitudinem PORCAM dicere. Quod manifestò nostratium esse similiter agnoscitur PARCK enim nobis finitimisque est locus certo ambitu determinatus. Voyez Vossius de vitiis Sermonis liu. I. chap. 4. Goldstat tom. I. part. I. pag. 201. de ses Alemaniques deriue cereuisia du Flaman terwe: Sic dictam putant μετωνυμικῶς quasi Cerebibiam, quòd Ceres, idest, frumentum coctum bibatur. Nos didicimus Belgis in vsu esse vocem terwe ἀντὶ τοῦ CERWE mutato C in T. Sed strictius pro eo quod est triticum, aut potiùs, vt nos opinamur, respondentem τῷ ἀθύρ. Vnde est ador & fortè Germanicum acher, vt ador fuerit quidquid aristam fert, ipso quoque aristæ nomine eo alludente. Sunt verò terwæ aliquot apud Belgas species WINTERWE, SOMMERTEWE, &c. Quid ergo dubitemus quin nomen ceruisiæ ex ipsius frumenti, vnde conficitur, vocabulo defluxerit?

p. 691.   CEVENNES. De *Gebennæ* ou *Cebennæ*. C'est ainsi que ce pays est appellé dans Cesar, dans Lucain, dans Pomponius, dans Pline & dans Ausone. M. Bochart liu. I. chap. 42. des Colonies des Phœniciens dériue *Cebennæ* du Bas-Breton *Keven*, qui, selon le tesmoignage de Cambden, signifie *le dos d'vn mont* : ce qui conuient fort bien aux Ceuennes qui sont definies par Strabon *le dos d'vne montagne* : ῥάχις ὀρεινὴ πρὸς ὀρθὰς τῇ Πυρήνῃ. Il dériue aussi *Keven* du Syriaque גבינא *gebina* qui signifie *supercilium montis*. Voyez-le.

CH.

CHAASSE de Saint. De *capsa*. Voyez *caisse*.

CHABLE. Nicod le dériue de l'Hebreu *hebel* qu'on prononce *chebel*, ou du Grec κάλως. Il vient de *capulum*. Isidore liu. xx. chap. 16. *Capulum: funis, à capiendo, quòd eo indomita iumenta comprehendantur.* Ie croirois plustost que *capulum* auroit esté dit pour *cabulum* qu'on auroit fait de κάμιλος qui a esté pris pour *funis nauticus*. Cœlius Rhodiginus VII. 18. *Camelum vsurpant quidam, literis nihil immutatis, genere tantùm diuerso, pro anchorario fune. Vt illud Euangelicum, quamquam de animante intelligere maluit Hieronymus:* Camelum facilius est per foramen acus intrare, quàm diuitem in regna cælorum. *Sed doctissimi Grammatici & Aristophanis Interpres, & Suidas quoque per i malunt scribere* CAMILOS. Theophylacte sur Saint Mathieu XIX. 24. πιτὲς δὲ κάμηλον ἒ τὸ ζῶον φασὶν· ἀλλὰ τὸ παχὺ σχοινίον, ᾧ χρῶνται οἱ ναῦται πρὸς τὸ ῥίπτειν τὰς ἀγκύρας. Suidas: Κάμηλος τὸ ἀχθοφόρον ζῶον. κάμιλος δὲ τὸ παχὺ σχοινίον. Le Scholiaste d'Aristophane sur les Guespes: κάμιλος τὸ παχὺ σχοινίον διὰ ϛ ι. Drusius sur Saint Mathieu au lieu allegué croit que cét endroit du Scholiaste d'Aristophane a esté corrompu, & qu'il faut lire κάβιλος : *Quod autem apud Aristophanis Scholiastem* κάβιλος *persuspectum mihi de mendo. Nam antiquus character literæ* μ *idem erat cum charactere literæ* Ϭ, *vt alibi docuimus. Hinc plurimi errores in libris. Fortè igitur* κάβιλος *scribendum: vnde & Belgicum* CABEL. *Cui cognatum quod Hebræi compedem* כבל *appellant. Sit hoc arbitrarium non certum.* Drusius se trompe, comme il paroist par les lieux de Theophylacte & de Suidas, & par les propres termes de ce Scholiaste. Ie croirois bien neantmoins qu'on auroit dit κάμηλος ou κάμιλος en la signification de *chable* par corruption pour κάβηλος ou κάβιλος, & que κάβηλος ou κάβιλος auroient esté faits de l'Hebreu כבל. Les Anglois disent aussi *cabel*.

CHABOT. Poisson. Rondelet dans son liure des Poissons dit qu'il ne sçait pas pourquoy ce poisson a esté ainsi

ŋ·777·

CH. CH.

nommé. Il l'a esté acause de sa grosse teste. *Capo*, *capotto*, CABOT ainsi qu'on prononce encore en Languedoc, CHABOT. Les Grecs pour la mesme raison l'ont appellé κέφαλος, & les Italiens *cefalo*. Rondelet fait difference entre les *chabots* & les *cabots*. On appelle aussi en Anjou *chabot*, ce qu'on appelle ailleurs *toupie*, acause de sa teste. Nous auons en France la Maison des Chabots qui est vne Maison illustre, & qui porte pour armes des chabots.

CHAGRAIN. Sorte de cuir. D'vn poisson ainsi appellé par les Turcs.

CHAIRCVTIER. De *chair cuite*, comme qui diroit *vendeur de chair cuite*. On escriuoit anciennement *chair-cuitier*.

CHAISNE. De *catena*.

CHALONGER. Vieux mot François qui signifie *calomnier*, & qui vient de *calumniare* en changeant l'I voyelle en I consone. *Chalonger vn heritage*, c'est à dire le repeter & le vendiquer. Voyez M. Besly dans son Histoire des Comtes de Poictou pag. 103. Ce mot de *calumnia* s'est pris pour *procés*, *debat*. Vu titre de l'an 1077. au Chartulaire de l'Abbaye de Vendosme fol. 109. *Facta hæc acquietatio & sedatio calumniæ*. Voyez M. Galland dans son Francalleu pag. 55. Voyez aussi André du Chesne sur Alain Chartier. *Calanger* en Normandie signifie *barguigner*.

CHAMADE. De l'Italien *chiamata* verbal de *chiamare* qu'on a dit de *clamare*.

CHAMBRE. De *camera*. On y a adjousté vn B comme en *nombre* de *numerus*, &c.

CHAMOIS. De l'Italien *Camuccia* ou *Camoccia*. Voyez Iules Scaliger dans ses Commentaires sur l'Histoire des animaux d'Aristote & Ioseph son fils *in Confut. Fab. Burd.* Belon liu. 1. chap. 55. deriue *Chamois* du Grec *Cemas* qu'il pretend signifier la mesme chose. En quoy il se trompe. Iules Scaliger contre Cardan Exercitation 207. parlant d'vne certaine espece de chevres: *Non sunt eæ Cemades, vt putarunt quidam vocum vmbratiles sectatores. Cemas est in Ceruis, sicut in Bubus Iunix,*

Iunix, & Iuuencus, siue bucula, seu vitulus. Franci Faones *vocant.*

CHAMPAGNE. De *Campania*. Pierre Pithou liu. 11. de ses Aduersaires chap. 1. *Vnum illud addam Campaniæ appellationem, eius quidem cuius hodie vrbium nostra mater est, nondum me apud vetustiorem paulò Scriptorem legere potuisse. Auctor sanè Appendicis ad Marcellini Comitis deflorata, Remensem Campaniam vocat, vt & Gregorius Turonensis in libris Historiarum. Non desunt qui Catalaunicam appellent. Credo camporum memoria inducti in quibus Attila victus est, qui & Catalaunici & Mauricij dicuntur,* &c. Et au liu. 1. des Comtes de Champagne pag. 459. *Le premier que ie trouue auoir appellé la Champagne de ce nom est celuy qui a continué la Chronique de Marcellinus Comes, si tant est qu'il soit (comme il semble) plus ancien que Georgius Florentius, Gregorius Euesque de Tours, Theganus, Aymoinus, & autres qui l'appellent la Champagne de Rheims, & quelquefois de Chaallons, se souuenans (comme il est vray-semblable) de la tant renommée bataille contre Attila, en laquelle les forces des Huns furent grandement affoiblies és champs qui portent ce nom, lesquels toutefois plusieurs dient estre prés la ville de Tholose: & aucuns autres, non sans quelque apparence de raison, prés Mauriac en Auuergne. Celuy qui a continué l'Histoire de Gregoire de Tours iusques au temps de Charlemagne, baille aussi à la Champagne le nom d'Arcies, ville de laquelle est faite mention en l'ancien Itineraire, & laquelle le mesme Gregoire met en la Champagne de Rheims: duquel lieu il faut restablir ce mot au troisiesme liure d'Aymoinus au lieu de* Marciacensis. *Vray est que ces mesmes Autheurs vsent plus souuent de ce nom de Champagne pour celle qu'on appelle maintenant la Haute, à laquelle pour dire vray (bien que nos Comtes qui ont depuis porté ce titre y eussent beaucoup moins qu'en la Basse) il appartient plus proprement, estant le pays descouuert, de labour, & champestre: qui est la vraye etymologie non seulement de cette Champagne, à laquelle Seulfus Archeuesque de Rheims l'accommode en quelque endroit, mais aussi de toutes autres.* Les Latins ont dit *campania* d'vne pleine. Les Gloses: *Campania,* πεδιάς. Et de là nous auons fait CAMPAGNE.

CHAMPION. De *campio*. Les Gloses d'Isidore: *campiones, gladiatores, pugnatores.*

CH.   CH.

CHAMPIGNON. De *campinio*, a cause que les champignons viennent dans les champs sans y estre semez. *Campus, campi, campinius, campinio,* CHAMPIGNON. Athenée au liu. 11. les appelle pour cette raison γηγενεῖς, & Ciceron *terrâ nata : Lex Sumptuaria quæ videtur λιτότητα attulisse ea mihi fraudi fuit. Nam dum volunt isti lauti terrâ nata, quæ lege excerpta sunt in honorem adducere, fungos, heluellas, herbas omnes ita condiunt vt nihil possit esse suauius.* C'est dans l'epistre 26. du liure VII. Nous auons dit de mesme *campis* pour *fils de putain de campisus*. Rabelais III.14. *Appellant vn enfant en presence de ses pere & mere champis ou auoistre, c'est honnestement, tacitement dire le pere coquu & sa femme ribaude.* Ce mot est encore en vsage dans la Xaintonge, où on le prononce *campi*.

CHANCE. De *cadentia* qu'on a fait de *cadere* qui a esté dit des dez. Terence dans les Adelphes :

   Ita vita est hominum, quasi cùm ludas tesseris.
   Si illud quod est maximè opus, iactu non cadit
   Illud quod cecidit fortè, id arte vt corrigas.

Les Grecs ont vsé de πίπτειν en la mesme signification, tesmoin ce vers

   ἀεὶ γὰρ εὖ πίπτουσιν οἱ Διὸς κύβοι.

Et ce passage des Actes des Apostres 1. 26. κ̀ ἔπεσεν ὁ κλῆρος ἐπὶ Ματθίαν. Et les Hebreux de נפל. Voyez le liure de Iona chap. 1. 7. On prononçoit anciennement *cheance*. Voyez *méchant*.

CHANCEL. On appelle ainsi en plusieurs lieux de Normandie le Chœur des Eglises. De *Cancellum* qui se trouue en cette signification Les Capitulaires de Charlemagne liu. I. art.17. & liu. VIII. art. 134. & 291. *Vt nulla fœmina ad altare audeat accedere, aut Presbytero ministrare, vel intra cancellum stare aut sedere.*

CHANCELIER. Turnebe liu. XI. de ses Aduersaires le dériue *à cancellando : Illic etiam Cancellarij sunt* (il parle d'vn passage de Vopiscus) *qui preces supplicésque libellos, omniáque scripta quibus Princeps subscribere nolebat, cancellabant, id est, ductis cancellatim lineis vitiabant & inducebant, fortassè è Notariorum nu-*

CH.   CH.   195

mero : *tandem in maximum togatorum fastigium euecti Cancellarij sunt, & apud Reges hodie secundas ferè tenent: Cancellarii non erant Carino imperante eius ordinis & dignitatis, vt ad Præfecturam vrbis vocari solerent, quam tamen vni mandauit frementibus cunctis ob indignitatem rei.* Il semble que Sarisberiensis soit du mesme auis :

> *Hic est qui Regni leges cancellat iniquas,*
> *Et mandata Pii Principis æqua facit.*

Et Brito :

> *Cancello scribo, Cancello grammata findo.*

C'est aussi l'opinion de l'Autheur d'vn vieux Glossaire cité par Loiseau liu. IV. des Offices : *Cancellarius est qui habet officium scripta responsáque Principis atque mandata inspicere, & malè scripta cancellare, & benè scripta signare.* Et celle de Nicod : *Il cancelloit anciennement les lettres en signe de refus, acause dequoy il porte tel tiltre, là où depuis on leur rompt simplement la queuë & le reply, où leur passe-t'on le ganiuet à trauers.* Ils se trompent tous, *Cancellarius* a esté dit *à cancellis*, c'est à dire des treillis ou barres à claire-veuë, qui enfermant le lieu où estoit l'Empereur lors qu'il rendoit justice, le garentissoient de la foule des parties, & ne l'empeschoient point de les voir ny d'en estre veu, la charge de ceux qu'on appelloit anciennement *Cancellarij* estant de se tenir prés de ces barreaux. Cassiodore liu. 11. de ses Institutions diuines & humaines parlant de Marcellinus : *Patricii Iustiniani fertur egisse cancellos.* Et au liu. XII. de ses diuerses Formules : *Sic enim propriè nostros cancellos agitis, si læsorum impia claustra soluatis.* Et au liu. XI. des mesmes Formules : *Hoc igitur laudabile præiudicium, sententiam gratiosam, militiam domesticam à* XII. *Indictione Cancellorum tibi decus attribuit,* &c. *respice quo nomine nuncuperis, latere non potest quod inter cancellos egeris. Tenes quippe lucidas fores, claustra patentia, fenestratas ianuas: Et quamuis studiosè claudas, necesse est, vt te cunctis aperias. Nam si foris steteris meis emendaris obtutibus. Si intus ingrediaris obseruantium non potes declinare conspectus.* Le Moine Henry liu. VI. de la vie de Saint Germain :

> *Volusianus erat præcelso nomine quidam*

Bb ij

196 CH. CH.

Vrbis Patricio toti dilectus & Vrbi,
Atque à cancellis prisco de more minister.

Agathias liu. 1. de son Histoire, parlant de ceux qui estoient à *cancellis* auprés de Narsés Generalissime des armés de l'Empereur Iustinien : τέτος δὲ ἔθος Ῥωμαίοις ἐκ τῶν κιγκλίδων ἐπονομάζειν, ᾗ τ̃ ἐν τότοις ἐπιμελείας. Voyez soigneusement Pierre Pithou liu. 11. de ses Aduersaires chap. 12. Casaubon sur Vopiscus en la vie de Carinus, M. de Saumaise sur l'Histoire Auguste pag. 483. Spelmannus en son Glossaire, Loiseau dans son liure des Offices, où vous trouuerez tout ce qui se peut dire sur ce mot.

CHANFREIN. De *camus* & de *frenum*.

CHANGER. De *cambiare* qui se trouue dans Columelle liu. 11. chap. 2. & dans Siculus Flaccus *De conditionibus agrorum* pag. 16. de l'edition de M. Rigault : *emendo, vendendóque, aut cambiando mutandóque similia finitionum genera inueniri possunt.* De *cambiare* les Italiens ont aussi fait *cangiare*.

CHANOINIE. De *canonia* qui se trouue en cette signification dans l'epistre xv. du liure xix. des Epistres de Petrus Cellensis.

CHANVRE. De *cannabis*. On prononce *chanbre* en Anjou.

CHAPEAV. De *capellum*. Voyez *cappe*.

CHAPELER, comme quand on dit *chapeler du pain*. De *capellare*. Les Loix des Lombards : *Si quis caballo alterius caudam capellauerit, idest, setas detraxerit.* Vn vieux Glossaire cité par François Pithou sur le tit. VIII. de la Loy Salique : *Scapellare, idest, exscindere, frangere.* La Loy Salique au lieu allegué : *Si quis in silua alterius matriamen furatus fuerit, aut incenderit, vel concapulauerit.* Celle des Bourguignons : *Quicunque ingenuus mulieri ingenuæ crines in curte sua præsumpserit capulare*, &c. Hincmar Euesque de Reims : *Delatori aut lingua capuletur, aut conuicto caput amputetur.* Voyez Lindembrog & Spelmannus en leurs Glossaires. Ie croy que le mot *chapuis* vient de la mesme origine.

CHAPELET pour *Rosaire*. De la ressemblance à vn

chapeau de roses. Les Italiens pour cette mesme raison l'ont appellé *corona*, & les Espagnols *rosario*; d'où nous auons emprunté le mot Rosaire. *Chapeau* ou *chapel de roses* se trouue dans les Coustumes d'Anjou, du Maine, de Touraine & de Loudun. De *chapel* on a fait le diminutif *chapelet* qui se trouue aussi souuent dans nos vieux Autheurs. Le Roman de la Rose en la description de la beauté de Liesse:

> *Si auoit vn Chapelet neuf*
> *Si beau que parmy trente-neuf*
> *En mon viuant voir ne pensoye*
> *Chapeau si bien ouuré de soye.*

CHAPELLE. De *capella*. Il y a diuersité d'opinions touchant l'origine de ce mot *capella*. Ciron en ses Paratitles du Droict Canon pag. 261. *Contenti erant Monachi hisce ædiculis quæ ita humiles erant, vt tabernis seu pergulis negotiatorum similes essent quas* καπηλεῖα *vocat Iulius Pollux, & Hesychius* καπέλλω, *quasi dicas* σκλὸν *tentorium, stabulum, templum apud Plutarchum, quo vtuntur vt plurimùm mercatores in nundinis. Similiter erigi solent sacella portatilia, maximè in castris quibus ad Missas celebrandas vtuntur Presbyteri qui principes ad bellum sequebantur, vnde dicti Capellani. Possumus etiam deriuare Capellam à prisco vocabulo Gallico* CHAPE, *idest* toga, *vnde* CHAPEAV, *quia totum caput tegit, & apud Vascones* CAPERAN *vel* CAPELAN *sit* tegere, CAPERADE *vel* CAPELADE *sit locus tectus & coopertus. Loca ergo sacra quod tecta sint dicta*, CHAPELLES. *Confirmatur ea opinio ex eo quòd capsa in qua conditæ erant reliquiæ dicebatur capella. Marculph. lib.* I. *Formul.* 38. *Non reijcimus tamen sententiam Valafridi Strabonis qui Capellanos à cappa Sti Martini deducit. Honorius in Sermone de S. Martino :* Huius, *inquit*, cappa Francorum Regibus ad bella euntibus pro signo anteferebatur, & per eam hostibus victis victoria potiebantur, vnde & custodes illius cappæ vsque hodie *Capellani* appellantur. La plus commune & la plus probable opinion est de ceux qui dériuent ce mot de la châsse de Saint Martin. Walafridus Strabo, qui viuoit en l'année 700. au chap. dernier de son liure *de Exordijs & incrementis Ecclesiast. Dicti autem sunt primitus Capellani à cappa*

S. Martini, *quam Reges Francorum ob adiutorium victoria in prœlijs solebant secum habere*, *quam ferentes & custodientes cum cæteris Sanctorum reliquiis Clerici* Capellani *cœperunt vocari.* Sangallensis liu. 1. chap. 4. *De pauperibus supradictis quemdam optimum Dictatorem & scriptorem in Capellam suam assumpsit, quo nomine Reges Francorum propter cappam S. Martini*, *quam secum ob sui tuitionem & hostium oppressionem iugiter ad bella portabant, sancta sua appellare solebant.* Durandus liu. 11. de son Rationale chap. 10. *Antiquitus Reges Franciæ ab bella procedentes, capam S. Martini secum portabant, quæ sub quodam tentorio seruabatur, quod ab ipsa capa dictum est* capella, *& Clerici in quorum custodia ipsa capella erat, inde* Capellani *dicebantur: & consequenter ab illis ad cunctos Sacerdotes nomen illud in quibusdam regionibus est transfusum.* Il adjouste: *Sunt etiam qui dicunt, quòd antiquitus in expeditionibus in tentorio fiebant domunculæ de pellibus caprarum supertectæ, in quibus Missæ celebrantur, & inde* capellæ *nomen tractum est*, &c. Voyez M. Bignon en ses sçauantes Notes sur Marculphe pag. 538. & Spelmannus en son Glossaire au mot *Capella*.

CHAPERON. De *capperone* qui a esté fait de *cappa* qui estoit vn habillement de teste, comme nous l'auons fait voir au mot *cappe*. Anciennement les Officiers des Parlemens portoient leurs chaperons sur leurs testes. M. Maistre Pierre de Beloy Aduocat du Roy au Parlement de Toulouse, en l'ouuerture qu'il fit des Audiences apres la Saint Martin, le 23. Nouembre 1609. *Peu à peu est venu parmy ceux de nostre Ordre l'vsage des chaperons, dont nous portons encore les reliques. Et bien que ce fust vn accoustrement commun, singulierement en France, à toutes sortes de personnes, neantmoins il estoit distingué selon les qualitez & dignitez d'iceux, ou par les couleurs, ou par quelque autre marque. Les Magistrats les portoient rouges fourrez de peaux blanches; les Aduocats noirs fourrez de mesmes peaux. Les Chroniques de France en rendent tesmoignage, où elles parlent des coustereaux & des signaux du Puy, que Guillaume de Chappuis bailloit pour les faire porter sur les chaperons : auquel passage il dit que ces chaperons estoient taillez à la maniere des Capulaires que les Religieux des Abbayes portent: & ne faut pas douter que par la mesme raison que les Chanoines ont receu* l'vsage de leurs aumusses, nous n'ayons aussi retenu nos chaperons pour marque des dignitez que nous tenons & des fonctions que nous faisons auec la distinction de nos charges, ainsi qu'il se voit encore parmy les Aduocats & les Procureurs. Le vieux Interprete de Iuuenal fait mention de ces armilausa des Chanoines. Et Isidore Hispal. au ch. 22. du liu. 19. dit qu'elle s'appelle armilausa, quasi in armis tantùm clausa. De fait vn vieux Glossaire escrit à la main, que i'ay veu, interprete armilausam, capulare. Desquels lieux il faut pareillement dire in vita Gregorij II. Pontificis apud Anastasium Biblioth. an & ante corpus Apostoli poneret, mantum & armilausam, que cette armilausa, qui est l'aumusse, estoit anciennement portée sur la teste par les Chanoines: & voilà pourquoy le susdit Glossaire l'appelle capulare. Et cela se peut remarquer és anciennes statuës des Chanoines. Depuis par succession de temps ils ont commencé de les porter au bras, pro insigni honoris Canonici: tout ainsi & de mesme sorte auons-nous fait: car nos peres de toutes qualitez portoient les chaperons sur leurs testes. Toutesfois l'vsage s'en est perdu petit à petit. Il est seulement demeuré parmy les gens de robe longue. Et en cela on s'aydoit du bourrelet, la forme plus ancienne duquel estoit ronde, & duquel on couuroit le circuit de la teste; & le surplus du chaperon pendoit d'vn costé, & de l'autre on en enuironnoit le col. Mais d'autant que cette posture estoit penible & vne grande charge de teste, il fut trouué bon peu à peu de retrancher tous ces grands appentis du chaperon & reseruer seulement ce qui representoit le bourrelet pour couurir la teste. Il est vray que depuis on l'a mis sur l'espaule tout entier: & pour couurir la teste on s'est aduisé de faire des bonnets ronds qui representent ces anciens bourrelets des chaperons; & de la mesme forme que sont les mortiers de Messieurs les Presidens. Trop bien se voit qu'on a commencé d'y apporter depuis vn siecle seulement quelque forme ronde ou de quadrature : & c'est pourquoy on les appelle souuent bonnets ronds ou bonnets carrez; comme si nous auions par hazard trouué en iceux la quadrature du cercle. Et si peut-on rapporter cét accoustrement de teste aux galeres des anciens Flamines, & à ce que Tertullien au liure De Pallio escrit habere priuilegium galeri. Voyez Pasquier en ses Recherches.

CHAPITRER. Du Chapitre des Religieux où l'on

fait reprimende à ceux qui ont failly. Les Allemans se seruent de la mesme façon de parler. Goldstat tom. 1. part. 1. pag. 100. de ses Alemaniques : *Capitulum est Concilium vel Senatus Principum ac Primorum regni, ciuitatis aut Collegij alicuius. Hinc Capitularia dicta leges quæ in Capitulo communi Primorum consensu constituuntur & ordinantur. Vnde quia in Monasteriorum & Collegiorum capitulis plerúmque vitiosi emendabantur, delinquentes corrigebantur, nata Germanorum phrasis* einen capiteln, *aut etiam* capitel lesen *pro obiurgare ac corrigere.*

CHAPTEL ou CHEPTEL. Mot dont les Coustumes de Niuernois, de Bourbonnois & de Berry vsent, pour dire vn bail de bestes estimées par des expers, & dont le profit se partage entre le bailleur & le preneur. De *capitale*, d'où on a fait aussi *capitau* qui se trouue en cette signification dans la Coustume de Solle. Voyez Ragueau en son Indice au mot *chaptel* & au mot *exiguer*, & Coquille quest. 83. Les Anglois disent aussi *chattel* en cette signification, & de plus pour toute sorte de biens tant meubles qu'immeubles. Voyez Spelmannus au mot *capital*. Les Latins ont dit *pecora partiaria*. La Loy VIII. au Code *de pactis : Si pascenda pecora partiaria, id est, vt fœtus eorum portionibus, quibus placuit, inter dominum & pastorem diuidantur, Apollinarem suscepisse probabitur, fidem pacto præstare per Iudicem compellatur.* Voyez *cateux*.

CHAPVIS. Vieux mot qui signifie *charpentier*, comme l'a obserué le President Fauchet liu. 1. des Cheualiers, & qui est encore en vsage en cette signification dans le Lyonnois & dans le Dauphiné. Les Perigourdins disent aussi *chapusa* pour dire *couper menu* & *chapuiser* pour *le bois sur lequel on coupe quelque chose.* Voyez *chapeler*.

CHARGER. De *carricare*, qu'on a formé de *carricus* diminutif de *carrus*. Le Glossaire intitulé *Glossæ è Glossario Arabico-Latino collectæ : carrico, onero*. De *carricare* les Espagnols ont aussi fait *cargar*, & les Bas-Bretons *cargaff*. *Discargare* pour décharger se trouue dans la Loy Salique tit. XXIX. §. 21. *Si inde fœnum ad domum suam duxerit, & discargauerit.*

CHARIVARI. M. de la Menardiere en sa Preface sur

sur les Epistres de Pline le jeune le dériue de καρυβαεικά. Scaliger sur le Copa le fait venir de *calybarium* : *Chalibes sunt æra ad crotala & crepitacula : quorum quàm fuerint studiosi Orientales illi populi, satis nouit qui in Veterum lectione diligenter versatus sit. Ea sunt quæ Hebræi, nisi fallor, vocant* צלצלים *zilzalim : hoc est, vt ego interpretor,* σεῖστρα, *quæ &* πλαταγὰς *vocabant. Sine tibicine autem & crotalis numquam ferè tabernæ erant, vt apud Propertium in Taberna :* Niletus tibicen erat crotalistria Phyllis. *Sed in Membrana Contij legitur :* sunt topia & calybæ. *Rectè. Calyba siue* καλύβη *est sonus siue crepitus crumatum, de quibus alibi diximus ex Aristophane, Iuuenale, aliis. In lib.* III. Ἀνθολογίας *cap.* εἰς Γυναῖκας. ἡ καλύβη ἡ δύπος ἐπέρπεν. Καλύβη τὰ κρύματα *vel* κρύσματα. *Et in sequenti Epigrammate :*

ἡ κροτάλοις ὀρχηστεὶς, ἡ ὑπὸ πεύκαις
ᾗ καλύβῃ πλοκαμοὺς ῥίψαι ἐπισαμύη.

Nam in istis legitur vulgò κυβέλη *pro* καλύβη. *Hoc nomen penitus in Gallia retinemus. Nam* calybarium *in omni Gallico idiomate est crepitus æris aut vasorum æreorum rudi ænea aut radio pulsatorum.* M. de Saumaise sur l'Histoire Auguste pag. 492. & 493. *improuue l'opinion de Scaliger. Voicy ses termes : At malè vir summus ; ita vt peius non potuerit,* calybam *hoc est* καλύβην *in Copæ carmine exponendam censet de sono vel crepitu æreorum vasorum baculo ferreo pulsatorum. Quod vulgò in Gallia* CARIBARIVM *appellamus. Ipse autem* CALYBARIVM *putat appellatum à* calyba. *Quæ vox sonum & tinnitum æris percussi significat. Sed quis Auctor vnquam vel Græcus vel Latinus hanc significationem voci* καλύβη *attribuit ? quis* calybam *in eo sensu vsurpauit ? Sanè aliter accipi debet in hoc ipso Poëmate de Copa. Sic enim versus ille scribitur in antiquis membranis :*

Sunt topia & calybæ, cyathi, rosa, tibia, chordæ,
Et trichila vmbrosis frigida arundinibus.

Ibi calybæ *nihil aliud sunt, quàm quod omnis semper Græcia nomine* καλυβῶν *intellexit, pergulæ nemper & attegiæ, quales in meritorijs tabernis vulgò fieri solebant, in quibus ganeones potarent. Huiusmodi* καλυβῶν *quæ in diuersorijs ad hunc vsum struebantur meminit Harmenep. lib. 2. tit. 4.* περὶ καπηλείς. *At in Græco Epigrammate aut vox* καλύβη *mutanda est, aut aliter venit exponenda. Sic autem ibi legendum videtur :*

ἢ Κυβέλη κ֮ Δῆμος διέπρεπεν, ἢ φιλοπαίγμων
Στωμυλίη, μήτηρ ὡ ἐφίλησε Θεῶν.

Sic enim & in sequente Epigrammate:
ἢ κροτάλοις ὀρχηςεῖς Ἄειπον, ἢ περὶ πεύκαις
κ֮ Κυβέλη πλοκάμους ῥίψαι ἐπιςαμένη.

Vtrumque enim Epigramma de mulieribus scriptum est Cybeles ministris, quæ in eius honorem caput iactabant, & cum crotalis & cymbalis saltabant. Quod si vtrobique legimus καλύβη vt in priore Epigrammate scriptum exhibent etiam vetustissimæ Membranæ quas vidimus, καλύβη non erit sonitus crumatum, vt censebat vir summus, sed πάςας & θάλαμος matris Deûm, circa quam saltabant huiuscemodi mulieres ministræ & θαλαμηπόλοι Cybeles cum tympanis & crotalis, &c. I'ay veu dans le cabinet de M. du Puy Conseiller d'Estat deux Arrests du Parlement de Dijon, l'vn du Samedy 25. Iuin 1606. & l'autre du Samedy 14. Ianvier 1640. donnez en l'Audience. Par le premier il est fait deffences à toutes personnes de cy-apres aux secondes Nopces faire aucune assemblée illicite & tumulte qu'ils appellent chariuary, apeine contre les contreuenans de cinquante liures d'amende: enioint aux Maire, Escheuins, Magistrats & Officiers politiques des lieux de se saisir des contreuenans, les emprisonner, proceder contr'eux extraordinairement, &c. Et par le second: Iteratiues deffences sont faites de faire aucune assemblée ou tumulte appellé vulgairement chariuary, & d'y assister à peine de cent liures d'amende & d'estre procedé contr'eux extraordinairement, &c.

CHARLATAN. De l'Italien *Ceretano*, qui vient du Latin *Ceretanus*, qui signifie la mesme chose, & qui a esté dit de la ville de Cereto, où il y auoit autrefois grand nombre de ces Charlatans. Calepin au mot *Cæretum*: *Cæretum Vmbriæ oppidum inter Spoletum ac Nursiam, à quo Cæretani appellantur, totum orbem vano quodam ac turpi superstitiosus genere ludificantes: ob quam causam ferè continuè peregrinantur familia atque vxoribus domi relictis.* Voyez le liure intitulé le *Vagabond*.

CHARME, espece d'arbre. Par corruption pour *charpne*, de *carpinus*.

CHARMES. De *carmina*.

CH.   CH.   203

CHARNIER. De *carnarium*, qui se trouue dans Plaute en cette signification.

CHARROVX, Abbaye en Poictou. De *Carroph*. Theodulphe liu. III. de ses Poësies:

 Est locus, hunc vocitant CARROPH *cognomine Galli,*
  Quo patet electis aulica porta poli.
 Quo Saluatoris sub nomine prænitet aula,
 Quòve Monasterij claustra decora manent.
 Enitet hic rutilo Sanctorum pignore fretus,
  Viuit & eximiè turba fidelis ibi.
 Denique Rotharius, Comes ingens, inclytus heros,
  Coniuge cum Eufrasia condidit istud opus, &c.

Fulbert fait pareillement mention de ce Monastere en son Epistre 117. où il l'appelle *Carroficum*; & Rabelais liu. IV. ch. 7. *par le digne vœu de Charroux*, &c.

CHARONGNE. Lipse Epist. 44. de la III. Centurie le dériue de *charognium*, mais sans en apporter ny de raisons ny d'authoritez. Les Italiens disent aussi *carogna* que Victorius dériue du Grec χαρώνια, d'où il y a apparence que le François *charogne* vient aussi. *Simile huic est quod cadauera belluarum eiecta vocamus* CAROGNIE, *à fœtore. Græci enim* χαρώνια *loca quædam terrarum appellant, quæ exhalant fœdos odores, ac sunt tanquam aditus quidam faucésque inferorum. Inde igitur vocabulum nostrum conformatum puto, quod molestus odor mortuarum proiectarúmque belluarum, idem quod loca illa præstet faciátque ne illac transiri sine molestia possit.* C'est au chap. 16. du liure XVI. de ses diuerses Leçons. χαρώνια se trouue en cette signification dans Galien: πολλάκις δ' ἀπὸ τοῦ πνεύματος μόνον κατὰ τὴν εἰσπνοὴν ἡ βλάβη γίγνεται, καθάπερ ἐν τοῖς χαρωνείοις ὀνομαζομένοις χωρίοις. Il se trouue aussi en la mesme signification dans Laerce en la vie de Zenon.

CHARPENTIER. De *carpentarius*, qui a esté fait de *carpentum* qui signifie *vn char*. L'Onomasticon Grec-Latin pag. 22. *carpentarius*, ἁμαξουργός. *Carpentum*, ὄχημα. *Carpentarius* se trouue aussi en la Loy 2. au Code *De excusat. artif.*

CHARPIE. De *carpia*, qui se trouue dans les Gloses:

carpia, ῥυπαρὸς πόκος. M. de Saumaise sur Solin pag. 766. τίλτοι ex filis lintei carpti fiebant. *Carpiam hodie vocamus veteri vocabulo, etsi carpiam* ῥυπαρὸν πόκον *interpretatur vetus auctor Glossarum.* Les Grecs l'ont aussi appellé μότος. Voyez le mesme M. de Saumaise sur l'Histoire Auguste pag. 369. & dans son liure *de modo vsurarum* pag. 881. où il est dit que *carpia* a esté dit *à carpendo*. On prononce encore apresent en Picardie *carpie*. Nous disons en Anjou *charpil* pour *charpie* de *carpillum*.

CHARRETTE. De *careta* diminutif de *carrus*, comme CHARRVE de *carruca*. *Careta* se trouue dans Mathieu Pâris: *Nullus Baillinus noster vel Vicecomes, vel alius capiat equos vel caretas alicuius pro cariario faciendo*. Voyez Vossius de *vitiis sermonis* III. 3. *Carruca* se trouue dans Gregoire de Tours chap. 14. du liure II. des Miracles, & au tit. 40. de la Loy Salique. Il se trouue aussi dans l'Onomasticon Grec-Latin, où il est interpreté par μονότροχος. Et dans les Gloses Nomiques : ῥέδα, ἅρμα, καρρύκα.

CHARTRE pour prison. De *carcere*. *Carcer, carceris, carcere*, CHARDRE, comme *cendre* de *cinere*, CHARTRE. Saint Vincent de la Chartre prés le Chasteau-du-Loir est appellé *Carcer* dans Geoffroy Abbé de Vendosme epist. xv. du liure III. & dans la Chronique de Saint Aubin. Voyez le Pere Sirmond sur cét endroit de Geoffroy, où il remarque que le Prieuré de Saint Denys de la Chartre qui est à Paris, a esté ainsi appellé acause que ce lieu estoit la prison de ce Saint. De *chartre* en cette signification de prison on a dit *chartre* pour tristesse & langueur, acause que les prisons sont pleines d'ordinaire & de langueur & de tristesse.

CHARTRES. Ville. De *Carnutes*.

CHARTRES, comme quand on dit *Garde des Chartres*, le *Thresor des Chartres*, *Chartres de France*, &c. De *carta* dont les Espagnols ont aussi fait *cartas* pour *des lettres missiues*.

CHARTREVX. Du village de Chartreuse en Dauphiné. Papyrius Masso liu. III. des Annales de France au chap. de Philippe I. *Anno sequenti* (1086.) *Ordo Cartusianorum*

CH.   CH.

in Gallia ortus est. Cartusiæ appellantur à Cartusia Monte iuxta Gratianopolim Allobrogum, vbi Bruno tranquillam sedem sibi delegit, &c. Baronius dans ses Annales sur l'année 1086. *Hoc itidem anno Cartusiæ solitudo habitari cœpta à Sancto Hugone Episcopo Gratianopolitano, Sanctóque Brunone Auctore sancti Instituti, eiúsque socijs, ex quo loco & nomen accepere, vt Cartusiani Monachi dicerentur.*

CHASQVVN. De *quisque vnus*, d'où les Italiens ont aussi fait *qualcheduno*.

CHASSER. Isaac Pontanus dans l'*addenda* de son *p. 692.* Glossaire Celtique le deriue du Gaulois *casnar*: *Est & illud operæpretium superioribus Glossarij nostri voculis, quæ à C littera incipiunt, attexere quod ait Quintilianus Institutionum lib. 1. cap. 6. In Oratione Labieni, siue illa Cornelij Galli est: in Pollionem, Casnar assectator è Gallia ductum est: Nam etiam ista tempestate Gallis id vocabuli haud penitus antiquatum comperio. Est enim illis* chasser, *etiamnum is qui quidpiam vel assectatur vel venatur. Vnde &* chasser, *assectari, venari; &* chasse, *venatio, assectatio; item, curiosior inquisitio. Sic &* chasse-mal *illud dicitur quod malum depellit; &* chasse-diable, *exorcista, diaboli auerruncus. Nonnulli Gallorum vtpote Belgis viciniores, non* chasse *&* chasser, *sed* casse *&* casser *efferunt; quod & Bataui retinent in* cassiagen, *quod est* insequi fugando. *Quintiliani verò illa Formula* casnar *videtur terminationem adumbrare hodiéque Batauis Belgisque nobis pervsitatam, qui* wagenaer *idest* auriga, ho-uenaer *idest* hortulanus, *& alia talia pronunciamus. Sic ergo &* casser, *quod hodie Galli contractè sic efferunt,* casnaer *&* cassenaer *olim eosdem extulisse ex istis Quintiliani manifestum sit. Est etiam hinc in ore & vsu adhuc nostratibus vocabulum* casboüe: *quo agyrtam ac circulatorem, qui simulatis mysteriis rudioribus imponit, passim indigitant. Quod ergo Quintilianus* casnar *interpratur* assectatorem, *Belgicè etiam aliàs reddi possit* een onderhaler. Il se trompe, *chasser* & *chasse* viennent de l'Italien *cacciare* & *caccia*. *Cacciare* vient de *captare* dont les Latins se sont seruis en cette signification. L'Epistre aux Romains xi. 9. *Fiat mensa eorum in laqueum & in captionem*. Il y a au Grec. γενηθήτω ἡ τράπεζα αὐτοὺς εἰς παγίδα καὶ εἰς θήραν. Saint Hilaire: *In laqueum & in captionem & in retributionem & in scandalum.* Les Gloses: θήρα, *captatio.* θηρευτής, *captator, venator.* Horace liu. 1. Sat. 2.

— *Leporem venator vt alta*
In niue sectatur, positum sic tangere nolit.
Cantat & apponit : meus est amor huic similis, nam
Transvolat in medio posita & fugientia captat.

CHASLIT. De *capsum lecti* pour *capsa lecti*.

CHASSIS. De *capsicium* diminutif de *capsum* qu'on a dit pour *capsa*.

CHASVBLE. De *casula*, c'est ainsi que la chasuble est appellée dans le Ceremonial. Ie croy que *casula* a esté fait par metathese de *capsula*, & c'est aussi l'opinion de Spelmannus: *Casula, vestis Religiosorum, de qua Balbus in Cathol. Casula dicitur vulgo planeta Presbyteri, quia instar paruæ casæ totum hominem tegit. Mallem ideo à capsa quasi capsula,* &c.

CHAT. De *catus* ou *cattus*, comme CHATTE de *catta*. Les Gloses anciennes *catus,* γαλῆ. Celles d'Isidore: *murilegus, catus.* Le Lexicon de Cyrille pag. 369. αἴλουρος *felax, hæc catta.* Baruch chap. VI. 21. *Supra corpus eorum & supra caput eorum volant noctuæ & hirundines, & aues etiam, similiter & cattæ.* Euagrius lib. VI. chap. 24. ἐπυνθάνετο τί ἂν εἴη τοῦτο. ὁ δὲ ἔφη αἴλουρον εἶναι ἰῶ κάτ]αν ἡ συνήθεια λέγει. Le Scholiaste de Callimaque sur l'Hymne de Ceres dit la mesme chose: αἴλουρον, ἰδιωτικῶς κάτ]ον. De *catus* on a fait *cat*, comme on le prononce encore aujourd'huy en Picardie & en Angleterre, & de *cat* CHAT, comme CHARBON de *carbo*, CHAMBRE de *camera*, &c. Les Allemans disent aussi *catte*. Les Italiens disent *gata* pour *cata*. *Catus* vient du Grec κατίς, pour lequel Homere a dit κτίς qui signifie *viuerra*. Ceux qui le dériuent de l'Hebreu חתול *chatoul* se trompent, comme aussi Isidore qui le fait venir de *cattare* qui signifie *videre*. *Catulus* diminutif de *cattus*, a esté dit par les Latins des petits de toutes sortes de bestes.

CHATEAV DV LOIR. Voyez *Loir*.

CHATEAVGONTIER, ville d'Anjou. De *Castellum Gunterij*, comme qui diroit *Chasteau de Gontier.* Ce

CH. CH.

Gontier qui a donné le nom à cette ville estoit le Concierge de Foulque III. Comte d'Anjou. Le P. Sirmond dans ses Notes sur ces mots de l'Epistre XI. du liure V. de celles de Goffridus Abbé de Vendosme, *Arelardum de Castro Gunterij* pag. 88. *Castrum Gunterij Meduanæ fluuio impositum in pago Andegauensi ad veterem vicum Basilicarum, nobilem sortitum est conditorem Fulconem III. Comitem, sed nomen ignobile à villico Fulconis Gunterio. Rem narrant antiquæ tabulæ Monasterij S. Albini de Castro firmato in curte Basilicarum, quibus Fulco ipse subscripsit anno* M. XXXVII. *Earum hoc initium.* Anno ab incarnatione Domini M. VII. Indict. V. Goffridus Martellus natus est: & Pater eius Fulco nobilissimus Comes Andecauorum, filius Goffridi fortissimi Comitis qui cognominatus est Grisia Gonella, firmauit Castellum super Meduanam fluuium, in curte quæ vocatur Basilicas, quam ipse ante plurimos annos pro quadam curte quæ nuncupatur Vndanisvilla in pago Beluacensi sita, Rainaldo Abbati & Monachis S. Albini commutauerat, eisque solidam & quietam cum omnibus ad ipsam pertinentibus in perpetuum possidendam tradiderat. Firmato itaque Castello, eoque vt poterat munito, ex nomine cujusdam villici sui illud CASTRVM GVNTERII appellauit.

CHATHVAN. De ces deux mots *chat huant*, comme qui diroit *catus vlulans*. Belon liu. 2. chap. 32. qui est du hibou ou chathuant : *Il prend les souris comme vn chat, dont il en tient son appellation Françoise; car on le nomme aussi vn chathuant, d'autant qu'il crie la nuit en huant, & huer est vn vieux mot François qui signifie appeller haut*. Ce mot est ancien dans nostre Langue. Eucherius chap. 9. du liu. II. à Salonius : *Sunt qui vlulas putent aues esse nocturnas, ab vlulatu vocis quem efferunt, quas vulgo* CAVANNOS *dicunt*. Aldhelme au liure qu'il a fait des loüanges de la virginité chap. 28. *Vngues ritu falconum, accipitrum, seu certè ad instar* CATVANORVM *acuuntur*, car c'est ainsi qu'il faut lire en cét endroit, & non pas *caluanorum*.

CHATON de bague. De *castrum. Castrum, castro, castrone, castone,* CASTON, CHATON. Les Espagnols de *castone* ont fait *gastone*, & les Portugais *gastan*. Nous prononcions anciennement *caston*. Rabelais III. 7. *Au lendemain Panurge se fit percer l'oreille dextre à la Iudaïque, & y attacha vn petit anneau d'or à ouuraige de tauchie, ou caston duquel estoit vne puce enchassée.*

CHATOVILLER. De *catullare* qu'on a dit pour *catullire*. Les Picards disent *catoüiller*.

CHAVD. De *caldum*. Anciennement nous disions *calt*. Ekekardus de *casib. Monast. S. Galli* chap. 10. *Cùm autem etiam Ekkehardus ipse per se esset eleemosynarius iocundum quiddam de eo dicemus, hominem quemdam domesticum cùm ad hoc quidem destinauerit, vt siquos pauperes vel peregrinos diceret, clam in domo ad hoc decreta lauaret, raderet, vestitos reficeret & noctibus iussos vt nemini dicerent à se emitteret. Accidit quadam die vt ei contractum, Gallum genere, carruca aduectum, vt solebat committeret, quem ille grossum quidem & crassum cùm toto virtutum annisu, clauso super se solos vt iussus est ostio, vix in vas lauacri prouolueret maledicens; erat enim irascibilis, verè ait simpliciorem quàm dominum meum hodie nescio hominem, cui benè faciat discernere nescit, mihi quoque tam pinguem helluonem dorso sustollere iniunxit. At contractus cum aqua sibi lauacri nimis videretur calida, Galliicè- Rusticè* kalt kalt *est ait. At ille quoniam in Teutonum lingua frigidum est sonat, & ego, inquit, calefaciam: haustámque de lebete feruenti lauacro infundit aquam*, &c. Sur lequel endroit voyez Goldast dans ses Alemanniques tom. 1. sect. 1. pag. 205.

CHAVFER. De *calfare* pour *calfacere*. *Calfacere, calfare*, CHAVFER. De *chauffer* on a fait CHAVFFERETTE, & Bayf est ridicule de le dériuer de καῦμα φέρειν, c'est en son traitté de *vasculis* pag. 263. & 264. λοπάδα *verò & λοπάδιον sartaginem dicimus, vt opinor. Nos vulgò Galli* LA POAILLE, *vt vocabuli Græci non leuiter pressa vestigia retinere videatur, vsque adeò Galli sunt* ΦΙΛΕΛΛΗΝΕΣ. *Illam verò quam* CHAVFERETTAM *dicimus, Iulius Pollux* πύραυνον *dicit & πυρφόρον. Apud nos dicta videatur* ἀπὸ τοῦ καῦμα φέρειν, CHAVFETTE. *Sed de his satis. Ridebunt enim, vt video, istum meum Gallicarum dictionum* ἐλληνισμὸν *Germani simul & Itali: sed rideant modò valeamus.*

CHAVME. De *calamus*. ou plustost de culmus.

CHAVSSE.

CH.   CH.   209

CHAVSSE. De *calga*, comme *fraise* de *fraga*. *Caliga*, *calga*, CHAVLSE, CHAVSSE : & de là CHAVSSONS & CALSONS. De *caliga* les Grecs modernes ont fait de mesme καλτζαι. *Caliga* a esté fait de κάλγη qui se prend pour vne peau. Voyez M. de Saumaise sur l'Histoire Auguste pag. 290.

CHAVSSEE. Pasquier liu. VIII. de ses Recherches chap. 62. croit que ce mot a esté dit par corruption pour *haussée*, & qu'on a dit *haussée* de *hausser*, comme *la leuée* de *leuer*. Il se trompe. *Chaussee* a esté dit de *calceata* ou *calciata*. Vn titre de l'année 1080. qui m'a esté communiqué par M. du Puy : *Calciata stagni*. Voyez Spelmannus en son Glossaire au mot *calceata*.

CHAVVE-SOVRIS. Du mot *chauue* & de celuy de *souris*, acause qu'elle n'a ny poil ny plumes aux aisles (d'où vient que Lucien l'appelle ὑιδυόπτερος) & qu'elle ressemble à vne souris. Les Lyonnois pour cette raison l'ont nommée *ratpennade*, comme qui diroit *rat volant*, & les Espagnols *murciegale*, comme qui diroit *souris aueugle*, parce qu'elle ne vole que de nuit, de *mus cæcus*. *Mus cięcus*, *mus cięculus*, *mure ciecolo*, MVRCIEGALO.

CHEF. De *capo* qui a esté fait de *caput*. Ceux qui le deriuent de κεφαλὴ, comme Henry Estienne en son Discours preparatif pour l'Apologie d'Herodote pag.361.se trompent. Ce qui a esté fort bien remarqué par Caninius en ses Canons des Dialectes. On a fait *chef* de *capo*, comme *chen* de *canis*, qu'on a depuis prononcé *chien*.

CHEMINEE. De *caminata* qu'on a fait de *caminus*.

CHEMISE. De *camisia* qui se trouue en cette signification. Paulus Abbreuiateur de Festus au mot *Supparus*: *Supparus vestimentum puellarum lineum, quod & subucula, idest, camisia, dicitur*. Le Scholiaste de Lucain sur ce vers

Suppara nudatos cingunt angusta lacertos :
Supparum est genus vestimenti quod vulgò camisia dicitur, idest interula. Saint Hierosme dans l'Epistre à Fabiola de l'habillement Sacerdotal : *Volo pro legentis facilitate abuti sermone vulgato. Solent militantes habere lineas, quas camisias vocant, sic aptas*

Dd

210 CH. CH.

membris & astrictas corporibus vt expediti sint vel ad cursum vel ad prælia, &c. Camisia a esté fait de *cama*, comme Scaliger l'a tres-doctement remarqué sur le lieu de Paulus: CAMISIAM *vsurpat Paulus verbum suæ ætatis, ac suorum hominum elegantia dignum.* CAMA *est barbarum vocabulum. Id significat* lectum. *Hodieque in idiotismo suo retinent Hispani. Camas enim lectos vocant. Ab eo tunicam lineam nocturnam vocarunt* camisiam. *Auctor Isidorus & ipse homo Hispanus.* Vossius veut que *camisia* vienne de *chemise*, & non pas *chemise* de *camisia*: en quoy il se trompe. Ne laissez pas de le voir liu. II. *de vitiis sermonis* chap. 4. Vous y trouuerez les noms des Autheurs du bas siecle qui se sont seruis du mot *camisia*. Voyez aussi Lindembrog au mot *camisia*, & Casaubon sur Saint Matthieu v. 40. Eustathius expliquant le mot χιτών, dit que c'est ce qu'on appelloit de son temps ἐπιχάμισον.

CHENETS. Petits landiers. Par corruption pour *chiennets*, acause qu'on les faisoit anciennement en façon de chien; & il s'en trouue encore apresent dont les pates ressemblent à celles des chiens. A Roüen où on dit *quenot* pour dire vn petit chien, on dit aussi *quenots* pour ces petits chenets sans manche qu'on met au milieu du foyer; ce qui fait voir que cette etymologie est tres-veritable, dont ie sçay que quelques-vns se sont mocquez. On disoit autrefois *chiennet* pour dire *vn petit chien*. Villon dans son grand Testament:

Vn beau petit chiennet couchant,
Qui ne lairra poulaille en voye.

En Perigord on dit encore *chinot. Cane, canettus,* CHANET, CHENET, CHIENNET: *canottus,* QVENOT, CHINOT. Il y a plusieurs personnes qui s'appellent *Chanet*.

CHENIL. De *canile* qui a esté fait de *canis*, comme *agnile* de *agnus*. Les Gloses anciennes: ἀγρῶν, ὁ τόπος, *agnile*: *caprile* de *caper*. Les mesmes Gloses: αἰγῶν, ἡ μάνδρα, *caprile*: Et pag. 535. μάνδρα αἰγῶν, *caprile*: *bouile* de *bos*. Les mesmes Gloses pag. 412. βουσταλὸν, *bouile, bouilium*. Le Glossaire intitulé *Excerpta ex vet. Lex. bobile,* βούστασις: *ouile* de *ouis*. Le mesme: *ouile,* ἔπαυλις ἄιλεαι: *equile* de *equus*. Le mesme, *equile,* ἱππόστασις.

CH. CH. 211

CHENILLE. De *canicula*, acause de la ressemblance qu'ont certaines chenilles à de petits chiens. Il n'est pas extraordinaire de dénommer de petits animaux de la ressemblance qu'ils ont auec les grands. Ainsi nous auons appellé le Roitelet *le bœuf de Dieu*, & porcelets les Clausportes. Les Hebreux ont de mesme appellé vn Chat *vn petit lion*, אריה קטן *arie caton*. Dans le petit Glossaire Arabe-Latin *canicula* est interpreté par *gyrogryllus*, qu'on peut prendre pour vne espece de chenille. Il est vray qu'on y lit ensuite: *Cuniculus vt suprà gyrogryllus*; mais ie croy que c'est vne faute, & qu'il faut lire *caniculus*.

CHENV. De *canutus*. Les Gloses pag. 584. πολιός, cakus, canutus. L'Autheur du liure des Miracles de Saint Godehard: *Apparuit ei quidam canutâ facie*. Ekkehardus chap. 16. *de Casibus S. Galli*: *O maturitatem vestram, & penè omnibus vobis sparsam canitiem! Abbatem vestrum inter tot canutos, qui sibi possit subrogari, inueniri non potuisse! Canosus* se trouue en cette signification dans Vopiscus en la vie de Probus.

CHERCHER. De *circare*. *Circuit quærens quem deuoret*. Scaliger sur Properce liu. IV. *Circare* est περιοδεύειν. *Inde circanea auis miluius, quòd circando agros oberret*. Glossæ: *circat & circitat*, κυκλεύει: *circito*, περινοστῶ: *circitor, lustrator*, περιοδευτής. Eo vtitur idiotismus Hispanicus in eadem notione. *Italicus & Gallicus paulò detorsiore, nam* cercar *illis est inuestigare*. Caninius dans les Canons des Dialectes dériue *cerco* du Latin *quæro*, ou plustost du Syriaque *querquer*; mais il vient asseurément de *circo*. Anciennement on disoit *cercher*, & vous le trouuerez ainsi dans Nicod. On disoit aussi *cerquier*, & il est ainsi escrit dans Perceforest.

CHERE. De *cara* qui signifie *visage*, & dont Corippus a vsé en cette signification liu. II. de son Panegyrique de Iustin:

— — — *postquam venere verendam*
Cæsaris ante caram, cunctæ sua pectora duræ
Illidunt terræ.

Les Italiens en ont aussi fait *cera*, & les Espagnols *cara*. Anciennement ce mot *chere* signifioit *visage* parmy nous,

Dd ij

comme témoignent ces Prouerbes, *Belle chere & cœur arriere: Belle chere vaut bien vn mets.* Pathelin dans la Farce qui porte ce nom :

> *Et quand il viendra vous direz ;*
> *Ah! parlez bas, & gemirez*
> *En faisant vne chere fade.*

Et ensuite :

> *Que ressemblez-vous bien de chere*
> *Et du tout à vostre feu pere.*

On dit encore presentement dans le Languedoc & dans la Guyenne *caro* pour *le visage*, & *acarer des témoins* pour dire *les confronter.* Rabelais III. 39. *Recollemens, confrontations, acarations.* De là nous auons dit figurément *faire bonne & mauuaise chere,* pour dire *estre bien ou mal traité à table. Cara* a esté fait de χάρα *caput,* comme l'a remarqué Caninius en ses Canons des Dialectes, & Dempster sur le lieu allegué de Corippus ; & non pas de χάρα *gaudium,* comme quelques-vns ont crû.

CHESNE. De *quernus.* Les Picards prononcent encore apresent *quesne.*

CHETEL. Voyez *chaptel.*

CHETIF. De *captiuus. Chetif* signifioit anciennement *captif.* Dans le Roman de Lancelot du Lac : *Vn Cheualier au Roy Artus qui venoit en ce pays pour déliurer les* CHETIFS *de Bretagne, que Maleagant a retenus en cette terre.* Et ailleurs : *Vous déliurerez les achetiuez qui sont en cette terre.* Il me souuient d'auoir leu quelque part *chetiuoison* pour *captiuité.* Comme de *captiuus* nous auons fait *chetif,* les Italiens en ont aussi fait *cattiuo* pour dire *mauuais, méchant. Cadiuus* se trouue dans les Formules de Marculphe liure II. chap. 2. *Vendidi seruum iuris mei, non furem, non fugitiuum, neque cadiuum ; sed mente & omni corpore sanum.* Où M. Bignon l'interprete *malum, improbum;* mais où il signifie *caducum,* c'est à dire, *qui tombe du mal caduc.* Marcellus : *Et tussicos solitaneos curat, & cadiuis prodest,* &c. *Nam si vel ad duos cyathos cadiuus inde sorbeat, & currat passus mille ducentos ieiunus, mirè remediatur.* On a fait *cadiuus* de *cado,* comme de *vaco vacuus,* de *noceo nociuus.* Voyez M. de Saumaise sur l'Histoire

CH. CH. 213

Auguste pag. 20. & 21. *Caducus* a esté dit de celuy qui estoit sujet au mal caduc. Les Gloses: *caducos*, ἐπιληπλικὸς. Apulée: *Asinum detestabili morbo caducum.* En Prouence & en Languedoc on dit *catiau* pour *chetif*.

CHEVAL. De *caballus*, qui signifioit anciennement vn cheual de bagage. Hesychius: καβάλλης, ἐργάτης ἵππος; mais qui a esté pris par les Escriuains modernes pour toute sorte de cheual. De *caballus* on a fait *caballarius*, qui se trouue dans l'Abbé d'Vrsperg & autres Autheurs de son siecle, d'où nous auons fait CHEVALIER, comme CHEVALEVREVX de *caballariosus*.

CHEVALET d'instrument de Musique. Pontus de Tyard le deriue de καβάλη. Il vient de *cabalettus* diminutif de *caballus*. Scaliger sur la Sphere Barbare de Manile: μαγάδιον *vocat Lucianus, nostri fidicines* CHEVALET, *idest, equuleum, quod eo chordæ vectentur*.

CHEVAVCHER. De *caballicare*, dont les Espagnols ont aussi fait *caualgar*, & les Italiens *caualcare*. La Loy des Allemans titre 72. *Si quis homo in equo suo caballicauerit*, &c. Werebertus en la vie de Charlemagne: *Caballicans contra ventos & pluuias.* Anastase Bibliotecaire en la vie du Pape Conon LXXXIV. *Papa ad caballicandum vti licentiam ei concessit.* De *caballicare* on a fait *caballicata*, qui se trouue dans Luitprandus Ticinensis liu. III. chap. dernier: *Cúmque eodem peruenisset & caballicatas, vti vulgò aiunt, circum circa dirigeret*, &c. & d'où par syncope on a fait *caualcata* & *caualcada*. Vne Ordonnance de Saint Loüys rapportée par Guillaume de Nangis chap. 42. des Gestes de ce Prince: *Subditos nostros nouis exactionibus vel consuetudinibus Bailliui & alij Officiales non affligant, caualcatas pecuniæ caussa non mandent; sed ex causa omninò necessaria. Et tunc volentes facere personalem caualcatam, ad eam redimendam pecuniâ non compellant.* Et delà nostre mot de CHEVAVCHEE pour la visite des Maistres des Requestes, des Thresoriers de France, &c. Les Grecs ont dit de mesme καβαλλικεύειν. Cyrillus dans son Lexicon: ἐποχούμενος, βαςαζόμενος, καβαλλικεύων. Achmes chap. 235. ἐκαβαλίκευσε βόρδωνα ἐῶ Καίρος. Constantin Porphyrogenete de *Administ. Imp.* chap. 15. ὃ καβαλλικεύσει δὴ

Dd iij

214   CH.   CH.

ἱππεῦς, ἀλλὰ καμήλης. Au chap. 31. il vse pareillement du mot de καβαλλάρικον pour dire *la cauallerie*, qui a esté aussi employé en cette signification par Nicetas, Cedrenus & Zonaras; mais adjectiuement auec le mot de φάτευμα. De καβαλλάρικον on a fait καβαλλάρικιον pour *equile*.

CHEVECHE. De *cauecca*. C'est ainsi que les Gascons appellent cét oiseau. *Canecca* a esté fait de *capo*.

CHEVECIER. De *Capicerius*.

CHEVET. De *capetum* diminutif de *capo*, comme qui diroit le lieu où repose le chef. Ce mot est ancien dans nostre langue. Le Roman de Garin:

Tot maintenant l'ont fait enseuelir
En vne biere, euz el Monstier gesir
Plus de vingt croix ot à son cheuet mis.

Il signifioit aussi autrefois *caput*, *chef*. L'Autheur de la vie de Sainte Marie en vieille rime, parlant de Saint Iean Baptiste:

Que Herode fist marturer
Li cheuet à vne gleue trancher.

D'où on auoit fait *Cheuetaine* pour dire *Chef*, *Conducteur*, &, comme nous disons apresent, *Capitaine*. Le Seigneur de Ioinville en la vie de Saint Loüys: *Les Turcs, quand leur Soudan fut mort, firent leur Cheuetaine d'vn Sarazin*. Et plus bas: *Le Scecedun Cheuetaine des Turcs*. Voyez André du Chesne sur Alain Chartier pag. 858.

CHEVEVX. De *capillus*. *Capillus*, *chauillus*, CHEVEÜIL, CHEVEV.

CHEVILLE. De *cauicula* qui se trouue dans de vieux Titres; & qui a esté dit, comme ie croy, pour *clauicula* diminutif de *clauus*. *Clauicula*, *chiauicula*, comme *chiaue* pour *claue*, *cauicula*, CHEVILLE. Les Gascons & les Prouençaux prononcent encore *cauille*.

CHEZ, ou, comme disent quelques-vns, *cheux*. Syluius en sa Grammaire pag. 154. soustient qu'au lieu de *chez* il faut dire *sus*: Apud & penes non exprimimus; sed super vel sus præpositionem antiquam in compositis adhuc relictam: Suspendo, sustuli: sustineo, sustinui, & alijs: vt; Ille est apud patrem,

CH.   CH.   215

il est sur *vel* sus son pere. *Aulici haud ita pridem sches nulla ratione finxerunt. Idque etiam verbo motus iungimus, pro ad: licet apud & penes hoc refugiant*: *vt, vado ad patrem*, sur vel sus mon pere. Syluius se trompe. Il faut prononcer *chez*, & *chez* vient de *apud*, d'où les Italiens ont fait *apo* & les Espagnols *cabe* en preposant comme nous vn *c*.

CHICANEVR. Raoul Fournier au chap. 3 de son liure intitulé *Rerum Quotidianarum* incline à croire que ce mot vient du Grec σικανός: *Quam vocem*, dit-il, *Galenus in expositione obsoletarum dictionum Hippocratis explicat* insidiosam malitiam, causam occultam, *à versutis forte Siculorum moribus, quos eo nomine, secundùm Tullium damnat Cassiodorus V ar. lib. 1. ep. 3. &c.* Ie croy qu'il a esté formé de *ciccum* ou *cicum* qui signifie ῥοᾶς ὑμὴν, *mali granati membrana*, comme il est interpreté dans les Gloses anciennes & dans celles d'Isidore, d'où les Espagnols ont fait *chico*, c'est à dire *petit, menu*; & qu'on a dit *chicaneur* pour dire *vn homme qui plaide pour peu de chose*. Voyez *chiche*.

CHICHE. Vatable sur l'Exode chap. 25. le dérive de l'Hebreu כיכר *chicar* qui signifie *talent*, parce (dit-il) que celuy qui est chiche garde bien les talens. Les Espagnols de *ciccum* qui signifie *la membrane d'vn grain de grenade* ont dit *chico* pour *petit, menu*. Ie croy pour moy que de là nous auons fait *chiche*; & ce qui me confirme en cette opinion, c'est que ie voy que les Grecs ont vsé de σμικένος qui signifie aussi *petit* en la signification d'*auare*. L'Empereur Iulien en son liure intitulé *les Cesars*: χ̀ τὸν Οὐεσπασιανὸν δείξας, πέμπε, εἶπε, τὸν σμικένον, ἀπὸ τῆς Ἀιγύπτου ταχέως: c'est à dire, selon l'interpretation de Cunæus : *Vespasianum illi monstrat; & mitte, inquit, auarum istum quàm celeberrimè ex Ægypto*. Ils ont pareillement vsé de μικρολόγος en la mesme signification. Hesychius : μικρολόγος, ἀκριβὴς φειδωλὸς, φειδωλίφιλος. Les Gloses anciennes : μικρολογία, *parsimonia*. μικρολόγος, *sordidus*. Le mesme Empereur Iulien au lieu allegué parlant d'Antoninus Pius : βαβαὶ τῆς μικρολογίας, εἰς ἔτι μοι δοκεῖ τῶς διαπελόντων τὸ κύμινον ὁ πρεσβύτης οὗτος. Ce que les Interpretes Chanteclair & Cunæus n'ont pas entendu, dont le premier a traduit, *Papæ vt pauci sermonis est!* & l'autre, *quanta minutiarum rimatio*. μικρολογία signifie en cét endroit *sordidité, auarice*; ce que les mots suiuans εἰς εἶναί μοι δοκεῖ τῶν διαπριόντων τὸ κύμινον font assez clairement connoistre. Hesychius: κυμινοπρίσ᾽ αἱ, φειδωλοὶ ὁμοίως ᾧ καρδαμογλύφοι. Le vieux Interprete des Loix Grecques du Digeste a fait la mesme faute en ce lieu du §. 7. de la Loy 6. *De Excusat. Tutor.* φιλοσόφων δὲ οὐκ ἐτάχθη ἀριθμός, διὰ τὸ σπανίους εἶναι τοὺς φιλοσοφοῦντας, διμὴ δ᾽ ὅτι οἱ πλούτῳ ὑπερβάλλοντες ἐθελοντὶ παρέξουσι τὰς ἀπὸ τῶν χρημάτων ὀφελείας ταῖς πατρίσιν. εἰ δὲ ἀκριβολόγοιντο περὶ τῆς οὐσίας, αὐτόθεν ἤδη φανεροὶ γενήσονται μὴ φιλοσοφοῦντες, qu'il a interpreté: *Philosophorum autem non constitutus est numerus*, &c. *Si autem propriè loquantur de substantia, inde iam manifesti fient non philosophantes*; au lieu de traduire comme Antonius Augustinus: *Studiosè & quasi auarè de re familiari contendant*. ἀκριβολογία est le mesme que μικρολογία. Voyez Aristote liu. IV. de ses Morales.

CHIER. De *cacare*, comme *chien* de *canis*. H. Estienne & les autres qui le dériuent de χέζειν se trompent. *Cacare* a esté fait de χακκᾶν.

CHIFRE. Cujas liu. & chap. 3. de ses Obseruations le dériue de *sigla*, mais il se trompe. Il vient de l'Hebreu סֵפֶר *sephar*, qui signifie *liber* & *numeratio*, & qui a esté fait de סָפַר *saphar*, qui signifie *nombrer*. Les Espagnols ont premierement emprunté ce mot des Arabes, & nous en suitte des Espagnols. Les Bas-Bretons disent *sich*.

CHINQVER. Pour *boire dautant*. Les Italiens disent de mesme *cioncare*. Peutestre de l'Alleman *schencken* qui signifie *verser à boire*, & qui vient de *schenck*, qui signifie *échanson*.

CHOCOLATE. Nous appellons ainsi vne certaine mixtion faite de plusieurs simples & ingrediens, de laquelle on prend certaine portion pour dilayer auec de l'eau commune ou auec quelque autre liqueur, & qui sert de breuuage. Le Cacao qui est vn arbre qui croist en l'Amerique Septentrionale, & principalement en la nouuelle Espagne, sert

CH. CH. 217

sert de base & de principal ingredient en cette composition. C'est vn mot Indien, que nous auons pris auec la chose des Espagnols. Voyez le traitté du Chocolate composé par Antoine Colmenero de Ledesma Medecin Espagnol, & traduit en François par M. Moreau Medecin fameux de la Faculté de Paris.

CHOISIR. De *colligere*. *Colligere, colligire, colgire,* CHOILSIR, CHOISIR. Les Italiens disent *m'a colto* pour dire *il ma choisi.*

CHOMER. Bonauentura Vulcanius dans ses Notes sur le vieux Glossaire au mot *decessant* le dériue de χασμᾷν, *cessare, oscitare*. Il vient de *calmare* qu'on a formé de *calmus*; & c'est pourquoy il faudroit escrire *chaumer*.

CHOPER. De κοπεῖν Aoriste 2. de κόπτειν. Le cheual qui chope secouë le caualier, κόπτει τὸν ἀναβάτην, comme parle Xenophon au liure περὶ ἱππικῆς. κοπεῖν, *copare,* CHOPER.

CHOPINE. De *cupina* diminutif de *cupa*. *Cupa, cupina,* CHOVPINE, CHOPINE. On a dit *cupina* de *cupa*, comme *terrina* de *terra* dont nous auons fait TERRINE: *collina* de *collis* dont nous auons fait COLLINE: *hastina* de *hasta*, lequel *hastina* se trouue dans les Gloses. Les Allemans disent *schopp*. L'opinion de Postel & des autres qui dériuent *chopine* de χέω & de πίνω est ridicule.

CHOSE. De *causa* dont les Latins se sont seruis en cette signification. Ciceron dans ses Fragmens: *Est causa difficilis laudare puerum*. Gregoire de Tours liu. IV. chap. 13. *Multæ causæ per eum irrationabiliter gerebantur*. Les Capitulaires liu. V. chap. 208. *Si quis causam alterius tulerit de loco suo*. Marculphe liu. II. chap. I. *Amplius verò donandi, exigendi, vel minuendi causam, nullam habeat potestatem*. Sur lequel lieu voyez l'admirable M. Bignon.

CHOV. De *caulis*. *Caulis,* CHAVL, CHOVL, CHOV.

CHYPRE. Poudre. De l'Isle de Cypre d'où elle nous est venuë. Nous prononçons *Isle de Cypre* au lieu de *Chypre.* Voyez M. de Vaugelas en ses sçauantes & curieuses Recherches sur la langue Françoise.

CI.

CIBOIRE. De *ciborium* qui vient du Grec κιβώριον. Casaubon liu. XI. de ses Animaduersions sur Athenée ch. 7. ΚΙΒΩΠΙΟΝ *Græcis peregrinum poculum: opinor & nomen etsi potest videri deriuatum vnde & κιβωτός. Sed constat in Ægypto primùm cœpta fieri ciboria ex Ægyptiæ fabæ ciborijs: deinde ex alia materia, figura eadem. Hesychius disertè:* Κιβώριον, Αἰγύπτιον ὄνομα ἐπὶ ποτηρίου. *Ecclesia vsu fecit suum hoc nomen. Sed nugantur Interpretes Græci Sacrorum Rituum, qui voce hac significari volunt* κιβωτὸν φωτισμὸν τοῦ θεοῦ. τὸ γὰρ κὶβ, *aiunt,* ἐςὶ κιβωτὸς, τὸ δὲ ὠριον φωτισμὸς Κυρίου, ἢ φῶς θεοῦ. *hoc est,* אור *color esset aliquis, si in eum vsum dicerent excogitatum id nomen. Quod scimus esse antiquius nomine Christiano. Syris* כבב *vasculi nomen est.*

CIERGE. De *cerium* pour *cereum.*

CIGALE. De *cicada* dont les Italiens ont aussi fait *cigala.* D en L, comme en *lachruma* de δάκρυον; en *leuir* de δαήρ, en *cola* Espagnol de *cauda.*

CILICE. De *cilice* ablatif de *cilix.* Voyez Mathias Martinius en son Dictionnaire Etymologique au mot *cilix.*

CIMIERS d'armoiries, parce qu'on les met à la cime des casques qui sont sur l'escu d'armes.

CIOVRME. De l'Italien *ciurma* qui signifie proprement les esclaues d'vne galere; mais qui se prend aussi plus largement *per ogni multitudine di gente vile e inutile,* & qui vient du Latin *turba* en changeant T en C, comme en *vscio* de *ostium;* en *gocciola* de *guttula;* en *poscia* de *postea;* en *fanciullo* d'*infantulus;* en *angoscia* d'*angustia;* en *porcellana* de *portulaca,* &c. comme l'a remarqué Caninius en ses Canons des Dialectes.

CISTRE. Instrument de Musique. De σίςρον. Voyez Suidas.

CITRE. De *sicera.* Isidore liure XX. chap. 3. *Sicera est omnis potio quæ extra vinum inebriare potest. Cuius licet nomen Hebræum sit, tamen Latinum sonat pro eo quod ex succo frumenti vel pomorum conficitur,* &c. Le Poëte Brito dans sa Philippide parlant du pays d'Auge en Normandie:

CI. CI. 219

―――― *siceræque tumentis.*
―――― *Algia potatrix.*

Goldſtat dans ſes Alemaniques tom. 1. part. 1. pag. 202. *Ille verò liquor ex pyris ac pomis expreſſus Francis Scriptoribus* Sidra *corruptè pro* ſicera *ab Hebræo* שכר *ſecar,* &c. Beze ſur ces mots de Saint Luc : *Vinum & ſiceram non bibet* : SICERAM. σίκερα, *vocabulum Hebræum retinuimus, quo ſignificatur, vt inquit* Balius, κατὰ μεθυόντων πᾶν τὸ δυνάμενον μέθην ἐμποιῆσαι, *à* שכר ſcechar *quod declarat* inebriare *, vt rectè obſeruat Eraſmus. Inde fortaſsis Galli potionem illam quam conficiunt vocant* SIDRE. La conjecture de Ciron qui croit que *citre* vient de *camum* dont il eſt parlé en la Loy *Si quis vinum* au Digeſte *De tritico, vino & oleo* &c. n'eſt pas ſupportable. C'eſt au liure IV. de ſes Obſeruations ſur le Droict Canon chap. 4. Les Normans prononcent & eſcriuent *ſidre.* Les Eſpagnols diſent auſſi *ſidra.* On a fait *ſidre* de *ſicera* en y adjouſtant vn D, comme en *poudre* de *puluere* ; en *cendre* de *cinere,* &c.

CITRON. M. de Saumaiſe ſur Solin pag. dit qu'on a fait *citron* de *citrum,* comme *chardon* de *cardus. Citrum, citro, citrone,* CITRON.

CIVE. De *cepa.* M. de Saumaiſe ſur Solin pag. 1169. *Noſtrates Ruſtici* CIVAS *hodie vocant dictione ex cepa detortâ, quæ capitatæ non ſunt, & planè ſunt Græcorum* γήθυα. CIBVLLAS *alij vocant, id eſt, cæpullas, quæ ſunt* γηθυλλίδες. Comme de *cepa* nous auons fait CIVE, nous auons fait CIBOVLLE de *cæpulla,* & CIBOVLLETTE de *cæpuletta. Cepa, cipa, ciba, ciua,* CIVE, &c.

CIVETTE. De l'Italien *ciuetta.* Caninius en ſes Canons des Dialectes dit que *ciuetta* a eſté dit pour *ciuecca,* & que *ciuecca* a eſté fait par tranſpoſition de lettres de κυναβόη. Pour moy ie tiens que *ciuette* vient de l'Indien *Zibeth.* Voyez Scaliger contre Cardan CCXI. 2. *Zibeth, Zibettus, ciuettus, ciuetta.*

CIVTAD. Vin. De la Ciutad, qui eſt vn village de Prouence ſur le bord de la mer entre Marſeille & Toulon, au terroir duquel croiſt ce vin. Le mot de *ciutad* en Prouençal ſignifie *cité,* & vient de *ciuitas.*

CIZELER. M. de Saumaiſe ſur Solin pag. 1045. ſemble le dériuer de *sicilare* qui signifie *couper*, d'où vient, à ce qu'il dit, *sicilire prata* pour *couper les foins*, & *Sicilia*, parce que cette Isle est separée & coupée de l'Italie: *cilium* & CILIONEM, ce sont ses termes, *nuncupauere Latini recentiores, quod veteribus erat* CELVM. *Immo etiam* SICILVM, *quod est* σμίλιον. *Nam & siciliatos lapides vulgo dicimus qui sculpti sunt & * SICILARE *pro* sculpere *vel cælare*. *Idiotismus noster id vocat* CIZELER. Ie croy que *cizeler* a esté fait de *cizel*, qu'on disoit autrefois au lieu de *cizeau*, & que *cizel* l'a esté de *cædo*. *Cædo, cido, cisum, cisellum*.

CY. Comme quand on dit *cy gist*. De *ce ibi*, pour *ibice*, comme ça de *ce hac*, pour *hacce*.

CL.

CLAIRET. Vin. De *claretum*, mot qui se trouue dans Conradus Fabariensis au liure qu'il a fait *de casibus* S. *Galli: Clareto permixta toxica*: sur lequel endroit Goldstat dans ses Alemaniques tom. 1. part. 1. pag. 223. a fait cette note: *Claretum*, claret. *Hispanis* clarea, *vinum factitium dulce vel aromatites, quod Germanis & Belgis alicubi locorum* Hippocras. *At Francis* clairet *est vin clair rusum*. M. de Saumaise sur l'Histoire Auguste pag. 422. *Purpureum vinum, hoc est sanguineum vulgo dicimus in idiomate nostro* CLAIRET. *Nam & clara purpura est, quam Græci* ὀξεῖαν *appellant*.

CLAIRON. Maniere de trompette qui sonne gresle. De *clarone* qui a esté fait de *clarus*. On a aussi dit *clarinus*, d'où les Espagnols ont fait *clarin*.

Britan. clariwn.

CLAVSPORTES. Par corruption pour *clausporques*. M. de Saumaise sur Solin pag. 1302. ἰσόπριον multipeda, *quem Græci* ἴουλον *& * κατοικίδιον ὄνον *vocant, quia tactus in orbem pilulæ simillimum sese conuoluit*. CLAVSIPORTAM *vulgo appellamus; sed malè ita pronunciamus pro* CLAVSIPORCA. *Nam porcæ sunt clusiles. Græci* συρόφας *& * συρρύφας. *Sic porta pro porca in Glossis. Porceliones vocantur Cælio Aureliano de tardis passionibus lib. 1. cap. 4*. En Champagne on appelle ces clausportes

p. 779.

CLAYE, cratis, on a dit *claye* pour *craye* pour le distinguer de *craye*, *creta*. ou de *clathrus*. Cleda Hisp. v. Kirchen in Job. 19.18.8. et Menex. ibid.

des pourcelets: & dans l'Anjou & la Bretagne *des trees*, qui est comme les paysans de ces lieux-là appellent les truyes. Dans le Lyonnois & le Daufiné on les appelle aussi des *kaions*, c'est à dire *des cochons*, & en Italie *porceletti*, c'est à dire *de petits porcs*.

CLERGIE. Vieux mot qui signifie *literature*, & qui qui vient de celuy de *clerc*.

CLIGNER. De *clinare* inusité, mais dont les composez *inclinare* & *declinare* sont en vsage. *Clinare* a esté fait de κλίνω qui signifie *flectere*.

CLOCHE. Le President Fauchet XII. 17. dit que ce mot est tout François, & qu'il represente l'aller & le venir de la campagne esbranlée, d'où vient que l'alleure d'vn boiteux eshanché s'appelle *clocher*. Il vient asseurément de *cloca* qui se trouue dans les Constitutions de Charlemagne: *Vt clocas non baptisent*, &c. *Cloca* vient de l'Alleman *cloke* qui signifie la mesme chose. Voyez Vossius liu. II. *de vitijs sermonis* chap. 10. & Spelmannus dans son Glossaire. Les Picards disent encore apresent *cloque* pour *cloche*, & les Boulonnois *cloqueman* pour dire *le sonneur de cloche*. Les Anglois disent aussi *clocke*. Ie ne voudrois pourtant pas nier que *cloca* n'eust esté fait de *claudica*.

CLOPPER. De *cloppe*, ancien mot François qui signifie *boiteux*, & qui vient du Latin *cloppus* qui signifie la mesme chose. Les Gloses de Philoxene: *cloppus*, χωλός. *Cloppus* a esté fait de χωλόπους. De *cloppus* on a fait le diminutif *cloppinus*, d'où nous auons fait *clopin*, & *cloppinellus* de *cloppinus*, dont nous auons fait CLOPINEL qui est vn ancien mot qui signifie *boiteux*, & qui estoit le surnom du Poëte Iean de Meung. Pour *clopper* on a aussi dit *eclopper*, mot qui est encore en vsage. Les Espagnols disent *coxo* & *coxquear* de *coxus*, qui dans les Gloses est interpreté χωλός. Les mesmes Gloses: *coxicat*, χωλαίνει.

CLOV. On escriuoit anciennement *cloud*, & les Italiens disent *chiodo*, ce qui me fait croire qu'il vient plustost de *clodus* qu'on aura dit pour vn clou *à claudendo* ou *clodendo*, que de *clauus*.

CLVNI. Abbaye. Glaber Rodulphus liu. III. de son

222 CO. CO.

Histoire chap. 5. dit que cette Abbaye a esté ainsi nommée *ex situ loci acclino atque humili*, ou plustost *à cluendo, quoniam cluere crescere dicimus: insigne quippe incrementum diuersorum donorum à sui principio obtinuit.*

CO.

COC. Plusieurs estiment que c'est vn ancien mot Gaulois, acause de ce qui est dit d'Antonius Primus dans Suetone en la vie de Vitellius chap. dernier : *Cui Tolosæ nato cognomen in pueritia* BECCO *fuerat : id valet Gallinacei rostrum.* Dans la Loy Salique tit. VII. 6. au lieu de *si quis gallum aut gallinam furauerit,* il y a dans quelques exemplaires, *si quis coccum, &c.* Et dans le Glossaire Latin-Germanique *gallus* est interpreté par *cocc*, & *gallina* par *henn*. Nonobstant tout cela M. Guyet croit que *coc* a esté fait de *cloccus*, & que *cloccus* l'a esté de *clocitare. Cloccus, colcus, coc*, comme *soc* de *sulcus*.

COC-A-L'ASNE. Nos vieux Poëtes ont ainsi appellé certaine espece de Satyre non suiuie. Ioachim du Bellay en son Illustration de la langue Françoise chap. 4. *Autant te dise des Satyres que les François, ie ne sçay comment, ont appellées* cocs à l'asne, *esquels ie te conseille aussi peu t'exercer, comme ie te veux estre aliené de mal dire ; si tu ne voulois à l'exemple des Anciens, en vers Heroiques, c'est à dire de* X. à XI. *& non seulement de* VIII. à IX. *sous le nom de Satyre, & non de cette inepte appellation de* coc à l'asne, *taxer modestement les vices de ton temps, & pardonner aux noms des personnes vicieuses.* L'Autheur du Quintil Censeur contre Ioachim du Bellay, qui est vn certain Charles Fonteine Poëte Parisien, comme ie l'ay appris de M. Colletet en la vie de ce Charles Fonteine : *Cocqs à l'asne sont bien nommez, par leur bon parrain Marot, qui nomma le premier, non* cocq à l'asne, *mais Epistre du cocq à l'asne. Le nom pris sur le commun Prouerbe François sauter du cocq à l'asne, & le Prouerbe sur les Apologues.*

COCV. Spelmannus en son Glossaire au mot *arga* le deriue de *cucurbita*: ARGA, *qui vxoris adulterio infamis est, pro-*

lémque alienam pro sua educat. Curruca, iners, inutilis, cessator. Longob. lib. 1. tit. 5. Leg. 1. Si quis alium argam per furorem clamauerit, & negare non potuerit, & dixerit quod per furorem dixisset; tunc iuratus dicat quòd eum argam non cognouisset, & posteà componat pro ipso iniurioso verbo XII. S. Ibi Boherius: Argam, idest, cucurbitam, quæ est nomen verbale secundùm glos. &c. Papias item: Arga, cucurbita. Nos Glossam sequimur quæ cucurbitam docet esse verbale. Proculdubiò igitur à verbo cucurbitare, quod est vxorem alicui constuprare, maritúmque eò cucurbitam reddere, hoc est currucam, Angl. à coucould, quod planè factum videtur ab ipso vocabulo cucurbita: Nam hoc Galli coucourd vocant, & Angli tantùm R in L mutant, quæ sæpè inuicem confunduntur. Lib. Feud. Barat. tit. 8. Si fidelis cucurbitauerit Dominum, idest cum vxore eius concubuerit, vel concumbere se exercuerit, aut cum ea turpiter luserit, vel si cum filia vel nepte ex filia, aut cum nupta filio, aut cum sorore Domini, in domo ipsius Domini manenti concubuerit, iure Feudum amittere censetur. Benè autem conueniunt arga & cucurbita; nam vtrúmque vocabulum stupidum & ignauum designat. Hoc scilicet, quòd homo eiusmodi caput habere cucurbitinum in prouerbio dicitur, Angl. à block head. Illud quòd arg Saxonico seu prisco Longobardorum idiomate cessatorem & socordem notat, à Græco ἀργός, &c. Ie ne suis pas de l'auis de Spelmannus. Ie croy que l'Anglois *coucoul* & le François *coucou* ou *cocu* (car c'est ainsi que les Anglois & les François escriuent ces mots, & non pas *coucould* & *coucourd*) viennent de *cuculus*; soit par derision, acause que le Coucou va pondre dans le nid des autres oiseaux; soit qu'on ait crû au contraire que d'autres oiseaux allassent pondre dans le sien. Les Latins ont vsé de mesme de *curruca* (qu'on croit estre la Fauuette dans le nid de laquelle pond le Coucou) en la signification de *cocu*. Iuuenal Sat. VI.

Tu tibi nunc curruca places, fletúmque labellis
Exorbes.

Voyez le Cocu de Passerat.

COFFIR. En plusieurs lieux de France on dit *cobir*

au lieu de *coffir*, & vous le trouuerez ainsi escrit dans Rabelais liu. I. chap. ce qui me fait croire que ce mot a esté fait de *cohibire* qu'on aura dit par metaplasme pour *cohibere*, comme les Italiens disent *prohibire* pour *prohibere*.

COFFRE. De *coffinus*. *Coffino*, *cosno*, *coffro*, COFFRE. En quelques lieux de France on dit encore COFFIN. De *coffinus* les Italiens ont aussi fait *coffano*, comme de *Hieronymus Gierolamo*. Le Capitulaire *de Villis* qu'on croit estre de Charlemagne art. 62. *Cofinis. I. Scrinijs*.

COHVE. Chopin sur la Coustume d'Anjou dit que *cohuë* est vn vieux mot Normand qui signifie *l'auditoire des Iuges des Seigneurs*, & qu'il a esté dit *à coëunte illuc litigatorum multitudine*. Dans vn ancien titre que m'a communiqué M. du Puy *coüa* est pris pour *halle*.

COIFE. De *cufa* qu'on a dit pour *gufa*, & qui signifie proprement *vestis villosa*. Les Gloses de Philoxene: *cufa*, χαμασία (car c'est ainsi qu'il faut lire comme l'a obserué M. de Saumaise sur l'Histoire Auguste pag. 390. & non pas χαμαεία comme portent les editions. Or χαμάσιος ou χαμασος est vne espece d'habillement velu & grossier. Isidore dans ses Gloses: *camalus, amphimallus*. Pour *cafa* on a aussi dit *cuffia*, comme les Toscans le disent encore apresent; & ce mot se trouue dans Eustathius en la mesme signification dont nous nous seruons de celuy de *coife*. C'est sur ce lieu d'Homere: ἄμπυκα κεκρυφαλόν τε. ἠδὲ τοιαύτη φρέσις, οἷον τινὰ κυφίαν ἢ ἄμπυκα διαγράφει. On a aussi dit σκυφία d'où les Venitiens ont pris leur *scuffia*. Voyez Meursius en son Dictionnaire Grec-Barbare, M. de Saumaise au lieu allegué, Vossius *de vitijs sermonis* liu. II. chap. 8. & Wats en son Glossaire au mot *coifa*.

COIN, comme quand on dit *coin de bois*. De *cuneus*. On dit encore en Picardie *cuin*. De *cuneus* on a fait *cuneare* & *cuneata*, dont nous auons fait COINGNER & COINGNEE.

COIN de Monnoye. Du mesme mot *cuneus*, acause qu'il faut coingner bien fort pour marquer la monnoye. Dosmed. Tit. Wireceftre: *Burgenses plures habuit & pro* XV. *hidis se defendit: quando moneta vertebatur quisque Monetarius dabat 20. sol. ad Londinum pro cuneis monetæ accipiendis.* Voyez Spelmannus au mot *cuneus*. Ciron se trompe de le dériuer de *iconium* qui dans Suetone en la vie de Caligula est pris pour vne espece de monnoye qui represente le Prince. C'est au titre VI. de la V. compilation des Decretales.

COITE. De *culcita* qui est le veritable mot Latin pour lequel on a dit par corruption *culcitra*. Henry Estienne & autres qui dériuent *coite* de κοίτη se trompent.

COLLATION pour repas. De *collatio* dont les Latins ont vsé en cette signification, & qu'ils ont fait de *conferre*, comme les Grecs συμβολὴ de συμφέρειν. Le vieux Glossaire: *collatio*, σύγκρισις δείπνου. Vn Chapitre du Concile de Nantes: *Quando Presbyteri per calendas simul conueniunt post peractum diuinum ministerium ad necessariam collationem, non quasi ad plenam refectionem, sed quasi ad prandium ibi ad tabulas resideant, ne per talia inhonesta conuiuia se inuicem grauent. Quia indecens est & onerosum, sæpe etiam tardè ad Ecclesiam redeuntes, maius damnum de reprehensione conquirunt. (Quod de grauedine mutua contrahunt) quàm lucrum ibi faciunt. Nam de huiusmodi conuentu Paulus Corinthius reprehendit qui inconuenienter cœnam Dominicam manducare conueniebant. Sic & qui ad cœnam Dominicam, idest, ad collationem verbi sub occasione conueniunt, & ex ingluuietate ventris causa, coniunguntur, reprehensibiles coram Deo & hominibus habentur. Et ideo peractis omnibus qui voluerint panem cum charitate in domo fratris sui simul cum fratribus frangant: & singuli singulos bibere faciant, maximè vt vltrà tertiam vicem poculum non contingant, & sic ad Ecclesias redeant.* Il est vray que ce Chapitre ne se trouue point dans le Corps des Conciles de France publiez par le P. Sirmond; mais il est rapporté par Yues de Chartres en son Decret en la VI. Partie chap. 255. & par Burcardus, qui viuoit deuant Yves de Chartres, liu. II. de son Decret chap. 164. Nous appellons icy *collation* le repas qui se fait entre le desjeuné & le disné. Dans le Languedoc & dans la Prouence on appelle ainsi le desjeuné mesme, à l'exemple des Italiens qui disent *far collatione* pour dire *desieuner*.

226 CO. CO.

COLLINE. De *collina* diminutif de *collis*, & qui se trouue dans Innocentius *de casibus literalis*. Columelle a vsé de *collinum* liu. 11. chap. 11.

COMBE. Vieux mot qui signifie *grotte*. De *gumba*. Les Gloses d'Isidore : *gumba, cuneus, cripta*; c'est ainsi qu'il faut lire, & non pas *cripa*, comme portent les editions.

COMME. De *quomodo* on a premierement fait *como*, ainsi que le disent encore apresent les Espagnols ; & puis *come*, comme disent les Italiens; d'où ensuitte nous auons fait COMME.

COMMISE, comme quand on dit *peine commise*. De *pœna commissa*, qui signifie parmy les Iurisconsultes, *pœna in quam quis incidit*, comme *commissa stipulatio, ex qua agi potest*: de sorte que c'est abusiuement que nous disons *peine commise* dans vn concordat au lieu de dire *peine promise*, la peine n'estant commise que lors qu'on a manqué à la chose stipulée. Voyez le paragraphe *alteri* 19. aux Institutes *de inutil. stipulat.* la Loy *stipulatio ista* 38. §. *alteri* 17. au Digeste *de verb. obligat.* & le titre au Code *de contrahenda & committenda stipulat.*

COMPAGNON. Les Italiens disent de mesme *compagno*, que Caninius dans ses Canons des Dialectes dériue de *compaganus*. Lipse epist. 44. de la III. Centurie dit que *compagnon* vient de *combino*. D'autres le font venir de *combenno* que Festus dit signifier *qui eodem curru vtitur*. Pour moy ie suis de l'auis de ceux qui le dériuent de *com* & de *panis*, comme qui diroit *qui mange de mesme pain*. Et ce qui me fait croire que cette opinion est la veritable, c'est qu'on disoit anciennement *compain* pour *compagnon*. C'est aussi l'opinion de Rabelais III. 4. & d'André du Chesne sur Alain Chartier pag. 861.

COMPLICE. De *complice* ablatif de *complex*. Isidore dans ses Gloses : *Complex, qui in vno peccato vel crimine alteri est applicatus ad malum: ad bonum verò numquam dicitur.* Prudence, ὡς φράσων : *Perdere puerum ac magistrum complices sectæ impiæ*. Voyez Vossius de *vitijs sermonis* pag. 394. où il cite plusieurs Autheurs qui ont employé ce mot, & entr'autres Saluien, Cassiodore & Yues de Chartres.

COMPLOT. Peuteſtre de *completum* qu'on aura dit pour *complexum*.

CONCIERGE. De *conſeruius à conſeruando*. Les Latins ont dit de meſme *cuſtodia à cuſtodiendo*. *Seruus, ſeruus*, d'où les Eſpagnols ont fait *ſierbo*, SIERGE. Dans les vieux liures vous trouuerez *conſierge* par vne s.

CONDÉ. I'ay remarqué que dans tous les lieux qui s'appellent *Condé*, *Cande* ou *Candé* (& il y en a pluſieurs en France) il y auoit vn aſſemblage de riuieres; ce qui me fait croire que ces mots ont autrefois ſignifié parmy nous *confluens*. CANDETVM ſe trouue entre les mots Gaulois, mais dans vne autre ſignification. Les Autheurs de *limitibus agrorum* pag. 298. *Galli candetum appellant in areis vrbanis ſpatium centum pedum, quaſi centeatum*.

CONFISQVER. De *confiſcare*. Les Gloſes anciennes: *confiſcat, ταμιοῖ*. Voyez Fiſque.

CONFLANS. De *confluens*. Il y a prés d'Angers vn village qu'on appelle *Eſcouflans* de *ad confluens*.

CONGÉ. De *commiatum* qu'on a dit pour *commeatum* de *commeare*. Les Capitulaires de Charlemagne: *Si ſine comiato viri ſui velum in caput ſuum miſerit*. Voyez le Gloſſaire de M. Rigault au mot κομιάτῳ. Les Italiens de *comiatum* ont auſſi fait *congedo*. Anciennement nous eſcriuions *conged*.

CONNESTABLE. Par corruption pour *Comeſtable*. De *Comes ſtabuli*. Turnebe liu. 28. de ſes Aduerſaires chap. 2. *Qui apud nos ſummus eſt militiæ Dux & Magiſter, quem Conneſtabilem dicunt, non dubito quin Comes ſtabuli appellari debeat: præſertim cùm & apud Ammianum Marcellinum Tribunum ſtabuli legam: & apud Volaterranum reperiam in aula Conſtantinopolitana Comitem Stabuli fuiſſe*.

CONNIN. Par corruption pour *connil*. De *cuniculus* qui a eſté fait de κύων, κύων, κύνος, *cunicus*, *cuniculus*.

CONSVLTE. De *conſulta* qu'on a dit pour *conſultio*, comme *miſſa* pour *miſſio*, *remiſſa* pour *remiſſio*, *vlta* pour *vltio*, *inſtituta* pour *inſtitutio*. Voyez M. de Saumaiſe ſur l'Hiſtoire Auguſte pag. 285. *Conſulte* ſe dit ordinairement des Medecins & *conſultation* des Aduocats.

Ff ij

228 CO. CO.

CONTESTER. De *contra stare*. Anciennement on disoit *contrester*. Les grandes Chroniques Françoises: *Pource qu'ils ne pouuoient contrester à eux ny à leur force.*

CONTRE pour *auprés*. De *contra*. M. de Saumaise sur Solin pag. 1094. Contra pro juxta vel prope *infima Latinitas posuit, quod nos in idiomate quoque nostro habemus. Græci hodie* κοντὰ *dicunt pro* ἐγγὺς *& prope, quod ex Latino* contra.

CONTREBANDE, comme quand on dit *marchandises de contrebande*. De l'Italien *contrabando* qui veut dire *contre les deffences, contre la publication, contre le ban.* Voyez ban.

CONVERS, comme quand on dit *Frere Conuers*. De *Conuersus*. Geoffroy de Vendosme liu. IV. epist. 10. *Omnia quæ ille Conuersus auersus in nos protulerit, vobis scribere noluimus.*

CONVIER. De *conuiare*.

CONVOITER. De *conuotare*, comme qui diroit *votum facere*.

COPIE. De *copia* dont les Autheurs de la basse Latinité ont vsé en cette signification. Voyez Vossius *de vitijs sermonis* pag. 683. & qui est venuë sans doute de cette façon de parler des Iurisconsultes *copiam facere, copiam dare exscribendi*, pour dire *donner copie*. Vlpien en la Loy 1. au Digeste de *edendo: Edere est etiam copiam describendi facere*, &c. En Normandie on dit *recopi* pour dire *semblable*. Ainsi on dit, *c'est luy tout recopi* pour dire *il luy ressemble entierement*.

COQVE COQVILLE. De *conca* & de *concula*. Conca, COQVE. Concula, conchyla, COQVILLE. De conchyla les Italiens ont aussi fait *cochilla, cochiglia* & *conchiglia*.

COQVELVCHE pour *rheume*. Pasquier VIII. 43. dit qu'il est impossible de dire la raison pour laquelle on a appellé ce mal de ce mot: *Il y a, dit-il, des mots qui naissent entre nous par hazard & ausquels le peuple donne cours sans sçauoir pourquoy. En l'an 1554. nous eusmes des vins infiniment verds que l'on appella* GINGVETS. *En l'an 1557. il suruint vn mal de teste accompagné d'vne perpetuelle fluxion de pituite par le nez, que l'on nomma* COQVELVCHE: *& pratiquons encore ces deux mots en mesmes matieres quand les occasions s'y presentent. Toutefois il est impossible de rendre* la raison de l'vn ny de l'autre. Il suffit de monstrer au doigt quand ces mots furent mis en vsage. Pasquier se trompe, & en ce qu'il dit qu'on ne peut rendre la raison de ce mot, & en ce qu'il adjouste qu'il n'est en vsage que depuis l'année 1557. Ce mal a esté ainsi appellé acause que ceux qui en estoient atteints portoient vne coqueluche. Valeriola dans l'Appendice de ses lieux communs : *Morbum hunc vulgus* LA COQVELVCHE, *quòd qui eo morbo tenebantur cucullione caput velarent. Cùm à cerebro in pulmones fluxionem irruere arbitrabantur, capútque cucullo tegentes se meliùs habituros. E plebe autem omnes ferè cucullo secundùm caput amicti videbantur, inde id nominis vulgò inditum morbo*, &c. Et ce mot se trouue en cette signification dans l'epistre de Guillaume Cretin à Maistre Macé de Villebresme varlet de chambre des Roys Loüys XI. & François I.

 Pareillement m'auertis si tous ceux
 De ton quartier ont esté si tousseux,
 Comme deça on va coqueluchant.

Coqueluche signifie proprement *vn capuchon*. Rabelais en la Bibliotheque de Saint Victor; *La coqueluche des Moines* : & vient de *cucullus. Cucullus, cucullicius, cucullicia,* COQVELVCHE, *cucullicio,* COQVELVCHON.

 COQVET. De *coc*. Les Gascons disent de mesme *sa l'aleto*, qui se dit proprement des coqs qui poursuiuent les poulles, pour dire *courtiser*.

 CORBEILLE. De *corbicula* diminutif de *corbis*.

 CORBILLARD. On appelle ainsi en general tous les coches, soit par eau soit par terre; mais particulierement le coche par eau de Corbeil à Paris, duquel Corbeil le mot *Corbillard* a esté fait. On dit de mesme *le Melunois* de Melun, & *le Montrelois* de Montereau-Faut-Yonne. On appelle *la Mirée* le coche par eau de Ioigny à Paris, d'vn nommé Miré qui le premier a mené ce batteau.

 CORDONNIER. Par corruption pour *cordoüannier*, qui est comme on prononçoit anciennement. Philippes de Commines liu. VII. chap. 3. parlant de Sforce : *Il estoit fils d'vn cordoüannier d'vne petite Ville appellée Cotignoles.* CORDOÜANNIER a esté fait de *cordoüan* espece de cuir ainsi dit de *Cordoüe* d'où il vient. Theodulphe liu. 1. de ses vers pag. 138.

Iste tuo dictas de nomine Corduba pelles,
Hic niueas, alter protrahit inde rubras.

CORDOVAN. Voyez *cordonnier*.

CORIDOR. De l'Italien *coridore* ou de l'Espagnol *coredor* qui viennent de *correr*, acause que l'on court, c'est à dire que l'on va par le coridor autour de la maison. Les Hebreux ont appellé de mesme ces coridors רחיטים *rahitim* du verbe רחט *rahat* qui signifie *courir*. Sanctes Pagninus en son Thresor de la Langue Sainte : רחט *rahat* CVRRERE apud *Thargum. Inde ædificium quod sit in domibus altis ad currendum de vna domo ad alteram vocatur* רהיט, *& communiter fiunt è trabibus, vulgò* COREDOR, GALERIE.

CORME. De *sorba*, s en c, comme en *plaisir* de *placere*; en *raisin* de *racemus*, &c. & B en M, comme en *Samedy* de *Sabbati dies*. En Languedoc on prononce encore *sorbe*.

CORMERY. Abbaye de Touraine. Voyez le President Fauchet liu. VII. de ses Antiquitez Françoises chap. 3.

CORMORAN. De *coruus marinus*. Voyez Scaliger sur l'Histoire des Animaux d'Aristote pag. 894. Les anciens Gaulois disoient *more* pour *mare*. Buchanan liure 1. de son Histoire d'Escosse : MORINVS *quidem à more, id vetere Gallorum lingua* mare *significat*, &c. MORINVS Gallis veteribus marinum, *&* MOREMARVSA mare mortuum *significat : quamquam hæc postrema duo nomina Gorropius, dum suos Aduaticos vult excolere, penè nobis surripuit. Nec Aremorici aut Armorici se nostri generis negare possunt. Nam ar vel are vetus est præpositio linguæ Gallicæ quod ad vel super indicat, quasi dicas ad mare vel super mare, hoc est maritimum.* MOREMARVSA *verò à more, hoc est mare, declinat vltima syllaba producta in* morem *participij Græci*, &c. Voyez *armorique* & *moruë*.

CORNARD. De *corne*. Il est difficile de dire pour quelle raison on a crû que les maris dont les femmes faisoient l'amour, portoient des cornes. Mais il est constant que cette façon de parler est ancienne. Artemidore, qui

CO.   CO.

viuoit du temps d'Hadrien, liu. 11. de ses Onirocritiques chap. 12. ἔλεγε δέ τις θεασαμένῳ τινὶ ἐπὶ κριῷ καθημένῳ, ἢ πεσόντι ἐξ αὐτῶ ἐκ τῆς ἔμπροσθεν, μνηςτευομένῳ δὲ καὶ μέλλοντι ἐν αὐταῖς ταῖς ἡμέραις τοὺς γάμους ἐπιτελεῖν, προειπεῖν αὐτῷ ὅτι ἡ γυνὴ σου πορνεύσοι, καὶ τὸ λεγόμενον, κέρατα αὐτῷ ποιήσοι, καὶ ὅπως ἀπέβη, &c. Nicetas en la vie d'Andronicus Comnenus: *Andronicus cernuorum quos venatu cepisset cornua in porticibus fori suspendebat, in speciem, artis venaticæ commendandæ causâ; sed reuera in ludibrium infelicium maritorum, quorum toros adulterio fœdabat.* Parmenon liu. 11. de l'Anthologie au titre συμποτικὰ ἀείσματα:

Ὅστις ἑσοῦ πυρὸς καταλαμβάνει οὐκ ἀγοράζων,
Κείνου Ἀμαλθείας ἡ γυνὴ ἔστι κέρας.

Où l'Autheur a fait vray-semblablement allusion aux cornes des maris, aussi-bien que celuy qui dans vn autre endroit de l'Anthologie a mis cette inscription à vne Epigramme contre vn Grammairien; εἰς Γραμματικὸν κερασφόρον. Les Hebreux modernes se sont seruis de la mesme façon de parler. Voyez l'Autheur du liure intitulé Masalha Cadmoni chap. 26. Les Italiens appellent vn cornard *becco*, auquel mot ils adjoustent souuent celuy de *cornuto*. *Becco* signifie vn bouc. Les Turcs disent de mesme *ghidi* pour *cocu*, de l'Hebreu גדי *ghedi* qui signifie *bouc*, & les Espagnols *cabron* qui signifie la mesme chose. On croit que la raison pour laquelle on a dit *bouc* pour *cocu*, est parce que le bouc prend plaisir à voir saillir sa femelle par vn autre bouc. Cependant on raconte du Pasteur Cratis qu'estant deuenu amoureux d'vne chevre, vn bouc par jalousie luy écrasa, comme il dormoit, la teste de la sienne.

CORNETTE. Marque de Magistrature. De Beloy Aduocat du Roy au Parlement de Thoulouse en l'ouuerture qu'il fit des Audiences apres la Saint Martin le 23. de Nouembre 1609. *Et ne pouuons obmettre que nos anciens n'ayent eu pareillement en vsage vn autre vestement de teste qu'ils ont appellé Cornette, ainsi qu'il se verifie par les effigies des anciens Docteurs: de laquelle Cornette ils faisoient plusieurs tours sur le chef, & l'attachoient d'vn costé, comme nous faisons aujourd'huy nos iarretieres. De telle* sorte, que le nœuf y apposé, faisoit deux petites cornes, d'où ce vestement a retenu le nom de Cornette; & peuteſtre eſt venu de là que cét accouſtrement qui s'accommodoit ainſi en forme de lien, eſt appellé dans le vieux Gloſſaire Latin Capitulare, que le Grec interprete & nomme Κεφαλόδεσμον, quaſi ornamentum capitis. Neantmoins depuis pour l'incommodité que cela apportoit ſur la teſte, il a eſté treuué plus commode de mettre cette marque autour du col.

CORVEE. Cujas ſur la Loy vnique au Code Ne operæ à collat. exig. lib. x. tient que les coruées ſont ainſi appellées quaſi opera corporalia. Nam & Lugdunenſibus, dit-il, vée operam ſignificat. Ragueau en ſon Indice, & Carondas en ſes Memorables ſont de ſon auis. Guy Pape, qui eſtoit Lyonnois, tire l'origine de ce mot d'ailleurs, & eſtime que coruée a eſté dit quaſi vna opera coadiuuans, c'eſt en la queſtion 472. D'autres dériuent ce mot à corpore vehendo. Il vient de curbada dont les Autheurs du bas ſiecle ſe ſont ſeruis, & qui a eſté dit, comme ie croy, par corruption au lieu de corpata, à corpore.

COSSON. Petit ver qui ronge les poix & les feves. De coſſo qu'on a dit pour coſſus. Feſtus: Coſsi ab antiquis dicebantur natura rugoſi corporis homines, à ſimilitudine vermium ligno editorum qui coſsi appellantur. Au lieu de coſſus on a auſſi dit cuſus. Les Gloſes: cuſus, ξύλου σκώληξ. De cuſus les Eſpagnols ont fait cuſano, comme l'a remarqué Scaliger ſur le lieu que nous venons d'alleguer de Feſtus.

COTE. De crocota qui eſt vne eſpece de robe de femme. Ciceron de Aruſpic. reſponſ. P. Clodius, à crocota, à mitra, à muliebribus ſoleis, purpureiſque faſciolis, à ſtrophio, à pſaltrio, à flagitio, à ſtupro eſt factus repenté popularis. Virgile, ou qui que ce ſoit qui eſt l'Autheur du Ceiris:

Hæc loquitur: molliquè vt ſe velauit amictu
Frigidulam iniecta circumdat veſte puellam,
Quæ prius in tenui ſteterat ſuccincta crocotâ,

Cat c'eſt ainſi qu'il faut lire en ce dernier vers, & non pas coronâ, comme l'a fort bien remarqué Scaliger ſur cét endroit: legendum

Quæ prius in tenui ſteterat ſuccincta crocotâ.

CROCOTAM

CROCOTAM *etiam hodie decurtato nomine* COTAM *vocamus in tota Gallia. Scyllam ergo, ita vt surrexerat è lecto, crocota tantùm indutam ait. Cui metuens nutricula ne scilicet algeret*
Frigidulam iniecta circumdat veste puellam.
Quæ prius tantùm manserat in tenui crocota, ESTOIT DEMEVREE EN COTE *Gallico idiotismo.* Pignoria chap. XII. des Origines de Padouë : *Haueuano gl'antichi vna veste, che chiamauano per le femine crocota & crocotula. Delle quali vengono & la* cotta *voce Francese, & la* cottola *vocabulo nostro paësano.* De COTE vient COTILLON. *Crocota* vient de κροκωτές.

COTEREAVX. COTERIE. *Coteries* est vn vieux mot François qui signifie compagnies & societez de villageois, vnis pour tenir d'vn Seigneur quelque heritage, dont vient le mot de certaines Coustumes de tenir en coterie, c'est à dire societé. *Costereaux,* c'estoient certains fantassins paysans. Nicolle Gilles en la vie du Roy Philippe Auguste : *En ce mesme temps Richard Roy d'Angleterre fit éleuer & mettre sus vne armée de gens qu'on appelle* Cotereaux, *dont estoit Chef & conducteur de par luy vn nommé Mercadier*. Et plus bas: *Ledit Richard reprint la ville de Tours, & la plusspart des habitans feit par Costereaux & Satellites mettre à occision.* Le President Fauchet dans son traitté de la Milice, estime que le mot *Cotereaux* vient de *Coteret* qui estoit vne arme que portoient ces gens de pied appellez *Cotereaux*; mais il se trompe manifestement. Ce mot vient de *cotarellus*. Rigord au liure qu'il a fait des gestes de Philippe Auguste : *Quodam die Ricardus Comes Pictauiensis multitudinem Cotarellorum ad Castellum Radulphi pro succursu miserat.* COTARELLVS vient de *cota* qui signifie *casa, tugurium, gurgustium*, & qui vient du vieux Saxon *cot* qui signifie la mesme chose. Ce mot est encore en vsage parmy les Flamans qui disent aussi *cot*, & parmy les Anglois qui disent *cote* & *coate*. De *cota* on a fait *cotarius* & *cotarus* pour dire celuy *qui in cota habitaret*, & puis par diminution *cotarellus*. Voyez Spelmannus dans son Dictionnaire, Vossius *de vitijs sermonis* liu. II. ch. 4. le President Fauchet au traitté qu'il a fait de l'Origine des Cheualiers, & en son liure de la Milice. Il y a vne ancienne famille à Tours qui porte le nom de *Cotereaux*. *Coterie* vient de *cotaria*. Voyez Wats dans son Glossaire. Le Concile de Latran de 1180. condamne les voleurs sous ces noms; *Brabantiones*, *Aragonij*, *Nauarri*, *Basculi*, *Coterelli*, *Triauerdini*.

COTRET. J'ay appris de M. de Marigny que M. Hourne Senateur du Royaume de Dannemark, personnage de grande erudition & fort entendu dans les Origines des Langues, estimoit que ce mot auoit esté corrompu du Danois *got trehe*, c'est à dire *bon bois*, & qu'il nous auoit esté apporté en France par les Novergois lors qu'ils descendirent dans la Normandie. Il y en a d'autres qui croyent que les cotréts ont esté ainsi appellez de la Forest de Villiers-Cotréts. Pour moy, j'estime que *cotrét* a esté fait du Latin *costrettum* qu'on a dit au lieu de *constrictum*, comme il paroist par le mot Italien *costretto*. Et en effet les cotréts sont liez par plus d'endroits que les fagots. *Constrictum*, *costrettum*, COSTRET, COTRET. On n'a point prononcé l's en *costret*, comme on ne la prononce point en *vostre*, *nostre*, *Apostre*, &c.

COTRETS. Forest. Voyez *Villiers-Cotréts*.

COTTON. De la ressemblance à cette petite mousse qu'on voit sur les coings que les Latins ont appellez *cottonea mala*. Les Italiens disent aussi *cottone*.

COVAION. De l'Italien *coione*.

COVARD. De *codardus* dont les Italiens ont aussi fait *codardo*, & qui a esté formé de *cauda*. C'est vne marque de timidité aux animaux d'auoir la queuë auallée.

COVDRE. De *cosere*, d'où les Espagnols ont aussi fait *coser*. Le Glossaire intitulé *Glossæ è Glossario Arabico-Latino*, &c. *coso*, *insuo*, *sagitto*. Le mesme Glossaire: *insuo*, *sagitto vel coso*. Les Gloses anciennes: *cusuo*, ῥάπτω. *Cusuit*, ῥάπτει. Celles d'Isidore: *cusire*, *consuere*. *Cosere*, *consere*, COVDRE.

COVILLAVT. On appelle ainsi dans l'Eglise Cathedrale d'Angers les valets des Chanoines qui seruent à l'Eglise. De *Culliberti*, comme ie croy. Le Cartulaire de saint Aubin d'Angers au Titre *de curte de Varena* art. 18. *Vtilitati posterorum prouidentes, iudicamus, quòd quidam homo Martinus,*

CO. CO. 235

Chabot nomine, denegauit se de familia S. Albini esse. Monachis autem illum affirmantibus illum de sua familia esse, erexit se contra eum pro fidelitate Monachorum quidam consanguineus eius, Giraldus nomine, qui cum eo scuto & baculo decertans, (c'estoient les armes ordinaires auec lesquelles on se battoit en duel, qui estoit permis en ce temps-là & mesmes par les Iurisdictions Ecclesiastiques,) eum vi fecit confiteri se Collibertum S. Albini esse. Collibertus, Colbertus, Colbart, Couïllart, COVILLAVT.

COVLDRE. Arbre. De *corylus*.

COVLEVRINE. De *colubrina*. Arioste liu. IX.

E qual bombarda, e qual nomina scoppio,
Qual semplice cannon, qual cannon doppio.
Qual sagra, qual falcon, qual colubrina
Sento nomar, come al suo autor più aggrada.

Comme les coulevrines ont esté ainsi nommées des couleuvres, les SERPENTINES l'ont esté des serpents. Leunclauius liu. x. de son Histoire des Turcs pag. 574. parlant de Mahomet II. *Tormenta bellica fieri curauit praesertim longa, serpentum instar, quas & serpentinas vocant.* Et à ce propos il est à remarquer que la pluspart des instruments de guerre ont pris leur nom de quelque animal, & parmy les Latins, comme *talpae, vulpeculae, erycij, catti, troiae, arietes, scorpiones.* Et parmy nous, comme *serpentines, couleurines, fauconneaux, mousquets,* &c.

COVLTRE. De *culter*. M. de Saumaise sur Solin pag. 820. ὗνις *Graecè est qui Latinis vomer*, τὸ ἀρθρον σιδήριον, *ita Grammatici exponunt.* Cultrum *vocamus vulgo. Quam vocem è latio acceptam aliter etiam quàm Latini sumimus.* Plinius, Vomerum plura genera. *Culter vocatur praedensam priusquam proscindatur terram secans, futurisque sulcis vestigia praescribens incisuris, quas resupinus in arando mordeat Vomer. Ergo resupinus vomer terram in arando mordebat. At culter rectus incisuris eam notabat. Hinc illa locutio exponenda* in cultrum collocare *de ijs quae recto situ ad perpendiculum posita sunt. At nos vomerem qui planus ac resupinus terram scindit vocamus* cultrum. *Videtur & media Latinitas omnem vomerem sic appellasse, à quibus nos accepimus. Inde* cultellare *apud Agrimensores in planiciem redigere.*

vide Vossii etymol. in Cultellare *p. 168.*

COVP. De *colpus*, qui se trouue en cette signification dans la Loy Salique Tit. XIX. §. 7. *Si quis ingenuus ingenuum fuste percusserit, & tamen sanguis non exierit vsque ad tres colpos, pro vno quoque ictu* CXX. *denarios, qui faciunt sol.* III. *soluat.* Et au §. I. *Si quis voluerit alterum occidere, & colpus ei fallierit,* &c. L'Autheur des vieilles Formules chap. 29. *Hic iuro per hunc locum Sanctum & Deum altissimum, & virtutes sancti illius, quod homo aliquis nomine ille, ita factus, cum armis suis super me venit, & colpus super me misit, & sic mihi Dominus directum dedit, ego ipsum de armis meis percussi, & tales colpus ei dedi pro quibus ipse mortuus est,* &c. Voyez M. Bignon sur ce passage, & François Pithou sur la Loy Salique au lieu allegué. COLPVS vient de *colaphus*, qui vient de κολάπω qui signifie *ferio*. De *colpus* les Italiens ont aussi fait *colpo*, & les Espagnols *golpe*.

COVPE. Voyez *cuue*.

COVPER. De *copare* qui a esté fait de κοπεῖν Aoriste 2. de κόπτειν. De *copare* on a fait *copellum* ou *cupellum* dont nous auons fait COVPEAV. Casaubon liu. XI. de ses Animaduersions sur Athenée chap. 9. *Syracusani* κύπελλα *appellasse dicuntur* τὰ τῆς μάζης κ̀ τ̀ ἄρτον ἐπὶ τ̀ τραπέζης καταλείμματα, *reliquias mazæ aut panis, quæ Euangelistis quatuor* κλάσματα *nuncupantur. Hac notione* κύπελον *originem haberet à* κόπω, *vt* κλάσμα *à* κλῶ. *In loco τὸ o positum est v, vt in* ὄνυμα *pro* ὄνομα: ἀσσύτερον *pro* ἀσσότερον. *Posterior ætas alia forma idem nomen vsurpauit. Nam apud Suidam & in aliquot Glossarij locis* κόπαιον *siue* κόπεον *legere est pro frusto rei & fragmento.*

COVPEROSE. De l'Alleman *Kupfer vasser*. M. de Saumaise sur Solin pag. 1160. *Germani hodie appellant chalcanthum, aquam cupri,* KVPFER VASSER. *Inde nostrum* COVPEROSE. Suidas: χάλκανθον ὕδωρ ὅ τι πηγνύμενον ἐν τοῖς κῇ Κύπρον μετάλλοις. L'Alleman *Cupfer* vient du Latin *cuprum*. Les Anglois disent *coperas*.

COVR. Il faudroit escrire *Court*: car ce mot est dériué de *cortis* & non pas de *Curia*. Il y a vn titre dans les Loix Alemaniques *de eo qui in Curte Regis furtum commiserit.* Et vn autre *de eo qui in Curte Regis hominem occiderit.* Le mot *cortis* a esté fait

CO.   CO.   237

de cohors. M. de Saumaise sur Solin pag. 310. COHORTES propriè areæ muro & ædificijs cinctæ ad villam adiunctæ. Exterior erat & interior, ut nobis hodièque quam altam & bassam curtam vocamus. Nam cohortes posteà cortes & curtes. Plura ædificia cum horto iuncta sic dicebantur, & σύγχορτοι. Nam cohortes propriè sunt σύγχορτοι. Rotundæ olim erant huiusmodi in villa cohortes. Ab hac enim rotunditatis forma certus numerus militum in legione cohortis nomen accepit. Græci ab ἀπὸ εἴργας vocarunt huiusmodi cohortes. Voyez Golstat dans ses Alemaniques tom.1.part.1.pag.191. & M. Rigault dans son Glossaire au mot χόρτη. Petrus Beneuentanus. CVRTIS vulgare est Gallicorum, sicut MANSVS Italorum.

COVRIACE. De *coriaceum*. M. de Saumaise sur Solin pag. 1127. σκυλώδη Græci vocant omnes carnes quæ cum difficultate manduntur, atque inter dentes trahuntur ut coria. Inde & CORIACEVM vulgò vocamus quod Græci σκυλώδες. Ce mot est fort usité en Normandie, non seulement pour les viandes, mais pour toute autre chose, comme pour le bois qui ne se rompt pas nettement.

COVROVSSER. De *coruscare*.

COVRROYE. Fauchet de l'Origine des Heraults chap. 1. dit que ce mot a esté dit quasi *cuirroye*, parce que la courroye estoit faite d'une roye ou longue piece de cuir.

COVRT. De *curtus*.

COVRTAVX de Boutique. Anciennement en France toutes les personnes de condition portoient la robe longue, dont font foy les anciennes statuës, les tapisseries & les peintures, où les robes solemnelles des Roys, des Cheualiers & des autres personnes de dignité sont representées longues. Il n'y auoit que le menu peuple qui portast la robe courte: & Guido Pape quest. 138. remarque à ce propos que c'estoit une grande marque de déroger à clericature, de porter la robe au dessus du genoüil; & de là est venu cette façon de parler, *courtaux de boutique*.

COVRTEPOINTE. Par corruption pour *contrepointe*. De *contra* & de *punctum*; ce que le mot de CONTRE-

Gg iij

POINTIERS monstre éuidemment. Les Latins ont dit de mesme *defigere vestem*, & les Grecs διακεντεῖν τὸν χιτῶνα. Voyez M. de Saumaise sur l'Histoire Auguste pag. 510.

COVRTIER pour COVRATIER. Du mot *courre*. M. de Saumaise sur l'Histoire Auguste pag. 486. CVRRATE-RIAM *lenam hodie vocamus ab intercurrendo, nam & lenones intercursores & internuntij dicti.* Isidore : *Conciliatrix ob societatem flagitiosæ consensionis, eo quòd intercurrat, aliénúmque nundinet corpus.* En Auignon on appelle *Curseur* vn proxenete, vn entremetteur. La Coustume de l'Isle article 66. vse du mot *couletage* pour *courtage*, c'est à dire *deu au Courtier* : *Pour ventes il n'est point deu de couletage.*

COVRTIL. On appelle ainsi vn jardin en plusieurs lieux de France. De *cortile* diminutif de *cortis*. Voyez Spelmannus au mot *curtillum*, où il cite vn manuscrit dans lequel *hortulani* est interpreté par *Curtilers*. *Cortile* se trouue dans les Gloses.

COVRTNEZ. Surnom de Guillaume Comte de Thoulouse. Par corruption pour *Courbnez*. De *Curbinasus*. C'est ainsi qu'il est appellé dans vn vieux titre. *Courbnez*, c'est à dire, *grand nez, nez aquilin*.

COVSIN. Nicod le dériue de *consanguineus*. Il vient de *congenius* ou *congeneus*, comme qui diroit *ex eodem genere*; d'où les Italiens ont aussi fait *cugino*. *Con* s'est changé en *cou*, comme en *Couuent* de *Conuentus*.

COVSIN pour *moucheron*. De *culicinus*. *Culex, culicis, culicinus, culcinus,* COVLSIN, COVSIN. L's s'est perduë, comme en DOVCE de *dulce*, en POVCE de *pollice*, &c. Et le c s'est changé en s, comme en PLAISIR de *placere*, en RAISIN de *racemus*, &c. De *culicis* on a aussi formé *culicio*; d'où nous auons fait *chusson* qui se trouue en cette signification dans Rabelais, & qui est encore en vsage dans l'Anjou.

COVSSIN. De l'Alleman *kussen*. Voyez Hotman en son liure intitulé *Matagonis de Matagonibus* &c.

COVSTER. De *constare* dont les Allemans ont aussi fait *costen*, & les Italiens *costare*, & *costa*, comme quand ils disent *aiuto di costa*.

CO.   CR.

COVSTILLIER. Le Président Fauchet liu. 11. de la Milice: *Lesquels hommes d'armes du Roy Charles VII. deuoient auoir quatre cheuaux à leur suitte, dont deux de seruice, & les deux autres, l'vn sommier, l'autre pour vn varlet appellé* coustillier : *aussi-tost pource qu'il costoyoit son maistre, que pour estre garny d'vn long poignard appellé* coustille, *de laquelle ce valet s'aidoit.*

COVSTVME. De l'Italien *costume*, dont les Espagnols ont aussi fait *costombre*. *Consuemen, costumen, costume,* COVSTVME. *consuetudine* et *costume de incudine*.

COVTVRE, comme quand on dit *la Couture du Mans*. De *cultura* qui se prend dans les Autheurs du bas siecle pour *ager cultus.* Voyez M. Rigault en ses Gloses sur les Agrimenseurs. Il y a vne ruë à Paris prés les Iesuistes qu'on appelle *la Couture Sainte Catherine*. Cette ruë a esté ainsi appellée acause qu'elle fut faite dans vn lieu champestre, & où on labouroit la terre.

COVVER. De *cubare* dont les Italiens ont aussi fait *covar*. *Cubare* a esté dit des poulles qui couuent, tesmoin le composé *incubare*.

CR.

CRACHER. Scaliger le dériue de *scracere*. *Scracere videtur olim dictum τὸ χρέμπτεσθαι. Quod verbum & hodie quoque vulgo in Gallia vsurpamus.* C'est dans ses Conjectures sur le sixiesme liure de la langue Latine de Varron. Les infinitifs François en *er* viennent d'ordinaire des infinitifs Latins en *are*, ce qui me fait croire qu'on a dit aussi *scracare*.

CRAINDRE. Ie croy qu'il vient de *cremere* qu'on a dit vray-semblablement pour *tremere*. *Cremir* se trouue dans nos anciens Autheurs François pour *craindre*, & *cremeur* pour *crainte,* & *cremeteux* pour *craintif.* Voyez les Annotations de du Chesne sur Alain Chartier pag. 853. où vous en trouuerez des exemples.

CRAMAIL. Nom de Maison. Par corruption pour *Carmain.*

CR.

CRAMOISI. De l'Arabe *carmes*, qui signifie la mesme chose, d'où les Italiens ont aussi fait *cremesi* & *cremesino*. Voyez Nicod au mot *cramoisi*, & Caninius dans ses Dialectes à la lettre *p*. Iules Scaliger contre Cardan cccxxv. chap. xi. *Chermes vocant Arabes: unde nos* chermesinvm. Vossius *de vitijs sermonis* liu. 11. chap. 9. *Hispanis* carmesi *à vermiculo Arabicè dicto* carmez. *Is vermiculus gignitur in granis siue baccis cocci, ac liquore huiusmodi vermiculorum pannus coccino siue purpureo tingitur colore.* Les Turcs disent aussi *kirmisi* pour dire *cramoisi*.

CRANEQVINIERS. On appelloit ainsi anciennement certains arbalestriers. De *cranequin* qui signifioit l'instrument auec lequel on bandoit les arbalestres. Le President Fauchet dans son traitté de la Milice : *Il se trouuoit aussi des hommes qui non seulement à pied, mais encore à cheual, portoient de ces arbalestres plus legeres, premierement de bois, puis de corne, & finalement de fer aceré, appellez Cranequiniers. Car Philipes de Comines en ses Memoires de Lowys XI. chap. xi. dit, parlant du Duc de Calabre. Il auoit quatre cens Cranequiniers, gens fort bien montez, qui semblerent bien gens de guerre. Ie ne sçay s'ils estoient ainsi nommez pour le bandage de fer qu'ils portoient à leur ceinture par nous encores nommé Cranequin. Et ces Arbalestres, au haut de l'arbre auoient vn fer en façon d'estrier pour en mettant la pointe du pied dedans, en tirant à mont le pied de cheure (ainsi appellent-ils le bout du bandage encorné) plus aisément bander l'arc, &c. Toutefois ie croirois bien que Cranequin fust mot Allemand. Car volontiers les gens de Cheual arbalestriers (que l'on appelloit Cranequiniers) estoient tirez d'Allemagne. Comme auiourd'huy ceux qu'on appelle* Reistres, *pource qu'ils font leurs fonctions à cheual,* &c.

CRAON. Ville d'Anjou. De *Credonum*, c'est ainsi qu'elle est appellée dans les vieux tiltres. Voyez le P. Sirmond dans ses Notes sur Goffridus Vindocinensis pag. 80.

CRAV. C'est vn pays fort pierreux entre Arles & Marseille. Quelques-vns le deriuent du mot Celtique *crag* ou *crag* qui signifie *pierre*. M. Bochart liu. 1. des Colonies des Phœniciens chap. 41. *Fertur Hercules in Liguria Gallicana, cùm pugnaret*

pugnaret contra Ligures, quorum Duces Neptuni filij Albion & Bergion, alij Alebion & Dercynus, & eum tela defeciſſent, lapidum imbre in Herculis gratiam de cælo lapſo, lapideos factos eſſe illos campos. Fabulæ memmerunt poſt Æſchylum in Prometheo ſoluto, Strabo, Dioniſius, Hyginus, Apollodorus, Mela, Plinius, Solinus, & alij. Huic dedit occaſionem lapideus campus centum circiter ſtadiorum inter Arelate & Maſſiliam, quem Celtica voce veteri incolæ LA CRAV *appellant. Celtis enim* CRAIG *erat petra, vt Britannis hodiéque. Vide Cambdenum.* Et au chap. 42. du meſme liure.

CREAND ou CRAND. Vieux mot qui ſignifie caution, ſeureté. La Couſtume de Clermond art. 49. *Creand de ſeruice ſe peut faire pour terre feodale*, &c. Dans vn contract de mariage de Damoiſelle Perinelle fille de Madame de Sully auec Geoffroy de Luſignan, que j'ay veu dans le cabinet de M. de Launé Aduocat au Parlement : *Et promirent pardeuant nous leſdits Henry de Sully*, &c. *& les deuant principaux debteurs (le Comte de Nevers & autres eſtablis audit Contract plegeurs & payeurs) que contre les conuenances*, &c. *n'iront ne venir ne feront par eux ny par autre ou temps auenir en tout ne en partie par leurs loyaux creands. L'an* 1296. Dans vn contract de vente fait par Meſſire Huc de Merlay Cheualier à Madame de Sully l'an 1290. *Et promit ledit Cheualier par ſon ſerment & par ſon leal creand fait pardeuant noſdits Clercs*, &c. La Couſtume de Hainault art. 88. 89. & 90. vſe du mot *crand* qui eſt la meſme choſe que *creand*, & qui en a eſté fait par contraction : ce que ne ſçachant pas Ragueau dans ſes Notes ſur le Couſtumier general, ſur la Couſtume de Clermont art. 49. au lieu de *creand* corrige *crand*. Il vient de *creantum*. Spelmannus: *Creantum, ſatis datum. Conſtit. Philip. Aug. apud Rigord. pag.* 182. *Faciant creditoribus per fideijuſſores, vel per vadia, creantum ſuum ſoluendi debita ad prædictos terminos. Creantum* a eſté fait de *credentum* qui l'a eſté de *credere*. Ainſi de *credentiarius* on a fait *creancier*.

CREAT d'Eſcuyer. De l'Italien *creato* qui ſignifie la meſme choſe. Les Italiens ont fait *creato* de *creatus*, d'où les Eſpagnols ont auſſi fait leur *criado*.

CRECERELLE. Oiſeau. Iules Scaliger dans ſes

Commentaires sur les liures d'Aristote de l'Histoire des Animaux pag. 250. le dériue de *Querquerella*: *Est tinnunculus, Cenchris Æliani. Eum* Gauinellam *Itali,* Vascones Segairol, *quòd passeres è sepibus fugat & capiat: Franci* Quercerellam, *non corrupta voce quasi* Cenchrellellam, *vt ait Ruellius in Millio, sed quasi* Querquerellam. *Nam* Querquerum *lamentabile dixerunt Veteres: semper enim stridet & queri videtur.* M. de Saumaise le dériue de *crepitacilla*: *Tinnunculus* crecerella *nostra est à voce quam edit intervolandum. Sic eam nominarunt quasi* crepitacillam. *Nam & crepitacilla puerorum lignea similiter* crecerella *vocamus è Latino facta dictione.* Tinnunculum *vel* tinniunculum *Latini ab eadem ratione nominarunt, quòd semper tinniat.* C'est sur Solin pag. 340. Ie ne suis ny de l'auis de Ruellius, ny de celuy de Scaliger, ny celuy de M. de Saumaise. & ie tiens que *crecerelle* a esté fait de *crecarella* qui l'a esté de κρέξ, qui est vne sorte d'oiseau dont la voix est fort aiguë. κρέξ, κρεκὸς, crecara, crecarella, CRECERELLE. Nous appellons aussi crecerelle ce petit moulinet dont nous vsons le Ieudy & le Vendredy de la Semaine Sainte au lieu de cloche. Pasquier VIII. 61. croit qu'il a eu ce nom du son qu'il fait. Mais il a esté ainsi appellé sans doute a cause de l'oiseau qui porte ce nom, à la voix duquel le bruit de cét instrument est semblable, comme l'a fort bien remarqué M. de Saumaise.

CRECHE. De *greppia*, qui est le mot dont vsent encore aprésent les Italiens. P en *ch*, comme en ROCHE de *rupes*, en PROCHE de *prope*. *Greppia* a esté fait de *præsepe*. *Præsepe*, *præsepia*, *greseppia*, *greppia*, CRECHE.

CRECY. Lieu. De *Carisiacum* qui a esté formé de *Carisius*. Voyez André du Chesne en son Histoire Genealogique de la Maison de Montmorency.

CREDENSE de Prelat. De l'Italien *credenza* qui signifie la mesme chose, & aussi le buffet sur lequel on met l'argenterie ; d'où vient cette façon de parler *far credenza*, pour dire *faire l'essay*. Depuis quelque temps on dit en France *Credensier* pour *Sommelier*.

CREMAILLERE. Nicod & autres le dériuent de

CR. CR. 243

κρεμάω. Il vient de *cramacularia*, qu'on a fait de *cramaculus*, qui se trouue dans le Capitulaire de Charlemagne *de villis suis*: *Catenas, cramaculos*, &c. c'est en l'art. 41. Anciennement on prononçoit *cramaillere*, & on le prononce encore en plusieurs Prouinces.

CRENEAV. De *crenellum* diminutif de *crena*, qui signifie *fente*, & d'où les Allemans ont aussi fait *karn*. Le President Fauchet dans son traitté de la Milice dériue *creneau* de *cran*, qu'il dit signifier *hoche*.

CRESSON. De *crescio*. Charles Estienne en son traité *de re hortensi* pag. 72. *Nostri crescionem à crescendi celeritate appellant* DV CRESSON. Les Allemans disent *kressen*.

CRIER. De *quiritare*, d'où vient aussi le *gridare* des Italiens. Scaliger sur les Priapées: *Exclamatio Quiritantium* PORRO QVIRITES, *vt illud Laberij*:

Porro Quirites libertatem perdimus.
Et Quiritare *verbum. Vnde vulgo dicunt* cridar *Italicè, Hispanicè & Gallicè*. Les Gloses d'Isidore: *quiritare, populare. Quiritat, populo alloquitur.* De *quiritare* on a fait le composé *proquiritare*, qui se trouue dans Apulée en son Apologie, dans Cl. Mamercus en sa Preface *de statu animæ*, & dans Sidonius liu. VI. epist. 8.

CROC. C'est vn ancien mot François. La Loy Salique Tit. 69. *Si quis hominem sine consensu iudicis de ramo vbi incrocatur deponere præsumpserit*, &c.

CROCANTS. M. de Thou liu. CVII. de son Histoire. *Hoc & anno*, il parle de l'année CIƆ IƆ XCIII. *longè periculosissimus motus in Aquitania exortus ex hac occasione, cùm præteritorum bellorum tempore popularis ac discursationibus militum omni libidinis ac licentiæ genere grassantium summoperè vexati essent, neque vexari desinerent, cùm vbique, tum præsertim in Petrocoriis, Lemouicibus ac Pictonibus rustici ex desperatione tandem arma accipiunt, ad defensionem primò, mox vt numero creuere, audacia crescente, Tribunos ac Duces inter se creant, & formà iustæ militiæ institutà ab iniuriis quibus à se propulsandis sumpta arma initio excusabant, minimè postremò temperauere, arcium & aliorum locorum Præfectis, à quibus se indignè*

Hh ij

244 CR. CR.

admodum habitos querebantur, bello denuntiato, & vectigalium regiorum negata quæstoribus pensitatione, prorsusque Gualteranorum *in agro Falesiano ante quadriennium à Monpenserio delectorum exemplo per illas Prouincias locorum gnari vias & aditus cum armis insidebant, vicinæ nobilitati formidolosi, & iam vbique sæuientes atque obuia cuncta deuorantes, vt vulgari dicterio* CROCANI *vocarentur.*

CROISADE. Parce que les Cheualiers qui alloient en la Terre-Sainte pour symbole & marque de leur vœu, prenoient vne Croix sur eux qu'ils attachoient sur leurs espaules. En la Croisade contre les Albigeois on l'appliqua sur la poictrine à la difference du voyage d'Outremer. Voyez M: Besly dans son Histoire des Comtes de Poictou pag. 112. André Fauyn en son Theatre d'Honneur & de Cheualerie liu. 9. pag. 1531. parlant de la Croisade du regne de Philippes premier : *Elle estoit dite Croisade, parce que ceux qui s'estoient enroollez pour le voyage d'Outremer prenoient de la main des Euesques & Prelats vne Croix de Hierusalem faite de toile ou de tafetas qu'ils cousoient sur leurs habillemens du costé gauche, à l'endroit du cœur. Les François la portoient rouge, les Anglois de blanc, les Flamans & ceux du Pays-bas de verd, les Allemans de noir, & les Italiens de iaune, comme Matthieu Pâris nous l'apprend.* Voyez Ville-Hardoüin au commencement de son Histoire.

CROTE. De *creta*, comme MOTE de *meta*. Virgile en ses Georgiques : *Creta solidanda tenaci.* Seruius sur ce vers des Eglogues

Et rapidum cretæ veniemus coxem :
Creta terra alba dicitur.

CROVPE. De *cruppa*, qui vient de l'Alleman *grub*, qui signifie *gras, gros, espais. Cruppa* se trouue dans les Gloses de Philoxene : *cruppa*, καλος παχύς, où Vossius liu. II. *de vitiis Sermonis* chap. 4. lit καλως παχὺς. *Funis densus*; mais où ie croirois plustost qu'il faudroit lire καλῶς παχὺς, comme lit Isaac Pontanus dans son Dictionnaire Celtique au mot *Crupellarij* : où apres auoir apporté ce passage de Tacite liu. III. des Annales : *Adduntur è seruitiis*, il parle des Gaulois, *gladiaturæ destinati, quibus more gentico continuum ferri tegimen* CRVPELLA-

CR. CV.

RIOS *vocant, inferendis ictibus accipiendis impenetrabiles*, il adjouſte: *Gloſſarium* CRVPPA *exponit* καλῶς παχὺς *quod erit* bellè compactum spiſſúmque. *Item* CRVPPE σχοινια, *qua plexus ſiue implicatio quædam indicatur, qualem in iuncis & arborum radicibus deprehendere eſt. Adeo vt ambigendum haud ſit, vocis notioniſque reliquias ſupereſſe etiamnum in noſtrati,* CRVPELAERS, *item* CROEPEL, *&* CRVIPEN, *&* INGHECROPEN, *quæ omnia membrorum contractione contortum quid munitúmque denotant.* CRVIPELAERS *autem propriè* PROREPOS *poſſis interpretari.* Poſtilenam *quoque* CROVPIER *& nos & Galli dicimus. Plautus Caſina :* Ita aggerunda aqua incuruum te faciam probè, vt poſtilena ex te poſſit fieri.

CV.

CVEILLIR. De *colligere. Colligere, collire,* CVEILLIR.

CVIDER. De *cogitare*, d'où les Eſpagnols ont auſſi fait *cuidar*.

CVIRACE. Du Latin *coriacea*, parce qu'anciennement les cuiraſſes eſtoient de cuir. Les Latins ont dit de meſme *lorica à loris*, & *ſcutum* de σκῦτος qui ſignifie *cuir*, & *galea* de γαλῆ.

CVISINE. De *cucina* qui ſe trouue pour *coquina*. Les Gloſes anciennes pag. 532. μαγειρεῖον, *cucina, carnificina* : & que les Italiens retiennent encore tout entier.

CVISSE. De *coſſa* qu'on a dit pour *coxa*. Voyez M. de Saumaiſe ſur l'Hiſtoire Auguſte pag. 60.

CVRE'. De *Curatus* que les Autheurs Latins du bas ſiecle ont dit pour *Curator* ; comme *Dictatus* pour *Dictator* ; *exploratus* pour *explorator* ; *ſpeculatus* pour *ſpeculator*. Voyez M. de Saumaiſe ſur l'Hiſtoire Auguſte pag. 481. & dans ſon liure de *Primatu Papæ* pag. 165.

CVREE. Anciennemment on diſoit *cuirée*, & vous le trouuerez ainſi eſcrit dans Phebus : ce qui a fait croire à quelques-vns qu'on a dit *curée* par corruption pour *cuirée*, acauſe que la curée ſe fait dans le cuir de la beſte.

246 CV. CV.

CVSTODE, comme quand on dit *auoir le foüet fous la custode*. De *custodia* qui signifie *prison*. Les Gloses anciennes: *custodia*, φυλακή.

CVVE. De *cupa* par vn P. M. de Saumaise sur l'Histoire Auguste pag. 253. *Sciendum præterea est cupam de maiore vase vinario scribendum esse vnico* P : *& cuppam de minore scribi debere, & vtriusque vocabuli diuersam esse originem. Cupa enim à Græca voce* κύπη, *quæ nauis genus est. Hesychij Glossæ:* κύπαι, εἶδός τι νεώς, ἢ ἐξ ὕλης ἢ χόρτου οἰκήσεις, *&c. CVVAS vulgò vocamus in idiomate nostro Gallico, eiusmodi grandiora vasa vinaria. Cuppa verò cùm per duo* pp *scribitur, schyphum aut pateram significat, & venit à Græco* κύββα. κύββα, *cuppa. Hesychius:* κύββα, ποτήριον. *Illud autem* κύββα *factum est ex* κύμβη. κύμβη *genus poculi, Doricè* κύββα, *& Æolicè & Laconicè* κύββα. *Perperam hodie viri docti cupas & cuppas confundunt. Cupam hodie vocamus* VNE COVPE, *cupam* VNE CVVE. Par ces hommes doctes qui confondent *cupa* & *cuppa*, il entend parler de Scaliger dont voicy les termes : CVPPÆ *quidem vasa vinaria; sed quæ mustum è torculari excipiunt, non quibus ad bibendum vtimur: quamquam hodie in vulgari sermone nomen cupparum in generibus poculorum vsurpamus.* C'est dans ses Commentaires sur le Copa,

DA.

DA, comme quand on dit *oüy dà*. M. Bochart liu. 1. des Colonies des Phœniciens chap. 42. estime que cette façon de parler vient de celle des Grecs ναὶ † Διά: *Est cur miremur in Diis Gallorum non censeri Plutonem, à quo se prognatos dicebant, siquidem Cæsari credimus : Galli, inquit, se omnes ab Dite patre prognatos prædicant, idque ab Druidibus proditum dicunt. Fallor an* Dispater *Gallis idem fuit qui* Diespiter, *idest* Iuppiter summus Deorum, *nomine facto ex Græco* Διὸς *vel ex Hebræo* די dai. *Id videtur posse probari ex composito nomine* Diuona *pro Dei fonte vel diuino fonte. Ita explicat Ausonius in hoc versu*

      Diuona Celtarum lingua fons addite Diuis.
Et hodiéque apud Cambros Diu Deum *significat, & vonan fontem. Quò pertinet vernaculum* oüy dea *cum affirmamus, sumptum ex Græco* ναὶ † Διά.

DACES. Pierre des Vignes use du mot *daciæ* en cette signification: *Quod daciæ vel collectæ non auferantur ab his qui in seruitio Curiæ non auferebantur*. C'est le titre du chap. 39. de son liure v. Mais il est difficile de sçauoir si le Latin vient du François, ou le François du Latin. Vossius liu. III. *de vitiis sermonis* chap. 8. croit que *daciæ* a esté dit par corruption pour *datiæ, à dando,* comme *tributum* de *tribuo,* & que c'est comme qui diroit *datus* ou *datio*.

DAGVE. De l'Alleman *dagge* ou *dagen* qui signifie la mesme chose, d'où les Italiens ont aussi fait *daga*, & les Anglois & Escossois *dagger*. Voyez Hotman en son liure intitulé *Matagonis de Matagonibus* &c. pag. 19. & Vossius liu. II. *de vitiis sermonis* chap. 5. Les Escriuains Latins du bas siecle se sont seruis du mot *dagua*; & il se trouue dans le second Concile de Pise pag. 159. *Nec dagas seu cultellos ferant ultra longitudinem*

248 DA. DA.

palmi vnius præter palefranarios cùm dominos suos comitabuntur.

DAIS. De *dossum*, qui a esté fait de *dorsum*, pour lequel on a dit *dossum*, d'où nous auons fait *dos*, & les Italiens *dosso* & *adosso*. De *dossum* nous auons dit premierement *dois*, & vous le trouuerez ainsi escrit dans les vieux Romans; & puis *dés*, & finalement *dais*. On appelloit *dois* vne table entourée de bancs à dos & couuerte par enhaut de peur que la poudre du plancher ne tombast sur les viandes. Horace liu. 2. de ses Satyres Sat. derniere, fait mention de cette sorte de couuerture de table:

*Interea suspensa graues aulæa ruinas
In patinam fecere, trahentia pulueris atri.*

Depuis le nom de *dois* qui estoit commun à toute la table est demeuré à la couuerture seulement. En Angleterre le dais qu'on appelle *the clothe of state*, c'est à dire *drap d'estat*, se met encore apresent à l'endroit du plancher sous lequel est la table.

DALMATIQVE. C'est vne espece de chasuble courte qu'ont les Diacres & les Soubs-Diacres en officiant. De *dalmatica*. Lampridius en la vie de Commode: *Dalmaticatus in publicum processit*; sur lequel endroit voyez Casaubon. *Dalmatica* a esté dit absolument, comme parlent les Grammairiens, pour *vestis Dalmatica*, acause que cette sorte de vestement, qui au commencement estoit l'habit des plus mondains, venoit de Dalmatie. Depuis ce mot fut transporté à l'habit Ecclesiastique dont nous venons de parler, qu'on appelle COVRTIBAVLT en Berry, de *curtum tibiale*, & *daumoire* en Anjou, par corruption pour *daulmoire*, de *dalmatarium*, comme *armoire* de *armarium*. Le mot de *courtibault* se trouue dans Rabelais. *Dalmatarium* a esté dit pour *dalmaticarium*, comme *dalmata* pour *dalmatica*. Les Gloses d'Isidore: *Dalmatica, vestis Sacerdotalis candida cum clauis purpureis.* Voyez, mais soigneusement, Spelmannus en son Glossaire au mot *Dalmatique*.

DAME. De *Domina* & de *Dominus*, car anciennement ce mot se disoit aussi des hommes, & signifioit *Seigneur*. Ainsi vous trouuez souuent *Dame Diex* dans les vieux liures pour *Seigneur Dieu*. Il est encore en vsage dans son composé *Vidame*, qui est comme qui diroit *Vice-Dominus*. Au lieu de *Dame* on a prononcé *Dam* & *Dan* (que quelques-vns escriuent *Damp*) & de là viennent le *Dam Cheualier* des Romans, *Danmartin*, &c. Comme on a dit *Dam* & *Dan*, on a dit de mesme *Dom* & *Don* qui viennent pareillement de *Domnus* par contraction de *Dominus*, comme Κύριος de κύριος. *Adon* signifie en Hebreu *Dominus*, d'où vient le mot *Adonis*. Hesychius : Ἄδωνις, δεσπότης ὑπὸ τῶν Φοινίκων. Ce qui a fait croire à Drusius que l'Espagnol *Don* en venoit aussi; mais en cela il se trompe. Voyez le dans ses Notes sur le Nouueau Testament, sur ces paroles de S. Iean XIX. 3. *Aue Rex Iudæorum*. Ce mot *Dom* se disoit autrefois des Cheualiers & autres personnes de condition, comme on le peut voir dans vn nombre infiny d'endrois de nos vieux Romans: & en Espagne les Seigneurs s'appellent encore ainsi. A present il n'est plus en vsage parmy nous que pour les Chartreux. En Italie, outre les Chartreux, les Religieux de l'Ordre de Saint Benoist se qualifient de la sorte. Anciennement en France tous les Religieux prenoient ce tiltre. Coquillart dans le Monologue des Perruques :

> *Mes Dames sans aucun vacarme*
> *Vont en voyage bien matin*
> *En la chambre de quelque Carme*
> *Pour apprendre à parler Latin.*
> *Frere Berusle & Dam Fremin*
> *Les attendent en lieu cellé.*

Maistre François liu. III. chap. 19. *Vous sçauez comment à Croquignoles quand la Nonnain Sœur Fessuë fut par le ieune Briffaut Dan Roiddimet engroissee, & la groisse connuë, appellée par l'Abbesse en Chapitre, & arguée d'inceste, elle s'excusoit, alleguant que ce n'auoit esté de son consentement, ce auoit esté par violence & par la force du Frere Roiddimet.* Tous ces Religieux auoient pris ce nom des Autheurs Ecclesiastiques qui s'en sont serius pour vn nom de dignité dans l'Eglise. Voyez Onuphrius au liure qu'il a fait de l'explication des mots Ecclesiastiques, Barthius dans ses Aduersaires liu. XXIX. ch. 19. & Vossius *de vitijs sermonis* III. 10. De *Dame* on a fait le diminutif DAMOISEAV & DAMOI-SELLE. *Damus, Damicus, Damicellus, Damicella*, d'où les Italiens ont fait *Damigella*, DAMOISEAV, DAMOISELLE. Ce mot *Damoiseau* ou *Damoisel* signifioit aussi anciennement *Seigneur*: & le Seigneur de Commercy se qualifie encore de la sorte. Le plus souuent toutefois on donnoit ce tiltre, non pas aux Seigneurs des terres, mais à leurs enfans & aux Gentils-hommes qui n'estoient pas Cheualiers. Ainsi au III. liure d'Amadis chap. 3. les tiltres de Damoisel & d'Escuyer sont attribuez à Norandel qui demandoit Cheualerie, & qui, l'ayant receuë, n'est plus qualifié de la sorte, mais du tiltre de Cheualier. Les anciennes Loix d'Angleterre qui se trouuent manuscrites dans la Bibliotheque de M. de Thou, au chapitre: *Quòd Etheling dicitur Domicellus: Etheling vel Edeling dicunt Domicellum. Alij Baronum filios dicunt Domicellos. Angli verò nullos nisi natos Regum. Quod si expressius volumus dicere, in quadam regione Saxonum* ling *imago dicitur, &* adela *Anglicè,* nobilis *Latinè: quod simul coniunctum sonat* nobilis imago, adeling. *Vnde etiam Occidentales Saxoni, scilicet Exceceftrenses habent in prouerbio summi despectus* hinderling, *&c.* Voyez Nicod en son Dictionnaire, Pasquier en ses Recherches, & Monsieur Galland Prestre de l'Oratoire au traitté qu'il a fait de la ville & Seigneurie de Commercy.

DAMER. Du *ieu des Dames.*

DAMOVDOT. Voyez *amadote.*

DANGER. Ceux qui le dériuent de *damnum gerere* se trompent. Il vient de *angarium*. On y a adjousté vn D, comme en *Dourne* de *vrna*, &c.

DANS. De *deintus* que l'on a dit pour *intus*. Fulgence: *Promos & condos appellari volunt cellaritas, eò quod deintus promant.* Dans l'ancienne Tragedie de Medée: *Vox deintus, chorus.* On a dit *deintus* pour *intus*, comme *decontra* pour *contra*; *desub* pour *sub*; *desuper* pour *super*; *desoris* pour *foris*; *desecus* pour *secus*, &c. De tous lesquels mots vous trouuerez des exemples dans M. de Saumaise sur l'Histoire Auguste pag. 172. Ie croy mesme que l'on a dit *dedeintus* dont nous auons fait *dedans.*

DANSER. De *densare.* M. de Saumaise sur l'Histoire *p. 782.*
Auguste pag. 246. *Fullones dum vestimenta cogerent & densarent, saltabant. Hinc densare hodiéque dicimus pro saltare: nam & qui saltant* ὀξυποδῶσι. Les Allemans disent aussi *danzen.*

DAQS. Ville dans les Landes de Bourdeaux. De *Aquæ Tarbellicæ,* si on en croit Scaliger sur Ausone liure 1. chap. 6. *Tarbellæ aquæ sunt, non eæ quæ ad radices Pyrenæorum sitæ sunt prope Tarbam Bigerronum, sed eæ quæ ad ostia Aturi sunt vulgô nomen retinent: nam etiam* Aqs *vocantur. Nimis argutantur qui Ptolemæi* Δάκιον *opinantur esse illam ciuitatem, vt non satis mirari primum stuporem hominum, qui non vident tantùm abesse hoc nomen ab illo oppido, quantùm Tarbelli absunt à Gabalis, post quos Dacios collocat Ptolemæus. Deinde & imprudentiam, qui cùm sint Vascones, tamen ignorant morem linguæ suæ, quæ vocibus à vocali incipientibus solet, hiatus vitandi caussa,* D *præponere, quoties præcedens vox in vocalem desinit,* &c. M. Sanson estime que *Aquæ Tarbellicæ* est *Bayonne* & non pas *Daqs.* Voyez le traitté qu'il en a fait.

DARD. Ie ne sçay pas d'où vient ce mot. Les Irlandois *p. 783.*
& les Biscains s'en seruent & de la chose. Les Italiens & les
Espagnols disent *dardo. Dardus* se trouue dans Abbo liu. 1. du siege de Paris:

At turris nocturna gemit, dardis tenebrata.

Et en suitte:

Arce ruit, dardúmque ferens, castella petiuit.

Voyez Spelmannus & Vossius *de vitijs sermonis* liu. 11. chap. 5.
Dans le Niuernois, le Berry & le Poictou *dard* se prend pour *vne faux à faucher.* Dans l'Auvergne on dit *dail* & *daille.* Rabelais au Prologue du liu. IV. parlant de Coüillatris: *La mort six iours apres le rencontrant sans coignée auec son dail l'eust fauché & cerclé de ce monde:* & en Languedoc on dit *dailler* pour *faucher.*

DARD. Poisson ainsi appellé, acause, dit Rondelet, qu'il se lance comme vn dard. Nicod dit la mesme chose.

DARIOLETTE. De *Dariolette* qui estoit la Confidente de Brisenne mere d'Amadis, & femme de Perion de Gaule. Voyez le 1. chap. du 1. volume des Amadis. *Dariolette* est vn diminutif de *Dariole*. DARIOLE signifie *vne espece de gasteau*. Rabelais liu. IV. chap. V. *Ces porphyres & ces marbres sont beaux; ie n'en dy point de mal: mais les Darioles d'Amiens sont meilleures. Ie ne sçay pas d'où il vient.*

DAVPHIN pour *le fils aisné de France*. Humbert ceda le Dauphiné au Roy Philippe, à la charge que le fils aisné des Roys de France seroit appellé *Dauphin*. Voyez Paul Emile, & Nicole Gilles dans leurs Histoires, & Paulus Merula dans sa Cosmographie Part. II. liu. III. chap. 17.

DE.

DE' à coudre. De *degitale*. *Digitus, ditus, detus, degitale, detale, deale,* DEAV, DE'. Nous disons encore en Anjou *deau* pour dé. Les Allemans appellent vn dé *fingerhut*, comme qui diroit *le chapeau du doigt*. *Finger* signifie *doigt* en Alleman, & *hut chapeau*.

DEBONNAIRE. Henry Estienne en son traitté de la Precellence du langage François pag. 93. le dériue de ces trois mots *de bonne aire*: *Quant à ce mot debonnaire, c'est celuy duquel l'origine pourroit estre encore moins reconnuë, pource que de trois on n'en a fait qu'vn; car on dit* debonnaire, *au lieu de dire de bonne aire, estant par ce mot* aire *signifié le nid de l'oiseau de proye. Or faut-il bien que* Debonnaire *ait vne grande emphase, veu que nos Ancestres pour monstrer la bonne nature du Roy Louys I. l'appellerent par forme de surnom* Debonnaire, *ou le* Debonnaire; *choisissans ce mot entre plusieurs comme le plus conuenable. Ce qui nous monstre la grande commodité qu'apportent à nostre langage aucuns vocables tirez de cette belle science de la Fauconnerie; de laquelle commodité toutefois est priué le langage Italien, non moins que les autres.* Pasquier en ses Recherches & Nicod en son Dictionaire disent la mesme chose. La signification de ce mot *debonnaire* n'estant point conforme à cette etymologie, car les Latiniseurs l'ont rendu par *Pius*, i'estime pour moy qu'il a esté fait de *debonarius*, qu'on a dit pour *bonarius* de *bonus*, comme *demane* pour *mane*, *demagis* pour *magis*, &c.

DECOLER. De *decollare*. Les Gloses anciennes: *ad*

decollandum, εἰς ἀποκεφαλισμόν. Paulus liu. v. de ſes Sentences tit. 17. *Summa ſupplicia ſunt, crux, crematio, decollatio.*

DEFFAIX. C'eſt vn vieux mot qui ſignifie *deffenſe, lieu deffendu*, & qui ſe trouue en cette ſignification dans la Couſtume d'Anjou art. CXCII. *Si le ſuiet peſche les Eſtangs ou deffaix de ſon Seigneur, & prend ſes connils de iour en ſes garennes, il fait amende arbitraire.* De *deffeſus* qu'on a dit pour *deffenſus*, comme *theſaurus* pour *thenſaurus*. Les Italiens ont dit de meſme *diffeſa* pour *diffenſa*. Il y a vn article dans l'ancienne Couſtume de Normandie qui a pour titre *des banons & deffens*.

DEFFIER. De *diffidare*, qui ſe trouue dans Yues de Chartres epiſt. 173. dans Fredericus liu. II. Feudal. tit. 59. §. 4. dans Pierre des Vignes liu. III. epiſt. 85. dans les Loix des Lombards au titre *de diffidationibus*, &c. & ailleurs. Voyez Iuret ſur Yues de Chartres au lieu allegué, & Voſſius *de vitijs Sermonis* pag. 679.

DEGVERPIR. Voyez *guerpir*.

DEHORS. De *deforis* qu'on a dit pour le ſimple *foris*. Voyez M. de Saumaiſe ſur l'Hiſtoire Auguſte pag. 172.

DEIEVNER. De *deieiunare*. Muret liu. IV. chap. 12. de ſes diuerſes Leçons: *Id vocabant*, il parle du dejeuner, ἀκράτισμον aut ἀκράτισμα, *quòd non dilutum, ſed merum, vt ait Auſonius, merum biberent: aut etiam διανηστισμόν, quam vocem vnà cum re ipſa Noſtrates retinuerunt.* M. de Saumaiſe ſur l'Hiſtoire Auguſte pag. 820. DEIEIVNARE *dicimus pro jentare, quod eſt ieiunium ſoluere: ieiunat enim qui totum diem immorſus & ieiunus perſtat. At qui manè cibum ſumit, is non poteſt amplius dici ieiunus. Ieiunium igitur ſoluit, hoc eſt vno verbo dejejunat.* Comme les Grecs ont dit ἀπονηστίζεσθαι & διανηστίζεσθαι pour *déieuner*, & les Latins *deieiunare*, les Anglois ont dit de meſme *breakfaſt*, qui ſignifie mot pour mot *rompre le ieuſne*. En Languedoc *deieuner* ſignifie jeuner, & *l'ou deieun* le jeune. Les Italiens vſent de *digiunare* en la meſme ſignification.

DELAYER. De *diluere* ou pluſtoſt de *dilatare*.

DELIVRER. De *deliberare*. Voyez *liurer*.

DEMAIN. De *demane* qu'on a dit pour *mane*, comme

254　　　DE.　　　DÉ.

demagis pour *magis*. Les Gloses pag. 65. *demagis*, σφοδρῶς. On a aussi dit *in demane*, d'où nous auons fait *endemain*, comme de *in hodie*, EN HVY qu'on prononce *anuit*. L'article s'estant ensuite incorporé à ce mot *endemain* comme à *lierre*, *landier*, &c. nous auons dit *lendemain*. Vous trouuerez souuent *main* dans les vieux Autheurs François pour *matin*, de *mane*.

DENIS de la Chartre. DENIS du Pas. Eglises de Paris. Voyez *Chartre*, & *Estienne des Grecs*.

DENREE. De *denarata* qu'on a dit au lieu de *denariata*. De *denarius*. Voyez le P. Sirmond dans ses Notes sur les Capitulaires de Charles le Chauue pag. 74. Vossius *de vitiis Sermonis* III. 8. & Spelmannus en son Glossaire au mot *denarius*.

DEPOVILLER. De *dispoliare*.

DEPVCELER. Voyez *pucelle*.

DEPVTER. De *deputare*. Nicolas de Clemangis au liure qu'il a fait *de annatis non soluendis* : *Deputatos fuisse certos alios de singulis nationibus ad aduisandum de remediis*, &c. Drusius pretend que Sulpice s'est seru de ce mot en cette signification en ce passage du liu. 2. de son Histoire sacrée : *Accusatores deputari leonibus præcepit*, sur lequel Drusius a fait cette note. DEPVTARI, *delegari, assignari : vnde deputati*. Gallicè DEPVTEZ. *Verbum minus vsitatum hoc sensu Latinis auctoribus. Eo tamen vsus fuit & supra : quæ turba inutilis seruitio exercendis, colendísque agris, ne in cultum esset solum, deputata*. Mais il se trompe. *Deputari leonibus*, c'est à dire *damnari*, comme le sçauant & laborieux M. Fabrot l'a fort bien expliqué dans ses doctes Commentaires sur les Institutes.

DERECHEF. Cambden en sa Bretagne le dériue de l'Anglois *derchefu*, qui signifie la mesme chose. Il vient de *derecapo* composé de ces trois mots *de re capo*.

DERNIER. De *derriere*, qu'on a fait de la particule *de* & du mot *riere* qui est vn vieux mot François qui signifie *retro* & qui en vient. Il n'y a pas encore long-temps qu'on escriuoit *derrenier*.

DESASTRE. De la particule *des* & du mot *astre*,

DE. DE. 255

comme qui diroit *mauuais astre*. Les Grecs ont dit de mesme δυσυχὴς, & les Espagnols *desastre* & *desuenturada*.

DESMARER. De la particule *de* & du mot *mare*, comme qui diroit partir de l'endroit de la mer où on estoit ancré.

DESPIT. De *dispectus*, comme *respit* de *rispectus*. De *dispectus* les Italiens ont aussi fait *dispetto*.

DEROBER. Voyez *robe*.

DESSOVS. De *desub* que l'on a dit pour *sub*. Florus: *Sic desub Alpibus, idest desub ipsis Italiæ faucibus gentes*. Innocentius l'Agrimenseur au liure qu'il a fait *de casibus literarum*: *Delatus se alueum, & in valle duas aquas viuas habet, desub se campum extensum*. Cét Innocentius viuoit enuiron le temps de Spartian. On a aussi dit *desuper* pour *super*, & *desursum* pour *sursum*, d'où nous auons fait DESSVR. Tacite liure 11. des Annales: *Soli Cherusci iuga insederunt, vt prœliantibus Romanis desuper incurrerent*. L'Autheur de Vetula:

———— *sed liber spiritus ipsum*
Euolet ad dominum, qui desursum dedit illum.

DESTRIER. C'est proprement vn cheual du combat. La Coustume d'Anjou art. 47. *Au Baron appartient l'espaue du Faucon & du Destrier; & est entendu Destrier vn grand cheual de guerre coursier, ou cheual de lance*. De *dextrarius* qui a esté dit, selon Vossius *de vitijs sermonis* 111.8. *à dexteritate*. Les Italiens disent aussi *destriere*. *Dextrarius* se trouue dans Hincmarus, Pierre des Vignes, Mathieu Pâris, Beka & Turocius. Radeuicus s'en est aussi seruy au liu. 1. des Gestes de Frideric Barberousse chap. 26. Et d'autant que par ses paroles il paroist que *le destrier se prend pour vn cheual d'armes*, & *le palefroy pour vn simple cheual*; j'ay crû qu'il estoit bien apropos de les rapporter ICY: *Si extraneus miles pacificé ad castra accesserit sedens in palefrido sine scuto & armis; si quis eum læserit, pacis violator iudicabitur. Si autem sedens in dextrario & habens scutum in collo, lanceam in manu ad castra accesserit; si quis eum læserit, pacem non violauit*. Voyez Vossius au lieu allegué.

DEVALLER. De *deuallare* qui a esté fait de *vallis*.

Voyez *aualler*. On a dit *deuallare* de *vallis* pour dire *descendre*; comme *montare* de *mons montis* pour dire *monter*.

DEVIDER. De *diuidere*. Scaliger sur ces mots de Varron: PANVELIVM A PANNO ET VOLVENDO FILO: *Apud Isidorum non prorsus malum Auctorem legitur panuelium: item Hesychium, qui in Græca voce explicanda vsus est vocabulo Romano:* Πήνιον, inquit, σανύκλιον, ἢ ἄτρακτος, εἰς ὃν εἰλεῖται ἡ κρόκη. *Quæ, si vera est lectio, videtur à pano luendo panuelium dictum. Vnde hodie* DIVIDERE *dicunt Francæ mulieres, à diuidendo hoc est luendo filo. Aristoteles lib.* V. *Historiæ Animalium,* ἐκ δὲ τόπων βομβύκια ἀναλύουσι τῆς γυναικῶν τίνες ἀναπηνιζόμεναι. *Nonius* Panulam *vocat*.

DEVIN. De *diuinus* dont les anciens Latins ont vsé en cette signification. Martial III. 71.

Non sum Diuinus, sed scio quid facias.

L'Autheur de la Vulgate liu. I. des Roys VI 2. *Et vocauerunt Philisthijm Sacerdotes & Diuinos, dicentes: Quid faciemus de arca Domini?* Les Gloses pag. 77. Diuinum, Θεῖον ἢ μάντις. & pag. 78. *diuinus*, μάντις.

DEVOVER. De *devotare*. Voyez *auoüer*.

DEZ à joüer. De *dati* pour lequel on a dit par corruption *dadi* qui se trouue dans les Constitutions Neapolitaines liu. II. tit. 57. *Datus* a esté dit *à dando*. Ouide:

Tu malè iactato, tu malè iacta, dato

Ausone:

Narrantem fido per singula puncta recursu
Quæ data per longas, quæ reuocata moras.

Les Grecs ont appellé de mesme les dez βόλια & βολίδας, du mot βάλλειν qui signifie *iacere*, duquel mot *iacere* les anciens Latins les ont aussi appellez *iacula*. Isidore: *Olim autem tesseræ iacula appellabantur à iaciendo*. Voyez Turnebe sur les Oraisons de Ciceron pag. 125. de l'edition de Paris in 4º de l'année 1576. où apres auoir dit; *Non præteribo nostras tesseras vulgò datos appellari, ex eo quod qui in scrupis calculum promouerat,* DARE *dicebatur*. Il en rapporte plusieurs authoritez. Voyez aussi M. de Saumaise sur l'Histoire Auguste pag. 465. Les Italiens disent aussi

aussi *dadi* & les Espagnols *dado*. Du François *dez* les Latiniseurs ont fait *decij*. Vne Ordonnance de Loüys le Debonnaire de l'année 1254. *Præterea inhibemus distincte vt nullus omnino ad taxillos ludat, siue ad aleas & schacos ; & scholas deciorum etiam prohibemus & prohiberi volumus omnino, & tenentes eas districtius puniantur. Fabrica etiam deciorum prohibeatur*, &c.

DI.

DIANE. Comme quand on dit *battre la diane*. De l'Espagnol *diana*. L'Espagnol *diana* a esté fait de *dia* qui signifie *iour*; si-bien que battre la diane signifie proprement battre le tambour au poinct du iour.

DIETTE, comme quand on dit *faire diette*. De *diæta*, qui signifie *regime de viure*, & qui vient du Grec δίαιτα, qui signifie la mesme chose. DIETTE pour *assemblée*, comme quand on dit *la diette de Ratisbonne*, &c. vient pareillement de *diæta*, qui a signifié premierement *vne sale où l'on fait des festins*. Les Gloses anciennes pag. 426. δίαιτα, τὸ ὑπερῷον, *cenaculum*. διαιτάρχης, *atriensis*. Et en suitte *vne assemblée d'estats*, les anciens Allemans ayant accoustumé de traiter d'affaires publiques au milieu des festins. Tacite au liure qu'il a fait de leurs mœurs : *Sed & de reconciliandis inuicem inimicis, & iungendis affinitatibus, & adsciscendis Principibus, de pace denique & bello plerúmque in conuiuiis consultant. Tamquam nullo magis tempore, aut ad simplices cogitationes pateat animus, aut ad magnas incalescat. Gens non astuta nec callida, aperit adhuc secreta pectoris licentiâ loci. Ergo detecta & nuda omnium mens, postera die retractatur, & sua vtriusque temporis ratio est. Deliberant dum fingere nesciunt : constituunt dum errare non possunt.* Et c'est pourquoy Isaac Pontanus liu. III. des Origines Françoises chap. VII. estime que le mot de *mallus* qui se prend souuent pour *vn Parlement* ou *assemblée d'Estats* a esté fait de *mael* qui signifie en Alleman *vn banquet*. Or comme dans ces sales appellées *diettes* on auoit de coustume de disputer & traiter d'affaires, le mot de διαιτητής est interpreté dans les mesmes Gloses

Kk

disceptator, arbiter, interuentor; & celuy de διαιτῶ, interuenio, discepto. Voyez diligemment M. Casenuue au traitté qu'il a fait des Estats generaux du Languedoc.

DIGVE. Du Flaman *diic*, qui signifie *vn amas de terre contre les eaux*. Mais comme les Flamans ont beaucoup de mots qui viennent du Grec, ainsi que le remarque Hadr. Iunius, ils ont fait peutestre *diic* de τοῖχος, & c'est l'opinion de M. de Saumaise pag. 112. de *Hellenistica*.

DISNER. Syluius, Henry Estienne & autres le dériuent de δειπνεῖν, & escriuent *dipner*. Pour moy i'estime qu'il vient de *desinare* qu'on a dit pour *desinere*, comme Festus l'a remarqué, & comme les Italiens le disent encore aujourd'huy : & qu'on a ainsi appellé ce repas parce qu'on le fait alors qu'on cesse le trauail du matin, la coustume estant en plusieurs lieux, comme en Italie & en Espagne, de se reposer apres ce repas, ce que les Italiens appellent *la meridiana*, & les Espagnols *la sestia*. Les Grecs ont dit de mesme μεσημβριάζειν, & les Latins *meridiari* pour dire prendre le repos & le repas du Midy.

DISETTE. De *desita* qui a esté fait de *desinere*.

DO.

DOANE ou DOVANE. Les Italiens disent aussi *doana* qui se trouue souuent dans les Constitutions Siciliennes. Spelmannus estime que les Italiens ont emprunté ce mot des François : *Dictum*, dit-il, *à telonio Lugduni Gallorum, cui id nominis, atque inde translatum in Italiam*.

DOGVE. De l'Anglois *dog* qui signifie chien. Les chiens Anglois ont esté de tout temps fort renommez pour leur force. Voyez Cambden.

DOLE. Ville de Basse-Bretagne. Du Breton *Dole* qui signifie, selon Cambden, *iacens & apta ad mare siue flumen planicies*. M. Bochart dériue le Breton *dole* de l'Arabe *daula* qui signifie *plaine*. Voyez le dans son liure des Colonies des Phœniciens pag. 754.

DO. DO. 259

DOM. Voyez Dame.

DOME. De *doma* dont les Autheurs de la basse Latinité se sont seruis, & qu'ils ont pris du Grec δῶμα. Voyez Vossius *de vitijs sermonis* III. 10. & dans l'Appendix pag. 819.

DOMTER. De *domitare*.

DONDON. Voyez *bedaine*.

DONJON. Le Président Fauchet liu. 1. de l'Origine des Cheualiers le dériue de *domicilium*, le donjon estant la retraite & le domicile du Seigneur, comme le plus fort endroit du Chasteau. Il vient de *domnionus*, c'est ainsi que le donjon est appellé dans vn Titre du Roy Henry I. au Cartulaire de Limoges.

DONT. De *vnde* que les Latins ont pris en cette signification. Iordanés de *Rebus Geticis*: *In Scanzia verò Insula, vnde nobis sermo est*, au lieu de dire *de qua nobis sermo est*. Le mesme au mesme endroit, *Iuxta Mœotidem paludem commanentes præfati, vnde loquimur*. Et en suite: *Sed nobis quid opus est, vnde res non exigit dicere?* Voyez M. de Saumaise sur l'Histoire Auguste pag. 338.

DORDONNE. Riuiere. L'Autheur des grandes Chroniques de France dit que cette riuiere a esté ainsi nommée de deux fontaines, dont l'vne s'appelle Dor, & l'autre Donne. Alain Chartier dit la mesme chose: *La tierce Prouince, si est Aquitaine, qui mainte noble Cité contient. La premiere est Clermont, Narbonne, &c. Mainte riche Forest contient, & maint grant fleuue. Deux des plus renommez sont Gironde & Dordonne. Ce fleuue qui est nommé Dordonne retient le nom de deux fontaines, dont l'vne est appellée Dor & l'autre Donne. Le fleuue Iourdan a esté de mesme ainsi dit*, selon quelques-vns, d'vne fontaine qui s'appelloit *Ior* & d'vne autre qui s'appelloit *Dan*: & la *Tamise* de deux riuieres, assauoir de celle de *Tame*, & de celle d'*Isa* dans laquelle la Tame tombe à Dorchester. Voyez M. Salmonnet dans son excellente Histoire d'Angleterre p. 450.

DORESENAVANT. De ces quatre mots *de ores en auant*.

DORTOIR. De *dormitorium* qui se trouue en cette

Kk ij

260 DO. DR.

signification dans le Concile d'Aix-la-Chappelle de l'année 1316. *Nisi in dormitorio cum ceteris, absque caussa ineuitabili, dormire præsumpserit:* dans Cæsarius, dans Mathieu Pâris, & autres semblables Autheurs citez sur ce sujet par Vossius liu. III. *de vitijs sermonis* chap. 10. Les Gloses pag. 79. *dormitorium,* ἐνκοιμητήριον.

DOS. De *dossum* qu'on a dit pour *dorsum*, comme *prossum* pour *prorsum*; *assum* pour *arsum*; *aduossum* pour *aduorsum*, &c. Voyez *Dais.* Vous trouuerez dans Rabelais *dours* pour *dos.*

DOVAIRE. De *dotarium.*

DOVBLONS. De *dupliones.* M. de Saumaise sur l'Histoire Auguste pag. 218. *Glosse*: dupliones, διπλοῖ. Sic hodie dupliones *vocamus aureos binarios & quadruplos, quos quaternarios Latini vocabant.*

DOVCHE. De l'Italien *doccia.* Dante dans son Poëme intitulé *l'Enfer* Chant 14.

*Fanno Acheronte, Styge & Flegethonta,
Poi s'en va giù per questa stetta doccia.*

Doccia a esté formé de *duco. Duco, duxi, duxia, duccia, doccia.*

DOVGE'. On appelle ainsi en Anjou ce qui est delié & fin. Ainsi on dit *du fil dougé, de la toile dougée.* Le Roman de la Rose fol. 4.

Le corps est droit, gent & dougé.

Ce mot a esté fait de celuy de *delié* qui l'a esté de *delicatus. Delié, delgé, dolgé,* DOVGE'.

DOVVE. De *doga.* Les Gloses anciennes pag. 78. *doga,* ξύλον. *Dogarius,* ξυλοποιός. *Doga* a esté fait de δόχη qui l'a esté de δέχομαι. Les mesmes Gloses pag. 437. δοχή, exceptio: & de là δεξαμενή pour *vne cisterne.* L'Onomasticon Grec-Latin pag. 24. *cisterna,* δεξαμενή. Les Gloses pag. 422. δεξαμενή, *cisterna, lacus.* Marc Aurele liu. VII. 3. τὰς τῶν ἰχθύων δεξαμενάς. Hesychius: δεξαμεναὶ, ὑδάτων δοχεῖα, ἢ ἐν τῷ σώματι φλέβες.

DR.

DRAGEE. De *tragea* qui a esté fait du Grec τράγημα. *Tragema, tragea,* DRAGEE. Les Gloses: *bellaria,* τραγήματα.

DR. DR.

DRAGEON d'œillet. Peuteftre de τραγεῖον diminutif de τράγος. Hefychius : τραγεῖον πόας εἶδος. τραγᾶν ὅπω τὸ ἀκρεπεῖν πνὲς τῶν γεωργικῶν.

DRAP. Ie croy que c'eft vn ancien mot Gaulois. *Drappus* pour *pannus* ou *veftis è panno* fe trouue dans les Capitulaires de Charles le Chauue, dans les Formules de Marculphe, dans le Synode de Pife de l'année 864. & dans le Capitulaire de Charlemagne *de villis fuis*, qui a efté depuis peu donné au public par Hermannus Conringius. *Drappa* & *drappalia* fe trouuent auffi dans les diuerfes Formules. Voyez le Pere Sirmond fur les Capitulaires de Charles le Chauue pag. 66. M. Bignon fur Marculphe pag. 472. Spelmannus dans fon Vocabulaire, & Voffius *de vitijs fermonis* liu.II.chap.5. Les Flamans, les Anglois & les Efpagnols ont emprunté ce mot de nous. Les Efpagnols difent *trapo*.

DRESSER. De *direxare* qu'on a formé de *dirigere*. *Dirigo, direxi, direxare, dreffare*, DRESSER. Les Italiens de *direxare* ont fait *drizzare*.

DROICT. De *directus*, d'où les Italiens ont auffi fait *dritto* & les Efpagnols *derecho*. DROICT pour *iuftice*. De *directum* qui fe trouue en cette fignification dans Marculphe liure 1. de fes Formules chap. 21. *Vt vnicuique pro ipfo, vel hominibus fuis, reputatis conditionibus & directum faciat*, &c. Sur lequel lieu voyez M. Bignon. Ciceron dans fes Partitions en a auffi vfé en la mefme fignification : *Æquitatis autem vis eft duplex, cuius altera directi & veri & iufti, &, vt dicitur, æqui & boni ratione defenditur*. Horace : *Curuo dignofcere rectum*. Voyez *tort*.

DROLE. Peuteftre de *drauculus* diminutif de *draucus*.

DRVD DRVRIE. Vieux mots François qui fignifient *feal, fidel amy, fidelité, amour*. Le Roman de Guy de Tournaut :

Onq ne fut tel criée depuis le Roy Artus:
Là regrette chacun fon amy & fon Drus.

Le Roman de Guillaume au court-nez :

S'auons perdu & ie & vous affez
Amis & Drus & parens & priuez.

Le Roman de la Rose:

> Par drurie & par solas
> Li ot s'amie fait chapel
> De Roses qui mout li fu bel.

Ils viennent de l'Alleman *draw* qui signifie *foy*. Les Capitulaires de Charles le Chauue XXIII. *Anima vestra sine adiutorio vxoris ac filiorum, & sine solatio & comitatu Drudorum atque Vassorum nuda & desolata exibit.* L'Autheur de la vie de Saint Vdalric pag. 139. *Drudes suos donis congruis sibi complacare satagebat.* Voyez M. Bignon dans ses Notes sur les Formules de Marculphe pag. 567. le P. Sirmond dans les siennes sur les Capitulaires de Charles le Chauue pag. 46. Vossius liu. II. *de vitijs sermonis* chap. 5. M. Caseneuue liu. I. du Franc-alleu chap. X. Les Italiens ont aussi fait de là leur *drudo* qui signifie *le galland d'vne femme*; ce qui me fait souuenir que dans vne Indice des vieux mots de la langue Teutonique que Bonauentura Vulcanius a fait imprimer en suitte de son Iornandes, *drut* est interpreté *dilectus*. Nos anciens Romans en rithme vsent d'ordinaire de ce mot en bonne part; mais il se prit en mauuaise vers le Regne de Saint Loüys. Car Guillaume de Lorris & Iean de Meun & ceux qui les ont suiuis l'appliquerent aux amours sales & deshonnestes. Voyez M. Besly dans son Histoire des Comtes de Poictou pag. 60. Au lieu de *draw* on a aussi dit *traw*, d'où a esté fait le mot *trefve*, comme nous le faisons voir amplement sur ce mot.

DRVIDES. Pline croit que les Druïdes ont esté ainsi appellez de δρῦς, qui signifie *chesne*: *Nihil habent Druidæ, ita Galli suos adpellant Magos, visco & arbore in qua gignitur, si modo sit robur, sacratius. Iam per se roborum eligunt lucos, nec vlla sacra sine ea facere consueuerunt, vt inde adpellati quoque interpretatione Græca possint Druidæ videri. Quidquid adnascitur illis arboribus è cœlo missum putant, signúmque esse à Deo electæ arboris. Sacerdos candida veste cultus arborem scandit, viscum aurea falce demetit. Candido id excipitur sago, omnia sanare credunt.* C'est au chap. dernier du liu. XVI. M. Bochart liu. I. des Colonies des Phœniciens, approuue l'opinion de Pline, & il adjouste qu'il ne faut pas s'estonner que les Druïdes ayent pris leur nom du Grec δρῦς, puisque les Celtes appelloient aussi vn chesne *deru*, comme l'appellent encore apresent les Bas-Bretons & les Anglois *derw*; & pour cela il cite Cambden pag. 10. Ie croirois plustost que *Druides* viendroit de *drus*, qui en vieux langage Britannique signifie *vn démon, vn esprit*, & mesme *vn Magicien*, d'où vient que les femmes Prophetisses des Gaules estoient appellées *Dryades*. Vopiscus en la vie d'Aurelian : *Mirabile fortasse videtur quod compertum Diocletiano Asclepiodorus Celsino Consiliario suo dixisse perhibet. Sed de hoc posteri iudicabunt. Dicebat enim quodam tempore Aurelianum Gallicanas consuluisse Dryadas, sciscitantem vtrum apud eius posteros imperium permaneret : tum illas respondisse dixit, nullius clarius in republica nomen quàm Claudij posterorum futurum.* Le mesme en la vie de Numetianus : *Semper exinde Diocletianus in animo habuit imperij cupiditatem, idque Maximiano conscio atque auo meo cuius hoc dictum à Dryade ipse retulerat*; & au mesme endroit : *Nisi vt impleret Dryadis dictum*. Et vn peu plus haut : *Quum Diocletianus apud Tungros in Gallia quadam in caupona moraretur, in minoribus adhuc locis militans, & cum Dryade quadam muliere rationem conuictus sui faceret, &c. Post quod verbum Dryas dixisse fertur : Diocletiane iocari noli : nam Imperator eris, quum aprum occideris.* Lampridius dans la vie d'Alexandre Seuere : *Mulier Dryas eunti exclamauit Gallico sermone, Vadas, nec victoriam speres, nec militi tuo credas.* Voyez M. de Saumaise sur l'Histoire Auguste pag. 237. & 385. Gosselin en son Histoire des anciens Gaulois, & Isaac Pontanus en son Glossaire Celtique.

DRYLLE. C'est le gland d'vne espece de chesne appellée *cohier*. De δρῦς δρυὸς qui signifie *chesne*. De l'Arabe *bellota*, qui signifie aussi *chesne*, les Espagnols ont de mesme appellé *bellotas* les glands du chesne vert : & Couarruuias se trompe qui le dériue de βάλανος.

DV.

DVEIL. De *dolium* que les Latins ont formé de *doleo*, comme il se voit par le mot *cordolium* qui se trouue dans les anciens Autheurs Latins.

DVEL. De *duellum* dont les Autheurs de la basse Latinité se sont seruis en cette signification. L'Empereur Frideric II. liure 2. de ses Constitutions Neapolitaines titre 2. *Ingerentes se casus præsentis materiæ circa Francos, qui personarum suarum, plurimarúmque rerum suarum omnium fortunam in monomachiam quæ* duellum *vulgariter dicitur, reponebant.* Les Anciens, comme chacun sçait, vsoient du mot *duellum* pour dire *guerre en general*; d'où ils ont fait celuy de *bellum*. Ie croy qu'on a vsé de *duellum* pour *monomachia*, acause qu'on a crû que ce mot signifioit *duorum bellum*.

DV LIS. Famille de Paris, ainsi dite de la Pucelle d'Orleans. Elle s'appelloit Ieanne Darc; mais Charles VII. en consideration des grands seruices qu'il en auoit receus, permit à ses freres de porter en leurs armoiries vn escu en champ d'azur, garny de deux fleurs de lys d'or & d'vne couronne au milieu, & de changer leur surnom *Darc* en celuy *du Lys*. De là vient qu'Alain Chartier, qui estoit Secretaire de ce Roy, appelle cette pucelle Ieanne du Lys: *Arriua vne fille de l'eage de dix-huit à vingt ans pardeuers le Roy, au Chastel de Chinon, nommée Ieanne du Lys la Pucelle.* C'est dans l'Histoire de Charles VII. pag. 69. Voyez André du Chesne dans ses Annotations sur ce lieu, où il produit l'article d'vn compte rendu en la Chambre des Comptes de Paris l'an 1444. par lequel Pierre frere de la Pucelle est nommé *Messire Pierre du Lys Cheualier*.

DVNE. De *Dun*, qui est vn ancien mot Celtique qui signifie *lieu eminent*. Le Pere Sirmond sur le Poëme VI. du liu. IV. de Theodulphe *ad Maduinum Episcopum*: EPISCOPVM, inquit, AVGVSTODVNENSEM, &c. *Ad hunc extat Flori Lugdunensis epistola typis olim Morelianis excusa. Sunt & aliæ duæ Flori eiusdem in Codice Petauiano* DCCXCI. *Vna prolixior pro Ecclesiæ Lugdunensi*, EGREGIO MODOINO VIRO, &c. *Altera breuior, in qua, quia* dunum *vetere lingua Gallorum* montem *significat, Modoinum Augusti Montis Episcopum vocat. Sic enim illum affatur*

Salue Sancte Parens Christi venerande Sacerdos,
Augusti Montis Pastor in arce potens,

DV.   DV.   265

Quem sacer illustrat meritis splendentibus ordo,
Doctrinæ & studium tollit ad astra piæ.

Clitophon dans Plutarque au traitté qu'il a fait des fleuues, parlant des Gaulois: Δοῦνον καλοῦσι, τὸ ἐξέχοντα. En effet toutes les Villes dont les noms se terminent en *Dunum* sont assises sur des lieux eminens. Buchanan liu. 1. de son Histoire d'Escosse: *Est & alia nominum forma vel à Duno inchoantium, vel in eam vocem exeuntium, quam Gallicam fuisse ostendunt cumuli illi arenæ in littore Morinorum, qui Duni adhuc appellantur, & in mari cumuli aduersùs Anglicum littus, quibus idem est nomen: & Plutarchus (is dico qui de fluminibus libellum scripsit) qui exponens Lugduni originem, Dunum pro vocabulo Gallico agnoscit. In nominibus autem vicorum & oppidorum exprimendis, non est ferè alia vox frequentior apud nationes quæ veterem Gallicam linguam prope integram seruat. Intelligo Brittones in Gallia Celtica, & priscos Scotos in Hibernia & Albio, & Vallos & Kernicouallos in Anglia. Neque enim quisquam est harum gentium qui id vocabulum pro suo non agnoscat. Id modò interest quòd Galli veteres compositas inde voces in Dunum finiebant. Scoti plerúmque in principio verborum eam collocant. Huius generis in Gallia hæc reperiuntur:*

Augustodunum, in Æduis.
Castellodunum, agri Carnotensis.
Melodunum, ad Sequanam.
Lugdunum, ad Confluentem Araris & Rhodani.
Augustodunum in Aruernis, Ptolemæo.
Lugdunum in Conuennis, Ptolemæo.
Nouidunum in Tribocis, Ptolemæo.
Vxellodunum, Cæsari.
Iuliodunum, in Pictonibus.
Isodunum & Rigiodunum, in Biturigibus.
Laodunum, agri Remensis.
Cæsarodunum in Turonibus, Ptolemæo.
Segodunum in Ruthenis, Ptolemæo.
Velannodunum, Cæsari.

IN HISPANIA

Caladunum, Ptolemæo Brac.   *Sebendunum, Ptolemæo.*

IN BRITANNIA

Camulodunum in Brigantibus, Ptolemæo.
Camulodunum, Colonia Romana, Tacito.
Dunum oppidum Durotrigum, Ptolemæo.
Maridunum Demetarum, Ptolemæo & Itinerario Antonini Aug.
Rigodunum in Brigantibus, Ptolemæo.
Cambodunum, Itinerario Antonini Aug.
Seruiodunum vel Sorbiodunum, eodem Itinerario.
Segodunum & Axelodunum, lib. de Notitia Imp.

RECENTIORA IN ANGLIA

Venantodunum.   Dunelmum.

IN SCOTIA

Duncaledon, quæ & Caledonia.
Deidunum, aut verius Toadunum, ad Taum amnem.
Edinodunum, quam vocem prisci Scoti adhuc retinent: at qui germanissant Edimburgum malunt.
Dunum Hiberniæ oppidum.
Nouiodunum vel Dunum nouum, in Coualia.
Britannodunum, ad confluentem Glottæ & Leuini.

Sunt autem hoc tempore innumera nomina artium aut vicorum, aut collium hinc composita.

IN GERMANIA,
APVD PTOLEMÆVM LEGVNTVR

Lugdunum, Segodunum, Tarodunum, Robodunum, Carrodunum.

IN ALPIBVS

Ebrodunum & Sedunum.

IN VINDELICIS, RHAETIA ET NORICO

Cambodunum, Corrodunum, Gesodunum, Idunum & Nouiodunum; & in libro de Notitia Imperij Romani, Parrodunum.

IN SARMATIA, ET DACIA PTOLEMAEO

Corrodunum, Singindunum ad Danubium: Nouiodunum ad ostium Danubij: item Nouiodunum alterum. Sunt & in eisdem Prouincijs non pauca à Dur declinata, quæ vox veteribus Gallis & Britannis aquam significabat, & apud quosdam in eodem intellectu adhuc perseuerat.

M. de Saumaise *de Hellenistica* pag. 3. estime que ce mot Gaufois a esté fait du Grec δȣνὸς qui signifie aussi *eminence*, & qui a esté dit pour βȣνός: *De illa voce Phrynichus notauit ὀȣνέαν τ̄ φωνὴν τ̄ Ἀτ]ικῆς, peregrinam vocem Atticæ, quæ nec intelligebatur Atticè loquentibus. Inde in Comœdia quadam, cùm quidam dixisset*

Βȣνὸν ἐπὶ ταύτῃ καταλαβὼν ἄνω τινά.

Alter respondet:

τίς ἐσθ' ὁ βȣνός, ἵνα σαφῶς σȣ μανθάνω.

Æolicè mutatum hoc nomen ad gentes plerásque barbaras Europæas. Il redit la mesme chose à la page 357. Au lieu de *dun* on a dit aussi *tun*, comme il paroist au mot *Andomatunum* qui est la capitale de la Prouince de Langres, & dont il est fait mention dans Ptolomée. C'est pourquoy M. Bochard liu. 1. des Colonies des Phœniciens chap. 24. estime que ce mot vient de l'Arabe *tun* qui signifie *vne chose eminente entre deux autres égales*. Voyez Isaac Pontanus en son Glossaire Celtique.

DVNQVERQVE. Ville. Du Flaman ou du bas p. 700. Alleman *kerke* qui signifie *Eglise*, & du mot *dune* qui signifie *lieu eminent*, comme qui diroit *Eglise sur vne eminence*. L'Autheur des Additions au liure de Guicchardin: *Dunkerke emprunte le nom du Temple qui se dit en Flaman* KERKE, *lequel se monstre aux Mariniers en mer par dessus les Dunes*. Voyez M. Sarasin en son Histoire du siege de Dunquerque.

DVPE. En quelques lieux de France on dit *dupe* pour *hupe*, ce qui a fait croire à quelques-vns que ce mot de *dupe* auoit esté pris en la signification de niais & de sot, acause que l'oiseau appellé *hupe* est & niais & sot.

DVSSEAV, drap. Acause du seau du Roy qu'on mettoit anciennement à ce drap.

DVVET. De *tufetum*, qui a esté fait de *tufa*, qui est vn herbe qui croist dans les marais, & dont la fleur est veluë & seruoit aux anciens à mettre dans les coüettes & matelas. Voyez *toufe*. Les Angeuins & Poicteuins disent *dumet*, & vous le trouuerez tousiours ainsi escrit dans Rabelais.

EC

ECHANTILLON. De *cantillio* diminutif de *cantus* qui signifie *morceau*. *Cantus, cantellus,* CHANTEAV. *Cantillus, cantillio,* ECHANTILLON.

ECHARS. De *exparcus* d'où les Italiens ont aussi fait *scarso. Exparcus, scarsus,* ECHARS.

ECLOY. C'est vn mot Picard qui signifie *vrine*. Il y a apparence qu'il vient de *eclotium* pour *exlotium*.

ECORNIFLEVR. De *excorniculare*, comme *ronfler* de *runculare*; *sifler de sibillare*. Les Grecs ont appellé les parasites *corbeaux,* κόρακες.

ECRASER. De *ecrasare* qu'on a dit de *rasum* pour *exrasare*.

ECROV. Cujas sur la Loy 1. *de excusat. Artificum*, au 10. liure du Code, le dériue du Grec ἐκκρούειν: *Commentariensem* ὑπομνητογράφον *vocant. Hesychius:* κομμενταρίσιος ταὶς ἐγγραφὰς τῶν ἐγκλημάτων δεχόμενος: *quæ commentaria à Gallis in foro vocantur* l'ESCROVË, ἀπὸ τὸ ἐκκρούειν, *quod est contrudere & coniicere in carcerem*. L'opinion de Cujas ne me plaist pas: car outre que ἐκκρούειν ne se trouue point pour *coniicere in carcerem*, c'est que selon l'analogie *ecrou* ne peut pas venir de ἐκκρούειν. Ce mot semble estre barbare. Ie ne sçay pas d'où il vient.

ECROVELLE. De *scrophella* diminutif de *scropha*.

ECVELLE. De *scutella*. Il faudroit escrire *escuelle*. Le Glossaire intitulé *Excerpta ex veteri Lex. Græco-Lat. Scutella,* δισκάριον. Le Lexicon Grec-Latin pag. 609. σκύτελλον, *scutella*.

EF.

EFARER. De *efferare*.

EG. EL.

EFAROVCHER. De *efferocare*. Voyez *farouche*.

EFFOEIL. On appelle ainsi en plusieurs Prouinces l'accroist du bestail. La Coustume d'Anjou art. CIII. *Et si peut prendre* (elle parle du Seigneur de fief) *& leuer l'effoeil, reuenu & accroist du bestail nourry du domaine & mestairie tenuë de luy, &c.* De *exfolium*, par comparaison, comme ie croy, des fueilles des ormeaux. On a fait EFFOÜILLER de *exfoliare*.

E G.

EGARER. Voyez *gare* & *guerite*.

EL.

ELIXIR. De l'Arabe الاكسير *elexir* qui signifie proprement *fraction*: & qui vient de la racine كسر *chesre*: *fregit, confregit, quòd morbos frangat*, ou bien *quòd metallorum impuritates, quæ sunt veluti metallorum morbi, frangat*.

ELLE. De *ella* qu'on a dit pour *illa*, comme le disent encore les Italiens.

ELOIGNER. De *elonginare* diminutif de *elongare*.

ELOISE. C'est vn vieux mot qui signifie éclair, & dont on vse encore apresent en quelques Prouinces de France, & particulierement en Poictou. Il se trouue dans Montagne liu. chap. *Nostre vie n'est qu'une eloise dans le cours d'vne nuit eternelle.* Il vient de *elucia* qui a esté fait de *elucere*.

E M.

EMAIL. L'Italien dit *smalto*, & *smaltare* pour dire émailler. Il y a apparence que nous auons pris ce mot des Italiens, mais ie ne sçay pas d'où les Italiens l'ont pris.

EMBRVNCHER ou *embrunger*. Vieux mot qui signifie *couurir*. La Chronique de Hainault chap. 142. du III. volume fueill. 94. *Et ainsi qu'il eust éleué ses yeux sur ledit Gou-*

LI iij

uerneur pour le regarder, il couurit sa face & se embrungea. Rabelais II. 14. *Incontinent le feu print en la paille, & de la paille au lit, & du lit au solier qui estoit embrunché de sapin, fait à queuës de lampe.* Ie croy qu'il vient de *imbricare.* Voyez *brique.*

EMERAVDE. De *smaragdus,* d'où les Italiens ont aussi fait *smeraldo.*

EMEVTE. De *exmota,* qui a esté fait de *exmouere.*

EMPALER. De l'Italien *impalare.* Brodeau liu. II. de ses Meslanges chap. 9. explicant ces mots de l'Epistre 14. de Seneque : *Cogita hoc loco carcerem & cruces, & equuleos & vncum, & adactum per medium hominem, qui per os emergat, stipitem,* &c. ADIGERE PER MEDIVM HOMINEM, *idest, per hominis sedem, honor sit auribus, stipitem. Græci recentiores* πατ]αλεύν. *Galli* EMPALER, *Itali* IMPALAR *vocant. Hoc supplicij genus Turcis peculiare est.*

EMPLOITE. Raoul Fournier au chap. 28. du 3. liure *Aureorum* ou *Rerum quotidianarum,* croit que ce mot peut estre dériué du Grec ἐμπολὴ. Il vient d'*impleta,* qui a esté fait d'*implere,* acause que les Marchands emplissent de marchandise leurs nauires & leurs magasins.

EN.

ENBLER ou *embler.* Vieux mot qui signifie *voler,* témoin le prouerbe, *il est bien larron qui larron enble.* La Coustume d'Anjou art. 192. *Et pour les connils emblez ou dérobez ex garennes.* De *inuolare,* que les Latins ont pris en cette signification, & qui, selon Seruius, a esté dit de *vola* qui signifie *la paume de la main : Volema ab eo quòd volam impleant dicta sunt. Vola autem est medietas palmæ vel pedis, vnde & inuolare dicimus.* Les Gloses de Philoxene : *inuolat,* κλέπτη. Les Gloses Grecques-Latines : κλέπτης, *fur, inuolator.* κλέπω, *furor, inuolo.* Cornelius Fronto dans les Exemples de l'Eloquution attribuez par d'autres à Arusianus Messus : *Inuolat qui in die venit : surripit clam, idest furtiuè.* La Loy des Bourguignons : *Si quis canem veltraum, aut segutium, vel petrunculum præsumpserit inuolare, iu-*

EN. EN. 271

bemus vt conuictus coram omni populo posteriora eius osculetur. Du simple *volare* nous auons fait *voler*, & de *volator* VOLEVR. Cujas sur le chapitre *ex literis* v. aux Decretales *de Pignoribus*, croit que de là on a aussi fait le mot *Volerones*, dont il est parlé dans Tite Liue: *Cuius conditionis homines*, il parle des voleurs du grand chemin, *vt hodie vulgo, ita etiam olim Volerones dicebantur quòd inuolarent aliena. Liu. lib. 2. A Centurionibus, inquit*, corruptum exercitum dicere Tribunum plebis cauillans, interdum & Volerones vocare.

ENCAN. De *incantum*, qui vient de *incantare*, c'est à dire *entonner, crier haut, proclamer*, parce qu'on crie & qu'on proclame aux encans les choses qui sont à vendre. Exode xxxv. 6. *Iussit ergo Moyses præconis voce cantari*. Les Italiens & les Espagnols disent aussi *incanto*.

ENCEINTE. De *incincta*, comme qui diroit *non cincta*, d'où les Italiens ont aussi fait *incinta*. Giouan Villani liu. 11. de son Histoire de Florence chap. 12. *La moglie di Luis il Balbo Rè di Francia rimase incinta d'vno figliuolo*; sur lequel lieu M. Remigio Florentin a fait cette note à la marge: INCINTA, *cioe grauida, perche le Donne di Firenze quando eran grauide andauano senza cintura, e però si chiamauano incinte, & è voce che non è più in vso*. Les Espagnols disent pareillement *encinta*. Couarruuias au mot *cinta*: *Estar en cinta, es estar preñada, porque tiene ceñida la criatura*, cette raison est ridicule. *Otros quieren se aya de dezir, estar descinta en razon de que por el tiempo de la preñez, la muger ha de andar floxa en el vestido, y no matida en pretina, como las muy Damas que no se contentan con esto, mas aun se ponen tablilla, o tablon para andar derechas, y con esto nacen los hijos corcobados*.

ENCENS. De *incensum*. Voyez Pasquier dans ses Recherches & M. de Saumaise sur Solin pap. 500.

ENCHANTER. De *incantare*, qu'on a dit pour le simple *cantare*. Seruius sur ce vers de Virgile:

Frigidus in pratis cantando rumpitur anguis.

Veteres cantare de magico carmine dicebant vnde & excantare est magicis carminibus obligare. Paulus in Bacchidibus:

Nam tu quidem cuiuis excantare cor facile potes.

ENCIS. Pour le meurtre d'vne femme grosse ou de son enfant. La Coustume d'Anjou att. 44. *Le Seigneur Chastelain est fondé d'auoir toute Iustice haute, moyenne & basse auec la connoissance des grands cas cy-après declarez : c'est à sçauoir de rauissements de personnes, d'homicides faits de guet à pens, & de encis qui est de meurtrir femme enceinte ou son enfant au ventre.* Ie croy qu'il vient de *incisum*, qu'on a fait de *incidere*, qu'on a dit comme *occidere* de *in* & de *cædere*, comme qui diroit *intus cædere*.

ENCOMBRER. De *incumbrare*, qui a esté fait de *combrus*, qui signifie *vn abatis de bois*. Le sçauant M. de Valois liu. VIII. de son Histoire de France pag. 423. *Ceterùm saltum in quem Chlotarius se abdidit nomine suo appellat Auctor incertus, qui proximè à Gregorio res Gestas Francorum scripsit, cùm ad Chlotarium in syluam confugisse Arelaunum & fecisse combros, hoc est concædes.* Cét Autheur Anonyme viuoit du temps de Charles Martel. Les Escossois disent encore apresent *to comber* pour dire *importuner*. De *encombrer* on a dit *encombrier*. M. Guyet croit que *combre* a esté fait de *cumulus*, comme *nombre* de *numerus* : & *incombrare* d'*incumulare*.

ENCORE. De *in hanc horam* ou *ad hanc horam*; d'où les Italiens ont aussi fait *ancóra*. Les Espagnols ont dit *agora* de *hac hora*.

ENCRE à escrire. Ie croy qu'il vient par contraction de l'Italien *inchiostro*, lequel vient du Latin *encaustrum*, selon l'opinion de Vossius liu. I. de *Arte Grammatica* chap. 39. *Ab encaustri voce est, quod Poloni colorem quo scribitur, etiam atrum per* ουενδοχλω *generis appellent* incaust. *Vt Itali* inchiostro. *Volunt & inde esse Belgarum* inket. *Verùm hos censeo* inct *dicere* χ' ἀφαίρεσιν *pro* tinct *quasi* tincta *vel* tinctura. *Quia penna in eo tingitur. Nec alius originis Anglicum* inke.

ENDEMENTIERS. Vieux mot François qui signifie *cependant*, & dont du Bellay s'est seruy dans les traductions qu'il a faites de l'Eneïde, comme il le tesmoigne luy-mesme dans son Epistre à Morel : *I'ay vsé*, dit-il, *de gallées pour galleres; endementiers pour cependant; isnel pour leger; carrollant pour dansant;*

EN. EN. 273

& autres dont l'antiquité (suiuant l'exemple de mon Autheur Virgile) me semble donner quelque maiesté aux vers, principalement en vn long Poëme, pourueu toutefois que l'vsage n'en soit immoderé. Pasquier liu. VIII. chap. 3. Endementiers auoit eu vogue iusques au temps de Iean le Maire de Belges (car il en vse fort souuent.) Ioac. du Bellay le voulut remettre sus, mais il n'y put iamais paruenir. André du Chesne dans ses Annotations sur Alain Chartier pag. 858. le dériue de intereadum. Il vient de inde & de interim. Le mentre des Italiens a esté fait de mesme de interim.

ENDEVER. De indiuare, comme qui diroit à Deo aut Dæmone corripi. Diuatus se trouue dans les Gloses, mais en vne autre signification: diuatus, ὁ τῆς Θείας μνήμης.

ENDIVE. Espece de chicorée. De intyba.

ENFANTS. De infantes dont les Latins se sont seruis en cette signification. Cujas sur la Loy Si infanti au Code de Iure deliber. Et maiore errore INFANTES vulgò dicuntur liberi, vt loquimur in idiotismo, & Hieronymus refert in Genesim: Hodiéque, inquit, omnes filij vocantur INFANTES Romæ. Et inuenies quoque in Leg. Vxorem §. vlt. D. de Leg. III. & in Leg. Cùm verò, §. Cùm quidam D. de fideicomm. libertat. infantem dici non pro minore septennio, sed pro quolibet puero vel puella. Dans la Gascogne & le Languedoc on appelle enfans les masles seulement.

ENGAGER. De inuadiare qui se trouue dans les Loix des Lombards liu. I. tit. XIV. 10. & ailleurs. Voyez gage.

ENGEOLER. Voyez geole.

ENGIN. De ingenium. Ce mot engin signifioit anciennement esprit & inuention. Alain Chartier dans son Quadrilogue pag. 414. Vos engins trauaillent à acquerir finance, & vos vanitez à les dégaster. Le Reclus de Molens:

Hom qui raison as & engien
Ichefte semblance retien.

Vn ancien Fragment cité par André du Chesne: La force vient de bon sens & de bon engien plus que de grandeur de membres. Rabelais liu. II. chap. 27.

Prenez-y tous Roys, Ducs, rocs & pions
Enseignement qu'engin mieux vaut que force.

Or comme il faut beaucoup d'esprit & d'inuention à faire des machines & des instrumens, il a esté pris ensuitte pour des machines & des instrumens. Le Roman de Garry:

Li engignierres qui ont l'engin basty

Et ailleurs:

Lieuent engins sont perrieres dreciées
A Mangoniax le feu Grezois lor giettent.

Les Latins ont vsé du mot <i>ingenia</i> en cette signification. Isidore: <i>Apud Antiquos Minerua vocata quasi Dea & manus artium variarum. Hanc enim multorum ingeniorum prohibent.</i> De là nous auons fait le mot INGENIEVRS, & les Espagnols celuy de <i>ingenieros</i>. Voyez François Pithou dans son Glossaire au mot <i>ingenium</i>, André du Chesne dans ses Annotations sur Alain Chartier pag. 856. M. Bignon sur Marculphe pag. 529. M. de Saumaise sur Tertullien <i>de Pallio</i>.

ENGOVRDIR. Voyez <i>gourd</i>.

ENHERBER. C'est vn vieux mot François qui signifie <i>empoisonner</i>. Vn vieux Poëte:

Sous gist le frais serpent en herbe,
Fuyez enfans car il enherbe.

Il vient de <i>inherbare</i> qui vient de <i>herba</i> dont les Autheurs de la basse Latinité se sont seruis pour dire <i>du poison</i>. La Loy Salique tit. XXI. <i>Si quis alteri herbas dederit bibere, & mortuus fuerit,</i> &c. Voyez François Pithou sur la Loy Salique tit. XXI. & M. Bignon sur les anciennes Formules pag. 607. & 608. Les Espagnols disent encore apresent <i>enerbolar</i> pour dire <i>empoisonner</i>, & <i>enerbolado</i> pour dire <i>empoisonné</i>.

ENNVY ENNVIER. De <i>innoia</i> & de <i>innoiare</i>. Les Italiens disent encore apresent <i>noia</i> qui a esté fait de <i>noxia</i>.

ENPESER. De <i>impiciare</i> qui a esté fait de la particule <i>in</i> & de <i>pix picis</i>. On a aussi dit <i>impicium</i> d'où nous auons fait ENPOIS.

ENROLER. De <i>inrotulare</i>. Voyez <i>roolle</i>.

ENSEIGNER. M. de Saumaise sur Solin pag. 25. le deriue de <i>insinuare</i> dont les Latins se sont seruis en cette signification. Macrobe liu. 1. <i>Famulabor tamen arbitrio iubentis, &</i>

EN. EN. 275

insinuabo primùm de Saturnalibus, post de ceteris. Il vient de *insignare* qu'on a fait de *signum*, de mesme que *significare*.

ENSEMBLE. De *insimul* qu'on a dit pour *simul*, comme *inantea* pour *antea*. M. Bignon sur les Formules de Marculphe pag. 419. INANTEA, *id est, in posterum, dehinc, Gallis veteribus,* EN AVANT. *Vnde natum Italicum* inanzi. *Quæ dictio non huius tantùm Auctoris, qui sexcentis locis ea vtitur, sed & omnium ferè eiusdem æui & sequentium Auctorum.* On a dit de mesme *insecus* pour *secus*: & *insemel* pour *semel*. Voyez M. de Saumaise au liure intitulé *Specimen confutationis animad. Heraldi* pag. 127. *Simul* a esté fait par apocope de *simulus*, comme *præsul* de *præsulus*; *consul* de *consulus*. *Simulus* vient de ὁμαλός.

ENSOVPLE. C'est cette piece de bois sur laquelle les tisserans entourent leur fil, & de laquelle ils l'ostent à mesure qu'ils ont tissu ce qui est deuant eux. De *insubula*. Cujas liu. XXVII. de ses Obseruations chap. 38. *Instrumento textorio legato ex Lucrecio dicam contineri leuia quæ appellat* insibila *vel* insubula : *quæ Philoxeni Glossæ docent Græcos vocare* ἀντία, *Textores Galli proculdubiò voce Latina propius* ENSOVPLES, *contineri paruos fusos quos ijdem* TVYAVX, *id est tubulos confectos ex arundine quibus subtemen inuoluunt, eósque medios radijs inserunt simul, & radios acutos quos* nauicellas *vulgò & sonantes scapos quos vocant* LES CHASSES.

ENTAMER. De ἐντάμειν Aoriste 2. de ἐντέμνειν. ἐντέμνειν, ἐνταμεῖν, *entamare*, ENTAMER. Les Bas-Bretons disent *entammit* qu'ils ont pris, sans doute, du François *entamer*.

ENTASSER. De *intassare* qui a esté fait de ἐντάσσειν.

ENTE. De *insita*. Le Capitulaire de Charlemagne *De villis proprijs* art. 62. *Quid de insitis ex diuersis arboribus*, &c. M. de Saumaise sur Solin pag. 26. *Insita sunt τὰ ἔμφυτα, vt Glossæ interpretantur. Intas vel* entas *dicimus quasi* insitas.

ENTERINER. De *enterin* vieux mot François qu'on a dit pour *entier*, & qui vient de *integer*. *Integer, integri, integrinus, interinus,* ENTERIN, ENTERINER.

ENTORS. De *intortus*. Les Gloses anciennes: *intortum*, ἀντεστραμμένον.

Mm ij

ENTRAILLES. De *enteralia*. ἔντερον, *entera, enteralis, enteralia,* comme *litteralis* de *littera*. De *entera* on a aussi fait *enteranus* & *enteraneus*; d'où les Espagnols ont fait *entrañas*. Les Latins de ἔντερον ont fait *venter*.

ENVOIER. De *inuiare*. 1. *in viam mittere*. Solin ch. 11. parlant de l'Italie: *Verùm ne prorsus intacta videatur, in ea quæ minus trita sunt, animum intendere haud absurdum videtur, & parcius depauita leuibus vestigiis inuiare.* Fulgence a dit de mesme *insemitare*, & les Grecs ὁδίζειν. Les Espagnols de *inuiare* ont fait de mesme *embiar*.

EP.

EPAIGNEVL. Chien. De *spagnuolus*, a cause que cette sorte de chiens vient d'Espagne. Ian d'Archius en son Poëme intitulé *Canes*:

Sin autem vacui spatiosa per æquora campi
Auritum tepido leporem exturbare cubili,
Accipitrémque iuuat volucri prætendere apricæ,
Hic tibi sunt humiles villo breuiore legendi,
Indidit ipsa suum quibus olim Hispania nomen.

Les Anglois appellent aussi ces chiens *spanik*. Voyez Vlitius dans ses Commentaires sur la Chasse de Nemesian pag. 357. Anciennement nous disions *hespagnols* pour *épaigneux*, & vous le trouuerez ainsi escrit dans du Foüilloux. Rabelais l. 12. *Auec vn Tiercelet d'Autour, demy-douzaine d'Hespagnols, & deux leuriers vous voila Roy des perdrix & lieures pour tout cét Hyuer.* Or comme nous auons nommé ces chiens *épaigneux* a cause qu'ils sont venus d'Espagne, les Espagnols ont aussi nommé *galgo* vn leurier, de *gallicus*, parce que les leuriers leur sont venus de France dont les chiens ont esté prisez par les Anciens. Ouide liu. 1. de sa Metamorphose:

Vt canis in vacuo leporem cùm Gallicus aruo
Vidit, & hic prædam pedibus petit, ille salutem.

On a dit *spagnolus* pour *Hispanolus*, de *spania* que les Latins ont dit pour *Hispania*, comme les Grecs Σπανία qui se trouue dans les anciens manuscrits d'Athenée & dans ceux de l'Epistre de Saint Paul aux Romains, selon le tesmoignage de Casaubon au chap. 1. du XVIII. liure de ses Animaduersions sur Athenée.

EPELER. De *appellare*, parce que les enfans nomment toutes les lettres en épelant; d'où vient que quelques-vns disent encore apresent *appeller* pour *épeler*. *Appellare* (si j'ay bonne memoire) se trouue en cette signification dans les Anciens.

ER.

ERAIN. De *æramen*, dont les Italiens ont aussi fait *rame*. On a fait *erain* de *æramen*; comme *mairrein* de *materiamen*; *essain* de *examen*.

ERMES. Terres en friche. De ἔρημα. Voyez Ragueau en son Indice.

ERNER. De *erenare*, qui est comme qui diroit *renes luxare*.

ES.

ESBAVDIR. De *baux* ou *bauderie*, vieux mots François qui signifient *ioyeux* & *ioye*. Voyez du Chesne en ses Annotations sur Alain Chartier pag. 857.

ESCADRON. De l'Italien *squadrone* qui vient du Latin *squadro*, qu'on a dit pour *quadro*, comme *squadra* pour *quadra*, & d'où les Espagnols ont aussi fait *squadrones*. Anciennement nous disions *scadron*. Garnier au commencement de sa Tragedie de Porcie:

De scadrons en scadrons s'animer au carnage.

Le Cardinal du Perron dans son Poëme intitulé l'ombre de M. l'Amiral de Ioyeuse:

Il se promettoit lors que ta dextre guerriere
Aprise à repousser les squadrons en arriere.

M. de Racan n'a pas fait aussi difficulté d'en vser dans le Sonnet qu'il a fait sur la mort de son pere:

Aux scadrons ennemis l'on a veu sa valeur

Peupler les monuments & deserter la terre.

ESCAILLE. De *squallea* qu'on a fait de *squallum* ou de *squallere*, les escailles estant seiches. ESCHALER & ESCHALEAV viennent de *Squallare*, & de *squalellum*.

ESCARBOT. De *scarabuttus* diminutif de *scarabeus*.

ESCARE. De *scara*, dont les Medecins Latins se sont seruis en cette signification, & qui a esté fait du Grec ἐχάρα.

ESCARLATE. De l'Alleman *scarlak*, ou plustost du Flaman *scarlaet*, d'où vient aussi l'Italien *scarlato*, & l'Anglois *scarlet*. Voyez Vossius *de vitijs sermonis* II. 6. & 17.

ESCARMOVCHE. Voyez *escrimer*.

ESCARPIN. De l'Italien *scarpino*. Les Latins ont appellé *carpi* vne espece de souliers decoupez, de *carpere* qui signifie *scindere*. Les Italiens ont adjousté vne s à ce mot, & ont dit *scarpi*, & puis *scarpini* par diminution, d'où nous auons fait ESCARPINS en mettant à nostre ordinaire vn E deuant l's. Cœlius Rodiginus XX, 33. *Carporum in Europa copias ab Aureliano afflictas prodit Historia: quo nomine Carpicum Senatus eum appellauit. Quod indigné is ferens:* Superest, inquit, Patres conscripti, vti carpisculum etiam me dicatis. *Erat autem eo nomine calceorum genus notissimum, vnde calceis forsan indicta modò plebeia nuncupatio.* Voyez soigneusement M. de Saumaise sur l'Histoire Auguste pag. 369.

ESCHALAS. Il y en a qui escriuent *escharas*, comme le prononcent les Picards, & qui le dériuent du Grec χάραξ, qui au genre feminin signifie la mesme chose. Les Gloses: χάραξ, *sudis, redica*, il faut lire *ridica*, & non pas *pertica*, comme pretend Bonauentura Vulcanius. Vlpien en la Loy XI. §. 3. au Digeste: *Quod vi aut clam*, &c. *Si quis in vineas meas venerit, & inde ridicas abstulerit.* L'Onomastique: *ridicæ*, μόχλοι. Mais il vient de *scalaceus* qui a esté formé de *scala*.

ESCHALOTES. Espece d'oignons. De *Ascalonitæ*. C'est ainsi que les Latins ont appellé ces oignons du nom d'vn village. On les appelle autrement *des appetits*, acause qu'ils prouoquent l'appetit. Les Escossois pour cette mesme raison les appellent *seasonins*.

ES. ES. 279

ESCHANSON. De *scantio*. Le vieux Glossaire: *scantio, pincerna*. Voyez François Pithou sur le XI. de la Loy Salique.

ESCHAVFAVLT. Quelques-vns le dériuent de l'Alleman *schawhausz* qui signifie la mesme chose, & qui est composé de *schawen* qui signifie *regarder*, & de *hausz* qui signifie *maison*. M. Guyet croit qu'il vient de l'Italien *catafalco* qu'on a dit de *palcus*.

ESCHECS. De l'Italien *scacchi*. Il y a diuersité d'opinions touchant l'origine de ce mot *scacchi*. On croit, quoy-que faussement, que le jeu des eschecs a esté appellé par les Latins *ludus latronum* ou *latrunculorum*. Dans cette creance Leunclauius en ses Pandectes de l'Histoire Turquesque, estime que *scacchi* a esté dit de ces voleurs surnommez *Vscochi* dont nous auons parlé au mot BAGANDS: *Turcomanni tunc erant infami vocabulo instar illorum prædonum quos nunc Martelossos & Vscochos (vnde scacchorum siue latrunculorum nomen) vocamus.* Et le Pere Sirmond dans ses Notes sur les Capitulaires de Charles le Chauue pag. 27. le dériue de l'Alleman *scach* qui signifie *latrocinium*. Les Loix des Lombards liure II. titre 55. *De furto aut scaccho, si vltra sex solidos fuerit, similiter vt per pugnam veritas inueniatur præcipimus.* Dans les Capitulaires de Charles le Chauue: *Ego ille ad salituram illud malum quod* scach *vocant vel* tesceiam *non faciam, nec vt alius faciat consentiam, & si sapuero qui hoc faciat non celabo: & quem scio qui nunc latro aut scacchator est, vobis Missis Dominicis non celabo.* Vossius liu. II. *de vitiis sermonis* chap. 17. est du mesme auis. Il en propose neantmoins en suitte vn autre, qui est que *scacchus* peut venir de *calculus*: & c'est l'opinion de M. de Saumaise sur l'Histoire Auguste pag. 459. où apres auoir dit que *calculi* & *latrunculi* estoient la mesme chose, il adjouste: *Scachios hodie vocant Itali & Galli, voce à calculis detorta. Calclum vel* cauclum *dicebant, & præposita sigma* scalclum. *Sic enim* sphalangium *pro* phalangium *recentioribus Latinis: atque ita apud Vegetium scribitur. Sic* sfæcula *pro* fæcula. *Hinc Græcis Medicis* σφέκλα. *Sic* squadrones *pro* quadrones, & squadras *pro* quadras, &c. *Sic igitur &* scalclum *pro* calclum.

At solent Itali lambdam in iotam eliquare. Hinc scalcius *vel* scacius *pro* scalclus *vel* scalculus. *Hanc vocem Langobardi ab Italis Germanique sumpsere*, &c. Scaliger dans ses Notes sur l'Eglogue de Lucain à Pison dit apeuprés la mesme chose : *Calculorum ludus & latrunculorum idem est. Ouidius* :

Siue latrocinij sub imagine calculus ibit.

Lucillius lib. XVII.

Naumachiam licet hac, inquam, alueolúmque putare

Et :

Calces delectes te, hilo non rectiu' uiuas.

Nam calces *sunt* calculi, *vt alicubi notat Festus. Hodie alludunt ad vetus nomen Itali & Galli.* Scalculum *enim vocant. Puto artis verbum fuisse* excalculari *de eo qui vinceretur ; vt* excuriari *&* excuneari *Varroni. Vnde & etymi licentia videntur dicti* Axedres, *vt Hispani vocant, quasi* exquadri. *Nam* squadrones *quadras* phalanges *vocant.* D'autres dériuent le mot Italien *scacchi* de l'Alleman *sach* ou *scach* qui signifie *calculus*. Vossius de vitijs ermonis pag. 270. SACHVS *à Germanico* sach *vel* scach, *hoc est* calculus. *Apud Cosmam Pragensem Bohem. Chronic. lib.*11. *Adornata lapidibus pretiosis & crystallinis* sachis. *Imò & in Isidori Glossis est*: Saga, *nomen Gemmæ.* Scachus *etiam* calculus : *vnde* Scachorum *ludum dicimus qui aliter* latronum. *Sed de isto secus alij.* Dempster sur Rosin pag. 331. dit que de l'Hebreu *schach* qui signifie *vallauit*, & de *mat* ou *mot* qui signifie en la mesme langue *mortuus est*, on a fait *scacco* & *matto* ; ce qu'il a pris de Gregorius Tholosanus qui dans son *Syntagma Iuris* liure 34. chap. 4. dit la mesme chose. Polidore Virgile liure 11. des Inuenteurs des choses chap. 13. le dériue de *scando* : *Est aliud ludi genus quo calculis in tabula lusoria, id est fritillis & alueolis luditur, inuentum olim circiter annum orbis cond. ter millesimum* DCXXXV. *à quodam viro sapiente nomine* Xerxe, *qui ita Tyranni sæuitiam coërcere metu, ac eum documento monere volens, ostendit maiestatem sine viribus, hominúmque adminiculis parum admodum valere, atque tutam esse quando per istiusmodi ludum satis patebat Regem facile oppressum iri, nisi inuigilaret à suisque defenderetur. Vocant hodie hosce* calculos *seu* scrupos, *furunculosue quibus præliando ludimus ; est enim*

certamen

certamen instar prælij. Scacos *à scandendo forsitan dictos, quòd calculi cùm mouentur in alteram aduersariam partem scandere videantur:* qui est vne etymologie toutafait ridicule & impertinente. Ie ne sçay au reste où Polidore Virgile a trouué que ce Xerxes a esté l'inuenteur du jeu des eschecs. Ioannes Fabricius page 144. de son *Specimen Arabicum*, en attribuë l'inuention à vn celebre Philosophe & Mathematicien Persan nommé Schatrenscha, du nom duquel il dit que ce jeu a esté appellé Schatrenscha: *Legimus in Historia Timuri siue Tamerlanis, quod is quandóque occupatus fuerit in lusu latrunculorum siue scachiæ. Verba ita habent lit. 1 pag. 68.*

كَانَ عَلَىٰ عَادَتِهِ مَشْغُولًا يَلْعَبُ ٱلشَّطْرَنْجَ 1. Erat pro consuetudine sua occupatus in lusu SCHATRENSCHA, *hoc est* latrunculorum. *Est enim* شَطْرَنْج *nomen proprium Philosophi & Mathematici Persæ celeberrimi, qui primus inuentor fuit lusus illius Scachiæ; à quo nomen quoque suum adeptus est, vt diceretur lusus Schatrenscha. Germani dicunt* Schāchspiel. شاه Schach *autem est vox Persica significans* Regem. *Nam quod Arabibus est* سُلْطَان Sultaân, *& Tartaris* خَان Chaân; *hoc Persis est* شاه scach, *idest* Rex. *Vnde cùm in ludo illo latrunculorum Rex ita arctatur premitúrque, vt sede egredi non possit, tum dicitur* شاه مات scach mâta. Schachmat, *hoc est*, Rex cecidit, obijt, mortuus est. *Cùm scilicet nulla fugiendi spes restat, nulláque euadendi via superest, adeo vt calculus ad extremum redactus, immobilis quasi mortuus reddatur, tum voces illæ Persicæ audiuntur. Sic latrunculus ille qui occupat angulum istius tabulæ lusoriæ, appellatur voce Persico-Arabicâ* رُخ Rocho, der Roche, *vulgò* der Elephant. *Primi igitur natales huius egregij lusus, qui pugnæ cuiusdam simulachrum est, omnino ascribendi sunt insigni huic in Oriente Mathematico & Philosopho, quod nemo hactenus, quod sciam, qui de lusu hoc scripsit ante me obser-*

uauit. Ie ne sçay pas non plus où Fabricius a trouué que l'Inuenteur de ce ieu a esté vn nommé Schatrenscha, grand Philosophe & Mathematicien Persan : & ie croy que cela est dit gratis, aussi-bien que le conte du Xerxes de Polidore Virgile. Nicod au mot *eschec* le dériue de *Xéque*: Eschec, dit-il, *est vn mot descendu de cettuy Morisque* Xéque, *qu'il conuient prononcer comme s'il estoit escrit* Scheque, *qui vaut autant que* Seigneur, Roy, Prince; *comme* Xéque Ismaël: *& est vsité au ieu des eschecs quand aucune piece de l'aduersaire tire de droit fil, sans destourbier entre deux, à nostre Roy, comme si en tel estat du ieu il aduertissoit le Roy de partie aduerse de se couurir, parer ou mouuoir de place, disant* Xéque, *c'est à dire,* Roy prend-garde à toy. *Et quand il le tient si assiegé qu'il ne peut se mouuoir ne couurir qu'il ne soit en prise; il dit,* Xéque mato *ou* mat, *c'est à dire,* Roy ie te mets à mort, *qui est le gain du ieu; ce que les François dient par corruption du mot,* eschec & mat, *& les Italiens aussi* scacco matto. *L'Espagnol approche plus ledit mot Morisque disant* Xáque. M. Bochart est à peu prés du mesme auis: c'est au liure 11. chap. 20. de sa Geographie Sacrée, l'Ouurage le plus docte qui ait paru de nos jours, & que i'estime encore dauantage que ie ne l'ay loüé par mes vers: *Persis & Carmanis qui in vicinia habitant, solemne est vt literam* ה He *fortiùs efferant quasi esset* X *vel* K. *Sic* Brachmanum *nomen Persicum* בראהמה *scribitur per* He *simplex: vt* דח dec, *idest* decem: *&* שאח schach, *quod* Regem *sonat. Vnde* Σακέα Sacea *Festum, cuius apud Athenæum meminit Ctesias in Persicis. Quò per singulas domos Domini seruum* ἐνδεδυκότα φολὺν ὁμοίαν τῇ βασιλικῇ *veste indutum Regiæ simili, familiæ præficiebant, & Regis loco esse iubebant. Dio Chrysostomus Oratione* IV. *de Regno,* Saccarum Festum *nominat, & eo Festo scribit solere vnum è vinctis morti addictis in sella Regis collocari, & ornari veste Regia, fieríque ei potestatem delicatè & molliter viuendi, regijsque pellicibus per eos dies vtendi, neque illum quemquam impedire quominùs quicquid voluerit faciat. Verba sunt:* ὅτι συνετοίηκας τὴν τῶν Σακκῶν ἑορτὴν Ἰω Πέρσαι ἄγουσιν, λαβόντες τῶν δεσμώτων ἕνα τῶν ἐπὶ θανάτῳ, καπίζουσι εἰς τὸν θρόνον τοῦ βασιλέως, ᾗ τὴν ἐσθῆτα διδόασιν αὐτῷ τὴν αὐτὴν καὶ τρυφᾶν καὶ ταῖς παλλακαῖς χρῆσθαι τὰς ἡμέρας ἐκείνας ταῖς βασιλέως, ᾗ οὐδεὶς οὐδὲν κωλύει ποιεῖν ὧν βάλεται. *Itaque propter ludicram illam Regum imaginem* Sacea *vel* Saccorum, *idest* Regum Festum *vocabant à Persico* שאח shac *quod* Regem *significare diximus. Indidem nomen* Shaccorum *ludo, quem voce composita Persæ* שטרנג shatrang *nominant, idest,* Regis ludum : *Hispani* Axadrez , *& Græci recentiores* ζατρίκιον. *Et vulgare illud* שאה מאת shac mat *Persica lingua sonat* Regem esse mortuum. *Hinc Historiæ Saracenicæ lib.* II. *cap.* 7. *pag.* 129. *narratur Chalipham Alamimum huic ludo ita deditum, vt propterea res suas negligeret; cùm illi nunciatum esset cum Cutero ludenti, Regni Metropolim Bagdat arctissimâ obsidione premi, respondisse,* Sine me, iam enim apparuit mihi עלי מתר שאה מאה contra Cuterum schach mat. *Mirum id non vidisse doctissimum Interpretem in his literis ad miraculum vsque doctum, qui tamen hæc verba nullo sensu reddidit;* Sine me, iam enim mihi apparuit contra Cuterum taurus syluestris moriturus. *Fateor quidem Arabicè* שאה *etiam pro tauro sumi. Sed cùm de Shaccorum ludo hîc agatur, nemo non videt illud* מאת שאח shac mat *ita reddendum. Teixeira in Historia Regum Persiæ lib.* I. *cap.* 35. *pag.* 190. En lugar de mate dizen Xamate, que en la misma lingua quier dezir el Rey es muerto, *idest,* pro nostro vernaculo mate. Persæ dicunt Xamate quod Persica lingua significat Regem esse mortuum. *Ibidem docet Texeira sub Regno Kesere Anuxiron (nostri* Cosroën *appellant, Persæ & Arabes* Nusirrauvan) *Indos hunc ludum à se excogitatum communicasse cum Persis, vt in ludicra velitatione varij euentus illos admonerent bellorum fortuna quàm esset anceps. Quod ideo obseruo, ne quis miretur ludi nomen esse Persicum.* Voila toutes les opinions qui sont venuës à ma connoissance touchant l'etymologie du mot *eschec*. Car quant à ce que dit Vida dans le Poëme qu'il a fait de ce jeu, qu'il a esté ainsi appellé de la Nymphe Scacchide; c'est vne galanterie Poëtique & vne etymologie faite à plaisir. De toutes ces opinions, la plus vray-semblable, à mon auis, est celle de Nicod & de M. Bochart; & c'est aussi celle de Scriuerius, selon le tesmoignage de Souterus liure 1. de son Palamedes chap. XI. *Mihi sanè palmaria videtur Petri Scriuerij obseruatio. Sentit ille* ζατρίκιον *vocabulum purum Persicum. Persis namque latrunculorum ludus* Xatreng *vel* Xatrang appellatur quod ipsis est Regius jocus siue ludus. Inde Græci recentiore Ζατξικιον fecerunt, Ν litera omissa, quod in multis vsu venit. Sic κας ρέσιον siue κας ρέισιον, castrense; Ῥωμαϊσιον, Romanense; ἕρμησα, armenta; & ἑρμητάσιον, armentarium scribunt efferúntque; & similia alia Græco-Barbari. A Persico Xatreng Hispanorum Axadres similiter detortum; quod plenè olim fuerit Al-Xatrengs. Nemini enim paulò humaniori al articulus Arabicus est ignotus, quo appellatiua & adiectiua nomina latè patentia & vaga restringunt. Hæc quoque diuinatio est eruditissimi eiusdem Scriuerii. Legerat ille apud Petrum Teixeiram in Compendio Historiæ Persicæ (ex Tarryco Mirkondo Persarum Chronographo antiquo, & aliis) Hispanicè conscripto, circa tempora Anuxironis Persarum Regis, & Auicennæ celeberrimi Medici, ex India in Persiam allatos esse duos insignes libros Philosophicos, quorum alteri Keliláh, alteri Wademaná nomen inditum erat; iisque adiunctam fuisse tabulam latruncularium (Zatricion Achmes & alii, Axadres Hispani vocant) qua significabant inconstantiam ac mutabilitatem vitæ humanæ, eiusdémque perpetuam discordiam, in qua cùm luctandum esset & certandum quotidie, arbitrabantur vitam institui oportere cautè inprimis ac prudenter. Testatur Mirkondus remissum Indis à Persis alueum tesserarium: quo indicabant solam prudentiam hominibus in hac vita militantibus non sufficere, sed addendam esse necessariò aliquam arti & industriæ fortunam. Cui in tesseraria tabula plurimùm licet. In latrunculorum verò ludo peritiæ ludentium ex ingenio soli locus erat. Nihil ibi alea quod ageret, habebat. Teixeiras idem Persis atque Indis frequentari vtrúmque lusum, præstantissimósque inibi in ea arte non paucos refert. Quamquam autem diuersos præceptores & varia dogmata sequantur, tamen scachiæ inprimis ludo dediti sunt. Neque à vero absonum videri sibi scribit Teixeiras, apud Persas primùm repertam tabulam latruncularium, ratione potissimùm hac persuasus: quod quibuscunque in regionibus hoc ludi genus luditur, seruentur calculorum siue latronum nomina eadem, aut corrupta saltem minimùm & variantia à Persica nomenclatura. Nam Rex illis est Xá, quod probè conuenit. Domina seu Regina Wazir, qui calculus proximus est à Rege. Qui nobis Delfin illis Fil est, quæ vox Elephantem denotat, quorum animalium plurimus in bello apud Orientales vsus. Equum illi appellant Asp vel Faráz, quod idem est. Peon

Peadã, *quasi* peditem. *Quodque* Xáque *nos dicimus, illi* Xá *enunciant, quo verbo Rex admonetur. Et pro nostro* Mate *illi* Xámate *dicunt, quod linguâ Persicâ significat,* Rex mortuus est. *Hæc obiter Historiæ Persicæ Compendio intexit Petrus Teixeiras. Qui præterea addit latruncularium tabulam Babylonicorum inuentum quibusdam videri. Rectè, vt ait ille, & probabiliter, quo euincitur videlicet, debere nos hunc ludum Persis, quorum in confinio Babyloniorum Regnum, cuius Imperio sæpè ac aliquamdiu potiti fuerunt Persæ.* A toutes ces raisons on peut adjouster ceque j'ay appris de M. Auzout homme de grande erudition, que sous vne piece de ces grands eschecs qui sont à Saint Denys, & qu'on dit estre les eschecs de Charlemagne, on y lit ces mots Arabes ; من عمل يوسف النكلي qui veulent dire, *ex opere Ioseph Alnakali.* Voyez M. Sarasin dans la sçauante & curieuse lettre qu'il a escrite sur le jeu des eschecs à M. Arnauld Mareschal de Camp. M. de Saumaise sur l'Histoire Auguste pag. 461. dériue le mot *mat*, qu'on joint à celuy d'*eschec*, du Latin *mattus*: *Porrò quem Veteres* calculum incitum, *hoc est ad* incitas *adiectum vocabant, eum nobis in hoc eodem ludo* saccum mattum *dicimus, idest contritum & subactum, eóque loci adactum, vt moueri non possit.* Mattus *antiqua vox & Latina, quæ emollitum, subactum & maceratum significat. Inde verbum* mattare *pro domitare, subigere & macerare. Isidorus in Glossis*: mattum est, humectum est, emollitum, infectum. *Hinc* via matta *Ciceroni, via lutosa & humecta, lib. epist. ad Atticum* XVI. *epist.* XII. *Itaque eo die mansi Aquini: longulum sanè iter &* via matta. *Ita enim eo loco libri veteres omnes constanter legunt: vulgò excuditur, &* via inepta, *quod ineptum est. Inde per metaphoram homo tristis, & contusi contritíque cordis,* mattus *dicebatur. Veteres Glossæ quarum excerpta in suis aduersarijs protulit Turnebus*: mattus, tristis. *Hanc nos primi vocem cum alijs quamplurimis cælo Latino redonauimus, & optimo linguæ Latinæ Auctori reddidimus: originationis tamen Græcæ est. Nam venit à verbo* μάττω *quod est* pinso, & subigo, & emollio: *à quo* μακτὸς, subactus & emollitus ; *atque inde Latinum* mattus. Mais en cela M. de

Saumaise s'est mépris; & ce mot *mat* vient de l'Arabe, comme il paroist manifestement par les paroles & de Scriuerius & de M. Bochart cy-dessus alleguées. Dans vne Ordonnance Latine de Loüys le Debonnaire de l'année 1254. le jeu appellé *scachi* est mis entre les jeux deffendus : *Præterea inhibemus distincte vt nullus omninò ad taxillos ludat siue ad aleas & scachos, & scholas deciorum etiam prohibemus*, &c. ce qui a fait croire à quelques-vns que le mot *scachi* en cét endroit deuoit estre entendu, non pas du jeu des eschecs qui est vn jeu où le hazard n'a point de part; mais de celuy des Dames rabbatuës, ou de quelque autre semblable. Mais peuteste que les eschecs ont esté deffendus par ce Prince comme vn jeu trop sedentaire, qui est la raison pour laquelle ils l'ont esté par vne Ordonnance de Kasimir second Roy de Pologne de l'année 1368. *Filius nondum emancipatus in paterna constitutus potestate, nec à fratribus diuisus vel separatus, si globisando vel tesserisando, aut quemlibet alium ludum damnosum ludendo aut alia exercendo, aliquid perdiderit; talia omnia & singula per ipsum deperdita volumus & decernimus, quòd in ipsius partem seu sortem computentur. Nihilominùs tamen decernentes quòd siue in Taxillis aut Schachis vel quibuscunque aliis ludis lucrosis, ipsis ludentibus pro pecuniis, equos aut alias res lucratas, seu in huiusmodi ludis acquisitas, mutuos fideiussores interposuerit, monendi, requirendi, petendi seu vendicandi (nonobstante qualibet fideiussoria, cautione seu obligatione) penitus nullum ius ex prædictis ludis sit acquisitum. Sed duntaxat quoslibet ludos habere concedimus & volumus gratia temporis deducendi, & causa solatii & exercitii habendi.* A quoy on peut adjouster ce que nous lisons dans le Βασιλικὸν δῶρον du Roy d'Angleterre, qu'il deffendit le jeu des eschecs à son fils, comme vn jeu qui ne l'estoit pas assez, pour yser des termes de Montagne, & qui exerçoit trop serieusement.

ESCHEVIN. Loiseau en son traitté des Seigneuries au chap. 16. qui est des Iustices appartenantes aux Villes, le dériue du vieux mot *escheuer*, qu'il dit signifier *cauere, præcauere*. Il vient de *Scabinus, Scabineus* ou *Scabinius* qui se trouue souuent dans les Capitulaires, & dans les Loix des Lombards en la signification de *Iuge*. Cujas sur le 1. liure des Fiefs dit que *Scabinus* est vn mot Hebreu : *Si ita Scabinis videatur nomen est Iudicum, quod retinuimus ex Hebraica lingua deflexum*. En quoy il a esté suiuy par Chopin. Mais c'est sans doute vn mot Alleman. Le Glossaire Theotisque : *Iudex, scepeno*. Voyez Pithou & Lindembrog en leurs Glossaires, Vossius *de vitiis Sermonis* II. 17. & le P. Sirmond dans ses Notes sur les Capitulaires de Charles le Chauue pag. 70.

ESCHINE. De l'Italien *schiena*, qui a esté fait du Latin *spina* P en CH; comme en SCHIERNO Ital. de *sperno*; en PROCHE de *prope*, en ROCHE de *rupes*, en SCARSO de *exparcus*. Nous disons encore *l'espine du dos*.

ESCHIQVIER. Ce mot signifie deux choses. La premiere vn tablier sur lequel on joüe, & en cette signification il vient de *echec*, par corruption pour *echequier*. La seconde le lieu où s'assembloient autrefois les Iuges ou Commissaires que les Roys ou les Ducs enuoyoient dans leurs Prouinces. Ainsi vous trouuerez souuent dans les liures *l'echiquier de Normandie*, & en cette signification il y a plusieurs opinions touchant l'origine de ce mot. Nicod estime que les Cours de l'Eschiquier ont esté ainsi appellées, parce qu'elles estoient composées de personnes de diuerses qualitez, comme les jeux des échecs de diuerses pieces. Les autres parce qu'on s'y assembloit pour plaider les vns contre les autres comme en bataille rangée, qui est vne image du jeu des échecs. En Escosse on appelle encore apresent *cheker*, c'est à dire *échiquier* la Chambre des Finances, ce qui a fait croire à quelques-vns que ce mot vient du Saxon *scata* qui signifie *thresor*. Les Latiniseurs ont traduit *échiquier* par *scacarium*, & il y en a qui croyent que *scacarium* a esté dit pour *statarium*, comme qui diroit *stataria & perennis curia*. Mais quant à moy je suis de l'auis de Pierre Pithou qui dériue ce mot de l'Alleman *schichen* qui signifie *enuoyer*, parce que ces Iuges ou Commissaires qui tenoient l'Echiquier estoient enuoyez dans les Prouinces par les Roys pour s'enquerir de l'estat des affaires, pour voir comme se comportoient les

288 ES. ES.

Euefques, les Abbez & les Abbeffes, & autres perfonnes Ecclefiaftiques; comme fe comportoient les Comtes & Iuges des lieux; pour prendre garde à ce que les Eglifes & Monafteres fuffent fournis de Vidames & d'Auoyers, & que les Iuftices tant Royales qu'Ecclefiaftiques fuffent bien adminiftrées; enfin pour faire raifon aux peuples fur leurs plaintes, & particulierement aux veuues & orphelins. De là vient qu'ils font appellez dans les anciens Titres *Miſſi Dominici*, & les lieux où ils s'affembloient *Miſſatica* : & que nous appellons encore aujourd'huy *des Enuoyez* ceux que le Roy enuoye vers les Princes eftrangers pour quelque affaire extraordinaire. Voyez P. Pithou dans fon traitté des Comtes de Champagne pag. 468. & 469. le Gloffaire des Capitulaires de Charlemagne fur le mot *Miſſi Dominici*. Nicod dans fon Dictionnaire, & Iacques Skene fur les Ordonnances du Royaume d'Efcoffe.

ESCHOPES. On appelle ainfi à Paris ces petites boutiques qui font au Roy, & qui font attachées à des maifons qui appartiennent à des particuliers. Les Anglois appellent de mefme *efchop* vne petite boutique. Ie ne fçay pas s'ils ont pris ce mot de nous, ou fi nous l'auons pris d'eux. ESCHOPIER dans le pays de Caux & dans l'Artois fe dit de celuy qui vend de la chandelle, du fuif, de l'huile à brûler, & autres chofes femblables.

ESCHOVER. De *excubare*, comme qui diroit *tomber*, *cheoir*.

ESCLOS. On appelle ainfi en Perigord & ailleurs des fabots. Rabelais liu. III. 17. parlant de la Sibylle de Panzouft : *Depuis ie vey qu'elle déchauffa vn de fes efclos, nous les appellons fabots, meit fon deuanteau fur fa tefte, &c.* & de là vient qu'au chap. 27. du liu. v. il appelle l'Ifle des Efclots, l'Ifle des Religieux qui portent des galoches de bois, que les Italiens pour cette raifon appellent auffi *zoccolanti*. De *fcloppus*, acaufe du bruit qu'on fait en marchant auec ces efclos. Voyez *efcoupette*.

ESCLVSE. De *fclufa*. La Loy Salique tit. 24. 3. *Si quis fclufam*

ES.   ES.   289

sclusam de farinario alieno ruperit, &c. Voyez Pithou sur cét endroit.

ESCORNE. De l'Italien *scorno*, qui a esté fait de *sperno* pen c.

ESCORTE. De l'Italien *scorta*.

ESCOT. Du Saxon *Scot* qui signifie *vectigal*, *symbolum*, d'où vient le mot Anglois *Romscot* qui signifie le tribut que le Royaume d'Angleterre payoit autrefois à Rome. Matthieu Pâris en la vie d'Offa II. *Hoc quoque sciendum est, quòd Offa Rex magnificus tempore quo Beati Petri Vicario, Romanæ Vrbis Pontifici redditum statutum, id est, Romscot, de regno suo concessit.* Et en suite: *Quæ Ecclesia tanta libertate priuilegiata refulget, vt ab Apostolica consuetudine & reditu qui* ROMSCOT *dicitur Anglicè, denarius Sancti Petri Latinè,* &c. Voyez Vossius *de vitiis Sermonis* liu. II. chap. 16. M. Guyet estime que ce mot *escot* vient du Latin *exquota*, comme qui diroit *quota pars*. Les Italiens disent aussi *scoto*: & *riscuottere* pour dire *aller receuoir de l'argent qui est deu*.

ESCOVPETTE. De *sclopetta* qu'on a dit pour *scloppettus* diminutif de *scloppus* qui se trouue dans Perse Satyre v. pour le bruit qu'on fait en enflant les jouës:

Nec scloppo tumidas intendis rumpere buccas.

Sclopus, schiopo, schiopetto, schiopetta, ESCOVPETTE.

ESCOVVETTE. Espece de vergette ou balay. Villon:

Et le deust-on vif brusler
Comme vn cheuaucheur d'escouette.

c'est à dire, comme vn sorcier, comme vn cheuaucheur de balay. C'est vn diminutif d'*escouue* qui vient de *scopa*. *Scopa, scopetta,* ESCOVVE, ESCOVVETTE. Les Espagnols disent *escoba*, & les Languedociens *escoube*.

ESCRENE. De *screuna* ou *screona*. La Loy Salique tit. XIV. 1. *Si tres homines ingenuam puellam de casa aut de screona rapuerint.* Les Loix des Bourguignons tit. XXIX. *Effractores omnes qui aut domos aut screunias,* &c. On appelle encore aujourd'huy en Bourgogne *escrenes* ces petites maisonnettes où les villageois s'assemblent pour veiller. *Et iam hodie rusticis*

Oo

Campanis dicuntur cameræ illæ demersæ in humum, multò insuper fimo oneratæ, in quibus hyeme puellæ simul convenientes pervigilant ad mediam noctem : ce sont les mots de François Pithou sur le titre IV. de la Loy Salique. Voyez le livre intitulé les *Escrenes de Tabourot*, & Vossius de *vitijs sermonis* pag. 278.

ESCREVICE. Nicod le dériue de l'Alleman *crebs*, ou du Latin *carabus* qui signifient la mesme chose. Scaliger contre Cardan exerc. CCXLV. chap. 1. est du mesme avis : *Gallica vox ad Græcam*, ESCREVICE, κάραβος. *Ita inde crederem, nisi nostra nos moneret, sese à Francis in Galliam è Germanijs importatam* CREP. Il vient de *scarabisca* qui a esté fait de *scarabus* qu'on a dit pour *carabus* Carabus, scarabus, scarabiscus, scarabisca, ESCREVICE. Les Anglois disent *crabbe*, & l'Anglois *crabbe* & l'Alleman *crebs* ou *creb* ont esté faits du Latin *carabus*. Le Latin *carabus* vient du Grec κάραβος.

ESCRIMER. De l'Alleman *schirmen* d'où les Italiens ont aussi fait *schermire*. En Bas-Alleman on dit *skermer* pour escrimeur, & de là ESCARMOVCHE.

ESCROC. Plusieurs le dériuent de αἰσχροκερδής. Il vient de l'Italien *scrocco*. *Scroccare è haver qualche utile ò piacere senza spesa, ò alle spese d'altri*, disent les Academiciens de la Crusca.

ESCVYER. Les Escuyers estoient anciennement ceux qui dans les Behourds & Tournois portoient l'escu des Cheualiers ; d'où ils furent appellez *Scutarij* Voyez le President Fauchet liu. 1. de l'Origine des Cheualiers chap. 1. Pierre Pithou en son traitté des Comtes de Champagne & de Brie pag. 506. & Loiseau en son traitté des Ordres chap. V. Ceux qui dériuent *Escuyer* de *Equarius* se trompent. Aujourd'huy en France tous les simples Gentilshommes prennent qualité d'Escuyers. En Angleterre on n'appelle ainsi que les premiers fils des Barons & les derniers des Comtes.

ESCVRIE. De *scuria*. Le P. Sirmond sur ces mots des Capitulaires de Charles le Chauue ; ET DE MANOPERA IN SCVRIA BATTERE NOLVNT: *lib.* I. *cap.* XXII. *de his quæ die Dominico facere non licet*: Nec lanam carpere, nec linum battere. *Battere est tundere & percutere: linum battere, tundendo purgare. Hic de messe intelligendum, quam coloni nostri battendo & flagellando purgant. Quare scuriam, quæ apud nos stabulum nunc equorum significat, latius olim vsurparunt pro ea quam graneam vocitant.* Hincmarus *aduersùs* Nepotem: Scuriam ipsius interclusit, & annonam de terris Dominicatis collectam sine licentia Presbyteri in eam misit. Polyptichus S. *Remigij* : Faciunt & pecturam ad cortem, scurias & hortum claudendum. La Loy Salique tit. 18. art. 3. *Si quis sudem cum porcis, scuriam cum animalibus, aut fœnile incenderit,* &c. Loiseau en son traitté des Ordres chap. 5. dit qu'il n'a jamais leu ce mot *scuria* qu'en cét endroit de la Loy Salique, & qu'il croit qu'il a esté fait du François *escurie*: mais outre les lieux cy-dessus alleguez, il se trouue encore dans les Loix des Bauarois tit. 4. *Qui deffendere volunt casas vel scurias vbi fœnum vel granum inueniunt.* Le François vient du Latin, & Loiseau se trompe. Les Allemans disent *schure*.

ESCVRER. De *excurare*. *Excurare rubiginem* se trouue dans Faustus Rheginensis.

ESCVRVEIL. De *sciureolus* ou *sciuriolus* diminutifs de *sciurus*.

ESPALIER. De l'Italien *spaliere*.

ESPARGNER. De *exparcinare*. M. de Saumaise sur Solin pag. 250. *Dicebant & exparcere & exparcinare, vt intrico, intricino; inde nostrum* ESPARGNER. Les Allemans disent *sparen* pour dire épargner, & les Anglois *spare*.

ESPAVLE. De *spalla* dont vsent encore les Italiens, & qui a esté fait de *spatula*.

ESPEE. De *spatha* qui est vn mot Gaulois. Diodore liu. v. parlant des Gaulois : ἀντὶ δὲ τοῦ ξίφους σπάθας ἔχουσι μαχρὰς (διμέζας); & d'où les Italiens ont aussi fait *spada*, & les Espagnols *espada*. M. Bochart pag. 743. de son liure des Colonies des Phœniciens, dériue le Gaulois de l'Hebreu : *His Romani vsi deinceps.* Vegetius: *Habebant gladios majores quos spathas vocant. Spatham definit* Isidorus *gladium ex vtráque parte acutum, idest* δίςομον, *ancipitem. Hoc cæsim feriebant non punctim,* διὰ τὸ μηδαμῶς κέντημα τὸ ξίφος ἔχειν, quia mucrone carebat, vt scribit *Polybius lib.* 2. *ita etiam Liuius lib.* 32. Gallis prælongi gladij, ac sine mucronibus. *Itaque falluntur qui spa-tham dici volunt à similitudine* שפור *sphud* (*Chaldæi sic vocant verutum, vt Itali* spedo, *Belgæ* spet, *Angli* spitte, *Germani* spissz.) *Nam ex descriptione apparuit Gallicum gladium nihil habuisse simile cum veruto. Sed spathæ nomen factum ex Hebræo* שבט *cuius plurale* שבטים *sbatim. Chaldæi etiam per* p שבטי *spatin, id est spatas scribunt.* שבט *est baculus quiuis. Sed Psal.* 29. שבטברזל *baculus ferreus est* חרב *ensis, vt rectè monent Rabbi Selomo & Aben Ezra. Ita* spata *vel* spatha *Gallis, qui nomen generis pro specie vsurparunt.*

ESPERLAN. Poisson ainsi appellé acause de sa blancheur & netteté semblable à celle d'vne perle.

ESPERON. De l'Italien *sperone*, qui a esté fait de l'Alleman *sporen.*

ESPERVIER. De *sparuarius* qui se trouue en cette signification dans la Loy Salique tit. VII. §. 4. & ailleurs, & qui vient de l'Alleman *sparwer.* Voyez Vossius *de vitijs Sermonis* pag. 285.

ESPICES. De *species*, dont les Latins se sont seruis en general pour *drogues.* Marcian le Iurisconsulte en la Loy XVI. §. 7. au Dig. de *Publ. & Vectig. Species pertinentes ad vectigal, cinnamomum, piper longum, piper aluum.* M. de Saumaise sur Solin pag. 1050. *Drogam vocant* speciem *omnem cuiuscunque tandem sit odoris, iucundi vel ingrati, modò aliquid habeat* φαρμακῶδες. *Inferior Latinitas* speciem *simpliciter dixit; vt & Græci* εἶδος. *Hodie* speciem *strictius sumimus de acribus tantùm & morsicantibus, vt sunt piper, canella & similia.* Speciarium *tamen dicimus qui omne genus* species *vendit. Latini* Seplasiarium *dicebant.* On s'est seruy en suitte de ce mot pour dire des dragées & des confitures. Pierre Abbé de Cluny aux Statuts de son Ordre, Statut XI. *Statutum est vt ab omni mellis ac specierum cum vino confectione, quod vulgari nomine* pigmentum *vocatur, Cœnâ Domini tantùm exceptâ, qua die mel absque speciebus vino mistum Antiquitas permisit omnes Cluniacensis ordinis Fratres abstineant.* Alain Chartier pag. 89. de son Histoire de Charles VII. *Le Roy luy fit grand chiere*, c'est de la Reyne de Sicile dont il parle, *&*

vint apres souper, & apres ce que ladite Reine eut faicte la reuerence au Roy, dancerent longuement, & apres l'en apporta le vin & les espices, & seruit le Roy Monseigneur le Comte de Clermont de vin, & mondict Seigneur le Connestable seruit d'espices. Philippes de Commines en vse en la mesme signification. De là vient que nous appellons ESPICES l'argent que prennent les Iuges pour les jugements des procés, acause qu'anciennement les Parties qui auoient obtenu gain de cause faisoient present à leurs Iuges de dragées & de confitures, comme font encore apresent à Paris les Officiers subalternes à leurs Rapporteurs, lors qu'ils sont receus en leurs charges. Loiseau des Offices liu. 1. chap. 8. *En France du commencement les Iuges ne prenoient aucuns salaires des parties, au moins par forme de taxe, & contre leur volonté: car les espices estoient lors vn present volontaire, que celuy qui auoit gaigné sa cause faisoit par courtoisie à son Iuge ou Rapporteur, de quelques dragées, confitures ou autres espiceries, comme le docte Ragueau a fort bien prouué rapportant trois anciens extraicts du Greffe de la Cour, par lesquels il se void comme les espices ont esté changées en or.* Le 12. May 1369. le Sire de Tournon par licence de la Cour bailla vingt francs d'or pour les espices de son procés jugé, & les eurent les deux Rapporteurs. Le 4. Iuillet 1371. vn Conseiller de la Cour Rapporteur d'vn procés eut apres le jugement de chacune des parties dix francs. Le 17. May 1403. au Conseil fut ordonné que les espices données aux visiteurs des procés par permission de la Cour, ne viendroient en taxe de despens. *Ainsi à succession de temps les espices ou espiceries furent conuerties en or: & ce qui se bailloit par courtoisie & liberalité, fut tourné en taxe & en necessité, & ce insensiblement: car on ne peut dire quand ce fut, n'ayant esté approuué par aucune Ordonnance, qu'il ne fust long-temps auparauant establi en l'vsage: & si ce ne fut pas en mesme temps par toute la France.* Car le docte Conseiller de Bretagne Langlé en son VII. liure *Otij Semestris* chap. 1. nous apprend que cela ne commença en Bretagne que depuis l'an 1539. Mais vn ancien Praticien sans nom, qui a escrit du temps de Charles VI. nous en a laissé vne belle Prophetie: On pense, *dit-il*, mieux faire de laisser prendre argent aux

Iuges pour les espices; mais ce n'est mie trop bien faict, la Iustice n'en sera que plus chere, &c. Voyez André du Chesne sur Alain Chartier pag. 832. où il remarque entre autres choses que ce mot d'*espices* est encore en vsage en la signification de *dragées* & de *confitures* aux festins solemnels des Escholes de Theologie de Paris, où l'on a accoustumé de demander sur le dessert *le vin & les espices*. La mesme chose se pratique dans les Escholes de Medecine. En la marge de quelques anciens Regiftres du Parlement de Paris à l'endroit de plusieurs Arrests, sont escrits ces mots, *non deliberetur donec soluantur species*.

ESPIEV. Peuteftre du mot Alleman *spies*, qui signifie la mesme chose.

ESPION. De *spione* qui a esté fait de *spia*, qui l'a esté de l'Alleman *spie*.

ESPLVCHER. De *expellicare*, comme PELVCHE de *pellicia*.

ESPOVSER. De *sponsare* qui se trouue en cette signification en la Loy 38. au Digeste *de ritu nupt. Si quis officium in aliqua Prouincia administrat, inde oriundam, vel ibi domicilium habentem vxorem ducere non potest: quamuis sponsare non prohibeatur.*

ESPOVSSETTE. Nicod escrit *espoulsette*, & dit qu'il vient de *poudre* qu'aucuns disent *pouldre* & *poulsiere*, comme qui diroit *expulueratorium*.

ESPVRGE. Simple. A cause de la faculté qu'il a de purger. *Ab expurgandi facultate*, ce sont les mots de M. de Saumaise sur Solin pag. 1054.

ESQVIF. Le President Fauchet en la vie de Chrestien de Troyes le deriue de *eschiuer*, vieux mot qui signifie *fuir*, comme le *schifare* des Italiens. Il y a bien plus d'apparence que *eschiuer* & *schifare* viennent d'*esquif*. *Esquif* vient de l'Alleman *schif* ou *schit* qui signifie *nauire*, & qui vient de σκάφη. Les Anglois disent aussi *schip* pour dire *vn vaisseau*, & *Schipper* pour le maistre du vaisseau. De *esquif* on a fait *eschipara* pour dire *fournir vn vaisseau de toutes choses necessaires*, d'où nous auons fait *esquiper*. Ce mot *eschipare* se trouue dans vn Edit de Iean Roy d'Angleterre rapporté par Mathieu Pâris en l'année 1213. *Sicut se & naues suas & omnia sua diligunt, habeant illas in Portesniue in media quadragesima bene eschipatas bonis & probis marinellis, & bene armatis.* Voyez Vossius de *vitys Sermonis*, & Wats en son Glossaire sur Mathieu Pâris.

ESQVIPER. Voyez *esquif*.

ESSARTER. De *essartare* qu'on a dit pour *exarctare*. Vne Charte de Charles le Chauue pour le Monstier-Ramey: *Si Li locum & licentiam dari ad exarctandi siue concidendi atque emundandi siue procurandi tanti spatij terram.* Vne autre du Comte Thibault de l'année 1263. *Ducenta arpenta nemorum, cum terra & tresfundo ipsorum arpentorum, &c. ad essartanda, &c.* Le 28. Canon du Concile III. d'Orleans qui est de l'année 538. *Quia persuasum est populis die Dominico agi cum caballis aut bubus & vehiculis itinera non debere, neque vllam rem ad victum præparare, vel ad nitorem domus vel hominis pertinentem vllatenus exercere (quæ res ad Iudaicam magis quàm ad Christianam obseruantiam pertinere probatur) id statuimus, vt die Dominico quod ante fieri licuit liceat. De opere tamen rurali, idest arato, vel vinea, vel sectione, messione, excussione, exarto vel sepe, censuimus abstinendum.* M. de la Coste dans son Commentaire sur le tiltre *de Iure Emphytentico*, qui m'a esté communiqué manuscrit par M. de Lamoignon Maistre des Requestes: *Veteres Franci agros incultos, siluas vel saltus dederunt sub lege rumpendi, scindendi & aperiendi, quod vulgò dicitur* à la charge de rompre & ouurir les terres. *Et inde terræ istæ vel possessiones ruptæ, scissæ & apertæ detortis à Latina lingua nominibus dictæ fuerunt, rupturæ, scindæ quasi scissæ, & apritiones quasi aperitiones pro noualibus quæ lingua Francica Teutonica dicuntur* exarta, *& inde exartare in Capitularibus Caroli Calui, vulgò* ESSARS & ESSARTER. Voyez Pierre Pithou sur la Coustume de Champagne tit. x. & François Pithou dans son Glossaire.

ESSEIN. De *examen*, comme *airain* de *æramen*; *merrein* de *materiamen*. Ceux qui le dériuent de ἐσσὴν qui se trouue dans le Scholiaste de Callimaque pour le Roy des Abeilles, se trompent.

296   ES.   ES.

ESSORILLER. De *exauriculare*.

EST. Vent. De l'Alleman *Oëst* qui signifie *Leuant*. *Oſtrogots*, c'est à dire *Gots du Leuant*. Voyez *Biſe*.

ESTAGE. Nicod dans son Dictionnaire, & Caninius dans ſes Canons des Dialectes, le dériuent de ςέγη, ςέγη, *ſtega*, *ſtegagium*, ESTAGE.

ESTALLER. De *ſtallare*, comme *eſtau* de *ſtallum* qui a eſté fait de *ſtabulum*.

ESTAME. De *ſtamine*. *Stamine*, *ſtame*, ESTAME. De *ſtame* on a fait le diminutif *ſtametum* dont nous auons fait *eſtamet*. Guillaume de Tyr liu. XIII. chap. 27. a vſé du mot *exametum* pour dire *eſtamet*.

ESTANCHER, comme quand on dit *eſtancher le ſang*. De *ſtancare* dont la baſſe Latinité s'eſt ſeruie en cette ſignification, & qui ſe trouue dans Sammonius. *Stancare* a eſté dit par corruption pour *ſtagnare* qui ſignifie *firmare*, & qui vient de ςηαυῶσαι. Iuſtin parlant du Lac Aſphaltite liure XXXVI. *Neque ventis mouetur reſiſtente turbinibus bitumine, quo aqua omnis ſtagnatur*. Stace liure III. des Sylues dans le Propempticon de Melius Celer:

    Cur vada deſudant & ripa coërceat vndas
    Cecropio ſtagnata luco.

Les Italiens diſent encore apreſent *ſtagnare* & *riſtagnare il ſangue*. *Stagnare*, *ſtangare*, *ſtancare*, ESTANCHER. Voyez M. de Saumaiſe ſur Solin pag. 577. & M. Bochart liure I. des Colonies des Phœniciens, & Pierre Pithou liure I. de ſes Aduerſaires chap. 19.

ESTANDART pour *Standart*, qui eſt comme on prononçoit anciennement. Burchardus dans l'Epiſtre qu'il a faite de la priſe de Milan, eſcrite l'an 1162. *Venit populus cum Banerio, quod apud nos Standart dicitur*. A b *extendendo*.

ESTIENNE DES GRECS. Egliſe de Paris. Par corruption pour *Saint Eſtienne des Grez*. M. de Launoy Docteur de Paris en la Faculté de Theologie, dans ſa docte & curieuſe Diſſertation de la vie de Saint Denis Eueſque de Paris chap. VI. *Ceterùm huiuſce rei, quam perſequitur Fortunatus veſtigium*

vestigium hodiéque perseuerat ea in æde, quæ à Dionysio Passo Ecclesiæ B. Dionysii de Passu corruptè nuncupatur. Id in hac, quod in alijs quibusdam Parisiensibus Basilicis annorum vires obtinuerunt, vt ex Latinis nominibus Gallica locutio nostra primùm deriuata sit; deinde vbi amissa est temporum detrimento genuina nomenclatio, ex Gallica locutione non tam Latinus quàm Barbarus Ecclesiarum titulus os multorum, librósque occupauit. Testatur hoc Ecclesia Sancti Stephani ad Portam San-Iacobæam, quæ, cùm non ita pridem de Gressibus appellaretur, nunc ex aliena quadam vernaculæ linguæ imagine & affinitate de Græcis appellatur. Illud quoque testatur Ecclesia Sancti Andreæ vulgò de Arcubus, aut etiam propter Academiæ confinium de Artibus dicta, quæ ex territorio Abbatiæ Sancti Germani subiecto quondam de Laasso certissimè vocabatur. Le mesme M. de Launoy en son examen à la Responce à la Dissertation des deux Denys chap. 18. *Quinta vtilitas oritur ex assertione veri tituli, quo* I. *Ecclesia Sancti Stephani de Gressibus apud Parisienses insignita est. Quæ enim Ecclesia Sancti Stephani de Gressibus quondam appellata est*, non ante multos annos de *Græcis appellarunt, vt Hilduinianæ causæ suffragarentur. Sed antiquæ nomenclationi fidem facit Charta, quæ institutam in hac Ecclesia Capiceriæ dignitatem continet*: Omnibus præsentes literas inspecturis, Decanus, totúmque Capitulum Parisiense, Salutem in Domino. Cùm Ecclesia Sancti Stephani de Gressibus ad nos & ordinationem nostram immediatè pertineat, &c. Datum anno 1250. II. *Alia Charta de eiusdem Capiceriæ fundatione*: Vniuersis præsentes litteras inspecturis, G. Decanus & Capitulum Parisiense, in Domino Salutem. Cùm Ecclesia Sancti Stephani de Gressibus ad nos & ordinationem nostram immediatè pertineat, &c. Actum anno Domini 1269. *Hæc vtráque Charta nuper Lutetiæ edita est*. III. *Alia Charta Simonis de Buciaco Parisiensis Episcopi scripta anno* 1290. *Vbi Ecclesiam Sancti Stephani de Gressibus legere licet. Hæc refertur in libro Antiquitatum Parisiensium*. IV. *Ioannes de Sancto Victore, qui Philippo Pulchro Rege vixit, in Memoriali Historiarum ad annum* 1218. Hoc anno, *inquit*, in Ecclesia Sancti Stephani de Gressibus inuentæ sunt plurimorum Sanctorum reliquiæ, &c. V. *Alia Charta quæ Capicerij prærogatiuas complectitur*: Vniuersis præsentes literas inspecturis, Decanus, totúmque Capitulum Ecclesiæ Parisiensis, æternam in Domino Salutem. Cùm discretus vir D. Iacobus dictus Poignant Capicerius Ecclesiæ Sancti Stephani de Gressibus, &c. Datum & actum anno Domini 1331. *Hæc Charta Lutetiæ edita est anno 1626.* VI. *Charta exceptionum, quas Monachi Sancti Dionysii contra Parisiensium Canonicorum rationes dederunt in ea lite, quæ tempore Gersonis super aliquam Dionysiani Capitis partem inter eosdem Monachos & Canonicos mota est:* Item Decanus & Capitulum producunt clausulam ex libro Chronicorum haustam, in qua sic habetur: tunc inuentæ sunt Parisijs in Ecclesia Sancti Stephani de Gressibus reliquię, &c. *Hæc Charta asseruatur in Archiuis Parisiensis Ecclesiæ.* VII. *Vbicumque in huius Ecclesiæ Commentarijs occurrit Collatio Præbendarum Ecclesiæ Sancti Stephani, in ijs semper nominatur Ecclesia Sancti Stephani de Gressibus. Infinitum est loca Commentariorum singula recensere. Hæc de monumentis eorum ad quos res ipsa pertinet, nunc externorum testimonium audiatur.* I. *Liber Procuratorum Gallicanæ nationis in Academia Parisiensi ad annum* 1470. Procurante nationem Cantiano Hueo. Conuenerunt, *inquit*, singularum Facultatum Magistri & Doctores in vico Sancti Iacobi intra Portam Ciuitatis, & Porticum Prædicatorum miro modo ordinati de latere Sancti Stephani de Gressibus. II. *Rursus idem liber ad eumdem annum:* Vniuersitas conuenit ad portam Sancti Iacobi de latere Sancti Stephani de Gressibus Reginam salutatura. III. *Ioannes Muneratus Theologus Parisiensis anno* 1490. *in libello de Dedicatione Parisiensis Ecclesiæ nominat Basilicam Sancti Stephani de Gressibus.* IV. *Sententia Commissariorum Episcopi Parisiensis in causa Capituli Sancti Germani Autissiodorensis, & Parochi Sancti Eustachii quæ sic incipit:* In nomine Domini. Amen. Viso processu coram venerabilibus viris Magistris Matthæo Lelieux, Ecclesiæ Parisiensis Canonico, & Luccentore, & Nicolao le Blan Canonico & Capicerio Ecclesiæ Sancti Stephani de Gressibus Iudicibus, à Dominis Vicarijs R. P. Episcopi Parisiensis in hac parte nominatis, &c. anno 1514. 5. Febr. V. *Regesta Domini Rectoris Parisiensis ad annum* 1596. Cardinalem Florentinum ad Henricum IV. Galliæ &

& Nauarræ Regem Christianissimum de latere Legatum, Rector excepit in ipsis Sancti Stephani de Gradibus vel de egressu vallis. *An autem Academici quis fuerit verus huius Ecclesiæ titulus ignorauerint aliorum iudicio, permitto. Vt quamquam hæc vera sunt, Gallica tamen locutio Antonium Democharem fefellit, qui non Milletum quidem, sed alios complures in eumdem secum errorem abduxit: scilicet ex Gallico nomine quod his verbis de Gressibus respondet, nouum nomen Latinum effictum est; obstetricante Areopagitica missione, cuius Idolum ante oculos Auctorum nouæ Latinitatis oberrabat. Huius corrupti sermonis seu nouitatis index est Gallica inscriptio, quæ sustentanti Crucem ad vicum lapidi incisa est anno 1595. In ea siquidem habet*: L'Eglise de Monsieur Saint Estienne des Grecs. *Hæc autem inscriptio vt apparet recentissima, decepit nuper Monachum Sancti Dionysii cognomento Doubletium, qui cùm eam antiquissimam crederet, in Sancti Stephani vita, quam edidit, verum huius Ecclesiæ titulum esse de Græcis, non de Gressibus digna Auctore suo confidentia scripsit*, &c.

ESTOC ESTOCADE. De l'Italien *stocco* & *stoccata*. Stocco vient de l'Alleman *stock* qui signifie *vn baston*. ESTOC, comme quand on dit *estoc & ligne*. De l'Alleman *stoc* qui signifie *tronc, souche*. Le Glossaire Latino-Germanique: *truncus*, STOC. Ainsi en Isaie chap. XI. là où la vieille version porte *de radice Iesse*; Eusebe Aquila, Symmaque & Theodotion ont interpreté *tronc*, ἀπὸ τοῦ κορμοῦ; ce que les Interpretes de Geneve ont suiuy. Perse

Stemmate quod Tusco ramum millesime ducis.

D'où nous auons dit *ramage* en la mesme signification. Les Hebreux ont dit de mesme עקר *hecher* qui signifie *radix*, pour *stirps* & *progenies*. Voyez Nicod au mot *estoc*, & Pierre Pithou sur la Coustume de Champagne tit. VIII. Les Latins vsent pareillement en cette signification du mot *stirps* qui signifie proprement *vne souche*, comme nous de celuy de *souche*, & les Italiens de *ceppo* qui signifie *vn tronc*; & les Espagnols de *cepa*, comme quand ils disent, *di buena cepa*. Nous disons aussi *race* qui a esté fait de *radix*, comme nous le monstrons en son lieu. En Normandie vers Caën on appelle *estocs* les souches des bois taillis & la racine du chaume qu'on appelle en Boulonnois *estentes*. On appelle auſſi à Paris *eſtoc* ce bois ſur lequel les Fourbiſſeurs & les Serruriers trauaillent.

ESTOCGAGE. Ce mot ſe trouue dans la Couſtume de Deſurenne, & ſignifie le droict qu'on paye au Seigneur de fief, quand on achete quelque immeuble dans l'eſtenduë de ſa Seigneurie.

ESTOVPE. De *ſtuppa*. Les Gloſes: καννάβις, ſtuppa. κανναβάειος, ſtupparius.

ESTOVRDI. Le Preſident Fauchet chap. 1. de l'Origine des Cheualiers, croit que ce mot vient de celuy d'*eſtour*, & qu'on a premierement appellé *eſtourdis* ceux qui dans les eſtours eſtoient affoiblis & comme endormis à force de coups. Il vient de l'Italien *ſtordito*.

ESTRADIOTS. Philippes de Commines liure dernier chap. 4. *Eſtradiots ſont gens comme Genetaires, veſtus à pied & à cheual comme les Turcs, ſauf la teſte où ils ne portent cette toile qu'ils appellent tolliban, & ſont dures gens, & couchent dehors tout l'an, & leurs cheuaux. Ils eſtoient tous Grecs venus des places que les Venitiens y ont, les vns de Naples, de Romanie en la Morée, autres d'Albanie deuers Duras, & ſont leurs cheuaux bons & tous de Turquie. Les Venitiens s'en ſeruent fort & s'y fient.*

ESTRAMASSON. Il y a apparence que c'eſt vn ancien mot Gaulois. Gregoire de Tours liure 4. chap. 51. *Tum duo pueri cum cultris validis quos vulgò* Scrammaſaxos *vocant.*

ESTRENE. De *ſtrena* dont les Latins ont vſé en cette meſme ſignification. Suetone en la vie de Tibere chap. 34. *Strenarum commercium vltra Kalendas Ianuarias prohibuit Tiberius.* Et dans celle de Caligule chap. 42. *Edixit & ſtrenas ineunte anno ſe recepturum: ſtetitque in veſtibulo ædium Kal. Ianuarij ad captandas ſtipes, quas plenis ante eum manibus ac ſinu omnis generis turba ferebat.* Feſtus : *Strenam vocamus quæ datur die religioſo ominis boni gratia à numero quo ſignificatur alterum tertiúmque venturum ſimilis commodi, veluti* trenam, *præpoſita* s *litera, vt in loco & lite ſolebant Antiqui.* Le vieux Gloſſaire : *ſtrena*, c'eſt ainſi qu'il faut lire, ἐναρχισμὸς θαλλός. Voyez Caſaubon liure III. chap. 18. de ſes Animad-

ES.   ES.   301

uersions sur Athenée, & dans ses Notes sur Suetone en la vie de Tibere au lieu allegué.

ESTRIER. De *striparium* ou *striuarium* qu'on a fait de *strepa*, dont les Autheurs de la basse Latinité ont vsé en cette mesme signification. Mathieu Pâris dans la vie de Henry III. en l'année 1244. parlant d'Engelrame de Cuscy: *Equino pede ad aliquod offendiculum titubante, corruit supinus in profundum, ad quod tamen propriâ strepâ pertractus est violenter & tunc infeliciter.* Et en l'année 1241. parlant de la mort du Comte Gillebert: *Vacillare, & post paullum corruit ab equo semiuiuus, ipsum una streparum retinente, & per agrum spatio aliquo sic trahente.* STREPA vient de l'Alleman *stref*. Les Espagnols de *strepa* ou *stripa* ont aussi fait *estribo*. Ils ont aussi dit *astraba*. Isidore, qui estoit Espagnol: *Astraba, tabella in qua pedes requiescunt*: mais ce mot, comme plusieurs l'ont desia dit, vient plustost de ἀστράβη qui est interpreté dans Hesychius: τὸ ἐπὶ τῶν ἵππων ξύλον, ὃ κρατοῦσιν οἱ καταζόμενοι.

ESTRIVIERE. De *astrabarium* diminutif de *astraba*. Les Gloses d'Isidore: *astraba, tabella in qua pedes requiescunt.* Voyez M. de Saumaise sur l'Histoire Auguste pag. 163. & 164. L'*estrieu* est appellé *streuua* dans vn manuscrit de la Bibliotheque du Roy. Voyez *estrier*.

ESTRON. De *struntus* dont les Latins se sont seruis en cette mesme signification. Les Gloses anciennes: *strundius siue struntus*, ἀπέλεθος. Vulcanius Bonauentura y lit *truncus* & τέλεχος; mais en cela il se trompe. Scaliger sur les Priapées: *Vt autem suis, bouis, muris, stercus; succerda, bucerda, mucerda; sic hominis priùs homerda dicta fuit. Porrò rotundiora stercora vulgò* struntos *vocamus: idque in peroptimo Glossario inueni Latinè dictum* struntus, ἀπέλεθος, *quod verbum in idiotismo Gallico & Teutonico remansit.* Les Allemans disent *strunt*. Les Escossois *turd*. Vossius *de vitiis sermonis* 11.27. dériue le Latin *struntus* du Flaman *stront*, & le Flaman *stront* de *ront*: STRVNDIVS *vel* STRVNTVS, *stercus, ex Belgico* stront. *Glossæ Philoxeni*: strundius siue struntus, ἀπέλεθος. *Vbi Bonauentura Vulcanius annotauit legi oportere*, truncus, τέλεχος. *Faciliùs persuaderet, nisi reponeretur in literis ab* s

Pp iij

302 ES. ES.

incipientibus. Quare & Scaliger Castigationibus in Priapeia vulgatam retinet lectionem. Ait ille, sic rotundiora dici stercora. Credo stront *voluit esse ex* ront *hoc est, rotundus, ut* st *præfigatur. Sanè* s *præmitti videas in multis; ut* stlites *pro* lites, stritauus *pro tritauus; quemadmodum hoc ipso capite diximus. Mais il se trompe. Struntus* vient du Grec ϛρύϛυγξ, qui signifie, entr'autres choses, des cheueux meslez auec de l'ordure. Iulius Pollux liure 11. chap. 3. 5. τὰς δὲ ξυνεϛραμιδύας τρίχας μετὰ ῥυπȣ̃, ϛρύϛυγγας ἡ Κωμῳδία καλεῖ.

ESTVRGEON. *De sturio.* Voyez Iules Scaliger sur l'Histoire des animaux d'Aristote pag. 47.

ESTVVES. *De stubæ*, qui se trouue souuent en cette signification dans les Autheurs de la basse Latinité, & dont vous trouuerez plusieurs exemples dans Vossius *de vitiis Sermonis* liu. 11. chap. 17. Il y a diuersité d'opinions touchant l'etymologie de ce mot *stubæ*. Lipse sur l'Epistre xc. de Seneque le dériue de celuy de *tubi* : *Veteres per tubos parietibus impressos, per quos circumfunderetur calor, qui summa & ima fouerent æqualiter domos suas vel cœnationes calefaciebant : ab his tubis nescio an stubarum nomen, quod medij æui scriptores & hodiernus usus habent.* M. de Saumaise sur l'Histoire Auguste pag. 459. le dériue de *tupha*, qu'il fait venir de τύφη: ita etiam stupham pro tupham. τύφη *est accensio* ἀπὸ τȣ̃ τύφω: *ut* ὀφείλη *debitum* ἀπὸ τȣ̃ ὀφείλω. *Addito* s *Latini fecerunt* stufam, & stubam. *Quæ vox hypocaustum significat. Apud Palladium caput est de balneis & stufis.* Vossius au lieu allegué estime qu'il vient de l'Alleman *stuben* qui signifie la mesme chose : *Est verò* stuba *vel* stufa *à Germanico* stuben, *pro quo Belgæ* stove, *Galli* ESTVVE. *Sed quæritur vtrum vox ea* stube *ortu Germanica sit à* STOVEN, *fouere; an potius Latina ; puta ab* æstuo: *vel Græca ; videlicet à* τύφη *accensio, quod* ἀπὸ τȣ̃ τύφιν *accendere, vrere, ut nempe* S *præmittatur, quomodo recentiores* sphalangium *dixere pro* phalangium, *atque eadem* προϛ́εσις *habeat locum, si à Latino* tubus *deducas, quia Romani per ambientes tubos calefacerent cœnacula,* &c.

ET.

ETELON. *Admissarius equus* ἀναβάτης. De *stallone*, qui vient de *stallum*, qu'on a dit pour *stabulum*.

ETERNVER. De *sternuare* qui se trouue dans Plaute pour *sternuere* ou *sternutare*. Il faut escrire *esternuer*.

ETIQVE, comme quand on dit *vne personne etique*. Par corruption pour *ethique*.

EV.

EVEILLECHIEN. Nom de famille du pays de Loudunois. Cette famille a esté ainsi appellée de l'alliance de Renée Eueillechien auec François du Plessis 1. du nom, Seigneur de Richelieu, quadrisayeul du Cardinal de Richelieu. M. du Chesne au chap. 8. de son Histoire du Plessis de Richelieu rapporte l'origine de cette Renée Eueillechien à Herbert ancien Comte du Mans, qui dans les guerres qu'il eut contre Fougues le vieil, Comte d'Anjou (lequel auoit subjugué le Comte Hugues du Mans son pere) fit plusieurs courses sur ses terres, & espouuenta tellement les hommes & les chiens par les furieux assauts qu'il liura tant à la ville d'Angers qu'aux autres plus fortes places du pays, que chacun estoit contraint de veiller sans intermission, d'où il fut surnommé Eueillechien. Oderic Vitalis liu. iv. de son Histoire de Normandie: *Herbertus Cenomanorum Comes ex prosapia, vt fertur, Caroli Magni originem duxit, & vulgo sed parum Latinè cognominari Euigilans-canem pro ingenti probitate meruit. Nam post mortem Hugonis patris sui quem Fulco senior sibi violenter subiugarat, in eumdem arma leuans nocturnas expeditiones crebrò agebat, & Andegauenses homines & canes in ipsa vrbe vel in munitioribus oppidis terrebat, & horrendis assultibus pauidos vigilare cogebat.* Cette Etymologie m'a esté indiquée par M. de Preau Vertamont Conseiller au Parlement.

EVREVX. Ville de Normandie. De *Eburonices*. Les

304   EX.   EX.

peuples de ce pays-là ont esté appellez *Eburonices*, parce qu'ils sont sur la riuiere d'Eure. De EB-VR. *Eb* en bas Breton signifie *sur, prés.* On a de mesme appellé ceux du Liege *Eburones*, acause qu'ils sont sur la riuiere d'Ourt: & Yorch *Eboracum*, parce qu'il est sur la riuiere d'Ouse, qu'on nommoit anciennement *Vrus*. Voyez Cambden pag. 571.

EX.

EXCOMMVNIE'. On appelloit ainsi anciennement vn scelerat & vn meschant. Philippes de Commines liure v. chap. dernier: *Ne seroit-il pas plus iuste enuers Dieu & le monde, de leuer par cette forme que par volonté desordonnée? car nul Prince ne le peut autrement leuer par octroy, comme dit est, si ce n'est par tyrannie & qu'il soit excommunié.* Mathieu Pâris en l'année 1251. *Confluebant ad ipsorum consortium fures, exules, fugitiui, excommunicati, quos omnes Ribaldos Francia vulgariter consueuit appellare.*

EXOINE. Budée dériue le mot *exoiner* de ἐξόμνυσθαι, acause du serment qui se fait pour l'exoine par procuration expresse, & qui se faisoit aussi anciennement parmy les Grecs. Eschine en son Oraison de la fausse Legation: ἀρράφως δὲ ἔχων, τὴν ᾗ πρεσβείαν οὐκ ἐξωμοσάμην. Demosthene: καὶ λαβὼν τ' ἰατρὸν ὁ ἀδελφὸς αὐτῇ, κ' προσελθὼν τῇ βουλῇ ἐξωμόσατο ἐρρῶσθαι τυτονί. Libanius: τ' δὲ ἀδελφὸν τ' ἐμαυτῇ κ' τὸν ἀδελφιδῆν κ' τὸν ἰατρὸν ἔπεμψα, οὐκ ἐξομνυμένους ἐμὲ (ὁ γὰρ ὁ νόμος ἐᾷ τοῖς ἐκ τ' δήμου χειροτονίας ἐν τῇ βουλῇ ἐξόμνυσθαι) ἀλλὰ τὴν ἀρρωστίαν μοῦ δηλώσοντας. Cujas le dériue de *exidoneare*, ou d'*exonerare*. M. de Saumaise sur Spartian pag. 20. dériue *exoine* de *sonnia: A sonte, sontia, quam corrupto vocabulo sondiam & sonniam dixerunt:* ESSOINE *& posteà* EXOINE. *Sonia* se trouue dans le serment que firent les Ambassadeurs du Roy Henry au Concile VI. de Rome en l'année 1079. *Legati Domini mei Regis ad nos venient infra terminum Ascensionis Domini, exceptis legitimis soniis, idest morte, vel graui infirmitate, vel captione absque dolo.* M. Bignon dans ses Notes sur Marculphe pag. 533. est de mesme auis:

Sonnia

EX. EX. 305

Sonnia est impedimentum, excusatio. Sunnis in Leg. Sal. tit. 1. Leg. Ribuar. tit. XXXIV. *Capit. lib.* III. *cap.* 45. *Nobis* EXOINES, *de quibus integro capite agit Philippus de Beaumanoir quem modò laudaui, cap.* 3. Des essoines & contremans. *Veteribus quibusdam monimentis* SOINE. *Non placet hanc vocem deducere ex alia Barbarica voce* EXIDONIARE, *vt quidam scripsere. Nam hæc duo vocabula toto cælo inter se distant, qua de re aliàs. Mallem à morbo suntico, sunnis originem petere.* Sonticus morbus se prend chez les Iurisconsultes pour vne maladie pour laquelle on est excusé de venir en jugement. Ce qui conuient fort bien auec nostre mot EXOINE. Ie suis neantmoins de l'auis de Vossius qui dériue *sunnia* de l'Alleman: SVNNIS, *impedimentum,* German. SAVMNIS, *Belg.* ver-suymnis. *Vti hæc à Germanico* SEVMEN *vel* SAVMEN, *quod Belgis* ver-suymen, *hoc est negligere, omittere. Lege Salicâ titul.* XIX. §. VI. *Si in mallum vocatus fuerit, & is qui vocatus est, non venit; si eum aut infirmitas, aut Ambascia Dominica detinuerit, vel forté aliquem de proximis mortuum inter domum suam habuerit, per ista sunnis se potest homo excusare: aliàs de vita componet. Similiter Leg. Ribuar. tit.* XXXII. §. I. *& Longobardicæ sæpius. Item in Constitutionibus Karol. Si quis ad mannum Legibus mannitus fuerit, & non venerit; si eum sunnis non detinuerit,* XV. *solidis culpabilis judicetur. Eum ad locum annotauit Vitus Amerpachius, putare se sunnis esse reconciliationem cum aduersario, à Germanico* SVNEN, VERSVNEN: *aut certé generale esse vocabulum, quoduis notans necessarium impedimentum. Posterius malo. Nempe vt sit à* SVMEN, VERSVMEN, *sicut diximus.* Glossæ: *sunnis, impeditio. Sonnis impedimentum. Apud Papiam pro eo est* SVMNIS; *quod propius accedit ad Germanicum* SAVMNIS, *vel Belgicè* VER-SVYMENIS. *Nec solùm* sunnis, sunnis *vel* sonnis; *sed etiam* sunnia *dixere, vel* sonnia. *Marculphus Monacus libro* I. *Formul.* 37. Ipse nec venisset ad placitum, nec nulla sunnia nuntiasset. *Hoc est nec impedimenti nos fecisset certiores, quo foret excusatior. Vir summus à sontico morbo, vel causa sontica,* SONNIÆ *nomen deflexum suspicabatur. Sed omninq vox est à Germanis, vt diximus. Ab eodem*

SOMNIS *vel* SVMNIS *est Gallicum* ESSOINE *vel* EXOINE, E *ante* S *more gentis præmisso.* Indéque *Barbarum* essonia *itidem pro impedimento, non ex Latino-Barbaro* exidoneare; *quod traditum nonnullis: plurimùm enim significatio horum distat.* C'est dans son liure de *vitijs sermonis* pag. 289. Voyez François Pithou sur la Loy Salique tit. 1. & Lindembrog en son Glossaire.

FA.

FABLIAV. Vieux mot qui signifie *Poëme*. Voyez le President Fauchet. De *fabulellum* qu'on a fait de *fabula*. *Fabulellum, fablellum*, FABLEAV, FABLIAV.

FACHER. De *fatigare*, dont les Latins ont vsé pour dire offencer & piquer par brocards & par railleries. Donat sur ce vers de l'Eunuque de Terence :

Quo pacto Rhodium tetigerim in conuiuio :

TETIGERIM, *luserim*, FATIGAVERIM. Le vieil Interprete de Iuuenal sur cét endroit

——— *& salibus risum mouisse facetus :*
id est facetijs vrbicis abundans, idest vrbanus : id est qui solebas in conuiuijs iocis omnes fatigare. Aurelius Victor : *Condiscipulis quoque qui eum in auditorio verbi fatigatione taxauerunt perniciosus fuit*. Seuere Sulpice dans ses Dialogues : *Facis, Sulpici, tuo more qui nullam occasionem si qua tibi porrecta fuerit, omittis, quin nos edacitatis fatiges*. Et peu apres: *Sed supersedendum est ne Gallus sese existimet fatigari*. Et ailleurs : *Tum ille sicut est verecundissimus aliquantulum erubescens dum fatigationem meam accepit*. Valerian Homelie VI. *Otiosa verba sunt figurata conuitis, stulta fatigatione composita*, &c. Voyez M. de Saumaise sur l'Histoire Auguste pag. 482.

FADE. De *fatuus* dont les Latins ont vsé en cette signification, & qui a esté fait de *fatus* qui signifie *deum*, comme nous le dirons plus amplement au mot *fée*, a cause que ceux qui se meslent de deuiner disent ordinairement beaucoup de sottises. De *fatuus* on a fait *fatuicia*, dont nous auons fait FADAISE, que les Gascons prononcent *fadesse*. *Fatuus* a esté premierement dit d'vn homme inepte, d'où vient nostre mot FAT ; & puis il a esté transporté figurément au goust, ce que nous auons dit *fade*.

FA. FA.

FAGOT. De *facottus* qui a esté formé de φάκος qui signifie *fascis*. Ce mot φάκος ne se trouve point; mais il paroist qu'il a esté, par son diminutif φάκελος qui se trouve dans Ammonius au liure qu'il a fait des mots semblables & differens: φάκελος κ῀ φάκελον διαφέρει. φάκελος μὲν γὰρ ἐςὶ φορτίον ξύλων. Θυκιδίδης· φακέλυς ὕλης ἀρχαίας. φάκελον δὲ ὁ μετὰ φλεγμονῆς σπασμός. De φάκος les Grecs ont dit σφάκος pour dire *de la sauge*, acause que les branches de la sauge sont comme fagotées les vnes auec les autres. De φάκος les Latins ont fait *fascis*, & *fasciculus* de φάκελος.

FAILLIR. De *fallire* qui se trouue en la Loy Salique tit. 19. *de vulneribus* §. 1. *Si quis voluerit alterum occidere, & colpus ei fallierit; vel cum sagitta toxicata eum percutere voluerit, & ei ictus fallierit*, &c. & qui vient de l'Alleman *faëlen* ou *falieren* qui signifient la mesme chose, ou bien du Latin *fallere*. Voyez Vossius *de vitijs sermonis* liu. 4. chap. 8. & Spelmannus en son Glossaire. Les Anglois disent aussi *to faile*.

FAINE. De *fagina*. C'est le fruit du fouteau qui s'appelle *fain* en vieux François & qui vient de *faginus*.

Deux beaux vaisseaux & deux pots figurez
De fain faits, & tres-bien mesurez.

C'est ainsi qu'vn ancien Traducteur des Bucoliques de Virgile, dont la traduction se voit deuant celle qu'a faite Octauien de Saint Gelais de l'Eneïde, a tourné ce vers

―――― *tibi pocula ponam*
Fagina cælatum diuini opus, &c.

Nos Anciens disoient aussi *fau* pour *vn fouteau*, de *fagus*; & *faye* pour FAINE de *faia* par contraction de *fagina*. La Loy des Lombards VII. liu. 1. tit. 19. *Si quis roborem aut quercum, seu cerrum quod est modo laiscum aut glandem, quod est faia, inciderit, componat pro arbore tremissos duos.*

FAINEANT. De *faire* & de *neant*. Voyez le President Fauchet liure x. de ses Antiquitez Françoises chap. 16. vers la fin.

FAITISSIER, comme quand on dit *serge faitissiere*. De *factitiarius*, à la difference des estoffes estrangeres. On a

FA. FA. 309

auſſi dit FAITIS de *factitius*. Le Drappier dans la Farce de Pathelin, parlant de ſon drap:

> Ie l'ay fait faire tout faitis
> Ainſi des laines de mes beſtes.

FALAISE. On appelle ainſi en Normandie & en Picardie ces coſtaux qui ſont le long des coſtes de la mer. De l'Alleman *fales*, qui ſignifie *vne roche*. Scaliger ſur le III. liure de Varron de re ruſtica. *Doctiſſimus vir quædam dixit de Falere: in quibus quod à candore dictum putat, mihi non perſuadet. Sed quòd Faleſas lingua Normanorum à Faleribus dictas conatur probare, id homini vlli Septentrionali non perſuadebit. Interroga enim de hoc vocabulo Saxonem hominem, aut Germanum, & quemuis ex illis partibus vnde originem trahunt Nortmanni, ſtatim reſpondebit* FALES *aut* FELS *eſſe rupem, neque aliud eſſe niſi id quod Nortmanni vocant* FALESE. Falaiſe ville de Normandie a eſté ainſi appellée de ces Falaiſes ſur leſquelles elle eſt ſituée. On appelle auſſi en Normandie *falaiſes* ces monceaux de neige que le vent forme.

FALOT. Florent Chreſtien ſur la Paix d'Ariſtophane pag. 687. le dériue de *phallus*, & blaſme ceux qui le dériuent de φανός: *Sunt qui putent Gallicam vocem* FALLOT *eſſe detortam à* φανός, *quaſi dicendum ſit* FANOT. *Non habent eius ſententiæ auctores me aſtipulatorem. Nam laternæ illæ quæ hærent fereti ligno, & ſublimes ſurſum feruntur lingua noſtra* FALLOTS *vocantur, fortaſſe quia velut phalli vel etiam Ityphalli, ab imitatione geſtationis illius ortophallicæ, vt nomen ipſum prodit.* Ie croy qu'il ſe trompe, & que *falot* vient de *fanuttus* qui a eſté formé de φανός N en L comme en BOLOGNE de *Bononia*. Du temps de Nicod quelques-vns diſoient encore *phanot*, ainſi qu'il l'a remarqué aux mots *falot* & *fanal*. φανός, *phanuttus, fanottus,* FALOT; comme MVROT de *murottus,* FAGOT de *facottus*.

FAN. De *infans*. Les Latins ont dit de meſme *innulus* & *innuleus* pour dire *vn fan*, du Grec ἴννος qui ſignifie *vn enfant*. Iſidore: *Innuli filij ſunt ceruorum*. Les Grecs ont dit auſſi ἔρεφν des petits animaux, & παῖς ἐλάφυ, & παῖδες ἵππων, d'vn *fan*, & des poulains. Voyez M. de Saumaiſe ſur l'Hiſtoire Au-

Q q iij

guste pag. 106. Nous auons osté la premiere syllabe de *infans*, comme les Italiens en *fante*. Les Hebreux disent בן בחר *ben bachar, filius vaccæ* pour *vitulus*.

FANAL. De *phanalium* qu'on a fait de Φαναῖον R EN L.

FANFARON. De l'Espagnol *fanfarron*, qui est originaire Arabe.

FANFRELVCHE. De *fanfaluca*. Le Dictionnaire de la Crusca: Fanfaluca. *La frasca secca, le cui frondi abbrucciate si leuano in aria*. Lat. *Stipula volans. E da questa similitudine si dicono fanfaluche le cose del mondo fondate in aria*. FANFRALVCA vient de *fralucere* par reduplication.

FANTASSIN. De l'Italien *fantassino*, diminutif de *fante*.

FAQVIN. De l'Italien *facchino*, qui signifie proprement *vn portefaix*, mais qui, comme on prenoit anciennement de ces portefaix pour courre contre eux au faquin, s'est pris en suitte pour *faquin*. Rabelais III. 37. vse du mot de *faquin* en la signification de portefaix: *A Paris en la rostisserie du petit Chastelet au deuant de l'ouuroir d'vn Rostisseur vn Faquin mangeoit son pain à la fumée de son rost*, &c. *Le Rostisseur repliquoit que de fumée de son rost n'estoit tenu nourrir les Faquins; & venoit en cas qu'il ne le payast qu'il luy osteroit ses crochets*, &c. L'Italien *facchino* a esté fait de *fasculino* diminutif de *fasculus* qu'on a dit pour *fasciculus*.

FARCIN. De *farcimen*. Scaliger sur les Catalectes: *Pantices sunt quod vulgo vocamus* FARCIN, *corruptè à farcimine*.

FARIBOLES. Henry Estienne au traitté qu'il a fait de l'abus de la langue Grecque vers la fin, estime qu'on a dit *faribole* par corruption pour *parabole*: & il y a beaucoup d'apparence.

FAROVCHE. De *feroce*, ablatif de *ferox*.

FAVBOVR. Par corruption pour *forsbourg*. L'Ancienne Coustume de Tourraine au chapitre des Amendes art. v. *Et pour ladite requeste de lettre & execution d'icelle le Sergent en la ville & forsbourgs n'aura que cinq sols tant pour luy que pour ses records*. De *foris* & de *burgus*. Voyez Pasquier en ses

FA.   FA.   311

Recherches. Les Hebreux ont dit de mesme מגרש *migras* pour vn *faubour*, qui est comme qui diroit *ex vrbe expulsum*, de גרש *garas* qui signifie *eijcere, expellere*.

FAVCHON. Vieux mot qui signifie vne sorte d'espée appellée autrement *Brance* en vieux langage Germanique. Le President Fauchet estime que cette espée a esté ainsi appellée, parce que dans les combats on en fauchoit la vie des hommes, & pour cela produit ces vers de l'Autheur du Pelerinage de l'Ame :

Ou le fauchon ie te ceindray
Ou ie ta vie faucheray.

c'est au liu. 11. de sa Milice chap. 1. L'opinion de Fauchet me semble vray-semblable. Les Gloses d'Isidore : *Falcarius, gladiator falcem gerens*. FAVCHER a esté fait de *falcare*, dont le diminutif *falcitare* se trouue. Les mesmes Gloses : *Falcitat, putat, secat, æstimat*. On a aussi dit *defalcare*, dont nous auons fait DEFALQVER.

FAVTVEIL. Par corruption pour *faudestueil*. Le Roman de Merlin tom. 1. vers la fin : *D'autre part estoit assise sur vn faudestueil vne des plus belles Dames qui onc nacquit*. Dans l'Inuentaire des meubles du Roy Charles V. qui est dans la Bibliotheque du Roy, & qui m'a esté communiqué par Messieurs du Puy : *Item vne chaire en maniere de faudestueil*. FAVDESTVEIL a esté fait de *faltisterium* ou *faldisterium*, d'où les Italiens ont aussi fait *faldistoro*. Le Pere Sirmond sur l'Epigramme 15. du liu. 11. de Theodulphe, dont l'inscription est IN FALDAONE EPISCOPI : *In sede*, inquit, *seu Cathedra Episcopali. Ab eodem enim fonte faldistorium pro sede passim legitur in Ritualibus Ecclesiæ Romanæ, vt in Cerimoniali de Episcopo qui celebraturus est: inde venit ad paratam sibi sedem seu faldistorium ad cornu Epistolæ positum. Sed faldistorium ab Episcopali sede distinguebant. Propius, inquiunt, Episcopus non in faldistorio, sed in propria Episcopali sede stare & sedere debet. De propria ergo sede Theodulfum loqui arbitror*, &c. J'ay crû autrefois que *faldistorium* venoit de l'Italien *falda* ou de l'Alleman *falden* qui signifient *frange*, acause qu'ordinairement on met de la frange aux fautueils, mais apresent ie suis de l'auis de Spelmannus qui le dériue du Saxon *fald*, qui signifie *septum*, *claustrum* : FALD *Saxonibus* stabulum *vulgariter*. Propriè verò septum, claustrum. *Cùm ad aliorum animalium, tum ad hominis præsidium. Inde sedes Episcopi cancellis circumclusa, quam & thronum & stallum vocant, in antiquis membranis* faldistorium *dicitur.* Et ce qui suit, que ie vous prie de voir aux mots *falda*, *faldagium*, *fadsoca*.

FAVVE. De *flauus* ou plustost de *fuluus*.

FAYANCE. De la ville de Fayance qui est prés de Boulogne en Italie, d'où cette sorte de poterie nous est venuë. Les Italiens l'appellent *Maiorica*.

FE.

FEE. De *fata* qui a esté fait de *fateor* qui vient du Grec φημμὶ, φημί, φατός, *fateor*, *fatus*. Les Grecs, au lieu du simple, vsent du composé προφήτης. Voyez *fade*. Les Italiens disent encore *Fata*. *La Fata Manto* dans Arioste.

FELONIE. De *felonia* qui vient de *felo* ou *fello* qui se trouue dans les Capitulaires de Charles le Chauue, dans les Autheurs qui ont escrit des Fiefs, & dans Mathieu Paris, & d'où nous auons fait FELON. On croit que *felo* a esté fait de l'Alleman *feelen* qui signifie *faillir*. Voyez Vossius *de vitijs sermonis* II. 6.

FEMME pour *vxor*. De *femina* dont les Latins ont vsé en cette signification. Les Capitulaires de Charles le Chauue tit. 31. *Si femina maritum, aut maritus feminam accepit, illud coniugium dissoluatur.* Ils ont vsé en la mesme signification du mot *mulier*, comme l'obserue le P. Sirmond dans ses Notes sur ces Capitulaires pag. 82. d'où les Italiens ont aussi fait leur *moglie* & les Espagnols *mugier*. En Dauphiné le peuple dit encore *fenne* pour *femme*.

FERME pour *conductio*. De *firma* qui se trouue en cette signification dans plusieurs Escriuains de la basse Latinité, comme *Firmarius* pour FERMIER. Ciron dans ses Paratitles sur le Droict Canon, apporte deux opinions touchant l'etymologie

mologie du mot *firma* en cette signification: *Firmæ vocabulum sumpsit originem ex Constitutione Zenonis in l. 34. De Locat. & Conduct. quâ intra annum licebat resilire à contractu. Sed quia fides firma dabatur non recedendi, locatio dicta est* firma *cap. vlt. Nc Prælati vices suas, &c. vel vt alij volunt à mercede certa & firma quæ promittebatur, contractus dictus est* firma. Spelmannus dit que ce mot est originaire Saxon, & qu'il signifioit premierement toute sorte de viures, dont il rapporte des preuues; & que comme les terres des Seigneurs estoient autrefois affermées, non pas à argent, mais à condition de fournir des viures, dont il rapporte pareillement des exemples, il a esté pris en suitte pour la ferme mesme. Voyez-le en son Glossaire au mot *firma*. Pour moy, j'estime que *firma* a esté dit de *firmus* pour *vn lieu fermé*, & comme nous disons en Anjou *vne clauserie*; d'où vient qu'en plusieurs lieux de France on appelle *ferme* la mestairie mesme: & que comme ceux qui demeuroient dans ces fermes, & qu'on appelloit FERMIERS, donnoient aux Seigneurs ou quelque argent ou quelques denrées pour joüir du reuenu de leurs terres, on a dit de là *ferme* pour *conduction*. Comme *firma* a esté dit pour *vn lieu fermé*, on a dit aussi *firmitas* pour *vn bourg ou village fermé de murailles*. Les Capitulaires de Charles le Chauue tit. 31. chap. 1. *Et volumus & expressè mandamus vt quicumque istis temporibus castella & firmitates & haias sine nostro verbo fecerint*, &c. d'où nous auons fait FERTE´, qui est le nom de plusieurs petites Villes de France: *la Ferté-Benard, la Ferté-Milon, la Ferté-Aucoul, la Ferté sous-Ioüarre, la Ferté-Seneterre*, &c. qui sont appellées dans les vieux titres *Firmitas Bernardi, Firmitas Milonis, Firmitas Auculphi*, &c. On a aussi dit *firmare* pour *claudere*, d'où nous auons fait FERMER, comme FERMOIR de *firmatorium*. Voyez Vossius *de vitijs sermonis* pag. 429. *Solutam aluum firmare* se trouue dans Pline XIV. 18.

FERMER. Voyez *ferme*.

FERMIER. Voyez *ferme*.

FERRANT. C'est vn vieux mot François qui signifie *cheual de guerre*, & qui se trouue souuent dans les Romans;

pour lequel vous y trouuerez aussi Avferrant. Rigord en la vie de Philippes Auguste, parlant de Ferrand Comte de Flandres: *Nec verecundabantur illudere Comiti Ferrando rustici & pueri, nacta occasione ab æquiuocatione nominis, quia nomen ei tam equo quàm homini erat æquiuocum, & casu mirabili duo equi eius coloris qui hoc nomen equis imponit ipsum in lectica vehebant. Vnde ei improperabant quòd modò ipse erat ferratus, quòd recalcitrare non poterat, qui priùs impinguatus, dilatatus recalcitrauit, & calcaneum in dominum suum eleuauit.* Dans la Chronique de S. Denys, dont l'Autheur a traduit le lieu de Rigord, il est dit que le peuple se mocquant de ce Comte, croit *que deux Ferrans emportoient le tiers Ferrant, & que le Ferrant estoit enferré*: ce que du Haillan n'a pas entendu. Quelques-vns, comme Rigord au lieu allegué, dériuent ce mot de celuy de *foarre* qui signifie *paille*, & croyent qu'on a appellé *ferrant* vn cheual de couleur paillée & tirant sur le jaune. Il vient de waranus qu'on a dit pour waranio, lequel se trouue pour *cheual* dans la Loy Salique tit. 4. §. 2. *Si quis Waranionem homini Franco furauerit*, &c. Et §. 4. *Si quis Waranionem Regis furauerit*, &c. De waranio les Espagnols, les Languedociens & les Prouençaux ont fait *guaragnon* pour *estelon*. Cette obseruation est de M. Besly, & m'a esté communiquée par M. du Puy. Waranus, Warandus, Ferrand.

FERTÉ. Voyez *ferme*.

FESSE. De *fissa*.

FESSEAV. De *fascellus* diminutif de *fascis*.

FEV. De *focus*; comme ieu de *iocus*; qveu de *cocus*; lev de *locus*, &c. Nous vsons du mot *feu* pour *famille*: ainsi nous disons, *il y a cent feux en cette Paroisse*. Les Latins ont vsé de *focus* en cette signification. Siculus Flaccus en son liure *De conditionibus Agrorum: Sæpe vni foco territoria complurium acceptarum attribuuntur.*

FEV pour *deffunct*. Il y en a qui le dériuent de *fuit*, & qui escriuent *fut*: mais ils se trompent. Il vient de *functus*.

FEVRRE. Voyez *fourage*.

FEVTRE. De *feltrum* ou *filtrum* qui se trouue dans les Autheurs de la basse Latinité pour *tegumentum è pilis coactis.*

FI. FI.

Vous en trouuerez des exemples dans Vossius liu. 11. *de vitiis sermonis* chap. 6. Anciennement nous disions *feautre*, & il est ainsi escrit dans Villon: *Chapeau de feautre*, &c. *Feltrum* vient de l'Alleman *filt* qui signifie la mesme chose; d'où vient aussi l'Italien *feltro*. Filt, felt, feltre, FEAVTRE, FEVTRE.

FI.

FIACRE. On appelle ainsi à Paris depuis quelques années vn carrosse de loüage, acause de l'image Saint Fiacre qui pend pour enseigne d'vn logis de la ruë saint Antoine, où on loüe des carrosses. M. Sarasin dans la Pompe Funebre de Voiture, qu'il m'a fait l'honneur de m'addresser, a fait allusion à ce mot, à l'endroit où il parle de l'enchanteur Fiacron.

FIANCE. De *fidentia*, comme FIER de *sidere*.

FIEF. Il y en a qui le dériuent de *fides*, & d'autres de *fœdus*. Cujas dans sa Preface sur les liures des Fiefs: FEVDVM *quidam dixere fœdum, vt Guillelmus Imp. in Constitutione quadam in Chronicis Flandriæ relata, per quam terris Imperialibus priuatur Margarita Comes Flandriæ ob fidem non præstitam. Vocem sanè feudi Isidorus à fœdere deduxit. Obertus autem à fidelitate vel fide, quod rectius puto, vel eò maximè quòd hi qui rem à Domino iure feudi acceperunt dicantur esse eius leudes siue leodes, quod est Francorum lingua* SES LEAVX *ou* LOYAVX. *Annonius* III. *cap.* 81. *Guntranus fuit leudis suis benevolus, &c. Vnde puto Germanos feudum appellare leudum siue lehen. Nam & pari ratione ijdem illi Leudes, Feudales dicuntur quod est Francorum lingua* FEAVX, *& feudum ius siue res, cuius acceptione fidei Dominis exhibendæ vinculo constringuntur. Fideles his libris sæpe,* &c. Bodin liu. 1. de sa Repub. chap. x. *A fide præstanda feuda dicta sunt. Hinc enim F.E.D.V.M. dici videtur; quòd qui fidem daret his verbis vtebatur;* FIDELIS ERO DOMINO VERO MEO. *Contractis autem dictionibus in literas feudi appellationem traxerunt: nisi à fœdere vtrinque contracto deriuari verius sit.* M. de Saumaise croit que *feudum* a esté fait de φυτόν: c'est dans sa Disquisition de *mutuo* pag. 338. où il parle de l'Emphyteose: *Etiam feuda ipsa inde traxerunt nomen fortassean*

Rr ij

cum re suum. Nam ἐμφύτευσις *ab* ἔμφυτον, *& simplex* φυτόν. *Vnde* feudum *Barbari fecerunt.* V. Loiseau chap. 1. des Seigneuries

FIENTE. De *fimentum* qu'on a dit pour *fimetum*, qui a esté fait de *fimus*.

FIERS. Espece de raisins appellez autrement *des fumez*, Rabelais 1. 25. *Car notez que c'est viande celeste manger à desieuner des raisins auec fouasses fraisches, mesmement des pineaux, des fiers, des muscadeaux, de la bicane & des foirards.* On prononce en Anjou *fiez*, mais on dit *figers* en Poictou : ce qui me fait croire que ce mot a esté fait de *ficarii*, & qu'on a appellé ces raisins de la sorte, a cause de leur douceur qui approche de celle de la figue.

FIERTE, comme quand on dit *la Fierte Saint Romain*. De *feretrum*.

FIL d'archal. De *filum* & de *auricalchum* qu'on a dit au lieu d'*oricalchum*. Scaliger sur Festus pag. 25. *Cùm Græci dicant* ὀρείχαλκον, *tamen Latini scripserunt* aurichalcum, *quòd putarent id ex auro & ære componi, addita cadmea terra ; vt electrum ex auro & argento, de quo intellexit Martialis :*

   Pallida sic niueo radiant electra metallo,
  Et niueum felix pustula vincit ebur.

Intelligit enim de illa materia composita, non de succino. Igitur ex vitio pronuntiationis nata est falsa illa de compositione auri, & æris opinio. Quare & Auctor Glossarii rectè dixit : Aurochalca, κραματινά. *Quòd putarent esse auri & chalci, seu æris* κραμά τι, *& compositionem quandam. Non nego ex auro & ære præstantissimum æs fieri, vt prodiderunt Veteres de Corinthio ære. Sed id* ὀρείχαλκον *esse, id verò pernego. Aristotelem enim habeo Auctorem, qui apud Interpretem Apollonii negat* ὀρείχαλκον *esse in rerum natura. Hesychius :* ὀρείχαλκον, ὡς εἰκῇ διαδεδομένων τὸ ὄνομα. οἱ δὲ πλείους ὑπάρχειν αυτόν. ἔστι δὲ ᾗ ὕλη ὁμοία χαλκῷ. *Sanè* ὕλην ὁμοίαν χαλκῷ *vulgò vocamus letonum. Et de eo intellexit Horatius :* Tibia non, vt nunc, orichalco vincta. *Sed illud commentitium auricalcum tanti fuit apud Veteres, vt cùm nusquam esset, tamen quasi esset, etiam auro excellentius haberetur. Id quod ex Plauto cognoscimus, qui auricalcum pluris facit, quàm talentum auri. Quod & non prætermittit Seruius in Virgilium.*

FILER. De *filare* qui vient de *filum*, & qui se trouue en cette signification dans Saint Oderic chap. 1. de sa Peregrination §. 4. *In ea* (il parle de la terre d'Vr) *sunt pulchri senes: ibi viri nent & filant, mulieres verò non.* De *filum* on a aussi fait le diminutif *filetum*, dont nous auons fait FILET. Et comme nous disons *vn filet de perles*, les Latins ont dit de mesme *filum gemmarium*. Les Gloses pag. 639. τρίλινον, κόσμος γυναικὸς, *trifilum gemmarium*: & *linea margaritarum*, qui se trouue dans le Digeste.

FILOV. Filou signifie proprement ce petit baston d'yuoire long de trois pouces & de la grosseur du petit doigt à six pans, marqué comme vn dé sur chaque face, & auec lequel on joüe. Or comme il est facile de piper à ce jeu, on appella à Paris il y a enuiron 30. ou 40. ans *Filoux* & *Filoutiers* ceux qui pipoient & escroquoient en quelque occasion que ce fust. Depuis ce nom fut donné à ceux qui volent la nuict & tirent la laine, ausquels il est demeuré. Ie ne sçay pas d'où peut venir ce mot de *filou* quand il signifie cette sorte de jeu dont nous venons de parler. *Filones* se trouue dans Ekkehardus au liure qu'il a fait intitulé *Casus*: *Fillones illi fugitiui*, &c. sur lequel endroit Goldstat dans ses Alemaniques tom. 1. part. 1. pag. 198. a fait cette note: *An villones idest villani? nugæ. Et obaudio Freherum* FILLONES *exponentem verberones à veteri verbo fillen. Otfrydo, Notkero Labioni frequens pro cædere, flagellare, fustigare: an latrones & prædones?*

FINANCE. Peutestre de l'Alleman FINANTZ, qui signifie *vsure, interest*, comme FINANZEN *donner à interest*: ou du vieux mot François *finer* qui signifie *trouuer*. Finer de l'argent, c'est trouuer de l'argent. Les Perigourdins disent encore *fina* pour *trouuer*. Et *finna* parmy les Suedois signifie la mesme chose.

FIQVETTE. Comme quand on iure *par ma fiquette*, qui est vn serment que beaucoup de femmes font sans sçauoir ce qu'elles disent. De *fichetta* diminutif de *fica*, qui se prend pour les Italiens *in obscœnis*. Molza dans le *Capitolo* qu'il a fait *d'elle fiche*, remarque que les femmes de Prouence ont de coustume de jurer de la sorte:

318   FI.   FL.

Questo basta à chi vuol lor fama dare
Ancor, ch' al tempo antico gia gli Athleti
Vsasser con le fiche d'ingrassare.
Però in Prouenza in quei paësi lieti
Il iurar per ma figa è vn sacramento
Ch' vsan le Donne, ond' ogni buon s'acqueti.

où Annibal Caro sous le nom de *Ser Agresto* a fait cette note: *Come il guiderdone d'vn huomo buono è diuentar santo, cosi esse Fiche, per i loro buoni portamenti, sono state cannonizate per sante in Prouenza, là tra quelle persone da bene. Percio che le Donne in quel Paëse, quando vogliono affermare vna verità giuranno* PER MA FIGA, *idest, per la fica mia, come per cosa santificata: & quelle buone persone credono à questo giuro, come à sacramento infallibile & inuiolabile.* Les Italiens jurent de mesme *cazzo* & *potta*. Nous disons aussi *par ma fi*, qui est vne abreuiation de *par ma fique.* Rabelais liu. 1. chap. 7. *Vne de ses Gouuernantes m'a dit iurant sa fi*, &c.

FISQVE. Du Latin *fiscus*, qui signifie proprement *vn panier*, & qui vient du Grec φίσκος, mais qui figurément a esté pris pour le thresor public. Asconius: *Fisci spartea sunt vtensilia ad maioris summæ pecunias capiendas; vnde quia maior est summa pecuniæ publicæ, quàm priuatæ; vt pro censu priuato loculos & arcam dicimus, sic pro thesauro publico ærarij dicitur fiscus.* Hesychius: φίσκος, δημόσιον ταμεῖον πολύχρημον. Φισκοσυνήγορος, ὁ ταμείου συνήγορος. Isidore xx. 9. *Fiscus saccus est publicus. Hunc habent exactores, & in eo mittunt debitum publicum quod redditur Regibus.*

FL.

FLACON. De *flasco*, qui vient de l'Alleman *flasch.* Flodoart dit que Saint Remy donna à Clouis qui alloit combattre les Wisigots vne bouteille de vin qu'il auoit benite, *quam flasconem vocant*, & qu'il l'aduertit que tant que ce vin dureroit il auroit heureux succés contre ses ennemis. Les Espagnols disent aussi *flascon*, les Italiens *fiasco*, & les Grecs modernes φλασκίον. Suidas: πυτίνη, ὅπερ παρ᾽ ἡμῖν λέγεται φλασκίον. Voyez Pasquier liu. VIII. chap. 2. Vossius *de vitiis*

FL. FL. 319

Sermonis liu. II. chap. 6. & Goldstat sur Walafridus de la vie de Saint Omer chap. 9. Isidore liu. XX. chap. VI. *Flascæ à Græco vocabulo dictæ. Hæ pro vehendis ac recondendis phialis primùm factæ sunt: inde & nuncupatæ sunt. Postea in usum vini transierunt, manente Græco vocabulo, unde & sumpserunt initium.* De *flasca* ou *flascus* on a fait *flasque*. Rabelais liu. V. chap. XI. Là aussi nous dit estre un flasque de sang greal, chose diuine & à peu de gens connuë.

FLAITRIR. De *flaxitire. Flaxeo, flaxi, flaxitum, flaxitire,* FLAITRIR.

FLAMBE. De *flamma*. M en B, comme en MARBRE de *marmore*; en GAMBERO Ital. de *cammaro*, en SCABELLVM de *scamnum*. De *flammula* diminutif de *flamma* on a fait *flammella*, & puis en suite *flammellum*, d'où nous auons fait FLAMBEAV.

FLANC. De λαγών. Voyez *flater*.

FLANS. On appelle ainsi à Paris de petites tartelettes que nous appellons en Anjou *flandreléts* par diminution. De *planus*, a cause qu'elles sont plates. Voyez *galettes*. Villon:

> Bons vins souuent embrochez,
> Saulces, brouets & gras poissons,
> Tartes, flans, œufs pochez
> Et perdrix en toutes saisons.

FLASQVE. De *flaccus*. Pline XI. *Aures homini tantùm immobiles. Ab iis Flaccorum cognomina.* On a dit de mesme *equi flacci* des cheuaux qui ont les oreilles basses & pendantes.

FLATER. De *flagitare* ou plustost de *lactare* en y preposant vne F, comme en *flanc* de λαγών.

FLEAV. De *flagellum*. Alcuin Epist. I. *Hoc dico propter flagellum, quod nuper accidit partibus Insulæ nostræ.* Anciennement nous disions *flael*, & vous le trouuerez ainsi escrit dans les vieux Romans.

FLECHE. Les Allemans appellent vn arc auec lequel on tire *flitsbogen*, qui est vn mot composé de BOGEN qui signifie *arc*, & de *flits* inusité, qui signifie *fleche*. Il y a apparence que nostre mot de *fleche* a esté fait de ce mot *flits*.

FLECHE. Ville d'Anjou. Elle est appellée *Castrum Fissa* dans les vieux titres Latins.

FO.

FLEGARD. Ce mot se trouue dans la Coustume de Boulenois art. 29. & signifie vn lieu public & qui n'appartient à aucun particulier, comme vn marché, ou vne ruë, ou quelque commune. Voyez M. Feramus sur cét article.

FLOTER. De l'Alleman *flotten* qui signifie la mesme chose. Voyez Vossius *de vitiis Sermonis* II. 27. & M. Besly dans son Histoire des Comtes de Poictou pag. 8.

FO.

FOIBLE. De *flebilis* dont les Latins se sont quelquefois seruis pour *pitoyable* & *malheureux*. Tibulle:
Et iaceam clausam flebilis ante domum.
En quelques lieux de France on prononce encore apresent *floibe*. De *flebilis* les Italiens ont aussi fait *fieuole*.

FOIRE pour *vn marché*. De *feria*. Vn vieux titre escrit à la main: *Magnum forum quod dicitur feria*. *Feria* a esté dit en cette signification *à feriando*, acause de la coustume qui se pratique de tout temps de tenir des foires aux lieux où on celebre des Festes. Festus liure XII. *Nundinas feriarum diem esse voluerunt Antiqui, quo rustici mercandi vendidique causa in vrbem conuenirent, eúmque nefastum, ne si liceret cum populo agi, interpellarentur nundinatores.* Saint Basile dans ses Ascetiques chap. 40. *Nundinas & publicum emporium ex Martyrum tempore & loco facientes.* Voyez Sozyme liure II. chap. 3. & Spelmannus au mot *feriæ*.

FOIRE pour *stercus liquidius*. De *foria*. Les Gloses d'Isidore: *foria, latrina, secessus*. *Foria* a esté fait de φορεά.

FOIS, comme quand on dit *vne fois, deux fois.* De *vices* dont les Espagnols ont aussi fait *vezes*; v en F, comme en *la Fere de Vara*. C'est ainsi que cette Ville est appellée dans les vieux titres Latins.

FOISON. De *fusio*; comme *maison* de *mansio*; *poison* de *potio*, &c.

FOYE. M. de Saumaise sur Solin pag. 1055. le dériue de *ficatum*: *Stultus est si quis in Nardino conficiendo putat locum habuisse*

FO. FO. 321

Aloën Hepatida, quæ nihil habet aromaticum. Sycotinum hodie vocamus, hoc est ad verbum ἡπατίδα vel ἡπατίζουν. Nam Græcia infima συκωτοὶ pro iecore dixit, quum antiqua iecur anseris aut porculi ficis pasti, in delitiis haberet, & sic vocaret. ἥπατα σευκασμένα dicuntur Polluci, quæ aliis συκωτά. Inde recentiores συκωτὸν quodlibet iecur appellarunt, & eos imitati Latini ficatum. Quo nomine hodieque iecur in nostro idiotismo nuncupamus. Lexicon vetus: συκωτὸν, ἡπάτιον. Cyrilli Lexicon: λοβὸς ἥπατος, ἄκρον συκωτίς. Ie ne suis pas de l'auis de M. de Saumaise; & ie tiens auec M. Guyet, que nostre mot *foye* a esté fait de *feca* qui l'a esté de *hepar*. De *hepar* on a premierement fait *heca*, qui est encore en vsage parmy les Italiens; & puis *feca*; & enfin *fea*, dont nous auons fait FOYE. Pour les Italiens & les Espagnols, ils ont fait *fecato* & *higado* du Latin *ficatum*.

FOL. De *follus*. L'Autheur de la Chronique de Maillezais parlant de Charles le Simple: *Hic Rex fuit follus*. *Follus* a esté fait de *follis*. Les Gloses anciennes: *follicia vel follericia, vanitas, stultitia*. Celles d'Isidore: *folonitia, vanitas*. C'est aussi l'opinion de Cujas sur la Loy 3. au Code *qui accusare non possunt*: FOL *ab inanitate ventosi follis*. Et de Beze sur S. Mathieu v. 22. *Raca*, ῥακά. Qua voce significatur homo imprudens, & quasi cerebro vacuus, à nomine Hebræo רק rik, quod vacuum & inanem declarat. Nos Gallico idiomate follem eadem ratione vocamus. De *follis* les Italiens ont aussi fait *folle*, & *follia* de *follicia*, comme nous FOLIE.

FONTAINE. De *fontana* qu'on a formé de *fons*, comme *montana* de *mons*, & qui se trouue plus d'vne fois dans Innocentius *de casibus literatis*.

FONTAINEBLEAV. Dans le Sire de Ioinville ce lieu est appellé *Fontainebliaut*: & dans les Coustumes Latines de Lorris, qui sont du temps de Loüys le Gros, *Fons Blaaudi*.

FONTE. De *funda*. M. de Saumaise sur Solin pag. 1078. *Ferrum fusile hodie funtam vocamus*.

FORCE. De *forcia* ou *fortia* qui se trouuent en cette signification dans les Capitulaires de Charles le Chauue, dans les Loix Ripuaires, dans Marculphe, & ailleurs. *Fortia* vient de *fortis*. De *fortia* on a fait *confortiare* qui se trouue dans le

Sf

Glossaire ancien: *confortiat*, Κυτοχυἐζεται. Et *difforciare* ou *defortiare* qui se trouuent dans Mathieu Pâris. Voyez les Notes du P. Sirmond sur les Capitulaires de Charles le Chauue pag. 113. celles de M. Bignon sur Marculphe pag. 519. Vossius *de vitijs sermonis* liu. 11. chap. 22. & liu. 111. chap. 12.

FOREST. De *foresta* ou *forestis*, qui se trouuent en cette signification dans plusieurs Autheurs de la basse Latinité. Le Capitulaire *de villis suis* attribué à Charlemagne art. 36. *Vt syluæ vel forestes nostræ bene sint custoditæ*, &c. Vossius doute si ce mot vient du Latin *foris, quia sylua foris est sue extra vrbem & agros*; ou s'il vient de l'Alleman *forst* qui signifie la mesme chose. Ie croirois plûtost qu'il viendroit de l'Alleman, contre l'opinion de Spelmannus qui le dériue de *foris* ou de *foras*: *Dicta ab aduerbio* foris *seu* foras, *quasi pars forastica seu exterior; hoc est, foris culta & habitata. Sic Gallis* for *&* rest, *Italis* fore *&* resta, *illud notant quod foris restat. Eodem sensu desertum dicimus, quasi id quod deseritur & foris relinquitur. Hinc* afforestare *&* desertare, *idem sunt quod cultum in forestam & desertum adigere: De* forestare *&* desertare, *idem quod forestam & desertum in cultum redigere, quod assartum vocant; hoc est, deserto contrarium. Vocem autem* forestam *à Normanis reor introductam*, &c. Voyez-le en son Glossaire au mot *foresta*, & Vossius *de vitijs sermonis* 11.7.

FORFAIRE. De *forisfacere*. Les Gloses d'Isidore: *forisfacio, offendo, noceo*. De *forisfaciente* les Italiens ont fait *forfante*, d'où nous auons fait FORFANTE.

FORFANTE. Voyez *forfaire*.

FORGE FORGER. De *fabrica* & de *fabricare*. *Fabricare, fauricare, forcare*, FORGER. Les Gloses: ἐγχαλκεύω, *fabrico*.

FORME de soulier. Les Latins ont dit de mesme *forma calcei*. Le Iurisconsulte Iulian en la Loy III. §. 3. au Digeste *ad L. Aquil. Sutor puero discenti ingenuo filiofamilias parum bene facienti quod demonstrauerit, forma calcei ceruicem percussit, vt oculus puero perfunderetur.* Le Glossaire Grec-Latin: χαλόπυς *forma calcei*, *norma*: car c'est ainsi qu'il faut lire en cét endroit, & non pas *calcis* comme portent les editions.

FORS. De *foris*.

FO. FO. 323

FOSSE'. De *fossatum* ou *fossatus*, qu'on a faits de *fossa*. Modestin au §. 4. de la Loy 3. au Digeste *De Re Militari*: *Qui à fossato recedit capite puniendus est.* Innocentius de *cassis literatis*: *Fossatum qui riuus interpretatur*. Latinus & Myrsontius: *Fossatos quos Augusteos appellamus.* Abbo dans son Poëme du siege de Paris:

Ducere fortè truces secum conantur Odonem,
Qui primùm feriendo falæ fossata volatu
Transilijt propero, clypeum gestánsque cateiam.

Les Gloses pag. 631. τάφρος, *fossa*, *sepes*, *fossatum*. Curopalates: ὥσπερ ὁ μέγας Δομέστικος εὑρίσκεται εἰς τὸ φωσσᾶτον ἀπὰν κεφαλὴ. ὅπω, &c. Les Grecs d'aujourd'huy disent encore φωσᾶτον pour *le camp*.

FOVACE. De *focatia*. Isidore liure xx. de ses Origines chap. 2. parlant du pain: *Subcineritius, cinere coctus & reuersatus. Ipse est & focatius*. Les Perigourdins disent *fougace*. Les Bulgares se seruent du mesme mot. Busbeq en la premiere lettre de son Ambassade de Turquie: *Post hæc pluribus diebus fecimus iter per amœnas & non infrugiferas Bulgarorum conualles. Quo ferè tempore pane vsi sumus subcinericio, Fugacias vocant.* Comme les Latins ont dit *panis focatius* de *focus*, les Grecs ont dit de mesme ἄρτος ἐσχαείτης, de ἐσχάρα.

FOVARRE. Voyez *fourage*.

FOVDRE. De *fulgure* ablatif de *fulgur*. On escriuoit anciennement *fouldre*. Voyez M. de Saumaise sur Soliu pag. 135.

FOVILLER. De *fodiculare* diminutif de *fodicare* diminutif de *fodere*. *Fodicare* se trouue.

FOVIN. De *futinum*.

FOVINE. Animal, & instrument de pescheur. De *fuscina*. M. de Saumaise sur Solin pag. 1009. *Meles igitur aut is est quem vulgò cattum putosum, idest putentem nuncupamus, aut ea quæ hodie fuscina dicitur à fusco pilo, vulgò fouinam vocamus, idest fuscinam. Nam & fuscinam tridentem piscatorium instrumentum in plerisque Galliæ locis fouinam appellant, & sic Veteres nostri vocabant,* (on l'appelle ainsi vers la coste de Normandie.) Sonus vtriusque nominis idem, sed origo diuersa. Fuscinum *pro fusco infima Latinitas dixit*, vt aurinum *pro aureo,* marmorinum *pro marmoreo,* aurichalcinum, *& similia.* Sic Fuscinæ dictæ quia fuscum habent pilum. Les Espagnols disent aussi *fuina,* que Couarruuias dérive de l'Alleman *fuich*; en quoy il se trompe.

FOVIR. De *fodire* qu'on a dit pour *fodere*.

FOVLLER. Scaliger le dérive de *fullo*. C'est sur ces mots des Conjectanées de Varron : APVD FVLLONEM VESTIMENTVM CVM COGITVR, CONCILIARI DICITVR : *Immo,* dit-il, *conciliare à cilijs, & Græcè* κιλίκια *dicuntur. Ex iis coacta vestimenta vulgò feltra vocamus.* Nempe τὰ ἐκ τριχῶν ϲυμπεπιλημένα. Vnde conciliare fullonium verbum, τὸ ϲυμπιλεῖν, πιέζειν, ἰπεῖν, ἢ ϲυμπατῆσαι. *A quo & Galli quoque* FOVLER *dicunt.* Hoc intellexit Titinnius Fullonibus :

——— terra hæc noua est:
Quasi vbi tu solitus pedibus argutiarer,
Dum compescis cretam & vestimenta eluis.

Vnde saltus fullonius *Senecæ epist.* xv. Cursor & cum aliquo pondere manus motæ : & saltus vel ille qui in altum corpus leuat, vel ille qui in longum mittit, vel ille, vt ita dicam, saliaris : vel, vt contumeliosius dicam, fullonius. Il vient de *fullare* qui a esté fait de *fullus,* qu'on a dit pour *fullo*.

FOVLQVE. Oiseau. De *fulica*.

FOVRAGE. De *foderagium,* qui a esté fait de *foderum,* qui signifie *alimentum, pabulum*. Aimoinus en la vie de Louis le Debonnaire : *Inhibuit à plebeis vlterius annonas militares, quas vulgo* foderum *vocant, dari.* L'Empereur Conrard dans sa Constitution *de Beneficiis,* qui se lit au cinquiesme liure des Fiefs. *Fodrum autem de Castellis, quod nostri Antecessores habuerunt, habere volumus.* Cujas sur ce lieu : *Quintum caput est de fodro, nolle se in eo exigendo morem antecessorum suorum excedere.* Fodrum *Annonius v. c. 3. Annonam militarem esse interpretatur. Ergo à Germanico vocabulo* FVTER. *Fridericus de Pace Constantiæ :* nobis intrantibus in Italiam fodrum consuetum præstabunt. *Lotharius & Carolus in suis Legibus:* Missi curam habeant, ne homines nostri vicinos tempore æstatis quando ad herbam caballos

suos mittunt, vel tempore hyemis quando Marescalos illorum ad fodrum dirigunt, deprædentur aut opprimant.
Guntherus:

    Id quoque quod Fodrum vulgari nomine dicunt,
    Et Capitolicium certo sub tempore censum,
    Hæc Ligures sacro tribuerunt omnia fisco.

Sic in c. præterea de iur. pat. & Othonis 2. cap. 12. 23. Radeuici 4. cap. 10. 15. 34. Voyez diligemment Vossius *de vitiis Sermonis* liu. II. chap. 6. où il ne dériue pas comme Cujas *foderum* de l'Alleman *futter*, qui signifie ce que mange les cheuaux, soit grain ou fourage; mais de l'Alleman *foden* ou *voeden* qui signifie *paistre*, & dont les Flamans ont fait *voeder* pour signifier la mesme chose. De ce mot *foderum* nous auons fait celuy de *foüarre* pour dire de la paille, qui est encore en vsage à Paris, & pour lequel on a dit aussi *feurre*, témoin le Prouerbe, *faire gerbe de feurre à Dieu*, qu'on a depuis corrompu *en barbe de feurre à Dieu*, comme l'a fort bien remarqué Pasquier en ses Recherches. Rabelais 1. XI. *Faisoit gerbe de feurre aux Dieux.* Il y a vne ruë à Paris prés la place Maubert qui s'appelle *du feurre*, & qui dans les titres Latins est appellée *vicus straminum*. Ioannes Major sur le chap. 22. de Saint Mathieu. *In straminum vico Parisius astutus Sophista spiculorum pharetrâ onustus sic auspicatur. Benigna cum venia Præsidis Cathedram circumspectissimè moderantis omnium Philosophorum huius sæculi facile Principis, Baccalaureos duabus facilibus argumentationibus oppugnabo.* Il y a apparence que cette ruë a esté ainsi appellée a cause de la paille qu'on y vendoit pour joncher les Escholes de Philosophie qui estoient en cette ruë, & celles de Medecine qui en sont proches, & sur laquelle les Escholiers se mettoient lors qu'on faisoit des actes publics. Ramus en sa Preface pour la reformation de l'Vniuersité de Paris, faisant mention de la dépense des Escholes de Medecine: *Pro tapetis & stramine Quodlibetariæ 30. solidi. In Cardinali pro trapetis & stramine 30. solidi.* Anciennement on jonchoit de mesme la salle de l'Euesché de Paris quand on y donnoit le bonnet de Docteur à quelqu'vn, ce que j'ay appris de M. de Launoy Docteur en

Theologie de la Faculté de Paris, & mon amy tres-particulier. Rabelais fait mention de cette ruë du Feurre liure II. *I'eu vn autre procés bien ord & bien sale contre Maistre Fisy & ses supposts à ce qu'ils n'eussent plus à lire clandestinement de nuit la pipe, le Bussart, ne le quart des Sentences: mais de beau plein iour & ce ez Escholes du Feurre en face de tous les Artiens Sophistes.* Et au chap. XVI. parlant des Maistres ez Arts: *Vn iour que l'on auoit assigné à iceux se trouuer en la ruë du Feurre.* Et au X. *Et premierement en la ruë du Feurre tint contre tous les Regents Artiens & Orateurs.* De foderum on a aussi dit *foderarius*, d'où nous auôns fait FOVRIER. Le Pere Sirmond sur les Capitulaires de Charles le Chauue pag. 26. FODRVM *siue* FODERVM *interdum est annona militaris. Et à fodro* FODRARII *qui fodrum exigunt. Apud nos* FODRARII *hodie dicuntur metatores mansionum, & hoc munere in equestribus turmis qui funguntur Marescalci hospitiorum nuncupantur.* Voyez le President Fauchet au traitté qu'il a fait des Mareschaux & Fouriers des logis, & au liure VI. de ses Antiquitez Françoises chap. XI.

FOVRBE. De l'Italien *furbo*. Il n'y a pas fort long-temps que ce mot est en vsage en France, pour lequel on disoit autrefois COZ, de *cautus*, comme ie croy, qui estoit vne injure atroce, & telle que *schelme* parmy les Allemans. Philippes de Beaumanoir: *Il aduint au temps le bon Roy Philippes que vn dist à vn autre par maltalent vos estes* COZ, *& de moy-mesmes. Et cil à qui telle vilenie fu dite quay tantost en si grant ire qu'il saca vn coutel, & occist celi qui le vilenie li ot dite. Et quant il ot celi occis il se mist en la prison le Roy Philippes & recognut le fait, & dist qu'il l'auoit occis comme son enemy qu'il le repuoit qu'il luy auoit fait si grant honte, & bien en requeroit droict. Et lors il fut deliuré par iugement par le bon Roy Philippes, & par son conseil. Et comme tel cas ne soit pas puis auenus que nous sachions, nous creons que s'il auenoit que cil qu'il lourroit en tel cas ne perdroit ni cors ni auoir.* L'Italien *furbo* peut auoir esté fait du Latin *furuus* qui signifie *noir*. Les Romains ont vsé de *niger* à peu prés en cette signification. Horace liu. I. Sat. 4.

Hic niger est, hunc tu Romane caueto.

FO.   FR.

Et les Grecs de μέλας. Marc Aurele liu. IV. μὴ μέλαν ἦθος; & en suitte: μέλαν ἦθος, θῆλυ ἦθος, περισκελὲς ἦθος, θηριῶδες, σωματῶδες, &c. Plutarque expliquant le mot de Pythagore μὴ ἐσθίειν τὸν μελάνουρον; c'est à dire, dit-il, μὴ συνδιατρίβειν μέλασιν ἀνθρώποις διὰ κακοήθειαν. Nous disons de mesme *humeur noire* pour dire *méchante*: & *noircir vn homme* pour dire *le calomnier*.

FOVRCHE fiere. Ie croy que ce mot a esté dit par corruption pour *fourche ferrée*, car c'est ainsi qu'il est escrit dans Phœbus.

FOVRER. De *furrare*, qui se trouue en cette signification dans Mathieu Pâris. *Furrare* a esté fait de *foderare* qui se trouue en la mesme signification dans Cæsarius liu. VIII. des Miracles chap. 59. comme *fodratura* dans le Concile general de Constance, Session 43. au Canon *de vita & honestate Clericorum*. *Foderare* vient de l'Alleman *foeren*, dont les Anglois ont fait *furre* & les Flamans *voeren*. Voyez Vossius *de vitiis Sermonis* liu. II. chap. 7. & 23.

FOVRIER. Voyez *fourage*.

FOVR-L'EVESQVE. Prison de Paris. Par corruption pour *Fort l'Euesque*. De *Forum Episcopi*.

FOVRMILLER. De *formiculare*, diminutif de *formicare*, lequel se trouue.

FR.

FRAIS. De *frescum*, d'où les Italiens ont aussi fait *fresco*, & qu'on a dit pour *friscum* dont les Allemans ont fait *frisc*. *Friscum* a esté fait de *frigeo*. *Frigeo*, *frixi*, *frixum*, *friscum*, x en ch, comme en *ascella* de *axilla*. Les Latins ont vsé du mot *frigus* en la signification de *frais*. Virgile: *Vmbras & frigora captant*. *Frigus captabis opacum*. De l'Italien *fresco* nous auons fait *fresque*; comme quand nous disons *peindre à fresque*.

FRANCARCHERS. Du mot *franc* & de celuy d'*archer*. Nicole Gilles en la Chronique du Roy Charles VII. *Le Roy donna & mit sus les Francarchers, qu'il voulut estre armez &*

habillez par les habitans des Paroisses de son Royaume, en maniere qu'ils fussent tousiours prests pour le seruir quand il en auroit besoin, & il les manderoit au fait de ses guerres. Et afin que les Francarchers fussent à ce suiet, il les affranchit de toute taille & imposts quelconques, qui seroient mis sus pour le fait des guerres : & aussi du guet & garde des portes, quelque part qu'ils fissent leur demeurance. Et renuoya commissions aux Baillifs & Seneschaux pour élire tels qu'ils verroient estre idoines pour seruir au fait de la guerre. Le Roy Loüys XI. son fils les cassa depuis. Voyez le mesme Nicole Gilles, & Bourdigné en son Histoire d'Anjou. Machiauel en ses Ritratti di Francia : *In ciascuma Parrochia è vno huomo di buona pensione d'alla detta Parrochia. Et si chiama il* Francoarciere, *il quale è obligato tenere vno cauallo buono, & stare prouisto d'armature ad ogni requisitione del Re, quando il Re fusse fuori del Regno per conto di guerra, o d'altro*, &c. Paul Emile en la vie de Loüys XI. *Quatuor millia militum eius generis qui agresti delectu conscripti Franci Sagittarij dicuntur, quòd liberi à tributis tantisper sint, &* liber *gentili lingua* Francus *sit.*

FRANCISQVE. C'est vne façon de hache longue dont se seruoient les anciens François, qu'ils appelloient autrement *ançon,* à ce que dit le President Fauchet en son traité de la Milice. Isidore dit que ce sont les Espagnols qui l'ont ainsi appellée du nom des François : *Franciscæ genus securis quas ab vsu Francorum Hispani Franciscas appellarunt.* Voyez M. de Saumaise sur l'Histoire Auguste pag. 247. *Franciscus* a esté fait de *Francus,* comme de *Romanus Romaniscus,* qui a esté corrompu ensuitte en *Romanescus.* Deuant Saint François d'Assise ie ne trouue point qu'aucun ait porté le nom de *Franciscus.*

FRANGE. Du Latin-Barbare *frimbia,* qu'on a dit au lieu de *fimbria.* Le B s'est perdu, & l'I est deuenu consone, & IM a esté changé en AN, comme aux mots *enfermier, ante,* &c. de *infirmarius, insita,* &c.

FRANGIPANE. Sorte de gands. De *Frangipani* Seigneur Romain, inuenteur du parfum auec lequel on parfume ces gands. M. de Balzac au II. volume de la II. Partie de ses Lettres liure I. Lettre 41. à Madame Desloges : *De son bon gré il se fit hier vostre tributaire, & s'obligea de vous enuoyer tous les ans*

ans vne raisonnable quantité de ses pastilles. Si vous les trouuez bonnes elles auront plus de reputation que les gands de Frangipani. Mais parce que vos gens de Limousin se pourroient icy equiuoquer, vous les auertirez, s'il vous plaist, que ce Parfumeur a trente mille liures de rente, & la premiere dignité de nostre Prouince, & que ce Gantier est Seigneur Romain, Mareschal de Camp des Armées du Roy, parent de Saint Gregoire le Grand; &, ce que i'estime plus que tout cela, vn des plus honnestes hommes du monde. Cette Maison des Frangipani s'appelloit autrefois *Fricapane*. Goffridus Abbé de Vendosme liure 1. epist. 8. *Primo anno, quo, Deo volente vel permittente, nomen Abbatis suscepi, audiui piæ recordationis Dominum Papam Vrbanum in domo Ioannis Fricapanem latitare*, &c. Sur lequel endroit le P. Sirmond a fait cette Note: *Vetustissimæ ac nobilissimæ apud Romanos nomen, nunc paululùm inflexum*; Frangipanes enim dicuntur. Mais il y a desia long-temps qu'elle s'appelle *Frangipani*: car dans la Chronique du Monastere d'Anchin, que Mireus a donné sous le nom d'*Auctarium Aquicinctinum*, qui finit en l'année 1200. nous lisons ces mots en l'année 1179. *Schismatici quietem non ferentes Ecclesiæ, iterum quemdam Clericum de progenie illorum quos* Frangipanes *Romani vocant, contra Papam Alexandrum, Antipapam statuunt, quem mutato nomine Innocentium III. vocitarunt.* Ce lieu de cette Chronique m'a esté indiqué par M. de Valois le jeune.

FRANTAVPINS. Plusieurs dériuent ce mot de ταπεινός. Gregorius Tolosanus en la 11. Partie de son *Syntagma iuris* chap. 3. *Franci Talpini, idest* ταπεινοί, *humiles rustici & bucolici milites*, &c. M. Naudé au liure 1. de son traité de *studio militari* pag. 153. *Carolo VII. Rege mortuo, cùm Ludouicus XI. Heluetiorum, quorum tunc, ob profligatum Burgundiæ Ducem, magnum & celebre nomen erat, aliquot millia in Galliam vocasset, Sagittarij ipsi qui priùs in honore erant, euiluere sensim, & seu à voce Græca* ταπεινός *quæ depressum humilémque significat, seu alia quadam de causa* Franci Talpini *nuncupati sunt, vt notat Lupanus lib. 2. de Mag. Francorum: Atque hæc pedestris exercitus gloria tota penes exteros illos milites fuit vsque ad Franciscum I.* Il vient de *Talpinus* qui a signifié vn Mineur, acause que les Mineurs foüissent en terre comme

Tt

des taupes. *Talparius* se trouue en cette signification dans la Chronologie du Moine d'Ausserre, qui viuoit sous Loüis VIII. *Habebat quosdam artifices, quos Fossores vel Talparios vocant, qui ad modum Talpæ subterranea fodientes quaslibet murorum aut turrium firmitates ferramentis validissimis perrumpebant.* Les Latins ont appellé de mesme les mines *cuniculos*, acause des lapins. Martial :

Gaudet in effossis habitare cuniculus antris.
Monstrauit tacitas hostibus ille vias.

Et à ce propos il est à remarquer qu'ils ont aussi appellé *taupes* certaine machine de guerre. Otho Frisingensis chap. 23. de l'Histoire de l'Empereur Frideric : *Cæsar autem reliquum apparatum, quem ad oppugnationes ciuitatis fecerat, Talpas, Vulpeculas, Ericios, Cattos, talibus enim censentur nominibus, iussit exuri.* On a adjousté le mot *francs* à celuy de *Taupins*, acause des franchises & exemptions que les Rois leur accorderent. Voyez *Francarcher*.

FRAPER. De *rapere* dont les Latins ont vsé pour *rapere*. *Rapere, raptare, rapare*, FRAPER, en y preposant vne F. Voyez *flinc*.

FRASQVE. *Frasca* en Italien signifie proprement *ramus frondens*, & figurément *nugæ*. En Espagnol *infrascar* signifie embarrasser, acause de l'embarras des branches des arbres. *Encombrer* a esté dit de mesme de *combri*, qu'on a dit pour *vn abatis de bois*. Voyez *encombrer*. Et *enbroüiller* de *brolium*, qui signifie *bois*. Voyez *brueil*.

FRELATE'. De *translatatus*, qu'on a dit par corruption pour *translaticius*; T en F, comme en *fra* Italien pour *tra*. Asconius Pedianus : *Translaticia Veteres dixerunt non noua nec nuper inuenta, sed aliunde translata.*

FRESAYE. Oiseau. De *præsaga*, acause que cét oiseau est de mauuais presage. Les Poiteuins disent encore apresent *presaye*; & ie connois plusieurs personnes en Anjou qui portent ce nom. Les Gascons disent *bresague*, comme l'a remarqué Scaliger sur le liure d'Aristote de l'Histoire des Animaux pag. 251. *Presaga, phresaga*, FRESAYE.

FR. FR.

FRETILLER. De *fritillare*. M. de Saumaise sur l'Histoire Auguste pag. 470. *A fritillum verbum* fritillare, *quo etiam hodie vtimur, pro eo quod dicebant Veteres* fringutire *&* fritinnire, *cum motu scilicet & sono subsilire, & crebra spissáque agitatione concuti.* Et sur Solin pag. 70. Fritinnire *est mouere & subsilire. Inde nomen* fritinnus *motio & subsultatio à quo diminutiuum* fritillus, *&* fritillum. *Sic vocarunt Latini pixidem quâ tesserae concutiebantur, priusquam in pyrgum mitterentur. Graeci* ψηφοβόλον *vocabant: pyrgus enim & fritillum differebant. Pyrgus erat turris lignea in modum modij facta, quae in parte alueoli haerebat, in summo aperta, & gradus intus excisos habens, in imo vero foramen quo tesserae effundebantur in tabulam: at* fritillum *erat pixis quae manutenebatur, & mouebatur cum tesseris quae inde in pyrgum mittebantur, vt per scamillos intus excisos crebro subsultantes in tabulam demum exciderent. Atque ex eo dictum* fritillum, *à concutiendis tesseris, &* fritilla *auis, quod caudam crebro quatiat,* motacilla *etiam appellata, & Graecis* σεισοπυγίς, *&* σαλοπύγιον. ἀπὸ τοῦ σαλεύειν τὴν πυγήν. *Catullus:*

Di boni salopugium disertum!

Ita enim scribendum ex Veteribus Catulli & Senecae membranis, quae salupucium *habent. Vox composita à* σάλος, *quae κίνησιν significat &* πυγή. *Inde* σαλίζειν *motitare & Latinum* salissatio, ὁ παλμός. *Sic vocauit ille Caluum pusillum hominem assidué subsultantem & fringutientem, ab aue illa* fritilla, *quam Graeci* σαλοπύγιον *dixere. Inde & nostrum* FRETILLER.

FROC. De *frocus* ou *flocus*, qui se trouuent en cette signification dans Goffridus Abbé de Vendosme, dans Matthieu Pâris, & ailleurs. Voyez Vossius liu. II. *de vitijs sermonis* chap. 7. & dans l'Appendix pag. 803. Le Pere Sirmond dans ses Notes sur Goffridus pag. 27. FLOCVS, *vt docet Clemens V. de statu Monachorum cap.* 1. *Ea est Monachorum vestis, quae longas & amplas habet manicas.* Floculus *&* flocellus *minor* floccus. *Nostrates hodie, literulâ mutatâ, magnum & paruum* frocum *vocant.* Il y auoit anciennement vne touse au bout des frocs, comme nous voyons qu'il y en a au bout des capes Biernoises : ce qui a donné vray-semblablement le nom de *flocus* au *froc*, pour lequel on a dit ensuite *froscus* (& vous le trouuerez ainsi fort souuent dans les Autheurs du bas siecle) & ensuitte *frocus.*

FROMAGE, ou, comme l'escriuent quelques-vns, *formage* ou *fourmage.* De *formaticum,* mot qui se trouue dans le Rituel Romain *de diuinis Officijs* au chapitre *die Sabbati Sanct. Paschæ: Eodem die Dominus Papa & cæteri Romani oua manducant, & formaticum, idest, caseum.* Ou de *formagium* qui se trouue dans les Gloses, quoyqu'en vne autre signification, & pour lequel Gaza a dit *formago* dans sa version du liure. III. de l'Histoire des Animaux. *Formaticum, formagium* & *formago* viennent de *forma*, qui signifie *l'eclisse* où l'on fait le fromage. Les Gloses d'Isidore : *fiscella, forma vbi casei exprimuntur.* Comme aussi son diminutif *formella*, qui se trouue en cette signification dans le chap. 17. verset 18. du 1. liure des Rois. Voyez Vossius *de vitiis sermonis* liu. III. chap. 12. & M. de Saumaise sur Solin pag. 379. En Auuergne on appelle *forme* vn fromage.

FRONDE. De *funda* en inserant vne R. Les Italiens de *funda* ont fait de mesme *frumba*, au lieu duquel ils se seruent ordinairement du diminutif *frumbola.* Il n'y a pas cent ans qu'on prononçoit *fonde.* Amiot en sa Traduction de la vie de Thesée:

Ils n'vsent point de fondes en bataille, &c.

FRONDEVRS. Nom de party en ces derniers troubles de l'année 1649. Ce nom a esté donné à ce party de la sorte. M. le Duc d'Orleans estant allé au Parlement pour empescher qu'on ne mist en deliberation quelques propositions qu'il jugeoit desauantageuses au Ministere; M. de Bachaumont le Coigneux Conseiller de la Cour dit à quelques autres Conseillers qui estoient prés de luy, qu'il falloit remettre la deliberation à vn autre jour que ce Prince ne seroit point au Parlement : & là dessus se seruit de la comparaison des Frondeurs qui ne frondent pas en presence des Commissaires, mais qui ne laissent pas de fronder le lendemain nonobstant leurs deffences. Quelques jours après le mesme M. de Bachaumont entendant opiner quelques-vns de Messieurs du Parlement en faueur du Ministere, se souuenant de sa comparaison, dit aux mesmes Conseillers qu'il alloit fronder cét auis. Ces mots ayant esté receus auec applaudissement par ces Conseillers, & employez ensuitte heureusement en vers par M. de Marigny, on appella *Frondeurs* ceux qui estoient contraires au Ministre & au Ministere. Ensuitte dequoy on a dit *fronder quelqu'vn*, pour dire *pousser quelqu'vn, & le mal mener*.

FRONTIERE. De *frontaria*. Vossius *de vitiis Sermonis* liu. III. chap. 12. *Frontaria* (*vnde Gallis* FRONTIERE, *quod & Belgis in vsu*) *sunt limites regionum, ex eo quod, frontis instar, primò in conspectum veniant*.

FROTER. De *frictare*. *Frico, frixi, frictum, frictare*, FROTER. Les Italiens de *fricare* ont fait *fregare*.

FV.

FVEILLANS. Religieux. De l'Abbaye des Fueillans de l'Ordre de Saint Bernard, que M. de Barriere, qui en estoit Abbé, reforma en l'année   Entre les Lettres du Cardinal d'Ossat, il y en a vne sur ce sujet à ce M. de Barriere. Cette Abbaye des Fueillans est à cinq lieuës de Thoulouse. Ceux du pays l'appellent *Huelans*.

FVRETER. De *furet*, qui a esté fait de *furettus* diminutif de *furus*, qu'on a dit pour *furo*, lequel signifie la mesme chose, & qui se trouue dans Isidore. Voyez M. de Saumaise sur Solin pag. 1009.

FVSIL. De *focile*, qui a esté fait de *focus*. *Focile, fucile, fusile*, FVSIL. Isidore: *Est alius pyrites vulgaris, quem viuum lapidem appellant, qui ferro vel lapide percussus scintillas emittit, quæ excipiuntur sulphure vel aridis fungis vel foliis, & dicto celerius profert ignem. Hunc vulgus focarem petram vulgò vocat*. On a ensuitte appellé l'arme à fusil du nom de la pierre.

FVTAINE. Il y en a qui croyent que ce mot vient de *fustis*, parce qu'on faisoit la fustaine d'vn bois qui porte le coton. *Fustanum* se trouue en cette signification dans les Autheurs de la basse Latinité, dont vous trouuerez des exemples dans Vossius liu. II. *de vitiis sermonis* chap. 7. Les Flamans disent *fustein*. Les Italiens & les Espagnols *fustana*.

GA.

Gabarre p. 795.

p. 795. **GABELLE.** Il y a diuersité d'opinions touchant l'origine de ce mot. Bodin liu. VI. de sa Republique chap. 2. dit qu'il a esté fait de celuy de *iauelle*, acause qu'anciennement on prenoit pour tribut des jauelles de chaque fesseau. Ciron dans ses Paratitles sur les liures des Decretales chap. 39. estime que c'est vn mot Hebreu : GABELLA *dicitur ab Hebraïca voce* gabbia, *quod est stipe collatitiâ : vel à gab quod apud Germanos est* munus, *vt annotauit* Waserus *lib. 1. cap. 14. de nummis Hebræorum: vel ab Hebraïca dictione* ghauel, *quæ significat* legem iniquam, *vt scribit Villaprandus in Ezechielem dist. 1. cap. 2. lib. 2.* Et au liure 1. de ses Obseruations sur le Droit Canon chap. 9. *Gabellæ nomen ducitur ab Hebraïca voce* gab, *quæ significat* nummum, munus, stipem collatitiam : *vel à nomine* gabe *quod Publicanum sonat.* Caninius dans ses Dialectes deriue pareillement l'Italien *gabella* du Punique *cabala*. M. Besly approuue l'opinion de Bodin, & croit que *gabelle* a esté dit pour *garbelle*, qui l'a esté de *garbe* qu'on a dit pour *gerbe*, témoin le prouerbe *faire iarbe de foarre à Dieu*, qu'on a corrompu en *barbe de foarre*: & pour cela cite ce passage de Volfangus Hungerus *in tabul. Bouill.* au mot *iauelle: Hoc quoque nostrate esse putabo diminutiuum nempe à* GARBE, *quomodo nobis* GARBELLE, *idest*, paruus manipulus, *&c.* Quoy qu'il en soit, les Autheurs de la basse Latinité se sont seruis de ce mot *gabella*. Voyez le Dictionnaire de Lindembrog au mot *gabella*, & Vossius II. 8. *de vitiis Sermonis.* Dans les Ordonnances de Sicile vous trouuerez *cabella* au lieu de *gabella*.

p. 795. **GABER.** C'est vn vieux mot François qui signifie *mocquer*, comme GABS *mocquerie*. Guyot de Prouins, qui viuoit enuiron l'an 1200.

GA.   GA.

Sur moy cherra trestous li gabs.

Les Italiens disent aussi *gabbare*. Et *gabatina*, d'où nous auons pris le mot GABATINE. Mais il y a apparence qu'ils ont pris leur *gabbare* de nostre François *gaber*, ou plustost qu'eux & nous auons pris ce mot de l'Alleman *gabberen* qui signifie *nugari*, *inepto vti sermone*, comme l'explique Vossius *de vitiis Sermonis* liu. II. chap. 8.

GABION. De l'Italien *gabione* qui a esté fait de *gabia*, qui signifie *cage*. Les gabions ressemblent à de grandes cages. On les appelloit *mannes* anciennement, acause qu'ils ressemblent aussi à des mannes. Voyez *mannes*.

GAGE, GAGER. De *vadium* & de *vadiare*. Voyez Pithou, Lindembrog & Wats en leurs Glossaires, M. de Saumaise en son liure *de modo vsurarum* pag. 586. 700. & 741. & Vossius *de vitiis Sermonis* III. 54. De *gage* nous auons fait GAGEVRE, & Cluuerius se trompe de deriuer ce mot de l'Alleman: c'est au liu. I. de son ancienne Germanie chap. 9. *Galli si cum aliquo super aliqua re certantes, in pignus deponant, id adpellant* GAGEVRE. *Eandem rem Angli vocant* WAGER *à Germanico haud dubie verbo* WAGEN, *quod est rem in discrimen siue in casum dare*.

GAGVI, comme quand on dit *vne grosse gagui*, pour dire *vne grosse dondon*. Ie ne sçay pas d'où ce mot nous peut estre venu. Dans l'Indice des mots des Nubiens que Vulcanius Bonauentura a fait imprimer ensuitte de Iornandes, *gagi* est interpreté *mulier*. Ces Nubiens sont ces vagabonds que les Italiens appellent *Cingari*, & que nous appellons *Bohemiens* acause qu'ils passerent de Boheme en France la premiere fois qu'ils y vinrent. Les Hebreux dans le Talmud & ailleurs, se seruent de גיגית *gigit* pour dire vn vaisseau de terre qui a le ventre gros, *hydria*.

GAINE. De *vagina*. Cambden se trompe qui le deriue de l'Anglois *gwain*.

GALAND. GALANTERIE. GALIARD. De l'ancien mot François *gale* qui signifie *resioüissance* & *bonne chere*. Alain Chartier au liure des quatre Dames:

336 GA. GA.

Soit l'auenture bonne ou male,
Rire, plorer, courroux ou gale.

Et au debat des deux Fortunez d'Amours :
Et ne menoit ieux, ris, feste ne gale.

Froissard. *Là dit le Duc de ioyeuses paroles & gales.* Les Espagnols disent encore auiourd'huy *galar* & *regalar*, & nous REGALER. Or ce vieux mot *galle*, selon l'opinion d'André du Chesne dans ses Annotations sur Alain Chartier, vient, ou de *gallare* qui signifie *bacchari*, comme l'explique NONIUS Marcellus, c'est à dire, boire d'autant, & se resioüir à la mode des Prestres de Cybelle appellez *Galli*. Varron : *Cum illo ventito, video Gallorum frequentiam in Templo, qui dum esset iam hora Deam adlatam imponebant ædis signo & Deam Gallantes vario detinebant studio.* Ou plustost de *galeola*, qui est vne espece de coupe faite en formé de galée. Nonius Marcellus : *galeola, vasa sinuosa.* Varron liure 1. de la vie ancienne du peuple Romain : *Vbi erat vinum in mensa positum, aut galeola, aut sinum.* Iules Scaliger dans ses Exercitations contre Cardan cccxxv. derive le mot GAILLARD *à Gallica audacia,* & Vossius *de vitijs sermonis* liu. II. chap. 8. *A Gallico ardore quị agilitatem ac lætitiam parit, nisi posterior vocis pars sit ab ard sue aërt significante ingenium atque indolem.* Toutes ces opinions ne me plaisent pas; mais ie n'en sçay pas de meilleures.

GALERE. De *galea*, dont les Latins se sont seruis en cette signification, a cause vray-semblablement qu'il y auoit d'ordinaire vn casque sur la proüe des nauires, comme en celle dont parle Ouide liu. 1. des Tristes Elegie X.

Est mihi sitque precor flauæ tutela Minervæ
Nauis; & à pictà cassíde nomen habet.

Les Grecs ont aussi dit γαλέα ou γαλαῖα. Le grand Etymologicum : γαλέα, εἶδος πλοίε ληςικȣ̃. Voyez M. de Saumaise sur le Droict Attique & Romain pag. 2. & sur Solin pag. 571. & 572. & Vossius *de vitijs sermonis* liure & chap. 1. Nous prononcions anciennement galée. Marot dans l'Eglogue sur la naissance du fils de Monseigneur le Dauphin :

Plus voile au vent ne fera la galée

GA.   GA.

Pour trafiquer dessus la mer salée. Mot dont du Bellay s'est seruy dans les traductions qu'il a faites de l'Eneïde, comme il le dit luy-mesme en sa Preface; & nous disons encore à present *vogue la galée.* Les Venitiens disent *galia*, qu'ils ont pris de γαλία qui se trouue dans Hesychius.

GALERIE. Peutestre de la forme qu'elle a, semblable à vne galere. Nicod croit que *gallerie* a esté dite quasi *allerie* du mot *aller.*

GALETS. C'est vne sorte de pierre plate qui se trouue sur le bord de la mer, & dont on leste les vaisseaux. Il y en a grande quantité vers Calais; ce qui a fait croire à quelques-vns que le mot de *galéts* auoit esté dit par corruption pour *Calais.* M. Bochart en son liure des Colonies des Phœniciens pag. 755. le dériue de l'Hebreu גלד *galad* qui signifie *durescere*; d'où vient le mot Celtique *kaled* qui signifie *dur*, & duquel Cambden dériue le mot CALEDONIVS: *Leui & facili mutatione Britanni nostrates dicunt* kalet *pro* kaled, *& nos vernaculè* coclacam GALET *vocamus, idest litoreum calculum. Quod silicis genus est durissimum.* On appelle *galetiere* le lieu où ces pierres se trouuent. De la ressemblance à ces pierres nous auons appellé *galette* vne espece de tourteau plat. Les Hebreux l'ont appellée עוגות *hougot* de עוג *houg* qui signifie *circulum facere.* Il y a apparence que le jeu de *galet* a esté aussi nommé de ce nom, acause qu'on y joüoit anciennement auec des galets. Il y a vne famille à Chinon qui s'appelle *Galet.*

GALLANDE. Ruë de Paris prés la Place-Maubert, ainsi dite par corruption pour *Garlande*, des Seigneurs de Garlande à qui tout cét endroit de la ville de Paris appartenoit. M. le Baron d'Autueil en la vie d'Estienne de Garlande Chancelier & Seneschal de France, & principal Ministre d'Estat sous Loüis le Gros: *Il fut fait Archidiacre de Nostre-Dame de Paris, comme il se voit par diuerses Chartes de cette Eglise, & specialement par le titre de fondation de la Chapelle de Saint Aignan, par laquelle Garlande donna pour cét effet deux clos de vignes: dont l'vn estoit situé au bas de la Montagne de Sainte Geneviefve, vers le lieu* où est apresent la Place-Maubert. Cette particularité semblera peuteste legere: mais elle se trouuera moins inutile quand on verra qu'elle apprend vne antiquité de la ville de Paris, & que ce quartier qui estoit alors vne campagne, appartenoit quasi toute entiere aux Seigneurs de Garlande, pour quelque beau fief qu'ils auoient aux enuirons de cette Place-Maubert & du Petit-Pont; & cela est si vray, que iusqu'apresent la grande ruë qui mene à cette Place-Maubert, en est encore appellée la ruë Garlande & par corruption Gallande.

GALLE. Noix. Du Latin *galla*. Les Italiens & les Espagnols disent encore apresent *galla*. Les Allemans disent *gallapfel*, c'est à dire *pomme de galle*.

GALLE pour *rongne*. Peuteste de *calla* qu'on aura dit pour *callus*, comme *galleux* de *callosus*.

GALOCHES. Nebrisse, Baif, Fauyn & quelques autres le dériuent de *Gallicæ*, qui est vne espece de souliers dont il est fait mention dans Ciceron en la seconde Philippique: *Cum gallicis & lucerna cucurristi*. Et dans Auluglle liure XIII. 20. *Omnia ferme id genus quibus plantarum calces tantùm infimè teguntur. Cetera prope nuda, & teretibus habenis vincta sunt, soleas dixerunt, nonnumquam voce Græca crepidulas. Gallicas autem verbum esse opinor nouum, non diu ante ætatem Marci Ciceronis vsurpari cœptum.* Et qui est expliqué par σανδάλιον dans le Glossaire: σανδάλιον, *gallicula*, où Vulcanius Bonauentura a fait cette note: *Galli etiam hodie* GALOCHES *vocant*. Couaruuias croit que ces galoches ont esté ainsi apellées à Gallis: *Porque los Franceses y specialmente los que abitan en los Alpes las usan*. Quelques-vns dériuent ce mot de celuy de *calones*, qui se prend aussi dans Festus pour vne espece de souliers: Budée & autres de καλόπυς & καλοπέδιον, qu'ils prennent pareillement pour vne espece de souliers; mais ils ne signifient qu'*vne forme à soulier*. Le Glossaire: καλόπυς, *forma calcei, norma*. L'etymologie de Nebrisse, de Baif & de Fauyn, me semble la plus vray-semblable.

GALOPER. De *calupare*. M. de Saumaise sur l'Histoire Auguste pag.245. *Vt à voce* κάλπα, *quæ cursum Græcis significat verbum*, καλπάζειν & καλπᾶν *quod est currere. Sic Latini* calpare *vel* calupare *dixerunt*, ἀπὸ ὗ χάλπαν. *Inde nostrum* galopare *pro* currere, *de equis. Differebat tamen currendi modus ille in equis quem Græci* χάλπαν *vocant, & quem nos* galopum *vocamus. Græcorum enim* χάλπα *cursus est, quem* trotum *vulgò nuncupamus, qui medius est inter* galopum *&* passum, *vt vulgò loquimur. Haud dubiè tamen inde effecta vox est illa nostra Gallica vnde diximus.* Voyez Vossius *de vitiis Sermonis* liu. IV. chap. 9. Isaac Pontanus se trompe de croire que *galoper* vienne de *Gallus*, à cause de l'humeur brusque des François. C'est dans son Glossaire au mot *Galli*.

GAMBADE. Voyez *iambe*.

GAMBAGE. C'est vn droict deu aux Seigneurs par les Brasseurs de biere, dont il est fait mention dans la Coustume de Boulonnois art. 45. & dans celle d'Herly art. 3. Ce droict a esté ainsi appellé par corruption pour *cambage*, du Latin *camba*, qui signifie *le lieu où se fait la biere*. Au Cartulaire Saint Michel de Tresport titre de l'an 1141. *Monachi ibidem Deo seruientes in furno &* camba *absque foragio &* cambagio, *panem & ceruisiam facient ad proprium vsum. Cambarius* signifie le Brasseur de biere, *cambum* le vaisseau qui la contient. *Camba* vient de l'Alleman *cam* qui signifie *biere*. Voyez M. Galland en son Franc-alleu pag. 81. & Vossius *de vitiis sermonis* 11. 4. & dans l'Appendix pag. 801.

GAMME. Guido Aretin Moine de Saint Benoist, apres auoir esté employé à corriger les chants de l'Eglise, enuiron l'an 1024. se resolut d'apporter quelque facilité pour apprendre cét art; & pour cét effet composa vne échelle conforme au Systeme des Grecs, sinon en ce qu'il y adjousta au dessus & au dessous quelques cordes, & depuis inuenta les six notes ou syllabes, *Vt, Re, Mi, Fa, Sol, La*, par le moyen desquelles il dit dans le liure qu'il en composa, que la Musique ou plein chant estoit plus facile à apprendre en six jours, qu'auparauant en six mois. Il mit ensuitte à costé de ces notes vne des sept lettres, *A, B, C, D, E, F, G*. Et parce qu'il accompagna la note qu'il adjousta au dessous du Systeme ancien, de la lettre Γ *gamma*; de là vient que toute l'eschelle fut

340 GA. GA.

appellée, comme elle l'est encore, *gamme*. On a de mesme appellé *gamma* vne certaine sorte de limite. Voyez M. Rigault en son Glossaire des Agrimenseurs, au mot *gamma*. Le lieu d'Aretin cy-dessus allegué m'a esté indiqué par M. le Pailleur, homme de grande probité & tres-entendu dans toutes les parties des Mathematiques.

GANASSE ou GANACHE. Nous appellons ainsi proprement la maschoire d'vn cheual. Les Italiens disent *ganascia*, & les Espagnols *ganassa* que Merli Cocaye a employé en ses vers Macaroniques :

Si tibi Deus caderet quoties feris ore bugiam
Iam tua non posset pane ganassa frui.

GANDS. De *wanti* qui a esté fait de l'ancien Alleman, ou du Flaman *wante*. Voyez Pithou & Lindembrog dans leurs Glossaires, Cluuerius liu. 1. de son ancienne Germanie chap. 9. & Vossius *de vitijs sermonis* 11. 12. & 20. En Picardie on prononce encore apresent *ouans*. Les Italiens & les Espagnols ont aussi pris de là les mots *guanti* & *guantes*. Les Allemans appellent aujourd'huy vn gand *hantschuch*, qui est comme qui diroit *le soulier de la main*. De *hant* qui signifie *main*, & de *schuch* qui signifie *soulier*. Les Hebreux ont dit de mesme בתי ידים *bathe iadaim*, c'est à dire *la maison des mains*.

GANNIF. M. de Saumaise sur Solin pag. 1045. le deriue de *canna* : CANNIVVM *hodie* scalprum *appellamus Scribæ à canna vel calamo. Nam arundine scribebant Veteres, non vt nos pennâ.* Ie croirois plustost qu'il viendroit de l'Alleman ou de l'Anglois *knif* qui signifie *vn petit cousteau*. Les paysans de Languedoc appellent vn grand cousteau *vne ganniue*. Les Espagnols disent *ganniuette* qu'ils ont pris du diminutif *ganniuet*, dont on vse dans le Boulonnois au lieu de *gannif*.

GARANCE. De *Varantia*. Le Glossaire manuscrit de Messieurs du Puy: *Sandix, herba tincturæ quam vulgus varantiam vocat*. VARANTIA a esté dit par corruption pour *verantia à verando, quia verantiæ color verans est siue verus, hoc est, est verè ruber & coccineus. Verare est* ἀληθεύειν. Voyez M. de Saumaise sur l'Histoire Auguste pag. 169. & 170. & sur Solin 1152. &

GA. GA. 341

Vossius *de vitiis Sermonis* liu. III. chap. 54. Dans le Capitulaire *de villis suis* art. 70. parmy les herbes que l'Empereur desire qu'on mette en ses jardins, il est fait mention de Wacentia; *Volumus quod in horto omnes herbas habeant, idest lilium, &c. allia,* Wacentiam, &c. Ie croy qu'il faut lire Warantiam.

GARBE. De l'Italien *garbo*.

GARBIN. On appelle ainsi à Montpellier le vent de Sudest que les Thoulousains appellent *Autan*. De l'Italien *Garbino* que Caninius dans ses Canons des Dialectes à la lettre N dériue de l'Arabe *Garbi*. Les Turcs disent aussi *Garbi*. *Garbi* en Arabe signifie *Occident*. Et entre les Arabes Orientaux le langage des Mauritains qui sout vis à vis de l'Espagne est appellé *Magarabi*, à ce que dit Clusius Aromat. liu.1.chap.3.

GARCETTE. Espece de coiffure de femme. De l'Espagnol *garcetas*. Voyez Couarruuias en son Tresor de la langue Castillane. Ce fut Madame du Fargis qui apporta ce mot & cette sorte de coiffure en France.

GARDER. De l'Alleman warden, qui signifie la mesme chose. *Guardium, guardia, gardea, garda, guardus, guardianus, gardianus, gardingus, gardaroba* se trouuent dans les Autheurs de la basse Latinité. Voyez Vossius *de vitiis Sermonis* liu. II. chap. 8. & 20.

GARDON. Espece de poisson de riuiere. De *gardo*.

GARE. Comme quand on crie *gare, gare*. M. de Saumaise sur Solin pag. 946. le dériue de *varare*: VARARE, *transire, traijcere,* διαβαίνω. *Vnde Varatio fluminis apud auctores de limitibus* ἡ διάβασις. *Inde & varas appellarunt ponticulos ex tabulis factos quibus fluminum aluei varantur, idest, traijciuntur, apud Vitruuium. Ab eo verbo varare nos fecimus* guarare *hoc est fugere &* ἀπαλλάττεσθαι *& fugiendo sibi cauere. Sic ex* vastare GVASTARE, *ex* vespa GVESPAM. *Inde* euarati *vel* exguarati *nobis dicuntur qui à recta via deerrarunt. Inde etiam lupi* guarosi *qui ceterorum luporum fugiunt consortium & soli incedunt, quo nomine & homines* μονοτρόπυς *societatem & coetum vitantes, sibique viuentes solemus indigetare. Graeci* μοναπείρας *vocarunt huiusmodi lupos.* Voyez Guerite.

ex. Angl. Warren is a place priviledged by prescription or grant of the King for the preservation of hares, conies, partridges, and pheasants, or any of them. *Ibid. Gall.* Warren est un lieu priviledged ou grant des Roy pour la preservation des leuerets, cuniches, perdices, ou phesants, ou ascun de eux

342   GA.   GA.

p. 724. **GARENNE.** De *garenna* ou warenna qui viennent de l'Alleman warande, lequel mot, comme dit Vossius liu. II. *de vitiis Sermonis* chap. 20. *Primò, propriéque notat* custodiam, à WAREN, *siue* BEWAREN custodire: *Particulares verò significationes habet complures: in his illam quâ sumitur pro loco septo, ubi feræ, animantiáque custodiuntur, & adseruantur. Qualis Græcis* ΔΟΡΚεισος, *Latinis dicitur* roborarium, leporarium, uiuarium. Ainsi nous disons *garenne à connils, garenne à eau*. Mathieu Pâris s'est seruy du mot *garenna* en la vie de Henry III.

GARENT. De warens ou warantus qui viennent de l'Alleman ware. Voyez Lindembrog dans son Glossaire au mot warentem, & Vossius liu. II. *de vitiis Sermonis* chap. 23. & 20.

Gargouille p. 796.

p. 796. **GARNI.** De warnitus. Le P. Sirmond sur ces mots des Capitulaires de Charles le Chauue DE SVO SIC WARNITVS. tit. XLIII. c. XXIV. *Et ad hæc omnes* warniti *sint, idest parati & necessariis rebus instructi. Quæ nunc in vernacula nostra eius vocis est notio. Vt cùm domum* warnitam *dicimus omni instrumento & supellectile sua ornatam atque instructam*, &c. Warnitus a esté fait de l'Alleman waren ou bewaren qui signifient *garder, conseruer*. Voyez Vossius *de vitiis Sermonis* pag. 322.

GARONNE. De *Garumna*, qu'on croit auoir esté fait de Garaw, qui en langage Gaulois signifioit *rapide*. M. Bochart pag. 757. de son liure des Colonies des Phœniciens: GARW *vel* GARAW *rapidum sonat, etiam Britannis nostratibus. Vnde suspicatur Cambdenus nomen habuisse Garumnam. De quo Claudianus in Ruffinum lib. 2.*

—————— *pernicior vnda Garumnæ.*

Et Sidonius Apollinaris carm. 22.

Est locus irriguâ quâ rupe Garumna rotatus.

Vt ut sit ad garaw *alludit Arabicum* جرف garaph *prope eiusdem significationis. Gigeius* טיל גרף *(sail garaph) torrens omnia auehens*, &c.

v. Du Bellay p. 316. list. a. 6. parmi les arbustes et garrigues

GARRIGVES. Les terres incultes sont ainsi appellées dans plusieurs anciens Arrests du Parlement de Thoulouse, & *Garicæ* dans les Vs de Barcelonne. Voyez M. Galland en son Franc-alleu pag. 132. *(audi*

p. 76 791. **GARROTS.** Traits d'arbaleste. Le President Fauchet

Garou, lupus garous qdam quasi gardeivus, quia se uiuus & carnes humanas appetunt. Gesner. 155

au traitté de la Milice dériue ce mot de celuy de *quadrelli*, dont il dit que les Latineurs du temps se sont seruis pour exprimer cette sorte de traits d'arbaleste, & croit qu'on les a appellez *garrots* par corruption pour *garreaux* ou *carreaux*. Mais ie croirois plustost que *garrot* viendroit de *verutum* diminutif de *veru*. *Verutum, verrouttum, verrottum, guerrottum, guarrottum,* GAROT. Voyez *carreaux*. De ce mot GAROT est venu celuy de GAROTER pour dire *lier*, a cause que l'on se seruoit d'vn garrot quand on vouloit lier quelque chose, comme nous voyons que les Embaleurs se seruent d'vn baston pour lier ce qu'ils veulent lier estroitement. L'Espagnol dit aussi *garrote*.

GARSONS. Isaac Pontanus dans l'augmentation de son Glossaire des anciens mots Gaulois au mot *Baro*, le dériue de *Varo* : *Nec aliud fere existimo intelligi, hodiéque Gallis per* GARSON, *quàm olim per hoc vocis* VARO. *Nam si enucleemus, dicitur* GARSON *quasi* WARSON. *Omnia enim in* W *nostratia ita flectunt Galli*. Lipse epist. 44. de la III. Centurie, le dériue de *garrio* qu'il estime auoir esté fait *à garritu* : *Iam verò & Gallorum* GARZONS *manifestò sunt garriones Latinis à garritu. Sed i media in consonantem fortiùs translata. In Cedreno legas Constantinopoli conflagrasse incendio* τὸ μεσίεολον τῆς μεγάλης Ἐκκλησίας, τὸ λεγόμενον Γαρσοναςάσιον. *i. Mediam aulam Templi magni, quæ Garsonastasium dicitur. In margine scripti libri notatum.* Γαρσοναςάσιον, ἐμοὶ δοκεῖ παιδοςάσιον. Γαρσόνιον γὰρ παρὰ Λατίνοις τὸ παιδίον. *i. Garsonastasium mihi videtur esse puerorum statio.* GARSONIVM *enim Latinis est* puer. *Optimè ille, & nescio an huc faciat Luitprandi Ticinensis scriptio*· Obtuli mancipia quatuor Carsamatia, Imperatori nominatis omnibus gratiosiora. CARSAMATIVM *autem Græci vocant, amputatis viribus & virgâ puerum Eunuchum. Imò huc facit, & Græci illi inferioriores leuiter corruperunt.* GARSON est vn diminutif de *gars*, & l'etymologie de Lipse ne me plaist pas. Ie ne sçay d'où vient *gars*. En Anjou, Bretagne, le Maine & Normandie *garse* ne se prend pas tousiours en mauuaise part : & ce mot signifie quelquefois simplement *vne fille*. Pierre de Blois, Rigordus & Guillaume

344 GA. GA.

le Breton vsent du mot *garcio* qui a esté fait du François *garçon*. Voyez Vossius *de vitiis Sermonis* liu. & chap. 1. *Garçon* parmy les Wallons est vne injure, comme *garce* parmy nous. De *garce* nous auons fait *garcailleur*, comme les Latins *mulierarius* de *mulier*, & *femellarius* de *femella*. Les Gloses d'Isidore: *femellarius, feminis deditus*. Les Espagnols disent *mugeriego*.

GASCHE, GASCHER, GASCHIS. Nicod dériue tous ces mots de l'Alleman *wasser* qui signifie *eau*. Voyez le au mot *gasche*.

GASTEAV. Ie pense qu'il vient de *pastellum* diminutif de *pasta*, duquel vient *paste*. *Pastellum, vastellum, gastellum*, GASTEAV. Les Picards disent *ouasteau*.

GASTER. De *vastare*. *Guasta* se trouue dans Pierre des Vignes liu. v. epist. 112. Voyez Vossius *de vitijs sermonis* III. 13. On appelloit anciennement les pionniers *Guastadours*, parce qu'ils gastoient & abatoient tout, comme au jeu des eschecs les pions font l'esplanade aux Cheualiers, dit le President Fauchet en son traité de la Milice chap. 1.

GAVACHE. De l'Espagnol *Gauacho*. Les peuples Montagnards qui sont sur les confins de Narbonne & d'Espagne, que Strabon & Pline appellent *Gabales* & Cæsar *Cabalos*, sont appellez *Gauachos* par les Espagnols. Or comme ces peuples vont en Espagne, où pour gaigner leur vie ils font les mestiers les plus vils, on y a appellé de leur nom les personnes sans cœur & mal vestus. Voyez Couarruuias en son Vocabulaire au mot *Gauachos*.

GAVDIR. De *gaudire* pour *gaudere*.

GAVLOIS. Cluuerius liu. 1. de sa Geographie ancienne chap. 9. le tire de l'ancien verbe Celtique *Gallen* qui signifie *voyager*. Voyez-le.

GAVLTIERS. Paysans qui se souleuerent en grand nombre dans la Normandie en l'année 1589. sous vn nommé la-Chapelle-Gaultier, dont ils prirent le nom, & lesquels M. de Montpensier deffit en diuerses rencontres. Voyez M. de Thou dans son Histoire liu. 95. Dans le Prologue du liu. 1. de Rabelais vous trouuerez *bon gaultier* pour *bon compagnon*:

GA.   GE.   345

pagnon : *A moy n'est qu'honneur & gloire d'estre dit & reputé bon gautier & bon compagnon.*

GAVSSER. De *gauisare*, qui a esté formé de *gaudeo*. *Gaudeo, gauisus, gauisare*, GAVSSER. *Gauisorius* se trouue dans le liure des Miracles de Saint Adelard Abbé de Corbie chap. VIII. §. 19. *Resonat tota Ecclesia vocibus gauisoriis.* Et *gauiso* & *gauesco* dans les Gloses de Philoxene pag. 100. *Gauiso*, χαίρω. *Gauescite*, χαίρετε. Les Espagnols de *gaudium* ont fait *gozo*, & *gozare* de *gaudere* D en z, comme l'Italien *mezo* de *medium*.

GAZETTE. De l'Italien *Gazetta*, qui signifie proprement vne espece de monnoye de Venise, & pour laquelle on auoit le cahier des nouuelles courantes. Depuis on a transporté ce nom au cahier mesme.

GE.

GEAY. Oiseau. C'est vn ancien mot Gaulois, si on en croit Goropius Becanus liure II. des choses Gauloises: *Nostrates picas varias olim Gaias vocabant, vnde Gazzas Itali quidam, Gothicum sermonem corrumpentes, vocarunt. Est enim auis non solùm eleganti plumarum varietate imprimis placens, sed humani etiam sermonis imitatrix dexterrima. Hinc factum vt Psittacus peregrina auis ob easdem dotes Papen-gaia vocaretur, quia nimirum non cuiusuis, sed Sacerdotum & Pontificum Gaia siue pica varia ob pretii magnitudinem & singularem elegantiam videretur.* Les Picards prononcent *gay*: & quelques-vns dériuent ce mot de *graculus*, qu'ils croyent signifier cét oiseau. Mais en cela ils se trompent doublement: car outre que selon l'analogie *geay* ou *gay* ne peuuent auoir esté faits de *graculus*, il est constant que *graculus* signifie cette espece de corneille que nous appellons *choucas*, & non pas vn Geay, comme la pluspart du monde, & mesme des doctes, se l'imagine. Martial:

Sed quamdam volo nocte nigriorem
Formica, pice, graculo, &c.

L'Onomasticon Grec-Latin pag. 601. *graculus*, ὁ κορηκίας. Les Gloses anciennes pag. 103. *graculus*, κολοιός. ὄρνεον. Or κολοιός est vne espece de corneille. Themistius parlant de la corneille d'Esope despoüillée de ses plumes par les autres oiseaux : καθάπερ τῷ κολοιῷ περιτίθεσιν ὁ μῦθος τὰ ἄλλα ἐν τῷ ἀγῶνι ὀχήματα, ἀλλότριον αὑτοῦ περιεργαζόμενος κόσμον χρῄζει τοῦ οἰκείου καὶ ξυγγενοῦς. Il appelle κολοιός ce qu'Horace auoit appelé *cornicula: Moueat cornicula risum*. A quoy on peut adjouster ce que dit Varron, que *graculus* a esté dit *quia gregatim volet*. Car encore que cette etymologie soit toutafait inepte, & que *graculus* ait esté dit par onomatopée de la voix de ces oiseaux, comme l'a fort bien remarqué Quintilien liure 1. de ses Institutions chap. 6. où il se mocque & auec raison de l'etymologie de Varron; il paroist neantmoins par là que *graculus* se disoit d'vn oiseau qui voloit en troupe. Ce qui paroist aussi par ce que nous lisons dans la Loy xv. §. 2. au Digeste *Locati: Seruius omnem vim, cui resisti non potest, dominum colono præstare debere ait: vt puta fluminum, graculorum, sturnorum, &c.* Sur lequel endroit Cujas liu. xv. de ses Obseruations ch. 28. a fait cette Note: *Ex quo apparet graculos gregatim volitare, vt Aratus ait,* φῦλα κολοιῶν φαινόμθροι ἀγελαῖα: *nec igitur esse* μαλακοφορέας (ce sont les Geays) *qui non sunt* ξυναγελαστικοί. Voyez Belon en son Ornithologie au chapitre *du Geay*.

GEINDRE. De *gemere*. Virgile liu. 1. des Georgiques:
Depresso incipiat iam tum mihi taurus aratro
Ingemere.

GELINE. GELINOTTE. De *gallina* & de *gallinotta.*

GENEST. Espece d'arbrisseau. De *genista.*

GENET. Cheual. Auquel mot nous adjoustons ordinairement celuy d'*Espagne*, comme font aussi les Anglois qui disent *genet of spaine*. De l'Espagnol *ginete*, qui signifie proprement *vn caualier auec la lance & la targe & les estriers courts*; mais qui se prend aussi simplement pour *vn homme de cheual*. Ainsi on dit *es bon ginete*, pour dire *il est bon homme de cheual*. Les François ont transporté le nom du caualier au cheual. Voyez Couarruuias en son Vocabulaire, où il apporte plusieurs etymologies de *ginete*. De ce mot Espagnol vient aussi le François *ginette*; comme quand nous disons, *cheuaucher à la ginette*, c'est à dire *les estriers courts*.

GE. GE. 347

GENICE. De *iunice* ablatif de *iunix* qui signifie la mesme chose.

GENOV. De *geniculum*. On escriuoit anciennement *genoüil*.

GENTIANE. Simple, ainsi appellé de Gencio Roy d'Esclauonie, qui le premier le découurit, & en monstra les vertus & les proprietez.

GENTIL-HOMME. De *Gentilis homo*. Bodin liu. III. de sa Republique chap. 8. apres auoir cité ce passage de Tite Liue de la Harangue de Decius contre les Patrices : *Semper ista audita sunt vos solos gentem habere*, &c. *ex quo satis innuit nec seruos nec libertinos gentem habuisse, & Gentiles fuisse qui ex ingenuis nascerentur. Hinc illa vox à nostris vsurpata, vt qui nobiles sunt, Gentiles dicantur. Gentilis* se trouue en cette signification de *Noble* dans vn passage de Q. Mutius rapporté par Ciceron en ses Topiques : *Gentiles sunt qui inter se eodem nomine sunt, ab ingenuis oriundi, quorum maiorum nemo seruitutem seruiuit, qui capite non sunt diminuti*. Boëce sur ce passage : *Gentiles sunt qui eodem nomine inter se sunt, vt Bruti, Scipiones : Quod si serui sunt, nulla gentilitas esse potest. Quod si libertinorum nepotes eodem nomine nuncupentur, gentilitas nulla est, quoniam ab ingenuorum antiquitate gentilitas ducitur*. Caius en ses Institutions : *Libertinorum aut seruorum gentilitas non est*. Loiseau en son traitté des Ordres ch. 4. explique fort au long l'origine de ce mot de *Gentilis*, & ses paroles meritent d'estre icy rapportées : Ie commenceray par l'explication des noms de *Gentil-homme* & *Escuyer*, & quant à celuy de *Gentil-homme*, ie ne me départiray point des deux etymologies que ie luy ay assignées au Chapitre precedent ; à sçauoir le dernier à Gentilitate, idest, antiqua ingenuitate, vel à Gentili, idest, ethnico : mais il les faut approfondir vn peu dauantage. Car c'est sans doute que *Gentil-homme* est vn mot composé *ex duobus rectis*, comme parlent les Grammairiens, puis qu'il se varie au pluyier. Or *Gentil* vient de *Gent*, soit au Latin ou au François : & comme *Gent* signifie tantost simplement vne race, & tantost toute vne nation, aussi *Gentil* son deriuatif a plusieurs significations qui en procedent. Entanc que *Gent* signifie vne race, les Romains ont appellé *Gentiles* ceux

X x ij.

qui estoient de mesme race, & par consequent de mesme nom, que les Grecs appellent ἐπωνύμως, Gentiles mihi sunt qui meo nomine appellantur, inquit Cincius apud Festum. D'où vient que Ciceron en sa premiere Tusculane appelle le Roy Tullius Gentilem suum, ainsi à peu prés que Demosthene in Aristog. appelle les Iuges ἐπωνύμως τῆς δίκης, que Budée au commencement de ses Pandectes tourne Gentiles. C'est pourquoy les douze Tables ioignent souvent ensemble agnatos & gentiles, entendant per agnatos les plus proches parents, & per gentiles les plus esloignez, qui ne se reconnoissent plus que par le nom. Neantmoins la Gentilité estoit à Rome vne remarque d'Honneur, pource que ceux d'ancienne race ont tousiours esté estimez plus honnorables. Libertinorum quippe & seruorum Gentilitas non est, dit Caius aux Instit. C'est pourquoy Ciceron aux Topiques definit Gentiles, apres Q. Mutius, eos qui inter se eodem nomine sunt, ab ingenuis oriundi, quorum majorum nemo seruitutem seruiuit, qui capite non sunt diminuti. Qui est cause que plusieurs Doctes modernes appellent nos Gentils-hommes Patricios, qui nempe patrem auumque ciere possunt. Et entant que Gent signifie vne Nation, ce qui est à la mode & trouué beau dans le pays, est appellé en nostre Langue gentil, & semble qu'il soit pris ainsi dans Suetone in Tiberio : capillo vtebatur pone occiput submissiore, vt ceruicem etiam obtegeret, quod gentile in eo videbatur. Mais communément les Romains vsurpoient ce mot en vne signification toute differente, appellant Gentiles ceux qui n'obeïssoient à leur Empire; quia nimirum iure Gentium vtebantur non ciuili, idest, Romanorum, comme l'explique Cujas. ce qu'il confirme par la Loy vnique de nuptiis Gentilium. Cod. Theod. où Gentiles sont opposez Prouincialibus; c'est à dire aux habitans des Prouinces sujettes aux Romains. Semblablement en la Saincte Escriture & parmy les Autheurs Chrestiens, les pays Idolatres sont appellez Gentils & Ethiques, du nom Grec signifiant aussi vne nation : d'autant qu'ils tiennent encore l'idolatrie accoustumée à leur gent ou nation. Gentiles sunt, dit Papius, qui sine lege viuunt, & necdum crediderunt : dicti, quia sunt vt geniti fuerunt, idest sub peccato, idolis seruientes, & Graecè Ethnici dicuntur : c'est pourquoy aussi on les appelle Payens, Paganos : toutefois aucuns *pensent que ce soit* quia nondum militiæ Christianæ nomen dederunt. *Partant la conjecture d'vn moderne n'est pas sans apparence, qui est, que le nom de Gentils-hommes vient de ce que les antiques Francs ou Francons, qui estoient Payens & Gentils, ayans subjugué la Gaule desia Chrestienne, & ayans seuls retenu les armes & les Seigneuries auec entiere franchise & immunité, comme ie viens de dire, cela fut cause que les Chrestiens originaires du pays les appelloient par dédain ou jalousie Gentils ou Gentils-hommes. Car au surplus ie ne trouue nulle apparence en la fantaisie d'vn autre moderne, qui veut referer l'origine de nos Gentils-hommes & Escuyers aux* Gentiles *&* Scutarij, *dont est souuent fait mention dans la Notice, & dans Ammian Marcellin, qui estoient les noms de certaines bandes ou compagnies de soldats Pretoriens; c'est à dire, destinez à la garde & deffense du Pretoire ou Palais de l'Empereur, & qui estoient partant* sub dispositione Magistri officiorum.

GEOLE. De *gabiola* diminutif de *gabia*, mots qui se trouuent dans le vieux Glossaire : γαλεάγρα, gabia : & pag. 484. ζωγρεῖον, *cauiola* : & dans vne Charte de Thibault Roy de Nauarre & Comte de Champagne de l'an 1209. produite par Pierre Pithou sur le tit.1. de la Coûtume de Champagne: *Ipsos quittamus ab omni tallia, tolta demanda, custodia villæ, turris & gabiolæ, ab exercitu & cheuauchia, & ab omni alia exactione.* Scaliger se trompe qui dériue GEOLIER de *ianicularius: Statores propriè sunt carcerum aut ædium custodes, quos vulgò* jauclarios *corruptè pro* janicularijs *vocamus.* C'est dans ses Notes sur les Priapées. *Gabiola* vient de *cauea. Cauea, cabea, cabia, cabiola, gabiola,* GEOLE. *Gabiolarius,* GEOLIER. Les Picards appellent encore aujourd'huy *gaiole* & *geole* vne cage. Voyez Scaliger sur Manile pag. 462. & M. de Saumaise sur l'Histoire Auguste pag. 437. De *geole* vient *engeoler*, par metaphore tirée des oiseleurs, qui par le moyen d'vn oiseau enfermé dans vne cage, y en attirent d'autres. Et de *gajole* vient *cajoler*, qu'on a dit au lieu de *gaioler*, qui est proprement *babiller & caquetter comme vn oiseau en gajole*, c'est à dire *en cage*.

GERBE. M. Besly le dériue de *germen*. Les Allemans disent aussi *gerbe*; & il y a beaucoup d'apparence que le François vient de l'Alleman. Anciennement on prononçoit *iarbe*, tesmoin le prouerbe, *faire à Dieu iarbe de foarre*, qu'on a depuis corrompu en *barbe de foarre*.

GERFAVLT. De *gyrofalcus*, comme qui diroit *faucon qui vole en tournant*. Voyez Volaterran.

GERTRVDE. De *Gertrudis* qui vient de l'Alleman *ger* qui signifie *omnino, planè*; & de *tru* qui signifie *fidelis*. Voyez Vossius liu. II. *de vitiis Sermonis* chap. 5. & Goropius Becanus *Gallicorum* liu. IV. pag. 102.

GESIER. Par corruption pour *gigier*. De *gigerium*. Nonius Marcellus: *gigeria, intestina gallinarum*. Lucillius lib. VIII. *Gigeria sunt siue adeo hepatia*. Apicius: *iocinera & gigera pullorum*. Festus se trompe, qui interprete *gigeria*, *cibum confectum ex multis obsonijs*. Voyez Scaliger sur Festus, & Desbordes Mercier sur Nonius Marcellus. Dans les Gloses anciennes, où il y a *gilerus gallinarum*, τὸ ἄκρον τῶς ὀρνίθων; Vulcanius Bonauentura pense qu'il faut lire, *giserius gallinarum*, τὸ ἔντερον τῶς ὀρνίθων.

GETZ ou *giez*. Vieux mot François qui signifie *liens & attaches*, & qui est encore en vsage parmy les Fauconniers. Alain Chartier au liure des quatre Dames, parlant des Oiseaux de Fauconniers;

 Ils les attachent
 Aux perches où les getz se laschent,
 Afin qu'apres par faim pourchassent.

Et en suitte:
 Si suis liée
 Des giez d'amour & alliée.

De *iactus*, parce qu'on jette l'oiseau en laschant les gets.

GI.

GIBBAR. On appelle ainsi vne Baleine en Xaintonge, acause, dit Rondelet, qu'elle a le dos vouté & bossu.

GIBBECIERE. De *gibbiciaria* qui a esté fait de *gibbus*. *Gibbus, gibbicius, gibbiciarius, gibbiciaria*, GIBBECIERE. *Gibbicius*

GI. GI. 351

a esté fait de *gibbus*, comme *auaritius* de *auarus*. Les gibbecieres ont esté ainsi appellées acause de la bosse qu'elles representent.

GIBET. En Anglois *gibbet* signifie la mesme chose. Mathieu Pâris en la vie de Henry III. *Propter quos suspendendos paratum est horribile patibulum Londonijs, quod vulgus gibbettum appellabant.* Et au mesme endroit: *Primò igitur à Westmonasterio vsque ad Turrim Londinensem, & inde vsque ad pœnalem machinam quæ vulgariter gibbettus dicitur,&c.* Ie ne sçay si l'Anglois vient du François, ou le François de l'Anglois.

GIBIER. De *cibarium*, qui se trouue plus d'vne fois dans la Genese, pour *cibus*. L'Onomasticon Grec-Latin: *cibarium*, ἐδεσμα.

GIGOT. C'est vn diminutif de *gigue* qui signifie *cuisse*. Nous disons en Anjou *grande gigue* pour *grande cuisse*; & on dit en Normandie & à Paris *la grande gigue* d'vne fille grande & maigre, & qui est disposte. Ie ne sçay pas d'où vient *gigue*. Ie pense que c'est vn vieux mot Gaulois. Les Anglois & les Flamans disent aussi *gigot*, les Italiens *gigotto*, & les Espagnols *xigote* ou *gigote*. Nous disons aussi *gigue* d'vne piece de lut qui est gaye; & en cette signification ce mot peut venir de l'Italien *giga*, qui est vn instrument de Musique. Dante dans son Poëme intitulé *le Paradis* chant. 14.

Et come giga & harpa in tempra tesa.

Les Flamans appellent ce mesme instrument *gighen*.

GINGVET. Voyez *coqueluche*.

GIRART. Par corruption pour *Gerart*; & on le prononçoit ainsi autrefois, tesmoin *Gerart d'Alsace* de qui la Maison de Lorraine est venuë. De *Gerartus* qui vient de l'Alleman *geren* qui signifie *desirer*: c'est pourquoy Erasme qui s'appelloit *Girart* a pris le nom de *Desiderius*. Voyez Vossius *de vitiis Sermonis* liu. 1. chap. 10.

GIROVETTE ou *girouet*. De *gyrus*. *Gyrus, gyruttus, gyruttettus,* GIROÜET. *Gyrutta, gyruttetta,* GIROVETTE.

GL.

GLACE, comme quand on dit *glace de miroir*. A cause de la ressemblance du verre à vne glace. Les Grecs ont vsé en ce sens du mot κρύςαλλος. Hesychius: κρύςαλλος, εἶδος ὑέλȣ. Les Allemans appellent *glace* toute sorte de verre, soit vitre, miroir, ou verre à boire. *Glacia* se trouue dans les Gloses pour *glacies*.

GLAS ou *glés*, comme quand on dit *sonner le glas pour vn trespassé*. Ie croy qu'il vient de *lessus*. L'Onomasticon Grec-Latin: *lessus*, θρῆνος. Dans les Fragments des douze Tables: *Mulieres genas ne radunto, neve lessum funeris ergo habento*. En Anjou, le Maine & autres Prouinces voisines on dit *clas*: mais dans l'Orleannois & dans le Niuernois on dit *glas*. *Glas* de *lessus*, comme *grenoüille* de *ranunculus*. A Paris on dit *glais*.

GLAYEVL. Simple. De *gladiolus*.

GLISSER. Il y en a qui le dériuent de γλισχρός qui signifie *lubricus*. Dans le Roman de Lancelot du Lac vous trouuerez *glacer* pour *glisser*: ce qui me fait croire que *glisser* a esté dit pour *glacer*, & que *glacer* a esté dit à *glacie*, n'y ayant rien de plus glissant que la glace. *Glacer*, *glesser*, GLISSER.

GLOCER. C'est vn mot qui se dit d'vne poulle qui veut couuer. Il vient de *glocire*. Festus: *Glocire & glocidare gallinarum proprium est, cùm ouis incubiturae sunt*. *Glocire*, *glocare*, GLOCER.

GLOVT. GLOVTON. De *glutto*. Les Gloses: λαίμαργος, *glutto*.

GLV. De *gluten*, ou plustost de *glux*, mot qui se trouue en cette signification dans Ausone:

Tergora dic clypeis accommoda quae faciat? glux.

GO.

GOBELET. Budée le dériue de κύπελλον quasi *cupelet*. Et Merille liu. 1. de ses Observations chap. de *caueolus*. Mais il il vient de *cupa*. *Cupa, cupella, cupellus,* GOBEAV. *Cupellettus, gubellettus,* GOVBELET, GOBELET. M. de Saumaise sur l'Histoire Auguste pag. 253. *Cupella vas admodum exiguum designat quod Græci* κουπέιδιον *dicunt. Cupellam* κουπέιδιον, *mutatis in suas affines literis gobellam vel gobellum appellamus vas quo bibitur.* De *cupa* on a dit aussi *cupare*, d'où nous auons fait GOBER.

GOBELINS. Lieu prés de Paris où l'on teint en écarlate. D'vn nommé Gobelin qui y establit le premier la teinture. Rabelais II. 22. *Tous les chiens y accouroient de demie lieuë, & compissoient si bien la porte de sa maison, qu'ils y firent vn ruisseau de leurs vrines, auquel les cannes eussent bien nagé. Et c'est celuy ruisseau qui de present passe à Saint Victor, auquel Gobelin teint l'écarlate*, &c. Et ailleurs au mesme liure il appelle ce lieu *la folie Gobelin*. Depuis que ce lieu a esté appellé *les Gobelins*, on a aussi appellé la riuiere qui y passe, *la Riuiere des Gobelins*, qu'on appelloit auparauant *Bieuure*, de *Biueris* : (c'est ainsi qu'elle est nommée dans les titres Latins,) & d'où *la ruë de Bieuure* a pris son nom. Ie ne sçay pas d'où vient le mot de *Biueris*. La Forest de Fonteine-bleau s'appelloit aussi anciennement de *Bieuure*. Et il y a vn village prés de Paris qui s'appelle de la sorte.

GOBER. Voyez *gobelet*.

GODET. De *guttettus* diminutif de *guttus*, qui est vn ancien mot Latin qui signifie vne aiguiere, πρόχοος, comme l'a obserué Turnebe liu. XXVIII. de ses Aduersaires chap. 7. *guttus, guttettus, guddettus,* GODET.

GODRON. Par corruption pour *goudran*. De l'Espagnol *alquitran* qui vient de l'Arabe *kitran*. M. Bochart liu. I. des Colonies des Phœniciens chap. 53. pag. 661. *Pix Talmudicis* עיטר *itar,* עטרא *itra,* & עטרא *itran. Arabes* ו *&* פ *de more permutatis, pro* עטרן *itran scribunt* קטראן *kitran, & Hispani* alquitran, *& nos vernaculè* goudran, *&c.*

GOFFE. De *gufa* ou de *cufa*, qui est vne espece d'habillement fort gros & tout velu. Isidore : *Bigerra, vestis gufa vel villata*. Le Glossaire : *cufa*, χαμάσια. Or χαμάσια signifioit parmy les Grecs *vn manteau velu*. Voyez M. de Saumaise sur l'Histoire Auguste pag. 390. & 391. & Vossius *de vitiis sermonis* liu. 11. chap. 8.

GOFFRE, ou, comme d'autres escriuent, *gauffre*. De *gafrum*. Vossius liu. 11. *de vitiis Sermonis* chap. 8. *Gafrum legas apud Barbaros ex Germanico* wafel, *quod etiam apud Belgas obtinet. Similitérque Angli* wafre. w *solet conuerti in* G. *Vnde & Galli pro eo* GAVFFRE *vel* GOFFRE. *Sic gafrarium legas pro eo quod Belgæ* wafel-yser. *Hadriani Iunij in Nomenclatore opinio est, quam Belgæ* wafel, *Galli* GAVFFRE *vocant, eam* crustulum *Horatio lib.* 1. *Sat.* 1. *& lib.* 2. *Sat.* 4. *dici. Ac idem vtensile, quo coquuntur,* artoptam *esse arbitratur. De quo dissentio.* De la ressemblance à l'instrument auec lequel les Patissiers font les gauffres, on a appellé *gauffre* vn certain fer à friser; d'où est venu le mot de *gauffrer*.

GOITRE. GOITRIE. GOITREVX. De *gutteria* & de *gutturosus*, qu'on a faits de *guttur*. Voyez diligemment Spelmannus au mot *gutteria*, & Vossius *de vitijs sermonis* pag. 442.

GOLFE. De l'Italien *golfo*, qui vient du Grec κόλπος. Au lieu de *golfe* on dit aussi *goufre*, qui vient de la mesme origine. Les Grecs vulgaires disent *còrpho*.

GOMBETTE. On a ainsi appellé la Loy des Bourguignons. De *Gombata*, par corruption pour *Gundebada*, de Gondebaud Roy & Legislateur des Bourguignons. Hincmar Archeuesque de Reims, au liure où il parle pour Lothaire en l'affaire de Tietberge: *Tamen si Christiani sunt, sciant se nec Romanis in die Iudicii, nec Salicis, nec Gundebadis, sed diuinis & Apostolicis Legibus iudicandos.* De là vient que les Bourguignons sont appellez *Guntbodingi* dans le Concile de Francfort can. 45. & *Gundebodingi* dans le Capitulaire d'Aix chap. 63. *Gombata* pour *Gundebada* se trouue dans vne inscription des Capitulaires Ecclesiastiques de Charlemagne: *Ex Capitulis, ex Lege Salica, Romana & Gombata.* Sur lequel lieu voyez le P. Sirmond dans ses Notes sur les Conciles de France tom. 11. pag. 248.

GONDOLE. De l'Italien *gondola*. Le President Fau-

GO. GO. 355

chet de l'Origine des Cheualiers chap. 1. *Nous appellons gondole vn certain vaisseau à boire, de la ressemblance qu'il a auec les petits bateaux passagers dont on se sert à Venise pour passer les canaux.*

GONFALONIER, ou *Gonfanonier.* De *Guntfanonarius*, mot qui se trouue dans les Capitulaires de Charles le Chauue, sur lesquels voyez le P. Sirmond pag. 82. Voyez aussi Vossius dans l'Appendix de son liure *de vitiis Sermonis* pag. 804. & 805. & le President Fauchet.

GOOVRET. C'est vn mot Lorrain qui signifie *vne boule.* De *gurettus* diminutif de *gurus. M. de Saumaise sur Solin pag. 1123. Valgius in Epigrammate apud Charisum:* Sunt gurosa rotunda margarita. *Gurosa* sunt σφαιροδη *pro gyrosa, vt gurare in Silua apud Varronem pro gyrare. Vnde Lotharingi* GOVRET *dicunt quod Galli* BOVLLE. *Alij gœrare dixerunt & gœros. Alij guros. Alij guiros scripsere. Membranæ vetustissimæ in Epigrammate de Circensibus:*

Septem etiam guiris claudunt certamina palma.

Pro gyris. Et in calculo decemnouali Dionysij Parui Episcopi Alexandrini: regulam Paschæ conguirans in semetipsam, *pro* congyrans.

GORET. De *corettus*, que les Latins ont fait de χοιρος. GORRE, GORRON, & GORRIN en viennent. Nos vieux François ont appelé *ryme goret, vne ryme non riche.*

GORRE. C'est vn vieux mot François qui signifie *pompe & brauerie.* Selon cela on dit *grande gorre, & faire la gorre.* De là vient GORRIERE qui signifie gentile & magnifique en gestes, ports & habits. Iean Marot en l'Epistre des Dames de Paris aux Courtisans de France estant en Italie :

Et y veoit-on souuent la vieille ouuriere
Estre gorriere, & faire la poupine.

De γαυρος, *superbus, elatus*. Rabelais liu. 1. 57. *Palefroy gorrier*. Theodoret au liure de la Prouidence a dit de mesme γαυρωτα τὸν ἵππον.

GOVGE. Outil de Menuisier. De *guuia* mot Gaulois. Isidore XIX. 19. *Canterium Gallicè guuia.* On l'appelle encore apresent en bas-Breton *gwef*. GOVGE signifie aussi la garce

Yy ij

d'vn soldat, & en cette signification il peut venir de *goujat*. *Gouge* en Languedoc se prend simplement pour vne fille : comme *garce* en plusieurs Prouinces de ce Royaume. Guillaume Coquillart en son Monologue des Perruques :

Payer la gouge tout contant.

GOVJAR. De *galiarius*, dont les Anciens se sont seruis pour *vn valet de soldat*. Eusebe liure 1. de son Chronicum : Ρωμαῖοι Γαλλῶν μυριάδας δ' πρὸς τοῖς τετρακοσίοις ἀνεῖλον. τὰς δὲ αἰχμαλώτες αὐτῶν κατεδελώσαντο Γαλιαρίας καλοῦντες αὐτούς. Vegece liu.1. ch.10. *Non solùm autem pedites, sed & equites, ipsosque equos vel lixas quos galearios vocant ad natandum exercere percommodum. Et liu. 3. chap. 9. Ex ipsis calonibus quos galearios vocant, idoneos ac peritos vsu legebant.* Au lieu de *galiarius* on a aussi dit *galiaria*; ce que le Grammairien Velius a condamné de solecisme : *Militis puer galiarius rectè dicitur*; *nam galiaria solœcismus*. Voyez M. de Saumaise sur l'Histoire Auguste pag. 35. & M. Bochart pag. 743. de son liure des Colonies des Phœniciens, qui dériue *galiarius* de l'Hebreu גליר *galiar*. On prononce apresent *Goujat*.

GOVJON. Du Latin *gobio*. Le B se perd, & l'I deuient consone.

GOVPIL. C'est vn vieux mot François qui signifie renard, tesmoin le prouerbe, *A goupil endormy rien ne chet en la gueule.* L'Autheur du Bestiaire :

Le goupil est moult artillos
Quand il est auques famillos.

Il vient de *vulpillus* diminutif de *vulpes*. De *vulpicularia* on a fait GOVPILLIERE, pour dire *renardiere*. Il y a plusieurs personnes en Anjou, au Maine, & dans le Poictou qui s'appellent *Goupils*, & plusieurs terres qui s'appellent *Goupillieres*. GOVPILLON vient peuteftre de *goupil*, acause de sa ressemblance à la queuë d'vn renard. *Vulpes* vient de ἀλώπηξ, pour lequel les Æoliens auec leur Digamma ont dit Φαλώπηξ. Φαλώπηξ, φάλπηξ, en ostant l'ω, comme en *cornix* de κορώνηξ. *Vulpes, vulpis, vulpillus,* GOVPIL.

GOVRD. De *gurdus* qui signifioit *vn fat*, & qui est vn

ancien mot Espagnol, selon le tesmoignage de Quintilien qui estoit Espagnol : *Gurdos quos pro stolidis accipit vulgus ex Hispania duxisse originem audiui.* C'est au liu. 1. de ses Institutions chap. 5. Laberius s'en est seruy. Voyez Aulugelle liu. XVII. chap. 7. & Abbo *de obsidione Lutetiæ* liu. 1.

Æstibus accingunt carpentum arentibus arcis,
Ante fores gurdi miseranda gramine plenum.

Où vn Glossateur a fait cette Note : *Gurdi, idest, stulti, & hîc Nortmanni intelliguntur.* Depuis, ce mot a esté pris, comme nous le prenons en François, pour celuy qui a les membres engourdis. Les Gloses d'Isidore : *gurdus, lentus, inutilis. Gordo* a present en Espagnol signifie *gras.* Voyez Vossius liu. II. *de vitijs sermonis* chap. 8. De *gourd* vient GOVRDIR & son composé ENGOVRDIR, qui est le plus en vsage.

GOVRDE ou *gouhourde.* De *cucurbita.*

GOVRMAND. Cambden dans sa Bretagne le dériue de l'ancien mot Breton *gormod : Galli* GOVRMOND *pro nimiùm edace. Britanni* gormod *pro nimis vel supra modum.* Cambden a crû que nous disions *gourmond.*

GOVSSET. Ce mot signifie proprement *l'odeur de dessous les aisselles*; & parce qu'anciennement on mettoit la bourse sous les aisselles, comme quelques paysans l'y mettent encore apresent, nous nous sommes serui de ce mot pour exprimer ce petit bourson où nous mettons nostre argent. Il est difficile de dire d'où ce mot est dériué. Les Grecs & les Latins, comme chacun sçait, ont appelé cette odeur τράγος, *capra, hircus*; & *hircosi* & τραγομάσχαλοι ceux qui sentoient ainsi le gousset; ce qui a fait croire à M. Bochart, que ce mot peut venir de l'Alleman *geiss* qui signifie *vne chevre*, & qu'en quelque Dialecte Alleman on a peutestre prononcé *geus*, dont ensuite a esté formé le diminutif *geusset*, pour lequel on a dit *gousset.* C'est sa conjecture. En Bourgogne on dit *la goussette* pour dire *le gousset* en la signification de *bourse.*

GOVSTER pour *faire collation.* De *gustare.* Petrone. *Allata est tum gustatio valde lauta.*

GR.

GRABVGE. De l'Italien *garbuglio* ou *grabuglio*.

GRADVELS. Pseaumes. Salignac Lecteur du Roy & Professeur en langue Hebraïque: *Cantica quæ dicuntur graduum, dicuntur Hebræis ab ascendendo* מעלות *mahaloth. Quod dicitur ascensionum, idest, quæ populus cùm ascenderet & peteret Icrosolymam, canebat. Sese enim pij, ad solemnia festa ex Dei præcepto properantes, confirmabant his canticis & solabantur. Cui & hoc consonat quod est in his canticis ascensionum*: Lætatus sum in his quæ dicta sunt mihi in domum Dei ibimus. Salignac se trompe. Ces Pseaumes qui sont au nombre de xv. depuis le cxx. jusqu'au cxxxvi. sont ainsi appellez des xv. degrez qu'il y auoit depuis le parvis qu'on appelloit *Azara*, jusqu'au Temple *Hecar*, sur lesquels les Leuites estant assis chantoient ces Pseaumes.

GRAFIONS. Voyez *bigarreau*.

GRANDS IOVRS. Comme quand on dit *les grands Iours de Troye, de Poictiers*, &c. Duplex en la vie de Louys XIII. en l'année 1634. croit que ces grands Iours ont esté ainsi appellez par vne allusion au grand Iour du Iugement: *Le Parlement de Paris*, dit-il, *est de si grande estenduë qu'il ne peut pas tousiours faire sentir de prés les effects de sa iustice és Prouinces éloignées: De sorte que plusieurs crimes s'y commettent auec impunité. Pour cette consideration nos Roys de temps en temps, & mesmement durant le calme de la paix, ont accoustumé d'ordonner des Commissaires pris du Corps du mesme Parlement, pour se transporter és Prouinces où ils iugent estre plus necessaire que la iustice soit dautant plus seuerement exercée, qu'elle y a esté longuement languissante. A raison de quoy ils appellent de là tenir les grands Iours par quelque allusion au grand Iour du Iugement terrible que Dieu exercera à la fin du monde.* Duplex se trompe bien fort. Ces grands Iours ont esté ainsi dits, comme qui diroit *les grands Plaids*. Voyez Pierre Pithou en son traitté des Comtes de Champagne pag. 488.

GRANGE. De *grania* qui se trouue en la Loy Salique

GR. GR. 359

& dans les Capitulaires de Charlemagne. I deuient confone. Voyez M. de Saumaise sur Solin pag. 763. & François Pithou dans son Glossaire au mot *granea*. Les Autheurs de la basse Latinité ont aussi dit *grangia*. Voyez Vossius *de vitiis Sermonis* chap. 8.

GRAPPE de raisin. Peuteſtre de l'Alleman *traube* qui signifie raisin. *Traube, trabe, trape,* GRAPE.

GRAS. De *grassus*, qu'on a dit pour *crassus*. Le Glossaire ancien: *crassum*, λιπαρόν.

GRATER. De *gratare*, qui a esté fait de *radere*. *Rado, rasi, rasum, ratum, ratare,* GRATARE. On y a preposé vn G, comme en *grenoüille* de *ranuncula*, &c. *Cratare* se trouue dans la Loy des Bourguignons tit. III. §. 44. *Si quis alium vnguibus crataverit, vt non sanguis, sed humor aquosus decurrat.* Les Allemans disent aussi *graten*.

GRAVE. GREVE. GRAVIER. Peuteſtre de *crau*. Voyez *crau*.

GRAVER. M. de Saumaise sur l'Histoire Auguste pag. 457. & 458. le dérive de *cauare*, que les Latins ont dit pour *sculpere*, comme les Grecs διατρῆσαι. Et *cauatores* pour *sculpteurs: Qui enim gemmas sculpunt quasi quosdam sulcos in ijs cauant, & foramina cœlo imprimunt.* Cauare, gauare & inserto R GRAVARE. Sur Solin pag. 1146. il le dérive de *cauare* ou de *graphare*. Les Allemans disent aussi *grauen*.

GRAVIR. De *grappire* qu'on a dit pour *grappare*, qui signifie *prendre, gripper*. Voyez *gripper*.

GRÉ. De *gratum*. Voyez le P. Sirmond dans ses Notes sur les Capitulaires de Charles le Chauue pag. 51.

GREFFES d'arbres. De la ressemblance qu'elles ont à la pointe d'vn ganif, lequel nous appellions anciennement *greffe* de *graphium*. Il y a vne Epigramme dans Fortunatus, dont le titre est, *Pro pomis & grafiolis*; sur lequel Browerus a fait cette Note: *Grafiola accipio pro surculis, & huius significationis hodie vestigia durant in idiomate Gallico* GREFFES, *& proprie insitum significat, idque surculi præcisum, quod Varrone teste de Re Rust. cap. 40. Clabulas alij, siue taleas appellitabant.*

GR. GR.

GREFIER. De *graphiarius* qui vient de *graphare*, qu'on a fait de γράφω. *Graphiarium* se trouue dans Martial pour *vne escritoire* : & *theca graphiaria* dans Suetone : & *graphium* dans Ouide & ailleurs, pour *la plume & le pinceau auec quoy on escrit ou on peint*.

GREIGNEVR. C'est vn vieux mot François qui signifie *plus grand*, comme quand on dit *la greigneur partie des Citoyens*, c'est à dire *la plus grande*. Rabelais liure II. 27. *Plus fort ou graigneur*. Il se prend aussi pour vn mot de predicament de qualité, comme quand on dit *les greigneurs & principaux Bourgeois*. De *grandior*, comme *Seigneur* de *Senior*. On disoit aussi anciennement ENGRENGIR pour *agrandir*, & GREINS pour *grandement*. Voyez André du Chesne sur Alain Chartier pag. 855. & 856.

GRENADE. De *granatum*, mot qui se trouue en cette signification dans Pline & dans Columelle, & d'où on a fait aussi GRENAT, qui est le nom d'vne pierre precieuse, acause qu'elle ressemble & de couleur & de forme à vn grain de grenade.

GRENAT. Voyez *grenade*.

GRENETIER. De *granatarius*, dont les Autheurs de la basse Latinité se sont seruis pour *frumenti Præfectus*, videlicet ex eo quòd *grana* κατ᾽ ἐξοχὴν pro *granis* vsurparent, comme a remarqué Vossius *de vitiis Sermonis* liu. III. chap. 13. GRENETIER signifie apresent celuy qui a l'intendance & la jurisdiction du sel.

GRENOVILLE. De *ranuncula* en preposent vn G, comme en *grincer* de *rinsare*. Et en *glas* de *lessus*. Ainsi les Latins ont dit *gnatus* & *gnauus* pour *natus* & *nauus*. Les Italiens *gire* pour *ire*, *giunto* pour *iunto*; & les Espagnols *guuo*, de *ouum*.

GRESLE. De *gracilis*, comme FRESLE de *fragilis*.

GRIC à Molac. C'est le cri de la Maison de Molac en Bretagne, qui signifie *paix à Molac*, *silence à Molac*. GRIC en bas-Breton veut dire *silence*. Ainsi le cri de la Maison de Lazé estoit *paix à Lazé*.

GRIEF. De *grauis*.

GRIESCHE,

GR. GR. 361

GRIESCHE, comme quand on dit *pie griesche*, *ortie griesche*. De *græcissa*, c'est à dire *de Grece*. On appelle en Gastinois les perdrix rouges, *perdrix griesches*, & par corruption *goüesches*. Voyez Busbeq dans ses Relations de son Ambassade de Turquie. Nous disions anciennement *Grieu* pour *Grec*, & vous le trouuerez ainsi dans Ville-Hardoüin. Les Allemans disent encore apresent *grisch*, les Italiens *grieco*, & les Espagnols *griego*.

GRIL. GRILLE. De *cratillus* & *cratilla* diminutifs de *crates*. On a dit aussi *craticulus* & *craticula* par diminution de *cratillus*, d'où les Italiens ont fait *graticola*.

GRIMACE. M. Bochard estime que les François ont apporté ce mot d'Orient, & qu'il vient de l'Arabe *kermas*, qui signifie *se rider* ou *tordre le visage*.

GRINSER. De *rinxare* qu'on a formé de *ringere*. *Ringo rinxi*, *rinxare*, GRINSER.

GRIPER. C'est proprement *rapiner*, comme GRIP *rapine*. Ainsi on dit *il vit de grip*, c'est à dire *de rapine*: & quand les Corsaires arment pour aller piller sur mer, ils disent que c'est pour aller *au Cap de grip*. Nicod dérive ce mot *griper*, ou de γρῖπος qui signifie *vn filé à prendre des poissons*, ou de γριπεύς qui signifie *pescheur*, ou de γρῖπες qui signifie *vne ancre de nauire & le croc dont on accroche le bord d'vn vaisseau en combattant*, ou de γρυπός qui est *celuy qui a le nez aquilin*, qui est vn signe de rapacité. M. de Saumaise pag. 397. de *Hellenistica* le dérive de γριπίζειν: Griphten *Persicè est* capere, *Græcè* γριπίζειν, *Germanicè* greiffen, *Belgicè* grijpen. Et dans son liure *de modo vsurarum* pag. 353. γριπίζειν *pro piscari propriè, at per tralationem pro capere*. Vnde δυσγρίπιστος, auarus *&* tenax: *&* γριπὸς rapax, *vt* μῦσος, *&* μίμησιν significat, *&* mutato accentu τὸν μιμιτὴν *&* histrionem. Persæ qui multa habent cum Græcis communia vocabula griphtan *pro* capere *&* apprehendere vsurpant, *& pro* captura *&* apprehensione. Græci γεῖφον pro reti dicunt. Vnde γεῖφαι ænigmata *&* perplexa tortuosáque dicta, more retis implicata *&* inuoluta, vel quòd irretiant eos qui ab his se non possunt expedire. Gripare etiam pro capere hinc hodiéque dicimus, *& Germani Belgæque* grij-

Zz

pen. D'autres le dériuent de *grife*; &, ce qui fauorise cette opinion, c'est que *grifen* en Haut-Alleman signifie & *griper* & *les griffes d'vn oiseau*: d'autres de *grypes* qu'on a dit pour *griphes*. Seruius sur cét endroit de l'Eglogue v. de Virgile : *En quatuor aras*, &c. *Grypen quæ etiam terrenum numen ostendit*: c'est ainsi qu'il faut lire en ce lieu de Seruius, comme il paroist par cét autre lieu du mesme Seruius sur ces mots de l'Eglogue VIII. *Iungentur iam Gryphes equis*, &c. *Gryphes autem genus ferarum in Hyperboreis nascitur montibus, omni parte leones sunt, alis & facie Aquilis similes, equis vehementer infesti, Apollini consecrati.* Et c'est aussi comme il est representé dans le manuscrit de M. Sarrau Conseiller du Parlement de Paris, & vn des plus sçauants hommes de nostre siecle. Il y a dans les imprimez, *Grypheneum quod & terrenum numen ostendit*. Dans Philippes de Commines *grip* se prend pour vne sorte de petite nauire : *Ils ne se doutoient que de petits nauires, comme grips, dont il y en auoit plusieurs au port d'Albanie*. C'est au chap. 14. du liu. VIII. Et ensuite: *Et n'eust esté le grip qui passa outre, dont le Patron estoit Albanois*. Ie croy que ce vaisseau a esté ainsi nommé de *griper*, comme *brigandin* de *brigander*. On dit en Normandie *c'est sa gripe*, pour dire *c'est sa manie : il en est infatué*.

p. 725.

GRIS. De l'Alleman *grijs* qui signifie la mesme chose; d'où les Italiens ont aussi fait *griso*, & les Autheurs de la basse Latinité *griseus color*. Voyez Vossius *de vitijs sermonis* liure II. chap. 8. Goropius Becanus pretend que *gris* vient de *griisen* qui signifie *pleurer*. Voyez-le au liu. IV. de ses Galliques.

GRISEGONNELLE. Surnom de Geoffroy Comte d'Anjou. La Chronique d'Anjou : *Goffridus Consul Andegauus indutus panno quem Franci* Grisetum *vocant, nos Andegaui* Buretum, *&c. Inter Principes sedebat Molendinarius à Rege euocatus. Fixis oculis Consulem accessit, qui genu flexo arreptâ Consulis tunicâ Regi & ceteris ait*: Hic cum grisa tunica sternendo Danum Francorum opprobrium abstulit. *Cui omnis multitudo assensum præbuit.* GONNELLE a esté fait de *gunella* diminutif de *guna*. Cineardus en l'Epistre à Lullus: *Orarium & coculam & gunam breuem nostro more consutam.* Guitbertus au mesme Lullus:

GR. GR.

Gunam de pellibus lutrarum factam tuæ Fraternitati misi. Moschopulus: ξισύρα, ἡ γῦνα. Le Scholiaste de Lycophron: ξισύρα, τὸ ἐκ δέρματος ἔντεχρον, ὅπερ καὶ γῦναν καλῦσι. Constantin Porphyrogenete *de administrando Imperio* chap. 32. γῦναι ἐντερίκοπτα. Voyez Meursius en son Glossaire, & sur Constantin Porphyrogenete au lieu allegué, & Spelman au mot *guna*.

GRIVE. Voyez *griuelée*.

GRIVELEE. De *griue*, oiseau marqueté. Les Latins ont appellé de mesme *stellaturas, stellionaturas, & stellionatum* les fraudes & les impostures de la varieté des étoilles, & de la bigarrure des lesards, comme les Grecs ont nommé les imposteurs & les fourbes τρώκτας, c'est à dire *truites* selon quelques-vns, & selon les autres des *bonitons*; acause des diuerses marques dont le dos de ce poisson est comme étoillé. Voyez M. de Saumaise sur l'Histoire Auguste pag. 145. & 146. Dans Nicod *griuelée* est interpretée *sedule*, parce qu'elle est noire & blanche. Ie ne sçay pas d'où vient *griue*. Peuteftre que ce mot a esté fait du chant de cét oiseau, comme le Grec τρίχας qui signifie vne espece de griue, laquelle selon Aristote lib. IX. de son Histoire naturelle cap. 20. ὀξὺ φθέγγεται, a vn chant aigu & clair. En effet ces mots τρι τρι ou *gri gri* ne representent pas mal le cri que font les griues. Le mot Grec τρίζω pour dire *stridere* a esté ainsi fait par onomatopée.

GROLE. Ie pense qu'il vient de *garrula*, dont les Italiens ont aussi fait *grola. Garrula, garroula, garrola, grola.* En Languedoc on dit *graille.* C'est vne espece de corneille qu'on appelle autrement *freux*, qui mange du grain & point de charongne, & que les Grecs pour cette raison ont appellée σπερμαλόγος : cependant les Italiens la prennent pour vne espece de corbeau qui mange des charongnes, témoin leur Prouerbe :

> *Il corpo a le grole,*
> *E l'alma a chi la vuole.*

Garriola se trouue dans la Loy des Allemans tit. 100. §. 13. *Anceta, garriola, ciconia, coruus, cauha, vt alia similia requirantur,* que Lydius dans son Glossaire sur Clemangis interprete *pica glandaria*.

GROINER. De *grunnire.*

GRONDER. De *grundare,* qu'on a dit pour *grundire,* lequel se trouue pour *grunnire* dans Diomede liu. 1. pag. 33. *Grunnire, grundire, grundare,* GRONDER.

GROS. De *grossus.* Les Gloses anciennes : *grossus,* (car c'est ainsi qu'il faut lire, & non pas *grassus*) ὅλυνϑος, ϗ παχὺς ϗ λυπαρός. *Grossior* se trouue dans le III. liure des Rois chap. 12. 10. *Minimus digitus meus grossior est dorso patris mei.* & dans Gosfridus Vindocinensis liu. 1. epist. 21. *Grossescere* se trouue pareillement dans Beda, comme *grossitudo* dans la Loy Salique & dans Cæsarius, & *grosse* dans le liure *de Imitatione Christi.* Voyez Vossius *de vitiis sermonis* III. 13. & IV. 32. & 9.

GROSELIER. De *grossularium,* ainsi appellé par les Latins : *Quòd eius fructus acini sint ficuum immaturarum acinis similes, qui grossi siue grossuli appellantur,* dit Charles Estienne pag. 13. *de Re Hortensi.*

GROTTE. De *crypta. Crypta, crupta, crutta, croutta, groutta,* GROTTE. On disoit anciennement *croute.* Voyez Nicod aux mots *grotte* & *croute.* Browerus sur Fortunatus pag 181. *Manet in Francico iuxta, Germanicóque sermone, vt testudines* CROTTE *appellitent. Quà de re visum est subnectere viri eruditi iudicium grottam scribentis, aut durius crottam esse omnino testudinem substructionis in ædificio subterraneo voce Gallica, quæ Græcis* χρυπτὴν *vel* χρυπτά *Doribus : vnde & Sidonio & Plinio Iuniori vsitatam cryptoporticum Francos appellare* GROTTE *&* GROTESQVES, *Leodienses* CROTTE.

GRVAV. On appelle ainsi en Anjou de la farine d'auoine, auec laquelle on fait vne sorte de boulie. De *grutellum* diminutif de *grutum.* Spelmannus : *Grutum. Leguminis genus, aliter granamellum,* GROVTE. *Lib. Rames. sect.* 144. *Decem mittas de braseo, &* V. *de gruto, &* V. *mittas farinæ triticeæ, &* VIII. *panes &* XVI. *caseos, &c. decerno. Inde* Grutarius *qui vendit legumina, & interdum qui poma. Videndus Palladii Interpres.* Meurs. γρѹτία. *Crusta, grutellum,* GRVEL, GRVAV. On dit *gru* en Champagne, pour dire *du son,* & *grutze* en Alleman pour dire *du gruau.* Voyez *gruyer.*

GR. GV.

GRVE. De *grua*, qu'on a dit pour *grus*, & qui se trouve dans la loy Salique VII. 6. & dans les Loix des Lombards 1.19.

GRVIER. De *gru*. Pierre Pithou sur le tit. x. art. IX. de la Coustume de Champagne: *Le gru en France, mesme à l'entour de Paris s'appelle tout le fruit de la Forest, comme la glanée, les chastaignes, les pommes & poires sauuages,* &c. *qui s'afferment sous ce mot* gru *par le Gruyer, le nom duquel semble venir du mesme mot*. Ie ne sçay d'où vient *gru*. Peutestre de *grutum*. Voyez *gruau*. En Normandie on dit *le grou* pour dire *les pommes tombées la nuit, & ramasser les pommes grouées, & le vent fera bien grouer les pommes*. Grouer peut auoir esté dit pour *crouiller*.

GV.

GVAIN. Les Italiens disent *guadagno*, & les Allemans *gwein*. Canisius sur les Epistres de Alcuin Epist. 1. *Pontus Heuterus, quamquam scriptor non admodum certus & circumspectus,* ALCVINVM *in Etymis interpretatur* ALLWIN *vndique rem facientem augentémque. Hodie nostratibus lucrum* GWIN. *Guadagno* peut auoir esté fait de *vadanum. Vas, vadis, vadanum,* GVADAGNO.

GVE'. De *vadum*. On prononçoit anciennement *vé* en Normandie, témoin *le grand Vé & le petit Vé*. Ce sont deux passages fameux vers le Cotentin.

GVERDON. Ie croy qu'il vient de werdung qui signifie *pretij æstimatio*, & dont les Escriuains de la basse Latinité ont fait aussi werdunia pour dire la mesme chose. Voyez Vossius *de vitiis Sermonis* II. 20. De *guerdon* les Espagnols ont fait *galardon*.

GVERET. M. de Saumaise sur Solin pag. 275. le dériue de *veruactum: Veruactum est terra quæ tantùm proscissa est, hoc est prima aratione versata. Græci* νεατόν. *Veruactum etiam liceat* κατα-χρηστικῶς *appellare hyeme proscissum. Nos* gueretum *inde dicimus, & terram in* gueretum *excitare, quæ hyeme proscinditur*. Il vient de *veteretum* qu'on a dit pour *veruactum*. Scaliger sur le 1. liure de Varron *de Re Rustica* chap. 44. *Veruactum opponitur restibili, id vocat Columella* veteretum, *quod nomen hodiéque in Gallia reti-*

Z z ii

netur: vocamus enim pars gueretum, *pars* varetum *vt in Aquitania & in Tectosagibus. Quare admonendus est Lector in Columella, vbi semper in excusis libris* veruactum *legitur, in calamo exaratis semper sine vlla exceptione* veteretum *legi.*

GVERIR. GVERISON. On prononçoit anciennement *garir* & *garison*; & on le prononce ainsi encore apresent dans le Languedoc, & autres Prouinces voisines. Il y en a qui dériuent ce mot de *variare*, pource qu'il se fait changement en la disposition du corps. Ie croy qu'il vient de l'Alleman ou du Flaman waëren qui signifie *garder, sauuer, conseruer*. Garir c'est venir à sauueté d'vne maladie. Voyez *guerite*. Cambden dans sa Bretagne le dériue de l'Anglois *guerif* qui signifie la mesme chose.

GVERITE. On prononçoit anciennement *garite*. Le Roman de Perceforest: *Adonc s'en vint la guette aux garites de la porte.* Et vn peu apres: *Et si luy di qu'elle vienne parler à nous à la garite.* Les Espagnols disent aussi *garita*, que Couarruuias pretend estre Arabe. Mais il y a apparence qu'ils ont pris ce mot de nous, & que nous l'auons pris de l'Alleman ou du Flaman waëren ou bewaren qui signifie *garder, sauuer, conseruer*; & c'est aussi l'opinion de Nicod, qui dériue pareillement de ce mot Alleman *gare* & *garir*. Voyez le au mot *garite*.

GVERPIR. C'est vn vieux mot François qui signifie *laisser, abandonner*, & dont le composé *deguerpir* est encore en vsage dans le Palais. Il vient de werpire, mot qui se trouue en cette signification dans les Autheurs du bas siecle, & qui vient de l'Alleman werpen qui signifie *ietter*. Voyez Lindembrog dans son Glossaire au mot werpire, & M. Bignon sur les Formules de Marculphe pag. 475. où il remarque entr'autres choses, qu'vne veufve dans Froissart vol. 1. ch. 24. est appellée *guerpie*, comme qui diroit *delaissée, abandonnée*. En Gascogne les Notaires encore aujourd'huy appellent dans leurs actes les veufves *relictes*: *Relicte d'vn tel* pour dire *veufve d'vn tel*; & c'est ainsi, pour le dire en passant, qu'elle est appellée *vacans mulier* par le Iurisconsulte Marcianus en la Loy 7. au Digeste *ad Leg. Iul. de vi Publ.* Voyez aussi Vossius *de vitijs sermonis* liure 11. chap. 23. & 26. Barthius liure 46. de ses Aduersaires chap. 23. & Loiseau liure 1. de son traité du Deguerpissement chap. 2.

GVERRE. De l'ancien mot Germanique Werre ou warre, dont les Escriuains de la basse Latinité ont fait werra, qui se trouue dans les Capitulaires de Charles le Chauue, dans Yues de Chartres, dans Mathieu Pâris, &c. Voyez Cluuerius liu. 1. de son ancienne Germanie chap. 8. & Vossius de vitiis sermonis 11. 8. 20. & 26.

GVESDE. C'est vne herbe dont se seruent les Teinturiers, qu'on appelle autrement pastel, de pastellum; Quòd trussatilibus molis pressa & exsucta in pastillos digeratur, comme dit Brodeau liu. v. de ses Meslanges chap. 2. De guastum ou guasdum qui signifie la mesme chose, & qui est vn ancien mot Gaulois. Pline liu. XXII. chap. 1. Simile plantagini guastum in Gallia vocatur, quo Britannorum coniuges nurúsque toto corpore oblitæ quibusdam in sacris & nudæ incedunt: car c'est ainsi qu'il faut lire dans Pline, & non pas glastum, comme l'a remarqué M. de Saumaise sur Solin pag. 254. Ita scribendum in verbis Plinii esse non glastum, vt vulgò extat satis ostendit nomen quo hodiéque hæc herba vocatur guesdum. Quod ex illo antiquo vocabulo Gallorum leuiter tantùm deflexum est & immutatum. Nous disons en Anjou guesdon; ce qui fait voir qu'on a dit guasto pour guastum.

GVESPE. De vespa.

GVESTRE. De vastre.

GVETER. De cattare qui signifie voir, regarder, considerer. Le Lexicon Arabe-Latin: Museum cattum, quod cattat, idest videt. Isidore dit de mesme, que cattus est ainsi appellé quòd cattat, idest videt. Voyez M. de Saumaise sur Solin pag. 1009. L'Italien se sert encore apresent de ce mot cattare en cette signification, comme quand il dit va cattando, & les Espagnols, comme quand ils disent catad lo que dezis. i. vide quid dicas. Ie croy que GVET vient de ce mot guetter. Neantmoins le P. Sirmond le dériue de Wacktæ qui signifie excubiæ, & qui vient de l'Alleman wacht qui signifie la mesme chose. Voyez le sur ces mots du tit. XXVII. des Capitulaires de Charles le Chauue.

In ciuitate atque in marca wactas *faciant*, & Lindembrog dans son Glossaire au mot wacta. GVETAPENS en vient aussi, & a esté dit par corruption pour *guet apense*. *Apenser* est vn vieux mot François qui se trouue souuent dans les grandes Chroniques de France pour celuy de *deliberer*. Voyez Pasquier liu. VIII. chap. 32. De *guetter* on a composé *aguetter*, d'où vient *d'aguet*.

p. 725. GVEVLE. Couleur rouge en armoirie. De certaines peaux rouges qu'on appelloit *gueules*, acause vray-semblablement de la rougeur des gueules des animaux. Saint Bernard dans vne Epistre à Henry Archeuesque de Sens. *Horreant & murium rubricatas pelliculas quas* GVLAS *vocant, manibus circumdare*. Voyez M. Hauteserre liu. III. des Ducs & Comtes chap. 3.

GVEVX. Nicod le dériue de l'Alleman *geiler*, qu'il dit signifier *vn mendiant*. Et Pasquier VIII. 42. de *ganeo*. Ie croy qu'il vient de *quæstus*, qu'on peut auoir dit pour *quæstor* ou *quæsitor*. De *quærere* les Grecs ont dit de mesme αἴτης de αἰτέω, comme qui diroit *demandeur*.

GVI. De *viscum*.

GVICHET. Ie croy que c'est vn diminutif de *huis*, comme *vscietto* de *vscio*. Huisset, Wisset, guisset, GVICHET.

Guienne p. 725
Guigner p. 799.

p. 799. GVILE. C'est vn vieux mot François qui signifie *tromperie*, auquel on adjoustoit d'ordinaire celuy de *barat*. Graces de la Vigne Autheur du Roman de la Chasse:

<blockquote>Là fu li gueux de Tancarville.
En luy n'est ne barat ne guille.</blockquote>

Les Anglois disent encore apresent *gile* pour *tromperie*. Il est difficile de sçauoir s'ils ont emprunté ce mot là de nous, ou si nous le tenons d'eux. De *guile* nous auons fait le verbe GVILER qui signifie *tromper*, & celuy de GVILLON ou WILLON, qui est la mesme chose, comme *Gascons* & *Wascons*, qui signifient *trompeur*, *fripon*, témoin le Distique de Marot sur le Poëte Villon:

<blockquote>Prou de Villons à deceuoir.
Peu de Villons en bon sçauoir.</blockquote>

Et ce Poëte Villon fut ainsi appellé à cause de ses friponneries

neries & tromperies: car son vray nom estoit François Corbueil, comme il le témoigne luy-mesme dans son Epitaphe rapporté par le Pr. Fauchet liu.1. de l'Origine des Cheualiers:

Ie suis François dont ce me poise,
Nommé Corbueil en mon surnom,
Natif d'Auvers emprés Pontoise,
Et du commun nommé Villon.
Ou d'vne corde d'vne toise
Sçauroit mon col que mon cul poise,
Se ne fût vn ioly appel.
Le ieu ne me sembloit point bel.

Cét Epitaphe est autrement dans les œuures de Villon. Pasquier se trompe, qui croit qu'acause des fripponneries du Poëte Villon on a dit *villonner* & *villonnerie* pour *frippon* & *fripponnerie*. Voyez le au ch. 60. du liu. VIII. de ses Recherches.

GVILLEDIN. De l'Anglois *gelding* qui signifie *vn cheual hongré*; & qui a esté formé de *to gelde* qui signifie *chastrer*: si bien que ceux-là parlent improprement, qui disent *vne guilledine*.

GVILLEDOV, comme quand on dit *courir le guilledou*. Peutestre de *Gildonia*, qui estoit vne sorte de confrairie. Lindembrog en son Glossaire: *Gildonia Long.* 1. *tit.* 17. *l.* 7. *c.* 5. *t.* 129. Confratriæ *Hincmaro*. *Glossæ veteres*: Gildonia, conspiratio, adunatio. *Papias*: Geldonia, adunatio. *Vicani atq; Agricolæ in Germania* Gilde *vocant conuiuia publica, quæ collatitiâ stipe quotannis semel iterúmque celebrare solent* (j'apprends qu'à Cologne ces Confrairies se font tous les Dimanches.) Voyez le P. Sirmond sur les Capitulaires de Charles le Chauue pag. 113. Vossius liu. 11. *de vitiis Sermonis* chap. 8. Or comme ces assemblées pouuoient estre licencieuses, ou bien qu'au lieu d'aller à ces Confrairies les jeunes gens alloient à la débauche; il y a bien de l'apparence que ce mot *Gildonia* a esté pris pour la débauche mesme. Il y a encore apresent à Montrueil en Picardie vne compagnie de Marchands qui s'appelle *Guedon*; & ce mot vient vray-semblablement de *Gildonia*.

GVIMAVX. On appelle ainsi dans le Poictou les prez

qu'on fauche deux fois l'année. Rabelais liu. 1. 4. *Gaudebillaux font graffes tripes de coiraux. Coiraux font bœufs engreffez à la creche, & prez guimaux. Prez guimaux font prez qui portent deux fois l'an.* De *bimales*.

GVIMBELET. Les Anglois difent *gimlet*. Il est difficile de dire s'ils ont emprunté ce mot de nous, ou fi nous l'auons emprunté d'eux. A Paris on prononce *giblet* & *gibelet*.

p. 799 GVIMPLES. Espece de lien de tefte. Rabelais liu. v. XI. *Ie ne vis oncques tant de fandeaux, tant de flambeaux, de torches, de guimples & d'agiaux.* Iean le Maire en fes Illuftrations : *Quand la Deeffe eut mis bas fes habits & achemes, & qu'elle eut deffeublé coiffe, guimple, attour & autre accouftrement de tefte, termaillets, chaifnes, anneaux, bulletes & tiffus iufqu'aux galloches dorées, demeurant tocquée fans plus d'vn riche couurechef.* De *vinculum*.

n. 794 GVIRLANDE. De l'Italien *ghirlanda*.

Guischard p. 799 GVISE. Comme quand on dit *faire quelque chofe à fa guife*. Cluuerius liure 1. de fon ancienne Germanie chap. 9. le dériue de l'Alleman weise : *Germanis fuperioribus vocabulum eft* weise, *quod morem feu ritum ac modum fignificat. Inferiores fuâ dialecto dicunt* wise. *Iifdem id literis fcribunt Angli, pronuntiant verò vt fuperiores Germani fuum* weise. *Id Italis & Hifpanis nunc eft* guisa, *Gallis* GVISE. Ie croy que tous ces mots ont efté faits du Latin *visa*. Couarruuias fe trompe de croire que *guifa* foit vn ancien mot Espagnol. Caninius fe trompe auffi qui dans fes Dialectes dériue *guifa* du Syriaque *ghifa* qui fignifie *latus*.

GVISNES. Sorte de cerifes. Quelques Autheurs Latins ont appellé ces cerifes *cerafa Aquitanica*; ce qui a fait croire à quelques-vns que *guifne* a esté fait de *Guyenne*. Les Turcs & les Grecs les appellent *vifna*, qui approche fort de noftre mot. Les Espagnols difent *guindas*.

p. 799 GVITERRE. De l'Espagnol *guitarra*. Ie croy que les Espagnols ont eu ce mot des Arabes, & que les Arabes l'ont pris du Grec κιθάρα, dont les Italiens ont auffi fait *cetra*.

HA.

HABLER, HABLEVR. De l'Espagnol *hablar* & *hablador* qui signifient *parler* & *parleur*, & qui ont esté faits de *fabulare* & de *fabulator*.

HACHE. De l'Alleman *hacchen*, qu'Isaac Pontanus en son Glossaire dériue de ἄγρος, qui estoit vne sorte d'arme parmy les François. Eustathius: ἄγρος, εἶδος δόρατος Φραγκικȣ. Voyez-le. Ou plustost de *ascia*.

HAIES. De *haiæ*. Les Capitulaires de Charles le Chauue pag. 340. *Et volumus & expressè mandamus, vt quicumque istis temporibus castella & firmitates & haias sine nostro verbo fecerint, kalendis Augusti omnes tales firmitates disfactas habeant,&c.* Sur lequel lieu le P. Sirmond a fait cette note. HAIAS, *clausuras. Haiæ nobis hodie sunt sepes quælibet. Olim, vt hinc apparet, pro militari vallo & munitione vsurpatæ.* HAIA a esté dit pour *haga* de l'Alleman *hag* qui signifie *sepimentum, septum.* Voyez Vossius *de vitiis Sermonis* pag. 219. & Spelmannus dans son Dictionnaire au mot *haiæ*.

HAIN. De *hamus*, comme DAIN de *Dama*. De *hamus* on a fait *hamicius* & puis *hamicio*, d'où nous auons fait HAMEçON. *Hamus* vient de χαμός qui signifie *courbé*: Hesychius: χαμὸν, καμπύλον. Les Grecs ont dit de mesme ἀγκιστρόν de ἄγκος, qui signifie *vallis, conuallis*.

HAINE. HAINEVX. Ie ne sçay pas bien d'où vient ce mot. Les Allemans disent *hass* pour dire *haine*. Dans les Gloses d'Isidore *hemosus* est interpreté *odium*; sur quoy Bonauentura Vulcanius a fait cette note: *Forte heinosus, odiosus. Vide an inde Gallicum* HAINEVX.

HAIRE. Peuteſtre de *Biherriga*, qui ſe trouue à peu prés en cette ſignification dans Seuere Sulpice liu. III. de la vie de Saint Martin Dialog. 2. *A proximis tabernis biherrigam ve-stem, breuem atque hispidam, quinque comparatam argenteis, rapit, atque ad Martini pedes iratus apponit.* C'est l'opinion d'Isaac Pontanus : *Vocem ergo si examinemus* (il parle de ce mot *biherriga*) *nostram Germanorúmque etiamnum esse nemo negauerit. Nam* harich *siue* beharich *hisp:dum pilosúmque significat. Et adde hodié-que adhuc Gallis disertè reseruari* haire *pro cilicio.* Voyez le dans son Glossaire Celtique au mot *Biherriga.* Haër en Alleman signifie *du poil,* & haërtuch signifie *pannus ex pilo.*

HAISTRE. Arbre. De l'Alleman *hester.*

HALBRAN. Les Grecs ont appellé βρένθος vne sorte d'oiseau, que quelques-vns croyent estre le Merle. Hesychius : βρένθοι, μύρον τι, ὡς Βάκχαεις. οἱ δὲ ἀυτινὸν μύρον. ἢ ὄρνεον βρένθος, ὅπερ ἔνιοι κόσσυφον λέγοσι. D'autres, & auec grande apparence, ont crû que c'estoit vne Cane, fondez sur ces paroles d'Aristote liure IX. de l'Histoire des Animaux chap. I. ὅτι οἱ ἀπὸ τ῀ θαλάσσης ζῶντες, ἀλλήλοις πολέμιοι, οἷον βρένθος ᾧ λάρος, que Pline liu. X. chap. 74. a traduits de la sorte : *Dissident inter se aquaticæ, anates & gauiæ.* Or comme on a dit ἁλιίετος pour dire *vn Aigle de mer*; ie croy qu'on a dit de mesme ἁλίβρενθος pour *vne Cane de mer,* & que de là nous auons fait *halbrent,* que nous auons depuis prononcé *halbran.* Ce mot se dit proprement d'vn jeune oiseau de riuiere.

HALE'. Henry Estienne le dériue de ἅλιος, qu'on a dit en langage Dorique pour ἥλιος. Il vient de *assulatus. Assum, assulum, aslum,* hâle. *Assulare, aslare,* hâler.

HALLEBARDE. Caninius dans ses Canons des Dialectes, à la lettre ε, dériue l'Italien *alebarda* de l'Arabe *albarda.* L'Italien & le François viennent de l'Alleman *hallebard.* Wolfan en son abregé sur les Memoires de Charles Boüilly, sous le nom *Hallebarde : Hastæ genus ad pili Romani ferè longitudinem ita factum, vt non punctim solùm ex aduerso ferire, sed etiam cæsim, librato ictu altè in caput, vel punctim acumine, vel latum vulnus securiculâ, quam habet ex altero latere, possit inferre. Gestare solent Heluetij Regis Galliæ satellites. Item milites Germani post primam aciem stare sueti, & qui præstanti corpore vexillum stipant.*

Appellant halebart, *integro nomine in Gallos translato.* Cluuerius dans son ancienne Germanie liu. 1. chap. 44. *Verùm multò peius illi qui angonem esse voluerunt idem telum, quod vulgò nunc appellatur* hallebard. *Quod vocabulum nihil aliud significat, quàm securim palatinam, quâ Regum nunc Principûmque satellites, & corporum custodes armantur.* HALLE *quippe est atrium Palatij, veteri Germanorum siue Celtarum vocabulo, Anglis etiam nunc vsitato; &* BARD *securis.* En Alleman on prononce *hellebard*, & non pas *hallebard*: ce qui a donné la pensée à quelques-vns de croire que ce mot estroit composé de celuy de *hel* qui signifie *luisant*, & de *bard* qui signifie *vne hache*; comme qui diroit, *hache luisante*. Le President Fauchet liure 11. de la Milice & Armes, parle aussi des hallebardes comme d'vne arme venuë d'Allemagne ou de Suisse: *Pour le regard des hallebardes, elles sont plus recentes, comme ie croy, & venuës d'Allemagne ou de Soüisse.* Pource que ie trouue en vn iournal d'vn Curé de Saint Michel d'Angers, qu'enuiron l'an M. CCCC. LXXV. *Le Roy* (i'entens Loüis XI.) *fit faire à Angers & autres bonnes Villes, de nouueaux ferremens, qui furent portez à Orleans: comme aussi d'Italie, & par des gens de mer, les pertusanes, rançons & langues de bœuf furent inuentées.*

HALLER. C'est tirer vn bateau auec vne corde. Peut-estre de *agolare* diminutif d'*ago*. On appelle en Normandie *halebatel* le lieu qu'on doit laisser pour la haslée. De *haller* & de *bateau*.

p. 726.

HALLES. Lieu public. Peuteste de *hallæ* qui signifie des *rameaux secs*, dont on couuroit anciennement les halles. François Pithou sur ces mots du tit. 43. de la Loy Salique: *Si autem de ramis vel de hallis, aut de qualibet re eum cooperuerit,* &c. DE HALLIS. *tit. 69. Ripuar. Glossæ: siccis ramis. Inde halle de Mars. Et quæ à Philippo Augusto Lutetiæ ædificatæ sunt* LES HALLES. *Rigord.* Au lieu de *halla* on a aussi dit *asla*; ce qui me fait croire que ces mots viennent d'*assula*, comme *hâlé* de *assulatus*. Voyez *hâlé.* Spelmannus au mot *hasla*: *Leg. Ripuar. tit. 67. §. 5. Si quis pro hæreditate vel pro ingenuitate cartam receperit pro malo ordine, cum* VI. *in Ecclesia conjuret, & cum* XII. *ad staplum Regis in circula & in hasla, hoc*

p. 800.

est in ramo cum verborum contemplatione conjurare studeat. *Locus obscurus. Sed hîc Lindenbrog.* Fortè, inquit, vt Galli dicunt IVGES SOVS L'ORME. *Angli verò corilum appellamus* hasle. *Opinor quòd se in ramos feliciùs effundat, quàm in truncum vel arborem.*

HAMEAV. De *hamel* diminutif de *ham*, qui signifie *vne bourgade*; témoin ces mots Anglois, *Buckingham*, *Walsingham*, *Nottingham*, &c. De *hamel* on a fait *hamelette* ou *hamlette* qui se trouue dans vne Ordonnance Françoise d'Edoüard I. Roy d'Angleterre, & qui est rapportée par Spelmannus au mot *hamel*, où ie renuoye le Lecteur, & de plus au mot *ham*. Il y a plusieurs personnes en France qui s'appellent *du Hamel*. Dans le Boulonnois presque tous les villages se terminent en *ham*, que les Picards prononcent *hem*; *Eschinghem*, *Odinghem*, *Ardinghem*, *Besinghem*, &c.

HAMEÇON. Voyez *hain*.

HAMPE de hallebarde. Quelques-vns le dériuent de l'Alleman *handhabe*, qui signifie toute sorte de baston, soit de fourche, de hallebarde, de mail, ou de marteau, & qui est composé de *hand* qui signifie *main*, & de *habe* qui signifie *auoir, manier*, & qui vient du Latin *habere*. Plusieurs prononcent *hante*, qui approche encore de plus prés de l'Alleman *handhabe*. Mais ce mot vient sans doute de *amite* ablatif d'*ames amitis*, qui a esté dit par les Latins pour *vn baston, vne perche, vn fust*. Les Gloses pag. 15. *amites*, ϛάλικες. *Amites*, ἰξευτικοὶ χάλαμοι. Festus : *Amites, perticæ aucupales*. Horace dans ses Epodes : *Aut amite leui rara tendit retia*. *Amite, ante*, HANTE. On y a adjousté vne aspiration, comme en HAVLT de *altus*; en HANCHE de *anca*.

HANAP. Froissard vse de ce mot, ce qui fait voir qu'il est ancien en nostre Langue. Il peut auoir esté fait de l'Alleman *hein nap*, qui signifie *vne escuelle à oreille*.

HANCHE. Du Latin inusité *anca*, qui est encore en vsage parmy les Espagnols, & qui a esté fait du Grec ἀγκή.

HANSE. Comme quand on dit *hanse Teutonique*. C'est vne Compagnie de plusieurs villes d'Allemagne vnies ensemble pour le commerce, & qu'on appelle Anseatiques. Du mot Alleman *hamsée*, qui signifie *maritime*, & qui est composé de *ham*, c'est à dire *apud*, & *see* qui veut dire *mer*, a cause que les principales de ces villes sont maritimes. Comme Lubec qui est la capitale des villes Anseatiques, Dantzic, Hambourg, Rostoc, Wismar, &c. De là nous auons vsé du mot de *hanse* pour *association à vne Compagnie* : Au chap. I. art. 3. de la Iurisdiction de la Preuosté & Escheuinage de Paris : *Tous Marchands pourront faire amener toutes manieres de grains & farines aual l'eauë pour vendre en la ville de Paris, au dessus des ports d'icelle, sans congé, sans hanse, & sans compagnie Françoise*. Et *hanser* pour *associer aux priuileges, droits & coustumes d'vne Compagnie*. Voyez Nicod en son Dictionnaire : Ce mot de *hanse* Teutonique se trouue dans les Ordonnances de la Ville de Paris, & dans les Ordonnances Militaires tit. VII. art. 23. Voyez M. Seruin en ses Plaidoyers.

HANTER. Quelques-vns le dériuent de l'Alleman *hantieren* qui signifie la mesme chose, &d'autres du bas-Breton *hent* qui signifie *chemin*. Ie croy qu'il vient du Latin *habitare*.

HAQVENEE. On le dériue d'ordinaire de l'Anglois *hacney*, mais c'est au contraire l'Anglois *hacney* qui vient du François *haquenée*. Le François vient de *hakinea* diminutif de *haca*, qui est encore en vsage parmy les Espagnols pour vne haquenée. *Hakus, hakinus, hakineus. Hakinea*, HAQVENEE, d'où les Italiens ont aussi fait *chinea*. De *hakus* on a fait par vne autre forme de diminution *hakettus*, d'où nous auons fait HAQVET, qui se trouue dans nos vieux Autheurs pour vne sorte de cheual. Coquillart dans le Monologue du Puis :

> Sus sus allez-vous-en Iaquet,
> Et pensez le petit haquet,
> Et luy faites bien sa litiere.

Nous auons aussi dit *haque* de *hacus*, témoin le Prouerbe : *Vin qui est, Clerc qui sçait, Haque qui va. Entendez la note. Le vin ne vaut rien, Le Clerc ne sçait rien, la Haquenée trote*. Ie ne sçay pas d'où vient *hacus*. Les Arragonois selon le tesmoignage de Nicod au lieu de *haca* disent *faca*.

HARAN. De l'Alleman *haring* qui signifie la mesme chose. *Haring*, HARENG, HARAN. *Arentia* pour *haran* se trouue dans les anciens Statuts de Saint Benoist sur Loire. L'Alleman *haring* peut auoir esté fait du Latin *halec*.

HARANGVE. Ie croy qu'il vient de l'Alleman *huhorung* qui signifie mot pour mot *escoutement*, & qui vient du verbe *huhoren*, c. *escouter*: ou plûtost de l'Anglois *hearing* qui signifie aussi *escoutement*, & qui vient du verbe *to hear*, c. *escouter*. Les Grecs ont appellé de mesme les harangues ἀκροάσεις. ἀκρόασις ἐπιδεικτική dans Lucian. Et nous disons la Chambre des Audiences au lieu de dire la Chambre des Plaidoyeries.

HARAS. Voyez Spelmannus au mot *haracium*.

HARD. Dans vn Titre de l'année 1244. *hardæ* se prend pour des liens: *Encore auiourd'huy en plusieurs lieux de Champagne on appelle vn lien de fagot qui se fait à lac courant, la hart d'vn fagot.* Ce sont les termes de Pierre Pithou sur le titre VII. de la Coustume de Champagne.

HARDER. Du mot *hardes*. C'estoit proprement troquer hardes contre hardes. Depuis on s'est seruy de ce mot pour exprimer l'échange de toutes les choses mobiliaires. Ie ne sçay pas d'où vient *hardes*.

HARELLE. On a ainsi appellé vne sedition arriuée à Roüen sous le regne de Charles VI. comme il se void par vne vieille Chronique intitulée *la seconde partie du Rosier de France*, qui m'a esté communiquée par Messieurs du Puy, où apres le discours des Maillotins de Paris, l'Autheur adjouste: *Et quand ceux de Roüen sceurent ce qui estoit auenu aux habitants de Paris, pource que pareillement ils auoient fait commotion contre les Officiers Royaux, que l'on appelle* LA HARELLE, *ils enuoyerent deuers le Roy requerir misericorde. Parquoy le Roy enuoya à Roüen Messire Iean de Vienne Admiral de France, qui en fit executer aucuns, & apres leur pardonna la peine criminelle, qui fut conuertie en ciuile dont grandes finances furent leuées.* Peuteſtre de *Haro*, ou plustost du Chef qui s'appelloit peuteſtre *Harelle*, qui est vn nom assez commun dans la Prouince de Normandie. Ie croy que c'est de cette sedition dont parle Iuuenal des Vrsins

HA. HA. 377

fins en l'Histoire de Charles VI. pag. 21. l'an 1382. lors qu'il dit que ceux de Roüen *firent leur Chef comme Roy vn Marchand de draps qu'on nommoit le Gras, pource qu'il estoit gros & gras, & le mirent sur vn chariot en maniere de Roy, voulust ou non.*

HARLEQVIN. Nom de Basteleur. Sous le Regne de Henry III. il vint à Paris vne troupe de Comediens Italiens, parmy lesquels il y auoit vn jeune homme fort dispos qui hantoit fort souuent chez M. de Harlay de Chanvalon; d'où il fut appellé par ses compagnons *Harlequino*, comme qui diroit *Petit-Harlay*. Ce nom qui luy demeura tousiours du depuis, a esté pris ensuite par d'autres Basteleurs; si bien qu'apresent ce mot passe parmy nous pour celuy de *Basteleur*. I'ay appris cette origine de M. Guyet, qui m'a dit l'auoir apprise de Harlequin mesme au second voyage qu'il fit en France au commencement du Regne de Loüys XIII. & elle m'a esté confirmée par M. Forget Grand-Maistre des Eaux & Forests d'Orleans, qui m'a dit auoir oüy Harlequin sur le Theatre appeller M. de Chanvalon son parrain.

HARNOIS. De l'Italien *arnese*, qui a esté fait de l'Alleman *arnisch*.

HARO. Nicod: Harò ou Haròl est le cas vocatif de ce nominatif Haròl, que *Aimoinus Monachus* au 4. liu. chap. 110. de ses *Annales* appelle *Harioldus*, & est vn escry & reclame à secours de Iustice que fait celuy ou celle qui sont oppressez d'excés criminel seulement, comme d'embrasement, larcin, meurtre ou éminent peril par assault à glaiue desgaigné. Auquel escry tous ceux qui l'ont oüy doiuent issir & apprehender le malfaicteur, ou crier Harò sur luy; autrement sont tenus de l'amander au Prince, s'il y a peril de vie ou de membres, ou de larcin, selon que le contient la Coustume du pays de Normandie, auquel seul la Clameur de Haro a lieu, l'effet duquel Harò ne tend qu'à la retention du malfaicteur pour le mener en Iustice, & l'escrieur aussi, pour, selon qu'il apperra le Harò auoir esté iustement ou indeuëment crié, en faire iugement & decision. Car anciennement le Duc de Normandie ayant seul la Cour dudit Harò, & apresent les Hauts-Iusticiers qui l'ont telle que le Prince, & les Moyens qui ne l'ont que du Haro de sang & playe, doiuent respectiuement faire enqueste s'il a esté crié à droit ou à

Bbb

tort, & punir l'un ou l'autre. Ainsi dit-on, Crier Harò: Haroldum, aut certè Harioldum inclamare, i. Haroldi opem atque fidem. Et le mot Harò est Harolde tuam fidem. sc. inuoco: & clameur de Harò, Haroldi fidei imploratio. i. fidei publicæ inuocatio ob publicam, violatam ac temeratam tranquillitatem. Si que le mot Harò soit simple, & que l'origine de ce cry dépende de Harold Roy de Danemarc, qui l'an huit cent vingt-six receut le Baptesme à Mayence, & fut grand conseruateur de la Iustice. Autres dient que Harò sont deux mots, & qu'il ne le faut escrire aspirément: ains Aa Roù, sçauoir est, Aide-moy ou venge mon iniure; & pour cette opinion se peut alleguer que Roù Danois fils de Guyon, Seigneur du pays-bas de Danemarc, s'estant fait Duc de Normandie, tint la main si rude à la punition des mesfaits & seurté publique, que de son viuant, ny long-temps apres son deceds ne se trouua audit pays aucun qui tollist ne amblast à autruy; & que cheuauchant vn iour par son pays de Normandie, ayant fait pendre à vne potence au bord d'vne mare (qui s'appelle encore auiourd'huy la Mare aux Anneaux: & le village d'auprés, Romare) sur le grand chemin passant les anneaux d'or qu'il portoit, ils y furent bien fort long-temps sans qu'oncques en fussent ostez, ors qu'ils fussent pendus si bas qu'aisémeut on y pust atteindre: si que pour la bonne paix & iustice qu'il maintint audit pays, ses Suiets prirent cette vsance, tant de son viuant qu'apres sa mort, de crier Aà Roù, quand on les outrageoit de quelque effort de violence. Georges Coluenerius dans ses Notes sur le Chronicum Cameracense de Baldricus pag. 523. Rollo vel Rol præcipuus Nordmannorum Ductor, qui tandem ad Fidem Christi est conuersus & baptizatus anno 912. vt scribit Math. Westmonast. & Baronius tom. x. qui deinceps ad finem vsque vitæ tantus fuit amator iustitiæ, vt recordatione ipsius etiam hodie Normanni, dum eis infertur iniuria, exclamare soleant H A ROL vel H A ROV, quasi suspirantes & inuocantes eum ad faciendam ipsis iustitiam.

HARPE. Du Latin harpa. Fortunatus liu. VII. vers 8.
Romanúsque lyrâ plaudet tibi, Barbarus harpâ.
& qui vient de l'Alleman herp ou harpe. Voyez Scaliger sur la Sphere Barbare de Manile, Vossius *de vitiis sermonis* liu. II. chap. 19. & 23. Lindembrog dans son Glossaire au mot

HA. HA. 379

harpator, & Isaacus Pontanus dans le sien au mot *harpa*.

HASE. Nous appellons *vne hâse* la femelle du lievre. De l'Alleman *ein hâse* qui signifie *vn lievre*, soit masle soit femelle. En Normandie *hâse* se dit aussi d'*vne lapine*.

HASTE. On appelle ainsi dans le Niuernois & dans la Lorraine vne broche. De *hasta*. Et delà *contrehastier*.

HASTER. De l'Alleman *hasten*, qui signifie la mesme chose.

HAVBERG ou HAVBERT. Arme. Fief. On appelloit ainsi anciennement vne cotte de maille à manches & gorgerin. Au liu. II. des Amadis : *Neantmoins Amadis se releua de grande legereté, encore qu'il luy fust demeuré vn tronçon de lance dedans la manche de son haubert.* Et au I. liure : *Amadis l'attaignit & luy donna vn coup du bout de l'espée, de laquelle il luy fendit le haubert tout le long des reins.* Le President Fauchet en son liu. II. de la Milice & Armes le dériue de *albus*: *Dessus ce gambeson ils auoient vne chemise de mailles longue iusques au dessous des genoüils, appellée* AVBER *ou* HAVBER, *ie croy du mot albus: car albumen se tourne en François aulbin; Alburnum, aubier, qui est le blanc de tout bois. Alba, aube, & autres semblables: & celuy-cy en auber, pource que les mailles de fer bien polies, fourbies & reluisantes en sembloient plus blanches.* Et au chapitre des Chastelains : *Ie croirois bien que tous Leudes Nobles de ce temps-là estoient hommes d'armes, & seruans à cheual, parce que la force des François (c'est à dire Nobles) gisoit en la Gendarmerie & Cheualiers vestus de loriques, appellées Haubers, possible pource qu'ils estoient blancs & reluisoient acause des mailles de fer poli, dont estoient faites les loriques.* Témoin ce vers de Virgile :

Loricam consertam hamis, auróque trilicem.

Autant en dit Silius Italicus au V. *liure*:

Loricam induitur, tortos huic nexilis hamos
Ferro scamma rudi, permistóque asperat auro.

Sidoine Apolinaire en dit autant au Panegyric d'Anthemie:

Circulus impactis loricam texuit hamis.

Gregoire de Tours liu. VII. *chap.* 38. Et immissâ lanceâ voluit eum transfigere, sed repulsa articulis loricæ nihil nocuit, re-

Bbb ij

presente le Haubert fait de mailles jointtes & passées l'vne dans l'autre, dont vient le Prouerbe, Maille à maille se fait le Haubert. Ce qui encore fait appeller Haubergeonniers les faiseurs de chemises de maille. M. Besly dans ses Remarques sur les Memoires de la France Aquitanique pag. 172. improuue cette etymologie, & auec raison : *Le mot Hauberg*, dit-il, *quoy que die le President Fauchet en ses Origines des armes est vn mot pur Thiois, qui signifie arme complete de tout le corps, ou qui couure tout le corps. Tout ainsi qu'és Capitulaires de Charlemagne Bejubergæ signifie des cuissons ou armes qui couurent les cuisses. Ce qu'a remarqué le Comte Hermanus à Nuenare de origine Francorum. Et c'est de là qu'il faut interpreter que c'est que Fief de Haubert en ce Royaume, & principalement en la Coustume de Normandie, où cela se peut aisément verifier, & peut seruir à vn docte personnage de ce temps pour corriger ce qu'il en a doctement escrit en ses liures des Seigneuries. Ne faut pas aussi confondre Fief de Haut-ber & de Hauberg.* Ce docte Personnage C'est Loiseau, dont voicy les termes : *Possible que de là est venu que les Seigneurs des Baronnies à la distinction soit des hauts Iusticiers, soit des autres encore moindres, qui se qualifioient Barons, se sont appellez hauts-Barons ou hauts-Bers : car il est bien certain que dans tous les vieils liures de pratique, notamment en la Somme Rurale, Ber & Baron est mesme chose : mesmement au liure intitulé,* l'Establissement du Roy pour les plaids de Paris, d'Orleans & de Baronnie, &c. *Haut-Bert & haut-Baron sont confondus comme synonimes : & de là sans doute originairement a esté dit le Fief de Haut-Ber, dont le Seigneur* inuestitus est à Principe, de plebe vel plebis parte, *comme parle le tit.* quis dicatur Dux, &c. *Mais pource que Haut-Ber ou Seigneur du Fief de Haut-Ber estoit tenu seruir le Roy en guerre auec armes pleines, dit la vieille Coustume de Normandie, chapitre 85. c'est à dire armé de toutes pieces, & consequemment auecque l'arme du corps, qui estoit lors la cotte de mailles; de là est venu que cette arme a esté appellée Hauber ou Hobergeon ; dont à succession de temps est aduenu que le Fief de Hauber a esté pris pour toute espece de Fief, duquel le Seigneur est tenu seruir le Roy auec le Hauber ou Haubergeon, & partant on a pensé qu'il fust ainsi appellé acause du Haubergeon, qui est ce que dit Cujas sur le tit. 9. du 1. liu. des Fiefs, que le Fief de*

Hau-Ber est dit, ab armorum genere, quo possessor Regi seruire debet : *Combien qu'on puisse dire qu'au rebours Haubergeon vient de Hauber, & estoit l'arme du Hauber, & cette erreur est cause qu'auiourd'huy en la Coustume reformée de Normandie, Fief de Hauber est moins que Baronnie, estant par les art.* 155. *&* 156. *d'icelle, le relief de la Baronnie taxé à cent liures, & celuy du Fief de Hau-ber entier à quinze liures seulement* Le mesme M. Besly dans quelques memoires manuscrits qui m'ont esté communiquez par M. du Puy, improuue encore plus au long cette opinion de Loiseau : *Multa hic sunt errata*, ce sont ses paroles parlant de celles de Loiseau que nous venons d'alleguer, *nam Cuiacius immeritò reprehenditur*. Car HAVBER *pour* arme, *&* HAVT-BER *pour* Baron *ont diuerse origine. De verité ce sont mots estrangers. Mais* Ber *vient de* Baron, *qui est en vsage de six à sept cens ans pour signifier grand Seigneur.* Hincmar Epist. 1. ad Ludouic. Balbum : Nam si illi boni Barones (*il les auoit nommez* Primores Regni) post mortem Pipini cum duobus fratribus sic sano consilio egerunt, &c. *Et* Hauberg *vient de* ale *qui signifie tout en* Alleman, *& de* bergen *qui veut dire* cooperire. *Comme* BEIN-BERGÆ cuissots, *in Leg. Ripuar.* Bæinbergas bonas. Arma quibus teguntur crura. BEIN enim crus *significat Germanicè, vt scribit* Herman. Nuenar. lib. de Origin. Francorum. *Ce qui a grande apparence; parce que premierement il y a la taxe de l'espée auec ses heudes, haudes ou poignée. Il est vray que l'on a appellé depuis* Haubert *la cuirasse, corset ou corselet auec ses longs pans où se venoient rendre les chausses de mailles. Et parce que la coiffe de maille pour la teste estoit partie du* Haubert, *il est aduenu que quelquesfois on a dit* Haubert *simplement pour l'armet. Or pour retourner au point, l'etymologie du mot monstre que iustement Fief de pleines armes est moins prisé que Baronnie, parce qu'il faut quatre fiefs de haubert pour faire vne Baronnie. Le diminutif* haubergeon *fait voir qu'il faut escrire* hauberg.

HAVRE. De *aber*, qui est vn vieux mot Gaulois qui signifie *l'emboucheure d'vn fleuue dans la mer ou dans vn autre fleuue*. Syluester Giraldus liure 2. de son Itineraire de la Cambrie chap. 1. *Aber lingua Britannica dicitur locus omnis vbi fluuius in*

382 HA. HA.

fluuium cadit. Et dans la Description de la Cambrie chap. *Aber Britannicè dicitur locus omnis vbi aqua in aquam cadit.* Voyez M. Bochart liu. 1. des Colonies des Phœniciens chap. 42. où il estime que le mot Gaulois *aber* vient de l'Hebreu הבר *habar* qui signifie *consociari*, d'où vient הבר *haber, socius*, & הבר *heber consociatio.* Voyez aussi Cambden pag. 693. où il dit que *Abrauanus*, qui est vn Promontoire d'Angleterre dont il est parlé dans Ptolomée, signifie *ostium amnis Ruan*, & qu'il est composé du mot *Aber* qui signifie *ostium fluminis*, & du mot *Ruan* qui est le nom propre d'vn fleuue. D'autres le dériuent de l'Alleman *hafen* qui signifie *vn port.* Les Danois disent *hagen* pour *hafen*, d'où vient *Copenhagen* Capitale de Dannemark, comme qui diroit *le port de Copen.*

HAVTECLAIR. Nom de famille. Ce nom fut donné du temps du Roy Henry II. à vn Maistre des Requestes nommé *Coüillard*, par vne rencontre assez plaisante. Ce Maistre des Requestes alloit souuent au Louvre. Vn jour qu'il grattoit à la porte du cabinet du Roy ou de la Reyne, comme les Huissiers luy demanderent son nom, il n'osa leur dire distinctement acause de l'obscenité. Les Huissiers ne l'entendant pas, ou feignant de ne le pas entendre, luy dirent qu'il dist son nom haut & clair; d'où il fut ensuitte appellé *Hauteclair.* Ie tien cette Histoire de M. du Puy, qui l'a apprise de M. de Thou, lequel au liure VIII. de son Histoire pag. 262. fait mention de ce changement de nom, mais en passant: *Negotium datum P. Altoclaro Libellorum Supplicum Magistro, qui pudendo alio cognomine indigetabatur, vt negotium Regium*, &c. Les Beauharnois d'Orleans ont aussi changé leur nom de *Beauvit*, acause de l'obscenité, en celuy de *Beauharnois.*

HAZARD. De l'Espagnol *azar* qui signifie *vn as*, & qui se prend aussi pour le hazard du dé. Ie croy que les Espagnols ont pris ce mot des Arabes.

HE.

HEAVME. De *helmus* qui se trouue dans les Loix Ripvaires tit. XXXVI. §. XI. pour *galea*, & qui a esté fait de l'Alleman *helm*. Voyez Spelmannus en son Glossaire, & Vossius *de vitijs sermonis* pag. 222.

HERAVLT. De l'Alleman *Heralt*, d'où les Italiens ont aussi fait *Araldo*. Voyez Vossius *de vitijs Sermonis* pag. 222. & sur tout Spelmannus en sa Diatribe des Heraults, que vous trouuerez dans son Glossaire au mot *Heraldus*.

HERBOLISER. Rabelais 1. 24. dit *arboriser*: *Et au lieu d'arboriser visitoient les boutiques des Drogueurs, Herbiers & Apothiquaires*. Mais il faut dire *herboliser* qui a esté fait de *herbula*, qui se trouue dans Ciceron & ailleurs: ou plustost de *herbarius* en changeant l'*a* en *o*.

HERE, comme quand on dit *pauure Here*. Ie croy que ce mot est venu de l'Alleman *Her* qui signifie *Seigneur*, & que nous auons dit par mocquerie *vn pauure Here* pour dire *vn pauure Seigneur*, comme nous disons *Prince malaisé*. Et à ce propos il est à remarquer que nous tournons souuent en dérision les mots que nous empruntons des langues estrangeres, comme *rosse*, *bouquin*, *rapiere*, *lande*, *habler*, *sauate*, &c.

HERITAGE. De *hereditagium*. Ce mot se prenoit anciennement pour *vn fonds de terre écheu par succession*: & dans le Dauphiné & ailleurs il signifie encore *apresent succession*. Depuis on l'a employé pour toute sorte de domaine, & on l'oppose au meuble. Les Espagnols vsent du mot *eredad* en la mesme signification.

HERPER ou *heruper*. C'est vn vieux mot qui signifie *herissonner & roidir en dressant le poil*. Du Foüilloux parlant des signes d'vn bon Chien: *La cuisse troussée, & le saret droit & bien herpé*. De *horripilare*. On a aussi dit *herpelu* de *horripilosus*, qui a esté fait de *horripilum*. Ioseph Scaliger sous le nom de Viliomarus liu. 11. de ses Animaduersions contre Robert Titius chap. 22. φριξότριχα, *horripilum* Tertulliano & alijs. Vnde Galli

384   HE.   HE.

idem eodem nomine paulò deprauatione HERPELV. Les Gloses anciennes: *horripilatur*, ὀρθοτριχεῖ. Celles d'Isidore: *horripilatur, horret*. On a aussi dit *hircipilus*. L'Onomasticon Grec-Latin: *hircipili*, δασύτριχες. Voyez *Hurepoix*.

HERSES. De *hirpices* ou *herpices, quod est genus rastrorum ferreorum quod plures habet dentes ad extirpandas herbas in agris*, dit Festus. Voyez M. de Saumaise sur Solin pag. 729.

HESE. C'est vne espece de barriere ou closture pour fermer les cours des metairies, ou les chemins particuliers. La Coustume de Boulonnois art.165. *Vn chemin sentier appellé sante se peut clorre & ouurir d'vne hese*. Peuteste de *hercius* qui a esté dit pour *herycius*. *Herycius, hercius, hercia*, HESE.

HEVR. HEVREVX. De *hora*. Parce que les Astrologues font dépendre tout le bon-heur du moment de la naissance, que les Latins ont appellé *hora*. Manile:

———— *cœli nascentis ab hora*
    Sidere, quem memorant horoscopon.

On disoit anciennement *bonne heure* & *male heure* pour *bonne & mauuaise fortune*, ce que nous retenons encore apresent, car nous disons *à la bonne heure* & *à la mal' heure*, & de là est dit *bien-heureux* & *mal-heureux*, c'est à dire qui a eu vne bonne ou mauuaise heure. Nous auons dit *heur* & *heureux* simplement pour *bon-heur* & *bien-heureux*, comme les Latins *fortunare* & *fortunatus*; car encore que le mot *fortuna* dont ils sont deriuez soit de ceux que les Grecs appellent τὰ μέσα, ils se prennent neantmoins en bonne part, comme aussi le primitif le plus souuent. M. de Saumaise en son liure des Climacteriques pag. 247. Hora *sæpe pro horoscopo. Quod in idiomate Romanitatis infimæ mansit, ut* BONA HORA *pro bona genitura usurpata sit vulgo, &* MALA HORA *pro infortunio, quasi ex mala genitura procedente*.

HEVSE, Voyez *houseau*.

HIVER.

HI.

HIVER. De *hibernum*, qu'on a dit pour *hiemps*, comme *vernum* pour *ver*; *æstiuum* pour *æstas*, & *diurnum* pour *dies*. Solin chap. v. parlant de la Sicile: *Principem vrbium Syracusas habet, in qua etiam cum hiberno conduntur serena, nullo non die sol est.* Tertullien: *Hiberna, verna & autumni.* Voyez M. de Saumaise sur Solin pag. 105. 891. & 1258. Les Italiens ont fait de mesme *verno* de *hybernum*.

HO.

HOBER. Vieux mot. De l'Alleman *haben* qui signifie *leuer*. Pour dire *ne bougez de là, ne vous leuez point de là*, on dit *ne hobez de là*. Nostri sic rure loquuntur.

HOBEREAV. Oiseau. De *Vmberellus* diminutif de *Vmber*, dont les vieux Latins se sont seruis pour *spurius*, comme a remarqué Scaliger sur le 1. liure de Varron *de Re Rustica*: *Ea vox apud Veteres significabat* Spurium. *Vnde apud Plinium insititium quoddam genus ouium* Vmbri *dicuntur, vt apud Græcos* ὀμβείχαλοι. *Sed Ibrumne, an Ibrum, an* Vmbrum *dicas, nihil refert. In veteri Glossario*: Imbrum, ἡμίονον, πρέσβατον. *Item*: Iber, ἡμίονος. *Ab eo certè Ibridas* Spurios *vocarunt. Vt & Galli eosdem vocabulo illo dicunt quo Venatores nominant* canem Lyciscam. *Vmberellus, omberellus, oberellus*, HOBEREAV. Du nom de cét oiseau nous disons figurément *hobereau* pour vn Gentil-homme qui n'est pas fort noble. Voyez Henry Estienne en son liure de la Precellence du langage François pag. 93. & 94.

HOBIN. Sorte de cheual. Philippes de Commines liure VI. chap. 7. parlant du Roy Loüys XI. *Audit lieu de Beaujeu il receut lettres comme la Duchesse d'Austriche estoit morte d'vne cheute de cheual: car elle cheuauchoit vn Hobin ardant. Il la fit cheoir, & tomba sur vne grande piece de bois.* De l'Italien *vbino*, mot qui se trouue dans la Gierusalem du Tasse. Dans le haras du Duc de Mantoüe il y a vne race de cheuaux qui vont l'amble naturellement, qu'on appelle *vbins*.

Ccc

HOC, comme quand on dit *cela vous est hoc*. Voyez *oui*.

HOIR, comme quand on dit *ses hoirs & ayans cause*. De *heres*.

HOMAGE. De *homagium* qui se trouue dans Pierre de Blois, Helmodius, Cæsarius, Guillaume de Nangis & infinis autres; & qui vient de *homo* qui signifie *seruiteur*, & dont non seulement les Autheurs du bas siecle se sont seruis en cette signification, mais aussi ceux qui ont vescu du temps de la bonne Latinité. Et ce mot se trouue en cette signification dans Catulle. Il se trouue aussi dans la Loy 4. au Code *de Dignitatibus*: *Senatorum substantias quas in diuersis locis & Prouincijs possident & homines eorum*, &c. De *homo* on a dit *hominium*, que Cujas trouue plus elegant que *homagium*: *Vasalli non sunt serui, sed* ἀντίδȣλοι, *vt Æschylus loquitur: & licet sæpe homines nostri dicantur, quia tamen ea appellatione proprie serui significantur, recte dixeris non tam eos qui quid à nobis iure feudi possident, homines esse nostros, quàm nobis hominium debere, quæ vox hominij concinnior est quàm homagij*, quâ vtuntur *Robertus in Supplemento Chronicorum Sigeberti*, *Helmodius in Historia Sclauorum*, *Otho & Radeuicus*, & *Abbas Vspergensis* sæpe, & *Fridericus Imperator ad Othonem Frisingensem*: *Hominio, inquit, ac fidelitate nobis facta Coronam Regni de manu nostra Petrus Rex Danorum suscepit*. C'est dans ses Commentaires sur les liures des Fiefs. Et dans l'obseruation 14. du liure VIII. *Hominium dixit Helmodius, quod certe venustius est quàm homagium. Hominum appellatione in libris nostris continentur procuratores, actores, custodes, conductores, emphyteuticarij, chartularij*, &c. *Vasalli igitur erant olim homines, idest veluti actores & custodes possessionum, & procuratores, & quasi precarij possessores*, &c. Et dans sa Preface sur les Fiefs: *Fit sæpe in libris nostris hominum mentio, qua appellatione frequentiùs serui significantur. Sed & liberi, puta actores, procuratores, custodes prædiorum, insularij conductores, emphyteuticarij, chartularij, precarij possessores. His possessio conceditur ad tempus. Quæ actori, feudum est guastaldiæ; quæ custodi, feudum guardiæ. Iisdem postea cœpit concedi in perpetuum, quod est verum & proprium feudum, atque ita paulatim qui erant actores custodesque prædiorum nostrorum temporarii, perpetui esse cœ-*

HO. HO. 387

perunt, *Latinúmque* hominum *nomen retinuerunt, nouum & exterum Vasallorum siue Leudum & Feudatariorum acceperunt à Principibus & nobilioribus, qui eis suæ prædia in perpetuum concedere maluerunt, si militiæ oneribus se obligarent, inuecta in Italiam nomina à Principibus Germanis, quibus fuere semper multi Comites (sic Cornelius Tacitus vasallos vocat: Glossæ (υϛϱατιώται interpretantur) & Principum æmulatio magna*, &c. Voyez Spelmannus en son Glossaire, & Vossius *de vitiis Sermonis* pag. 445.

HOMMEE de vignes. On appelle ainsi en Anjou ce qu'vn homme peut faire de vignes. Ainsi on a dit *bouata* ou *bouatus terræ*, ce qu'vn bœuf pouuoit labourer de terre. Vn vieux manuscrit cité par Spelmannus au mot *bouata*: *Octo bouatæ terræ faciunt carucatam terræ. Octo carucatæ faciunt vnum feodum militis. XVIII. acræ faciunt bouatam terræ.*

HOQVETON. Bayf en son liure *De Re Vestiaria* le dériue du Grec ὁ χιτών: *Nostri rustici vocabuli rustici vestigia retinentes* HOCHETON *appellant, quasi dicas* ὁ χιτών. Syluius, Henry Estienne, & Caninius disent la mesme chose. Ie ne suis pas de leur opinion; mais ie n'en sçay point d'autre meilleure.

HORS. De *foris*. On a aussi dit *deforis*, d'où nous auons fait dehors. Horsmis a esté fait de hors & de mis.

HOST. C'est vn vieux mot François qui signifie *armée*, témoin le Prouerbe, *si l'host sçauoit que fait l'host, l'host souuent desairoit l'host*. Il vient de *hostis*, dont les Capitulaires de Charlemagne & de Charles le Chauue, Yues de Chartres, Sugerius, Aimoinus & autres se sont seruis pour *exercitus*. Voyez le Pere Sirmond sur les Capitulaires de Charles le Chauue pag. 76. & Spelmannus au mot *hostis*. *Hosticum* se trouue en cette signification dans le Digeste.

HOSTAGE. Vossius *de vitiis Sermonis* pag. 447. le dériue de *obsidagium*: HOSTAGIVM & OSTAGIVM *idem ac obsidatus, siue conditio eius qui est in vadimonio. Mathæus Parisius, ad ann.* cIɔccXXII. *Dux Bauariæ, & alij diuites in hostagio remanserunt. Soldanus verò, pro jam dicta pactione, ex parte sua viginti in hostagio reddidit. Sanè Galli & Angli similiter* HOSTAGE. *Hostagium verò ab ostagium: hoc, non ab obstan-*

Ccc ij

do, *quia obstet hostilitatis opinioni; sed à Gallico* hostage, *vel* ostage : Hostage *autem non ab* hostis, *quia hospitem notat, & obses hospitis instar apud nos agit; sed κατὰ συγκοπὴν ex* obsidage. *Sanè opinionem hanc firmat, quòd posterorum seculorum Scriptores* obsidis *conditionem vocent* obsidiatum. *Vti Eutropius lib.* II. Sexcentis Ciuibus Romanis in obsidiatu receptis. *Ammianus lib.* XVI. Pater eius obsidiatûs pignore tentus. *Ac postea* : Obsidiatûs specie viri celebres altrinsecus dantur.

p. 727.   HOSTEL. De *hospitale.*

HOTE. Les Allemans vsent du mesme mot pour dire la mesme chose; & il y a grande apparence que le François vient de l'Alleman.

HOVBLON. Les Flamans disent aussi *houbelon.* Scaliger contre Cardan Exerc. 87. *Recentes lupuli flores turgidos quos* HOVBELON *vocant Belgæ.* Peuteftre de *lupulone* qu'on aura dit pour *lupulus.* C'est ainsi que les Latins ont appellé ce simple.

HOVE. De *vpupa,* dont les Latins se sont seruis en cette signification acause de la ressemblance qu'a cét instrument à la teste d'vne *hupe.* Le Glossaire: *obpopa,* ὄρυξ. *Otpopa,* ὄρυξ. Les François ont de mesme appellé *pic* vn autre instrument, acause de la ressemblance qu'il a auec le bec d'vn piverd. *Hoüe* est formé de *vpupa,* comme *choüe* de *cucuba.* M. de Saumaise sur l'Histoire Auguste pag. 337. A MA *est instrumentum quo foditur hortus. Quam Græci veteres* ἅμην, *recentiores* πυράμην *appellarunt, cùm id nomen esset proprium tantum eius instrumenti, quod igni admouetur.* πυράμην *igitur duo Græcis significat, sarculum aut ligonem. Vulgo dicimus* vne pale de fer, *ou* vn lochet. ὄρυχα *appellant Græci : Latini etiam* vpupam *vel* opopam *appellarunt, quod verbum nunc primi linguæ Latinæ restituimus. Glossæ veteres*: obpopa, ὄρυξ: *&* otpopa, ὄρυξ. *Hinc intelligendus ille Plauti locus hactenus nemini intellectus in Captiuis, de seruo in Lapidicinas dato:*
Nam vbi illo aduenì, quasi patriciis pueris aut monedulæ,
Aut anates, aut coturnices dantur, qui cum lusitent,
Itidem hæc mihi aduenienti vpupa, qui me delectet data est.
Vbi vpupa *non est* malleus, *vt stultè sunt interpretati, sed* ὄρυξ, *vt optimè Glossarij Auctor exponit; non eâ quidem plane formâ nec idem*

HO. HO. 389

instrumentum cum ama. *Nam hæc ad terram fodendam, & latior, vnde* σκαφίον πλατύ *exponitur à Grammaticis: illa ad eruendos lapides, & acuta, & non male referens vpupæ caput cum roſtro. Nobis eſt, vn* pic. *Nomen tamen etiam vpupæ vel opopæ vulgo retinemus: nam* hoüe *vocamus instrumentum illud* ὀρυκτικόν. *Vt cucubam, quæ eſt noctua,* choüe *appellamus. Sic vpupam vel opopam lapidicinis reddidimus. Hæc vna eſt ex ſignificationibus verbi* πυάμιν, *eaque, vt dixi, impropria: Nam propria eſt cum vatillum ſignificat tunc enim eſt* ἅμη πυρός. *Hoc eſt, vt vulgo loquimur,* VNE PALE A FEV. *Videntur tamen Latini in eo Græcos imitari, vt vatillum non tantùm id appellent, quod igni ſeruit, inſtrumentum, ſed etiam aliud genus, quo colligitur ſtercus ac tollitur. Hac enim notione apud Varronem accipitur libro tertio cap.* VI. *Vtrumque locum purum eſſe volunt hæ volucres: Itaque paſtorem earum cum vatillo circumire oportet, ac ſtercus tollere & conſeruare. Vbi vatillum non eſt foci, ſed alterius generis inſtrumentum quam palam vulgo vocitamus, ſiue ferrea ſit, ſiue lignea, tollendo, colligendóque ſtercori, & alij rei cuilibet, aptam. Sic apparet & Græcos voce* πυάμιν, *& Latinos, vatillo, & Italos ſuo* badile, *quod à* batillo *deductum eſt, non vſos tantùm eſſe, ad exprimendum focarium illud notum inſtrumentum, ſed etiam ad alia illa quæ poſuimus.*

HOVSEAV. De *hoſellum* diminutif de *hoſa*, qui a eſté fait de l'Alleman *hoſe*. Le Gloſſaire Latin-Saxon: *caliga, ocreæ,* HOSA. Paul Diacre liure IV. chap. 24. des Geſtes des Lombards: *Poſtea vero cœperunt hoſis vti, ſuper quas equitantes tubragos birreos mittebant. Sed hoc de Romanorum conſuetudine traxerunt.* Mathieu Pâris en l'année 1247. *Precioſiſſimis veſtibus adornati, calceamentiſque militaribus, quæ vulgariter* HEVSES *dicuntur.* Notkerus des Geſtes de Charlemagne liu. II. *Cumque ad obſequium Domini cuncti hoſas ſuas vellent extrahere ille prohibuit.* Les Grecs modernes ont dit de là ὁσίον, qui ſe trouue en cette ſignification dans Achmes chap. 220. Voyez Spelmannus en ſon Gloſſaire, & Voſſius *de vitiis Sermonis* pag. 225. Nous auons dit auſſi *heuſe*, témoin le ſobriquet de Courteheuſe. Voyez du Tillet au traitté d'Angleterre. *Hauſen* en Alleman ſignifie encore apreſent *hautechauſſe*.

Ccc iij

Hourvari, cri des chass. aux chiens p[our] les rappeler, et remettre sur les voyes de la boit[e] ou chasse. Belg. Her wær, huc redi. Boisrob.

390 HO. HV.

HOVX. Arbriſſeau. M. de Saumaiſe ſur Solin pag. 961. le deriue de *ilice*. AQVIFOLIVM porro veterum Latinorum, & hodiernorum Agrifolium eſt frutex vel arbuſtula quæ Gallis dicitur HOVX, & in iuſtam arborem aliquando ſurgit, foliis aculeatis & ſemper comantibus, quæ pro fructu baccas habet rubentes & tranſlucidas. Haud multùm hæc arbor Ilici aquifoliæ diſsimilis, ideo ſemper eas iungit Plinius. Vtráque certè folia aculeata præfert & ſemper viridia. Hinc quidam ex noſtris Herbariæ rei peritis, HOVX interpretantur ILICEM. Nec diffiteor Gallicam ex ilice factam eſſe quæ Italis ELCE. Vnde illud HOVX. Hic enim noſtris perpetuum eſt, vt quæ penes Latinos veteres aut Italos aſpirantur vocabula ſine flatu pronuntiare ſoleant, & contra quæ apud illos carent ſpiritu, ipſi adſpirent. Quod verum eſſe deprehendent qui vel parùm attenderint. Ilex tamen aquifolia, & aquifolium differunt. Ilicem Galli vocant EOVSE: aquifolium HOVX. Il vient de ὀξύς qui ſignifie *aigu*, acauſe des pointes de ſes fueilles. De *houx* on a fait *houdin*, qui ſignifie en Anjou cet arbriſſeau que les Apoticaires appellent *bruſcus* ou *myrte ſauuage*.

ou du bruit q[ue] font les hu[i]ſſi[er]s.

HV.

p. 727. & 802.

HVCHER. Vieux mot qui ſignifie appeller. Patelin dans la Farce qui porte ce nom :

    Au moins viendrez-vous eſſayer
    Quel vin ie boy. Voſtre feu pere
    En paſſant huchoit bien, compere ?

Ronſart liu. 1. de la Franciade : *huche les vents*, &c. où luy-meſme a fait cette note : *Huche vieil mot François qui ſignifie appeller. De là vient vn huchet, c'eſt vn cornet duquel on appelle les chiens & les laniers à la chaſſe*. On ſe ſert encore de ce nom dans la Bretagne, la Normandie, le Poitou, l'Anjou, la Touraine, & le Maine. Nicod le deriue de *heus*; mais il vient de *vocare*, comme l'a fort bien remarqué Perionius. HVCHER, dit-il, *lingua noſtra vocare appellatur à verbo ipſo vocare, ex quo o per ſyncopen detracto, noſtræque linguæ verborum productione* VCER *primum, deinde aſpiratione per protheſin præpoſitâ atque vt ferè fit per epenthesin interiecta* HVCHER *natum est*. Les Picards disent encore *veucher* en quelques lieux, & en d'autres *huquer*.

HVCQVE. Espece d'habillement. Villon:
>Item ie laisse en beau pur don
>Mes gands & ma huque de soye.

Coquillart en ses Droicts nouueaux au chap. *de iure naturali*:
>Combien que tous ces grands Docteurs,
>Ces grands Clercs à ces rouges huques, &c.

Sur cét endroit de Villon, Marot a fait cette note: HVQVE *habit du temps*. Par ce passage il paroist que c'estoit vn habillement d'homme. Ce mot vient vray-semblablement du Flaman HVQVE, qui signifie vne espece de manteau à femme qui descend depuis la teste jusqu'aux pieds.

HVGVENOTS. Il y a diuersité d'opinions touchant l'origine de ce mot: & il est estrange que ceux-mesmes qui l'ont veu naistre n'ayent pas sceu d'où il est venu. Du Verdier dans son Antropographie, dit que les Huguenots ont ainsi esté appellez de Iean Hus, duquel ils ont suiuy la doctrine; comme qui diroit *les guenons de Hus*. D'autres ont crû qu'on les auoit ainsi nommez a cause de Hugues Capet, dont la Maison de Valois, de laquelle ils auoient pris la protection contre celle de Guise, est descenduë. Et de cette opinion est Coquille dans son Dialogue sur les causes des miseres de la France. Voicy ses paroles: *En ce temps* (il parle de l'estat de la France au commencement du Regne de Charles IX.) *on commença de mettre en vsage le mot de* Huguenot, *nom de faction, comme pour representer que l'vn des partis soustenoit le droit que la lignée de* Hugues Capet *auoit à la Couronne, & transmis à ses successeurs; & pour opposer à l'autre party que l'on disoit soustenir que* Hugues *estoit vsurpateur de la Couronne, & que le droit appartenoit aux successeurs de* Charlemagne. Et d'autres, a cause d'vn certain Hugues Sacramentaire. L'Autheur des Memoires & Recherches de la France, attribuées à Iean de la Haye pag. 261. parlant des rauages faits par les Huguenots contre les Ecclesiastiques: *De là furent appellez* Huguenots, *parce que les François se souuinrent de la grande persecution que leurs ayeux auoient receu tant des Gots,*

Visigots & Ostrogots, & nommerent ces derniers persecuteurs Huguenots, acause d'vn nommé Hugues, lequel auoit esté Sacramentaire du temps du Roy Charles VI. Ces deux etymologies sont conformes à l'analogie, *Huguenot* estant vn diminutif de *Hugues. Hugo, Hugonis, Hugonottus.* De *Hugo, Hugonis* on a aussi fait *Hugolinus*, & par contraction *Hulinus*, d'où nous auons fait *Hulin* & *Heulin*, qui sont deux noms assez communs parmy nous. Les autres dériuent ce mot *Huguenot* du Suisse *Hens quenaux*, c'est à dire *gens seditieux*. Iean Diodati dans sa Traduction Françoise de l'Histoire du Concile de Trente, le dériue d'vn autre mot Suisse : *Par tout le Royaume n'y auoit que debats & discordes, & par outrages l'vn party contre l'autre vsoit des noms de Papistes & Huguenots, nom corrompu du Suisse eidgnossen, qui signifie* Alliez, *dont à Geneve estoient surnommez ceux qui appuyez sur les alliances de Fribourg & de Berne, s'opposoient aux attentats de leur Euesque monopolant auec la Maison de Sauoye pour opprimer leur liberté; ce qui aussi fut cause d'introduire la Religion Reformée à Geneve, & d'abbatre la faction contraire des Mammelus partisans de l'Euesque & de Sauoye; & depuis ce nom fut porté de Geneve en France par la communion de doctrine & frequens voyages & enuoys de Pasteurs. Et aduint qu'au commencement que les intentions du Canton de Fribourg, pour lors allié à Geneve, & qui luy presta vn notable secours à l'extréme besoin de ses affaires, n'estoient pas bien reconnuës au fait de la Religion en France; les Reformez en Poitou furent appellez Fribours pour cette mesme raison*. Ce lieu n'est point de Fra Paolo ; mais a esté adjousté, comme plusieurs autres, par le Traducteur Diodati. M. de Tavanes dans ses Memoires est du mesme auis : *Grande diuersité d'opinions a esté de l'etymologie du nom des Huguenots. Les vns l'adaptent au Latin* Vt nos; *ou qu'ils s'assemblerent à Tours sous la porte du Roy Hugon, & plusieurs autres auis, lesquels n'ont aucunement rencontré ny touché au but de la veritable de ce nom, qui vient de Suisse, de l'Estat populaire & rebellion contre la Maison d'Austriche, dont les premiers associez vserent de ce mot Alleman* eidgenosen. *Ce mot de* eid *signifie* foy, *& * genosen *associez. Tels se sont nommez, & ayant tousiours desiré les premiers Ministres venus en France, d'y establir l'Estat populaire, vserent de ce terme*

terme d'eid genosen *parmy les Huguenots, qu'ils ne vouloient que tout le monde entendist: & les premiers de cette Religion tenoient à honneur ce que leurs successeurs ont estimé à honte.* Le Sieur de Castelnau liure 11. de ses Memoires en est d'vn autre : *Protestans s'appellerent* Huguenots *en France, dont l'etymologie fut prise à la coniuration d'Amboise : lors que ceux qui deuoient presenter la requeste, comme esperdus fuyoient de tous costez, quelques femmes de village dirent que c'estoient pauures gens qui ne valoient pas des* Huguenots, *qui estoit vne fort petite monnoye encore pire que des mailles du temps de Hugues Capet: & se nommerent tels quand ils prirent les armes, comme nous dirons en son lieu.* Il y en a aussi quelques-vns qui ont escrit, qu'vn ieune Gentilhomme Alleman estant interrogé par le Cardinal de Lorraine sur la faction d'Amboise, il luy respondit en Latin, & commença son discours par ces mots: *Huc nos, Serenissime Princeps, aduenimus*: & que de ces premieres paroles *Huc nos*, on appella *Huguenots* ceux qui auoient esté de cette entreprise. Le Seigneur des Accords au chap. des Allusions: *De nostre temps ce mot de* Huguenots *ou* Hucnots *s'est ainsi intronisé, quelque chose qu'ayent escrit quelques-vns, que ce mot vient à* Gnosticis Hæreticis, *qui luminibus extinctis sacra faciebant, selon Crinit: ou bien du Roy Hugues Capet, ou de la Porte de Hugon à Tours, par laquelle ils sortoient pour aller à leur Presche. Lors que les Pretendus Reformez implorerent l'ayde des voix des Allemans, aussi-bien que de leurs armées ; les Protestans estant venus parler en leur faueur deuant M. le Chancelier, en grande assemblée, le premier mot que profera celuy qui portoit le propos, fut ;* Huc nos venimus: *& apres estant pressé d'vn rheume il ne put passer outre ; tellement que le second dit le mesme,* Huc nos venimus. *Et les Courtisans presens qui n'entendoient pas telle prolation (car selon la nostre ils prononcent* Houc nos venimous*) estimerent que ce fussent quelques gens ainsi nommez : & depuis surnommerent ceux de la Religion Pretenduë Reformé* Hucnos. *En apres changeant* c *en* g, Huguenots; *& auec le temps on a allongé ce mot, & dit* Huguenots. *Et voilà la vraye source du mot, s'il n'y en a autre meilleure.* Dauila liure 1. pag. 33. de l'edition de Venise, suit l'opinion de ceux qui croyent qu'ils furent ainsi appellez de la Porte-Hugon: *Si chiamauano* questi communemente Vgonotti, perche le prime radunanze che si fecero di loro nella città di Turs, oue prese da principio neruo & augmento questa credenza, furono fatte in certe caue sotterranee vicine alla porta che si chiamaua di Vgone, onde dal volgo per questo furono chiamati Vgonotti, si come in Fiandra, perche andauano traueftiti in habito di mendichi, furono nominati Gheusi. Altri raccontano ridicole è fauolose inuentioni di questo nome. Mais la plus commune & la plus probable opinion est de ceux qui disent que les Huguenots furent ainsi premierement nommez à Tours, du Roy Hugon. M. de Thou liure 24. de son Histoire pag. 741. *Nec de nihilo suspecta erat Cæsarodunensium in ea re fides, quippe quorum plerique nouam Religionem amplectebantur, adeò vt ab eo loco, tunc primùm Hugonoti ridiculum simul & odiosum nomen innotuerit, quo, qui anteà Lutherani dicebantur, passim postea in Gallia vocari cœpere. Huius autem hæc origo fuit, quòd cùm singulæ Vrbes apud nos peculiaria nomina habeant, quibus Mormones, Lemures, Manducos, & cetera huiusmodi monstra inania anilibus fabulis ad incutiendum infantibus ac simplicibus fœminis terrorem vulgò indigetant, Cæsaroduni Hugo Rex celebratur, qui noctu pomœria ciuitatis obequitare, & obuios homines pulsare ac rapere dicitur. Ab eo* Hugonoti *appellati, qui ad ea loca ad conciones audiendas, ac preces faciendas itidem noctu, quia interdiu non licebat, agminatim in occulto conueniebant.* Pasquier liu. VIII. de ses Recherches chap. 55. Dedans la ville de Tours estoit dés pieça cette vaine opinion, qu'il y auoit vn Rabat, qui toutes les nuits rodoit par les ruës, qu'ils appelloient le Roy Hugon, du nom duquel vne porte de la Ville fut premierement appellée Fougon, comme le Feu Hugon ; & depuis par corruption de langage, la Porte-Fourgon. Parquoy le peuple entendant qu'il y auoit quelques-vns qui faisoient des assemblées de nuit à leur mode, les appella Huguenots, comme disciples de Hugon, qui ne se faisoit oüyr que de nuit : chose dont ie me croy. Car ie vous puis dire, que huit ou neuf ans auparauant l'entreprise d'Amboise, ie les auois ainsi oüy appeller par quelques miens amis Tourangeaux. Famianus Strada liu. III. de son Hist. de Flandres: *Ferunt in eo primùm tumultu auditum* Hugonoti *nomen Cæsaroduni Turonum hoc modo natum. Solemne est Cæsarodunensibus ad terrendos infantes* Hugonem *nominare, quem noctu pomœria Vrbis obequitan-*

tem, inque obuios euntem pulsantémque commemorant. Quum autem Hæretici, quorum complures tunc erant Cæsaroduni, circa ea pomæria nocturnos cœtus agerent, quoniam interdiu non licebat, factum est, vt tamquam nocturni Lemures digito monstrarentur pueris, atque ab Hugone Hugonoti per deridiculum vocarentur, quamquam alij aliunde originem inclinant. Claude de Saintes Docteur en Theologie de la Faculté de Paris, en sa Response à Beze imprimée à Paris l'an 1567. *Putas ignorari quò tuæ omnes in Germaniam profectiones pertinuerint. Te scilicet inconsulto Caluinistæ Regiam ipsam Ambasiæ aggressi sunt, & Hugonotorum cognomentum propter egregium facinus ibi acquisierunt.* L'Auteur de l'Hist. Ecclesiastique des Eglises Reformées: *Or pource qu'il a esté fait mention de ce mot de Huguenot, donné à ceux de la Religion Reformée durant l'entreprise d'Amboise, & qui leur est demeuré depuis; i'en diray vn mot en passant, pour mettre hors de doute ceux qui en cherchent la cause assez égarée. La superstition de nos Deuanciers iusques à vingt ou trente ans en ça estoit telle, que presque par toutes les bonnes Villes du Royaume ils auoient opinion que certains esprits faisoient leur Purgatoire en ce monde apres leur mort; qu'ils alloient de nuit par la Ville battans & outrageans beaucoup de personnes les trouuant par les ruës: mais la lumiere de l'Euangile les a fait éuanoüir, & nous a appris que c'estoient coureurs de paué & rufiens. A Paris ils auoient le Moine-bourru; à Orleans le Mulet-Odet; à Blois le Loup-garou; à Tours le Roy-Huguet, & ainsi des autres Villes. Or il est ainsi que ceux qu'on appelloit Lutheriens estoient en ce temps-là regardez de iour de si prés, qu'il leur falloit necessairement attendre la nuit pour s'assembler pour prier Dieu, prescher, & communiquer aux Saints Sacremens; tellement qu'encore qu'ils ne fissent peur ny tort à personne, si est-ce que les Prestres par derision les firent succeder à ces esprits qui rodoient la nuit. De cela auint ce nom, estant tout commun en la bouche du menu peuple d'appeller ceux de la Religion* Huguenots *au pays de Touraine; & premierement à Tours, que ceux de la Religion s'assemblans de nuit furent surnommez* Huguenots, *comme s'ils eussent esté de la troupe du Roy Huguet. Et parce que la premiere descouuerte de l'entreprise d'Amboise se fit à Tours, qui en baillerent le premier auertissement sous ce nom de* Huguenots; *ce sobriquet leur est demeuré.* André du Chesne en son traitté de l'antiquité de la Ville & Duché de Tours : *Dedans la ville de Tours estoit y auoit long-temps cette vieille opinion, qu'il y auoit vn Rabat ou Lutin qui toutes les nuits rodoit par les ruës, qu'ils appellent le* Roy Hugon, *du nom duquel vne porte de la Ville fut premierement appellée* Fougon, *comme de Feu Hugon, & depuis par corruption de langage, la* Porte-Fourgon. *Parquoy le peuple entendant qu'il y auoit quelques-vns qui faisoient des assemblées de nuit à leur mode, les appella* Huguenots, *comme disciples de Hugon, qui ne se faisoient oüir que de nuit*.

HVI. De *hodie*. Voyez *anuit*.

HVIS. De *ostium*, d'où les Italiens ont aussi fait *vscio*.

HVISSIERS. Perionius dériue ce mot de celuy de *hucher* qui signifie *appeller*, & pretend qu'on a premierement dit *huchiers*, & puis par corruption *huissiers*. Les autres le dériuent de *huis*, & cette etymologie me semble la plus vray-semblable. Voyez Nicod. Casaubon sur Vopiscus *in Carino*, parlant de la fonction de ceux qui estoient à *Cancellis*: *Simillimum munus hodie in Curia corum qui* Hvissiers *siue ostiarij dicuntur: quare etiam vt re sic & nomine conueniunt, quod acceperunt, hi ab ostio, illi à Cancellis qui pro ostio erant*.

HVISTRE. De *ostreum*, comme *huile* de *oleum*. Nous prononcions anciennement *oistres*. Villon dans son grand Testament :

  Les autres sont entrez en Cloistres
  De Celestins & de Chartreux,
  Bottez, housez com pescheurs d'oistres :
  Voilà l'estat diuers d'entr'eux.

De *oistres* on a fait premierement *oüistres*, & puis *huistres*.

HVREPOIX. Pays. Le President Fauchet liure 1. de la langue & Poësie Françoise, apres auoir cité ces vers du Roman d'Alexandre composé par le Clerc Simon :

  L'autre fu Espaignos, & s'autre fu Normans;
  Li autre Erupiei, & parla bien Romans ;
  Li autre fu François, & li autre Normans.

il adjouste : *Lesquels* Erupeis *ou* Erupers *ie prends pour ceux de* Hurepoix, *qui n'a point de limite certain : sinon qu'à Paris nous disons* que le quartier deuers Midy ou de l'Vniuesité est en Hurepoix. Et neanmoins prés de Meaux & Ioërre il y a un terroir appellé Heurepoix, comme aussi quelque endroit voisin de Montereaux-Fault-Yonne. Que si aucun veut dire que Simon prend le mot Erupeis pour Europæus; ie responds qu'il parleroit trop generalement, ayant nommé tant de peuples particuliers. Ie ne suis pas d'opinion que Hurepoix ait pris son nom du vent Eurus, puis qu'il se trouue & à l'Orient & au Midy de Paris. Mais i'adiousteray bien qu'à Paris, quand l'on veut dire qu'vne façon de faire n'est gueres ciuile, on vse de ces mots; c'est du pays ou quartier de Hurepoix: ce que d'autres disent, cela sent son Escolier Latin. Comme si nos Roys demeurans du costé que nous appellons Cité & Ville, assauoir au Palais, à Saint Martin, au Louure prés Saint Geruais, Saint Paul & aux Tournelles, lieux habitez par nos Roys, eussent plus façonné les habitans de cét endroit de Paris, & que celuy de l'Vniuersité fust moins ciuil pour n'estre pas tant hanté des Courtisans; ce qui luy auroit plus fait retenir le langage Rustic que Romain. Que les Erupers, Erupeis, Hurepoix ou Herupois fussent Sujets des Roys de France, il en appert au Roman de Bertain composé par le Roy Adenez, viuant du temps du fils de Saint Loüys, où ils sont nommez auec ceux qui accompagnerent Charles le Grand contre les Saxons. Car parlant de Saxe il dit:

  Apres l'ot Guithekins qui ainc n'ama François,
  Cil fut fils Iustamont mout fû de grand bufois:
  Car bien cuida conquierre France & Olenois,
  Champaignois & Bourgongne, & Flamans & Englois
  Iusqu'à Colongne fu, là il fit maint desrois.
  Longuement tint Sassoigne qu'ins nus ni mit defois:
  Mes puis fut reconquise par Francs & par Thiois:
  Au reconquerre furc li Baron Herupois,
  Et Flaman li Ewage, Brabançon, Ardenois.

Quant à l'etymologie & signification de ce mot Hurepois, voicy ce que i'en ay trouué dans le Roman de la Conqueste d'outre-mer, parlant d'un Helias, qui fut le Cheualier au Cigne, nourry auec ses freres dans vn bois, sans iamais auoir veu autre homme qu'vn Hermite, qui les vestoit de fueilles & escorces cousuës de fil, il dit:

  Li forestier s'en tourne qui ot nom Malaqurrez

A l'Hermitage vint hideux & hurepez.

Et du mesme Helias:

Velus estoit com Leus u Ours enkaënez,
Les ongles grands & longs, les ceuals meelez,
La teste hurepée, nerts pas souuent lauez.

Puis il en dit autant des pauures gens, lesquels ayant perdu leurs cheueux & biens, suiuoient à pied en ce voyage d'outre-mer les autres Chrestiens, estant conduits par Pierre l'Hermite :

Là peussiez voir tant viez draps dépanez,
Et tant grande barbe & tant cicz hurepez.

De sorte que le pays de Hurepoix pourroit auoir pris son nom de ce que les habitans portoient leurs cheueux droits & herissez comme poil de sanglier, la teste duquel en verité s'appelle Hure. *De* Hurepé *donc vient par syncope* hupe, *qui est vne touffe de plumes leuées qu'vne espece de Coqs porte sur la teste: & encores* houpe, *ce floc de soye ou de fil noüé qui iadis se mettoit au sommet des chapeaux & bonnets des hommes plus honnorables, non seulement Roys, Princes & Gentilshommes ; mais encore Cardinaux, Euesques & Docteurs. Dont possible vient le prouerbe,* Abatre l'orgueil des plus hupez, *quand c'estoient Clercs: ou* hupez, *quand c'estoient gens de guerre portant plumes. Tant y a que les anciens Sicambriens (desquels autre-part i'ay monstré que sont venus les François) portoient leurs cheueux noüez sur la teste. Le mot de* hurepé *pour poil leué & mal peigné, dure encore en la bouche d'aucunes femmes de Paris, en mesme signification que le Latin* arrecta coma. *Voyez* herper.

HVRLER. De *vlulare.*

HVTE. De l'Alleman *hute* qui signifie *maisonnette,* & qui est vn diminutif de *haus* qui signifie *maison.*

HVTIN. Voyez *mutin.*

IA.

IACHERES. Terres en friche. De *vacariæ*. En Italie on dit encore apresent *vacaria* pour dire *vne ferme de peu de reuenu*. Nous auons en France plusieurs terres & plusieurs personnes qui s'appellent *Vachere* & *Vaquerie*.

IACOBINS. On a ainsi appellé les Dominicains du Couuent qu'ils ont à Paris prés la Porte Saint Iacques.

IAÇOIT. De *iam sit*.

IAQVES BONSHOMMES. Rabelais Prologue du liure IV. *Les Francs-Gontiers & Iaques Bonshommes du voisinage voyans cette heureuse rencontre de Coüillatris*, &c. On appella ainsi certains seditieux qui se souleuerent sous le Roy Iean l'an 1358. De leur Chef qu'ils nommerent Iacques Bonhomme. Nangius en sa Chronique. *Tunc temporis Nobiles facientes derisionem de Rusticis & simplicibus, vocabant eos* IAQVES BON-HOMME: *vndeeo anno quia in bellis rusticaliter se gestabant, portabant arma sua trusati & spreti ab alijs hoc nomen* IAQVES BONHOMME *acceperunt, & Rustici perdiderunt nomen. Quo quidem nomine omnes Rustici fuerunt postea tam Gallici quàm Anglici nominati. Sed proh dolor multi qui hoc tempore deriserunt, à quamplurimis postmodum sunt delusi. Nam multi postea per manus Rusticorum miserabiliter perierunt. Deinde versa vice multi Rustici per Nobiles occisi sunt, & villæ eorum in huiusmodi vindictam concrematæ.* Cette émotion commença par le Beauuoisin, d'où elle fut appellée *Iaquerie de Beauuoisin*. Le Catholicon: *A vn des coins estoit la Harelle de Roüen, où vn Marchand appellé le Gras estoit esleu Roy par la populace. A l'autre coin estoit la Iacquerie de Beauuoisin, auec leur Capitaine Guillaume Caillet: au coin d'embas estoient les pourcelets liguez de Lyon: & à l'autre coin les faits heroïques des Maillotins, sous les Capitaines Simonnet, Caboche & Iacques Aubriot, Rois des Bouchers & Escorcheurs: &*

400   IA.   IA.

le tout en personnages raccourcis ne seruant que de paysage. Voyez Froissart vol. 1. chap. 182.

IAILLIR. De *iaculire. Iaculire, iaclire, ialire,* IAILLIR.

IAMAIS. De *iam* & de *magis*. Voyez *mais*.

IAMBE. De *campa*, que les Autheurs de la basse Latinité ont dit pour *crus,* & qu'ils ont fait de χαμπή. Ce mot *campa* se trouue souuent dans le Veterinaire de Vegece. De là vient *compagus*, qui est vne sorte de souliers, ainsi dits *quòd crure vincirentur*. Voyez Casaubon sur Trebellius Pollio. Les Italiens de *campa* ont aussi fait *gamba*, & de *gamba*, *gambata*; d'où nous auons fait *gambade*.

IARDIN. De l'Alleman *garten* qui signifie la mesme chose, d'où les Italiens ont aussi fait *giardino*. Dans le Boulenois on prononce encore apresent *gardin*. Gosselin chap. 49. de son Histoire des Gaulois, dériue *iardiner* de ἀρδεύειν qui signifie *irrigare:* en quoy il se trompe.

IARET. Ie ne sçay pas d'où il vient. Les Hebreux disent *iarech* pour dire *la cuisse.*

IARGON. De l'Espagnol *gerigonza*, d'où ie croy que les Italiens ont aussi fait *gergo*. Nous disions anciennement *gergon*. Dans la Farce de Pathelin: *gergonner en Limosinois.* Couarruuias dit que *gerigonza* est dit quasi *grecigonça*, de la langue Grecque qui estoit anciennement peu entenduë; d'où vient, dit-il, qu'on disoit que ceux-là parloient Grec, qui parloient vn langage non entendu.

IARS ou *iar* pour *le masle des oyes.* Il est difficile de dire d'où ce mot vient. Peutestre de *ganza*, qui est vn ancien mot Alleman qui signifie *vne oye.* Pline liure x. chap. 22. parlant de la plume des Oyes: *Mollior quæ corpori quamproxima, & è Germania laudatissima. Candidi ibi verùm minores* Ganzæ *vocantur.* Les Allemans disent encore *gansz* pour *vne oye*, d'où vient le mot de *ganshapich* qui se trouue dans les Loix des Bauarois pour *anserum accipiter.* Les Anglois disent aussi *gander* & *goose,* & les Espagnols *ganso.* Il se peut faire qu'en quelque Dialecte Alleman on ait dit *garz* pour *ganz,* Isaac Pontanus en son Dictionnaire Celtique, a mis ce mot *gansa* au nombre des mots

mots Gaulois, acause de ce lieu de Pline : *Mirum in hac alite* (*gansa*) *à Morinis vsque Romam pedibus venire. Morini autem,* dit-il, *Galliæ populi sunt Oceanum Britannicum proximè accolentes: adeò vt nemini nunc mirum videbitur quare etiam Gallicam hanc dictionem dixerim.* Ce qui est toutafait ridicule ; & ie ne puis assez m'estonner comment vn homme aussi sçauant qu'Isaac Pontanus ne se soit point apperceu que ce mot *Morinus* dans ce passage de Pline estoit corrompu, & qu'il ait pû croire que les Oyes allassent de leur pied depuis la coste de Calais jusques à Rome. En Champagne l'action du Iars lors qu'il couure sa femelle, s'appelle *iargauder*.

IASMIN. Du Turc *iasmin*. Il y a apparence que les Turcs ont fait ce mot de l'Hebreu סמים *samim*, qui signifie toute sorte de drogues aromatiques.

IATE. De *gabata*, qui signifie *vne espece de grande écuelle*. Martial liu. XI. Épigr. 32.

Sic implet gabatas, paropsidésque.

Et liu. 7. Épigr. 47.

Percurrunt gabatæ, volántque lances.

Hesychius : γαϐατόν, τρυϐλίον. Les Gloses des Basiliques : καύκης, γαϐατά. De *gabata* on a fait le diminutif *gabatellum*, d'où nous auons fait *iadeau*. Rabelais liure 1. 39. *L'Enfermier de nostre Abbaye n'a doncques la teste bien cuitte : car il a les yeux rouges comme vn iadeau de vergne.*

IAV. De *Gallus*.

IAVEAV. IAVELLE. De *cauellus* & de *cauella*, qu'on a faits de *capellus* diminutif de *capus*, qui signifie proprement *vne poignée*, d'où vient le mot *capulus*; mais qui a esté pris aussi pour *vne poignée d'épics*, c'est à dire pour *vne iauelle*. Philargyrius sur ce vers du II. des Georgiques:

Aut fœtu pecorum, aut cerealis mergite culmi.

MERGITE : *Fasces culmorum spicas habentium, quas metentes brachijs sinistris complectuntur. Quidam cauos dicunt.* Les Grecs ont appellé de mesme les jauelles δράγματα, de δράσσειν qui signifie prendre, empoigner. *Capus, cauus, cauellus, cauella, gauellus, gauella,* IAVEAV, IAVELLE. Les Espagnols prononcent encore *gauilla*, & les Picards *gauelle*.

I C.   I E.

IAVELOT. De *capulottus* diminutif de *capulus*, comme si le iauelot estoit tout manche, acause qu'on le darde en le tenant par le milieu. *Capulus, cauulus, cauulottus,* IAVELOT. De *capulus* on a dit aussi *capulinus* par vne autre sorte de diminution, d'où nous auons fait IAVELINE. *Capulus, cauulus, cauulinus, cauulina,* IAVELINE. Les Escossois disent *gaueloc.* Brookland fol. 14. *Ego verò simulaui me esse Scottum, & Scotti habitum induens, & gestum Scotti habens, sæpe illis qui mihi illudebant baculum meum excussi ad modum teli quod vocatur* gaueloc.

IAVGE. M. Rigault croit qu'il vient de *galba,* qui est vn mot Gaulois qui signifie *gros, gras,* comme l'a remarqué Suetone en la vie de Galba chap. 3. *Galba, galbeus, galbius,* IAVLGE, IAVGE. *Iauge* signifie proprement *la mesure de la pipe par l'endroit le plus gros.*

IAVNE, ou comme on escriuoit anciennement *iaulne.* De l'Italien *giallo,* L en N, comme en *Boulogne* de *Bononia,* &c. L'Italien *giallo* vient de l'Alleman *geel.* Voyez Iules Scaliger contre Cardan Exerc. CCCXXV. Ou plustost du Latin *galbinus,* selon l'opinion de M. de Saumaise sur l'Histoire Auguste pag. 410. *Galbinus, gaubinus,* GEAVNE.

I C.

ICY. De *ibice.* De *ibi* on a fait *y.*

I E.

IEBLE. De *ebulum.* Les Gloses: *ebulum,* χαμαιάκτη. ἄγχουσα, εἶδος βοτάνης. ἢ νῆσος, ἢ ἀσφόδελος, ἢ ἕϊκη.

IETTON. De *iacto* qu'on a dit pour *iactus.* M. de Saumaise sur l'Histoire Auguste pag. 465. *Iaci propriè dicebantur tesseræ, davi calculi. Hinc iactus videtur propriè vocari debuisse tessera, quòd iaceretur, datus calculus quòd daretur. At vice versa datos vel dados vocamus tesseras, iactos verò calculos. Hinc* jacti *vel* jactones *nobis hodiéque dicuntur calculi, quibus in putandis rationibus vtimur. Græci sanè* βόλυς *non tantùm tesserarum iactus, sed etiam tesseras ipsas nuncuparunt.*

IF.   IL.   IN.   403

IEV. De *iocus*; comme *feu* de *focus*; *lieu* de *locus*; *queu* de *cocus*, &c. Les Latins ont vsé de ce mot *iocus* en cette signification. Ouide *de arte amandi*:

——— Species sunt mille iocorum.

Il parle en cét endroit des jeux. Capitolin en la vie de Clodius Albinus: *Aquilæ paruulæ de nido allatæ sunt, & quasi ad iocum circa cunas pueri constitutæ*. Voyez *ioiaux*.

IF.

IF. Ie croy que c'est vn mot Alleman. Les Escossois disent *you*.

IL.

ILIERS. Petite Ville au pays Chartrain. De *Isleræ*. C'est ainsi que cette Villette estoit anciennement appellée. Voyez l'Epistre 89. de Fulbert Euesque de Chartres. Nos Autheurs modernes qui ont escrit en Latin, l'appellent *Islesium*.

IN.

INCARNAT. De *incarnatum*, comme qui diroit, de couleur de chair, *à carne*.

INCONTINENT. De *incontinenti*, dont les Latins ont vsé en cette signification. Le Iurisconsulte Paulus en la Loy *Lecta*, au Digeste *De rebus creditis: Dicebam quia pacta incontinenti facta stipulationi inesse creduntur*. Les Gloses anciennes: *incontinenti*, Ϲυντινα.

INSTALLER. De *installare*, qui a esté formé de *stallum*, qui a esté dit pour *stabulum*. *Stallum* a esté dit du Chœur des Eglises; si-bien qu'*installare* est proprement *in stallum mittere*.

INTRIQVE. Tripault dit que ce mot se dit proprement des poulets, qui ont les pieds empestrez parmy les cheueux, & qu'il vient de ἐν & de θρίξ. Les Italiens disent *intrico*: & *intricare*.

Eee ij

404   IN.   IO.

INVENTAIRE. De *inuentarium*, dont les Latins ont vsé en cette signification. Vlpien en la Loy 7. au Digeste *de administ. & periculo Tutorum* : *Tutor qui repertorium non fecit, quod vulgò Inuentarium appellatur*, &c.

IO.

IONCHETS. Ieu dont Ouide fait mention liu. III. de Arte amandi :

    Reticulóque pilæ leues fundantur aperto,
    Nec nisi quam tollas vlla mouenda pila est.

Plusieurs croyent qu'on joüoit anciennement à ce ieu auec de petits brins de jonc; au lieu qu'on y joüe apresent auec de petits brins de paille, ou de petits bastons d'yvoire; & que de là il a esté appellé *ionchets*. Rabelais au chapitre des ieux de Gargantua l'appelle *ionchée*; ce qui me donne quelque pensée qu'il auroit esté ainsi nommé, acause que pour y joüer on prend vne jonchée, c'est à dire vne poignée, ou de ces brins de paille, ou de ces bastons d'yvoire, ou de quelque autre chose semblable.

IONGLEVR. De *ioculator* M. de Saumaise sur l'Histoire Auguste pag. 491. *Isidorus in Glossis*: choraula, jocularius. *Quo sensu choraulam acceperit, ex interpretatione quam apposuit, statuere non possis. Iocularium dixit, verbo illius seculi, qui & idem cum joculator. Græcè* παιγνιώτης. *Sic autem vocant Græci recentiores, tubicines, tibicines, cymbalistas, & omnes id genus artifices, quos etiam hodiéque jocatores vocamus. Ita igitur vocare potuit Isidorus choraulam, tibicinem qui ad Chorum canebat. Potuit nihilominùs & jocularium appellare qui ad tibiam saltat & gesticulatur. Ex voce joclator, hodie vocamus* IONGLEVR, *gesticulatorem, præstigiatorémque quemlibet.* Voyez *ioyaux*. Iongleurs, Iangleurs, Iugleours ou Iougleurs estoient proprement certains Menestriers qui chantoient auec la vielle ou la harpe, ou autre instrument aux disners des Grands, afin de leur donner du plaisir. Outre ces instruments sur lesquels ils chantoient leurs vers, ils auoient vne sorte d'habits tous particuliers, &

tels apeu prés que nos Basteleurs d'aujourd'huy. Voyez du Chesne dans ses Annotations sur Alain Chartier pag. 859. & le President Fauchet liure 1. de la langue & Poësie Françoise chap. 8.

IOVIR. De *gaudire*, qu'on a dit pour *gaudere*, & dont les Italiens ont aussi fait *gioire*. *Gaudere, gaudire, gioire,* IOÜIR.

IOVKARITE. C'est vn vieux mot qui signifie *ioye*. Ie pense qu'il vient de *iocarita*, qu'on aura fait de *iocari*.

IOVR. De *diurnum*, d'où les Italiens ont aussi fait *giorno*. M. de Saumaise sur Solin pag. 891. DIVRNVM pro die dixit infima Latinitas, & diurnale *mensuram agri quæ vno die posset arari*.

IOVRNEE. Pour *bataille*. Ie croy que nous auons pris cette façon de parler des Italiens qui disent *vna giornata* pour dire *vn combat*, & *far giornata* pour dire *donner vn combat*. Les Latins se sont seruis du mot de *dies* en cette signification. Florus lib. II. cap. 6. *Non fuit maior sub imperio Romano dies quam ille cùm duo omnium & antea & postea Ducum maximi, ille Italiæ, hic Hispaniæ Victor, collatus cominus signis direxere aciem*. Et au liu. IV. *Varus perditas res eodem quo Cannensem diem Paulus & fato est & animo secutus*. Car c'est ainsi qu'il faut entendre ce passage de Florus, comme l'a fort bien remarqué Casaubon sur Suetone en la vie d'Auguste chap. 23. où il adjouste: *Olim seu ferro seu iudicio controuersia disceptanda erat dies certus assignari solitus. Ex eo more cœpit vox dies pro die prælij, aut clade ea die accepta vsurpari, & similiter pro iudicio, quod in Cilicum idiotismo familiare fuisse testis Hieronymus: inde illud Pauli Apostoli* ἀνακρίνεσθαι ὑπὸ τῆς ἀνθρωπίνης ἡμέρας.

IOVSTE. M. de Saumaise sur l'Histoire Auguste page 73. le dériue du Grec moderne ζοῦστρα: διώστραν *veteres luctam vocarunt* ἀπὸ τοῦ διωθεῖν: *vt* ἔξωστρα *ab* ἐξωθεῖν. *Nam* ὠθισμός *in lucta præcipuè locum habent: immo lucta non aliud est quàm* ὠθισμός. *Ideo Plutarchus* πάλην *esse dicit* συμπλοκῆς κ, ὠθισμοῦ. *Ab illa voce* διώστρα, ζώστρα, *Græci recentiores appellarunt* & ζοῦστραν. Inde nostrum IOVSTE. Les Italiens disent aussi *giostra*.

IOYAVX. De *iocalia*. M. de Saumaise sur Solin pag. 1123. & 1124. *Arabes hodie margaritam vocant Aliohar*, κατ'

Eee iij

ἔξυχλώ. *Nam omnes gemmas appellant* johar. *Quæ vox planè ex Latino detorta est,* jocarium *&* jocale. *Nam hodie etiam* jocalia *vocamus supellectilem omnem gemmariam, quâ mulieres oblectantur. Inde dicta* jocalia, *&* jocaharij *gemmarij.* Iocar *&* jocarium *idem quod* jocale. *Vnde Arabicum* johar. *Latini veteres* joculum *dixere id omne ex quo aliquis voluptatem caperet, & in quo maximè adquiesceret. Græci* παίγνιον. Ioculare παίζειν, *παιγνιῶσαι. Inde nostrum* IONGLER. Ioculator *vel* joclator, IONGLEVR. *Iocum non in verbis, dictis, ac facetijs tantùm posuerunt, sed etiam omnem ludum sic vocarunt.* Ouidius :

— — — — Species sunt mille jocorum.

i. μυρία παιδίων εἴδη. *Capitolinus in vita Albini : Cùm ei nomina fierent, septem Aquilæ paruulæ de nido allatæ sunt, & quasi ad jocum circa pueri cunas constitutæ. i. Quibus puer iocaretur & luderet. Hinc* jocula *&* παίγνια *οἷς παίζουσι νήπιοι ὄντες, quibus pueri iocantur, & quibus maximè delectantur mulieres. Hæc eorum sunt* iocula *vel* iocalia, *gemmæ nimirum ac margaritæ. Hinc illis hæsit hoc nominis generali appellatione. Sic nos hodie mundum muliebrem qui in gemmis consistit* bagas *vocitamus à* baccis, *quæ sunt margaritæ. Ex eo* bagatellas *dicimus nugas & iocularia. Latini quoque* nugas *dixere res omnes muliebris mundi:* nugiuendos *qui eas vendebant. Scaliger sur Varron :* χλιδῶνες *muliebres, quæ vulgo* jocalia *vocamus, Veteribus dicebantur* Nugæ muliebres. *Plautus Aulularia :*

Vbi nugiuendis res soluta est omnibus.

Pollux lib. v. *καὶ ἄλλους δέ τινας κόσμους ὀνομάζουσιν οἱ Κωμῳδιδάσκαλοι,* λῆρον, ὀχθοῖβον, σκέλινδρον. *Etiam* λῆροι, *inquit Hesychius,* τὰ περὶ τοῖς γυναικείοις χιτῶσι κεχρυσωμένα. *Et in* VI. *Epigrammatum :*

— — — — καὶ λήρων οἱ χρυσοῖ κάλαμοι.

IOYE. *De* gaudia, *d'où les Italiens ont aussi fait* gioia. *Les Picards disent encore apresent* goye.

IP.

IPREAVX. *Espece d'ormeaux à large fueille. De la ville d'Ipre, d'où ils nous sont venus.*

IS.   IV.   407

IS.

ISNEL. C'est vn vieux mot qui signifie *agile, dispos, leger*. De l'Alleman *snel* qui signifie la mesme chose; d'où vient aussi l'Italien *snello*.

ISSIR. De *exire. Exire, essire,* ISSIR.

IV.

IVBE' des Eglises. Ce lieu a esté ainsi appellé du *Iube domne benedicere* qu'on y chantoit.

IVBILATION. De *iubilatio*. L'Onomasticon pag. 75. *iubilo, ἀγαλλίομαι. Iubilum, ἀγαλλίαμα.*

IVCHER. De *iugare*, comme IVC de *iugum*.

IVLLET. Par corruption pour *iulep*, qui vient de l'Arabe ﺟﻠﺐ *gileb*.

IVPPE. De l'Alleman *iupp* qui signifie *vn prepoint de paysan*, d'où les Italiens ont fait *iuppone*, duquel nous auons fait IVPPON. Les Espagnols disent aussi *aljuba* pour vn certain habillement à la Morisque qui vient jusqu'au dessous du genou.

IVROGNE. De *ebrionius. Ebrius, ebrionis, ebrionius,* IVROGNE.

IVROIE. Sorte d'herbe que les Latins appellent *lolium*. Dalechamp: *Les François l'appellent yvroye, qui vient du mot enyvrer, pource que si on mange du pain où il y en ait, on est yvre comme si on auoit trop beu de vin.*

IVS. C'est vn vieux mot qui signifie *bas, à terre*. Alain Chartier dans l'Esperance ou Consolation des trois Vertus: *Toutes voyes des pechiez publiques voit-on tousiours ça ius tost ou tard exemple du courroux de Dieu.* Le Roman de Garin:

L'ame s'en part, & li cors ius chai.

Le Bestiaire:

Quant Dex nostre primerain pere

Vint por nos sauuer en cest mont
Ça ius en terre.

Rabelais v. 28. *Pan: or par le serment qu'auez fait, quand voulez habiter, comme les proiettez-vous? Fr. ius.* Et au liure 1. chap. 11.

Mais les voyant tant fort se despiter,
Craignit qu'on mist rais, ius, bas, mat l'Empire.

Il vient de l'Italien *giuso*, qui vient du Latin *deorsum*, pour lequel on a dit *deossum*; comme *dossum* pour *dorsum*, d'où vient nostre mot DOS. *Deossum, diossum, giossum*: G en D, comme *giorno* de *diurnum. Giousum, giuso,* IVS. Les Escriuains de la basse Latinité ont aussi dit *iosum* & *iusum*. Ekkehardus chap. 4. de *casibus S. Galli: In ipso quoque (Antiphonario) primus ille literas alphabeti significatiuas, notulis quibus visum est aut sursum aut iusum, aut ante, aut retro assignari excogitauerit.* Les Loix des Allemans tit. 45 *Pausare arma sua iosum.* Les Espagnols disent de mesme *metter de yuso*. Voyez Spelmannus au mot *iosum*, & Vossius *de vitijs sermonis* pag. 347.

KER

KE.

KER. Mot Bas-Breton. M. Bochart pag. 758. des Colonies des Phœniciens: *Britannis hodie Vrbs est* caër, *idest* קריה kirja *vel* קרתא kartha; *& dinas, idest* מדינה medina; *& tre, idest* טירה tira. *Turris & arx* brin, *idest* בירן biran: *vnde plurale* ברניות bitnaioth II. *Paral.* 17. 12. *Sed hæc sunt alterius loci; nam ex Gallicis & Britannicis vocibus ea solùm hîc explicamus quæ palam est esse antiqua. Non possum tamen non addere ex amplissimi doctissimíque Vsheri Armachani in Hiberniâ Archiepiscopi libro eximiæ eruditionis de Britannicarum Ecclesiarum primordijs locum qui maximè ad hanc rem facit. Verba sic habent cap.* 5. *pag.* 65. Iohannes Caius ex Geruasio Tilberiensi *cair* lingua Trojana ciuitatem dici addit, & Cambris murum quoque significare. Vt quemadmodum Hebræi קיר (*kir*) murum, & קריה (*kiria*) Vrbem vocant, ita Britannis vox non absimilis *cair*, & mœnia & vrbem mœnibus cinctam denotet. *Sed & apud Scythas* car *est vrbs, & Carpaluc* πόλις ἰχθύων. *Ita explicat Tzetz, Child.* 8. *hist.* 224.

LA.

LA. De *illac.*

LADRES. Nous appellons ainsi les Lepreux, a cause du Lazare qu'on inuoque pour la lepre, & qu'on appelloit anciennement Saint Ladre, comme on l'appelle encore en plusieurs lieux de France. Syluius pag. 60. de sa Grammaire: Ladre, *idest* Leprosus, *à Lazarus esse videtur,* z *in* SD *solutâ, vt* σύεσδω *pro* σύεζω. La Chronique de Louys IX. *Les Bourguignons cuidans prendre à despourueu les habitans de ladite ville (Paris) & mesmement ceux qui gardoient ladite porte S. Denys, vindrent à grant faueur, grosse compagnie & armée passer iusques à Saint Ladre,* &c. Du Chesne en ses Antiquitez de France au chapitre de la ville de Chinon: *Les Fauxbourgs sont plus longs que la Ville, l'vn dit de S. Gilles, au bout duquel est l'vne des Parroisses auec vn Prieuré, & hors l'enceinte des murs vne Chapelle de Saint Lazare, dit communément Saint Ladre,* &c. En Italie on appelle aussi les Maladeries *Lazaretti.*

LAI, comme quand on dit *Conseiller lai.* De *laïcus.*

LAI. Sorte de Poësie. De *lessus.*

LAID. Les Italiens disent aussi *laido.* Ie ne sçay pas bien d'où vient ce mot. En Alleman *laidig* signifie *maudit, detestable,* comme quand on dit *der laidige teufel,* c'est à dire *le maudit diable,* & *der laidige geitz,* c'est à dire *la maudite auarice,* ce que les Latins diroient *turpis auaritia.* Les Grecs ont dit de mesme ἀισχρός pour μυσαρός. Hesychius: ἄισχιστος, ἀισχρότατος, κακὸς, μυσαρός. ἄισχος, ἀισχρότης, κακότης, κακία, λοιδορία, μῦσος, ἀισχύνη. ἀισχρά, μυσαρά, κακὰ Εὐριπίδης Τρωάσιν. Or comme les choses laides sont haïssables, il se peut faire que nos anciens Gaulois ayent vsé de ce mot de *laidig,* qui signifioit proprement *haïssable, maudit, detestable* pour dire *déforme* & *vilain.*

LA.   LA.

LAISARDE. De *lacerta.*

LAISSER. Isaac Pontanus liu. VI. des Origines Françoises chap. & Hotman en son liure intitulé *Matagonis de Matagonibus*, &c. le dériue de l'Alleman *lassen*. De *lassen* les Italiens ont aussi fait *lasciare*. Les autres le dériuent de *laxare*. Laisses en termes de Venerie signifient la fiante d'vn sanglier, d'vn ours, ou d'vn loup.

LAMBALAIS. On appelle ainsi dans la Bretagne, dans l'Anjou & dans le Maine ces paysans dont on se sert pour remuer la terre. De Lambale petite ville de Bretagne, où il y a grand nombre de ces gens-là, qui vont trauaillant dans les Prouinces voisines.

LAMBEAV. De *lambellum* diminutif de *lamba*, qu'on a dit pour *lamina*. Les Gloses pag. 341. & 356. *sapula*, λάμϐα.

LAMBRIS. De *ambrices*. Festus : *Ambrices sunt tegulæ, quæ transuersæ asseribus & tegulis interponuntur.* On y a adjousté l'article, comme en *lierre, lendemain, landier,* &c.

LAMPROIE. De *lampetra.* L'Onomasticon Grec-Latin pag. 77. *lampetra*, μύϱαινα.

LANCE. De *lancea.* Diodore liu. V. dit que ce mot est Gaulois : ϖροϐάλλοντα δὲ λόγχας (il parle des François) ἃς ἐκεῖνοι λαγχίας καλοῦσι; mais Varron, Autheur plus ancien que Diodore, dit qu'il est Espagnol : c'est dans Aulugelle liu. XV. chap. 30. Il y a grande apparence que ce mot est venu d'Espagne aux Gaulois, car outre que les Aquitains parloient demy Espagnol, comme l'a remarqué Strabon, c'est que dans l'Espagne plusieurs villages ont esté appellez de ce nom de *lancea*, comme l'a remarqué à ce propos Vossius *de vitiis Sermonis* pag. 16. que ie vous prie de voir. *Lanciarius* dont nous auons fait *lancier* se trouue dans les Gloses pag. 530. λογχοφόϱος *lanciarius.* Voyez M. Bochart pag. 744. de son liure des Colonies des Phœniciens.

LANDE. De l'Alleman *landt*, qui signifie *pays, terre, region* en general, d'où vient *Landgraue*, c'est à dire *Comte de terre. Lanceman* par corruption pour *Landstman*, homme du pays, compatriote; *Zelande*, c. *terre de mer.* Parmy nous ce mot *lande* signifie terre sterile, vague, non jamais labourée, comme sont les Landes de Bordeaux. Les Biscains ont aussi ce mot, pour le moins dans l'Indice des mots Biscains imprimé par Bonauentura Vulcanius à la fin de Iornandes, *landa* est interpreté *ager*.

LANDI. Foire de Saint Denis en France. Quelques-vns dériuent ce mot de *edictum*. Belleforest tom. & liu. 1. de son Histoire chap. 34. *Ce fut aussi lors que le susdit Roy Dagobert fit de grandes fondations à l'Eglise & Abbaye Royale de Saint Denis, & y establit encore le Marché public qui est celebré tous les ans apres la feste de Saint Denis, ainsi le porte l'Histoire d'Aimon que i'ay escrite à la main. Et par ainsi ce ne seroit pas le Lendit,* &c. Et par ainsi Guaguin n'a point tort de dire que c'est le Lendit que l'on deuroit appeller Edit; d'autant que par forme d'Edit le Roy fit l'establissement de cette sorte. M. de Vaugelas en ses Remarques de la langue Françoise le dériue de *annus dictus*. Il vient de *indictum*. La Chronique de Guillaume de Nangis: *Carolus Caluus nundinas Indicti in platea S. Dionysij quæ Indictum dicitur quolibet anno instituit.* L'Autheur de l'Opuscule *de rebus in administratione Sugerij gestis*, qu'on croit estre l'Abbé Suger mesme: *De Indicto verò, quod Dominus Ludouicus pater Beato Dionysio dedit, trecentos solidos quietè & pacificè*, &c. Les Constitutions de l'Abbé Suger chap. 5. *Notum fieri volumus tam præsentibus quàm posteris, quòd ego Sugerius Dei patientiâ Beati Dionysij humilis minister communi fauore Capituli nostri culturam, quæ iuxta Indictum est, quam gloriosus Rex Francorum Ludouicus Beato Dionysio dedit*, &c. où il est à remarquer que Suger attribuë le Landi à Louys le Gros, & non pas à Charles le Chauue, comme Nangis & les autres. Voyez Iacques Doublet en ses Antiquitez de Saint Denis liure 1. pag. 455. On escriuoit anciennement *Lendit*. Marot: *Martin s'en alla au Lendit*. Iuuenal des Vrsins en la vie de Charles VI. pag. 181. en l'année 1401. *Cependant que le Lendit se tenoit, qui estoit lors grand' chose des Marchands & marchandises qui y affluoient, suruint soudainement grandes coruscations*, &c. *Indictum, Endit, Lendit, Lendi, Landi*. On a aussi appellé *landi* le salaire que les Escholiers donnoient à leurs Maistres. Malherbe dans la Traduction des Bienfaits de Seneque: *Vous me direz qu'à ce conte-là vous ne deuez rien ny à voſtre Medecin qui a eu ſa piece d'argent quand il vous eſt venu voir, ny à voſtre Precepteur, à qui vous auez payé ſon landi.* Il n'y a pas plus de quarante ans que le ſalaire des Regens de Paris ſe payoit à trois diuerſes fois. 1. Au commencement de l'année on leur donnoit vn eſcu ou vn demy, pour les toiles qu'on attachoit aux feneſtres afin de rompre le vent. 2. On leur donnoit auſſi, trois ſemaines ou vn mois apres la Saint Remy, pour les chandelles, trois ou quatre eſcus d'or, ſelon les claſſes, leſquels on attachoit au bout d'vn cierge blanc. 3. Et ſix ou ſept eſcus vers la ſaiſon du Landi, leſquels on fichoit dans vn citron, qu'on mettoit dans vn verre de cryſtal. Et on appelloit *Fripelandi* & *Croquechandelles* ceux qui ne donnoient rien ny pour le Landi ny pour les chandelles. Or comme on donnoit plus pour le Landi que pour les toiles ou pour les chandelles, & que c'eſtoit auſſi vne pure liberalité; on appella de ce nom ſeul le ſalaire que les Eſcholiers donnoient à leurs Maiſtres. Cette pratique ancienne des Colleges de Paris, que j'ay appriſe de M. de Troye, fut abolie par vn Reglement de la Cour, contre lequel M. Bourbon fit vn Poëme intitulé, INDIGNATIO VALERIANA, & pour lequel Meſſieurs du Parlement decreterent contre luy, & le firent prendre priſonnier. Il intitula ce Poëme de la ſorte, a cauſe de ce qui eſt dit dans Suetone en la vie de ce Grammairien: *Valerius Cato, vt nonnulli tradiderunt Burſeni cuiuſdam Libertus ex Gallia, ipſe libello cui titulus eſt* Indignatio *ingenuum ſe natum ait, & pupillum relictum, eóque facilius licentiâ Syllani temporis exutum patrimonio.*

LANDIE. De *Landica*. Le Lexicon Grec-Latin: *landica*, ἰσχέλιον. C'eſt pourquoy Ciceron dans l'epiſtre à Pætus, qui eſt la 22. du liure IX. des Epiſtres Familieres, dit qu'il y a de l'obſcenité en ces mots, *An illam dicam?* Ce que peu de perſonnes ſçauent, & ce que j'ay appris de M. Guyet.

LANDIER. De l'Anglois *handiron*, qui ſe prononce *handeiren*, comme qui diroit *pate de fer*. Nous auons mis l'article deuant, qui s'eſt incorporé auec le mot, comme en

414 LA. LA.

celuy de *lierre* de *lendemain*, &c. Les Danois disent *iern* pour dire *du fer*.

LANGE. De *lineum*, comme qui diroit *ex lino textum*. Par corruption pour *linge*, qui est vne prononciation Picarde. La pluspart des paysans prononce encore apresent *lainge* pour *linge*.

LANGVEDOC. Nicod le dériue de *Languegoth*: Aucuns estiment que le pays de Languedoc a tel nom, parce que les gens d'iceluy voulant respondre affirmatiuement vsent de ce mot oc *signifiant* oüy, & disent qu'en difference de ce on dit le pays de Languedoüy. Mais il en va tout autrement. Car Languedoc est vn mot corrompu de cettuy Languegoth, qui estoit le nom que les François donnoient à la contrée dudit pays, qui estoit de la Couronne des Wisigoths, desquels le Siege Royal estoit en la ville de Thoulouse, tout ainsi que les François l'appelloient aussi par cét autre nom Gallegoth & Gaulegoth, Gallia Gothica. Et au Prouincial des Eglises Cathedrales du monde, est escrit ainsi: In Gothia Archiepiscopatus Narbonensis hos habet Suffraganeos Carcassonensis, Agathensis, Sancti Pontij Tomeriarum, Electensis, Megalonensis, Elnensis, Biterrensis, Lodouensis, Nemaucensis, Vticensis; Qui tous sont de la conuocation des Estats dudit pays: & en maints anciens titres audit pays se trouve ce mot Lingothia, *syncope* de celuy Linguagothia pour ce mot Languedoc. Et ores signifie vn qui est né en ce pays-là, comme Prouençal celuy qui est né en Prouence. Il y en a qui rendent ces mots par Linguaoccitana, & Linguoccitanus; mais hors de raison. Dans Rabelais vous trouuerez toûjours *Languegoth*, & jamais *Languedoc*. Froissart dit *Languedoyl*: Car toutes gens de Languedoyl, de quelque contrée & nation qu'ils soient, ils les tiennent François. D'autres le dériuent de *Landegoth*, c'est à dire *pays des Goths*.

LANSQVENET. Ieu de carte. Des Lansquenets, c'est à dire, des fantassins Suisses ou Allemans qui ont apporté ce jeu en France. *Land* signifie en Alleman *pays*, comme nous l'auons dit au mot LANDE; & *knec*, *garçon* ou *compagnon*, *valet* ou *seruiteur*: si-bien que *Landknech* signifie proprement *vn valet de pays*; mais communément il se prend pour *vn pieton*

ou *fantaſſin*. Philippes de Commines liure dernier chap. 14.
Il y en auoit d'autres que nous appellons communément Lanſquenets,
*qui vaut autant à dire comme compagnons de pays, & ceux-là haïſſent
naturellement les Suiſſes. Ils ſont de tous pays, comme de deſſus le Rhin
& du pays de Soüave: Il y en a auſſi du pays de Vaulx en Senome,
& du pays de Gueldres.* Les Suiſſes s'entr'appellent *Landſman*,
comme qui diroit *homme de mon pays*; de meſme que les lacquais
& toute autre ſorte de gens de baſſe condition, qui
ſont de meſme pays, s'appellent *pays*. Maiſtre François II. 2.
*Voicy bonne prouiſion, auſſi-bien ne beuuions-nous que laſchement, non
en Landſman.* C'eſt ainſi qu'il faut lire en cét endroit, & non
pas *Lancement*, comme portent les editions. Voſſius *de vitijs
ſermonis* pag. 16. explique *Landsknecht* par *lancearius miles*. L'autre
explication de *garçon de pays* me plaiſt dauantage. Ainſi
nous diſons *milice de pays*. Les Latins ont fait de meſme *miles*
de μίλαξ qui ſignifie δημοτικός. Hesychius: μίλαξ, ἡλικία, &c.
δηλοῖ δὲ τ̀ δημοτικόν. Et les Grecs ont dit λαός pour *exercitus*.
C'eſt auſſi l'opinion de Iean de Serres en la vie de Charles
VIII. où parlant de Maximilian Roy de Boheme, il dit: *Les
Princes d'Allemagne luy octroyerent vn ſecours de douze mille Landſkenechts*;
ainſi le faut-il eſcrire, c'eſt à dire proprement *valets ou gens
de pays*. Nous prononçons communément Lanſquenets.

LANTERNE. De *lanterna* qui a eſté dit pour *laterna*,
comme *anphoriſmus* pour *aphoriſmus*; *langena* pour *lagena*, &c.
Les Gloſes: *lanterna*, φανός. ἐφ' ἃ πλατέως κειμένων. Du temps
de la bonne Latinité on a dit de meſme *thenſaurus* pour *theſaurus*.
Les Italiens diſent auſſi *lanterna* pour *laterna*. Ainſi ils
ont adjouſté vne N à *lontra* de *lutra*, à *pauentare* de *pauitare*, à
goubito de *cubitus*, &c.

LAPIN. LAPEREAV. De *lepinus* diminutif de *lepus*,
& de *leporellus* diminutif de *leporis*, lequel vient de λέπυρις,
comme l'a fort bien remarqué Varron.

LAQVAI. Le Preſident Fauchet liure 1. de l'Origine
des Armoiries chap. 1. ſemble dériuer ce mot de celuy de
Naquet: Par l'*Hiſtoire & Memoires de Philippes de Commines*, il ſe
voit que les *Pages ſeruans les Princes & Seigneurs de ſon temps eſtoient*

nobles enfans, qui par tout fuiuoient leurs maiſtres pour apprendre la vertu & les armes. En France il y a cent ans que les Pages vilains allans à pied ont commencé d'eſtre nommez Laquets & Naquets pour la meſme raiſon que deſſus, à ſçauoir d'aller à pied. L'Autheur des Antiquitez de Cahors dit que *laquay* eſt vn mot Baſque qui ſignifie *ſeruiteur*: & comme les meilleurs laquays nous viennent de Biſcaye, il y a grande apparence que ce mot nous eſt auſſi venu de ce pays-là. Les Biſcains appellent vn laquay *lecaiouuad*, c'eſt à dire *ſeruus vadens, ſeruus à pedibus, valet de pied*, ἀυδραπόδευ.

LATE de Couureur. Les Allemans ſe ſeruent du meſme mot pour dire la meſme choſe. Ie croy qu'eux & nous l'auons emprunté du Latin *lata* feminin de *latus*.

LATINIER. On appelloit ainſi anciennement vn Trucheman, acauſe que le langage Latin du temps des Romans eſtoit celuy dont les Truchemans ſe ſeruoient pour interpreter les langues eſtrangeres. Le Roman d'Alexandre:

Porus rend Alexandre ſon branc fourbi d'acier,
Et dit en ſon langage que il l'auoit moult chier:
Alexandre l'entend ſans autre Latinier;
Car de pluſieurs langages s'eſtoit fait affaitier.

Voyez Henry Eſtienne en ſon liure de la Precellence de la langue Françoiſe pag. 160. On dit encore aujourd'huy en Bas-Breton *vn Latinier* pour dire *vn Trucheman*.

LAVARDIN. Maiſon. On prononçoit anciennement *Lavarzin*. Goffridus Vindocinenſis liure III. epiſt. 23. à Ildebert Eueſque du Mans: *Sed veniatis Lauarzinum*, &c. où le P. Sirmond a fait cette Note: *Lauarzinenſe Caſtrum in vita Ildeberti, cui patria fuit Lauarzinum, ſiue, vt hodie loquuntur, Lauardinum Monti aureo in aduerſa ripa finitimum.*

LAVEDAN. Eſpece de cheuaux. Rabelais liure I. chap. XII. des cheuaux factices de Gargantua: *Voilà mon Genet, voilà mon Guildin, mon Lauedan, mon Traquenard.* De la Comté de Lauedan en Gaſcongne, d'où il nous venoit autresfois d'excellens cheuaux.

LE'

LE.   LE.   417
         LE.

LE', comme quand on dit *le lé d'vn drap*. De *latum*. Le Roman de la Rose fol. 1.

   Quand fus vn peu auant allé,
   Ie vy vn verger long & lé.

C'est à dire *long & large*.

LEANS. De *là intus*.

LECHER. De *leccare*, mot dont les Italiens se seruent encore apresent pour dire la mesme chose, & qui vient de *lingere*, en ostant l'N que les Latins y auoient adjoustée, qui ont fait *lingere* de λείχειν, comme *densus* de δασύς; *pinguis* de παχύς, *anguis* de ἔχις, &c. N se perd en *lingere*, comme en *effigies* de *effingo*; en *ligula* de *lingua*; en *misura* de *mensura*; en *sposo* de *sponsus*, &c.

LEGER. De *leuiarius*, qui a esté fait de *leuis*: V en G, comme en *neige* de *neue*. Voyez *alleger*.

LENVERS d'vne estoffe ou d'vn habit. De *inuersus*, auec l'article *le*, à cause qu'on tourne vers le dehors le plus beau de l'estoffe, d'où vient le prouerbe Grec τὰ καλὰ ἔξω τρέπειν. Les Espagnols disent de mesme *envez*: *Su has y su envez*.

LESINE. Du liure Italien intitulé: *della famosissima compagnia della lesina*, qui contient diuers moyens de mesnage. L'Autheur de ce liure, qui est Vialardi, feint que cette compagnie fut ainsi appellée *di certi Taccagnoni, i quali per marcia, miseria & auaritia si metteuano insino à rattacconnar le scarpette e le pianelle con le loro proprie mani, per non ispendere. E perche tal mestier del rattacconnare non si può far senza lesina, anzi è lo stromento principale, presono questo nome d'ella lesina*.

LESTER vn vaisseau. De l'Alleman *last* qui signifie *vne charge: onus vehendum*; d'où vient *balast*, c'est à dire *saburra*.

LESTRADE, comme quand on dit *battre l'estrade*. De l'Italien *la strada*, qui signifie *chemin, ruë*, & qui vient du Latin *strata*, & qui se trouue en cette signification dans les liures de

Ggg

la basse Latinité. Voyez le tiltre de Charlemagne, que nous auons produit au mot *banlieuë*. Les Gloses pag. 527. λεωφόρος, strata. Les Empereurs Honoré & Theodose en la Loy IV. au Code *de priuilegijs domus Augustæ*: *Absit vt nos instructiones viæ publicæ & pontium, statarúmque opera titulis magnorum Principum dedicata inter sordida munera numeremus.* Sur lesquels mots voicy la Note de Cujas: STRATAM *dicit quod Galli* PAVÉ. *Cœpit posteà qualibet via strata dici, vt* 58. Βασιλικῶν tit. 3. τῆς ὀκτὼ ποδῶν τρά τα ζυνίσαται. & tit. 5. τῇ τράτα χρησάμενος. & tit. 7. κ̄ μῆκος τ̄ τράτας. V. Meursius en son Glossaire au mot τράτη.

LETON. De l'Alleman *letton*, ou du Flaman *latoën*; d'où les Anglois ont aussi fait *latten*, les Espagnols *laton*, & les Italiens *latone*.

LETRIN. Voyez *lutrin*.

LEVAIN. De *leuanum*, *à leuando*; d'où vient cette façon de parler, *pain leué*. Les Grecs ont fait de mesme ἄρτος de ἄρω qui signifie *leuer*.

LEVRE. De *lorum*. M. de Thou liu. 1. *de Re accipitraria*, parlant de la difference des Oiseaux de proye:

Namque pugillares alij, pugnúmque Magistri
Protinus emissi repetunt, prædámque relinquunt.
Ast alij tenues simul emittuntur in auras,
Vix tandem redeunt, licet & reuocentur herili
Voce, & vibrato plumatilis indice lori.

Anciennement on disoit *loirre*. Alain Chartier au liure des quatre Dames pag. 636.

S'Amans aux biens passez regardent,
Tant moins en ont, & plus en ardent:
Car Amours loirre
Les cœurs comme Faucon en loire,
A qui on fait bien souuent croire
De donner ce qu'on veult accroire.

Les Grecs modernes se sont seruis du mesme mot. Voyez l'Autheur de l'*Hieracosophium*, & Meursius au mot λῶρον.

LEVRIER. De *leporarius*, supple *canis*.

L I.

LIAR. Quelques-vns le dériuent de μιλιαρήσιον, qui se trouue dans Epiphanius, dans Cedrenus, dans les Gloses Nomiques, & ailleurs, pour vne espece de petite monnoye. Le Sieur de Clerac dans son traitté des anciens Poids & Monnoyes de Guyenne, qui m'a esté communiqué par M. du Puy, dit que les hards ont esté ainsi appellez par corruption *des hardis qui se forgeoient en Guyenne. Li hardis*, LIARS.

LIBERAL ARBITRE. Tous les anciens Escriuains ont vsé de cette façon de parler, pour dire *libre* ou *franc arbitre*. Pierre Ayrault mon grand pere maternel, dans la Preface de son traitté de la Puissance Paternelle : *Il y a trois ans & plus que ie suis à apprendre où les Iesuites tiennent mon fils. Si ie l'eusse pû découurir, ie luy eusse fait cette remonstrance en priué. Mais voyant que ie perdois mon temps, & qui plus est, mon esperance; ie luy ay voulu escrire comme aux contumax par programme & annotation publique. Si vous trouuez ma plainte iuste, & que vous appreniez où il est, ie vous supplie qu'il la voye. Cela fait, ie luy laisse en son liberal arbitre, de m'obeyr ou de ne m'obeyr point.* Plusieurs modernes en vsent encore. Ie me souuiens de l'auoir leuë dans les Ouurages de M. de la Mothe-le-Vayer, qui est vn de nos meilleurs Escriuains : & M. de Vaugelas dans ses Remarques de la langue Françoise, ne l'improuue pas. Ce mot *liberal* se trouue de mesme employé pour celuy de *libre* en l'article 84. de la Coustume de Champagne : *Et combien que le mary ait l'administration & disposition liberale par contracts entre vifs, de pouuoir aliener les biens meubles & conquests immeubles, communs & appartenants ausdits mariez*, &c. Et celuy de *liberalement* pour *librement* en l'article 2. de la mesme Coustume : *Et sont tous lesdits non Nobles, franches personnes, s'il n'appert de seruitute au contraire, & peuuent liberalement eux marier, & faire tous faits legitimes comme franches personnes.* De *liberale*, qu'on a dit pour *liberum*. Voyez M. Vaugelas au lieu allegué.

LICE. Chien. De *Lycisca* qui signifie *vn chien né d'vn loup*

& d'vne chienne. L'Autheur d'vne ancienne Epigramme qui se trouue dans le recueil de Pierre Pithou :

Hæ sunt ambigenæ quæ nuptu dispare constant.
Apris atque sue setosus nascitur Ibris.
At lupus & catula formant coëundo Lyciscam.

Seruius sur ces mots de Virgile, *Multùm latrante Lycisca: Lyciscæ sunt, vt etiam Plinius tradit, canes nati è lupis & canibus, càm inter se fortè miscentur.* Isidore liure XIII. chapitre 3. *Lycisci autem dicuntur, vt ait Plinius, qui ex lupis & canibus nati.* Vlitius dans ses Commentaires sur la Chasse de Gratius, croit que Seruius & Isidore ont entendu parler de cét endroit de Pline du liu. 8. au chap. des Chiens : *Hoc idem è lupis Galli, quorum greges suum quisque ductorum è canibus Lyciscam habent* (car c'est ainsi qu'il estime qu'il faut lire en cét endroit.) Il adjouste: *Cuius vocabuli vestigium hodie Gallica voce* LICE *restat, quæ canem libidinosam significat. Maxima enim libidine necesse est vt incensæ fuerint, antequam adulterum & hostem feræ admiserint.* M. Besly dans son Histoire des Comtes de Poictou pag. 86. parlant de Lysois Sire d'Amboise, General d'armée de Geoffroy Martel Comte d'Anjou: *Vn vieux & experimenté Capitaine appellé Lysois, qui estoit Sire d'Amboise, auoit la charge & la conduite de l'armée de Martel*; ce qui luy fut vn bon presage: car ce nom, fort celebre entre les vieux François, est cela mesme que les Perses disent Cyrus, les Italiens Can ou Mastino, les Latins Lyciscā par vne termination Grecque, les Scythes Alan, & les François en langage poly disent LYCE. D'où vient que la Maison de Montmorency, l'vne des plus illustres de la Chrestienté, porte vne lice ou vn chien pour tymbre de ses armes: pource que le Baron, Autheur & source de tant de magnanimes Seigneurs qui en sont issus, lequel se ietta dans le Fonds de Baptesme auec le grand Clouis, auoit nom Lisois, par vn terme de bon augure. Ce qui a donné suiet au Philosophe Platon, de faire comparaison des Chefs de sa Republique auec des lices, animaux tres-prudens & fideles.

LIEGE. De *leue*. *Leue*, *lieue*, LIEGE. La legereté du liege a passé en Prouerbe : φελλοῦ κουφότερος. Horace liure III. des Odes 9. *leuior cortice*.

LIERRE. De *edera* dont on a fait *hierre*, & de l'article

LI. LI. 421

le que nous adjouſtons à beaucoup de mots, comme à *landier*, *lendemain*, &c. Au contraire du mot Perſan ou Arabe *lazurd*, dont nous auons fait *azur* en oſtant la lettre L, comme ſi elle n'euſt ſeruy que d'article. *Hierre* pour *lierre* ſe trouue dans Ronſard Eglog. 2.

I'ay pour maiſon vn antre & vn rocher ouuert,
De lambrunche ſauuage & d'hierre couuert.

Et dans du Bellay Ode 2.

Sus donc qu'vn autel on m'appreſte
D'hierre à la racine veluë,
Et de Veruene cheueluë.

M. Scudery Sonnet VI. ſur la Fontaine de Vaucluſe:

Icy l'on voit ramper l'hierre aux fueilles menuës.

Et à ce propos il eſt à remarquer que l'Abbaye d'Hierre eſt appellée *Hedera* dans les vieux titres.

LIESSE. De *lie*, vieux mot François qui ſignifie *ioyeux*, & qui eſt encore en vſage en cette façon de parler *faire chere lie*. Au lieu de *lie* on a dit auſſi *lié*, témoin Saint *Lié*. L'vn & l'autre viennent de *lætus*, d'où les Italiens ont auſſi fait *lieto*. Voyez André du Cheſne dans ſes Annotations ſur Alain Chartier pag. 866.

LIEVE. De *leuca* ou *leuga*, qui eſt vn ancien mot Gaulois. Saint Ieroſme chap. 3. ſur Ioël: *In Nilo flumine, ſiue in riuis eius ſolent naues funibus trahere, certa habentes ſpatia, quæ appellant funiculos, vt labori defeſſorum recentia trahentium colla ſuccedant. Nec mirum ſi vna quæque gens certa viarum ſpatia ſuis appellet nominibus, cùm & Latini mille paſſus, & Galli leucas, & Perſæ paraſangas, & raſtas vniuerſa Germania, atque in ſingulis nominibus diuerſa menſura ſit.* Les Actes du Martyre de Sainte Genevieſve: *Ab Aurelianenſe vrbe vſque Furonum ciuitatem, quæ tertia Lugdunenſis nuncupatur, perhibentur eſſe ſtadia ſexcenta, milliaria ſeptuaginta quinque, leugæ, quæ adhuc veteri Gallorum lingua nuncupantur, quinquaginta.* Iſidore liure XV. des Origines chap. 16. *Menſuras viarum nos milliaria dicimus, Græci ſtadia, Galli leucas.* Iornandes chap. 60 *Centum leugas, vt Galli vocant.* Et au chap. 16. *Leuga Gallica mille, & quingentorum paſſuum metitur.* Heſychius: Λεύγη,

Ggg iij

μέτρον π Γαλάταις, car c'est ainsi qu'il faut lire, ou Γαλατικὸν au lieu de γάλακτος. Ce mot se trouue aussi dans Ammian Marcellin liure XV. *Exindéque non millenis passibus sed leugis itinera metiuntur*, dans Yves de Chartres & ailleurs. Ingulphus estime que *leuca* vient de λευκὸς, & que les lieuës ont este ainsi appellées acause des pierres blanches desquelles il dit qu'on marqua les distances des chemins lors que l'Empereur Philippes se fit Chrestien, en memoire de la blancheur & de la pureté de l'ame qu'il auoit receuë par le Baptesme : ce qui est toutafait ridicule. Spelmannus dans son Glossaire dit que ce mot *leuca* vient du mot Breton *lead* ou *leach* qui signifie *pierre*, & croit que les anciens Gaulois, de mesme que les Romains, ont marqué les distances des chemins par des pierres. En quoy ie voy qu'il est suiuy par Vossius liure III. *de vitijs sermonis* chap. 19. Nithardus, au lieu de *leuga* ou *leuca*, escrit tousiours *leuua*; & Barthius dans ses Aduersaires liu. XLVI. chap. 9. pretend que c'est ainsi que ce mot doit estre escrit : ce qui approche plus encore du François *lieuë*. Lelandus escrit *lega*, les Espagnols & les Italiens *legua*. Voyez Spelmannus dans son Glossaire, Vossius *de vitijs sermonis* liu. II. chap. XI. & liu. III. chap. 19. Barthius au lieu allegué, Pierre Pithou liure I. de ses Aduersaires chap. 13. Lindembrog & M. Valois sur Ammian Marcellin. *Leuua* se prend quelquefois absolument pour toute sorte de distance, comme nous l'auons fait voir au mot *banlieuë*.

LIGNAGE. De *lineagium*, acause, comme ie croy, des lignes qu'on tire lors qu'on fait la declaration de quelque race.

LIGNE de Pescheur. De *linea*. Seneque au Chœur du I. Acte de l'*Hercules Furens* :

Sentit tremulum linea piscem.

Martial X. 20.

Spectatus altè lineam trahit piscis.

Voyez Columelle liu. VIII. chap. 4. *Linea* a esté dit *à lino*, parce qu'anciennement les lignes de pescheurs estoient de lin : Virgile liu. I. des Georgiques :

LI. LI. 423

Atque alius latum fundâ iam verberat amnem,
Alta petens, pelagóque alius trahit humida lina.

Les Grecs ont vsé de mesme de λίνον en cette signification, & ce mot se trouue dans Homere. *Linearius* dans les Gloses d'Isidore est interpreté *retiarius*.

LIGNÉ. C'est le lieu où l'on met le bois. Par corruption pour *lignier*. De *lignarium*. *Excerpta ex vet. Lex.* pag. 264. *lignarium*, ξυλοθήκη. Bourdigné en ses Annales d'Anjou, parlant d'vn port qui est à Angers appellé aujourd'huy *le port Ligné*, le nomme *Lignier*.

LIMITROFE. De *limitrophus*, qui a esté dit par corruption pour *limitotrophus*. *Fundus limitotrophus* signifie vne terre destinée à la nourriture des soldats qui sont sur la frontière. Voyez Cujas sur le Titre au Code de *Fundis limitrophis*. Depuis, ce mot *limitrophus* a esté pris par abus pour *limitaneus*, comme l'a remarqué le mesme Cujas sur la Loy 13. au Code de *Fundis Patrimonialibus*: *Legendum* (dit-il) *limitotrophos non limitrophos. Cuius verbi vitium peruenit ad Gallos, qui fundos in limitibus constitutos vocant* limitrophos. *Iidem etiam ignorantiâ significationis Latinæ, adnotationis & protocolli appellationibus vtuntur perperam.*

LIMOGE. Bodin liu. v. de sa Republique chap. dit que cette Prouince a esté ainsi appellée du mot Grec λιμός. *Limogea, sic enim Incolæ pronuntiant, verbo planè Græco, non quidem* ἀπὸ τὸν λοιμόν, *cùm in montibus posita sit, & salutaribus aquis vsquequaque irrigua; sed* ἀπὸ τὸν λιμόν, *quia fame interire propter agri sterilitatem, aut aliunde frumentum aduehere necesse est.* Elle est ainsi appellée de *Lemouia*, qui a esté formé de *Lemouix*.

LIMONADE. De l'Italien *limonata*, qui a esté fait de *limone*, qui signifie cette espece de citron, dont on fait la limonade.

LINCEVL. De *linteolum*.

LINGE. De *linium*, qu'on a dit pour *lineum*, comme *grania* pour *granea*.

LION. Ville. De *Lugdunum* pour lequel on a dit *Lygdunum*. Cujas liu. XXVII. de ses Obseruations chap. 33. *In Archetypo Pandectarum Florentinarum scriptum est Lygdonenses lib. vlt, de Censibus: vt non abs re maiores noſtri etiam ſcripſerint* LYON *&* LYONNOIS. *Lugdunum, Lygdunum, Lyunum* , LYON. Il y a diuerſes opinions touchant l'origine de ce mot *Lugdunum*. Il eſt conſtant que cette ville fut premierement appellée *Lugodunum*. Dion : τὸ Λυγόδυνον μὲν ὀνομασθέν, νῦν δὲ Λύγδυνον λεγόμενον. Et ce mot ſe trouue ainſi eſcrit dans les anciennes Inſcriptions. Plutarque au liure qu'il a fait des Fleuues au chapitre de la riuiere de Saone, dit que Momorus & Atepomarus chaſſez de leur Royaume par Seſeroneus, baſtirent vne Ville par le commandement de l'Oracle ſur vne colline au lieu où eſt Lyon; & que comme ils jettoient les fondements de cette Ville il y ſuruint vn ſi grand nombre de corbeaux, qu'ils couuroient tous les arbres d'alentour, & que pour cela Momorus tres-expert en la ſcience des augures la nomma *Lugodunum*, de λύγος qui ſignifie *corbeau* en langage Celtique, & de δύνος qui ſignifie *lieu eminent* en la meſme langue : Μόμορος δὲ οἰωνοσκοπίας ἔμπειρος ὑπάρχων, τὴν πόλιν Λύγδυνον προσηγόρευσεν. λύγον γὰρ τῇ σφῶν διαλέκτῳ τὸν κόρακα καλοῦσιν. δύνον, τὸν ἐξέχοντα ; ce qu'il rapporte, ſelon le témoignage d'vn certain Clitophon. Cambden dans ſa Bretagne au lieu où il parle de Cumberland, eſtime que *Lugodunum* a eſté ainſi appellé de *lugum* ou *lucum*, & de *dunum*, qui en langage Celtique ſignifient *vne tour & vne eminence*. Ie rapporteray icy ſes paroles d'autant plus volontiers qu'elles font mention de l'origine de la Ville de Paris. *Lugum ſiue lucum priſcis Celtis qui cum Britannis eiuſdem linguæ erant turrim ſignificaſſe docet Pomponius Mela. Quod enim Antonino* LVGO AVGVSTI *dicitur,* TVRRIM AVGVSTI *vocat ille ; ita* lugu-vallum *ſit, & ſonet* turris *vel* munimentum ad vallum. *Ab hoc fonte ſi* LVGDVNVM *quaſi* TVRRIM IN COLLE, *&* LVCOTECIAM *(ſic enim quam nos* Lutetiam *priſci vocarunt) quaſi* TVRRIM PVLCHRAM *deriuaſſent Galli (ea enim verborum vis eſt in lingua Britannica) rectius fortaſſe collimaſſent, quàm cùm hanc à* luto, *illam à* lugdo *fictitio rege deducerent.* A la marge Cambden a fait cette note: *Vetus Itinerarium nuper impreſſum* , Lugdunum deſideratum montem *ſignificare docet*. Voyez M. Bochart pag. 750. des

Colonies

LI. LI. 425

Colonies des Phœniciens, où il dériue *lug* en la signification de *corbeau*, de l'Arabe *lukcha* qui signifie la mesme chose. Il y en a qui dériuent *Lucdunum* de Lucius Plancus, qui rebastit Lyon apres qu'elle fut brûlée, & d'autres à *luce*. Iuret sur ces mots de l'Epist. VI. du liu. I. des Epistres d'Yues Euesque de Chartres: *Est vetus exemplar, in quo scriptum Lucduni, quod nonnulli probant à Lucij Planci nomine, qui eam vrbem incendio consumptam in melius restaurauit. Sed alij prisci authores à luce deductum nomen voluerunt; qua in sententia Henricus Benedictinus Monachus lib. 4. de vita Sancti Germani Autissiodorensis:*

In Lugdunenses æquis processibus arces
Vexit Arar, Rodano se se sub mœnibus abdens
Lucduno celebrant Gallorum famine nomen
Impositum quondam, quòd sit mons lucidus idem.

Contra nebulæ Lugdunenses, & dies matutina caligine obstructi, vix meridiano feruore reserari exprobrantur Sidonio Apollinari, cui amicus gratulatur, quòd aliquando videat solem, quem bibitor Araricus raro aspexerat, lib. I. Epist. 8.

LIPE. Du Flaman ou de l'Alleman *lip*, qui signifie la mesme chose. Voyez M. de Saumaise *de Hellenistica* pag. 396.

LIRIPION. Quelques-vns appellent ainsi le chaperon des Docteurs. Rabelais liure I. chap. 18. *Maistre Ianotus tondu à la Cesarine, vestu de son lyripipion à l'antique*, &c. Et liu. III. 26. *Coüillon lyripipié.* Et au liu. II. 7. *Lyrippij Sorbonici moralisationes per M. Lupoldum.* C'est vn mot Latin-Barbare, qui a esté fait du Flaman *liere-pijpe*, qui signifie mot pour mot *superhumerale*, & comme les Grecs diroient ἐπωμίς. Voyez Vossius *de vitijs sermonis* pag. 238. & dans l'Appendix pag. 807.

LIRON. De *lirone*, qu'on a fait de *glis gliris*. Les Italiens disent *gliero*, & les Espagnols *liron*, comme nous.

LISIERE. De *liciaria* qui a esté fait de *licia*, qui signifie les fils de la trame.

LISLEBONNE. Ville de Normandie dans le pays de Caux. De *Iuliobona*, qui se trouue dans les Itineraires Romains, pour lequel on trouue aussi *Luliobona*.

LISTE. De *lista*, que le Glossaire interprete γραμμή, &

d'où Lipse dans son epist. 44. de la III. Centurie, dérive aussi le mot Alleman *liste*. Scaliger sur le Copa : *Sublesta*, &c. Sublesta pictura *est tantùm primis lineamentis deformata , ac nullis coloribus adumbrata*. *Eáque Græcè dicitur* μονόγραμμος. *Lista est* γραμμή, *teste illo vetere Glossario. Sic & hodie lineam vulgò vocamus in Gallia. Dicta* lista *a* λίασιν, Ρ in τ : *vt* ϛάδιον, σπάδιον, *spatium*. σπυδή, *studium*. *Hinc* ἐξωλίασσι *picturæ primùm , hoc est ad verbum*, sublestæ. *Inde ad alia translatum sumitur pro euanido, tenui, languido, vt vinum sublestum*. Voyez Vossius de *vitiis Sermonis* pag. 238.

LITRE. M. Hauteserre liure III. chap. 3. des Comtes & Ducs, le dérive de λήτρα: *Moribus nostris patronos & capitales dominos luget Ecclesia , fasciæ seu vittæ funebris schemate gentilitijs distincto stemmatis circumquaque cincta , lithram vocitant vulgo. Satis recens inuentum , & vix alibi inuentum quàm in nonnullis consuetudinibus* (il entend parler de la Coustume de Touraine & de celle de Loudunois) *vocis etymon à* litura *duxit Marescallus* (c'est au liure qu'il a fait des Droicts Honorifiques chap. v.) *Sed spongiâ lituráque verè digna notatio. Verò propiùs lithræ matricem dixerint Græcum* λήτραν, *quod circulum & coronam significat: vnde & Clericorum corona Constantino in epistola ad Syluestrum , & Balsamoni* παπαλήτρα *dicitur : nam huiusmodi vittæ , seu limbi genus Ecclesiam ambit coronæ in speciem.* Ciron est de ce mesme auis dans ses Obseruations sur le Droict Canon liure I. chap. 19. où il blasme pareillement l'opinion de ceux qui dériuent ce mot *litre* de *litura*. On pourroit dire aussi que *litre* viendroit de l'Italien *lista*, qui a esté dit par les Siennois pour *lista*. Le Vocabulaire de la Crusca: *lista. Sen. ancor listra. Striscia pezzo di panno, di drappo, o d'altro che sia lungo, e stretto assai. Lat.* limbus. *Per Catalogo e Indice. Lat. Index* : listare, listrare.

LIVRE de terre. Ce mot se trouue souuent dans les vieux titres François pour vne liure en assiete de terre. De *libra terræ*, qui se trouue dans les titres Latins pour la mesme chose: comme aussi *librata terræ*, & quelquefois *librata* seulement. Geoffroy Abbé de Vendosme liu. III. Epist. 10. à Rainaldus Euesque d'Angers : *Præterea habebatis dispositum quòd centum libratas Ecclesiæ nostræ*, &c. Le P. Sirmond sur cét endroit de Geoffroy pretend que *librata terræ* est vne mesure de terre: *lib.* II. *Epist.* XXX. *& huius libri Epistola* XV. *ducentas libratas, terræ nimirum. In præcepto Sancti Ludouici Regis anno* M. CC. XXX. Dilecto & fideli nostro Ioanni de Valeriaco in augmentum feodi quod tenebat, dedimus centum libratas terræ. *In Aruernis scilicet, apud Escurolas & Maësum scholæ. Antiqui mensores integras agri mensuras ad similitudinem assis aut libræ in vncias, & vnciæ partes diuidebant, vt videre est apud Columellam libro* V. *cap.* I. *Varro de re rustica libro primo, capite* X. Ab hoc principio mensores nonnunquam dicunt in subsiciuum esse vnicam agri, aut sextantem, aut quid aliud, cùm ad iugerum peruenerunt. Id habet scrupula CCL XXXVIII. quantumas. *Quod ergo fiebat in partibus, id etiam in toto à nonnullis factum est, vt integris agri mensuris à libra vel solido asse nomen darent. Libratam ergo terræ dixerunt integrum iugerum terræ, arapennem, aut aliud simile. Dicta etiam ab eodem principio solidata terræ. In literis Seguini Episcopi Matisconensis anno* M. CC. LX. Cùm Guillelmus de Oblato miles ab Ecclesia Cluniacensi LX. solidatas terræ teneret in feudum, *&c.* En quoy il s'est mespris sans doute, vne liure de terre estant infailliblement vne liure en assiette de terre, comme Pithou l'a fort bien expliqué dans ses doctes Commentaires sur la Coustume de Champagne tit. XI. où il produit plusieurs anciens titres Latins & François qui le justifient clairement; à quoy on peut adjouster ces preuues qui m'ont esté données par M. de Launay Aduocat au Parlement : Dans vn titre de la Maison de Suilly, de l'Echange fait entre le Roy Philippe & ly six Henry de Suilly de la terre de Lunel auec la terre de Chaluret, Chalus, Chabrot, &c. *Dedimus mille libratas terræ Adturonenses, quas eidem assignari fecimus & mandauimus assideri in villâ Castro & Castellaniâ de Lunello in Seneschalliâ Bellicardi, nec non duo millia librarum. Eiusdem monetæ rendualis ad vitam duntaxat ipsius, quarum eidem mille assignauimus in Castro, Castellaniâ & villa de Lunello prædictas, & alias mille in rectis aliis locis in Auerniâ,* &c. Les Lettres patentes en François sur le mesme sujet, portent : *Piéça donnasmes à luy &*

à ses hoirs mille liures de terre atournois, lesquelles nous l'y asignasmes & mandasmes asseoir en la Ville, Chastel & Chastellenie de Lunel en la Seneschaussée de Beauquaire : & auec ce deux mille liures de rente attournois à sa vie tant seulement, &c. L'an M. CCC. XVII. XIX. Nouembre. Dans vn autre Titre qui a pour inscription : Compromis fait entre le Vicuens de Meleun & Ieanne sa chere femme d'vne part, & mon Sire Henry de Suilly frere de ladite Ieanne, d'autre : pour raison du partage ou appennage qui estoiet descendu à ladite Ieanne pour raison de son pere & de sa mere : Nous auons fait mise amiablement par commun accord de haut & de bas, en redoutable Pere Simon par la grace de Dieu Archevesque de Bourges, &c. Ledit compromis datté à Paris l'an de grace M. CCLXXXIV. le Mercredy aprés les Brandons. Et au pied dudit compromis est la Sentence arbitrale : Nous l'Archevesque prononçons, &c. c'est à sçauoir que ledit Messire Henry de Suilly est tenu à asseoir audit Vicuens de Meleun, au nom de Madame Ieanne sa femme, sœur audit Henry, qui sera à heritage à ladite Dame & à ses hoirs pour raison du partage & appennage, & d'où doit les dessusdits neuf cens & soixante-quinze liures de terre attournois, au prix & à l'assise de deux Cheualiers, selon que l'en siet terre par vsage de pays en Iustice & en Seigneurie és lieux qui ensuiuent : c'est à sçauoir Morise six cens liures de terre attournois, & ne sera prisée la maison fort dessus Morise, & le surplus iusques à IX. cent lxxv. liures de terre, li est tenu ledit Henry Sire de Suilly asseoir par la prisée de deux Cheualiers sur la maison de Iara, prisée en assise de terre, selon ce que l'on a vsé & accoustumé de prisier forteresse en partage. Dans l'omologation de ladite Sentence : Philippus, &c. Notum facimus, &c. Quòd cùm inter Vicecomitem Meleduni ex vna parte, & Dominam de Soliaco ratione liberorum suorum quos habet in baillo suo, orta esset dissentio super modo asidendi nogentas sexaginta, & quindecim libratas terræ adturonenses, &c. Dans le partage fait entre Messire Philippes d'Artois, & les enfans de Madame de Suilly : Philippus, &c. Et est talis consuetudo Niuernensis, quòd dictus Ioannes de Soliaco habere debuit melius herbergamentum, meliorem fundum, & meliorem seruientem, & de centum libratis terræ, centum solidatas, &c. Actum Parisiis anno Domini millesimo ducentesimo nonagesimo primo, mense Maio. Dans le Contract de Mariage de Perrinelle fille de Madame de Bommen Dame de Suilly, auec Geoffroy de Lezignan Escuyer: *Item est accordé que ledit Geoffroy doüera ladite Damoiselle de mille liures de terre de tournois en vn tenant, auec manoir conuenable.* Dans le Contract de Mariage d'entre Geoffroy d'Aspremont Cheualier, & Damoiselle de Suilly, fait à Paris l'an M. CCC. XIX. au mois de Ianuier: *C'est à sçauoir que li dit Sire de Suilly, pour cause dudit mariage, donne à sadite fille sept mille liures tournois en deniers, & le deuantdit Sire d'Aspremont accorda, que pour la cause de trois mille & cinq cens liures, qui de la somme de sept mille liures deuantdits seront premierement payées, il baillera & assignera tantost apres que lesdits trois mille cinq cens liures seront payées, trois cens & cinquante liures de terre au plus prés du Chastel d'Aspremont, prisées par deux preud'hommes, laquelle terre sera heritage à ladite Marguerite : en telle condition toutefois, que si elle moroit sans hoir, ledit Sire d'Aspremont seroit tenu à rendre audit Sire de Suilly les trois cens & cinquante liures de terre baillées & assignées pour les trois mille & cinq cens liures premierement payées, ou les trois mille cinq cens liures en deniers. Et octroya ledit Sire d'Aspremont, que s'il trespassoit de ce siecle auant sondit fils, ladite Marguerite sera doüée dou Chastel d'Aspremont, auec huit cens liures de terre assises & prisées par deux preud'hommes au plus prés dudit Chastel, aux vs & coustumes du pays, sans que ledit Chastel soit mis en prix de la terre*, &c. Des tiltres susdits il resulte clairement deux choses : La premiere, que *liure de terre* est le prix & estimation de la terre, & non pas la mesure & la quantité de la terre, comme dit le P. Sirmond: car ces mots, *libratas adturonenses*, & ensuite, *necnon duo millia librarum eiusdem monetæ*, font voir que *libra terræ* doit signifier vn morceau de terre valant vne liure; autrement les mots *duo millia librarum eiusdem monetæ*, qui ont leur rapport aux mots *mille libratas adturonenses*, seroient impertinents. Les mots *mille liures de terre au prix & à l'assise de deux Cheualiers, & ne sera prise la maison fort*, &c. & tous les autres mots employez ausdits tiltres, justifient la mesme chose: car au lieu des mots *prix, prisées*, &c. l'on auroit dit *mesurée, arpentée*; & consequemment *solidata* est aussi l'estimation, & non pas la quantité de la terre, contre l'opinion du P. Sirmond.

La seconde chose, que *libra terræ* ne signifie pas seulement vn morceau de terre valant vne liure, mais vne liure de rente. Ce que le dernier titre justifie pleinement : car donnant pour trois mille cinq cens liures en deniers trois cens cinquante liures de terre; il est sans doute que ces trois cens cinquante liures de terre doiuent estre entenduës de rente: premierement, parcequ'autrement la recompense ne seroit pas égale : secondement, parce que les trois cens cinquante liures de terre sont justement au denier dix, qui estoit lors le taux de l'Ordonnance, la rente desdites trois mille cinq cens liures. Aussi dans les lettres du Roy Philippes au Seneschal de Poictou, pour mettre en possession des choses données ledit Sire de Suilly sur l'eschange susdit; il se voit : *Notum facimus, quòd cùm nos donauerimus, &c. mille libratas terræ seu reditus*: & il n'y a point d'apparence qu'vne fille d'vne Maison aussi illustre qu'estoit celle de Suilly, n'eust que mille liures en fonds de terre à vne fois payer. Donc *libra* ou *librata terræ*, est vne quantité de terre valant vne liure de rente.

LIVREE. De *liberata*. M. Hauteserre liure III. chap. XI. *Libratas dixere id genus vestium, quòd annuatim die solemni eas liberarent suis, idest erogarent.* M. la Coste dans son Commentaire sur la Loy *Quoniam*, au Code *de Testibus*, qui m'a esté communiqué manuscrit par M. Nublé Aduocat au Parlement, homme de grande erudition, & mon amy tres-particulier: *Exhibitio in libris iuris vsurpatur pro alimentorum præstatione, quæ & liberatio dicitur in veteri diplomate Philippi Audacis Regis Franciæ, quo Capellanis Capellæ Regiæ Parisiensis concedit ad prandium vel ad cœnam vnam liberationem integram, videlicet VIII. denariatas panis, vnum sextarium vini de vino quod militibus liberatur, quatuor denarios pro coquina, & XII. frusta minoris candelæ, in perpetuum. Et ita apud veterem Auctorem Historiæ Francicæ passim legimus* : Il auoit tant d'hommes à sa liurance, ou à sa liurée. *Quos scilicet exhibebat vel liberabat, idest quibus necessaria subministrabat. Ideóque hodie hac voce* LIVREE *vtuntur. Videlicet hi qui erant ex eadem familia & ex eadem habitatione vestibus eiusdem coloris vtebantur. Quod pauci animaduertunt.* Voyez au mot LIVRER. Celuy de *librata* se trouue dans

LI. LO. 431

Thomas Walsinganus dans la vie de Henry IV. *Et quod ipsi, nec dignis illorum det libratas vel signa*, &c. Les Italiens disent aussi *liurea*, & les Grecs du bas Empire λιβρία. Voyez le Glossaire de M. Rigault au mot λιβρία & au mot τυρία. A Caën en Normandie on ne peut faucher les prairies publiques, autrement appellées communes, que par permission du Magistrat, ce qu'il ordonne à vn certain iour, & cela s'appelle faire courir la liurée. Voyez Spelmannus au mot *liberatio*. Les Officiers de la Maison du Roy ont encore apresent certains droits qu'on appelle *la liurée*.

LIVRER. De *liberare*, dont on s'est serui pour dire *dare*. Dans les Capitulaires de Charles le Chauue pag. 446. *Post hæc lecta Capitula, dedit omnibus licentiam cum Dei gratia & sua redeundi ad propria, exceptis his quos specialiter pro specialibus causis considerandis, vel pro dona* LIBERANDA *secum aliquantis diebus manere præcepit*: sur lequel endroit le P. Sirmond a fait cette note : *Liberare hoc loco est dare, quod aliis* deliberare, DELIVRER. En la marge de quelques anciens Registres du Parlement, & à l'endroit de quelques Arrests que les parties n'auoient pas leuez, sont escrits ces mots : *Non deliberetur donec soluantur species*. De *liberare* les Allemans ont aussi fait *liueren*.

LO.

LOBBE. Vieux mot François qui signifie *raillerie & moquerie*, sur lequel Ronsard en sa Preface de la Franciade, estime qu'on pouuoit faire le verbe *lobber* pour dire *se moquer*.

LOCHE. Espece de limaçon. De *eruca*. *Eruca, ruca* (en ostant E, comme en *roquette* de *eruketta*) *rouca, roche*, LOCHE, R en L, pour la distinction du mot de *roche*.

LOGER. De *locare*.

LOIN. Riuiere qui passe à Montargis. Cette riuiere est appellée *Lupa* dans les anciens titres. Au lieu de *Lupa* on l'a nommée en suitte *Lupina*, d'où nous auons fait LOIN. L'Abbaye de Villeloin en Touraine est de mesme appellée

Villa Lupæ dans les vieux titres; ce que j'ay appris de M. de Marolles Abbé de cette Abbaye, homme de grand merite, & que l'erudition, la pieté & la probité rendent également recommandable.

LOIR. Fleuue d'Anjou, d'où la ville du Chasteau du Loir a pris son nom. Ce fleuue est appellé *Ledus* par Sidonius Apollinaris, *Lidus* par l'Autheur de la vie d'Ildebert, & *Leda* par Goffridus de Vendosme, qui appelle *Castrum Ledæ* LE CHASTEAV DV LOIR. On a dit premierement *Loid*, d'où en suite on a fait *Loir*.

LOIRE. Fleuue appellé en Latin *Ligeris*. Cambden pag. 579. le dériue du Breton *lair* qui signifie *milieu*. La riuiere du Loire passe par le milieu des Gaules, & les diuise à peu prés en deux parties égales. Dans les Gloses d'Isidore *alliger* est expliqué *Gallus*, comme qui diroit *adliger, i. ad Ligerim habitans*.

LOISIR. De *licere. Licere, licire*, LOISIR. Dans les vieux liures vous trouuerez souuent *il loit* pour dire *licet*. Ce verbe s'est substantifié. Ainsi on dit *vn bon manger, vn blanc manger, le parler, le boire & manger*, &c.

LOPIN. De *lobinus* diminutif de *lobus*, qui a esté formé de λοβος. De *lopin* on a fait le verbe *lopiner* pour *diuiser en lopins*. Ce mot est fort en vsage dans le Palais d'Angiers où on s'en sert particulierement au sujet des partages, comme quand on dit: on doit autant considerer la commodité d'vn partage que l'égalité. Et quand il y a plusieurs terres en vne succession on doit mettre en chaque lot les heritages qui sont de proche en proche, & les terres toutes entieres, & non pas les lopiner, c'est à dire en mettre vne partie dans vn lot, & vne autre partie dans vn autre, qui est ce que dit la Coustume, *le plus profitablement & entierement que faire se peut.*

LOQVET. De *lukettus* diminutif de *lucus*, qu'on a fait de λύκος. Hesychius. λύκος, ὁ τῆς θύρας μόνδαλος. λύκοι, μάνδαλοι θυρῶν.

L'OR. Abbaye de Poitiers. Par corruption de *hortus Pictauiensis*, c'est ainsi que cette Abbaye est appellée dans les vieux titres.

LORIOT.

LO. LO. 433

LORIOT. Belon dit que cét oiseau a esté ainsi nommé acause qu'il semble crier *compere Loriot*. Scaliger sur l'Histoire des Animaux d'Aristote pag. 1001. dériue ce mot de celuy de *aureolus*: χολεὸς *verò is est, quem etiam* ἴκτερον *dicunt à colore, quemadmodum & tota Italia ab eo* aureolum. *Et Gallia item voce paululum detorta,* LORIOT. Il vient de χλωείων ou de *luridottus* diminutif de *luridus*. Voyez Belon.

LOSANGE. Scaliger dans ses Conjectures sur le 4. liure de Varron *de Lingua Latina*, croit que les *losanges* ou *lausanges* ont esté ainsi appellées par corruption pour *lauranges*, acause de leur ressemblance auec la fueille de laurier: *Lausangias quasi laurangias à lauri folio, quod habet rhombi figuram.*

LOT. Partage. Du Flaman ou Bas-Alleman *lot*, qui signifie *sort*. En Haut-Alleman on dit *los*. Les Latins ont appellé de mesme les coheritiers *consortes*, & les Grecs ζυγκληρονόμους. M. Dominici dans son traitté intitulé, *Assertoris Gallici mens explicata: Terram autem Salicam idem esse ac sortem Salicam ipsum Alodis etymon terræ Salicæ oppositum liquidò demonstrat. Illud enim clarissimus vir Casanova in Instruct. de Franc. Allod. pag. 82. Ab elemento* A *& voce Germanica* los, *quæ sortem sonat, apprimè deducit, laudátque in id Glossarium Latino-Theotiscum à Lipsio editum, in quo vox* sors *interpretatur, sicut & in Glossario Isaaci Pontani* lozze *sorte, & in altero Keronis Monachi Sancti Galli, qui sub Carolo Magno vixit, verbum* sortiantur *Germanicè redditur* sierlozzan: *vnde deducta Gallica vox* LOT, *quâ partitionem arbitrio familiæ erciscundæ inter consortes initam significamus.* Les Italiens appellent *lotto* vne blanque (*giocar al lotto*) acause que les choses y sont sont diuisées en diuerses portions. Voyez Spelmannus au mot *lot*. Loiseau liu. III. chap. 3. des Offices, croit qu'on a dit *lots & ventes* pour *lot* ou *lots és ventes*.

LOVANGE. De *laudantia* qui a este fait de *laus laudis*.

LOVPE. Ie croy qu'il vient de *loba* qu'on a dit pour *lobus*. Voyez *lopin*. De la ressemblance à vne loupe nous auons appellé *loupes* ces petites lunettes, auec lesquelles on discerne les plus petites choses.

LOVRD. De λορδὸς. Les Gloses anciennes pag. 16. an-

Iii

434 LO. LO.

cus, mancus, κυλλὸς, λορδός. Hefychius: λορδὸν, ὑπόκυρτον, ἀπεξυλωμένον; ζυγκεκαμμένον τῷ σώματι.

p. 730. LOVRE. C'eſt vne grande muſette. D'où vient le diminutif *lourette*, & *loureur* celuy qui en iouë. Ronſard s'eſt
p. 807. ſeruy de ce mot *loure* en ſes Eglogues. De *lyra*.

p. 807. LOVSCHE. De *luſcus*, qui a ſignifié la meſme choſe chez les Eſcriuains de la baſſe Latinité. Les Gloſes pag. 615. ςραβὸς, *ſtrabus, luſcus*. Athelmus *de laude Virginitatis* :

   Mutos & mancos, claudos, ſurdóſque repertos,
   Luſcos ac ſtrabos, qui torta luce fruuntur.

Mais qui ſignifioit chez les anciens Latins *vn borgne*, & non pas *vn louſche*. Martial III. 8.

   Thaida Quintus amat, quam Thaida? Thaida luſcam.
   Vnum oculum Thais non habet, ille duos.

Et IV. 65.

   Oculo Philænis ſemper altero plorat,
   Quo fiat iſtud quæritis modo, luſca eſt.

Et IX. 59.

   Aſpicis hunc vno contentum lumine, &c.
   Hunc tu conuiuam cautus ſeruare memento,
   Tunc furit atque oculo luſcus vtérque videt.

Iuuenal Satyre x. parlant de Hannibal qui eſtoit borgne :

   Cùm Gætula Ducem portaret bellua luſcum.

Saint Marc IX. 47. *Quòd ſi oculus tuus ſcandaliſat te, eijce eum. Bonum eſt tibi luſcum introire in regnum Dei, quàm duos oculos habentem mitti in gehennam ignis.* Iuſtinien en ſes Inſtitutes tit. de Act. §. 19. *Si quis hominem claudum aut luſcum occiderit, qui in eo anno integer & magni pretij fuerit.* Et au §. 9. au tit. *de Lege Aquilia : Si quis hominem tuum, qui hodie claudus, aut mancus, aut luſcus erit, qui in eo anno integer aut pretioſus fuerit*, &c. Les Gloſes : *luſcus*, μονόφθαλμος, ἑτερόφθαλμος. Ie croy neantmoins que *luſcus* a eſté pris pour *ſtrabo* dés le temps meſme de la bonne Latinité; &, ce qui me le fait croire, ce ſont les mots de *luſcinius* & de *luſciniola*, qui ont eſté formez de celuy de *luſcus*, & qu'on a dit du Roſſignol, acauſe que ſes yeux ſemblent eſtre de trauers. Ie croy meſme que *luſcinus* ſe trouue eu cette ſignification *de*

LO.   LV.   435

louſche en ce paſſage de Pline XI. 39. *Vni animalium homini oculi deprauantur. Vnde cognomina Strabonum & Pætorum. Ab ijſdem qui altero lumine orbi naſcerentur* coclites *vocabantur. Qui paruis vtriſ̄que* Ocellæ. Luſcini *iniuriæ cognomen habuere*. Ce mot *luſcini* ne pouuant eſtre pris là pour *borgnes*, acauſe de celuy de *coclites* qui precede. Quoyqu'il en ſoit, il eſt conſtant qu'il y a long-temps que *luſcus* ſe prend pour *louſche*, puis qu'il ſe trouue en cette ſignification dans les Gloſes, dont le compilateur a precedé la compilation des Pandectes, comme l'a obſerué M. de Saumaiſe en ſes Obſeruations ſur le Droict Romain & Attique.

LOVTRE. Animal. De *lutra* Latin, qui ſignifie la meſ-me choſe, dont les Italiens ont fait *lontra* en adjouſtant vne N, comme en *lanterna* de *laterna*, en *pauentare* de *pauitare*, &c.

LOVVRE. De *Lupara* (c'eſt ainſi que le Louure eſt ap-pellé dans les vieux titres) *Turris Luparæ*. Il y a vn village dans la France qui s'appelle *Louure en Pariſis*.

LOZENGER. C'eſt vn vieux mot qui ſignifie *trom-per*, comme LOZENGIER, *trompeur*. Alain Chartier dans la Bel-le Dame ſans mercy:

Amour eſt cruel lozengier.

Meſſire Graces Brulez Cheualier, en vne vieille Chanſon:

Faux lozengier & tricheour
Vous m'auez mort pour voir le ſai.

Dans le Catalogue de quelques anciens mots Allemans, tiré d'vn ancien Pſeautier, & produit par Lipſe dans l'epiſt. 44. de la III. Centurie, LOSEN eſt interpreté *doloſum*, LOSIN *doloſo*, LOSONGA *dolos*. Il y a apparence que nous auons pris noſtre *lozenger* de là, comme auſſi les Italiens leur *luſingar*, ou que les trois viennent de *luſus*.

LV.

LVI. De *illius*. Ce mot eſt fort ancien en noſtre lan-gue. Marculphe dans ſes Formules liu. 1. chap. 21. *Propterea iubemus, vt dum taliter vtriuſ́que decreuit voluntas, memoratus ille vir*

I ii ij

436

omnes causas LVI, *vbicumque prosequi vel admallare deberet*, &c. Sur lequel endroit M. Bignon a fait cette Note: LVI *corruptè pro illius infinitis locis occurrit, indéque dictio nostra* lui, *eodem omnino sensu: quod semel adnotasse sufficiat.* De là vient aussi *lui* des Italiens.

LVNETTE. C'est vn diminutif de *Lune*, d'où les lunettes ont esté dites, acause qu'elles sont rondes comme la Lune.

LVNETTES de Hollande, parcequ'elles ont esté premierement faites en Hollande. M. Descartes Discours 1. de sa Dioptrique: *Il y a enuiron trente ans, qu'vn nommé Iacques Metius de la ville d'Alcmar en Hollande, homme qui n'auoit iamais estudié, bien qu'il eust vn pere & vn frere qui ont fait profession des Mathematiques, mais qui prenoit particulierement plaisir à faire des miroirs & verres bruslants, en composant mesme l'hyuer auec de la glace, ainsi que l'experience a monstré qu'on en peut faire; ayant à cette occasion plusieurs verres de diuerses formes, s'aduisa par bon-heur de regarder au trauers de deux, dont l'vn estoit vn peu plus espais au milieu qu'aux extremitez, & l'autre au contraire beaucoup plus espais aux extremitez qu'au milieu, & les appliqua si heureusement aux deux bouts d'vn tuyau, que la premiere des lunettes, dont nous parlons, en fut composée. Et c'est seulement sur ce patron que toutes les autres qu'on a veües depuis ont esté faites, sans que personne encore, que ie sçache, ait suffisamment determiné les figures que ces verres doiuent auoir. Le liure a esté imprimé en* cIɔ.Iɔ.c.xxxvII. On les appelle autrement *lunettes de Galilée*, parceque Galilée les a perfectionnées, & s'en est le premier seruy pour regarder les Astres.

LVTH. De l'Espagnol *laud*, d'où les Italiens ont aussi fait *liuto*. Les Bas-Allemans disent *lute*, & les Haut-Allemans *laute*. Nous prononcions anciennement *luc*, & vous le trouuerez ainsi escrit dans les Poësies de du Bellay, & dans Nicod: & quelques-vns le disent encore apresent. Les Espagnols ont eu ce mot des Maures. Scaliger dans ses Notes sur la Sphere Barbare de Manile: *Hispani à Mauris hoc instrumentum vocant* laud: *hoc enim est* العود *allaüd cum puncto* Wazli, *quo* Eliph *in articulo non pronuntiatur. Itali* lieuto. *Vnde Alciatus pu-*

tauit quasi ἁλιευτόν dictum, quòd scapham piscatoriam ipsi referre visum sit. Multis modis doctissimi viri sententia non confutari tantùm, sed explodi posset, si tanti esset nugari. M. Bochart liu. 1. des Colonies des Phœniciens chap. 2. Barbitus Gallicè lut, Hispanicè laud, & Arabicè אלעוד alaüd articulo præfixo. Les Flamans disent luydt pour dire resonant, qui est le participe de luyden qui signifie sonner. Voyez Spelmannus au mot laudis, & Meursius dans son Glossaire. Petrarque dans son Testament a latinisé ce mot de luth: Thomæ Bambasiæ de Ferraria lego leutum meum bonum, non vt cum sonet pro vanitate seculi fugacis, sed ad laudem Dei æterni.

LVTRIN. Par corruption pour letrin. De lectrinum, comme qui diroit le lieu où l'on lit, pluteus. λέγω, λέκτρον, lectrum, lectrinum. On a dit aussi LECTORIVM. Anastase le Bibliotecaire en la vie de Leon III. Super ipsas cerostratas fecit lucernas: & hoc constituit vt Dominicorum die, vel in Sanctis solemnitatibus hinc inde iuxta lectorium consisterent, & ad legendum sacras lectiones luminis splendore fulgerent. Et LEGIVM de lego. Leo Marsican. Casinens. lib. III. de son Histoire chap. 32. Legium quoque pulcherrimum auro & coloribus pictorum arte, ibidem extrui iussit. LECTRVM se trouue dans les Gloses d'Isidore pag. 689. pulpitum, analogium, lectrum.

MA.

MACARONS. De l'Italien *maccaroni*, où, comme prononcent les Florentins *maccheroni*, qui signifie *vivanda di pasta con formagio*. L'Italien *maccarone* a esté fait du Grec μάκαρ qui signic *heureux*, comme qui diroit *le mets des heureux*, qui est comme Aristophane appelle les banquets magnifiques, μακάρων εὐωχίαν. Les Grecs anciens ont vsé de μακαρεία en la signification de *maccarone*. Hesychius : μακαρεία, βρῶμα ἐκ ζωμοῦ καὶ ἀλφίτων. Et les Grecs d'aujourd'huy disent encore μακαρώνια en la mesme signification. Nos macarons de France sont excellens, mais les *maccaroni* d'Italie ne sont pas fort delicats; d'où vient que les Italiens appellent *maccarone* vn homme grossier & de peu d'esprit. Cœlius Rhodiginus liure XVII. chap. 3. en donne vne autre raison : *Sunt & in eo terrarum situ* (il parle du Pont) *Macrones, quos & ab Eubœa colonos arbitrantur: vnde & nomen, quoniam Eubœa quandóque Macris sit nuncupata, quod Dionysius Chalcidensis significat. Alij verò dici Macronas putant, quia apud eos plures comperiantur macrocephali,* &c. *Ex hac doctrina, cuius Auctor mihi est Apollonij Interpres, demanasse puto, vt hebeti iudicatu rudésque homines Macaronas dictitet simplex plebecula, cui sæpe imprudenti allinitur quippiam ex vetustatis colore succulento.* Mais en cela il se trompe sans doute. De là vient aussi que les Italiens ont appellé *Macaronici* cette sorte de vers grossiers, tels que sont ceux de Merlin Coccaie, comme il le dit luy-mesme dans l'Apologetique qui se lit au deuant de ses Macaronées : *Ars ista Poëtica nuncupatur ars Macaronica, à macaronibus deriuata; qui macarones sunt quoddam pulmentum, farinâ, caseo, butyro compaginatum, grossum, rude & rusticanum. Ideo Macaronice nil nisi grassedinem, ruditatem & vocabulazzos debet in se continere.* Et dans l'inuocation de son Poëme :

Phantasia mihi quædam phantastica venit
Historiam Baldi grossis cantare Camœnis, &c.

Voyez, ie vous prie, M. Naudé en son Dialogue de Saint Ange & de Mascurat, où il rapporte plusieurs choses curieuses touchant les vers Macaroniques ; & entre autres, que Merlin Coccaie a esté le premier qui a, sinon inuenté, au moins cultiué cette sorte de poësie; qu'il estoit Moine Benedictin natif de Mantouë, & que son veritable nom estoit *Theophilo Folengio*. Maistre François Rabelais fait mention de cette Poësie Macaronique liu. VI. chap. 13. *Arriuant à la Cassine de loin il apperceut Tappecoüe, qui retournoit de queste, & leur dit en vers Macaroniques* :

Hic est de patria, natus de gente belistra,
Qui solet antiquo bribas portare bisacco.

Il fait aussi mention de Merlin Coccaie liure II. chap. 1. lors qu'il dit que Morgan engendra Fracassus: ce qui est pris de la seconde Macaronée de ce Poëte :

Primus erat quidam Fracassus prole Gigantis,
Cuius stirps olim Morganto venit ab illo, &c.

Et au chap. XI. du liu. III. où il le cite *lib. 2. de Patria Diabolorum*, lequel traitté se trouue aussi dans le Catalogue de sa Bibliotheque de Saint Victor. Merlin Coccaie n'a point fait de liure, que ie sçache, intitulé *de Patria Diabolorum* ; mais il a descrit l'Enfer en sa Macaronée 23. 24. & 25. qui est, ie pense, ce que Rabelais appelle *le pays des Diables*. Puisque ie me suis engagé si auant à parler de ce Poëte Macaronique, & de Maistre François ; ie ne veux pas oublier à remarquer icy, que l'Histoire de Dindenaut & de ses moutons est prise de ces vers de l'onziesme Macaronée :

Fraudifer ergo loquit Pastorem Cingar ad vnum,
Vis compagne mihi castronem vendere grassum ? &c.

MACHAV. C'est vn vieux mot qui signifie *vne grange*, & qui vient de *macholus*, qui se trouue dans la Loy Salique tit. XVIII. §. 2. *Si quis spicarium aut macholum cum annona incenderit*, &c. Le Glossaire ; *maholum, horreum sine tecto*. Voyez Pithou sur ce titre de la Loy Salique, & Lindembrog en son

440   MA.   MA.

Glossaire au mot *macholus*. En Boulenois on appelle *marechauʃʃées* les granges & les estables.

MAÇON. De *machio* qui se trouue en cette signification dans Isidore liu. XIX. de ses Origines chap. 8. *Machiones dicti à machinis in quibus insistunt propter altitudinem parietum.* Lipse liu. 1. de ses Poliorcetiques chap. 3. *Sed & molitiones altiusculæ machinæ. Vnde Isidorus machiones qui machinis insistunt, propter altitudinem parietum. Intellegit nostros hodie & Gallorum* Massones (originem vocis discite) *siue fabros cæmentarios, qui olim à machina machinones, postea machiones pronuntiatu illo Hispanico & Gallico, quo* CH *pingue s valet.*

MADIER. On appelle ainsi ces grosses tables des Chaircutiers & Patissiers. De *materiarium*. L'Isle *Madera* a esté dite de mesme de *materia*, parcequ'elle est fertile en bois. Voyez *marmenteaux* & *mairrein*.

MADRIGAL. De l'Italien *madrigale*, qui vient selon mon aduis de *mandra* ou *mandria*, qui signifient comme le Grec μάνδρα, vne assemblée de betail. *Mandriale* ou *mandriano* signifie *berger*. Dans les anciens Autheurs Italiens pour *madrigale* il y a *mandriale*, d'où l'on a fait *madriale*, mot qui est encore apresent en vsage, & puis *madrigale*; comme qui diroit chanson de berger. Villanelle.

MAGAZIN. De l'Italien *magasino* qui vient de l'Arabe מחזנים *machazin*, qui est le plurier de מחזן *machzan* qui signifie *le lieu où l'on met les richesses*, & qui vient de חסן *chasan* qui signifie *posseder*, d'où vient le mot de *gaza*. Voyez M. Bochart liu. II. de son Phaleg chap. 32. & Caninius dans ses Canons Dialectes.

MAGDALEON. On appelle ainsi des cylindres d'onguent. Rabelais liure I. chap. XI. *Et desià commençoit à exercer sa braguette, laquellle vn chacun iour ses Gouuernantes ornoient de beaux bouquets,* &c. *& passoient leur temps à la faire reuenir entre leurs mains comme vn beau magdaleon d'entraict.* De *magdalio* qui a esté fait de μάγδαλις. On a aussi dit *magdaliolum*, qui se trouue dans Auitus Euesque de Vienne Epist. 78. *Prætereà magdaliola illa quæ promisistis posco vt cum obseruationis breuicula dirigi* *divigi iubeatis*: sur lesquels mots voicy la note du P. Sirmond. *Seplasiariorum officinis notum vocabulum. Magdaleones enim hodiéque vocitant teretes cylindros, in quos composita emplastra redigere solent. Scribonius Largus de Chirurgi Tryphonis emplastro subuindi: dum desinit feruere, manibus subigetur, & redactum in rotundas ampliores, quas* μαγδαλίδας *dicunt, reponetur.*

MAIDIEV. Serment. Par corruption pour *m'aime Dieu*: comme qui diroit, *ita me Deus amet*. Voyez Henry Estienne en son Apologie d'Herodote.

MAIGNI. Village prés Paris. De *Magniacus*. Voyez l'Epistre 26. de Fulbert Euesque de Chartres.

MAILLE de ré. De *macula*, dont les Latins se sont serius en cette signification. Ciceron act. VII. contre Verres: *Reticulum ad nares sibi admouebat, tenuissimo lino, minutis maculis, plenum rosa.* Columelle: *Rete grandi macula.* Ouide liu. de sa Metamorphose:

——————— *maculis distinctáque retia seruo.*

Varron liu. II. a vsé de ce mot pour vn ré entier: *Septum totum grandibus maculis integitur, ne eo inuolare aquila possit, néve ex ea euolare aues.* De ce mot *macula* on a fait *tremaclum*, qui se trouue dans la Loy Salique tit. XXIX. §. 32. *Si quis tremaclum de flumine furauerit*; & en suitte *tramallum*. Vn Tiltre de l'Abbaye de Vendosme de l'année 1080. *Tractus retis quod vulgò vocant tramallum ad capiendos pisces*; d'où nous auons fait *tremail*. On appelle encore en termes d'armoiries *macles* des mailles de rets, de *macula*. Ceux de la Maison de Rohan portent en leurs armes de ces macles, & ont pour deuise, *sine macula macla*. La Maison du-Puy-du-Fou en porte aussi.

MAILLE. Espece de petite monnoye. Le Sieur de Clerac en son traitté des anciens Poids & Monnoyes de Guyenne, qui m'a esté communiqué manuscrit par M. du Puy, dit que cette monnoye a esté ainsi nommée du vieux mot François *maille*, qui signifie *quarrure* ou *figure quarrée*: & en effet, la forme de cette monnoye ne ressemble pas mal à vne maille de ré. Mais pour moy, j'estime qu'elle a esté ainsi appellée de *mascula*, supple *moneta*. Goffridus Abbé de Ven-

Kkk

dofme liure 1. epiftre 21. à Girard Euefque d'Angoulefme, & Legat du Saint Siege : *Abbati Angeriacenfi, vt dicitur, promififtis, quòd fi trecentos folidos Piƈauienfium Mafculorum vobis daret, Rainaldum Chefnelli deponeretis.* Sur lequel lieu le P. Sirmond a fait cette Note : *Mafculi Piƈauienfes peculiaris notæ nummi, vt Fortes Lugdunenfes. In Teftamento Guichardi de Bellojoco, quem Sybilla vxor literis fuis anno M. CC. profeffa eft Ecclefiæ Cluniacenfi pro anniuerfario fuo legaffe in fingulos annos x. libras Fortium Lugdunenfium.* La pite, qui eft vne forte de petite monnoye, eftoit auffi vne monnoye de Poitou. Voyez *pite.* Anciennement le denier & la maille eftoient la plus frequente monnoye; ce qui a donné cours à l'ancien prouerbe, *n'auoir ny denier ny maille.*

MAILLOTINS. Seditieux du temps de Charles VI. l'an 1413. ainfi nommez a caufe des maillets que ces mutins trouuerent dans l'Hoftel de Ville de Paris. Rabelais liu. IV. 36. *Et à bon droiƈ eft iufques à prefent de prudence grandement loüé Charles Roy de France fixiefme de ce nom, lequel retournant viƈorieux des Flamans & Gantois en fa bonne Ville de Paris, & au Bourget en France entendant que les Parifiens auec leurs maillets, dont furent furnommez Maillotins, eftoient hors la Ville yffus en bataille iufques au nombre de vingt-mille combatans, n'y voulut entrer (quoy qu'ils remonftraffent que ainfi s'eftoient mis en armes pour plus honnorablement le recueillir, fans autre fiƈion ne mauuaife affeƈion, que premierement ne fe fuffent retirez en leurs maifons & defarmez.* Voyez *Cabochiens.*

MAIN de papier. De *manus*, qu'on a dit vray-femblablement pour *manua*, qui fe trouue pour *vne poignée.* Les Glofes : δρᾶγμα, *manipulum, manua, dragma.* Les Efpagnols difent *manojo.*

MAIN. Vieux mot qui fignifie *matin*, & qui a efté fait de *mane.* V. André du Chefne fur Alain Chartier pag. 860.

MAINE. Riviere. De *Madena* : c'eft ainfi que cette riviere eft appellée dans Rhegino. Ou de *Meduana*, comme l'appelle Lucain :

*In ripis Meduana tuis marcere perofus
Andus, iam placidà Ligeris recreatur ab vnda.*

S'il eft vray que ces vers foient de luy ; ce que ie ne croy pas, ne se trouuans dans aucun ancien manuscrit. Nous tenons en Anjou par tradition, qu'ils sont de Marbodus, & qu'il les a inserez dans Lucain à l'honneur de sa patrie, comme Solon en auoit inseré dans Homere à l'honneur de la sienne.

MAINE la Iuhez. De Messire Iuhez de Mayenne. Voyez du Tillet.

MAINTENANT. Du mot de *manus* & de celuy de *tenere*, comme qui diroit *in manu tenens*, d'où les Italiens ont fait *immantenente*. Les Grecs & les Latins ont dit *les choses qui sont dans la main* pour dire *les choses presentes*. Marc Aurele liu. ir. 2. πάσης ὥρας φρόντιζε ῥωμαίως ὡς Ῥωμαῖος κ̀ ἄρρην τὸ ἐν χερσὶ, &c. Ie me souuiens d'auoir leu dans Herodote cette mesme façon de parler, mais ie ne me souuiens pas du lieu. Ciceron liu. XI de ses Epistres Epist. 13. *Attendere te volo quæ in manibus sunt.* Cesar liu. II de ses Commentaires: *Subito omnibus copiis prouolarunt, impetúmque in nostros equites fecerunt. His facile pulsis ac perturbatis incredibili celeritate ad flumen decurrerunt, vt pæne vno tempore & ad syluas & in flumine, & in manibus nostris hostes viderentur.* Virgile:

> *Quod votis optatis adest, perfringere dextra*
> *In manibus Mars ipse, viri.*

Lucien au lieu de τὰ ἐν χερσὶ a dit τὰ ἐν ποσίν.

MAIRREIN. De *materiamen*, qui se trouue en cette signification en la Loy Salique tit. VIII. 4. *Si quis in sylua alterius matriamen furatus fuerit, aut incenderit, vel concapulauerit*, &c. Et dans le Capitulaire de Charlemagne publié depuis peu par Hermanus Conringius art. 62. *Quid de lignariis & faculis, quid de axilis, & alio materiamine. Materiamen* a esté fait de *materia*, qui se trouue aussi en cette signification. Vlpien en la Loy 55. au Digeste *de Leg.* III. *Ligni appellatio nomen generale est, sed sic separatur vt sit aliquid materia, aliquid lignum. Materia est quæ ad ædificandum, fulciendum necessaria est: lignum quidquid comburendi causa paratum est.* Le mesme Vlpien en la Loy 12. au Digeste *de vsufructu: Arboribus euolsis vel vi ventorum dejectis vsque ad vsum suum, & villæ posse vsufructuarium ferre Labeo ait: nec materiâ eum pro ligno vsurum, si habeat vnde vtatur ligno.* Les Gloses pag. 137. *materia*, ξυλεία. Tite Liue liu. *Multam materiam ceciderat miles.* Quintilien liu. VII. chap. 1. *Opera extruentibus satis non est saxa & materiam & cætera ædificandi congerere vtilia, nisi disponendis eis collocandisque artificum manus exhibeatur.* Et de là le mot de *materiarius* pour vn Charpentier. Plaute en sa Comedie intitulée *Miles Gloriosus* III. 3. 46.

Si nos non materiarius remoratur, &c.

Et celuy de *materior* pour *lignor*. Cesar liu. VII. de la Guerre des Gaules : *Erat eo tempore & materiari & frumentari, & tantas munitiones fieri necesse.* Les Grecs ont vsé de ὕλη au mesme sens. Le Lexicon Grec-Latin pag. 643. ὕλη, ξύλον ἢ ἑτέρων. Hesychius : ὕλη, ξύλα τὰ ἤδη κεκομμένα, ἢ σύμφυτος τόπος, ἐξ οὗ ἀποτελεῖται τὸ ἔργον, d'où vient ὑλουργός & ὑλουργία pour *charpentier* & *charpenterie*. De *materiamen* on a fait *materiamentum*, puis *materiamentale*, d'où nous auons fait *marmentau*, qui se trouue dans les Coustumes d'Anjou & du Maine pour vn grand bois de haute fustaye. Celle d'Anjou art. XXXVI. *Et est reputé breil de forest vn grand bois marmentau ou taillis*. Voyez l'article 103. 113. 497. de la mesme Coustume & 116. & 124. de celle du Maine. Celle de Bourbonnois vse du mot de *marmau* qui a esté fait par corruption de *materiamentale*. Chopin se trompe de croire que les bois marmentaux ont esté ainsi appellez *quasi armentales*. C'est sur l'art. 36. de la Coustume d'Anjou. De *materia* on a pareillement fait *materialis*, d'où vient aussi nostre mot de MATERIAVX. *Mairrain* a esté fait de *materiamen*, comme *airain* d'*æramen*, *essain* d'*examen*, &c. *Materiamen*, *matrimen*, MATERIEN, on a ainsi prononcé premierement, comme il se voit dans vn vieux Registre rapporté par Pasquier VIII. 37. MARRIEN, MARREIN, on le dit encore en plusieurs lieux, MAIRREIN.

MAIS. De *magis*, dont les Latins se sont seruis en la mesme signification que nous nous seruons du mot de *mais*. Virgile en sa I. Eglogue:

Non equidem inuideo miror magis.

C'est à dire *sed miror*, comme l'a fort bien obserué Caninius dans ses Canons des Dialectes à la lettre Γ. Anciennement ce mot de *mais* signifioit aussi parmy nous *plus* & *dauantage*, comme celuy de *magis* parmy les Latins. Villon dans son grand Testament:

C'est son parler ne moins ne mais.

C'est à dire *ne moins ne plus*, comme remarque Marot sur ce lieu. De là vient qu'on dit encore en quelques Prouinces *i'en ay bien mais que luy*, & *ie l'aime mais que toy* pour dire *plus*. Les Portugais de *magis* ont aussi fait *mais* en cette signification, & les Espagnols *mas*, & *demas* de *demagis*. Nous auons fait *mais* de *magis* en ostant le G, comme *maistre* de *magister*.

MAISON. De *mansio*, qui se trouue en la Loy 8. qui est des Empereurs Valentin, Theodose & Arcadius au Code *de annonis & tributis* : *Nemo possessorum ad instruendas* MANSIONES *vel conferendas species longius delegetur*. Sur lesquels mots Cujas a fait cette note : MANSIONES *vocant* ἀμαχάς *siue diuersoria, in quæ se recipiunt milites expeditionis tempore, vel etiam sacer comitatus. Posteriores dixere* mansus. *Vtrumque à manendo. Et inde manentes in Historia Helmodij, & Gallis* MAISONS. *Villæ sic possunt appellari*, συστήματα *Clementi in Petro* ; προσδεύξι κατα δύο συστήματα. MANSIO se trouue aussi dans Suetone en la vie de Titus chap. 10. dans Apulée liu. IV. dans Lampridius en la vie d'Alexandre Seuere, dans l'Itineraire d'Antonin, dans l'Exode & dans Sidonius Apollinaris. Voyez M. Bignon sur Marculphe pag. 445. & Vossius liu. III. *de vitiis Sermonis* chap. 23. Les Italiens disent *magion*. Les Espagnols *meson*, mais pour vne hostellerie. Les Latins ont vsé de *mansio* en cette signification. Apulee liu. 4. *Quod in proximo nobis habenda esset mansio, & totius vitæ finis quieta*; & de là, *diuersoria mansionatica*.

MAISTRE MARTIN. Nous appellons ainsi *vn iuste au corps*. D'vn nommé Maistre Martin Louuetier du feu Roy Louys XIII. qui le premier porta vn de ces justes au corps.

MAIT. De *mactra*.

MALADE. Nicod le dériue de μαλακός, que les Grecs ont dit en la mesme signification. D'autres le dériuent de *malatus* qui se trouue dans les Gloses, où il est interpreté par ϙυγνός, & d'où les Italiens ont fait *ammalato*. Mais de *malatus*, selon nostre analogie, il faudroit dire *malé*; ce qui me fait croire que le mot de *malade* n'est pas fort ancien en nostre langue. Les Flamans appellent les ladres *melaëts*, & nous disons *maladerie* pour le lieu où sont les ladres. Les Grecs ont dit de mesme μεγάλη νόσος de l'epilepsie, comme nous *haut-mal*.

MALANDRE. Maladie qui vient aux jambes des cheuaux. Ie ne sçay pas bien l'etymologie de ce mot. Il vient peuteftre de *malandria* par abus, qui est vn mot qui signifie vne certaine maladie qu'ont les cheuaux, & qui les fait tousser. Vossius *de vitiis sermonis* pag. 486. *Malandria, morbus iumenti quo tussit. Vnde malandriosus. Vtroque vsus Marcellus Empiricus. Græcis recentioribus* μαλίς, *quod apud Hesychium, vel* μάλις *vt Apsyrto in Hippiatricis lib.* I. *cap.* 2. *item Hierocli & Theomnesto. Videtur nomen esse ex eo quod iumenti vires velut mallo prosternat. Sanè nuncupat Vegetius in Mulomedicina lib.* I. *cap.* 2.

MALLETOVTE. De *malè tolta*, comme qui diroit *quod malè tollitur*. Nos anciens François ont appellé *toulte* & *tolture* ce que l'on ostoit à quelqu'vn. Guyot de Prouins en sa Bible :

> Gent escommeniée
> Qui maintenez vsure,
> Qui viuez de rapine,
> De tort & de tolture.

M. Bignon sur Marculphe pag. 519. *Vetustis Francis* TOLLIR, *& inde* MALLETOSTE. De ce nom *Malletoute* fut appellé l'impost qui se leua l'an 1296. par le Royaume de France pour la guerre contre les Anglois, premierement sur les Marchans gens lais seulement, puis sur le centiéme, & ensuite sur le cinquantiéme de tous les biens, tant des laïcs que des Ecclesiastiques, & que Nicole Gilles en la vie de Philippes le Bel nomme *exaction grande & non accoustumée*.

MAMBOVR. Vieux mot qui signifie *tuteur*. Froissard : *Et seront mis quatre Mambours en Angleterre pour gouuerner le Royaume*. Oliuier de la Marche : *Mambour & pere de vous*. La

Chronique de Saint Denys : *bail, garde-munburnie*. Dans les Loix des Lombards *le tuteur* s'appelle *mundualdus, & la tutelle, mundiburnium*. Ce mot vient de l'Alleman *munder* qui signifie *tuteur*. Voyez Cujas sur le tit. 4. du liu. 2. des Fiefs, & M. Bignon sur Marculphe pag. 504. & 506. *Munden* signifie *les mineurs*, & *Vormunden*, *le tuteur*, qui est vn mot composé de *vor* qui signifie *pour*, & *munden*, *pupilles*, comme qui diroit *pro pupillis, pro minoribus*, celuy qui fait pour les mineurs.

MANCHOT. De *mancotus* diminutif de *mancus*. De *mancus* on a aussi fait par diminution *mancetus* qui se trouue dans les Gloses : & *mancinus*, d'où vient *Mancini* nom de famille Italienne. De *mancus* les Italiens ont fait *manco* pour dire *gauche* : *la man manca, la main gauche*, acause qu'on est moins adroit & comme manchot de la main gauche.

MANDILLE. Voyez *manteau*.

MANGER. De *mandere*.

MANGEVRS. On appelloit ainsi anciennement ceux qu'on mettoit en garnison dans les maisons des debiteurs, pour les contraindre au payement de lenrs debtes. Rageau en son Indice : *Mangeurs, desquels il est souuent fait mention és anciens Arrests de la Cour de Parlement à Paris, & qui estoient ordonnez & enuoyez en garnison pour contraindre vn obligé au payement de son deu, ou vn condamné à souffrir l'execution d'vn Arrest, ou d'vn mandement, & iusques à ce l'on viuoit en sa maison & en ses biens à ses despens, comme encore apresent à Fribourg, quand le debteur ne paye sa debte au iour assigné, le crediteur enuoye, vn, deux ou plusieurs seruiteurs en l'hostellerie, la despense desquels le debteur est contraint de payer iusques à tant qu'il aye satisfait à son creancier; ainsi que recite Simler au* 11. *liure de la Republique des Suisses*, &c. Bouteiller tit. v. de sa Somme Rurale : *Gasteurs & mangeurs de biens doiuent estre mis sur les biens des defaillans & contumax*. M. Besly estime que ce mot *mangeurs* a esté dit par corruption pour *manieurs*, l'I voyelle estant deuenuë consone, & que ces manieurs ont esté ainsi appellez *ex eo quòd manebant in domo, quasi missi in possessionem* : ce qu'il confirme par la Coustume de Hainaut chap. 69. *Item, que les Gardes-Maneurs que les Sergens* establiront sur les biens meubles qu'ils auront saisis, auront aux frais d'iceux biens huit sols par iour & nuit, & parmy ce lesdits Gardes feront leur despence, &c. Et par celle de Valenciennes art. VIII. 10. qui vse pareillement du mot *Gardemaneurs* Celuy de *maniance* se trouue aussi dans Bouteiller liu. & tit. 11. pour *manoir ou possession*: *En cas d'appel, celuy qui appelleroit & seroit trouué en la maniance de l'heritage*, &c. Et en vn autre lieu: *Saisine & maniance*, &c. *emporter les meubles hors de la maniance de l'obligé*. A quoy on pourroit adjouster qu'il n'y a gueres d'apparence, que la Iustice qui est pour conseruer à vn chacun ce qui luy appartient, eust establi ces mangeurs qui ne sont que pour la ruïne des debiteurs. Que si l'opinion de M. Besly est veritable, il faut que cette corruption de *manieurs* pour *mangeurs* soit fort ancienne, ces mangeurs estant appellez dans des anciennes Ordonnances Latines *Comestores*.

MANGONNEAVX. On appelloit ainsi anciennement les pierres que jettoient certains instruments de guerre. Froissart liu. III. chap. 118. *Et auoient les Brabançons de tres-grands engins deuant la ville qui gettoient pierres de faix & mangonneaux iusques en la ville*. Et ailleurs: *Là fit le Duc charrier grand foison d'engins, & en y eut six moult grans, lesquels gettoient nuit & iour grosses pierres & mangonneaux qui abatoient les combles, & le haut des tours*. De *mangonnelli* qui se trouue dans les Escriuains Latins du bas siecle. Le President Fauchet liu. II. de la Milice & Armes, auouë qu'il ne sçait pas d'où vient ce mot de *mangonnelli*. Il vient de *manganum*, qui signifie l'instrument qui jette les mangonneaux. Le Pseudo-Hegesippus liu. IV. chap. 20. parlant de Neron: *Manganum sibi quoddam de ligno parauit, quo se necaret*. Abbo liu. I. du Siege de Paris, auouë aussi qu'il ne sçait pas l'origine de ce mot *manganum*.

Conficiunt longis æquè lignis geminatis
Mangana, quæ proprio vulgi libitu vocitantur,
Saxa quibus iaciunt ingentia, &c.

Il vient du Grec μάγγανον, qui signifie vne machine. Hesychius: μάγγανα, μηχανήματα. Les Gloses: μάγγανον, *manganum*. Voyez Meursius en son Glossaire, M. de Saumaise sur Solin

Solin pag. 925. & Vossius *de vitiis Sermonis* pag. 490.

MANICORDION. Instrument de Musique. Par corruption pour *monichordion*. De *monochio* qui signifie *vn singe* en Italien, & de *corda* qui signifie *vne corde*. Scaliger liu. 1. de sa Poëtique ch. 48. *Fuit & simi commentum illud, quod ab eo Simicum appellatum est. 35. constabat chordis, à quibus eorum origo quos nunc* monochordos *vulgus vocat. In quibus ordine digesta plectra subsilientia reddunt sonos. Additæ deinde plectris coruinarum pennarum cuspides ex æreis filis expressiorem eliciunt harmoniam me puero* Clauicymbalum *&* Harpichordium, *nunc ab illis mucronibus* Spinctam *nominant*.

MANIER. De *manicare*, comme qui diroit *manu tractare*. *Manus, manicus, manicare,* MANIER.

MANIERE. De *maneries*. Vossius *de vitijs sermonis* pag. 489. *Maneries locutionis est apud B. Bernardum epist. 39. pro* modo loquendi. *Etiam Interpres Haly retinuit: atque hic quidem ex Hispanico* manero : *vti Bernardus ex Gallico* maniere, *pro quo Itali* maniero. *Imò & Saxones ac Belgæ* manier. *Si à Teutonibus Itali, Galli, Hispani acceperint; pertineat* maneries *ad ortu barbara. Sed originis sit Latinæ,* ἀμέσως *quidem, si vt à* luxu *est* luxuries, *sic à* manu *sit* maneries: ἐμμέσως *verò si* maneries *acceptum à Teutonibus; at Teutonicum illud sit à* manu: *quomodo ad verbum sonet, quod Germanis Belgisque aliter dicitur* handeling: *quod itidem ab* hand, *hoc est*, manus.

MANNEQVIN. C'est vn diminutif de *manne*, qui est vn vieux mot François qui signifioit vne espece de panier, de la ressemblance duquel on appelloit aussi *mannes* ou *mandes* des gabions. Voyez *gabion*.

MANOEVVRE. De *manopera*, qui se trouue pour *seruitium manuale* dans les Capitulaires de Charles le Chauue. De *manopera* on a dit *manoperarius*, d'où nous auons fait MANOVVRIER.

MANS. Capitale du Maine. La pluspart des Villes capitales de France ont pris leur nom de celuy des peuples. Ainsi de *Cenomani*, qui estoient les peuples qui habitoient le Maine, on a appellé la capitale *Cenomanum*, duquel mot Ce-

450 MA. MA.

nomanum plusieurs estiment que nous auons fait celuy de *Mans*. Mais ie suis de l'auis de M. Guyet, qui croit que *Mans* a esté fait de *mansus*, qu'on a dit pour *mansio*, & d'où vient aussi le mot *Mas* & celuy de *Meix*.

MANTEAV. Bayf en son liure *de Re Vestiaria* chap. 16. le dériue de μανδύη: *Nos vocabuli Græci vestigia seruamus.* μανδύω *Græci, nos* MANTEAV *dicimus*. Il vient de *mantellum* diminutif de *mantum*, d'où les Italiens ont aussi fait *manto* & *mantello*. Isidore liu. XIX. de ses Origines chap. 24. *Mantum Hispani vocant quod manus tegat tantum. Est enim breue amictum. Mantatus* se trouue dans Martial liu. 14. epig. 27.

In Pompeiano tecum spectabo theatro,
Mantatus populo vela negare solet.

Car c'est ainsi que M. de Saumaise estime qu'il faut lire en cét endroit; ou *mandatus*, comme il se trouue escrit dans vn manuscrit de la Bibliotheque Palatine, selon le tesmoignage de Gruterus: *Mantatus* ou *mandatus, idest, manto tectus* ou *mando tectus*, qui est la mesme chose. *Mandus* se trouue dans les Gloses d'Isidore: *mandus, vestis virginalis*. De *mandus* on a fait *mandilia*, d'où nous auons fait MANDILLE. Voyez Vossius *de vitijs sermonis* pag. 493. où il dériue *mantum* ou *mandum* de μάντυας ou μανδύας.

MAQVEREAV. Il y en a qui croyent que *maquereau* a esté dit par corruption pour *macareau*, & qui dériuent ce mot de l'Hebreu *machar* qui signifie *vendre*, le mestier des maquereaux estant de vendre les filles Tripault dans son *Celthellenisme*, & Sauaron sur l'epistre VI. du liure IX. de Sidonius Apollinaris, le dériuent de *aquariolus*, qui dans Festus, Apulée & Tertullien, se prend pour vn homme qui sollicite la pudicité des filles, & croyent que nous auons adjousté vne M à ce mot, comme à *Mars* de Ἄρης, &c. Pour moy, ie suis de l'auis de ceux qui le dériuent de *macula*, les maquereaux estant vestus dans les anciennes Comedies de diuerses couleurs, comme l'a remarqué Donat, parlant des habillemens des personnages de Comedie: *Leno pallio varij coloris vtitur*. Tertullien au liure qu'il a fait *de*

Pallio: *Vespillo, leno, lanista tecum vestiuntur, cùm antea colorati essent lenones*. Il dit la mesme chose au liure *de Spectaculis* chapitre 23. &, ce qui me confirme dauantage en cette opinion, c'est que le poisson que nous appellons *maquereau* est bigarré sur le dos, & que nous nommons *maquereaux* ces taches qui viennent aux jambes de ceux qui les chauffent trop, qu'en Aujou on appelle pour la mesme raison *chevreaux*, & *vaches* en Niuernois. Ie croy donc que de *maculæ macularum* on a fait *maculatrellus*, dont nous auons fait *maquerel*, & puis *maquereau*. Le peuple de Normandie appelle encore aujourd'huy *du maquerel* le poisson que nous appellons *maquereau*, & les Allemans & Danois *makreel*. Olaus Magnus liu. 21. chap. 2. *Capitur etiam in litoribus Norvegiæ, præcipuè in Scopulis Asloëensibus quidam piscis in maxima multitudine* makreel *dictus, sale sufficienter conditus, optimus*. Dans la Picardie *machereau* & *maquereau* signifient *rheume*.

MAQVINON. De l'Italien *machinone*, qui a esté fait, comme ie croy, de *mangone*. *Mangone, manginone, machinone*, MAQVINON.

MARANES. Nous appellons ainsi par injure les Espagnols, qui appellent aussi de mesme les Iuifs & les Arabes conuertis. Quelques-vns dériuent ce mot de l'Hebreu מרה *marha*, qui signifie *changer*, & croyent que de là on appelle en Italie *le barche marane*, ces barques sans prouë à deux timons, acause qu'elles changent de voiles sans qu'on les fasse tourner. M. de Marca liu. 11. de son Histoire de Bearn chap. 2. le dériue de *Musa Maruane*, & ie souscris volontiers à son opinion. Voicy ses termes : *Abdelazis triomphant des Espagnes transporta le Siege du Royaume de la ville de Cordoüe, où son pere l'auoit establi, en celle de Seuille; espousa la Reyne Egilone veufue de Roderic, outre plusieurs autres filles qu'il tenoit pour ses concubines suiuant sa loy, & fut tué par l'aduis du More Aiub; lequel donna connoissance au Roy de Damas, qu'il auoit esté obligé de s'en deffaire, pour empescher que suiuant les aduis de sa femme la Reyne Egilone, Abdelazis ne secoüast la domination des Arabes, & ne s'emparast du Royaume d'Espagne*. Ce meurtre fait voir que l'obseruation de Constantin Porphyrogennete n'est

452 MA. MA.

pas veritable, lors qu'il escrit que le neueu de *Mabias* Prince des Sarazins de *Damas* ayant conquis l'Espagne, en transmit la possession à ses successeurs, qui s'y establirent en titre de Royauté & Amerumnie particuliere. D'où il estoit arriué que les Sarazins d'Espagne estoient surnommez de son temps les Mabites. Car *Maza* estoit bien neueu de *Mabias*; & en cette consideration il est nommé Maruanite par le Geographe Nubien. Mais il ne conquist pas ce Royaume pour sa race, qui n'en pût seulement retenir le Gouuernement que pendant trois ans. Neantmoins le nom de Maruanes demeura aux Mores d'Espagne. D'où est arriué que l'iniure la plus atroce contre vn Espagnol est de le nommer Marane, c'est à dire Mahometain; ce conuice prenant son origine de *Muza Maruane*, & non pas de l'excommunication Maranatha, comme le Cardinal Baronius a escrit apres Mariana.

MARASTRE. De *matrastra*, d'où les Espagnols ont aussi fait *madrastra*. En Perigord on dit *mairastre*: & *pairastre*, qui a esté fait de *patrastrus* qui se trouue dans le Lexicon intitulé *Glossæ è Glossario Arabico-Latino*. Vitricus, *patrastrus*. On a dit de mesme *filiaster*. Les Gloses d'Isidore: *filiaster, priuignus qui ante natus est*, d'où nous auons fait *filastre*, qui est en vsage dans le Lyonnois pour *gendre*.

MARC. Comme quand on dit *marc de raisins*. Les Italiens de *amurca* ont fait *morcha* & *morchia*, d'où il y a apparence que nous auons fait *marc*; l'o en a, comme en *dam* de *dominus*.

MARC d'argent. De *marca argenti*. Goffridus Vindocinensis liu. I. Epist. 21. *Alter quingentos solidos vobis pretium dedit coniugij: alter verò quindecim marcas argenti*, &c.

MARC d'or. Droict que le Roy prend sur les Officiers. De tout temps les Roys de France ont pris vn droict de serment à chaque mutation d'Officier pour marque de Royauté. Henry III. apres l'institution de l'Ordre du Saint Esprit, voyant que le fonds destiné pour les pensions des Cheualiers, qui se prenoit sur la vente des bois d'Alençon, manquoit, ordonna qu'au lieu de ce Droict de serment pour le payement de ces pensions, à chaque mutation ou changement d'Office l'on payeroit vn droict qu'il nomma *marc d'or*,

MA.   MA.   453

parce qu'il fut fait lors vn roolle de ce que chaque qualité ou nature d'Office payeroit, & les vns furent taxez à vn marc d'or, les autres à vne once ou demie once, ou trois gros d'or selon leur valeur & estimation ; depuis l'on a eualué ces poids en liures tournois, & augmenté de beaucoup la taxe de ce Droict, lequel s'employe tousiours au payement des pensions ou appoinctements des Cheualiers ou Officiers de l'Ordre du S. Esprit, ou aux frais & despenses qu'il faut faire pour l'Ordre.

MARCHE. De *marca*, qui se trouue en cette signification dans les Constitutions de Charlemagne : *Quomodo marca nostra sit ordinata, & quæ per se fecerunt confiniales nostri*, &c. Les Annales de Fulde en l'année 861. *Expulit Duces, quibus custodia commissa erat Pannonici limitis, & Carantani, atque per suos marcam ordinauit.* Marca vient de l'Alleman *march* qui signifie frontiere, & que Vossius dériue de *merken* qui signifie marquer. Ce mot de *marca* a esté pris plus largement, & a signifié aussi vne grande Prouince frontiere. De là vient qu'on dit *la Marche de Brandebourg, d'Ancone, Treuisane*, &c. On a appellé de là *Marchiones* & *Marchisi* ceux qui commandoient dans ces Marches, d'où les Flamans & nous auons fait le mot de *Marquis*, & les Italiens celuy de *Marchese*. Obertus se trompe qui le dériue de *mare*, & Alciat qui le dériue du mot Celtique *march*, comme l'a fort bien remarqué Cujas sur le titre premier du liure premier des Fiefs : *Marchionem autem Obertus lib.* II. *tit.* 10. *Intelligebat esse eum qui limiti certo regni præesset, sed ineptè vocabulum à mari deducebat, quod plerique limites sint maritimi. Nota est Francorum vel Germanorum vox* MARCH *siue* MARCHE *pro limite. Annonius* 5. *cap.* 11. *Reliquit Marchiones, qui fines regni tuerentur, & hostium arcerent incursus. Scio etiam antiquâ Gallorum linguâ & Baioariorum & Alamannorum equum militarem* MARCH *appellari, cùm ita Gallos equestrem pugnam instituisse Pausanias scribit lib.* 10. *vt singulos equites selectos, equis sequerentur alij duo, qui domini equo occiso suum submitterent, quique domino & sibi inuicem auxilio, vel supplemento essent, quomodo aut simili etiam hodie lanceas componimus, & hanc quidem equestris pu-*

gnæ institutionem eos vernaculâ linguâ vocasse TRIMARCHISIAM, quòd singuli equites constarent ex tribus. Equum enim eos marcham appellasse, & ita hodiéque vocitant Britones, quos priscam linguam Gallicam retinuisse simul & Britannos siue Anglos montanos, quos Walos appellant, Rhenanus comprobauit. Nec enim fuit eadem prorsus cum Germanica, cùm Ariouistum Germanum Cæsar scribat longinqua in Galliis consuetudine Gallicam linguam didicisse. Et Tacitus Gothinos non esse Germanos Gallicam linguam coarguere. Commune tamen fuit illud march pro equo: vt in lege Baioariorum: Si equus est, quem march dicimus. Et alio capite: Si quis aliquem de equo suo deposuerit, quod march falli vocant. Et in lege Alamannorum: Si talem equum inuolauerit, quam Alamanni march dicunt. Sed non ideo ad sentior Alciato Marchionem interpretanti Præfectum equitum. Nicephorus Gregoras 7. ὅπερ ἐν τοῖς Ῥωμαίων στρατεύμασιν ὁ τὴν βασιλικὴν κρατέχων σημαίαν τοῦτο δὴ Λατίνοις Μαρχέσιος. Significat Marchionem Imperatori vexillum prætulisse. C'est dans le liure du Duel qu'Alciat est de cette opinion; de laquelle est aussi Rhenanus dans ses Annotations sur Tacite, & le President Fauchet au liure II. de l'Origine des Dignitez & Magistrats de France chap. 3. qui est des Marquis, & que ie vous conseille de voir. Mais ils se trompent tous. Marquis vient sans doute de Marca, comme nous auons dit. Le Pape Iean VIII. dans vne Epistre au Roy Charles le Chauue · Quidam videlicet ex confinibus & vicinis nostris quos Marchiones solitò nuncupatis. Voyez diligemment Vossius liu. II. de vitiis Sermonis ch. 12. & M. Hauteserre liu. III. des Ducs & Comtes chap. 17. où vous trouuerez plusieurs autres preuues de cette etymologie.

MARCHER. De varicare qui signifie eniamber, passer vn pied deuant l'autre. Le Lexicon Grec-Latin: σκελίζω, varico. Les Gloses anciennes: varicat, διαβαίνει. Transvaricat, διαβαίνει. Celles d'Isidore: varicat, diuertit, ambulat. Varicare, varcare, MARCHER; V en M. De varicare les Italiens ont aussi fait varcare qui signifie passer: & varco qui signifie passage.

MARE. De mara. Le Poëte Brito en sa Philippide:
——— maras potare lutosas.

MA. MA. 455

Ce mot est ancien dans nostre langue. Guillaume Moine de Iumieges, qui viuoit il y a cinq cens ans, liure 11. chap. 20. de son Histoire des Normans: *Sedens super lacum quem vsum quotidiano loquendi* maram *vocamus.* En Alleman *marast* signifie *loca paludosa*, d'où vient nostre mot MARAIS. *Mara* a esté fait vray-semblablement de *mare*, dont les Latins se sont seruis pour *palus*: & il se trouue en cette signification dans Iob XIV. 9. *Quomodo si recedant aquæ de mari*, &c. Ainsi ils ont dit, *septem maria ad Padum*. Isidore: *Mare est aquarum generalis collectio. Omnis enim congregatio aquarum, siue salsæ sint, siue dulces, abusiuè maria nuncupantur, iuxta illud,* & *congregationes aquarum vocauit maria. Propriè autem mare appellatum, eo quòd aquæ eius amaræ sint.*

MARESCHAL. Turnebe lib. XXVIII. de ses Obseruations chap. 2. le dériue de *maior* & de *caballus*: *Sunt & apud nos* Mareschalli. *Eos tanquam* majores caballi, *idest* equitatus, *esse interpretor. Nec ambigo quin illud veriloquium hodiéque in vestigiis vocabuli appareat. Sic* Seneschallos *velut* Senes caballi, *idest* equitatus, *esse arbitror*, &c. Mais il se trompe. *Mareschallus* a esté dit pour *Mareschalcus*, qui se trouue dans les Loix des Allemans tit. LXXX. dans les Constitutions Napolitaines, & ailleurs, & qui est composé du mot Alleman *mar* qui signifie *cheual*, & de celuy de *schalk* qui signifie *seruiteur*. Le Glossaire Latin-Alleman: *Cauallarius* Marischalc, où *cauallarius* est dit pour *caballorum Præfectus*. Les Bas-Bretons appellent encore aucore aujourd'huy vn cheual *march*, & les Anglois vne caualle *mare*, qui est vn mot ancien Gaulois, comme le remarque Pausanias en ses Phocides: Γαλάταις δὲ ὑπὸ αὐτῶ τῶ ἔργῳ τῶ δίκω ὁ ἀριθμός. ἀπεπληρῶτο τῶν ἱππέων. τῶτο ὠνόμαζον τὸ σύνταγμα Τριμαρκισίαν τῇ ἐπιχωρείῳ φωνῇ. χ ἴσαν τὸ ὄνομα ἴςω τις Μάρκαν ὄντα ὑπὸ τῶν Κελτῶν. Vossius estime que *march* a esté dit par contraction de *marach*, qui se trouue dans les Loix des Allemans pour *vn cheual: Si ille talem equum inuolauerit, quem Alamanni* marach *dicunt*, &c. *Si quis equo quem Alamanni* marach *dicunt, oculum excusserit.* C'est au tit. LXIX. §. 2. & au §. 2. du titre suiuant. De *schalk* qui signifie *seruiteur,* tesmoin le mot *Godscalcus* qu'on explique par Θεόδ𝜐λος, les Italiens ont fait *scalco* & *scalcheria*, qui signifie vn Maistre d'Hostel, & le mestier du Maistre d'Hostel. De *scalco*. Rabelais a fait *escalque* : *Frere Ian associé des Maistres d'Hostel, escalques, panetiers, eschansons, escuyers trenchants, coupiers, credentiers*, &c. Liu. IV. 64. Castelvetro dans ses Obseruations sur les Proses du Bembo : MARCA *appo i Celti, gli quali anticamente habitarono la Francia, significa* Cauallo, *& potè ragioneuolmente hauer l'origine sua del mare. La qual voce* mare *hauendo sua origine da* Marath, *che amaritudine significa in Hebreo, si come penetrò in Italia cosi potè anchora penetrare in Francia. Hora perche il cauallo è creduto dal Paganesimo essere stato dono, & criatura del Dio del mare, quindi perauentura fu detto* Marca, *quasi* Marica *bestia, & procedente dal mare. La qual parola n'el verbo* marchiare, *che significa* caualcare, *s'è conseruata tra Franceschi, si come tra loro & noi s'è conseruata in fino al di d'hoggi in compositione, percioche noi & essi diciamo* Marescalco *o* Maliscalco, *d'ella qual voce sarà bene che diciamo il parer nostro. Da* mare, *come habbiamo detto si tira l'aggiunto* Marica, *che col difetto di* bestia *significa il cauallo, & si può tirare anchora l'aggiunto* Maresco *che col difetto d'animale significa similmente il cauallo, la qual voce* Maresco *si congiugne con* alco *che rimediatore & curatore & breuemente ogni buona cosa significa, tratto da* ἀλκή. *Adunque* Marescalco *significa colui, che cura i caualli & cosi il domandiano noi, o sia curatore de mali de cauallo, o mettitore de ferri. Mà perche alcuna volta il cauallo si prende ancora per l'huomo armato, che lo caualca, quindi appo i Franceschi è stato chiamato* Marescalco *colui, che cura gli huomini di guerra a cauallo, cio è colui, che gli guida & regge nella guerra. Il qual nome non veggo come voglia* Andrea Alciato, *che sia quel medesimo, che è* Marchese, *essendo questi due nomi tra sè diuersi di lettere, & d'origine, & di significatione. Hora* alco *si compone non pur con* Maresco, *ma anchora con* sinesco, *& riesce* siniscalco *che significa il curatore della casa, percioche* sinesco *è tratto da* οἴκην.

MAREINE. De *matrina*, comme PARAIN de *patrinus*.

MARFIL. On appelle ainsi l'hyuoire dans les boutiques des Droguistes. De l'espagnol *marfil*, qui vient de l'Arabe *fil* qui signifie *elephant*. *Alfil*, *arfil*, *marfil*.

MARGEOLE

MA. MA. 457

MARGEOLE de puits. De *margiola*. En Normandie *p. 732.* & en Bourgogne on dit *margelle*, de *margella*. *Margiola* & *margella* ont esté faits par diminution de *margus* ou *margum*, qu'on a dits pour *marge*. Voyez M. de Saumaise sur l'Histoire Auguste pag. 478.

MARGVILLIERS. De *matricularij*. Cujas sur le 1. *p. 809.* tit. du liu. v. des Sentences de Paul : *Idémque alias obtinuit in Gallia, in eo qui pro foribus Ecclesiæ,* (*hi sunt qui nunc* MARGVILLIERS *appellantur*) *pretio dato : idque hæc vetus Formula à Matricularijs collecti infantis & distracti indicat* : Nos in Dei nomine Matricularij Sancti Martini, dum manè ad ostia ipsius Ecclesiæ obseruanda conuenissemus, ibi infantulum sanguinolentum inuenimus, & per triduum an quisquam eum suum esse diceret, perquisiuimus. Nullo inuento, Gaio nutriendum dedimus, vt eum in suo seruitio, juxta Legis ordinem, retineat, pro quo pretium accepimus solidorum x. M. Bignon sur ces mots, *Nos quoque in Dei nomine Matricularij Sancti illius*, du chap. XI. des anciennes Formules selon la Loy Romaine: *Matriculam pro Indice albo, seu notitia accipi notum est. Præter innumeras Impp. Constitutiones quæ eo vocabulo vtuntur, Vegetius de Re Militari lib.* II. *cap.* v. Punctis milites inscripti, & matriculis inserti jurare solent. *Eodem sensu matriculæ Ecclesiarum in Testamento Beati Remigij dicuntur Catalogi pauperum, qui ab vnaquáque Ecclesia stipendia recipere soliti erant* : Pauperibus duodecim in matricula positis, ante fores Ecclesiæ expectantibus stipem, duo solidi vnde se reficiant inferantur. *In Testamento Sonnatij Remensis Episc. apud Flod. lib.* II. *cap.* v. Ad matriculam Remensis Ecclesiæ nonnulla contulit donaria. Cæteris quoque matriculis vel congregationibus diuersa delegauit munera. *Quem morem apertissimè describit Hincmarus epist.* VII. *cap.* 30. Episcopi de Matricularijs per singulas Ecclesias, juxta facultatem & possibilitatem loci curam adhibeant, ne Presbyteri pro locis matriculæ xenia accipiant, ne suos parentes sanos & robustos in eadem matricula collocent, nec opera ab ipsis Matricularijs exigant, non de Matricularijs bubulcos & porcarios faciant, sed pauperes ac debiles, & de eadem Villa de qua decimam accipiunt Matricularios faciant. *Quo loci* Matricularij *dicuntur qui in matricula inscripti sunt, vt etiam apud Gregorium Tur. lib.* VII. *cap.* 29. Nonnulli Matriculariorum & reliquorum pauperum pro scelere commisso tectum cellulæ conantur euertere. *Sed in hoc capite & alibi passim, qui in singulis Ecclesiis matriculæ pauperum curam agebant, & eorum stipendia dispensabant,* Matricularij *appellantur, hodie* MARGVILLIERS *rerum Ecclesiæ administratores.* Matricularios porrò custodes Ecclesiarum Vandalbertus Diaconus interpretatur. *Vidit hanc Formulam Cuiacius, eiúsque partem exscribit ad Sentent. Pauli lib.*v.

MARI. De *marritus*. *Marritio*, d'où vient nostre mot de MARRISSON, se trouue dans les Capitulaires de Charles le Chauue pour *vne fascherie arriuée par quelque perte*. Vossius estime que ce mot a esté dit par corruption pour *murmuratio*, ou qu'il vient de l'Alleman ou du Flaman *morren*, qui signifie *murmurer*. Voyez le au chap. 24. du liure III. *de vitijs sermonis*, & le Pere Sirmond dans ses Notes sur les Capitulaires de Charles le Chauue pag. 38. & 39. Goldstat dans ses Alemanniques tom. 3. pag. 72. interpretant ces mots d'vne ancienne donation : *Post obitum verò meum, absque vlla marricione, ad iam dictum Monasterium firmiter permaneant perpetualiter possidenda*, explique le mot *marricio* par celuy de *calomnie* ou de *tergiversation* : MARRICIONE (dit-il) *pro tergiversatione & calumnia accepisse videtur*. Marrire *enim verbum in Alemannia puto natum*, altercari *& calumniari significat : nam vulgo etiamnum* marrassen *dicunt, leuibus de rebus altercari*.

MARINETTE. Vieux mot qui signifie *la pierre d'aimant*. Hugues de Bersi en la Satyre contre les vices de son temps :

> *Mais celle estoille ne se muet,*
> *Vn art font qui mentir ne puet*
> *Par vertu de la Marinette,*
> *Vne pierre laide & noirette*
> *Où li fers volontiers se ioint.*

Voyez Henry Estienne en son traitté de la Precellence de la langue Françoise pag. 159. Ie croy que ce mot a esté fait de

MA.   MA.   459

celuy de *marine*, acause de l'vsage de cette pierre sur la mer.

MARMOVTIER. Abbaye. De *Majus Monasterium*. Vn Autheur Anonyme Religieux de cette Abbaye: *Nomen quod dicitur Majus-Monasterium à Martino, teste Turonensi Gregorio, huic loco nouimus fuisse impositum. Siquidem cùm Majoris Monasterij multa sint maiora, quæritur qua ratione tam excellentis nominis priuilegium vendicauerit. Cui quæstioni tripartita occurrit solutio. Notum siquidem est, & satis celebre innotuit, quòd beatissimus Archipræsul Turonum Martinus, tria condidit Monasteria: primum Mediolanis, secundum Pictauis, tertium verò à Turonis milliario, quod respectu & comparatione duorum re & nomine Majus-Monasterium appellauit. Est & alia ratio quare vocabulum tale sortitum sit, sicut Sulpitij Seueri, qui iam dicti Archiepiscopi vitam & actus luculento sermone describit, fidei & veritatis plena docet assertio. Idem beatus Archipræsul tumultuantis vitæ mordaces curas declinans in hæc secretiora loca tanquam in portum quietis secesserat. Eius autem sanctæ clientelæ octoginta adhærebant viri, qui nobilis instar Magistri, in fame & siti, in cinere & cilicio sese damnantes, mundum sibi & se mundo crucifixerant. Hi omnes sigillatim in singulis mansionibus tanquam in Monasteriolum, per totam hebdomadam & ieiunijs vacantes, die tantùm Dominica ad grande Monasterium, cuius lateri perfosso Ducis & Doctoris eorum lectus & mansio inhærebat, conueniebant. Harum igitur mansionum relatiuæ comparationis respectu Monasterium illud, quo, vt dictum est, conuenire consueuerant, Majus Monasterium non immeritò appellauit. Propositæ residuum quæstionis modo tertio taliter enucleatur. Cùm Cisalpina Ecclesia multis & munificis floreret Monasterijs, solius Martini Monasterium inter vniuersa Ordinis præcipuæ & sanctæ Religionis apicem præferebat. Quæ enim esset Ecclesia aut Monasterium, vt ait Sulpitius, quæ non de Martini Monasterio cuperet Sacerdotes? sanctitatis eius merito & excellentia præ cæteris virtutibus Maioratum tenens, Majus-Monasterium quadam meritorum prærogatiua meruit appellari. Duce igitur & præambulo Archipræsule Martino, Maius illud Monasterium extendit vsque ad mare Religionis suæ palmites, & vsque ad extremum terræ sanctitatis suæ propagines dilatauit.* Voyez *Mere* & *Vimere*.

MARNE à marner la terre. De *marna*, qu'on a dit pour

marga ancien mot Celtique. Pline liure XVII. chap. 6. *Alia est ratio quam Britannia & Gallia inuenere, alendi terram: quod genus vocant* margam. *Spissior ubertas in ea intelligitur. Est autem quidam terræ adeps, ac velut glandia in corporibus; ibi densante se piguetudinis nucleo.* Et au chap. 8. du mesme liure, parlant des Bretons & des Gaulois: *Tertium genus terræ candidæ* glischromargam *vocant.* Les Allemans, selon le témoignage de Cluuerius liure 1. de son ancienne Germanie chap. 8. appellent encore apresent la moüelle des os *marg, mark, march, merg* & *merch*, selon leurs diuers Dialectes. Les Anglois *marrow*, & ceux de la Prouince de Galles *marle*. Le mesme Cluuerius au mesme endroit, remarque que dans trois manuscrits de Pline, qu'il a veus dans la Bibliotheque du Roy d'Angleterre, au lieu de *marga* il y a *marla*. Les Angeuins, les Manceaux, les Normans & les Boulenois disent aussi *marle* au lieu de *marne*. Neantmoins *marga* est la veritable leçon, *marla* estant dit par corruption de *marginella* qui se trouue pour *marga*. Les Capitulaires de Charles le Chauue pag. 326. *Vt ills Coloni*, &c. *carropera & manopera ex antiqua consuetudine debent & margilam & alia quæque caricare.* Sur lequel endroit le Pere Sirmond a fait cette Note: *Quæ ergo* marga *primùm, eadem post* margila *dicta est. Hodie vulgò à plerisque* marna, *ab alijs* marla *nuncupatur.*

MARONS. Sorte de chastaigne. Les Italiens vsent de mesme du mot *marrone*, & il y a apparence que le François vient de l'Italien. On appelle en Sauoye & en Dauphiné *Marrons* ceux qui aident à passer les montagnes, lesquels le Cardinal Bentivogle chap. VI. de ses Memoires a fort elegamment décrits. Iean Moine de Cluny en la vie de Saint Odo second Abbé de Cluny liure III. fait mention de cette sorte de gens: *Secus illum locum* (il parle des Alpes) *habitat quoddam genus hominum qui* Marrones *vocantur, & arbitror ex* Marronea *Aquilonari Prouincia illud nomen traxisse originem. Ij accepta mercede præbuerunt ei ducatum, sicut & alijs facere consueuerunt; quia aliter hyemis tempore nemo prædictos montes volet transire.* Saint Odo luy-mesme en la vie de Saint Gerault Comte d'Orillac liu. II. *Ipsi quippe Marruci, rigentes videlicet Alpium incolæ, nihil*

MA. MA. 461

quæstuosius æstimabant, quàm ut supellectilem Geraldi per iuga montis Ioume transveherent. On appelle presentement à Lyon *Marrons* les porteurs de chaises.

MAROQVIN. Du Royaume de *Maroc*, d'où il nous vient.

MARQVIS. Voyez *marche*.

MARRE. Instrument de Laboureur. Du Latin *marra*. Columelle en son Poëme *de cultu hortorum*:

Mox benè cum glebis viuacem cespitis herbam
Contundat marra, &c.

MARSOVIN. De *marinus sus*, a cause de sa ressemblance à un pourceau. Scaliger sur l'Histoire des Animaux d'Aristote pag. 234. *Adeo pinguescit, ut & inde, & à capitis similitudine Marinum suem Galli appellarint paulò corruptione voce* MARSOÜIN. Ou de l'Alleman *meerefuin*, qui signifie la mesme chose. *Meere* en Alleman signifie mer, & *suin* pourceau; lequel mot *suin* est aussi en vsage parmy nous. On dit en Anjou par injure, *ah le gros soüin*, pour dire *ah le gros porc*. Il vient du Latin *suillus*. Les Grecs ont de mesme appellé le Dauphin, qui est le mesme que le Marsoüin, δελφίν, de δελφαξ qui signifie vn petit porc. Voyez Scaliger contre Cardan CCXXIII. 5.

MASCHER. De *masticare*.

MARTE sublime. Par corruption pour *marte Zibeline*.

MARTEAV. De *martellus*, Pline VII. 56. *Tegulas inuenit Cynira Agriopæ filius, & metalla æris utrúmque in Insula Cypro. Item forcipem*, *martellum* (c'est ainsi qu'ont les anciennes editions, & non pas *marculum*) *vectem, incudem*. Papias: *Martellus, mediocris malleus*. Le Glossaire François-Latin: MARTEL, *martellus*. On a aussi dit *martiolus*. Vn Fragment de Petrone rapporté par Ioannes Salisberiensis Polycrat. IV. 5. *Martiolum de sinu proferens vitrum correxit aptissimè*. Les Italiens disent de mesme *martello*, & les Espagnols *martillo*. Caninius en ses Canons des Dialectes dérive l'Italien *martello* de *marculus*, c en T, comme *fastello* de *fasciculus*; mais & l'Italien & l'Espagnol viennent, sans doute comme le François, de *martellus*, qui est vn diminutif de *martus*. *Martus* se trouue dans des vers citez par

Cunradus de Fabaria Prestre de Saint Omer, au liure qu'il a fait de *Casibus Monasterij S. Galli in Alamannia*:

Ex incude mala martis quassatur vt aula.

Sur lequel endroit voyez Goldstat dans ses Alemanniques tom. 1. part. 1. pag. 224. Caper le Grammairien en son traitté de l'Orthographe, dit que *martulus*, qui est la mesme chose que *martellus*, est dit *a marte* : ce qui fait voir qu'il faut dire *martulus*, & non pas *marculus*.

MARTEL. Nom d'vn Maire du Palais pere de Pepin le Bref, & ayeul de Charlemagne. De *martellus*. Le President Bertrand en la vie de Ateius Capito : *Posteros Hugonis Capeti Capetos dictos non reperimus, licet eadem ratione à Gallis Capetus, quà Atteius à Romanis Capito nuncupatus sit. Sic Caroli Martelli successores Martelli cognomen non vsurpauere. Quod quidem magnæ auctoritatis Scriptores impositum ei fuisse putant, quia sicuti malleus qui* MARTEL *Gallicè dicitur, ferrum conscindit & mollit ; ita ipse multas gentes deuicit, earúmque vires confregit. Ego verò sic nuncupatum existimo, quòd caput ad similitudinem mallei, quem, vt diximus, Galli* MARTEL *vocant, habuerit. Sic Tuditano cognomen inditum, quòd caput ad mallei formam haberet. Tudites enim mallei sunt, Auctore Festo, à tundendo dicti.* Golstad dans ses Alemaniques tom. 1. part. 1. pag. 224. parlant du mot *martellus* : *Quo nomine Carolus Magni Imperatoris auus, qui &* CHALLE MARTIAVS *appellatur à Guillelmo de Nangis in Chronicis Regum Francorum linguâ maternâ ab se scriptis, insignitus est, quòd hostes suos non secus domaret, atque faber in incude ferrum. Quo pacto Babylonia vocatur malleus vniuersæ terræ ab Ieremia Propheta cap.* 50. *vers.* 23. Voyez *marteau*.

MASCARADE. De l'Italien *mascarata*, qui vient de l'Arabe مسخرة *mascara*, qui signifie *raillerie*, *bouffonnerie*.

MASCON. Ville capitale du Masconnois. Bodin liure 1. de sa Methode de l'Histoire chapitre 9. dérive ce mot de μακών : *Vrbs est* (dit-il) *in finibus Burgundionum, quæ sic dicitur, quòd in longitudinem extensa sit, quam imperitè* Matisconem *vocant*. Bodin se trompe. *Mascon* a esté fait de *Matisco* ou *Matiscona*.

MASVRE. De *mansura* qui a esté formé de *mansus*. (Mansus, MAS. Mansura, MASVRE.

MA.   MA.

MAT, comme quand on dit *eschec & mat*. Voyez *eschecs*.

MATASSINS. Espece de dance. De l'Espagnol *matachines*. Voyez Covarruvias dans son Tresor de la langue Castillane au mot *matachin*.

MATELOT. De *mast*. On a ainsi appellé premierement le Marinier qui seruoit auprés du mast. On s'est seruy ensuite de ce mot en general pour toute sorte de Mariniers. Ie ne sçay pas d'où vient *mast*.

MATER. Ce mot est ancien en nostre langue. Gasse en la vie de Richard I. Duc de Normandie :

A Rouen fu li Rois à ioye receus
Bien cuide auoir Normans matez & confondus, &c.

Ie ne sçay pas bien d'où il vient. Peuteftre de *mattus*. M. de Saumaise sur l'Histoire Auguste pag. 461. *Mattvs antiqua vox & Latina, quæ emollitum, subactum, & maceratum significat. Inde verbum* mattare *pro domitare, subigere & macerare. Isidorus in Glossis :* mattum est, humectum est, emollitum, infectum. *Hinc via matta Ciceroni, via lutosa, & humecta, lib. Epist. ad Atticum* xvi. *Epist.* xii. *Itaque eo die mansi Aquini. Longulum sane iter, & via matta. Ita enim eo loco libri veteres omnes constanter legunt. Vulgo excuditur :* & via inepta. *Quod ineptum est. Inde per metaphoram homo tristis, & contusi contritique cordis,* mattus *dicebatur. Veteres Glossæ quarum excerpta in suis aduersariis protulit Turnebus :* mattus, tristis. *Hanc nos primi vocem cum aliis quamplurimis cœlo Latino redonauimus, & optimo linguæ Latinæ authori reddidimus. Originationis tamen Græcæ est. Nam venit à verbo* μάττω, *quod est* pinso, *&* subigo, *&* emollio. *A quo* μακτός, *subactus & emollitus. Atque inde Latinum* mattus, &c.

MATOIS. De *mate*, comme quand on dit *enfant de la mate*. Ie ne sçay pas d'où vient *mate*.

MATRAS. Ce sont ces gros traits d'arbalestre. De *matara, materis*, ou *mataris* qui est vn vieux mot Gaulois qui signifie vne sorte de traits. Sisenna dans Festus : *Galli materibus, Sueui lanceis configunt*. L'Autheur des liures à Herennius : *Nec tam facile ex Italia mataris transalpina depulsa est*. M. Bochart liu. 1. ch. 42. des Colonies des Phœniciens deriue *matara* de l'Arabe מטרה *matara* qui signifie *iaculari*. Voyez-le. De *matras* nous auons fait MATRASSER.

MAVBERGEON. Tour du Palais de Poitiers. De *Mallobergum*. M. Besly en son Histoire des Comtes de Poitou pag. 2. *On appelloit Mals ou Mallobergs les auditoires publics, parceque, suiuant les Loix de France, ils deuoient estre à l'abry & à couuert l'Esté contre l'ardeur du Soleil. L'Hyuer contre la pluye & autres iniures de l'air: ce que le mot signifie. D'où vient qu'au Palais de Poitiers, anciennement celuy des Comtes, la principale tour bastie où souloit estre le* Mallobergum, *de laquelle releuent tous les Fiefs capitaux de la Prouince, s'appelle encore auiourd'huy* Maubergeon *par vne diction vn peu flechie & accommodée à nostre langue*. Et dans ses Remarques sur les Memoires de la Gaule Aquitanique pag. 171. *Quant à* Maubergeon, *c'est vne diction Thioise dite* Mallobergum *és Capitulaires de Charlemagne, puis flechie & accommodée à la prononciation Françoise. Elle signifie vn lieu à couuert pour exercer la Iustice lib. 3. Leg. Franc. cap. 57. en la Loy Salique tit. 59. §. 1. tit. 26. §. 1.* Mallobergum *tit. 57. §. 1. tit. 60. §. 1. tit. 75. §. 1. De* Mallus, *qui est le lieu de l'assemblée de Iustice, on a fait* mallare, obmallare, admallare, admallatus *&* amallatus. *Il est raisonnable de croire qu'au lieu où est de present basty le Palais de Poitiers & la Tour de* Maubergeon, *anciennement du temps des Rois, & de la premiere & seconde race des Rois de France & des Comtes, qui auoient la charge de la Iustice aussi-bien que de la guerre, on y souloit oüir & decider les differends des parties. Mais la Tour qui est de present est vn bastiment moderne fait par Monsieur Iean fils du Roy*, &c. Mallus ou mallum a signifié d'ordinaire les Assises où les anciens Comtes rendoient la Iustice: mais il s'est pris aussi pour l'assemblée des Estats generaux. Les Capitulaires de Charlemagne liu. VII. chap. 96. *Ad mallum venire nemo tardet, vnum circa Æstatem, & alterum circa Autumnum.* Voyez Isaac Pontanus liu. III. de ses Origines Francoises chap. 7. & M. Caseneuve en son traitté des Estats generaux de Languedoc pag. 8. & 9. Vossius *de vitiis sermonis* pag. 240. dériue *mallus* du Saxon *maël*: *Mallus est à Saxonibus antiquis, quibus* maël *tum generatim signat* congregationem, conuentum, (*vnde* auontmaël

maël *conuentus vespertinus, qui fit vnà vt cibus capiatur in cœna) tum particulatim notat congregationem siue cœtum publicum ad maiores causas decidendas.*

MAVBOVGE. Droit qu'on leue à Paris sur le vin. Du Partisan qui s'appelloit ainsi. Ce droit a esté supprimé par la Declaration de 1648.

MAVDOVLE'. Vieux mot qui signifie *maladroit*, & qui est encore en vsage dans le Boulenois. Rabelais III. 12. *Vn Lycaon patepeliie, vn maudoulé Coritus de la Toscane.* De *malè dolatus.*

MAVSSADE. Peutestre de *malè satus*, comme qui diroit *malè natus. Sade* se trouue pour *propre*. Coquillard dans son Poëme des Droits nouueaux:

Il nest rien au monde plus sade.

Villon dans ses Repuës:

Il estoit miste, gent & sade,
Bien abitué & bien empoint,
Robbe fourrée, pourpoint d'ostade, &c.

ME.

MEDAILLE. Scaliger dit qu'il vient de l'Arabe *methalia*: ϗϱητομἰω *nos vulgò medaliam vocamus, Arabes etiam* מתאל *methalia. Quod nescio quo commercio ab Arabibus ad Italos & Gallos delatum. Ita enim vocant numismata Christianorum, quæ expressum caput humanum præferunt.* C'est dans ses Animaduersions sur Eusebe pag. 218. L'Arabe *methalia* a esté fait du Latin *metallum*, d'où ie ne doute point qu'on n'ait aussi fait *medallia*: & c'est l'opinion de Vossius *de virijs sermonis* liu. III. ch. 25. Dans le Boulonnois on appelle les medailles anciennes qui se trouuent assez frequemment en ce pays-là, des *mago*, que ie croy auoir esté corrompu de *imago*.

MEFAIRE. De *misfacere*, comme *méprendre* de *misprendere*. Les Capitulaires de Charles le Chauue pag. 247. *Et vt illi homines, qui in isto Regno contra Seniorem nostrum Dominum Karolum mispriserunt, si se recognouerint, propter Deum, & propter fratris sui deprecationem, quicquid contrà eum misfecerant eis vult indulgere.* Le Pere Sirmond sur cét endroit: *Posterior ætas tertiam vocalem in huiusmodi verbis in secundam vertit* misfactum, MESFAIT, misprendere, MESPRENDRE. *Eodémque modo in aliis, in quibus prima syllaba idem sonat quod malè ac perperam.*

MELLVSINE ou MELVSINE. C'est vn nom corrompu de *Melisendis*, de long-temps connu en France, & annobly par plusieurs Dames illustres: sur tout, par Melissene ou Melusine fille de Guy I. de Montlery, sœur du grand Milon de Bray I. & de Guy le Rouge Comte de Rochefort, Seneschal ou Grand-Maistre de France. Elle fut femme de Hugues Comte de Retel, pere de Baudoüin II. Roy de Hierusalem, lequel donna vogue à ce nom *Melusine* en la Terre-Sainte. Car il eut vne fille ainsi appellée, qui fut mere d'Elizabeth femme d'Aimery de Lezignan I. du nom, Roy de Hierusalem & de Chypre, lequel renouuella & fit imposer le mesme nom *Melusine* à vne sienne fille qu'espousa Raimond de Poitiers II. du nom, Prince d'Antioche. La famille ou branche des Lezignans de France n'a point eu de Melusine, quoyqu'aucuns ayent voulu attribuër ce nom à la mere de cét Aimery I. Roy de Hierusalem & de Chypre; mais elle auoit nom Burgonia, & estoit de la celebre Maison de Rancon, & fille de Geoffroy de Rancon Seigneur de Taillebourg, Fontenay, &c. lequel auoit pour pere & mere Aimery de Rancon, & vne autre Burgonia, dont la famille n'est pas connuë. Mais il n'estoit pas fils de Raimondin Comte de Forest en Bretagne, & de Marie de Poitiers fille de Guy Comte de Poitou & Duc de Guyenne, comme veut le Roman. Ny cette imaginaire Marie ne peut pas auoir esté dite Melusine acause qu'elle estoit Dame de Melle & de Lezignan: car ces deux Seigneuries n'ont oncques esté vnies en vne mesme famille. C'est l'observation de M. Besly, qui m'a esté communiquée par M. du Puy.

MENE. En Provence & en Languedoc on vse de ce mot au lieu de celuy d'*espece*. De l'Hebreu *min* qui signifie la mesme chose. Les Iuifs qui ont habité ces Prouinces-là y ont laissé plusieurs mots Hebreux.

ME.　　ME.　　467

MENER. De *minare*, dont les Latins ont vsé en cette signification. Apuléé liure III. *Nos duos asinos minantes baculis exigunt.* Ausone

　　Ageret iuuencas cùm domum pastor suas,
　　Suam relinquens me minabat vt suam.

Paulus Abbreuiateur de Sextus: *Agasones equos agentes, idest minantes.* Et ailleurs: *Agere modo significat ante se hellere, idest minare.* Exode III. 1. *Cumque minaret gregem ad interiora deserti.* Voyez Cujas sur le liure I. des Sentences de Paul tit. XVII. & M. Fabrot sur Theophile au tiltre des Seruitudes, qui rapportent plusieurs autres passages de diuers Autheurs, où ce mot est pris en cette signification. Les Italiens disent aussi *menare*.

　MENVISIER. De *minutiarius*, parce qu'il traualle en petit en comparaison du Charpentier. Les Grecs ont dit de mesme λεπτεργός. Le Lexicon Grec-Latin: λεπτεργίς, *faber tignarius*, où ie croy qu'il faut lire *lignarius*. Les Grecs vulgaires appellent encore apresent les Menuisiers λεπτεργοί, & λεπτεργία la menuiserie. *Faber tignarius* c'est le Charpentier, *lignarius* le Menuisier, qui sont tous deux compris sous le mot τέκτων. Le Lexicon Grec-Latin pag. 632. Τέκτων, *faber, faber tignarius, faber lignarius*.

　MERE de Ville. De l'Alleman *meyer*, qui a esté fait de *maior*, lequel a esté pris en cette signification. Les Capitulaires de Charlemagne: *Vt Presbyteri, neque iudices neque Maiores fiant.* L'Inscription d'vne Decretale d'Honorius III. au Maire & Bourgeois de la Rochelle: *Maiori & Burgensibus de Rupella.* Voyez *Marmoutier* & *Vimere*. En Picardie on dit *Mayeur de Ville*.

　MERELLES. Ieu de petits enfans. De *madrellæ*. Scaliger sur l'Eglogue de Lucain: *Sed caue, ne duodecim scriptorum ludum cum latrunculis confundas. Alius enim est. Cuius inuentorem tradiderunt Palamedem.* Ouidius de arte lib. III.

　　Est genus in totidem tenui ratione redactum
　　　　Scripula, quot menses lubricus annus habet.

Ita enim legendum, non, *vt vulgo*, *spicula.* Mox nostrum hunc ita describit:

468 ME. ME.

Parua tabella capit ternos vtrinque lapillos:
E quibus hic labor est, continuare suos.

Qui manifestò lusus hodie à pueris obseruatur. Nam qui lapillos in linea continuat, is vincit. Vulgus Aquitanum *madrellum vocat:* Galli *madrellas. A materulis.* Materes *veteri lingua Gallica, virgæ, & baculi. Nostrates autem pueri sæpius materum, aut bacillorum capitulis pro lapillis in eo lusu vtuntur. De materibus Sisenna apud Nonium. Apud Strabonem lib. 4. de Gallorum armis :* ϰ μεείς παλτȣ τι είδος. *Lego:* ϰ ματιείς. *Fuit enim compendium scripturæ, vt* μέρος, *pro*, μητέρος. *Isaac Pontanus en son Glossaire Celtique au mot* materis *: Porrò hodièque esse nostratis Germanicæque indolis hinc liquet, quod Flandris Batauisque etiamnum* marcilen *est ludere calculis discoloribus duodenis vel etiam nouenis; quod &* negenstucken *nonnulli nuncupant. Qui ludus etiam* marel-spel *Brabantis dicitur;* Italis, *qui à nostratibus Galliæque fortasse mutuati sunt*, marelka. *Nam ipsi similiter Galli, à seriis ad ioca translata vi vocabuli*, IEV DE MARELLES *modo appellitant. De* madrellum nous auons fait MEREAV.

MERLV. Poisson. De *maris lucius*. Iules Scaliger sur l'Histoire des Animaux d'Aristote pag. 45. *Galli merlucium, quasi maris lucium vocant.* De *maris lucia* on a fait aussi *moluë*, pour lequel nous disons apresent *moruë*, comme *cormoran* de *coruus marinus*. En Languedoc on appelle *merluce* ce que nous appellons icy *moruë*, & *merlus* ce que nous appellons *merlan*; & à Beziers ce qu'on appelle par tout le reste du Languedoc *merlus*, ils l'appellent *luci*.

MESANGE. Oiseau. Peuteftre de l'Alleman *meseke*, qui veut dite la mesme chose. *Meseke, mesenke*, MESANGE.

MESCHANT. Ce mot est ancien en nostre langue. Mathieu Pâris pag. 1159. de la 1. edition : *Dixit quòd malus esset, Gallicanâ linguâ* MESCHANT, *& hoc verbum maximæ offensionis inter eos.* Ie ne sçay pas bien d'où il vient. Le mot de *minus* a souuent esté interpreté par nos vieux François par celuy de *més*, comme il paroist en ces mots *minus facere*, *minus fidare* & *minus credere*, qu'ils ont traduits, *mesfaire*, *mesfier* & *mescroire*, ce qui pourroit donner quelque pensée que de ce mot *minus* on eust fait le verbe *minuscare*, & que de son participe *minuscans* on auroit fait en suitte le mot de *meschant*. Les anciens François ont aussi interpreté l'aduerbe Latin *malè* par le mot de *més*, comme il paroist par ce mot de *mesdire*, qui vient de *maledicere*, ce qui me donne aussi quelque pensée que ce mot *meschant* peut venir du Latin *malè cadens*, comme qui diroit *malheureux*, *malencontreux*, *qui a mauuaise chance*. Les Grecs ont appellé de mesme vn méchant du mot οχέτλιος, qui signifie proprement *malheureux*, & les Italiens *cattiuo* de celuy de *captiuus*, qui signifie aussi proprement *captif, chetif, miserable*. Nous vsons pareillement du mot de *malheureux* en cette signification de *meschant*. Cette etymologie me semble la meilleure, & d'autant plus que le mot de *chance* vient asseurément de *cadentia*, comme nous auons monstré en son lieu; & que celuy de *meschance* pour *meschanceté* se rencontre fort souuent dans les anciens Romans. Du temps de François I. il estoit mesme encore en vsage. Marot Pseaume v.

 Tu és le vray Dieu qui meschance
 N'aimes point ny malignité:

Et que le mot de *méchant* signifioit anciennement *malheureux*. Alain Chartier dans son Curial pag. 394. *Adonc y seras tu plus meschant de tant que tu y cuideras estre plus heureux*. Simon Greban en l'Epitaphe de Charles VII. parlant des Bergers du plat pays:

 Car par troupeaux s'assemblerent ez champs
 Criants, ha Dieu, que ferons-nous méchans?

Bodin liu. II. de sa Republ. chap. 4. au sujet de nostre ancien Prouerbe *de méchant homme bon Roy*, estime que ce mot de *méchant* ne signifioit que *fin & rusé* du temps que ce Prouerbe fut fait: *Ainsi se peut entendre l'ancien Prouerbe, qui dit, de meschant homme bon Roy*, qui est bien crud si on le prend à la proprieté du mot, qui ne signifie pas seulement vn naturel austere *& rigoureux*, ains encore il tire auec soy le plus haut point de malice *& d'impieté*, ce que nos Peres appelloient *mauuais*: comme l'on appelloit Charles Roy de Nauarre, le Mauuais, l'vn des plus scelerats Princes de son âge, *& le mot de mauuais signifioit maigre & fin*. Autrement le Pro-

470   ME.   ME.

verbe que i'ay dit feroit vne confusion du iuste Roy au cruel tyran.

MESCHE. De μύξα, qui signifie proprement *mucus*, mais qui se prend aussi pour *lucernæ ellychnium*, d'où vient qu'on dit *moucher la chandelle. Myxa, misca* x en sc, comme en *ascella* de *axilla*, MESCHE.

MESCREANS. De *minus credentes*. L'Autheur de la vie de Saint Maurille attribuée faussement à Gregoire de Tours, comme l'a fait voir M. de Launoy en la docte & curieuse Dissertation qu'il a publiée sur ce sujet, & qu'il m'a fait l'honneur de m'adresser. *Quale verò quantúmque miraculum super eumdem puerum Dominus per Beatum Maurilium postquam sanctæ Andecauensis Ecclesiæ Episcopalis honorem accepit, operatus est, ad corroborandam fidem Fidelium, licet illud beatus Fortunatus propter minùs credentes omiserit, imò quia verum est, & res est digna memoriâ, non tacebimus.*

MESME, comme quand on dit *& mesme telle chose*. De *maximè*. Ainsi de *Sanctus Maximus* on a fait *Sainct Mesme*.

MESME. Comme quand on dit *luy-mesme*. De l'Italien *medesimo*, qui a esté fait du Latin *met ipsissimus* qu'on a dit pour *ipsissimus met*.

MESOVAN. Voyez *antan*.

MESPRENDRE. Voyez *mesfaire*, & *meschant*.

MESNAGE. M. Caseneuve liu. 1. de son Franc-alleu chap. 10. dériue ce mot & celuy de *mesgnie* de *Arimania*, dont les Autheurs du bas siecle ont vsé pour *famille*. Marculphe liure 1. de ses Formules chap. 18. *Rectum est vt qui nobis fidem pollicentur illæsam, nostro tueantur auxilio. Et quia ille fidelis Deo propitio noster, veniens ibi in Palatio nostro, vnà cum Arimania sua in mann nostra Trustem & fidelitatem nobis visus est coniurasse.* I'estime pour moy, que l'vn & l'autre viennent de *mansus*. *Mansus, masus*, d'où nous auons fait MAS, *masinus, masina, maisna*. (Les Gascons disent encore *maine*) *masinagium, maisnagium*, MAISNAGE. *Masus, masinus, masinia*, MAIGNIE. *Mesnie* signifioit proprement la famille: on l'a pris ensuite figurément pour le train d'vn Seigneur. *Mesnage* a signifié aussi premierement la demeure de la famille, & puis l'administration de la famille;

& comme les bons peres de famille doiuent épargner, il a esté pris enfin pour l'épargne & la parcimonie. Les Gascons disent *mainage* pour dire *vn petit enfant*; ce qui me fait croire que *maisnagium* a aussi signifié *famille*.

MESNIL. C'est vn vieux mot qui signifie *habitation*. Le Roman de Garin:

N'y a meson, ne borde ne mesnil.
Trestot le regne ont tourné à essil.

De *mansionile* qu'on a fait de *mansio*, comme *fenil* de *fœnile* qui se trouue dans les Gloses; *chenil* de *canile*, &c. *Mansio*, *mansionile*, *masnile*, MESNIL.

MESQVIN. De l'Italien *meschino*, qui vient de l'Arabe المسكين *elmeschin* qui signifie *pauure*, de la racine سكن *sechene* qui signifie *quieuit*, *sedatus fuit*. L'Arabe vient de l'Hebreu מסכן qui signifie aussi *pauure*.

MESSE. De *Missa*, qu'on a dit pour *Missio* ou *dimissio*; comme *remissa* pour *remissio*, qui se trouue dans Saint Cyprien. Alcimus Auitus Archevesque de Vienne epistre 1. à Gundobadus Roy des Bourguignons: *Puto vos autem hoc sermone ordiri, quia reuera ipsum specialiùs in epistola memorastis, quid vel vnde dictum sit, Non missum facitis. Quod omnino nihil est aliud quàm non dimittitis. A cuius proprietate sermonis, in Ecclesiis, Palatijsque siue Prætorijs, Missa fieri pronuntiatur, cùm populus ab obseruatione dimittitur. Nam genus hoc nominis etiam in sæcularijs Auctoribus, nisi memoriam vestram per occupationes lectio desueta subterfugit, inuenietis.* Le Pere Sirmond sur cét endroit: *Redarguit primùm hic locus cassum laborem illorum, qui Missæ nomen exoticum, idest, Hebraïcum fingere ausi sunt, non Latinum, quod res est, & ex Auiti verbis perspicuum. Docet deinde, quod haud scio an à quoquam hactenus proditum, non in Ecclesiis modò, verùm etiam in Palatiis Prætoriisque vsurpari Missæ nomen consuesse, cùm populus à conuentu dimittebatur. Ab hac igitur Missa seu missione populi, quæ re peracta fiebat, translata vox fuit ad significandas res ipsas quæ gerebantur. Nam & Missæ matutinæ & vespertinæ appellatæ sunt Liturgiæ, seu solemnia Officia, quæ matutinis aut vespertinis horis celebrabantur. Quod sanè mirùm eo-*

472 ME. ME.

minùs videri debet, quòd vice versâ synaxis & collectæ vocabula, quæ propriè conuentum & congregationem ad diuina officia significant, pro ipsis quoque diuinis Officiis, tum matutinis tum vespertinis, passim vsurpata meminimus. Isidore liure VI. chap. 18. *Missa, tempore sacrificii est: quando Catechumeni foras mittuntur, clamante Leuita: Si quis Catechumenus remansit, exeat foras. Et inde Missa: quia Sacramentis Altaris interesse non possunt, qui nondum regenerati nascuntur.* Voyez Picherel en son traité de la Messe chap. 1. & Isaac Pontanus liu. 1. chap. 6. de ses Origines Françoises.

MESTIER. De *ministerium*. Les Espagnols disent encore *menester* pour *mestier* & *besoin*.

METAYER. METAYERIE. De *medietarius* & *medietaria*, qu'on a faits de *medietas*, a cause que le Metayer prend la moitié des fruits: & pour cette raison il est appellé *colonus partiarius* dans la Loy XXV. au Digeste *Locati*. *Medietaria* pour *vne metairie* se trouue plus d'vne fois dans Sainxon sur le 37. art. de la Coustume de Touraine. *Medietarius, metarius,* METAYER. Les Italiens ont fait de mesme par contraction *metà* de *medietas*. En Guyenne on dit encore *Meytadier* & *meytaderie* pour *Metayer* & *metayerie*.

MEVLAN. Ville sur la Seine au dessous de Paris. De *Mediolanum*. C'est ainsi qu'elle se trouue appellée dans les vieux liures, qui est vn nom commun à plusieurs autres Villes, comme l'a remarqué Buchanan liure II. de son Histoire d'Escosse.

MEVNIER. Par corruption pour *monnier*. De *molinarius*, qui se trouue en cette signification dans la Loy Salique. Voyez *moulin*.

MEVNIER. Drap. D'vn nommé *Meunier*, de la ville d'Elbeuf, qui a fait le premier de ce drap.

MEVRTRE. De *mordrum* ou *murdrum*, qui se trouuent souuent en cette signification dans les Autheurs de la basse Latinité. Mathieu Pâris en la vie de Iean Roy d'Angleterre: *Consuetudo est in Regno Franciæ, quòd ex quo aliquis accusatur coram suo Iudice, de tam crudeli homicidio, quod* murdrum *appellatur, & ille qui accusatur non venit, nec modo legitimo se excusat,*

ME. MI. 473

cusat, pro conuicto habetur, & tanquam conuictus per omnia iudicatur, & etiam ad mortem, ac si presens esset. *Mordrum* ou *murdrum* ont esté faits du Saxon *mort*, ou du Flaman *moord*. Voyez Lindembrog en son Glossaire, & Vossius *de vitiis Sermonis.*

MEZEAV. C'est vn vieux mot qui signifie *ladre*. De *mezzello* diminutif de l'Italien *mezzo*, qui signifie proprement *medius*; mais qui signifie aussi *pourry, gasté, corrompu*. La Crusca : *Mezzo con è stretta e z aspra si dice de frutti troppo maturi, che in vece d'infracidare si mezzano*. Lat. *vietus*. MEZZELERIE pour *ladrerie* se trouue dans le Sire de Ioinville pag. 8.

MI.

MICHE. De *mica*. Martial :

    Mica vocor, quæ sim cernis, cœnatio parua, &c.

MIGNON. J'ay crû autrefois que ce mot venoit du Bas-Breton *mignoun* qui signifie *amy* : ie croy apresent qu'il vient de l'Espagnol *niño* qui signifie proprement *vn petit enfant, vn petit garçon* ; mais qui est aussi vn mot de caresse. Il semble que *mignot* soit pris pour *mignon* en ce passage d'Alain Chartier : *Si trouuerent maniere d'eux eschapper d'icelle Ville par le moyen d'vn Escuyer Gascon parent d'aucuns d'eux, lequel estoit mignot du Roy d'Angleterre ; si sceut ledit Roy d'Angleterre que iceluy mignot auoit sauué iceux Capitaines, & pour ce luy fit couper la teste.* C'est en son Histoire de Charles VII. pag. 51. Bourdigné vse du mot *mignon*. En Anjou on dit *vn petit maignon*, & à Paris *vn petit mion*, pour dire *vn petit garçon*.

MIGRAINE. De *migrana*. M de Saumaise sur Solin pag. 763. *Granam pro capite dixerunt, vnde & migranam morbum capitis, quæ ἡμίκρανα aut ἡμικρανία Græcis*. Voyez Nicod.

MILLEDIABLES. Dupleix en la vie de François I. en l'année 1522. & 1523. *En ce temps la licence des gens de guerre estoit si desordonnée par tout le Royaume, que sous ombre de ce qu'ils se disoient estre mal payez du Roy, ils ravageoient le plat pays, violoient les femmes & les filles, & commettoient impunément les cruautez les plus execrables qu'on eust pû attendre d'vne nation infidelle & barbare.* Entre

Ooo

474   MI.   MI.

les plus brutaux font remarquez ceux qui auoient esté des trouppes de Chandieu, lesquelles, quoy que congediées, rodoient encor par la Guyenne. Ces voleurs, pour se rendre encore plus effroyables, se faisoient nommer les Millediables, d'où est venu le mot meschant comme les Millediables.

Milord p. 812.

MINCE. De *minutius* diminutif de *minutus*, qui vient du Grec μινυνθος. Plusieurs Anciens ont porté le nom de *Minutius*: *Minutius Fœlix, Minutius Natalis* Iurisconsulte, *Publius Minutius Præfectus Annonæ*, duquel il est parlé dans Pline liure XXXIV. chap. 5. *Minutius Augurinus*, duquel il est parlé dans le mesme Pline liure XVIII. chap. 3.

MINE. Comme quand on dit *bonne mine, mauuaise mine*. De *minia* qui a esté fait de *mmari*.

MINE pour *cuniculus*. De l'Alleman *mijne*. Vossius de

Mineur, frere Mineur, 2. Cordelier
Gr. vulg. φραμινορίτης, Μεurs.
p. 611.

vitijs sermonis pag. 240. Minera à Germanico *mijne*, vnde suum vocabulum accepere cùm Germanis Itali, Galli, Hispani, tum Angli item. Notat matricem, siue venam terræ metallicam. Sic vtitur *Aurea Bulla Karoli IV*. indeque Philosophis mineralia. Fortasse autem minera à minando, posteriorum seculorum verbo, producere: ac particulatim pro facere ductus subterraneos siue cuniculos. Sanè vt mijne *cuniculus*, ita mijneren Barbaris minare, Latinis agere cuniculos. Atque hinc minitores, fossores qui cuniculos agunt. Comes S. Pauli Epistolâ de Constantinopoli captâ ad Ducem de Lovanio, siue Brabantiæ exaratâ: Super Turri autem illa locuti fuimus cum Duce Veneti, viro prudentissimo & discreto, dicentes ei, quòd nullo modo posset capi, nisi per minitores & petrarias caperetur. Et post aliquammulta: Minitores verò muros inferiùs subcavantes, vnam turrim straverunt. *Minarius* pour *vn mineur* se trouue dans Brito liure II. de sa Philippide:

   Fossis iam plenis parmas ad mœnia miles
   Appodiat, sub eisque secare Minarius instat.

MINIERE. Voyez *mine*.

MINIMES. Religieux. François de Paule Fondateur de l'Ordre de ces Religieux, les appella ainsi par humilité, à l'exemple des Freres Mineurs. Hotman en son liure intitulé, L'Estrille de Papyrius Masso: *Monachi omnes dicebantur olim*

MI. MO.

Fratres. Posteà quidam dicti sunt Fratres Minores. Alij posteà dicti sunt Minimi, &c. Voyez *Bonshommes*.

MIRCOTONS. Espece de pesche. De l'Espagnol *mirlicotones*, qui a esté dit, comme ie croy, pour *melocotones*.

MIRE. C'est vn vieux mot François qui signifie *Medecin*. Alain Chartier en son Histoire de Charles VII. pag. 224. *Et ainsi que ledit Messire Bernard se retrahioit de ladite escarmouche, fut frappé d'vn coup de couleurine qui perça son paués, & entra la plombée en sa iambe entre les deux os, qui dedans fut tirée, & sadite iambe si-bien gouuernée par les Mires, que le peril en fut hors.* Sur lequel lieu André du Chesne remarque que les Maistres Chirurgiens de Paris dans les anciens tiltres de leur Confrairie sont communément appellez *Maistres Mires*. De l'Arabe *Emir* qui signifie *Seigneur, Prestre*, & qui vient vray-semblablement de l'Hebreu אמר qui signifie *exalter*. Les Medecins ont esté & sont encore presentement fort estimez parmy les Arabes : & comme parmy les Egyptiens sous le mot *Prestre* on comprenoit anciennement & les Astrologues & les Medecins, & tous les autres sçauans, ainsi que remarquent Diodore le Sicilien & Clement Alexandrin ; il y a apparence que ce mot *Emir* a aussi signifié *Medecin* parmy les Arabes qui viuent en Egypte. Parmy les Turcs ce mot *Emir* signifie tous ceux qui sont de la race de Mahomet, & qui pour cela portent seuls le turban vert, comme qui diroit, ceux de la race du Prophete. Nicod se trompe qui dériue *Mire* de μύρος. Au lieu de *mire* on a aussi prononcé *miere*, témoin le Prouerbe : *apres le Cerf la biere, apres le Sanglier le miere.*

MISERICORDE. Petits poignards de nos vieux Cheualiers, ainsi appellez parce qu'ils en tuoient leur ennemy atterré s'il ne leur demandoit misericorde. C'est l'opinion du President Fauchet dans son epistre à M. de Galoup.

MO.

MODERNE. De *modernus*, dont Priscian, Cassiodore en la Preface des Collectanées de l'Ortographe, Bede *de me-*

476 MO. MO.

tris, Petrus Damiani lib. II. Epist. 3. Arnulphe de Lisieux dans son Poëme à Henry Euesque de Winton, Yues de Chartres en sa Chronique de France, Pierre des Vignes liu. III. ep. 18. Gerardus Niger liu. I. des Fiefs, l'Autheur de la vie de Saint Maurille attribuée faussement à Gregoire de Tours, & plusieurs autres se sont seruis. *Modernus* a esté fait de l'aduerbe *modò*, comme qui diroit *qui modò, idest nunc viuit.*

MOIEV. De *modiolus*.

MOINEAV. L'origine de ce mot est difficile. Il y en a qui croyent que cét oiseau a esté ainsi appellé de sa couleur grise, qui est celle que portent plusieurs Moines. Belon en son Ornithologie: *C'estuy est nommé vn moineau pource qu'il semble porter vn froc de la couleur des enfumez.* D'autres estiment que ce mot vient du Grec μονὸς qui signifie *solitaire*, parce qu'il y a vne espece de moineau qui est ainsi appellée, dont il est parlé dans le Pseaume 102. ou 101. selon la Vulgate: *Passer solitarius in tecto*, où les Grecs ont traduit στρουθίον μονάζον, & qu'ainsi on a transferé le nom de l'espece au genre. μονιός, *moniellus*, MOINEAV. En quelques lieux de Normandie les moineaux sont appellez *moissons*.

MOISIR. De *mucire*, qu'on a dit pour *mucere*. MOISI. De *mucidus*.

MOMMERIE. MOMMON. De *momus*.

MONCEAV. De *monticellus. Monticellus, moncel*, MONCEAV. De *moncel* on a fait AMONCELER.

MONNOIE. Pour le lieu où l'on fait la monnoie. De *moneta*, dont les Latins ont vsé en cette signification. Le Lexicon Grec-Latin pag. 637. τόπος, τὸ χαραγεῖον, *moneta*, où j'aymerois mieux lire τόπος, ἐν τῷ χαραγείῳ.

MONTAGNE. De *montana*, qui a esté dit pour *mons*, comme *fontana* pour *fons*.

MONTOIRE. Il y a plusieurs lieux & plusieurs personnes qui s'appellent ainsi en France. De *montorium*. Dans Goffridus de Vendosme liu. III. ep. 15. le village de Montoire au dessous de Vendosme est appellé *mons aureus*. Dans la mesme Epistre il fait aussi mention d'vn certain Hamelin *de monte aureo*, & dans l'Epistre 19. du liure I. d'vn Pierre *de monte aureo*.

MOQVER. De *mocare*, qui vient du Grec μωκᾶν. M. de Saumaise sur l'Histoire Auguste pag. 288. μῶκος ἀπὸ τοῦ μωκᾶν, pro μώκησις. *Idem autem est* μῶκος *quod Sanna. Glossa*: Sanna, μῶκος. *Et Græci* μωκᾶσθαι *propriè dicunt de his qui ore, vultúque distorto, & valgis labijs aliquem derident. Hesychius*: διαμυλλαίνειν, χλευάζειν. ἐπὶ τῷ τὰ χείλη διαστρέφειν. διαμωκᾶσθαι. *Idem*: διασιλλοῦσι, διαμωκῶνται. *Labiis ductare, Plauto est*, διαμωκᾶσθαι, ᾗ τὰ χείλη διαστρέφειν. *Labiis dum ductant eum. Gellius*: *labionem ductu irridere. lib. XVIII. cap. IV. Tum ille rictu oris labiorúmque ductu contemni à se ostendens, & rem de qua quæreretur, & hominem ipsum qui quæreret. Labiorum ductu*, τῇ τῶν χειλῶν διαστροφῇ. *A Græco* μῶκος, mocosum *Latini duxerunt, de hoc genere ridiculi quod sit non salibus & dicacitate, sed vultu & gesticulationibus. Cicero ea voce vsus est lib. I. Epist. ad Atticum*: Consul autem ipse paruo animo & prauo, tantum cauillator, genere illo mocoso, quod etiam sine dicacitate ridetur, facie magis quàm facetiis ridiculus. *At importuni & morosi fuere qui eo loci* moroso *reposuerunt pro* mocoso. *Sic actionem mimicam & gesticulatoriam* mocosam *veteres Oratores appellant. Quintillian. lib. XI. cap. III. sub finem*: Quare non immerito reprehenditur pronuntiatio vultuosa & gesticulationibus molesta, & vocis mutationibus resultans, nec inutiliter ex Græcis veteres transtulerunt, quod ab his sumptum Lenas Popilius posuit, esse hanc actionem mocosam. *Actio mocosa est*, ἡ μωκώδης. *At otiosi homines, in-* otiosam *ibi pro* mocosam *substituerant. Ex libro vetere mihi quondam à Iacobo Bongarsio*, τῷ πάνυ τῷ μακαρείτῃ *commodato, ita illum locum emendauimus. Sic duo optimi Authores in eadem voce à nobis emendati, alter ex libro, alter ex conjectura, & vnâ eademque opera vox vetus Latio redonata est.*

MOREAV. Comme quand on dit *cheual moreau*, de *morellus* diminutif de *morus*, comme qui diroit de couleur de *mure*. Les Italiens disent de mesme *pel morello*. L'Autheur de la Secchia chant v. 42.

auoient adjousté, car ils ont fait *medulla* de μυελός.

MOVELLON. Pierre. De *moüelle*. M. de Saumaise sur Solin pag. 379. *Parietes cæmenticij Vitruvio ex cæmentis, hoc est lapidibus, structi. Quod Veteres cæmentum vel cæmenticium saxum appellarunt, hodie medullonem vocamus, quòd in structura medius inserciatur inter quadratos lapides.*

MOVFFLES. Ce sont gands d'hyver, qu'on appelle autrement *mitaines*. De l'Alleman *moffel* qui signifie la mesme chose, & dont on a aussi fait le mot Latin *muffula*, qui se trouue en cette signification dans l'addition des Capitulaires de Charlemagne & de Loüys le Debonnaire chap. 12. *Abbas omnino prouideat, vt vnusquisque Monachorum habeat* wantos *in æstate, muffulas in hyeme veruecinas.* Turnebe se trompe de dire que les mouffles ont esté ainsi appellées quasi *manuum infulæ*. C'est dans ses Commentaires sur les Oraisons de Ciceron *in Rullum* pag. 9. de la premiere edition. Les Anglois disent aussi *muffles*. On appelle *mouffles* dans les Mecaniques plusieurs poulies ensemble auec lesquelles on esleue les fardeaux. Voyez Vossius *de vitiis sermonis* pag. 247.

MOVILLER. De *molliare*. *Mollire, molliare,* MOÜILLER. Les Italiens disent de mesme *molle, mollicio* & *mollezza*, pour *humidus, humidulus* & *humiditas*: & *mollare* pour *laxare, laxum facere*.

MOVLE. Coquille. De *mytulus* ou *musculus*. C'est ainsi que les Latins ont appellé ces coquilles. Les Grecs les nomment μῦες.

MOVLIN. De *molinum* qui a esté fait de *mola*, & qui se trouue dans la Loy Salique titre XXIV. 1. *Si quis ingenuus in molino alieno annonam furauerit, ei cuius molinus est*, &c. Et en l'article 2. du mesme titre: *Si quis ferramentum de molino alieno furauerit*, &c. Voyez *meunier*.

MOVLINS. Ville. Des moulins qui estoient au lieu où cette Ville est bastie.

MOVRRE. On appelle ainsi le visage en Auuergne & en Languedoc. Voyez *museau*. MOVRRE. Ieu. De l'Italien *morra*.

MOVSQVET.

MOVSQVET. De *moschetto*, qui a esté dit d'vn oiseau de proie, & d'où nous auons fait le mot d'*Emouchet*. Voyez *Couleurine*. Couarruuias se trompe qui croit que l'Espagnol *mosquete* a esté dit *quasi moscouete, por auerlo inuentado los Mosconitas*.

MOVSTARDE. De *mustum* & de *ardor*, si on en croit Scaliger contre Cardan Exercitation CLXXXVIII. & Nicod au mot *moustarde*. A Dijon & en Anjou on fait la moustarde auec du moust. Ailleurs on la fait auec du vinaigre.

MOVSTIER-RAMEY. Abbaye de l'Ordre de Saint Benoist dans le Diocese de Troyes. De *Monasterium Adremari*. Le Pere Sirmond dans ses Notes sur les Epistres de Petrus Cellensis, sur ces mots de l'epist. 2. du liu. II. ABBATE ARREMARENSI: *Monasterium est Ordinis Sancti Benedicti, cuius originem, Auctorémque Adremarum docet Epistola Leonis IV. ad Prudentium Tricassium Episcopum, in cuius situm est Diœcesi. Conditoris nomen retinet etiam in vernacula. Nam* MONSTIER-RAMEY *vocant, hoc est* Monasterium Adremari.

MOVTON. De l'Italien *montone*, qui a esté fait, comme ie croy, de *mons montis*, acause que les moutons paissent d'ordinaire sur les montagnes. Virgile :

Mille meæ Siculis errant in montibus agnæ.

Les Espagnols ont dit de mesme *montero* pour *vn chasseur*, acause des montagnes : & *montera* pour *vne capeline*. *Montone* parmy les Italiens se prend pour *vn belier*, mais parmy nous il se prend au contraire pour *castrato*, comme *vervex* chez les Latins. Le Lexicon Grec-Latin pag. 637. τράγος, εὔνυχος, *vervex* & *caper*. Dans vn ancien titre de l'Abbaye de Saint Aubin d'Angers, produit par M. Galland pag. 296. de son Franc-alleu, au lieu de *montones* il y a *multones : Multones & agnellos, & friscingas & porcellos*, &c.

MOVTONS à la grand' laine. Espece de monnoye de France. Rabelais au Prologue du liu. IV. *En Chinon il change sa coignée d'argent en beaux testons & autre monnoye blanche, sa coignée d'or en beaux Saluts, beaux Moutons à la grand' laine, belles Rides, beaux escus au Soleil.* Acause qu'elle auoit d'vn costé Saint

Sopra vn nobil corsier di pel morello, &c.

Nicolo de gli Agoſtini en ſon Orlando inamorato chant 1. du liu. v.

Caualca vna gagliarda e bella Alfana,
Di pel morello, e di tre pie balzana.

Ie me ſouuiens d'auoir leu dans Martial nigrior cadente moro.

MORGELINE. Herbe. De morſus gallinæ.

MORTIER. De mortarium, qui a eſté fait de moretum. Scaliger ſur le Poëme intitulé Moretum: MORETI nomine omne intritum intelligitur. Sic in optimo veteri Gloſſario moretum τρίμμα exponitur. Etymi ratio à Græca lingua. In ea enim μυσωτὸν, & Atticè μυττωτόν. Inde Moſetum, υ in o: vt φύλλον, folium: μύλη, mola. Deinde pro Moſeto, Moretum: vt Papiſius, Papirius: Valeſius, Valerius. Moſetum potiùs quàm Moſotum dixerunt, vſitato ſcilicet o, in e mutandi more: vt Elera, Apello, hemo. Græci igitur Μυσωτοῦ nomine nihil aliud, quàm alliatum intritum intelligunt: vt & Latini quoque. Vnde moretarium alliatum Donato, quo Vaſcones ferè ſemper pro condimento vtuntur. Idem Donatus in Prouerbio, Tutè hoc intriſti, tibi omne exedundum eſt: ait de Moreto intelligendum. Mihi quoque videtur & Callimachus eodem alluſiſſe, ex quo citant Grammatici: ἰῶ ἐτρίψατο μυσωτόν, vt ſupplendum planè mihi videatur :

τὰς χρέω ἐγκάψαιν, ἰῶ ἐτρίψατο, μυσωτόν.

Ad verbum :

Exedere hos decuit, ſibi quod triuere, moretum.

Dixit autem ἡ μυσωτὸς, non τὸ μυσωτὸν, vt annotant Grammatici. Græci Critici volunt μυσωτὸν ὡσεὶ τὸ μυσάτἰεσθαι dictum. Quo nomine fortaſſe ad etymon alluſerit Poëta noſter :

―――― ſimo damnat ſua prandia vultu.

Hoc eſt μυσάτἰεται. Vt igitur morctarium alliatum vocabant; ita etiam pilam, hoc eſt ἀλετρίβανον, vbi tunderetur, eodem nomine moretarium, mox extrita litera mortarium dixerunt. Item quod ſubigitur ex calce, aut arena, aut marmorato: præterea & locus ipſe in quo tereretur, aut pinſeretur, mortarium Architectonibus dictum fuit.

MOSAIQVE. Comme quand on dit ouurage à la Mofaïque. De *Mosaïcum*, qui a esté dit par corruption pour *Musaïcum*, lequel l'a esté pour *Musiuum*, qui est l'ancien mot. Spartianus en la vie de Pescenninus Niger: *Hunc in Commodianis hortis in porticu curua, pictum de musiuo inter Commodi amicissimos videmus sacra Isidis ferentem*. *Musiuarij* se trouue dans Iulius Firmicus, dans le Code Iustinien, & dans le Code Theodosien. Voyez Vossius *de vitiis Sermonis* pag. 47. & 48. On prononçoit anciennement *Musaïc*. Philippes de Commines liu. VII. chap. 15. *La Chapelle de Saint Marc (de Venise) qui est la plus belle & riche Chapelle pour n'auoir que nom de Chapelle, toute faicte de Musaïcq en tous endroits. Encore se vantent-ils d'en auoir trouué l'art, & en font besongner au mestier, & l'ay veu.*

MOSQVEE. On appelle ainsi les Temples des Turcs. De l'Italien *Moscheta*. Les Espagnols disent *Meschita* qui approche plus prés du mot Turc *Meschit*. *Meschit* vient apparemment du Chaldée נשמ & נש *tsoud* & *tsid* qui signifient escouter, comme qui diroit *vn Auditoire*.

MOT. De *muttum*, dont les Italiens ont aussi fait *motto*. Le Glossaire: *Muttum* γρύ. Festus: *Mutire, loqui. Ennius in Telepho. Palam mutire plebeio piaculum est.* Sur lequel endroit Scaliger a fait cette note: *Mutire est ne mu quidem audere facere, quod Græci* γρύζειν. *Etiam in idiotismo dicimus, ne muttum quidem audet dicere.*

MOTE. De *meta*, comme *crote* de *creta*.

MOVAIRE. Espece de camelot. Nous auons eu ce mot auec la chose des Anglois qui prononcent *moër*. Ie croy que les Anglois l'ont eu des Leuantins qui appellent *moiacar* vne espece de camelot. Scaliger contre Cardan Exercitation 194. 4. parlant des boucs de Phrygie: *Ex molliore villo preciosos conficiunt pannos. Zarzacan vocant. E crassiore Moiacar, ex mediocri id quod zambellot, alij* CAMELOT. Mais peutestre qu'il faut lire *mocaiar* en ce passage de Scaliger.

MOVCHER. De *mucare*, qu'on a fait de *mucus*.

MOVDRE. De *molere*.

MOVELLE. De *medulla*, d'où les Espagnols ont aussi fait *meollo* en ostant le D, au contraire des Latins qui l'y

482 MV. MV.

Iean Baptiste, & de l'autre vn mouton auec toute sa toison, dans la gueule duquel estoit vne banderolle auec ces mots, *Ecce Agnus Dei*. On en voit encore apresent dans les cabinets des curieux.

MV.

MVE. De *muta*. Frideric II. au Prologue du liure II. de *Venatione*: *Quædam in conseruando sanas, etiam quando iam mutant pennas, ut domuncula quæ dicitur* MVTA. Les Grecs modernes ont aussi dit μȣτα en cette signification, & μȣτευειν pour *mettre en muë*: & ces mots se trouuent dans Demetrius Constantinopolitanus liure II. chap. 49. & 53. de son Hieracosophion. Voyez Meursius en son Glossaire. Les Italiens disent pareillement *muta* & *muda*. Vossius pag. 250. de son liure *de vitijs sermonis* dériue le Latin *muta* de l'Alleman *muyte* qui signifie la mesme chose; & il improuue l'opinion de ceux qui le dériuent de *mutare*.

MVET. De *mutetus* diminutif de *mutus*. Anciennement nous disions *mute*. Rabelais liure 3. chap. 19. *Vn ieune Gentilhomme Romain rencontrant au mont Celion vne Dame Latine nommée Veróne, mute & sourde de nature*. Et liure v. chap. 47.

 Si Plutarque eust icy trinqué
 Comme nous, il n'eust reuoqué
 En doute, pourquoy les oracles
 Sont en Delphes plus muts que macles.

On dit encore apresent *rage muë* pour *rage muette*.

MVFFLE. Voyez *museau*.

MVLOT. De *murottus* diminutif de *mus muris*. Le Mulot est vne espece de souris. Virgile liu. I. de ses Georgiques:

 ―――― *sæpe exiguus mus*
 Sub terris posuitque domos atque horrea fecit.

On a de mesme appellé la taulpe vne souris. Les Gloses: ἀσφάλαξ, *talpa, mus cæcus. Mus muris, murottus, mulottus,* MVLOT.

MVSEAV. De *musellus* diminutif de *musus*, qu'on a fait de μύτης qui signifie le nez. Les Espagnols ont dit de mesme *rostro* pour *le visage.* Au lieu de *musus* on a dit aussi *murus,* d'où nous auons fait *mourre.* Voyez *mourre.* De *musus* on a fait le diminutif *musulus,* pour lequel on a dit *muffulus,* d'où nous auons fait MVFFLE. De *musellus* on a fait le diminutif *musellaria,* d'où vient nostre mot MVSELIERE.

MVSELIERE. Voyez *museau.*

MVSER. Ie ne sçay pas bien d'où vient ce mot. Les Anglois disent *muse* pour *mediter,* & les Allemans *musen* pour dire *estre oisif.* M. de la Mothe-le-Vayer semble le dériuer des *Muses: Que voulez-vous, c'est le propre des Muses de nous amuser inutilement: & nos peres qui opposoient le vieux mot* musart *à celuy de guerrier, ont assez témoigné qu'ils tenoient les hommes d'estude pour fort mal propres à l'action.* C'est en la 1. de ses lettres.

MVTIN. Plusieurs croyent que ce mot a esté fait de l'ancien mot *Hutin,* qu'on dit signifier la mesme chose. Thomas Reinesius en ses diuerses Leçons: *Ludouico X. cognomen est* Huttinus, *de quo varia commentii sunt qui, à magnitudine capitis quod Germaniæ inferioris dialecto est* Heut & Huit *ita dictum volunt, Latini nominarent* Capitonem. *Sunt qui ideo cognominatum tradunt, quòd pugnarum rixarúmque fuerit adpetentior, eásque cum Flandris exercuerit pertinaciùs,* HVTTIN *enim Gallis significare turbas, vim, tumultum, &c.* Voyez Meyer en ses Annales de Flandres, & de Serres en la vie de Loüys Hutin. Pour moy, j'ay quelque opinion qu'il vient du Latin *motinus,* qu'on a dit *à mouendo* : &, ce qui me confirme en cette opinion, c'est que le mot *meute* se trouue dans nos vieux liures François pour celuy de *mouuement.* (La Chronique Françoise : *Mais l'estat de la terre d'outre-mer pourquoy ils se meurent, n'amenda oncques guere pour leur meute.*) & que les Allemans disent encore apresent *meutte* pour *mutinerie,* & *meutemacher* pour *mutin.* L'Alleman *meutte* & le François *meute* ont esté faits du Latin *mota,* comme *emeute* de *exmota.* Nous disons encore aujourd'huy *mouuement* pour *sedition* & *mutinerie.*

Ppp ij

NA.

NABOT. De *nanottus* diminutif de *nanus. Nanus, nanuttus, nanottus, nabottus,* NABOT.

NACARAT. De l'Espagnol *nacarado*, qui vient de *nacar*, qui signifie *nacre de perles*, comme qui diroit *couleur de nacre.*

NACELLE. De *nauicella*, qui se trouue dans Martianus au traitté *de fundo instructo*, & dans Adamannus *de rebus Sancti Colombani. Nauis, nauicula, nauicella,* comme *cista, cistula, cistella.*

NACRE de perles. De l'Espagnol *nacar*, qui signifie la mesme chose.

NAGER. Vossius *de vitiis Sermonis* liu. 1 v. chap. 14. le deriue du Grec νήχειν. Il vient de *nauigare. Nauigare, nagare,* NAGER. *Nagare* se trouue dans les Gloses d'Isidore: *nagare, vacillare, huc & illuc fluctuare.*

NAIF. De *natiuus.*

NANTIR. Voyez Nicod au mot *Namps.* Les Grecs du bas siecle se sont seruis du mot de ναντίζειν en la mesme signification. Meursius en son Glossaire: ναντίζειν. Gallicum NANTIR. *Occupare, auferre. Anonymus de vulpe & lupo:*

ναντίσουε τὰ ςά μδυα ἐδ τὰ πν ϐαςῦμε.

NAQVETER. De *Naquet*, qui signifioit du temps de nos Peres vn Marqueur de Ieu de paulme. Voyez Henry Estienne en son traitté de la Precellence, & le President Fauchet liu. & chap. 1. de l'Origine des Cheualiers.

NARINE. De *naris*, comme *nauire de nauis. Nar, naris, narina. Nar* se trouue dans les Gloses Grecques-Latines: ῥίν, *nar, nasus.* ῥίς, *nar, nasus.* ῥώθων, *nasus, nar.*

NARQVOIS. On appelle ainsi le jargon des Gueux.

NA. NE. 485

Du mot *narquin* qui signifioit *mendian*, contrefaisant le soldat détroussé. Ce jargon est ancien: & au rapport du President Fauchet liu.1. de l'Origine des Cheualiers chap.1. il a commencé du temps de Charles VI. ou VII. duquel temps il dit en auoir veu des Ballades & des Rithmes. Ie ne sçay pas d'où vient le mot *narquin*.

NASSE. De *nassa*. Isidore liu. XIX. chap. 5. de retibus : *Nassa ex viminibus tanquam rete contextum*.

NATTE. De *matta* qui signifie la mesme chose. Les Gloses : *matta* ψίαθος. N pour M, comme en *nappe* de *mappa*; en *nefle* de *mespilum*, &c. Voyez M. de Saumaise sur Solin pag. 608. 861. & 1171.

NAVARRE. Dupleix dit que ce Royaume a esté ainsi appellé de NAVAG qui signifie *plaine* en Gascon, & d'ERRIA qui signifie *terre*, & que les Gascons appellerent premierement Nauarre la plaine de l'ancienne Gascongne au dessous des Monts Pyrenées du costé d'Espagne.

NAVET. NAVEAV. De *napettus* & de *napellus*, diminutifs de *napus*, P en V, comme en RIVE de *ripa*; en RAVE de *rapa*; en CVVE de *cupa*.

NAVETTE. De *nauetta*, diminutif de *naue*, parcequ'elle a la forme d'vne petite nauire. Les Italiens la nomment pour cette mesme raison *nauicella*.

NE.

NECESSITE' pour dire *pauureté*, comme quand on dit, *Cet homme est en grande necessité*. De *necessitas*, dont les Latins ont aussi vsé en cette signification. Saint Cyprien : *Necessitas pauperum subleuanda*. Les Grecs se sont seruis de mesme du mot ἀνάγκη, comme l'a remarqué M. de Saumaise sur Solin pag. 1085. *Necessuosus* se trouue dans Hincmarus ep. VII. ch. 35. pour *necessiteux*, & dans Flodoard liure III. de l'Histoire de Reims chap. 26.

NEF. De *nauis*, comme *clef* de *clauis*. NEF D'EGLISE. De la ressemblance que cét endroit de l'Eglise a auec vn na-

Ppp iij

vire. M. de Saumaise sur Solin pag. 1215. & 1216. Navem appellamus eam Templi partem à culminis figura, quòd camera eius veluti nauium carina sit.

NEFFLE. De *mespilum*, M en N. Voyez *natte*. Les Italiens ont dit de mesme *nespola*. En Anjou on dit encore *mesle*, & en Allemagne *mespeln*.

NEIGE. De *neue*, v en G, comme en *leger* de *leuiarius*.

NENNY. De *nenu*, dont les Latins se sont seruis pour dire la mesme chose. Lucilius:

Sed tamen hoc dicis qui hoc est si nenu molestum est.

Varron: *Si hodie nenu venis, cras quidem veneris.* Voyez Nonius. J'apprens qu'en quelques lieux de Picardie on prononce encore apresent *neny*.

NERMOVTIER. Isle de Poitou. Par corruption pour *Noirmoutier*. Cette Isle s'appelloit anciennement *Hyero*, comme l'a remarqué M. Besly dans son Histoire des Comtes de Poitou & Ducs de Guyenne pag. 8. Depuis, les Moines noirs de l'Ordre de Saint Benoist estans venus s'y habituer, elle fut appellée *Noirmoutier*, comme qui diroit *Nigrum Monasterium*. Encore apresent la maison de ces Moines, qui est en cette Isle-là, s'appelle *le Prieuré noir*, à la difference de l'Abbaye blanche, qui est la maison des Religieux de l'Ordre de Saint Bernard.

NEVERS. Ville capitale du Nivernois. De *Niueriæ*: car c'est ainsi que cette Ville a esté appellée au plurier, du fleuue Nievre qui passe à Nevers, & qui s'appelle *Niueris* en Latin.

NEVEV, ou, comme l'on escriuoit autrefois, *nepueu*. De *nepos*, dont quelques Escriuains Barbares se sont seruis en cette signification: car chez les bons Autheurs il signifie seulement *petit fils*. Voyez Vossius liure 1. *de vitijs sermonis* chap. 27. où il remarque entre autres choses, que les anciens Latins n'auoient point de mot particulier pour dire *vn neueu* & *vne niece*, & qu'ils les appelloient par circonlocution *fratris sororis, filios filias. Niece* a esté fait de mesme de *neptissa*. M. de Valois le jeune liu. VIII. de son Histoire des choses de France

NI. NI. 487

pag. 482. apres auoir cité ces vers de Fortunat:
Charibertus adest qui publica iura gubernans
Tempore præsenti gaudia prisca refert.
In tantum patrui se prodidit esse sequacem,
Vt modo sit tutor coniugis iste nepos. &c.

Quibus ex versibus etiam indicari potest, id quod iam inde ab Honorio Principe in vsu esse cœpit, fratrum & sororum filios, nepotes, fratres patrueles, tum promiscuè consobrinos dictos esse.

NI.

NIAIS. De *nidensis*. Par metaphore des oiseaux qui sont encore au nid. M. de Thou liure 1. *de Re Accipitraria*:
Ignauus vulgo è nido atque implumis habetur:
Vnde etiam nomen.

Voyez *bejaune*. Anciennement on disoit NICE de *nescius*, d'où les Espagnols ont aussi fait *necio*.

NICHE de statuë. De l'Italien *nicchia* ou *nicchio*, qui signifie proprement *vne coquille de mer*, & par ressemblance *vn lieu enfoncé dans les murs où l'on met vne statuë*. Le Vocabulaire de la Crusca: *Nicchio. Guscio di pesce marino. Lat.* ostrea. *Per similitudine si diccono nicchi quelli scauati del muro doue si mettono le statuë.* Lat. ædicula.

NICHER. De *nidificare*.

NICHIL AV DOS. Henry Estienne en sa Preparation de l'Apologie d'Herodore pag. 348. *Et s'il faut aussi parler de la mecaniquerie, faisoit-il pas bon voir vn grand Seigneur, voire vn Roy, portant des manches de deux parroisses? c'est à dire dont la moitié estoit d'Ostade, & l'autre moitié de Velours? Voire quelquefois vn pourpoint de trois parroisses, car le corps estoit de demie ostade, le haut des manches de cuir, & le bas de velours. Bien est-il vray que le deuant aussi auoit enuiron deux dois de velours, & pource qu'il n'y en auoit aucunement à l'endroit du dos on appelloit cette sorte de pourpoincts* NICHIL AV DOS. *Duquel mot ont depuis vsé plusieurs qui n'entendans son origine ont prononcé* NICHILODO, *& a esté appliqué ce mot generalement à toutes choses qui auoient vne montre en l'exte-*

488 NI. NI.

rieur à laquelle l'interieur ne respondoit point : mais principalement quant aux habits : comme encore pour le iourd'huy les cottes ou vasquines qui n'ont que le deuant de quelque drap de soye, & le reste de toille ou de quelque autre telle matiere (telles que les portent auiourd'huy plusieurs Damoiselles) selon cette signification peuuent estre appellées cottes à la Nichilodo. On a dit autrefois *nichilo* pour *nihil*. Les Gloses Grecques-Latines : οὐδαμῶς, nichilo, nugatorius, gerra, nichilo in declinabile est. οὐδὲν ἧττον nichilo minus. οὐδὲν λέον nichilo plus, comme *michi* pour *mihi*.

 NICOTIANE. Herbe. De Iean Nicod Maistre des Requestes, qui, estant Ambassadeur en Portugal, l'enuoya en France l'an 1560. comme il l'a escrit luy-mesme en son Dictionnaire. Catherine de Medicis la voulut faire appeller *Medicée* de son nom, comme il se voit par cette Epigramme de Buchanan.

> *Doctus ab Hesperijs rediens Nicotius oris*
> *Nicotianam rettulit ;*
> *Nempe salutiferam cunctis languoribus herbam*
> *Prodesse cupidus patriæ.*
> *At Medice Catharina,* καθαρμα *luésque suorum,*
> *Medæa sæculi sui,*
> *Ambitione ardens, Mediceæ nomine plantam*
> *Nicotianam adulterat :*
> *Vtque bonis ciues prius exuit, exuere herbæ*
> *Honore vult Nicotium.*
> *At vos auxilium membris qui quæritis ægris,*
> *Abominandi nominis*
> *A planta cohibete manus, os claudite, & aures*
> *A peste tetra occludite.*
> *Nectar enim virus fiet, Panacea venenum*
> *Medicea si vocabitur.*

De là vient qu'on l'appelle encore en plusieurs lieux *herbe à la Reine*. Voyez Liebault en sa Maison Rustique.

 NIELLE. Godefroy estime que ce mot a esté fait de *nebula : Galli* (dit-il) *nellam quasi nebulam vocant*. C'est sur la Loy 15. au Digeste *Locati*. Il vient de *nigella*, a cause de sa graine noire.

NO.   NO.

noire. Les Grecs ont dit de mesme μελάνθιον & μαλαιὸαπορμιοι. Nous auons aussi appellé NIELLE certaine espece de monnoye, par corruption pour Nesle, parce qu'on auoit commencé à en faire dans la Tour de Nesle à Paris.

NIGER. De *nugari*. De *niger* on a fait ensuite *nigauder*.

NIVEAV. De *libellum*, qu'on a dit pour *libella*. Il y a des personnes qui s'appellent *Niuelle*; ce qui me fait croire qu'on a dit autrefois *niuelle* pour *niueau*, de *libella*. N se change souuent en L, comme *limfa* de νύμφη. On disoit anciennement *liueau*, & vous le trouuerez ainsi escrit dans Nicod.

NO.

NOBLE. Espece de monnoye d'Angleterre, ainsi dite acause de l'excellence de l'or dont elle est faite. Vossius *de vitijs sermonis* liure III. chap. 12. *Ex auro nobilissimo: vnde nobilis, vocatus, ab Eduardo III. anno cusus 1344. circa quod tempus institutus ordo Georgianus, siue periscelidis, vt & inde Georgiani Nobiles Spelmanno dicti videantur.* On l'appelle d'ordinaire *Noble à la Rose*, acause des roses rouges & des roses blanches des Maisons de Lanclastre & d'York.

NOCHER. De *nauclerus*. On escriuoit anciennement *naucher*.

NOGENT. De *Nouigentum*.

NOGENT le Rotrou. Ville. De *Rotrou Comte du Perche*.

NOIAV. De *nucellus*. Nux nucis, nucus, nucellus, NOIAV. Nucleus vient pareillement de *nucus*. Nucus, nuculus, nuculeus, & par contraction nucleus.

NOISE. De *noxia* ou *noxa*, dont les Latins ont quelquefois vsé pour *iurgium* & *simultas*. Ausone:

Sæpe in coniugijs fit noxia, si nimia est dos.

Manile liure II.

Diligerent alia & noxas, bellúmque mouerent.

Voyez Scaliger sur ce vers de Manile. Les Italiens de *noxia* ont aussi fait *noia*.

NOMBRE. De *numerus*. On y a adjousté vn B, comme

490 NO. NO.

en *chambre* de *camera* ; en *marbre* de *marmore*.

NOMBRIL. De *vmbilicus*, en adjouſtant vne N. Ainſi en Anjou on dit *nance* pour dire *ance*.

NOMPAREIL. De *non* & de *parilis*. C'eſt pourquoy il faudroit eſcrire *nonpareil*.

NONCHALOIR. De *non* & de *chaloir*, qui vient de *callere*.

NONNE. NONNAIN. De *Nonna*, *Nonnana* ou *Nonnanis* dont les Eſcriuains Latins du bas ſiecle ſe ſont ſeruis, premierement pour *vne penitente*, & puis en ſuitte pour *vne Religieuſe*. Saint Hieroſme dans ſon Epiſtre XXII. à Euſtochius : *Quia maritorum expertæ dominatum, viduitatis præferunt libertatem, caſtæ vocantur & Nonnæ*. Et dans ſon Prologue de la vie de Saint Hilarion : *In Sanctis orationibus tuis memento mei, decus ac dignitas Virginum, Nonna Aſella*. Saint Boniface epiſt. 19. *Si reus inuentus fuerit, vt cum velata & conſecrata Domino Nonna concubuiſſet*, &c. *Fornicantem per Monaſteria Nonnarum*. Benoiſt Leuite liu. v. chap. 78. *Vt condignam profeſſioni eorum cuſtodiam habeant Canonici, vel Monachi, atque Nonnanes, ne detur eis occaſio malefaciendi, quod abſit*. Les Traditions de Fulde liu. II. nombre 38. *Reliquiæ, quas Einhildis Abbatiſſa donauit, & tradidit illis Nonnanis*. Voſſius a recueilly pluſieurs autres paſſages touchant ces mots *Nonna*, *Nonnana* & *Nonnanis*, que vous pouuez voir dans ſon traitté *de vitiis Sermonis* liure II. chap. 13. Comme *Nonnæ* a eſté dit des Religieuſes, *Nonni* a eſté dit auſſi des Religieux, mais des Religieux Superieurs. La Reigle de Saint Benoiſt : *Priores, Iuniores ſuos, Fratres nominent : Iuniores autem Priores ſuos Nonnos vocent, quod intelligitur paterna reuerentia*. Et dans le Synode : *Vt qui præponuntur Nonni vocentur, hoc eſt paterna reuerentia*. Le Pere Sirmond dans ſes Notes ſur les Capitulaires de Charles le Chauue pag. 58. rend la raiſon de cette ſignification de *Nonni* : *Nomen ex reuerentia inditum quo modo apud Græcos Calogeri Monachi dicti, & Calogrææ Monachæ. Nonnos enim & Nonnas nunc etiam Itali auos & auias dicunt. Quare vt hic Nonnæ ſunt Monachæ, ſic inter Monachos etiam, eos qui Priores erant Nonnos à Iunioribus ob paternam reuerentiam vocari iuſſit Regula S. Benedicti.* Mais Voſſius liure 1. *de vitiis Sermonis* chap. 6. eſtime que ces mots de *Nonnus* & de *Nonna* ſont Egyptiens: *Eſt autem vox Ægyptia,* ce ſont ſes termes, *hi enim Monachos* Nonnos; *Monachas,* Nonnas *vocant: vt traditum quoque Cælio Rhodigino lib. v. Antiq. Lect. cap. 12. Planè fallitur Amerbachius qui è lingua Germanica originem arceſſit. Cenſet enim vocabulum hoc propriè competere ijs, qui ſe caſtrarint propter regnum Dei: idque quia Germanis ſic vocetur ſus femina. Quanto veriſimilius dixeris, Ægyptiaca* Nonnus & Nonna *eſſe ab Hebræo* נן nin, *ideſt,* filius: *erant enim Nonni filiorum, Nonnæ filiarum loco.* Ie croirois plus volontiers que le mot de *Nonnus* viendroit de celuy de *monus,* qui a eſté dit pour *Monachus.* Le Chronicon Monaſterij Noualiacenſis: *Nam ipſi Moni hoc decretum ab ipſo ſuæ fundationis die vſque ad deſtructionem ipſius loci vltimam, quam fecerunt Saraceni, qui de Fraxameto venerunt, inuiolabiliter & inconcuſſè tenuerant.* La meſme Chronique: *Tunc Monus Acephalus ait: ſi mihi dederis Abbatiam & contra Abbatem meum tenerum feceris, cartas patris tibi reddam.* Pour *monus* on a dit *nonus,* M en N, comme *ocynum* pour *ocymum; nappa* pour *mappa; natta* pour *matta,* &c. Et μόνις ſe trouue en Palladius pour μόνις, ideſt, *monialis.* Et puis on a dit *Nonnus* en y adjouſtant vne N. Voyez M. de Saumaiſe ſur Solin pag. 1170. De *Nonna* on a fait le diminutif *Nonnetta,* d'où nous auons fait NONNETTE, Voyez Nicod en ſon Dictionnaire, & Meurſius en ſon Gloſſaire.

NORMAN. Du mot Alleman *man* qui ſignifie *homme,* & de celuy de *Nort* qui ſignifie *Septentrion.* Cambden au chapitre des Normans: *Hi à Septentrionali plaga vnde deuenerunt ſic dicti, nam* Nordmanni *nihil aliud ſignificat, quam viri Septentrionales, quo etiam ſenſu,* Nord-leudi, *ideſt,* populus Septentrionalis, *appellantur (commiſti enim erant ex Noruegorum, Sueonum & Danorum fortiſſimis) Caroli Magni temporibus per Friſiam, Belgicam, Angliam, Hiberniam & Galliam piraticam tanta atrocitate exercuerunt, vt cùm Carolus ille Magnus vidiſſet prædatorias eorum naues in mari Mediterraneo, effuſis lachrymis ingemuerit & dixerit, contriſtor quòd me viuente, auſi ſunt hoc littus attin-*

gere; præuideo quanta mala meis posteris sunt facturi : *&*
etiam in publicis Ecclesiarum supplicationibus sue Litanijs fuerit postea
adiectum; A furore Normanorum, libera nos Domine. *Eoque*
Francos adegerunt, vt Carolus Caluus Hastingo Normanno Archipiratæ Carnutum Comitatum ad hominem deliniendum dederit, Carolus
Caluus Godfredo Normanno partem Neustriæ cum filia in matrimonium concesserit. Deinde verò vi & armis iuxta Sequanæ ostium sibi
sedes posuerunt in regione quæ prius Neustria *corruptè dicta erat, quòd*
pars fuerat Westrasiæ; *sic enim mediæ ætatis scriptores dixerunt, quod*
Germani Westenrijch, *idest,* Occidentale regnum *vocitarunt.*
Comprehenditque quicquid inter Ligerim & Sequanam ad Oceanum interjacet. Quod postea ab illis Normannia *quasi* Septentrionalium virorum regio *appellata, cùm Carolus Simplex Rolloni eorum*
Principi è sacro baptismatis fonte suscepto confirmasset clientelari iure
tenendum, filiámque in vxorem dedisset. Le Chroniqueur de Normandie : *Parce que le Roy Charles le Simple ne mettoit nul remede à*
la deffense de son Royaume, Rou estant venu à Roüen assit en ce lieu
son principal demeure & refuge. Et parce que Rou & ses gens estoient
venus de Dennemarche qui sont les parties vers le Nort, les appellerent les gens du pays & d'ailleurs, Normans, *c'est à dire* hommes
du Nort. *Car* man *en langage d'Allemagne & de Dennemarche est*
à dire en François homme. *Et pour cette cause a esté depuis le pays*
appellé Neustrie *ou* Westrich. Nicod au mot Normandie : *Le*
mot de Normandie est deriué de cestuy Nortman, *si qu'il le faudroit*
escrire Nortmannie, *c'est à dire pays ou contrée où ceux qui sont du*
Nort font leur demeure. Mais le François adoucit le premier, dont cedit
mot est composé, & au dernier change la lettre N *posterieure en* D.
Tout ainsi qu'il fait en Banderole *de* Bannerole. *Anciennement*
cette Prouince-cy estoit partie de Neustrie, & non toute la Neustrie,
ainsi que Nicole cuide, & dit en maint endroit de ses Annales; &
nullement Westrich, *comme sans propos ne raison estime l'Autheur*
de l'Histoire de Normandie, car le mot Westrich *est significatif du*
Ponent, qui fait vn quadrant du globe du monde distinct de celuy du
Nort. Parquoy s'abuse grandement ledit Historien de Normandie.

p. 735 NOTOIRE. De *notorius*, dont le Iurisconsulte Paulus
a vsé en la Loy 6. au Digeste *ad S. C. Turpilianum* : *Nunciatores*

qui per notoria indicia produnt, notorijs *suis adsistere iubentur. Notorietas*, dont nous auons fait NOTORIETE', se trouue dans le Concile de Pise 1. sess. XII. *Sancta Synodus, attenta eorum, de quibus agitur, notorietate,* &c. Voyez Vossius *de vitiis sermonis* liure III. chap. 29.

NOVEL. Nicod le dériue de *Emmanuël*: *Noël* ou *Noüel* (ce sont ses termes) *per aphæresim canunt Galli, pro Emmanuel, idest, Nobiscum Deus.* Il vient de *natale*, comme qui diroit *Natiuité* ou *iour natal de Nostre Seigneur*. Ce mot *natale*, qui signifie *iour natal* a esté aussi pris dans l'Eglise pour le jour de la mort des Saints. Haimo dans ses Homelies: *Mos inoleuit in Sancta Ecclesia, ut dies quibus Sancti Dei exierunt à præsenti sæculo, non dies mortis, sed dies natiuitatis appellentur.* Ce mot de *Noüel* estoit autrefois vn mot de resioüissance, & on le crioit dans toutes les festes & solemnitez publiques. Alain Chartier en son Histoire de Charles VII. parlant de l'entrée de ce Roy à Paris: *Les ruës par où il passoit estoient toutes tenduës à Ciel, & pareillement les carrefours garnis de peuple à grand' foison & presse, lequel crioit* Noël *de ioye*. Et ailleurs dans la mesme Histoire: *En l'année 1437. tout au long de la grand' ruë Saint Denys, auprés d'vn iet de pierre l'vn de l'autre, estoient faits eschaffaux bien & richement tendus, où estoient faits par personnages l'Annonciation Nostre-Dame, la Natiuité Nostre Seigneur, sa Passion, sa Resurrection, la Pentecoste & le Iugement, qui seoit tres-bien. Car il se ioüoit deuant le Chastelet où est la Iustice du Roy. Et emmy la Ville auoit plusieurs autres ieux de diuers mysteres, qui seroient trop longs à raconter: & là venoient gens de toutes parts crians* Noël, *& les autres pleuroient de ioye*. André du Chesne sur cét endroit: *C'estoit l'ordinaire alors de crier* Noël *aux grandes & insignes resioüissances: principalement quand le peuple vouloit congratuler à son Prince. Car il se trouue aux Registres de la Chambre des Comptes, & aux grandes Chroniques de Saint Denys, qu'en baptisant le Roy Charles VI. en l'Eglise de Saint Paul le 3. iour de Decembre l'an* M. CCCLXVIII. *il y auoit vne grande multitude de peuple qui commença de crier* Noël. Et Monstrelet parlant du retour de *Iean Duc de Bourgogne à Paris*, escrit que les Parisiens en furent si ioyeux, qu'à son arriuée les petits enfans mesmes crioient par les ruës, Noël. *Autant en firent-ils lorsque Philippes Duc de Bourgogne, fils du precedent, y ramena sa sœur au Duc de Bethfort. Car le mesme Monstrelet dit, qu'à sa venuë fut faite grande joye des Parisiens: si y crioit-on Noüel par les carrefours où ils passoient. Et Martial de Paris, à l'entrée du Roy Charles VII. dans Vernueil:*

> Les vns aux fenestres estoient
> A voir ledit feu Roy passer;
> Puis les enfans s'agenoüilloient,
> En criant Noël sans cesser.

Et derechef:

> Ce jour vint le Roy à Vernueil,
> Où il fut reccu à grand' joye
> Du peuple joyeux à merveil,
> Et criant Noël par la voye.

Ce qui est aussi fort frequent en la Chronique de Loüys XI. qu'aucuns appellent la Medisante.

NV.

NVESSE, comme quand on dit *fief*, *Iusticier*, *Suiet en nuesse*, &c. (ce que vous trouuerez souuent dans les Coustumes d'Anjou & du Maine.) De *nudezza*, qu'on a dit pour *nuditas*. Ainsi on a dit *sobresse* pour *sobrieté*. Rabelais Prologue du liure 1. *Sobresse nonpareille*, & *simplesse* pour *simplicité*.

NVQVE du cou. De *nucula*. Les Allemans disent *nacke*.

OB.   OI.   ON.   495

OB.

OBLIGATION pour *contract*. De *obligatio*, dont les Latins ont vsé en cette signification. Tribonien dans les Institutes tit. *de Except.* §.10. *Sed eum qui ante tempus pactionis vel obligationis litem inferre ausus est*, &c. Sur lequel lieu Cujas a fait cette Note: *Obligatio pro contractu, vt in idiotismo.*

OI.

OIE. De *auca* qui a esté fait de *auica*. *Auis, auica, auca.* OIE. Le Glossaire Grec-Latin: χἠυ, *anser, auca.* Les Gloses anciennes: *auca,* ᾱνρὸν. Les Italiens disent encore apresent *occa*, & les Languedociens *auque*. Voyez *Pedauque*. Anciennement nous prononcions *ouë*, témoin la ruë des Ouës de Paris, qui fut ainsi appellée acause qu'on y vendoit des oyes. Depuis, par corruption on l'a appellée, comme on l'appelle encore apresent, la ruë des Ours. Dans la Farce de Pathelin:

Vous l'en auez prins par la mouë,
Il doit venir manger de l'ouë.

OIGNONS. De *vniones*, acausé qu'ils n'ont qu'vne teste. Ce mot se trouue en cette signification dans Columelle. Voyez M. de Saumaise sur l'Histoire Auguste pag. 323. & Charles Estienne *de Re Hortensi* pag. 97.

OISEAV. De *auicellus*, dont les Italiens ont fait *augello*.

OISON. De *auicio*. *Auicio, aucio,* OISON. Voyez *oie*.

ON.

ONCE pour *lynx*. De *lynce* ablatif de *lynx*, ɩ s'est perduë, & a passé pour article, au contraire de *lierre*.

ONCLE. De *auunculus* diminutif de *auus*, comme qui

diroit *petit grand-pere*. On a dit de mesme *auita* pour *vne tante*. Festus : *Auita patris mei soror. Auia videri potest dicta, ex eo quòd ab antiquioribus auita sit vocitata*. Patruus a esté dit pour cette mesme raison de *pater*, comme qui diroit *vn second pere*.

ONQVES. De *vnquam*.

OR.

ORANGES. De *aurantia*. M. de Saumaise sur Solin pag. 955. *Veteres Hesperidum* mala, *vel Hesperidas vocarunt aurea mala*, χρυσᾶ μῆλα, *quòd aureo colore essent*, τὼ ἰδέαν χρυσᾶ *vocat Iuba. Ergo sic potiùs aurata quàm aurea. Hinc infima Latinitas aurantia dixit pro auratis, aurans pro aurato. Sic in Lege Salica loca cognominantia pro cognominata, & in Veteribus Formulis jactante denario pro jactato : apud Marculphum, faciente contorno pro facto : & inde hodiéque, argentum computans pro computato, quæ pecunia est numerata Veteribus. Ita igitur aurans malum pro aurato, & aurantia pro auratis. Inde aurantium & arantium, idem malum qui fœdius locuti sunt recentissimi Auctores appellarunt. Ridiculi sunt qui ab Arantia vrbe id nomen deducunt, quæ Vrbs est Peloponesi, quæ posteà* Φλιῦς *dicta est. At nomen Arantium malorum vel Arantiorum, sub extremis Latinitatis demum temporibus auditum est, quibus nulla iam* Ἀραντία *fuit nec* Φλιῦς. *Præterea si ab eo oppido id nomen inuenissent, Græcis vsitatius quàm Latinis fuisset, imò Latini à Græcis hoc sumpsissent. Digni non sunt qui pluribus refellantur tam absurdæ sententiæ Auctores. Arantia pro Aurantijs corruptè dixere, vt Agustam pro Augusta, & inarantia pro inaurantibus vel inauratis. Vnde Italicum Nerancio & Hispanicum Naranjas pro inarantias vel inaurantias. Græci recentiores inde suum* Νεραντζιον *fecerunt*. Voyez Meursius en son Glossaire au mot νεραντζιον.

ORD. De *sordidus. Sordidus, sordus*, **ORD.** ou de *Olidus*.

OREE, comme quand on dit *l'orée d'vn bois*. De *orata* qui a esté fait de *ora*. Ainsi on a fait *montata* de *mons montis*, d'où nous auons fait MONTEE; *vallata* de *vallis*, d'où nous auons fait VALLEE.

ORFEVVRE.

OR. OR. 497.

ORFEVVRE. De *or*, & de *feuvre* vieux mot François qui signifie *ouvrier*, & qui vient du Latin *faber*. Alain Chartier au liure de l'Esperance ou Consolation des trois Vertus: *Est-il aduenant que la douloüere s'esmeuue contre le Charpentier, ou le marteau se rebelle à son Feuvre, & luy demande manche plus à son appetit, que au prouffit de l'ouurage?*

ORFROIE. Les Brodeurs appellent ainsi la broderie qui borde les paremens d'Autel, & les chappes & chasubles, & de laquelle on fait aussi les Croix sur les paremens. De *aurum Phrygium*, acause qu'on faisoit anciennement cette broderie d'or de Phrygie. On la fait presentement d'or de Milan.

ORGE. De *hordeum*.

ORGVE. De *organum* : ce que le mot *organiste* monstre manifestement.

ORGVEIL. De ὀργίλος, qui vient de ὀργάω qui signifie *turgeo*.

ORIBVS, comme quand on dit *poudre d'oribus*. Par raillerie, au lieu de dire *poudre d'or*. Ainsi on a dit *rasibus* pour *ras*.

ORIFLAMME. De *aurea flammula*. Cette Enseigne fut ainsi appellée de la splendeur & couleur de flamme d'or, empreinte au cendal dont elle estoit. Philippes le Breton liu. 11. de sa Philippide:

Quòd cùm flamma habeat vulgariter aurea nomen, &c.

Guillaume Guyart en son Roman des Royaux lignages:

Oriflamme est vne banniere
De cendal roujoyant & simple,
Sans pourtraiture d'autre affaire.

Voyez M. Galland en son traitté de l'Oriflamme.

ORIGINAL. De *originale*. Les Gloses: *originale*, ὀρθότοπον.

ORME. ORMEAV. De *vlmus* & de *vlmellus*. En Anjou on prononce encore *oumeau*.

ORTEIL. Par corruption pour *arteil*. De *articulus*.

ORVIETAN. C'est vne espece de contrepoison, ainsi appellée d'vn Charlatan d'Orviete, qui est vne Ville d'Italie.

OS.

OSEILLE. De *oxalis*, qui a esté fait de ὀξαλις, qui l'a esté de ὀξυς. Les Italiens disent de mesme *acetosa*.

OSER. De *ausare*. *Audeo, ausi, ausare*, OSER.

OSTAGE. Voyez *Host*.

OSTER. De *hostare*, qui a esté fait de *haurire*. *Haurio, hausi, haustum, haustare, hostare*, OSTER. On a dit *hostare* pour *haustare*, comme *plostrum* pour *plaustrum*.

OT.

OTION. Riviere d'Anjou. De *Altio*: c'est ainsi qu'elle est appellée dans les vieux tiltres.

OV.

OV. Adverbe de lieu. Du Latin *vbi*, qui vient du Grec οὖ, & d'où les Italiens ont aussi fait *oue*. OV. Conjonction. De l'Italien *o* qui vient du Latin *aut*. *Aut, au, o, ov*. Les Allemans disent *oder*, dont les Italiens ont fait *ouero*.

OVBLIE. Par corruption pour *oblaye*. De *oblata*, dont les Escriuains Ecclesiastiques des derniers temps ont vsé pour signifier la Sainte Hostie, de laquelle l'oublie a la forme. Goldstat dans ses Alemanniques tom. 1. part. 1. pag. 214. *Oblaten sunt panes rotundi* ἄζυμοι, *quos olim in Ecclesia offerebant Christiani* ἐν ταῖς ἀγάπαις, *vt loquitur B. Iudas Apostolus. Quos si consecrabant*, Hostiæ *dicebantur: si* ἀγάπας ἐποιήσαντο, *& benedictos distribuebant in Fratres Eulogiæ*, *à posterioribus* Oblatæ *ab offerendo. Iso de Miraculis S. Othmari lib.* 1. *cap.* 3. *Quædam panis rotulæ, quæ vulgò* oblatæ *dicuntur. Frequens earum apud Alamannos, sed in vsum prophanum, confectio, retinéntque nomen antiquum*. Dans les anciens Arrests du Parlement, portant Reglements des Maistres Patissiers de la ville de Paris, les oublies & les Oublieurs sont appellez *oblayes* & *Oblayeurs*.

OV. OV. 499

Casaubon se trompe, qui dériue *oublie* de ὀβελίας. C'est au chap. 25. du liure III. de ses Animaduersions sur Athenée. Du François *oblie* les Latiniseurs ont fait *oblia*, qui se trouue dans vn titre de l'année 1186. *Panis qui dicuntur* obliæ, *medietas ad Capellanum, altera ad Monachos*, &c. Lequel titre se trouue dans le liure intitulé *Bibliotheca Floriacensis* fol. 24.

OVRLET. De *orlettum* diminutif de *orlum*, qui a esté fait de *ora*. *Ora, orula, orulum, orlum*, OVRLET. Les Italiens disent encore apresent *orlo* pour signifier *la lisiere du drap*. Voyez *bord*.

OVRVARI. Du Bas-Alleman *herweer* qui signifie *en deçà*, ou imperatiuement *retourne*, qui est ce que les chasseurs d'Allemagne crient à leurs chiens pour les rappeler.

OVTARDE. De *auis tarda*. Le Lexicon Grec-Latin ὠτίς, τὸ ὄρνεον, *auis tarda*. Les Espagnols disent *auestardas*.

OVTIL. De *vtile*.

OVY pour *etiam*. Il y en a qui dériuent ce mot du Grec ὅπωσι. D'autres le dériuent du participe *oüy*, comme qui diroit *auditum est, ie vous entends*. Pour moy, ie croy qu'il vient de ces deux mots Latins *hoc est*. Presentement encore en Gascogne on dit *oc* pour dire *oüy*: d'où vient que la France dans les Ordonnances est diuisée en langue d'*oüy* & langue d'*oc*. Au lieu de *hoc est* on a dit *hoce*, *e* pour *est*, comme disent encore les Italiens; & ensuite, pour *hoce* on a dit *oe*, & puis *oue*, comme on le disoit encore vers Amiens du temps d'vn certain Carolus Bouillus, ainsi qu'il se peut voir par vne liste qu'il a faite des differences qui sont entre les nations touchant cette parole affirmative que les Latins expriment par *ita*, & laquelle liste Henry Estienne a inserée dans son traitté de la Precellence de la langue France pag. 136. Finalement, pour *oe* & *oue*, on a prononcé *oi* & puis *oüy*. De ce mot *hoc* pour *oüy*, est venu, comme ie pense, cette façon de parler, *Cela vous est hoc*. Ainsi nous disons *dire oüy* pour dire *consentir*.

Rrr ij

PA.

PACQVET. De *pactetum*, diminutif de *pactum*, qu'on a fait de *pangere*, qui a signifié *lier*, *pacqueter*, comme le témoigne son composé *compingere*.

PAGE pour *vn ieune Gentil-homme qui sert vn Seigneur*. Lipse dans son *Excursus* sur le xv. liure des Annales de Tacite, à la lettre B, le dériue de *pædagogium* : en quoy il a esté suiui par Loiseau en son liure des Ordres & simples Dignitez, chap. 4. Premierement les ieunes Gentilshommes estoient Pages des Seigneurs, & les ieunes Damoiselles estoient filles de chambre des Dames. Car, comme nous enseigne fort bien *Ragueau*, les Pages sunt *pædagogia siue pædagogiani pueri* : combien que Pinel sur Pline le dériue de *Pagani vel Pagenses*. D'autres le dériuent de παῖς. Ie croy qu'il vient de *Fabeus* qui a signifié *vn petit garçon*. Les Gloses anciennes : *Fabeus*, παῖς. *Fabea*, παιδίσκη. Quoyqu'il en soit, il est constant que le mot *Page* se prenoit autrefois pour *vn petit garçon*. Le President Fauchet liu. 1. de l'Origine des Cheualiers chap. 1. *Au contraire le mot de Page iusques au temps des Roys Charles VI. & VII. sembloit estre seulement donné à de viles personnes, comme à garçons de pied*. Car encore auiourd'huy les Tuilliers appellent Pages ces petits valets, qui, sur des pallettes, portent seicher les tuilles vertes (c'est à dire, molles & fraischement moulées) parce qu'aucunesfois il leur conuient courre & doubler le pas quand ils les portent loin, pour à point reuenir prendre l'ouurage cependant fait & moulé par le Maistre Tuillier. Aussi le mot de Page volontiers signifioit petit & jeune en ce temps-là. Le Ieu-party en la Chanson XXVIII. dit :

    Miex vaut vn jayans que vn Page,
    Et deux dismes que vn terrage.

Et possible que les Espagnols pour cette raison appellent leurs Pages moços, c'est à dire jeunes. Mais par l'Histoire & Memoires de Phi-

PA. PA. 501

lippes de Commines, il se voit que les Pages seruans les Princes & Seigneurs de son temps estoient nobles enfans, qui par tout suiuoient leurs maistres pour apprendre la vertu & les armes. En France il y a cent ans que les Pages vilains allans à pied ont commencé d'estre nommez Laquets & Naquets, pour la mesme raison que dessus, à sçauoir d'aller à pied.

PAIGNOTE. De l'Italien *pagnota*. Les Italiens appellent *Gentilhuomini di pagnota* cés Gentils-hommes que les Seigneurs loüent pour leur escorte aux iours de ceremonie.

PAIRS de France. Budée, Pasquier, & Loisel dériuent ce mot de *Patricij*. Il vient de *Pares*. Hotman en sa Franco-Gallie chap. 14. *Superest, vt de ijs Magistratibus disseramus, qui vulgò* PARES FRANCIAE *nominantur: quanquam nobis quidem non studium, sed monimentorum facultas deest. Nam ex tanto librorum numero, qui Franco-Galliæ Annales & Chronica dicuntur, ne vnus quidem extat, in quo probabilis aliqua illius instituti ratio proferatur. Quod enim Guaguinus, & Paulus Æmilius non tam Regum Gall. quàm Paparum Historicus, & alij peruulgati scribunt, Magistratus illos vel à Pipino, vel à Carolo Magno institutos fuisse: id planè absurdum esse, vel hinc licet intelligatur, quòd ex tam multis Germanis Historicis, qui Regum illorum ætate, aut paulò infra eorum ætatem Historias scripserunt, nullus planè Magistratuum illorum mentionem vel tenuissimam interponit. Quinetiam Aimoini de Francorum institutis & rebus gestis Historia, vsque ad Ludouici Pij, eiúsque Appendix ad Ludouici Iunioris Regis XXXVII. ætatem perducta, nusquam horum Parium mentionem facit. Quare tantisper dum certius aliquid afferatur, institutum ad Hugonis Capetti regnum referendum arbitrabor: qui cum remoto herede legitimo regnum occupasset, Proceres aliquot nouo aliquo honore ac beneficio sibi deuinciendos putauit: nam eiusmodi aliquid ab illo factum omnes consentiunt. Eius autem instituti exemplum facilè intelligitur ex Feudali iure sumptum fuisse: quo iure Vassali qui ab eodem Seniore ac patrono feuda receperunt, Pares inter se, hoc est, quasi ὁμότιμοι, appellantur: quorum triplex hæc potestas est: primùm, vt qui in vassallorum ordinem cooptantur, pro eorum collegio cooptentur: lib. Feud. 2. titul. 2. tum vt rogati testimonium de inuestitura dicant: lib. 2. tit. 19. postremò, vt si qua vel inter ipsos, vel inter Se-*

niorem & ipsos controuersia exoriatur, ipsi iudicium & ciuile & criminale exerceant, lib. 2. titul. 46. & tit. 52. & tit. 55. Et profectò ita est, ut Pares Franciæ hoc iure sint, primùm vt neque inaugurari, nisi pro collegio, neque abdicari, nisi caussa in consilio cognita, neque ad aliud vllum, nisi ad Collegarum iudicium, vocari possint: quanquam Parisiensis Senatus hanc sibi auctoritatem asciuit, vt Pares caussam apud se dicere iubeat. Ac Budæus quidem vir longè doctissimus, Pares illos Patritiorum nomine appellat: scribitque videri sibi ab vno aliquo Rege institutos, ex eorum numero, qui Germanicum Imperium obtinuerunt: proptereà quòd Iustinianus Patres eos ab Imperatore delectos esse ait: quasi Reip. patronos, tutorésque. Ego verò doctissimi viri sententiam non aspernor: præsertim à Parium dignitate non alienam. Fuit enim Romanorum Impp. posteriorum ætate Patritiatus, dignitas ab illa Parium non admodum dissimilis: partim quòd Reipublicæ quodammodo patres erant, vt Suidas testatur: & de summis quibúsque rebus ab Imperatore consulebantur: insignibúsque ijsdem, quibus Consules, vtebantur: ac maiorem quidem Præfecto Prætorio, minorem autem Consule, honorem atque auctoritatem habebant. Quod ex Iustiniani Nouellis, & Sidonio Apollinari, & Claudiano, & Cassiodoro præsertim cognosci potest. Sed translato in Germanos Imperij nomine vsurpatum hunc honorem non arbitror, neque verisimile est vllos eiusmodi Patritios ab aliquo Germanico Imperatore, qui idem Franco-Galliæ Rex esset, institutos fuisse, vt non aliquis ex Germanicis Historicis eius mentionem fecisset. Denique idem Budæus, eodem loco hæsitans, commemorat eiusmodi Parium dignitatem apud cæteras quoque vicinas gentes fuisse: atque in Regijs Commentarrijs scriptum esse, anno M. CC. XXIV. Ioannem quemdam Nigellanum Flandrum, cui controuersia in Flandria illata esset, à Comitissa Flandriæ, Pares Franciæ appellasse: quòd se æquo iudicio apud Pares Flandriæ certare se non posse iurasset. Cúmque à Comitissa ad Parium Flandriæ iudicium reuocaretur, tandem certis de caussis decretum, vt ea controuersia ad Pares Franciæ introduceretur. Caussa autem translati iudicij cuiusmodi fuerit, neque Budæus exponit: & qui in iure feudali versatus esset, nunquam prætermisisset. Verùm vt iam huius Magistratus institutum paulo planius ac certius exponamus: primum omnium, vt iam ante dixi, constare inter omnes arbitror, nullam Parium nominis, neque apud Germanos, neque apud Gallos Historicos ante Capevingiorum Regum mentionem inueniri. Sed quoniam eruta quædam nuper vetustatis monimenta video, atque in lucem edita, in quibus illorum Parium iura non minima ex parte designantur, operæpretium esse arbitror quæ ex illis commentariis obseruauimus, breuiter exponere: idque eo lubentius, quod ab eo ipso, à quo illi commentarij nuper euulgati sunt, in aliam partem ac veritas & ratio postulat, contorquentur. Ergo eorum quidem instituendorum caussam duplicem video fuisse: primum, vt Regis inaugurationi, atque (vt tum loquebantur) inuestituræ præessent. hoc est, vt Regem Imperij sui insignibus, atque insulis, solenniter in Principum atque Optimatum conuentu exornarent. deinde vt siquis è Potentium & Principum Franciæ numero fraudis capitalis reus fieret, iudicium illud exercerent. nam cùm antiquitus ea iudicia in publico Gentis Concilio exercerentur (vt superius copiosè demonstratum est) atque is mos Maiorum paulatim Capevingiorum instituto ad iuridiciale Parlamentum (de quo posterius dicemus) traduci cœpisset: neque Principes regni facilè illi Parlamento suas fortunas committendas putarent. Regibus illis ad suas rationes commodissimum fore visum est, præter illius Parlamenti curiam, suum hunc Parium confessum instituere, quæ Parium curia vocitata est: quorum tamen ordo ac numerus aliquandiu varius fuit. neque enim Duodecim viri semper fuerunt, vt eos ipsos à quibus hæc monimenta prolata sunt, ariolari video: sed interdum plures, interdum pauciores erant: prout Regi, à quo in summi honoris ac beneficij loco Magistratus ille deferebatur, commodum videbatur, &c. Et au mesme endroit: *His insignibus vetustatis testimoniis accedat etiam illud quod ex commentariis ann.* M CCC LX. *prolatum est: vnde intelligi potest, primùm, quod iam aliquoties diximus, certum quidem ac definitum Parium numerum fuisse, sed eius arbitrium summum penes regiam potestatem fuisse: deinde honorem illum non* Patriciatus, *vt Budæus & Budæum secuti crediderunt: sed* Pariatus *nomine appellatum fuisse· quamquam posterioribus seculis Paritatis quoque & ex Gallicæ linguæ consuetudine* Parrix *nomen illi tributum est. Verba autem illius commentarij hæc sunt: Et cum huiusmodi Ducatus dignitatis nomine, honorem superaddentes honori, Parem Franciæ ipsum fecimus, statuentes auctoritate prædicta vt ipse, quamdiu vixerit in humanis, & dicti eius heredes masculi de matrimonio legitimo procreati, post eius obitum Duces Bituricenses & Aruerniæ nc Pares Franciæ nominentur*, *omnique Ducatus & Pariatus honore cum nomine, iure, & quacunque alia prærogatiua lætentur*, &c. *Eiusdemmodi ferè illud diploma est Regis Ioh. sub ann.* 1363. *vbi honos ille non* Patriciatus *sed* Pariatus *appellatur: Ducatum Burg. in Pariatu, & quicquid iuris & proprietatis habemus in eodem, nec non in Comitatu Burg. ex successione Philippi vltimi, Ducis consanguinei nostri, charissimo Philippo filio nostro concessimus tenenda & possidenda per eum, & hæredes suos in legitimo matrimonio, ex proprio corpore proprocreandos, perpetuò, hæreditariè pacificè & quietè. Sed posterioribus temporibus* Paritatis *&* Parriæ *verbum (vt superius diximus) ex popularis linguæ consuetudine vsurpari cœpit: vt ex commentariis anni* M CCCC XIV. *cognosci potest, in quibus ita scriptum est: Eundem Iohannem consanguineum nostrum ampliori volentes fulgere dignitate, & Comitis titulum supradictum in maiorem excelsiorémque mutantes, dictum Iohannem consanguineum nostrum, in Ducem tenore præsentium sublimamus: dictúmque Comitatum Alenconii erigimus in Ducatum, volentes vt prædictus Ducatus in Perria seu Paritate nobis teneatur: sub forma tamen & modis quibus antea idem Iohannes sæpedictum tenebat Comitatum. Atque hæc quidem ex Commentariis Gallicis, vt dixi, prolata sunt: in quibus illud quoque notatione dignum est, quod dici & commemorari video: sed tamen sine teste: cùm Dux Armoricus læsæ maiestatis reus factus esset, magnopere quæsitum, à quibus iudicium illud exerceretur: ac tandem cùm Philippus Audax Burgundus idem ex Rege quæsisset, Regem de consilii sententia pronunciasse, Parem nonnisi in Parium iudicium adduci posse.* VI. *Non. Mart. ann.* M CCC XXXVI. *ac rursus Regi Carolo Septimo quærenti à Senatu Parisiensi, apud quos Pares rei capitalis rei fieri possent, idem responsum* XII. *Kal. Maii, ann.* M CCCC LVIII. *quod (vt superius dictum est) iuri feudali consentaneum est.* Loiseau en son traitté des Seigneuries chap. 5. parlant des Pairs: *Ils furent choisis, selon la plus vray-semblable opinion, par Louys le Ieune, du tout à la maniere des anciens Pairs de fief, dont parlent les liures des Fiefs, & ont aussi toutes les mesmes charges qu'eux: à sçauoir d'assister le Roy en son inuestiture, qui est son Sacre & son Couronnement, & de iuger auec luy des differens des vassaux du Royaume. Et ont les vns & les autres esté ainsi appellez, non pas pour estre égaux à leur Seigneur, mais pour estre pairs*

PA.   PA.   505

pairs & compagnons entre eux seulement, comme l'explique vn ancien Arrest donné contre le Comte de Flandres, au Parlement de Toussaints 1295. rapporté par du Tillet.

PAIS. De *pagus*, dont les Latins se sont seruis pour dire la mesme chose, comme a remarqué Scaliger sur Ausone liure I. chap. 23. *Latè patet pagi appellatio, vt & ciuitatis. Sic in veteribus monimentis Christianorum Martyrum semper legitur pagus Velaunus, hoc est tota præpositura Velaunorum : & pagus Gabalus, & sic de alijs. Vnde Gallica lingua retinuit, sed corrumpens more suo. Dicit enim* PAYS : *non enim pronunciat* G *ante vocalem ; vt pagare quod ductum est à* pacare, PAYER ; plaga, PLAYE, &c. *Pleraque Gallia olim non solùm per ciuitates, sed & per pagos habitabatur. Sic apud Plinium pagus Gessoriacus intelligitur, non de vno vico sed de magno modo agri, atque adeo de vna gente quantumvis numerosa.* M. Bignon sur Marculphe pag. 518. *Pagi appellatio latè patet. Neque enim vicus tantùm hoc nomine dicitur, sed & Prouincia, aut saltem non exigua pars Prouinciæ. Sic Plinio lib.* IV. *cap.* 17. *Gessoriacus pagus non pro vico accipitur, sed pro magno agri tractu & ciuitatis vnius territorio. Sic & septem Heluetiorum pagi apud Cæsarem : quod Gallica lingua retinuit, solita tamen mutatione* G *in* Y. PAYS *namque dicimus, vt Iosephus Scaliger Phœnix ille literarum obseruat.* Gregor. Turon. lib. IX. cap. 9. *Quicquid de pago Stampensi vel Carnoteno.* Fredegarius in Appendice Greg. *siquidem illius est cap.* 57. *Concessisse pagum Tolosanum, Chartocinum, Aganensem, Petrocorreum & Santonicum. Vnde pagenses dicti qui eiusdem pagi sunt.* Nous auons fait PAYSAN de *pagensis*, mot qui se trouue dans la Loy 7. des Lombards *de vltima voluntate*, & au titre 69. du liure 4. des Fiefs, & que les Latins ont dit de mesme que les Grecs κωμῆται, comme l'a obserué Cujas sur les liures *de Feudis*. Encore aujourd'huy en Languedoc & en Prouence on appelle les paysans *pagés*, & en Italie on dit *vn mio paësano* pour dire *vn homme de mon pays*. Nous disons *le pays du Maine, le pays d'Aunix, le pays de Rets, le pays de Galles*, &c.

PAISSE. On appelle ainsi en Anjou & aux Prouinces voisines de l'Anjou, vn moineau. De *passa* qu'on a dit pour *passer.* Les Gloses: *passa, ὀρνέȣ εἶδος*. De *passer* on a fait *passerellus*, d'où nous auons fait PASSEREAV. *Passer* & *passa* viennent du Grec πτίζα, que les Æoliens prononçoient πίζα, d'où les Latins ont fait *passa*; comme de μάζα *massa*. Voyez M. de Saumaise sur Solin pag. 444. Anciennement on prononçoit *passe*, & vous le trouuerez ainsi escrit dans le 20. Rondeau de Iean Marot, & dans le Pseaume CIV. de Clement.

PAISSEAV. On appelle ainsi en plusieurs lieux de France vn échalas. De *paxellus* qu'on a dit pour *paxillus*, comme *vascellum* pour *vascillum*, & qui est vn diminutif de *palus*, dont les Latins ont vsé pour vn échalas. Vlpien en la Loy 17. au Digeste *de act. empti*: *Pali qui vineæ causâ parati sunt, antequam collocentur, fundi non sunt.* Palus pali, palicus, palicillus, palkillus, paxillus; comme *talus tali, talicus, talkillus, taxillus; velum veli, velicum, vexillum*. Vossius se trompe, qui croit que *palus* a esté fait par syncope de *paxillus*. *Paxillare* se trouue dans Pierre de Blois Sermon XXXVII. pour appuyer la vigne auec des échalas: *Magnus namque labor impendet in vinea excolenda: vtpote quæ primùm est putanda, secundò fodienda, tertiò paxillanda, ad vltimum stercoranda.*

PALATIN. Le Palatinat du Rhin a esté autrefois appellé *Pallas*, ce qui fait que plusieurs croyent que *Palatin* a esté dit pour *Pallantin* de cette contrée appellée *Pallas*. Les autres croyent que les Palatins ont esté ainsi dits du Palais de l'Empereur, & c'est l'opinion de Pierre Pithou en son liure des Comtes de Champagne & de Brie que ie vous prie de voir.

PALEFROI. Nicod dit que le Palefroi se prend d'ordinaire dans les Romans pour le cheual sur lequel alloient les Dames, & croit que ce mot est composé de ces trois *par le frain*, acause que leurs Escuyers auoient de coustume de mener leurs cheuaux par le frain. Cette etymologie est ridicule. Ce mot vient de *palefredus* qui se trouue dans Radeuicus liu. 5. chap. 26. de l'Histoire de Frederic Barberousse pour signifier vn cheual, & dans Guillaume chap. 27. du 13. liure de la Guerre Sainte. *Palefredus* a esté dit pour *Parafredus*, qui l'a esté pour *Parauerdus*. Cujas sur le tit. de *Cursu publico*, qui est le 50. du liu. XII. du Code. *Veredi sunt publici equi cursuales, qui à* Græcis τραχοδρόμοι *ad l.8. huius tituli. Procop. II. de bello Persico:* ὁ δὲ Ἵπποις τοῖς δημοσίοις ὀχέμενος, οὓς δὴ βερέδους καλεῖν νενομίκασιν. *Et Iulianus Nou. 130. qui* τοὺς δημοσίων ἵππων δρόμον, *interpretatur veredorum cursum. Inde qui iussu Principum huc atque illuc cursu publico mittuntur,* veredarij *ab Hieronymo in Historia Esther, quos Iosephus* XI. Ἀρχαιολογίας angaros. *Et ad Eustochium,* clericus vagus veredarius vrbis. *Procopius de bello Vandal.* τοὺς τὰς βασιλικὰς ὑποκρίσεις ἀεὶ τελοῦντων, οὓς δὴ βερεδαρίους καλοῦσι. *Prima origo nominis Veredorum, quòd vehant siue ducant rhedas auctore Festo, quæ & ipsæ cursuales dicuntur l. 9. Cod. Theod. de legatis & dec. lect. &c. Sed cœpere etiam veredi appellari sine reda, &c. Paraueredi videntur esse maiores equi agminales, quos posteriores Parafredos vocarunt, vt in lege Baiuuariorum: Parafredos donent aut ipsi vadant vbi eis injunctum fuerit. Estque ea hodie equorum appellatio* Gallorum, Italorum, Hispanorúmque *communis. Francorum Regi ab omnibus suis Paraueredos solui solitos Caroli Magni Leges à Benedicto Leuita lectæ multis locis ostendunt.* Voyez le mot *destrier*, François Pithou & Lindembrog dans leurs Glossaires, M. Bignon sur Marculphe pag. 468. & M. de Saumaise sur l'Histoire Auguste pag. 228. où il improuue l'opinion de ceux qui dériuent *veredus* de *vehere redas*: *Veredarij in equis currebant*, ce sont ses termes, *& sunt quos hodie currerios dicimus. Nam veredi sunt equi cursuales, à Græca voce* βέρης *aut* βέρης *quæ fugitiuum aut fugacem significat.* βέρης, βερητός, veredus. *Falluntur enim Grammatici qui primam originem nominis veredorum hanc esse putant, quòd veherent, idest ducerent redas.* Les Italiens ont dit *Palafreno*. De *Palafreno* on a fait *Palafrenarius*, dont nous auons fait PA-LEFRENIER.

PALETTE. De *paleta*. Les Gloses : *paleta*, σφενδόνη δακτυλίου.

PALISSADE. De *paliciata* qui a esté fait de *palicium*, qui l'a esté de *palus*. Guillaume le Breton liure VII. de sa Philippide :

Paliciúmque triplex, quod erat gaillardica subtus

Mœnia, quadratis palis & robore duro
Vsque sub extremas protensum fluminis oras.

PALLIER. De *palliare* qui a esté formé de *pallium*, comme qui diroit *couurir de son manteau*.

PAMPRE. De *pampinus*. Voyez *acre*.

PANCALIERS. Espece de choux. De la Ville de Pancaliers en Sauoye, d'où ils ont esté apportez en France.

PANCARTE. De *pancharta*, qui a esté fait de παγχάρτης.

PANIER. De *panarium*, qui signifie, comme dit Varron liure IV. de LL. le lieu où l'on garde le pain. Suetone en la vie de Caligule: *Sparsit & missilia rerum, & panaria cum obsonio viritim diuisit*. Excerpta ex vet. Lex. *panarium*, ἀρτοφόρον. L'Onomasticon Grec-Latin pag. 104. *panarium*, ἀρτοθήκη. Les Gloses d'Isidore: *panarium, excipulum*. Les Grecs du bas siecle ont aussi dit πανάριον pour *vn panier*. Voyez Meursius en son Glossaire.

PANSE. De *pantex. Pantex panticis, panticia, pancia*, PANSE ou PANCE. Les Italiens disent encore *pancia*. Cette etymologie me semble indubitable: neantmoins Scaliger croit qu'il y a plus d'apparence que ce mot vienne de *panicia*: *A pantice vulgo ventrem vocamus panciam', nisi sit à pane, quasi paniciam: quod facilè credo.* C'est dans ses Commentaires sur les Priapées, sur ce vers de l'impuissance de Tibulle:

Latet iacente pantice abditus specus.

PANTOVFFLE. De l'Alleman *pantufflen* qui signifie la mesme chose. L'etymologie de Turnebe, quasi *pedum insula*, est ridicule. C'est dans ses Commentaires sur les Oraisons de Ciceron *in Rullum* pag. 9. de la premiere edition. Budée, Perionius & Tripault n'ont pas mieux rencontré, en dériuant ce mot du Grec παντόφελλος ou πατεῖν φελλός.

PAONACE. Thylesius chap. x. de son liure des Couleurs, le dériue de *puniceus*: *A Phœnicibus color phœniceus, puniceus quoque dictus, flagrat velut viola flammea: atque ita à multis olim purpura vocata fuit violacea. Hodie pene nomen seruat: nam paonacius quasi puniceus dicitur, etsi aliqui vocem hanc vernaculam à* pauonis colore factam volunt. L'opinion qu'il rejette est la veritable. *Paonace* vient de *paonacium*, qui a esté ainsi dit de la couleur des plumes du Paon. M. de Saumaise pag. 131. de la Confutation des Animaduersions de Cercoëtius : PAVONACIVM *pro violaceo Veteres dixerunt & pauonatum. Etiam hodiéque Itali pauonazzo dicunt de violaceo colore. Pauonacium veteres Galli nostri de purpurea & preciosa veste dixerunt. Geofredus vetus Poëta Rythmicus, qui circiter tempora Philippi Pulchri vixit, in Satyra cui titulum fecit* LES PATENOSTRES, *dicit amoris delicias æquè sub vili veste ac sub purpurea vel valde preciosa latere, quod hoc versu expressit :*

Aussi-bien sous bureau comme sous paonace.

PARADE. De *parata*. M. de Saumaise sur Solin pag. 1122. PARATVM *pro decore & ornamento. Hanc vocem posuere illius temporis Auctores.* Paratura *apud Tertullianum passim pro* ornatu. *Infima Latinitas* paratam *dixit : vnde nos* paradam *dicimus pro ostensione & φαντασία. Vt* malatus *qui malè se habet, quem* maladum *vocamus.* Parata *pro paratione vel paratu ; vt* oblata *pro oblatione ;* declamata *pro* declamatione ; conjuncta *pro* conjunctione *apud Apuleium in lib. de Philosophia. De paratura* nous auons fait PARVRE.

PARAIGE ou PARAGE. De *paragium* qui vient de *par*. Anciennement on disoit *parroye*, & vous le trouuerez ainsi escrit dans les Chroniques de France. Voyez Cujas sur titre 10. du liure 11. des Fiefs.

PARAVENT. De l'Italien *parauento*. Anciennement nous disions *ostevent*. Voyez *auvan*.

PARCHEMIN. De *pergaminum* qui signifie la mesme chose, & qui a esté ainsi dit de la ville de Pergame, où cette sorte de papier fut premierement inuentée. *Pergamum, pergaminum,* PARCHEMIN. Les Italiens disent de mesme *pergamena*.

PARDONNER. De *perdonare*, dont on a vsé en cette signification. Cujas sur la Loy 166. *De verb. signif. Quintilianus in Declamationibus* perdonare *vsurpat, idest, errati plenam veniam dare, quod est Gallicum & Latinum nomen. Nam si* donare *aliquid dicimus, cur non &* perdonare, *quod significat pleniorem indulgentiam ?*

Sff iij

510   PA.   PA.

Les Capitulaires liure IV. chap. 37. *Omnino modo ad partem nostram persoluat: nisi forte talem firmitatem de parte Dominica habeat, per quam ipsum tributum sibi perdonatum possit ostendere.* Les Italiens disent aussi *perdonare.*

PARREIN pour *parin.* De *patrinus*, T en R, comme ARREMENT de *atramentum*, vieux mot qui se trouue dans Froissard pour dire *de l'ancre: C'estoit vne pauure maison sale & enfumée aussi noire qu'arrement.* L'edition de Sauvage a *atrement*; mais *arrement* est la vraye leçon.

PARENT. De *parens*, dont les Latins ont vsé en cette signification. Lampridius dans la vie d'Alexandre Seuere: *Amicos & parentes Alexander si malos reperijt aut puniuit; aut si vetus vel amicitia vel necessitudo non fuit puniri, dimisit à se.* Capitolin dans la vie du jeune Maximin: *Quum Grammatico daretur, quædam parens sua libros Homericos omnes purpureos dedit aureis literis scriptos.* Dans le Code Theodosien dans les rescrits des Princes aux Prefets & Proconsuls, vous trouuerez souuent, *Aue parens carissime Augusti,* où il est constant que ce mot *parens* ne signifie autre chose que *parent:* & c'est ainsi, pour le dire en passant, que les Empereurs escriuoient aux personnes de grande condition, comme nous voyons que les Roys de France escriuent *mon Cousin* aux Ducs & Pairs & aux Officiers de la Couronne. Iornandes chap. 17. *de Rebus Geticis: Quomodò verò Getæ Gepidæque sint parentes paucis absoluam.* Le liure I. des Fiefs chap. 25. *Si quis sine filio masculo mortuus fuerit, & reliquerit filiam, filia non habeat beneficium patris, nisi à Domino redemerit. Si autem Dominus ei dare voluerit propter seruitium & amorem patris, non reuocetur ab vllo ex parentibus suis, neque damnetur.* Sur lequel lieu Cujas a fait cette Note: EX PARENTIBVS: *Ex agnatis filiæ suæ defuncti. In his libris sæpe parentes accipiuntur pro cognatis, militari & vulgari sermone, vt Hieronymus ait aduersùs Rufinum. Quo sensu plerisque etiam placet* parentelam *accipi Iulij Capitolini loco illo:* Gordianus duxit vxorem, &c. Voyez Casaubon & M. de Saumaise sur l'Histore Auguste, où ils citent plusieurs autres exemples du mot *parens* en cette signification. Voyez aussi Vossius *de vitiis Sermonis* liure III. chap. 32.

Les Espagnols disent de mesme *parientes* & *parentesco*, & les Italiens *parenti*.

PARIER pour *gager*. De *pariare*, parce que ceux qui parient gagent d'ordinaire pareilles sommes, ou des choses de pareille valeur. *Pariare* se trouue dans Tertullien, mais dans vne autre signification, à sçauoir pour *parem esse: Pariant inter se Christus & Adam.* C'est au chap. 53. *de resurrectione carnis.*

PARMI. De *per medium*, comme *emmy* de *in medio*.

PAROCHIMEN. Sorte de vin d'Espagne. D'vn certain Flaman nommé Pierre Simon, qui le premier apporta en Espagne le plan de la vigne qui porte ce vin. Paul Merula liure II. chap. 3. de la 2. partie de sa Cosmographie: *Vites Germanicæ superioribus annis in Hispaniam à Belga quodam Petro Simonis filio transportatæ, Hispanicóque solo insitæ, iamque mirum in modum multiplicatæ, experimur quotidie quàm grata producant vina; nomen eius qui transseuit retinentia.*

PAROLE. De *parabola*, dont les Escriuains de la basse Latinité se sont seruis en cette signification, & d'où les Italiens ont fait aussi *parola*, & les Espagnols *palabra*, comme Maldonat l'a remarqué sur le chap. XIII. de Saint Mathieu: *Parabolæ nomen est apud Ecclesiasticos auctores adeo vsitatum, vt quemadmodum in nonnullis superiorum sæculorum Scriptoribus obseruaui, omne verbum* parabolam *appellauerint: vnde Italis & Gallis* parole, Hispanis palabra, *quasi* parabola *facta est.* Radeuicus chap. 41. du liure I. des Gestes de l'Empereur Frederic: *Per parabolam Friderici Impp. vel nuntij eius.* Vn acte rapporté par Fray Diago liu. II. chap. 50. de l'Histoire des Anciens Comtes de Barcelonne: *Non dicam illas parabolas quas vos dixeritis ad me, & mandaueritis mihi vt celem eas.* De *parabola* on a fait le verbe *parabolare*, qui se trouue dans les Capitulaires de Charles le Chauue tit. XII. chapitre 1. tit. XXI. chapitre 2. & 3. & tit. XXIII. chapitre 4. d'où nous auons fait premierement PAROLER qui se trouue dans les vieux Romans, & puis par contraction *parler*. Budée, l'Arrestographe du Luc, & Vossius se trompent de le dériuer de παραλαῦν. Les Italiens appellent encore aujourd'huy vn grand parleur *pa-*

rabolano & *paraboloſo*. De *parabolare* on fit en ſuitte *parabolamentum* & *parlamentum*, qui fut pris au commencement pour toute ſorte de traittez & de pourparlers. Ville-Hardoüin liure 1. de ſon Hiſtoire, parlant d'vn conſeil que tinrent les Seigneurs qui entreprenoient le voyage de la Terre Sainte: *Apres priſrent li Baron vn Parlement à Soiſſons, pour ſauoir quand ils voldroient mouuoir, & quel part ils voldroient torner;* & nous vſons encore apreſent en cette ſignification du mot de *parlementer*. Ce mot ſignifia en ſuitte l'aſſemblée des Eſtats generaux, (il le ſignifie encore en Angleterre) qu'on appella *Parlamentum magnum*, *grande* & *generale* pour les diſtinguer des autres aſſemblées, où l'on ne traittoit que des affaires particulieres. L'Autheur de la vie de Louys le Ieune : *Eodem anno Caſtro Vezelaïci magnum Parlamentum congregauit. Ibi Archiepiſcopi & Epiſcopi & Abbates, & magna pars Baronum Franciæ conuenerunt.* L'Autheur de la vie de Louys VIII. *Anno Domini 1224. Ludouicus Rex Franciæ apud Pariſios Parlamentum generale tenuit.* Guillaume de Nangis en la vie de Saint Louys : *Eodem anno infra octauas Sancti Dioniſij conuocauit Rex Francorum Ludouicus grande Pariſus Parlamentum.* Et enfin vne aſſemblée de perſonnes pour decider les affaires des particuliers, qui eſt la ſignification en laquelle il eſt en vſage parmy nous. Voyez diligemment M. Caſeneuue au traitté qu'il a fait des Eſtats generaux de Languedoc, d'où j'ay pris la pluſpart des paſſages cy-deſſus alleguez.

PARPAILLAVTS pour *Huguenots*. *Parpaillot* en langage Gaſcon, ou *parpaillol*, comme on prononce en Languedoc, ſignifie proprement *papillon*. Rabelais liure 1. chap. XI. parlant de Gargantua : *Couroit volontiers apres les Parpaillots, deſquels ſon pere tenoit l'Empire.* Il auoit dit auparauant, parlant de Grangouſier : *En ſon aage viril eſpouſa Gargamelle fille du Roy des Parpaillots.* Et ce mot en cette ſignification a eſté fait de l'Italien *farfalla*, qui l'a eſté par reduplication du Grec φάλλα. Heſychius : φάλλη, ἡ πεπωδóη ψυχή. Car ψυχή parmy les Grecs, comme *anima* parmy les Latins, a eſté pris pour ce papillon qui ſe vient bruſler à la chandelle. Le meſme Heſychius :

sychius: ψυχὴ, πνεῦμα κ̀ ζωύφιον πίνόν. Valerius dans ses Catholiques: *Po syllabâ terminata producuntur, ut vappo, vapponis: animal est quod vulgo animas vocant.* Le vieux Glossaire au chapitre des Oiseaux: *anima*, ψυχή. Au lieu de φάλλη ou φάλλα les Grecs ont aussi dit φάλαινα. L'Interprete de Nicandre: Φάλαινα ῥωδίων ὅζὶν ὄνομα. ὕτω γὰρ αὐτοὶ τὰ πεὶ τὰς λύχνυς πετόμθυα θηεία καλῦσι. Mais pour reuenir au mot *Parpaillauts* en la signification de *Huguenots*, j'ay oüy dire à plusieurs personnes de la Religion Pretenduë Reformeé, qu'ils furent ainsi nommez au siege de Clerac apres que les assiegez eurent fait vne sortie couuerts de chemises blanches, en vn temps où l'on voyoit beaucoup de papillons blancs voltiger par l'air. Ce qui me fait souuenir de ces vers de Plaute:

Sed quænam illæc auis est, quæ huc cum tunicis aduenit?
Numnam it à balneis circumductus pallio?

C'est dans son Pœnulus à l'endroit où il parle du Carthaginois qui auoit vne casaque volante. D'autres disent qu'on appella ainsi les Huguenots apres que M. de la Vallette, qui s'estoit jetté dans Mets, y fit adroitement venir des Gascons, comme si on eust voulu dire qu'ils estoient là volez comme papillons.

PARS. On appelle ainsi en Bourgogne & en quelques autres lieux de France le Rudiment des petits enfans. Ou acause d'vn Rudiment ainsi intitulé, & dont il est fait mention dans Rabelais liu. 1. chap. 14. *Hugotio, Flebard, Grecisme, le Doctrinal, les Pars, le Quid est*, &c. ou bien acause des parties de l'Oraison, c'est à dire du discours, dont il est traitté dans le Rudiment, & c'est peuteftre dans ce sens qu'il faut entendre le *Doctor in partibus* de cét Epitaphe que M. Naudé a produit en son Dialogue de Mascurat & de Saint Ange:

Hic iacet Iodocus,
Qui fuit Romæ coquus,
Magister in Artibus,
Et Doctor in Partibus;
Et de gratia speciali
Mortuus in Hospitali.

Parrain p. 819.

PARVIS. Plusieurs croyent que ce mot a esté dit par corruption pour *Paradis*, & le dériuent de *Paradisus*. Du Brueil en ses Antiquitez de Paris : *La grande place qui est deuant la grande Eglise belle & nette, s'appelloit anciennement* Paradis, *representant le Paradis terrestre, auquel il ne nous faut arrester, ains passer outre, pour paruenir au Paradis celeste, signifié par l'Eglise. Cette diction a esté vsitée à Rome, & depuis vsurpée par les François, lesquels par substraction de quelques lettres, pour* Paradis *ont prononcé & escrit* Parvis : *toutesfois en quelques liures manuscrits de Nostre-Dame de Paris, il se lit encore* Paradis, *& non* Parvis : *specialement au grand Pastoral, liure 20. Charte 31. dattée de l'an 1221. au mois de Decembre : qui est l'octroy d'vne moitié de maison auprés le Parvis, fait par le Doyen & Chapitre de Nostre-Dame à vn Chapelain de la Chapelle Saint Augustin* : Dedimus ei dimidiam domum sitam in Paradiso. *Aymon liu. 4. chap. 35. au commencement du regne de Clouis II. dit que le Pape fit pauer de grandes pierres de marbre blanc le lieu dit* Paradis, *qui est deuant l'Eglise Saint Pierre Apostre. Leo Marsicanus liure 2. de la Chronique de Montcassin, chap. 9. faisant mention de l'Empereur Otho II. il dit* ; Mortuus est, & Romæ in Paradiso, id est, in atrio Ecclesiæ Beati Petri Apostoli sepultus, anno Domini 983. *Et au liure 3. chap. 26. en parlant de la nouuelle Eglise de Montcassin construite par l'Abbé Didier (qui depuis a esté Pape, nommé Victor III.) il adiouste* ; Facit & atrium ante Ecclesiam, quod nos Romana consuetudine, Paradisum dicimus, *& en icelle place encore nommée* Paradis, *Elgatia femme du Duc Robert, a voulu estre inhumée, pour la grande deuotion qu'elle auoit à l'Eglise de Montcassin, comme il escrit au 4. liure subsequant, chap. 8. Paradisus se trouue aussi en cette signification dans Paul Diacre liure v. chap. 31.* Ecclesiæ locum qui Paradisus dicitur. Voyez Lindembrog sur le lieu de Paul Diacre, cy-dessus allegué. Le Parvis de Nostre-Dame de Paris est appellé *Paruisus au liure 19. du grand Pastoral charte 49. ann. 1270. Paruisi iustitia prout se comportat per circuitum muri existenti ante domum Dei Paris. vsque ad Ecclesiam Sancti Ioannis Rotundi, & à dicto muro prout linealiter protenditur ad Ecclesiam Parisiensem* ; ce qui ne confirme pas peu l'opinion de du Brueil qui dériue *Parvis* de *Paradisus*. Les autres le dériuent de *paruisum* ou *paruisium* qui signifie proprement vn certain lieu au bas de la nef de l'Eglise où l'on enseigne les petits enfants. Mathieu Pâris en l'année CIƆCCL. *Pro illa substantiola persoluenda, cogebatur ille pauperculus, multis diebus scholas exercens venditus in paruiso libellis vitam famelicam & Codrinam protelare.* Wats dans son Glossaire expliquant ce passage: *Sanè aliquando pars quædam in inferiore naui Ecclesiæ, Scholæ exercendæ destinata, à paruis pueris ibi edoctis,* paruis *vel* paruisium, the paruis *dicebatur. Sensus igitur est, pauperculum istum non tantùm coactum fuisse scholam docere, sed & exemplaria libellorum pro paruulis suis exscribere, eisque vendere. Adhuc in celeberrima Academia Oxoniensi, postquam Magistri quodlibeta sua siue disputationes magnas in scholis publicis absoluerint, Iuniores parvis suis pomeridianis se exercent &* Paruisias *appellant. Etiam & in Collegiis Iurisperitorum nostratium, exercitium siue colloquium studentium Iuniorum* the parvile *vocabatur, quod nunc* moote *dicimus,* &c. Vn titre de l'Eglise de Nostre-Dame de Paris de l'année 1257. *Aucherus Marandé & Sedilia vxor eius asseruerunt,quòd ipsi tertiam partem habebant in quodam operatorio sito Parisius in Paruiso prope domum Domini Parisiensis, subtus scholas beatæ Mariæ Parisiensis contiguam cuidam domui domus Dei.* Vn autre Titre de l'année 1268. contenant vne Sentence de Simon Cardinal Legat contre Gauffridus Chanoine: *Contra multos scholares Clericos qui ante portas Ecclesiæ Parisiensis in loco qui dicitur* Paruisum, *& ibi circa horam septimam tum peregrinationis, tum disputationis gratia conuenerant exeuntes armati, & in ipsos scholares temerè irruentes, ex ijs aliquot grauiter vulnerarunt.* Et ie suis de cette opinion. La direction des Escholes appartient aux Euesques. Gregoire de Tours liu. VI. chap. 36. parlant d'vn Clerc du Diocese du Mans : *Igitur postquam vitæ donatus est, profert se literarum esse Doctorem, promittens Sacerdoti* (c'est à dire à l'Euesque qui estoit Atherius Euesque de Lisieux) *quòd si ei pueros delegaret perfectos eos in literis redderet. Gauisus auditu Sacerdos, pueros ciuitatis collegit, ipsique delegat ad docendum.* D'où vient que les Chanceliers des Vniuersitez sont dignitez des Eglises Cathedrales, & qu'à Paris les petites Escholes dépendent du Chantre de Nostre-Dame. Or comme il y a beaucoup d'apparence que les Euesques faisoient bastir les Escholes auprés de leurs Eglises, il y en a aussi beaucoup qu'on appella le lieu où estoient ces Escholes *pauisia, à pauis pueris*.

PASSEPASSE. Ce mot est tiré des Ioüeurs de Gobelets, qui disent souuent *passe-passe*.

PASSEPORT. Pasquier VIII. 62. croit que ce mot a esté dit par abbreuiation pour *passe-par-tout*. Il se trompe. C'est vn mot composé de *port* & de *passer*.

PASTEL. De *pastellus* qu'on a dit pour *pastillus*. M. de Saumaise sur Solin pag. 1331. *Zosimus Panopolitanus* Φοινικοπάγελλον *in eâ aëris temperatura quam* ποίησιν χαλκοῦ ξανθοῦ *vocat:* εἶτα λαβὼν ἀπὸ τοῦ Φοινικοπαγέλλου, τοῦ ἐρυθροῦ, τοῦ λεγομένου Νατὴρ ἐν Ἀέραψ. *Id vocabulum de nomine ipso puniceum pastillum videtur sonare. Nam Græci posteriores* πάγελλον *vel* παγέλλιον *appellant qui Latinis* pastillus. *Videtur eâ voce intelligere colorem illum quem vulgo vocamus* Aurantium pastellum, ORANGE' PASTEL, *qui croceus est color in rubrum vel coccinum vergens. Alias pastellum simpliciter dicimus aliud genus coloris quo cœruleum tingitur: is conficitur ex herba Isatide, quam & ipsam vulgo* pastellum *appellant, quòd contusa in pastillos digeratur. Græcis quoque recentioribus* πάγιλλος *pro Isatide, &c.*

PATAGON. Voyez *patar*.

PATAR. On appelle ainsi vn sou en Picardie. Du Flaman ou de l'Alleman *patar* qui signifie la mesme chose. *Patac* en Avignon est aussi vne espece de monnoye qui respond à nostre double, & qu'on appelle dans la Prouence, le Dauphiné, l'Auvergne & autres lieux voisins, *patac d'Avignon*. De *patac* on a fait *patagon*, qui est vne autre espece de monnoye de Flandres, qui respond à nos pieces de cinquante-huit sous, aux Reales d'Espagne, & aux Richedales d'Allemagne. Rabelais III. 26. *Tant que le sac de bled ne vaille trois patacs, & le bussart de vin que six blancs.* Villon dans la seconde Repuë :

> *Ce Lymousin, c'est chose vraye,*
> *Qu'il n'auoit vaillant vn patart.*

PATE. De *plata*, comme qui diroit *plate*. Les Italiens ont fait de mesme de *plauta* (qui est la mesme chose que *plata*) *piota* pour dire *vne pate*.

PAV. De *palus pali*.

PAVER. De *pauare* qu'on a dit pour *pauire*, d'où vient *pauimentum*. Les Gloses: *pauiclat*, ἐδαφίζει. *Pauio* a esté fait de παίω. Voyez M. de Saumaise sur Solin pag.

PAVILLON. De *papilio* qui signifie la mesme chose. Les Gloses: *papilio*, σκύνωμα. Les Roys II. XI. V. II. *Et ait Vrias ad Dauid; Arca Dei & Israël, & Iuda habitant in papilionibus*. Hugo de Clerijs en son Commentaire de la Seneschaussée de France hereditaire aux Comtes d'Anjou, que le Pere Sirmond a fait imprimer à la fin de ses Notes sur Goffridus: *Hæc ferrula accipiet Seneschallus Comitis, atque dabit leprosis. Insuper cùm Comes in exercitu Regis perrexerit, Seneschallus Franciæ papilionem centum militum capacem ei præparabit, & sommarium ad illum portandum*. De *papilio* les Italiens ont aussi fait *padiglione*.

PAVLETTE. D'vn nommé Paulet qui en fut le premier Partisan. M. de Thou pag. 1134. & 1135. de son Histoire de l'edition de Geneve: *Extremo demùm anno M. DC. IV. Ronij Marchione auctore perniciosissimi instituti res invaluit, quâ officia, quæ fere apud nos innumera sunt tam iudicialia quàm quæstoria, per omnia exæquata sunt, & turpissima nundinatione æquè propudiosè prostare iussa, annua pensitatione, quæ à Pauleto nomen sumpsit, iuxta taxationem de singulis factam impositâ*. Loiseau dans son liure des Offices hereditaires liure II. chap. 10. qui est de l'Edit du Paulet: *Cet Edit est vulgairement appellé l'Edit de Paulet, ab inuentore, comme l'action Pauliane fut nommée du nom du Preteur qui l'inuenta, ou plustost comme on donnoit aux Loix de Rome le nom de celuy qui les auoit proposées, pource que M. Charles Paulet Secretaire de la Chambre du Roy en a donné l'auis, au moins en a presenté les memoires; aussi qu'il a esté le premier fermier & partisan de la finance prouenant d'iceluy, les quittances de laquelle estant par consequent signées de luy, estoient & sont encore appellées vulgairement* Paulettes. *Aucuns le nomment l'Edit des femmes, pource qu'il redonde principalement à leur vtilité, entant qu'apres la mort des maris les*

518   PA.   PA.

offices leur sont conseruez. Dans l'Anjou, la Touraine, le Maine & la Bretagne on dit *le Paulet*, & non pas *la Paulette*. Vn nommé Palot prit le party de ce droit apres Paulet, d'où il fut aussi appellé *la Palote*, & plusieurs l'appellent encore apresent dé ce nom.

PAVOT. De *paputtus* diminutif de *papus*, qui signifie ces petites papillotes qui tombent des fleurs. Les Latins ont dit *papaver* de παποφόρος. Vossius se trompe, de dire qu'il ait esté ainsi appellé, *quòd papæ puerorum inderent ad conciliandum somnum*. C'est dans son liure *de vitijs sermonis* pag. 34.

PAVPIERE. De *palpebra*.

PAYEN. De *paganus*, qui a esté dit *à pagis*. Ce nom fut donné aux Payens, lors que les Chrestiens estoient maistres des villes, lesquels les obligeoient à demeurer à la campagne.

PAYER. Cujas sur la Loy 6. §. 1. *De negotijs gestis*, qui est de Iulianus, Iules Scaliger sur Ausone liu. 1. ch. 23. & Vossius *de vitijs sermonis* pag. 719. le dériuent de *pacare*. Celuy qui paye à paix & appaise son creancier. On a dit de mesme QVITE de *quietus*, parce que celuy qui est quite est hors de peine & en repos ; & pour cela les Iurisconsultes ont appellé vne quittance *quietatio* & *securitas*. De *pacare* on a fait *pagare*, qui se trouue dans vne Charte des Ducs de Normandie & des Rois de France. De *pagare*, PAGER, comme on prononce en plusieurs lieux sur la riuiere de Loire, & puis PAYER. M. de Saumaise de *Trapez. Fœnore* pag. 517. 518. &519. le dériue de *pactare: Latinitas recens & ex ea Græcia vocem* pactum *vsurparunt, & πάκτον pro* pactione *quæ ex pacto debetur. Sed & pro solutione, item conductione ac locatione & venditione. Hinc &* pact *Belgicè pro censu & vectigali ac tributo ex eo* pacter *vel* pactenaër, *qui aliquid conducit ex quo pensiones certas debeat locatori reddere. Græcis recentioribus* πακτώτης *tributarius qui censum ac tributum soluit. Inde & pactare Latinis infimi æui pro soluere, ex quo nostrum* PAYER, *&* pactagia *pro vectigalibus, à quo* pactagiarij, *publicani vel portitores qui ea à publico redimunt* PEAGERS, *qui & pactarij*.

PEAGE. Voſſius *de vitiis ſermonis* pag. 533. le dériue de *paagium*, qu'il croit auoir eſté dit par abbreuiation de *paſſagium*. Matthieu Pâris en l'année CIƆCCXLIX. *Violenter fecit reſtare, donec paagium extorſiſſet.* Et enſuite: *Paagium iuſſit temperari.* Et en l'année CIƆCCLVI. *Telonium quod vulgariter dicitur* paagium. Loiſeau chap. 9. de ſon traitté du Droit de Police, le dériue de *payer*: ou de *pays*, acauſe que Claudian l'appelle *patrium vectigal*: & pour cela il dit qu'il faut eſcrire *payage*; & il blaſme ceux qui le dériuent de *pedagium*, qu'il dit eſtre tourné du François, mais mal tourné.

PECVLE. De *peculium*. Cujas dans ſes Recitations ſur le titre *de iure Dotium*, & ſur le titre *de pact. Conuent.* au Code, pretend que ce mot eſt Gaulois, fondé ſur ce que dit Vlpien en la Loy 9. §. 3. au Digeſte *de iure Dotium*: *Ceterùm ſi res dentur in ea quæ Græci ὑπόφερνα dicunt, quæque Galli peculium appellant.* En quoy il a eſté ſuiuy par Denis Godefroy ſur cette Loy, & par M. Hauteſerre liu. 11. chap. 17. *Rerum Aquitanicarum*. Mais en cela ils ſe ſont tous meſpris, le mot de *culium* eſtant vn mot pur Latin. C'eſt pourquoy feu M. Loyauté dans ſes Notes ſur le liure de Saint Auguſtin contre Iulien, au lieu de *Galli* eſtimoit qu'il falloit lire *alij* dans cette Loy d'Vlpien. Mais ſelon mon aduis il n'y faut rien changer, les Gaulois dont parle le Iuriſconſulte en cét endroit, eſtant les Gaulois que les Romains appelloient Ciſalpins, & qui parloient Latin. Seruius ſur ce vers du 1. des Georgiques :

Quid dicam iacto qui ſemine comminus arma.

COMMINVS, *ideſt*, ſtatim, ſine intermiſſione. *Non eſt ergo ex propinquo, qui ſignificatus frequentiſſimus eſt in Ciſalpina Gallia. Vulgò enim dicunt vado ad eum, ſed comminus*, &c. Cornutus ſur ces mots de la Satyre II. de Perſe :

———— *grandes patinæ, tucetáque craſſa.*

TVCETA *apud Gallos Ciſalpinos bubula dicitur, condimentis quibuſdam craſſis oblita & macerata, & ideo toto anno durat.*

PEDALE. C'est le tuyau le plus gros des orgues, ainsi appellé parce qu'on le touche auec le pied.

PEDANT. De l'Italien *pedante*. Voyez Pasquier VIII. 3. Dans les poësies de Iean du Bellay vous trouuerez tousjours *pedante*.

PEGAD. Mesure de vin. Rabelais liure 1. chap. 22. *Apres auoir bien ioüé, saßé, paßé le temps, conuenoit boire quelque peu: c'estoit onze pegads pour homme.* De *picatum*, a cause de la poix auec laquelle on assembloit les pieces de ce vaisseau. Ce mot est encore vsité à Thoulouse.

PELERIN. De *peregrinus*, R en L, comme en *lilium* de λείριον. Les Italiens disent de mesme *pellegrino*.

PELLAGE. M. Galland en son Franc-alleu: *C'est vn droict non general à tous Seigneurs, au dedans des Bailliages de Mante & Meulan; ains particulier à ceux qui ont dans lesdits Bailliages des terres & ports le long de la riuiere de Seine, lesquels prennent vn droict sur chaque muid de vin chargé ou deschargé en leurs ports, mis dedans les bateaux, ou qui en est tiré. Et semble ce mot pris du Latin* appellere, PELLAGE *comme qui diroit* apellage. *Les Sieurs de Hennecourt, d'Isson, les Celestins prés Mante, & plusieurs autres en iouïssent, l'employent en leurs adueus sous le nom de* Pelage *authorisé par les Arrests.* Il en est fait mention dans la Coustume de Mante art. 196.

PELOTE. PELOTON. De *pila. Pila, pilota, pilotone.*

PENDANTS d'oreilles. De *pendentes*, dont les Latins ont vsé en cette signification, comme il se voit par ce passage d'Arculphus *de locis sacris*: Ornata virgis ferreis, pendentes, brachialia, dextroceria, murenæ, monilia, anuli, capitulares, cingella, irata, baltei, coronæ, imperium ex auro vel gemmis & ornamenta plurima. Cét Arculphus n'est pas imprimé; mais ce passage est produit par M. de Saumaise sur l'Histoire Auguste pag. 249. où il remarque que les anciens Grecs ont ainsi appellé les pendants d'oreilles κρεμαστηρας, & les Grecs modernes κριμαςαεια.

PENSER pour *songer, excogiter*. De *pensare*, dont Saint Gregoire & Yves de Chartres vsent en cette signification. Voyez Iuret sur Yves de Chartres epistre XX. PENSER pour *medicamenter*.

medicamenter. De *pensare*, dont les Latins se sont aussi seruis pour dire la mesme chose. Petrone: *Pensatis vibicibus animosior verborum notas arte contexi.* PENSER VN CHEVAL. Les Espagnols disent de mesme *pensar à cauallo*.

PEPIE. De *pipita*. Les Gloses anciennes: *pipita*, κόρυξα. Les Espagnols disent *petita*; ce qui me fait croire que *pipita* a esté dit par corruption pour *pituita*.

PEPIN. De *pipinus* diminutif de *pipus* qui signifie *petit*, & qui a esté fait de πίππος. πίππος a esté dit premierement des petits des oiseaux, & particulierement des pigeonneaux, par onomatopée a cause de leur cry; d'où viennent *pipio* & *pipire*. Ensuite il a esté pris pour *petit*: si-bien que *pepin* signifie proprement *vn petit grain*. Les Espagnols ont dit par la mesme raison *cicho* de *ciccus*. Vn de nos Rois a esté surnommé *Pepin*.

PERCHE. De *pertica*.

PERCHE, Poisson. De *perca*. Ausone dans sa Moselle:
Nec te delicias mensarum Perca silebo, &c.

PERCHE-GOVET. Province. De Guillaume Goüet qui en estoit Seigneur.

PERGOIS, comme quand on dit *cousteau pergois*. Les cousteaux de Nogent le Rotrou, qui est vne ville du Perche, sont fort renommez; ce qui me fait croire que ce mot *Pergois* a esté fait de *Percensis*, comme qui diroit *cousteau du Perche*.

PERIGORD. De *Pericordia* qu'on a dit par corruption pour *Petrocorica*, & qui se trouue dans Theodulphe pag. 201.
Nos hinc digressos cepit Petricordia (al Pericordia) tellus,
& dans les anciens exemplaires de Paulin, comme l'a remarqué le P. Sirmond sur ce passage de Theodulphe.

PERLE. Hotman en son liure intitulé *Matagonis de Matagonibus* &c. dériue ce mot de l'Alleman *berlen* qui signifie la mesme chose. Il vient de *perula*. Casaubon sur la 11. Satyre de Perse: *Margaritas infimæ Latinitatis Scriptores vocant* perulas, *quod nomen idioma nostrum seruauit. Extat apud veterem Interpretem Horatij.* M. de Saumaise sur l'Histoire Auguste pag. 323. *Vniones autem, hoc est margaritas, hodie* perulas *vocamus, voce ex Latino deflexa, quasi* pilulas, *quasi paruas pilas. Vnde &* pirula *Isidoro rotunda illa nasi extremitas pro* pilula.

Vuu

PERROQVET. Ie ne sçay pas d'où il vient. Les Anglois disent *parret*; ce qui me fait croire que nous auons dit autrefois *perrot*, dont depuis a esté fait le diminutif *perroquet*. Peuteſtre que *perrot* a esté fait par onomatopée du cry de l'oiſeau, ou que ſans raiſon nous luy auons donné ce mot, qui veut dire *petit Pierre*; comme celuy de *Sanſonnet* à vn Merle & à vn Eſtourneau, celuy de *Martin* à vn aſne, celuy de *Robert* à vn Singe, celuy de *Robin* à vn Mouton, celuy de *Colas* à vn Corbeau, celuy de *Richard* à vn Geay, celuy de *Margot* à vne Pie.

PERRVQVE. Il y a quelque apparence que ce mot vient du Grec πηνίκη qui ſignifie la meſme choſe, en chanN en R; comme en *germen* de *genimen*; en *carmen* de *canimen*; en *dirus* & *diræ* de δεινὸς & de δεινὰ, &c. & I en V, comme τρυφάλεια τευφάλεια, ἀμφικτιῶν ἀμφικτυῶν, &c. πηνίκη, *penike*, *perike*, *peruke*, *perruke* ou *perruque*. Les Grecs ont appellé φενάκη & πηνίκη vne perruque, de φέναξ qui ſignifie *vn impoſteur*, parce qu'elle impoſe. Voyez Voſſius *de vitijs ſermonis* liure II. chap. 15.

PERS. Couleur. De πέρκος ou περκνός, qui ſignifie *ſubniger*, *varius*; d'où vient le verbe περκάζειν & περκαίνειν qui ſe dit des raiſins qui commencent à noircir. Heſychius: περκνὸν, μελάνον, ποικίλον. περκάζει, μελαινίζει, ποικίλλει ἢ πεπαίνεται. περκαίνειν, διαποικίλλεσθαι, κỳ τὰ ὅμοια.

PERSIL. De *petroſelinum*, d'où les Allemans ont auſſi fait *peterſilgen*, & les Anglois *perſele*.

PETIT. De *putitus* diminutif de *putus*. Le Gloſſaire ancien: *puti*, μικροί. *Putus*, μικρὸς αὐτός, Les Italiens diſent encore apreſent *putto* & *puttino* pour dire *vn petit enfant*. Voyez *putain*.

PEV. De *paucus*; comme FEV de *focus*; IEV de *iocus*; QVEV de *cocus*, &c.

PEVR. De *pavor*. Anciennement on prononçoit *paor*. Ville-Hardoüin pag. 139. *Et porce dit-on que mult fait mal qui por paor de mort fait choſe qui luy eſt reprouuée à tos iors.*

PH.   PI.

PH.

PHILIPPINE. On appelle ainsi au Palais l'Ordonnance pour la Regalle, acause qu'elle est du Roy Philippe.

PHISICIENS. On appelloit ainsi anciennement les Medecins, acause que leur art consiste particulierement à considerer la nature des choses. Rabelais liure II. chap. XI. *Mais les Phisiciens disoient qu'à son vrine ils ne connoissoient signe euident*, &c. L'Autheur de la Bible Guyot, parlant des Medecins :

> *Fisiciens sont appellez,*
> *Sans sy ne sont-ils point nommez.*

Alain Chartier en son Histoire de Charles VII. parlant de ce Roy : *Et iusques à ce que les Physiciens luy dirent que s'il ne mangeoit, il estoit mort*, &c. Pathelin en la Farce qui porte ce nom :

> *Les Phisiciens m'ont tué*
> *De ces brouïllis qu'ils m'ont fait boire.*

Les Anglois vsent encore apresent du mesme mot en la mesme signification.

PI.

PIAILLER. De *pipillare*. Les Gloses d'Isidore : *pipilare, resonare.*

PICARDIE. Le President Fauchet liu. 2. de la Milice & Armes le dériue du mot *picque* : *Quant aux Piquenaires ou Piquiers, c'estoit ceux qui portoient les hantes menuës de bois long de quinze & dix-huict pieds, comme la Sarisse Macedonienne. Et l'on cuide que les Flamands en ont ramené l'vsage : car l'on pense que ce soit leur Godenhoc, auec lequel baston ils renuerserent les Comtes d'Artois & de Saint Paul en vn fossé voisin de Courtray l'an* M. CCC. II. *si i'ay en bonne memoire, pour retenir ce qu'à dit de ce fait d'armes Vilani. Et est possible que la picque vient du pays, qui pour telle sorte d'armes en a retenu le nom de Picardie, d'autant que les gens de pied de ce pays-là (plus volontiers que les autres Nations) vsoient de ce long bois appellé aussi Hokebos, d'autant que son effet consistoit au heurt que le Piquenaire*

523

fait apres auoir fecoüé & élranlé fon *Hokebos*, depuis appellé Picque, pour ce qu'il poind & picque. Car le mot de Picardie n'eſt pas ancien ains ſe trouue ſeulement depuis CCC. ans : Et Pierre de Blois en ſes Epiſtres, ſemble eſtre le premier qui en faſſe mention, ſi i'ay encore bonne memoire.

PICHER. On appelle ainſi en Anjou, & aux Prouinces voiſines vn vaiſſeau de terre dans lequel on boit. De *picarium* qui vient de βίκος, qui ſignifie vn petit vaiſſeau à boire, d'où les Italiens ont auſſi fait *bichiere*. Voyez Caninius dans ſes Canons des Dialectes.

PIE. Cheual, parce qu'il eſt bigarré comme vne pie. Les Eſpagnols diſent *cauallo remendado*, c'eſt à dire, cheual de diuerſes pieces.

PIECE. De *pecia*. Voyez Mathias Martinius en ſon Etymologique.

PIE' DV FOV. Maiſon illuſtre de Poitou. Par corruption pour *Puy du Fau*, ou *Fò*, qui eſt comme qui diroit vne maiſon ſituée ſur vn tertre appellé *Fau*, c'eſt à dire *fouſteau*. Voyez *Puy* & *Fouſteau*. Les Seigneurs de cette maiſon du Pié du Fou ſont appellez dans les anciens titres Latins *de Podio fagi*. Voyez l'extrait d'vne lettre de M Beſly à M. du Puy du Fou, imprimé en ſuite de ſon Hiſtoire de Poitou.

PIE' FOVRCHE'. Droit qu'on leue aux portes de Paris, ainſi dit des bœufs, vaches, moutons, & autres beſtes qui ont le pied fourchu ſur leſquelles il ſe leue.

PIEGE. De *pedica*.

PIERRERIE. De *pierre*. Les Grecs ont vſé du mot de λιθία en la meſme ſignification. Strabon liu. 15. φέρει δὲ ἡ λιθίαν ἡ χώρα πολλὺ κρυςάλλων, ἡ αὐτερώων παντοίων, καθάπερ τὰς μαργαρίτας.

PIGEON. De *pipio* qui vient de *pipire*.

PIGNON. De *pinnione* augmentatif de *pinna*. On y a mis vn *g*, comme en *oignon*, de *vnione*.

PILE. PILIER. de *pila* & de *pilarium*. PILE, comme quand on dit *croix ou pile*. V. Pilote.

PILER. De *pilare*, dont les Latins ſe ſont ſeruis pour

PI. PI. 525

premere, cogere. Hiſtrius liure 1. de la guerre Hiſtrique
 Percutit, atque haſtam pilans præ pondere frangit.
Martial liu. Epig.
 Summœnianæ quâ pilantur vxores.

PILLER pour *prendre, emporter.* De *pilare* qui a eſté pris en la meſme ſignification, comme il paroiſt par ſes compoſez *expilare, ſuppilare, compilare.* Ammian Marcellin liu. XIV. *Cognitis pilatorum cæſorúmque funeribus, nemo deinde ad has ſtationes appulit nauem.* M. Valois ſur cét endroit: *Ita edidi ex auctoritate ſcriptorum codicum, quibus editio quoque Romana & Auguſtana ſuſcribit. Sic Marcellinus in lib. vltimo loquitur de Hunnis: Nec caſtra inimica pilantes.* Et rurſus: *Pilando villas & incendendo.* *Eámque vocem ab Antiquis vſitatam fuiſſe teſtis eſt Feſtus in V.* pilare; *quæ & in idiomate noſtro adhuc manet.* Les Italiens ont auſſi fait de là *pigliare.* Feſtus dériue *pilare* de πιλητής, que les Eoliens ont dit pour φιλητής lequel ſe trouue dans Heſiode pour *brigand:* PILARE & COMPILARE *à Græco trahitur. Græci enim fures* piletas *dicunt.* Ie croirois pluſtoſt qu'il viendroit de πειρᾶν qui ſignifie *prendre:* Heſychius, πειρᾶται, πειρᾶν λαμβάνει. πειράζει, ἐπὶ δὲ ληστῶν πείραται. & de là *pirate.* πειρᾶν, *pirare, pilare,* PILLER.

PILORI. De *piluricium,* comme qui diroit *petit poteau.* *Pila, pilula, pilura,* (on dit encore en Gaſcogne *vna pilura* pour vne balle, & *pilurada* pour vn coup de mouſquet) *piluricium,* PILORI.

PILOTE. Pluſieurs croyent que *pile* eſt vn vieux mot François qui ſignifie *nauire,* fondez ſur le jeu de *croix ou pile,* & là-deſſus alleguent ce paſſage de Macrobe liu. 1. des Saturnales chap. 7. *Quum primus quoque æra ſignaret,* il parle de Ianus, *ſeruauit & in hoc Saturni reuerentiam, vt quoniam ille naui fuerat aduectus ex vna quidem parte ſui capitis effigies, ex altera verò nauis exprimeretur: quo Saturni memoriam etiam in poſteros propagaret. Æs ita fuiſſe ſignatum hodiéque intelligitur in aleæ luſu, cùm pueri denarios in ſublime iactantes* CAPITA *aut* NAVIM *luſu teſte vetuſtatis exclamant.* & vn autre d'Aurelius Victor au liure qu'il a fait de l'origine des Romains qui porte la meſme choſe. Et dans

Vuu iij

cette creance ils deriuent *Pilote* de ce mot *pile*. Mais comme ce mot ne se trouue en cette signification en aucun de nos vieux Autheurs François, ie ne puis estre de cét auis, & ie tiens pour moy que *pilote* a esté fait de *prorita*, comme qui diroit *celuy qui gouuerne la prouë*. *Prorita*, *pirota* par metathese, *pilota*, PILOTE. Quant au mot *pile* pour le reuers de la monnoye, j'ay appris des Memoires du sieur de Clerac sur les anciens poids & monnoyes de Guyenne, qui m'ont esté communiquez manuscrits par M. du Puy, qu'il auoit pris son origine de la figure d'vne pile couchée sous les armes de la ville de Bourdeaux, & qui estoit empreinte sur le reuers du soû Bourdelois.

PILOTIS. De *pila*. *Pila*, *piluta*, *pilutum*, *piluticium*, PILOTIS.

PINART espece de petite monnoye. Rabelais liu. II. *Ie vy Maistre François Villon qui demanda à Xerxes; Combien la denrée de mousarde. Vn denier, dist Xerxes: à quoy dit Villon, Tes fievres quartaines vilain, la blanchée n'en vaut qu'vn pinart, & tu nous surfais icy les viures.*

PINCER. De *pinsare*.

PINSON oiseau. De *spinthio*. Les Grecs ont nommé cét oiseau σπίζα. & σπίνος. Pour σπίνος ils ont dit σπίγγος & σπίνθος, & par diminution σπίνθιον, d'où les Latins ont fait *spinthio*, comme de τρούθιον *struthio*, de πιπίον *pipio*, de δαμάλιον *damalio*. Au lieu de *spinthio*, ils ont dit en suite *pintio*, d'où nous auons fait PINSON. Voyez M. de Saumaise sur Solin pag. 445.

PINTE. Budée & Perionius le dériuent de πίνθα. Il vient de l'Alleman *pinte*, qui signifie la moindre mesure de vin, & telle qu'est le demy-setier à Paris.

PIONS. De *peditones* diminutif de *pediles*. Cornelius Seuerus en son Etna:

Cernis & in siluis spatiosa cubilia rutro,
Antráque demissis pedites fodisse latebris.

Scaliger sur cét endroit: PEDITES *quos vulgò* peones *dicimus corruptè pro* peditones; *qui militares opus faciunt, aggerem, fossas.*

PI. PI. 527

Pedites, *peditones*, *peones*, PIONS. *Peonarij*, PIONNIERS.

PIPE'E. PIPER. Du chant des oiseaux qui crient autour de la choüette. M. de Saumaise sur Solin pag. 444. parlant de la pipée: *Hoc genus aucupij pipatam hodie vocamus à pipatu auium noctuam circumuoletantium. Inde pipare pro decipere; quod proprium est aucupum: volucrem dum decipit auceps.* Il y en a qui dériuent *piper* du Grec πιπῶ qui signifie *tromper*, témoin les mots παιδοπίπης & παρθενοπίπης. *p. 822.*

PIQVER. Peuteſtre de l'Alleman *piken*, qui dans vn vieux Gloſſaire dont fait mention Goldſtat en ſes Allemaniques tom. 1. partie 1. pag. 195. eſt interpreté par ces mots Latins *pungere* & *ſcabere*. Ou de *pungere*, pour lequel on a dit *pucare* & en ſuite *pycare*. *p. 822.*

PIRE. De *pejore*. On diſoit anciennement *pejeur*, & vous le trouuerez ainſi dans Perceforeſt.   *Pirouetter p. 739.*

PIS. Comme quand on dit *mettre la main ſur le pis*. De *pectus*. Lancelot du Lac dans ſa conqueſte du Saint Greal vol. 11. fueil. 49. verſo: *Le Roy Artus choiſit Nabigan de la Roche, qui contre luy venoit de grand'puiſſance, & le Roy ſiert des eſperons ſon deſtrier de ſi grant ire, qu'il vint rencontrer Nabigan emmy le pis, &c.* Voyez André du Cheſne ſur Alain Chartier pag. 852. *p. 739.*

PISSER. De l'Alleman *piſſen* qui ſignifie la meſme choſe. Les Allemans diſent *piſſepot* pour dire *vn pot à piſſer*. *p. 822.*

PISTACHE. De *piſtacium*, dont les Italiens ont auſſi fait *piſtacchio*. *Piſtacium* vient de ψιττάκιον, d'où la ville de Pſittaque a priſ ſon nom. Stephanus: Ψιτίακη, πόλις πρὸς τῷ Τίγριδι, ἐν ἧ τὸ φυτὸν τῆς ψιτακίων, ὡς Δημόφιλος. Caninius en ſes Dialectes dériue le Grec πιςάκιον du Punique *Fiſtaq*. *p. 822.*

PISTE. Du Latin *piſta*, mot dont les Italiens ſe ſeruent encore pour dire la meſme choſe, & qui a eſté fait fait de *piſo* qui l'a eſté de πίοσω, comme πόλις de πτόλις. *Piſo, piſtum, piſta,* PISTE. Les Gloſes: *piſat, πτίοσει*.

PISTOLE. Voyez *piſtolet*.

PISTOLET. Couarruuias le dériue de *fiſtula*: *Piſtolete arcabuz pequeño quaſi fiſtulete, à fiſtula que es el cañon del arcabuz.* *p. 739.*

Il vient de Pistoie ville d'Italie. Le President Fauchet liu. 11. de la Milice & Armes: *Cét instrument s'appella depuis* Haquebute, *& maintenant a pris le nom de* Harquebuse, *que ceux qui pensent le nom estre Italien luy ont donné, comme qui diroit* Arc à trou *que les Italiens appellent* buzo. *Finalement ces bastons ont esté reduits à vn pied & moins de longueur. Et lors ils sont nommez* Pistoles *&* Pistolets, *pour auoir premierement esté faits à Pistoie: comme aussi ayant les escus d'Espagne esté reduits à vne plus petite forme que les escus de France, ont pris le nom de* Pistolet, *& les plus petits Pistolets* Bidets, *comme l'on appelle aussi les plus petits cheuaux.* Henry Estienne en la Preface de son traité du langage François auec le Grec: *A Pistoie, petite ville, qui est à vne bonne iournée de Florence, se souloient faire de petits poignards, lesquels estans par nouueauté apportez en France, furent appellez du nom du lieu premierement* pistoiers, *depuis* pistoliers, *& en la fin* pistolets. *Quelque temps apres estant venuë l'inuention des petites harquebuses, on leur transporta le nom de ces petits poignards. Et ce pauure mot ayant esté ainsi promené long-temps, en la fin encore a esté mené iusques en Espagne & en Italie pour signifier leurs petits escus: & croy qu'encore n'a-t'il pas fait; mais que quelque matin les petits hommes s'appelleront* pistolets, *& les petites femmes* pistolettes.

p. 739 et 822

PITANCE. M. de Saumaise sur l'Histoire Auguste pag. 203. le dériue de *pittacium*: A πίτ]α, πίτ]αξ πίτ]ακος, & πιτ]άκιον, *index vel titulus pice illitus, vt affigi possit & applicari. Amphoris & dolijs affixa pittacia, vini patriam & seneƐlutem indicabant. Indices quoque libris adfixi qui nomen Auctoris præferrent,* πιτ]άκια *dicebantur &* Cίλλυβοι. *Celsus splenia, & emplastra quæ fronti ad dolorem capitis illinuntur, pittacia vocauit. Glossæ:* πιτ]άκιοι, *breuis, pittacium. Hygenus de limitibus constituendis: Deinde ex decurijs antequam sortes tollant, singulorum nomina in pittacijs & in sorticulis, & id ipsis sortientur vt sciant quis primo aut quotocumque loco exeant. Cod. Theod. tit. de erogatione mil. ann. pittacia dicuntur, breues specierum annonariarum, militibus erogandarum. Leg. xi. Susceptor antequam diurnum pittacium authenticum ab actuarijs susceperit non eroget. Quòd si absque pittacio fuerit erogatio, id quod expensum est*

est damnis ejus potius subputetur. *Vide Leg. XIII. eodem tit. & Leg. XVI. Nam secundùm ea pittacia militibus erogabantur species annonariæ, vt panis, vinum, acetum, lardum, caro veruecina capitum, & alia eiuscemodi. Hinc nos hodie pittacium addita littera, cibum & opsonium appellamus. Sic & lanternam pro laterna dicimus.* C'est aussi l'auis de Ciron en ses Obseruations sur le Droict Canon: *Horum Canonicorum Præbendariorum sportulantium nomina in tabella seu pittacio descripta erant, & quantam quisque sportulam & portionem esset suscepturus. Vnde effluxit vt à nostris a pittacio illo, portio dicta sit* PITANCE. *Varia genera distributionum illis pittacijs seu matriculis continebantur, aliquando pecunia, aliàs oleum, vinum, frumentum, aliàs panes: vnde inuestiebantur olim Canonici per panem.* M. Guyet estime qu'il vient de *pietantia* qui a esté fait de *pietas*.

PITAVX. Par corruption pour *Petaux*, qui estoient paysans qu'on leuoit pour enuoyer à la guerre. Le President Fauchet liure II. de la Milice & Armes chap. I. *Froissart au premier volume parlant du siege de Nantes*: Mais aucuns Bidaux & Petaux, & aucuns Geneuois allerent prés des barrieres pour escarmoucher & palleter à ceux de la Ville. *Le mesme parlant d'une cheuauchée en Hainaut*: Si trouuerent qu'ils estoient bien huit mille armures de fer, & douze mille Brigans, Tuffes & Termulons, que Bidaux, que Petaux, que autres gens: si, comme garçons qui poursuiuoient volontiers l'ost. *Et Monsieur Thiebaut de Marueil*; Oli quatre cens lances, sans les Bidaux. *Le mesme dit*, plus de sept-vingts vaisseaux, sans les Hochebos. Et estoient bien Normans, Bidaux, Petaux, Geneuois & Picards quarante mil qui estoient là encrez, &c. Et aucuns du pays, comme sont paysans, Tuffes & Petaux, &c. *Pour le regard des Petaux nous appellons encore Pitaux les paysans. Froissard dit quelque part*: Et pouuoient estre entour (c'est à dire, enuiron) six banieres, & deux cens Bacinets, & enuiron six cens Bidaux, ou autrement dits Petaux, tous à pied, &c.

PITE. Espece de petite monnoye, montant à la moitié d'vne maille. Rabelais liure III. chap. dernier: *Pour moins de cinquante escus Bourdelois, moderez à la douziesme partie d'vne pite, vous en aurez fait l'experience.* C'est vne monnoye de Poitiers,

PI.   PL.

& qui pour cela dans les anciens titres s'appelle *picta* : & *pictauina*. Le Chartulaire de Nostre-Dame de Iosaphat année 1239. *Ego Simon de Præsepibus miles* 16. *solidos*, 7. *denarios*, *& vnam pictauinam census dedi*. Ce mot se trouue aussi fort souuent dans le Chartulaire de Saint Denis. En celuy de Nostre-Dame de Paris il y a *pictauiensis*. En plusieurs titres François elle est appellée *poiteuine*.

PIVOT. De *piuottus* diminutif de *piuus*, qui a esté dit pour *piua* qui l'a esté pour *tibia*, & qui en vient, & dont les Italiens vsent encore apresent en cette signification. Le pivot est vn baston droit qui ressemble à celuy d'vne fluste. *Tibia, tiua, piua* : le T se change en P ; comme en *spinto* Italien, de *extinctus*.

PL.

PLACE. De *platea*, d'où les Allemans ont aussi fait *platz*.

PLAIDER. De *placitare*, qui a esté fait de *placitum*, d'où vient aussi plaid. Chopin liure 1. *de iurisdictione Andegauensi* chap. 46. *Quamobrem infima Castellani iudicia vocentur* LES PETITS PLAIDS CHASTELLAINS, *colligitur ex hac vetusta phrasi legum Francicarum Karoli Magni* : Vt nullus ebrius suam causam in mallo possit conquirere, nec testimonium ferre, nec placitum Comes habeat nisi jejunus. *Idem significatur Legis Frisionum clausula sequenti* : Dicat ille qui homicidam interpellauit, se in placito publico eum interpellare velle, & ita faciat. Interpellent eum in placito coram judicibus. Tit. 14. *legis Frisionum. Quod igitur Prisci, Romani Conuentum aut forum agere dixerunt, id nostri placitum tenere dictitant. Huc alludit Germanorum notatio* PLATZ : *quæ plateam designat. vt Othomanus animaduertit, in tract. Feudor. Eo sensu intelligitur locus Radeuici, lib.* 1. *cap.* 46. *in hæc verba* : Deinde generalem Curiam omnibus Italicis ciuitatibus, & Primoribus apud Roncalias in festo B. Martini celebrandam indicit. *At in lib. seq. ab exordio* : Iam dies Placiti affuit, qui Romanum Principem ad Campestria Roncaliæ, sicut condictum, inuitabat. *Nec aliter Longobardæ legi adscripta sunt isthæc* : Dominicus dies honoretur, & eum colere omnes studeant, vt hoc liberius possint fieri omnia mercata & placita à Comitibus. *Tit. de Ferijs* 49. *lib.*1. Et à la marge : *Placita quoque pro litibus accipiuntur apud Ottonem Frisingens. lib. Friderici* 1. *cap.* 41. *hinc* placitare *causas agere*, PLAIDER. *Sic Karolus Magnus in donatione Monasterij Vlmensis (apud Nauclerum.)* Si aduocatus, inquit, in prædicta villa placitare voluerit, vt non pluribus quam 30. equis ad placitandum veniat, &c. *Placita etiam interdum pro conuentibus Procerum Regni vel Imperij, quod & Curia dicitur, accipiuntur. Ex Gregor. Turonens. lib.* 7. *cap.* 13. *& Aimoyni lib.* 4. *cap.* 109. Le Pere Sirmond dans ses Notes sur Goffridus de Vendosme pag. 60. sur ce mot PLACITVM de l'Epistre 36. du liu. III. *Lib.*III. *Capitul.*XXCIII. Vnusquisque Comitum placitum suum habeat & justitias faciat. *Placitum dicebant iudicium aut conuentum iudicij causa. Vnde &* placitare *lib.* II. *epist.*24. *Nec iudicij modò ; sed cujuslibet negotij causa conuentus agerent & conuentiones ipsas transactionesq; rerum quarum causa conuenerant* placita vocabant : *vt placitum Ticinense Caroli Calui anno* DCCCLXXVII. *Principum, apud Iuonem epist.* XXVIII. *Flodoardus in Chronico anno* DCCCCLIII. Placitum concordiæ ac pacis Rex & Hugo mediante Quadragesima iniere Suessionis. *Placitum venditionis capit. lib.* III. LXXV. *Concilium Triburiense cap.* IX. Cum Episcopus Episcopatum circumeundo placitum Canonicè decreuerit populùmque illo inuitauerit, *&c.* Et à la pag. 35. PLACITANDI, *idest*, disceptandi, litigandi. *Honorius* II. *Goffrido Abbati :* Prohibemus ne vllus te vel aliquem successorem de his quę ille venerabilis locus sub tricennali possessione tenuerit, cogat placitare. *Item in placito Monachorum sancti Albini & sancti Sergij de controuersia pro Campiniaco, anno* M. LXXIV. Et cum voluissent Monachi sancti Sergij de minoribus rebus prius placitare, & postea de Campiniaco, visum fuit Iudicibus hoc esse injustum, vt causa illa posterior discuteretur pro qua Abbates vocati fuerant, & in vnum conuenerant. Hotman chap. XI. de sa Franco-Gallie : *Latina consuetudine* placitum *id propriè dicitur, quod re in multorum consilio quæsita & deliberata tandem inter ipsos conuenit : Vnde* Placita Philosophorum *apud Ciceronem & alios Auctores dicta sunt, Gellius lib.* 18. *cap.* 3.

PL.   PL.

Populus, *inquit*, Lacædemonius de summa Republ. quidnam esset vtile & honestum deliberabat. *Et mox*: Consilium quod dabat, acceptum ab vniuersis & complacitum est. *Sic Romæ, quæ Senatus de maioris Senatorum partis sententia decreuerat, his perscribebantur verbis*: Placere Senatui: *vt cùm ex aliis veteribus S. C. cuius notum est, tum etiam ex iis quæ in libris nostris extant: velut in l. item venunt* 20. §. *præter hæc. D. de hær. pet. & l.* 2. *D. ad Velleian. Neque quicquam in iisdem libris frequentius est, quàm* Placitum *appellari, quod inter aliquos conuenit. Velut in lib. vlt. C. de pignorib.* Pro tenore communis militantium placiti. *Et* Placitum *pro conuentione in l.* 33: *C. de transact. l.* 1. *C. de pact. l.* 4. *D. de seruit. & aliis sexcentis locis. Quæ cùm ita se habeant, non absurda, opinor, coniectura nostra videbitur, quam aliis iam quibusdam in libris nostris exposuimus, vulgatam formulam, qua etiam nunc regii scribæ in legum & constitutionum clausulis vtuntur, ex illo* Placiti *vocabulo, natam esse*: Quia tale est nostrum Placitum. *Nam cum illæ Latinis literis scriberentur (quod ex Aimoino & Capitulari Caroli Magni, & omnibus archiis, monimentisque Gallicis satis constat) postea scribæ regii, vbi populari sermone vti cœperunt, ita vel inscientia, vel malitia potius conuerterunt*: Car tel est nostre plaisir: Quoniam ita nobis placet. Maran chap. 1. de ses Discours Politiques de la Iustice: *De ce que dessus s'ensuit que ce qui est escrit en la Loy Romaine, sçauoir que tout ce qu'il plaist au Prince ordonner vniuersellement & pour le general, a force & tient lieu de Loy: & que la clause ordinaire que nos Roys employent en leurs Ordonnances,* Car tel est nostre plaisir, ou car ainsi nous plaist, *deriuée de cette source, ne se doit pas entendre d'vn plaisir volontaire, particulier & licentieux, fondé en la seule opinion & phantaisie du Prince ou de son Conseil: ains que cette maniere de parler fondée sur la Latine ne veut dire autre chose, sinon qu'apres auoir bien debattu & meurement consideré & deliberé ce dont il est question, on s'est porté à telle resolution & conclusion, comme la meilleure & plus saine. En ce sens-là les Apostres mesmes ont dit en leur premier Concile* il nous a pleu & au Saint Esprit. *Ce qui est passé comme en formulaire aux Conciles suiuants, où les Euesques opinent par le mot* PLACET, il me plaist, *qui est à dire, ie le trouue bon, c'est mon aduis. En ce mesme sens*

PL. PL. 533

les conclusions & maximes diuerses des Philosophes ont esté appellées placita, *comme qui diroit, ce qu'ils ont iugé plus à leur gré selon leur sens & raison. Et en cette sorte aussi les Iurisconsultes voulants dire modestement leurs aduis sur les disputes & controuerses du Droict, ont accoustumé de dire* PLACET, *il me plaist, qui est autant en effet que quand ils disent* VIDETVR, *il me semble. Ce qui a donné le nom de* placita *à leurs aduis, & de mesme encore aux deliberations & arrests de ce grand Senat Romain, & enfin aux Ordonnances des Empereurs. Le mot François de* plaids, plaider *& plaidoirie a mesme signification en son origine, & a esté dit en Latin* placitum *& placitare, pour dire iuger, qui est la conclusion de tant de procés: d'autant que les Iuges souloient vser en opinant & prononçant du mesme mot* placet *ou* videtur, *suiuant le general & commun formulaire cy-dessus rapporté, &c.*

PLANCHE. De *planca*, dont les Latins se sont seruis en cette signification. Pline liure VIII. chap. 43. *Nec pontes asini transeunt per raritatem plancarum translucentibus fluuijs.* Paulus Abbreviateur de Festus: *Plancæ, tabulæ planæ, ob quam causam planci appellantur, qui supra modum pedibus plani sunt.* Le Glossaire: *plancus,* πλατύπους. Planca vient de *planus*. Planus, *plancus*, plancus, planca, PLANCHE. *Planketta*, PLANCHETTE. Les Picards disent encore aujourd'huy *planque & planquette*. Les Allemans & les Anglois disent aussi *planke*. De *planca* on a fait *plancarium*, d'où nous auons fait PLANCHER.

PLEGE. De *prægius*, qui vient de *præs prædis*. M. de Saumaise *de modo vsurarum* pag. 741. *Nec magis mirum hodie in Pandectis prædum & prædiatorum nullam extare mentionem, quàm vadum & vadimoniorum, cùm tamen Iurisconsulti ex quibus ius suum curauit compilandum Iustinianus, passim ea vocabula vsurparint. Quæ omnia adeo vulgaria fuisse in Romano Imperio constat, etiam extremo, vt & vadia pro pignoribus Latinitas infima Barbaráque dixerit, & prædes pro fideiussoribus. Vnde hodiéque plegios eos appellamus, voce ex Latina detortâ, quasi pregios vel prejos mediâ literâ extritâ, vt apud nos in omnibus mos est. Nam & Romani prædes etiam in litibus priuatis, qui se fideiussores constituerent, nuncuparunt. Hinc illud Ausonij*

Xxx iij

534 PL. PL.

Quis, cùm lis fuerit nummaria, quis dabitur? præs. &c. Et en la pag. 586. *Quod* vades *olim dicebantur sponsores qui pro altero vadimonium promittebant, nomen inde factum est à Barbaris* vadium *pro pignore, quod* guadium & guagium *ex eo vocamus, vt* pregium, & *inde* plegium *pro prædio vel præde,* &c. *Præs prædis, prædius, præius, plegius,* PLEGE.

PLESSIS, comme quand on dit *le Plessis lez Tours, le Plessis-Macé, le Plessis-Bouré.* Cambden en sa Bretagne pag. 341. de l'impression de Francfort, le dériue de *placere* : PLESSI *Gallicè à placendo.* Ie croy qu'il vient de *plexicium*, qu'on aura fait de *plexus. Plexus plexi, plexicium,* PLESSIS. *Plessis* est proprement vn parc entouré de clayes, tels qu'on en voit en Angleterre. Neantmoins dans les tiltres Latins *Plessis* est appellé *Plessiacum.*

PLI, comme quand on dit, *enuoyer vne lettre sous le ply d'vn tel,* c'est à dire, *sous le couuert.* C'est vne façon de parler qui est nouuelle en France, & qui nous est venuë d'Espagne.

PLONGEON. Oiseau ainsi appellé a cause qu'il se plonge dans l'eau. Les Hebreux pour cette mesme raison l'ont appellé שלך *salach*, du verbe שלך *salach* qui signifie *proiicere, quòd in aquam se proiiciat*: & les Latins *mergus* de *mergere* Les Espagnols disent *somerguion* de *submergere.*

PLONGEON. On appelle de la sorte dans le Bourbonnois & dans l'Auvergne, les gerbes entassées & mises la teste en bas, qui se conseruent ainsi dans les champs tout du long de l'Hyver. Les Latins ont appellé de mesme les gerbes *mergites.* Virgile liure 1. des Georgiques :

Aut fœtu pecorum aut Cerealis mergite culmi,
Prouentúque oneret sulcos.

PLONGER. De *plombiare.* Le B se perd, & l'I deuient consone. *Plombiare* a esté dit pour *plonger*, a cause de ce plomb auec lequel on sonde la profondeur de l'eau. Homere parlant de l'Iris, Iliad. ω vers. 30.

ἣ δὲ μολυβδαίνῃ ἰκέλη ἐς βυσσὸν ὄρουσεν.

In fundum delapsa dea est vt glandula plumbi.

Ou a cause de la pesanteur du plomb. Exode chap. XV. 10.

PL.   PO.

Submersi sunt quasi plumbum in aquis vehementibus. Les Pescheurs mettent du plomb à leurs rets pour les faire aller au fond de l'eau.

PLVSIEVRS. Du mot *plures* & de celuy de *seniores*, dont a esté fait celuy de *sieurs*, comme nous le monstrons au mot *Sire*.

PLVVIER. Oiseau. Belon liure v. de la nature des Oiseaux chap. 16. estime que cét oiseau a esté ainsi nommé parce qu'on le prend plus aisément en temps pluuieux qu'en autre temps.

PO.

POICTOV. De *Pictauium*, qui a esté fait de *Pictones*. C'est ainsi que les anciens Geographes ont appellé les Poiteuins. M. Besly dans ses Remarques sur les Memoires de la Gaule Aquitanique : *Quelques modernes durant la barbarie des precedens siecles, ayans leu ce que dit Cesar des Pictes qui subiuguerent l'Angleterre, lesquels se teignoient de guesde, l'ont appliqué aux Poiteuins fort mal à propos, aussi-bien que Iean de Salisbery Euesque de Chartres, qui a escrit sous le Roy Loüys VII. a mal & ineptement dit, que auis picta vrbi Pictauorum contulit nomen, lenitatem gentis colore & voce præfigurans, &c.* Toutefois *Messieurs de Poictiers*, à l'entrée que le Roy Charles VII. fit en leur Ville, luy presenterent vn oiseau d'argent doré pour signifier *Poictiers*.

POISON. De *potio*, d'où les Espagnols ont aussi fait *ponçoña*, comme *enpoçonar* de *impotionare*, d'où nous auons fait EMPOISONNER. *Poison* dans les anciens liures se prend souuent en bonne part pour *potion* ou *breuuage*. Perceforest: *Puis leur firent boire poisons qu'elles sceurent que bonnes leur estoient.* Et ailleurs : *& luy donnerent à boire d'vnes poisons tant souueraines qu'il n'est nuls tant soit fourmené, ne traueillis qu'il ne soit incontinent frais & nouueaux, ne que aucunement sente blechure, ne playe qu'ils ayet.* Les Grecs ont vsé de mesme de φάρμακον en bonne & en mauuaise part.

POISSON. De *piscione*, qui a esté formé de *piscis*.

POITRAL. De *pectorale*. Les Gloses pag. 614. στηθόδεσμον, *pectorale*.

POLTRON. M. de Saumaise au liure qu'il a fait de *Trapezitico Fœnore* pag. 784. le dériue de *pollex* & de *truncare*: *Veteranis qui filios armis gerendis habiles non sponte sua militiæ obtulissent, haud impune fuit lege Valentiniani & Valentis. Iidem Impp. statuerunt flammis vltricibus comburendum eum qui ad fugienda sacramenta militiæ truncatione digitorum damnum corporis expetisset. Multi enim illo tempore quia necessitate ad bellum cogebantur præ ignauia sibi pollices truncabant, ne militarent.* Inde *pollice truncos* hodieq; *pro ignauis & imbecillibus dicimus*; sed truncata voce POLTRONES. Sauaron sur l'epistre 2. du liure 1. de Sidonius Apollinaris, Lindembrog dans ses Obseruations sur Ammian Marcellin liure XV. pag. 43. & Bourdelot dans ses Notes sur Petrone, sont de mesme auis. Mais les vns & les autres se trompent. Ce mot vient de l'Italien *poltrone* qui signifie la mesme chose, & qui vient de *poltro* qui signifie *vn lit*, comme l'a fort bien remarqué Francesco Alunno dans son Vocabulaire intitulé *la Fabrique du Monde*: POLTRONE, *ignauus*. SPOLTRARE, *expergiscere*, *da poltro che significa il letto, onde sono detti poltroni quelli che sono assai nel letto*. Galesini dans son Thresor de la langue Italienne: *Poltrire, poltroneggiare in letto*. Le Vocabulaire de la Crusca: SPOLTRIRE, *socordiam abjicere*. Dante *Infern.* 24.

Omai convien che tu così ti spoltre
Diss'el Maëstro; che seggendo 'n piume
Infama non si vien, ne sotto coltre.

Sur lequel lieu le Commentateur But. a fait cette Note: *Convien che tu così ti spoltre cioe ti spoltronischi per si fatto modo*. Acarisio d'Acento dans son Vocabulaire: SPOLTRO *da Dante. Secundo alcuni è essere più polledro, cioe giovane. Ma secondo'l Landino è vscire di poltrone, cioe destarsi e suegliarsi dal vitio a la virtù. Da* poltro *che significat* letto. *Onde poltroni quelli che stanno assai in letto. E dice* spoltrire *così significare*. Voicy les termes de Landino sur le lieu de Dante: POLTRO *significat* letto. *Onde diciamo* poltroni *gl' huomini pigri e dormigliosi. E* spoltrire *significa vscir del letto, cioe destarsi, e lasciare il sonno, e l'otio, e darsi al virtù, la via delle quali è faticosa & erta. E pone giacere in piuma, e stare sotto coltre,*

PO. PO. 537

che è coperta del letto perla vita sonnolenta, pigra, otiosa, delicata e voluttuosa, laquale è nemica di ogni virtù, e genitrice d'ogni vitio. Le mesme Dante s'est seruy dans son Purgatoire chant XXIV. de poltre pour pigre :

Comme fan bestie spauentate e poltre.

Ie croy que l'Italien poltro a esté fait de l'Alleman polseter, qui signifie vn coussin.

POMMEAV d'espée. De la ressemblance qu'il a auec vne pomme. M. de Saumaise sur l'Histoire Auguste pag. 23. μύκητα Græci vocant ensis capulum, quòd fungi formam referat. Nos POMALE à pomi similitudine vulgo appellamus. Græci quoque hodierni μῆλοι eadem de causa.

PONCIRE. De pomum cereum. M. de Saumaise sur Solin pag. 956. In ipsa Citreorum specie multæ aliæ species deprehenduntur, vt quas Limas appellant, & Limones, & Ponciras, quasi poma cerea.

PONTINARE. De l'Italien puntinara, qui a esté fait de punto in aria. Nous disons par corruption pontignac.

PONTON. De ponto, qui se trouue dans les Commentaires de Cesar pro genere Gallici nauigii. Il se trouue aussi deux fois dans la Loy derniere au Digeste de seruit. præd. rust.

PONTS de Cé. Plusieurs croyent que ces ponts ont esté ainsi appellez de Cesar : en quoy il n'y a point d'apparence, quoyqu'il soit constant que cét Empereur fit construire vn pont en ce mesme lieu. M. de Thou les appelle Pontes Sejos. Dans vn Titre sous le Roy Robert de l'année 1003. le Pont de Cé est appellé Saiacum : Ecclesiam super ripam Ligeris in villa de Saiaco.

PORCELAINE. De l'Italien porcellana.

PORC-ESPI, a cause de ses espines. Les Grecs pour la mesme raison l'ont appellé ἀκανθόχοιρος; & les Allemans l'appellent stachelschwein, mot composé de stachen qui signifie picquer, & de schwein qui signifie porc.

PORTRAIRE. De protrahere, comme PORTRAICT de protractus. Les Italiens disent ritratto. Dans Rabelais vous trouuerez souuent protraict.

Yyy

PO.   PO.

POSTE. De *posta*, *à positis equis*. *Posta* a esté dit pour *posita*, comme *repostum* pour *repositum*. Virgile: *manet alta mente repostum*.

POT. De *buttum* pour *butta* ou βυτις. Voyez *bouteille*. Les Allemans & les Anglois disent aussi *pot*.

POTIN. C'est vne espece de cuivre jaune qui ne se peut dorer, acause du plomb qui y entre. Il est composé de cuivre, de laton & de plomb, &, possible, d'vn peu d'estain. Il est ainsi appellé acause qu'on fait ordinairement les pots de cuivre de cette matiere. Voyez Savot dans son Discours des Medailles part. 2. chap. 16.

POTIRON. Peutestre de ποτήριον, acause qu'il ressemble à vn gobelet renuersé.

POVCINIERE. C'est ce qu'on appelle *les Pleiades*. Du mot *poucin*, acause que ces Pleiades sont les vnes prés des autres comme des poucins autour de la poulle.

POVCINS. De *pullicini*, qu'on a dit pour *pulliceni*, qui se trouve en cette signification dans Lampridius en la vie d'Alexander Severus: *Auiaria instituerat, pauonum, fasianorum, gallinaceorum, anatum, perdicum etiam. Hisque vehementer oblectabatur, quos habuisse ad viginti millia dicitur, & ne eorum pastus grauaret annonam, seruos habuit vectigales, qui eos ex ouis ac pullicenis ac pipionibus alerent.* Sur lequel lieu voyez M. de Saumaise.

POVELLE. De *patella*. Les Gloses anciennes: *patella*, λοπάδιον. *Excerpta ex vet. Lex. Patella*, λοπάς. Bayf est ridicule de le dériuer de λοπάδιον. Nous auons rapporté ses paroles au mot *chauffer*. *Patina, patena, patella*, POÜELLE. *Patella* a esté dit *à patendo*. Isidore xx. 18. *Patella quasi patula. Est enim olla oris patentioribus*. Pour la mesme raison on a appellé *poüaille* vn drap mortuaire, acause qu'on l'espand sur le corps mort. On escriuoit anciennement *paëlle*, & vous le trouuerez ainsi escrit dans Nicod, & dans Rabelais liure iv. chap. 5.

POVLETS pour *lettres d'amour*. M. de Saumaise sur l'Histoire Auguste pag. 16. le dériue de *puletica* ou *puleta*: *Puletica pro polypticis etiam dicimus epistolas amatorias. Sic apud Veteres ad eum vsum habebantur Duplices, & Triplices tabellæ. De Triplicibus Martialis in Apophoretis*:

PO. PO. 539

Tunc triplices nostros non vilia dona putabis,
Cùm se venturam scribet amica tibi.

De *Duplicibus* Ouidius, *vbi conqueritur inanes suas tabellas redijsse, amica non promittente*:

—————— vos re duplices pro nomine sensi.

Sic diptycha Interpreti *Iuuenalis*: Quamuis, inquit, ille diues cinædus ...... tuum conspexerit, & cupiditate blandis te epistolis & diptycis sollicitet, nihil tamen accipias, nisi stellas benè positas in genesi habueris quæ tibi hoc præstent. Eumdem vsum videntur quoque præstitisse Veteribus polypticha. Inde enim nostra *puletica* vel *puleta*. On a dit *puleticum* pour *polypticum*. Voyez *poulier*.

POVLIER. Dans plusieurs titres des Abbayes & des Chapitres le pouillier est appellé *pullare* & *pullarium*, ce qui fait que quelques-vns ont crû qu'il auoit esté ainsi appellé *à pullis*, comme qui diroit le lieu où sont tous les petits poussins, c'est à dire les Benefices qui dépendent de l'Abbaye qui en est la mere. M. de Saumaise sur l'Histoire Auguste pag. 16. le dériue de *polypticarium*, qui a esté formé de *polypticum*, qui signifie *registre*: *Polyptica igitur & syngraphæ, & chartæ publicæ pro eodem. Laterculum & radicem etiam hodie* poliarium *vocamus, quasi* polypticarium. Polypticum *accipitur ea notione apud Vegetium lib.* II. *cap.* 19. Majore prope diligentia quàm res annonaria vel ciuilis polypticis adnotatur. *Sic enim ibi legendum. Et ie suis de son auis.* La Chronique de Cambray I. 53. *Excrescente discordia inter Carlenses & Lotharienses Ecclesia Laubiensis malè labefactatur, adeo vt euerso penitus loco, famulantes pulsum iri crederentur. Episcopus tamen diuino consilio vsus* poleticum, *quod adhuc in eadem Ecclesia reseruatur, scripsit, & hoc ab Apostolica auctoritate & à comprouincialibus Episcopis confirmato, omnes Ecclesiæ ipsius peruasores à Christianorum societate sequestrans, tali modo Ecclesiam à tanto naufragio immunem reliquit.* Où *poleticum* est dit pour *polypticum*, comme *puleticum* en la Form. 19. du liu. I. de Marculphe: *Præcipientes ergo iubemus, vt si memoratus ille de capite suo bene ingenuus esse videatur, & in puletico publico censitus non est, licentiam habeat comam capitis sui tonsurare.* Au lieu de *poleticum* ou *puleticum* on a dit

Yyy ij

aussi *poletum*, comme nous l'auons fait voir au mot *poulets*, d'où vient que dans le Dauphiné le poüillier est appellé *le Poullet*. En quelques lieux de France on l'appelle aussi *le Peloux*, ce qui me fait souuenir de ce que j'ay leu autrefois dans la vie de Louys III. Duc de Bourbon, escrite par Iean Doronville dit Cabaret, que Huguemin Chauveau auoit fait vn liure en l'absence de ce Duc contenant toutes les maluersations de ses sujets qu'il auoit intitulé LE PELOVX. Touchant le mot *polypticum* voyez Cujas liu. IV. de ses Obseruations chap. 27. M. BIGNON sur Marculphe, & le P. Sirmond sur les Capitulaires de Charles le Chauue.

POVLLES d'Inde. M. de Saumaise sur Solin pag. 871. apres auoir dit que les poulles d'Inde sont les *Meleagrides* des anciens: *Indicas igitur vocamus non quòd ex India primum aduectæ sint, nam in Bœotia & Græcia passim nascuntur; sed quia quidquid ad nos transmarinum adfertur Indicum vulgo appellamus.*

POVPEE. De *pupata*, qu'on a formé de *pupa*. *Pupa, pupata,* POVPEE.

POVRPIE'. Par corruption pour *poullepied*. De *pulli pes.* C'est ainsi que Serenus appelle cette herbe: *quòd ea præsertim quæ in vineis nascitur, figura pedem pulli gallinacei referat,* dit Charles Estienne. On prononce encore en Anjou *piépou,* par corruption pour PIEDPOVL, *pulli pes.*

POVRPOINT. De *perpunctum.* L'Auteur du Pelerinage de l'Ame:

Et tout ainsi comme fait est
De pontures le Goubisson,
Pourquoy pourpoint le appelle-on.

Ainsi de *contrapunctum* nous auons fait *contrepointe,* qu'on prononce par corruption *courtepointe;* ce que le mot *Contrepointiers* fait voir éuidemment.

POVTRE pour *iument.* De *pullitra. Pullus, pulla, pullitra, pultra,* POVTRE. M. de Saumaise sur l'Histoire Aug. pag. 227. *Pullitras dixit Varro in genere gallinaceo, & pullitras opponit vetulis gallinis. Pullitros etiam pullos equinos dixerunt, qui recentioribus poledri pro pulitris. Atque ita scriptum occurrit in Legibus Salicis.* Pul-

PR. PR. 541

letrus anniculus *in Legibus* Wisig. *Hinc nos* pullitras *vel* pultras equulas vocamus. Rabelais IV. 13. *Au Sabmedy subsequent Villon eut aduertissement que Tappecoüe sur la poultre du Conuent (ainsi nomment-ils vne iument non encore saillie) estoit allé en queste à Saint Ligaire.* Il est vray que ce mot de *poutre* signifie proprement vne jeune jument, comme le monstre son etymologie, & comme Rabelais le remarque ; mais il se prend aussi pour vne jument qui porte des poulains, ce qu'on appelle *porter* absolument, & de là vient qu'on a nommé *poutres* les grosses soliues qui portent les autres plus petites. Pour cette mesme raison on les a aussi appellées *sommiers*, des cheuaux sommiers qui portent la charge.

PR.

PREBENDE. De *Præbenda*. Vossius *de vitiis Sermonis* pag. 551. *Præbendam Iuniores dixere pro* Præbenda, *numero pluratiuo; quod apud Agellium* XV. 5. *Nec tamen planè deficiunt similia; quando turundam quasi terendam, & merendam, à merendo, non à meridie dixere Veteres.* Ciron dans ses Paratitles sur le Droict Canon : *Præbenda dicta quòd pro modo & mensura præberetur. Qui eam percipiebant dicebantur Canonici Præbendarij. Hoc vocabulum* Præbenda *vsurpatum primùm temporibus* Carol. Magni Capitul. addit. III. c. 77. *Hæ Præbendæ siue reditus vnico etiam nomine Canoniæ dictæ sunt, non tam quòd competant Canonicis ob regulam assumptam, quàm ob canonem seruantibus regulam præberi solitum.*

PRENDRE. M. Caseneuve pag 93. de son Franc-alleu le dériue de *prindere* qu'on a dit pour *sumere* en langue Latine Barbare. Ie croy qu'il vient de *prehendere*.

PRESQVE. De l'Italien *presso che*. Les Italiens ont fait *presso* du Latin *pressum*, qui a esté dit pour *proximè*, comme il se voit par le mot *adpressum*, d'où les Italiens ont fait *apresso*, & nous *auprés*.

PRESSOIR. De *pressorium*. Les Gloses : *pressorium*, πιεστήριον, μαγήειον.

PRESTER. De *præstare*, dont les Latins ont vsé en

542 PR. PR.

cette signification. Les Empereurs Honoré & Theodose en la Loy derniere au Code *quod cum eo qui in aliena potestate est: Neque familiares Epistolas quibus homines plerúmque commendant absentem, in id trahere conuenit, vt pecuniam quam rogatus non fuerat impendisse pro prædiis mentiatur: cùm nisi peculiariter vt pecuniam præstet à domino fuerit postulatus.* Voyez le titre LIIII. de la Loy Salique de *Re præstata*.

PREV. C'est vn vieux mot qui signifie *profit, vtilité*. Le Fabliau de la mort fait par Helinand:

Quer certes c'est sous vaselages
Faire son PREV d'autruy demages,
Et d'autruy cuir larges correies.

Le Poëte Mounios en vne Chanson:

Les douleurs & le contraire
Sont de meillor cheance,
Qui bien sçauroit son preu faire.

Alain Chartier dans le debat des deux fortunes d'Amours:

Et son vin boiuent
Ou autre preu s'ils peuent & reçoiuent.

Il vient de l'Italien *pro* qui signifie la mesme chose, & qui a esté fait par contraction de *proficio* ou de *profectus*. Ce mot *pro* s'est aussi dit parmy nous, & nous disons encore *pro vous fasse*, pour *bien vous fasse*.

PREVEIL. J'ay appris de M. le Marquis de Montausier qu'on appelloit ainsi en Poictou certaines assemblées que les Villageois font, où ils dansent & chantent toute nuict en faisant vn grand fromage qu'ils appellent aussi du mesme nom, & que ce mot venoit de *peruigilium*. Il y a vne chanson Poictevine qui commence ainsi: *In iour estant en in Preueil*, &c.

PREVOST. Dignité Ecclesiastique. De *præpositus*. Le Pere Sirmond dans ses Notes sur Goffridus Vindocinensis pag. 83. *Præpositus Monasterij dicebatur is, cuius secundum Abbatem cura erat domus & domesticæ disciplinæ. Priorem claustralem hodie vocant. Aliud ergo Abbas seu pater Monasterii, de quo B. Gregorius I. Dialog. 1. Abbas erat honoratus, Præpositus Libertinus: Soractensis, de*

PR. PR. 543

quo cap. VII. *Præpositus Nonnosus; Abbas alius, quem asperrimum fuisse scribit. Eodem modo distingunt Græci* πατέρα χ̀ ἡγέμονα τῆς μονῆς. *Ex hoc verò loco patet non solùm sub Abbatibus, verum etiam sub Prioribus fuisse Præpositos; in iis nimirum Prioratibus, qui Conuentuales essent, vt appellant, cuiusmodi est Credonensis.*

PRIVE' pour *familier*. De *priuatus*, qui se trouue en cette signification dans les Capitulaires de Charles le Chauue pag. 291. *Illi sic priuatus non erat, sicut antea fuerat.* Le Pere Sirmond sur cét endroit: *Familiaris & amicus. Vtuntur & in Adnuntiatione sua Karolus & Lotharius. Inde in vernacula nostra* PRIVE' *familiaris*, & PRIVAVTE' *familiaritas*. Les Espagnols ont aussi fait de là leur *priuado* pour *fauory*.

PROCHE. De *prope*. Voyez *approcher*.

PROMENER. De *prominare*. Apulée liure 9. *Vniuersa iumenta ad locum proximum bibendi causa gregatim prominabat.* Voyez *mener*.

PROSNE. On prononce *prome* en quelques lieux, ce qui a fait croire à quelques-vns que ce mot *Prosne* venoit de *proœmium*, le Prosne se disant deuant la consecration qui est proprement la Messe, & estant consequemment comme le le Proëme de la Messe. D'autres le dériuent de προςναος, qui dans les Gloses pag. 592. est interpreté *ante Templum*. Nicod estime qu'il a esté dit de *præconium*: & il est tres-vray, les Autheurs Latins ayant vsé de ce mot en cette signification, comme il paroist par ce passage d'Aimoinus chap. XII. des Miracles de Saint Bernard, lequel m'a esté indiqué par M. Valois le Ieune: *Quidam rusticus dum Sacerdote*, c'est à dire le Curé, *ex more præconante audisset celebrem solemnitatem translationis Patris Benedicti annuntiari, parui pendens præceptum Sacerdotis, qui iusserat omnes suos Parochiales esse feriatos, statuit eo die agriculturæ operam dare.* C'est aussi l'auis de M. de Saumaise en son liure *de Primatu Papæ* pag. 69. où apres auoir cité ce passage de Tertullien: *Sed hoc in Ecclesia legitur & in Ecclesia pronuntiatur & virgo est. Absit, absit à sponsa Christi tale præconium*, il adjouste: *Sanè decreta eiusmodi Episcoporum, quæ nec edicta erant, nec eodem quo edicta modo scribi, proponique moris erat, in Ecclesiis legebantur ac pronuntiabantur. Quod de communi sententia Episcoporum Prouinciæ decreuerat aliquis maioris ciuitatis Episcopus, quo quid ad mores pertinens, aut ad doctrinam sancitum fuerat, per Diaconum recitabatur. Hoc officium certè Diaconorum videmus esse in omnibus Concilijs antiquis, vt quidquid legendum esset atque intimandum conssessui, vt Epistolas, sententias, decreta, & alia huiusmodi, ex libello recitarent.* Præconium *vocat Tertullianus decretum Episcopale, quod in Ecclesia legitur ac pronuntiatur. Inde deducta appellatio vulgaris in idiotismo nostro, quo* proœmium, *quasi* præconium *extritâ de medio literâ more Gallicæ siue Romanensis linguæ dicimus,* alloquutionem illam quam ad plebem faciunt Curati singulis diebus Dominicis in parœcis suis, vt admoneant de ferijs in hebdomada tota obseruandis, & aliis quibuslibet rebus quæ in notitiam plebis vulgandæ sunt. Hoc præonari dicunt, ex præconari ductum, quod & de quocunque præconio faciendo vsurpatur. Et celuy de Picherel en sa dissertation de la Messe chap. 1. où apres auoir monstré comme, lors que celuy qui celebroit la Messe estoit sur le point de commencer la consecration, le Diacre congedioit les Catechumenes, & auec eux les Penitens, il dit; *Ab hac antiqua consuetudine manauit, quod hodie Curatus, quem appellant, in fine sui, in Missa quam Dominico die celebrant, præconij, Gallicè denuntiat:* S'il y a aucun ou aucune qui soit en sentence d'excommuniement, ie luy fais commandement qu'il sorte, jusques à ce que le seruice diuin soit fait & accomply.

PROTECOLLE. Par corruption pour *Protocolle*. De *Protocollum*, qui signifie proprement la premiere fueille d'vn liure : *Prima scheda quæ primo loco adglutinata erat*, comme ἐσχατοκόλλιον, la derniere fueille : *Vltima scheda vltimo nempe loco glutinata*. Martial :

  Vix lectis tibi paginis duabus
  Spectas eschatocollion.
  Et longas trahis oscitationes.

Car c'est ainsi qu'il faut lire dans cette Epigramme de Martial, comme l'a obserué M. de Saumaise, & non pas ἐσχατοκώλιον, comme le pretend Scaliger. Dans cette premiere fueille estoit la marque du papier; d'où vient que *protocollum* a aussi a aussi signifié la marque du papier. Cujas sur la Novelle 44. de Iustinien : *Protocollum quid est? alius maiorem & regiam chartam interpretatur, alius schedam negligentius scriptam, alius exemplar formularum, quo tabelliones vti solent. Omnes errant vehementer. Vt hodie chartæ habent notam aliquam, ex qua dignoscitur quis eam chartam præparauerit, ita habebant olim chartæ breuem adnotationem, quæ declarabat, quo Comite Largitionum (sub eius cura erant chartariæ) quo tempore & à quo præparatæ fuissent chartæ. Ex eo coarguebatur sæpe falsitas, sicut Lutetiæ audiui accidisse, vt Senatus suspectum chirographum ex die in eo adscripto quo nondum eius notæ charta vlla erat in rerum natura, certissimo argumento quasi falsum improbaret.* Loiseau liu. II. des Offices chap. 5. Cette mesme Novelle nous apprend encore vn beau secret, qui auoit esté ignoré iusques a ce que le docte Cujas l'ait découuert, à sçauoir qu'elle defend de couper & oster le protocole des Chartes, que nous pensons vulgairement estre la minute & premiere escriture du contract : & de fait, les Ordonnances des années 1512. & encore celle d'Orleans art. 83. l'vsurpent en cette signification ; combien qu'à la verité ce soit la marque du papier ou parchemin, où estoit inscrite l'année qu'il auoit esté fait, laquelle marque Iustinian deffend de couper, comme on pouuoit aisément faire, d'autant qu'elle estoit au haut du papier, & non pas au milieu, comme celle de nostre papier. Pource, dit-il, que par le moyen de ce protocole ou marque du papier, plusieurs faussetez ont esté découuertes ; ce qui s'est aussi veu quelquefois en France. Partant, pour se seruir apropos de cette antiquité, il seroit expedient, ce semble, d'ordonner que tout papier seroit marqué, & que la marque contiendroit l'année qu'il auroit esté fait : chose qui ne cousteroit rien, & empescheroit plusieurs faussetez, tant aux contracts qu'aux escritures. I'apprends que depuis quelques années tous les contracts & tous les actes de Iustice se font en Espagne sur vn certain papier qui est marqué de la marque du Roy, pour laquelle on luy paye vn droict, & qu'on appelle *paper sellado*, c'est à dire, papier seellé ; & qu'autrement ils seroient nuls. Iustinien de mesme dans cette Novelle 44. ordonne que tous les Tabellions ayent à escrire leurs contracts dans des papiers où il y ait vn protocole, c'est à dire la marque du *Comes Largitionum* : μὴ ἐς ἕτερον χάρτην καθαρὸν γράφειν ζυμβόλαιον, πλὴν εἰ μὴ εἰς ἐκεῖρον ὃς προκείμενοι τὸ χαλύβδιον πρωτόκολλον ἔχοι.

PROV pour *assez*. De *probè*.

PROVIGNER. De *prouineare*, comme qui diroit *vineas serere*. PROVIN de *prouinium*. En Anjou pour *prouin* on dit *prouüin* par corruption de *prouin* pour *prouin*.

PRVNELLE. De *prunella*, a cause de sa ressemblance à vne petite prune.

PV.

PVCEAV. PVCELLE. Il y en a qui dériuent ces mots de *pudicellus* & de *pudicella*. Ils viennent de *pulcellus* & de *pulcella*, qui viennent de *pullus* qui signifie *petit*. *Pullus*, *pulliculus*, *pullicellus*, *pulcellus*, *pulcella*. PVLCEAV, PVCEAV, PVLCELLE, PVCELLE. Les Italiens disent encore *pulcella*. Dante dans son Purgatoire chant xx.

  Esso parlan' ancor de la larghezza
  Che fece Nicolao à le pulcelle.

De *pulcella* on a fait le Verbe *depulcellare*, d'où nous auons fait DEPVCELER.

PVIR. De *putire*, pour *putere*.

PVNAISE. De *punicea*. On a ainsi appellé premierement les punaises rouges, a cause de leur couleur, & en suite toutes les autres.

PVTAIN. De *putana* diminutif de *puta*. Anciennement on disoit *pute* : tesmoin ces vers du Roman de la Rose :

  Toutes estes, serés, ou futes
  De fait ou de volonté putes,
  Et qui tres-bien vous chercheroit
  Putes toutes vous trouueroit.

Scaliger sur cette Epigramme des Catalectes de Virgile
  Scilicet hoc sine fraude, Vari dulcissime, dicam,
  Dispeream nisi me perdidit iste potus.
  Sin autem præcepta vetant me dicere: sanè.
  Non dicam: sed me perdidit iste puer:
Ait se amore incensum pueri quem nequiuscule volebat appellare: sed

legibus carminis prohiberi. nam ad nequitiam intererat potum non puerum appellare. Siquidem potus siue putus ὑποκόρισμα nutricum. In veteri Glossario : putus μικρός. puti μικροί. etiam puerum hodie ita vocant in Italia, & Galli pusillum vocant, petitum detortâ voce à putito. lasciuia inest, ut in usu vocis, ita & in etymo; puta enim ποσθη. argumento præputium quasi προπόσθιον. ergo lasciuia in Græcis nutricibus ἐδωκε τῶ ποσθίω pueros πόσθωνας vocare. Eadem & in Romanis à puta putos seu potos. vnde & hodie pars in muliere quæ honestè nominari non potest, vulgò in Italia eo nomine nota est. Sic ὑποκόρισμα nutricum imitatus est Catullus, cùm Caluum Salaputium vocauit, &c. Voyez Vossius de vitijs sermonis pag. 232. Le mot de *pute* & de *putain* vray-semblablement ne signifioit rien autrefois que fille, depuis il a passé en obscenité, comme celuy de *garce*, lequel en Anjou & aux Prouinces voisines de l'Anjou, se prend encore simplement pour vne fille.

PVTOIS ou PVTOIR. C'est vne espece de chat, ainsi appellé de la puanteur qu'il a. Scaliger contre Cardan CCX. 3. *Inter ea quinque Catus fœtens quoque est : pilo obscuriore, sed tam tetro odore, ut* PVT *in Liguribus Taurinis, in Gallia* PVTOIS *sit cognominatus. Picardis* CATHARET *appellatur.*

PVY. Comme quand on dit *Puy en Vellay.* De *podium.* M. Hauteserre liu. 1. des choses Aquitaniques chap. 10. *Anicium ciuitas dicta est Podium Vellaunorum ab editissimo monte, in cuius radice sita est, Podium Galli vocant vulgò* le Puy en Vellay. *Gregorius VII. P. exemplo, inquit, Caroli Magni qui in tribus locis annuatim colligebat mille & ducentas libras ad seruitium Apostolicæ Sedis, idest Aquisgranis, apud Podium Sanctæ Mariæ, apud Sanctum Ægidium. ait Podium Sanctæ Mariæ: nam Ecclesia Cathedralis est dicata Virgini Mariæ, miraculis & peregrinantium frequentiâ valde celebris. Et Rigordus :* In ciuitate Aniciensi quæ vulgò nunc Podium dicitur. Puy Laurens & Puy Morin sont de mesme appellez dans les anciens titres *Podium Laurentij,* & *Podium Morini. Podium* signifie proprement vn lieu éminent du theatre, & vient de πόδιον, à cause qu'il auance comme vn pied. De *podium* les Italiens ont aussi fait *pog-*

gio, & les Espagnols *puio*, d'où vient leur verbe *sobrepujar*, qui signifie *surmonter*. De *poggio* on a dit par diminution *poggietto*, d'où nous auons fait *Puget*, pour dire *petite eminence*. Il y a Paris vne famille qui s'appelle de ce Nom. En Touraine on dit POÜER pour dire *monter* de *podiare*. Ioseph Scaliger reprenoit M. du Puy Conseiller au Parlement, pere de Messieurs du Puy, que ie nomme par honneur, de ce qu'il s'estoit appellé en Latin *Puteanus*, qui veut dire *du Puis*, au lieu de s'appeller *Podianus*.

QV.

QVAISSE. Voyez *caisse*.

QVASIMODO, comme quand on dit *le Dimanche de la Quasimodo*. Ce Dimanche a esté ainsi appellé de l'Introite de la Messe de ce jour-là, qui commance par ces mots, *Quasimodo geniti infantes*. Tous les Dimanches de Caresme ont pris, comme celuy-cy, leur denomination de l'Introite : *Lætare*, *Iudica*, *Oculi*, &c.

QVAY. Scaliger sur Ausone liure 11. chap. 22. le dériue de *Kaï* : *Aræ sunt margines seu crepidines prominentes earum molium, quibus flumina, vt loquitur Lucretius, oppilantur. Vulgo Franci Kaïos vocant, quæ antiqua satis vox est. Inuenio enim in peruetustis Glossis Kaï, cancelli* (c'est dans les Gloses d'Isidore) *imò mihi videtur perantiqua. Nam crepidines illæ sunt oppositæ fluminibus, ad eorum impetum coërcendum. Caïare verò apud Veteres erat cohibere, coërcere, compescere. Fulgentius : Caïeta, coarxtrix ætatis. Apud antiquos enim caïatio dicebatur puerilis cædes. Vnde Plautus in Clitellaria Comœdia ait* :

Quid ? tuam amicam times, ne te manulea caïet ?

Caïare signifie *verberare*, *cædere*, & ne signifie pas *coërcere*, *cohibere*, *compescere*, nisi quatenus id fit *verberibus*, comme le monstre M. de Saumaise sur l'Histoire Auguste pag. 335.

QVELQVE. M. de Vaugelas en ses Remarques sur la langue Françoise pag. 138. le dériue de *qualiscunque*. Il vient de *qualisque* qu'on a dit pour *qualiscunque*. De ce *qualisque* l'Italien *qualche* est venu premierement, & ensuite nostre *quelque*.

QVENOVILLE. De *colucula* diminutif de *colus*. *Colus coli*, *colicula*, *colucula*, *conucula*, *quonucula*, QVENOÜILLE : CO en QVE ; comme *queu* de *cocus* : & L en N, comme en *Boulogne* de *Bononia*. L'Italien dit *conocchia*. Les Latins ont dit *colicula* de *colus*, comme *acicula* de *acus*.

QV.   QV.

QVERELLER. De *querelare*. Les Gloses d'Isidore: *querelantem, querelas afferentem.* Arnobe le jeune, qui viuoit enuiron l'an 500. *Memorans præterita bona, de malis præsentibus querelatur.* C'est sur le Pseaume LXXVI. Voyez Vossius *de vitijs sermonis* liure IV. chap. 18.

QVESTER. De *quæstare. Quæro, quæsiui, quæsitum, quæstum, quæstare,* QVESTER.

QVESTIONER. De *quæstionari*, qui se trouue en cette signification dans Cæsarius. Voyez Vossius *de vitijs sermonis* liure IV. chap. 8.

QVEVX pour *cuisinier*. Rabelais IV. 24. *Panurge mon amy, dit Frere Iean, n'aye iamais peur de l'eau ie t'en prie. Par element contraire sera ta vie terminée. Voire, respondit Panurge, mais les cuisiniers des Diables resuent quelquefois & errent en leur office: & mettent souuent boüillir ce qu'on destinoit pour rostir, comme en la cuisine de ceans les maistres Queux souuent lardent Perdrix, Ramiers & Bisets, en intention, comme est vray-semblable, de les mettre rostir; aduient toutefois que les Perdris aux choux, les Ramiers aux pourreaux, & les Bisets, ils mettent boüillir aux naueaux.* On appelloit anciennement le grand Queux de France celuy qui auoit la surintendance sur tous les Officiers de cuisines de la Maison du Roy. De *cocus*. On a fait QVEV de *cocus*, comme de *focus* FEV, de *iocus* IEV, de *locus* LEV: car on prononçoit ainsi anciennement, & non pas *lieu*, & les paysans en plusieurs lieux de ce Royaume prononcent encore apresent de mesme. Voyez Ragueau.

QVIDAN, comme quand on dit *vn certain-quidan*. Du Latin *quidam*. Les Espagnols disent de mesme *fulano* de l'Arabe فلان *phulen*, qui a esté fait de l'Hebreu פלני *pheloni*, qui signifie la mesme chose que *quidam*, & qui a esté fait de la racine פלא *fala* qui signifie *absconditum esse*. Les Grecs ont dit de mesme ὁ δεῖνα. Voyez Covarruvias au mot *fulano*, & M. Grotius sur ces mots de Saint Mathieu, πρὸς τὸν δεῖνα XXVI. 18.

QVINOLA. Pour *vn Escuier de Dames, vn Meneur*. De l'Espagnol *Quinola*, qui signifie proprement le valet de cœur au jeu de la petite prime, mais qui se dit aussi en la mesme signification que le François *Quinola*.

QVINPERLAY. Ville de Bretagne. De *Quinper*, mot Bas-Breton qui signifie *ad*, & de *Ellay*, qui est le nom de la riuiere qui passe à Quinperlay, comme qui diroit *ad Ellaium flumen*. On a dit de mesme QVINPERCORENTIN, qui est comme qui diroit *ad fanum Corentini*.

QVINQVENOVE, jeu de dez. De l'Espagnol *cinco y nueue*. Ce jeu nous est venu de Flandres.

QVINTAINE. De *Quintana*. Ce jeu, qui est ancien, a esté ainsi appellé d'vn certain Quintus, qui en fut l'inuenteur. Voyez la Loy 1. au Code *de aleatoribus*, & Cujas dans son Paratitle sur cét endroit.

QVITER. QVITE. De *quietare*, comme qui diroit *reddere quietum*. Voyez Vossius liure III. *de vitijs sermonis* chap. 40. & liure IV. chap. 1. & 18. Voyez aussi ce que nous auons dit au mot *payer*.

RA.

RABATER. Ie suis de l'opinion de Nicod & de Tripault, qui le dériuent de ῥαβάτειν, dont les Grecs ont vsé pour dire se promener haut & bas, frapper, & faire du bruit. Hesychius : ῥαβάτειν ἄνω ϰ κάτω βαδίζειν, τινὲς δὲ τυπτειν ϰ ψόφον ποιεῖν ϰ φραττειν τοῖς ποσὶ ϰ ῥάσσειν. De là vient qu'on a appellé les esprits RABATS acause du bruit qu'ils font, car c'est ainsi que Iacques de Clusa qui a escrit de la façon de les chasser des maisons, remarque qu'ils sont appellez: & on les nomme encore ainsi aprésent dans les Prouinces d'Anjou, de Poitou, de Xaintonge & de Normandie. Rabelais dans sa Bibliotheque de Saint Victor: *La mommerie des rabats & lutins*. En Normandie quand on veut appeller vne femme vne vieille diablesse, on l'appelle vieille rabasse, ce qui me fait icy remarquer que *rabatz* en Alleman signifie vne fille hagarde, & qui fait beaucoup de bruit. Victorius au chap. 16. du liure XVI. de ses diuerses Leçons, dériue pareillement le mot Italien *arrabattar* du Grec ῥαβάτειν: *Testatus alibi sum multa verba quæ in consuetudine nostri sermonis nunc sunt, videri ducta esse è Græcorum lingua : atque id satis claris exemplis confirmaui. Addi autem illis potest quod vulgo dicimus de quopiam, qui nulli labori parcens, rem suam procurat angustam, arrabattarsi : eo enim verbo intelligitur festinatio quædam, crebérque motus corporis : Græcis enim quoque ῥαβάτειν idem valet, vt testimonio veterum Grammaticorum intelligitur : quorum nonnulli affirmant significare sursum, deorsumque cursitare : alij autem sonitum edere, streperéque manibus ac pedibus.*

RABOT. De *rabuttum* qu'on a dit pour *radutum*, lequel a esté fait de *rado*.

RACAILLE. Plusieurs le dériuent de ῥακαῖα, Ie croy qu'il vient de *race*, comme CANAILLE de *canis*.

RACE.

RA.   RA.

RACE. De *rádice*, l'accent en l'antepenultiefme, d'où les Italiens ont auffi fait *razza*. *Radix, rádice*, RACE. Efaïe chapit. XI. *Egredietur virga de radice Ieffe*. Voyez *Eftoc*.

RACION de pain. De l'Efpagnol *racion* qui fignifie la mefme chofe, & qui vient du Latin *ratio*. Le Gloffaire Arabe & Latin : *rationi meæ, ideſt, portioni*. De là nous auons fait *recion* & *recionner*, qui font deux mots vfitez en Anjou & dans les autres Prouinces voifines, pour dire *collation*, & *faire collation*. On dit auffi en Perigourdin *recina* & *reciona*, & dans l'Artois *reciner* pour dire *faire collation*.

RADE. Peuteftre de l'Alleman *rand* qui fignifie *ora, littus*.

RADOTER. Cafaubon le dériue de *Herodote*. M. de la Mote le Vayer en fon Iugement d'Herodote pag. 6. Cafaubon mefme a crû que les contes d'Herodote auoient fait inuenter à fes calomniateurs noftre verbe RADOTER, prenant pour vne etymologie ce qui n'eft vray-femblablement qu'vne fimple allufion.

RAFER. De *rapere*, d'où les Italiens ont auffi fait *raffa* qui fignifie *rafe*: & *raffio*, qui fignifie ce ferrement crochu que les Latins ont appellé *harpago*. P fe change tres-fouuent en PH, comme en *Bofphorus* de Βόσπορος, en *trophæum* de τρόπαιον, en *Riphæi* de ῥίπαια, & en F, comme en *chef* de *capo*. *Rapere, rapare*, RAFER.

RAIE. Poiffon. De *raia*.

RAIE. De *radia* pour *radius*. En Anjou on dit *vne raife de vigne* par corruption pour *raie*. De *radius* on a fait *radione*, d'où nous auons fait RAYON.

RAIFORT. Dalechamp dit que les François ont ainfi appellé cette forte de raue, comme qui diroit *racine forte & acre*. L'opinion de Dalechamp eft veritable. *Radix* a efté dit par excellence du raifort. Dans le Gloffaire Grec-Latin pag. 620. ῥάφανος eft interpreté par *radix*, & *radix* par ῥάφανος dans le Gloffaire intitulé *Excerpta ex vet. Lex*. pag. 285.

RAILLER. Du verbe *ridiculare*. L'Onomafticon Grec-Latin: *ridiculare*, καταγέλασον. Ce verbe a efté fait de *ridicularis*, qui fe trouue dans les Glofes expliqué par γελωτοποιός. Pour

AAaa

ridiculare on a dit rediculare, comme les paysans disent encore en plusieurs lieux redicule pour ridicule, d'où en changeant l'E en A, on a fait par contraction railler. Rediculare, reillare, RAILLER. Ou de riailler qu'on a formé de rire; comme criailler de crier; piailler de pipillare.

RAIN. Vieux mot qui signifie rameau, & qui vient de ramus, comme main de manus. Alain Chartier au liure des quatre Dames:

Si cueilly vn rain d'esglentier,
Et prés du nez luy mis entier.

Le Roman de la Rose:

Rose sur rain, & nois sur branche
N'est si vermeille, ny si blanche.

RAIS. Duché en Bretagne. De Ratensis. M. de Valois en son Histoire de France pag. 285. Adjicit Auctor Annalium Bertinianorum Herispoium, quem, vt Nomenoium patrem eius, successorémque Salomonem Brittonum Ducem semper appellat, Regia veste & paternæ (vti ait) potestatis honore, hoc est patrio Regno à Carolo donatum esse, additis Redonis, Namnetis & Ratensi, idest, Ratiatensi pago, qui ex nomine vici Ratiatensis, quem Gregorius in libro de Gloria Confessorum, prope vrbem Namnetas in finibus Pictonum ponit, appellationem traxit. Vbi notandum est, cùm Nomenoius Redonas, Namnetas, & Ratiatensem regionem occupauisset, Herispoio eius filio ac successori Carolum Francorum Regem non tam condonauisse supradictas vrbes, quas iam habebat in potestate, quàm earum expugnationem & possessionem cessione sua comprobauisse: pagúmque Ratiatensem ex eo tempore Britanniæ, à qua flumine Ligere diuidebatur, partem esse cœpisse.

RAISIN. De racemus. Racemus, racimus, racinus, RAISIN: e en s, comme en plaisir de placere.

RAME de papier. En Gascogne on dit aramat pour dire abondance.

RAMIER. Oiseau. De ramarius, acause que cette sorte de pigeons perche sur les branches & rameaux des arbres: ce que les autres ne font pas. C'est pourquoy les Critiques ont trouué à dire en ces vers d'Horace de l'Ode II. du liure I.

RA.   RA.

Piscium & summâ genus hæsit vlmo,
Nota quæ sedes fuerat columbis.

qui peuuent estre deffendus par l'exemple des autres Poëtes. Anacreon:

Ἐγὼ δὲ, κ'ἰὼ ἀφῇ με,
Δύλη μβιῶ παρ' αὐτῶ.

(C'est sa Colombe qui parle)

Τί γάρ με δεῖ πέταϑαι
Ὄρη τε χ' ἀγρὖς,
Καὶ δένδρεσιν χαϑίζειν,
Φαγὖσαν ἄγριον τι.

Virgile liure VI. de l'Eneïde:

Vix ea fatus erat geminæ cum forte columbæ
Ipsa sub ora viri cœlo venere volantes, &c.
Inde vbi venere ad fauces graueolentis Auerni,
Tollunt se celeres, liquidúmque per aëra lapsæ,
Sedibus optatis geminâ super arbore sidunt.

RAMONNER. De *ramon*, qui signifie en Picardie & en plusieurs autres lieux de France *vn balé*, & qui a esté ainsi appellé de *ramo*, qu'on a dit pour *ramus*, acause que les balais se font d'ordinaire de rameaux.

RANÇON. De *redemptio*. Voyez Cujas en ses Recitations Postumes sur la Loy 4. au Code *de Postliminio*.

RANG. De l'Alleman *ring* qui signifie la mesme chose.

RAPATRIER. De *repatriare*. Les Gloses d'Isidore pag. 692. *repatriat, ad patriam redit.* Les Italiens disent *repatriatione* pour *ritorno alla patria*.

RAT. De l'Alleman *rat.* Voyez Vossius *de vitiis sermonis* pag. 119.

RAVITAILLER. Voyez *vittuaille*.

RE.

RE'. Isle. De *Regum*, c'est ainsi que cette Isle est appellée dans les vieux titres. Voyez M. Besly dans les Preuues de son Histoire de Poictou pag. 263.

AAaa ij

REALE. Espece de monnoye. De l'Espagnol *reale*, comme qui diroit *regia moneta*. Voyez Henischius en son liure de *Asse*.

REBARBATIF. De *Rubarbe*. Voyez *Rubarbe*.

REBEC. Instrument de musique. Les Espagnols l'appellent *rabel*, & il y a apparence que nous auons fait de là *rebel* premierement, & puis *rebec*. L'Espagnol selon le P. Guadix vient de l'Arabe *rabib* qui signifie la mesme chose. Voyez Couarruuias au mot *rabel*.

REBOVRS. De *reburrus*. Voyez *burre*.

REBRAS. Comme quand on dit *manteau à rebras*. Ces habillements ont esté ainsi appellez acause qu'ils se redoublent sur le bras. *Rebrachiatorium* se trouue en cette signification dans Cassian.

REBVFFADE. De la preposition *re* & du vieux mot *buffe* qui signifie *vn soufflet*. Alain Chartier en son Histoire du Roy Charles VII. *En celuy an enuiron huit heures de nuit batit Messire Ian de Grauille Messire Geoffroy le Maingre dit Bouciquault la veille du iour de l'An, en la ruë Saint Merry à Paris; pourceque ledit Bouciquault auoit donné vne buffe audit Grauille par ialousie d'vne Damoiselle*, &c. Villon dans ses Repuës:

Luy baillant vne buffe grande
En luy disant mainte reproche, &c.
Celuy qui bailla le soufflet.

Les Espagnols disent aussi *buffeton* & *buffetada*. Ie ne sçay pas d'où vient *buffe*.

REBVS. Comme quand on dit *des rebus de Picardie*. Ce sont équiuoques de la peinture à la parole. Marot en son Coq à l'Asne:

Car en rebus de Picardie
Vne faux, vne estrille, vn veau,
Cela fait estrille Fauueau.

On les appelle *rebus* de Picardie, acause qu'anciennement en Picardie les Clercs de Bazoche faisoient tous les ans au Carnaval certains libelles qu'ils appelloient *de rebus quæ geruntur*, comme qui diroit *libelles de ce qui se passe dans la ville*, lesquels ils lisoient par toutes les ruës estant dans vn tombereau dans lequel ils se faisoient traisner. Il n'y a pas plus de trente ou quarante ans que cela s'obseruoit encore à Boulogne, ce qui depuis a esté deffendu par les reiglements de police, a cause des diffamations qui se faisoient contre les familles.

RECAMER. De l'Italien *ricamare*, ou comme prononcent les Siennois *raccamare*. Les Italiens ont eu ce mot des Espagnols qui disent *recamar*, & les Espagnols des Arabes. Les Arabes de l'Hebreu רקם *racam, i. acu pinxit.*

RECEPTE. De *recepta*. Le Pere Sirmond sur les Capitulaires de Charles le Chauue pag. 43. TALE RECEPTVM INVENIT: *Receptum appellat viam & rationem rei conficiendæ. Quâ ratione vsurpari à nostris vulgò solet, cum bonum consilium bonam receptam dicunt, translatione à Medicorum pharmacis petitâ.*

RECHINER. De *rixinare. Rixa, rixina, rixinus, rixinare*, RECHINER. De *rixinus* on a fait *Rechin*, qui est comme on a surnommé Fouques Comte d'Anjou. Du Haillan au Sommaire de l'Histoire des Comtes & Ducs d'Anjou pag. 8. dit que *Rechin* en vieux langage François signifioit *le Rude*.

RECOVVRER. De *recuperare.*

RECREANCE. De *recredentia*. Le Pere Sirmond sur ces mots de Goffridus Vindocinensis, REDDI aut RECREDI: *Synonyma sunt: nam recredere Pragmaticis est restituere, vnde & recredentia pro vindicijs seu possessione restituta, notum Gallicanis foris vocabulum.*

RECRV. Comme quand on dit *Cheual recru*. Ioseph Scaliger sous le nom d'Yuo Villiomarus dans ses Animadversions sur les lieux controuersez de Robert Titius liu. VII. chap. 20. *Equos defectos Galli* RECREVS *vocant quasi recruduerint.*

REFRAIN. De l'Espagnol *refran* qui signifie *prouerbe*, a cause qu'anciennement les refrains des chansons & des ballades contenoient quelque chose de sententieux.

REFVTER. De *refutare*, qui est vn composé de *futare*. Festus: *Futare, arguere est; vnde & confutare. Sed Cato hoc pro sæpius fuisse posuit*. Les Gloses anciennes: *futat*, ἐλέγχει. Celles d'Isidore: *futo*, ἐλέγχω.

AAaa iij

RE.

REGAL. REGALER. De l'Espagnol *regalo* & *regalar*.

REGISTRE. De *regiſtrum*, qu'on a dit par corruption pour *regeſtum*, qui eſt l'ancien mot. Vopiſcus en la vie de Probus: *Vſus etiam regeſtus*, &c. M. de Saumaiſe ſur cèt endroit: REGESTIS *autem non regiſtris, hîc noſtri libri agnoſcunt, qui hac etiam in parte meliores, quàm quibus vſus eſt Caſaubonus. De Regeſtis & Digeſtis nos alibi.* Gloſſæ Nomicæ: ῥεγεςά, Ὑπογραφή. Voyez Voſſius *de vitijs ſermonis* pag. 73. & 572.

REGLISSE. De *glycyrrhiza*.

REINETTE. Sorte de pommes. Peuteſtre de *reginetta*, comme qui diroit *la Reine des pommes*: ou pluſtoſt de *raine* qui ſignifie *grenoüille*, & qui a eſté fait de *rana*, acauſe que ce fruit eſt marqueté comme le ventre des grenoüilles. Dans le Boulenois on dit encore apreſent *raine* pour *vne grenoüille*. Il ſe trouue en cette ſignification dans vne Ballade de Villon:

Raines, crapaux & beſtes dangereuſes, &c.

Les Medecins appellent les pommes de reinette en leur Latin moderne *poma renana*.

REISTRE. De l'Alleman *reitter* qui ſignifie *caualier*. Voyez *ridde* & le Preſident Fauchet liure II. de la Milice & Armes.

REMORGVER. De *remulcare*, qui vient de ῥεμυλκεῖν.

REMPART. De *rimparare*. Les Eſpagnols diſent *amparo*. De *parare* nous diſons *parer aux coups*.

RENARD. De l'Alleman *reinard*.

RENTE. De *rendita*, qui a eſté dit pour *reddita*. N eſt ſouuent inſeré aux mots Latins: comme en *totiens, thenſaurus*, &c. Les Italiens diſent encore apreſent *rendita*.

REPLET. De *repletus*. M. de Saumaiſe ſur Solin pag. 767. *Plenos Latini de pinguibus & craſſis dicunt, ut & nos hodie facimus quos & repletos vulgò indigetamus.*

Turgida ſi plena eſt, ſi fuſca eſt nigra vocetur,
In gracili macies crimen habere poteſt.

Sic *& plenum filum pro craſſo & pingui*:

——— *Pleno velamina filo.*

Et apud Spartianum *plena barba. Inde eſt plenilunium* τὸ αὐξα-

RE.   RE.   559

σέληνον. *Bonus & plenus, siue pinguis habitus in puella.* Ce que nous appellons *visage de pleine Lune,* les Grecs l'ont appellé de mesme αὐξοσέληνον.

REPONCE. Racine. De *rapuntium* qu'on a fait de *rapus.*

RESE. C'est vn vieux mot François qui signifie *vne excursion militaire.* L'Empereur Frederic dans sa Constitution *de incendiariis & pacis Violatoribus,* qui est dans le v. liure des Fiefs : *Item si in reisa alicuius Domini, cum ipso Domino cuius est reisa, aliquis fuerit, qui incendium (vt sæpius contingit) faciat, Dominus ipse cuius est ipsa reisa, iurabit super reliquias, quòd non fecerit conscientia vel mandato, vel voluntate sua,* &c. Sur lequel lieu Cujas a fait cette note : ITEM SI IN REISA: *excursio militaris hoc Germanico iam ob soleto vocabulo significari videtur.* Oliuarius Marchiæ : Tost apres ceux de la verde tente, & autres Gandois firent vne RESE sur les marches de Hainault. *Et Ioann. Auentinus auctor est multam non respondentis ad delectum appellari Raisogueldum, quod vulgo Heribannum vel Hostenditiæ.*

RESEVL. De *retiolum,* diminutif de *rete*; & anciennement il se prenoit pour vn rez. Octauien de Saint Gelais Euesque d'Angoulesme dans le liure de la Chasse d'Amours:

L'ont fait prendre sans autre égard
En vos raizeuls & vos filets.

Les Espagnols de *rete* ont dit de mesme par diminution *redezilla* pour dire *rezeul.*

RESNE. Quelques-vns le dériuent de l'Hebreu רסן *resen.* Il vient du Latin *retina,* qui a esté fait de *retinere,* & d'où a esté fait *retinaculum.* Les Italiens disent encore apresent *redina. Retinaculum* se trouue dans Virgile pour *resne* :

Vt cum carceribus sese effudere quadrigæ,
Addunt in spatia : & frustra retinacula tendens
Fertur equis Auriga, neque audit currus habenas.

C'est à la fin du liure 1. des Georgiques. Les Gloses pag. 186. *retinaculum,* ἰνία, ῥυτῆρες. Et pag. 602. ῥυτίνα, *retina.*

RESPI Par corruption pour *respit,* comme on le prononçoit anciennement. Ville-Hardoüin pag.6. *Et li Dux lor respont que il lor requeroit respit al quart ior.* De *respectus,* qui se trouue en cette signification dans Goffridus Vindocinensis Epist. 24. *Respectum ad festiuitatem S. Beati accepistis.* Sur lequel endroit le P. Sirmond a fait cette note : *Frequens illius æui Scriptoribus vocabulum quo litis alterius inducias ac prorogationem significabant. Plura exempla collegit Iuretus ad Iuonem Carnot. Epist. 127. Manet hodie vox vernacula. Nam sine respectu dicimus siue intercessione* SANS RESPIT. *Inde & respectandi verbum formarum.* Voyez Iuret sur l'Epistre 127. d'Yues de Chartres. Anciennement on escriuoit *respit. Respi* a esté fait de *respectus*, comme *despit* de *despectus.*

RESTER. De *restare*, dont les Latins se sont seruis pour *perstare, permanere & resistere*. Properce :

Dum vincunt Græci, dum restat barbarus Hector.

Arnobe liu. III. *Neque enim restare sine assertoribus non potest religio Christiana.* Car c'est ainsi que porte le manuscrit de la Bibliotheque du Roy, selon le témoignage de M. de Saumaise sur Solin pag. 28. Saluste : *Et ponere validam vrbem multos dies restantem pugnando vicit,* idest, *resistentem, repugnantem.*

RESTIF. De *restiuus*, qui a esté fait de *restito*, & d'où les Italiens ont aussi fait *restio*.

RESVER. Peuteftre de *repüerare* pour *repüerascere. Repüerare, repüare,* REPVER, REVER.

REVENCHER. De *revindicare.*

REVENIR. De *reuenire*, que les Latins ont dit pour *redire*. Ciceron : *Si domum reueniffent*, &c. Voyez M. de Saumaise dans ses Animaduersaires sur le Droict Attique page 634.

REZ, comme quand on dit *rez de chaussée.* De *rasum.*

R I.

RIBAVD. Les Allemans & les Flamans disent aussi *rabaut.* Ie ne sçay pas d'où nous est venu ce mot, mais il est ancien en nostre langue. Mathieu Paris année 1251. *Confluebant ad ipsorum consortium fures, exules, fugitiui, excommunicati, quos omnes Ribaldos Francia vulgariter consueuit appellare.* Voyez soigneusement

gneusement Pasquier liure VIII. de ses Recherches chap. 44. qui est des Ribaux & du Roy des Ribaux.

RICHE. Du Gaulois ou du Bas-Breton *rich*, qui signifioit *fort, puissant*. Dans le liure *Triadum Britann.* CARADAVCH VRISCHFRAS, est interpreté, *Caratacus forti brachio.* Il signifioit la mesme chose parmy les Allemans, tesmoin le Poëte Fortunatus au liure VIII. où il explique le nom CHILPERICH, *adiutor fortis:*

Chilperiche potens, si Interpres Barbarus adsit,
Adiutor fortis hoc quoque nomen habet.

Et encore apresent *rik* en Alleman signifie *riche*, d'où les Italiens ont fait leur *ricco*. *Rix* dans ces noms Gaulois, *Dunorix, Eporedorix, Ambiorix, Viridorix, Vercingentorix, Orgetorix, Cingentorix*, &c. signifie la mesme chose. Dans Blanca & autres Historiens Espagnols les Seigneurs Feodaux sont appellez *ricchi homines*. M Bochart liure 1. chap. 42. des Colonies des Phœniciens, croit que *rich* a esté fait de l'Arabe רנך *rik*, que Gigeius interprete *vis, robur*.

RIDDE. Espece de monnoye. Nicole Gilles en la vie de Charles VII. parlant de la mutinerie de ceux de Bruges contre le Duc de Bourgogne: *Pour lequel excés il y en eut plusieurs executez, & luy payerent pour l'amande deux cens mille riddes d'or, &c.* Rabelais au Prologue du liure IV *En Chinon il change sa coignée d'argent en beaux testons & autre monnoye blanche, sa coignée d'or en beaux Saluts, beaux Moutons à la grand' laine, belles Riddes, beaux escus au Soleil.* Nicod en son Dictionnaire: *La Ridde est du poids de deux deniers dix-huit grains trebuchant, euuluée par l'Ordonnance à cinquante sols tournois: le coing de laquelle est vne Croix florencée, ssant d'vn escu de Bourgogne, surmonté au bord d'vne croisette mousse, ayant pour lettrier au bord:* SIT NOMEN DOMINI BENEDICTVM. *Et au costé de la pile, vn Cheualier armé de toutes pieces, l'espée au poing dextre brandie, monté sur vn coursier bardé & gallopant, sous lequel est escrit,* FLAND. *& autour pour lettrier,* PHILIPPVS DEI GRATIA DVX BVRGVNDIÆ, COMES FLANDRIÆ. Le Pr. Fauchet liure II. de la Milice & Armes: *Ie croirois bien que Cranequin fut mot Alleman. Car volontiers les gens de cheual Arbalestriers,*

BBbb

que l'on appelloit Cranequiniers, eſtoient tirez d'Allemagne: comme auiourd'huy ceux que l'on appelle Reiſtres, pource qu'ils font leurs fonctions à cheual. Car ridher en leur langue ſignifie courre, & les pieces d'or appellez Rides ont la figure d'vn Cheualier eſlançant ſon cheual pour courre. Reutter en Alleman & en Flaman ſignifie homme de cheual, d'où ces Rides ont eſté ainſi nommées. Voyez reiſtre.

RIDE. De *ryta* qui a eſté fait de ῥύω.

RIDEAV. De *ridellum*, acauſe des rides que font les rideaux. Les plis des habits ont eſté appellez *rugæ*. Saint Hieroſme epiſt. 28. *Secunda ex lino tunica talaris, duplici ſindone*, &c. *Hæc adhæret corpori & tam arcta eſt & ſtrictis manicis, vt nulla omnino in veſte ſit ruga*. ῥύω, ῥυτὸς, *ryta, rytella, rytellum, ridellum,* RIDEAV.

RIEN. De *res*. *Res, rens, riens,* RIEN. On y a adjouſté vne N, comme à *lanterne* de *laterna*, &c. & vn I, comme en *miel* de *mel*; en *fiel* de *fel*, &c. En quelques lieux on prononce encore *ren* au lieu de *rien*. Ce mot ſignifioit anciennement *choſe*, comme celuy de *res* parmy les Latins. Le Roman de la Roſe fueil. 1.

En celuy temps delicieux
Où toute rien d'aimer s'eſioie.

Et ordinairement on eſcriuoit *riens*. La deuiſe d'Enguerran de Marigny:

Chacun ſoit content de ſes biens,
Qui n'a ſouffiſance il n'a riens.

Voyez Paſquier VIII. 53.

RIERE. Vieux mot qui ſignifie *retro*, & qui en vient. Voyez *arriere*. M. Bignon ſur Marculphe pag. 517. POST VOS RETINEATIS: *Noſtris veteribus Scriptoribus* RETENIR RIERE SOY, *penes ſe*.

RIEZ. Ce mot dans la Couſtume de Boulenois art. 133. ſe prend pour des terres non labourées, & qu'on laiſſe pour le paſturage des beſtiaux. Peuteſtre de *reſides*. Bovillius en ſon traité de l'Origine des mots François, le dériue *à rure*: en quoy il ſe trompe, ſi ie ne me trompe.

RIGOLE. De *riuola* diminutif de *riuo. Riuo, riuolo, rigolo, rigola,* RIGOLE.

RINSER. Les Anglois disent *to rinse*. Ie ne sçay s'ils ont pris ce mot de nous, ou si nous auons pris celuy de *rinser* d'eux. *p. 832.*

RIOLE'. De *regulatus*, ou plustost de *radiolatus*. *p. 748.*

RIOTES, comme quand on dit *semer des riotes*. De l'Anglois *Riotz*. Iean Besnard en son Histoire d'Angleterre, qui est manuscrite en la Bibliotheque du Roy num. 831. & qui m'a esté communiquée par M. du Puy: RIOTZ *signifie conuenticules & assemblées illicites, qui se font par les mutins pour nuire à leurs voisins Suiets de la Couronne d'Angleterre, contre lesquels les Ministres de Iustice procedent par prise de corps sans information ny decret. Ceux de la Chambre de l'Estoille sont establis pour faire droict aux parties proposans causes d'accusation contre ceux qui ont commis Riotz, ou illicites assemblées*. Les Anglois disent, comme nous, semer des riotes, *to saw riotz*. *p. 832.*

RIPAILLE. De *Ripaille*, lieu agreable en la Sauoye, où Amedée de Sauoye Cardinal, qui fut depuis Felix V. Antipape se retira, & où il mena vne vie delicieuse. M. Aubery dans l'Eloge de ce Cardinal: *Gobelin & Monstrelet adioustent, que dans ce superbe & delicieux Hermitage de Ripaille il se fit seruir d'excellens vins & de viandes exquises, au lieu d'eau de fontaine & de racines d'arbres dont se nourrissoient les anciens Hermites: d'où quelques-vns ont estimé qu'estoit venu le commun prouerbe* faire ripaille, *pour dire* faire bonne chere.

RIS. De *oryza*, d'où les Italiens ont aussi fait *riso*. L'o du commencement se perd, comme en *bicle* de *obliquulus*. Ainsi les Italiens ont fait *fucina* de *officina*; *scuro* de *obscurus*: & les Latins *nomen* de ὄνομα; *post* de ὄπισθε; *ruo* de ὀρύω; *cello* de ὀχέλλω. *Ramus* de ὅραμος; *dens* de ὀδύς ὀδόντος, &c. *Oryza* vient de l'Arabe ארז *arix*, selon l'opinion de M. Grotius sur l'Exode chap. XVI. Les Espagnols disent *aroz*, & les Turcs *perinxh*.

RO.

- ROAN ou ROÜAN, comme quand on dit *cheual roan*. De l'Italien *roano*, que Iules Scaliger dans ses Exercitations contre Cardan CCCXXV. 12. dériue du Latin *rauus*. *Rauus, rauanus, roano,* ROAN.

- ROBE. De *raupa* ou *rauba*, d'où les Italiens ont aussi fait *roba*. Marculphe liu. 1. chap. 29. *Quasi vos nulla manente causa in via adsallissetis, & grauiter liuorassetis, & raupa sua in solidos tantos eidem tulissetis.* M. Bignon sur cét endroit : RAVPA *pro rauba, idest veste.* Leg. Alamann. Tit. XLIX. *Quicquid super eum rauba vel arma tulit, omnia sicut furtiua componat, quod postea per vestimenta explicatur, de fœmina, si ita contigerit dupliciter componat, vestimenta autem quæ super eam tulit, velut furtiua componat.* Var. Formul. cap. VIII. *Raubæ autem, vt & vestis appellatio, latè pro omni supellectile & vestimentis accipitur, inde* DÉSROBER. *Roba* se trouue dans Mathieu Pâris en la vie de Henry I. en l'année CIƆC. XXXIV. *Rex nouam robam de Scarleto sumens.* Et en la vie de Henry III. en l'année CIƆ. CC. XLVIII. *Dedit eis vestes pretiosissimas, quas* robas *vulgariter appellamus, de escarleto præelecto*, &c. Caninius dans ses Canons des Dialectes dériue l'Italien *roba* de l'Espagnol *loba*, & l'Espagnol *loba* du Punique *lobas*.

- ROBER. Vieux mot François qui signifie *prædari*. De *raubare*. La Loy Salique xx. 10. *Si quis alterum in via adsallierit, & alterum raubauerit.* Pour le simple *raubare* on s'est aussi seruy du composé *deraubare*, d'où nous auons fait DEROBER. *Raubare* a esté fait de l'Alleman *rauben*. Voyez Vossius *de vitiis Sermonis* pag. 342.

- ROBERTINE. Voyez *Sorbone* & *Sorbonique*.

- ROCHE. Scaliger contre Cardan Exercitation CIIII. chap. 6. qui est *de alumine rochæ*, le dériue de ῥώξ; *quæ Græca vox* (ce sont ses termes) *maximæ Europæ seruit parti ad rupem significandam.* Tripault est du mesme aduis dans son Celtellenisme. Il vient de *rupes*, P en CH, comme en PROCHE de *pro-*

RO. RO. 565

pe; en SEICHE de *sepia*, en CREICHE de *greppia*, en *schiena* de *spina*, &c. De *rupes rupis* les Italiens ont fait de mesme *rocca* & *rocchia*. *Rocha* se trouue dans quelques Escriuains Latins du bas siecle, d'où les Grecs modernes ont fait ρότζα. Voyez M. de Saumaise sur Solin pag. 1130. & Vossius *de vitiis Sermonis* pag. 265.

ROCHET. ROQVET. De *rocchettus* diminutif de *rocchus* qui se trouue pour *tunica* dans les Escriuains Latins du bas siecle, & qui a esté fait de l'Alleman *rok*. Voyez Vossius *de vitiis Sermonis* pag. 265.

RODER. De *rotare*.

ROMANS. Pasquier liu. 8. de ses Recherches chap. 1. De cette mesme opinion vint aussi que les Romains ayans vaincu quelques Prouinces, ils y establissoient Preteurs, Presidens, ou Proconsuls annuels, qui administroient la Iustice en Latin. Bref sainct Augustin au 19. liure de la Cité de Dieu nous rend tres-asseurez de ce discours, quand il dit au chap. 7. *Opera data est, vt imperiosa ciuitas non solùm iugum, verùm etiam Linguam suam domitis gentibus imponeret.* Qui est à dire: *On besongna de telle façon, que cette superbe ville non seulement ne se contenta d'asseruir, mais aussi voulut espandre sa langue par toutes les nations subiuguées.* Cela fut cause que les Gaulois suiects à cét Empire s'adonnerent, qui plus, qui moins, à parler & entendre la langue Latine, tant pour se rendre obeïssans, que pour entendre leur bon droit. Et à tant emprunterent des Romains vne grande partie de leurs mots, & trouuerez és endroits ausquels le Romain establit plus longuement son Empire (comme en vn pays de Prouence & contrées circonuoisines) le langage approcher beaucoup plus de celuy de Rome. Ainsi s'eschangea nostre vieille langue Gauloise en vn vulgaire Romain, tellement que là où nos vieux Gaulois auoient leur propre langage que l'on appelloit Walon, ceux qui leur succederent appellerent le langage plus moderne, Roman : parce qu'il sembloit auoir pris son origine des mots Romains, que l'on auoit, ou adoptez, ou naturalisez en ce pays auec l'ancienne Grammaire Gauloise. Vous commencerez de reconnoistre cela dés le temps de Sidonius Apollinaris Euesque de Clermont, lequel au troisiesme de ses Lettres congratuloit à Hecdice Gentil-homme Auvergnac que la Noblesse d'Auvergne contemnoit le langage Gaulois pour s'addonner à vn autre beaucoup plus exquis : c'estoit vray-semblablement le Romain que nous affectasmes de telle façon, que quelques vns parlans de nostre pays, l'appelloient quelquesfois Romanie, & nous pareillement Romains. Au deuxiesme Concile de Tours : Ne quis Britannum, aut Romanum in Armorico sine Metropolitanorum comprouincialium voluntate, aut litteris Episcoporum ordinare præsumat : Auquel passage le mot de Romanus est pris pour François, ou Gaulois demeurant en la Bretagne. Luitprand en son premier liure parlant de Guy Comte de Spolete, & Berenger Comte de Fourjule, qui d'vne esperance affamée dés le viuant de Charles le Chauue Empereur, partageoient ses Prouinces entr'eux, dit que Berenger se donnoit pour son lot l'Italie, & Guy Franciam, quam Romanam vocant. Au supplément de Rheginon, où il est parlé de Louys d'Outremer, qui estoit en Angleterre pendant la prison de Charles le Simple son pere. Interim Ludouicus, Rex Galliæ Romanæ filius Caroli, &c. Et quand vous voyez au trente-septiesme tiltre de la Loy Salique deux articles portans; Si Romanus Francum ligauerit sine caussa MCC. den. qui faciunt solidos xxx. culpabilis judicetur. Si verò Francus Romanum ligauerit sine caussa DC. den. qui faciunt solidos xv. culpabilius judicetur, sous ce mot de Romanus, on entend parler du Gaulois. De là vint aussi qu'on appella Roman nostre nouueau langage. Vray que pource qu'il estoit corrompu du vray Romam, ie trouue vn passage où on l'appelle Rustique Roman. Au Concile tenu en la ville d'Arles l'an 851. article dix-septiesme l'on commande aux Ecclesiastics de faire des Homilies contenant toutes instructions qui appartenoient à l'edification de nostre Foy. Et easdem Homilias quisque transferre studeat in Rusticam Romanam, aut Theodoscam, quò facilius cuncti possint intelligere quæ dicuntur. C'estoit qu'il vouloit qu'on translataft ces Homilies en la langue Françoise, ou Germanique, que les Italiens appellent encores auiourd'huy Tudesque: parce que nous commandions lors à l'Allemagne, ainsi qu'à la France. Depuis par vn long succés de temps parler Roman n'estoit autre chose que ce que nous disons parler François. J'ay veu vne vieille traduction qu'vne Damoiselle fit des Fables d'Esope, portant ces vers :

  Au finement de cét escrit

Qu'en Romans ay tourné, & dit,
Me nommeray par remembrance,
Marie ay nom, si suis de France.
Per l'amour le Comte Guillaume,
Le plus vaillant de ce Royaume,
M'entremis de ce liure faire,
Et de l'Anglois en Roman traire.
Isope appelle-l'on cil liure,
Qu'on translata, & fit escrire,
De Griu en Latin le tourna,
Et li Roy Auuert qui l'ama,
Le translata puis en Anglois,
Et ie l'ay tourné en François.

Auquel lieu vous voyez que cette Damoiselle vse du mot de *Roman* & *François* indifferemment pour vne mesme signification. Chose qui estoit encores en vsage du temps de Charles le Quint, sous lequel frere Guillaume de Nangy, ayant traduit en François l'Histoire de France, qu'il auoit composée en Latin, dit ainsi sur le commencement de son œuure : Ie frere Guillaume de Nangy ay translaté de Latin en Roman à la requeste des bonnes gens ce que j'auois autresfois fait en Latin. Et comme ainsi soit que le *Roman* fut le langage Courtisan de France, tous ceux qui s'amusoient d'escrire les faicts heroïques de nos Cheualiers, premierement en Vers, puis en Prose, appellerent leurs œuures Romans, & non seulement ceux-là, mais aussi presque tous autres, comme nous voyons le Roman de la Roze, où il n'est discouru que de l'Amour, & de la Philosophie. Cela apporta entre nous vne distinction de deux langages, l'vn comme i'ay dit, appellé Roman, & l'autre Walon, qui approchoit plus prés de la naïueté du vieux Gaulois ; distinction qui s'est transmise iusques à nous : car aux Pays-bas ils se disent parler le Walon, & que nous parlons le Roman. Le President Fauchet liure 1. de la langue & Poësie Françoise : *Cette derniere separation de Capet fut cause, &, à mon auis, apporta vn plus grand changement ; voire (si i'ose dire) doubla la langue Romande. Car son entreprise estant suiuie de plusieurs autres Seigneurs, ta gouuernans les grandes Comtez & Duchez, ils se monstrerent non pas Rois (car ils n'auoient l'authorité acquise de si longue main que Huë Capet* venu d'vn grand pere & d'vn grand oncle Roys) mais vsurpateurs de tous droits Royaux, tenans Cour a part, battans monnoye, & ne se rendans suiets qu'à tel seruice qu'il leur plaisoit faire à ce Roy, aussi nouueau en sa dignité, qu'eux-mesmes qui l'auoient supporté contre l'apparent heritier de la Couronne, pour auoir part au butin plustost que pour affection qu'ils luy portassent, ou desir de reformer les abus lors regnans. De maniere qu'ils ne se soucierent beaucoup de hanter la Cour de ce nouueau Roy, ne se patronner sur ses mœurs, & encore moins suiure son langage, qui à la fin ne se trouua de plus grande estenduë que son domaine, raccourcy par ces Harpies. Car ledit Huë Capet & Robert son fils ne iouïssoient d'aucune Ville de marque, fors Orleans, Paris & Laon, pource que les autres auoient leurs Comtes, & les Provinces des Ducs, qui tenoient grand territoire. Comme Richard Seigneur de toute Normandie: Hebert qui estoit Comte de Meaux & Troyes, c'est à dire de Brie & Champagne: Thiebaut Comte de Chartres, Blois & Tours: Guillaume Duc de Guyenne, & Comte de Poitou: Geoffroy Comte d'Anjou: lesquels depuis s'accreurent grandement, pource que ceux de Chartres ioignirent à leur domaine Champagne & Brie par vsurpation: ceux de Normandie, Angleterre: la Maison d'Anjou, Touraine: tellement que l'on veit en France de belles Cours & magnifiques tout en vn mesme temps. Car la Comte d'Anjou espousa l'heritiere d'Angleterre & Normandie. Le Duc de Guyenne auoit les hommages d'Auvergne, Limosin, d'Angoulmois, Agenois, & de toute l'Aquitaine. Le Comte de Champagne, Brie, & tout ce qui estoit depuis l'emboucheure de la riviere de Marne dans celle de Seine, iusques vers la Lorraine: & de là retournant à Sens. Les Berangers, toute la Provence, Languedoc & Cathalongne. Ce qui donna occasion aux Poëtes & hommes ingenieux, qui en ce temps-là voulurent escrire, vser de la langue de ces Roitelets pour dauantage leur complaire, & monstrer qu'ils n'auoient que faire d'emprunter aucune chose de leurs voisins. Ce fut lors (ainsi que ie pense) qu'escrire en Roman commença d'auoir lieu, & que les Conteor & Iugleor, ou Iongleurs, Trouuerres & Chanterres, coururent par les Cours de ces Princes, pour reciter ou chanter leur contes sans ryme, chansons, & autres inuentions Poëtiques, vsans du Romain-Rustique, ainsi que du langage entendu par plus de gens, encore qu'il leur eschappast assez de mots de leur terroir. Delà vient que l'on trouue tant de liures de diuers dialectes, Limosin,

Wallon

Wallon ou François, & Prouençal, portans le nom de Romans : voulans les Poëtes donner à connoistre par ce tiltre, que leur œuure ou langage n'estoit pas Latin ou Romain-Grammatic, ains Romain-vulgaire. Ce que ie deuine (car autrement ie ne veux asseurer vne chose tant obscure) par vn passage d'vn liure composé enuiron l'an M. CC. XXVII. ou XXVIII. par Huon de Meri, qui dit au commencement du Roman intitulé, Le Tournoyement d'Antichrist :

N'est pas oiseux, ains fet bon œuvre
Li Trouverre qui sa bouche euvre
Por bon œuvre conter & dire.
Mais ki bien treuve plein est d'ire
Quant il n'a de matiere point.
Iolivetez semond & point
Mon cuer de dire aucun biau dit.
Mais n'ai dequoy, car tout est dit,
Fors ce que de nouvel avient.
Mais au Trouveor bien avient
S'il sçait aventure nouvelle,
Qu'il fasse tant que la nouvelle
Par tout s'espande & par tout aille :
Et que son gros François détaille
Pour faire œuvre plus déliee.
Por ce ma langue ay déliée,
Quiconq m'en tiene à trespensé
Pour dire mon nouvel pensé.

Ce gros François détaillé me semble deuoir estre pris pour le Roman & plus poly langage, dont les Trouverres, Iugleors, & autres cy-dessus nommez, vsoient plus que le commun. Car Hebert dit au Roman des sept Sages :

Moult volontiers me peneroie
Si ie m'en pooie entremettre,
Qu'en bons Romans peusse mettre
Vne Estoire auques ancienne.

Et puis quelques vers apres il adiouste :

Li bons Moines de bonne vie
De Haute-selve l'Abeie

   A l'Eſtoire renouuellée,
   Par bel Latin l'a ordenée.
   Hebers la vieut en Roman trere,
   Et del Roman vn liure faire :
   El nom & en la reuerence
   Del Roy fil Phelipe de France
   Loëis qu'en doit tant loër.

Et puis encore quelque peu apres :
   Por s'amor encommenceray
   L'Eſtoire & enromanceray, &c.

qui eſt à dire, Ie mettray en François. *Que ſi quelcun penſe que le Roman ne fuſt qu'en ryme : ie luy reſpons qu'il y auoit auſſi des Romans ſans ryme & en proſe. Car en la vie de Charles le Grand miſe en François auant l'an* 1200. *à la Requeſte d'Yoland Comteſſe de Saint Paul, ſœur de Baudoin Comte de Hainau, ſurnommé le Baſtiſſeur, au* IV. *liure l'Autheur dit ainſi :* Baudoin Comte de Hainau trouua à Sens en Bourgogne la vie de Charlemagne : & mourant, la donna à ſa ſœur Yoland Comteſſe de Saint Paul, qui m'a prié que ie la mette en Roman ſans ryme : parce que tel ſe deliterà el Roman qui del Latin n'eut cure, & par le Roman ſera mielx gardée. Maintes gens en ont oüy conter & chanter ; mais n'eſt ce menſonge non ce qu'ils en dient & chantent cil Conteor, ne cil Iugleor. Nuz contes rymez n'en eſt vrais : tot eſt menſonge ce qu'ils dient. *Ce parler Roman eſtoit lors pris pour le langage maintenant appellé François le plus poly, teſmoin ce vers du Roman d'Alexandre de la compoſition de Lambert li Cors :*

   Veſtu comme François, & ſot parler Romans :

Et les Soüiſſes le penſent encore : car au lieu de dire, Ie ſçay bien parler François ; *ils diſent,* Ie ſçay bien parler Roman. *Et ie diroy volontiers que le parler Roman fut plus particulier à Paris & lieux voiſins, qu'à d'autres. Car au Roman d'Alexandre compoſé par le Clerc Simon, en racontant les peuples diuers qui ſortirent de Babylone, apres la confuſion aduenuë en baſtiſſant la Tour, il dit :*

   Li enfant ſe départent, li piere en fu dolans,
   E li autre devient Meſopotamiens,
   Li autre fu Torquois, li autre Elimitans.

Et puis quelques vers apres:
>Li autre fu Romains, & li autre Toscans.

Et encore depuis:
>L'autre fu Espeingnos, & s'autre fu Normans,
>Li autre Erupiei & parla bien Romans,
>Li autre fu François, & li autre Normans.

Lesquels Erupeis, &c. Et vn peu apres: *Les Espagnols aussi ont gardé ce mot de* Roman, *appellans* Romance Castellano *leur langage commun, & dont ils vsent en la composition ou translation des liures. Ie ne puis oublier que Giouan Baptista Giraldi en ses Discours, pense que les Romans ont pris leur nom de* Reims: *pource que le liure que Turpin Euesque de cette Ville a fait de la vie & gestes de Charles le Grand, a plus donné de suiet aux Trouuerres; comme si le mot* Romance *venoit de* Rhemenses. *Et Pigna, vn autre Italien, allegue cette raison au liure qu'il a fait de l'origine des Romans, adioustant que les Annales estoient ainsi appellées, & que depuis d'autres nommerent ainsi leurs contes fabuleux: ce qui a fait appeller* Romans *les semblables Poësies. Mais il faut pardonner à ces estrangers, s'ils choppent en pays eloigné de leur connoissance, estans les Romans vne sorte de Poësie Gauloise ou Françoise.* André du Chesne *dans ses Notes sur* Alain Chartier *pag.* 861. *Au commencement que les François voulurent escrire en leur langue, ils imiterent & suiuirent de fort prés la langue des Romains. Ce qui se voit & reconnoist assez manifestement par leurs liures. Et de là nommerent-ils* Roman *le langage dont ils vserent en tels escrits. Le liure de Charité:*
>Woelt Willaumes en Romans traire
>De boin Latin, o il le troeuue.

Et Adam de Guiency en la traduction du Caton en François:
>Signour, ains que ie vous commans
>D'espondre Caton en Rommans.

En quoy conuient aussi celuy qui a traduit la Maniere d'orer en François, quand il dit: Ie ne voel riens faire, que à ton oes ne soit. Et de grant priueté d'amour que i'ay vers toy, en ai iou chi quoi ke soit escrit en Roumans, pour chou que par tei meismes le puisses lire quant tu auras loisir. *Et de là nomma-t'on assez longuement depuis le langage François* Roman. *Car le Liure de Garin le Loherant dit:*

A escole fu quant il fu petiz,
Tant que il sot & Romans & Latin.
Et le Traducteur des Fables d'Esope en vieil François,
Pour l'amisté le Comte Willaume,
Le plus vaillant de chest Royaume,
M'entremis de chest Liure faire,
Et del Engleiz en Rommanz traire.
Ce qu'il explique luy-mesme incontinent apres, adioustant;
Li Rois Mires qui moult l'ama
Le translata puis en Englois,
Et je l'ay translaté en Franchois.

Mais enfin le nom de Roman est demeuré aux Liures seuls composez en ce langage ancien. Voyez M. Casencuve en son traitté du Franc-alleu, & M. de Valois le jeune en son Histoire de France pag. 290.

RONCE. De l'Italien *ronca*, qui vient, si nous en croyons Caninius, du Syriaque *romcha*.

RONDELLE. RONDACHE, acause de leur figure ronde.

RONFLER. De *runculare*, diminutif de *runcare*. Les Gloses Arabiques & Latines: *runco, sonitum de naribus emitto*.

RONGER. De *rodere*, comme MANGER de *mandere*.

ROOLE. De *rotulum* pour *rotula*. C'est ainsi que ce mot se trouue rendu dans les Ordonnances & Reiglements du Parlement conçeus en Latin. Vossius *de vitiis Sermonis* pag. 705. IRROTVLARE. *Inscribere vel digerere in rotulam, hoc est, catalogum caussarum. Is enim dictus Latino-Barbaris* rotula, τροχοεργικὼς *à* rota, *vt Belgis* Rol, *quod vocabulum est vetus pro* Rota. Bractonus *lib.* 1. *cap.* 2. *num.* 2. *Et super his acta conficienda, siue ir-rotulationes*. Ou bien de *rotulus* que les Autheurs de la basse Latinité ont dit pour *rutulus*, qui signifie proprement cette sorte de baston rond auec lequel on abatoit le comble du boisseau: mais qui a aussi signifié des fueilles de papier ou de parchemin pliées en rond, acause de la ressemblance de ces fueilles à ce baston rond. M. de Saumaise sur l'Histoire Auguste pag. 449. *Scapum chartarum; hoc est chartas in volumen corrutondatas, infimæ Latinitatis Auctores*, rotulum *dixere*. Rotulus *autem non est pro* rotula: *nihil enim habent simile chartæ. Sic conuolutæ cum rotula; sed* rotulus *est* rutulus. Rutulus *& scapus idem*. Rutulus *vt paulo supra docuimus, erat baculum rotundum, quo cumulus mensuræ deruitur & exæquatur. Glossæ* rutulum *exponunt* ἐπίψηκτιον. *Corippus*: Et coït in rutulum. Regulam *etiam appellarunt, vt ante ostendimus. Vnde verbum* ἐπιρρυγλοῦν *apud Hesychium*, mensuram exæquare: *hinc &* ῥηγλιᾷς *pro eodem apud Epiphanium de Ponderibus & Mens.* πλήσας δὲ τὸ μέτρον ἢ ῥηγλιάσας, ὁμολογεῖ ὅτι πεπλήρωμαι. *Male hodie apud Epiphanium* ῥηλιάσας. ῥήγλα ῥήγλιον, regula: *vt* φίβλα φίβλιον, fibula. *Inde verbum* ῥηγλιᾷ. *A similitudine* rutuli, scapum chartarum *etiam* rutulum *vocarunt, chartam in rutulum conuolutam scilicet. Chartam enim sic in volumen complicatam etiam* regulam *ab eadem causa Græci appellarunt.* κανών *&* κανόνιον *est scapus vel volumen. Eadem ratio est vocis* scapus: *& apud eosdem Græcos vocum* τόμος *&* κοντάκιον, *quas de volumine vsurparunt, vt supra dictum est.* Rutulus *igitur vel* rotulus, *est quod vulgo dicimus*, VN ROVLEAV. *Græci recentiores* εἰλητάριον, *Latini* volumen. *Inde* εἰλητάριον διαθήκης, testamenti volumen *apud Græcos iuris interpretes*: Σεκουενδοῦμ χάρτας, ἢ ἐκ χαρτῶ, ἤγουν τῆς ἐν εἰληταρίῳ διαθήκης διαθήκη τέχνη. εἰλητάριον *igitur volumen chartarum siue membranorum in rutulum complicatarum. Quod in idiomate nostro diceremus*, PLIEES EN VN ROVLEAV. εἰλητὰ τομάρια, *hoc est* volutiles tomos, *dixit Etymologicum magnum*: Φαιλόνης, εἰλητὸν τομάριον μεμβράινον. *Hesychius*: Φαιλόνης, εἰλητάριον μεμβράινον, ἢ γλωσσόκομον. *Ita enim nunc malim de volumine interpretari, quàm de involucro librorum, vt supra. Ab illa voce* rutulus *etiam vox nostra*, ROOLLE. *Inde etiam &* contrarutulator, ἀντιγραφεύς, contrascriptor. Contrarutulus, ἀντίγραφον. Les Arrests du Parlement estoient anciennement escrits sur des peaux de parchemin collées l'vne à l'autre lesquelles se roulloient: & pour cela il fut institué vne charge de Colleur. Ainsi les Latins ont dit *volumen, à voluendo*, parce qu'ils faisoient leurs liures d'écorces d'arbres qu'ils rouloient. Et les Hebreux מגילה *megila*, qui veut dire *inuolucrum*, & qui vient du verbe גלל *galal*

CCcc iij

qui signifie *voluere*, acause qu'ils escriuoient dans des parchemins cousus ensemble & qu'ils rouloient. Dans les Synagogues leur Loy est encore apresent escrite de la sorte, & il leur est deffendu de l'escrire autrement. L'Histoire d'Ester qu'ils sont obligez d'y lire tous les ans auec ceremonie le 14. du mois d'Adar, c'est à dire de Fevrier, doit estre aussi escrite sur du parchemin, & roullé ; & pour cela elle s'appelle מגילה אסתר *megillat Ester*, c'est à dire *le volume d'Ester* ; & la raison, pour le dire en passant, que rendent les Iuifs dans le Talmud de cette sorte d'escriture, c'est parce que cette Histoire est vne Lettre enuoyée à tous les Hebreux captifs du temps d'Ester, & que les lettres auoient accoustumé de s'escrire ainsi dans des roulleaux. De *rotulare* on a fait *inrotulare* dont nous auons fait ENROOLER, qu'on prononçoit anciennement ENROTVLER. La Coustume d'Anjou art. CXLIX. *Et à ce que chacun se garde de mesprendre, tous bannis par Iustice seront enrotulez en vn tableau ez Auditoires*, &c. On a aussi dit de RO-TVLARE *contrarotulare* & *contrarotulator*, d'où nous auons fait CONTROOLER & CONTROOLEVR.

ROQVETTE. De *Erucetta*, diminutif de *Eruca*, qui signifie la mesme chose. *Eruca*, *Erucetta*, *Ruketta*, *Roketta*, ROQVETTE. Les Italiens disent aussi *ruquetta*. L'E se perd comme en *roter* de *eructare*.

ROSNE. Fleuue. De *Rhodanus*, qu'on dériue ordinairement de *Rhoda*. Pline liure III. chap. 4. *Agatha quondam Massiliensium, & regio Volcarum Tectosagum, atque vbi Rhoda Rhodiorum fuit, vnde dictus multò Galliarum fortissimus amnis Rhodanus*. Saint Hierosme sur l'Epistre aux Galates : *Oppidum Rhoda coloni Rhodiorum locauerunt, vnde amnis Rhodanus nomen accepit*. M. Bochart liure III. de sa Geographie Sacrée chap. 6. improuue cette opinion, & le dériue de *Rhodanim* : *At illorum sententiæ cur non accedam has habeo rationes. Primò, amnis à Rhoda non Rhodanus, sed Rhodius dictus fuerit, cuius nominis fluuium in Troade Homerus & alij recensent. Præterea Rhodani nomen qui nouitatis arguunt debuerant priscum indicare. Neque enim ante Rhodiorum coloniam eò translatam, sine nomine fuit fluuius ingens, quem inter tres*

Europæ maximos computant Scylax & Solinus. Rhodanum certè constanter vocant, non solùm Apollonius, Timæus, Polybius, Artemidorus, alij sine numero, sed & his longè vetustiores Æschylus & Euripides apud Plinium. Et Euripide non multo tunior Scylax Caryandensis. Hoc potissimum quòd vt à Rhoda nomen sortiretur Rhodanus, debuit esse Rhodæ vicinus. At à Rhodano Rhoda distat immensum quantum; vt quæ in Hispania sit, non in Gallia; procul à Rhodani ostijs terrestri itinere passuum millibus fere centum & quinquaginta. Strabo de Rhodijs: μέχει Ἰβηρίας ἔπλευς κακῶ μὲν τίω Ρόδον (Ρόδίω legit Casaubonus) ἔκτης ἰοῦ ὕςερον Μασσαλιωτῶν κατέσχον, vsque ad Hispaniam nauigarunt, & ibi Rhodam ædificarunt quam Massilienses postmodum occuparunt. Pomponius Mela capite de Hispania: Proxima est rupes quæ in altum Pyrenæum extrudit; dein Thicis flumen ad Rhodam. Ptolemæus in Descriptione Hispaniæ Tarraconensis: Ἐνδιγετῶν Ῥοδίπολις, vel vt est in emendatis exemplaribus Ῥοδὴ πόλις, Indigetorum est Rhode vrbs. Stephanus: Ῥοδὴ, πόλις Ἰβηρίας, Rhode vrbs Hispaniæ. Liuius: Inde Rhodam ventum & præsidium Hispanorum, &c. Ab Rhoda Emporias peremptum, &c. Iam tum Emporiæ duo oppida erant muro diuisa, vnum Græci habebant à Phocæa; vnde & Massilienses oriundi, alterum Hispani, &c. Ex his abundè liquet illam ipsam Rhodam, quam condidere Rhodij, & Massilienses tenuerunt, in Hispania fuisse, non in Gallia. Et verò ea ipsa vrbs hodiéque extat in Catalonia. Roses vocant incolæ. Iam quis in media Gallia fluuium credat traxisse nomen ab Hispanica vrbe trans Pyrenæos. Sed quis viris magnis imposuerit puto mihi esse compertum. Ad Rhodanum fuit Rhodanusia Massiliensium vrbs, quam acceperunt pro Rhoda. Marcianus Heracleota:

Οἱ Μασσαλίαν κτίσαντες ἔχον Φωκίεις
Ἀγάθω, Ῥοδανουσίαντε, Ῥοδανὸς ἰοῦ μέγας
Ποταμὸς ῥέρρει.

Phocæa Massiliæ oppidi gens conditrix,
Quam Rhodanus ingens alluit Rhodanusiam
Habuit & Agatham.

Stephanus: Ῥοδανουσία πόλις ἐν Μασσαλίᾳ, Rhodanusia, vrbs in Massiliensi tractu. Huius ita meminit Sidonius Apollinaris:

Egresso mihi Rhodanusiæ nostræ mœnibus. *Lugdunum videtur significare ut carmine quinto versu 578.*

Obside præcepto nostræ de mœnibus vrbis.

Id est Lugduni, ut ipse explicat quarto post versu. Hinc & ipsa regio Rhodanusia *vocatur, & incolæ* Rhodanenses. *Irenæus Lugdunensis Episcopus:* Ἐν τοῖς καθ' ἡμᾶς κλίμασι τ̅ Ροδανουσίας πολλαὶ ἐξηπατήκασι γυναῖκας: *ubi vetus Interpres:* In ijs quoque quæ sunt secundùm nos regiones Rhodanenses, multas seduxerunt mulieres. *Sed in veteri inscriptione Rhodani accolæ* Rhodaniti *dicuntur. Itaque firmum hoc manet, nihil obstare quominus à* Rhodanim *nomen* Rhodani *deducatur. Atque eodem alludunt Rodumna Segusianorum urbs, hodie* Roane; *Rhedones & Ruteni Galliæ populi, quorum metropoles hodie* Rennes *&* Rodés. *An & hinc* Eridani *nomen quem cum Rhodano confundunt Scriptores vetustißimi. Iam Lector monendus est* Rhodanim *ex terminatione videri nomen plurale, quomodo in Misraim posteris,* Ludim, Anamim, Lebahim, *&c. Itaque gentilitia sunt hæc nomina, non hominum singularium, &c.* Rhodanim *igitur seu* Rhodani *ex* Iauane *oriundi, cùm in eam ipsam Galliæ oram appulissent, quam multis deinceps sæculis occuparunt Massilienses, fluuium quem insederunt de suo nomine* Rhodanum, *& oram adiacentem* Rhodanusiam *appellauerunt. Porro si quæras amplius de ratione nominis, mihi nihil quicquam occurrit verò propius quàm si veteri Gallorum linguâ (quæ ut deinceps multis probo, fuit semi-Hebræa)* rhodani *id ipsum fuisse dicas quod Arabibus* ראדני rhadini, *idest, flauum & croceum,* Alchamus ראדין rhadin crocus, אחמר ראדני (achmar rhadini) rubrum flauo commixtum, rubrum flauo distinctum. *Gallis, inquam, verisimile est hoc nomen fuisse inditum, propter colorem capillitij quod plerisque fuisse flauum aut croceum seu rutilum probant hæc loca veterum.* Liuius lib. 38. Gallis promissæ & rutilatæ comæ. *Virgilius lib. 8. Æn. Gallis,*

Aurea cæsaries ollis, atque aurea vestis.

Et ce qui suit. Au lieu de Ῥοδανὸς les Grecs ont appellé ce fleuue Ἠριδανός. Philostrate parlant de Favorin: ἰὼ μὲν γὰρ τῶν Ἑσπερίων Γαλάτων ἔτος, Ἀρελάτῃ πόλεως, ἣ ἐπὶ Ἠριδανῷ ποταμῷ ἄκισται. Vous trouuerez pareillement Ῥοδανὸς pour Ἠριδανός dans Athenée & dans Eustathius, comme l'a remarqué

remarqué Casaubon dans ses Animaduersions sur Athenée liure v. chap. 10.

ROSSE. De l'Alleman *ross* qui signifie *cheval*. Voyez *roussin*.

ROSSIGNOL. De *lusciniolus*, d'où les Italiens ont aussi fait *rosignuolo*, & les Espagnols *ruyseñor*.

ROSTIR. De *rostire*, qui a esté formé de *torreo. Torreo, torsi, torsum, torsire*, & par metathese *rostire*, ROSTIR. Les Italiens disent *arrostire*.

ROTER. De *eructare*.

ROTIERE. On appelle ainsi le lieu où l'on met le lin & le chanvre à roüir. De l'Alleman *roten*, qui signifie proprement *pourir*, mais qui signifie aussi *roüir*. Ie croy que ce mot *roüir* en vient. *Roten, rotire, roire*, ROÜIR.

ROTVRE. De *ruptura*, que les Autheurs de la basse Latinité ont pris pour *culture de terre*. Encore apresent dans le Boulenois on dit *rompre la terre*, pour dire *la mettre en culture*. C'est l'opinion de M. Besly Advocat du Roy à Fontenay-le-Comte, dans vne lettre qu'il a écrite à M. du Puy Conseiller d'Estat, & que j'ay trouué apropos d'inserer en ce lieu: *Puis que vous le voulez, ie vous diray mon sentiment de l'origine de nostre mot roture & roturier. Le President Fauchet le dériue de rusticus. Pierre de Saint Iulien le tire de rompre. La derniere opinion me semble plus conforme à la verité, quoyque simple & vulgaire. Les François, Goths & Lombards qui s'éleuerent du débris de l'Empire Romain, & de ses ruines fonderent de nouueaux Royaumes, reduisirent les anciens habitans de leur pays de conqueste au mesnage, culture, & labour des terres, dont on voit quelques marques dans Senator ou Cassiodore. De-là la difference des Nobles & Roturiers, premierement sous autres mots, & finalement sous ceux-cy qui sont en vogue de fort longue ancienneté. De ruptura a esté fait roupture & roupturier, & puis par succession on a délaissé d'y inserer le* P, *en conformant l'escriture à la voix: ainsi qu'on n'escrit plus escript & escripture, & semblables, où nos predecesseurs entassoient quantité de lettres du tout inutiles, sinon pour monstrer la deriuaison: ce que Iules Cæsar de l'Escale a fort bien notté en ses liures de* Causis Linguæ Latinæ. *De mesme de rupta adiectif,*

DDdd

ou de terræ ruptæ *on a fait* roupte *&* rouptier ; *d'où enfin on a ofté le* P. Ruptura *au vieux temps de cinq ou six cens ans signifioit le droict ou couftume que le* Teneur, Cottier, *ou proprietaire vtile payoit au* Seigneur direct *pour quelque piece de terre prife à rompre*, *effarter ou mettre en valeur.* Vne Notice de l'an M. XXII. Indict. x. Dimiserunt confuetudinem quam tenuerant, ideft, rupturam in medio terræ noftræ, quæ eft in ipfa Infula Oleronis annuente Widone Pictauenfi Comite. *C'eft* Guillaume VII. Duc de Guyenne. *Le figma qu'on trouue quelquefois au mot* roufturier *a fait penfer au Prefident Fauchet qu'il venoit de* rufticus : *au lieu que c'eft la marque de la fyllabe longue, comme on la prononce en quelques pays. Toutefois au dialecte commun de ce Royaume elle eft breue, quoyque l'* V *du Latin dont elle eft formée foit long : deprauation qui fe voit en autres dictions, où és vnes l'* V *eft long par pofition, és autres par nature. Exemple:* Ampoule, bouter, courir, double, écouter, goute, mouffu, poulain, fouffre, fouple, foupirer, foutenir *&* troubler. *Comme au contraire en autres vocables l'* V *bref au Latin eft changé en* OU *long en noftre langue : tefmoins* coudre, moûle, boûcle *&* coudre, *qui font exprimez de* cudere, modulus, bucula *&* corylus. *Il n'y a point de doute que* routurier *&* routure *ne viennent de* ruptura : *& n'y en a non plus que* route *&* routier *ne foit formé de* rupta *ou* ruptæ, *qu'on difoit au commancement* terræ ruptæ, TERRES ROVTES : *puis à la longue, pour parler concifement, on a obmis le fubftantif, & s'eft-on contenté de l'adiectif, à l'imitation des Grecs & Latins qui ont fait le femblable ailleurs : tefmoin* Phœbus Apollo, *& plufieurs autres. Ie me fuis apperceu de quatre fignifications au mot de* route, *vne propre, les trois autres metaphoriques. La propre, celle que ie viens de dire, laquelle n'eft plus en vfage, mais dont fe voit quelque veftige és Couftumes de Nivernois tit. des Dixmes art.* 5. *&* 6. *où fe lit* rompeis *&* routeis : *le premier, pour terres nouuellement cultiuées, efquelles n'y a apparence ou memoire de culture faite autrefois : le dernier, pour terres qui de long-temps n'ont efté labourées, & efquelles y a apparence ou memoire de culture ancienne : qui me femble diftinction affez goffe. Auffi Coquille là deffus s'en dégage comme il peut, à l'ayde de quelques Chartes du temps, efquelles ces mots, à fon dire, font de* terris ruptis & rumpendis. *De ce mot* route *proprement pris pour* terre rompuë & labourée, *fut fait* routier *pour* laboureur: *& tout ainsi que quelquefois les Latins se seruent d'vne mesme diction pour signifier la chose, le lieu & la personne, comme en* custodia *pour* la prison, le prisonnier & la garde; *aussi* route *vint à signifier la* terre rompuë & celuy qui la rompoit. *Voila pourquoy* route *&* routier *vont indifferemment l'vn pour l'autre dans Froissard & ailleurs: mais par metaphore, denotant là les bandes & compagnies, & les soldats dont elles sont composees & tirées des communes du pays, c'est à dire, la pluspart de la beche & de la charruë, & vrais Routuriers aux termes d'apresent. A cette occasion on trouue tousiours en tous les anciens liures* rupta *pour* route, *&* ruptarij *pour* routiers, *auec le* p *characteristic. Guillaume le Breton au* VII. *de sa Philippide:* Numerosáque rupta Cadoci. *Ailleurs:* Agmina præfecit toti ruptarica regno. *Au* IX. *faut lire:* Cúmque sua nulli rupta parcente Cadocus: *& non* rapta. *Au* VII. Tecum Lupicanica rupta fac eat: *où Meursius a mal corrigé* rutta, *pour n'auoir pris garde à l'origine du mot de* Ῥῦτα *en Nicetas, &* ruta *en Guillaume de Neubrige. Car veritablement l'vn & l'autre, ensemble le* rotta *des Italiens, & l'Alleman* rotte, *selon l'orthographe de Meursius, ou* rott, *selon* Wolphangus Hungerus *(qui a deuant luy cotté cette notion) sont empruntez de nostre Roman* route, *que nous auons semé & espandu en toute l'Europe par le moyen de nos pelerinages de Rome, Constantinople & Hierusalem. Puis quand le soldat Routier deuint larron & brigand,* routier *fut pris absolument pour cela mesme. Au temps du Concile* IV. *de Latran tenu sous Innocent III. Pape, c'est à dire l'an* 1215. ruptarius *estoit desia mis pour* miles. *Car au chap.* XVIII. *il est dit:* Nullus quoque Clericus ruptarijs vel balistarijs, aut hujusmodi viris sanguinum præponatur. *Il est vray que Binius a fait imprimer* rottarijs, *nonobstant la compilation de Gratien & l'edition de Gregoire XIII. Pape, qui ont retenu* ruptarijs *au chap.* Sententiam Ext.ne Cler. vel Mon. *Si est-ce qu'vne vieille Chartre proche du mesme âge, enseigne que dés lors les Routiers estoient desia diffamez, disant:* Immunitatem & libertatem Ecclesiasticam, tamquam Ruptarij & prædones violare præsumentes, *&c.* Route *en troisiesme lieu signifie* vn petit chemin ou sentier, *d'où l'on a basty* routier *vn homme fort rompu & entendu en son art & mestier ou* entreprise: & de là est dit en partie courratier, & par contraction courtier: & de là aussi Pierre Garcie de ce pays a nommé Grand Routier son liure, qui contient les chemins & routes de la mer. Car route en telle notion n'est pas corrompu de rota, comme aucuns ont cuidé: au contraire il ne se prend iamais pour chemin public, sinon sur la mer, ou auec adiection, comme quand on dit; Suiuez toute la grand route: mais route n'est pas chemin à roües, c'est à dire, voye royale, qu'on dit vulgairement le grand chemin des charrettes. Voire le T se perd en tous les mots François deprauez de rota, comme en roüe, roüage, roullier, rouleur, sauf qu'en Languedoc on dit rodier pour vn artisan de roües, & puis rodier vn puis à roües auec lesquelles on puise l'eau dont on arrouse les iardins à Thoulouse. Route enfin par metaphore se prend aussi pour desconfiture, quand on dit qu'vne armée a esté mise en route ou en vauderoute, pour dire qu'elle a esté rompuë & vaincuë, quoyque le feu Sieur de la Nouë escriue que nous le tenons des Italiens, ainsi que banqueroute quand les marchands ont rotta la banca. Ie croy bien que le terme de banqueroute a esté composé par les Italiens. Car les François n'ont point inuenté cette tromperie; mais ils ont emprunté ces deux mots des Italiens, qu'ils ont adapté à leur intention & à leurs mœurs. Toutefois ie ne puis dissimuler qu'en la Coustume de Boulenois art. 142. il est dit, qu'en cas de desconfiture ou rompture tous creanciers viennent à contribution; où le mot de rompture, & en son & en substance, approche fort de la banqueroute des Italiens. Conclusion: roupte, rouptier, roupture & roupturier ont mesme deriuaison, & de leur origine premiere ne denotoient qu'vne mesme chose. Route estoit routure, routier estoit routurier. Puis l'vsage a varié, & enfin routurier est demeuré pour signifier vn homme de poëté, Coustumier, Cottier & taillable, auquel est opposé le franc & le noble. M. de l'Acoste dans son Commentaire sur le titre de *Iure Emphyteutico*, qui m'a esté communiqué manuscrit par M. du Puy: *Non igitur Latinum nomen* Insitio, *sed Græcum* ἐμφύτευσις *vsurpatum fuit, quamvis Emphyteusis sit proprie* Insitio, *& quamvis hoc contractus genere initio tantùm dati videantur agri deserti, inculti & squallidi sub lege meliorationis, tamen Emphyteusis tandem dicta fuit de omni datione perpetua sub annua præstatione: ea-*

démque forma veteres Franci agros incultos, sylvas vel saltus dederunt sub lege rumpendi, scindendi & aperiendi, quod vulgò dicitur, à la charge de rompre & ouurir les terres: & inde terræ istæ vel possessiones ruptæ, scissæ & apertæ, detortis à Latina lingua nominibus, dictæ fuerunt rupturæ, scindæ quasi scissæ, & aprisiones quasi aperitiones, pro noualibus, quæ lingua Francica Teutonica dicuntur Exarta, & inde exartare in Capitularibus Karoli Magni, vulgo Essarts & Exsarts. De Rupturis extat insignis locus in Bulla priuilegiorum Monasterij Sancti Felicis in Aragonia: Decimas & primitias de nouis rupturis quæ factæ sunt in allodio S. Felicis. Idest, de decimis Noualium: & ita hodie vocamus rotures ab hac voce ruptura agros rusticos datos sub lege rumpendi & meliorandi, eadem planè forma qua Latini emphyteuticos. Sic viam ruptam & stratam vocamus route. De qua tamen voce diuersa est vox alia Francica, ruta sine P, quâ, vt Guillelmus Neubrigensis docet Historia Angl. lib. 11. cap. 27. & lib. V. cap. 15. significatur turma stipendiariorum militum: & corruptè apud Guillelmum Aremoricum lib. V. Philippidos duobus locis scriptum est rupta cum P, cùm sit legendum ruta sine P. Et inde Rotarij, ROVTIERS, vt in veteribus libris scriptum esse Hostiensis notat in capite penultimo: Ne Clerici vel Monachi negot. sæculi se immisc. Illo loco: Nullus Clericus Rutarijs vel Rotarijs aut balistarijs, aut hujusmodi viris sanguinum præponatur. Horum enim Rutariorum militum infame nomen esse cœpit ob frequentia latrocinia & populationes. Eodémque sensu Hæreticos Albigenses dictos fuisse Rutarios Trithemius scribit in Chron. Hirsargiensi, non quia omnia rumpebant & dissipabant, vt quidam malè censent, sed quia militum Rutariorum, vt & latronum, nomen infame fuit. A Rutarijs igitur istis, idest Routiers, separandi sunt Ruptarij Roturiers, qui non à ruta, sed à ruptura totidem literis dicuntur. Concludamus igitur rupturam propriè esse terram ruptam vel proscissam, à quo idiotismus Francicus accepit hanc vocem roture, vt à cultura couture. Eadémque analogiâ terra scissa dicitur scincta vel scinda, à scindendo, in Constitutionibus Karoli Calui, quam vocem terram censualem significare certum est: De illo, inquit, qui agros Dominicos, idest, ad fiscum pertinentes, propterea neglexit excolere, vt nouas inde non persoluat, & alienas scindas ad excolendum propter hoc accipi. SCINDA *igitur quod ad culturam scissum est, vt loquitur L.9. tit. 1. lib. 10. Cod.* Wisigoth. *& ita hanc vocem explicatam reperio in Glossario MS. vocum Germanicarum, quæ exstant in Legibus Franc. Sal. Ripuar. & Alaman. Eadem quoque forma terra aperta dicta fuit* aprisio *quasi* aperitio ab aperiendo, *in Præcepto concessionis quod Lud. Pius dedit Hispanis editum à Petro Pithœo*: Si quisquam eorum in partem quam ille ad habitaculum sibi occupauerat, alios homines vndecunque venientes attraxerit, & secum in portione sua quam *aprisionem* vocant, habitare fecerit. *Sic lege ex autographo. Malè edito Pithœi* ad portionem *pro* aprisionem, *quam lectionem verissimam esse ostendit simile Præceptum Karoli Calui datum in Monast. Sancti Saturnini prope Tolosam, quod exstat in Hist. Comitum Barcin. quæ confirmat superiorem Ludouici Pij concessionem. Eodem quoque verbo vtitur vetus Instrumentum donationis factæ Romanæ Ecclesiæ à Berengario Comite Barcinon. quod Illustriss. Baronius Cardinalis dedit tom.* XI. *Annal.* Vt omnes qui mecum insudauerint ad præfatæ vrbis Taraconensis instaurationem, habeant in confinio vrbis suam abrisionem. ABRISIO' *igitur est terra in desertis atque incultis locis aperta, vt loquitur dicta Constitutio Karoli Calui: ex qua legendum in secundo Præcepto concess. Lud. Pii edit. Pith.* Cæteri verò qui simul cum eis venerunt, & loca deserta occupauerunt, quicquid de deserto excoluerunt. *Malè edit. Pith. de incerto. Ex his omnibus apparet* rupturam *nostram Francicam eadem forma & ratione dictam, deductam & deriuatam fuisse, qua apud Romanos* Emphiteusis, *quod antea hominibus nostris fuit incognitum. Quidam enim censent sine Authore* roturam *veterem esse vocem Teutonicam, quidam* ROTVRIERS *dictos fuisse quasi* ruricolas, *sine vlla analogia.* Du Chesne sur ces mots d'Alain Chartier: *Où temps de Karesme cedit an se partirent les Rotiers du pays de Bar & de Lorraine* qui sont en la page 112. dériue *route* de *roux*, qui signifie *cheual* en vieux François: *Les Latins les appellent* Ruptarios, *du mot* Ruta siue Rupta, *qui signifie compagnie de gens de guerre à cheual. Guillaume de Neubrige au Liure* V. *des Gestes des Anglois, chap.* XV. Per stipendiariam militiam, quam Rutas vocant, expugnato Ifonduno. *Et Guillaume le Breton au liure* V. *de sa Philipide*:

>   ————— bellatorúmque minorum
>   Milia dena quater, & Marchaderica Rupta
>   Excedens numerum.

Auquel sens nos vieux Poëtes François vsurpent aussi Route pour compagnie de gens de cheual. Car ainsi en vse l'Autheur du Roman intitulé Garin le Loheran, composé du temps de Louys le Ieune :

>   En sa compagnie ot de Cheualiers mil,
>   Grant fu la route quant li Dus descandil.

Et ailleurs :

>   Là veisiez les routes asembler,
>   Et Amauriz lest le cheual aler.

D'où vient pareillement arouter, pour assembler ou mettre en compagnie. Le mesme Roman :

>   Quant mengié orent, & il orent disné,
>   Au tref Garin furent tuit arouté.

Et derechef :

>   L'arrieregarde fet le pays rober,
>   Et les grans proies chargier & arouter.

Mais quelle est l'origine de Route, ou Ruta? peut-estre du mot Roux, qui signifie cheual en vieux langage François : car ainsi le prend aussi l'Autheur du susdit Roman, quand il dit :

>   Es vn mesage sor vn rous Arabi,
>   Nouelles conte, & il fu bien oi.

Et peu apres :

>   Huè s'en retorne sor le rous Arabi.

Puis encor ailleurs :

>   Bien fu armé sor le rox Arabi :

C'est à dire, sur le cheual d'Arabie. Ce que j'estime d'autant plus vray, que mesme encor auiourd'huy ceux des Pays-bas appellent Ruter vn homme de cheual, en leur langue : & nous par quelque alteration ou corruption de lettres, Reistre. Vossius de vitiis Sermonis pag. 267. le deriue de l'Alleman rotte : ROTTA, RVTTA, vel RVTA, manus, vel globus hominum, idem ac schara. Guillelmus Brito in Philippidos libris :

>   Hac ex parte Comes Robertus mansit, & hæres
>   Hugo novi castri, Simon, & rotta Cadoci.

Et lib. VII.
> Waltersis Legio, numerosáque rotta Cadoci.

Ac similiter antea eopse libro:
> ———— Tecum Lupicaria rutta
> Fac eat.

Sic enim rectè ibidem emendavit ὁ μακαρίτης *amicus noster Ioannes Meursius. Vulgò editum* rupta. Lupicaria *verò* rutta *vocatur ei à Lupicavo, quem inter Præfectos militares numerat libro seq. Vsurpat quoque Guilielmus Neubrigensis lib.* II. *cap.* XXVII. Stipendiarias Brabantinorum copias, quas *ruttas* vocant. *Cæsarius lib.* II. *Miracul. cap.* II. Prædonibus, quorum multitudo *rutta* vocatur, se conjunxit. *Et lib.*XI.*cap.* LIII. Multitudini prædonum, quæ *rutta* vulgò dicitur, se associavit. *Matthæus Parisius in Richardo* I. *ad ann.* CIↃ CXCVI. Qui duces fuerunt catervæ, quàm *ruttam* vocamus. *Neque nescivere Græci. Nicetas in Balduino Flandro:* Μοῖραν, ἣν ῥούτταν ὠνόμαζον. Turmam, quam *rottam* vocabant. *Est verò* rotta, *vel* rutta, *à Germanico* rotte: *quomodo dicimus,* een rotte soldaten; *item* rotten, *congregari. Videri autem possit* rotte *esse ex eo, quòd & Germanis* rot *idem ac* rota *Latinis. Nempe à rotunditate fuerit; quomodo dicitur* globus hominum. *Sanè Scaliger ad Varronem censet,* turma *similiter esse à* τόρμος, *rotunditas. Nec tamen de istiusmodi coniectura cum quoquam contendero. Eoque, communiorem secutus opinionem, in iis, quæ originis sunt barbaræ, reposui. Et* ruptarius *de l'Alleman* ruter: RVPTARIVS *quoque in ortu barbaris locum habeat, si inde sit, quòd Germanis, ac Belgis,* ruter *sit eques: vt opinio est doctissimi* Watsii *in glossario, quod addidit Matthæo Parisio, à se longè felicius recuso. Est apud Matthæum hunc in Henrico* II. *ad ann.* CIↃC LXXIV. Nuntiatum est ei electam Regis filij sui militiam apud Dolensem vrbem à Brebanciis, & Ruptariis, circumclusam. *Ac mox:* Sed priusquam veniret, hostium suorum maxima multitudo, à suis Ruptariis fuerat interempta. *Ac similiter apud eundem alibi. Interim* rupter *pro equite simplicius statuas dici pro* ryder, *à* ryden, *vnde & * rheda. *Quare nec placet esse à* ruyten, *prædari, populari. Vti neque à* ῥυτήρ, defensor; *neque à* ῥυτήρ *significante* ἡνίαν *siue* habenam. *Quorum prius Mekercho visum, alterum Drusio. Voyez*
Meursius

Rogations Rogations, aux... Greg. Turon. hist. ly. cap. 6.

Meursius en son Glossaire au mot ρ̃γτα. L'opinion de M. Besly me semble la plus vray-semblable.

ROVAGE. C'est vn droit Seigneurial lequel se prend sur le vin qui est vendu en gros & transporté par charoir, & auant que la roüe tourne. Voyez Rageau en son Indice. De *rotaticum* ou *rodaticum*. M. Bignon sur les diuerses Formules pag. 610. RODATICVM. *Capitul. lib.* VI. *cap.* 219. *Vt nullus homo præsumat tholoneum per vias, nec per villas rodaticum, nec pulueraticum recipere. Hodie* ROÜAGE, *quod vectigalis genus ex vino vendito colligitur. Rotaticum in Diplomate Dagoberti Regis, de mercato Sancti Dionysii, vbi varia tributorum genera recensentur; vt in Præcepto Confirmationis Pipini Regis de eodem mercato: Nec de nauigiis, nec de portibus, nec de carnis, nec de saumis vllum theloneum vel formaticum, seu rotaticum, vel pontaticum, vel portaticum, vel salutaticum, seu cespitaticum, siue mutaticum, vel aliquam exactionem aut consuetudinem exigere.* Voyez Vossius *de vitiis Sermonis* pag. 266.

ROVE. Supplice. On estend ceux qu'on roüe sur vne Croix qu'on appelle *de Saint André*. Contius sur le tiltre de *publicis Iudicijs* aux Institutes: *Hodie etiam rota post multa sæcula introducta est, Cruci similior quàm furca. Primùm enim in Cruce ad quatuor eius ramos miseri corporis brachia & crura, deinde vecte ferreo confringuntur, ac postremò lacerum & contusum corpus de Cruce deponitur, & rotæ in altum erectæ imponitur supinum adhuc viuum ac sentiens, imò etiam sitiens, quò magis infensum solem oculis iam semiclausis ingemiscat, ac mortem, cæteris hominibus horrendum malum, summi voti loco aduocet, atque nimis diu cunctantem accuset. Miserrimum ac verò crudelissimum spectaculum, & tamen oculis Christianæ pietatis (ô tempora) quotidie diuersans. Scirem huius tam memorabilis tormenti tam ingeniosum in pœnas artificem aut inuentorem: secundas ei nunc aut tertias tam præclari facinoris palmas post Phalaridem aut Tarquinium deferrem.* Ce qui a fait penser à quelques-vns que ce mot venoit de celuy de *ruode* ou *ruod*, qui en Saxon signifie *Croix*, comme l'a obserué Lindembrog dans son Glossaire au mot *ruoda*: & ce qui fauorise cette pensée, c'est que ce supplice

EEee

nous est venu d'Allemagne. Cujas liure III. de ses Obseruations chap. 28. apres auoir parlé du supplice de la rouë parmy les Grecs: *Itaque vt ex eis locus apparet, supplicium illud quod Franciscus Rex in grassatores instituit, vt fractis membris semianimes in altum elatis rotis supini imponantur, ab rota illa veterum, cui homines alligati crudeliter torquebantur ac distendebantur, longè dissimillimum est, quod tamen non desunt qui negarint, adducto falso aut deprauato testimonio ex Ammiani Marcellini lib. 21.* Brodeau liure II. de ses Meslanges chap. 10. *De rota, vt ita loquar, Germanico supplicio, triginta ab hinc annis in Galliam translato, vt de re vulgo nota non acturus sum. Hoc vnum dissimulare non possum pudendo Lud. Cælij lapsu, diuersum ab eo esse quod τροχὸν Græci appellant; Antiphon, &c. quæ nihil ad Germanicam pertinere nemo non videt, in qua sontes iam datis pœnis non plus doloris sustinent, quàm si humi strati iacerent.* Le President Fauchet liure III. de ses Antiquitez Françoises chap. 19. Grindion fut mis sur la rouë, punition lors commune entre les François, & remise en vsage l'an 1535. pour faire peur aux voleurs, par ce cruel chastiment, pratiqué de tout temps en Allemagne contre les guetteurs de chemins. Pour moy, ie croy que ce supplice de la rouë a esté ainsi appellé acause qu'on expose les rompus sur vne rouë; ou parce qu'en Allemagne, d'où nous est venu ce supplice, on rompt les membres de ceux qui y sont condamnez, auec vne rouë.

ROVGE. De *rubius*, qu'on a dit pour *rubeus*, qui a esté fait de *ruber*. Les Gloses: *robeus*, ἐρυθρός.

ROVGEOLE. Maladie ainsi nommée de la rougeur qu'elle apporte au visage. M. de Saumaise en son liure des Années Climactetiques pag. 726. *Quæ dicuntur hodie variolæ & morbilli,* RVBIOLAS *nos vocamus, non nemo credit hodiernorum Medicorum antiquo æuo fuisse incognitas. Sed Valens inter Climacteres puerilis ætatis & morbos qui eos faciunt, aut frequentem puerorum* ἀραίρεσιν, ἐξανθήματα *ponit, &* ἐκζέματα. *Illa respondent Rubiolis siue morbillis, hæc variolis. Aëtius Amidenus vtriúsque morbi meminit lib. III.* ἐξανθήματα παιδίων *appellat, vt hinc sciamus hoc puerorum peculiare esse malum, quo cutis eorum colore rubro tota quasi efflorescit, quem Græci* ἀνθινὸν *&* ἀνθηρὸν χρῶμα *vocitant. His iungit*

RO. RO. 587

φλυκταίνας καὶ καθ'ὅλα ἕλκη τὴν ἐπιφάνειαν γινόμενα, quæ sunt Variolæ nostræ, tubera vel vlcera in lucentes & vuidas pustulas Βύβαστα ἕλκη ea Veteres nominabant, quia vrbi Bubasti Ægyptiæ familiaris hic morbus, &c. Voyez verole.

ROVILLE. De *rubigilla* diminutif de *rubigo*.

ROVLLER. De *rotulare*. ROVLEAV. De *rotulellum*.

ROVSSI. Cuir. Par corruption pour *cuir de Russie*, comme le prononcent encore quelques Antiquaires.

ROVSSIN. Dans tous les vieux liures vous trouuerez tousiours escrit *roucin* par vn c. Les Italiens disent aussi *roncino*, & les Escriuains Latins du bas siecle *roncinus*. Vossius de vitijs sermonis pag. 268. RVNCINVS *idem ac equus spado, siue canterius. Bernardus Claræuallensis in vita Sancti Malachiæ cap. XX.* Runcinus durè portans. *Matthæus Parisius in vitis XXIII. Sancti Albani Abbatum:* Iurauit idem Abbas Guilhelmus se centum equos vno anno in diuersis partibus Abbatiæ, quorum alij erant manni, alij runcini, alij veredarij, alij verò auerij. *Vbi de mannis & veredarijs res est manifesta: non item de runcinis & auerijs. Auerij sunt equi iugales, plaustris, vel aratris iuncti, à Gallico* OVVRIR. *Sic vsus Rogerus Houedenus in Richardo primo ad annum* CIƆ. CXCIV. Inquiratur de quot bobus & auerijs singulæ carucæ valeant instaurari. Erit autem precium bouis IV. solidi, & vaccæ similiter, & auerij similiter. *Quâ de voce pluribus Spelmannus in* Auera: RVNCINVS *verò, vt dixi, est canterius hoc est, equus castratus; qui Germanis ac Belgis* ruyn: vti ruynen *castrare, euirare.* Ce qui pourroit faire douter que ce mot n'eust esté fait de l'Alleman *ross* qui signifie *cheual*. Ie croy neantmoins qu'il en vient, & que nous auons fait *roussin* de *ross* par diminution, comme *bouquin* de *book*, ainsi que nous l'auons desia remarqué au mot *bouquin*. *Ross, rous, roussin, roucin.* Anciennement nous disions *rous* pour *cheual*. L'Autheur du Roman intitulé, *Garin le Loheran*:

 Es vn message sor vn rous Arabi,
 Nouelles conte, & il fut bien oi.

Et ensuite:

 Huë s'en retorne sor le rous Arabi.

EEcc ij

588 RO. RV.

Les Italiens ont aussi fait de là leur *roncino*. *Roff, rossinus, ronssinus, roncina*.

ROVVRE. Vieux mot qui signifie *chesne*. De *robore* ablatif de *robur*. De *robore* on a dit *roboretum*, d'où nous auons fait *rouuré*, & les Italiens *rouere*.

ROVX. De *russus*. Catulle: *Russam desiccare gingiuam*: C'est ainsi que ce lieu est cité par Apulée dans son Apologie. Voyez Meursius en son Glossaire au mot Ῥοῦσος.

RV.

RVBARBE. Par corruption pour *rheubarbe*. De *rheubarbarum*, qui a esté dit par corruption pour *rha barbaricum*. Voyez diligemment M. de Saumaise sur Solin pag. 798. De *rheubarbe* nous auons fait *rebarbatif*.

RVCHE. Peutestre de *rupes*, acause que les abeilles se mettent quelquefois dans des roches. Virgile:

 Sæpe etiam effossis, si vera est fama, latebris
 Sub terra fodere larem: penitúsque repertæ
 Pumicibúsque cauis, exesæque arboris antro.

RVE. De *rua*, dont les Latins se sont seruis en cette mesme signification. Le Glossaire intitulé: *Excerpta ex alijs veteribus Græco-Latinis*, &c. au chapitre de *ciuitatibus*: *quadruuium, ἀμφοδον. platea, ἀγυιά. rua, ῥύμη. angiportus, στενωπός*. Il est vray qu'au lieu de *rua* l'edition porte *ruga*; mais il faut tres-asseurement lire *rua*, comme l'a fort bien remarqué Bonaventura Vulcanius; ou *ruma. ῥύμη, ruma, rua,* RVË. Les Espagnols disent encore *rua* & *ruar* pour dire *se promener de ruë en ruë*.

RVE. Herbe. De *ruta*, qui a esté fait du Grec ῥύτα, qui se trouue en cette signification dans Nicandre.

RVISSEAV. De *riuicellus*. Anciennement on disoit *ru* de *riuus*. *Ruel* village prés Paris, celebre par la demeure du Cardinal de Richelieu, a esté ainsi appellé, comme ie pense, de *riuellus*.

RVSE. Nicod dans son Dictionnaire le dériue de *vsus*,

& Lipse dans vn catalogue de quelques vieux mots Allemans, inseré dans son epistre 44. de la III. Centurie, de l'Alleman *arusin* : ARVSIN *curis*, *vt Galli* RVSES. Les Anglois vsent du mot *ruse* en la mesme signification que les François.

RVT. De *rugitus*, acause du bruit que font les Cerfs quand ils sont en rut. Les Annales Bertiniennes en l'an 864. H *Ludovicus Italiæ Imperator nominatus, à Ceruo quem in rugitu positum sagittare voluit, grauißimè vulneratur. Rugire* a esté dit des Cerfs de mesme que des Lions. Iob chap. XXXIX. parlant des Biches : *Incuruantur ad fœtum, & pariunt & rugitus emittunt*. Marot en la traduction de ces mots du Pseaume, *Quemadmodum Ceruus ad fontes aquarum* :

 Ainsi qu'on oit le Cerf bruire,
 Pourchaßant le froid des eaux ;
 Ainsi mon ame soupire,
 Seigneur, apres tes ruißeaux.

Au lieu de *rugire* on a dit *prugire*. La Loy des Allemans tit. XCIX. §. I. *Si quis bisontem, bupalum vel Ceruum qui prugit, furauerit aut occiderit*, &c. Et *brugire*, d'où nous auons fait BRVIRE, comme de *brugitus* BRVIT, que les Bas-Bretons prononcent BRVT. *Rugitus*, ruit, RVT. Anciennement on prononçoit *ruit*. Villon :

 Retournez cy, quand vous serez en ruit,
 En ce bordeau où tenons nostre estat.

Coquillart dans le Monologue de la Botte de Foin :

 Bailler aux Dames le deduit
 Ferme comme vn Sanglier en ruit.

Rabelais III. 27. *Tous les manants & habitans du lieu entroient en ruit, bestes & gens, hommes & femmes, iusques aux rats & aux chats*. Et *ruiment* pour *rugißement*. Les grandes Chroniques de France dédiées à Charles VIII. *Et sembloit que ce fussent vrlemens de Loups, & ruimens de Lions*.

EEee iij

SA.

SABLE. Couleur noire en Armoiries. M. Hauteserre liure 8 chap. 3. des Ducs & Comtes de Prouince : *Sabulum, quod est nigrum, non à sabulo deflexum, sed à muribus Ponticis nigri coloris, quos vocant* Mattras sabelinas *vel* sabulinas.

SABLE. De *sablum* qui a esté fait de *sabulum*, & qui se trouue dans les anciens manuscrits de Vitruue, selon le tesmoignage de M. de Saumaise pag. 303. de ses Commentaires sur l'Histoire Auguste. De *sablum* on a formé *sablo*, d'où nous auons fait *sablon*.

SABLÉ. Ville du Maine. De *Sablatum*. C'est ainsi que cette Ville est appellée en plusieurs tiltres Latins. Elle est aussi appellée *Sabolium* en quelques-vns.

SABOT. De *saputtus* diminutif de *sapus*, qu'on a dit pour *sapa*. Voyez *sauatte*.

SAFRAN. De l'Arabe زَعْفَرَان, *zapheran*, d'où les Italiens ont aussi fait *saferano*. Les Turcs disent, comme nous, *safran*.

SAINT-LEZIN. Sorte de poires. De la Chapelle Saint Lezin prés la ville d'Angers, dans le jardin de laquelle on commença en Anjou à greffer de ces poires.

SAISON. Il y en a qui le dériuent de *satio*, acause de ces vers du 11. des Georgiques de Virgile :

> *Optima vinetis satio est, cùm vere rudenti*
> *Candida venit auis longis inuisa colubris.*

Mais *satio* en ce lieu signifie *semaison*, mot qui se dit des vignes. Horace : *Nullam Vare sacra vite prius seueris arborem.* SAISON vient de *statio*, d'où les Italiens ont pareillement fait *stagione*. Les Latins ont dit aussi *tempestates anni*, comme qui diroit *temporis stationes*.

SALADE. De *salata*, à *sale*. Les Italiens disent *insalata*.

SALADE pour *casque*. Ie suis de l'auis de Nicod, qui le dériue de *sila* qui a signifié la mesme chose parmy les Latins. Festus: *Silus appellatur naso susum versus repando. Vnde galeæ quoque à similitudine silæ dicebantur. Sila, silata, selata,* SALADE. Les Espagnols disent encore *celada*.

SALIQVE. Loy. Il y a diuersité d'opinions touchant l'origine de ce mot. Pasquier liure 11. de ses Recherches chap. 17. Or combien que le droit d'ainesse & l'appanage soient choses nouuelles au regard de la Loy Salique; si est-ce que le profit que nostre Royaume sent de telles maximes, nous les rapportons toutes communément comme si elles eussent esté introduites auec cette Loy Salique, veritablement non sans grande occasion. Car encore qu'elle n'en fasse aucune mention; ce neantmoins la mesme raison qui occasionna nos ancestres à forclore les filles de l'esperance du Royaume, fut cause que depuis on voulut attribuer aux aisnez tout le droit de la Couronne, & que par mesme moyen les freres de nos Rois furent seulement appennez. Toutefois, pour parler à son rang d'icelle Loy, qui est tant celebre, à l'auantage des François, il semble que pour le iourd'huy cette Loy nous soit peculiere entre tous autres Royaumes. Pour laquelle cause quelques-vns (comme Guillaume Postel) estiment qu'elle prit son ancienne origine des Gaules, & qu'elle fut appellée Salique au lieu de Gallique, pour la proximité & voisinage que la lettre G en vieil moule, auoit auec la lettre S. Il seroit mal-aisé de raconter la diuersité des opinions qui se rencontrent en l'etymologie de ce nom. Iean Cenal Euesque d'Auranches, qui a laborieusement recherché plusieurs anciennetez & de la Gaule & de la France, l'a voulu rapporter à ce mot François Sale; parce que cette Loy estoit seulement ordonnée pour les Sales & Palais Royaux. Claude Seissel, assez malapropos, a pensé qu'elle vint du mot de sel en Latin, comme vne Loy pleine de sel, c'est à dire de Sapience, par vne metaphore tirée du sel. Vn Docteur és Droicts, nommé Ferrarius Montanus, a voulu dire que Pharamond fut autrement appellé Salique. Les autres (comme l'Abbé Vespergense) plus ingenieusement, la tirent de Salogast, l'vn des principaux Conseillers de Pharamond. Et les derniers pensans subtiliser dauantage, disent que pour la frequence des articles qui se trouuent dans icelle Loy commençans *par ces mots* Si aliquis, *&* Si aliquâ, *elle prit sa deriuaison.* Quelques-vns, selon le tesmoignage de Genebrard sur Ioseph liure VII. chap. 10. estiment quon a dit *Salique* pour *Salomonique*, acause que Salomon fut le premier qui pratiqua cette Loy en Iudée en la personne de son fils Roboam. M. d'Avisson celebre Medecin Escossois, au traitté qu'il a fait *de Sale, Terra & lege Salica*, deriue ce mot de ces deux Allemans *saltz & lik* : *Hanc Legem* Salicam *barbaro vocabulo nuncupant origine & nomine à sale deducta. Vox enim* Salica, *solis Gallis vsurpata, sunt duæ voces à vetere Germanico idiomate corruptæ.* Saltz *quippe Latinis* sal *vocatur. Et vox ipsa* lik *similitudinem aut simile aliquid denotans. Vnde vocabulum illud barbarum* Salik, *Lex illa conseruatrix, seu salis similis, vulgo* Salica *dicta.* La plus probable opinion est de ceux qui croyent que cette Loy a esté ainsi appellée des François nommez Saliens. Hotman chap. 8. de sa Franco-Gallie: *Cùm anno* 1328. *Rex Carolus Pulcher Philippi Pulchri filius moriens vxorem prægnantem reliquisset, paucis intermissis mensibus agnata filia, Eduardus Angliæ Rex, ex Isabella Philippi Pulchri filia, Caroli Regis sorore natus, hereditatem auiti Regni ad se pertinere contendit. At ex aduerso Philippus Valesius Regis Caroli Pulchri frater patruelis exortus est, qui diceret antiquam esse Legem Regiam Salicam nominatam, qua Lege mulieres à Regni hæreditate arcerentur. Hanc porrò Legem Gaguinus & eiusdem generis Scriptores à Faramundo scriptam tradunt:* Ad nostram, *inquit*, vsque ætatem nominatissimam. *Et in vita Philippi Valesii:* Eduardo, *inquit*, obstabat Lex Salica, quæ à Pharamondo Francis data in illos vsque dies obseruantissima habebatur. Ea Lege soli virilis sexus Reges à majoribus Regibus orti Regnum administrabant: nec ad eam dignitatem fœminæ admittuntur, cujus Legis hæc sententia est: *Nulla hæreditatis portio de terra* Salica *ad mulierem venito.* Terram autem Salicam, Francorum Iureconsulti eam dicunt, quæ solius Regis est, & à Lege Alodij distat, quæ subditos comprehendit; quibus datur per hanc Legem rei alicujus liberum dominium, non exclusa Principis majestate. *Hæc Gaguinus. In eamdem autem sententiam Franco-Galli omnes non modo Historici, verùm etiam Iurisconsulti & Pragmatici vsque ad hoc tempus scripserunt,*

pserunt, teste Paponio Arest. lib. IV. cap. I. vt iam communis error propemodum ius fecisse videatur. Verùm illud meminisse oportet, quod superiùs attigimus, Francorum duas sedes, duóque Regna fuisse. Vnum in Gallia, quod ad hunc vsque diem permansit: alterum vltra Rhenum, ad flumen Salam, vnde Salij & Salici Franci coniunctè, plerunque autem Salici præcisè appellati: quorum & Regnum & iam prope nomen obsoletum est. De Salijs superius ex Marcellini Ammiani Historia dictum est, demonstratúmque illos Orientales, hos Occidentales appellatos fuisse. Quemadmodum autem duo Francorum Regna fuerunt, ita duæ Francorum Leges: Salica, quæ ad Salios; Francica, quæ ad Franco-Gallos pertinebat. Eguinarth. in Carolo Magno: Post susceptum Imperiale nomen, cùm animaduerteret multa Legibus populi sui deesse (nam Franci duas habent Leges, plurimis in locis valde diuersas) cogitauit quæ deerant addere. Auctor Præfationis in Legem Salicam: Gens Francorum inclyta, antequam ad Fidem Catholicam conuerteretur, dictauit Salicam Legem per Proceres ipsius gentis, qui tunc temporis apud eamdem erant Rectores. Sunt autem electi de pluribus viri quatuor, Wisogast, Arbogast, Salogast & Windogast, qui per tres mallos (idest comitia) conuenientes, omnes causarum origines sollicitè discurrendo, tractantes de singulis, judicium decreuerunt hoc modo, &c. Ac fere ijsdem verbis vtitur Sigebertus in Chron. anni 422. Otho Frising. lib. IV. cap penult. Leges quoque Wisigastaldo & Salagasto Auctoribus ex hinc habere cœpere. Ab hoc Salagasto Legem quæ ex nomine ejus Salica vsque hodie vocatur, inuentam dicunt. Hac nobilissimi Francorum, qui Salici dicuntur, adhuc vtuntur. Atque hæc quidem veteres Chronographi. Ex quibus eorum errorem coargui licet, qui Salicam Legem vel à sale, id est prudentia dictam, vel corruptam vocem tradiderunt, pro Gallicam: quo dici absurdius nihil potuit. Sed longè maiores ex eodem fonte nati sunt errores. Primùm, quod creditum est Salicam Legem ad ius publicum Imperij & hæreditariæ Regni successionis pertinuisse. Nam illius Legis Salicæ tabulæ non multis ab hinc annis repertæ, atque in lucem editæ sunt, ex quarum inscriptione cognoscitur, eas primum circiter ætatem Pharamondi Regis scriptas editásque fuisse: deinde omnia & Salicæ Legis & Francicæ ca-

FFff

pita non de publico Regni & Imperij iure, sed de priuato tantùm constituta fuisse. In ijs autem vnum hoc caput extat tit. 62. *qui inscriptus est* de Alodis, *hoc est de his rebus, quæ non feudi, sed patrimonij iure à priuatis possidentur, quod summè notandum est:* De terra Salica in mulierem nulla portio hæreditatis transit: sed hoc virilis sexus acquirit: *hoc est, filij in hæreditate succedunt.* Sed vbi inter nepotes aut pronepotes post longum tempus de Alode terræ contentio suscitatur, non per stirpes sed per capita diuidatur. *Cuius Legis similis extat apud Ripuarios tit.* 58. *Itémque apud Anglicos tit.* 7. *vbi tantùm abest, vt de Regnorum hereditatibus sanciatur, vt ne ad feudorum quidem, sed tantum ad alodiorum successiones, ex Leges pertineant: vt facilè illorum imperitia arguatur, qui Lege illa aut numquam lectâ, aut non intellectâ adfirmare ausi sunt, Lege Salica cautum fuisse, ne Regia potestas ad mulieres transferatur. Vtcunque sit, primum illud constat, etsi nullum nec Salicæ nec Francicæ Legis caput extet, quo mulieres a Regni hereditate arceantur: tamen instituta & mores gentis tanto seculorum consensu conseruatos, ac præsertim contradictorus iudicijs confirmatos Legis scriptæ vim obtinere.* Nam Childericus, &c. Les paroles de Balde sont remarquables à ce propos: *Si in Francia moreretur tota domus Regia, & exstaret vnus de sanguine antiquo, puta de domo Borbonia, & non esset alius proximior, esto quod esset millesimo gradu, tamen iure sanguinis, & perpetuæ consuetudinis, succederet in Regno Francorum.* Voyez Pasquier au lieu allegué, François Pithou sur la Loy Salique, & M. de Valois pag. 119. de son Histoire de France, qui fait Clovis Autheur de la Loy Salique, & non pas Pharamond, contre l'opinion commune. Ses paroles meritent d'estre icy rapportées: *Mihi quidem similitudo nominum cùm latorum Legis Salicæ, tum locorum in quibus condita dicitur, suspecta semper fuit: neque existimaui, cùm Burgundiones, Vesigothi, Ostrogothi & Langobardi non priùs Leges scriptas habuerint, quàm hi in Gallia, illi in Italia consedissent, Legem Salicam in Germania Francis fuisse descriptam: quæ vtique Faramundo regnante Germanis conscribi literis, & à subsequentibus Regibus post occupatam Galliam lingua Latina verti debuit. At huius conuersionis nemo mentionem facit. Quare vt Gundobadus Burgundionibus, Vesigothis Theodoricus posterior, aut, vt*

Loy Salique selon M. Bouteroue mox. pag. 180. et 380. a. c. d. *Loy Salutaire, vide ibi quomodo id probat.*

SA. SA. 595

aliqui arbitrantur, Euricus, Oſtrogothis Theodoricus, Rotharius Longobardis, Regnis iam diuturnitate confirmatis, iura Latinè deſcripſere: ſic Clodoueus Regnum primò, deinde & Legem Salicam, quam in procemio Legis correxiſſe, tantùm dicitur, videtur condidiſſe. Cuius filius Theodoricus Legum Francorum, cognomine Ripariorum, Alamannorum, ac Bajoariorum Auctor fuit.

SALLE. Dans la baſſe Nauarre & dans le pays de Baſques toutes les maiſons des Gentils-hommes ſont appellées SALLES. Ainſi on dit *la ſalle d'vn tel*, pour dire *la maiſon d'vn tel*, ce que les Eſpagnols appellent *palacio*. On ſe ſert à Cologne de ce mot de *ſalle* en la meſme ſignification: d'où vient que quelques-vns ont crû que le mot de *ſalle* venoit de *aula*, & que nous y auions adjouſté vne s comme les Latins ont fait à pluſieurs mots qu'ils ont tiré du Grec. εἰ ſi, ὑπέρ *ſuper*, ὓς *ſus*, &c. Mais en cela ils ſe trompent, & noſtre mot de *ſalle* vient infailliblement de l'Alleman *ſaale* qui ſignifie la meſme choſe. Voyez Voſſius *de vitiis Sermonis* pag. 4.

p. 836. gr. ἅλως, ἅλως, halle.

SALVTS. Eſpece de monnoye d'or. Rabelais liure IV. chapitre 54. *Pantagruel par liberalité & reconnoiſſance fit deliurer à chacune des filles leſquelles auoient ſeruy à table durant le diſner, neuf cents quatorze Saluts d'or, pour les marier en temps opportun.* Et au Prologue du meſme liure: *En Chinon il change ſa coingnée d'or en beaux Saluts, beaux Moutons à la grand' laine, belles Rides, beaux Eſcus au Soleil.* Cette monnoye fut ainſi appellée de ces mots SALVS POPVLI SVPREMA LEX ESTO, qui eſtoient grauez autour.

Saner ou ſener p. 836.
Sangles, ſanglier p. 747.
p. 747. et 836.

SANGLIER. De *ſingularis*, parce que le Sanglier va ſeul, à la reſerue des deux premieres années, pendant leſquelles il eſt appellé beſte de compagnie. Cujas ſur le 1. liure des Fiefs parlant du mot *ſingularis*: *Hoc nomen Latini etiam tribuunt apro, vt Græci qui* μονιός *appellant: delectatur enim ſolitudine. Proinde à Gallis* SANGLIER *dicitur quaſi* ſingularis. *Singularis* ſe trouue en cette ſignification dans les Pſeaumes: *Singularis ferus depaſtus eſt eam.* Et μονιός dans Elian: χελᾶυνται δὲ ἐν ταῖς ὕων μόνοι τινές.

Sanglot, ſangloter p. 747.

SANS DESSVS DESSOVS. Quelques-vns

p. 747.

FFff ij

596 SA. SA.

croyent que ce mot a esté dit par corruption au lieu de *ce que dessus dessous*, fondez sur ce lieu de Philippes de Commines liure v. chap. 9. vers la fin : *De tous costez ay veu la Maison de Bourgogne honnorée, & puis tout en vn coup choir ce que dessus dessous*, & qui pour cela escriuent *c'en dessus dessous*. M. de Vaugelas en ses Remarques sur la langue Françoise croit qu'il faut escrire *sans dessus dessous*, comme qui diroit, ce sont ses paroles, que la confusion est telle en la chose dont on parle, & l'ordre tellement renuersé, qu'on n'y reconnoist plus ce qui deuroit estre dessus ou dessous. Mais il faut escrire *sens dessus dessous*, comme on escrit *en tout sens, de ce sens-là*, &c. Sens c'est à dire face, visage, situation, posture, &c.

SANSVE. De *Sanguisuga*. Les Gloses anciennes: βδέλλα, suga. βδέλλα χερσαία, hirudo. βδέλλα ὕδατος, Sanguisuga.

SAONE. Riuiere. De *Sauconna*. Ammian Marcellin liu. XV. *A Pœninis Alpibus effusiore copia fontium Rhodanus fluens, & Procliui impetu ad planiora degrediens, proprio agmine ripas occultat, & paludi sese ingurgitat nomine Lemanno, eámque intermeans nusquam aquis miscetur externis: sed altrinsecus summitates vndæ præterlabens segnioris, quæritans exitus, viam sibi impetu veloci molitur. Vnde sine iactura rerum per Sapaudiam fertur, & Sequanos: longéque progressus Viennensem latere sinistro perstringit, dextro Lugdunensem: & emensus spatia flexuosa, Ararim, (quem Sauconnam appellant) inter Germaniam primam fluentem, suum in nomen asciscit, qui locus exordium est Galliarum.* Voyez *Airaut*.

SAOVL, que l'on prononce apresent *sou*. De *satullus* diminutif de *satur*, comme *cultellus* de *culter*. Les Italiens disent de mesme *satollo*.

SAPER. De *sapere*, qui a esté formé de *sapa* qui signifie *ligo*. Les Italiens de *sapa* & *sapere* ont fait *zappa* & *zappare*. *Sapula* diminutif de *sapa* se trouue dans les Gloses pag. 356. *Sapula*, λάμβα. Les mesmes mots se lisent en la pag. 341. sinon qu'au lieu de *sapula* il y a *sapulo*, qui est vne faute de copiste. Or λάμβα en cét endroit signifie *lamina*, d'où il a esté fait. Voyez *sauate*.

SAPIN. De *sapinus* qui se trouue en cette signification.

SA.   SA.

Les Gloses: *sapinus*, πίτυς. *Sappinus*, πεύκη. Le Lexicon Grec-Latin au chapitre des Arbres: *sapinus*, πεύκη. Voyez Pline liu. VI. chap. 39. *Sapinus* a esté fait de ἄβιν qui se trouue dans Hesychius en la mesme signification: ἄβιν, ἐλάτη, οἱ δὲ πεύκην. ἄβιν, ἄβινος, *sapinus*. On y a adjousté vne s; comme en *si* de *ei*, en *super* de ὑπέρ. Les Grecs ont aussi dit ἄβις, d'où les Latins ont fait *abies*.

SARASIN, blé. Dalechamp estime qu'il a esté ainsi appellé, parce qu'il a esté apporté premierement d'Afrique.

SARBACANE. De l'Italien *sarbacana*.

SARIETTE. Sorte de simple. De *satureietta* diminutif de *satureia* qui signifie la mesme chose. Le Lexicon ancien au chapitre de *oleribus*: *satureia*, θύμβρα.

SAVATE. De *sapata*, qui a esté fait de *sapa* qui signifie *lamina*, acause que les souliers sont plats & ressemblent à vne lame. Voyez *saper*. On a aussi dit *sapatum*, dont les Espagnols ont fait *çapato* pour dire *vn soulier*, d'où ils ont fait ensuite *çapatero* pour dire *vn Cordonnier*. De *sapata* on a dit *sapatata*, d'où on a fait SAPATADE. On appelle ainsi à Malte la punition des jeunes Cheualiers qui ont manqué sur les Galeres à leur deuoir, parce qu'on leur donne d'vn soulier sur les fesses, qui est vne punition ysitée parmy les Anciens. Perse · *Soleâ puer obiurgabere nigrâ*. Palladas liu. I. de l'Anthologie Titre εἰς γυναῖκας:

Εἰ δ' ὁ σανδαλίῳ φῆς τύπτομαι, οὐδ' ἀκολάστου.
ὅσης μοι γαμετῆς χρή με μύσαγμα φέρειν.

Voyez Lucien en ses Dialogues.

SAVCISSE. Ou, comme on escriuoit anciennement, *saulcisse*. De *salsicia* qu'on a dit pour *salsicium*. Vossius de vitijs sermonis liure I. chap. 7. SALSICIVM *etiam à Guilhelmo Cantero lib. 2. Nouarum Lect. cap. 16. damnatur vt peregrinum, ac barbarum, ex Gallico* SAVLCISSES *factum. Nos contra contendimus Gallicum esse ex Latino illo. Legas enim apud Acronem in Horatij Eglog. IV. lib. II. Sat. Vetus Cruquij Commentator sic habet:* Hilla, inquit, *est diminutiuum à positiuo* hira, *& significat intestinum salsum: vel, vt alij dicunt, fartum salsicium. Ac ne quis dicat fortasse*

Acronis æuo irrepsisse è Gallico illo: sanè obstat ἐτυμολογία. Nec enim dubitandum quin salsicium *sit* χτι Συγκοπίω *ex* salsum *&* insicium: *quod ita dicitur, quasi* insicium *ab* insecando. *Ac propterea* insicium *dicere iubet Flauius Caper. Sed adsentior Macrobio, qui de etymo fatetur: sed* N *ait deperisse. Vide eum lib.* VII. Sat. *cap.* 8. *ac similiter posteriori æuo* esicium *dixere, & hinc* esiciatum, *quod Salmasio ostensum. Fusè etiam de hisce diximus in Originum libris.* M. de Saumaise *sur* Solin *pag.* 237. *estime qu'on a dit* salsicius *pour* salsus, *comme* missicius *pour* missus: & il remarque au mesme endroit, que les Grecs modernes ont pareillement dit Σάλσικον & Σαλσίκιον, & que dans l'Etymologicum Σαλσικοπώλαι est ἀλαντοπῶλαι: ce qui est tres-veritable.

SAVLÇAIE ou *saulaye.* De salicetum.

SAVOIE. De Sapaudia. Voyez M. de Valois dans ses Notes sur Ammian Marcellin pag. 97. & Fauchet II. 7.

SAVON. De *sapo,* qui est vn ancien mot Gaulois. Pline liure XXVIII. chap. 12. *Prodest & sapo: Gallorum hoc inuentum rutilandis capillis ex seuo & cinere.* Aretæus au liure dernier du traitté qu'il a fait de la cure des passions: *Nitrosos illos factitios globos, quibus velaminum sordes expurgantur,* saponem *Galli vocant,* Σάπων ὅτι καλῶ. Trallianus liure II. fait aussi mention du savon Gaulois, Γαλλικῦ Σάπωνος. Les Allemans disent *seipffen,* les Flamans *seep,* les Danois *seepe,* & les Anglois *sope.* Voyez Isaac Pontanus en son Glossaire Celtique au mot *sapo.*

SAVSSE. De salsa. Les Gloses: τεταριχευμῦνος, salsatus.

SAYE. De sagum. Voyez M. de Saumaise sur l'Histoire Auguste pag. 28.

SAYSIR. De saisire ou sasire qui se trouue en cette signification dans les Escriuains de la basse Latinité, & qui a esté fait de l'ancien mot Latin saccire. M. de Saumaise sur l'Histoire Auguste pag. 539. SACCIRE *dicebant Veteres τὸ σακκίζειν, nos* SAISIR. *Infima etiam Latinitas* sasire, *vt ex Marculphi Formulis constat.* Voyez Vossius de vitiis Sermonis pag.

S C.

SCAPVLAIRE. De *scapulare*. Les Gloses d'Isidore: *armilaus, scapulare Monachorum. Scapulare* a esté dit *à scapulis*; comme *armilaus*, *ab armis*. Le mesme Isidore liure 1. de ses Origines chap. 22. *Armelausa vulgo dicta, quòd ante & retro diuisa atque aperta est, in armos tantùm clausa, quasi armiclausa*, c litera ablata.

SÇAVOIR. De *sapêre*, qu'on a dit pour *sápere*: c'est pourquoy il faut escrire *sauoir*. Les Capitulaires de Charles le Chauue: *Ego ille adsalituram, illud malum quod scach vocant, vel tesceiam non faciam, nec vt alius faciat consentiam : & si sapuero, qui hoc faciat non celabo.* C'est dans vn serment qui se lit à la fin du titre XII. de ces Capitulaires.

SCHELME. On appelle ainsi vn traistre, vn perfide, vn scelerat. De l'Alleman *schèm* qui signifie la mesme chose.

SCORBVTH. Maladie appellée par les Grecs στομα-κάκη. Nous auons pris ce mot des Hollandois, & les Hollandois des Danois. Falconet Medecin de Lyon au liure qu'il a fait de la guerison du Scorbuth: *En Dannemarch cette maladie est appellée* Crobuth, *c'est à dire, ruptus venter, le ventre rompu*, pource qu'ils estiment que tous les Hypochondres patissent en cette indisposition : & en la Haute-Allemagne on la nomme Scormunt, comme qui diroit *rupta bucca, aut ruptum os, lors que les genciues sont gastées & corrompuës*.

S E.

SEAV. De *sigellum* pour *sigillum*. Voyez M. de Saumaise pag. 336. de son liure intitulé *Specimen confut. animad. Heraldi.*

SEAV pour seille. Voyez seille.

SEICHE. Poisson. De *sepia.*

SEIGNEVR. De *senior*. Voyez Sire. Voyez aussi Goldstat dans ses Alemanniques tom. 1. part. 2. pag. 392.

SEILLE. De *situla*, comme seau de *sitellum*. Les Gloses: κάδος, *situla, situlus.* κάδιον, *sitella, sitellum.*

600 SE. SE.

SEINE. Rets à pescher. De *sagena*, qui a esté fait de *σαγήνη*.

SEING. De *signum*.

SELLE. Comme quand on dit *aller à la selle*. De *sella*, dont les Latins se sont seruis en cette signification. Marcellin le Medecin : *Purgare per vomitum aut per sellas*. Martial :

Sellas ante petit Patroclianas,
Et pedit, deciésque viciésque.

SEME. On appelle ainsi en Anjou & en Poitou le seruice qui se fait pour les morts sept jours apres l'enterrement. *A septima* supple *die*.

SEMELLE. De *sapella* diminutif de *sapa*. Voyez *sabot*, *saper* & *sauate*.

SEMONDRE. De *submonere*.

SEMOVLE. De *sumola*. M. de Saumaise sur l'Histoire Auguste pag. 373. Iuuenalis :

Summula ne pereat quâ vilis tessera vænit
Frumenti.

SVMOLAM *vel* sumulam *vocat, quam Veteres* similam : *vnde nos dicimus* SEMOVLE.

SENECHAL. Turnebe liure XXVIII. de ses Obseruations chap. 2. le dériue de *senex* & de *caballus* : SENESCHALLOS *velut senes caballi, idest equitatus, esse arbitror. Quod verbum à militia armata ad ciuilem transit reseditque in ius qui hodie Prouincias Præfecturas Iuridici regunt, & quasdam etiam Iurisdictiones vrbanas & vicanas exercent. Nam in nostra Normania sic appellantur, qui in Nobilium vicis & oppidis ius dicunt.* Le President Fauchet au traitté qu'il a fait des origines des Dignitez & Magistrats de France ch. x. dit qu'il a esté autrefois de cette mème opinion : *Cét Officier s'appella depuis Senechal, qui est vn mot François, qu'autrefois, suiuant l'opinion d'autres, iay pensé signifier* vieil Cheualier, *comme s'il eust esté composé du Latin* Senex *ou* Senior, *dont vient* Seigneur, *& de* chal, *que l'on veut dire signifier* Chevalier *en vieil François. Toutefois i'ay depuis changé d'advis : & son advis est qu'il vient de* Scalco *ou* Siniscalco, *qui en langage Franc. Theuc.* (ce sont ses termes) *signifie* Præpositus mensæ. Vossius *de vitijs*

sermonis

sermonis pag. 281. le dériue de l'Alleman *son*, *senneste* ou *sente*, qui signifie *troupeau de bestail*, & de *scalc* qui signifie *seruiteur*: SENISCALCVS *&* Mariscalcus *olim vilis fuere muneris nomina. Prius enim armentorum, alterum equorum custodem siue seruum significat. Vtráque vox composita est, ac posterior pars vtrobique est* scalc, *idest, seruus, vt in* Godscalcus, *quod idem ac* Theodulus. *Prior pars in priori est* son *seu* senneste, *vel* sente, *hoc est*, grex vel armentum. *Quomodo in Leg. Angl. tit.* VII. §. 2. *legas*: Scrofæ sex cum verre, quod dicunt SON. *At in* Marscalcus, *&c. Postea verò vox vtráque præclaræ dignitatis nomen euasit. Quod enim ad Mareschallum attinet*, &c. Seneschallus *verò vel* Sineschalcus *dici cœptus Regiæ mensæ Præfectus, œconomus, architriclinus. Vt in vita Karoli Magni*: Misit exercitum in Britannia vnà cum misso suo Audulfo Sinescalco. *Similiter in Annalibus Fuldensibus ad ann.* IDCCLXXXVI. Carlus per Autulfum Senschalcum misso exercitu Britones domuit. *At (vt optimè clarissimus Bignonius ad Marculfum obseruat) idem Autulphus pro Seneschallo Regiæ mensæ Præpositus dicitur Aimoino lib.*IV.*cap.*78.*Reginoni verò verò Prumiensi* Princeps Coquorum *appellatur. Dapifer aliter vocatus fuit. Nec mirandum mensæ Regiæ Præfecto curam exercitus committam. Nam & postea legimus exempla Dapiferorum, quibus vexillum committeretur: de quo Falcetus lib.* I. *cap.* 10. *Et firmat hoc Robertus Sancti Remigii Monachus Rhemensis Hist. lib.*IV. Ipso die Podiensis Episcopus perdidit Dapiferum suum, qui suæ aciei deferre solebat vexillum. *Quem dignitatis locum in aula tenuerit, docet Hincmarus Rhemensis epist.* III. *Ac quidem cap* 16. *ait*: Apocrisiarius, quem nostrates Capellanum, vel Palatij custodem appellant, omnem Clerum Palatij sub cura & dispositione sua regebat. Cui sociabatur summus Cancellarius, qui à secretis olim appellabatur. Post eos verò sacrum Palatium per hos ministros disponebatur: per Camerarium videlicet & Comitem Palatij, Senescalcum, Buticularium, Comitem Srabuli, Mansionarium, Venatores principales quatuor, Falconarium vnum. *Ac Buticulario quidem & Stabuli Comiti, præmitti Senescallum, etiam videas in Diplomate Ludouici* VI. *Donationis ad Sanctum Dionysium. Verba sunt*: Præsentibus ex Palatio

GGgg

noſtro, quorum nomina ſubtitulata ſunt & ſigna; S.Ancelli, tunc temporis Dapiferi noſtri, S. Giliberti Buticularij, S. Hugonis Conſtabularij, S. Guidonis Camerarij; Stephanus Cancellarius relegendo ſubſcripſit anno cIɔcxii. *Vbi non dubium quin pro* Seneſchallo Dapiferum *dixerit, quia hæc muneris pars dignior foret. Atque hoc etiam ex memorato antea Hincmaro liquet; qui cùm, vt vidimus, varias aulæ dignitates enarraſſet, ſequentibus capitibus omnium officia exponit, cæteráque inter ſic cap. 23. ſcribit:* Ad tres autem miniſteriales, Seneſcalcum, Buticularium & Comitem Stabuli, ſecundùm vniuſcujúſque miniſterij qualitatem vel quantitatem pertinebat, vt cum communi conſenſu de ſuo quiſque miniſterio admonendi non eſſent ſegnes; vt, quanto ejus eſſe potuiſſet, omnes actores Regis præſcirent, vbi vel vbi, Rex illo vel illo tempore, tanto vel tanto ſpatio manere debuiſſet, propter adductionem vel præparationem : ne fortè tardè ſcientes, dum inopportuno tempore vel cum nimia feſtinatione exigeretur, familia Regalis per negligentiam ſine neceſſitate opprimeretur. Quæ videlicet cura, quanquam ad Buticularium vel ad Comitem Stabuli pertineret; maxima tamen cura ad Seneſcallum reſpiciebat; eò quòd omnia cætera, præter potus vel victus caballorum, ad eumdem Seneſchallum reſpiceret. *Videmus, vt Seneſchallo curam ſtabuli fuiſſe dicat; ſed præter curam illam potus & victus caballorum, quæ ſola primitus ei fuerat commiſſa, alia quoque poſtmodo oportuerit curare. Clarum itaque, iam Caroli Magni ætate (de hac enim loquitur Hincmarus) Seneſchalli munus fuiſſe illuſtrius, quàm antiquioribus fuerat temporibus. Imò ſic dignitas ea gliſcebat, vt Seneſchallia (vtitur ea voce Henricus III. Angliæ Rex in literis de pace inter Reges Caſtiliæ & Angliæ) idem cenſeretur ac* majoratus; *quod ex Hugone de Cleryis conſtat : vti quoque ex Gullielmo Tyrio Hiſt. Belli Sacri lib.* II. *cap.* 5. Alexius megadomeſtici dignitate (quem nos majorem Seneſchallum appellare cenſuimus) fungeretur officio, ab Imperatore ſecundus. *Sanè varia erant genera Domeſticorum*; quomodo οἱ ὁϱιςάται ſiue ἐξάρχοντες, *hoc eſt, Præſides ſiue Præfecti dicebantur. In his verò Præfectis princeps erat* ὁ μεγαδομέςικος : *quem ab Imperatore aliqui tertium faciunt; alij, vt*

SE. SE. 603

Guilhelmus Tyrius, secundum. Cæterùm non desunt, qui dignitate extentâ, aliunde putant nomen datum, quàm prima ea qua propriè notaret armentorum vel iumentorum custodem. Nempe vt tum fuerit nomen ex sin, siue sind, siue ge-sind, hoc est, familia. Quomodo propriè, primóque sic dictus sit familiæ præpositus siue œconomus Regius. Satis quidem appositum videtur hoc etymon: falsum tamen, quia primò, cùm id nomen imponeretur, armentis erant Præfecti: postea demum, munere ac nomine veteri recento, Regiæ curæ mensæ accessit. Aliqui aiunt conflari vocem ex sen vetere verbo significante justitiam, & scalcus denotante præfectum, eóque significare justitiæ præfectum. Hoc vere est diuinare, vt de eapse re censet Vincentius Lupanus lib. II. de Magistratibus Francorum. Nam debuerant ostendere voces eas id signasse antiquis. Nihilo rectiùs alij persuadere nobis volunt vocem esse mistam ex Latina & Græca, quasi dixeris senum ἀρχὴν, idest, principatum: aut quasi cœnarchen ex κοινὸν, hoc est, commune siue Respublica, & ἀρχὴ vel ἀρχός: aut ex Germanico sehen pro soëhen quærere, & scalc, hoc est, veterator, improbus: quia Seneschalli sit in veteratorum & hominum nequam scelera inquirere. Quæ ἐτυμα memorat Gregorius Tolosanus in Syntagmate Iuris lib.37. cap. 33. Voyez *Mareschal*.

SENETERRE. Ville d'Auuergne. Par corruption pour *Saint Netairre*. De *Sanctus Nectarius*. Dans le second volume des Plaidoyers de Marion, le nom de Messieurs de Seneterre est écrit *Senectere*.

SENTIER. De *semitarium* qui a esté formé de *semita*. De *semita* nous auons fait *sente*, qui est vn vieux mot François qui signifie la mesme chose que *sentier*. On a dit aussi *pedis semita*, d'où nous auons fait PIESSANTE. La Coustume de Boulenois article 165. *Vn chemin sentier appellé sante se peut clorre & couurir d'vne hese, & doit contenir cinq pieds, &c.* Et article 166. *Vne piessante est vn chemin priué qui n'est submis à tous vsages, & doit contenir deux pieds & demy, par lequel on peut seulement aller à pied, & non point mener ou ramener bestes.*

SEQVIN. M. d'Ablancourt dans ses Notes sur la retraitte des dix mille de Xenophon, le dériue de *Ciziquin* ou *Cizicenique*, piece d'or ainsi nommée de la ville de Cizique.

GGgg ij

Il vient de l'Italien *Zecchino*, qui a esté fait de *Zecca* qui signifie le lieu où l'on fait la monnoye. Henischius en son liure de *Asse*, parlant du Sequin : *Est ducatus aureus Venetus, sic dictus à Zecca, quod officinam monetariam notat.*

SERCVEIL. Voyez *cercueil*.

SERGE ou **SARGE.** Quelques-vns le dériuent de *sarica*, qui dans le liure intitulé *Instrumentum plenariæ securitatis* est pris pour vne tunique : *Sarica misticia cùm manicas curtas valente siliquas aureas duas.* Et ailleurs : *Sarica prasina, ornata, valente solido vno.* & qui, comme les tuniques se font d'ordinaire de serge, a pû estre pris pour l'estoffe mesme. Les Italiens disent *sargia* pour dire *vn lodier*. Pour moy ie le dériuerois plustost de *serica*. Vlpien en la Loy 23. au Digeste *de auro argento & mundo legato* : *Vestimentorum sunt omnia lanea, lineáque vel serica, vel bombacina.* Nous disons encore apresent *serge de soye*. M. de Vaugelas en ses Recherches de la langue Françoise, qui est vn liure tres-curieux & tres-vtile, dit qu'il faut dire *sarge* & non pas *serge*, en quoy ie ne suis pas de son auis.

SERGENT. De *seruiente* ablatif de *seruiens*, acause que le Sergent est le ministre & comme le seruiteur du Iuge. Aussi anciennement *Sergent* signifioit simplement *seruiteur*. Guyot de Prouins en sa Bible :

Tuit serons d'vn parage,
Deuant le Roy amant :
N'y aura ancelle
Ne serjant, &c.

Arioste chant XXXVIII. 42.

Perche trouata haueua la disonesta
Sua Moglie, in braccio d'vn suo vil Sergente.

Et delà *Sergenteriæ* dans vn Titre de Nostre-Dame de Paris, qui est de Philippe Auguste & de l'an M. CC. XXII. pour les offices & charges des seruiteurs de l'Euesque : *Non grauabimus in tallijs ministeriales illos, post mortem Episcopi, occasione Sergenteriarum prædictarum.* Sergens en fait de guerre estoient anciennement gens de pied, le Roman de Garin les opposant aux Cheualiers :

SE. SE.

Voioir le vont Serjant & Cheualier,
Et belles Dames & li Clerc de Moustier.

En vn autre endroit il les joint auec les Archers:

Li Cuens l'entent s'a trois cens Serjans prins
Et mil Archiers.

Il se prend aujourd'huy parmy nous & parmy les Italiens pour celuy qui met les soldats en rang. J'ay appris de M. Salmonnet, qu'en Angleterre on appelle les Avocats *les Sergens à la Loy*, comme qui diroit *feruientes Legi*, parce qu'ils sont attachez aux termes de la Loy: pour laquelle raison, selon la remarque de l'Autheur de l'Examen des Esprits, ils sont aussi appellez par les Espagnols *letrados*. Mais en cela ie croy qu'il se trompe, & que *letrado* a esté fait de *literatus*, c'est à dire, sçauant, lettré. L'opinion de Cujas n'est pas supportable, qui croit que *Sergent* a esté fait de *Cæsarianus*. C'est sur la Loy IX. au Code *de bonis Proscriptorum* : & plus affirmatiuement encore sur la Loy VII. au Code *de Iure Fisci* : *Ex hac Cæsarianorum appellatione certò deducta est vox Gallica* SERGENT, *& Germanica* Scharianthen, *quâ & Anna Alexij vtitur lib.* XIII. Φυλακόμψοι ὑπὸ Σεργεντίαν ἕκατον. Voyez Ragueau en son Indice, Vossius *de vitijs sermonis* pag. 283. & André du Chesne sur Alain Chartier pag. 864. & 865.

SERIN. Oiseau. Belon en son Ornithologie: *Le Serin a pris son appellation Françoise de l'excellence de son chant. Car tout ainsi, comme l'on dit, que les Syrenes endorment les Mariniers de la douceur de leurs chansons; semblablement, pource que ce petit oiseau chante si doucement, il a pris le nom du Serin.*

SEROVRGE. Vieux mot qui signifie *le mary de nostre sœur*. De *sororius* qui signifie la mesme chose; mais qui se prend aussi pour *le fils de nostre sœur*. Les Gloses d'Isidore: *Sororius, sororis filius.* On appelle aussi *serourge* le mary de la sœur de nostre femme. Voyez Nicod.

SERPENTINE. Voyez *couleurine*.

SERRAIL. C'est vn mot Turc qui signifie *Palais*. Ainsi on dit à Constantinople *le Serrail de l'Ambassadeur de France*, pour dire *son Palais* : mais parce que les Sultanes du

Grand Seigneur sont toutes dans son Serrail, c'est à dire, dans son Palais, nous nous seruons de ce mot pour exprimer vn lieu où il y a nombre de Courtisanes. Les Turcs disent *Sarai*, d'où les Italiens ont fait *Serraglio*, duquel nous auons fait SERRAIL. *Sarai* peut venir de l'Hebreu שרה *schara* qui signifie *dominer*, comme qui diroit *la demeure des grands Seigneurs*: ou de שור *schour* qui signifie *muraille*: ou de צור *tsur* qui signifie *forteresse, roche* : ou de סור *sour* qui signifie *se retirer*, comme qui diroit *lieu de retraitte*.

SERRER. De *serrare*, dont les Italiens vsent aussi, & qui a esté fait de *sera*. M. de Saumaise sur Solin pag. 809. *Hispani montem appellant* sierra *à Latino* serra*, fortasse quod malè reddiderint ex Græco* σειών, *quæ montem significat &* serram. *Verùm profectò nec* serras *Latini clusuras dixerunt à* serræ, *hoc est,* σριονὸς *figura, sed à* sera, *idest,* μοχλῷ, *quà ianuæ occludebantur.* Serram *quippe scripsere. Glossæ :* serra, σειών, ϰ μοχλὸς θύρας, ϰ ῥηματικῶς σείσον. *Hinc* serrare *hodie dicimus τὸ* ἀσφαλίζειν, *&* serraturam *ferreum manganum, quo ianuæ firmantur & cluduntur.*

SETIER. De *sextarium*.

SEVE. De *sapa*. M. de Saumaise sur Solin pag. 1285. *Prisci Latini* sapam *vocarunt arborum humorem, qui verè & Autumno abundat.* SEVAM *hodie dicimus. Id nomen ex Græco* ὀπὸς *addito pro digamma sigmate, vt in alijs sexcentis:* ὀπὸς sapa, vt ἐι ἡ. *Sed & o mutatur in a, vt* πάρα-ψις paraps̄is, σοφὸς sapus, sed & sapor *ex eodem fonte.* Sapa & sapor, vt lympha & lymphor. *Nam & Lucilius* lymphorem *dixit pro* lympha. *Posset etiam dici* sapor *ex* ὀπὸς *factum. Sanè* sapor, *hoc est,* ἡ γεῦσις *ex succo & humore. Ex eo etiam* saporem *pro* succo *posuerunt. Tibullus :*

——— *Tecúmque feras quicumque sapores*
Quicumque & cantus corpora fessa leuant.

Plinius saporem *vocat qui è nigro papauere succus incisione manat lib. xx. 18. &c. A* sapa *quod est* ὀπὸς, *verbum* sapio *cùm ad gustum refertur: vnde* insipidus, *&c.*

SEVRER. De *separare*. En vieux langage *seurer* signifioit *separer*. Alain Chartier au traitté de l'Esperance & Consolation des trois Vertus pag. 388. *Or fut-il pieça fait vn nouuel*

SI. SI.

statut en l'Eglise Latine qui desseura l'ordre du saint Mariage d'auec la dignité de Prestrise. La Reigle de Saint Benoist en vieil langage : *Ainsi com il est vne mauuaise enuie qui desseure de Deu, & mainne en enfer : si est vne bonne enuie qui desseure des vices & mainne à Deu.* Et en Italien *sceuro* signifie encore *separé*. De là on a dit *seurer les petits enfants* pour dire *les separer de la mammelle*. Pline a vsé du mot de *remouere* en cette signification, & Virgile de celuy de *depellere*, & l'Autheur de la Vulgate de la Bible de *amouere à lacte* liu. 1. des Roys chap. 1. 23. La Riuiere que les Latins ont appellé *Separis*, a esté aussi de là appellée *Seure*, parce qu'elle sepáre ou sevre l'Anjou d'auec la Bretagne. Du Chesne dans ses Annotations sur Alain Chartier se trompe de dire qu'elle sepáre le pays du Maine d'auec la Normandie. Il y a vne autre riuiere qui porte ce nom qui passe à Nyord, & qui sepáre l'Aunis & le Poictou.

SI.

SI. Pour *an*, *vtrum*. De *si*, dont les Latins ont vsé en cette signification. Iauolenus en la Loy derniere au Digeste *de iure delib. Quærebatur si Dama liber esset.* Ciceron dans ses Topiques : *Si expetendæ diuitiæ; si fugienda paupertas.* Voyez M. Cujas liu. III. de ses Obseruations chap. 37.

SIBILOT. D'vn fou de Henry III. nommé Sibilot. Il est fait mention de ce fou dans le Catholicon en la Harangue de M. le Recteur Rose jadis Euesque de Senlis : *La pluspart croit que voulez prolonger tant que pourrez la Lieutenance en laquelle on nous a mis, & viure tousiours en guerre & en trouble, à vostre aise, bien seruy, bien traitté, bien gardé de Suisses & d'Archers, qu'il n'y manque que les Hoquetons & Sibilot pour estre Roy,* &c.

SIFLER. De *sifilare*, qu'on a dit pour *sibilare*. *Sisilare* & *sifilus* se trouuent dans Nonius Marcellus. De *sifilus* on a dit par diminution *sifiletus*, d'où nous auons fait SIFLET. En Anjou on dit *subler* & *sublet* de *subulare* & de *subuletus* pour *sibilare* & *sibiletus*. *Subulo* se trouue pour *tibicen* dans Varron liu. IV. de la langue Latine.

SIGNER. De *signare*, dont les Latins des derniers siécles se sont seruis en cette signification. M. de Saumaise *de modo Vsurarum* pag. 438. *Non puto Iurisconsultorum ætate signare vsurpatum fuisse pro subscribere, vt factum infimo Latinitatis æuo, quod hodiéque obtinet in nostro idiotismo; nam signum vocamus* LE SEING, *subscriptionem alicuius chirographo factam, & signare pro subscribere, &c.*

SIMARRE. De l'Italien *zimarra*. Les Espagnols disent *samarra*, d'où nous auons fait *chamarre*, comme quelques-vns le prononcent encore presentement. De *chamarre* on a fait *chamarrer*. Les Espagnols ont eu ce mot des Arabes, & les Arabes des Persans.

SIMETERRE. Du Turc *scimitarre*.

SINGE. De *simia*. Simia, sinja, SINGE.

SINOPLE Couleur verte en Armoiries. M. Hauteserre liure & chap. 3. des Ducs & Comtes de Province: *Diutius me torsit sinopij, quod est viride, origo. Sed in hunc diem me effugit: nisi forté ex errore natum lubet, & sinopim quæ est Græcis Asiaticis minium Cappadocium, à Sinope vrbe, ad quam commercij causa conuehebatur, teste Strabone & Plinio, à Francis per Græciam & Asiam peregrinantibus Hellenismi inscitia ad viride detortum.*

SIRE. Quelques-vns le dériuent de *Herus*. Nicod de ἥρως. M. Hauteserre le dériue de κύριος. Voicy ses termes: SIRE à Græco κύριος. *Vnde Siriaticus turgor Baldrico Nouiomensi:* Cùm tamen eius feritatem Siriatico turgore inflatam nullo modo premere potuerit. *Alio longé de fonte negotiatores in Gallia Syrios hodiéque dictos crediderim, à Syris (quod genus hommum Galliam & Italiam olim commercij causa maximè frequentauit) & vt* ὁμοτέχνες *nomen dedit. Saluianus lib. 4. de Prouidentia:* Consideremus solas negotiatorum & Syricorum omnium turbas, quæ majorem ferme ciuitatum vniuersarum partem occuparunt. *Quo alludens Sigonius lib. 1. epist. 8. vbi de turbato rerum Rauennæ ordine:* Fœnerantur Clerici, Syri psallant. C'est au chap. 5. du liure III. des Ducs & Comtes de Province. M. Dominici est du mesme auis dans son *Assertor Gallicus* pag. 101. Pasquier dans ses Recherches liure VIII. chap. 5. le dériue

riue aussi de χύριος: De ma part (dit-il) ie ne sçay aucune doute que nous ne l'ayons emprunté du Grec, non pas de la poussiere des escholes Gregeoises, ains des ceremonies de nostre Eglise: & voicy comment. Encore qu'ez Pseaumes de Dauid Saint Hierosme eust traduit ce saint mot de Iehoua sous celuy de Dominus, qui n'estoit pas de petite estoffe aux Romains; si est-ce qu'és plus solemnelles prieres de nostre Eglise, mesme au sacrifice de la Messe, nous loüons Dieu sous cette grande parole de Kyrie qui signifie Seigneur, &c. Mais ils se trompent tous: & ce mot Sire vient indubitablement du Latin Seniore. Comme les personnes âgées ont eu de tout temps les premieres dignitez, témoin le mot πρεσβύτης parmy les Grecs, & celuy de Senator parmy les Romains, les Autheurs de la basse Latinité ont vsé du mot de Senior pour celuy de Seigneur. Cujas dans sa Preface sur les liures des Fiefs: *Vasallo respondet Dominus, qui & Senior dicitur, licet prouectæ ætatis non sit. Eadem forma qua & Senatorem & Presbyterum dicimus, morum potius quàm ætatis habita ratione.* Au liure III. des Loix de Charlemagne & de Loüys le Debonnaire art. 24. *Vt nullus comparet caballum, bouem & iumenta, vel alia, nisi illum hominem cognoscat, qui eum vendit aut de quo pago est, aut vbi manet, aut qui ei est Senior.* Et au IV. liure art. 24. *Quicunque liber homo inuentus fuerit anno præsente, cum Seniore suo in hoste non fuisse, &c.* Et delà est venu nostre mot Seigneur (comme ceux de Signor & Señor des Italiens & des Espagnols) & par contraction celuy de Sieur. De Seniore on a fait de mesme par contraction Siore, & on le prononce encore ainsi à Gennes & dans la Lombardie; comme aussi vo Sia pour vo Signoria. De Siore on a fait ensuite Siré, d'où nous auons fait Sire.

SIROP. De *syrupus*, qui vient de l'Arabe الشراب *el-schirab* qui signifie *potion*, & qui a esté fait de la racine شرب *schereue* qui signifie *bibere, potare*. Les Espagnols disent *xaropar* pour *mediciner*.

SO.

SOC. De *fulcus*. Sulcus, folcus, soLc, soc. On a dénommé la chose efficiente du nom de la chose faite.

SOIN. De *senium*, d'où les Italiens ont aussi fait *senne*.

SOLDAT. De l'Italien *soldato* qui a esté fait de *solida*, acause de la solde qu'on paye aux soldats. Cujas se trompe de croire que *soldata* a esté fait du vieux Alleman *sold*: *His sporlulas damus* (il parle des vassaux) *quæ soldatæ dicuntur lib. 11. tit. 10. à Gallorum & Germanorum antiqua voce Sold. Nam & Cæsar ipse scribit Gallis esse deuotos quos illi Soldurios appellant. Quorum, inquit, hæc est conditio vt omnibus in vita commodis vnà cum his fruantur, quorum se amicitiæ dediderint, si quid ijs per vim accidat, aut eumdem casum vnà ferant, aut sibi mortem consciscant. Robertus in Supplemento Sigeberti*: *Sumpsit Henricus Rex pecunias de feudo vniuscujusque loricæ. Capitales Barones secum duxit, Solidarios verò milites innumeros. Otho* I. *cap.* 31. *Hospites quos nunc Solidarios dicimus. Radeuicus* III. *cap.* 20. *Vt largitione pecuniæ milites qui Solidarij vocantur, colligeret*. Voyez Vossius *de vitijs sermonis* pag. 604.

SOLE. De *solea*, qui signifie proprement *vne semelle de soulier*; mais qui par metaphore a esté dit de la Sole, acause de sa ressemblance à la semelle d'vn soulier: d'où vient que dans Athenée vn Parasite appelle les Soles *les souliers des Immortels*, ςανδάλια ἀθανάτων. Les Latins, pour leur ressemblance à vne langue, les ont aussi appellées *lingulace*, & les Italiens & les Espagnols *linguatte, linguattole & lenguadas. Solea* a esté fait de ὑλίας qui signifie *vne peau*. Hesychius: ὑλίαι τὰ περὶ τοῖς καθύμασι δέρματα. ὑλίας τῆς καρπατίμες τόμες. Voyez M. de Saumaise sur l'Histoire Auguste pag. 290.

SOLIVE. De *soliua* qui a esté fait de *solum*. Les solives soustiennent le plancher.

SOMBRE. De *sumbrus*, qu'on a fait de *sumbra*, qu'on a dit pour *vmbra*, & qui est encore en vsage en cette signification parmy les Espagnols, lesquels disent aussi *sombrero* pour dire *vn chapeau à grands bords*.

SOMMELIER. De *summularius*, qui a esté fait de *summula* diminutif de *summa*, parce que le Sommelier a en conte le linge & la vaisselle.

SOMMIER. Par corruption pour *saumier*. De *salmarius* qui a esté fait de *salma*, qui signifie *le bast d'vn cheual*, & que les Autheurs de la basse Latinité ont dit au lieu de *sagma*. Isidore liure xx. SAGMA, *quæ corruptè vulgò dicitur* salma, *à stratu sagorum vocatur, vnde & caballus sagmarius, mula sagmaria, equus sagmarius*: c'est vn cheual de bast, comme *equus sellaris* vn cheual de selle. *Sagma* vient de σάγμα, & Isidore s'est trompé de le dériuer de *sagum*. Au lieu de *sagmarius* ils ont aussi dit *saumarius*, comme il se voit dans le liure des Miracles de Saint Vdalric: *Obtulerunt de cera quantum vnus fortis saumarius portare potuit*. Et *soumarius*, comme il est écrit en la Loy de Charles le Gros *de Feudis*. En Prouence on appelle encore les asnesses *saumes*. V. Casaubon sur Spartian. Nous nous sommes seruis de ce mot *somme* pour exprimer la charge que porte le sommier. Ainsi nous disons *somme de vendange*: & en Languedoc on dit *saumade de blat*. M. de Saumaise sur l'Histoire Auguste pag. 354. SAGMA *in sagmario propriè est onus, vulgò* cargam *appellamus. Inde* sagmare asinum *vel* equum *est* onerare, *& equus* sagmatus, onustus. *Glossæ optimæ*: sagmat asinum, σάσσει ὄνον. *Vulgò legitur* saginat, *perperam. Et* sagmatus, σεσαγμένος. *Eodem errore scriptum est* saginatus, *vt & in altero Glossario* σεσαγμένος: saginatus: *lege* sagmatus. *Eædem Glossæ* sagmam ϖδαπλήρωμα *interpretantur rectè, sed editum est* sagina *non rectè*. Sagma ϖδαπλήρωμα, *quod nomen etsi corruptum, hodiéque seruamus*; *nam* somam *dicimus*. Voyez Lindembrog dans son Glossaire aux mots *sauma* & *saumarius*, & Vossius III. 46. *de vitijs Sermonis*.

SONDER. De *solidare*.

SONGER. De *somniare*. Les Gloses pag. 200. *somnium*, φροντίς, ἰδιωτικῶς.

SONNET. Du son que font les doubles rimes des deux premiers quadrains. *Sonus, sonettus*, SONNET. Voyez le

President Fauchet en son traitté de la Poësie Françoise, & Henry Estienne en sa Preface de la Precellence du langage François, où ils monstrent que le Sonnet est vne inuention des Prouençaux, & non pas des Italiens.

SORBONIQVE. Acte de Theologie ainsi appellé du lieu où il se fait, c'est à dire, du College de Sorbonne. Cét Acte se fait tout du long du jour de chaque Vendredy de la Semaine, depuis la Saint Pierre jusques au commencement de l'Aduent. Touchant le temps de son institution il y a deux opinions. L'vne de Genebrard liure IV. de sa Chronograhie l'année 1315. *Franciscus Maironius Franciscanus sub annum 1315. magnanimum illum Actum Sorbonicum introduxit, quo æstate per singulos dies Veneris respondetur à quinta matutina ad septimam vespertinam, sine præside, sine socio, sine prandio & pastu, sine vlla emigratione in eadem perpetua corporis sede, & animi contentione, donec cunctis opponentibus satisfactum sit, præsertim Baccalaureis primi & secundi ordinis, qui sunt minimum sexaginta, & argumenta circiter centum agitant. Nam singuli primi ordinis duo texunt. Primus etiam, quem Priorem appellant, nouem, facinus inexpertis formidabile. At cuius causa nemo hactenus in valetudinis discrimen venerit, plures melius habuerint? siue quia vis audentes diuina iuuat, siue quia mentis contentio non sinit cogitare de corpore.* Et l'autre de Ramus en son discours de la reformation de l'Vniuersité de Paris: *De altercationibus igitur & actionibus tam multis maxima pars dematur, Declamationum & Concionum vtilitas augeatur. Quinetiam actus reliqui, quod in Scholis Iurisprudentiæ vsitatum est, oratione perpetua, idest, ad speciem Theologicæ & concionatoriæ vtilitatis accommodata, maiore ex parte reformentur. At totum contra factum est. Sex perpetuos annos Theologicæ Scholæ Quæstionariorum altercationibus personant, principiorum Tentatiuæ, Ordinariæ magnæ & paruæ Vesperiæ. Id satis non fuit. Franciscanus quidam, abhinc annos centum post Cardinalis Totauillæi reformationem, clamores quæstionarios amplificauit, totúmque diem vnum discipulis contra altercantibus respondit, nullo Iudice adhibito, præter strepitum pedum & manuum plausum, quo quæstiones altercantium disceptarentur. Hic Actus Sorbonica dicta est, atque in memoriam gloriámque robusti & valentis alterca-*

toris, Franciscanis adhuc prima Sorbonica est concessa. La premiere de ces deux opinions n'a aucun veritable fondement dans les anciens Autheurs, qui ont écrit auparauant l'an 1452. auquel l'Vniuersité fut reformée par le Cardinal d'Estouteville, ny mesme dans les Registres de l'Vniuersité ou de la Faculté de Theologie: & le Cordelier Maironius, qui viuoit l'an 1315. ne peut pas auoir institué la Sorbonique. Ç'a esté depuis l'an 1452. que cét Acte de Theologie, suiuant la description qu'en fait Genebrard, a esté adjousté aux autres que les Bacheliers en Theologie font pour estre Docteurs à Paris. Mais il ne s'est pas seulement trompé dans le temps de l'institution de cét Acte. Il s'est aussi trompé en ce qu'il a dit que jamais aucun Bachelier ne s'estoit trouué mal en le faisant. Les Registres de la Faculté de Theologie: *Hoc anno (1470.) Frater Petrus Legier Anglus respondit (de Sorbonica) in secundo loco, & durauit disputatio vsque ad quartam horam post prandium, talitérque fuit in ea fatigatus respondens, quòd circa horam tertiam coactus fuit capere cibum & potum.* Il faut pourtant sçauoir qu'il se trouue auparauant l'an 1452. quelque mention d'vne réponce Sorbonique, comme dans les manuscrits de Maistre Iean de Courtecuisse, qui viuoit sous Charles VI. Voicy ses termes: *Responsio Sorbonica in prospectu discretionum vestrarum de praeceptis & etiam statutis aeternae Legis locuturus vereor aliquantùm dicere vel proferre, vnde pudendum, vnde retractandum seu reuocandum, vtpote quod sit contra Scripturam Sacram, quod sit, &c. Quòd si ex ignorantia me aut lapsu linguae, distractione, seu aliàs, quòd absit, errare contingeret, ex nunc prout tunc reuoco, &c. Hac itaque simili protestatione praemissa, implorato primitùs Altissimi praesidio, Domini insuper Prioris, Magistrorum & Baccalaureorum contra me arguere debentium supportatione caritatiua, necnon assistentium omnium beneuolo auditorio, dubium per Dominum Priorem mihi propositum aggredior sub duplici quaestione responsurus.* On ne sçait pas si cét Acte estoit semblable, dans les principales circonstances, à celuy lequel a esté appellé Sorbonique après la reformation du Cardinal d'Estouteville: Mais il est bien certain qu'il n'estoit pas du nombre de ceux qu'on faisoit alors, comme on a fait depuis pour estre Docteur. Cét

H Hhh iij

Acte Sorbonique est appellé *Sorbonne* dans vn Arrest du Parlement de Paris donné l'an 1535. pour le reglement des rangs des Licentiez en Theologie : *Il y aura quatre Lecteurs ordinaires du vieil & nouueau Testament tous les iours depuis le lendemain de la Saint Martin iusques au dernier iour d'Aoust, excepté les iours de Dimanches & Festes solemnelles, & ceux esquels y aura Tentatiue, Sorbonne, grande ou petite Ordinaire, Vesperie ou Maistrise.* Cette obseruation curieuse m'a esté communiquée par M. de Launoy Docteur en Theologie de la Faculté de Paris.

SORBONNE. De Robert Sorbon. Voyez Papyrius Masso en la vie de Saint Loüys. De son nom *Robert* on a aussi appellé *Robertine* vn exercice qui se fait en Sorbonne.

SORCIERE. De *sortiaria*. Les Capitulaires de Charles le Chauue pag. 395. *Et quia audiuimus quòd malefici homines & sortiariæ per plura loca in nostro Regno insurgunt.* Le Pere Sirmond sur cét endroit : *Ita nunc etiam apud nos strigæ ac maleficæ vocantur.* Hincmarus de diuortio Lotharij ad xv. Interrogationem : *Alij potu, alij autem cibo à sortiarijs dementati, alij verò tantùm carminibus à strigis fascinati. Citatur & ab Iuone Papa VIII. cap.* CXXIV. *& à Gratiano* XXXII. *quæst.* 1. *Can. Si per sortiarias atque maleficas, ex Hincmaro eodem, sed operis nomine suppresso,* &c.

SORET, comme quand on dit *haran soret*. C'est vn diminutif de *saure*, qui est vn mot Gothique qui signifie *de couleur rousse & enfumée*, sibien qu'il faudroit écrire *sauret*, & les Languedociens le prononcent & l'écriuent ainsi. Scaliger contre Cardan ccxxv. 2. parlant du Haran : *Salitus & fumo castigatus, à colore* SORET *vocatur in Gallia, vocabulo Gothico : qui etiam in equino pilo remansit apud Italos : subruffum enim* SORVM *vocant. Ita conditos pisces ab æris colore splendido Chalcidas appellarunt Veteres.*

SORTIR. De *sortire* qu'on a fait de *sortus*, qu'on a dit pour *surrectus*. Pompeius Festus : *Surregit & sorctus, pro surrexit & surrectus. Surrectus, sorctus, sortus, sortire,* SORTIR. Les Italiens de *surgere* ont aussi fait *sorgere*.

SOT. Cujas sur la Loy 3. au Code *Qui accusare non possunt* le deriue du Syriaque *sote* qui signifie *fou*. Heinsius est du mes-

SO.   SO.

me auis dans ses Exercitations sur Saint Marc chap. 2. שׁוטה *sote*, *vnde & fortasse Galli suum* SOT, *vt ab illo nostrum nos formamus.* Il vient de *stolto. Stolidus, stultus, stolto, solto, soto,* SOT. On a osté le T, comme en SAISON de *stagione.* Ce mot de *sot* au reste est ancien en nostre langue, témoin le conte qu'on fait de Iean Erigene Scot & du Roy Charles le Chauue: *Rex cùm Magistrum Ioannem vidisset quiddam egisse, quod comitatem Gallicanam offendere videretur, increpauit eum satis vrbanè, dicens, Ioannes quid distat inter Scotum & Sotum. Ille respondit mensa tantùm. Sicque conuicium retulit in auctorem. Interrogauerat Rex de morum differendi studio, respondit Ioannes de loci distanti spatio.* Ce sont les termes de Mathæus Wemonasteriensis en ses Fleurs Historiques en l'année 883. Cette mesme Histoire est aussi rapportée par Roger ab Houeden & par Wil. Malmesbur. Theodulphe liu. III. de ses Poësies parlant d'vn certain Scottus:

> *Cui si literulam quæ est ordine tertia tollas,*
> *Inque secunda suo nomine forte sedet.*
> *Quæ sonat in Cœlo prima, & quæ in Scando secunda,*
> *Tertia in Ascensu, quarta in amicicijs.*
> *Quàm satis offendit pro qua te littera salui*
> *Vtitur, haud dubium quod sonat hoc & erit.*

Le Pere Sirmond sur ce lieu: QVOD SONAT HOC ET ERIT. *Stolidum videlicet. Scottus enim si C. litteram eximas fit* sottus, *quæ vox iam tum Bardum & stolidum significabat. Carmine 3. huius libri ad Angilbertum;* hic Scottus sottus. *Quo genere cauilli appetitum similiter à Carolo Caluo ferunt Scottum alterum Ioannem Erigenam, sed Erigenam acuto responso elusisse. De hoc autem Scotto siue Scotello quem iterum postea vexat, fuerit ne is Ioannes Scottus quem vnà cum Alcuino in Galliam venisse tradunt, non habeo quod adfirmem.*

SOV ou SEV à pourceaux. C'est ce que les Latins appellent *hara. De sudis.* La Loy Salique tit. II. *de furtis porcorum* art. 3. *Si quis porcellum de sude furtauerit quæ clauem habet,* &c. Et au tit. XVIII. 3. *Si quis sudem cum porcis, scuriam cum animalibus vel fenile incenderit,* &c. Le liure des Proportions Arithmetiques attribué à Gerbert: *Paterfamilias stabiliuit curtem nouam*

SO.   ST.

quadrangulam, in qua posuit scrofam, quæ peperit porcellos septem in media sude. Sudis, SOVD, SOV.

SOV. Monnoye. De *solidus*. Solidus, SOL, SOV.

SOVCI, fleur. De *solsequium* qui se trouue dans le Capitulaire *de villis proprijs*. Les Grecs ont dit de mesme ἡλιοτρόπιον, & les Italiens *girasole*.

SOVDRE. De *solidare*.

SOVER. Les Paysans Poiteuins appellent ainsi ce que les Latins ont dit *subare*, d'où *souer* a esté fait.

SOVHAIT. C'est vn diminutif de *hait*, qui a esté fait de l'Alleman *geheit* qui signifie la mesme chose, ou de *heitinga*. Lipse dans le Glossaire qu'il a inseré dans son Epistre 44. de la III. Centurie. HEITINGA, *vota. Hodie Galli* SOVHAITER *composité.*

SOVILLER. De *suillare*. Horace: *& amica luto sus*.

SOVL. Voyez *saoul*.

SOVPE. De l'Italien *zuppa* ou *suppa*, qui a esté fait de *sapa*. Les Gloses pag. 191. *sapa*, ἔψημα. Isidore liu. xx. chap. 3. *Sapa est quæ feruendo ad tertiam partem redacta descendit.*

SOVRDRE. De *surgere*.

SOVRI. De *sorice*, ablatif de *forex*, qui vient de ὕραξ.

SOVTANE. De l'Italien *sottana* qui vient de *sotto*, qui signifie *dessous*, parce qu'on porte la soutane sous la robe, ou sous le manteau. Nous escriuions anciennement *sotane*. Les Latins ont dit mesme *superaria* d'vne robe de dessus. Les Gloses d'Isidore : *superaria, vestis quæ superinduitur*,

ST.

STERLIN. Il y a diuersité d'opinions touchant l'origine de ce mot. Bucanan liure 6. de son Histoire le dériue d'vn Chasteau d'Ecosse appellé Sterlin : *Sunt qui putant monetam argenteam, quam adhuc Sterlinam vocat vulgus ibi tum excusam*, il parle de ce Chasteau. Le sieur de Clerac dans ses Memoires sur les anciens Poids & Monnoies de Guyenne qui m'ont esté communiquez manuscrits par M. du Puy le dériue de l'Anglois l'Anglois *sterling*, qu'il dit signifier bec d'Estourneau : *Les monnoyes blanches de Guyenne furent nommées deniers, dont les plus nobles & les plus dans le commerce furent les sterlins*, propter sui materiam desiderabilem, dit Matthæus Wesmonasteriensis. *Ils sont au titre de huit deniers de fin,* &c. *En l'an* 1449. *le Duc de Sommerset Lieutenant general pour le Roy d'Angleterre en Guyenne les fit hausser à onze deniers par l'inuention d'vn insigne Gabelleur nommé Iean Marcel, comme nous l'apprenons de Nicolle Gilles. Toutefois en autre respect ils ont retenu & retiennent encore la proportion & relation decuple, sçauoir au commerce des Anglois. Car sterlin estant attribué ou seruant d'epithete à quelque espece ou somme, il augmente la valeur au decuple. Par exemple vn sol sterlin est à dire dix sols. Cent francs sterlin veulent dire mille francs : mais adiousté ou attribué au poids simplement, comme vn marc sterlin ne signifie rien dauantage. D'vn côté de ces sterlins le Duc de Guyenne estoit representé assis, tenant l'espée à la dextre, & à la senestre vne main de Iustice. Ce nom leur fut donné par sobriquet, acause de la figure qui ressembloit au bec d'vn Etourneau, que les Anglois nomment sterling. A present sterlin est entendu & passe pour poids, sçauoir pour vn denier.* Linwodus est a peu prés de ce mesme auis, & Chopin liu. II. *de Domanio* tit. 7. nom. 17. & Polidore Virgile. Vossius en est d'vn autre: *Notat ea vox Anglis denarium* (il parle du mot *esterlingus* ou *sterlingus*) *de cuius precio est in decreto Eduardi* I. *Dubium autem, an priùs dictum sit* sterlingus: *inde more Gallico* E *sit præmissum: an vero* E *illud sit ab origine vocis. Posterius verisimile facit, quòd Annales Anglici referant, artem flandi, feriundi auri, & argenti, ab ijs, qui ab Anglis* Esterlings, *Belgis* Oosterlingers, *nationibus Daniæ vicinis, cum multi eorum in Angliam venissent, magna cepisse incrementa: atque istoc in causa esse, cur Angli eorum nomine nummos, quos dixi, nuncuparint. Sed obstare videtur, quòd Odericus, siue Vitalis, Vticensis Coenobita, Historiæ Ecclesiasticæ* lib. V. *ad annum* CIƆLXXXII. *quo tempore Odericus ille iam erat septennis,* sterilenses *appellet; non* sterilingos. *Sic enim scribit: In primis aduenientibus Monachis cum cementario ad jaciendum Monasterij fundamentum, ad inchoationem hujusmodi porrigam* XV. *libras* sterilensium. *Propterea, nobilissimus Spelmannus negat, se aliquid in alterutram partem statuere*

618 SV. SY.

ausum. Interim & Linwodi, & Bucanani etyma abunde refellit: cuius sententiam etiam probat clarissimus Watsius in suo ad Mathæum Parisum Glossario. Putat verò non absonum esse si vocem sterlingi credamus esse ex eo, quia stellæ figura in ea comparet Stellæ enim Anglis stars, uti Belgis starre, Gallis E præmisso, ESTOILE. C'est en son liure de vitiis Sermonis pag. 197. M. de Salmonet en la Preface de son Histoire d'Angleterre le dériue de sterlingus, qui est vne piece de monnoye qui pese trente-deux grains de bled, & dont il est parlé dans le Droit Canon. Voyez Spelmanuus & Watsius dans leurs Glossaires.

SV.

SVAIRE, comme quand on dit le Saint Suaire. De sudarium, d'où les Grecs ont aussi fait σουδάριον qui se trouue en Saint Iean XI. 44. Nonnus se trompe lourdement de croire que ce mot soit Syriaque.

SVEIL. De solium.

SVIF. De suebum. Isidore liu. XX. chap. 2. Sebum à sue dictum, quasi suebum, quòd plus pinguedinis hoc animal habeat.

SVR. De sursum, pour lequel on a dit susum, d'où nous auons fait SVS, & les Espagnols suso. Le vieux Glossaire: susum, ἐπάνω. Susu, ἄνω. Le Lexicon Grec-Latin pag. 596. πρὸς τὰ ἄνω, susum versum. Festus: Silus appellatur naso susum versus repando.

SVRCOT. De surcotum qui se trouue, & qui a esté fait de l'Alleman cursat, qui se prend pour vne espece de robe. Voyez Vossius de vitiis Sermonis pag. 290.

SVRPLI. De superpellicium, acause qu'on le mettoit sur l'aumusse qu'on mettoit sur la teste. Pellicium se trouue. L'Onomasticon Grec-Latin pag. 107. pellicium, Γάιτη. Rabelais IV.14. vse du mot de supellis au lieu de celuy de surpli.

SY.

SYCOTIN. Herbe. De sycotinum. Voyez M. de Saumaise sur Solin pag. 1055.

TA.

TABOVRET. De *tambour*, a cause de la ressemblance d'vn tabouret à vn petit tambour. Voyez *tambour*.

TAILLE pour *subside*. Voyez Vossius de *vitijs sermonis* pag. 292. & dans l'Appendix 811. & 812.

TAILLER. De *taliare*, qui a esté fait de *talia*, qui se trouue dans les Gloses: *talia, σχίζα. taliæ, σχίδακες.* Les diuers Autheurs des Limites: *Terminus si aliquam scissuram, hoc est, taliaturam habuerit, montem scissum, idest taliatum ostendit.*

TAIS. De *testa*. Voyez Vinet sur Ausone Epig. 71.

TALISMAN. M. de Saumaise pag. 75. de sa Confutation contre Cercoëtius: φυλακτήρια *Græci recentiores vocant, quæ vetustiores* τελέσματα *vocabant. Arabes* TALISMAN *appellant ex Græcitatis infimæ idiotismo, qui* τέλεσμαν *pro* τέλεσμα *dicebant. Et dans son liure des Années Climactériques pag. 578. Quod enim Græcis* τέλεσμα, *hoc Arabes Græca voce appellarunt* طلسم.

Vulgo Talisman, *nescio quare, cùm hanc flexionem tam Arabes quàm Persæ ignorent. Nam in his quæ à Græcia mutuantur vocabulis Arabes flexionem Græcam solam abiiciunt, vt pro* πορφύρα *dicunt* برفير.

Ita ergo طلسم *pro* τέλεσμα, *in plurali* طلسمات, τελέσματα.

Sic Iustinus τελέσματα *Apollonij Tyanei appellat, quæ sunt Arabica* طلسمات. πῶς, inquit, τὰ Ἀπολλωνίου τελέσματα ἐν τοῖς μέρεσι τῆς κτίσεως διώκεται, καὶ ἀνέμων φορὰς, καὶ μυῶν καὶ θηρίων ἐπιδρομὰς, ὡς ὁρῶμεν, κωλύουσι. *Si Deus est opifex & Dominus naturæ, quomodo Apollonij* τελέσματα *efficaciam habent? Nam & maris impetus & ventorum flatus, & murium bestiarúmque incursus, vt videmus, arcent.* τελεταὶ *vocabantur, idest,* conse-

620   TA.   TA.

cratores, *&* τελεσικοί, qui eiusmodi τελέσματα siue στοιχεῖα faciebant. Hi *Arabibus*, vt iam dixi, vocantur اصحاب الطلسمات

Inde *&* τὸ τετελεσμένον opus ita consecratum *&* στοιχιωθέν. Voyez le mesme M. de Saumaise sur l'Histoire Auguste pag. 360.

TALLEVAS. On appelloit ainsi anciennement vne sorte d'escu. Le President Fauchet en descrit la forme en son traité de la Milice & Armes. Vn certain Guillaume Comte d'Alençon porta le nom *Tallevas*. Ie ne sçay pas s'il le prit de cét escu, ou s'il le luy donna comme inuenteur de la chose. En Anjou le menu peuple appelle vn grand hableur vn *Talevassier*.

TAMBOVR. De l'Espagnol *tambor*, qui vient de l'Arabe *altambor*. Scaliger sur le Copa: *Hispani ab Arabibus magnum tympanum* altambor, *simul cum ipsa Arabica appellatione acceperunt*. Vossius de *vitijs sermonis* pag. 292. *Taburcinum, tympanum ex Gallico* TABORIN *vel* TAMBOVR, *siue Italico* tamborino, *pro quo Hispani* tamburo. *Videntur Galli & Itali accepisse ab Hispanis, illi ab Arabibus quibuscum conueniunt in hoc Persæ. Taburcinum se trouue dans Mathieu Pâris, & *thabur* dans Richardus. Les Turcs disent aussi *tambour*; mais pour signifier vn certain instrument de Musique qui a le manche long, & que les Arabes appellent aussi de la sorte.

TANÉ. Bayf en son liure *de Re Vestiaria*, estime que ce mot a esté fait de celuy de *castaneus*, en ostant la premiere syllabe: *Castaneus in vestibus is color quem, sublatâ primâ syllabâ, vulgo* tanum *dicimus*. Il vient de *tan*, qui signifie cette poudre d'escorce de chesne auec laquelle on tane. Scaliger contre Cardan cccxxv. 12. TANÉ, *quia nucis putamen* TAN *vocant Septentrionales: sicut & cortices quernos ad coria interpretanda*. Baptista Pius dériue *tan* de la Tana ville sur le fleuue Tanaïs, laquelle est celebre pour les teintures. En Normandie on dit *tané* pour *ennuyé*.

TANSER. De *tensare* qui a esté fait de *tensum* participe de *tendere*, dont on a vsé à peu prés en cette signification, comme il paroist par son composé *contendere*. *Tenseria* pour concertatio. Lis, contentio se trouue dans Mathieu Pâris. Voyez Vossius de vitijs sermonis pag. 296.

TANTE. De *amita*, en preposant T; comme en *tari* de *aritus*; en *tost* de *ocyus*. Anciennement on disoit *ante* pour *tante*, comme on le dit encore apresent en quelques lieux de la Bretagne, de l'Anjou & de la Picardie. Guillemette dans la Farce de Pathelin:

>   Il eut vn oncle Limosin,
>   Qui fut frere de sa belle ante.

Et ailleurs dans la mesme Farce:

>   Or, Sire, la bonne Laurence
>   Vostre belle ante mourut-elle?

Coquillard dans ses droits nouueaux au titre *de Iure naturali*:

>   Or ie mets vn cas qui est tel.
>   Vn mary en vacation
>   Voyant que le temps estoit bel,
>   S'en alla en commission
>   Voir sa belle ante ce dit-on.

TANTOST. De *tantum ocyus*. De *ocyus* on a fait *tosto*. *Ocyus, ocio, oso, osto*; en adjoustant vn T, comme *rimasto* pour *rimaso*, & en le preposant; comme en *tante* de *amita*; en *tarir* de *arire* pour *arere*.

TAON. De *tabanus*.

TARELLE ou *terelle*. De *terebella*.

TARGE. Quelques-vns le dériuent de θυρεὸς, mot Gaulois qui signifie la mesme chose. Pausanias en ses Arcadiques: χτ τὸς Κελτικὸς θυρεὸς, ἢ τὰ γέρρα τὰ Περσῶν. Et dans ses Phociques, parlant des Gaulois qui trauerserent le fleuve Sperchie: ὅπλα τὸς ἐπιχωρίες θυρεὸς ἐποιεῖτο ἕκαστος ἀντὶ σχεδίας. D'où Isaac Pontanus en son Glossaire pretend que les Allemans ont aussi fait *tarsche*, les Flamans *targe*, & les Anglois & Bas-Bretons *targat* & *tarjan*. Voyez-le, & Cambden en sa Bretagne, & M. Bochart liure 1. des Colonies des Phœniciens chap. 42. où il dériue θυρεὸς du Chaldaïque *theres*, qui signifie *clypeus*. Pour moy, ie croy que *targe* a esté fait de *tergum*, parce que les boucliers estoient anciennement de bois couuert de cuir boüilly. *Targia* se trouue dans Mathieu Pâris en la vie de Henry III. en l'an 1243. *Amici eiusdem Ioannis, qui eumdem præcordialiter dilexerunt, oppositis corporibus suis proprijs, & amplis clypeis, qui targiæ appellantur, vix eumdem protegentes, à mortis discrimine liberarunt.* De *targe* on a fait *targuer* pour se couurir & parer aux coups. Nous appellons *targette* cette petite plaque de fer qu'on met aux fenestres, de la ressemblance aux targes.

TARIN. Oiseau. Belon en son Ornithologie, dit que cét oiseau a esté ainsi appellé acause qu'il semble dire *tarin* en chantant.

TARIR. De *arire* qu'on a dit pour *arere*.

TARTE. Voyez *tourte*.

TASCHE. On appelle ainsi en Bourgogne *une pochette*. De l'Alleman *tasche* qui signifie *marsupium, crumena*; d'où les Italiens ont aussi fait *tascha*. Voyez Vossius *de vitijs* pag. 293.

TASTER. De *tactare* qui a esté fait de *tango. Tango, tactum, tactare, taxtare, tastare*, TASTER De *taster* on a fait *tastons*, comme quand on dit *aller à tastons*. Les Italiens disent *a tentoni* de *tentare*. Tibulle : *Et pedibus prætentat iter.*

TATIN pour *tantin*. De *tantinum* diminutif de *tantum*. Rabelais 1. 2.

Distribuent un tatin du potage, &c.

De *tantinum* on a dit *tantinettum*, dont nous auons fait *tantinet*.

TAVAIOLE. Voyez *toüaille*.

TAVDIR. Le President Fauchet liure 11. de la Milice, dit que ce mot a esté pris pour *se couurir*, acause de certains instrumens de guerre appellez anciennement *taudis*, par le moyen desquels on faisoit les approches.

TAVERNES. De *tabernæ* qui signifie la mesme chose. Horace :

Nec vicina subest vinum præbere taberna
Quæ possit tibi.

Virgile en son Copa :

Ebria famosâ saltat lasciua tabernâ.

L'Empereur Adrien :

TA. TA. 623

Ego nolo Florus esse,
Ambulare per tabernas.

Eugraphius sur Terence: *Helluo, est inuasor & qui plurimum consumpsit. Ganeo, tabernis operam dans & conuiuijs turpioribus.* Nonius Marcellus: *Tabernas non vinarias solùm, vt nunc dicimus, sed omnes quæ sunt popularis vsus auctoritas Romana patefecit.* L'Onomasticon Grec-Latin: *tabernarius*, κάπηλος. Voyez M. de Saumaise sur l'Histoire Auguste pag. 45. & dans son liure *de vsuris* pag. 348. & Meursius dans son Glossaire au mot ΓαζέρναιΙ.

TAVTTE. On appelle ainsi à Marseille ce poisson que les Latins appellent *Loligo*. Du Grec τευθίς. Charles Estienne: *Loligo,* ἡ τευθίς. *Dicitur hodie* calamarium*, & à Massiliensibus Græcam vocem retinentibus* TAVTTE *appellatur*, &c.

TAXER, comme quand on dit *taxer de médisance*. De *taxare*, dont les Latins ont vsé pour dire *brocarder & piquer*. M. de Saumaise sur l'Histoire Auguste pag. 482. TAXARE *Latinis idem est quod* tangere, *hoc est iocis & maledictis fatigare. Hinc* taxatores *scenici olim dicebantur, quòd alter alterum maledictis tangerent.* Taxare *autem inclinatum à veteri verbo* tago *pro* tango, tetigi taxum *& tactum, &c.* Terence a vsé du mot de *tangere* en cette signification dans ce vers de l'Eunuque:

Quo pacto Rhodium tetigerim in conuiuio.

Sur lequel Donat a fait cette note: *Tetigerim, luserim, fatigauerim. Nam* tangere *cùm multa, tum etiam, hoc significat.* Les Grecs ont vsé de θίγω au mesme sens, d'où vient le mot εὐθικτος pour dire *vrbanus.* TAXER pour *mettre vn prix* vient aussi de *taxare* qui vient de τάξιν. M. de Saumaise au lieu allegué. TAXARE *verò pro* æstimare *& pretium ponere, vt diuersæ significationis, sic diuersæ etiam originationis est: à verbo enim Græco deductum est* τούτω τάξω, *& inde Latinum* taxo *&* taxare. *Sic* μαλάτω μαλάξω, *& inde* malaxare, *&c.* Taxare se trouue en cette signification dans Siculus Flaccus & dans Aggenus. Voyez les Gloses de M. Rigault sur les Agrimenseurs.

TAYE. TAYON. Vieux mots qui signifient *grand' mere* & *grand pere.* Villon dans son Testament:

Encor fais vne question
Lancelot le Roy de Brehaigne,
Où est-il ? où est son tayon ?
Mais où est le preux Charlemaigne ?

Où Marot a fait cette note : *Tayon, pere grant en langage Picard, duquel Paris tenoit plus lors que apresent. De ataua : & de atauone, qu'on a dit pour atauus.* Dans la Coustume de Boulogne les vieux chesnes sont appellez *chesnes tayons*. TAYON & TAYE sont encore presentement en vsage en Picardie.

TE.

TEATINS. Religieux ainsi nommez de D. Iean Pierre Caraffe Archeuesque Téatin ou de Chieti au Royaume de Naples, qui fut fait Pape sous le nom de Paul IV. apres auoir esté Compagnon du Bien-heureux Caëtan Tiene, Gentil-homme Venitien, & premier Fondateur de cét Ordre dans la ville de Rome en 1524.

TEIGNE. Espece de gale. De *tinea*, acause qu'elle mange comme fait vne teigne. Les Italiens de *tinea* ont aussi fait *tigna*.

TEILLER. C'est vn mot dont on vse en Anjou, dans le Maine & dans la Normandie pour dire *escorcher le chanvre*. De *tilia* qui signifie *tillau*, qui est vn arbre qui a entre escorce & bois certaine sorte de peaux semblables au chanvre dont on se sert pour faire des liens & des cordes. *Tilia, tiliare*, TEILLER.

TEMPLE, pour cette partie de la teste qui est entre l'oreille & le front. De *tempra*. *Tempus temporis*, & par metaplasme *tempora*. De *tempora* on a fait *tempra* au feminin genre, d'où nous auons fait *temple* aussi au feminin genre, & les Italiens *tempia*. Ainsi de *pecus, pecoris, pecora* par metaplasme, les Italiens ont dit *vna pecora*.

TENACE pour *chiche*. De *tenax*. L'Onomasticon Grec-Latin : *tenacitas, σμικρολογία*.

TENAILLE. De *tenacula*. *Tenax, tenacis, tenacula*, TENAILLE.

TENCHE.

TE. TH. TI. 625

TENCHE. Poisson. De *tinca*. Ausone Idylle IX. qui est de la Moselle:

> *Quis non & virides volgi solatia Tincas*
> *Norit?*

TENTE. De *tenta* qui a esté fait de *tendo*, & dont les Italiens vsent encore apresent.

TEORBE. De l'Italien *tiorba*. Ce mot est masculin en François, & feminin en Italien.

TESTE. De *testa*, dont Ausone s'est seruy en cette signification Epig. 71.

> *Abiecta in triuiis inhumati glabra iacebat*
> *Testa hominis, nudum iam cute caluitium.*

De *teste* on a fait *teston* & *testonner*.

TETON. De *tettone* diminutif de *tetta*, qui a esté fait de τιτθὸς. De *tetta* nous auons fait *tette*, & de *tettare* TETTER. Les Italiens disent encore *tetta*. De *tetta* on a fait *tettinus* & *tettina*, d'où vient *tetin* & *tetine*.

TH.

THESVRER. La Coustume d'Anjou art. 25. *Nul ne peut de iour ne de nuit tendre ne thesurer en autruy domaine.* De *tensurare. Tendo, tensus, tensura, tonsurare, tesurare,* TESVRER. Les Italiens disent *la tesa*.

TI.

TIERCELET d'Autour, parce qu'il est vn tiers plus petit que l'Autour.

TIMBRE de cloche. De *tympanum*, comme *Diacre* de *Diaconus*, &c. Voyez M. de Saumaise sur Solin pag. 683. Loiseau se trompe, qui le dériue de *tintinabulum*, & qui croit qu'il faut dire *timble*. Ie rapporteray icy ses paroles, parce qu'elles apprennent l'etymologie de *tymbre* en termes d'Armoiries: *En consequence de ce priuilege attribué aux Parisiens de porter armoiries, les plus notables Bourgeois des principales Villes ayant aussi*

KKkk

626 TI. TI.

entrepris d'en porter, les Gentilshommes se sont avisez de mettre au dessus des leurs vn heaume en armure de teste, pour se distinguer d'auec ceux qui ne portent point les armes: ce quils ont appellé timbre; pource, à mon iugement, qu'il estoit fait du commencement comme vne bourguignote ou chapeau de fer, qui auoit la forme d'vn timbre de cloche, qu'il faudroit plustost nommer TIMBLE, quasi tintinnabulum. C'est en son traité des Ordres des simples Gentilshommes chap. 5.

TINE. Ciron dans ses Obseruations sur le Droit Canon liure II. chap. 14. croit que ce mot vient de celuy de *tenis*, qui est pris par le Iurisconsulte Alfenus en la Loy 17. au Digeste §. 1. pour vne sorte de vaisseau. Mais au lieu de *tenis* il faut, sans doute, lire en ce lieu-là *lenis*, comme l'a remarqué Cujas en ses Obseruations liure X. chap. 15. Et ie croirois plustost que nostre mot *tine* viendroit de *tina*, qui est pris par Varron pour *vn vaisseau à vin*: *Antiqui in conuiuiis vtres vini primò, postea tinas ponebant*. Ces paroles de Varron sont citées par Nonius du liure I. *de vita Populi Romani*. Ce vaisseau à vin est appellé *tinia* par Festus: *Tinia, vasa vinaria*; mais où Scaliger lit *tinæ*. Il y a apparence que de *tina* on a aussi fait TONNE. *Tina, tynna, tonna*, TONNE. De *tonna* on a dit par diminution *tonnellum*, dont nous auons fait *tonneau*. Les Allemans disent aussi *tonne*.

TINEL. On appelle ainsi le lieu où mangent les domestiques des grands Seigneurs. Les Italiens disent de mesme *tinello*. Ie ne sçay pas d'où vient ce mot. M. Hauteserre liure III. chap. XI. des Ducs & Comtes deProvince, le dériue de τήνελλος: *Translatitiâ, vt opinor, voce à Græco* τήνελλος, *pæanem, triumphum reddas. Aristoph. in Equit. Act. 1. Scen. 3.*

Ἀλλ' ἐὰν μὲν τοῖγε νικᾷς τῇ βοῇ τήνελλος εἶ.
Vbi Scholiastes: τήνελλος, χρυμάτιον ἐπινίκιον.

TINTAMARRE. Pasquier dit que ce mot vient de *tinter* & de celuy de *marre*, qui est vn instrument de laboureur dont nous auons parlé en son lieu: a cause du bruit que faisoient les vignerons proches des Villes sur leur marre, pour auertir les autres plus éloignez, & qui ne pouuoient oüir l'horloge, qu'il estoit temps de finir la besongne. Voyez le au chapitre 52. du liure VIII. de ses Recherches.

TI.   TO.

TIPHAINE. Vieux mot qui signifie *la Feste des Rois*. Alain Chartier pag. 140. *Où mois de Ianuier apres la Tiphaine le Roy se partit de ladite ville de Saumur*. Par corruption pour *Epiphanie*. De *Epiphania*, d'où les Italiens ont aussi fait par corruption *Besania*. De cette Feste de Tiphaine on en a fait vne Sainte Tiphaine: & il se trouue dans les Histoires modernes plusieurs personnes qui ont ce nom.

TIRELARIGOT, comme quand on dit *boire à tirelarigot*. Odo Rigauld Cordelier, Archevesque de Roüen, donna à l'Eglise Nostre-Dame de Roüen vne grosse cloche qu'on appelle de son nom *la Rigauld*, comme on a appellé depuis *l'Amboise* & *la Touteville*, celles que les Cardinaux d'Amboise & de Touteville donnerent à la mesme Eglise. Or comme cette cloche estoit fort grosse, & consequemment fort difficile à sonner, on donnoit beaucoup de vin à ceux qui la tiroient; ce qui a fait croire à quelques-vns que de là on auoit dit boire à *tirelarigauld* pour dire *beaucoup*, & en suitte par corruption *tirelarigot*.

TIRER. De *tirare*, qui a esté fait de *trare*, qui l'a esté de *trahere*. *Trahere, trare, tirare*, TIRER. *Tirare* est encore en vsage parmy les Italiens.

TISANE. De πτισάνη.

TO.

TOILETTE. Parce qu'anciennement on la faisoit de toile. Les Anglois l'appellent *combing-cloth*, comme qui diroit *le linge, la toile où les peignes se mettent*. Les Allemans disent de mesme *campen-fuder*.

TOISE. De *tesa*, qui a esté fait de *tensus*.

TOISON. De *tonsio*.

TOLLIR. De *tollire*, qui a esté dit pour *tollere*, qui l'a esté pour *auferre*. Voyez M. Bignon sur Marculphe pag. 519.

TOMBE. De *tumba*. Petrus Cellensis liu. v. Epist. 16. parlant de Saint Thomas de Canterbery: *Quis dabit mihi pennas sicut columbæ, vt euolem & visitem tumbam pretiosi Martyris*

KKkk ij

Sancti Thomæ. Et au liu. VI. ep. 12. *Non solùm Angli sed & Galli, quasi ad solemnes epulas & ad fertilissimas iubilationes concurrunt ad tumbam prædicti Sancti.* Aldhelmus *de Virginitate :*

Ad quorum tumbas gelidæ post funera mortis.

Tumba a esté fait de τύμϐος qui signifie *sepulchre.* Voyez Vossius *de vitiis Sermonis* pag. 631.

TOMBER. De *ptomare* qui a esté fait de πτῶμα qui signifie *chûte. Ptomare, tombare ;* le P se perd comme en *tisane* de *ptisana.*

TONLIEV. Imposition, tribut. De *toloneum,* qu'on a dit pour *teloneum,* qui a esté fait de τελώνιον. Voyez Pithou en son Glossaire au mot *tholoneum* & Vossius *de vitiis Sermonis* pag. 626.

TOP. Comme quand on dit *top & tinc.* De l'Espagnol *toppo y tingo.* Tous ces termes de jeu, *mas, sept & leua, parogli,* &c. nous sont venus des Espagnols.

TOQVESAINT. Par corruption pour *toquesin.* De TOQVER, vieux mot François qui signifie *fraper,* & qui vient de l'Italien *toccare,* & de SIN qui signifie *cloche,* & qui vient de *signum.* A Angers on dit *sonner le petit saint* pour dire *la petite cloche, paruum signum.* Voyez Henry Estienne en son traité de la Precellence du langage François pag. 143.

TORT. Pour *dommage.* De *tortum,* qui se trouue en cette signification dans les Capitulaires de Charles le Chauue, sur lesquels voyez le Pere Sirmond pag. 74. Voyez aussi *droit.*

TORTVE. Les Espagnols disent *tortuga,* d'où ie croy que nous auons fait *tortuë.* Les Italiens disent *tartaruga,* d'où les Espagnols ont fait *tortuga.* Ie pense que *tartaruga* a esté fait de *tarda eruca. Eruca* signifie toute sorte de chenille, de loche & de limax. *Tarda eruca,* comme qui diroit vn limax qui marche lentement. On appelle de mesme l'Outarde *auis tarda.*

TOVAILLE. De l'Italien *touaglia,* qui signifie la mesme chose. *Touaglia* a esté fait de *toral* ou *torale* qui signifie le tapis ou la nape qui se mettoit sur le lieu où l'on mangeoit, lequel lieu les Romains appelloient *torus*. Horace liure 1. des Epistres :

—— *Ne turpe toral, ne sordida mappa*
Corruget nares.

Le mesme dans ses Satyres :
Et Tyrias dare circum illota toralia vestes.

Torus, toral, torale, toralea, tobalea, touaglia, TOÜAILLE, d'où a esté fait le verbe TOÜAILLER. *Tobalea* se trouue dans le Pontifical : *benedictio tobalearum.* De *tobalea* on a fait le diminutif *tobaleola*, d'où nous auons fait TAVAIOLLE.

TOVFE. De *tufa*, qui est vne herbe qui croist dans les marais, & dont la fleur est toufuë. De *tufa* on a dit par diminution *tufettus*, d'où nous auons fait DVVET.

TOVLON. Ville de Prouence. Cambden dans sa Bretagne : *Cytharisten promontorium in Gallia prope Massiliam, vbi nunc* TOLON *oppidum cernitur, ponit Plinius : Si verò Britannos nostros interroges, quid sit illorum lingua Cythara, statim* TELEN *audies.* Voyez M. Bochart pag. 756. des Colonies des Phœniciens.

TOVRBE. Gazons de terre dont on se sert en Hollande dans les cheminées au lieu de bois. De l'Alleman *zorff* ou *zurb* qui signifie la mesme chose. Voyez Lindembrog dans son Glossaire au mot *zurb*.

TOVRNELLE. Chambre criminelle du Parlement de Paris. Parce que les Conseillers y seruent tour à tour. Bodin liu. IV. de sa Republique chap. VI. *Quamobrem Maiores nostri prudenter, qui Curiam publicorum iudiciorum, quam nostri homines* TORNELLAM *appellant, ita instituerunt, vt singuli Curiarum singularum iudices velut in orbem statis temporibus in ea iudicarent, ne perpetua capitalium iudiciorum consuetudo insitam vnicuique à natura clementiam omninò eriperet, & animos efficeret quàm pro natura crudeliores,* &c.

TOVRTE. De *torta.* Ausone :
Tortam trado tibi simúlque & agnam.

Car c'est ainsi qu'il faut lire en cét endroit selon l'opinion de Scaliger, & non pas *tostam.* Les Roys 1. 2. 35. *Futurum est au-*

tem vt quicunque remanserit in domo tua, veniat vt oretur pro eo, & offerat nummum argenteum, & tortam panis. Erotian: ἄρτον ἐκκρυφίαν. παρ' Ἀθηναίοις ὕπως ὀνομάζεται ὁ ζυρὶ θέμενος ἐκ τε φοινίκων λιπαρῶν κ̣ ἀλεύρου κ̣ ὕδατος. εἰκὸς δὲ λέγειν τ̃ ἐν θερμοσποδιᾷ ἐγκρυθέντα ὀπτηθῆναι, ὃν τυρίαν καλοῦσιν. Comme les Latins ont dit *torta* de *tortus*, les Grecs ont dit de mesme τολύπη. Clement Alexandrin: ὁ σησαμῇ ταῦτα κ̣ πυραμίδης κ̣ τολύπαι. Vossius croit que pour *torta* on a aussi dit TARTA. *Cùm Philippus Beroaldus Bononiæ, qua in vrbe publicè humanitatis studia docebat, aliquando à contubernalibus suis Polonis interrogatus esset, quomodo Latinè appellari posset edulij genus, quod ipsis apposuerat (erat autem quòd vulgo* tartam *vocant, siue quasi* tortam *à torquendo, siue* κατὰ μετάθεσιν *& vnius literæ adiectione à Latino* tracta *quo vsus Cato) lepidè respondit* herbicasiouium *vocari, quia ex herbis, caseo atque ouis conficeretur.* C'est dans ses Institutions Oratoires liure IV. chap. I. art. 8. De *torta* on a fait par diminution *tortellum*, d'où nous auons fait TOURTEAU.

TOVS. De *totus* qu'on a dit pour *omnis*. Plaute dans sa Comedie intitulée *Miles gloriosus* Acte II. Scene II. 57.

Quoi bini custodes semper totis horis accubant.

Apulée Metam. liu. 10. *Quid ergo miramini vilissima capita, immo forensia opera, immo verò togati vulturij, si toti nunc iudices sententias suas pretio nundinantur.* Sidonius Apollinaris Epist. 14. liu. 9. *Nam plerique laudabant facundiam tuam, plurimi ingenium, toti pudorem.* Et dans sa Harangue au liu. 7. *Multos Episcopales esse, sed totos Episcopos esse non posse.* Et au liu. 9. epist. 5. *Illos muneretur innocentia, nos quiete, totos securitate.*

TOVTEFOIS. Du mot *toute* & de celuy de *fois*. Voyez *fois*. On a aussi dit *toutevoie*, & vous le trouuerez dans Froissart. De l'Italien *tuttama*.

TR.

TRACE. De *traccia* qu'on a fait de *tractus*, comme *cacia* de *captus*. On disoit anciennement *trac*. Marot en sa Balade du jour de Noël:

TR.   TR.   631

Or est Noël venu le petit trac.

Et de là le verbe *etraquer*, pour dire *suiure les bestes à la piste*. Nicod estime que le mot *tracasser* a aussi esté fait de celuy de *trac*; comme qui diroit aller *çà & là*, errer par les voyes. Les Italiens disent encore *traccia*.

TRAFIC. De l'Italien *traffico*. Les Italiens ont pris ce mot des Arabes, comme *fondico* ou *fondaco*, & nous *tarif*.

TRAISNER. De *traxinare*. *Traho, traxi, traxino*, comme de *rixo, rixino*.

TRAISTRE. De *traditore*. Les Grecs ont dit de mesme προδότης. v. Pasquier 8. 57.

TRAITE, comme quand on dit *traitte foraine*. De *tratta* qui a esté fait de *trahere*. *Traho, trahi, tractum, trattum*, d'où les Italiens ont aussi fait *tratto*.

TRAMAIL. Voyez *maille*.

TRAME. De *trama*. L'Onomasticon: *trama*, κρόκη.

TRANCHEE. Du verbe *trancher*. Les Italiens disent *trincea*, que Victorius liure 11. de ses diuerses Leçons chap. 12. dériue de θριγκός, dont les Grecs ont vsé pour *vallum, sæpimentum*: en quoy il a esté repris, & auec raison, par Brodeau liu. 1. de ses Meslanges chap. 5. *Est autem omnino ridiculum, quòd trancheæ Gallicæ penitus vocis, atque ipsi quidem, vt apparet, incognitæ, vt quæ vallum non significet, etymum Græcum reddat Victorius. Hanc autem cùm exprimere nequeant Itali, trinceam balbutientes nominant.* Au lieu de *trincea*, le Tasse en sa Ierusalem xi. 6. a dit *trincera*: en quoy il a esté repris par les Academiciens de la Crusca. Voyez *trancher*.

TRANCHER. De *truncare*, d'où les Italiens ont aussi fait *trinchiare*. *Truncus trunci, truncia, trunciare, trinchiare*. De *truncus trunci* on a aussi dit *truncio*, d'où nous auons fait *trongon*.

TRAPE. De *trappa*. La Loy Salique titre VII. *Si quis aucellum de trappa furauerit*. De *trappa* on a fait le verbe *adtrappare* & celuy de *intrappare*, dont nous auons fait *atraper* & *entraper*. Voyez au mot *tromper*, & Pithou sur la Loy Salique au lieu allegué, & Vossius *de vitijs sermonis* pag. 300.

TRAQVENAR. Par corruption de *tricenarius*. M. de

Saumaise sur l'Histoire Auguste pag. 246. *Latini* tricenarios, *nos corrupto inde vocabulo* traquenarios *vocamus*. *Et* tricinarij *vel* tricenarij *videntur appellati, quòd tricinio spissóque gradu ambularent, vel quòd in ambulando gressus intricenarent, hoc est, intricarent, & crura volubiliter implicarent & explicarent.* Intricinare *Veteres pro* intricare, *&* tricinare *pro* tricare. Tricenum *&* intricenare *apud Nonium scriptum est in vetustis libris. Inde* tricenarij *equi dicti, quòd gressibus intricatis, & minutissimè cribratis incedant. Nam crebra genuum inflexione & alternis crurum voluminibus, gradu per minutias fracto incessum suum celeriter impediunt expediuntque: non autem longis & extensis passibus plenóque gradu spatium carpunt, quod cantherij faciunt,* &c. Tricenarius, triquenarius, traquenarius, TRAQVENAR.

TREBVCHER. De *traboccare*, comme qui diroit *in buccam cadere*, tomber dans vn trou. Les Italiens disent de mesme *traboccare*, & les Espagnols *trobejar*. De *trabocca* on a dit par diminution *trabocchettum*, dont nous auons fait *trebuchet*. Reinesius se trompe de le dériuer de l'Alleman *treiboct*: Trebuculos *Mathæus Parisius inter machinas bellicas nominat. Sic enim fol.* 267. Turris crebris ictibus trebuculi aliquantulum concussa fuit. *Auctor Fragmenti de Gestis Ludouici VIII. Francorum Regis, à Pithoëo editi, trabucheta variatâ vocis ex aliena lingua pronuntiatione appellat:* Machinæ, *inquit*, eriguntur, trabucheta, petrariæ, &c. *Ipsam machinam cuius structura nos hodie latet Germanos primùm inuenisse ex appellatione ipsa* treiboct, *idest, aries vrgens & impellens, apparet. Sic enim Anonymus Auctor Fragmenti Historici editi ab Vrstisio tom.* 2. *Historiæ Germanicæ sub ann.* 1212. Ibi nunc primùm, *inquit*, cœpit haberi vsus instrumenti bellici quod vulgò *Trybock* adpellari solet: *Quæ totidem verbis repetit Nauclerus Generat.* 41. C'est en ses diuerses Leçons. Vossius *de vitijs sermonis pag.* 300. le dériue du François *trebucher*: TREBVCHETTA, *machinæ, quæ ingentia etiam saxa eiacularentur ad diruendos muros.* Wilhelmus Ochra *epist. ad Henricum III. Regem Angliæ, apud Mathæum Parisium ad ann.* cIɔccxlvi. Per septem trebuchetta ordinata, quæ tam de die quàm de nocte, in in castrum Capuacij projicere non cessabant. *Nomen est à Gallico*

Gallico TREBVCHER, *quod est ex alto aliquid deturbare. Alii, principe vocali leuiter mutatâ, pro eodem dixere* tribuceta. *Chronicon Leodicense ad annum* cIↄcccxIII. Episcopus misit Leodium mangonalia seu fustibula, siue tribuceta vel arietes, aut sues, vineas, biblias petrarias, siue cattos versatiles. *Idem quoque trabucchi, vti nominat Ægidius de Columna Romanus, Thomæ Aquinatis discipulus, lib.* III. *de Regimine Principum, part.* III. *cap.* 18. *Ac aliquid de iis Hieronymus Magius Miscell. lib.* I. *cap.* I. *Est ab Italico* traboccare, *quod idem ac Gallicum* TREBVCHER, *ante memoratum. Nec aliud instrumentum existimandum, de quo in Fragmento quopiam Historiæ Germanicæ* : Anno Domini cIↄccxII. Otto Imperator, ab Apulia & Italia reuersus, obsedit oppidum Wizense, quod similiter expugnauit vsque ad arcem. Ibi tunc primùm cœpit haberi vsus instrumenti bellici, quod vulgò *trybock* appellari solet. *Et Nauclerus Generat.* XLI. Otto Imperator oppidum Wizense obsidione vallauit. Asserunt, tum primùm cœpisse vsum instrumenti bellici prius incogniti, quod vulgariter *trybock* nominatur : quoniam bombardarum vsus necdum erat inuentus. *Creditur idem ac quod Belgis* springt-haël, springgaël *&* springel *: Gallis etiam Leodicensibus* espringalle. *Imò & tribuculus,* trebuculus *&* trubuculus *idem videntur.*

TREILLE. De *trichila*. Scaliger sur ce vers du Copa : *p.* 544.
    Et trichila vmbriferis frigida arundinibus.
TRICHILÆ *nomine intelligit pergulas quæ &* vmbellæ *&* vmbracula *vocabantur.* σκιάδες *Theocrito Syracusus.* Columella :
    At qui sub trichila manantem repit ad vndam.
Apud Cæsarem III. *de Bello ciuili idem vocabulum inueniri in vetustis exemplaribus indicauit mihi Obertus Gifanius,* &c. *Est ergo* trichila *vitium aut cucurbitarum iugamentum, aut cucumerum compluuiata pergula. Quam vocem nos, quamquam aliquantùm detortâ pronuntiatione, hodie in Gallia retinemus.* Trillas *enim dicimus.* Trichillam *autem Græcam esse vocem, si nihil aliud, certè* CH *aspiratum, demonstrat. Dictum à densitate foliorum, quasi* trichina, N *in* L; *vt* nympha linfa. τρίχινον *Tarentini dicebant pro spisso à pilis. Varro* : Quòd trichinus quæstus erat nunc etiam vberrimus. Trichinum *quæstum vocat spissum. Spissum enim Veteribus erat tardum.*

LLll

Significat iis *Varro* quæstum tardum & serò venisse. *Ergo* τρίχινος spissus, & trichina, *postea* trichila, ἡ δασύφυλλος. Voyez le mesme Scaliger sur Festus au mot *vmbræ*, & Savaron sur Sidonius Apollinaris epistre 9. du liure 11. & epistre 17. du liure v. De *treille* on a fait *treillis*. Nous appellons aussi *treillis* vne sorte d'estoffe tabisée, & les Italiens *triglia*.

TREMBLER. De *tremulare* diminutif de *tremere*. Flodoard liure & chap. 111. *Nimio frigore horribiliter cum fletu ac stridore dentium tremulantes.*

TREMÉS ou *tremois*. On appelle ainsi en plusieurs lieux de France les petits bleds, qu'on appelle à Paris les *Mars* ou *Marses*. De *trimense*, a cause qu'ils ne sont que trois mois à venir. Isidore liure xvii. de ses Origines chap. 3. *Trimense triticum ideo nuncupatum, quia satum post tres menses colligitur.* Les Grecs ont vsé du mot τριμηναῖος en cette signification. Dioscoride liure 11. chap. 107. πυροὶ πρὸς ὑγίειαν χρῆσιν ἄξιοι, οἱ πρόσφατοι ᾗ τελείως ἡδρηκότες, τῇ χρόᾳ μηλίζουσιν. εἶτα μετὰ τούτους οἱ τριμηναῖοι, λεγόμενοι δὲ ὑπό τινων σιταινοι. En Nivernois on dit *tramois*.

TREMPER. De *temperare*.

TREPIGNER. De *trepidinare* diminutif de *trepidare* M. de Saumaise pag. 244. sur ces mots de Capitolin, *Equum multis inflexibus intrepidauit*: Tripedare *est saltare vel tripudiare; nam vtriúsque verbi eadem origo.* Tripudium, τριπόδιον. *Vnde tripediare est saltare.* Græci τριποδίζειν *dicunt.* Trepidare *autem &* tripudiare *est ter pede terram ferire: quod faciebant saltantes ad illa carmina propriè quæ tot pedis percussionibus gaudent.* Horatius :

 Gaudet inuisam pepulisse fossor
 Ter pede terram.

Idest, gaudet saltare. *Calpurnius* :

 Seu cantare iuuat, seu ter pede læta ferire
 Carmina.

Idest, seu cantare iuuat, seu saltare. *Nam qui saltabant eiusmodi carmina trinis pedum percussionibus incedentia, ter pede terram feriebant. Id dicebatur de iambico carmine trimetro acataletto, sed & non minus de trochaico quod erat saltationibus & ballisteis accommodum.* Tripedare *igitur propriè est* ter pede terram percutere *&* saltare. *Glossa:* τριποδίζω, tripedo. τριπόδιον, tripudium. *Vegetius lib.* II. *cap.* 24. Saltus quoque & ictus facere pariter assuescant, insurgere tripedantes in clypeum, rursúsque subsidere, nunc gestiendo prouolare cum saltu, nunc cedentes in terga resilire. *Vulgò* tripudiantes *ibi legitur. Sed cùm veteres omnes libri eo loco agnoscant* trepidantes, *facilè fuit nobis videre legendum* tripedantes. *Idem mendum in epistola quadam Iuonis, vbi* trepidantes *habetur in libris pro* tripedantes, *quod ille posuit pro* tripudiantes. *Hinc vox vetus Gallica* TRIPER, *quæ saltare significat. A* tripedo tripedino: *vt* intrico intricino, ago agino: *sic* tripedinare *est quod vulgò dicimus* TREPIGNER. Tripedare *verò dicebantur equi cùm ad illud genus cursus incitantur, qui medius est inter citatissimum cursum & communem simplicémque incessum. Græci equisones* τρίποδον *vocabant,* &c. χαλπάζειν *&* τριποδίζειν *de equis idem est, vtrúmque autem saltare & tripedare significat. Veteres tamen videntur* trepidare *pro* tripedare *corruptè enuntiasse. Seruius ad illud Æneidis:*

Dum trepidant alæ, saltúsque indagine cingunt.

Trepidant *verò hoc loco sensim accipiunt, non, vt alibi festinant, vt, heic* me dum trepidi; *quia saltus non cursu, sed sensim cinguntur. Quidam* trepidant *ab* equis, *qui hodiéque* trepidare *dicuntur, appellari putant. Cato:* Sedere non potest in equo trepidante. *Minimè sanè dubium est, quin equum trepidantem dixerit Cato* ? τριποδίζοντα χ χαλπάζοντα. *Sed nec illud dubitandum* trepidare *pro* tripedare *Veteribus dictum fuisse, & eam esse illius vocabuli originem.* Trepidare *metu est* πάλλεθαι φόβῳ, ὀρχεῖθαι φόβῳ. *Sic* χαρδίαν φόβῳ ὀρχομβρίω *dixit Æschylus. Hinc* trepidare *pro* festinare. *Sed &* trepidare *apud Persium de his qui lætitia elati gestiunt & subsiliunt:*

Tum videas neque more probo, neque voce serena
Ingentes trepidare Titos.

Trepidium *pro* tripudio *quoque dixere. Hinc* trepidarij *equi Vegetio, qui* trepidant *vel* tripedant. οἱ τριποδίζοντες *vel* τριποδίζικοι. *Qua ratione* trepidantes *non malè scriptum esset apud Vegetium pro* tripudiantes. Trepidare *igitur pro* tripedare. *Sic* trepallum *dicebant pro* tripallo *vel* triphallo. *Glossæ:* trepallus, τρίαπος. *Sic* trepondo *pro* tripondo, *teste Quintiliano, proferebant. Sic* trepodia *in vetustissimis Glossis manuscriptis:* trepodia, tripedia, idest scabellum quod tres pedes hobet, vel mensa in sacris Apollonis, vel numus consecratus. Seruio porrò credendum, qui sua ætate trepidare *dictum observat, eo quem supra retulimus loco. At* trepidare *est quod Græcis* τετποδίζειν *vel* καλπάζειν. Trepidare *igitur & tripedare pro eodem dixere. Falletur enim si quis trepidantem equum acceperit pro eo, quem Græci* πτυρτικὸν *vocant, nos vulgò* vmbragiosum *appellamus: qui eiusmodi sunt, ad cuiuscunque hominis aut animalis, aut rei occursum subitò exterrentur, & suam ipsi vmbram timent.* Trepidare *autem est* πτύρεσθαι. *Glossæ:* trepido, ἀγωνιῶ, δειλιῶ, πτύρομαι, πτοοῦμαι. καλπεις *autem & κάλπας eiusmodi equos trepidantes vel trepidarios, & genus ipsum cursus, vno eodémque nomine appellant Græci. Pelagonius* κάλπαν *& τετπόδον idem facit, & ἢ διὰ καλπας δρόμον, τὸ τείποδον interpretatur. Sed & equi ipsi ad hoc genus cursus instituti & edocti ita vocabantur. Hesychius:* κάλπης, ἵππος βαδίζης, ἢ εἶδος δρόμου. *Illud* εἶδος δρόμου *est quod* τείποδον *Leo & Pelagonius vocant.* κάλπης *quoque* δρόμος *Olympiacis ludis aliquando admissus.* κάλπην *ita interpretatur Pausanias in Eliacis:* τῶ δὲ ἡ μὲν θήλεια ἵππος. κ. ὑπὸ αὐτῆς ὑποπηδῶντες ὅτι τῷ ἐσχά- τῳ δρόμῳ ζυνέξον οἱ ἀνάβαται ταῖς ἵπποις εἰλήφυοι τῆς χαλινῶν. κάλπη *igitur dicebatur equa ad eiuscemodi cursum instituta, qui nec nimis lentus, nec concitatissimus esset.* κάλπαν *vel* τείποδον *hodie dicimus* LE TROT. *Hinc* intripedare equum *Symmaco est quod vulgò dicimus* mettre son cheual au trot.

TRES. Marque de superlatif. *De trans*, comme il paroist par le mot de *trepasser* qui a esté fait de *transpassare.* La Coustume d'Anjou art. 50. *S'aucun Marchand forain trespasse par les branchieres d'aucune Coustumerie*, &c. Et de là vient qu'on appelle en Anjou *le trespas de Loire* le droict que doiuent les batteaux chargez de marchandises qui trauersent cette riuiere.

TREVE ou TREFVE. *De treuga.* Frodoard en sa Chronique: *Treugæ vel induciæ belli inter Regem Ludouicum &*

Hugonem Principem, &c. Voyez Vossius de vitiis Sermonis pag. 301. où vous trouuerez plusieurs passages de diuers Autheurs qui se sont seruis de ce mot. M. Casencuue liu. 1. du Franc-alleu chap. 10. estime qu'il a esté fait de l'Alleman *trauu* ou *trew* qui veut dire *foy*, comme nous l'auons monstré au mot *dru*, la tréve estant vne suspension ou cessation d'armes, à l'obseruance de laquelle l'vn & l'autre party engage sa foy. Voyez aussi M. Dominicy en son traité *de Tregua & Pace*.

TRICHER. De *tricare*, dont le composé *intricare* est le plus en vsage. Les Allemans disent aussi TRIEGEN.

TRICTRAC. Du son que font les dez sur le tablier. Voyez Pasquier VIII. 52. On prononçoit anciennement *tictac*, & les Allemans le prononcent encore ainsi.

TRINQVER. De l'Alleman *trinken* qui signifie *boire*. Les Flamans disent *drinken*.

TRIPE. On se sert de ce mot par toute l'Europe. Les Anglois disent *tripe* comme nous; les Flamans *trijp*: les Espagnols & les Italiens *tripa*. Comme nous disons *grosse tripe* pour dire vne personne qui a gros ventre, les Italiens disent de mesme *tripone*. Ie croy que *tripe* est vn mot Gaulois.

TROMPER. M. de Valois le jeune estime qu'il vient de *strophare*. Ie croirois qu'il viendroit plustost de *traupare*, qu'on aura fait de l'Espagnol *traupa*, qui signifie cét instrument à prendre des souris que les Latins appellent *decipula*, & les Italiens *trappola*. Voyez *trape*.

TRONGNE. M. Rigault dans ses Obseruations sur Tertullien pag. 35. de la seconde edition, le dériue de τροϕύλη: τροϕύλη, *statua in clypeo, expresso cum thorace vultu. Inde est quod apud nos etiam plebecula vsurpat*, la trongne d'vn tel.

TROQVER. Les Espagnols disent aussi *trocar*. Ie ne sçay s'ils ont emprunté ce mot de nous, ou si nous l'auons emprunté d'eux.

TROTER. De *tolutare*. M. de Saumaise sur l'Histoire Auguste pag. 245. TOLVTARE, TLOTARE, *& inde nostrum* TROTER. *Nam tolutim incedere equus etiam dicebatur qui trepidabat. Hinc tolutarij & tolutares equi, qui & trepidarij.* Tolo *vetus*

LLll iij

verbum pro tollo. *Nam Veteres non geminabant consonantes. Vnde compositum* abstulo *apud Diomedem, & attulo. Næuius: dotem ad vos nullam attular. Plautus: aulas abstulas. A tolo igitur* tolui, tolutum. *Hinc* tolutim, *vt* volutim. *Dicti autem tolutim ire, eiusmodi equi, quòd crura altiùs tollerent in currendo, & subsultim incederent.*

TROV de chou. Il y en a qui croyent que ce mot a esté dit par corruption de celuy de *tronc*: Mais ils se trompent. Il a esté dit de *thursus* qui l'a esté pour *thyrsus*. Les Gloses: *tursus*, καυλός. Vous trouuerez dans Rabelais *trou de lentisque*.

TROVER. De *truare*, ancien mot Latin qui a esté fait de *trua*, qui signifie cét instrument auec lequel on remuë ce qui est au pot, τορύνη, κινητήριον τῆς χύτρας. Titinius:

Sapientia gubernator nauium torquet, non valentia.

Cocus magnum ahenum quando feruit, paula confutat trua.

De *trua* on a dit par diminution *truella*, d'où nous auons fait TRVELLE.

TROVPE. De *turba*, pour lequel on a dit *troppa* par metathese. On a dit aussi *troppus* & *troppellus*, d'où nous auons fait TROVPEAV. *Troppus* se trouue dans les Loix des Allemans tit. LXXII. §. I. *Si in troppo de iumentis illam ductricem aliquis inuolauerit*. Vne vieille Charte produite dans les Alemanniques de Goldstat tom. 2. nombre 15. *De caballis domatibus cum cætero troppo*. Voyez Lindembrog dans son Glossaire au mot *troppum*, & Vossius *de vitijs sermonis* liu. 11. chap. 18.

TROVSSE. TROVSSER. Les Allemans appellent *tross* le bagage d'vne armée, & *trosbub* vn goujat, comme qui diroit *garçon de bagage*. Or comme les Caualiers portent d'ordinaire leur equipage derriere eux dans quelque valise sur la croupe de leurs cheuaux, ie croy que de là nous auons fait le mot de *trousse*, comme quand on dit *porter en trousse*, *auoir les ennemis aux trousses*. Et parce que les valises qu'on porte en trousse sont d'ordinaire bien ramassées, il est vray-semblable qu'on a dit delà *trousser* pour *colligere*. Et ce qui me confirme dauantage en cette opinion c'est cette façon de parler *trousser bagage*. Nous disons outre cela *vne trousse* pour

TR.   TR.   639

vn carquois, acause, comme ie croy, que les Caualiers le portent en trousse, ou parce qu'il est retroussé & ramassé. Les Anglois disent aussi *trusse* pour dire *trousser*.

TROVVER. M. Guyet le dériue de *treuuare*, inusité, qui a esté fait, comme il croit, de εὑρεῖν qu'on a dit pour εὑρεῖν, εὑρεῖν, εὑρεῖν, τευρειν, treuuare, trouare, TREVVER, TROVVER.

TRV. C'est vn vieux mot qui signifie les subsides que les Rois ont accoustumé de leuer sur leurs Sujets. Philippes Mousch en son Histoire, parlant de Iules Cesar:

   Ki tant fut prous & conquerant,
   Ki par tot le monde tru ot,
   De ceux d'Espaigne auoir ne pot
   Son treu.

Boutillier en sa Somme Rurale vse souuent de ce mot. Il vient de *tributum*. On a aussi dit *truage*. Martial Pâris dans les Vigiles de Charles VII.

   Las du bon temps du feu Roy le tres-sage
   Point n'y auoit en tant de lieux truage,
   Ny de subsides.

On a aussi dit *truande*. Le Roman de la Rose:

   Et prie & requiert & demande
   Comme mendiant à Truande.

Et *Truandaille*. Vn vieux Noël.

   Vous n'estes rien que truandaille,
   Vous ne logerez point ceans.

Dans le Chartulaire de Saint Lazare prés Paris, *Vicus Trutenariæ* c'est la ruë de la Truanderie. Voyez M. Galland au traité du Franc-alleu pag. 89. & 90.

TRVCHEMAN. Nicod le dériue du Chaldaïque *Targeman*: L'Espagnol (ce sont ses termes) *dit aussi Trucheman ou Trujaman* pour le mesme. Il vient du mot Chaldée *Targeman*, qui *signifie* Expositeur, lequel vient de *Targum aussi* mot Chaldée, qui *signifie* exposition d'vne langue en autre. Les Arabes l'vsurpent de mesme; ce qui a fait dire à *Antome Nebrisse*, que c'est vn mot Arabique. Les anciens Rimeurs Prouençaux disoient DROGEMAN, comme il se voit en ce vers de Rigaud de Berbezill:

Ma chanſos mer' Drogemans lai on jeu non aus anar.
Et apreſent encore aux pays de Surie & adiacens, ce mot Drogoman *eſt en vſage, qui eſt fait dudit Chaldée par mutation de la lettre* T *tenuë, en ſa moyenne* D, *& par tranſpoſition de ces lettres* AR. Caſaubon contre Baronius pag. 680. le dérive du Chaldaïque *Meturgeman*: ἑρμηνεύεϑαι *Athanaſius eo ſenſu vſurpat, quo dixit Paulus* I. Corinth. XII. 10. ἑρμηνεία γλωσσῶν, *de tranſlatione vnius linguæ in alteram.* Geneſ. XLII. 23. מתרגם מלית *Paraphraſtæ, Onkelus & alij exponunt* Meturgeman, *quem nos Galli, corrupta voce Chaldaica, dicimus* TRVCHEMAN: *is eſt qui vnam linguam transfert in aliam. Pro eo dixerunt Græci* ἑρμηνευτής. Il vient du Turc *Terdgiumen* qui ſignifie la meſme choſe; mais qui a eſté dit, ſans doute, par corruption de *Meturgeman* qui ſignifie *Interprete*. Anciennement, parmy les Iuifs, celuy qui leur preſchoit ne parlant pas aſſez haut pour eſtre entendu de tout le peuple, auoit vn homme auprés de luy qui rediſoit au peuple d'vne voix plus haute ce que le Predicateur auoit dit, & qui pour cela s'appelloit מתורגמן *Meturgeman*, comme il ſe voit dans le Talmud Babylonien & dans le Hieroſolymitain, & dans le Midraſim en diuers endroits. Les anciens Provençaux, comme Nicod l'a remarqué, diſoient *Drogeman*; ce qu'ils auoient pris des Venitiens, qui diſent *Dragomano*: ce qu'ils ont pris des Grecs du bas ſiecle, qui ont dit Δραγυμάνος & Δραγυμᾶδος. Codin: ὁ μέγας Διερμηνευτὴς πρῶτος ἐςὶ τῶς Ἑρμηνέων, οὓς κοινῶς ὀνομάζουσι Δραγυμάδες. Malaxus dans l'Hiſtoire des Patriarches: μόνον ἔχε Δραγυμάνον ὁπȣ̂ ὁμιλεῖ. De Δραγυμάνος on a fait le verbe Δραγυμαρίζειν, qui ſe trouue dans Nicetas & ailleurs.

TRVFE ou *truſle*. De *tuber*. En Provence on appelle les truſles *tuferes*, & en Languedoc *tarifles*.

TRVIE. De *troia*. Meſſala Corvinus: *Troia namque vulgò Italicè Latinéque* ſcrofa vel ſus *dicitur.* Les Gloſes d'Iſidore: *beſtemiæ, troia*. Les Italiens diſent encore apreſent *troia* en cette ſignification, & *troiata* pour l'eſtable à pourceaux, & pour le nombre des cochons que la truye a eus d'vne meſme ventrée.

TRVITTE. Poiſſon. De *trutta* ou *trocta*. Le Gloſſaire: τρώκτης,

τρώκτης, *trutta.* Scaliger dans ſes Leçons ſur Auſone liure 1. chap. 3. *Troctarum nomen apud vnum Ambroſium vidi, & vetus Gloſſarium.*

TV.

TVER. De *tutare* qui a eſté fait de l'Alleman *toten,* qu'on prononce *teuten* qui ſignifie la meſme choſe, & qui vient du mot *tot* qui ſignifie *mort.* En Languedoc on dit encore apreſent *tuta* pour *tuer.* Henry Eſtienne & autres, qui le dériuent de θύειν, ſe trompent.

TVFE. TVFEAV. De *tofus* & *tofellus.* Les Gloſes anciennes: πῶρος, ὁ λίθος, tofus, tofum. Pline XVII. 4. *Tophus ſcaber natura.* Virgile liure 11. des Georgiques:

Et tophus ſcaber, & nigris exeſa chelydris.

On appelle *dubes* ces grands rochers qui ſont autour de la ville de Poitiers, par corruption pour *tufes,* comme qui diroit les pierres, les rochers.

TVIAV. De *tubellus* diminutif de *tubus.*

TVILLE. De *tegula.*

TVLIPE. Du Turc *Tulipant.* Bodæus à Stapel dans ſes Annotations ſur le liure des Plantes de Theophraſte pag. 1171. *Nomen Tulipa accepit à pilei Sclauonici ſimilitudine, qui Turcis dicitur* tulipant, dulpant, dublent. *Hunc pileum videtur hic flos forma exprimere.* Buſbeq en ſon epiſtre 1. de ſon Ambaſſade de Turquie: *Per hæc loca tranſeuntibus ingens vbique florum copia offerebatur, Narciſſorum, Hyacinthorum, & eorum quos Turcæ* Tulipen *vocant.* Voſſius *de vitiis Sermonis* pag. 306. TVLIPA *eſt flos è Turcia adlatus, ac gentis nomen retinens; quòd illi & pileum notat Turcicum, & hunc florem qui pileum Turcicum refert. Vti verò flos à ſimilitudine eius pilei: ita pileus Turcicus ſic vocatus videtur à figura globoſa, quâ refert* πολύπτλω, *hoc eſt lanam purgatam, inque globos compoſitam, vt colo adaptetur. Eáque & doctiſſimi Martini in Etymologico ſuo ſententia eſt.* Nous auons prononcé premierement *Tulipan,* & vous le trouuerez ainſi eſcrit dans le Theatre de l'Agriculture de du Pradel.

TVQVET. Mot Gaſcon qui ſignifie vne eſpece de

Hibou. Scaliger sur l'Histoire des Animaux d'Aristote pag. 251. *Vasconibus* Tuquets *vocantur quasi* Duquets: *sunt enim parui Duces.*

TVRBAN. Il y en a qui le dériuent de l'Alleman *turkischband*, c'est à dire, *des bandes entortillées à la Turque*. Ainsi les Hebreux appellent la Tiare du grand Prestre מצנפת, de צנף qui signifie *entortiller*. Mais il vient du mot Turc *tulbant* qui signifie proprement de la toile de coton, & aussi vn Turban, a cause qu'on fait ordinairement les Turbans de cette toile. Vossius *de vitiis sermonis* pag. 307. TVLIPANTVM *eiusdem esse originis arbitror, ac tulipa, de quo diximus. Est verò tulipantum tegmen lineum subtilissimi operis, quo Turcæ candidis inuoluere spiris caput solent. Atque inter alia eo differunt Persæ à Turcis, quòd cùm Turcicus ille habitus superbiæ sit plenus, Persæ modestiæ ergò iubeant caput velare tegumento de lana confecto. Atque inde nomen* Sophi *seu* Sophini *datum Ismaëli Erdebilis filio, qui à Turcica Alcorani Religione recessit, sibique ac posteris, Persiæ Regnum peperit. Vulgò tamen Ismaëlem hunc à* Sophis *suæ Sapientibus Persiæ, qui antiquitus* Magi *dicebantur, nomen* Sophi *accepisse arbitrantur. Sed aliter est. Nam Arabicè* sophi *est* lana; *ac contemptim hoc nomen ab Osmanidis datum est Ismaëli, quòd nouâ Religione caput non magni pretij lino, sed vili velaret panno: qui quia rubri erat coloris, eò non* Sophini *modò, sed etiam* Kiselbassilarij, *quasi* capita rubra *nuncupantur. Hæc cui satis non sunt, adeat Leunclauium in Pandectis Turcicis, præsertim cap.* 188. Les Turcs ont pris ce mot des Perses. M. de Saumaise *de modo vsurarum* pag. 104. κυρβασία *Græcis id omne quod acuminatum more pyramidis vel tiaræ Persicæ, eius præcipuè, quàm Regibus solis gestare licitum erat, quam* ὀρθὴν *vocabant.* Hesychius: κυρβασία, ὀρθὴ τιάρα, ταύτῃ δὲ οἱ Περσῶν βασιλεῖς μόνῃ ἐχρῶντο.

Persæ hodie vocant دُلْبَنْد Dulband, *hoc est*, vinculum capitis, *vulgo* TVRBAN.

TVRC. On appelle ainsi vn petit ver qui s'engendre entre l'écorce & le bois des arbres, & qui les perce & en suce la seue, a cause qu'il s'attache plustost aux poiriers de bon Chrestien qu'aux autres arbres, & qu'il est comme leur ennemy particulier. Voyez la Barauderie liu. II. de son traitté du Iardinage chap. 8.

TVRLVPIN. Sorte d'injure. Rabelais dans le Prologue du liu. I. *Autant en dit vn Turlupin de mes liures*, &c. De certains Heretiques appellez Turlupins qui viuoient vers l'an 1372. Gaguin en la vie de Charles V. *En mesme temps print fin quelque heresie ou superstition issuë des Turlupins, c'estoit le nom des Heretiques, qui s'estoüissoient estre nommez de la compagnie des pauures. Leurs liures & vestements furent brûlez au marché aux Pourceaux de Paris hors la porte Saint Honoré. Aussi fut Iehanne Dabentonne, & vn aultre auecque elle, le nom duquel declairerent les Historiens, sinon qu'il & celle Ieanne Dabentonne estoient les principaux prescheurs de cette secte. Mais cettuy que sans nom mettons, comme il fut trespassé en prison auant la sentence de sa cremation, à ce que son corps ne pourrist, on le garda quinze iours dedans vn tas de chaux, & au iour determiné pour sa punition fut bruslé*. Du Tillet en sa Chronique des Roys de France sous Charles V. *La superstitieuse religion des Turlupins qui auoient donné nom à leur secte la Fraternité des pauures fut condamnée & abolie, & leurs ceremonies, liures & habits condamnez & brûlez*. Genebrard en sa Chronologie : *Turelupin Cynicorum sectam suscitantes de nuditate pudendorum & publico coïtu*. Voyez Gerson en son Sermon de Saint Louys, & dans son traitté *de examine doctrinarum* Consideration VI. Bernardus Lutzemburgius & Prateolus dans leurs liures des sectes. Dans la pluspart des editions de Rabelais au lieu de *Turlupin* il y a *Tirelupin*.

VA.

VAILLANT. VAILLANCE. De *valens* & de *valencia*. *Valencia* se trouue dans les Gloses Grecques-Latines: ῥώμη, ἡ δύναμις. *Valencia, virtus.* σθένος, *valencia, robor, virtus.*

VAISSEAV, VAISSELLE. De *vascellum* & de *vascella*. Les Gloses de Philoxene: *vascillum paruum vas.* Macrobe: *soluens radiis in aqua subiecta vascillo.*

VAIR, terme d'armoiries. De *varius*. Syluius en sa Grammaire Françoise pag. 87. *Varium etiam* VAIR *in imaginibus gentilitiis, quas* arma *vocant, dicitur.* Le President Fauchet liure 1. de l'Origine des Armoiries chap. 2. *Quant au mot de* vair *il vient de variare, puisque les Medecins appellent* variola *la maladie des petits enfants, qu'on doit escrire* vairolle, *parce qu'elle tache & varie & diuersifie la couleur du visage. De varius on a dit* varione, *d'où nous auons fait* veron, *qui se dit proprement d'vn cheual qui a vn œil d'vne façon, & vn autre de l'autre.* Voyez *verolle*.

VAIVODE. Comme quand on dit *Vaiuode de Transiluanie*. C'est vn ancien mot de ce pays-là. Constantin Porphyrogennete *de administrando Imperio* chap. 38. qui est de l'origine des Turcs: ὅτι τὸ τῶν Τούρκων ἔθνος πλησίον τῆς Χαζαρίας τὸ παλαιὸν τ̀ κατοίκησιν ἐποιεῖτο εἰς τὸν τόπον τὸν ἐπονομαζόμενον Λεβεδία ἀπὸ τῆς τοῦ πρώτου Βοεβόδου αὐτῶν ἐπωνυμίας, ὅτις Βοεβόδος τὸ μὲν τῆς κλήσεως ὄνομα Λεβεδίας προσαγορεύετο, τὸ δὲ τῆς ἀξίας, ὡς καὶ οἱ λοιποὶ μετ' αὐτὸν, Βοεβόδος ἐκαλεῖτο. Les Turcs vsent pareillement de ce mot, dont ils appellent certains Officiers qui respondent à nos Preuosts des Mareschaux, tels qu'ils en ont à Athenes. Voyez M. le Loir dans la docte & curieuse Relation de son voyage de Grece, qu'il m'a fait l'honneur de m'adresser.

VALET. Il y a diuersité d'opinions touchant l'origine de ce mot. Quelques-vns le dériuent de l'Hebreu ולד valad qui signifie *enfant*. On trouue ordinairement *varlet* dans les anciens liures; & on le prononce encore ainsi dans la Picardie: ce qui a fait croire à vn homme de grande erudition, que j'auois consulté sur l'etymologie de ce mot, qu'il auoit esté fait de celuy de *Baro* ou *Varo*, qui a signifié *vn goujat*. Cornutus sur la Satyre v. de Perse: *Varones dicuntur serui militum, qui vtique stultissimi sunt, serui scilicet stultorum*. Isidore IX. 4. *Mercenarij sunt qui seruiunt accepta mercede: ijdem & Barones. Baro, Varo, Varolus, Varolettus,* VARLET. Dans Ville-Hardoüin vous trouuerez *valet* & non pas *varlet*: & ie suis de l'auis de M. Guyet qui croit que ce mot a esté fait de *baiulettus* diminutif de *baiulus*, qui signifie *ministre*. Voyez *Baillif*. En Gascogne on prononce encore *bailet*. Ce mot *valet* ou *varlet* n'estoit pas au reste si vil au temps passé qu'il est aujourd'huy, comme l'a fort bien remarqué le Président Fauchet liure I. de l'Origine des Cheualiers, & Pasquier VIII. 3. Car nous voyons que les Escuyers-tranchans estoient appellez *Varlets*, & que Ville-Hardoüin dans son Histoire pag. 23. appelle Alexis *Valet de Constantinople*, lequel estoit fils d'Isaac Empereur de Grece. Il semble qu'on ait appellé *Varlet* vn Gentilhomme, tant qu'il n'estoit pas Cheualier. L'Autheur du Roman de Lancelot du Lac, parlant du fils d'vn Vauasseur qui n'estoit pas Cheualier: *Vers la fin du manger vint ceans vn Varlet, qui estoit fils au Vauasseur*. Les Picards disent encore aujourd'huy *varlet* & *varleton* d'vn jeune enfant qui entre en adolescence.

VANNEAV. Oiseau. Cét oiseau a beaucoup de ressemblance auec le Paon, & pour cette raison les Italiens l'appellent *Paonchello*, comme qui diroit *petit Paon*, & les Grecs modernes *trosagrios*, c'est à dire, *Paon sauuage*. C'est pourquoy Belon liure IV. de la Nature des Oiseaux chap. 17. estime, & auec grande apparence, que ce mot *Vanneau* a esté dit par corruption au lieu de *Paonneau*. *Paonneau, Phaonneau, Fanneau, Vanneau.*

MMmm iij

VANNES. Ville de Bretagne. Cambden dériue ce mot du Gaulois *Venna* qui signifie *Pescheur*: *De Venetis Britanniæ minoris, qui nescio an ita nominati quasi Piscatores. Venna enim priscâ Gallorum linguâ hoc significare videtur.* Touchant ce mot *Venna* voyez Vossius *de vitijs Sermonis* pag. 314.

VANTER. Vossius liure IV. *de vitijs sermonis* chap. 26. *Vantare, vanè ostentare. Glossæ nostræ Mss.* Iactare dicitur pro vantare. *Quomodo Galli dicunt* VANTER *pro* iactare se. *Est verò à* vento, *uti ab eo* ventosus *pro* jactabundo. *Sic Maro Æneid.* XI.

num tibi Mavors
Ventosa in lingua, pedibúsque fugacibus istis,
Semper erit?

Nisi VANTER *potiùs à* venditare: *quomodo* venditatio *pro* ostentatione *dixit Cicero* II. *Tusc. similiáque alibi. Et hoc verum puto.* Il vient indubitablement de *venditare. Venditare, ventare,* VANTER.

VAQVETTE. Espece de petite monnoye de Beard, dont les six ne valent qu'vn double. Rabelais III. 42. *Ares que perguiles sont le mies vingt & quoüatre baquettes,* &c. De *vaketta* diminutif de *vacca*, acause des vaches de Beard qui sont marquées sur cette monnoye.

VARECH. On appelle ainsi en Normandie le droict de bris & naufrage. De l'Anglois *Wrac* qui signifie la mesme chose. De là vient qu'on appelle aussi en Normandie *vrac* vne certaine algue que la mer jette sur ses bords, & dont on fume les terres. Ce mot *Varech* se trouue dans la Coustume de Normandie.

VASSAL. De *Vassallus* qui a esté fait de *Vassus*, & qui signifie la mesme chose dans les Loix des Allemans, dans les Formules de Marculphe, dans les Capitulaires, & ailleurs. Il y a diuersité d'opinions touchant l'origine de *Vassus*. Cujas dans sa Preface sur les liures des Fiefs le dériue de l'Alleman GESSEL: *Sed & Wassi & Vasalli nomen seruitium significat siue Comitatum, cùm deducatur non ex eo quòd sint quasi in vasario nobilium, & vasa eorum instrumentáque censeantur, sed à Germanica & veteri Gallica voce* GESSEL, *quâ significatur Comes, qui* *nobis seruit mercede certâ, vnde & Gessatas populos Gallica lingua nuncupatos, Polyb. lib.* 11. *& Plutarchus in M. Marcello scribunt.* Spelmannus est du mesme auis au mot *Gessel.* Vossius au liure qu'il a fait *de vitiis Sermonis* le dériue de *vas,* qui signifie *pleige,* acause que les Vassaux engageoient leur foy à leurs Seigneurs, d'où ils ont esté appellez *Fideles,* FEAVX. Les Gloses anciennes : *Bassus, custos populi, vassi, fideiussores.* M. de Caseneuue liu. I. du Franc-alleu du Languedoc chap. XI. le tire de *Gessus* : *Pour ceux qui sont appellez* Vassi, *c'estoient des hommes de grande valeur, ausquels on donnoit des Fiefs sous l'obligation de la foy & du seruice personel de la guerre.* Quelques-vns veulent dériuer ce mot de l'Alleman Guessel, *qui signifie compagnon d'armes, ou bien de* vas vadis, *qui signifie obligé, comme qui diroit* vadal. *Mais ie trouue bien plus d'apparence de raison en l'opinion de ceux qui croyent que ce mot vient de* Gessus, *qui signifioit vaillant homme, parmy les anciens Gaulois, comme remarque le Grammairien Seruius sur ce lieu du liure* VIII. *de l'Eneïde de Virgile :*

—————— Duo quisque Alpina coruscat
  Gessa manu.

Gessa, *dit-il,* hastas viriles ; nam etiam viros fortes Galli Gessos vocant. *Aussi l'Historien Polybe au liu.* 11. *dit que les Gaulois qui habitoient le long des riues du Rhosne estoient appellez* Gessatæ, *qui signifie gens de guerre stipendiaires, & qui combattent pour la solde ; d'où vient que encore de ce temps, comme tesmoigne Cambdenus, les Anglois appellent* Guessim, *les seruiteurs à gages. Et il y a beaucoup de raison de croire qu'ils prononçoient* Vessus, *ou* Vassus ; *mais que les Romains dont l'accent estoit plus doux, en firent* Gessus ; *de mesme que nous prononçons par* G, *ce que les Allemans disent par* W. *Quoy que c'en soit, il est tout certain que le mot* Vassal, *qui vient de* Vassus, *outre sa signification ordinaire signifie vaillant homme, de mesme que* Vassaticum *&* Vasselage *signifient* vaillance. *Aussi dans les Romans* Vassal *est pris à tout propos pour vaillant homme ; iusques-là que dans le Roman de Guillaume au Court-nez, Louys le Debonnaire est appellé* Filh à Vassal ; *bien que les Estats de Charlemagne son pere ne releuassent que de Dieu. Le mesme en est de* Vassaticum *&* Vasselage, *qui comme ie viens de dire, signifient d'ordi-*

naire Vaillance. *Hincmar Euesque de Rheims, au liure qu'il a fait contre son Neueu chap.* 58. *Multi te apud plurimos dicunt de fortitudine & agilitate tui corporis & de præliis, atque vt nostratium linguâ dicitur, de Vassaticis frequenter ac libenter sermonem habere.* L'ancienne Chronique de Flandres chap. 18. Et fit moult de beaux Vasselages au viuant de son Pere. *Et l'ancien Roman de Gerard de Roussillon* :

  N'oya ia coardia ni volpilhatge,
  Mas proesa, e vallor e vassallatge:

Les Capitulaires semblent faire quelque distinction entre *Vassi* & *Vassalli*. *Vassi & Vasalli nobis famulantes*, c'est au liu. 11. chap. 24. Ie ne sçay pas qu'elle elle est. Il est constant qu'en plusieurs autres endroits des Escriuains posterieurs aux Capitulaires ces deux mots ne signifient que la mesme chose. Voyez M. Bignon sur Marculphe pag. 567. Pithou & Lindembrog dans leurs Glossaires, & M. Galland en son Francalleu pag. 240.

 VATREGAN. On appelle ainsi vn canal dans la Flandre Françoise. Du Flaman *Watergan* qui signifie la mesme chose, & qui est composé de *Water* qui signifie *eau*, & de *gan* qui signifie *allure, itio*.

 VAVASSEVR. C'est celuy qui a des vassaux, mais de qui la Seigneurie depend d'vn autre Seigneur. Le Pere Sirmond dans ses Notes sur Goffridus pag. 46. VAVASSORES. *Vassalli. Inter Epistolas Sugerij* : Sugerio Abbati Domino suo G. Major, & Vauassores, & tota sancti Richarij communia. *Quod hodie dicimus* nobiles atque incolæ oppidi alicujus. *Vauassores appellat Obertus lib.* 11. *de feudis tit.* x. *Eosque proprie dici docet qui à Capitaneis feudum tenent : qui verò à Valuasoribus habent, Valuasinos nuncupari.* Ce mot est fort conneu en Normandie. Il vient du Latin *Valuasor*, qui se trouue dans les Escriuains Allemans publiez par Christian Vrticius. Quelques-vns dériuent *valuasor, à valuis*. Cambden dans sa Bretagne à l'endroit où il parle des Dignitez d'Angleterre : VAVASSORES *siue* VALVASSORES *proximum post Barones locum olim tenuerunt, quos à valuis Iuridici deducunt. Hæc dignitas à Francis*

ad

ad nos promanasse videtur. Cùm enim illi rerum in Italia potirentur, Valuassores *illos dixerunt, qui à* Duce, Marchione, Comite, *aut* Capitaneo *plebem, plebisque partem acceperant, & vt Butelerius Iurisconsultus inquit, summæ coercitionis, sed non nundinarum & mercatus ius habuerunt. Rara hæc fuit apud nos dignitas, & si qua fuit iam olim paulatim desijt*, &c. Lancelot du Lac dans son second volume de la Conqueste de Saint Greaal fueillet 201. Le *Vauasseur & Gardien de leans*, il parle d'vn Chasteau, *fut moult ioyeux de la mort de son maistre*, &c. Voyez Cujas sur le 1. liure tit. 1. & sur le 11. tit. 10.

VAVLDOIS. Secte d'Heretiques, qui commencerent du temps de Louys le Ieune pere du Roy Philippes Auguste enuiron l'an 1180. appellez *Valdenses*, d'vn Bourgeois de Lyon nommé Valdo, lequel ayant donné tous ses biens aux pauures, s'appella pauure volontaire, & ses disciples *pauperes de Lugduno*. Gaguin & Paul Emile en font mention, & Iacques Auberi en son Plaidoyé de Cabrieres & de Merindol pag. 16. Ces Vaudois furent condamnez au Synode de Tours l'an 1163. On dit encore apresent dans le Niuernois vn Vaudois pour dire vn sorcier. Voyez M. de Marca liu. VIII. de son Histoire de Bearn chap. 14.

VAVTRER. De *volutare*.

VAVVERT, comme quand on dit *le Diable de Vauuert*. On appelloit anciennement *Vauuerd* ou *vallis viridis* le lieu où sont apresent les Chartreux de Paris, comme il paroist par plusieurs anciens titres, & par ces vers qui se lisent encore aujourd'huy sur le portail de la Cour;

Hanc rogo quisquis ades non admireris eremum,
Nec dicas; Sunt hæc tecta superba nimis.
Regia sunt etenim viridis fundamina vallis,
Francorum struxit quæ Lodoïcus honos.

Or comme il y auoit, de mesme qu'il y a encore apresent, beaucoup de carrieres en ce lieu-là, & que le vent qui s'entonnoit dans ces carrieres faisoit du bruit; le peuple s'imagina que ce bruit estoit causé par vn Diable, qu'on appella *Vauuert*, du nom de ce lieu, dont la ruë a esté aussi appellée pour

650 VA. VE.

cette raiſon *la ruë d'Enfer.* Voyez les Antiquitez de Paris. Il eſt ſouuent fait mention de ce Diable Vauvert dans Villon, dans Coquillart & dans Rabelais. On a auſſi appellé *Vauuerd*, de la verdeur des vallées, vn bourg du bas Languedoc à deux lieuës de Lunel. Il n'y a pas plus de cent ans qu'on l'appelloit *Poſquiers* & *Pouſquiers* : & il eſt ainſi appellé dans tous les anciens tiltres. Benjamin en ſon Itineraire fait mention de ce Pouſquiers, au lieu où il dit que partant de Lunel il vint à Pouſquiers. Le Traducteur s'eſt trompé, qui a interpreté *Pouſquiers* par *Beaucaire* ; le chemin de Lunel à Saint Gilles n'eſtant pas de paſſer à Beaucaire, mais à Vauvert.

VAVX, comme quand on dit *par monts & par vaux*. De *valles*.

V E.

VEER. Vieux mot qui ſignifie *deffendre, prohiber*. Les anciens Vs d'Anjou & de Touraine, qui m'ont eſté communiquez manuſcrits par M. Nublé Avocat au Parlement de Paris, homme de grande erudition, & (ce que j'eſtime dauantage) d'vne probité ſinguliere: *Se li bers à ſon home lige, & il li die, Venez-vous en o moi : car ie voil gavoier encontre le Roi mon Seignour, qui m'a vehé le iugement de ſa Curt. Li hons li doit reſpondre en telle maniere, ie ira ſavoir au Roi s'il eſt anſien com vous me dites. Adonc il doit venir au Roi, & li doit dire; Sire, Meſſires m'a dit, que vous li auez vehé le iugement de voſtre Curt: & pour ce an ſuije venuz à vous pour ſavoir la verité. Car Meſſires m'a ſemons que ie voiſe en guerre encontre vous. Et ſe li Rois dit, que il n'en fera ia nul iugement à ſon Seignour en ſa Curt, li hons s'en doit tot retorner à ſon Seignour. Et li Sires le doit poruoir de ſes deſpans: & ſe il ne s'an voloit aler o lui il en perdroit ſon fié par droit. Et ſe li Rois li auoit reſpondu: Ie ferai droit à voſtre Seignour voluntiers en ma Curt, li hons devoit venir à ſon Seignour, & dire: Sire, li Rois m'a dit que il vous fera voluntiers droict. Et ſe li Sires dit : Ie n'enterré iamais en ſa Curt, mais venez o moy ſi com ie vous ay ſemons. Adonc porroit bien li hons dire : Ie n'irai mie, & par droit ne perdroit riens de ſon fié.* Où *veer le iugement de ſa Court* ſignifie empeſcher qu'on ne rende iuſtice, qui est la même chose que porte le serment de Baudoüin Comte de Flandres au Roy Philippe, qui se trouue inseré dans l'epistre 119. du liu. 1. du Regeste d'Innocent III. *Neque Regi Franciæ de huiusmodi auxilio faciendo vnquam deero, quamdiu idem Dominus meus Rex Franciæ rectitudinem mihi facere voluerit, & me facere iudicari per eos qui me iudicare debent in Curia Regis Franciæ*, &c. Ce qui m'a esté indiqué par le mesme M. Nublé. *Veer* a esté fait de *vetare*, comme l'a fort bien remarqué Henry Estienne en son liure de la Precellence du langage François pag. 176. Chose veee est plvs desiree, *respond totalement à ce qu'a dit Ouide*, nitimur in vetitum. I'escry ainsi, chose veée, suiuant le vieil exemplaire auquel sont retenus les mots de l'ancien langage. Car veer se disoit au lieu de veter, qui eust plus approché de vetare.

VELIN. De *vitellinus*. *p. 753.*

VELOVRS. Cujas sur la Loy 4. au Code *de Vestibus* *p. 753.* *holoueris*, semble le deriuer de ϐῆρος : *Serica Veteres dixere* ϐῆρας, *vt nunc Galli* velovrs. On prononçoit anciennement *veloux* ou *velous*, & vous le trouuerez ainsi escrit dans Nicod. En Bas-Breton on dit encore apresent *vouloux*; ce qui me fait croire que ce mot a esté fait de *villosus*. Mathieu Pâris dans les vies des Abbez de Saint Aubin pag. 27. de l'edition de Paris: *Quendam panniculum villosum, qui Gallicè* villvse *dicitur, dictus Abbas Alfricus cum memoratis ossibus inuolutis fecit transportari, asserens ad cautelam ipsum fuisse Beati Amphibali, Beati Albini magistri, caracallam*. Sur lequel lieu Wats a fait cette Note en son Glossaire: *de* villvse *viderint ipsi Galli*. De moy, j'estime que c'est de nostre mot *velours* dont parle Mathieu Pâris en cét endroit.

VENAISON. De *venatio*. M. de Saumaise sur Solin pag. 946. κυνηγέσιον *propriè est caro animalis quod homo vel alia fera venando capit. Ita sumitur Latinis* venatio. Celsus: Venatio, *durique pisces, & ex domesticis animalibus assa maximè iuuant*. τὸ κυνηγέσιον *ferina caro ex venatu. Glossæ*: κυνηγέσιον, venatio. *&* κυνηγεσία venatus, *ipse venandi actus. Inde nostrum* venaison, τὸ ἀγρευμάτιον.

VENDOSME. Ville. De *Vindocinum*. Le P. Sirmond

dans ses Notes sur Geoffroy Abbé de Vendosme page 32. *Vindocinuum, quod castrum Goffrido & castellum dicitur, non obscuræ notæ est oppidum ad Ledi fluminis ripam, in Carnutum agro ac Diœcesi. Quod vnum argumentum satis est ad minuendam opinionem, quæ multorum hodie animos persuasit, Vindocini à Ptolomæo Geographo mentionem fieri, Vindinumque appellari. Vindinum enim* Ὀυίνδιον *Ptolomæus non in Carnutibus, sed in Aulercijs Cenomanis locat, & primariam eorum vrbem facit. Quare haud dubium est aliam non esse, quàm Cenomanum ipsum, totius Cenomanicæ Prouinciæ caput, cuius nomen Gallica consuetudine suum fecit, etiam apud Goffridum lib.* III. *epist.* 16. *Vindocini verò Castelli antiquissima, quæ nunc quidem succurrat, mentio est in Pactione Guntranni & Childeberti Regum, quæ inserta est Gregorij Turonensis Historiæ lib.* IX. *cap.* 20.

VENTRIERES. On appelloit ainsi anciennement les Sages-Femmes. L'Autheur de la Chronique de Loüys XI. parlant de Perrette Manger, condamnée à estre enfoüye viue (ce qui est à remarquer) & qui, pour differer l'execution de cét Arrest, auoit declaré qu'elle estoit grosse: *Et fut fait visiter par Ventrieres & Matrosnes, qui rapporterent à Iustice qu'elle n'estoit point grosse.* Ces Ventrieres ont esté, sans doute, ainsi appellées *à ventre inspiciendo.* Voyez le titre au Digeste *de inspiciendo ventre.*

VERDVN. Sorte d'épée. Rabelais III. 42. *Allons nous battre gaillard, & bien à point frotter nostre lard. Aduise que mon verdun ne soit plus long que ton espade.* Ie croy que ces espées ont esté ainsi appellées de la ville de Verdun où on les faisoit.

VERG ou *Vierg*. On appelle ainsi à Authun le Magistrat ou le Maire de la Ville. Peuteftre de l'ancien mot *Vergobretus*. Cesar liure 1. de la guerre des Gaules: *Diuitiacus & Liscus summo Magistratui præerant, quem* Vergobretum *appellant Ædui, qui creatur annuus, & vitæ necisque in suos habet potestatem.* Touchant l'etymologie de *Vergobretus* voyez Isaac Pontanus en son Glossaire Celtique, & M. Bochart pag. 79. des Colonies des Phœniciens.

VERGER. De *viridarium*, d'où les Italiens ont aussi fait *verziere*, & les Espagnols *vergel*. *Viridarium* se trouue en

Vergus Glossa p. 226. viridcolia, ὀμφάκινον.

VE. VE. 653

cette signification dans Suetone: & dans les Fragmens d'Vlpien au titre de *Dotibus*: *Impensæ voluptuosæ sunt, quibus neque omissis deterior dos fieret, neque factis fructuosior effecta est: quod euenit in viridariis & pictoriis, similibusque rebus.*

VERGNE. C'est vn arbre qu'on appelle autrement *aulne*. Rabelais liure 1.39. *L'Enfermier de nostre Abbaye n'a doncques la teste bien cuite; car il a les yeux rouges comme vn iadeau de vergne. De verna.* Les Gloses d'Isidore: *alnum, lignum, idest vernum.* Ie croy que les Aulnes ont esté ainsi appellez à *vere*, a cause qu'elles poussent beaucoup au Printemps, témoin ce vers de Virgile:

Quantum vere nouo viridis se subiicit alnus.

Il y a beaucoup de familles en diuers lieux de France qui s'appellent *la Vergne*.

VERMEIL. De *vermiculum*, dont les Italiens ont aussi fait *vermiglio*, & qui a esté pris pour *coccus*, & qui se trouue en cette signification au chap. 14. du Levitique. Isidore dans ses Origines: κόκκον *Græci, nos rubrum seu* vermiculum *dicimus*. Les Gloses anciennes: κόκκος, βάμμα, vermicula, hoc coccum. *p. 753.* Les Gloses manuscrites de M. de Saumaise: κόκκος, vermiculus. *Vermiculatus* se trouue dans Lucilius & dans Saint Hierosme, pour *miniatus*. *Vermiculum* a esté ainsi dit des vers qui se trouuent dans la graine appellée *coccus*, d'où vient que les Grecs l'ont appellée σκωλήκινον. Pline liure XXIV. chap. 4. parlant de cette graine: *Est autem genus ex eo in Africa fere & Asia nascens celerrimè in vermiculum se mutans, quod ideò scolecinum vocant.* Pausanias: γίνεται δέ τοι ἐν τῷ καρπῷ τ κόκκου βραχὺ ζῶον. τοῦτο εἰ ἀφίκοιτο εἰς τὸν ἀέρα πεπανθέντος τ καρπῦ πέτεται αὐτίκα, ἔοικὸς κώνωπι φαίνοιτο ἄν. νῦν δὲ πρότερον πριν τὸ ζῶον κινηθῆναι, συλλέγουσι τῆς κόκκου τ καρπόν, καὶ ἐστι τοῖς ἐρίοις ἡ βαφὴ τὸ αἷμα τοῦ ζῴου. Voyez M. de Saumaise sur Solin pag. 272. 275. 962. & 1214. Scaliger contre Cardan Exercitation cccxxv. art. 13. Caninius dans ses Canons des Dialectes, à la lettre γ. Les Hebreux disent de mesme תולעת *tolaat* pour dire *du vermillon*, lequel mot signifie proprement *vn ver*. *Vermeiller* en venerie, se dit du Sanglier, quand auec son boutoir il fouille & ren-

NNnn iij

verse la terre pour en tirer & manger les vers.

VERNIS. De *vernix* qui vient de ϐερνιχн, qu'on a dit par contraction pour ϐερνιχα. Voyez diligemment M. de Saumaise sur Solin pag. 1106. & Vossius *de vitijs* pag. 315.

VEROLE. De *variola*, a cause qu'elle varie & diuersifie par des taches la couleur du visage. C'est pourquoy, dit le President Fauchet au liure de l'Origine des Armoiries, il faudroit escrire *vairole*. Turnebe sur ce mot de Ciceron contre Isoricus, rapporté par Quintilien au chap. *de risu*; *Miror quid sit quòd pater tuus homo constantissimus te nobis varium reliquit: Vari* (dit-il) *appellantur pustulæ quæ in toto corpore, præsertimque facie nasci solent, quasdámque in vultu cauitates facere*, verolas *vulgo vocant. Inde varius homo dicitur per ambiguitatem vel inconstans, vel illis cauitatibus deformis.* Voyez *vair* & *rougeole*. Voyez aussi M. de Saumaise en son liure des Années Climacteriques pag. 726. où il monstre que cette maladie a esté connuë des Anciens.

VERROVIL. De *veruculus*, qui se trouue en cette signification dans le Glossaire: *Veruculi*, ϐάλανοι, 'ὁπὶ τ̃ κλείϑρȣ. ὀϐελίσκοι. Car c'est ainsi qu'il faut lire, & non pas *vermiculi*. Voyez M. de Saumaise sur l'Histoire Auguste pag. 393, & sur Solin pag. 925.

VERT de gris. Par corruption de *vivide æris*.

VERTVGALE. De l'Espagnol *vertugala*. Pour *vertugale* on a dit *vertugad*, d'où a esté fait *vertugadin*.

VERVE. De *verba* qu'on a dit au singulier pour *verbum*; comme *Biblia* pour *la Bible*. *Verbum* a esté dit simplement pour *Verbum Dei*, ainsi que λόγος pour λόγος τ̃ Θεȣ. Voyez Drusius sur ces mots de Saint Marc II. 2. *Et loquebatur eis Verbum*. Et sur ceux-cy des Actes des Apostres XVI. 6. *Vetati sunt à Spiritu Sancto loqui*; où il remarque que les Hebreux ont vsé de mesme du mot דבר *dauar*. En Touraine on dit *Veruedé* de *Verbum Dei*. *Verbum*, *verba*, VERVE, comme qui diroit *enthousiasme, inspiration du Verbe*.

VESSE. Espece de legume. De *vicia*, d'où les Italiens ont aussi fait *vezza*. Nous auons fait *vesse* de *vicia*, comme *casse* de *cacia*. Voyez M. de Saumaise sur Solin pag. 1309. Ce

VE. VI.

mot *vesse*, outre cette signification, se prend encore en Anjou pour *putain*.

VESSIR. De *visire* ou *vissire*. Lucilius:
——— *vissire minutim*
Per commissuras rimarum, noctis nigrore.

Le Glossaire ancien: *vissio*, βδόλος. *visio*, βδόλος. Les Gloses Grecques-Latines: βδέσμα, *vissium*. βδέω, *visso*. L'ancien Commentateur d'Horace sur ces mots de l'Epistre *ad Pisones*, *Quamuis est monitus*: Quamuis est pro quamuis sit, propter cacemphaton: ut Maro, Quamuis sit rustica Musa. C'est à dire, qu'Horace a dit *quamuis est*, & non pas *quamuis sit*, comme a fait Virgile, pour éuiter l'equivoque & l'obscenité qui est au mot *vissit*. Ciceron de mesme, dans l'Epistre qu'il a escrite à Pætus touchant la façon de faire des Stoïciens, qui nommoient toutes choses par leur nom, dit qu'il y a de l'obscenité au mot *diuisio*; *Quid enim non honestum verbum est? at inest obscenum, cui respondet intercapedo*: ce qu'il dit acause du mot *visio*. Voyez Scaliger sur Catulle, Casaubon sur Suetone en la vie de Clodius, Bonaventura Vulcanius dans ses Notes sur le Glossaire, & Lipse epistre 44. du liure III. Pour *vissum* on a dit *vissia*, dont nous auons fait *vessie*, qui se dit en Anjou pour *vesse*.

VEXIN. Pays de Normandie. De *Velocasses*. C'est ainsi que Cesar appelle les peuples de ce pays-là.

VI.

VIDAME. De *Vicedominus*. *Dam* ou *Dame* en ancien langage François signifioit *Dominus*. Voyez *Dam*, & Pasquier liu. VIII. chap. 5. Vidame dans sa premiere institution estoit le Iuge temporel des Seigneurs Ecclesiastiques. Saint Gregoire liu. IX. Epist. 66. *Volumus ut memoratus frater noster Paschasius, & Vicedominum sibi ordinet, & Maiorem domus, quatenus possit vel hospitibus venientibus, vel caussis quæ eueniunt, idoneus & paratus existere.* Le Concile tenu à Mayence l'an 813. art. 50. *Omnibus Episcopis, Abbatibus, cunctóque clero omnino præcipimus,*

Vicedominos, Præpositos, Aduocatos siue defensores bonos habere. Flodoart, liu. 2. de son Histoire, parlant de Walfarius que Charlemagne enuoya par toute la France pour s'informer du deuoir que les Euesques & autres Ecclesiastiques rendoient à leurs charges : *Qualem concordiam & amicitiam ad inuicem agerent, & vt bonos & idoneos Vicedominos & Aduocatos haberent, & vndecumque fuisset, iustitias perficerent.* Hincmar au Dialogue qu'il a fait *de statu sanctæ Ecclesiæ* : *Nam sancta Ecclesia postquam sibi subdidit culmen Imperij, ex consilio Regum vel optimatum, per sanctos Sacerdotes elegit sibi in singulis Ecclesiis Vicedominos, Aduocatos, defensores & ceteros adiutores : quibus tantum de rebus Ecclesiæ delegatum est, vt sine querela fideliter seruitio sanctæ Ecclesiæ, & Imperio Pontificum, obedirent.* Et de là vient, comme remarque Pasquier, que les Vidames de Chartres, d'Amiens & de Reims possedent plusieurs terres qui releuent des Euesques de ces lieux-là. Voyez-le au lieu allegué, Vossius *de vitijs sermonis* liu. III. chap. 55. Wats dans son Glossaire au mot *Vicedominus*, & P. Pithou en son traitté des Comtes de Champagne pag. 472. & 473.

VIEILLARD. De *vetularis*.

VIGNETTE de liure. C'est vn diminutif de *vigne*, acause qu'anciennement les vignettes representoient des vignes.

VIGNOBLE. De *vineabile*, supple *solum*.

VIGOGNE, sorte de laine dont on fait des chapeaux, qui pour cette raison sont appellez *des vigognes*. De l'Espagnol *vicuñas*. C'est ainsi qu'ils appellent au Perou certains moutons qui portent cette sorte de laine.

VIGVIER. On appelle ainsi en Languedoc ce que nous appellons icy *Preuost*. Et à Marseille ce que l'on appelle ailleurs *Escheuin*. Pasquier liu. II. chap. 4. estime que ce mot a esté dit par corruption pour *Vicaire*, & se fonde sur ce qu'il n'est vsité qu'en Languedoc, où Cassiodore dit que Theodoric y establit vn Vicaire pour y exercer sa Iustice. *Constituit Vicarium Præfectorum ad exercendas iustitias*. L'opinion de Pasquier est tres-vraye, & c'est aussi celle de Pierre Pithou en son

son traitté des Comtes de Champagne: *Les Ducs ayant sous eux vne Prouince ou plusieurs Comtez, soit quatre, douze ou autre nombre, les Comtes tenoient bien souuent le territoire d'vne seule ville en leur Gouuernement, qui estoit appellée Comté, & eux Comtes d'icelle; & auoient des Lieutenants particuliers qu'ils appelloient Vicaires ou Viguiers,* &c.

VILAIN. De *Villanus*, qui signifie proprement *qui manet in villa*, *paganus.* Oderic chap. III. de sa Peregrination §. 12. *Rex habuit quatuordecim millia elephantorum domesticorum, qui nutriuntur à villanis suis subjectis.* Or comme ceux qui demeurent aux champs pour les cultiuer, sont ordinairement de basse condition, nous auons vsé de ce mot de *vilain* pour celuy de *roturier.* Le Sire de Ioinville parlant à Robert de Sorbon, qui luy auoit reproché qu'il estoit trop superbement vestu: *L'habit que ie porte tel que le voyés m'ont laissé mes pere & mere, & ne l'ay point fait faire de mon auctorité: mais au contraire est de vous,* &c. *Car vous qui estes fils de vilain & de villaine auez laissé l'habit de vos pere & mere, & vous estes vestu de plus fin camelin que le Roy n'est.* Pasquier II. 16. dit que les Roturiers ont esté appellez *Vilains* du mot de *ville*, comme qui diroit demeurants dans les villes, les Gentils-hommes demeurants d'ordinaire à la campagne; d'où vient, adjouste-t'il, qu'on dit *vn Gentil-homme de ville* par moquerie, pour dire *vn poltron*, parce qu'on vit mollement dans les villes: mais en cela il se trompe. On a aussi appellé *vilains* les personnes laides & sordides, parce que les personnes qui demeurent aux champs pour les cultiuer, sont aussi pour la pluspart & laides & sordides.

p. 845.

VILLEBREQVIN. Du bas Alleman *winborken*, qui veut dire *perceuin*; *wein* signifie *vin*, & *borken*, *percer*. On prononce en Anjou *virebrequin.* Il faut prononcer *villebrequin*. *Wille* est vne espece de foret ou tariere dont se seruent les Tonneliers: ce mot est fort vsité en Picardie, comme aussi son diminutif *villette.*

villers cotrets p. 754

les bas Bret lebricquin

VILLE-IVIFVE. Village prés de Paris. Par corruption pour *Ville-Iulite*, comme qui diroit *Village dedié à Sainte*

658 VI. VI.

Iulite. De *Villa Iulitæ.* Ce village se trouue ainsi appellé dans vn vieux Cartulaire contenant le dénombrement des Parroisses du Diocese de Paris: ce qui m'a esté indiqué par M. de Launoy. Cette corruption est ancienne, estant des-ja introduite du temps de Charles V. comme l'a remarqué Raoul de Presles. Ce mot *Ville-Iulite* ayant esté corrompu en celuy de *Ville-Iuifue,* les Latiniseurs l'ont ensuite tourné par *Villa Iudæorum.*

 VILLONNERIE. Voyez *Guile.*

 VIMERE. De *Vis Maior.* Voyez *Mere.*

 VIOLE. VIOLON. De l'Espagnol *biola* & *biolone.* Ils disent aussi *biuela,* d'où nous auons fait *vielle.*

 VIS. De *gyrus,* dont on a premierement fait *vir,* & puis *vis.* En Anjou on dit encore *vire.*

 VISAGE. De *visagium* qu'on a fait de *visus.* Anciennement on disoit *vis* pour *visage.* Marot dans le Temple de Cupido:

> *Car en ce lieu vn grand Prince ie vis,*
> *Et vne Dame excellente de vis.*

Voyez André du Chesne sur Alain Chartier pag. 861. Et delà *viedase* par corruption pour *vis d'ase,* c'est à dire, *visage d'asne.* Les Italiens disent de mesme *vis di asno* pour *viso di asno.* Les Languedociens disent *cap d'ase,* c'est à dire, *teste d'asne.*

 VISTE. De *vegetus. Vegetus, vigetus,* VIGTE, VÎTE, VISTE.

 VIT-DE-COQ. On appelle ainsi en Normandie vne Beccasse. Par corruption pour Wirtcoc ou Woodcok, qui est vn mot Anglois qui signifie la mesme chose, & qui est composé du mot Wirt ou Woode qui signifie bois, & de celuy de cok qui veut dire *vn Coc;* comme qui diroit Coc de bois. Les Grecs modernes appellent de mesme vne Beccasse ξυλόρνιϑα. Les Latins l'ont appellée *Gallinago,* acause de sa ressemblance à vne Poulle.

 VITRES. De *vitria.* M. de Saumaise sur Solin pag. 1095. *Fenestras vitro decoratas* vitria *recens Latinitas vocauit, nósque hodie sic vocamus. Græci* ὑέλια. *Immò ita etiam appellarunt etiamsi ex speculari lapide essent, non ex vitro,* &c.

 VITRI. Ville. De *Vitriacum,* qui a esté fait par abbreviation de *Victoriacum*. M. de Valois liure vii. de son Histoire des choses de France pag. 385. *Ceterùm qua in regione hæc gesta sint haud facilè dixerim, proptereà quòd cùm Mundericus Victoriaci obsessus dicatur, plura in Gallia loca eo nomine appellari reperio. Siquidem Gregorius in lib. IV. Historiæ, Victoriaci villæ mentionem facit,* quam idem villam Victoriacensem *in libri* VI. *cap.* 41. *Ionas in libro de vita Columbani*, Victoriacum villam publicam in subvrbano Araviensis vrbis sitam *vocat. Apud quam Sigibertus à Neustrasiis Rex consalutatus, moxque summissis à Fredegunde Regina percussoribus interemptus est. Eiusdem Victoriaci Vitrei & Vitri ibi dicti in testamento Euerardi Comitis & Gislæ eius coniugis fit mentio: quem esse ait Aubertus Miræus vicum inter Atrebatas & Duagium medium. At Victoriacum illud villa publica, non castrum; & in Chlotarÿ, non in Theodorici regno positum erat. Aimoinus in Historiæ libro* II. *castrum Victoriacum quò Mundericus se contulit, in Aruernorum finibus posuit, ceteris omnibus ignotum. Certè apud neminem alium castrum eius nominis in Aruernis inuenisse memini. Quare existimo castrum Victoriacum, quò Mundericum sese cum suis contulisse ait Gregorius, fuisse ad Matronam flumen in pago Pertensi, regnóque Theodorici, id quod Frodoardus Presbyter Remensis Ecclesiæ in Chronico modò Victuriacum castrum, modò Victoriacum castellum appellat, recentiores Auctores castrum Vitriacum vocant.* VITRI LE BRULE'. Cette Ville fut ainsi appellée apres que le Roy Loüys VII. qui l'auoit prise, eut fait mettre le feu dans l'Eglise, où il fit bruler dedans jusques à cinq cens femmes & enfans qui s'y estoient retirez, esperans d'y trouuer leur salut par la sainteté du lieu. Il fut ensuite extrémement touché de cette cruauté; & l'Histoire remarque qu'il ne put jamais s'en consoler jusques à ce qu'il enuoya querir Saint Bernard, qui le voyant fondu en pleurs, luy dit: *Hæ lacrymæ, nisi citò exarescant, extinguere possunt Victoriacensis incendÿ memoriam*: Et luy bailla pour penitence le voyage d'outre-mer contre les occupateurs de la Terre-Sainte, où il alla. VITRE' en Bretagne est appellé *Vitreium* par Goffridus Vindocinensis liure 1. epistre 21.

VITRIOL. De *vitreolum*, *à vitreo colore*. On a dit *vi-*

660   VI.   V.I.

treolus, comme *aureolus*, *ruſſeolus*, &c. Voyez M. de Saumaiſe ſur Solin pag. 1158.

VITVAILLE. De *victualia*, qui ſe trouue pour *victui neceſſaria*. Voyez Voſſius *de vitiis ſermonis* pag. 637. & de là les verbes *auitailler* & *rauitailler*.

VIVIER. De *viuarium*. Les Gloſes pag. 484. ζωρεῖον ἰχθύων, *viuarium*. et p. 283. νιϰαριν ἰχθύϰ τροφεῖον.

VIVONNE. Ville de Poitou à quatre lieuës de Poitiers. Cette Ville a eſté ainſi appellée acauſe de la riviere de Vonne ſur laquelle elle eſt ſituée. M. Beſly dans vn eſcrit particulier qui m'a eſté communiqué par M. du Puy: *Le mot de Vonne en langue Celtique ſignifioit* fonteine, *comme le témoigne Auſone en cette Epigramme, où il loue vne fonteine qui de ſon temps eſtoit au milieu de Bourdeaux, & qui s'appelloit* Divonne.

Diuona Celtarum lingua fons addite Diuis.

Scaliger eſtime qu'il faut lire en cét endroit d'Auſone Diuiona: en quoy voulant ſe départir de l'auis de Vinet, il ne s'eſt pas auiſé qu'il contrediſoit Auſone. Nous apprenons de Cambden en ſa Bretagne, & de Cluuerius liure 1. de ſa Germanie, qu'encore apreſent les Anglois de la contrée de Cornuaille appellent vne fontaine vonan, & ceux de Dannemarc vand par contraction, où la lettre D ne ſe prononce point: au contraire de la riuiere de Fontenay - le - Comte, qui eſt appellée Vandée pour Vonnée. Apres tout, on ne ſçauroit faillir apres Auſone, de dire que Vonne en langage Celtique, commun aux peuples d'Illyrie, des Allemagnes, des Gaules, d'Eſpagne & d'Angleterre, eſt proprement vne fonteine, & vne riuiere dans vne ſignification plus eſtenduë priſe pour le genre, lequel en la diction de Vonne eſt reſtraint comme à vne eſpece par l'addition du mot de vicus, & emporte autant que ſi on diſoit Vic ſur Vonne; comme on dit Vic ſur Gartampe autre riuiere de Poitou, Vic ſur Angle, Vic ſur Ayne, *vicus ad Axonam*, Vibraye, *vicus ad Braiam*, &c. Vic en cét endroit & autres ſemblables ſignifie bourg, ville ou forterefſe. Et de là vient le Wic des Allemans, qui ſignifie arx, præſidium; comme BRVNS-WIC Brunonis villa, & infinis autres. En France nous auons Vic, Neuvi, Longvic, Moyenvic, &c. Voyez Cambden & Cluverius aux lieux alleguez, & M. Bochart liure des Colonies des Phœniciens pag. 738.

VO.

VOIRE. VOIREMENT. De *verum* & de *veramente*. Anciennement nous difions *voir* pour *vray*. L'Auteur de la Farce de Pathelin :

Par le corps bieu à dire voir,
Vous y auez tres-bien ouuré.

Le Poëte Iean au Roy de Navarre :

Certes c'est voirs, bien l'ai apperceu.

Meffire Graces Brulés Chevalier :

Vous m'auez mort, pour voir le fai.

Voyez André du Chefne fur Alain Chartier pag. 863.

VOIRIE. De *vulturia*. Martial :

Cuius vulturis hoc erit cadauer ?

VOLONTAIRE. De *voluntarius*. Les Gloſes anciennes : *voluntarius*, αὐθαίρετος. Comme nous appellons *volontaires* les foldats qui ne font point enroollez, & qui vont à la guerre volontairement; les Grecs les ont appellez de meſme ἐθελοντῆρες. Homere liure 11. de l'Odyſſée 292.

ἐγὼ δ' ἀνὰ δῆμον ἑταίρους
Αἶψ' ἐθελοντῆρας ξυνέξομαι.

VOVT. Vieux mot qui fignifie *vifage*. Voyez André du Chefne fur Alain Chartier pag. 862. De *vultus*.

VOVTE. De *voluta*, que les Autheurs de la baſſe Latinité ont dit pour *fornix*, & d'où les Italiens ont auſſi fait *volta*. Voyez M. de Saumaiſe fur Solin pag. 1219. Les Champenois appellent *vote* vne omelette, de *volta*, acauſe qu'on la tourne dans la poëſle.

VOVVANT. Petite ville de Poitou. De la riuiere de Vandée qui l'environne, comme Guillaume IV. dit Fierabras, Duc de Guyenne, qui baſtit le chaſteau de Vouvant, le témoigne luy-meſme en vne Chartre rapportée par M. Beſly dans les Preuues de ſon Hiſtoire de Poitou pag. 307. *Placuit etiam mihi Willelmo conſtruendi caſtrum in loco, qui propter influentem aquam* Vulventus *dicitur.*

VR.

Vrler. De *vlulare*, d'où les Italiens ont aussi fait *vrlare*. L en R; comme en *datteri* de *dactyli*; en *rossignol* de *lusciniola*, &c.

VT.

Vtansile. De *vtenfile*, dont les Latins ont vsé en cette signification. Exod. xxxix.36. *Lucernas & vtenfilia earum.*

VV.

Vvide. De l'Italien *vuoto* qui signifie la mesme chose. Voyez *boyau*.

ZA.

ZANI. De l'Italien *zani*, qui vient du bas Grec τζάνος qui signifie la mesme chose que Σάννας ou Σάννος, c'est à dire, *bouffon*. Eustathius sur l'Odyssée ξ. ὅτω γὰρ καὶ ὁ ἐπὶ τῷ Κρατίνῳ Σάννας. αὐτὸς μέντοι ὁ τὸν εὐήθη ἁπλῶς δηλοῖ, ἀλλὰ τὸν μωρὸν, ὅν ἴσως ἡ κοινὴ γλῶσσα τζάννον καλεῖ. Voyez M. de Saumaise sur l'Histoire Auguste pag. 283.

ZI.

ZINZOLIN. Peuteftre de *hysginolinum*. Les Latins ont appellé cette couleur *hysginum*, comme l'a remarqué M. de Saumaise sur Solin pag. 1104. *Hysginum, hysginolum, hysginolinum,* ZINZOLIN.

ADDITIONS ET CORRECTIONS.

AA. *Aprés les mots suiuans*, parmy les Danois; ADIOVTEZ: *page* Cette riuiere AA qui passe à Saint Omer, est appellée *Agnio* dans vne donation d'vn certain Adroaldus, qui donne à Saint Bertin Prestre *villam Sithiu super fluuium Agnione*, laquelle se trouue dans Aubertus Miræus *in Codice donationum piarum & diplomatum*. Il y a en Flandres vne famille illustre appellée *AA*, comme ie l'apprens de Chrysostome Henriquez pag. 270. de son Menologue.

ABBE'. Fauchet IX. 5. ADI. On a mesme donné des *p. 4.* Abbayes aux femmes mariées. M. Iustel en son Histoire de la Maison d'Auuergne liure 1. chap. 6. allegue vne certaine Charte du Monastere de Brioude de l'année 879. laquelle il produit en la pag. 11. de ses Preuues, dont il se recueille comme Adalgisus Preuost de ce Monastere bailla certaines terres *in beneficium* à Hildegarius, pour en joüyr *iure beneficiario*; & ce moyennant le consentement de Warinus, c'est à dire Guerin, Comte hereditaire d'Auuergne, & Duc beneficiaire, c'est à dire Gouuerneur de Guyenne, de laquelle dépendoit le Comte d'Auuergne, parce qu'il estoit Abbé laïque de ce Monastere: *Suiuant*, dit-il, *ce qui se pratiquoit lors que les Seigneurs prenoient le nom des Benefices Ecclesiastiques, dont ils joüissoient par benefice des Rois, & se disoient Abbez*, (Abbates laïci, Abbates milites, Abbatioli, Abbatiarij) *combien qu'ils n'en eussent pas le titre, ains la simple joüissance du reuenu*: *& ceux qui auoient la dignité de Comtes estoient quelquefois appellez* Abbi Comites, *dont l'Histoire fournit plusieurs exemples desia remarquez par d'autres. Pourquoy ie ne les rapporteray en ce lieu: & adjousteray seulement, que ces Benefices*

PPpp

se bailloient aussi aux femmes mariées. *Alpaïs femme de Begon Comte fut Abbesse de Saint Pierre de Rheims: Thierberge femme de Lothaire Abbesse d'Auenay l'an* IƆCCCLXIV. *Berthe belle-mere d'Othon* I. *Abbesse de Merenstein l'an* IƆCCCLII. *Rothilde belle-mere de Hugues le Grand Abbesse de Chelles: Orgine mere de Loüys* IV. *& Gerberge sa femme Abbesse de Sainte Marie de Laon.* De tous lesquels exemples il produit les preuues à la marge.

p. 7.   ABRICOTS. Les Gloses: βερέκοκκα, *pruna.* ADI. Voyez Meursius en son Glossaire au mot βερεκόκκιον.
emprunté de nous. ADI. Les Languedociens & les Gascons prononcent encore *albricot.*

p. 8.   ACARIASTRE. à Saint Eutrope. ADI. Qu'on appelle communément *Itrope.*
à qui la teste tourne. ADI. à Saint Prix pour les entrepris ou paralytiques; à Saint Fiacre pour le fic.

*   ACHEVER. De *adcapare*, qui a esté formé de *ad* & de *capo*, comme qui diroit *venir à chef*, façon de parler qui se trouue dans Fredegaire: *Filum filabo, de quo Iustinus Imp. nec Augusta ad caput venire non possint.*

p. 12. ACIER. sur Solin pag. 1084. ADI. & Turnebe en ses Aduersaires XXVII. 10.

*   AGREER. De *adgratare*, comme AGREABLE de *adgratabilis*. Voyez *gré.*

p. 18. AGVILANLEV. ADI. *aguilauneu* ou *oguilanneu.* Druidæ cantare solebant. ADI. (ce vers est supposé.)

*   AIRAVT ou *Erhau.* Riuiere qui s'embouche à Agde dans la mer Mediterranée. De *Arauraris*, qui est la mesme chose que *Arar* ou *Ar, Arar, Anar, Arauris, Araurais, Arauraris.* M. Bochart liu. 1. chap. 42. des Colonies des Phœniciens, dit que ce mot *ar* est Breton, & qu'il signifie *lent, tardif*: ARA Britannis *lentum sonat, vt Hebræis* אהרי *aharai prou.* 28. 23. *à verbo* הרא *ahar tardare, morari. Inde Arari fluuio nomen, qui, Cæsare teste, fertur incredibili lenitate, ita vt oculis in quam partem fluat indicari non possit. Hinc Claudianus*: Lentus Arar, Rhodanúsque celer. *Et Seneca in Apotheosi:* Aŕarque dubitans quò suos cursus agat. *Est & in Brigantibus fluuius* Arus, *quem vix fluere scribit*

ADDITIONS. 667

Cambdenus pag. 565. *& Mæandris ita ludere quasi dubium fontes an mare petat, ut septies semihoræ spatio recto itinere sibi traijciendus fuerit.* Outre ces riuieres il y en a encore plusieurs autres qui s'appellent du mot *Ar* ou *Arar*: L'Airoux qui passe à Autun, l'Ar qui diuise la Germanie superieure ou la Prouince de Mayence d'auec l'inferieure ou la Prouince de Cologne, & sur laquelle est scituée Amberg Principauté tombée en la Maison d'Ascot, l'Arola qui a sa source dans le mont Adulas ou de Saint Godard, qui passe à Arberg & Arburg, deux places qui sont en Suisse, & s'en va dans le Rhin auprés de Basle. Les naturels du pays l'appellent *Ar*. M. du Buisson tres-entendu dans la connoissance de l'ancienne & de la nouuelle Geographie, estime que cét Arola est l'Araris dont il est parlé dans ce vers de Virgile:

Aut Aravim Parthus bibet, aut Germania Tigrim

contre l'auis des Grammairiens qui l'entendent de la Saone, & qui croyent que Virgile a fait à dessein cette faute faisant parler vn Berger. Mais ce fleuue n'estant pas vn des plus renommez de l'Allemagne, il n'y a gueres d'apparence qu'vn Poëte aussi judicieux que Virgile eust feint qu'vn simple Pasteur en eust eu connoissance: outre que l'Arola estoit aussi-bien de la Gaule du temps de Virgile, que l'Araris.

ALEXANDRINS. par ces mots qu'ils met en titre: *p.*25. *Vers Alexandrins.* A D 1. En effet tous les premiers qui depuis la restauration des belles Lettres, mesme jusques au temps de Pierre de Ronsard, entreprirent de trauailler à des Poëmes Heroïques ou Epiques, ne les composerent que de vers de dix à onze syllabes, qu'ils nommoient *Vers communs*: témoin Hugues Salel en sa version de l'Iliade d'Homere; Clement Marot en celle des deux premiers liures des Metamorphoses d'Ouide; Isaac Habert de Berry en celle des quinze liures; Mellin de Saint Gelais, & Iean-Antoine de Baïf en leurs Imitations de quelques Chants de l'Arioste; Ioachim du Bellay qui les qualifie expressément Heroïques au 4. chap. du II. liure de son Illustration de la langue Françoise, en celle du IV. & du VI. de l'Eneïde de Virgile; Loüys des Mazures en celle de l'Eneïde toute entiere; & mefme Ronfard, en ce qu'il nous a laiffé de fa Franciade. Mais enfin, Ronfard s'apperceut bien que les vers Alexandrins eſtoient plus propres que les autres pour les Poëmes Epiques: au moins, voicy comme il en parle en fon Abbregé de l'Art Poëtique qu'il auoit dreffé pour Alphonfe d'Elbene, & qu'il mit en l'an 1567. à la fin de fes Poëmes, en faifant imprimer toutes fes Oeuures in 4°. *Les Alexandrins tiennent la place en noſtre langue telle que la tiennent les vers Heroïques entre les Grecs & les Latins, lefquels font compofez de douze à treize fyllabes, les Mafculins de douze, les Feminins de treize, & ont toufiours leur repos fur la fixiefme fyllabe, comme les vers communs fur la quatriefme, dont nous parlerons aprés, &c. La compofition des Alexandrins doit eſtre graue, hautaine, & (s'il faut ainfi parler) altiloque; d'autant qu'ils font plus longs que les autres, & fentiroient la profe, s'ils n'eſtoient compofez de mots éleus, graues & refonnans, & d'une rime affez riche, afin que telle richeffe empefche le ſtyle de la profe, & qu'elle fe garde toujours dans les oreilles jufques à la fin de l'auttre vers qui eſt long.* [*Tu les feras donc les plus parfaits que tu pourras, & ne te contenteras point, comme la plus grand' part de ceux de noſtre temps, qui penfent, comme i'ay dit, auoir accomply ie ne fçay quoy de grand quand ils ont rimé de la profe en vers. Tu as defia l'efprit affez bon pour découurir tels verfificateurs par leurs miferables écrits, & par la connoiffance des mauuais faire iugement des bons, lefquels ie ne veux particulierement nommer, pour eſtre en petit nombre, & de peur d'offencer ceux qui ne feroient couchez en ce papier. Auffi, fuiuant mon naturel, ie defire infiniment éuiter l'impudence de telles maniere de gens: car tu fçais bien, que non feulement κεραμεὺς κεραμεῖ κοτεῖ, ϗ τέχτονι τέχτον; mais auffi ἀοιδὸς ἀοιδῷ.*] *Si ie n'ay commencé ma Franciade en vers Alexandrins, lefquels i'ay mis, comme tu fçais, en vogue & en honneur; il s'en faut prendre à ceux qui ont puiffance de me commander, & non à ma volonté: car cela eſt fait contre mon gré, efperant un iour la faire marcher à la cadence Alexandrine; mais pour cette fois il faut obeïr.* Et lors qu'il traitte enfuitte des vers communs: *Or*, dit-il, *comme les Alexandrins font propres pour les fuiets heroïques; ceux-cy font proprement nez pour les amours, bien*

ADDITIONS.

que les Alexandrins reçoiuent quelquefois vn suiet amoureux, & mesmement en Elegies, en Eglogues, où ils ont assez bonne grace quand ils sont bien composez.

Il est vray qu'il pourroit sembler que Ronsard eust varié sur ce point: car voicy ce qu'il en escrit en l'Auertissement qu'il auoit addressé au Lecteur au deuant de la premiere edition qu'il fit faire en l'an 1572. des quatre premiers liures de sa Franciade: *Et si tu me dis, Lecteur, que ie deuois composer mon ouurage en vers Alexandrins, pource qu'ils sont pour le iourd'huy plus fauorablement receus de nos Seigneurs & Dames de la Cour, & de toute la ieunesse Françoise, lesquels i'ay remis le premier en honneur; ie te respons qu'il m'eust esté cent fois plus aisé d'escrire mon œuure en vers Alexandrins qu'aux autres, d'autant qu'ils sont plus longs, & par consequent moins suiets, sans la honteuse conscience que i'ay qu'ils sentent trop leur prose. Or tout ainsi que ie ne les approuue du tout, si ce n'est en Tragedies ou versions; aussi ie ne les veux du tout condamner. I'en laisse à chacun son libre iugement, pour en vser comme il voudra.*

Et ce qui contribueroit quelque chose à faire croire qu'il seroit demeuré en cette derniere opinion, c'est que cét endroit là de son Abbregé de l'Art Poëtique, qui commence par ces mots, *Si ie n'ay commencé*, & finit ainsi, *mais pour cette fois il faut obeïr*; est entierement retranché de toutes les editions qui en ont esté faites, depuis qu'il eut donné sa Franciade au public: Voire mesme s'estant depuis, & peuteste quelques mois seulement auant sa mort, resolu de changer cét Auertissement, & vn autre discours où il traitte beaucoup plus amplement du Poëme Heroïque, pour seruir de Preface à sa Franciade, lequel fut adjoûté de nouueau à l'impression qui se fit de ses Oeuures en l'an 1586. c'est à dire, incontinent aprés sa mort, & se trouue dans toutes les suiuantes. Il commence ainsi: *Il ne faut s'émerueiller, Lecteur, dequoy ie n'ay composé ma Franciade en vers Alexandrins, qu'autrefois en ma ieunesse, par ignorance, ie pensois tenir en nostre langue le rang des carmes Heroïques, encore qu'ils respondent plus aux Senaires des Tragiques qu'aux magnanimes vers d'Homere & de Virgile, les estimant pour lors plus conuenables aux magnifiques argumens & aux*

PPpp iij

plus excellentes conceptions de l'esprit, que les autres vers communs. Depuis i'ay veu, connu & pratiqué par longue experience, que ie m'estois abusé. Car ils sentent trop la prose tres-facile, & sont trop éneruez & fliques. Si ce n'est pour les traductions, ausquelles à cause de leur longueur, ils seruent de beaucoup pour interpreter le sens de l'Autheur qu'on entreprend de traduire. Au reste ils ont trop de caquet, s'ils ne sont bastis de la main d'vn bon artisan, qui les fasse autant qu'il luy sera possible hausser comme les peintures releuées, & quasi separer du langage commun, les ornant & enrichissant de figures, schemes, tropes, metaphores, phrases, & periphrases, &c. Et à dix-neuf ou vingt pages de là, aprés auoir touché quelque chose des principales regles qui doiuent estre gardées, tant en la disposition qu'en l'elocution du Poëme Epique, il adjouste: Or venons à nos vers communs de dix à onze syllabes, lesquels pour estre plus courts & pressez, contraignent les Poëtes de remascher & ruminer plus longuement : & telle contrainte en meditant & repensant, fait le plus souuent inuenter d'excellentes conceptions, riches paroles, & phrases elabourées; tant vaut la meditation, qui par longueur de temps les engendre en vn esprit melancholique, quand la bride de la contrainte arreste & refrene la premiere course impetueuse des fureurs & monstrueuses imaginations de l'esprit, à l'exemple des grandes riuieres, qui boüillonnent, escument & fremissent à l'entour de leurs rempars : là où quand elles courent la plaine sans contrainte, elles marchent lentement & paresseusement, sans frapper les riuages, ny des escumes ny de bruit. Toutesfois il est tres-vray-semblable, que ce qu'il auoit dit en l'Aduertissement au Lecteur dont il accompagna en l'année 1572. la premiere Edition de sa Franciade, ne doit pas tant estre pris pour vne serieuse declaration de son sentiment, que pour vne continuation de la complaisance qu'auoit exigée de luy Charles IX. qui aimoit particulierement les vers communs, en l'honneur de qui il s'estoit engagé en cét ouurage, & duquel aprés auoir inuoqué les Muses, il implore semblablement l'assistance. Car ce Prince ne cessa de regner & de viure qu'en l'année 1574. Que si Ronsard n'a pas satisfait à l'esperance, que dés l'an 1567. son Abregé de l'art Poëtique auoit fait conceuoir à vn chacun, qu'il remettroit sa Franciade

ADDITIONS. 671

sous l'enclume, afin de la reformer en vers Alexandrins. Il se peut dire aussi d'autre-part, que durant tout le reste du cours de sa vie, il a desdaigné de l'acheuer en vers communs. Et comme ce qu'il escrit en sa derniere Preface sur le mesme Poëme, *Qu'il auoit autresfois pensé en sa ieunesse, que les vers Alexandrins tenoient en nostre langue le rang des carmes Heroïques; & qu'il auoit depuis reconnu par longue experience qu'il s'estoit abusé*, implique certainement vne manifeste contradiction, auec la protestation qu'après auoir pleinement esprouué en la composition de ses Hymnes & des quatre premiers liures de sa Franciade, la difference qu'il y a entre les vers communs & les vers Alexandrins, il l'auoit plus naïuement faite en son Abbregé de l'Art Poëtique en l'an 1567. qui estoit desia le 43. de son âge; *Que c'estoit contre son gré qu'il auoit commencé sa Franciade en vers communs, & qu'il la feroit vn iour marcher à la cadence Alexandrine*. Aussi, j'ose me persuader qu'il ne feignit en ses dernieres années, c'est à dire, assez long-temps aprés la mort de Charles IX. de persister en ce qu'il en auoit écrit dés l'année 1572. c'est à dire, deux années auant la mort de ce Prince, que de peur de decrediter celuy de ses Ouurages qui luy auoit cousté dauantage de peines & de veilles, & à la reformation duquel son âge ne luy permettoit plus desormais de penser.

Il nasquit le xi. Sept. 1524 & mourut le 27. Dec. 1585.

Aprés tout, il y auroit d'autant moins d'apparence de reuoquer en doute que l'opinion dont il s'estoit premierement expliqué en son Abbregé de l'Art Poëtique, n'eust tousiours (quoy qu'il ait depuis essayé d'en faire croire) continué de preualoir dans son esprit: Que c'est de la mesure des vers Alexandrins qu'il s'est seruy en plusieurs Ouurages Heroïques qu'il a écrits de temps en temps, & qu'il faisoit estat de se seruir dans les deux Poëmes Epiques ou Heroïques, que sur la fin de ses jours il auoit desseignez; dont l'vn qu'il diuisoit en trois liures, & qu'il dédioit au Roy Henry III. estoit de la Milice Françoise, & l'autre qu'il dédioit à Henry le Grand (qui n'estoit encore alors que Roy de Nauarre) estoit de la Loy Diuine, ainsi que nous le recueillons asseurément des commencemens de ces deux Ouurages, que Claude Binet nous a conseruez en la vie de l'Autheur. Quoy qu'il en soit, tous ceux qui ont suiuy Ronsard sont tombez vnanimément d'accord, que nous n'auons point de vers en nostre langue, non seulement plus majestueux, mais encore plus difficiles à bienfaire, que les Alexandrins; & que ce sont les seuls qui peuuent estre employez auec succés en la construction du Poëme Epique; témoins, entr'autres, Philippes des Portes en ses Imitations de quelques Chants de l'Arioste; Guillaume Saluste du Bartas en sa Iudith & en ses Semaines; Iean Bertault en sa Traduction du deuxiesme liure de l'Eneïde, en son Timandre, & en sa Panarete; le Cardinal du Perron en sa Traduction des commencemens du premier & du quatriesme liure de l'Eneïde; & enfin M. Chappelain, à qui cette gloire estoit reseruée d'estre l'Homere & le Virgile de la France, en son diuin Poëme de la Pucelle d'Orleans.

p. 27   ALLER. A D I. M. de Valois le jeune le dériue de *ambulare*, dont on a vsé pour *proficisci*. La Chronique imprimée derriere l'Ammian: *Ambula Constantinopolim ad Iustinum Imperatorem*. Anastase le Bibliothecaire s'en sert en la mesme signification. M. Guyet croit qu'il vient, &c.

p. 30   ALLEV. & LOTIR, partager. M. Hauteserre en son traitté du Franc-alleu chap. 8. le dériue de l'Alleman *ohn leiden*: *Hoc ipsa nominis notatio satis indicat, Alodium enim vel Alode idem est veteribus Germanis, ac sine subiectione. Ohn leiden siquidem, etiamnum apud illos hoc exprimit; vnde conficta vox* Alode *mutata praepositione quae priuata est, in* A *eiusdem qualitatis.* Leiden *enim, vt est in Dictionario Leuini-Hulsii & Ioannis Frisii, pati & subire significat, sicut & subiectionem & seruitium. Inde* leudes *dicti Principis ditioni subiecti apud Gregorium Turonensem saepissimè, & Aimonium lib.* II. *cap.* 91. *Et* leude samium *vocatur in veteribus Formulis, seruitium quod laudes Domino debet. Sic* Aldiones *quasi* Alodiones *dicuntur liberti, qui quodam modo seruitute liberati sunt. Longob.* I. *tit.* 25. *l.* 82. *Et in veteribus Glossis* Aldius *statu liberum significat; litteram quippe* A *penes Germanos etiam*

ADDITIONS. 673

etiam priuatiuam fuisse, videre est in verbo Amund. *Quo in antiquis Legibus designatur seruus qui meliori libertate gaudebat. Deriuatur enim à voce* Mundium, *quâ denotatur dominium, jus & authoritas, vt patet ex ijsdem Legibus. A qua etiam fluxit* Mundeburde *vel* Mundeburdium, *Gallis* MAINBOVRNIE, *idémque sonat ac* tutela, dominium *&* defensio. *Qui ergo factus* Amund *liber aliqua tenus est, & solutus dominica potestate: Eadémque ratione* Alode *dicitur* hereditas, prædium, *vel* fundus sine subjectione, *quod certè explicatur in veteri Martyrologio Abbatiæ Grassensis, vbi Aimericus Vice-Comes Narbonensis circa annum* 1013. *dedit Monasterio Thomeriensi fundum liberum, quem Alodium vocant, in Parœcia Sancti Saturnini de Brisonte situm, ita vt nihil omnino juris sibi in eo retineret, sed potiùs ab omni censu & onere liberum foret. Varij varias hujus nominis notationes effinxêre, quæ quidem ipsius naturæ conuenire possunt, sed non eius vim ita dilucidè demonstrant. Nec contemnenda quæ à Pithœo V. C. proponitur in Glossario ad Capitul. Caroli Magni, ideò quod hanc assequi non posse viri quidam eruditi ingenuè profiteantur. Nec enim* Alodium *ab* Alauda, *voce Gallica, &* Alaudis *veteranis militibus deriuari concoquere possunt, quod tamen facili negotio conficitur.* Alauda *quippe si Goropio credamus Gallic. lib. 1. dicitur ab* Al-aud *voce Germanica, quæ idem sonat ac omnino antiqua. Vnde cum milites Galli se* Alaudas *dicerent, ipsis Veteranis Romanorum militibus, penes quos summa militiæ laus, sese anteponebant, dum se omnes veteranos ipso nomine jactarent. Eadémque sententia* Allodium *dici putauit Magnus vir, quasi omninò antiquum sit, & hereditas auiatica, vel forsan alludere videtur ad huius auiculæ morem in symbolis plerúmque vsurpatum, quæ vt à terra sese eleuans, post aliquot crispante voce versiculos decantatos felici epodo Deum laudat ; ita allodium sit terra alijs sublimior, veluti quæ solum Deum ratione dominij recognoscat in superiorem, quod an placeat, non spondeo.* Le mesme M. Dominicy chap. 5. du mesme traité art. 12. improuue l'opinion de M. Caseneuue : *Quamobrem facilè crederem virum eruditissimum qui* Alodem *deduxit à voce Teutonica* los *quæ sortem sonat, quasi Alodium sine sorte obuenisset, sed iure proprio nouæ originis fictione deceptum fuisse : quæ certè nominis notatio stare non potest, cùm*

& *ipsæ sortes allodia sint, seu loca hereditaria, & nomen commune, tam veteri quàm nouo possessori, eáque sola deprehendi possit differentia, quam inter loca hereditaria Romanorum cap. 4. iam annotauimus, vt scilicet sortes Gothorum sint heredia seu prædia, iure hæreditario possessa beneficio Principis. Sortes verò Romanorum iure successionis.* Ce sont toutes les opinions touchant l'origine du mot *alleu* qui sont venuës à ma connoissance, que ie me contente d'auoir rapportées sans en choisir aucune. La Coustume de Meaux, *&c.*

p. 31. ALLOBROGES. *adeóque Syrus confirmant.* ADI. Delà vient que le pays de Vannes estoit anciennement appellé *Brogierec*, comme qui diroit *Guereci regio*. M. de Valois le jeune pag. 279. de son Histoire de France: *Anno 17. Regni Guntchramni atque Chilperici à Waroco Britanno Veneti recepti sunt. Qui non multò post, cæso cum suis copijs Beppoleno, fraude decepto Ebrachario Guntchramni Ducibus, Venetiam in potestate sua ita retinuit, vt vsque ad Pipinum Regem, qui oppidum Venetos anno 753. cepit, per annos 174. non alios quàm Britannos Regulos habuerit. Atque ob id Veneticam regionem à Waroco Venetorum Comite, quem* Guerecum *&* Werocum *appellat,* BROGVEREC *Britannico nomine dictam ait Auctor libri de vita Gildæ sapientis.* V. brueil.

ALORS. *De illa hora* ou de *ad illam horam*, d'où les Italiens ont aussi fait *allhora*. Les Languedociens disent *alaré*.

p. 36. ALQVEMIE. *& omnino falsum.* ADI. M. de Saumaise sur Solin pag. 1097. est d'opinion que l'Alquemie a esté ainsi dite d'vn certain Chimes ou Chemes: *Mirum verò* Chymiam *&* Chymistas *hodie passim vocari, cùm Veteres eam scientiam* χημίας *vbique nominent &* χημευτικήν. *Zosimus Panopolita caput habet* περὶ χημευτικῆς, *& Mosem Prophetam citat ἐν χημευτικῇ συντάξει. Suidas* χημίαν *vocat. Item Ioannes Antiochensis περὶ ἀρχαιολογίας, de vellere aureo: τὸ μυθολογούμενον χρύσιον δέρας βιβλίον ἦν ἐν δέρμασι γεγραμμένον περιέχον, ὅπως δεῖ διὰ χημείας χρυσὸν ἐργάζεσθαι. Eadem habet Suidas in voce* δέρας *quæ ex hoc Auctoris loco habet. Firmicus lib. III. cap. 15. scientiam* Chymiæ *vocat. Ita legendum, idest,* χημείας. *Infimæ Græciæ Auctores* Αρχημίαν *nuncupant. Patrum quoque nostrorum æuo* Archemia *dicebatur &* Archemista. *Cur igitur* Chymiam *&* Alchymiam *dicimus?*

ADDITIONS. 675

Nec enim ὑπὸ τῆς χυμῆς aut χυμα τῆς nomen inuenit hæc ars. χύμεαν interpretantur ac definiunt, τὴν τοῦ ἀργύρου καὶ χρυσοῦ κατασκευὴν. Vnde igitur χήμεα hæc appellata. Omnium rerum quæ ad hanc scientiam pertinent vocabula ab vsu & consuetudine communi submouerunt Auctores sui & peculiarem sibi dialectum vindicarunt solis mystis tanti arcani intellectam. Fornaculam fortean siue caminum in quo argentum & aurum fundebatur quod ore hianti & patulo esset χήμην vocarunt, idest, χάσκουσαν. Hesychius: χήμη, χάσκουσα. Inde & ostreo nomen, χήμη, τὸ ὄστρεον : & χημᾶς, ὁ ἰχθῦς, ab hiando scilicet: Hiatulam Latini dixere. Est & chema mensuræ nomen duobus cochlearijs constantis. Vetus Auctor: Duo cochlearia chemam faciunt. Vt vt sit ὑπὸ τῆς χυμῆς non est deducta χύμεα vel χήμεα. Auctores illius artis Græci Χύμην quemdam vel Χίμην Prophetam nomine miris laudibus celebrant, & inter præcipuos nominant, qui diuinam hanc scientiam repererunt & amplificarunt. Zosimus Panopolita: Χύμης δὲ καλῶς ἀπεφήνατο, ἓν γὰρ τὸ πᾶν, καὶ δι' αὐτοῦ τὸ πᾶν γέγονε. ἓν τὸ πᾶν καὶ εἰ μὴ πᾶν ἔχῃ τὸ πᾶν, οὐ γέγονε τὸ πᾶν. δεῖ οὖν σε ὑπὸ βάλλειν τὸ πᾶν, ἵνα ποιήσῃ καὶ τὸ πᾶν. Idem paulò pòst Χίμην vocat: οὕτω καὶ Χίμης εἰς πολλοὺς τόπους, καὶ μάλιστα τὴν δὲ ἐλευθρίαν. οὕτω καὶ Πεβήχιος. Sæpe hos duos Auctores coniungit. Et infrà: καὶ ὁ προφήτης Χίμης χορεύων μετὰ ἐξ ἐπιβολὰς ἔλεγε δὶς αὐτὸν ἄσκιον ξανθόν. Nihil nocet credere ab hoc Chime vel Cheme Propheta, vt alibi vocatur, χήμεαν dictam esse.

AMBRE. De l'Arabe *Ambar*. ADI. que les Espagnols *p.*41. ont retenu tout entier.

AMELLON. Mella fleuue de France. CORRIGEZ: de Lombardie.

ANCESPESSADE. Rabelais liure IV. A D I. Les *p.* 44 Gascons disent *lancepassade*.

ANCESTRES. ἤτοι γονεῖς. ADI. Et nous auons aussi dit *predecesseurs* de la mesme sorte.

ANGEVINE. La Feste de Nostre-Dame de Septem- *p.*45. bre. LISEZ: La Feste de la Natiuité de Nostre-Dame. acause qu'elle fut, &c. LISEZ: Quelques-vns ont crû que cette Feste a esté premierement instituée en Anjou par Saint Maurille Euesque d'Angers, & que pour cette raison elle a

esté appellée L'ANGEVINE. *Bourdigné, &c.*
cuiusque anni. A D 1. Mais en cela ils se trompent, estant certain que cette Feste n'a point esté instituée par Saint Maurille, puis qu'elle n'estoit point encore gardée du temps de Charlemagne, c'est à dire, quatre cens ans aprés Saint Maurille, comme il se voit par le Concile de Mayence tenu l'an 813. can. 36. & par le premier liure des Capitulaires de cét Empereur; où parmy toutes les Festes de l'année qui y sont marquées, il n'est fait mention, à l'égard de celles de la Vierge, que de l'Assomption & de la Purification : *Festos dies in anno celebrare sanximus, hoc est, Diem Dominicum Paschæ cum omni honore & sobrietate venerari. Simili modo totam hebdomadam illam obseruare decreuimus : Diem Ascensionis Domini pleniter celebrare : In Pentecoste similiter vt in Pascha : in Natali Apostolorum Petri & Pauli vnum diem : Natiuitatem S. Ioannis Baptistæ : Assumptionem Sanctæ Mariæ : Dedicationem S. Michaëlis : Natalem S. Remigij, S. Martini, S. Andreæ : in Natali Domini dies 4: Octauas Domini : Epiphaniam Domini : Purificationem Sanctæ Mariæ : & illas festiuitates Martyrum vel Confessorum obseruare decreuimus, quorum in vna quaque Parochia sancta corpora requiescunt.* Herardus Archeuesque de Tours, qui viuoit l'an 850. parlant des Festes qu'on doit celebrer, ne fait point mention non plus de la Natiuité de Nostre-Dame : *De Festiuitatibus anni quas feriari debeant, idest, Natali Domini, S. Stephani, S. Ioannis & Innocentium, Octauâ Domini, Epiphaniâ, Purificatione Sanctæ Mariæ & Assumptione, Ascensione Domini & Pentecoste, Missâ S. Ioannis Baptistæ, Apostolorum Petri & Pauli, S. Michaëlis, atque omnium Sanctorum, S. Martini & S. Andreæ, & Sanctorum quorum corpora ac debitæ venerationes in locis singulis peraguntur.* C'est au nombre 67. A quoy on peut adjoûster que Raino Euesque d'Angers, qui viuoit l'an 905. ne fait aucune mention de cette Feste en la vie de Saint Maurille, qu'il augmenta de plusieurs choses, comme l'a remarqué l'Autheur de la Chronique de Vendosme, qui finit l'an 1248. *Anno Domini 905. vitæ S. Maurilij inuentio seu potiùs augmentatio, per Rainonem Episcopum & Archanaldum Scriptorem facta est;* & laquelle vie est attribuée fausse-

ADDITIONS. 677

ment à Gregoire de Tours. Fulbert Euesque de Chartres, qui viuoit l'an 1020. témoigne pareillement que cette Feste de la Natiuité de Nostre-Dame n'est pas ancienne. C'est au premier Sermon de la Natiuité de Nostre-Dame : *Inter omnes Sanctos memoria Beatissimæ Virginis eò frequentiùs agitur atque festiuius, quò maiorem gratiam apud Dominum credetur inuenisse. Vnde post alia quædam ipsius antiquiora solemnia* (c'est à sçauoir la Purification & l'Assomption) *non fuit contenta deuotio Fidelium quin Natiuitatis solemne superadderet hodiernum.* Cét Escriuain est le premier entre les François qui parle de cette Feste : & il y a quelque apparence qu'elle a esté premierement gardée en l'Eglise de Chartres. C'est l'opinion de M. de Launoy Docteur en Theologie de la Faculté de Paris, à qui j'ay l'obligation de tous les passages cy-dessus alleguez.

ANVIT. ce que les anciens Gaulois. METTEZ, Francs *p.48.* & Gaulois.

tous les vieux liures. ADI. On a dit *in hodie,* comme *in demane,* dont nous auons fait premierement *endemain;* & puis, en incorporant l'article au mot, *lendemain.*

la Bresse, la Gascogne & le Languedoc. OSTEZ, la Gascogne & le Languedoc.

APPANAGE. Depuis mon liure imprimé, M. Nublé *p.50.* Avocat au Parlement, mon intime amy, m'a fait part d'vne obseruation d'Anthoine Loisel, que j'ay jugée digne d'estre inserée en ce lieu : *Tout ainsi que Caton disoit, Gallia duas res studiosissimè persequitur, rem militarem, & argutè loqui; ainsi nous auons aimé en France le parler court, signifiant, figuré par metaphores ou translations & similitudes, allegories ou enigmes, comme en ce que l'on dit :* Tant que le Seigneur dort le vassal veille, *pour signifier que le vassal fait les fruits siens si le Seigneur s'endort en sa saisie. Item, que le Royaume ne tombe point* en quenoüille, *pour dire que les femmes n'y succedent point. Item, que le Roy* sied en son lit de Iustice, *pour monstrer qu'en se reposant son esprit est plus en repos pour rendre iustice. Que les aisnez ont* le vol du chapon *és fiefs par preciput, en signifiant le territoire de leur auantage d'aisnesse, & autres telles façons de parler. Ie croy aussi que nostre mot d'appennage se dit en*

QQqq iij

cette forme & figure, & que c'est se donner trop de peine de le faire venir de pain, ou de πᾶν ἄχνος; & que tout ainsi que l'on dit rogner les aisles à celuy que l'on veut affoiblir, & que Philippes de Commines, qui tenoit encore de nostre vieil Gaulois François, dit en son Histoire du Roy Charles VIII. qu'il ne faisoit que saillir du nid lors qu'il entreprit le voyage de Naples. Et comme Ciceron dit au III. liure de son Orateur, en se raillant d'vn Orateur nommé Corax, Coracem istum vestrum patiamur nos quidem pullos suos excludere è nido ; ainsi disoit-on que l'on appennoit les enfans sortans de minorité & prests à sortir de la maison de leurs peres pour chercher à faire fortune, commençans, par maniere de dire, à voler d'eux-mesmes; ainsi qu'on dit appenner vne fléche ou vn materas, & vn materas desempenné: Aussi le mot d'appenner & appennage ne se dit pas seulement des enfans des Rois, mais aussi des Seigneurs & Gentilshommes, ainsi qu'il appert par plusieurs Coustumes anciennes, & en vse-t'on mesme en parlant des filles qui sont mises hors de la maison de leurs peres & freres par mariage. Ce qui pourroit proceder de ce qu'en plusieurs pays les puisnez des grands estans faits maieurs, auoient pour tout partage la leuée de quelques gens de leur pays pour aller busquer fortune ailleurs, signamment depuis que les Danois & Normans, Saxons & autres nations Septentrionales sont venuës par deça, ainsi qu'il se voit par ce que Thomas Walsinghen en son Hypodigma Neustriæ en écrit: Olim mos erat in Dacia (il faudroit qu'il y eust Dania) cùm repleta esset terra hominibus, vt, sancitâ lege, per Reges illius terræ cogerentur juniores de proprijs sedibus emigrare. Nam pater adultos filios cunctos à se pellebat præter vnum, quem heredem sui juris relinquebat. Et Lambert de Scaffuaburg sur l'année 1070. In Comitatu Balduini quisque familia, id multis hinc seculis seruabatur, quasi sancitum lege perpetuâ, vt vnus filiorum qui patri potissimum placuisset nomen patris acciperet, & totius Flandriæ principatum solus hereditaria successione obtineret: ceteri verò fratres, aut huic subditi dictóque obtemperantes in gloriam vitam ducerent, aut peregrè profecti, magis proprijs rebus gestis florere contenderent, quam desidiæ ac socordiæ dediti egestatem suam, vana majorum opinione consolarentur. Hoc scilicet fiebat,

ADDITIONS. 679

ne in plures diuisa Prouincia, claritas illius familiæ per inopiam rei familiaris obsolesceret. *A quoy on peut adjouster ce qu'on lit dans Asso liure 11. de la vie de Saint Bercher, & dans Gemelensis des Ducs de Normandie. Ie croy doncques qu'appenner se dit comme qui diroit donner des pennes, c'est à dire des plumes & moyens aux ieunes Seigneurs sortants du nid & de la maison de leurs peres pour commencer à voler & faire fortune par quelques exploits de guerre, mariage ou autrement, comme Dieu les conduira: ce que depuis nos Rois plus pacifiques & iusticiers ont depuis changé en domaines de quelques Duchez & Comtez de leur Royaume, selon les loix de l'appennage de Charles le Sage.*

Ragueau en son Indice dérive *apanage*, de *abanagium*, qui est vn mot Alleman : *Quo significatur* (dit-il) *pars bonorum quæ vni ex liberis ea lege adsignatur, vt à reliquo patrimonio excludatur, vnde etiam retinemus vocem* BANIR. *Præsertim cùm Ioannes ipse Faber nostras, legitimam primogeniti anagium vocet, ad tit. de legit. agnat. success. Instit. §. Cæterùm inter, num.* VI. *fol.* 67. *recto.*

AQVITAINE. portoit ja le nom d'Aquitaine. ADI. p.52. M. Hauteserre liure 1. des choses Aquitaniques chap. 1. *Non desunt qui Aquitaniæ nomen repetant ab obliquis aquis Ligeris fluminis, quibus in orbem ferè cingitur. Inter quos Papias*: Aquitania regio ab obliquis aquis Ligeris dicta. *Harigerus Abbas & Notgerus, Scriptores vitæ S. Remacli ijsdem verbis*: Est autem Aquitania, quam quidam autumant tertiam ferè partem Galliarum, ab obliquis aquis Ligeris fluminis nuncupata. *Sed ratio temporum hanc sententiam damnat ; nam Aquitaniæ nomen priùs natum & vsu celebratum scimus, quàm Ligeris Aquitaniæ terminus esset, quod non ante Augustum. Media & securior sententia est, Aquitaniam ex quo nota & frequentata nominis fuit, amisso nomine Armoricæ pari significatione Aquitaniam dictam ab aquis, quòd Oceano maxima ex parte coniuncta sit, vel quòd riuis & fluminibus abundet. Ita rectè Aymoinus Monachus*: Denique Aquitania dicta est ex eo quòd præ ceteris Prouincijs fontibus fluminibúsque exuberet. *Aquitania suum nomen constantißimè retinuit ad postrema vsque tempora. Aymoini auo illibatum permanebat Aquitaniæ nomen*: Aquitania quoque (*inquit ille*) auitum non est dignata nomen mutare.

Posteriores Guiennam *vocitarunt, haud dubiè à vernaculo* Aigve, *quod* aquam *reddit, elisâ priore syllabâ, quod satis familiare est Francis in nominibus proprijs quæ incipiunt à vocali, ob vitandam grauitatem coitus alterius vocalis articuli* le, la. *Sed id nominis vix reperias ante* D. *Ludouici tempora. Nonnulli è recentioribus* (Montagne est de ceux-là) Guiennæ *nomen quæsierunt, à* Guillelmi *nomine, quod fuit gentilitium Ducum Aquitanorum, quasi* Guielmiam *dixeris, sed nimium stultè: quæ enim analogia seu proportio harum vocum? Prætereà* Guiennæ *nomen nusquàm auditum Guillelmorum Aquitanorum Ducum æuo; quorum gratia & authoritas efficere potuisset vt Aquitania suorum Principum nomen affectaret: nec altiùs repeti potest, quàm à* D. *Ludouico, quo tempore obsoleta iam & ferè damnata erat priscorum Ducum memoria, restitutáque Regni maiestas.*

p. 60   ARMES. des simples Gentilshommes. A d 1. Voyez Raoul Fournier Rer. *Quotid*. 11. 23. & M. Hauteserre des Ducs & Comtes 111. 3.

p. 61.   ARMORIQVE. *testari videtur.* A d 1. Morinvs *enim Gallis veteribus* marinum, *&* Moremarusa Mare mortuum *significat: quamquam hæc postrema duo nomina Gorropius dum suos Aduaticos nimis ambitiosè vult excolere, penè nobis surripuit. Nec Aremorici aut Armorici se nostri generis negare possunt. Habemus enim maiores & propinquos penes nos obsides. Nam* Ar *vel* Are *vetus præpositio linguæ Gallicæ, quod* ad *vel* super *indicat, quasi dicas* ad mare *vel* super mare, *hoc est,* maritimum: Moremarusa *verò à* More, *hoc est,* mare, *declinat vltima syllaba producta in* morem *participij Græci.* Aremorica *quidem seu* Armorica *(qui statim auditum non agnouerit, is veterem linguam Gallicam prorsus ignorat) & ipsum quoque* maritimum *significat, vel Strabone Interprete, qui Græcè pro eo semper nobis reddit* Apoceanitas. *Cæsar de* Armoricis *hæc lib.* v. Magnas Gallorum copias earum ciuitatum, quæ *Armoricæ* appellantur, oppugnandi sui causa conuenisse. *Et lib.* vii. Vniuersis ciuitatibus quæ Oceanum attingunt, quæque eorum consuetudine *Armoricæ* appellantur. *Et lib.* viii. Cæteræque ciuitates positæ in vltimis Galliæ finibus, Oceanóque conjunctæ, quæ *Armoricæ* appellantur. *Cæsar quoties harum ciuitatum meminit, semper adijcere solet:* Quæ appellantur. *Sed ita adijcere,*

adijcere, vt non nomen proprium esse intelligas, sed aut epitheton, aut loci cognomen. Sed nec apud quemquam alium idoneum Scriptorem id ciuitatis nomen fuisse reperitur, cùm tamen latissimè in illa ora vox illa vagaretur, ab Hispania videlicet ad Rhenum: intérque tot Scriptores vnum Plinium reperiam qui genuinam nominis vim non videatur intellexisse. Omnem namque Aquitaniam ita putat aliquando fuisse appellatam.

ARQVEBVSE. & dans Marot. ADI. Le President p.62. Fauchet liure 11. de la Milice & Armes: *Cét instrument s'appella* depuis haquebute, *& maintenant a pris le nom de* harquebuse, *que ceux qui pensent le nom estre Italien luy ont donné, comme qui diroit* arc à trou, *que les Italiens appellent* buso.

ATACHER. qu'on a dit pour *attexere*. ADI. *Attaquer* p 65. vient de la mesme origine.

ATRE. ADI. pour *foyer*; d'où vient nostre façon de p. 66 parler prouerbiale, pour signifier que la cuisine de quelque maison n'est pas bonne: *Il n'y a rien de si froid que l'âtre*.

AVBRI. THEODORICVS, *Thierry*. ADI. de FEDERICVS, p.70 *Ferry*: d'AGERICVS, *Arry*, nom d'vn Euesque de Verdun.

AVMVSSE. AVMICIAM *vocant*. ADI. Voyez au mot *chaperon*.

BACHELIERS. Frater Bacularius in Theologia. p. 73 ADI. & M. Dominicy dans son traitté du Franc-alleu ch. 15. *Ex eadem pugnandi ratione inditum nomen Baccalariis, quos à Buccellariis siue protectoribus, de quibus in lib. vlt. c. ad L. Iul. de vi pub. viri docti ex similitudine vocis potiùs quàm ex officio deduxere, cùm à baculis quibus dimicarent liquido sint nuncupati. Hoc me docet Gaspar Ouimalo vetus Regum Nauarræorum Fæcialis, seu, vt nostri loquuntur,* Heraldus. *Dum ait Baccalarios baculis roboreis seu clauis puris debere certare, eósque dignitate scrutariis esse potiores, quod optimè probat Tillius cap. de Equitibus, ex eo quod duplici scrutariorum stipendio afficerentur. Inde etiam Helias quidam Baccularis dictus Orderico Vitali. Hist. Eccl. lib.* x. *Custodes itaque laudabili jam fide probati, Heliæ candidam jusserunt tunicam indui, pro quo candidus Bacularis solitus est ab illis appellari. Ideò forsan quod militiæ candidati, sago candido præcingerentur, sicut sub Romanis Tyrones albo scuto meruisse indicat Virgilii carmen lib.* IX. *Æneidos ,* Parmáque inglorius alba. *Baculis verò se milites exercuisse tradit Vegetius lib.* I. *cap.* II. *& sequ. idque genus armorum in Gallia receptum perhibet Carolus Magnus Capitul. lib.* III. *cap. vlt. In purgatione Canonica, quæ per duellum fiebat, ex præscripto eiusdem Caroli , Capit. lib.* IV. *cap.* 23. *&* 29. *scutis & fustibus in campo certamen peragebatur. Secundùm quam consuetudinem in controuersia Haimerici Vicecomitis Toarcii cum Theodorico Abbate Sancti Albini, astitit Abbas ius suum paratus, aut calidi ferri iudicio secundùm legem Monachorum per suum hominem probare, aut scuto & baculo iuxta legem secularium deffendere. Et in duello Comitis Engolismensis contra quamdam maleficam adfuit* Missus Comitis Stephanus, & defensor maleficæ Guilhelmus cum baculis & scutis, *vt patet ex Actis ad hoc conscriptis , publicíque iuris factis à viro clarissimo Iacobo Sirmondo in Notis ad Goffridum Vindocinensem: imò & ipsos Pontifices ad bannum euocatos, ne se sanguine cruentarent , clauâ ligneâ pugnasse viri eruditi iam adnotarunt.*

p. 80   BAGANS. Les Landes de Bourdeaux & des Lanes. OSTEZ, & des Lanes.

p. 84   BAILLIF. de leurs enfans. A D 1. Ânthoine Loisel en ses Instituts Coustumieres, qui est vn ouurage lequel ne se peut assez estimer, liure 1. titre 4. regle 1. *Bail, garde, legitime administrateur & regentant , sont quasi tout vn : combien que iadis, & encore en aucuns lieux , Garde se dit en ligne directe , & Bail en collaterale.*

existens sine ballio alterius & tutela. A D I. L'Auteur des Gestes du Pape Innocent III. *Balium Regni Imperatrix Constantia ,* (veuue de l'Empereur Henry VI. & Roy de Naples, & mere de Frideric leur fils impubere) *Domino Papæ dimisit, ab omnibus iuramento firmandum, quoniam ad eum spectabat tamquam dominum principalem*: duquel passage, & de plusieurs autres endroits des Lettres du mesme Pape, M Florent Docteur Regent és Droits, tant en l'Vniuersité d'Orleans qu'au Decret de l'Vniuersité de Paris, monstre tres-doctement en son traitté sur le titre *de Electione* aux Decretales, que doit estre tirée l'espece & la vraye explication du chap. 18. du mesme titre, laquelle

ADDITIONS.

auoit esté inconnuë aux anciens Interpretes; si ce n'est que Iean de la Coste son Maistre en auoit desja découuert quelque chose dans son Sommaire sur le mesme titre des Decretales.

BALAY. Espece de rubis. Les Italiens disent *balassi*. Du lieu d'où ces rubis nous sont venus. Ramusio vol. 1. de ses Nauigations fueil. 156. verso dans l'Itineraire de la Perse de Loüys Barthema: *In questà (Siras) si troua gran quantità di gioie, cioè turchine e balassi infiniti. Vero è che qui non nascono mà d'vna città chiamata Balasam.* Et au fueillet 321. verso du mesme volume dans le liure de Barbosa: *Li balassi sono di spetie di rubini, mà non cosi duri. Il colore è di rosato, & alcuni sono quasi bianchi. Nascono in Balassia, ch'è vn regno d'entro à terra ferma di sopra Pegu & Bengala, & di li vengono condotti da i Mercanti Mori per tutte l'altre parti, cioè buoni & eletti per lauorargli in Calicut, doue li fanno netti & acconciano, & vendonsi per il pretio d'elle spinelle, & quelli che non sono buoni & sono forati li comprano li Mori della Mecca, & di Adem per portar nella Arabia, doue s'vsano molto.*

BAN. Pithou au lieu allegué. A d i. & ce que nous auons rapporté du P. Sirmond au mot *banlieuë*.

BANQVEROVTE. Voyez *banque*. A d i. & *roture*.

BARBEAV. Les Anglois disent *barbill*. A d i. Anciennement nous disions *bar*, témoin les bars adossez des armes de Bar.

BARON. *Baro, ἀνήρ.* A d i. M. de Valois le jeune liu. vii. de son Histoire de France pag. 389. *Cæterùm, notare conuenit quod tradit Gregorius, Chlodoaldum auxilio virorum fortium esse liberatum, & qui sint hi viri fortes scire operæpretium est. Animaduerto igitur à Gregorio viros fortes vocari eos qui tum propriè Barones dicerentur. Vnde Isidorus in Originum lib. ix. ait acceptâ mercede seruientes mercenarios, eosdem & Barones dictos, quòd sint fortes in laboribus. Quem tamen falsò affirmare puto Barones mercenarios fuisse. Et in veteribus Glossis Baron, fortis in laboribus appellatur. Ex qua nominis interpretatione cognoscitur Baronem idem significare quod fortem. Eosdem Gregorius in Historia lib. vii. viros fortissimos, & in lib. ix. viros fortiores vocat, cùm scribit omnes* viros fortissimos *regionis trans Duranium sitæ Gundobaldo iunctos esse : atque* viros fortiores, *qui Suessionis & Meldis erant, ad Childebertum minorem Francorum Regem venisse, ab eóque petiisse, vt Theodebertum filium suum natu maiorem ipsis præficeret. Et Fredegarius in Chronico, cùm ait* Wilibaldum Burgundiæ Patricium *ex Patriciatu suo, hoc est, ex Prouincia cui præerat,* Pontifices ac Nobiles & Fortes, *plurimam præterea multitudinem coëgisse, vti se ab inimicis defenderet, nomine* Fortium *non alios (ni fallor) quam* Barones *designat.*

p. 95. BERS *vocabatur.* ADI. (*Bers* se trouue en beaucoup d'anciens Autheurs François pour *Barons*)

de la Maison de Montmorency. ADI. M. Hauteserre liure II. des choses Aquitaniques chap. 9.

p. 97 BASOCHE. ADI. Iean du Luc au tit. 3. du liu. XII. de ses Arrests, tient que les Basochiens sont ainsi nommez quasi Βαζοχοῖοι, *quasi dicaces, qui verba funditant & salibus ludunt*; *qui risitantes irruunt*, *cachinnos*, *ioca*, *dicta*. Et cette opinion a esté embrassée par Ragueau en son Indice sur les mots de *Basoche* & de *Roy de Basoche* : & encore par Pierre de Miraulmont à la fin de ses Memoires des Iurisdictions qui s'exercent dans l'enclos du Palais de Paris, où il traite amplement du Royaume de la Basoche & des Basochiens. Mais ils se trompent tous. *Basoche* & *Basochiens* viennent de *Basilica* & de *Basilicani*. Iac. Choartio. ADI. Et ce qui confirme toutafait cette opinion, c'est qu'anciennement les Clercs du Palais estoient appellez *Basilicains*. Miraulmont au lieu allegué: *Ils sont aussi appellez* Basilicains (il parle des Basochiens) A BASILICA *Palais & maison Royale de nos Rois, & par eux delaissée au Parlement pour y rendre la Iustice, tant parce qu'ils y rendent continuellement seruice auprés des Procureurs leurs Maistres, qui y sont assidus pour le fait de leur charge, que pour autant qu'ils y exercent leur Iustice par leurs Officiers.*

p. 98. BASTILLE. pour vne espece de redoute. LISEZ, pour certaines tours de bois.

pag. 100. BAYE. qui signifie la mesme chose. ADI. On appelle aussi *Bayes* les fruits de certaines plantes. De *bacæ* ou *baccæ*.

ADDITIONS. 685

BEDEAVX. *Pedellus* au lieu de *Bedellus*. A D I. Iſaac *pag.* Wake Anglois en ſon liure intitulé *Rex Platonicus*, eſtime 103. que *Bedellus* a eſté fait de l'Anglois *bid* qui ſignifie *aduertir: Tales iam Romæ dicuntur* Fideles (il parle des Bedeaux des Vniuerſitez) *& eorum ſceptra* mazæ, *vnde Anglicum* mace. *Stat. Vrb.Rom.lib.*III.*cap.*4. *Aliqui potiùs dici volunt* Pedellos *à pedo quod geſtant, quales ſex habet Academia tres clauas aureas geſtantes, reliquos argenteas. Sed puto potiùs dici ab Anglico* to bid, *quod eſt monere. Nam eiuſmodi eſt eorum munus, & à nobis ad exteras Academias nomen fortè deriuatum.*

BEAVSSE. De *Belſia*, dont Fortunatus s'eſt ſeruy le premier, ſi on en croit Papyrius Maſſo: *Belſiæ verbo primus, quod ſciam, vſus eſt Fortunatus Pictauienſis in vita Germani Pariſiorum Epiſcopi.* C'eſt dans ſes Annales de France en la vie de Philippe Auguſte.

BEGVINES. de *Anſegiſe* qui les fonda. A D I. Ægi- *pag.* dius Leodicenſis Moine d'Orval en attribuë l'origine à 103. Lambert le Begue Preſtre & Religieux de ſainte vie, contemporain de Raoul Eueſque du Liege: *Cuius cognomine,* dit-il, *mulieres & puellæ quæ caſtè viuere proponunt,* BEGVINES *Gallicè cognominantur, quia ipſe primus extitit, qui eis propoſitum caſtitatis, vitâ, verbo & exemplo prædicauit.* Ioannes Oliuarius ſur Mela dit qu'elles ſont appellées *Beguines* & *Bigotes* en Hollande.

BIIOV. De *biſ-jeculum.* Voyez *ioyaux.*

BIRONNE. en Poitou. A D I. & en quelques lieux du *pag.* Languedoc. 118.

bareñado. A D I. Il y a apparence que lors qu'on a premiere- *pag.* ment dit qu'vn homme auoit eu vn coup de guibelet à la 119. teſte, on a fait alluſion au trepan, qui eſt vne operation de Chirurgie, dont les fonctions de l'eſprit reçoiuent ordinairement quelque alteration.

BIVOIE. extraordinaire du camp. A D I. Le Hollan- *pag.* dois a eſté fait vray-ſemblablement de *bis wacke.* Voyez *guet.* 120.

BLERIE. Voyez *blé.* A D I. & de fait ce mot *blerie* ſe *pag.* prend encore en quelques lieux pour *vne terre ſemée de blé, & 122. où le blé vient en abondance.*

RRrr iij

BLANC. *putat imbecilliora.* ADI. M. de Mauſſac en ſes Animaduerſions ſur les liures d'Ariſtote de l'Hiſtoire des Animaux: *Aliud eſt candidum eſſe, aliud album. Quod candidum eſt, quadam nitenti luce perfunditur: quod album pallori vicinum. Quo fit vt damnandus potiùs videatur albus color equorum, quàm candidus, ob neſcio quam imbecillitatem quæ albis agnata videtur, ratione huius coloris, qui ex ſe impotentiam & flacciditatem denotat. Vnde & à Gallis color ille albus* BLANC *dicitur, ab alia voce Græca* ϲλαξ *victum & imbecillum denotante.*

blancus, BLANC. ADI. *Albico* ſe trouue dans Horace: *Nec prata canis albicant pruinis.*

p.122 BLASMER. De *blaſphemare.* ADI. comme BLASME de *blaſphemium*, qui ſe trouue en cette ſignification dans Gregoire de Tours & dans Fredegaire.

BLASON. de *rugitus,* &c. ADI. Quelques-vns le dériuent de l'Alleman *blaſen*. Louuan Geliot en ſon Indice Armorial: *Quelques-vns tiennent que* blaſon *&* blaſonner *viennent de ce mot Alleman* blaſen *qui ſignifie* tonare, ampullare, turgeſcere, *& que les Heraults blaſonnans les armoiries d'vn Prince ou Seigneur, ils recitent la haute & myſtique ſignification du blaſon d'iceluy, y adiouſtant ſes loüanges, hazardeuſes entrepriſes & proüeſſes, auec des termes enflez & pleins de gloire, pour monſtrer qu'il porte tel blaſon à iuſte cauſe; & ainſi* blaſonner *ſignifie* loüer. *Et le Blaſon de la Roſe, c'eſtoit vn Poëme qui contenoit les loüanges de la Roſe, encor qu'en ſens contraire l'on prenne quelquefois* blaſonner *pour* blaſmer, *&c.* Comme les Latins de *elogium,* &c.

p.131 BOVGRE. à Montargis. LISEZ. On lit au Monaſtere des Religieuſes de Montargis l'Epitaphe d'Alis Comteſſe de Bigorre, en ces mots: FILLE DE GVY DE MONTFORT SECOND FILS DE SIMON COMTE DE MONTFORT, QVI POVR LA FOY MOVRVT CONTRE LES BOVGRES ET ALBIGEOIS. Ce ſont les propres termes de Pierre Mathieu en l'Hiſtoire de Saint Loüys pag. 206.

BOVRBON. acauſe des bourbes. ADI. Meſſire Oliuier de la Marche en l'Introduction à ſes Memoires, le dériue du mot *bourg* & de celuy de *bon*: *Ie trouue que deux Baronnies*

furent de pieça; dont l'vne fut au pays que l'on dit Bourbonnois, *&*
l'autre en la Duché *&* pays de Bourgogne. Et comme toutes choses ont
commencement, parce qu'en tous les deux lieux que l'on nomme Bourbon
à bains chauds (que l'on dit medicinales, *&* s'y vont plusieurs gens baigner pour se medeciner *&* pour recouurer santé d'aucunes maladies) à
cette cause *&* pour ce plusieurs gens y hantoient *&* y conuersoient,
hosteliers, tauerniers, marchands *&* ouuriers mecaniques se logerent
en celle part pour gagner *&* auoir profit; tellement qu'assez tost aprés
se fit en iceux lieux gros *&* puissans bourgs, *&* augmenterent tellement
qu'entre les autres bourgs on disoit d'vn chacun d'iceux voisins, c'est vn
bon bourg: *&* à le prendre au rebours, peut-on dire, c'est vn bourg
bon: *&* de ce nom Bourg bon *en continuation de langage sont encore
appellez ces deux lieux* Bourbon; *&* par succession de temps deuindrent deux grandes *&* puissantes Baronnies, chacune en son pays, *&*
en furent Seigneurs deux nobles Barons, qui par mariage s'allierent ensemble: *&* ainsi aduint que toutes ces deux Baronnies demeurerent par
succession à vn nommé Geufroy de Bourbon: lequel Geufroy eut deux fils,
dont l'aisné fut nommé Archambaut, *&* le second fut nommé Anseau.
Bormonis. ADI. ou *Bormonæ*, comme lit M. Sanson.
est indubitable. ADI. Dans la mesme Carte *Bourbon-Lancy*
est nommé *Aquæ Nisincii*.

BOVRGVIGNON. *où l'on saloit les Bourguignons.* ADI. pag. 137.
D'autres tirent ce prouerbe du sel qui se fait à Salins en la
Franche-Comté: ce qui est beaucoup plus vray-semblable.

BOVRRIQVE. *Bourrique parmy nous se prend pour
asnesse: comme burra* & *borricia parmy les Espagnols, qui disent
borrico pour asne.* LISEZ: Les Espagnols disent aussi *borrica*
pour dire *vn asne*, & *burra* & *borricia* pour dire *vne asnesse*.

BOVT. Ie croy qu'il vient de *bod*. LISEZ: Quelques- pag. 139.
vns le dériuent de *bod*.
& les Anglois *bottom*. ADI. Ie croirois plustost qu'il viendroit de ϐυϑός, qui signifie comme ϐιοϑὸς *le fonds*, & qui a esté
fait de ϐύσω qui signifie *emplir*.

BOVTEILLE. Casaubon sur Capitolin pag. 186.
ADI. & Turnebe liure XXIII. de ses Aduersaires chap. 19.

BOVTONS pour *pulsare*. ADI. comme Quintilien pag. 141.
l'a remarqué 1.4.

BRAGVE. *de Re Vestiaria.* ADI. Il y a à Paris la famille des Bragelognes, ainsi nommée *à longis braccis.*

pag. 143.
BRAQVE. vne famille *des Bracs.* LISEZ: Vne famille des Braques, dont estoit de Braque premier Maistre d'Hostel de Charles V. dit le Sage, lequel auoit fait bastir vne Chappelle où sont apresent les Peres de la Mercy, & de laquelle la ruë de Brac a esté ainsi appellée, comme aussi le tripot de Braque qui estoit prés de cette ruë, & qui a esté démoly. Quant au tripot, &c.

pag. 145.
BREBIS. BERÇAIL & BERGER. ADI. comme BERGERIE de *berbigaria.*

pag. 146.
BREF. vne obligation, *vn breuet.* ADI. Voyez Ragueau en son Indice aux mots *Bref, Brief* & *Breuet.*

BREVVAGE. & qui vient de. ADI. de l'Italien *beueragio*, qui a esté fait du Latin *beueragium*, qui l'a esté de *bibere*, &c.

pag. 152.
BRIVE la Gaillarde. dont ils sont tirez. ADI. Saumur est nommé *Robrica* dans la Carte de Peutinger.

BROVET. ADI. Pontanus le dériue de l'Anglois *bread* ou *broët* qui signifie *pain*. Il vient, &c.

pag. 155.
BRVEIL. *ager arboribus consitus.* ADI. Dans le Barrois *brueil* se prend pour *vn pré marescageux:* & en la ville du Puy en Auuergne on appelle *le brueil de M. du Puy* vn grand pré qui est proche de la ville, lequel appartient à l'Euesque.

pag. 162.
CABARET. *caparet,* CABARET. ADI. Hesychius: κάπηλα, ἡ κρεώπολις. ἀῤῥὲ ϰϑ᾽ Ταραντίνοις.

CABATS. à figues. ADI. & à raisins.

pag. 163.
CABOCHIENS. de ces seditieux. ADI. Le Catholicon: *A vn des coins estoit la Harelle de Roüen, &c. & à l'autre coin les faits heroïques des anciens Maillotins sous les Capitaines Simon & Caboche, & Iacques Aubriot Rois des Bouchers & Escorcheurs.*

pag. 164.
CADASTRE. ainsi en. ADI. Languedoc. pareillement de *quota.* ADI. Ragueau en son Indice interprete le mot *cadastre* par *capitularium tributorum.* Voyez M. Hauteserre au chap. 2. du liure III. *Rerum Aquitan.*

* CAGNEVX. La pluspart des chiens, & particulierement

ADDITIONS. 689

ment ceux qu'on appelle *baſſets* ſont cagneux : ce qui me fait croire que ce mot a eſté fait de *cagnoſo*, qui l'a eſté de *cagna*, qui en Italien ſignifie *chienne*. *Cagna, cagno, cagnoſo,* CAGNEVX.

CALFEVTRER, comme quand on dit *calfeutrer vn vaiſſeau*. De l'Allemã *calefaten* qui ſignifie *hiantia committere & ſolidare*, & qu'Hadrianus Iunius dériue de χαλαφατης.

CAMAILDOLI. proche celle de Rome. OSTEZ cela. *pag. 172.*

CAMARGVE. & fut appellé *Camarica*. ADI. L'Iſle de Camargues eſt appellée *Camariæ* par le Continuateur d'Aymoinus. *pag. 173.*

CAPISCOL. & en quelques autres lieux. LISEZ : & *pag. 178.* en Languedoc.

CAPITOVS. De *Capitolini*. ADI. M. Hauteſerre liu. III. des Choſes Aquitaniques chap. 4. *Clariores etiam vrbes Aquitaniæ & Galliæ ſuos Conſules habuere Romæ vrbis æmulæ : de Burdegala teſtis Auſonius :*

> Diligo Burdigalam, Romam colo, ciuis in illa
> Conſul in ambabus.

Iuratos vocitant Burdegalenſes. Habet hodiéque Toloſa ſuos Conſules, qui Capitolini *vocantur, veteribus tabulis* Capitulares*, vel Domini de Capitulo; quod nomen barbarum non eſt, ſed merè Romanum.* Capitulanos *dixit Symmachus, pro exactoribus præbitionis tyronum,* Capitularios horreariorum *&* tabernariorum *Caſſiodorus, pro curatoribus horreorum publicorum & tabernarum. Denique omnes ferè ciuitates Galliæ ſuis reguntur Scabinis ſeu Conſulibus, quorum plerique iuriſdictione temporali potiuntur, vt notum etiam ipſis Pontificibus. Nonnullæ etiam ciuitates Aquitaniæ, & Galliæ ius eligendi quemdam Magiſtratum, qni Maior vocatur* LE MAIRE*, priſcæ libertatis ſpecimen incolume tuentur. Capitulare Caroli Magni :* Vt Presbyteri, neque Iudices, neque Majores fiant. *Hoc iure lætantur Bituriges, Burdegalenſes, Pictauienſes, hoc iure ſuperbierunt etiam Rupellani ad quos pertinet inſcriptio decretalis epiſtolæ Honorij* III. Majori & Burgen. de Rupella, *ſed eo per ſcelus excidere.*

CARIAGE. Vieux mot qui ſignifie *le charroy d'vne armée*. De *carragium* qu'on a dit pour *carrago*, qui ſe lit en cette ſignification dans Trebellius Pollio en la vie de Claudius : *Ingens carrago deſerta eſt.*

SSſſ

ADDITIONS.

pag. 185. CATZ. en cette signification de *bout*. ADI. & les Italiens *capo*.

pag. 187. CAVSER. acause de leur babil. ADI. Dans les vieux Autheurs François ils sont appellez pour cette mesme raison *enparliers*.

* CERCLE de muid. De *circulus*. Pline liure XIV. ch. 21. *Magna & collecto vino differentia in cella. Circa Alpes ligneis vasis condunt, circulisque cingunt.* Au lieu de *circulus* on a aussi dit *circellus*, d'où nous auons fait *cerceau*.

pag. 188. CERS. Vent. ADI. C'est le contraire de l'Autan, c'est à dire le Nord-Ouest. Goudelin en son Chant Royal:

Quand le Cérs & l'Autà se gourmon toutis dous.

les charrettes chargées. ADI. On prononce *Cerce* en Prouence, & en Languedoc *Cers*.

De *Circius*. ADI. ou *Cercius*. Caton dans Aulugelle II. 22. *Ventus Cercius, cùm loquare buccam implet, armatum hominem, plaustrum oneratum percellit.* Pline II. 47. *Item in Narbonensi Prouincia clarissimus ventorum est Circius, nec vlli violentia inferior, Ostiam plerúmque rectà Ligustico mari perferens: idem non modò in reliquis partibus cæli ignotus, sed ne Viennam quidem eiusdem Prouinciæ vrbem attingens, paucis ante limitibus iugi modici occursu tantus ille ventorum coërcitus.*

il estoit de France. LISEZ: d'Arles en Prouence.

ac *vertigine*. ADI. Lucain:

———— *solus sua littora turbat*

Circius, & tuta prohibet statione Monœci.

Strabon en fait aussi mention, & dit qu'il jette les hommes à bas de leurs chariots, & leur emporte leurs armes, & mesme jusques à leurs habits.

pag. 190. CERVOISE. *vocabulo defluxerit?* ADI. & Hadrianus Iunius de *cereus color*: CEREVISIAM *à Cerere, idest, à fruge nomen habere scribit Isidorus. Alij à ceria Hispani idiomatis olim vocabulo nominis appellationem deriuant: nisi potiùs à cereo colore nomen fluxisse dicamus.* C'est au chap. 12 du liu. 11. de ses Obseruations, où il traitte doctement & amplement de la difference qu'il y a entre *xythus* & *ceruisia*.

ADDITIONS.

CEVENNES que ce pays. Lisez: que ces montagnes ſont appellées.

CHALONGER. Voyez auſſi. Lisez: Ragueau en ſon Indice, André du Cheſne ſur Alain Chartier, & ce que nous auons écrit au mot *calenger*. *pag. 192.*

CHAMPAGNE. auons fait *campagne*. Adi. Voyez M. de Saumaiſe ſur Solin pag. 772. *pag. 193.*

CHAMPIGNON. où on le prononce *campi*. Adi. Dans le Languedoc & dans la Gaſcogne *campis* ſe prend pour *fils de Preſtre*. *pag. 194.*

CHANCEL. Adi. ou *chanceau*. *ſtare aut ſedere*. Adi. M. Florent ſur le chap. 1. *de vita & honeſtate Clericorum*, induit fort bien des termes de pluſieurs Canons, comme de tout temps les Egliſes ont eſté diuiſées en trois parties; dont la premiere eſt l'Autel, qui eſtoit fermé de baluſtres, *cancellis*, & eſt appellé *Sancta Sanctorum*: le ſecond eſt le Chœur, où il n'eſtoit permis qu'aux ſeuls Clercs d'entrer: & la troiſiefme eſtoit laiſſée aux laïques; de telle ſorte neantmoins qu'aucuneſois l'Autel ſe prend generalement pour le Chœur.

CHANGER. ont fait *cangiare*. Adi. On a dit pareillement *cambeare*. Les Gloſes: *cambeat*, ἀλλαάσσει. Du ſimple *cambiare* on a fait *excambiare*, d'où nous auons fait echanger. Dans la Gaſcogne & dans le Languedoc on prononce encore *cambià*. *pag. 196.*

CHANVRE. en Anjou. Adi. & le menu peuple en Touraine.

CHAPELLE. ſur Marculphe pag. 538. Adi. M. Galland en ſon traitté de la Chape de Saint Martin. *pag. 198.*

CHARGER. les Eſpagnols. Adi. & les Gaſcons. *& diſcargauerit*. Adi. & *diſcaricare* dans la vie de Saint Medard: *diſcaricantes quæ tulerant*. Les Languedociens diſent de meſme *deſcargà*.

CHARIVARI. *aut radio pulſatorum*. Adi. & de fait, on prononce à Thoulouſe *chaillibári*. Cependant, &c. *pag. 101.*

CHARLATAN, intitulé *le Vagabond*. Adi. ou de *pag. 102.*

SSſſ ij

circulatanus, qu'on aura dit pour *circulator*.

pag. 203. CHAROGNE. d'où il y a apparence que le François *charogne* vient aussi. OSTEZ cela.

en la vie de Zenon. ADI. Ie croirois pluftoft que *carogna* auroit esté fait de *caro*.

CHARROVX. *condidit istud opus*, &c. ADI. LAutheur de la vie de Loüys le Debonnaire: *Et quidem multa ab eo sunt in eius ditione reparata. Immò à fundamentis ædificata Monasteria : sed præcipuè hæc, Monasterium Caroffi, Monasterium Concas*, &c.

pag. 206. CHASSER. *& fugientia captat.* ADI. *Caciare* se trouue dans le Capitulaire de Charles le Chauue *apud Carisiacum anno Incarn. Domini* DCCCLXXVII. cap. 33. *Vt Adelemus de forestibus diligenter sciat quot porci & feramina in vnaquáque à filio nostro caciata fuerint*. Le Pere Sirmond sur ce passage: *Nec solùm sylvas forestes dicimus, sed caciare venationem exercere*.

CHAT. en Picardie. ADI. au bas Languedoc.

pag. 208. CHATON. *vne puce enchassée*. ADI. Nous disons encore apresent *encastrer* pour *enchasser* ou *enfermer quelque chose dans vne autre*. Par exemple: *cela est encastré dans le mur*.

CHAVD. De *caldum*. ADI. qu'on disoit du temps d'Auguste pour *calidum*. Quintilien 1. 6. *Sed Augustus quoque in epistolis ad C. Cæsarem emendat, quòd is dicere* calidum *quàm* caldum *malit: non quia illud non sit Latinum; sed quia sit odiosum, & vt ipse Græco verbo significauit*, θεϊκώτερον. Vous trouuerez *vasa caldaria* dans Vitruue qui viuoit au mesme temps.

tom. 1. sect. 1. pag. 205. ADI. Les Espagnols disent *caldo* pour dire *vn boüillon*.

CHAVVE-SOVRIS. *l'ont nommée* ratepennade. ADI. & les Languedociens *ratepenne*.

* CHENEVIS. CHENEVOTTES. De *cannabis* & *cannabottæ*.

pag. 215. CHICHE. pour *petit, menu*. D'où vient *chic* & *chicot*, qu'on dit pour *petit* en quelques lieux du Languedoc & de la Gascogne. Parmy nous le vulgaire dit encore apresent *chiquet à chiquet* pour dire *peu à peu, par parcelles*, & nous appellons *vn chicot* ce que les Latins appellent *cespes*.

ADDITIONS. 693

CHOISIR. *il m'a choisi.* ADI. & les Gascons & Languedociens *causi* pour *choisir*. pag. 217.

CHOVE. CHOVETTE. De *cucuba* & *cucubetta.* *olim Suette, Borel p. 417* Voyez *houë*.

CIBOIRE. *vasculi nomen est.* ADI. Paulus Diaconus liure III. des Gestes des Lombards chap. 35. *De quo auro ipse Rex postmodum Ciborium solidum miræ magnitudinis & magni ponderis fecit, multisque illud pretiosissimis gemmis decoratum ad sepulchrum Domini Hierosolymam transmittere voluit.* Bonauenture Vulcanius sur cét endroit: CIBORIVM, *poculi genus est in modum foliorum colocasiorum factum, vt interpretatur Scholiastes Horatij Porphyrio, ad illum Serm. lib.* II. *Od.* 7. *versum:* pag. 218. *vide Voss. Etymol. p. 132 b.*

  Obliuioso leuia Massico
  Ciboria exple.

Hesychius: κιβώριον, Ἀιγύπτιον ὄνομα ἐπὶ ποτηρίου. Toutefois, voicy ce que Lindembrog adjouste à cette Note sur le mesme passage: *Alio tamen significatu apud Paulum hîc vsurpatur, quemadmodum etiam apud Anastasium in vitis PP. Leonem Marsican. & alios eius sectæ Scriptores.*

CILICE. De *cilice* ablatif de *cilix.* LISEZ: de *cilicium.* *vid. Etymol. Voss. p. 134 b.*

CINTRE, pour *la charpenterie qu'on dresse auant que de bastir vne arcade.* J'ay appris de M. de Valois le jeune, que ce mot venoit de celuy de *centrum,* qu'il m'a monstré en cette signification dans ce passage de Robert Moine d'Auxerre: *Iam exstructâ testudine visum est debere submoueri centra, quibus fuerat testudo suffulta.*

CLERGIE. de celuy de *clerc.* ADI. qui signifie *lettré.* Maistre Charles du Moulin sur ces mots du commencement du traitté *de modo conficiendi processus Commissariorum,* qui est à la fin de la II. partie de l'ancien style du Parlement; CLERCS ET CONSEILLERS DV ROY: *Olim non dicebantur aliqui Consiliarij Clerici ad differentiam laïcorum. Omnes enim, exceptis sex Paribus Ecclesiasticis erant laïci, quorum pars erant Proceres & Milites: reliqui Iurisperiti, & hi ad illorum differentiam vocabantur* Clerici, *more loquendi Gallico, quo doctos Clericos vocant, vt ex veteribus Regestis Curiæ constat.* En effet voicy comment vsent de ce mot les

Deputez des trois Eſtats du Royaume, qui furent aſſemblez à Tours en l'an 1483. ſous Charles VIII. au chapitre de la juſtice du Cahier de leurs Remonſtrances: *Pourquoy ſemble aux Eſtats que le Roy doit faire adminiſtrer bonne & brieue iuſtice à ſes Suiets par gens Clercs notables, experimentez, & de luy bien ſtipendiez.* Voyez Ragueau ſur le mot *Clergez*: Loiſeau aux §.§. 57. & 58. du chap. 5. du liure II. des Offices, où il obſerue que le mot *Clerc* ſignifie parmy nous trois choſes; l'Eccleſiaſtique, l'homme de lettres, & celuy qui écrit ſous autruy. Voyez auſſi ce que nous auons rapporté de Iean de la Coſte tres-celebre Docteur Regent en Droit dans les Vniuerſitez de Toulouſe & de Cahors, au mot *Fourleueſque*. Cette remarque m'a eſté donnée par M. Nublé.

pag. 221. **CLVNY.** Abbaye. LISEZ: De *Cluniacum*, que Glaber Rodolphe liu. 8. de ſon Hiſtoire des François ch. 5. deriue *à cluendo* ou de *accliuis*: *Ad vltimum quoque prædicta videlicet inſtitutio iam penè defeſſa, auctore Deo, elegit ſibi ſapientiæ ſedem, vires collectura ac fructificatura germine multiplici, in Monaſterio ſcilicet cognomento Cluniaco, quod etiam ex ſitu eiuſdem loci adcliuo atque humili tale ſortitum eſt nomen: vel etiam quod aptiùs illi congruit, à cluendo dictum, quoniam cluere creſcere dicimus. Inſigne quippe incrementum diuerſorum donorum à ſui principio in dies locus obtinuit.* Cette etymologie ne me ſemble pas fort vray-ſemblable: mais celle de Petrus Damianus liure VI. de ſes Epiſtres (epiſtre à Vgon Abbé & aux Moines de Cluny) me ſemble toutafait ridicule: *Vnde cùm te, felix Cluniace, conſidero, hoc tibi nomen impoſitum non ſine diuini præſagij diſpoſitione perpendo. Hoc quippe vocabulum ex clunibus & acu componitur, per quod videlicet arantium boum exercitium deſignatur. Bos enim in clunibus aculeo pungitur vt aratrum trahat, & arua proſcindat. Illic enim humani cordis ager excolitur, vnde ſedes illa colligitur, quæ promptuarij cæleſtis ædibus inſeritur.* Et enſuitte: *Conueniêter itaque Cluniacum agrum dixerim, in qua videlicet dominicè boues infatigabiliter arant, dum eos diuini terroris aculeus ſtimulat, & velut acu clunium pars poſtrema tranſpungitur, cùm vltimi terrore Iudicij mens humana terretur.*

pag. 224. **COFFRE.** *Gierolamo.* ADI. & nous *coffin*, qui eſt vn

ADDITIONS. 695

mot dont nous feruons pour dire *vn panier d'ofier fermé*.

COIN, comme quand on dit. Lisez, *coin de fer ou de bois*. De *cuneus*. On dit encore en Picardie *cuin*. De *cuneus* on a fait *cuneare* & *cuneata*, dont nous auons fait *coigner* & *coignée*. Le mesme mot *coin* signifie aussi cét instrument de fer qui porte la marque qui est à empraindre sur la monnoye d'or ou d'argent, acause qu'il est fait comme vn coin; & qu'en effet le Monnoyeur en ayant appliqué la pointe sur la lame d'or ou d'argent, frappe d'vn marteau sur la teste autant de coups qu'il est necessaire pour la marquer. Et delà vient que nous disons d'vne piece de monnoye, qu'elle est battuë au coin de Paris, de Tours, de Lyon, & des autres Villes où se bat la monnoye. Ainsi, l'instrument dont les Maistres des Orfevres se seruent pour marquer la vaisselle d'or & d'argent, aprés l'auoir éprouuée, lequel est plus petit qu'vn coin s'appelle *poinçon*; de sorte que nous disons, *de la vaisselle du poinçon de Paris, de Lyon*, &c. Et ce mot de *poinçon* signifie encore l'instrument d'acier qui sert à faire les matrices dans lesquelles les Imprimeurs fondent les caracteres auec lesquels ils impriment. *Cuneus* pour *coin de monnoye* se trouue. Voyez Spelmanus au mot *cuneus*. Ciron se trompe qui dériue *coin* en cette signification de *iconium*, qui dans Suetone en la vie de Caligula est pris pour vne espece de monnoye qui represente le Prince. C'est au titre VI. du liure II. de la V. compilation des Decretales: outre que dans Suetone il y a *iconica* ou *icuncula*.

COITE. se trompent. ADI. Pline XVIII. 1. dit que les coites sont de l'inuention des Gaulois: *Sicut in culcitris præcipuam gloriam Cadurci obtinent, Galliarum hoc, & tomenta, pariter inuentum*. Ce qui a fait croire à M. Hauteserre liure II. des choses Aquitaniques chap. 10. que *culcitra* estoit vn mot Gaulois, les Inuenteurs donnant ordinairement le nom aux choses inuentées. pag. 2251

COLLATION. entre le desieuné & le disné. Lisez: entre le disné & le souppé.

COMPAGNON. Alain Chartier pag. 861. ADI. à pag. 226.

696 ADDITIONS.

quoy on peut adjouster ce que nous lisons dans Loisel en ses Institutes Coustumieres liure 1. titre 1. §.37. *Feu & leu font mancipation* (ce dit Brassas) *& enfans mariez sont par la Coustume de France hors de pain & pot*, c'est à dire emancipez

pag. 227. CONDE'. dans vne autre signification. ADI. Columelle v. 1. *Galli* Candetum *appellant in areis vrbanis spatium* 100. *pedum. In agrestibus autem pedum* 150. *quod aratores nominant.* Isidore liure & chap. 15. de ses Origines dit la mesme chose. Les Autheurs, &c.

CONFITVRES. De confecturæ. Voyez *espices*.

CONFLANS. de *ad confluens*. ADI. Et vn autre en Limousin, qu'on appelle *Confoulans* par corruption pour *Conflans*.

CONGE'. Anciennement nous écriuions *conged*. ADI. ce que le mot *congedier* fait voir.

CONNESTABLE. *stabuli fuisse*. ADI. Les Italiens disent *contestabile*, & les Espagnols *condestable*.

pag. 228. CONTESTER. *ny à leur force*. ADI. Et delà le mot *contraste* pour *debat*. Ou de *contestare*, qui a esté en vsage, comme on dit encore *litis, contestatio*.

CONTRAINDRE. De *constringere*, comme *estraindre* de *stringere*. Gregoire le Grand liure VII. de ses Epistres epist. 130. *Sed hi quibus mutuatæ dicuntur pecuniæ debent à mutuante constringi, quatenus sicut norint expensa centenaria ipsi restituant.*

CONVIER. de *coinuiare*. LISEZ, de *coinuitare*.

CONVOY. De *conuectum* pour *conuectio*, qui se dit tant d'vne armée que d'vn corps mort.

pag. 229. COQVET. les Gascons. ADI. & les Prouençaux. pour dire *courtiser*. ADI. On appelle aussi *coquettes* les Poules qui se panardent deuant le Cocq pour luy plaire, & metaphoriquement les femmes qui veulent estre cajolées.

pag. 230. CORDONNIER. *protrahit inde rubras*. ADI. M. Hauteserre liure 1. des choses Aquitaniques chap. dernier: *Hæc Insula (*Antros*) fluctibus hausta & obruta eius reliquias & tenue vestigium eo loci superesse opinio est, vbi* Corduana *turris seu pharus, cui nomen à* Cordubensibus *seu* Sarracenis, *quòd his arcendis opposita fuerit.*

Saracenos

ADDITIONS. 697

Sarracenos Cordubenses seu Corduanos vocauit deterior ætas, quòd Corduba eorum Regia esset: & inde Ordericus Vitalis non vno loco sotulares Corduanos dixit, calceos consutos è pellibus, quæ Corduba aduehebantur in Galliam. Vernaculi CORDOÜAN.

CORIDOR. *vulgò* coredor, GALERIE. ADI. On appelle *Couredou* à Thoulouse l'allée par où on entre dans vne maison.

CORME. *comme en* plaisir, *&c.* OSTEZ cela.

CORVEE. De *corporata à corpore.* ADI. Voyez le Pere Sirmond sur les Capitulaires de Charles le Chauue pag. 78.

COTE. ADI. Pontanus le dériue de l'Alleman *kotz.* Il vient, *&c.*

COTIGNAC. Par corruption pour *cotignat.* De *cotoneatum,* comme qui diroit *ex malis cotoneis.*

COVCHER. l'ay appris de M. de Valois le jeune, que ce mot venoit de *collocare.* Catulle en son Epithalame:

Vos vnis senibus bonæ
Cognitæ bene feminæ
Collocate puellulam.

COVDRE. *consere,* COVDRE. ADI. Voyez Vossius de *vitijs sermonis* pag. 672.

COVILLAVT. *s. Albini esse.* ADI. Dans la fondation de l'Abbaye de Vendosme : *Hæc sunt nomina Collibertorum, quos dedimus Monasterio Sanctissimæ Trinitatis, Garnerius & infantes eius, Landricus & Bernerius fratres,* &c. Le Cartulaire de Marmoutier: *Et cùm ille ostenderet illum fuisse Collibertum, guadiauit ei domnus Ascelinus iurare quòd ille seruus fuerit, non Collibertus. Collibertus, Colliertus,* COÜILLART, COÜILLAVT.

COVRIACE. qui ne se rompt pas nettement. ADI. & par metaphore nous appellons ainsi les hommes qui ne sont pas bien traittables.

COVRROYE. longue piece de cuir. ADI. Il vient du Latin *corrigia.*

COVSTILLIER. de laquelle ce valet s'aidoit. ADI. Le President Fauchet se trompe. Il vient de *cultellarius.* C'est pourquoy il faut escrire *coutillier;* & *coutille,* qui a esté fait de *cultella*, qu'on a dit pour *cultellus*.

CRACHER. M. de Valois le jeune eſtime que ce mot a eſté dit par onomatopée, du ſon qu'on fait en tirant vn flegme du fonds de l'eſtomac, & que *cracher* eſt le meſme que *craquer*, comme *attacher* & *attaquer*.

CRAMAIL. nom de maiſon Lisez: nom de terre Comtale au Dioceſe de Thouloufe.

pag. 242. **CRECHE.** les Italiens. Adi. comme les Languedociens de *grepio*.

pag. 243. **CRIER.** Sidonius liu. vi. epiſt. 8. Adi. A Thouloufe on dit *quirdà* ou *crida* également.

✶ **CROIE.** de *creta*.

pag. 245. **CROVPE.** *ex te poſſit fieri*. Adi. Le meſme Pontanus en ſes Origines Françoiſes, dit que les Allemans & les Danois appellent *croupier*, & les François *croupe* le derriere, a cauſe qu'il eſt courbé. *Inde* CROVPION *vropygium*.

pag. 248. **DALMATIQVE.** qu'on appelle *courtibault* en Berry. Adi. & en Touraine.

pag. 249. **DAME.** que pour les Chartreux. Lisez: les Chartreux, les Fueillans & les Benedictins. Anciennement en France tous les autres Religieux prenoient ce nom.

pag 250. **DANGER.** de *vrna*, &c. Adi. ou de *damniarium*.

DAVPHIN, pour *le fils aiſné de France*. Humbert Dauphin de Viennois fit vn premier traitté auec Philippes de Valois au bois de Vincennes au mois d'Avril 1343. par lequel il ceda & tranſporta, en cas qu'il vinſt à deceder ſans hoir maſle ou femelle deſcendant de luy en loyal mariage, la Prouince de Dauphiné à Philippes le ſecond fils du Roy: ou en cas que la mort ou quelqu'autre accident empeſchaſt que cette ceſſion ne ſe pûſt accomplir en ſa perſonne; à celuy des fils de Iean fils aiſné du Roy, Duc de Normandie, ou de leurs ſucceſſeurs Rois de France, que le Roy ou le Duc de Normandie, ou leur ſucceſſeur Roy de France voudroient élire. A la charge que Philippes ſecond fils du Roy, ou celuy qui ſeroit Dauphin, & ſes hoirs & ſucceſſeurs au Dauphiné, s'appelleroient & ſeroient tenus de ſe faire appeller *Dauphin de*

ADDITIONS. 699

Viennois, & porteroient les armes du Dauphiné écartelées auec celles de France, sans que le Dauphiné pûst estre vny ny adjousté au Royaume de France, jusques à ce que l'Empire y fust vny; & cela fut confirmé par des Lettres patentes données à Sainte Colombe au mois d'Aoust ensuiuant. Toutefois depuis, Humbert s'accommodant au desir de Philippes, ceda & transporta purement & simplement par des Lettres expediées à Rome le penultiéme jour d'Auril 1349. la Duché & Prouince de Dauphiné à Charles fils aisné de Iean Duc de Normandie & d'Aquitaine, & Comte de Poitou. Mais il ne se recueille point de ces Lettres-là, que le droit d'y succeder soit particulierement affecté à l'aisné. Cependant, plusieurs de nos Escriuains l'asseurent ainsi, comme Nicole Gilles & Paul Emile dans leurs Histoires, Paulus Merula en sa Cosmograghie part. II. liu. III. chap. 17. & mesme du Tillet au chap. de Messieurs les fils de France. I'ay obligation de cette remarque à M. Nublé.

DECOLLER. *crematio, decollatio*. ADI. Suetone en la vie de Caligule 32. *Miles decollandi artifex quibuscumque è custodia capita amputabat.* Fenestella liure II. *Quemadmodum Cæsar à pyratis captus sit, vtque eos posteà ceperit & decollauerit.*

DEIEVNER. *Nostrates retinuerunt.* ADI. Casaubon sur Athenée l. 9. *Miram verò vocem* Δια-νήσμος *pro eo quod dicimus nos Franco Celtæ planè ad verbum* DESIEVNER. *Sed nobis ratio constat: est enim quasi dejejunare pro jejunium soluere, vt deonerare & dearmatus. Sæpè ita accipimus* τὴν *de. Græci quod sciam* τὴν Δια *numquam. Iejunare Græcis* νηστεύειν *&* ηστεύεσθαι *: frangere jejunium,* Σπονησίζεσθαι *, &c.*

DELAY pour *prolongation*. De *dilatum*, qu'on a dit pour *dilatio*.

DELAYER. *dilatare*. LISEZ, *deliquare*.

DELIVRER. De *deliberare*. ADI. Pithou en son Glossaire sur les Capitulaires de Charlemagne, *deliberare*: VI. CCLXXXV. déliurer. *Nodgerus in vita B. Landoaldi*: *Locum ad honorem S. Bauonis deliberare. In Diplomate Friderici Regis Siciliæ*: *restituit & deliberauit.*

TTtt ij

700 *ADDITIONS.*

* DESVREGONDEE. De *deuerecundiata*, d'où les Espagnols ont aussi fait *desverguençada*. On a dit *deuerecundiare* comme *deuirginare*.

pag. 257. DEZ. de Loüys le Debonnaire. LISEZ: de Saint Loüys.

pag. 258. DISNER. écriuent *dipner*. ADI. M. de Valois le jeune le dériue de *deieiunare*, comme qui diroit *rompre son ieusne*, a cause que plusieurs anciennement ne déjeunoient point.

pag. 259. DORDONNE. & *l'autre Donne*. ADI. C'est aussi l'opinion d'Aymoinus liure 1. chap. 4. *Dordonia etiam qui ex monte, qui Dor dicitur, & est in finibus Aruernorum duobus scaturiens fontibus, quorum vni nomen est Dor, alteri Donia, qui haud procul à monte ipso coniunguntur.*

pag. 260. DOVGE'. en Anjou. ADI. & en Touraine. dolgé, DOVGE'. ADI. Les Espagnols de *delicatus* ont fait *delgado*, d'où nous auons fait *Douiat* nom de famille.

* DOYEN. De *Decanus*. Voyez *Capiscol*.

pag. 267. DVNQVERQVE. du siege de Dunquerque. ADI. *Kerke*, selon l'opinion de M. de Valois le jeune, vient de κυριακή, c'est à dire *Basilica, Dominicum*, Eglise dédiée à Dieu nostre Seigneur.

EMBRASSER. De *inbracchiare*, qu'on a fait de *bracchium*.

pag. 271. ENCEINTE, comme qui diroit *non cincta*. ADI. Isidore liure x. de ses Origines: *Incincta, idest, sine cinctu: quia præcingi fortiter vterus non permittit.* Et de là l'Italien *incinta*. Giouan Villani, &c.

pag. 272. ENCOMBRER. on a dit *encombrier*. ADI. & *encombre* pour *les ruines d'vne maison tombée*, a cause des poutres & des soliues qui se trouuent parmy les pierres.

ENCORE. De *in hanc horam* ou *ad hanc horam*. LISEZ, ou *in hac hora*.

pag. 274. ENGIN. *ingeniorum prohibent*. ADI. & de celuy de *ingeniosi*, qui se trouue dans Pline liure x. de ses Epistres, d'où nous auons le mot *Ingenieurs*, &c.

ENPESER. ADI. de *inspissare*, c'est à dire *espaissir*, ou de *inpictare*, &c.

ENSEIGNER. LISEZ: M. de Saumaise sur Solin

ADDITIONS. 701

pag. 25. le dériue de *insinuare*: INSINVARE est διδάσκειν, ἐμφανίζειν. *Inde nostrum* ENSEIGNER. *Macrobius lib.* 1. Famulabor tamen arbitrio jubentis, & insinuabo primùm de Saturnalibus. Et sur l'Histoire Auguste pag. 101. INTIMARE *est quasi in intimo ponere vel intimum facere. Sic & insinuare eadem ratione dicitur, vnde nostrum* ENSEIGNER. *Apud recentis enim Latinitatis magistros* insinuare *est* docere. *Glossæ*: insinuate, διδάσκετε: insinuatio, διδασκαλία: insinuauit, ἐστεφάνωσεν. *Perperam hodie legitur* ἐνεκόμισεν, *&c.* Il vient de *insignare*, qu'on a fait de *signum*, de mesme que *significare*.

ENSEMBLE. vient de ὁμαλός. A D I. Voyez *sembler*. pag.

ENTE. A D I. M. de la Coste au commencement de 275. son traitté non imprimé sur le titre du Code *de iure Emphyteutico*, le dériue du Flaman *impoten*: *Emphiteusin nemo est qui nesciat esse Græcum nomen Romana ciuitate donatum, quo significatur* insitio surculi in arbore : *& inde detorta vox Latino-Barbara,* impotus, *de qua Ioannes Lydius in Glossis Latino-Barbaris, & ex qua etiam hodie Belgas* impoten *dicere pro* inserere *idem Auctor notat ; vt & nos Aquitanici vulgò* empeault *quasi* empheault. *Franci verò compendio* EMPTER *&* EMPTE. Mais ce mot vient asseurément d'*insita*. Le Capitulaire, *&c.*

ENTERINER. LISEZ : ou bien, comme disent d'autres, *interiner*. De *integrinare*, qu'on a fait d'*integrinus* diminutif d'*integer*. Eguinarius Baro sur la Loy 29. au Digeste *de Adoptionibus* : *Inde constat Iudices non debere iudicare secundùm rescripta Principalia (quod* integrare *Litteras Regias dicunt) nisi vocatis ijs qui probabiliter contradicerent, & lædi possent rescriptis à Iudice admissis.* Il y a apparence que ce mot s'est premierement & proprement dit des Lettres ou des Requestes que quelqu'vn presente afin d'estre restitué en entier, & puis de toutes autres sortes de Requestes & de Lettres. Le mot *enterin* se trouue dans nos vieux Escriuains François pour celuy d'*entier*. *Integer integri, integrinus, interinus,* ENTERIN, *interinare,* ENTERINER.

ESCHANGE. De *excambium*. Voyez *changer*.

ESCHALOTES. du nom d'vn village. LISEZ: d'vne pag. ville de la Palestine nommée *Ascalon*. Pline les appelle *cæpæ* 278.

T T tt iij

Afcaloniæ, & les Herboriftes *bulbi Afcaloniæ*. Nous les appellons autrement *des appetits*, &c.

pag. 280.

ESCHECS. *ab Italis Germanique fumpfere*, &c. ADI. & fur Solin pag. 1130. *Notaui aliquando calculorum Græcis recentioribus* Ζατρίκιον *appellari, eámque dictionem origine Græcam esse demonstrauimus. Idem quippe* Ζατρίκιον *quod* Ζατρίον *vel* Ζατρέιον. *Quid esset explicauimus. Id non placuit viris quibusdam eruditis, qui à Persico vocem illam deducere maluerunt, quibus* Xatreng *vel* Xatrang *hodie appellatur latrunculorum ludus. Adeò inquam hæc obseruatio cuidam bella visa est, vt palmariam censeat. Mihi contra videtur. Potiùs crediderim Persicum illud* Xatreng *ex Græco* Ζατρίκιον *dictionem esse merè Græcam. Præter illa quæ ibi tum adnotauimus, Lexicon vetus Regiæ Bibliothecæ id mihi posteà confirmauit, in quo ita legi:* Ζατρίκιον, ὁ κύαθος τὸ τῆς ξύλων κολαςήριον. *Hæc est* mandra *in ludo calculorum apud Veteres:*

    Mandris & vitreo latrone claufos.

Et in Lucani Panegyrico de calculis siue latrunculis:

    Vt citas & fracta prorumpat in æquora mandra.

Hoc est Ζατρίκιον. *Postremo quis nescit huius ludi inuentionem Græcis deberi? A Græcis igitur ad Persas res ipsa cum nomine transiit. Hispani* Axedres *vocant hunc eumdem lusum, voce indidem formata ac detorta, nempe ex* Ζατρίκιον. *Hoc argumento vel vinci potest id nomen non esse Persicum. Nec enim à Persis id habuere, sed à Mauritanis, qui penè innumerabiles voces è Græco ac Latino in suam linguam traduxerunt. Alzatrec cum articulo videntur appellasse* τὸ Ζατρίκιον, *vnde Hispanum* Axedres. *Pauca admodum sunt herbarum, arborum, gemmarum, siderum Arabica, quæ non ex Græco detorta sint, vt sciunt eius linguæ periti: & nos quædam obseruauimus, quæ illos fugerunt. Persæ in eo ludo latrunculorum &* Rocham *dicunt, quæ nobis* Rocca *est infimæ nempe Latinitatis vocabulum pro* rupe. Piada *quoque nominant pro* pedite. *Quæ non magis sunt origine Persica quàm ipsius ludi appellatio, quem* Xatreng *ex Græco* Ζατρίκιον *nuncuparunt. Nec Persicam ab antiquo originem meliùs redolent eæ voces quibus hodie Persæ matrem, fratrem & sororem appellant: quas & Germanicæ dialecto communes esse miratur Scaliger. Ego non miror. Nam & Persæ à Græcis eas acceperunt: Germani à Latinis, qui easdem habuere*

ADDITIONS. 703

cùm Græcis. Germanos quoque plurima è Græco mutuatos esse constat, vt alibi ostendimus. Persæ lac vocant Xir, &c.

Ordonnance Latine de Loüys le Debonnaire. LISEZ: de *pag. 186.* Saint Loüys.

ESCHOVER. *tomber, cheoir.* ADI. ou *de scopulare. pag. 188.* σκόπελος, *scopulus*, ECVEIL. *Scopulare, scopuare*, ECHOÜER.

ESCLVSE. Pithou sur cét endroit. ADI. *Exclusa* se *pag. 289.* trouue en cette signification.

ESCORNER. De *excornare*, comme qui diroit *oster* ✶ *les cornes*.

ESCOVPETTE. *schiopetta*, ESCOVPETTE. ADI. Le Le Pape Pie II. dans les Commentaires de sa vie liure IV. pag. 190. en l'an 1460. *Scoppettum instrumentum est in Germania primùm hac ætate nostra repertum, ferreum, ad mensuram hominis, longum. Concauum fere totum, in cuius ore plumbea ponitur pilula ad magnitudinem nucis auellanæ, immisso priùs puluere qui ex carbone fici aut salicis conficitur sulphure & nitro commixto, mox ignis per foramen paruum in posteriori parte adhibetur, qui receptus à puluere tantam vim concipit, vt pilulam instar fulminis iaciat, in eius exitu quasi tonitru sonitus exauditur, quem vulgus* scoppium *appellat. Hinc* scoppeterij *appellati.* Autrefois les legeres arquebuses s'appelloient *escouppettes*: & encore aujourd'huy l'on dit *vne escouppetterie* quand on tire force arquebusades.

ESCOVTER. De *auscultare.* ✶

ESCRENE. s'assemblent pour veiller. ADI. & en Champagne les caues voutées où les villageoises veillent l'hyuer jusques à minuit.

ESCRIN pour *coffre.* De *scrinium.* ✶

ESMERI. Sorte de pierre. De *smiris.* Hesychius: σμίρις ✶ λίθος ὅθεν ᾗ τὰς ψήφους οἱ δακτυλιογλύφοι σμήχουσι. σμίρις, ἄμμου εἶδος ᾗ σμήχονται σκληροί τῶν λίθων. Voyez M. de Saumaise sur Solin pag.

ESPINETTE. Voyez *manicordion.* ✶

ESPINGLE. De *spicula*, qu'on a dit pour *spiculum*, d'où ✶ les Italiens ont aussi fait *spigola.* D'autres le dériuent de *spinicula* diminutif de *spina. Spina, spinula, spinicula, spingla,* EPINGLE.

Et en effet les Allemans disent *spinler*, les Languedociens *spinlo*, & les Thoulousains *spillo*. Les espines ont seruy autrefois (comme elles seruent encore en quelques lieux aux paysans) au lieu d'espingles. Virgile liure III. de l'Eneïde :

———— *consertum tegmen spinis.*

Tacite parlant des Allemans : *Tegumen omnibus, fibulâ; aut, si desit, spinâ consertum.* Marcellus éleu Archeuesque de Corfou, qui viuoit sous Sixte IV. en son Rituel des ceremonies Ecclesiastiques liure 1. sect. x. chap. 5. descriuant le Pallium : *& illud cum Subdiacono aptat . non tamen infigit spinulas , & recipit illud ad osculum pacis.*

* ESPREINDRE. De *exprimere.*

ESSEIN. Lisez : Maistre Iean Breche en son Appendice sur le 3. article du tiltre de l'ancienne Coustume de Touraine, le dériue de ἑσμὸς : *Barbara sanè admodum esse videntur hæc verba* ESSAIN D'ABEILLES, *quæ significant examen apum, quod à Græcis* ἑσμὸς *dicitur : vnde arbitror fluxisse nostrum hoc verbum* ESSAIN, *de qua re latißimè scripsimus in Commentarijs ad hunc locum.* Il se trompe bien fort : & ceux-là ne rencontrent pas plus heureusement qui le dériuent de ἑστὼ, qui se trouue dans le Scholiaste de Callimaque pour *le Roy des Abeilles,* & qui est interpreté βασιλεὺς, ἡγεμων par Hesychius. Ce mot vient indubitablement de *examen*, comme AIRAIN de *æramen*, MAIRRAIN de *materiamen.*

* ESTAV ou *estaul.* De *stallum,* qui a esté ainsi abbregé de *stabulum.* Petrus de Vineis dit en quelqu'vne de ses Epistres, *stalla equorum.* Il s'agit au chap. 69. *de Appellationibus* aux Decretales, qui est de Gregoire IX. de la pretention qu'auoient le Doyen & le Chapitre de Mehun au Diocese d'Orleans : *Alibi quàm in stallis suis carnifices carnes vendere non debere :* & il est parlé au chap. *de Elect. de El. pot. 2. de Renunc.* & 19. & 25. *de Præb. De stallo Canonicis dato vel concesso in Choro,* c'est à dire *sede & statione.* Et delà vient le mot *stallare*, d'où nous auons fait ESTALER OU ESTELER, comme INSTALLER de *installare.* Voyez Rageau en son Indice, Loiseau aux § §. 47. du chap. 2. & 35. du chap. 7. du liure 1. des Offices, & Iean de la Coste sur

les

ADDITIONS.

les chapitres 9. & 19. *de Præb.* aux Decretales.

ESTAME. auons fait *estamet.* A D I. Les Prouençaux prononcent encore apresent *estamé.* pag. 296.

ESTAMER. De *stannare*, comme qui diroit *stanno inducere.*

ESTANCHER. de ses Aduersaires chap. 19. A D I. Les Prouençaux disent encore apresent *stancar: stancar lou sang.*

ESTIENNE DES GRECS. *nunc externorum testimonium audiatur.* A D I. *In quodam Regesto Curiæ Rationum Parisiensium tres Philippi Pulchri Regis Chartæ reperiuntur, in quibus Ecclesia Sancti Stephani de Greßibus memoratur. Prima Charta sic se habet:* Philippus Dei gratia Francorum Rex: Notum facimus vniuersis, tam præsentibus quàm futuris, quòd nos tempore confectionis præsentis quoddam pressorium nostrum situm Parisius juxta Ecclesiam Sancti Stephani de Greßibus, *&c.* Datum anno 1300. *Altera:* Philippus Dei gratia vniuersis præsentes litteras inspecturis. Notum facimus, quòd nos quadraginta libras Parisienses annui reditus nobis debitas super pressorio S. Stephani de Greßibus Parif. *&c.* Datum anno 1306. *Tertia:* Philippus Dei gratia Rex. Notum facimus vniuersis præsentibus & futuris, quòd cùm dilectus Galerannus Brito Stancio noster, ac Concergerius domus nostræ Regalis Parif. quadraginta libras annui reditus super pressorium Sancti Stephani de Greßibus Parif. *&c.* Datum anno 1309. *His tribus Chartis accedit alia Capituli Parisiensis in hunc modum:* Vniuersis præsentes litteras inspecturis, Salutem. Decanus & Capitulum Ecclesiæ Parisiensis, Salutem in Domino. Notum facimus, quòd cùm excellentissimus Princeps Dominus noster Dominus Philippus Rex Francorum illustris, ex speciali gratia voluerit & expressè consenserit, quòd Capellani qui pro tempore deseruierint in quadam Capellania à Galeranno Britone dicti Domini Regis Stancione, domúsque Regalis Parisius Concergerio, & Petronilla eius vxore in nostra Ecclesia prædicta fundata viginti libras Turonenses annui & perpetui reditus ad opus dictæ Capellaniæ à dictis conjugibus olim donatas in thesauro dicti Domini pag. 298.

Regis percipiendas seu percipi consuetas habeant, & percipiant de cætero annuatim præ aliis quibuscumque terminis super pressorio S. Stephani de Gressibus. Quare pressorium Regis vulgariter nuncupatur, &c. Datum anno 1310. mense Iunio. Ce qui m'a esté communiqué par le mesme M. de Launoy.

* ESTOEVF. Lipse liure IV. de sa Milice Romaine Dialogue V. le dériue de *tufa*: *An & Isidorus cùm scribit*: Pilam in signa constituisse fertur Augustus propter nationes sibi in cuncto orbe subjectas, vt malis figuram orbis ostenderet. *Ego olim sic accepi, & ad clypeolos illos retuli : valdè nunc resilio, & scio signa hæc imaginum fuisse diu ante Augustum. Quid ergo Isidorus vult? nouum, imò vetus, sed paucis notum, signum tangere: quod fuit pila vel globus in summa hasta. Turcæ hodie retinent, & equinos aliquot pilos ab eo globo pendulos demittunt. Fallor, aut hoc est quod Beda sic tangit de Eduino Rege*: Necnon & incedente illo vbilibet per plateas illud genus vexilli, quod Romani *Tufam*, Angli appellant *Tuuf*, ante eum ferri solebant. *De splendore & pompa Regis eius scribit, & vel pacis tempore semper incessisse cum hoc vexillo. Gratia tibi esto Beda qui nominasti, & per te Vegetio iam suppetiamur perpetuum alias laboranti. Scribit iste in signorum recensu*: Aquilæ, dracones, vexilla, flamulæ rufæ, pinnæ. *Malè* rufæ, *quia etsi puniceas fuisse fateor, non tamen solas. Libri scripti (Stewechius testatur)* tubæ, *imò duo ex ijs* tufæ. *Amplector, teneo, & in ordine isto signorum deinceps colloco*: flamulas, tufas. *Ipsa vox an non Gallis hodie* pilam *sonat, qui* E *addito* Etufam?

* ESTOVFER. *De stufare qu'on a fait de stufa qui signifie estuue. Estoufer se dit proprement d'vne grande chaleur qui empesche la respiration.* Voyez *estuue*.

pag. 300. ESTOVPE. *stupparius*. ADI. *Isidore* XIX.27. *Stupa verò cannabi est siue lini. Hæc secundùm antiquam orthographiam* stuppa *dicitur, quòd ex ea rimæ nauium stipentur. Vnde & stipatores dicuntur qui in vallibus eam componunt.* Voyez *estuue*.

ESTRADIOTS. *& sij fient*. ADI. De στρατιῶται.

* ESTREINDRE. *De stringere*.

pag. 301. ESTRIVIERE. pag. 163. & 164. ADI. ou plustost *de streparia*.

ADDITIONS.

EVEILLECHIEN. subjugué le Comte Hugues du Mans son pere. LISEZ: contraint Hugues Comte du Maine son pere à luy faire hommage.

FADE. prononcent *fadesse*. ADI. On a dit *fatuicia*, de mesme que *simplicia*, d'où nous auons fait *simplesse*. *pag. 307.*

FAINE. pour *vn fouteau*. De *fagus*. ADI. & les Picards le disent encore apresent. *pag. 308.*

FARIBOLES. beaucoup d'apparence. ADI. M. de Valois le jeune le dériue de *finoles*. *pag. 310.*

FAVBOVRG. signifie *eijcere, expellere*. ADI. Nos fauxbourgs n'ont pourtant pas esté ainsi nommez acause qu'ils estoient hors des bourgs ou hors des Villes (ce que j'ay appris de M. de Valois le jeune) mais parce qu'ils estoient bourgs bastis hors les murailles & l'enceinte des Villes, nos Autheurs les appellant communément *burgi*. Robertus Moine de Saint Marian d'Auxerre en sa Chronique: *Henricus Rex* (c'est Henry I.) *prope Senones castra ponit, vbi septem diebus morantes Cœnobium S. Remigij & Burgum S. Heraclij, quod nunc S. Ioannis dicitur, necnon & Burgum S. Leonis incendendo vastarunt.* Ce sont deux fauxbourgs de Sens, comme il paroist par ce qu'il auoit dit vn peu au dessus, parlant de Sens: *Tunc S. Mariæ extra muros, Sanctique Leonis, necnon & S. Desiderij Basilicæ cum ipsis duobus suburbijs sunt incensæ.* Et cette Eglise de Saint Leon a donné son nom à vn fauxbourg de Sens où elle est située. Le mesme Robertus en l'an 1197. *Brenensis Comes eiusque fratres Vizeliacum cùm expugnare non possent burgum suppositum, domibus confertissimum deuastant incendio.* C'est à dire, ne pouuant prendre Vezelay, ils brulerent le fauxbourg. Et à ce propos il est à remarquer que les ruës de Paris qui portent le nom de *bourg*, ont toutes esté autrefois hors la Ville & dans les bourgs, c'est à dire dans les fauxbourgs: comme entr'autres la ruë *Beaubourg*, la ruë *Bourglabbé*, la ruë *Bourtibourg*, qui estoient hors l'ancienne enceinte de la Ville, comme nous le témoignent les vieux murs & les tours qui sont demeurées jusques apresent. Voyez *bourg*. *pag. 311.*

FAVTVEIL. on met de la frange aux fautueils. ADI. *pag. 312.*

Mais il y a grande apparence qu'ils n'estoient point anciennement estoffez: & ie suis apresent de l'auis, &c.
que ie vous prie de voir. Lis. que ie prie le Lecteur de voir.

FEE. ADI. M. Gaumin sur Psellus le dériue de *fatua*. Il vient de *fata*, &c.

FELONNIE. *de vitijs sermonis.* ADI. Nous auons dit *felle* pour *felone*. M. de Voiture en sa Responce en vieux langage au Comte Guicheus:

Ie sers dépite & felle creature.

pag. 313. FERME. *contractus dictus est* firma. ADI. M. Dominicy en son traitté du Franc-alleu chap. 17. est de cette premiere opinion : *Inualuit etiam in his regionibus contractus* dationis ad firmam, *quo sub annuo reditu, fundi ad longum tempus possidendi erogabantur. Huius negotij origo paucis adhuc cognita inde repetenda, quòd cùm in contractu locationis pactum expellendi conductoris impunè certis casibus tacitè inesset ex* l. III. C. de Locat. l. 10. §. 1. ff. de public. vectig. & comm. *idque etiam liceret intra annum, nullâ causâ redditâ, nisi contrarium conueniffet ex* l. antepenult. C. de locat. *vti Domino* Cuiac. *restituta est, ex sententia dictæ legis recepta fuit conuentio de non expellendo conductore, intra tempus pacto definitum, quo scilicet firmabant contractum conductionis, vt in* cap. vlt. ext. ne Prælati vices suas. *Vbi summus Pontifex propter illud pactum firmationis, improbat factum cuiusdam Presbyteri, qui cùm beneficium suum ad septennium locasset, & præstita fide firmasset quod vsque ad statutum terminum, nullam conductori exinde molestiam vel grauamen inferret, ipsum nihilominus intra annum expulit. Ex eo contractus locationis, dictus* datio ad firmam in cap. ex literis ext. de Iure Patron. *Eóque sensu acceptus in Concilio Eboracensi apud Rogerum de Houeden in Richardo I.* Vt omnis euagandi licentia Monachis adimatur, strictiùs prohibetur, ne reditus, quos obedientias vocant, ad firmam teneant. *Apud nos vulgò* BAIL A FERME. *Ex locatione temporaria hoc pactum deinde ad locationem perpetuam translatum, vt apertè euincitur ex* cap. de Decim. *In prima collect. Decretal. vbi Alexander III. differentiam statuit inter decimas ad terminum vel ad firmam conductas. Et hinc sanè ad emphitheusin vel dationi ad censum, huiusmodi conuentio proximè accessit,*

ADDITIONS.

eáque ratione apud *Mathæum Parisium nobiles Angliæ Ioannem I. eò quod in Regno Angliæ Innocentio III. annuum censum concessisset,* Tributarium firmarium *appellarunt. In Francia agri ea lege traditi* MAINFERMES *dicuntur. Et apud Butillerium in Summa Rurali* TERRES RENTEVSES OU COTTIERES. *Sunt enim sub* vectigali fixo *locatæ, vt est in antiqua inscriptione, quasi idem sit* firma *Francis, quod* Afflictus *Italis, de quo in* cap. vlt. ext. de restit. expoliat. *Erant tamen quandóque prædia ad firmam nobilem concessa, vt patet ex libello de Recuperatione Terræ-Sanctæ, vbi Auctor ille anonymus qni se patronum Regium causarum Ecclesiasticarum in Ducatu Aquitaniæ inscribit, inter alia expeditionis Hierosolymitanæ subsidia suggerit, vt à Templarijs & Hospitalarijs:* Bona quæ habent citra mare prædictum, idest, Mediterraneum, ad firmam nobilem, primo trium vel quatuor annorum cum incremento, & demum vel ex nunc, si sufficienter fieri possit, in perpetuam emphiteusim tradatur, ex quibus longè vltrà octingenta millia librarum turon. habebitur. *Fundos Ecclesiæ ad firmam ignobilem plerúmque traditos, vulgares euincunt formulæ, in quibus hoc obseruandum, ad tertiam tantùm generationem conferri, sicut in negotio de quo in* Nouell. de non alien. aut permut. reb. Eccles. cap. 3. *Huius autem nominis notatio ex eadem ratione peti potest, qua aliæ traditionum chartæ, firmitates vel firmationes dicuntur in veterib. monumentis. Quidam scilicet quod annulo signatorio firmarentur, aliæ quod altaribus imponerentur, vel cum osculo traderentur, quædam manu propria subscriberentur etiam proprio sanguine, vt constat ex veteri donatione Pontij Comitis Tholosani in gratiam Abbatiæ Moysiacensis, cuius hæc sunt verba circa finem:* In signum suæ concessionis vngulam sui pollicis in tantum abscidit, vt in hujus facti memoriam, sanguis ex ipso effluxerit. *Hi verò libelli de quibus hîc agimus, firmæ vel manufirmæ dicuntur, quod præstita fide firmarentur, vt est in* cap. vlt. ne Prælati vices suas, *idest, iureiurando, de quo in Charta constaret, adhibito scilicet signo Crucis, ex quo olim nuda pacta vires accipiebant,* Nouell. Leonis 73. *Satisque erat, vt in ea ex diuinis hisce adjumentis, idoneum aliquid ad faciendam fidem inesset, vt firmum solidúmque robur haberet. Signabatur igitur Crucis imagine charta, vt constat ex pluribus quas vidimus variis in locis, & hoc est quod Imperator in* l. III. C. Si quis minor se majorem dixerit, *vocat instrumento jurare: quod apertè probatur ex veteri scheda Abbatiæ Moysiacensis, in qua sic legitur:* Pontius Comes Tolosanus hanc eamdem donationem ibi deueniens rogatu nostro corroborauit, firmauit, manúque propria jurauit. *Non tamen omnibus dationis ad firmam libellis signum hoc apponebatur sed in quibus deerat, adhibebantur fideiussores, vt liquet ex multis huiusmodi formulis, quorum interuentu firmabatur contractus. Vnde in veteri Bearnensium Consuetudine, fideiussor* firmanca *nuncupatur, & in moribus Sollensium tit. 32. art. 1. & 4* PLEIGE OU FIRMANCE *pro idonea cautione vsurpatur.*

pag. 314.   FEV pour *deffunt.* Il vient de *functus.* ADI. qu'on a dit absolument pour *fato functus.*

FIANCE. LISEZ: De *fidentia,* comme CREANCE de *credentia.*

pag. 315.   FIEF. *deriuari verius sit.* ADI. Quelques-vns le tirent de l'Alleman. M. Hauteserre chap. 16. de son Franc-alleu: *Quidam feudi etymon deducunt à voce Germanica* feld *quæ campum denotat; sed magis placet eorum sententia qui feudum deducunt à Germanica item voce* foden, *quæ idem sonat ac* alere; *vel meliùs à Saxonica* feod *quæ stipendium sonat: qua ratione præbendas, quarum nomine etiam victui necessaria penes Authores continentur* beneficia *dicimus.*

feudùm *Barbari fecerunt.* ADI. Mais il semble que Pithou ait mieux rencontré que les autres, lors que sur l'art. 22. de la Coustume de Troyes il rapporte plusieurs anciennes Chartes du commencement de la troisiesme race de nos Rois, où le mot *fief* est exprimé par celuy de *feuum;* & qu'il tient que de celuy-cy s'est formé celuy-là, comme *brief* de *breue,* & *grief* de *graue.* Voyez Loiseau chap. 1. des Seigneuries, & M. Dominicy chap. 15. de son traitté du Franc-alleu, où il obserue que le mot *fief* a commencé à se dire sous Charles le Gros.

*   FIER. De *fidare,* qu'on a dit pour *fidere.*

pag. 319.   FLEAV. dans les vieux Romans. ADI. Les Italiens disent encore *flagello.*

ADDITIONS.

FOIBLE. encore apresent *floibe*. ADI. & *flebe*.

FOIRE pour *vn marché*. *quod dicitur* feria. ADI. Le vulgaire de Touraine dit encore apresent *fere* au lieu de *foire*. *nundinatores*. ADI. qui est apeuprés (pour le dire en passant) ce qu'a remarqué Loisel en ses Institutes Coustumieres VI. 5. 9. *Ceux qui vont ou reuiennent des foires, iugement ou mandement du Roy, ne peuuent estre arrestez pour debtes, quoyqu'elles soient priuilegiées*.

FOIRE pour *stercus*. de φορά. ADI. qui l'a esté de φέρω, *quòd stercora liquidiora facile ferantur foras*. *Foriolus* & *confortire* se trouuent dans Nonius pour FOIREVX & pour CONCHIER. *Forica* se trouue aussi dans Iuuenal pour *latrina publica*, & *foricarii* dans la Loy 17. au Digeste de *Vsuris* pour ceux qui *foricas eluunt vel potius conducunt*.

FOIS. titres Latins. ADI. Voyez *toutefois*.

FOISON. de *potio*, &c. ADI. *Foisonner* c'est abonder.

FOREST. & Vossius *de vitiis sermonis* II 7. ADI. Forest semble auoir signifié, comme le mot *garenne*, vn lieu ou vn endroit tant d'vne riuiere que d'vn champ, d'où quelqu'vn auoit droit d'exclurre les autres. Pithou en son Glossaire sur les Capitulaires de Charlemagne : FORESTIS : IV. 42. *in Pragmatica Childeberti* : Has omnes piscationes quæ sunt & fieri possunt in vtráque parte fluminis, sicut nos tenemus & nostra forestis est, tradimus ad ipsum locum. Charlemagne chap. 18. *Capitulorum ex triplici lege*, que cite le Pere Sirmond sur les Capitulaires de Charles le Chauue pag. 107. De forestis: vt Forestarii bene illas deffendant, simul custodiant bestias & pisces, & si intus foreste feramen vnum aut magis dederit, ampliùs ne prendat, quàm illi datum est. Pasquier II. 14. Mais puisque sommes arriuez sur ce mot Forestier, dont vient nostre iurisdiction des eaux & forests, laquelle après auoir passé par les mains de Lieutenans generaux en diuerses contrées, aboutissent puis après par appel pardeuant le grand Maistre & ses Conseillers establis és tables de marbres, aux Palais de chaque Parlement: car, s'il vous plaist y prendre garde, vous trouuerez qu'il n'y a pas grande communauté entre les riuieres publiques nauigables & les forests, qui nous a induit de n'en faire qu'vne iurisdiction.

712 ADDITIONS.

Quant à moy, ie pense n'y auoir plus belle resolution que celle du Iurisconsulte, quand il dit qu'il est mal-aisé, voire impossible, de dire dont prouiennent les choses que nous tenons en foy & hommage d'vne longue ancienneté. Et neantmoins, s'il m'est permis de deuiner en vne matiere obscure, ie vous diray auec le Greffier du Tillet au lieu par moy preallegué, qu'en vieux langage François le mot Forest conuenoit aussi-bien aux eaux qu'aux forests. Qu'ainsi le voyons-nous en estre vsé par nostre Roy Childebert en la fondation de l'Abbaye Saint Vincent (depuis nommée Saint Germain) quand il luy donne son domaine d'Issy auec la pescherie de Vanues, & autres choses qui estoient en la riuiere de Seine, depuis le pont de la Cité iusques au ru de Seine entrant dedans la riuiere, telle que sa forest est. Et dit encore du Tillet auoir veu deux anciens tiltres de l'Abbaye Saint Denis en France, par lesquels nostre Roy Charles le Chauue luy donna par l'vn la Seigneurie de Cauoche en Thierarche, auecques la Forest des Pesches de la riuiere de Seine : par l'autre, la terre & Seigneurie de Ruel, & la forest d'eau, depuis la riuiere de Seine iusques au lieu amplement designé, &c. Pareillement qu'en l'Abbaye Saint Benigne de Diion y auoit autre titre, par lequel le mesme Roy donnoit aux Religieux, Abbé & Conuent de ce lieu, sa forest des poissons de la riuiere d'Aische. Tous ces tiltres sont Latins, que ie n'ay veu, & ne doute point qu'en iceux ne soit vsé du mot de forest corrompu pour riuiere, tout ainsi que nous voyons en la donation du Roy Childebert, de sa terre & Seigneurie d'Issy inserée dedans l'Histoire d'Aimoin le Moine chap. 20. liure 1. Has omnes piscationes (dit ce Prince) quæ sunt & fieri possunt in vtraque parte fluminis, sicut nos tenemus, & nostra forestis est, tradimus ad istum locum. En ces deux tiltres de Saint Denis & celuy de Saint Benigne finit du Tillet. Ausquels i'adiousterois volontiers par forme de commentaire, si me permettez de le faire, que ce mot de forest estant anciennement employé tant pour les eaux que pour la terre, cette iurisdiction fut dite des eaux & forests; & depuis le mot de forest ayant esté par succession de temps aux bois esquels il falloit reglement comme aux eaux, nous appellasmes cette iurisdiction des eaux & forests.

pag. 323. FOVACE. de ἐχάεχ. ADI. Le vulgaire en Touraine dit FOÜEE: ce qui monstre qu'on a dit focata au lieu de focatia.

pag. 325. FOYRAGE. des actes publics, ADI. André du Chesne dans

ADDITIONS.

dans ses Notes sur Petrus Venerabilis Abbé de Cluny pag. 110. Mattas antiqvvm Monachorvm opvs compone: *Sic & Epist. 4. lib. 11. mattam Monachicam dixit, quæ non tantùm à Monachis componi, sed & in qua Monachi & minùs honorati quique tam in collationibus quàm disputationibus & congregationibus publicis sedere consueti:* Nec mente excidat, *inquit loco iam citato,* quòd Episcopo locum Abbas, vt dignum erat, in sede propria tribuit, reluctantem sedere coëgit: ipse ei in matta Monachica, quæ sedi illi contigua erat, assedit. Collatio non de imis, sed de supernis habita est. *Et ante eum Sanctus Ambrosius in Epistolam primam ad Corinthios cap.* xiv. Sedentes disputent, seniores dignitate in cathedris, sequentes in subsellijs, nouissimi in pauimento super mattas. *Vnde & Vrbanus V. rescripto cauisse dicitur, vt* Scholares Vniuersitatis Parisiensis audientes suas lectiones sederent in terra coram magistris, non in scamnis vel sedibus eleuatis à terra, vt occasio superbiæ à iuuenibus secluderetur. *Et in eadem Vniuersitate* stramineus vicus *nomen adhuc à* straminibus *hodie retinet, in quibus olim disputaturi Scholares, & Magisterium in Artibus consequuturi sedebant. Quod & Petrarcha libro* ix. *Epistolarum attingere videtur, cùm de Gallis loquens, ait:* Et quid oro tot tantarum rerum studijs, quod objiciant habent, nisi fortè vt est genus sibi placens & laudatrix sui, vnus his omnibus fragosus straminum vicus objicitur? *Et Epistola* 2. *libri* x. Nosti vt in illo surgentis vitæ flore, quem Grammaticorum in stramine velut in delicijs egimus, cùm semel parens meus patruúsque simul tuus ad Carpentoracensem quam modò dicebam ciuitatulam de more venissent, patruum ipsum quasi aduenam voluntas cœpit ex vicinitate credo, & nouitate rei orta præclarissimum illum fontem Sorgiæ videndi. Deuant Petrarque Dante auoit fait mention de cette ruë du Feurre. Papyrius Masso en la vie de Philippe le Long: *Mense Iulio Dantes Poëta decessit, quem Carolus Valesius anno trecentesimo primo Florentia excedere iusserat, quòd factioni Alborum deditus foret. Vnde Bononiam semper aliquid discendi causâ, mox Lutetiam venit. Vici Straminei, vbi Philosophiæ Professores dicebant, & Sigerij excellentis Philosophi meminit. Petrarcha* quoque vicum illum propter strepitum disputantium auditorum, fragosum appellat, epistolà ad Vrbanum V. aliâ quoque ad Thomam Messinensem eamdem Lutetiam nutricem studiorum sui temporis esse dicit. Et Rabelais liure II. &c.

Artiens & Orateurs. ADI. Il y a à Paris vne autre ruë au Feurre, qui est proche le Cimetiere Saint Innocent, & où demeurent les Marchands de soye.

* FOVR L'EVESQVE. Par corruption au lieu de *For l'Euesque*. De *Forum Episcopi*, de mesme que les Coustumes de Saint Sener portent *feur competent* pour *for competent*. Le For l'Euesque est le lieu où s'exerce la jurisdiction temporelle qu'a M. l'Archeuesque de Paris dans la Ville. Quelques-vns estiment qu'il s'agisse de ce lieu au chap. *quod Clerici* 9. aux Decretales *de foro competenti*, qui est de Celestin III. tel qu'il se trouue dans la deuxiesme des anciennes Collections, moins abregé que dans celles de Gregoire IX. Voicy les termes : *Quod Clerici*, &c. & *infra nullus Episcoporum vel Clericorum ad iudicia secularia est tradendus. Habent enim illi suos Iudices, nec quisquam ex eis publicis commune cum Legibus. Bonifacius verò Papa & Gelasius, & alij plures antecessorum nostrorum antiquioribus Concilijs consonantes sicut benè patet iuris vtriusque peritis, id ipsum in sacris Constitutionibus ediderunt. Hac igitur ratione inducti, per Ap. Sed. mandamus, quatenus si quas causas pecuniarias Clerici Parisius commorantes habuerint contra aliquos, vel aliqui contra eos, ipsas iure Canonico decidatis.* En effet, l'Autheur de la Glose dit sur le mot *aliquos : etiam laicos* ; & adjouste ensuitte : *Et est speciale Parisius, vbi Episcopus habet temporalem iurisdictionem & gerit vicem Comitis : vnde & Præco bannum ibi nuntiat nomine Episcopi & Regis. Aliàs laici debent in causis pecuniarijs coram suo Iudice conueniri : nec tractaretur ibi causa iure Canonico, nonobstante Consuetudine.* Et Maistre Charles du Moulin mesme en son Apostille sur ce mot de la Glose *Parisius: Imo ibi non habet Episcopus iurisdictionem temporalem, nisi in certo limitato loco quem* FORVM EPISCOPI *vocant, vbi duos habet gradus iurisdictionis. Deinde ad Parlamentum Regium appellatur.* Quant à M. Cujas, voicy ce qu'il dit touchant ce sujet en sa Recitation sur le mesme chap. *Hoc cap. est de causis pecuniariis, quas Clerici qui*

Parisiis commorantur, habent contra laïcos, vel laïci contra eos, vt ea causa decidentur iure Canonico, idest, secundùm ius scriptum, non secundùm Consuetudinem. Opponit enim ius Canonicum Consuetudini, vt apparet ex antiqua Decretali, opponit ius scriptum iuri non scripto. Sed quæso à quo decidi eas causas oportuit? nec enim id apparet ex hoc cap. quia inscriptio cap. perijt, quæ si exstaret, nullus esset labor in hac re. Communis tamen opinio hæc est, vt hæ causæ decidantur ab Episcopo Parisiensi, quem & Laurentius ex quo hæc Glossa mutuata est in hoc cap. & locus est singularis; nondum mihi perquirere licuit, an sit verum vel an fuerit olim verum, notat, inquam, Episcopum Parisiensem habere iurisdictionem temporalem & Comitis vicem gerere, esse & Episcopum & Comitem, siue Vicecomitem suæ ciuitatis, atque ideò banna, id est, publicas denuntiationes fieri Regis & Episcopi nomine. Ait, Si quas causas pecuniarias: In antiqua Decretali est, causas seculares, & nihil admodum refert, Can. Clericum nullus præsumat 11. Q. 1. *Sunt qui perperam interiiciant vel Sabaudiam Scholares, legentes hoc modo:* Si quas pecuniarias causas Scholares Clerici Parisijs commorantes, *&c. quod non est rectè, quia hæc Constitutio generaliter loquitur de Clericis, qui Parisius, idest, Lutetiæ Parisius, commorabantur. Sic loquebantur, nec ineptè. Nam & Frontinus libro de Colonijs, cuius testimonio sæpè Volaterranus vtitur, dicit Colonia Veius, Colonia Gabius, Colonia Tarquinius: & sic Lutetia Parisius, Mediolanum Sanctonus, qui est* XAINTES, *Auaricum Bituricus, dixeris rectè.* Mais celuy qui a le plus diligemment examiné ce chapitre, c'est M. de la Coste tres-digne disciple d'vn si grand Maistre, en son Sommaire sur ce titre des Decretales, dont il est d'autant plus apropos de transcrire icy l'endroit tout entier, qu'il n'est point encore imprimé: *Vitium patitur hæc regula (actorem scilicet sequi forum rei) & in singulari casu proposito in cap. 9. hoc tit. Quod non dubito pertinere ad Vniuersitatem Scholarium Parisiensium, qui Clericorum nomine censentur. Vniuersitates enim studiorum generalium, vt loquuntur, hinc fuisse sub dispositione & cura Romani Pontificis & Ecclesiæ notissimum est Et ista in Legibus Angliæ, & statutis* Willelmi *senioris Scholares & Clerici iunguntur & copulantur his verbis apud Rogerium Houedensem in parte posteriori Annal. in Henrico II.* Omnes Clerici, vt etiam omnes

XXxx ij

Scholares & omnes res, & omnes possessiones eorum vbicumque fuerint, pacem Dei & Ecclesiæ habeant. *Et in eadem parte idem Auctor verba faciens de graui dissensione orta inter Scholares & Ciues Parisienses, regnante Philippo Augusto, his verbis vtitur in hanc rem valdè notandis:* Præterea idem Rex Franciæ timens, quòd Magistri Scholarum & Scholares à Ciuitate recederent, satisfecit eis, statuens quòd de cætero nullus Clericus trahatur ad seculare examen propter aliquod delictum quod fecerit: sed si Clericus deliquerit, tradatur Episcopo, vt secundùm judicium Cleri tractetur. *Statuit etiam Rex Franciæ IV.* Quicunque fuerit Præpositus Parisijs, juret quòd fidem seruabit Clericis, saluâ fidelitate Regis. *Similem locum observo in simili controuersia inter Scholares & Ciues Oxonienses in Anglia apud Mathæum Paridem in Ioanne I.* Recesserunt, inquit, ab Oxonia ad tria millia Clericorum, tam Magistri quàm Discipuli. Ita quod neque vnus in omni Vniuersitate remansit. *Ex his apparet apud Auctores illius seculi Scholares Clericorum nomine censeri Et hoc nomen etiam hodie retinet in vrbe Parisiensi Pratum Scholarium, quod vulgò* LE PRE' AVX CLERCS *dicitur. Quod igitur ait Celestinus III.* Causas pecuniarias Clericorum Parisius commorantium, *&c. accipiendum est de Clericis studiorum causa Parisius commorantibus, in inscriptione cap. ex Literis sup. de Constitionibus, in quo tractatur de Statutis Vniuersitatis Parisiensis:* Magistri Parisius commorantes, sunt Doctores vel Professores omnium scientiarum & disciplinarum Vniuersitatis Parisiensis. *Nam, vt Rigordus Medicus & Historiographus Philippi Augusti scribit in eius vita:* Florebant tunc Parisius omnium disciplinarum studia; nec legimus tantùm aliquando fuisse frequentiam Athenis vel Ægypti, vel in qualibet parte mundi, quanta locum prædictum studiorum causa incolebat. Quod non solùm fiebat propter loci illius admirabilem amœnitatem; sed etiam propter libertatem & specialem prærogatiuam defensionis, quam Philippus Rex & Pater eius ante ipsum ipsis Scholaribus impendebant. *Huius celeberrimi Conuentus maior pars Clerici erant, & qui non erant Clerici censebantur & dicebantur, vtpote sub Ecclesiastica disciplina constituti: Et sole-*

bant in commune de rebus & negotijs Vniuerſitatis Summum Pontificem conſulere, & ex eius nutu pendere, vt docet D.cap. ex literis, & cap. quia ex cauſis ſup. de Procuratoribus. Et dubio procul priuilegium hoc à Celeſtino III. impetrarunt Clerici Pariſienſes, de quo in hoc capite cuius inſcriptionem non extare dolendum eſt. Scriptum tamen fuiſſe ad Epiſcopum Pariſienſem in gratiam Vniuerſ. Pariſ. inſinuare videtur vetus Gloſſa Laurentij, qui hoc conceſſum fuiſſe Epiſcopo Pariſienſi ait, ratione temporalis iuriſdictionis quam habet in vrbe Pariſienſi, & gerit vicem Comitis: vnde, inquit, Panormitanus, Præco bannum, ideſt, proclamationem publicam nunciat nomine Epiſcopi & Regis. Iuriſdictionem quondam temporalem in dicta vrbe habuiſſe Epiſcopum ex Hiſtoria certum eſt. Philippus enim Archidiaconus Pariſienſis, filius Ludouici Craſſi & frater Ludouici Iunioris, qui Petrum Lombardum hominem Italum, ſed eruditiſſimum, qui vulgò dicitur Magiſter Sententiarum in electione Epiſcopatus Philippo fratri prætulit, etiam ipſo Philippo annuente. Hic, inquam, Philippus Archidiaconus ex paterna ſucceſſione partem Vicecomitatus Pariſienſis accepit, quam deinde donauit Epiſcopo & Eccleſiæ Pariſienſi. Sed hæc non eſt vera ratio huius priuilegij, vt conſtat ex antiqua Decretali. Huius enim iuris ſingularis fucatum colorem ſiue prætextum repetit Celeſtinus III. ex Leg. vlt. Cod. Theod. de Ep. Iud. cuius etiam truncata verba vſurpauit, & ex vetuſtioribus Concilijs, quæ cauſas Clericorum generaliter cenſebant in Foro Eccleſiaſtico eſſe tractandas. Vt quod olim receptum fuiſſe videtur, & variè mutatum ſuit, ſaltem obtineat fauore Clericorum ſtudiorum cauſa Pariſius commorantium. Quod euidentiùs expreſſum fuiſſe in integra Decretali quam non habemus veriſimile eſt, vt in reſcripto Alexandri IV. pro Scholis Dominicanorum Pariſienſium, cuius pars extat in Notis Sirmondi ad Epiſtolas Alexandri III. ad Petrum Cellenſem: Inſuper ſtatuimus vt Scholares omnes tam religioſi de Prælatorum ſuorum licentia Pariſius ſtudij gratia quandolibet commorantes, quam etiam ſeculares, vbicunque voluerint Lectionibus vel Prædicationibus audiendis, ſiue quæſtionibus diſputandis liberè valeant intereſſe. Omninò igitur cauſas Clericorum pecuniarias, ſi quas habeant contra aliquos, vel aliqui contra eos, ſtatuit Celeſtinus ab Epiſcopo ſecundùm ius Canonicum eſſe decidendas, non ſecundùm Conſuetudinem Pariſienſem, vt eſt in

718 *ADDITIONS.*

antiquâ Decretali. *Sed quia ait in plurali* Decidatis, *manifestum est hoc caput non ad solum Episcopum Parisiensem, sed ad alium quoque Prælatum scriptum fuisse. Et verisimili coniectura ductus, censeo adiunctum fuisse Episcopo Abbatem Sanctæ Genouefæ ad quem scriptum est cap.* licet 1. de Præbendis, *quo permissum fuit studiorum causâ Canonicis absentibus prouentus Præbendarum percipere, exceptis distributionibus quotidianis. Et notissimum est etiam hodie Abbatem Sanctæ Genouefæ in Vniuersitate Parisiensi habere proprium Cancellarium, qui vulgò dicitur* Cancellarius Artium. *Ad hos igitur vrbis Parisiensis Prælatos scriptum videtur hoc caput, quibus Celestinus delegat cognitionem causarum Ciuilium Clericorum, siue Scholarium. Et quod dederat Cœlestinus Scholaribus in causis pecuniariis, Philippus Augustus posteà in criminalibus concessit, vt sup. ex Rogerio Houedensi docui. Et ante Fridericus I. hoc concesserat Scholaribus. Vt coram Episcopo vel coram Domino vt loquitur, idest, Doctore vel Magistro conueniri tantùm possint. Auth. habita C. ne filius pro patre. Huiúsque priuilegij vsum quemdam sub Alexandro III. in hoc Regno licet obseruare ex Ep.* LI. *eiusdem Alexandri III. ad Petrum Cellensem, & deinde Abbatem S. Remigii, & Fulconem Decanum Rhemensem de controuersia orta inter Presbyterum de Burgo S. Remigii & Scholares Rhemenses: In quo, inquit, ijdem Scholares libertatem suam plurimùm fuisse læsam proponunt, cùm se asserant libertatem habere, vt nullus in eos violentas manus injicere, aut Ecclesiasticam sententiam audeat promulgare, donec cum Magistro suo velint judicio stare. Háncque libertatem in fine Rescripti nominatim confirmat Alexander his verbis:* Prohibeatis omnibus ne præfatos Scholares contra libertatem eorum in aliquo molestare audeant, vel grauare, quamdiu coram Magistro suo parati sunt justitiæ stare. Messieurs du Conseil d'Estat, Messieurs les Maistres des Requestes, & Messieurs du grand Conseil se seruent ordinairement des prisons du Four l'Euesque, comme de prisons empruntées. Ie dois cette docte & curieuse obseruation à M. Nublé Avocat au Parlement: mais que ne luy doisje point?

* FRANC. De *Francus.* Hotman chap. v. de sa Franco-Gallie: *Sed ratio postulat vt de hoc Francorum nomine paulò atten-*

ADDITIONS.

tiùs consideremus, quod nusquam in Germaniæ descriptione reperiri superiùs diximus. Ne diutiùs teneam, necesse est vel Francorum gentem tenuem obscurámque fuisse, à qua tamen tantarum rerum gerendarum initia nata sunt: quemadmodum in Suittis tenuissimo Heluetiorum pago vsuuenit, à quo cùm recuperandæ libertatis auctores orti primùm fuissent, Suitzerorum nomen in Heluetios omnes propagatum est: vel, quod mihi verisimilius videtur, fictam ex re & occasione appellationem fuisse. Cùm ij qui se libertatis recuperandæ principes atque auctores profiterentur, Francos se nominassent, qua voce liberos & seruitutis expertes, apud Germanos intelligi, satis inter eruditos & literatos Germanos constare video. Indéque Francum populari lingua pro libero & immuni, & francisiam pro asylo vsurpamus, & francisare pro in libertatem asserere. Itaque rectissimé Ant. Sabellicus Ennead. x: lib.III. Francos, inquit, Itali liberos appellant: quippe cùm Itali ex Germanorum eluuionibus promanarint. Eius autem rei primum argumentum est, quòd Procopius lib. Gott. Bell. I. memoriæ prodidit, Francos antiquitùs generali nomine Germanos appellatos fuisse. Post verò quàm è finibus suis excesserunt, Francorum nomen obtinuisse. Alterum est, quod Cornelius Tacitus Hist. lib. IV. vbi de Caninefatibus loquitur (quos Francorum finitimos, vel potiùs populares, atque adeò Francos ipsos fuisse ostendimus) eorúmque primam aduersùs Romanos victoriam describit, his verbis vtitur: Clara ea victoria in præsens, in posterum vsui: armáque & naues quibus indigebant adepti, magna per Germanias Galliásque fama, libertatis auctores celebrabantur. Germaniæ statim misere Legatos, auxilia offerentes. Valeat igitur omen, vt Franci verè propriéque dicantur, qui Tyrannorum seruitute depulsa, honestam etiam sub Regum auctoritate, libertatem sibi retinendam putarunt. Non enim Regi parere, seruitus est: neque qui Regi parent, continuò serui habendi sunt. Sed qui Tyranni libidini, aut latroni aut carnifici, tamquam pecudes lanioni sese subijciunt, ij demum vilissimo seruorum nomine appellandi sunt. Itaque Reges semper Franci habuerunt; etiam tum, cùm assertores se ac vindices libertatis profitebantur: & cùm sibi Reges constituerunt, non tyrannos aut carnifices; sed libertatis suæ custodes, præfectos, tutores sibi constituerunt. Quemadmodum ex Franco-Gallicæ Reipublicæ forma posteriùs intelligeretur. Sic Salustius Regem primis temporibus à Romanis habitum scribit, conseruandæ libertatis atque augendæ Reipublicæ causa. Vbi verò suam libertatem labefactari Regum insanijs senserunt, tum ijs pulsis suam sibi tuendam libertatem iudicarunt. Quæ verò Iohannes Turpinus nescio quis, Monachus certè stolidus atque imperitus, qui Caroli Magni, non vitam sed fabulam conscripsit, de Francorum vocabulo nugatur, vt qui pecuniam ad Dionysianum templum ædificandum contulisset, Francus, idest, liber diceretur: quasi nomen illud Regis illius Caroli tempore demum natum sit: nec memoratu quidem dignum est, non magis quàm reliqua illius omnia fabulis anilibus ac delirijs referta. Nostram porrò de Francorum nomine coniecturam adiuuat, quòd Gregorius Turonensis, Ado Viennensis, Sigebertus, Abbas Vspergensis, Godfridus Viterbiensis scribunt, Francos à libertate, & (vt illi ad vocis notionem alludentes loquuntur) à ferocitate nomen inuenisse: propterea quod Valentiniani Imperatoris stipendarij esse, tributáque aliarum nationum more pendere recusarunt. Non quò Francorum nominis mentio non multò antiquior sit Valentiniani Imperatoris ætate. Nam (vt superiùs demonstratum est) ampliùs centum ante annis sub Gallienis Imperatoribus vsurpata est. Sed quia finitimi populi cùm Francorum exemplum virtutémque imitarentur, seséque ex Romanorum tyrannide in libertatem vindicarent, eorumdem etiam nomen vsurpandum putarunt. Námque Hanibaldus ait nominatos à Franco Antharij Sicambrorum Regis; idque factum addit Octauiano Augusto filio imperante: primùm, ab omnium Romanorum & Græcorum Historijs alienum est, apud quos nulla tam antiquis temporibus Francorum mentio reperitur, vt superiùs demonstratum est. Deinde cùm illi populi Regem sibi crearent (sicuti & iam priùs dictum est & posteà dicetur) perabsurdum est, populum à Rege potiùs, quàm Regem à populo denominatum. Multò verò absurdius est eosdem dicere Francos & Sicambros fuisse propter hemistichium à Diuo Remigio in Clodoueo baptisando vsurpatum:

———— Mitis depone colla Sicamber.

Nam alios Francos, alios Sicambros fuisse, versus illi Sidon. Apollinaris declarant:

Francorum & penitissimas paludes
Intrares, venerantibus Sicambris.

Quare vt illud à Remigio vsurpatum hemistichium concedamus, tamen
alludendi

alludendi potiùs, quàm veri nominis designandi causâ id factum esse probabile est. Verùm vt ad institutum redeamus, illud verissimè dici ac prædicari potest, omen Francorum nominis, hoc est (vt Cornelius Tacitus interpretatur) auctorum libertatis ita faustum, felix fortunatúmque fuisse, vt ex eo victoriæ propè innumerabiles consecutæ sint, &c. Voyez Spelmannus aux mots *Ferancus* & *Francus*, & le Chronicon attribué à Yues de Chartres. M. Rigault en son Apologetique pour le Roy Tres-Chrestien: *Imò tam pertinax fuit etiam apud ingratos veritas, vt ipsimet Hispani tradiderint, ab immunitate illa quâ tum Franci per Hispaniæ loca iure optimo fruebantur, etiamnum immunis & ingenuæ conditionis homines, vulgari Hispanorum lingua* Francos *nominari.*

FRANCISQVE. de la Milice. ADI. Mais en cela il se trompe, l'Angon estant vne espece de lance. M. de Valois le jeune en son Histoire de France pag. 456. *Et alii quidem secures ancipites, vel bipennes, vulgò Franciscas à gente cognominatas; alii hastas lanceásve quas* Angones *vocabant, acuebant. Quidam scuta rupta resarciebant. Denique facillimè sua quisque arma suis manibus reficiebat. Tum enim (vt ait Agathias) simplex & parabilis erat Francorum armatura, nec variis artificibus indigebat. Loricis & ocreis non vtebantur exceptis Regibus ac primoribus gentis; equis admodum pauci: propterea quòd more patrio pedestribus pugnis innutriti, & quotidiana exercitatione assuefacti erant. Plerique capite erant nudo, galeis pauci tegebantur. Gladio cincti & scuto tecti prælia inibant; nec acubus aut fundis, sed bipennibus tantùm, & angonibus armabantur. Has, Sidonius* secures missiles; *illas, lanceas vncatas appellat in lib.* IV. *epist.* XX. *Erant autem angones hastæ mediæ magnitudinis, ferreis laminis ita vestitæ, vt præterquam in ima hastilis cuspide lignum nusquam nudum appareret. Ex summo spiculo vtrimque prominebant vnci deorsum versùs incurui. In pugna Francus hanc hastam emittebat: & hostis quidem corpori si infixa esset, facilè velli non poterat propter supradictos hamos ferreos, qui & hærebant penitus, & acerbos dolores mouebant, adeò vt leue vulnus insanabile esset. Si verò hasta scuta incidisset, ex eo perforato pendebat, & circumagebatur, infimâ sui parte terram verrens, neque euelli propter vncorum tenacitatem, aut gladio abscindi propter ferreum tegumentum poterat. Quod simul ac*

ADDITIONS.

Francus animaduertisset, confestim inuadebat impeditum hostem ac pede calcans imum hastile, corporis sui pondere eius scutum deprimebat. Quo remisso, cùm aduersum os pectúsque hostis nudaretur, securim fronti eiusdem infigebat, aut iugulum aliâ hastâ petebat. Militem Francum gladio, cuius capulus esset breuissimus, scuto & vna securi armari solitum Auctor est Procopius in Belli Gothici libro II. securímque latissimo fuisse & acutissimo ferro, quâ Francus in primo excursu iactâ scuta perfringeret, hostésque interficeret.

pag. 329. **FRANGIPANE.** honnestes hommes du monde. ADI. M. de Cerisanthe dans des vers qu'il a adressez à M. de de Voiture, & qui se trouuent imprimez parmy les Lettres Latines de M. de Balzac :

> *Amice, nil me sicut antea iuuat*
> *Puluere vel Cyprio*
> *Comam nitentem pectere;*
> *Vel quas Britannus texuit subtiliter*
> *Mille modis varias*
> *Iactare ventis tænias;*
> *Vel quam perunxit Frangipanes ipsemet*
> *Pelle, manum gracilem*
> *Coram puellis promere.*

M. de Valois le jeune. ADI. & ce qui confirme encore dauantage l'ancienneté de ce nom, c'est ce que le Pere Mare de Gilbert de Varennes Iesuite, remarque en la page 492. de son liure d'Armes de la seconde edition (ce qui m'a esté indiqué par M. de Sallo.) Car cét Escriuain donnant vn exemple des Armes doublement parlantes : *Frangipane*, dit-il, *en Italie d'azur à deux mains d'argent, qui tiennent vn pain d'or coupé en deux moitiez : à raison qu'vn de ses predecesseurs fit au temps de la famine vne tres-grande liberalité à tout plein de personnes necessiteuses.* En effet, j'apprens de ceux qui ont esté en Italie, que telles sont les Armes qui se voyent à Rome & à Ferrare sur les Palais des Frangipani.

pag. 330. **FRASQVE.** *infrascar.* ADI. & parmy nous *enfrasquer.*

FRETTER. Peuteſtre de l'Anglois *fraight* qui signifie la mesme chose. Nicod le dériue de *fretum.* Les Espagnols disent *fletar.*

ADDITIONS. 723

FRETTIN. Voyez Nicod.

FRIAND. De *frigente* ablatif de *frigens* participe de *frigere*, duquel *frigere* nous auons fait FRIRE.

FRIRE. Voyez *friand*.

FRISE. De *frisia*, qu'on a dit de *phrygium*, duquel les Italiens ont fait *fregio*.

FRONCLE. De *furunculus*. Les Gloses anciennes: *furunculus*, δοθιὴν.

FRONTAIL. De *frontale*. Le Lexicon Grec-Latin pag. 514. κεφαλόδεσμος, *frontale*, *capitale*. On a dit de mesme *cubitale*. Le Lexicon de Cyrille: ἀγκωνόδεσμος, *hoc cubital*.

FVEILLETTE, comme quand on dit *fueillette de vin*. De *follieta*, dont les Italiens se seruent aussi pour vne certaine mesure de vin.

FVST. De *fustis*. François Pithou sur ces mots du §. I. du tiltre LXIII. de la Loy Salique: FVSTES ALNINOS SVPER CAPVT SVVM FRANGAT: *An inde fustis fractio in funere Regum nostrorum*, & ROMPRE LE FVST OV FESTV AVEC QVELQV'VN: *Sicut contrà moribus nostris* LIVREMENT DE FVST. *In veteri Instrumento*: Vnde ejusmodi auctoramentum priùs ibidem in capitulo quodam fuste, vt moris est, fecit, & posteà eumdem fustem super altare posuit. *Et alibi*: Ex quo molendino dum super altare donationem quodam fuste, vt moris est, faceret. *Item*: Posteà hoc majus Monasterium in Capitulo nostro, quodam fuste, qui apud nos nomine ejus inscripto in testimonium seruatur, præsente Domino Abbate, Alberto fecit guerpitionem. Voyez Lindembrog & Spelmannus sur les mots *festuca*, *fustis*, *inuestitura*, & Ragueau en son Indice aux mots *fust*, & *liurement de fust*. Voyez aussi M. Galland en son traitté du Franc-alleu. De *fust* viennent FVSTAGE & FVSTAILLE.

GALEMAR. De *calamarium*. Les Gloses pag. 500. χαλαμάριον, *atramentarium*. Voyez Meursius en son Glossaire au mot χαλαμάριον.

GALETS. à Chinon qui s'appelle *Galet*. ADI. & de pag. laquelle estoient Vlric Galet dont il est parlé dans Rabelais, 337.

YYyy ij

& le celebre joüeur Galet que nous auons veu, & dont il est fait mention dans les Satyres de Renier.

pag. 339. GAMME. quelques cordes, & depuis. ADI. sur l'Hymne *Vt queant laxis resonare fibris*, qui est de Paulus Diaconus qui viuoit en 774.

pag. 340. GANNIF. dans le Boulenois. ADI. & en Touraine.

pag. 341. GARCETTE. qui apporta. ADI. d'Espagne en France.

* GARD. Nom d'vne riuiere prés de Nismes. De *Vardo*: c'est ainsi que cette riuiere est nommée dans les titres Latins.

pag. 342. GARENNE. *garenne à eau.* ADI. Loisel en ses Institutions Coustumieres II. 2. 10. *On ne peut tenir riuiere en garenne ou defense, s'il n'y a titre ou prescription.*

pag. 343. GARSE. simplement *vne fille.* ADI. & encore present à Paris les vieilles gens parmy le menu peuple disent *la pauure garce* pour *la pauure fille.*

pag. 344. GAVACHE. les peuples montagnards qui sont sur les confins de Narbonne & d'Espagne. LISEZ, les peuples montagnards du Geuaudan.

or comme ces peuples. ADI. & les Limousins & autres leurs voisins.

* GAY. Pontanus le dériue du Flaman *gay*, que les Hollandois prononcent *gaw*, i. *alacer, praceps, sollers.*

pag. 347. GENTILHOMME. *Gentilis* se trouue. ADI. apeu prés.

in eo videbatur. ADI. (Loiseau se trompe. *Gentile* en cét endroit signifie ce qui estoit ordinaire à ceux de la maison.)

GLISSER. *glesser*, GLISSER. ADI. en Bourgogne le bas peuple dit *lisser* pour *glisser*.

pag. 353. GOBELINS. Ie ne sçay pas d'où vient, &c. LISEZ: Cette riuiere a esté appellée *Biueris*. Du village de Bieuvre prés de Paris, appellé en Latin *Biueris* ou *Biuara*, où elle prend sa source. Voyez Papyrius Masso en son liure des Fleuues.

pag. 356. GOVJAR. *peritos vsu legebant.* ADI. Isidore : *calones, galearii militum.*

pag. 357. GOVSTER. *valde lauta.* ADI. Voyez M. de Saumaise sur l'Histoire Auguste pag. 419.

ADDITIONS. 725

GRAVER. difent auffi *grauen*. ADI. qu'Hadrianus *Iunius* dériue de γράφιν. *pag. 359.*

GRESLE. De *grandine* ablatif de *grando*. ✶

GRIS. de fes Galliques. ADI. Philander fur Vitruue le dériue de *cinericius*. *pag. 362.*

GVETER. au mot Wacta. ADI. & M. Hauteferre en fon liure des Ducs & des Comtes 1. 4. *pag. 367.*

GVEVLE. Ducs & Comtes chap. 3. ADI. & Goffelin chap. 4. de fon Hiftoire des anciens François. Quelques-vns eftiment que *gula* en cette fignification a efté dit pour *guna*; ce qui n'eft pas hors d'apparence. Voyez Meurfius en fon Gloffaire au mot γυλα.

GVIENNE. Voyez *Aquitaine*. ✶

GVIMAVX. De *bimales*. ADI. *bimus, bimalis, bimales*, GVIMAVX. *pag. 370.*

GVIMPLES. De *vinculum*. ADI. Nous appellons au-jourd'huy *guimpes* la coiffeure des Religieufes : & Robert d'Arbriffelles dans la Regle qu'il a donnée aux Religieufes de Fontevrauld les appelle auffi *guimpas*.

GVISCHARD. Nom propre. C'eft vn mot Sarafin ✶ qui fignifie *vagabond*. Papyrius Maffo en la vie de Philippes le Long : *Ex eadem Gallia oriundi Rogerius Rex Siciliæ & Robertus fratres, res magnas in Italia geffere. Filij erant Tancredi Atevillæ domini, quod eft oppidum Lugdunenfis fecundæ, prifcum hodie nomen retinens. Rodericus Toletanus lib.* VI. *Apuliam, Calabriam, Siciliám-que ab hoc Tancredo occupatas refert. Robertum Saraceni Punicâ linguâ* GVISCHARDVM *appellabant, quæ vox* erronem *fonat*.

HAIRE. LISEZ: Pontanus en fon Dictionnaire Celtique femble le dériuer de *biherriga* : Car aprés auoir cité ce paffage de Seuere Sulpice liu. III. de la vie de Saint Martin Dialogue 2. *A proximis tabernis biherrigam veftem, breuem atque hifpidam, quinque comparatam argenteis, rapit, atque ad Martini pedes iratus apponit*; il adjoufte parlant de ce mot *biherriga* : *Vocem ergo fi examinemus, noftram Germanorúmque etiamnum effe nemo negauerit. Nam* harich *fiue* beharich *hifpidum pilofúmque fignificat. Et adde hodiéque Gallis difertè referuari* HAIRE *pro* cilicio. Mais il fe trom- *pag. 371.*

YYyy iij

pe ; car il faut lire dans ce passage de Seuere Sulpice *Bigerricam vestem* (comme Fortunat & Paulin nous l'enseignent, qui tous deux ont mis en vers ce que Sulpice auoit écrit en prose) c'est à dire *vne mante de Bigorre*. *Haèr* en Alleman signifie *du poil*; & il y a apparence que le François *haire* est venu de ce mot Alleman.

pag. 372. HALE'. pour ἥλιος. ADI. & M. de Valois le jeune de *afflatus*.

pag. 373. HALLER. & de bateau. ADI. Brodée liure IV. de ses Meslanges chap. XI. dit que nous appellons *Haliers* ceux qui tirent les bateaux, de *Helcyarij* : *Helcyon pro fune vsurpant nonnulli : licet eum propriè significet, quo Helcyarij aduersis fluminibus aut vento contrario naues trahunt. Martialis lib.* I.

Nec clamor valet Helcyariorum.

Nos vocis antiquæ obsoleta quædam vestigia adhuc retinemus, Halyeros *eos appellantes*.

pag. 376. HARD. de Champagne. ADI. apeine de la hard, c'est à dire, de la corde.

pag. 378. HARO. *effort de violence.* ADI. Le President Fauchet liure XI. de ses Antiquitez Françoises chap. 8. *Quant à Guillaume le Normand, il fut laissé en la tutelle de Robert Comte de Paris: & de luy vindrent les Ducs de Normandie qui vesquirent depuis, polirent & rangerent à l'obeïssance du Christianisme & des Loix leurs Suiets. De maniere que les François Bourguignons, & autres prirent alliance auec eux : Car Raoul fut bon iusticier, & le pays à luy suiet, de son temps sembloit estre gouuerné comme vne seule maison par vn bon pere de famille, tant grande estoit la concorde de ces nouueaux Chrestiens. Car (disent les Chroniques de Normandie) ceux qui contre raison detenoient l'autruy, qui mentoient ou nioient ce qui leur auoit esté presté ou baillé en garde, estoient tenus ou chastiez comme larrons: tellement que la memoire de sa iustice est demeurée en la bouche de ceux du pays, qui estans greuez, l'appellent encore à leur aide, criant* Haro *contre ceux qui les forcent. Iaçoit que d'autres pensent que ce mot vienne de* Haroüenna*, qui en vieil François Teulch, signifioit le lieu où se tenoit la Iustice ; comme si celuy qui crie* Haro *appelloit sa partie à l'*Haroüenne *ou lieu de la iustice pour auoir raison de sa violence, ainsi*

ADDITIONS. 727

qu'au temps passé l'on tiroit l'oreille aux assistans pour se souuenir de l'assignation que les parties s'entredonnoient, se trouuant en iustice, obtorto collo, & dont i'ay parlé en mes Origines.

HEAVME. *de vitijs sermonis* pag. 222. ADI. Les Italiens de *helmus* ont aussi fait *helmo*. *pag. 383.*

HOST. dont les Capitulaires. LISEZ: dont Charlemagne & Charles le Chauue dans leurs Capitulaires, Gregoire de Tours, Fredegaire, Yues de Chartres, &c. *pag. 387.*

HOSTEL. De *hospitale*. ADI. Les Gascons disent *hostau* pour *maison*. *pag. 388.*

HOVSEAV. *ille prohibuit.* ADI. *Aduocatáque Regina ostendit ocreas disruptas.* *pag. 389.*
Voyez. ADI. Lindenbrog sur ce passage de Paul Diacre. aprefent *hautechausse.* ADI. Nous disons encore *houses* pour *chausses*, & *se houser* pour *se chausser*: & delà le mot *triquehouse*.

HVCHER. Nicod le dériue de *heus.* ADI. & M. Dominicy en son liure du Franc-alleu chap. 22. de *huescum* ou *vccum*: *Ordeam pulsare significat* BATTRE LE BEFFROY. *Sicut in Legibus Scotorum* cap. 15. *leuare huescum*, vel vt in veteribus *Formulis* cap. 30. *vccum, idem est acclamare, vnde nos* HVCHER *effinximus.* *pag. 390.*

IAQVE, comme quand on dit *iaque de maille*. Pontanus le dériue de l'Alleman *tach*. De *iaque* on a fait le diminutif IAQVETTE. Voyez Nicod. ✶

IAQVES BONS-HOMMES. Froissart volum. 1. chap. 182. ADI. Nicod au mot *Iaquerie*, & l'Autheur de la vie d'Innocent VI. que M. Bosquet a fait imprimer parmy les autres Autheurs de l'Histoire des Papes qui ont tenu le Siege en Auignon pag. 124. 125. & 126. *pag. 400.*

IAVNE. *Gaubinus*, GEAVNE. ADI. Touchant le mot de *galbinus* voyez Turnebe liu. XVIII. de ses Aduersaires chap. 8. *pag. 402.*

INSINVER. Voyez *intimer*. ✶

INSTALLER. *Stallum a esté dit, &c.* LISEZ: *Stallum* a esté dit de chacune des chaires du chœur des Eglises, & des sieges ou bureaux des Iuges & autres Officiers; sibien qu'*installare* est proprement *in stallum mittere*. Voyez *estau*. *pag. 403.*

INTIMER. De *intimare*. M. de Saumaise sur ces môts de Capitolin en la vie de Verus; *vt priorem Verum intimandum legentibus darent : Duo verba sunt eiusdem notionis* intimare *&* insinuare : *vtrumque enim* ἐμφανίζειν *vel* διδάσχειν *significat. Nam* intimare *est quasi in intimo ponere, vel intimum facere. Sic & insinuare eadem ratione dicitur. Glossæ veteres :* intimate, γνωρίσαι, ἀνύσαι : intimare, γνωρίσαι, ἐμφανίσαι, φανερῶσαι. *Item aliæ :* ἐμφαρίζω, allego, intimo. ἐμφάνεια, intimatio. *Idem planè* insinuare. *Eædem Glossæ :* insinuate, διηλώσατε : insinuatio, διδασχαλία : insinuauit, ἐνεφάνισεν. *Perperam hodie legitur* ἐνεκωμίασεν. *Nam* insinuatio *exponitur* διδασχαλία. *Ibi* διδασχαλία *est quam Iurisconsulti Græci* διδασχαλίαν πράγματος *vocant, hoc est, instructionem & allegationem. Glossæ :* διδασχαλία πράγματος, allegatio, instructio. *Idem igitur &* insinuatio. *Sic* allegare, intimare, insinuare *& instruere eiusdem planè significationis sunt verba.* Les Empereurs Honorius & Theodose en la Loy 19. au Code de *Testam. Cùm hoc ipsum quod per supplicationem nostris auribus intimatur, ita demum firmum sit, si vltimum comprobetur.* L'Empereur Anastase en la Loy 20. au Code de *Aduoc. diuers. iud. Suggestionem viri illustris Comitis rerum priuatarum, & Proconsulis Asiæ duximus admittendam, per quam nostræ serenitatis auribus intimauit.* Voyez Loiseau liu. 1. des Offices chap. 14. §. 78.

IOLI. Peuteftre de *Iulius*, qu'on aura dit de ἴουλος qui signifie *prima lanugo* : ou de *iulitus* qu'on aura formé de ἰουλίζειν qui signifie *primam lanuginem emittere.*

pag. 405. IOVR. *posset arari.* ADI. De *diurnale* nous auons fait IOVRNAV.

IOVRNE'E en cette signification. ADI. Velleius Paterculus : *Aciem Pharsalicam, & illum cruentissimum Romano nomini diem.* Et ailleurs : *Felicitatem diei, quo Samnitium Telesinique pulsus est exercitus.*

ἡμέρας. ADI. Quinte Curce en vse pareillement en la mesme signification.

IOVSTE. *Inde nostrum* IOVSTE. ADI. Nicephore Gregoras liure x. εἶτα ἢ ἀγῶνας ἐξετέλεσε δύο, οἳ δὴ τοῖς Λατίνοις πάλαι ἐπιτετόηνται, γυμνάσιας ἕνεκα σώματος, ὁπότε σχολιώ ἄγοιεν

ADDITIONS.

ἄρσιν τῶν πολεμικῶν. τύπον ὁ μὲν εἰς μονομαχίας ἔνδειξιν ἔχει ἢ τζύςρα ὑπὸ Λατίνοις. ὁ δὲ ἕτερος τῶν ἀγώνων τόπιε προσαγορεύεται. τζύςρα & τόπιε, ce sont les joustes & les tournois. Voyez Meursius aux mots τζύςρα & τόπιε.

IVLLET. *gileb.* ADI. d'où les Grecs modernes ont aussi fait ζυλάπιν & ζυλάπιον. Voyez Meursius en son Glossaire au mot ζυλάπιον. *pag. 407.*

LANDE. *terre de mer.* ADI. Aimoinus liure 11. des Gestes des François chap. 13. *Longobardi de Golanda peruenerunt in Rugiland, quæ Latinè* Rugorum patria *dicitur. Nam* land *linguâ Germanorum* patria *dicitur verbo Latino.* Voyez Vossius *de vitijs sermonis* pag. 232. *pag. 411.*

LANGE. LISEZ: De *linium* pour *lineum*, &c. pour *linge.* ADI ou plustost de *lanium*, qu'on a dit pour *laneum*; car les langes des enfans sont de laine.

LANGVEDOC. *c'est à dire pays des Gots.* ADI. M. Dominicy chap. 20. de son traitté du Franc-alleu, est de l'auis de ceux qui croyent qu'*Occitania* a esté dit du mot *oc*: *Occitania eas regiones amplectebatur, quæ ius Romanum agnoscunt, & quæ cis Ligerim sunt, quæque Occitaniæ nomine veniunt, quòd earum populi vocem* oüy *efferant in* oc, *quasi ij sint quibus dedit ore rotundo Musa loqui, vt de Græcis locutus est Poëta. Vnde bifaria Regni diuisio in linguam* d'oüy *& linguam* d'oc, *&c. pag. 414.*

LANSQVENET. de Iean De Serres. LISEZ : du Continuateur de Iean de Serres. *pag. 415.*

communément Lansquenets. ADI. I'ay dit du Continuateur; car de Serres n'a conduit son Inuentaire que jusques à Loüys XI. exclusiuement. C'est vn nommé Mouliard qui a continué jusques enuiron l'an 1600. comme du Pleix l'a remarqué en son Inuentaire des erreurs de De Serres.

LATE. feminin de *latus.* ADI. I'ay appris de M. de Valois le jeune que les lates sont appellées *ligaturæ* dans Gregoire de Tours chap. 55. de la gloire des Confesseurs : *Ruunt tegulæ cum ligaturis & reliquo tecti apparatu. pag. 416.*

LAVEDAN. d'excellens cheuaux. ADI. Guillaume de Poitiers en son liure des Gestes de Guillaume Roy d'An-

730 *ADDITIONS.*

gleterre: *Vasconia & Aruernia potentes ei transmittebant vel adducebant equos, qui nominibus proprijs vulgò sunt nobilitati, feroces & in orbem agi doctos.* Monstrelet vol.1.chap.61. En outre estoient venus au mandement du Duc d'Orleans en cette armée grand' quantité de Lombards & Gascons, lesquels auoient leurs cheuaux terribles & accoustumez de virer en courant: que ce point n'auoient accoustumé les François, Picards, Flamans, Brabançons de voir, & pour ce leur sembloit estre grand' merueille. Voyez M. Hauteserre liure 11. des choses Aquitaniques chap. 2.

pag. 418.   LESTRADE. au mot ςρατη. Adi. De *strata* nous auons dit *Estrée.* Le Chasteau d'Estrée en Picardie est nommé *de strata* dans les titres Latins.

pag. 430.   LIVRE de terre. valant vne liure de terre. Adi. M. Dominicy en son traitté du Franc-alleu chap. xv. 5. est du mesme auis que le Pere Sirmond: Libratas *dicebant hoc sæculo* (il parle du temps que viuoit Mathieu Pâris) *sicut &* solidatas *agrorum mensuras, ad similitudinem assis aut libræ in vncias reducentes. Vnde nos hodie dicimus,* aliurer les terres, & faire les impositions au sol la liure: *Quod à Narbonensibus tractum, apud quos modus agri olim* libra *dicebatur, vt est in Auctoribus de limitibus Agrorum.*

pag. 432.   LOIRE. *habitans.* Adi. De *Ligeris* on a fait le diminutif *Ligerittus,* d'où nous auons fait Loirette, qui est vn autre fleuue prés d'Orleans, qu'on appelle autrement *Ligerinus.*

*   LOMBARDS. Peuples. De la longueur de leur barbe. Paulus Diaconus liure 1. des Gestes des Lombards art. 9. *Certum tamen est Longobardos ab intactæ ferro barbæ longitudine, cùm primitus* Winili *dicti fuerint, ita postmodum appellatos. Nam iuxta illorum linguam* lang longam, bart barbam *significat.* Gunterus liure 11.

    Dicitur à longis ea Longobardia barbis.
Isidore ix.2. *Longobardos vulgò ferunt nominatos à prolixa barba; & numquam tonsa.* Otho Frisingensis dit la mesme chose liure 11. des Gestes de l'Empereur Frideric chap. 13.

pag. 434.   LOVRE. en ses Eglogues. Adi. & Belleau en ses Bergeries.

ADDITIONS.

LOYER. De *locarium*.

MAIDIEV. Apologie d'Herodote. ADI. ou pluftoft par corruption pour *m'ayde Dieu*. A la fin des anciens fermens de nos François vous trouuerez touſiours dans les vieux liures : *Sic me Deus adiuuet, & ifta fanɛta reliquiæ*. *pag. 441.*

MAIGNI. Village prés de Paris. LISEZ : Bourg du Dioceſe de Chartres prés de Mante.

MAINTENANT. Ciceron. LISEZ : Brutus dans vne de ſes Epiſtres à Ciceron. *pag. 443.*

MAISON. mais pour vne hoſtelerie. ADI. Ainſi en Dauphiné *logis* ſignifie *hoſtelerie*. *pag. 445.*

diuerſoria manſionatica. ADI. Voyez M. de Saumaiſe *de vſuris* pag. 351.

MALADE. ont fait *ammalato*. ADI. Voyez M. de Saumaiſe ſur Solin pag. 1122. *pag. 446.*

MALETOVTE. De *malè tolta*. LISEZ : De *mala tolta*. Les Autheurs modernes, & entr'autres Anaſtaſe le Bibliothecaire ont dit *abſtollere* pour *auferre*, & *abſtultus* pour *ablatus*. Ils ont dit de meſme *tultus* & *toltus* de *tollere*; & *mala tolta* pour *mala exaɛtio*. Nos anciens François, &c.

MANGEVRS. Ordonnances Latines *Comeſtores*. ADI. Les Romains ſe ſont ſeruis à peu prés de ſemblables contraintes, ce qu'ils appelloient *manus militaris*. Voyez la Loy 68. au Digeſte *de rei vindicat*. La Loy 2. au Code Iuſtinien *De his qui latrones*, & la Loy 2. au meſme Code *de exaɛt. tribut*. *pag. 448.*

MANOEVVRE. d'où nous auons fait MANOVVRIER. ADI. Voyez le Pere Sirmond ſur ces Capitulaires pag. 78. *pag. 449.*

MANS. qui habitoient le Maine. LISEZ EN SVITE; pluſieurs croyent qu'on appelle la capitale de cette Prouince-là *le Mans* en oſtant les deux premieres ſyllabes. M. Guyet croit que ce mot a eſté fait de *manſus*, &c.

MARCHER. De *varicare* qui ſignifie. ADI. *Cruribus varis ambulare*; mais qui ſe prend auſſi pour *diuertit, ambulat*. ADI. Ouide : *pag. 454.*

Ambulat ingentes varica fertque gradus.

Varron liu. IV. de la langue Latine : *Vallum vel quod ea varicare nemo poſſet.*

ZZzz ij

qui signifie *passage*. ADI. Voyez *passer*, & M. de Saumaise sur Solin pag. 945. & 946.

pag. 455. MARECHAL. *Caballorum Præfectus.* ADI. Paulus Diaconus liu. 11. des Gestes des Lombards 9. *Igitur ut diximus, dum Alboin animum intenderet, quem in his locis Ducem constituere deberet, Gisulfum, ut fertur, suum nepotem, virum per omnia idoneum, qui eidem strator erat, quem linguâ propriâ Marpahis appellant, Forouilianæ ciuitati, & toti regioni illius præficere statuit.* Voyez Lindenbrog sur ce lieu.

pag. 457. MARGEOLE. De *margella*. ADI. à Paris on dit *mardelle* & *marelle*.

* MARJOLAINE. De l'Italien *majorana*.
* MARMELADE. de l'Espagnol *mermelada*.
* MARNE. Riuiere. De *Materna* qui se trouue dans de vieux titres pour *Matrona*. Il y a vne montagne en Dauphiné entre Briançon & Suse appellée aussi *Matrona*, & dont Ammian Marcellin fait mention liu. xv. *Et hinc alia celsitudo erectior, ægréque superabilis, ad Matronæ porrigitur verticem, cuius vocabulum casus feminæ nobilis dedit.* Mais la penultiéme syllabe du nom de la montagne est longue suiuant la quantité du nom d'où elle a esté ainsi appellée, au lieu que la penultiéme syllabe du nom du fleuue est notoirement breue.

* MARSOLEAVX. On appelle ainsi en Anjou les Linotes qui ont la gorge rouge. Du mois de Mars auquel elles naissent. On appelle aussi de ce mesme nom en cette mesme Prouince & en quelques autres lieux les cochons qui sont nez en ce mois là. *Mars, Marsus, Marsolus, Marsolellus.* MARSOLEAVX.

* MAS. De *Mansus*. V. le P. Sirmond sur les Capitulaires de Charles le Chauue pag. 99. & M. Bignon sur Marculphe pag. 501. & ce que nous auons remarqué au mot *Mans*.

* MAS. MASSER. Termes du jeu des dez. De l'Espagnol *mas*, qui signifie *dauantage, de plus*, & qui vient de *magis*.

pag. 463. MATRAS. Ces gros traits d'arbaleste. ADI. D'où vient la façon de parler Prouerbiale, *matras empenné*, & *matras desempenné*. Amiot en la lettre qu'il escriuit de Trente le 1. de Se-

ADDITIONS. 733

ptembre 1551. *Iamais homme ne fut mieux enuoyé en materas desempenné, comme l'on dit, que ie fus lors.*

MESCHANT. *N'aimes point ny malignité.* ADI. & que dans la vie de Du Guesclin, comme en plusieurs autres lieux il y a *mescheant* au lieu de *meschant*, & que ce mot de *meschant* signifioit, &c. *pag. 469.*

MESCREANTS. LISEZ: De *miscredentes* qu'on a dit pour *minus credentes*. V. *méfaire*. *pag. 470.*

MESNIL. De *mansionile*. LISEZ: De *manile* qu'on a fait de *maneo*. *pag. 471.*

Mansio, mansionile, &c. OSTEZ cela.

MESSEANT. De *malè sedens*, comme BIENSEANT de *benè sedens*. Quintilien liure 11. chap. dernier: *Nam & ita sedet meliùs toga, & continetur.* Pline en son Panegyrique: *Cùm abundè expertus esset, quàm benè humeris tuis federet imperium.*

METTRE. De *mittere*. Mettre en possession: *mittere in possessionem.*

MEVLAN. De *Mediolanum*. LISEZ: de *Mellentum*: c'est ainsi que cette Ville est appellée dans les vieux titres. Buchanan, qui croit qu'elle a esté appellée *Mediolanum*, se trompe. C'est au liure 11. de son Histoire d'Escosse. *pag. 472.*

MEVLE de foin. De *moles*. Festus: *moles pro magnitudine ferè poni solet.*

MEZEAV. Sire de Ioinville pag. 8. ADI. Les anciens Allemans, selon le témoignage de Bonauentura Vulcanius, appelloient la ladrerie *misilsucht*. *pag. 473.*

MOIEV. ADI. de rouë. *pag. 476.*

MOIEVF. De *medium oui*.

MOMMERIE. LISEZ: de *momaria*, qu'on a fait de *momar*. Lipse epistre 44. liure III. *Momar pro stulto Siculis quid abit à Gallorum & nostro verbo in personatis?* Voyez Festus au mot *momar*, & Scaliger sur cét endroit de Festus.

MONT-MARTRE. Lieu prés de Paris. De *Mons Martyrum*. C'est ainsi que ce lieu est appellé par tous nos Escriuains modernes qui ont écrit en Latin, & mesme par Hilduin en la vie de Saint Denis, qui l'appelle *Mons Mercurij seu Mons*

Martyrum, s'il est vray que ces mots *Mons Martyrum* ne soient point adjoustez. Abo, qui a vescu depuis Hilduin, l'appelle *Mons Martis* :

> *Forte deinde tribus cuneis cinctus galearum*
> *Armipotens montis super Odo cacumina Martis*
> *Emicuit.*

C'est en son Poëme du siege de Paris.

* MONTMAVRISME. On appelle ainsi depuis quelques années les rencontres qui consistent seulement dans le jeu des paroles, & que les Latins ont appellées pour cette raison *annominationes*. De Pierre de Montmaur Professeur du Roy en la langue Grecque, à qui cette figure estoit tres-familiere.

* MORON. Herbe. Peuteſtre de *muronium*, qu'on a fait de *murus*, a cause que cette herbe vient sur les vieilles murailles.

pag. 478. MORTIER. *dictum fuit*. ADI. μύρταρ est interpreté par Hesychius πῖλος, *vn chapeau*. Ce qui a fait croire à quelques-vns, que nous auions appellé de là *mortier* le bonnet des Presidens au mortier. Mais il n'y a aucune apparence en cette etymologie : & le mortier des Presidens a esté ainsi nommé sans doute, de sa ressemblance aux mortiers.

pag. 481. MOVTON. *veruex & caper*. ADI. Ce qui me donne aussi quelque opinion que *montone* peut auoir esté fait du Latin *mutto* ou *muttonus*, qui signifie αἰδοῖον, & qu'on aura dit pour *muttoniatus*. μύθων comme πόσθων.

* MVLES. Souliers. De *mulli*, qu'on a dit pour *mullei*. Voyez M. de Saumaise sur l'Histoire Auguste pag. 410. Festus dériue *mullei* de *mullare* : *Calceorum aiunt esse, quibus Reges Albanorum primi, deinde Patricij vsi sunt*, &c. *quos putant à mullando, idest, fuendo dictos*. Scaliger sur les Priapées est de cét auis, où il dériue *mullare* de μύλλειν, mot des Tarentins & des Siciliens qui signifie *perforare*, τὸ περαίνειν. Mais l'opinion de M. de Saumaise me semble plus vray-semblable, qui croit que *mullei calcei* ont esté ainsi appellez à colore piscis mulli. C'est dans ses Notes sur l'Histoire Auguste au lieu allegué.

ADDITIONS.

MVSER. de ses lettres. ADI. Les Latins ont vsé de *musnari* à peu prés en cette signification. Pline en sa Preface: *Dum ista musnamur pluribus horis viuimus.*

NAIF. De *natiuus*. ADI. Belleau 1. journée de la Bergerie:

Voy ces mots couronnez d'vne mousse naïue.

NEFFLE. en Anjou. ADI. & en Touraine.

NERMOVTIER. de l'Ordre de Saint Bernard. ADI. M. Hauteserre à la fin du 23. & dernier chapitre des choses Aquitaniques interprete *Herio* l'Isle de Ré; en quoy il se trompe si ie ne me trompe moy-mesme.

NIAIS. Voyez *beiaune*. ADI. & M. de Saumaise sur Solin pag. 773.

NICHIL AV DOS. *michi* pour *mihi*. ADI. Les mesmes Gloses pag. 665. *michi, mihi.*

NIELLE. ADI. Denis.

NIVEAV. Il y a des personnes qui s'appellent *Niuelle*: ce qui me fait croire qu'on a dit autrefois *niuelle* pour *niueau*, de *libella*. OSTEZ cela.

NONNE. Le Chronicon *Monasterij Noualiacensis*. LISEZ: La Chronique du Monastere de la Noualese.

NORMAN. *in matrimonium concefferit.* ADI. (il se trompe: ce fut Charles le Gras Empereur, qui donna la Frise, & non pas partie de la Neustrie, à Godefroy Roy des Normans; & Gisla fille du feu Roy Lothaire en mariage.)

NOTOIRE. *adsistere iubentur.* ADI. Alexandre III. au chap. 14. de *Appellat.* aux Decretales: *Cùm multa dicuntur notoria, quæ non sunt prouidere debes, ne quod dubium est, pro notorio videaris habere.* Voyez Cujas sur les chapitres 3. & 5. *De eo qui cogn. consang.* & M. Florent sur le titre *de Elect.* pag. 191. & 192.

NOVEL. de *Nostre Seigneur.* ADI. Les Italiens disent encore apresent *natale.* Ce mot qui signifie *iour natal*, &c. Ce mot *Noüel.* ADI. au reste.

OCTROI. OCTROIER. De *auctorium* & *auctoriare*, qu'on a dits de *auctor*, pour *auctoritas* & *auctorisare.*

OIGNONS, de *Re Hortensi* pag. 97. ADI. Nous appellons aussi *oignons* les excrescences qui viennent aux pieds, a cause de leur ressemblance aux oignons : & Ordericus Vitalis vse du mot *vniones* en cette signification.

* ORFRAYE. Oiseau. De *ossifraga*, quoyque l'Orfraye ne soit pas l'*ossifragus*, comme Belon en son Ornithologie fort bien obserué.

pag. 498. OSEILLE. *acetosa*. ADI. Dans l'Anjou & la Touraine l'a on dit *vinette*.

OVBLIE. *nomen antiquum*. ADI. M. de la Coste à la fin de la Preface de son Commentaire sur le tiltre du Code *de Iure emphyteutico*: *Ia hac verò Prouincia, quasi inuisum & odiosum sit Census, idest, tributi nomen, quemadmodum tributum, quod superindictum dicebatur, mutatum fuit in canonis nomen l. 1. C. Theod. de ind. lenitate verbi tristitiam rei mitigamus, & census vocamus* oblatas, *quasi sint oblationes & munera quædam, vt panes dulciario opere ex simila & saccharo confectos, quos etiam vulgò nominamus* OVBLIES. *Oblatas dictos fuisse me docuit Ioannes Monachus Maioris Monasterij in Historia Gaufridi Ducis Normaniæ, & Comitis Andegauiæ lib.* 1. *his verbis*: His panibus quos *oblatas* vocant conficiendis pariter & coquendis exhibebat ministerium; cumque ille instrumentum ferreum, vt sæpe vidistis, hujusmodi panibus coquendis calefecisset, *&c. Apud nos igitur* oblix *dicuntur quasi* oblatæ, *quæ & obligæ in veteri instrumento quod eruditus Auctor Notarum in Marculphum dedit ad Formulam* XV. *lib.* 2. *vbi obligæ, vel oblix separantur à censu*: De censu, de frisinguis (*ieunes truyes grasses*) de obligis & de omnibus redituris tibi medietatem dabo.

pag. 499. OVTIL. De *vtile*. ADI. Les Latiniseurs de *outil* ont fait *ostile*. L'Ordonnance de Charles VIII. qui est sous le §. 14. du tiltre XLVI. des Ordonnances qui sont compilées dans la 3. partie de l'ancien stile du Parlement: *Omnia animalia ad laborandum & cultiuandum seu colendum terram ordinata & deputata, necnon instrumenta & ostilia necessaria ad laboragium deinceps obligari non poterunt*, &c. & Me Charles du Moulin sur ce mot *ostilia*: *verbum Gallicum: & sic comprehendit omne aratorium instrumentum siue sese moueat, siue mobile. Sic textus in l. executores cum l. seq. Cod.*

ADDITIONS.

Cod. quæ res pignori oblig. possunt. sed nullo modo seruantur in hoc Regno.

PAIRS. *par du Tillet.* ADI. Antoine Loisel en ses Institutes Coustumieres, qui est vn ouurage comparable aux Regles de Droit des anciens Iurisconsultes liu. 1. tit. 1. regle 31. *Sergent à Roy est Pair à Comte.* & liu. IV. 3. 14. *Pairs sont compagnons tenans d'vn mesme Seigneur, l'vn desquels est nommé par le Seigneur, & l'autre par le Vassal, & s'ils ne s'accordent ils en prennent vn tiers.* — pag. 505.

PALEFROY. *multis locis ostendunt.* ADI. Ce que le Sire de Ioinville rapporte en la vie de Saint Louïs pag. 250. de ce qui se passa en suite du present de deux pallefrois de cinq cens liures piece, que l'Abbé de Cluny fit au Roy lors qu'il eut pris terre à Yeres, à son retour du premier voyage qu'il auoit fait en la Terre Sainte, merite d'estre sceu par toutes sortes de personnes, & sur tout par les Iuges: *Ou Chastel d'Yeres sejourna le Roy, la Reyne, & leurs enfans, & nous tous tandis qu'on pourchassoit des cheuaux pour s'en venir en France. L'Abbé de Cluny qui fut depuis Euesque de Loliue,* (il faut Langres) *enuoya au Roy deux pallefrois, l'vn pour luy, l'autre pour la Reyne, & disoit-on qu'ils valoient bien chacun cinq cens liures, & quand le Roy eut pris ces deux beaux cheuaux, l'Abbé le requist qu'il pust parler auecque luy le lendemain touchant ses affaires, & le Roy le luy octroya: & quand vint au lendemain l'Abbé parla au Roy qui l'escouta longuement, & à grand plaisir: & quand celuy Abbé s'en fut party, ie demanday au Roy sçauoir, si ie luy demandoye quelque chose à recognoistre, s'il le feroit, & il me dist, qu'oüy volontiers. Adonc ie luy demanday, Sire n'est-il pas vray que vous auez escouté l'Abbé de Cluny ainsi longuement pour le don de ses deux cheuaux? Et le Roy me respondit, que certes oüy. Et ie luy dis que ie luy auois fait telle demande, afin qu'il deffendist aux Gens de son Conseil Iuré, que quand ils arriueroient en France, qu'ils ne pransissent rien de ceux qui auroient à besogner pardeuant luy. Car soyez certain, fis-ie, que s'ils prennent ils en escouteront plus diligemment & plus longuement, ainsi que vous auez fait de l'Abbé de Cluny. Lors le Roy appella tout son Conseil, & leur conta en riant la demande que ie luy auois faite, & la raison de ma demande. Toutesfois luy dirent les gens de son Conseil, que ie luy auois donné tres-bon conseil.* — pag. 507.

PANCALIERS. en Sauoye. LISEZ, en Piedmont. — pag. 508.

AAaaa

PANSE. *abditus specu.* ADI. Les Picards prononcent *panche*, & appellent le Mardy-gras *Saint Panchar*.

PARCHEMIN. De *pergaminum*. ADI. qu'on a dit pour *pergamenum* qui se trouue dans S. Ierosme, & qui signifie, &c.

PARIER. pareille valeur. ADI. ou bien acause que le fait touchant lequel se fait la gageure doit estre également incertain à chacune des deux parties.

* PARISIS. liure. Voyez *Tournois*.

* PASSER. De *passare*. M. de Saumaise sur Solin pag. 946. PASSVS τὸ βῆμα, quòd passis cruribus, idest, expansis explicetur. Inde & verbum passare infimæ Latinitatis pro ambulare & transire. Ita & varicare eodem sensu, ac varare quoque vetus Latinitas vsurpauit, &c. Inde passaticum infima Latinitas dixit τὴν διάβασιν. Voyez *marcher*.

pag. 517. PAVILLON. *ad illum portandum.* ADI. Isidore liu. XIV. chap. 10. qui est *de Tentorijs: Papiliones vocantur à similitudine paruuli animalis volantis, quòd maximè abundat florentibus maluis. Hæ sunt aniculæ quæ lumine accenso conueniunt, & circa volitantes ab igne proximo interire coguntur.*

pag. 518. PAYEN. LISEZ: De *Paganus*. Ce nom fut donné aux Gentils & Idolâtres, acause que les Empereurs Chrestiens ayant fait, en vertu de leurs Loix, fermer les Temples des Idoles & interdit les sacrifices; les Gentils se retiroient dans les villages, afin d'y exercer clandestinement leur superstition, ainsi que le Cardinal Baronius le monstre doctement & amplement dans son Commentaire sur le Martyrologe Romain, lors qu'il explique les Festes du XI. Ianvier. Le Sire Iean de Ioinville vse assez souuent du mot de *Payennie* pour signifier les pays des Sarasins, Infidelles & mécreans.

pag. 521. PEPIN. surnommé *Pepin*. LISEZ: nommé *Pepin* & surnommé *le Bref*.

* PERRIER, comme quand on dit *canon perrier*. De *petrarius*. *Petraria* se trouue souuent dans les Escriuains du bas siecle pour cette machine de guerre que les Grecs ont appellée λιθοβόλον. Paulus Diaconus v. 8. *Belli machina quam petrariam vocant.* Turpin des Gestes de Charlemagne chap. 9.

ADDITIONS. 739

Aptatis iuxta murum petrarijs & mangarellis, & troijs & arietibus. L'Auteur Anonyme de la vie de Charlemagne: *Deóque volente petrariis quas parauerunt, in suo plus damno senserunt, quàm illi de castello.* Ado Viennensis parlant des Saxons: *Cùm præpararent machinas petrarias & cleta.* L'Auteur de l'Histoire d'Auxerre pag. 105. *Castrum quod vel petrariis, vel aliquibus vix posset machinis expugnari.*

PERLE. *extremitas pro* pilula. ADI. Mais sur Solin pag. 55. il dériue *perula* de *sphærula*: PERVLAM *pro* sphærula *dicebant, idest,* parua spera. *Ita enim* sphæram *recentiores appellarunt. Inde* perulas *vniones dicimus, vt Græci* σφαιεία.

PERS. Couleur. ADI. *De prasinus*; ou plustost *pag. 522.*

PEVR. *à tos iors.* ADI. & encore aujourd'huy les paysans prononcent *paour.*

PILER. Martial liu. &c. OSTEZ cela.

PIROVETTER. Turnebe liure XVII. chap. 8. le ✶ dériue de l'ancien mot Latin *ampiruare*: *Lingua Gallica vocabulum habet* piruetare, *quod veterem redolet originem. Nam* ampiruare Præsul Saliorum *dicebatur, cùm in saltatione motus edebat, gyrúmque aut saltum dederat, cui mox alii qui in Choro erant, eodem gestu motus reddebant, quod* redandruare *dicebant. Hinc versus Lucilii apud* Festum *lib.* XVI.

Præsul vt ampiruat, sic vulgus redandruat ipsum.

PIS. *sur le pis.* LISEZ, *au pis.* *pag. 527.* Alain Chartier pag. 852. ADI. Les laïques prestent le serment en iustice en leuant la main en haut; mais les Ecclesiastiques & les Religieux en la mettant au pis. Mornac sur la Loy *ad egregias personas* 15. au Digeste *de Iureiur.* & sur l'Authentique *Si iudex,* au Code *de Episc. & Cler.* essaye de rendre raison de cette difference.

PISTOLET. *& les petites femmes* pistolettes. ADI. *pag. 528.* Vous trouuerez la mesme chose dans les Bigarrures du Seigneur des Accords au chapitre des Allusions.

PITANCE. qui a esté fait de *pietas.* ADI. *Pitancia* se *pag. 529.* trouue dans des liures assez anciens.

POINT. Particule negatiue. De *punctum.* Nicod au ✶

AAaa ij

mot *point* : POINT *sermoni vernaculo additur ad maiorem negationis expreßionem.* IE N'IRAY POINT, *ideſt*, non ibo, *quaſi dicas*, ne punctum quidem progrediar vt eam illuc. IL N'Y EST POINT, *ideſt*, non eſt illic, *quaſi* illius ne punctum quidem ibi eſt. *Sumitur enim punctum pro re minima*, &c. Nous diſons de meſme PAS de *paſſus* : & nous diſons anciennement MIE de *mica*, duquel *mica* les Italiens ſe ſeruent encore apreſent. Nicod au mot *mie*: MIE *ores eſt aduerbe renforçant la particule negatiue qui le precede (car il n'eſt onc vſurpé ſans autre aduerbe negatif mis au deuant) comme*, IL N'EST MIE HOMME DE BIEN, nullo pacto probus homo eſt: *comme ſi l'on diſoit*, ne probitatis quidem vlla mica in eo eſt. IL NE VIENDRA MIE, minimè gentium veniet. NON MIE QVE IE VVEILLE QV'IL M'OBEÏSSE, non quidem quòd eum mihi obſequentem velim. *Aucuns eſtiment qu'eſtant aduerbe, il vienne de cét aduerbe Latin* minimè. *Mais ne fait ; ains en toutes ſes ſignifications vient de ce mot Latin* mica.

pag. 537.
PONTINARE. ADI. eſpece de point-couppé.

PONTS de Cé. quoyqu'il ſoit conſtant que cét Empereur, &c. LISEZ: que du temps de cét Empereur il y euſt vn pont en ce meſme lieu par où Damnacus Chef des Angevins fit ſa retraitte, & où il fut battu par Fabius, & qui dans les Commentaires de Ceſar eſt appellé *Pons ad Ligerim*.

M. de Thou les appelle *Pontes Seios*. LISEZ: *Pontes Ceÿ*. ET ADI. & ils ſont ainſi nommez dans quelques Chartes.

PORC-ESPI. qui ſignifie *porc*. ADI. Pluſieurs prononcent *porceſpic*. Et ainſi ce mot auroit eſté dit des eſpics auſquels ſon poil reſſemble, comme qui diroit *porcus ſpicatus*:

pag. 538.
POSTE. *mente repoſtum*. ADI. Ce fut, à ce que témoigne Philippes de Commines liu. v. chap. 10. Loüys XI. qui le premier eſtablit les poſtes en ce Royaume.

POVELLE. ſur le corps mort. ADI. & ce drap qu'on eſtend ſur ceux qui ſe marient, & que les Latins ont appellé *pallium*.

pag. 540.
POVLIER. de Charles le Chauue. ADI. on a auſſi appellé *diptycha* certains liures des Egliſes. Meurſius en ſon

ADDITIONS.

Glossaire au mot δίπτυχα: δίπτυχα, libri Ecclesiastici. Erant vero gemini, vnde & δίπτυχα dicebantur: alter mortuorum nomina complectebatur, alter adhuc viuentium. Chrysostomus in Liturgiâ: ὁ Διάκονος θυμιᾷ γράφει τὴν ἁγίαν τράπεζαν, καὶ τὰ δίπτυχα, τῶν τε κεκοιμημένων ᾗ ζώντων, ὡς βέλεται, μνημονεύή. Mortuorum liber continebat nomina, status, ordinum, obitumque Hierarcharum. Et de hoc intelligendi, Iustin. in Edict. de fide Orthod. ἀπέλειξαν ἐξ ἐκείνε τῶν ἱερῶν τῆς ἐκκλησίας διπτύχων τὴν τύπων προσηγορίαν. Anastasius in Agathone: Abstulerunt de diptychis Ecclesiarum nomina Patriarcharum, vel de picturis Ecclesiæ figuras eorum. Victor in Chronico: Nomina Proterij & Salafatiarij de Ecclesiasticis diptychis tollit, & Dioscuri & Heluri, qui Proterium interfecit, scribit. Gregoras lib. v. ἐν ταῖς ἱεραῖς ὑμνῳδίαις τὸν Πάπαν εἰς τὰ δίπτυχα μνημονεύῃ ὁμοῦ τοῖς ἑτέροις τέτταρσι Πατριάρχαις. In viuorum libris inscribebantur à Presbytero, vel Diacono, nomina illuminatorum, & susceptorum. Pachymerius in Paraphrasi Dionysij: περὶ ἐκκλησ. ἱεραρχ. cap. 11. τότε τὴν χεῖρα τῇ κεφαλῇ ἐπιτίθησι, ᾗ κελεύει τοῖς ὑπ' αὐτὸν Πρεσβυτέροις ᾗ Διακόνοις ἐν δέλτοις ἱεραῖς ὑπογράψαζ τὰ ὀνόματα ὅ τε προσελθόντος ᾗ ὅ ἀναδόχου. Ταῦτα δέ, οἶμαι, εἰσὶ τὰ τῶν ζώντων δίπτυχα.

POVRPIÉ. PIEDPOVL. *pulli pes.* ADI. les Simplistes appellent le pourpié *portulaca* par corruption pour *porculata*. M. de Saumaise sur Solin pag. 1054. *Portulacam vulgus indigetat, quæ porculata esse debuit, à porcis nomine imposito. Nam porcelliam & porcaciam alij vocarunt. Græci recentiores* χοιροβότανον. *Nicomedes Iatrosophista:* χοιροβότανον, ἀνδράχνη.

PRESTER. ont vsé en cette signification. ADI. Gregoire de Tours liu. III. chap. 34. *Septem ei millia aureorum præstitit.* Hincmar Opuscule XXXIII. chap. 10. *Reuolue libros Veterum, & illum nihilominus codicem quondam meum à sobrino tuo receptum & tibi à me præstitum.* S. Hilaire dans l'Epistre à Abra: *Si eam dignaretur præstare.* Optatus Mileuitanus du schisme des Donatistes III. *Et qui pro præstitis suis rogari meruerant.* Le Glossaire de Dositheé non imprimé: *commodat, præstat.*

Fuerit postulatus. ADI. où ce mot *præstet* a esté mis par Tribonien au lieu de celuy de *commodet*, duquel les Empereurs

pag. 542.

AAaaa iij

auoient vsé, ainsi qu'il paroist par la loy 1. au Code Theodosien *Quod iussu*, & comme Cujas l'a fort bien obserué en son Paratitle sur le titre *Commodati* au Digeste. Giphanius sur le §. *item is cui res aliena* aux Institutes *Quibus modis re contrah. oblig. Interdum mutuum & commodatum confunduntur, & pro eodem ponuntur l. item legato* 49. §. 1. *D. de leg.* III. *l. quæsitum* 12. §. *si quis eodem* 14. *D. de instr. legat. Sic &* commodare *interdum pro mutuo dare, sed improprie, l.* 1. *Cod. Theod. Quod iussu. Vtrumque communi nomine interdum dicitur præstare l. vlt. Cod. Quod cum eo*, &c. *quo verbo hodieque vtuntur in Italia & Francia* præstare. *Græci quoque vtrumque verbo* χρῆσαι *vocant, &* χρῆσις *est commodatum. Et vt Germani vno vocabulo* zethen, *quod verbum pulchrè quidam vocant, quasi* pandecten. *Nam quæ Latinè distinctis nominibus dicuntur, mutuum, commodatum, conductio, emphyteusis, feudum, &c. nos vno eo verbo appellamus, quia omnia illa magnam inter se habeant cognationem.*

* PREVX. De *probus*. comme PROÜESSE de *probicia*, qu'on a dit pour *probitas*, qui se trouue en cette signification dans nos Escriuains Latins.

pag. 546.

* PROESME, *proisme* ou *prosme*.. La Coustume d'Anjou art. 348. *Le lignager aura le retrait de l'heritage vendu par son proesme lignager auant le Seigneur de fief*. Et 398. *Si aucun lignager a esté connu au retrait d'aucuns heritages & choses immeubles acquises de son proesme*, &c. Voyez Ragueau en son Indice aux mots *prosme*, *proesme*, *proisme* & *premesse*. De *proximus*, d'où on a dit aussi PRESME qui se trouue dans la Coustume de Bretagne: comme de *proximicius* PREMESSE. Dans la mesme Coustume le retrait lignager est appellé *le retrait de premesse*. Voyez Ragueau au mot *premesse*. Ceux qui le dériuent de προτίμησις, comme la Coste, se trompent.

PROVIGNER. AD 1. de *propaginare* ou de, &c.

pag. 551.

QVINPERLAY. *Ad fanum Corentini*. AD 1. Papyrius Masso en sa description de la France par les fleuues, dit que KIMPER signifie *oppidum*: KIMPER *Britannica lingua oppidum siue vrbem significat, qualis olim fuit clausa antiquitus murisque cincta* (il parle de Kimperlay) *populo tamen parum abundans, quam*

ADDITIONS. 743

interluit Oderus, priusquam ad littus Oceani perueniat.

RABATER. *manibus ac pedibus.* ADI. Les Cordeliers d'Amboise auoient autrefois de coustume vers la fin du Caresme de disposer vne grande quantité de petits cailloux sur plusieurs aix au dessus du lambris de bois dont leur Eglise est voutée; & le Mercredy Saint aussi-tost que le Diacre auoit prononcé en chantant la Passion, les paroles ausquelles vn chacun se prosterne, quelques Nouices qui auoient ordre de se tenir pour cét effet au dessus de la voute renuersoient successiuement chacun de ces aix-là: de sorte que ces petits cailloux venant à rouler du haut en bas, & de chaque costé du lambris faisoient vn bruit assez effroyable, & cela s'appelloit *le rabast des Cordeliers.* Mais depuis vingt ou vingt-cinq ans en çà cette coustume s'est abolie. *pag. 552.*

RACION. & dans l'Artois. LISEZ: & dans la Picardie & l'Artois. *pag. 553.*

RAIN. *ny si blanche.* ADI. Voyez M. Galland en son traitté du Franc-alleu pag. 328. Cujas liu. 11. des Fiefs chap. 2. rend en François *per annulum & virgam* PAR RAIN ET BASTON, d'autant, dit-il, que *rain* signifie *anneau* entre les Allemans. *pag. 554.*

RAYER. De *radiare*, d'où vient aussi *radiation.*

RE'. pag. 263. ADI. Elle a esté ensuitte appellée *Reacum*, *quòd rei in eam pœnæ causâ deportarentur*, dit M. Hauteserre liu. 1. des choses Aquitaniques chap. dernier. *pag. 555.*

REBVS. *contre les familles.* ADI. Tabourot en ses Bigarrures traitte amplement des rebus. *pag. 557.*

RECOVVRIR. De *recooperire.*

REFVSER. De *refutare.* Yues de Chartres vers la fin de la 173. de ses Epistres: *Quas inducias ea conditione dare voluit Comes Rotrocus, vt ædificatio munitionis non intermitteretur, &c. quod concedere pars altera omnino refutauit.*

REGISTRE. pag. 73. & 572. ADI. M. de la Coste en la Preface de ses Sommaires sur le premier liure des Decretales: *Has autem Epistolas (Decretales) diligenter in Chartario Ecclesiæ Romanæ conseruatas fuisse docet D. Hieronymus in Apologia aduersùs* *pag. 558.*

Rufinum : Si à me, *inquit,* fictam Epistolam suspicaris ; cur eam in Ecclesiæ Romanæ Chartario non requiris ? *& Nicolaus I. in Epistola ad Episcopos Galliæ, de causa & restitutione Rotaldi Suessionensis Episcopi :* Romanam Ecclesiam Opuscula quibus decretalia constituta continentur, in suis archiuis & vetustis monumentis habere recondita. *Idque exemplo Romanorum Principum, qui Constitutiones vel Rescripta in scrinijs memoriæ & dispositionum conseruabant, L. omnium C. de Testam. quæ à posterioribus dicta fuere* Regesta. *Prudentius de Martyribus in Romani Martyris supplicio :*

Hic in Regestis est liber coelestibus
Monumenta seruans laudis indelebilis;

Quo sensu Gregorius Turonensis Historiæ Franciæ lib. IX. *cap.* 5. *dixit ærarij publici* Regestum : *& cap.* 10. Multitudo auri & argenti in eius Regestis reperta est. *Idem obseruare licet ex cap.* 40. *eiusdem libri, & ex cap.* 19. *lib.* X. *& inde* Regesta, *vel, corrupto vocabulo,* Registra *pro libris ipsis in Regestis vel scriniis conseruatis. Innocentius III. in Præfat. Collect.* III. Decretales Epistolas à Petro Subdiacono & Notario nostro compilatas, in nostris vsque ad XII. annum contineri Registris. *Vetus inscriptio Epistolarum Gregorij I.Papæ :* Incipiunt Epistolæ ex Registro Sancti Gregorij Papæ.

pag. 559

RESPIT. Lisez : De *respectus*, comme DESPIT de *despectus*. *Respectus* se trouue en cette signification dans Yues de Chartres epistre 127. & 134. & dans Geoffroy Abbé de Vendosme epist. 24. Le Pere Sirmond sur cette epist. 24. *Frequens illius æui Scriptoribus vocabulum, quo litis alterius inducias ac prorogationem significabant. Plura exempla collegit Iuretus ad Iuonem Carnotensem epist.* 127. *Manet hodie vox vernacula. Nam sine* respectu *dicimus* sine intercessione, SANS RESPIT. *Inde &* respectandi *verbum formatum.* Vne Chronique manuscrite en velin fait mention des respits qu'on donnoit en faueur de ceux qui se croisoient. Pierre Matthieu en la vie de Saint Loüys en rapporte les paroles, que j'ay jugé apropos de rapporter aussi en ce lieu : *Vne chose fit Saint Loüys, que les autres ne tindrent pas à grand bien : car il s'accorda aux respits des debtes que*

deuoient

ADDITIONS.

deuoient plufieurs qui eſtoient croiſez pour aller audit voyage. Si ne fit pas ainſi Godefroy de Billon qui vendit ſa propre terre, & alla au ſaint voyage du ſien propre: car Dieu qui n'a cure de tolte & rapine luy aida. Ce n'eſt pas neantmoins S. Loüys qui fut le premier autheur de ces reſpits; mais le Pape Vrbain II. ainſi qu'il ſe recueille du Concile de Clermont auquel il preſida, & de la harangue qu'il y fit, que Guillaume de Tyr nous a conſeruée au chap. 15. du liu. 1. de la Guerre Sacrée. Et Guillaume de Neubourg au chap. 20. du III. liure de ſon Hiſtoire d'Angleterre eſcrit que depuis le Pape Gregoire en vſa de la meſme ſorte: voire meſme Guillaume de Tyr témoigne au chapitre ſuiuant du meſme liure, que pluſieurs alors n'entreprirent le voyage de la Terre-Sainte qu'afin de frauder leurs creanciers. Ce que Iuret a doctement obſerué ſur la 173. des Epiſtres d'Yues de Chartres, où il eſt fait mention de ce priuilege comme nouueau. Mais j'ay appris d'vne lettre que M. de Gyués Auocat du Roy au Siege Preſidial d'Orleans, homme de grande erudition, a eſcrite à M. Nublé Auocat au Parlement de Paris, que cela donna lieu à la precaution que les creanciers s'accouſtumerent de prendre, en faiſant appoſer dans les Contracts vne clauſe qui eſtoit ordinairement conceuë en ces termes en la perſonne des debiteurs: *Renunciantes in hoc facto bona fide & priuilegio Crucis ſumptæ, & omni iuris auxilio Canonici & Ciuilis.* Voyez Ragueau ſur le mot *reſpit*.

RIDEAV. *ridellum*, RIDEAV. A DI. Plaute: *Caſina* Acte pag. 11. Scene 2. *Vide palliolum vt rugat.* Macrobe liure II. chap. 9. 562. *Fuit veſtitu ad mundiciem curioſo* (il parle de l'Orateur Hortenſius) *&, vt bene amictus iret, faciem in ſpeculo ponebat, vbi ſe intuens togam corpori ſic applicabat, vt rugas non fortè, ſed induſtria locatas artifex nodus conſtringeret, & ſinus ex compoſito defluens nodum lateris ambiret. Is quondam cùm incederet elaboratus ad ſpeciem, Collegæ de iniurijs diem dixit, quòd ſibi in anguſtijs obuius offenſo fortuitò ſtructuram togæ deſtruxerat: & capital putauit quòd in humero ſuo locum ruga mutaſſet.*

RIEN. Paſquier VIII. 53. A DI. & encore apreſent il ne ſe prend point pour *nihil*, s'il n'y a vne negatiue: comme,

IE N'AY RIEN, *non habeo rem vllam*; IL NE VAVT RIEN, *non valet rem* pour *nihil valet.*

pag. 563.
RIOLÉ. *radiolatus.* ADI. RIOLE' PIOLE *regulatus* ou *radiolatus, piculatus*; c'est à dire *piqué.*

pag. 565.
ROCHE. *rocchia.* ADI. *Rocca* &

pag. 573.
ROOLE. colées. LISEZ, colées ou cousuës l'vne auec l'autre.

vne charge de Colleur. ADI. & les minutes des Sentences des Requestes du Palais s'escriuent encore aujourd'huy sur des fueilles de papier cousuës ensemble, & qui se roulent.

d'arbres qui rouloient. ADI. & les Grecs κύλινδροι. Diogene Laërce en la vie d'Epicure: γέγονε δὲ πολυγραφώτατος Ἐπίκυρος, πάντας ὑπερβαλλόμυος πλήθει βιβλίων· κύλινδροι ἒ γὰρ πρὸς τὰς τριακοσίας.

pag. 574.
ROQVETTE. L'E se perd, *&c.* OSTEZ CELA ET ADI. Les Grecs modernes de *eruca* ont fait de mesme ρῦκα. Le liure intitulé *Corona preciosa*: ρῦκα, *ruca*, εὔζωμος.

pag. 577.
ROTER. De *eructare.* ADI. ou plustost du simple *ructare.*

* ROVEN. Capitale de Normandie. De *Rhotamum*, qui a esté dit pour *Rhotomum*, qui l'a esté pour *Rhotomagum. Magum* est vn mot Celtique qui signifie *oppidum.* M. Bochart liu. 1. des Colonies des Phœniciens chap. 42. pag. 757. *Multò plura in* magum *desinunt, vt* Rhotomagum, Cæsaromagum, Neomagum, Nouiomagum, Drusomagum, Argentomagum, *& alia triginta minimùm, ferè Gallica aut Britannica, aut Germaniæ circa Rhenum. Falluntur qui* vadum *explicant, neque enim Rhotomagi Sequana vadosus est, nec Padus Bodincomagi, vbi præcipua Padi altitudo incipit. Vnde est quod Ligurum linguâ* Bodincum *ibi vocant, idest,* fundo carentem. *Ita Plinius lib.* III. *cap.*16. *Proinde Rhenanum, & Ortelium, & Cambdenum sequor potiùs, qui* domum *aut* oppidum *interpretantur, tanquam auctore Plinio, cui, eo loco quem citauimus,* Bodincomagum *est oppidum ad Bodincum. Hanc interpretationem maximè firmat lingua Phœnicum, quâ* מעון magon *est* habitaculum. *Sic* מעון קדשך *ex habitaculo sanctitatis tuæ, idest* è cælis *Deut.* 26. 15. מעון ביתך habitaculum domus tuæ, *idest*

ADDITIONS. 747

templum *Psal.* 26. 8. מעון חנים habitaculum draconum *Ierem.* 9. 10. מעון אריות habitaculum leonum *Nahum* 2. 12. Hac voce nihil frequentius. Literam ע per G effero, vt in *Gazâ*, *Gomorrhâ*, *Segor*, *&c.* Inde & מעון Magon *vrbs Iudæ Ios.* 15. 55. Et alia מעון Magon *Iud.* 10. 12. *cui seruierunt Israëlitæ*, & בעלמעון Baalmagon *vrbs Moab Ezech.* 25. 9.

ROVX. dans son Apologie. ADI. On a aussi dit *rusceus*. Caton dans Festus: *Coronas aureas, ruscea facie, galbas lineas.* pag. 588.

SAFRAN. comme nous *safran*. ADI. Les Allemans disent aussi *saffran*, d'où Hotman dériue le François *safran*.

SALIQVE. *Baioariorum auctor fuit.* ADI. Antoine Hotman en son liure de la Loy Salique; Leschassier en son traitté du Droit de Nature; & M. le Feuvre-Chantereau en vn discours de la Loy Salique qui n'est pas encore imprimé, ont tres-solidement monstré que ce n'est pas en vertu de la Loy Salique, mais en vertu du droit de nature qu'en France les femmes sont excluses de la succession de la Couronne. Vn certain Vendelinus a depuis n'agueres fait imprimer vn discours & vn Glossaire sur la Loy Salique, & a intitulé son ouurage *Natale solum legis Salicæ*. pag. 595.

SANGLES. SANGLER. De *cingula* & de *cingulare*. Nous disions anciennement *changles* & *changler*, comme il se voit dans les anciens Autheurs François.

SANGLIER. De *singularis*. ADI. d'où les Italiens ont aussi fait *cinghiale*.

SANGLOT. SANGLOTER. De *singultus* & *singultare*.

SANS DESSVS DESSOVS. *situation, posture,* &c. ADI. Et c'est aussi l'opinion de Pasquier dans vne de ses Lettres à Ramus, qui est au liure III. *Au regard de ce que me mandez que ne pouuez bonnement gouster cette locution Françoise sens-dessus-dessous, dont vous écriuant i'ay vsé, vous n'estes pas le premier qui en a fait quelque scrupule. Car ie voy plusieurs de ceux qui sont en reputation de bien dire, auoir douté d'en vser dans leurs traductions: & au lieu d'icelle auoir mis tantost ce-dessus-dessous. Toutefois i'espere vous leuer fort aisément ce doute, s'il vous plaist de considerer combien* pag. 596.

BBbbb ij

ce mot *sens* nous est heureusement familier, quand nous disons que quelque chose est de tel ou tel sens. De cette parole est venu que nous auons aussi dit, qu'vne chose est *sens-dessus-dessous* ; & encore *sens-deuant-derriere*, pour donner à entendre que ce qui deuoit estre dessus est dessous, & deuant ce qui est derriere.

SAONE. Voyez *Airaut*. ADI. Paradin liure I. de son Histoire de Bourgogne, & après luy M. Hauteserre liure IV. des choses Aquitaniques chap. XI. disent que cette riuiere, au lieu d'*Arar* a esté appellée *Sagonna*, du sang de ceux qui souffrirent le martyre à Lyon en l'année 169. ce que ie n'estime pas veritable.

SAVVAGE. De l'Italien *saluaggio*, qui a esté fait de *seluaticus* ou *saluaticus*, qu'on a dit pour *sylnaticus*. M. de Saumaise sur Solin pag. 213. *Syluestria vocat τὰ ἄγρια. Syluatica alij. Vnde nostrum* SAVVAGE. *Nam seluaticum & saluaticum etiam infima ætas scripsit.*

SAYSIR. Voyez. ADI. Iuret sur l'Epistre CI. d'Yues de Chartres, &c. *pag. 598.*

SCAPVLAIRE. *literra ablata.* ADI. Voyez *aumusse*. *pag. 599.*

SEIGLE. De *secala*.

SEMBLER, comme quand on dit *il me semble*. De *simulare*. Dans les Capitulaires, *Quæ misit Dominus Rex Carolus ad Francos & Aquitanos qui ab eo desciuerant, anno Incarnationis Dominicæ* IƆCCCLVI. chap. 13. *Et mandat vobis noster Senior, quia si aliquis de vobis talis est, cui suus Senioratus non placet, & illi simulat vt ad alium Seniorem melius quàm ad illum accaptare possit,* &c. Et le Pere Sirmond sur cét endroit: *Illi simulat, illi videtur,* IL LVY SEMBLE. *Heincmarus Laudunensis ad Remensem*: Vt ille possit res de sua Ecclesia ordinare, & illi liceat sicut ei simulauerit, disponere.

SEMONDRE. De *submonere*. ADI. Voyez Ragueau en son Indice, & M. Galland en son Franc-alleu pag. 247. & 249. *pag. 600.*

SENECHAL. *oportet curare.* ADI. (Vossius s'est mépris au mot *præter* qui signifie *horsmis* au lieu allegué, & non pas *outre.*) *pag. 602.*

SERMENT. De *sacramentum*, dont les Latins se sont

seruis pour *iuramentum*: & particulierement pour *le serment des soldats*. Les Gloses: *sacramentum*, ὅρκος στρατιωτικός. Horace: *Ibimus, ibimus, non ego persidum dixi sacramentum.*

SERPE. De *sarpa*, dont le diminutif *sirpicula* se trouue dans Caton & dans Varron, & que celuy-cy dériue *à sirpis*: SIRPICVLÆ *à sirpis*. Hi *à sirpando, idest*, alligando: en quoy il se trompe, ce mot ayant esté dit *à sarpendo, idest* putando. M. de Saumaise sur Solin pag. 587. SIRPICVLÆ, *sarpiculæ priùs dicebantur à sarpendo, idest*, putando. *Inde sarpta vinea & sarmenta, surculi amputati. Sarpiculæ igitur falces olim vocatæ quibus vites putabantur & arbores. Sarpas hodiéque vocamus, cuius* ὑποκοριστικὸν *sarpiculæ. Posteà vt solemne fuit Latinis* A in I *mutare serpiculæ & sirpiculæ dictæ sunt pro sarpiculis.*

SI, comme quand on dit *si beau*. De *sic*.

SOLDAT. paye aux soldats. ADI. qui pour cette raison a esté aussi appellée *soldata*. Au titre des Fiefs *Quis dicatur Dux, Marchio*, &c *Soldata verò dicitur quia plerúmque in solidorum donatione consistit. Quandóque autem in vino & annona consistit.*

SOLDE. Voyez *soldat*.

SOMMER. De *summare*, qui est comme qui diroit *summam significare*.

SOVCI pour *chagrin*. De *sollicitum*. Anciennement nous disions *soucieux* pour *sçauant & studieux*. M. de Saumaise sur l'Histoire Auguste pag. 427. *Patrum nostrorum æuo curiosus pro multarum rerum perito dicebatur. Ita enim habet vetus quædam Præfatio Romanensi, vt vocant, linguâ conscripta, & versioni Aristotelici cuiusdam operis præfixa:* Icest liure compassa Aristotes que li plus fust soutiex des Philosophes, & ce sist-il à la requeste le Roy Alixandre. *Sed & alijs locis* SOVCIEVX, *hoc est* curiosus, *pro docto & literarum studioso vsurpat.*

SOVDER. De *solidare*. Le vieil Interprete de Iuuenal sur ce vers:

Quassatum & rupto poscentem sulphura vitro?

Quia hoc solent vitrum solidare, *idest*, malthare. Voyez M. de Saumaise sur Solin pag. 1096.

SOVDRE. De *soluere*, comme DISSOVDRE de *dissoluere*.

750   *ADDITIONS.*

pag. 616.

SOVER. d'où *soüer* a esté fait. A D I. *Subare* l'a esté de σύαρ.

SOVFFLET pour *colaphus*. De *sufflatus*, a cause du bruit que fait vn soufflet donné. Vn Autheur ancien parlant de Baudoüin le Peteur: *Debuit facere die Natali Domini singulis annis coram Domino Rege Angliæ vnum saltum, vnum suffletum & vnum bumbulum*: (c'est à dire, selon l'interpretation de Cambden, *vt saltaret*) *buccas cum sonitu inflaret, & ventris crepitum ederet.*

SOVSRIS. De *subrisus.*

SOVVENIR. De *subuenire*, comme qui diroit *in mentem venire*. Hotman en son liure Macaronique intitulé *Strigil Pap. Massoni: Quin etiam subuenio me iam de notabili passu Guymerÿ*, &c. Et ailleurs: *Quod verbum aureum Guymerÿ facit me subuenire de illo*, &c.

pag. 629.

TOVFE. fait D V V E T. A D I. De *tufa* & *tufettus* on a aussi fait T O V P E & T O V P E T.

TOVRNOIS, comme quand on dit *liures tournois*. De *Turonensis*, c'est à dire, *monnoye de la ville de Tours*. L'Euesque de Langres dans vne epistre au Roy Loüys, qui est la 216. des Epist. des Euesques qui ont écrit des choses de France: *Peto à vestra sublimitate vt quinquaginta libras Turonensis monetæ, & vnam vini carratam vos consormare dignemini*. M. Ménard Lieutenant de la Preuosté à Angers, homme de grande lecture, en ses Obseruations sur l'Histoire de Saint Loüys par le Sire de Ioinville, après auoir representé certaines pieces de monnoye nommées *gros Tournois*, dont Iean Villani fait mention au chap. 37. du VI. liure de son Histoire de Florence, lesquelles Saint Loüys & Philippes son fils firent battre en memoire de la captiuité que Saint Loüys auoit soufferte entre les mains des Sarasins, sur la pile desquelles estoient marquées des menottes: *Le Sieur de Gorges General des Monnoyes faisant vn discours sur le suiet de ces petites pieces, dit qu'il y en a de deux sortes; l'vne appellée* gros Tournois, *l'autre* Parisis, *qui n'ont autre difference que le nombre des fleurs de lys autour de leurs legendes; parce que les Tournois n'en auoient que douze, & les Parisis quinze* (& c'est la proportion que nous nous figurons encore entre le Parisis & le Tournois) *bien en rester quelques-vnes qui en monstrent treize*,

ADDITIONS.

qui estoient gardées & portées superstitieusement par les hommes de ce temps-là, comme preseruatifs de la fiévre. Ce que ie n'ay leu nulle part. On a dit de mesme PARISIS de *Paris*, PITE de *Poitiers*, MANÇAIS du *Mans*. Ces Mançais estoient des sols qui valoient vn sol Norman & vn demy; d'où est venu le Prouerbe, qu'vn Manceau vaut vn Norman & demy, comme Chopin l'a fort bien obserué, & comme nous le monstrerons amplement en nos Origines des façons de parler prouerbiales.

TOVRNOY. De *tornensis*, acause que les combatans tournent de costé & d'autre dans les tournois. Budée se trompe, qui croit que de *troiana agmina* on a fait *torneamina*. Voyez Nicod au mot *tournoy*. Du François *tournoy* ou *tournay* les Grecs modernes ont fait τόρνε, qui se trouue dans Nicephorus Gregoras liure X. τέτων ὁ μὲν εἰς μονομαχίας ἔνδειξιν ἔχει, τοῦτο δὲ Λατίνοις καλεῖται. ὁ δὲ ἕτερος τῆς ἀγώνων τόρνε προσαγορεύεται. Voyez Meursius en son Glossaire aux mots τόρνε & τορνέσιον.

TOVTEFOIS. dans Froissard. ADI. & dans vne tres-vieille traduction d'vne Epistre de Gregoire XI. à Charles V. par laquelle il declare comme il auoit octroyé l'vsage du *pallium* à l'Euesque de Paris. Cette piece ayant esté communiquée par M. du Chesne à M. Florent, M. Florent l'a donnée au public en son traitté *de vsu & auctoritate pallÿ*. de l'Italien *tuttauia* ADI. ou du Latin *totis vicibus*.

TRACE. *à la piste*. ADI. & DETRAQVER pour *fouruoyer, égarer, débaucher*.

TRANCHER. fait *tronçon*. ADI. De *truncio* on a fait le verbe *truncionare*, d'où nous auons fait TRONÇONNER.

TROVSSE. *trusse* pour dire *trousser*. ADI. De *trousse* on a fait *trousseau*, qui est comme on appelle le commencement d'ameublement & autres hardes que les pere & mere baillent à leurs enfans en les mariant. La Coustume de Troyes art. 143. *Fils ou filles mariées sont tenus de rapporter les frais des nopces, & aussi les robes nuptiales & ioyaux de ses fils ou filles, & le serpault que on appelle en aucuns lieux* TROVSSEAV. (on l'appelle ainsi en Anjou.) Voyez Pithou sur cet article.

ADDITIONS.

pag. 644. **VAISSEAV. VAISSELLE.** Lisez: De *vascellum vascella*. On a dit *vascellum* pour *vascillum*, qui se trouue dans les Gloses d'Isidore: *vascellum paruum, vas*. Macrobius: Solvens radiis in aqva svbiecta vascillo: mais où ces mots ont esté adjoustez & mesme corrompus, comme Pontanus l'a fort bien remarqué à la fin de ses Notes sur les Saturnales de Macrobe: *In limite operis* (ce sont les paroles de Pontanus, que ie rapporte icy volontiers en faueur de mon compatriote Marbodus) *inter testimonia de Macrobio eiúsque scriptis, habes ex Isidori Glossis*: vascillum, paruum vas. Macrobius: Soluens radijs in aqua subjecta vascillo. *Sed monuit me amicus meus Petrus Scriuerius locum hunc Glossographi corruptum esse, legendúmque non* Macrobius, *sed* Marbodus *aut* Marbodæus *qui de gemmis scripsit carmine. Auctor sanè non contemnendus, à Iano Cornario celeberrimi nominis Medico, suppositio scriptori de Herbis additus,* Macri *titulum præferens. Quamquam is censeat esse incerti Auctoris, notétque exemplaria quædam habere* Merboldi Episcopi. *Sed sub* Marbodei Galli *nomine publicauit* Pictorius *quidam, & Scholijs illustrauit. Legitur autem locus, quem designat Auctor Glossarum, cap. 28. de* Heliotropia:

Ex re nomen habens est Heliotropia gemma,
Quod Solis radijs in aquæ subjecta vatillo
Sanguineum reddat mutato lumine Solem.

Quomodo igitur corrigendus sit Isidorus, vel quisquis alius, vides.

pag. 647. **VALET.** qui signifie enfant. A d 1. Pierre Pithou sur l'article 22. de la Coustume de Troyes semble le dériuer de *vassalettus* diminutif de *vassallus* diminutif de *vassus*: *Enfin*, dit-il, *ce diminutif* (vassal) *s'est approprié à ceux qui tiennent fiefs du Roy & d'autres Seigneurs, & acause d'iceux leur doiuent seruice, ou deuoir feudal, comme parlent aucunes Coustumes*. Et le mot de Vallet est demouré non seulement à diuers Officiers de la Maison de nos Rois, selon qu'il se peut voir par leurs anciens estats, n'ayans les Sieurs de Clermont de Lodeue & de Montpesat desdaigné estre nommez Valets Tranchants sous le Roy François I. que nous appellons apresent Gentils-hommes seruans; mais aussi aux moindres seruiteurs.

VASSAL.

ADDITIONS.

VASSAL. vallor e vaſſalatge. Adi. M. Dominicy en ſon traitté du Franc-alleu chap. 15. eſt du meſme auis: *Nec mirandum feuda loricæ & ſcutiferorum à genere obſequij quod præſtarent, fuiſſe denominata, cùm & ipſi poſſeſſores à genere armorum quibus inſeruirent, primam ſumpſerint appellationem. Nam qui milites, hi & vaſſalli ab antiqua voce Gallica* Geſſa, *telum Gallicum ſeu haſtam virilem ſignificante, vt docuit Seruius: ex qua deinde confictum militare nomen* VASSI *&* VASSALLI. pag. 648.

VELIN. Lisez: de *vitulinum*, ſupple *corium*. pag.

VELOVRS a eſté fait de *villoſus*. Adi. & c'eſt l'opinion de Philander ſur Vitruue. pag. 651.

VERMEIL. lequel mot ſignifie proprement *vn ver*. Adi. & les Perſans كرمز *Kermez* pour dire *coccus* qui ſignifie auſſi *vermis*, comme nous l'auons fait voir au mot *cramoiſi*. pag. 653.

VEROLE, connuë des anciens. Adi. En effet ce mot *variola* ſe trouue dans la Chronique de Marius qui eſcriuoit il y a plus de mille ans: *Hoc anno*, il parle de la 4. année de Iuſtin, *morbus validus cum profluuio ventris, & variola Galliam Italiámque valde afflixit*. pag. 654.

VERTVGADE. d'où a eſté fait *vertugadin*. Adi. Quelques-vns dériuent *vertugale* de *verticula, à vertendo*.

VERVE, *dauar*. Adi. Voyez auſſi Paſquier VIII. 12.

VEXIN. De *Velocaſſes*. Lisez: De *Vilcaſſinus*, ſupple *pagus*, qu'on a formé de *Velocaſſes*. C'eſt ainſi, &c. pag. 655.

VIAIRE. Vieux mot qui ſignifie viſage. Perceforeſt vol. 1. fueillet 133. *Certes Syre, diſt le Roy Gadifer, quand la pucelle l'aura ie le tiendray moult bien employé, car la grande beauté de ſon viaire donne bien que proüeſſe en ſoit faite, & mainte Cheualerie*. De *viſarium*.

VIGVIER. n'eſt vſité qu'en Languedoc. Lisez en svite: auquel lieu les Romains auoient autrefois inſtitué *Vicarium* VIII. *Prouinciarum*, qui eſtoit Lieutenant general du Préfet du Pretoire des Gaules. Theodoric ne l'eſtablit qu'en la Prouence & au Languedoc, c'eſt à dire, dans les pag. 656.

CCccc

754 *ADDITIONS.*

deux seules Prouinces qu'il y tenoit. *Constituit*, dit Cassiodore, *Vicarium Præfectorum ad exercendas Iustitias*. Mais nos Viguiers ne sont que les Vicaires ou Lieutenans particuliers des Comtes ou Gouuerneurs des Villes dont parle Gregoire de Tours au chap. 23. du liure VII. & en d'autres lieux. Et c'est ce que remarque fort bien Pierre Pithou, &c.

* VILIERS-COTRETS. Forest. Par corruption pour *Viliers col de Rets*. C'est ainsi que cette Forest se trouue appellée dans les anciens tiltres.

VITRES. *non ex vitro*, &c. ADI. ou plustost de *vitreæ*. C'est ainsi que les vitres sont appellées dans les Escriuains de la basse Latinité, qui sous-entendent *fenestræ*.

pag. 661. VOVTE. sur Solin pag. 1219. ADI. & sur l'Histoire Auguste pag. 393.

pag. 663. ZANI. Histoire Auguste pag: 283. ADI. Le Grec σάννος ou τζάννος a esté fait, comme ie croy, du Latin *sannio*.

ZINZOLIN. LISEZ: M. de Saumaise sur Solin pag. 1104. dit que les Latins ont appellé le zingeolin *hisginum*: ce qui m'a fait croire autrefois, que ce mot *zinzolin* auoit esté fait par diminution de celuy de *hysginum*. *Hysginum*, *hysginolum*, *hysginolinum*. Mais j'ay appris depuis de M. Bochart, qu'il venoit de l'Arabe جلجلان *giolgiolan*, qui signifie la plante appellée Sesame, laquelle a des fueilles rouges, qui ont donné le nom à la couleur gingeoline. Voyez Theophraste. Les Espagnols disent *jonjoli*, les Italiens *giangelina*, & les Grecs modernes ζιζυλᾶν. Trallianus liure VII. chap. 2. τὸ ἀπὸ τῆ Ἀλεξανδρείας μικρὸν φασίολον, ἢ τὸ λεγόμενον ζιζυλᾶν, ἢ ἔλυμον: ce que Meursius n'a pas entendu, comme il l'auouë luy-mesme en son Glossaire au mot ζιζυλᾶν.

SECONDES ADDITIONS.

AA. appellerent le mont Etna *Gibel*, c'est à dire *Mon-* pag. *tagne*. Lisez: appellerent le mont Etna *Gebal annari*, c'est à dire *le mont du feu*, que depuis on a appellé simplement *Gibel* pour *Gibal*, c'est à dire *la montagne*.

ABRI. *par le mot d'*Abri. Adi. (il y a dans l'Hebreu pag. *abriel*) 7.

ABRICOTS. *estre diligent*. Adi. & les Grecs ϑάσια, si on en croit l'Autheur du grand Etymologique: ϑάσια, τὰ ἀμύγδαλα· ἀπὸ τοῦ ϑάσον τὸν καρπὸν φερέναι· φερώιμα γὰρ ὑπὲρ τὰ λοιπὰ δένδρα. Mais il y a plus d'apparence, selon la conjecture de M. Bochart, que les amandes ayent esté ainsi appellées par les Grecs, de Thasos Isle de la mer Egée. Les Latins ont, dis-je, appellé les abricots *præcoca* & *præcocia*. Calphurnius Ecl. 2.

> *Insita præcoquibus surrepere Persica prunis.*

Martial, &c.
auec leur article *al albericoque*. Lisez: *albercoq*, & Adi. & les Syriens *bercoquia*.

ACHE. *Sorte d'herbe*. De *apium*. P en CH, comme en *anchoie* de *apua*, &c.

AGASSER. *acaciare, agacer*. Adi. Les Arabes vsent pag. de اَزْغَاقُ *azzago* en la mesme signification, d'où M. Bo- 17. chart croit que le François *agace* a esté fait par transposition de lettres. D'autres rapportent ce mot au Grec vulgaire ἀγάφρα, qui se trouue dans le Lexicon de Gelenius pour *vne pie*. Les Bas-Bretons disent *azacc*.

AIDER. de l'Italien *aitare* ou *aiutare*, qui vient du Latin

ADDITIONS.

croit que ἁρμάειον est vn mot Grec d'origine, & qu'il a esté corrompu de ἑρμάειον, se trompe. Voyez le au mot ἁρμάειον.

* ARROY. Les Anglois disent *array* ou *aray* pour *ordre*; comme *disarraye* pour *desordre*; & *tò aray* pour *aranger*.

* ARTICHAVT. Ie ne sçay pas bien d'où vient ce mot. Les Italiens disent *articiocco, arciocco, carciofo* & *carcioffo*. Les Espagnols *artichofa* & *alcarchofa*. Les Arabes *harschof* & *charschof*. ἀρτυτικὰ se trouue aussi dans Trallianus pour des artichauts.

pag. 67. AVANIE. de l'Hebreu, ADI. *auen* qui signifie *iniquité*, & qui vient du verbe *haua*, &c.

pag. 71. AVANT-PROPOS. *perdit son François*. ADI. Les Latins ont dit de mesme *anteloquium*, qui se trouue dans Symmaque liure 1. epist. 71. & liure VIII. epist. 23.

* AVMELETTE, ou, comme les autres prononcent, *amelette*. M. Bochart le dériue de ἀμύλατον, qui se trouue à peu prés en cette signification dans le Scholiaste d'Aristophane sur la Paix pag. 712. ἄμυλοι πλακοῦντες τινες, οἱ δὲ ζωμοὶ πλακουντώδης, οὓς (c'est ainsi qu'il faut lire, & non pas ὃν) νῦν ἀμύλατον φασιν.

pag. 76. BAC. Voyez *barque*. ADI. ou plustost de βάκα dont Arrien a vsé pour *vn pont*: βάκας φέρε, ὅτι τὰς ὀφύες τῆς τριπραν κελεύσας.

pag. 80. BACON. Iean Chapelain. ADI. neantmoins *bake* en Anglois, & *bachen* en Alleman signifient *cuire au four*: & de là le Flaman *baëcken vleesch*, c'est à dire *laridum ad fumum excoctum*.

pag. 82. BAGNER. *Butticularius*. ADI. ou plustost de *balneare*, qui aura esté fait de *balneum*.

pag. 85. BALLE. De *palla*. ADI. Hesychius: πάλλα, σφαῖρα ἐκ ποικίλων νημάτων πεποιημένη.

pag. 92. BARBACANE. vn mot Arabe. ADI. comme aussi Vossius pag. 180. *de vitijs sermonis*: mais qui m'est inconnu.

BARDACHE *putsch*. ADI. Les Espagnols disent aussi *bardaxo*. L'Italien peut venir de βάδας, qui dans Hesychius & dans Phauorin est expliqué κίναιδος.

ADDITIONS. 759

BARGVIGNER. *bargen.* Lisez, *bargaine* : ET ADI. *pag. 94.*
pour *marchander.*

BARON. dans la Picardie. ADI. & dans la Champa- *pag. 96.*
gne. Casaubon sur ce vers de Perse de la Satyre v.

    Varo, reguſtatum digito terebrare ſalinum
    Contentus perages.

Omnia exemplaria ſimplici R *Varo: cùm apud M. Tullium & alios hoc nomen ſcribatur* Varro. *Lucilius* :
    Varronum ac rupicum ſcarroſa incondita roſtra.
Nec pauci libri ſunt vbi ſcribitur Baro, *quæ vox barbara in antiquis Legibus Francorum & Alemannorum marem ſignificat. Hodie in Campania & alijs Galliæ locis mulieres ſuos viros nominant* Barones. Les Espagnols vſent auſſi de *baron* ou *varon,* qui eſt la meſme choſe, en la ſignification de *homme.*

BARQVE. De βάρις : ρ en σ. ADI. C'eſt auſſi l'opinion de M. de Saumaiſe dans ſa Confutation des Animaduerſions de Cercoëtius pag. 32. *Scribit Vitruuius lib.* III. *cap.* 3. *Et ipſarum ædium ſpecies ſunt* baricæ, & barycephalæ, humiles, latæ. *Vbi ſcribendum eſſe nemo non videt, ædium ſpecies ſunt* baricæ & baricephalæ. Βάρις, *genus ædificij rotundi, vt turris. Inde* βαρικόν, *quod ad hanc formam ædificatum eſt, vt* baricæ *ædes Vitruuio. Sed & illud* baricephalæ *in Vitruuio planè ineptum eſt. Legendum* : Et ipſarum ædium ſpecies ſunt baricæ, vt baris ſeu phalæ, humiles, latæ. *Phalæ vel falæ ſunt turres, vt in illo Iuuenalis* :
    Conſulit ante falas delphinorúmque columnas.
Hinc baricæ *à* baris, *quæ in modum* barium *extructæ ſunt, vt* baricæ *ædes.* Heſychius: βάρις, πύργος, πορθμεῖον, διάμφοδον. *Nam genus nauigij rotundi etiam ſignificat* baris. *Inde & baricæ, naues vel rates in formam* barium *ædificatæ, quas poſtea* barcas *pro* baricis *recentiores appellauere. Inde enim vox* barca *pro genere nauigij.*

BARRETTE. Voyez *birrette.*   *

BASSIN. Voyez *bac.* ADI. Les Grecs modernes di- *pag. 97.*
ſent βατζέλη.

BAST. & 189. ADI. Le Lexicon Iuris ſur *baſtaga* & *baſtagarij,* & Meurſius ſur βαςάγιον.

SECONDES ADDITIONS.

AA. appellerent le mont Etna *Gibel*, c'est à dire *Montagne*. Lisez: appellerent le mont Etna *Gebal annari*, c'est à dire *le mont du feu*, que depuis on a appellé simplement *Gibel* pour *Gibal*, c'est à dire *la montagne*.

ABRI. *par le mot d'*Abri. ADI. (il y a dans l'Hebreu *abriel*)

ABRICOTS. *estre diligent.* ADI. & les Grecs ϑάσια, si on en croit l'Autheur du grand Etymologique: ϑάσια, τὰ ἀμύγδαλα· ἀπὸ ὅ ϑᾶσον τὸν καρπὸν προϊέναι· προϊῶϊμα γὰρ ἐςὶ τὰ λοιπὰ δένδρα. Mais il y a plus d'apparence, selon la conjecture de M. Bochart, que les amandes ayent esté ainsi appellées par les Grecs, de Thasos Isle de la mer Egée. Les Latins ont, dis-je, appellé les abricots *præcoca* & *præcocia*. Calphurnius Ecl. 2.

    Insita præcoquibus surrepere Persica prunis.

Martial, &c.
auec leur article *al albericoque*. Lisez: *albercoq*, & ADI. & les Syriens *bercoquia*.

ACHE. *Sorte d'herbe.* De *apium*. P en CH, comme en *anchoie* de *apua*, &c.

AGASSER. *acaciare, agacer.* ADI. Les Arabes vsent de اكزاغ *azzago* en la mesme signification, d'où M. Bochart croit que le François *agace* a esté fait par transposition de lettres. D'autres rapportent ce mot au Grec vulgaire ἀγάϗρα, qui se trouue dans le Lexicon de Gelenius pour *vne pie*. Les Bas-Bretons disent *agacc*.

AIDER. de l'Italien *aitare* ou *aiutare*, qui vient du Latin *adiutare.* Les nouueaux Grecs disent ἀγιτάζ̓ιν pour *aider*, & ἀγίτα pour *aide*. En Arabe *iad* signifie *main* & *aide* : ce qui a fait croire à Casaubon, que ce mot François venoit de ce mot Arabe.

pag. 23. ALCOVE. qui vient, &c. LISEZ : qui vient de l'Arabe *elcobbat* qui signifie *tabernaculum*, &c.

pag. 25. ALESNE. Couarruuias. ADI. Les Flamans disent *elsene*, & les Arabes *alsenna* ou *assenna*, du verbe *sanna* qui signifie *rendre pointu*.

pag. 26. ALISE. Diodore Sicilien. ADI. nomme cette Ville Ἀλησια, & dit qu'elle fut bastie, &c.

pag. 34. ALOVETTE. dit que *alauda*. ADI. en la signification de *legion*.

pag. 41. AMBLER. *amblam pro amblatura.* ADI. A quoy on peut adjouster cét autre passage de Vegece : *Persici* (il parle des cheuaux de Perse) *statura & positione à cæteris equorum generibus non plurimùm differunt ; sed solius ambulaturæ quædam gratia* (quâda) *discernuntur à ceteris. Gradus est minutus & creber* (c'est le pas de haquenée) *& qui sedentem delectet & erigat : nec arte doceatur, sed naturæ veluti iure præstetur.*

AMBRE. *anbar*. ADI. que les Espagnols ont retenu tout entier. *Anbar* en Ethiopien signifie *cetus*, & il se trouue en cette signification dans l'Euangile Ethiopien verset 40. du chap. XII. de Saint Mathieu, & dans le Cantique des trois compagnons de Daniel III. 79. & de là le plurier *anabroth* pour *cete* dans la Liturgie Ethiopienne pag. 176. D. de l'edition de Rome. *Alanbar* se prend aussi en Arabe pour vne espece de grand poisson. Damir: *Alanbar est piscis marinus magnus, è cuius pelle sumuntur scuta, quæ vocantur scuta Alanbar.* Le mesme Damir, Auicenne, Leon d'Affrique, Aben Zitar, Alcamus & autres, escriuent que l'ambre se trouue dans le ventre de ce poisson ; & de là vient que l'ambre a esté appellé *ambar*. Ce que j'ay appris de M. Bochart.

pag. 44. ANCHOIX. *vocant Picentes*. ADI. L'Espagnol & l'Italien viennent du Latin *apua*. P en *ch*, comme *ache* de *apium*; *prope* de *proche*, &c.

ADDITIONS.

ANGEVINE. *Apres ces mots*: de tous les passages cy- *pag.* dessus alleguez: qui se trouuent dans les premieres Addi- 45. tions pag. 677. ADI. Il est vray pourtant que dans les traitez de la Vierge Marie, qui se trouuent dans le IX. tome de la Bibliotheque des Peres sous le nom d'Ildefonse qui fut Euesque de Tolede depuis 657. jusques à 667. il est fait mention plusieurs fois de cette Feste: *Si non beata esset & gloriosa, nequaquam tam festiua celebrarentur vbique ab vniuersis. Sed quia tam solemniter colitur, constat ex auctoritate Ecclesiæ, quòd nulla quando nata est subiacuit delictis, nec contraxit in vtero sanctificata originale peccatum.* C'est en la pag. 126. Et ensuitte: *Nullius igitur Natiuitas celebratur in mundo, nisi Christi & eius, atque B. Ioannis.* Et encore ensuitte: *B. Virgo Maria nisi in vtero matris sanctificata esset, minimè eius Natiuitas colenda esset.* Vous trouuerez la mesme chose pag. 168. & 178. Mais il est vray aussi que cét Ouurage n'est point d'Ildefonsus.

ANGOISSE. d'*angustia*. ADI. d'où les Italiens ont *pag.* aussi fait *angoscia*. 46.

ANTIMOINE. *ab hac voce posteà* Antimonium. ADI. *pag.* Les Arabes l'appellent *ithsmid* ou *athsmad*, qu'ils ont fait vray- 48. semblablement du Grec ϛίμμι..

ARABE. de ses Obseruations chap. 15. ADI. Ce mot *pag.* toutefois ne s'escrit pas de la mesme façon en ces deux signi- 53. fications. En celle de *latro* il s'escrit par Aleph, & en celle d'*Arabs* par Ajin.

ARCENAC. ὁπλοθήκη. ADI. lequel m'est inconnu *pag.* & suspect. Les Turcs appellent *tershane*, &c. 55.

ARÇONS. *arciones*. ADI. Les Allemans pour cette mesme raison appellent vn arçon *sattelboghen*, les Hollandois *saddleboghe*, & les Anglois *saddle-bow*, c'est à dire *arc de selle*. On dit encore apresent en Picardie *archon* pour dire *vn arc*.

ARCHAL. Voyez *fil d'archal*.

ARMOIRE. De *armarium*, qui a esté dit premierement du lieu où l'on gardoit les armes, & ensuitte des autres lieux où l'on gardoit les autres choses. De *armarium* les Grecs ont fait ἁρμάριον. L'Autheur du grand Etymologique qui

758 *ADDITIONS.*

croit que ἁρμάζειν est vn mot Grec d'origine, & qu'il a esté corrompu de ἐρμάζειν, se trompe. Voyez le au mot ἁρμάζειν.

ARROY. Les Anglois disent *array* ou *aray* pour *ordre*; comme *disarraye* pour *desordre*; & *tò aray* pour *aranger*.

ARTICHAVT. Ie ne sçay pas bien d'où vient ce mot. Les Italiens disent *articiocco, arciocco, carciofo* & *carcioffo*. Les Espagnols *artichofa* & *alcarchofa*. Les Arabes *harschof* & *charschof*. ἀρτυτικὰ se trouue aussi dans Trallianus pour *des artichauts*.

pag. 67. AVANIE. de l'Hebreu, ADI. *auen* qui signifie *iniquité*, & qui vient du verbe *haua*, &c.

pag. 71. AVANT-PROPOS. *perdit son François.* ADI. Les Latins ont dit de mesme *anteloquium*, qui se trouue dans Symmaque liure 1. epist. 71. & liure VIII. epist. 23.

AVMELETTE, ou, comme les autres prononcent, *amelette*. M. Bochart le dériue de ἀμύλατον, qui se trouue à peu prés en cette signification dans le Scholiaste d'Aristophane sur la Paix pag. 712. ἄμυλοι πλακοῦντές τινες, οἱ δὲ ζωμοὶ πλακουντώδεις, οὓς (c'est ainsi qu'il faut lire, & non pas ὃν) νῦν ἀμύλατόν φασιν.

pag. 75. BAC. Voyez *barque*. ADI: ou plustost de βάκα dont Arrien a vsé pour *vn pont*: βάκας φέρειν ἐπὶ τὰς πρώρας τῶν τριηρῶν κελεύσας.

pag. 80. BACON. Iean Chapelain. ADI. neantmoins *bake* en Anglois, & *bachen* en Alleman signifient *cuire au four*: & de là le Flaman *baëcken vleesch*, c'est à dire *laridum ad fumum excoctum*.

pag. 81. BAGNER. *Butticularius.* ADI. ou plustost de *balneare*, qui aura esté fait de *balneum*.

pag. 85. BALLE. De *palla.* ADI. Hesychius: πάλλα, σφαῖρα ἐκ ποικίλων ἱματίων πεποιημένη.

pag. 92. BARBACANE. vn mot Arabe. ADI. comme aussi Vossius pag. 180. *de vitijs sermonis*: mais qui m'est inconnu.

BARDACHE *pusch*. ADI. Les Espagnols disent aussi *bardaxo*. L'Italien peut venir de βάδας, qui dans Hesychius & dans Phauorin est expliqué κίναιδος.

ADDITIONS.

BARGVIGNER. *bargen.* Lisez, *bargaine* : et Adi. pag. 94.
pour *marchander.*

BARON. dans la Picardie. Adi. & dans la Champa- pag. 96.
gne. Casaubon sur ce vers de Perse de la Satyre v.

 Varo, regustatum digito terebrare salinum
 Contentus perages.

Omnia exemplaria simplici R Varo: *cùm apud M. Tullium & alios hoc nomen scribatur* Varro. *Lucilius :*

 Varronum ac rupicum scarrosa incondita rostra.

Nec pauci libri sunt vbi scribitur Baro, *quæ vox barbara in antiquis Legibus Francorum & Alemannorum marem significat. Hodie in Campania & alijs Galliæ locis mulieres suos viros nominant* Barones. Les Espagnols vsent aussi de *baron* ou *varon*, qui est la mesme chose, en la signification de *homme.*

BARQVE. De βάρις : ρ en σ. Adi. C'est aussi l'opinion de M. de Saumaise dans sa Confutation des Animaduersions de Cercoëtius pag. 32. *Scribit Vitruuius lib.* III. *cap.* 3. Et ipsarum ædium species sunt baricæ, & barycephalæ, humiles, latæ. *Vbi scribendum esse nemo non videt,* ædium species sunt baricæ & baricephalæ. Βάρις, *genus ædificij rotundi, vt turris. Inde* βαρικὸν, *quod ad hanc formam ædificatum est, vt* baricæ ædes *Vitruuio. Sed & illud* baricephalæ *in Vitruuio planè ineptum est. Legendum* : Et ipsarum ædium species sunt baricæ, vt baris seu phalæ, humiles, latæ. *Phalæ vel falæ sunt turres, vt in illo Iuuenalis* :

 Consulit ante falas delphinorúmque columnas.

Hinc baricæ *à* baris, *quæ in modum* barium *extructæ sunt, vt* baricæ ædes. Hesychius: Βάρις, πύργος, πορθμεῖον, διάμφοδον. *Nam genus nauigij rotundi etiam significat* baris. *Inde & baricæ, naues vel rates in formam barium ædificatæ, quas postea* barcas *pro* baricis *recentiores appellauere. Inde enim vox* barca *pro genere nauigij.*

BARRETTE. Voyez *birrette.*

BASSIN. Voyez *bac.* Adi. Les Grecs modernes di- pag. 97.
sent βατζέλη.

BAST. & 189. Adi. Le Lexicon Iuris sur *bastaga* & *bastagarij,* & Meursius sur βαστάγιον.

ADDITIONS.

BASTELEVR. Voyez *baston*. A D I. L'Italien dit *bàgatellero*.

BASTON. A D I. M. Bochart estime qu'il vient de βάκτρον. Ie croirois plustost qu'il vient de *bastone*, &c.

BATAILLE. de l'Origine des Cheualiers. A D I. Victorius liure 11. de ses Diuerses Leçons chap. 8.

BAVCAL. l'Italien *boccale*. A D I. Cassianus liure IV. de Monach. chap. 16. *Si quis gillonem fictilem, quem baucalem nuncupant, casu aliquo fregerit.* Scaliger, &c.

ϓποτελεῖ. A D I. Philostorgius liure 1. de son Histoire Ecclesiastique chap. 4. fait mention d'vn Prestre d'Alexandrie qui fut preferé à Arius, lequel fut surnommé *Baucalis* acause questant bossu il ressembloit à ces vases appellez *baucals* par les Alexandrins: ἄπερ οὖν βαυκάλας σπιχωρίως Ἀλεξανδρεῖς εἰώθασιν ὀνομάζειν. Caninius en ses Canons des Dialectes dériue βαυκαλις de l'Arabe *baucal*. Et en effet ce mot est fort vsité parmy les Arabes pour vne espece de vase sans anse. Dauid Kimchi en son Lexicon explique par ce mot, l'Hebreu בקבק *bakbuk*, qu'on interprete ordinairement par *lagena*, & qui a esté employé en cette signification par Rabelais. Cependant M. de Saumaise sur l'Histoire Auguste pag. 333. &c.

BEC. le bec d'*Ambés*. A D I. acause que ces embouchéures se trouuent d'ordinaire en pointe comme vn bec : & c'est pour cette raison que nous appellons en Anjou *la Pointe* le lieu où la riuiere de Maine entre dans celle de Loire.

BEC. Apologie d'Herodote. A D I. M. Bochart croit que cette Abbaye a esté ainsi appellée du vieux mot Norman *bec* qui signifie *ruisseau* & qu'il dériue de l'Alleman *bach* qui signifie la mesme chose, acause qu'elle est prés d'vn ruisseau. D'où il croit aussi que Orbec, Caudebec, Kobec, &c. ont pris leur nom.

BELVTER. fait BELVTOIR. A D I. Les Bas-Bretons disent *bleut* pour *fairne*, & les Anglois *to boult* pour *bluter*, qui approche fort de *volutare*.

BERS. BERSEAV. à *vertendo*. Casaubon se trompe qui dériue *berser* de βράσσω, qui signifie *vanner*. C'est sur Strabon pag. 108.

BEZOAR.

ADDITIONS. 771

BEZOAR. I'ay appris de M. Bochart, que ce mot ve- *pag.* noit du Persan *Bedzahar*, qui signifie *antidote contre les poisons*, III. & qui est composé de *bed* qui signifie *remede*, & de *zahar* qui signifie *poison*. Teixera pag. 157. *La piedra besar llama el Persio por exelencia Pazahar, que quiere dezir tanto como antidoto, y propriamento riparo di ponçoña o veneno : de zahar, que es nombre general de qualque veneno*, &c. Auicenne se sert souuent de ce mot en la signification dantidote en general, comme aussi Aben Bitar. Voyez Auicenne en la pag. 119. 123. & 124. de l'edition Arabe. D'autres dériuent ce mot de *pazar*, & pretendent que *pazar* a esté dit pour *pazan*, lequel ils disent signifier *vn bouc* en langue Persane & Arabique, acause, &c. son Commentateur. ADI. Ie ne sçay pas si *pazan* signifie *vn bouc* en Persan. Il est certain qu'il ne le signifie point en Arabe, & que ce n'est pas mesme vn mot Arabe.

BELIN. nom ancien d'Apollon en Gaule. M. Bochart le dériue du Breton *belin* qui signifie *blond*, lequel il croit auoir esté dit pour *melin* de μήλινος. M en B, qui sont lettres tres-permutables en cette langue-là. Les Bretons disent encore aujourd'huy *melen* pour *iaune*.

BIERE. qui signifie *porter*. ADI. d'où vient l'Anglois *pag.* to *beare* qui signifie le mesme. 115.

BIEVRE. pour *fiber*. ADI. Le Scholiaste de Iuuenal sur la Satyre XII. *Castorem bebrum dixit, qui cùm viderit se obsideri*, &c. Et Sat. 2. *Bebryci v. Pontii, vide Iudex Bebrina bramido.* ADI. Voyez aussi Vossius de l'Idolâtrie liure III. pag. 1092.

BILLON. Ie croy qu'il vient. LISEZ : D'autres le ti- *pag.* rent de *binio* qui signifie *vn denier*, &c. ET ADI. Il vient de 118. *bullo*, qui a esté fait de *bulla*, d'où les Grecs modernes ont fait βυλλωτήριον. Harmenopule liure VI. chap. 14. μονῆτα δὲ καλεῖται τὸ ἀρχέτυπον σφραγιστήριον, ἢ βυλλωτήριον. Ioseph Scaliger epist. 208. *Quod βυλλωτήριον sit σφραγιστήριον, idest cuneus monetæ, vt mei Galli vocant, ipse Harmenopulus testatur. Vnde autem dictum non obscurum, quum sit vox detorta ex Latina. Bulla est diploma regium. Ita quoque dicta est monetæ matrix, quia*

DDddd

regiam habeat effigiem. Voyez Meursius en son Glossaire au mot ϹΥΛΛωπήϱιον, & Gretser sur Codin pag. 4. 145. & 208. *Mettre de la monnoye au billon*, c'est proprement la remettre au coin pour la refondre.

BIRRETTE. pag. 391. ADI. Vossius *de vitijs sermonis* pag. 183.

Allemans *baret*. ADI. en plusieurs lieux de France on dit aussi *barrette*.

* BIZET, comme quand on dit *caillou biset* ou *biseté*. M. Bochart estime que *biset* a esté dit en cette signification pour *bisec*, de Ϲιζάκιον qui signifie *vne petite pierre*, dont vous trouuerez des preuues dans Meursius au mot Ϲιζάκιον. Les Chaldéens vsent de *bizeca* en la mesme signification. Voyez les Prouerbes XXVI. 8.

pag. 122. BLASON. de *rugitus*. ADI. M. Bochart croit qu'il l'a esté de l'Anglois *to blaz* qui signifie *publier*, comme qui diroit *vne chose publique & connuë*, à cause que le blason fait connoistre celuy qui le porte, pour laquelle raison les Anglois l'appellent autrement *cognizance*, d'vn vieux mot Norman. D'autres le dériuent de l'Alleman *blasen*, &c. Voyez les premieres Additions pag. 686.

* BOBINE. De *bombina*, qu'on a fait de *bombyx*. Voyez M. de Saumaise sur le liure de Tertullien *de pallio* pag. 188.

pag. 124. BOIAV. Voyez *vuide*. ADI. Ie croy que *botus* a esté fait de βυτὸς, qui l'a esté de βύσαι, qui signifie *emplir*. βυτὸς, βύταλος, *botus, botulus, botellus*, BOIAV. *Botulus* se trouue dans Martial & ailleurs pour *vn boudin*. Voyez *boudin*.

pag. 125. BOMBARDE. Pour moy ie suis de l'opinion. OSTEZ CELA, ET LISEZ: Laurens Valle, Polydore Vergile, &c. & autres le dériuent, &c.

nouuellement trouuées. ADI. Il vient de l'Alleman *bomberden*, qui est le pluriel de *bomber* qui signifie *ballistra*. Dans vne tres-ancienne Chronique des Pays-bas (ce que j'ay appris de M. Vossius) *bomber-steenen* est pris pour les pierres que jettent les machines de guerre. *Steenen* en Alleman signifie *pierres*. *Arde* en ce mot *bombarde* n'est qu'vne terminaison, comme en celuy de *moustarde*, &c.

ADDITIONS.

BOSSE. puſa, BOSSE. ADI. Turnebe liure XXIV. de ſes Aduerſaires chap. 2. *Nos quoque in vernaculo ſermone perinde quaſi poſula pro puſula interdum diceretur, mutato P in B tumorem boſulam appellare ſolemus.*

BOTTE. *Lerida, &c.* OSTEZ CE QVI SVIT.

BOTTE de vin. Voyez *bouteille*.

BOTTE pour *coup*. De l'Italien *botta*.

BOVE. ville de bouë. ADI. Ou pluſtoſt du Latin *buda*. Seruius ſur le 11. de l'Eneïde: *Vluam dicunt rem quam vulgus budam vocat.* Les Grecs ſe ſont ſeruis de βαβύας en la meſme ſignification. Heſychius: βαβύας, βόρβορος, πηλός: & de βαβύλας. Le meſme: βαβύλας, πηλός.

BOVETTE. ordinairement de *bouis*. ADI. Saint Epiphane Hereſie LXXIII. §. 5. ὥσπερ γὰρ πυξίον ὃ λέγεται κυρίως τὸ ἐκ πύξου κατεσκευασμένον, κοινότερον καὶ καταχρηστικῶς ἀπ' ἐκείνου, κ᾽ ἄλλης τινὸς ὕλης γεγονός.

BOVFFER. Les Italiens diſent de meſme *buffare*, & les Eſpagnols *bufar*. Les Allemans diſent *puffen*.

BOVFON. Ie ne ſçay pas bien l'origine de ce mot. OSTEZ CELA. des Chathuans. ADI. Il vient de *bufo*. M. de Saumaiſe dans ſes Notes ſur le liure *de Pallio* de Tertullien pag. 130. *Scurras, mimarios & ſcenicos, placentariosque buffones hodie vocamus. Atque ita Veteribus vocabantur, quòd buccas inflarent in mimo alapis accipiendis, vt validiùs ſonarent. Adamantius Martyrius: bufo, ὁ φυσίγναθος. Aliter buccas inflabant οἱ χαυνῖται & Thraſonidæ. Perſius:*

Hic mendoſa caui ſpirant mendacia folles.

Hinc ſaccibucces Arnobio qui buccas naturaliter tumidas & inflatas habent. Græci ἀσκογνάθους vocant. Hoc modo ſcurræ etiam bufones, hoc eſt φυσίγναθοι dici poſſunt, inflati nimirum & iactanticuli & futiles.

BOVGETTE. *de vitijs ſermonis* 1. 2. ADI. & Meurſius en ſon Gloſſaire au mot βυλγίδιον. Les Italiens diſent *bolgia*.

BOVGRAN. Les Anglois diſent *buckram*, & les Italiens *bucherame*.

774 ADDITIONS.

BOVILLON pour *bourbier*. Ie ne fçay pas bien d'où vient ce mot en cette signification, en laquelle il est fort vsité dans l'Anjou, dans le Maine, & dans la Normandie. M. Bochart croit qu'il vient de βολεών, qui se prenoit parmy les Atheniens pour le lieu où l'on jette le fumier des cheuaux & des brebis. Suidas: βολεῶνας. ὅπως οἱ Ἀττικοὶ καλοῦσιν, ὃ ἡ κόπρος τῶν ὑποζυγίων καὶ τῶν προβάτων βάλλεται.

pag. 632. **BOVLEVART.** encore apresent *baluart*. ADI. & les Espagnols *baluarte*.

BOVQVIN, comme quand on dit *cornet à bouquin*. De *buccinum* qu'on a dit pour *buccina*. Les Grecs ont dit de mesme βυκάνη & βύκανον, & les Arabes *bouk*. ἰβύκινον, qui approche fort de βύκανον se trouue aussi dans Suidas pour vn instrument de musique: ἰβύκινον. μυσικὸν ὄργανον, ἀπὸ Ἰβύκου.

pag. 134. **BOVRDON.** en *faux bourdon*. ADI. Mathieu Pâris en la des Abbez: *Pulsato classico, sonantibus chalamis (calamis) quos burdones appellamus*. Voyez Vossius *de vitijs sermonis* pag. 380. *ce sont des bourdes*. ADI. ou de *bordo*, qu'on aura dit pour *borda*, qui dans les Gloses d'Isidore est interpreté *claua*, & d'où le Grec vulgaire βουρδουλίζω a esté fait. Voyez Meursius en son Glossaire au mot βουρδουλίζω. ET LISEZ: de *burdus*, qui a esté dit pour *burdo*, on a fait le diminutif *burdinus*; & de *burdinus burdinarius*, qui se trouue, *&c.*

BOVRG. vn petit chasteau. ADI. *Castellum paruum quod burgum vocant*.

BOVRREAV. Ie ne fçay pas bien d'où il vient. Les Bas-Bretons disent *bourreu*.

pag. 138. **BOVRRIQVE.** ad τὸ πύρρον. ADI. Les Hebreux appellent de mesme vn asne חמור *chamor*, *à rubedine*.

BRETAIGNE. liure III. pag. 303. ADI. L'Autheur de la vie de Gildas dit que la Bretagne estoit autresfois appellée *Letania*: *Nam cùm Dei iussu peruenisset in Armoricam quondam Galliæ regionem: tunc autem à Britannis à quibus possidebatur Letania dicebatur*. C'est au chap. 12. Et au chap. 20. *Itaque Britannia, quæ olim Letania fuit*. Mais ie croy que ce mot est corrompu, & qu'il faut lire en ces deux endroits *Lettania*, c'est à dire, *littoralis*. Voyez *Armorique*.

ADDITIONS.

BRIFFER. En Bas-Breton on dit *dibriff* pour *manger*.

BRIGANDS. s'en seruoient ordinairement. ADI. Lipse *pag. 150.* liure III. de ses Epistres epist. 44. le dériue de *Bragantes* : *At Bragantes diuersi sunt. Qui & alibi, & in M. Alberto Argentinensi sic nominantur* : *Turicenses cum quatuor millibus peditum armatorum, duobus millibus Bragantum, & ducentis equitibus armatis egressi. Videntur pedites fuisse ; sed leues aut inermes: & inde* Brigantes *etiam hodie in conuicio aut contemptu.* lib. 12. Annal. ADI. M. Bochart a quelque opinion que *brigands* a esté fait de *brigue*, comme qui diroit *ceux d'vne mesme brigue ou brigade.*

BRISER. de Perse. ADI. & d'où, si on l'en veut croire, Bacchus a esté appellé *Briseus*. *pag. 151.*

BRIVE la Gaillarde. En Anglois signifie *pont*. ADI. comme *bruck* en Alleman.

BRODEQVINS. *bordegiez*. ADI. Les Italiens disent *borzachini*. βερονκίδες se trouue dans Hesychius pour vne espece de souliers de femmes : βερονκίδες, εἶδος ὑποδήματος γυναικὸς.

BRV. *vne espousée*. ADI. Les anciens Allemans disoient *druchte* ou *druthe* pour *sponsa*. Voyez Vossius *de vitijs sermonis* pag. 196. *pag. 154.*

BVRON. οἰκόθεν. ADI. Le grand Etymologique : εὐ-βύελον, τὸ ἔνοικον, ὥς φησιν Ἐυφορίων, ἅ τυ κατ' εὐβύελον, &c. *pag. 159.*

BVTIN. La mesme chose. ADI. Les Bas-Bretons disent aussi *butin*, & les Anglois *booty*.

CABALE. *receptio*. ADI. comme MASORA, *traditio*.

CAFAR. s'est fait Turc. ADI. ou de Turc Chrestien, selon les Arabes Mahumetans, & qui signifie *renier la vraye Religion*. *pag. 164.*

CALANDRE. χαλάνδριον se trouue dans les LXX. LISEZ : se trouue pour vne espece d'oiseau dans les LXX. de l'edition d'Anvers chap. XI. du Leuitique vers. 19. ie dis de l'edition d'Anvers, parce que les autres editions ont χαράδριον, comme la vulgate *caradrion*, qui est sans doute, la vraye leçon. χαλάνδριον a esté fait de χαράδριον, ρ en λ. *pag. 174.*

DDddd iij

ADDITIONS.

ou *charenson*. ADI. & que les Anglois nomment aussi *ca-lander*.

* CALER la voile. De *chalare*, qui a esté fait de χαλᾶν. Voyez le Lexicon de Droict au mot *chalare*.

* CALIBRE. De *æquilibrium*.

CAMELOT. LISEZ: de *camelottus* diminutif de *camelus*, a cause qu'on l'a premierement fait de poil de chameau. Elian liure XVII. chap. 34. parlant des chameaux Caspiens: ἁπαλαὶ γάρ εἰσι σφόδρα αἱ τούτων τρίχες, ὡς καὶ τοῖς Μιλησίοις ἐξεῖναι ἀντικρίνεσθαι τὴν μαλακότητα, οὐκ οὖν ἐκ τούτων οἱ ἱερεῖς ἐσθῆτα ἀμφιέννυνται, καὶ οἱ τῶν Κασπίων πλουσιώτατοί τε καὶ δυνατώτατοι. Les Espagnols pour cette mesme raison l'ont aussi appellé *camelote* ou *chamelote*. Couarruuias: *Camelote, communemente dicho chamelote, es la lana del camello*. Les Italiens l'appellent *ciambelloto*, que Caninius dériue par metathese de *cymatilis*; mais qui vient de *zambelot* ou *zambellot*, qui est comme les Leuantins appellent le camelot. Scaliger contre Cardan Exercit. CLXXXIX. 4. parlant des Boucs de Phrygie: *Ex meliore villo preciosos conficiunt pannos. E crassiore Moiacar. (fortè Mocaiar) ex mediocri id quod* ZAMBELLOT, *alij* CAMELOT. Paulus Venetus liure I. chap. 63. *Inueniuntur in ciuitate Calacia panni, quos Zambilotti vocant de lana alba & camelorum pilis contexti, quibus vix pulchriores in mundo inueniuntur. Deferuntur autem per negotiatores ad diuersas mundi regiones*. Et au chap. 64. où il parle de Gog & de Magog: *Fiunt quoque ibi Zambilotti optimi de pilis camelorum*. *Zambelot* a esté corrompu de l'Arabe *giamal*, qui signifie vn chameau. Ce que j'ay appris de M. Bochart. Au lieu de *camelottus* on a aussi dit *camelinus*, d'où nous auons fait *camelin*. Nous disons *camelot de Turquie*, &c.

CANDI. force sucre. ADI. ET LISEZ: D'autres le dériuent de *canditum*, qu'ils disent auoir esté fait de *candire*, comme qui diroit *blanchi, épuré*. Cornelius Fronto: *Album naturâ, candidum curâ fit*. Il vient de χαντὸν. M. de Saumaise sur Solin pag. 1022. *Non alij Auctores sacchari Candi meminere, quàm qui & saccharum hodiernum facticium nouerunt, vt Myrepsus. Saccharum Candum non à candore dictum, nec à canna. Sed χαντὶ*

ADDITIONS. 777

vel χυντόν & κάντιον Græci recentiores vocarunt, quòd angulosum sit, & quum frangitur, in partes semper dissiliat angulatas. Id Græci vulgares χαντόν appellant. Les Arabes ont aussi pris de là leur mot elkand ou elkanda pour *du sucre candi.*

CAQVET. Les Bas-Bretons vsent du mesme mot en la mesme signification.

CAR. dans les anciens liures. ADI. Lés Libertez de l'Eglise Gallicane pag. 134. & 135. *Quar nul plus sage & plus fort n'y souffisient pas,&c. quar il queroit son profit & sa volenté,&c. quar onques par soy ne par autre ne regarda, &c. quar qui folie dit, folie doit oir, &c. quar si Boniface pour soy,* &c.

CARACOL. des Arabes. ADI. qui disent *carcara* pour *in gyrum conuertere,* & les Arabes du Chaldéen *cerac, i. inuoluit.*

CARAT. pour κεράτιον. ADI. ou plustost de l'Arabe *alkarat* qui signifie vne espece de petit poids. En la Méche c'est le quart du sixième d'vn denier. En Perse c'est le vingtiéme d'vn denier. L'Arabe *alkarat* a esté fait du Grec κεράτιον, au contraire de χαράτζιον, dont il est parlé au passage de Sauot cy-dessus allegué, qui a esté corrompu de l'Arabe *alcharagio* qui signifie *tribut.*

CAROSSE. Pandectes de Florence. ADI. Lampridius en la vie d'Alexandre *carrucula & vehicula.* Voyez Vossius *de vitiis sermonis* pag. 373.

CARRIERES. De *quadrariæ* ou *quadratariæ,* acause des quartiers de pierres de taille qu'on en tire: *à quadris vel quadratis lapidibus.*

CASAQVE. *alias originatione.* ADI. Vossius *de vitijs sermonis* pag. 183. estime que le Flaman & le François viennent de *casa*: *A* casa *est Gallis* CASACKE, *& Belgis itidem. At Italis* casaco. *Hispanis* casaca. *Pro* CASACKE *etiam Belgæ* cajacke, *& κατ' ἀφαίρεσιν* jacke.

CAYER. De *quaternus* pour *quaternio.*

CHABOT. pour armes des chabots. ADI. *Schabot* parmy les Arabes se prend aussi pour vne sorte de poisson, mais non pas pour nostre chabot: car ils le representent petit de teste. Voicy comme Damir le décrit: *Piscis est cauda*

778   ADDITIONS.
tenuis, latus medio, paruo capite. In hac specie paucæ sunt fœminæ, multi mares. Vnde est quòd parum habent ouorum. Cùm in rete incidit, impetu saltus frangit retia.

CHANTEAV. De cantellum diminutif de cantum. Voyez candi.

CHARLATAN. le Vagabond. ADI. ou de circulatanus, qu'on aura dit pour circulator. Les Espagnols disent charlar pour bouffoner, & charleria pour boufonnerie.

CHARTRE. comme cendre de cinere. LISEZ: comme Suede de Suecia; sidre de sicera.

CHASVBLE. LISEZ: De casubula diminutif de casula, qui est comme la chasuble est appellée dans le Ceremonial. Euerhelmus en la vie de Saint Pappon chap. XIV. §. 58. In celebratione Missarum, casubulam qua induebatur, lachrymis humectabat. Ou de capsula par metathese. Casula a esté fait de casa, qui l'a esté du Grec ὁ χασοῦς, comme charta de ὁ χάρτης, & margarita de ὁ μαργαείτης. Isidore se trompe, qui dit que casula a esté fait de casa en la signification de domus: Casula est vestis cucullata, dicta per diminutionem à casa, quod totum hominem tegat, quasi minor casa. Balbus dit la mesme chose: Casula dicitur vulgò planeta Presbyteri, quia instar paruæ casæ totum hominem tegit. Casula peut aussi auoir esté fait de capsa, quasi capsula: & c'est l'opinion de Spelmannus. Voyez soigneusement Vossius de vitijs sermonis: pag. 376.

CHAT. pour lequel Homere, &c. LISEZ: pour lequel on a dit κτίς qui signifie viuerra, témoin l'adjectif κτιδέη qui se trouue dans Homere.

CHENILLE. Dans le petit Glossaire, &c. OSTEZ TOVT CELA.

CHESNE. De quernus. Isidore liure XVII. chapitre 7. Quercus siue quernus dicta, &c. On a dit quernus pour quercus, comme hybernum pour hyems; diurnum pour dies, &c. Les paysans de Normandie disoient il n'y a pas long-temps querne, témoin vn de leurs prouerbes qui promet bonne année: Quand à la Chandelerne le Soleil est au pied du querne. Les Picards prononcent encore apresent quesne.

CHEVRON.

ADDITIONS. 779

CHEVRON. De *caprone*, qui a esté fait de *caper*. *Capreolus* se trouue en cette signification dans Vitruue, d'où les Grecs ont fait καπρίολος. Les Gloses: καπρίολος, τὸ ἐρέισμα τῆς γεφύρας.

CHIQVENAVDE. Les Bas-Bretons disent *chiquanaden*.

CHOMER. escrire *chaumer*. ADI. En Bas-Breton *chom* signifie *demeurer*.

CHOQ. Les Espagnols disent *choca* pour *iouste*.

CHOVE. CHOVETTE. De *cucuba* & *cucubetta*, qui est comme les Romains ont appellé cét oiseau, selon le témoignage d'Eustathius. On l'a aussi appelé κικκαβᾶ. Le Scholiaste d'Aristophane pag. 553. τὰς γλαυκὰς ὑπὸ φανέῶ λέγουσιν· ὅθεν καὶ κικκαβᾶς αὐτὰς λέγουσιν. κυκυφᾶ se trouue dans Orus Apollo liure 1.chap.52. pour ὑπυπα. Les Syriaques disent *Kakufa* en la mesme signification.

CILLER, comme quand on dit *ciller les yeux.* De *sigillare*. Turnebe liure XXX. de ses Aduersaires chap. 3. *Seneca pereleganter & insigniter obsigillare in epistolis posuit pro occludere, quòd quædam occlusa etiam obsignabantur, vt reor. Nunc enim, inquit, multa obsigillant, & aciem nostram aut splendore nimio repercutiunt, aut obscurè retinent. Sic in Lege Mænia sigillare oculos, quod obsigillare valet & occludere. Varro: Contrà Lex Mænia est in pietate ne filij patribus luci claro sigillent oculos.* Ou plustost de *cillare*, qu'on aura dit pour *cillere*, qui, comme dit Seruius sur le 11. des Georgique, signifie *mouere: Vnde & furcillæ dictæ sunt, quibus frumenta cillentur.*

CIME. De *cima*. Isidore liure XVII. chap. 10. *Cima dicitur quasi coma. Est enim summitas olerum vel arborum,* &c.

CITRE. en y adjoustant vn D. Lisez, en changeant c en D, comme en *Suede* de *Suecia*.

CIVETTE. *ciuetta*. ADI. ou plustost de l'Arabe *zebed*. Les Grecs modernes disent ζαπέτιον.

CLAVSPORTES. lib. I. cap. 4. ADI. Dans Marcellus Empyricus les clausportes sont aussi appellées *cutiones*, c'est à dire *cochons*.

EEee

ADDITIONS.

CLINQVAILLE. Peut-estre de l'Alleman *clingen*, qui veut dire *tinnire*.

COCHE. Du mot Hongrois *kotczy*. Les coches sont de l'inuention des Hongrois.

COCHENILLE. De *coccinula* diminutif de *coccus*: *coccus, coccinus, coccinulus, coccinula*, COCHENILLE.

COCV. pondre dans le sien. ADI. Acron sur Horace Sat. 1. 7. *Cuculus auis hoc vitio naturali laborat, vt oua vbi posuerit oblita, sæpe aliena calefaciat, vnde rustici sibi objiciunt, quasi alieni curam sustinentes.* Antigonus Carystius chap. 50. des choses memorables: τὸν δὲ κόκκυγα δοκεῖν ὑποβαλιμαίους τὰς νεοττὰς ποιεῖν, &c.

COIFE. en son Glossaire au mot *coifs*. ADI. Dans le vieux Lexicon Hebreu *cupha* est definy *vestis quam capiti suo mulier superimponit*.

COMMINGES. Ville. De *Conuenæ*, qui a esté dit à *conueniendo*, si on croit Saint Hierosme: *Quos Cnæus Pompeius edomitâ Hispaniâ, & ad triumphum redire festinans, de Pyrenæ iugis deposuit, & in vnum oppidum congregauit. Vnde & Conuenarum Vrbs nomen accepit.* C'est en son liure contre Vigilantius. Voyez M. d'Auesan Docteur Regent en l'Vniuersité d'Orleans, au commancement de son docte & curieux traitté de *Contractibus*.

COMPAGNON. comme qui diroit *qui mange de mesme pain*. ADI. Dans le Pseaume XL. 10. *Homo pacis meæ qui edebat panem mecum. i. socius.*

COMPLIE. De *completa*: & non pas *à complicando*, comme veulent quelques-vns.

CONNIN. *cunicus, cuniculus*. ADI. Car ie ne suis pas de l'auis de Varron, qui dit que ce mot est Espagnol d'origine: *Tertij generis est quod in Hispania nascitur, simile nostro lepori ex quadam parte, sed humile, quem* cuniculum *appellant*: ny de celuy d'Elian, qui dit la mesme chose. C'est au liure XIII. des Animaux chap. 15.

COQVEMAR. De *cucumarium*, qui a esté fait de *cucuma*, qui signifie vne sorte de vase: ainsi appellé *quòd ventrem*

ADDITIONS. 781

haberet magnum vti cucumis. Cucumellum se trouue pour vne especce de vase sacré. Voyez Vossius *de vitijs sermonis* pag. 401.

CORBILLARD. Lisez: On appelle ainsi le coche par eau de Corbeil à Paris, duquel, &c.

CORLIEV. Oiseau. Les Arabes disent de mesme *corli*. Ie croy que le François & l'Arabe ont esté faits de la voix de cét oiseau.

CORME. encore *sorbe*. ADI. ou de *corna*, acause que le fruit du cormier & celuy du cornier sont fort semblables.

CORNARD. Les Turcs disent de mesme *ghidi* pour *cocu*, de l'Hebreu *ghedi* qui signifie *bouc*. OSTEZ CELA.

CORSAIRE. De l'Italien *corsaro*, qui a esté dit à *Corsis*, ou à *cursibus*, ou à *Caursinis*, ou à *Corycæis*. Voyez Erasme en ses Adages 144. Les Grecs modernes ont aussi dit κȣρσάρειος. Voyez Meursius en son Glossaire au mot κȣρσάρειος.

COTON. *cottonea mala*. ADI. ou de l'Arabe *Alcoton*.

COVARD. auallée. ADI. Cette etymologie me semble plus vray-semblable que celle de *cow-hart*, qui veut dire en Alleman *cœur de vache*.

COVCHE. De *culca*, doù vient le diminutif *culcita*. Voyez Vossius *de vitijs sermonis* pag. 594.

COVDRE. *consere*, COVDRE. ADI. *Disconsutus* se trouue dans le Concile d'Aix la Chappelle de l'an 817. *Vt Monachi cappas disconsutas præter villosas non habeant*. C'est au chap. 61.

COVRVEE. du bas siecle se sont serius. ADI. ET LIS. Voyez le Pere Sirmond sur les Capitulaires de Charles le Chauue pag. 78. & qui a esté dit par corruption, comme ie croy, de *corpata à corpore*, ou de *curbata à curuando*, parce que ceux qui trauaillent se courbent.

COVSTVME. *coustume*. ADI. ou de *consuetudine* par contraction, N en M; comme *enclume* de l'Italien *ancudine*, *estamer* de *stannare*.

COVTELAS. De *cultelliacus*, qui a esté fait de *cultellus* diminutif de *culter*, dont on s'est seruy en cette signification. Les Gloses: μάχαιρα, *culter*. μαχαίριον, *cultellus*. μαχαιροποιός, *cultellarius*.

EEcee ij

CRAINDRE. *cremeteux* pour *craintif*. ADI. Vne vieille traduction de la Bible, Nehem. VII. 16. *Quand les ennemis oüirent toutes gens qui estoient entour nous cremoient.*

CRAMOISI. LISEZ : De l'Arabe *kermesi*, qui signifie *coccineus*, & qui a esté fait de *kermez* qui signifie *coccus*. *pag. 140.*

CRAMPE De l'Alleman *crampe* qui signifie la mesme chose, & dont les Allemans & les Anglois vsent aussi en la mesme signification. *Crampff-sich* en Alleman, *krampeuisch* en Flaman, & *crampfich* en Anglois signifient le poisson qui donne la crampe, & que les Latins appellent *torpedo*.

CRAMPON. Les Flamans disent *crampe* & *kramme*, & les Anglois *cramperne*, quasi *cramp-iron*, *harpaginis ferrum*.

CREMAILLERE. en plusieurs Prouinces. ADI. En Bas-Breton *croummel* signifie *vne anse*.

CRESPE. Quelques-vns le dériuent de κάρπασος. Ie croy qu'il vient de *crispus*.

CRIQVET. De *kerkettus*. κέρκος, *kerkus*, *kerkettus*, CRIQVET.

CROVPE. M. Bochart estime que ce mot a esté fait par retranchement de *croupion*, & que *croupion* l'a esté de ὀροπύγιον, Vropygium, gropygium, GROPION, CROVPION. Ie croy qu'il vient de *cruppa*, &c.

mais où ie croirois plustost LISEZ : mais où Isaac Pontanus lit καλῶς παχὺς. C'est dans son Dictionnaire Celtique au mot *crupellarij* : où, &c.

CRVCHE. De l'Alleman *krug*, ou du Flaman *kruycke*, ou de l'Anglois *cruse*. Les Grecs ont vsé de χρυσίδες apeuprés en cette signification. Phauorin: χρυσίδες, αἱ ἀναπεμβαναι τοῖς θεοῖς χρυσαῖ φιάλαι.

DALE de saumon. On appelle ainsi en Normandie vne tranche de saumon. M. Bochart le dériue de l'Anglois *deale* qui signifie *portion*. Le mot *dèle* est encore vsité en Normandie en fait de terre, comme quand on dit *Nostre-Dame de la dèle Iurande*, c'est à dire, de la portion de terre qu'on nomme ainsi. En Anjou nous disons *darne de saumon*.

DANSE. *danzen*. ADI. M. Bochart dériue *danse* de

ADDITIONS. 783

l'Arabe *tanza* qui signifie la mesme chose, comme TANNAZA *gesticulari, histrionem agere*: *tannaz, histrio*: *tanas, ludibrium*. Pseaume 43. 15. & 78. 4. Les Grecs modernes disent τάνζα de mesme que les Arabes.

DARD. *castella petiuit*. ADI. & dans les Homilies de Haimo: *Ex omnibus gentibus erant scholæ in Roma. Quidam exercebantur sagittis vt fierent sagittarij: quidam verò cum dardis & ceteris exercitiis*. Voyez Meursius au mot ὑπαρδύειν, qui est comme les Grecs vulgaires appellent vn dard.

DESTRIER. *pacem non violauit*. ADI. A quoy on peut adjouster celles-cy, qui sont des Loix anciennes d'Angleterre rapportées par Cambden: *Veniet bene armatus pro guerra super vno bono dextrauio, in præsentia Domini Regis, die coronationis suæ*.

DEVIN. μάντις. ADI. Saint Hierosme en ses Questions sur la Genese: *Et ex huius genere* (il parle de Iob) *est Balaam ille Diuinus, vt Hebræi tradunt, qui in libro Iob dicitur* Elui.

DEZ. & les Espagnols *dado*. ADI. & les Arabes *daddon* & *doddanon*.

prohibeatur, &c. ADI. Les Statuts des Rois *in susceptione Crucis*, rapportez par Guillaume de Neubrigense liure III. chap. 23. *Nullus ad aleas vel ad detios ludat*.

DIEPE. Ville de Normandie. M. Bochart estime que cette Ville a esté ainsi appellée acause de sa situation qui est en vn lieu bas, de l'Anglois *deep* qui signifie *profond*. Au dessous de Roüen sur la riuiere de Seine il y a vn bourg appellé *Diepedale*, que le mesme M. Bochart estime aussi auoir esté ainsi appellé de l'Anglois *deepdale*, c'est à dire *profonde vallée*.

DOANE. *translatum in Italiam*. ADI. Et l'Italien *duana* ou *dogana*, & l'Espagnol *duana* ou *aduana* viennent de l'Arabe *diwan*, qui signifie proprement *le Pretoire* & *le Senat*, & qui vient de l'Hebreu *doun*, c'est à dire *iuger*; mais qui se prend aussi pour *le liure où s'escriuent les Arrests & les Sentences des Iuges*, & pour *les droits qui se leuent par leurs Ordonnances*.

DOMAINE. De *domanium*, qu'on a dit pour *dominium*. Voyez Vossius de *vitiis sermonis* pag. 406.

EEeee iij

784 *ADDITIONS.*

DOMMAGE. De *damnagium*, qu'on a formé de *damnum*. Anciennement nous prononçions *dammage*, & les Anglois & les Picards le prononcent encor ainsi presentement.

DRAGONS. Sorte de soldats. Les Latins ont vsé de *Draconarii* en cette signification. Vegece liure 1. chap. 20. & liure 11. chap. 7. *Signiferi qui signa portant, quos nunc Draconarios vocant.*

DROGVE. De *drogua*. M. de Saumaise en sa 1. Epistre de Cruce pag. 471. *Falsum est aroma Græcè significare id quod vulgò dicimus drogam ex Persico* درو vel درو *sed odorem. Ex quo droua, & pro eo drogua, vt vespa, guespa. Omnia quippe aromatica sic dicta sunt odorata.*

DROLE. diminutif de *draucus*. A D I. ou de *trossulus*. Voyez Casaubon sur ces vers de la 1. Satyre de Perse :

—— *vnde istud dedecus, in quo*
Trossulus exultat tibi per subsellia lêuis?

DRVIDES. en son Glossaire Celtique. A D I. Dans la version Irlandoise du nouueau Testament chap. 11. de Saint Mathieu, le mot *Mages* est interpreté par celuy de *Druides*.

ELIXIR. Lisez : De l'Arabe *elicsir*. Il est difficile de dire d'ou vient ce mot Arabe. I'ay consulté là dessus M. Bochart, qui est vn des hommes du monde le plus intelligent dans les Langues Orientales; & voicy ce qu'il m'a respondu : ELICSIR *Arabicè vocem esse barbaram docet I præfixum initio, quomodo præfigere solent in vocibus peregrinis quarum initium est à duplici consonante. In Lexico Coptico Kircheri pag. 202. elicsir Coptice redditur* ΞΥΡΟΣΝ. *In Suida* ξηρίον *est* εἶδος ἰατρικόν. *Salmasius in Solinum pag.* 1130. *dicit omnia gummi genera Græcis recentioribus* ξηρία *dici.* SIC ἤλεκτρον, τέλδον ξηρίν. *In Rob. Constantino* ξηρία *&* ξηρά *sunt medicamenta sicca vt puluisculi, &c. Ita in Ægineta & Actuario. An hinc elixir est puluis aureus, quo metalla transmutantur ? Arabes Alchymiam & aurum chymicum explicant.*

EMERAVDE. fait *smeraldo*. A D I. & les Arabes *zo-morrad*.

ENCAN. aussi *incanto*. A D I. Et anciennement nous

ADDITIONS. 785

prononcions *inquant*. Les Libertez de l'Eglise Gallicane tom. II. pag. 578. *Tellement que comme à l'inquant se bailloient lesdites Prelatures.* Ce sont les termes d'vn Arrest du Parlement de Paris de l'année 1413.

ENCIS. *ou son enfant au ventre.* ADI. La vieille Coustume d'Anjou & du Maine non imprimée: *Le Baron a en sa terre le meurtre, le rapt & l'encis. Tous ne l'eussent pas anciennement. Rapt si est femme forciée. Encis si est quant l'en fiert femme enceinte, & elle & l'enfant en meurent..*

ENGANNER. Vieux mot qui signifie *tromper*, comme l'Italien *ingannare*. Les Normans disent encore *engauner* & *degauner* pour *moquer* & *iniurier*. Aldhelmus en son traitté des loüanges de la Virginité: *Quasi ridiculosum subsannantis gannaturæ opprobrium.* Vossius *de vitiis sermonis* pag. 438. qui corrige *ganniturae*, se trompe: comme aussi La Cerda, qui explique *gannatura* par *turpe lucrum*.

ENSEIGNER. de mesme que *significare*. ADI. tesmoin le mot *enseigne* pour *signe*.

ENSOVPLE. ADI. ou *ensuble*.

ENTAMER. du François *entamer*. ADI. Ils disent aussi *tam* pour *morceau*.

EPELER. dans les Anciens. ADI. ou, selon l'opinion de M. Bochart, de l'Alleman *spell* ou du Flaman *spellen* qui signifient la mesme chose. Spel & spelle en Alleman signifient *fabulatio, parabola*; & viennent de l'ancien Alleman *bispilla* de mesme signification. Voyez Lipse epistre 44. de la III. Centurie.

ERMINE pour *mus Ponticus.* Ce mot est commun à toutes les langues qui sont en l'Europe. *Herminium* se trouue en cette signification dans Galfridus Monumeth. 9. 13. *Omnes herminio induti*, &c. *cuius Dapifer herminio ornatus.*

ERMINE ou ERMINETTE de Menuisier. Les Arabes disent *alermin* en la mesme signification. Kircheri en son Glossaire Coptique l'interprete *scalprum*: en quoy il se trompe.

ESCAILLE. ADI. M. Bochart le dériue de l'Alleman

786 ADDITIONS.

schal, d'où viennent le Flaman *schaele* & l'Anglois *shale*. Ie pense qu'il vient de *squallea*, &c.

squalellum. ADI. Les Anglois appellent *scales* les bassins d'vne balance, acause, comme ie croy, de leur ressemblance à des escailles.

ESCARE. du Grec ἐσχάρα. ADI. d'où les Arabes ont aussi fait *hascaricha*, qui se trouue souuent dans Auicenne. Il se trouue aussi dans Abenbitar au chapitre de l'Antimoine. Voyez Vossius *de vitijs sermonis* pag. 590.

ESCARLATE. 11. 6. & 17. ADI. *Scarletum* se trouue dans vn Poëme de la consecration du Pape Boniface VIII.
 Velatúsque rubro scarleti stercora nacto, &c.
 Auri succinctus caliga, succinctus & vna
 Scarleti.
Gelenius, selon le témoignage de Dalechamp, liure 11. de son Histoire des Plantes chap. 8. croit que *scarlatum* a esté dit par corruption pour *cusculiatum*: κοκκὸν *Plinius vocat, granum, coccum, quisquilium. Quanquam Gelenius cusculam legat. Est enim,* inquit, *Hispanum vocabulum, non Romanum : & cusculiatum videtur olim dictum, quod nunc deprauatè* scarlatum.

ESCARPE', comme quand on dit *rocher escarpé*. De l'Alleman *scarff*, ou du Flaman *scherp*, ou de l'Anglois *sharpe* qui signifient *aigu*.

ESCHALOTE. Espece d'oignons. ADI. De *Ascalonitæ*. C'est ainsi que ces oignons ont esté appellez par les anciens d'Ascalon ville de la Palestine. Stephanus parlant de cette Ville: ἢ ἡ μ̃ πόλις, οὗ πρῶτόν φασι τὰ κρόμμυα γενέσθ', ἢ ΧΡ τῶ Ἀλεξανδρέων συνήθεια, ἀσκαλώναια κρόμμυα. D'où vient que celle de Crommyon, qui estoit proche d'Ascalon, fut ainsi appellée ὑπὸ τῆς κρομμύων. Le mesme Stephanus: Κρομμύων, πόλις πλησίον Ἀσκάλωνος.

ESCHANSON. la Loy Sàlique. ADI. *Scantio* a esté fait de l'Alleman ou du Flaman *schenken* qui signifie *verser à boire* ; d'où viennent l'Anglois *skinck*, l'Italien *scanciare*, & l'Espagnol *escanciar* qui signifient la mesme.

ESCHAVFAVLT. qu'on a dit de *palcus*. ADI. & ie suis

ADDITIONS.

suis de son auis. Les Espagnols disent *cadahalso*, les Anglois *scaffold*, & les Flamans *schauot*.

ESCHECS. vulgò *der Elephant*. ADI. (C'est le nom de ce grand oiseau fabuleux, qui enleue, à ce qu'on dit, l'Elephant, & que nous appellons Griphon. Voyez Paulus Venetus liure III. chap. 40. où il l'appelle *ruc*.) *pag. 281.*

M. Bochart est apeuprés du mesme auis. LISEZ: M. Bochart le dériue du Persan *schach*. *pag. 282.*

cy-dessus alleguées. ADI. ou de l'Hebreu *mat* qui signifie *mortuus est*. *pag. 286.*

trop serieusement. ADI. Il est aussi defendu dans l'Alcoran.

ESCHEVIN. *iudex*, *scepeno*. ADI. Lipse epistre 44. de la III. Centurie: SCEPENO, *iudex*. Hodie SCEPENEN *Scabini*. *pag. 287.*

ESCLANDRE. De *scandalum*. La Requeste du peuple de France à Philippe le Bel contre Boniface VIII. imprimée parmy les Libertez de l'Eglise Gallicane tom. 2. pag. 136. Saint Pol qui dit ainsi: *Se mon frere estoit esclandre* (c'est à dire, scandalisé,) &c. *pour esclandre escheuer l'en doit faire*, &c. *l'en ne puet nier qu'il ne sceust tel esclandre*, c'est à dire scandale.

ESCLAVE. De *sclauus*, dont les Italiens ont aussi fait *schiauo*, & les Espagnols *esclauo*. *Sclauus* vient de l'Alleman *slaef* ou *slaue*, que Vossius croit auoir esté dit des peuples Esclauons. Voyez-le pag. 278. *de vitijs sermonis*, & Meursius en son Glossaire, aux mots σκλάβος & σκλαβία. Les Grecs ont dit ἀσκλάβωτος pour *libre*.

ESCLVSE. Pithou sur cét endroit. ADI. & Vossius *de vitijs sermonis* pag. 384. *pag. 289.*

ESCORNE. P en c. ADI. ou plustost de l'Alleman *scern*. Lipse en son Glossaire Alleman inseré en l'epistre 44. de la III. Centurie: SCERNI, *subsannatio*. SCERN, *illusio*.

ESCOVTETTE. mot Walon, qui signifie vne sorte de Iuges. Voyez Vossius *de vitijs sermonis*: pag. 279.

ESCRAN. M. Bochart croit qu'il peut venir de σκίρον, qui signifie *vmbraculum*, *vmbella*.

ESCREVICE. du Grec κάραβος. ADI. Nous prononçons en Anjou *escreuiche*: ce qui m'a fait croire autrefois *pag. 290.*

FFfff

qu'*escreuice* auoit esté fait de l'Anglois *crab-fish* ou *creuish* : car c'est ainsi que les Anglois appellent d'ordinaire vne escreuice, adjouftant le mot *fish* qui signifie *poisson* à celuy de *crab*.

ESCRIMER. & de là ESCARMOVCHE. ADI. (*Crama* se trouue dans les Loix des Visigoths IX. 2. 9. pour vne espece d'espée : *Plerósque verò scutis, spathis, scrauis, lanceis, sagittísque instructos.* Voyez soigneusement Vossius *de vitijs sermonis* pag. 273.

ESCVME. De *spuma*. P en C.

ESCVRIE. *granum inueniunt*. ADI. Voyez Vossius *de vitiis sermonis* pag. 280.

ESCVRER. Faustus Rheginensis. ADI. ou de *escoriare*, i. scorias *auferre*. Les Allemans disent *schauren*, les Flamans *schweren*, & les Anglois *scowre*.

ESMERILLON. Les Allemans disent *smirlin*.

ESPION. De l'Alleman *spien*. ADI. qui signifie *speculari*. Voyez Vossius *de vitiis sermonis* pag. 275.

ESQVIVER. ou, comme on prononçoit anciennement, *eschiuer*. De *esquif*, d'où les Italiens ont aussi fait *schifare*. Voyez *esquif*. Il y a apparence que les Italiens ont dit de mesme *schiapare*, & nous *eschaper* de *scapha*.

ESSAY. Ie ne sçay pas d'où il vient. Les Italiens disent de mesme *assaggio* & *saggio*.

ESSIEV. De *axiculus*, d'où on a premierement dit *aissil*. Vne ancienne Bible Françoise III. des Roys 6. *Estoient entaillées de roës qui auoient aissil dedans* : & ensuitte *esseüil*, & puis *essieu*.

ESSERPILLERIE. L'ancienne Coustume d'Anjou & du Maine non imprimée : *Quand l'en toult à homme le sien de nuits ou de iours, en chemin ou en bois, tel larrecin est appellé* esserpillerie : *& tous ceux qui font ce meffait doiuent estre treniez & pendus, & tous leurs meubles seront au Baron.* Pithou sur ces mots de la Coustume de Troye titre des Donat. *le serpault que on appelle en aucuns lieux le troussseau* : *Inde* DESSERPILLEVRS, DETROVSSEVRS. Mesmes les Coustumes *d'Anjou* 44. *& le Maine* 51. *conioignent* les dérobeurs & desserpilleurs de passans les che-

ADDITIONS.

mins. *Et pareillement Boutillier en sa Somme Rurale liure* 1. *tit.* 28. *escrit,* qu'en Normandie on appelle *Escherpellerie* violence, si comme de tollir à autruy le sien, en voye ou en chemin, par les champs ou en lieu public. *Et au liure intitulé,* Ls Estats dou Royaume de France: Escharpellerie, volerie. *Iean Sire de Ioinville*: Entre les Cheualiers que Messire Iean de Vallance ramena d'Egipte, j'en connu bien quarante de la Court de Champagne, qui estoient tous deserpillez & mal atournez. Lesquels tous quarante ie feis abiller & vestir à mes deniers, de cotes & surcotes de vert, *&c. Encore apresent en quelques endroits les Marchands appellent la couuerture de leurs balots & fardeaux de marchandises,* Serpilliere. On l'appelle ainsi en Anjou. Comme on a dit *détrousser de trousseau,* on a dit *desserpiller* de *serpilliere.*

ESTAMPE ou STAMPE. De l'Italien *stampa.* Les Anglois disent aussi *to stampe* pour *estamper.*

ESTANDART. *standart dicitur.* A D I. Voyez Vossius *de vitijs sermonis* pag. 286. où il dériue *standart* de l'Alleman *stander,* c'est à dire *stare*: *Standardus vexillum Regium siue Reip. ex Belgico & Anglico* standard, *pro quo Galli* ESTANDART. *Mathæus Parisius,* &c. *Non à standi verbo, sed Germanico, & veterum Belgarum* standen, *hoc est,* stare. *Vnde hodiéque quod Belgis* staën, *Anglus est* stande. Standaërd *igitur, atque etiam* stander *dixere, quia esset vexillum statarium.* Voyez le aussi au mot *Standifer* en la pag. 608.

ESTAPE. De *staplus,* qui se trouue dans les Loix Ripvaires XXXIII. 1. pour le lieu où l'on exerce la Iustice: *Si ad Regis staplum, vel ad eum locum vbi mallus est, auctorem suum in præsente habeat.* Voyez Lindembrog en son Glossaire, & Vossius *de vitiis sermonis* pag. 286. & 287. où ils dériuent *staplus* de l'Alleman *stapel* qui signifie la mesme chose. Ou plustost de *stapula,* que Boxhornius en son Theatre de la Hollande pag. 100. dériue de *stapelen,* qu'il dit signifier *in vnum coaceruare: Stapula est ius in quo potestas conceditur aliunde inuectis mercibus quasi manum iniiciendi, ab instituto cursu retrahendi, ac denique ita sistendi, vt non priùs quàm publico foro diuenditæ ibi*

FFfff ij

790　*ADDITIONS.*

fuerint, aliò transferantur. Ita autem dicitur à stapelen*, quod in vnum aliquid coacervare designat, &c. In Legibus Philippi Burgundi A.* 1446. *stabulari est in stabula consistere, &c. Frumentum, pisa, fabæ, sal, lignum, carbones, calx, molendina, scandulæ, lupus, salictarius, astrina aliáque id genus Dordrechti absque vlla exceptione stabulabuntur.*

* ESTOFFE. De l'Alleman *stoffe.* Voyez Vossius *de vitiis sermonis* pag. 300.

* ESTOVPER. De *stipare,* ou plustost de *stupare,* qu'on aura fait de *stupa.* Les Allemans disent *stopffen,* les Flamans *stoppen,* les Anglois *stop,* les Italiens *stopare,* & les Espagnols *stopar.*

ESTRAMASSON. Lisez : de *scramasaxo,* qu'on a dit pour *scramasaxus.* Gregoire de Tours IV. 51. *Tum duo pueri cum cultris, quos vulgò* scrammasaxos *vocant.* Scramasaxus a esté fait de *scrama,* qui a esté pris par les Allemans pour vne espece de poignard, & qui se trouue en cette signification dans les Loix des Visigots IX. 2. 9. *Plerosque verò scutis, spathis, scramis, lanceis, sagittisque instructos.* Et de *saxa,* qui a esté pris aussi par les mesmes Allemans pour vne espece de petit cousteau. Voyez, mais diligemment, Vossius *de vitiis sermonis* pag. 273.

* ESTRANGE. De *extraneus* pour *extraneus.*

* ESTREPER. La vieille Coustume d'Anjou & du Maine : *Quand l'en toult à homme le sien de nuits ou de iours, en chemin ou en bois, tel larrecin est appellé esserpillerie, & tous ceux qui font ce messait deiuent estre treinez & pendus, & tous leurs meubles seront au Baron. Et s'il auoit terres ou mésons en la Baronnie, le Baron doit faire les mésons ardoir, & les prez arer, & les vignes estreper, & les arbres trancher.* De *extirpare.*

pag. 308. FAGOT. φλεγμονῆς σπασμός. Aᴅɪ. Suidas : φάκελλοι. φορτίον. Θυκιδίδης φορῦντες ὕλης φακέλλυς, παρέβαλον ἀπὸ ᾧ χώματος. κ. Ἰώσηπος· φακέλλυς ὕλης ξηρᾶς περιβαλὼν τῷ χωρίῳ, πῦρ ἀνῆκε. φάκελλον οὖν φορτίον. ὁ δὲ Ἀπόλλων κελεύει ὑποδοῦναι τῷ Νικάνορι φάκελλον ξύλων, &c.

pag. 309. FALAISE. *doctissimus vir.* Aᴅɪ. (Turnebe liure 21. de ses Aduersaires chap. 23.)

ADDITIONS.

Normani vocant FALESE. ADI. Le petit Glossaire de Lipse epistre 44. de la III. Centurie: *Felis, rupes.*

FAN. du Grec ἶνος. ADI. & ἶ͂ς.

FANFARON. originaire Arabe. ADI. *Farfar* en Arabe signifie *leuis, inconstans, garrulus, qui plura promittit quàm possit præstare.*

FAQVIN. qu'on a dit pour *fasciculus.* ADI. Casaubon se trompe qui dériue *faquin* de φακινος composé de φακός, c'est à dire *lentille: Videntur Græci* φακινὸς *appellasse à cibi huius* (il parle des lentilles) *vilitate, homines abiectos & nihili, hoc est eos qui hodiéque Italis & Gallis* Faquini *nominantur.*

FAVCHON. ne me semble pas vray-semblable. ADI. Cette sorte d'espée a esté ainsi dite acause qu'elle estoit en forme de faux.

FEE. De *fateor.* LISEZ: qui a esté fait de *fari*, qui vient de φάω. φάω, *for, fari, fatus.* Les Grecs au lieu du simple, &c. dans Arioste. ADI. On a appellé *Fata* ou *Fatua*, qui est la mesme chose, la femme de Faunus. Macrobe liure 1. des Saturnales chap. 12. *Auctor est Cornelius Labeo,* &c. *hanc eamdem* (Maiam) *etiam Bonam Faunámque, Opémque & Fatuam Pontificum libris indigetari.* On a aussi appellé les Faunes *Fatui*, & les Nymphes *Fatuæ*. Donat sur l'Eunuque Scene derniere: *A fando fatuus dicitur. Inde Fauni* fatui, *& Nymphæ fatuæ dictæ sunt.*

FEVILLETTE de vin. ADI. On dit *fillette* en Normandie; & c'est le sixiesme d'vn tonneau.

FEVR, comme quand on dit *au feur de*, &c. pour dire *à raison de*, &c. De *forum*, d'où les Espagnols ont aussi fait *fuero* pour *loy, droit, ordonnance, coustume.* Voyez *asseurer.*

FI. Angl. *fie.* Ital. *fi.* Hisp. *fay.* Germ. *sey.* Belg. *foy.* Hisp. *feo*, Laid. *fœdus.* Ital. *fieto, puanteur.* φῦ, φύ, φὺ, φύ,

FICELLE, comme qui diroit *filcelle.* De *filicella.*

FIDELION. Voyez Pasquier au chap. 33. du VIII. liure de ses Recherches.

FIGVE. *faire la figue à quelqu'vn*, c'est à dire, *tromper* ou *se mocquer.* En Espagnol *figa* signifie *tromperie.*

FFfff iij

792   *ADDITIONS.*

FIL d'*archal* ou d'*arechal*. Seruius in Virgilium. A D I. La Glose de la vieille Bible Françoise imprimée à Paris l'an 1544. sur le chap. 6. du III. liure des Rois: *Ne ayes pas merueilles se tu lis en aucuns lieux à la fois, que ces cheses estoient* D'AIRAIN, *& à la fois* ARCAL. *Car* AIRAIN *&* ARCAL *est vn mesme metal*: & l'Auteur de cette version traduit ainsi ces mots du 15. verset du I. chap. de l'Apocalypse: *Et pedes eius similes* aurichacco; *Et ses pieds sembloient à* ARCHAL.

pag. 317.   FILOV. *& prædones*. A D I. en Grec φιλήτης signifie *vn larron*, & φιλήτης *vn pipeur*. Ce mot se trouue souuent dans l'Hymne de Mercure qui est attribué à Homere, comme aux 67. 175. 214. 292. & 445. vers. Et ie ne sçay d'où vient que Seberus l'a obmis en l'Indice qu'il a fait sur toutes les œuures de ce Poëte. *Feil* en Flaman signifie *vn meschant, vn vaut-rien.*

FIN, *pur, subtil, delié*: comme *fin or, fin lin, fin drap*; & de là par metaphore *aduisé, adroit*, & mesme *rusé & cauteleux*. Les Espagnols & les Italiens disent semblablement *fino*. Ce mot vient peut-estre de *vinnus* ou de *vinus*, d'où Plaute a fait *vinulus* ou *vinnulus*, que Nonius Marcellus explique *illecebram*, *Fine* chez les Anglois vaut autant à dire comme *beau*.

pag. 318.   FISQVE. *quod redditur Regibus*. A D I. Delà vient *fiscellus, fiscella* & *fiscina*. Saint Augustin sur le Pseaume 146. *Si non habet remp. suam* CHRISTVS, *non habet fiscum suum. Fiscus enim scitis quid sit? fiscus saccus est, vnde & fiscellæ & fiscinæ dicuntur. Ne putetis quia aliquis draco est fiscus; quia cum timore auditur exactor fisci. Fiscus saccus est publicus. Ipsum habebat Dominus hic in terra, quando loculos habebat : & ipsi loculi Iudæ erant commissi.*

FLASCON. φλασκίον. A D I. *Flascone* se trouue en la section 21. du II. liure de la vie de Saint Geraldus, composée par Odo II. Abbé de Cluny.

liure VIII. chap. 2. A D I. Meursius en son Glossaire, Vossius, &c.

pag. 319.   FLANC. de λαγών. A D I. Les Flamans disent *lancke*, & les Espagnols *ssanes*. Voyez *flatter* & *frapper*.

FLECHE. *fluts*. A D I. Les Espagnols disent *flecka* & *frecha*, & les Italiens *frezza*.

ADDITIONS. 793

FLECHE de lard. En Flaman *vleesch*, en Anglois *flitch of bacon*.

FLIN. ou pierre de foudre, dont on fourbit les espées. Les Saxons disoient *vlint*, & les Anglois *flint stone*.

FLOQVETS ou *flocons de cheueux*. πλόκαμοι, πλόκοι. En Anglois *lock of haire*. Le vieil Glossaire Germanique, que Lipse nous a donné en la 44. lettre de la III. Centurie: *lockis, capilli*.

FLOQVETS de neige. *Fioccare* chez les Italiens signifie *neger*.

FLORIN. C'est vne piece de monnoye d'or, que les Florentins firent premierement battre & marquer d'vne fleur. Voyez Vossius *de vitiis sermonis* pag. 430.

FLOTER. pag. 8. ADI. toutefois les Latins auoient dit *fluctuare*.

FOIE. συκωτής. ADI. Voyez aussi le Thresor de la Langue Grecque de Henry Estienne sur le mot συκόομαι pag. 1131.

FOIER. De *foculare*. Voyez Vossius *de vitiis sermonis* pag. 431.

FOIRE. *dicitur feria*. ADI. Les Espagnols disent *feria*, & les Italiens *fiera*.
Spelmannus au mot *feriæ*. ADI. & encore Ragueau en son Indice sur le mot *foire*.

FOL. comme nous *folie*. ADI. Voyez Vossius *de vitiis sermonis* pag. 431. où il parle de *folonitia*, & en la pag. 687. où il explique ce que signifie le verbe *follico*. Les Bas-Bretons disent *foll* pour *fol*: & delà *foll fur*, c'est à dire μωρόσοφος, *sage fol*; car *fur* en leur langue est la mesme chose que *sage*.

FORÇAT de Galere. Les Espagnols disent *forcado*, & les Italiens *sforzato*.

FORCENÉ, *hors du sens*. Il y en a qui tiennent que c'est pour *forsené*. Les Italiens disent *forsennato*.

FOSSÉ. *cateiam*. ADI. Iules Capitolin en la vie de Gordien: *Castra omnia fossato circuibat*. Et Casaubon sur cét endroit: *Latina vox est fossatum pro fossa, vt apud Marcellum Empyricum*: *In fossatis sepium requires*. *Moscopulus* pag. 42. φωσάτον, ὁ στρατός.

FOVILLER. Adi. M. de Valois le jeune le dériue de *follare*, comme qui diroit *manum in follem mittere*, mettre la main dans la poche. Ie tiens qu'il vient de, &c.

* FOVRBIR. Les Italiens disent *forbire*. Il y en a qui doutent s'il ne viendroit point du Latin *furuus*.

* FOVRNEAV. Au Sermon 78. *de Tempore*, qui est, à ce que tiennent les doctes, de quelque Aucteur plus recent que Saint Augustin: *Fornalia panibus coquendis*.

pag. 326. FOVRRAGE. chap. xi. Adi. & le Lexicon *Iuris* sur le mot *fodrum*.

* FOVRRIER. Les Italiens disent *furero*, les Espagnols *furriel*, les Allemans *furrier*, &, selon l'opinion d'aucuns, de *futeren* qui signifie *conduire*.

* FRACAS. Les Espagnols & les Italiens disent *fracasso* par onomatopée.

pag. 328. FRANCISQVE. *Milice*. Adi. Et cela peut estre confirmé par l'authorité de Suidas: ἀγρώνες, ἐπιχεία δόρατα ϖἀρὰ Φρύγκων. Voyez aussi Agathias au liure 1. & 11. de son Histoire, & Eustathius sur le τ de l'Odyssée pag. 680.

pag. 721. FRANC. *nominari*. Adi. Toutefois voyez Gottefrid. Vendelinus en son *Natale solum Legis Salicæ*, où il monstre comme c'est *vox*, non pas *Attica*, ainsi qu'il se lit dans Isidore & dans le Chronique d'Yues de Chartres; mais bien *Atuatica*, ou bien *Aduatica*.

* FRET. d'vn nauire. Les Anglois disent *fraight*, les Flamans *vracht*. *Freter vn nauire*, en Bas-Breton *frettar vn lestr*. Les Espagnols disent *fletar*. Nicod le dériue de *fretum*.

* FRISE, en Architecture, *zophorus*. De *phrygium*, d'où les Italiens ont fait *fregio*. Les Espagnols disent *fisa*.

FRISE. Les Italiens disent *fresone*. drap velu des deux costez, ἀμφίμαλλος.

pag. 332. FROMAGE. des Rois. Adi. Arnobe au liure v. parlant d'Atys: *Repertum nescio quis sumit, formas lacte alit hirquino*: ou plustost, ainsi que M. Bochart, qui m'a indiqué ce passage, conjecture, qu'il peut estre corrigé, pour luy donner quelque sens, *formis lactis alit hirquini*.

FRONSER.

ADDITIONS. 795

FRONSER. Quelques-vns dériuent ce mot de *frons*, ✶
acause des rides qui s'y forment.

FVRETER. *furo*. ADI. d'où les Espagnols ont fait *huron*.

FVTAINE. *fustana*. ADI. M. Bochart tient qu'il vient
de *fustat*. Car *Fustat* en Arabe est l'ancienne *Memphis* d'Egypte
ou *Meser*, qui en est proche, où il y a grande quantité de
cotons, & d'où s'apporte la futaine. L'Autheur de l'Histoire
Saracenique monstre au chap. 3. du 1. liure pourquoy elle
fut ainsi nommée. Les Arabes appellent *al fusta* vn logis
dont les parois sont tapissées de futaine.

GABARRE. Quelques-vns estiment qu'elle soit ainsi ✶
nommée par transposition de *carabus*, καράβιον.

GABELLE. au lieu de *gabella*. ADI. Ce qui fauorise pag.
l'opinion de Caninius, c'est que les Espagnols appellent la ga- 334.
belle *alcauala*, auec vn c; & l'article Arabe à la teste du mot: &
alcauala ou *alcabala* en Arabe signifie proprement *recepte*. C'est
la recepte du Roy, où se reçoiuent les daces & impositions.

GABER. chap. 8. ADI. M. Bochart tient que ce mot pag.
vient du Bas-Breton; & allegue pour cela vn sien Glossaire, 335.
qui porte: moquer, *goapat*: au lieu dequoy il croit qu'il faut
lire *goabaff*: se moquer de quelqu'vn, *ober goab à eurre bennac*:
moqueur, *goabpaër*: moquerie, *goabpaërez*. En tous lesquels
mots celuy de *goab* est à remarquer.

GABIE. d'vn nauire. Les Italiens disent *gabbia* pour *cage*. ✶

GABLE d'vne maison. Les Allemans disent *giebel*. ✶

GAGVI. *hydria*. ADI. ou plustost *vne cuue*. Les Talmudistes disent, que lors que Dieu donna la Loy, la montagne de Sinaï fut transportée de sa place, & mise au dessus
de ceux d'Israël, & les couuroit comme vne cuue: & que de
là vient qu'il est dit au chap. XIX. de l'Exode vers. 17. que le
peuple se tint dessous la montagne.

GALERE. *salée*. ADI. Et au Pseaume 107. pag.
  Ceux qui dedans galées 317.
  Dessus la mer s'en vont,
  Et en grands eaux salées
  Mainte trafique font.

GGggg

GALETS. *durissimum.* ADI. & de là vient qu'en Bas-Breton *calidist* signifie *endurcir.*

& plus bas, au lieu de *les Hebreux,* &c. *circ. fac.* il faut mettre: En Hebreu Talmudique חלטא *chaletta* est *vne galette.*

* **GALLEFRETIER.** Henry Estienne vers la fin du chap. 3. de son Apologie pour Herodote, escrit que nous disons *gallefretier* au lieu de *gallefrotier, a scabie fricanda.* Toutefois il y en a qui estiment qu'il s'abuse, & que c'est vn mot originaire d'Espagne ; & *gallofero* signifie *vn gueux* ; & *gallofear gueuser.*

pag. 338. **GALOCHES.** Voyez M. de Saumaise en sa Refutation *de Pallio* pag. 229.

* **GAMACHE.** *Giarmuk* en Arabe est vne chausse, *quæ supra calceos induitur.*

pag. 339. **GAMBAGE.** pag. 801. ADI. Ce mot n'est plus en vsage chez les Allemans: Mais il se trouue en la Loy *Si quis,* aux Digestes *de trit. vin. & ol. leg. & in Prisci Legat.* de la derniere edition de Paris: τὸ ἐκ χειρῶν χορηγούμενον πόμα, καί μοι οἱ Βάρβαροι καλοῦσιν αὐτὸ.

GANDS. *hantschuch.* ADI. & les Flamans *hantschoën.*

pag. 341. **GARCETE.** *garcetas.* ADI. qui signifie proprement *plumes de Heron à faire des pennaches.* Car *garça* en Espagnol signifie *Heron. Garcetas de cuernos de cieruos,* petites branches des cornes des Cerfs qui leur pendent sur le front.

* **GARGOVILLE.** Les Espagnols disent *garguero,* les Italiens *gargatoglio,* les Allemans *gurgel,* les Anglois *gargil,* les Latins *gurgulio.*

pag. 342. **GARNI.** pag. 322. ADI. Mais ce mot ne viendroit-il point plustost de *garn* ? Lipse au vieil Glossaire qu'il nous a donné en l'ep. 44. de la III. Cent. *garo,* paratus; & *garn* idem.

pag. 343. **GARROTS.** *veru.* ADI. Nonius Marcellus au chap.18. *Verutum est telum breue & acutum.* Salluste liure III. de son Histoire: *Saxáque ingentia, & axe vinctæ trabes per pronum incitabantur: axibúsque eminebant, in modum ericij militaris, veruta binum pedum.*

garrotte. ADI. & pour vn dard *gard, garrocha* & *garrochón.*

ADDITIONS.

GAVFRE. Voyez *goffre*.

GAZE. forte de toile. Les Espagnols disent *gaço*.

GAZOVILLER. *Giasala* en Arabe est *gemir comme vne colombe*.

GEAY. Oiseau. ADI. Les Espagnols disent *gaio*, & les Anglois *Iay*.

corneille. ADI. Moscopulus pag. 62. κολοιος. κορώνης εἶδος.

GENET. simplement. ADI. pour *vn cheual de legere taille*, &

GENTILHOMME. De *gentilis homo*. ADI. Isidore VIII. 10. *pag.*

GESIER. ὀρνίθων. ADI. Il y en a qui le dériuent de *iecur*, comme *gesir* de *iacere*. L'Autheur d'vne vieille version de la Bible rend ainsi cét endroit du VI. chap. de Tobie, ou le Latin porte *iecur*: Effondre celuy poisson, *&* pren le cœur, *&* le fiel, *&* le gesier.

GIBECIERE. representent. ADI. Il y en a qui tirent ce mot de κίβισις.

GIBET. de l'Anglois. ADI. Les Italiens le nomment *giubetto*.

GIBLET. Les Anglois disent *gimlet*.

GIROFLE. *caryophyllon*. GIROFLEE. *caryophullata*, Leucoium.

GLAIRE d'vn œuf, comme qui diroit, à ce que quelques-vns pensent, *clarum oui*.

GLAIZE, comme quand on dit *terre glaize*, *pot de terre glaize*. Les Flamans disent *glijden*, & les Anglois *glide*. Le Glossaire de Lipse : *glidir*, *lubricus*.

GLOVT. *glutto*. ADI. Gluttus, pars colli qua cibi transmittuntur. D'où vient que Perse escrit en la v. de ses Satyres :

Nec glutto sorbere saliuam ——— Mercurialem.

Ce mot est fait par onomatopée. Car il represente le son de la liqueur qui passe au trauers d'vn canal ou tuyau estroit. Vn ancien Poëte parlant d'vn paysan yure en la pag. 180. des vieux Epigrammes :

Percutit & frangit vas, vinum defluit, ansa
Stricta fuit, glut glut murmurat vnda sonans.

Voyez Casaubon sur ce vers là de Perse.

798 ADDITIONS.

pag. 353. GOBELET. GOBER. ADI. Toutefois *gobelet* peut venir du Bas-Breton *gob*.

pag. 355. GONDOLE. canaux. ADI. Les Grecs disent κόνδυ.

GONFLE & GONFLE', pour *plein* & *enflé*. Les Italiens disent *gonfiato*.

GORET. viennent. ADI. Les Grecs vulgaires disent γερδνις & γερδνιον. Voyez Tzezes en l'Histoire 418. de la XII: de ses Chiliades, & Meursius en son Glossaire.

pag. 356. GOVJON. consone. ADI. Moscopulus en la pag. 63. κωβιος, ὄνομα ἰχθύος.

GOVPIL. *vulpis*. ADI. *vulpiculus*.

GOVSSE. Les Italiens disent *guscia*.

pag. 358. GRABVGE. *grabuglio*. ADI. Les Anglois disent *graboile*.

pag. 359. GRAVE. *crau*. ADI. Les Bas-Bretons disent *grouan*, sable: *groa*, greue.

GREFFES. *graphium*. ADI. Ceux de la Religion Pretenduë Reformée se sont servis de ce mot pour exprimer vn instrument à escrire, lors qu'ils ont ainsi tourné le 1. verset du chap. XVII. de Ieremie: *Le peché de Iuda est escrit d'vn greffe de fer*.

* GREGVES, ou, comme disent aucuns, *greues*. Ne seroient-ce point des chausses à la Grecque? Les Espagnols disent *groguescos*, & les Italiens *greghesce*.

* GREVE de la jambe. De l'Espagnol *greua*.

GRIS. *color*. ADI. Les Anglois disent *gray*.

pag. 363. GROGNER. De *grunnire*. ADI. Voyez *goret*, & Meursius en son Glossaire sur le mot γρῦνις.

* GROMMELER. Les Flamans disent *grommen* & *grommelen*: & les Anglois *grumble*.

pag. 364. GRONDER. GRONDER. ADI. Les Allemans disent *gruntzen*, & les Anglois *grunt*.

GROS de Naples. *tafetas, à gros grain*. Les Espagnols disent *gorgaran*.

* GROS. Espece de monnoye. *Grossus*. Voyez Vossius *de vitijs sermonis* pag. 441. & 442.

ADDITIONS.

GRVAV. *boulie.* ADI. Les Italiens disent *crusca*, & les Flamans *gruis.*

Anjou. ADI. en Normandie, & mesme à Paris, & ailleurs.

GRVE. 1. 9. ADI. Les Italiens disent *grua*, & les Espagnols *grulla.*

GVERDON. *galardon.* ADI. & les Italiens *guiderdone.*

GVERE. De l'Italien *guare.* En Hebreu *gara* signifie diminuer, retrancher.

GVESDE. *guastum.* ADI. & en Normandie où il y en a grande quantité, *voüesde.* Les Espagnols disent *geldre* & *gualda.*

GVESTRES. *vastræ.* ADI. Voyez Vossius de vitijs sermonis pag. 315. où il explique ce que c'est que *vastrapes.*

GVETER. mesme chose. ADI. (au lieu duquel les Anglois escriuent *watch.*) *apensé.* Voyez Pasquier en ses Recherches VIII. 32.

GVIGNER de l'œil. De l'Espagnol *guiñar.*

GVILE. apresent ADI. *guile* & *wile.* tromper. ADI. (pour lequel les Flamans disent *beghulen.*) Recherches. ADI. Denys Godefroy sur la Loy 4. aux Digestes de Ædilit. ed. Impostor etiam Græcis πλάνος. Matth. 27. qualem Franciscum Villionium ætate suorum Patrum fuisse scribit Budæus.

GVIMPLE *vinculum.* ADI. Les Anglois disent *wimple*, & les Flamans *Wimpel.* Au 22. verset du chap. III. d'Isaie, les Anglois ont traduit *wimples.* ce que ceux de la Religion Pretenduë Reformée ont traduit *voiles.*

GVIRLANDE. *ghirlanda.* ADI. Les Espagnols disent *guirnalda.*

GVISCHARD. *sonat.* ADI. L'Arabe est *algusebarbo.*

GVITERRE. *cetra.* ADI. *Kithar* ou *Kithara* se trouue dans les versions Arabes de l'Escriture Sainte, comme au verset 21. du IV. chap. de la Genese, & au 8. verset du chap. V. Et au 2. verset du chap. XV. de l'Apocalypse. Et *kiteros* se trouue en l'original mesme du texte du verset 5. du chap. III. de Daniel.

GGggg iij

ADDITIONS.

pag. 371.
HACHE. Adi. Les Flamans difent *aeckfe*, & les Anglois *axe*.

afcia. Adi. M. Bochart tient que ce mot vient du Grec ἀξίνη, & que le Grec vient du Chaldéen *hatfina*. Car en langage Ethiopique *hatfin* fignifie *du fer*; de forte que cét inftrument feroit ainfi nommé acaufe de fa matiere, de mefme qu'en Grec χαλκός. Homere au vers 180. de l'Iliade N. χαλκῷ ταμνομένην, *de fraxino, æreâ bipenni, cæfa*.

χαλκοῖ
χαλκῷ

pag. 726.
HAIRE. *Haër* en Alleman. Adi. & *haire* en Anglois.

pilo. Adi. En effet le Gloffaire que Lipfe nous a donné, en la 44. Epiftre de la III. Centurie porte: *hera*, cilicium.

HAIT, comme quand on dit *de bon hait*; & HAITTER, d'où vient *fouhaitter*. Le mefme Gloffaire de Lipfe: *Heittinga*, vota.

HALECRET. Scaliger fur Varron : *Loricam vocant* HALECRET, *quafi* ἁλίκροτον *pro* ἁλυσίκροτον. Suidas fur le mot Ἅλικα: χλαμύδα κ) Θεσσαλὸς. Ἅλικα χρυσέοισιν ἐργομένω ἐπετήσιν. Et adjoufte: *Idiotas vocare Gallica*.

pag. 372.
HALLEBARDE. Adi. M. Naudé en la pag. 641. *de Militia*, croit que ce mot vient *à Lyda voce* λάβρη *fecuris, vnde Iupiter Labradeus*. Cedrenus en la pag. 564. de la nouuelle edition, nomme vne certaine arme βαρδούκιον: τὸ βασιλικὸν βαρδούκιον, *haftile regium*. Ce que Meurfius n'a pas obmis dans fon Gloffaire. Et le Gloffaire de Lipfe porte: *aubardon*, afcia.

pag. 373.
luifante. Adi. Voffius *de vitijs fermonis* pag. 274. *Longobardi à longis bardis fiue bartis, hoc eft bipennibus, quas geftabant. Vnde remanfit* hellebaërt, *puta ex* hel *clarus, fplendens, flammeus, &* baërd *bipennis*.

pag. 374.
HALLES. *arborem*. Adi. En Anglois *hall* fignifie quelquefois *vne falle*, & quelquefois *vn grand lieu*, quel qu'il foit. Les Colleges fe nomment ainfi à Oxford & à Cambrige. Vous pouuez voir ce qu'a efcrit depuis naguères Gottefridus Vendelinus en fon *Natale folum Legis Salicæ*, lors qu'il explique l'origine & la fignification du mot *Salique*.

HAMEAV, &c. Adi. Les Allemans difent *heim*. *Openheim*, *Papenheim*.

ADDITIONS. 801

HAPER. *Hapich* en Alleman signifie *accipiter*. Mais ce mot vient plustost de *hap*, qui en la mesme langue signifie la mesme chose. Les Anglois disent *happe*.

HARLEQVIN. parrain. ADI. D'autres disent que ce nom prit son origine sous François I. en derision de *Charles Quint*: de mesme que les Anglois appellent *harlot* vne garce, quelle qu'elle soit, acause d'vne *Charlotte* qui estoit garce de Guillaume le Conquerant.

HARNOIS. *harnisch*. ADI. Voyez Vossius *de vitijs sermonis* pag. 221. L'Autheur de la vieille version de la Bible, se sert souuent du mot *harnois* pour rendre celuy de *sarcinæ*.

HARPE. *harpa*. ADI. Voyez Meursius en son Glossaire sur le mot ἅρπα, *barbitus*.

HASE. *lapine*. ADI. Les Anglois disent *hare*. En Arabe *hazaz* signifie *vn lievre*.

HAVIR. De l'Hebreu *habhab*.

HEBERGER. Les Allemans disent *herbergen*, & les Anglois *harbour*. Le Glossaire de Lipse: *hereberga*, castra. Voyez Vossius *de vitijs sermonis* pag. 223.

HERCE ou **HERSE**, *porte-coulisse*. Elle pourroit auoir este ainsi nommée acause de quelque ressemblance qu'elle a auec l'instrument dont les Laboureurs rompent les mottes de terre. Toutefois ce mot en ce sens vient possible *ab arcendo*, ou plustost de *l'ericius militaris*, dont parle Saluste au passage du III. de ses Histoires, qui a cy-dessus esté allegué sur le mot *garrot*.

HEVRTER. Voyez cy-apres *hurter*:

HEVS. Sorte de nauire. Les Saxons disent *holk*, les mans *hulck*, les Anglois *hulke*, les Italiens *hulca*. Du Grec ὁλκάς.

HIDEVX. Les Anglois disent *hideous*: mais ils l'ont peut-estre emprunté de nous.

HIEBLE. D'*ebulus*.

HIERRE. Voyez *lierre*.

HIVER. *dies*. ADI. & *quernus* pour *quercus*.

HOBEREAV. pag. 93. & 94. ADI. Les Flamans & les Anglois disent *hobie*.

802 *ADDITIONS.*

* HOCHER la teste pour se moquer. Le Glossaire de Lipse: *hose*, subsannatio.

pag. 386. HOMAGE. &c. ADI. Et les Grecs ont vsé d'ἄνθρωπος en la mesme signification, ainsi que le monstre Meursius en son Glossaire.

* HONNIR, *dedecorare*. Les Flamans disent *hoonen*.

* HOQVET. Les Anglois disent *hicket*, les Flamans *hick*, & les Espagnols *hipo*.

* HOVMAR, *cammarus*. C'est vn mot que les Normans ont apporté de Suede.

pag. 390. HVCHER. *compere*. ADI. Marot en sa version du Pseaume 50.

Lors huchera, & terre & Ciel luisant.

* HVICT. *d'octo*.

HVISTRE. *oleum*. ADI. *hui* de *hodie*, *huit* d'*octo*, & *huis* d'*ostium*.

* HVLOTE. *d'vlula*. Les Anglois disent *owle* & *houlet*.

* HVPE. D'*vpupa*. Les Allemans disent *vidhopff*, les Flamans *hoppe*, & les Anglois *houpe*: & de là vient le mot *houpe*, que le President Fauchet explique vers la fin du passage que j'ay transcrit sur le mot *hurepoix*; de la mesme sorte que nous appellons *aigrette* le bouquet de plumes qui se tirent de l'oiseau qui porte ce nom.

* HVRLER. De *vlulare, vlulatus*: ou plustost de l'Italien *vrlare*. Les Espagnols disent *vrlo*.

* HVRTER. De l'Italien *vrtare* ou du Flaman *hurten*. *Hurt* en Anglois signifie *nuire*. Gottefridus Vendelinus *in Glossario Salico vocum Atuaticarum*, ortare. TIT. XXVII. (*Pacti Legis Salicæ*) horten, *Gallicè* HVRTER, impellere, ferire, impingere, lædere. *Si quis de campo alieno aratrum* anteortauerit. *Varia lectio*, intrare prohibuerit. Et au titre XXXIV. de la mesme Loy §. 1. *Si quis Baronem de via* ortauerit *aut impinxerit, &c.* Et §. 2. *Si verò mulierem ingenuam de via sua* ortauerit *aut impinxerit, &c.*

* IA. De *iam*.

* IADIS. Peuteftre de *iamdiu* ou de *iamdies*, nempe *plures*.

IALOVX

ADDITIONS.

IALOVX. De *zelosus*. Les Italiens disent *geloso*.

IAMBE. Voyez A D I. Pithou au chap. 16. du 1. liure de ses Aduersaires, & Casaubon, &c.
gambade. A D I. & de là *regimber*. Car ce mot se dit proprement des cheuaux.

IANISSAIRES. De *genizeri*, qui signifie en langage Turc *nouos homines*, ou *milites*, & que les Latins appellent *Tyrones*; plustost que de *ianua*, quoy que le Palais de l'Empereur des Turcs s'appelle *la Porte*. Voyez Vossius *de vitijs sermonis* pag. 227.

IANTES ou *gantes des rouës*. De *canthi*.

IARRET. *cuisse*. A D I. *an garr* en Bas-Breton signifie *la iambe*; & *an iarritell*, *le iarret*.

IARRETIERE. De *iarret*. Les Anglois disent *garter*. Voyez Vossius *de vitiis sermonis* pag. 210. sur le mot *garterium*.

IASMIN. LISEZ : C'est vn mot Persan & Arabe qui se trouue tout entier dans Auicenne au liu. II. Can. & dans le Paraphraste Chaldaïque cité par Elie Num. xxxiv. 8. & de là Dioscoride au I. liure, ἰάσμινον μύρον, qu'il tire mal de ἰάσμη, bien que de ἰάσμινον il eust fallu dire en Grec ἰασμίνινον.

IATE. Et liu. A D I. VII. Epigr. 47.
lances. A D I. Voyez Turnebe.

IAVEAV. IAVELLE. A D I. Les Espagnols disent *gauilla*.

IAVNE. GEAVNE. Mais Erytrée sur cét hemistiche du IV. liure des Georgiques de Virgile :

— *hyali saturo fucata colore*

GIALLO (dit-il) *fortasse hinc color vulgò dictus, qui alijs gialdo*. Et ainsi *iaune* viendroit d'*hyalinus*. Les Flamans disent *gheele*, les Anglois *yellou*. Et en la mesme langue *galt* le fiel, a cause qu'il est fort jaune.

IF. LISEZ : Les Allemans & les Flamans disent *iben*, les Anglois *ewe* ou *vew*, & les Escossois *you*.

INSTALLER. *estau*. A D I. Neantmoins Vossius *de vitiis sermonis* pag. 229. dit que c'est vn mot pur Alleman.

INTRIGVE. *intricare*. C'est Nonius Marcellus qui dit

HHhhh

que tricæ sunt impedimenta & implicationes, dictæ quasi tericæ, quod pullos gallinaceos involuant, & impediant capilli pedibus implicati. De là vient *intricare*, & son contraire *extricare*; du premier desquels ont vsé Afranius, Plaute *in Persa*, Vlpian, &c. & de l'autre, Plaute, Varron, &c. Voyez le prouerbe *apinæ tricæ* en l'Adage 43. de la II. Centurie d'Erasme.

pag. 728. IOLI. *emittere*. ADI. Mais comme nous trouuons escrit dans les anciens Romans *iouls*; aussi il y a bien autant d'apparence qu'il soit venu de *iouialis*; & *iolineté* de *ioualitas*.

IOVBARBE. Herbe. Comme qui diroit *Iouis barba*, Διόσγονον.

pag. 406. IOYAVX. χλαμοι. ADI. Voyez Vossius *de vitiis sermonis* pag. 463. & 464. Mais il y en a qui se tiennent à l'origine Arabe, pretendant que le mot *algiochar* ou *algiofar* qui signifie *gemma* ou *margarita*, que le Paraphraste Chaldaïque exprime au verset 4. du v. chap. du Cantique des Cantiques, & qui vient de *gichem*, *pulchritudo*; est beaucoup plus ancien que le mot Barbare *iocale*, qui n'a commencé à entrer en vsage qu'aprés la décadence de la Langue Latine.

pag. 407. ISNEL. *snello*. ADI. & *isnello*. Du Bartas se sert fort souuent d'*isnel* & d'*isnelle*.

IVCHER. ADI. Les Anglois disent *iucke*.

IVLLET. *gileb*. CORRIGEZ, *giuleb*.

IVPPE. *genou*. ADI. En effet *giubba* en Arabe signifie la mesme chose que *iuppe* parmy nous; d'où les Espagnols ont pris leur *aljuba*. Les Italiens disent *giubba*. Dans le Lexicon Coptique pag. 117. ce mot est traduit ἐπωμίς.

pag. 408. IVS. 347. ADI. Mais le passage de Saint Augustin en son traitté VIII. sur la I. Epistre de Saint Iean, que M. Bochart m'a indiqué, merite d'estre consideré: *Quod* SVSVM *facias* IVSVM, *quod* DEORSVM *facias* SVSVM. IVSVM *vis facere Deum*, & *te* SVSVM?

LA & LALA. Turnebe en ses Aduersaires XIX. 21. *Hieronymus in Persio*, & *iratus memmæ lallare recusas lallare accipere videtur de nænia nutricum, quam infantibus occinunt potissimum, cùm somnum eis conciliant: vnde* lalli *somniferos modos*

Ausonius dixit. *Verba Hieronymi sunt*: Forsitan & laxis vberum pellibus mater arata rugis fronte antiquum referens mammæ lallare congeminet. Ista enim congeminatione quicquam aliud est, quàm eiusdem carminis iteratio. Alij vocem esse, quâ nutrix ad lactandum inuitent, aiunt. Nobis Gallus inde L A, vox adhortantis est.

LADRES. ουείζω. ADI. L'Auteur du Iournal contenant le voyage que Messire Simon de Sarrebruche Baron d'Anglure, fit l'an 1395. en la Terre-Sainte, lequel M. Camusat fit imprimer à Troyes l'an 1621. *Bethanie est encore apresent grosse ville champestre, en laquelle est la maison Saint Ladre: & illec en ladite maison est le lieu & monument duquel Nostre Seigneur ressuscita Saint Ladre*, &c. La Chronique de Loüys XI. *Lazaretti.* ADI. Les Anglois appellent *vn lepreux*, *a lazer*.

LAITERON ou LAICTERON. De *lactorones* ou *lactoris.* Voyez Vossius *de vitiis sermonis* pag. 469.

LAMBEAV. λάμβα. ADI. Quelques-vns aiment mieux le dériuer de *limbus* qui signifie la mesme chose.

LAMBRIS. *landier*, &c. ADI. Voyez Turnebe en ses Aduersaires XIV. 12.

LAISSE. Voyez cy-aptes *lesse*.

LAMPROYE. C'est vn poisson qui est assez connu. Les modernes ignorans l'origine de ce nom, l'ont tourné en LAMPETRA, *à lambendis petris,* comme si ce poisson se plaisoit plus particulierement que les autres à lecher les rochers. Mais ce que ie tiens de M. de Valois le jeune, c'est que son vray nom est NAMPREDA OU NANPREDA, qui est vn vieux mot Gaulois. De là les Allemans l'appellent *lamprid*, les François LAMPROYE, les Espagnols *lamprea*, & les Italiens *lampreda*, par le changement de N en L; comme nous auons fait *licorne* d'*vnicornis*, *Boulogne* de *Bononia*, *Chasteau-Landon* de *Castrum-Nantonis*, & mille autres: & qu'apres tout, cette origine se recueille certainement de la vie de Saint Hermeland premier Abbé d'Antre Isle proche de Nantes, laquelle fut escrite enuiron l'an 700. si toutefois nous lisons *nanpredam*, ainsi qu'il le faut corriger, au lieu de *naupredam*, que portent les exemplaires imprimez : *Aderat tum quispiam*, (dit l'Au-

HHhhh ij

806 *ADDITIONS.*

theur de cette vie) *qui diceret Nannetenſem Epiſcopum habuiſſe piſcem, quem vulgò* naupradam *vocant.*

pag. 413. LANDIE. M. Guyet. Adi. Voyez Voſſius *de vitijs ſermonis* pag. 232.

pag. 414. LANDIER. *du fer.* Adi. Neantmoins les Bas-Bretons diſent *lander.*

pag. 416. LAQVAIS. ἀνδράποδος. Adi. *Lac* ou *loc* en Langue Ethiopique eſt *vn valet.* Voyez la Bible Ethiopique au verſet 21. du Pſeaume cii. & le verſet 26. du chap. xxii. de Saint Luc. Les Bas-Bretons diſent *laques* pour *laquais.*

LATE. choſe. Adi. au moins ils diſent *laten.*

LENDEMAIN pour *l'endemain.* Monluc ne l'eſcrit jamais autrement. Mais l'article eſt deuenu partie du mot.

LESSE, comme quand on dit *mener en leſſe.* Les Italiens diſent *laccio di cani,* les Flamans *letſe* ou *litſe,* & les Anglois *leash.* Peuteſtre de *laqueus.*

LESSIVE. De *lixiuium. Lix* en Latin ſignifie de l'eau. Voyez Voſſius *de vitiis ſermonis* pag. 480. & 708.

LEVAIN. *leuer.* Adi. Les Eſpagnols diſent *leuadura,* & les Italiens *leuatura.*

pag. 418. LEVRE. Adi. Les Flamans diſent *lore.*

LEVRE, *labrum.* De *lepera* qui ſe trouue pour la meſme choſe dans l'ancien Gloſſaire de Lipſe.

pag. 420. LICE. *fidelles.* Adi. Mais ie ne ſçay pas où M. Beſly auoit leu, que le mot *Cyrus* ſignifie *vn chien.*

pag. 421. LIERRE. *lendemain.* Adi. *lambris.*

pag. 422. LIEVE. *banlieuë.* Adi. M. Bochart deſcouure vne autre origine de ce mot en ſon Phaleg pag. 752. D.

LIGE & LIGVE, comme quand on dit *homme lige.* Voyez Voſſius *de vitiis ſermonis* pag. 77. & 478.

LINGOT *d'or* ou *de fer.* De *lingua.*

LINOTTE. Il y en a qui penſent qu'elle ſe nomme ainſi, *quaſi* linaria, *à lino quo veſcitur.*

LIRON, Adi. LEROT & LOIR.

pag. 425. LISIERE. *trame.* Adi. Du mot barbare *liſura.* Voyez Voſſius *de vitiis ſermonis* pag. 238.

ADDITIONS.

LITRE. *litura.* ADI. Mais M. de Saumaise en son traitté de *Coma* pag. 105. estime qu'il faut escrire παπαλύτρα, c'est à dire *tonsura Papalis. Nam* (dit-il) *soluere capillos infima Latinitas dixit, pro tondere & radere.*

LOCHE. Espece de petit poisson, *qui valdè est vibratilis & mirandæ viuacitatis.* Voyez Belon. Les Allemans & les Flamans disent *lock,* les Anglois *loche,* les Espagnols *loxa,* & les Italiens *lochia.* Il y en a qui tirent de là *locher,* c'est à dire *faire branler.*

LOGE, LOGIS, LOGER. Du Bas-Breton *loig.* LOGETTE *loigi,* LOGIS *logius,* LOCER *logaff :* ou bien de *locus & locare.*

LOISIR. de *licere.* ADI. comme *gesir* de *iacere, plaisir* de *placere, raisin* de *racemus.*

LOMBARDS. chap. 3. ADI. Mais Vossius *de vitijs sermonis* pag. 274. dérive ce nom *à longis bartis,* i. *bipennibus, quas gestabant.*

LONGE de veau. De *lumbus.*

LOQVET. θυρῶν. ADI. Les Anglois disent *lock* pour dire *serrure,* & *to locke* pour *claudere.* Les Flamans disent *luicken.* Vn chacun sçait la difference qu'il y a entre vn verroüil & vn loquet.

LORS ou *alors. à l'heure.*

L'ODIER. De *lodix.*

LOT. *los.* ADI. Les Bas-Bretons disent *loden* pour *lot.* L'ancien Glossaire de Lipse : *los,* sortem.

LOVRE. Eglogues, ADI. & Belleau en ses Bergeries. De *lyra.* ADI. ou plustost de *lura,* qui signifie *os culei, vel etiam vtris; vnde* lurcones *capacis gulæ homines.* Festus.

LOVSCHE. ADI. Ceux-là se trompent qui le tirent du Grec λόξος. Il vient de *luscus,* &c.

LOVTRE. *pauitare,* &c. ADI. Et quelques-vns croyent que *lutra* peut venir de ἔνυδρος ou ἔνυδρις, ainsi que les Grecs nomment vn animal acause qu'il est aquatique. Les Espagnols l'appellent *vndria.*

LOVVRE. *Parisis.* ADI. *Leovar* dans vn vieux Glos-

HHhhh iij

faire Latin-Saxon est interpreté *Castellum*: & il y a en Frise vne place qui s'appelle *Leuar, Leouardia*.

pag. 437.
LVTH. Glossaire. A D I. & Vossius *de vitijs sermonis* pag. 233.

pag. 440.
MAÇON. *valet.* A D I. Les Flamans disent *metsen* pour *bastir*.

pag. 441.
MAILLE de ré. *seruo.* A D I. & en la lettre d'Oenone à Paris:

Retia sæpe comes maculis distincta tetendi.

aues. A D I. Stace au 11. liure de sa Thebaïde:

Qualis vbi audito venantum murmure Tigris
Horruit in maculas, somnósque excussit inertes.

In maculas, c'est à dire *in retia*. L'Autheur de la version vulgate de Iob, au verset 8. du XVIII. chap. *Immisit enim in rete pedes suos, & in maculis eius ambulat*. Ce que l'Autheur de la vieille version Françoise a ainsi absurdement rendu: *Et il va en ses macules*. Et ceux de Louuain n'ont pas plus heureusement rencontré lors qu'ils l'ont traduit: *Et chemine en ses macules.*

MAILLE en l'œil. De *macula*. Les Italiens disent *macchia d'occhio*.

pag. 442.
MAIN. *mane.* A D I. d'où vient *demain*, comme qui diroit *de mane*.

pag. 445.
MALADE. dériuent de A D I. l'Arabe *marada*, *ægrotare*: & en cette langue *almarado* signifie *morbus*. Il vient de *malatus*.

MALVAISIE ou **MALVOISIE.** *Vin de Maluaisie.* Epidaurus Peloponesiaca ad Argolicum sinum à posterioribus Græcis dicitur Monombasia, & hodie Maluasia. Inde vina præstantissima.

MAMMELVS. De l'Arabe *almamuch*, *emptitius seruus*. C'est proprement à dire *celuy qui est possedé par vn autre*. Car *malacha* signifie *possidere*; d'où vient *Almelich, Rex, quem penes sunt omnia*.

MANDORE pour *Pandore*. Les Italiens disent *Pandora* & *Pandura*, les Espagnols *Bandurria*, les Allemans *Pandor*, les Anglois *Bandor*, & les Grecs πανδοῦρα ou πανδουρίς, quasi *tota lignea*.

ADDITIONS.

MANEIGE. En Italien *maneggio*. Quelques-vns ont tenté de le dériuer *à manu agendo*.

MAQVEREAV. A̓πης, &c. ADI. d'autres de *Bacario*. *Gloſſæ* : *Bacario*, πορνοδιάκονος, *quia bacar, genus vaſis quo vtebantur aquarioli.* Voyez Cafaubon dans la vie de Commodus & de Lampridius, & M. de Saumaiſe ſur l'Acte 1. Scene 2. du Pœnulus de Plaute.

MARAVD. *vn chetif gueux.* Les Hebreux diſent *maroud*. Voyez Eſaie LVII. 7. & Ieremie en ſes Lamentations I. 7. & III. 19.

MARC. *dominus.* ADI. *Marc* en Arabe ſignifie le contraire. *Aſſ. le ſuc ou le ius.* Voyez au Deut. XXXII. 14. *Le marc*, c'eſt à dire, *le ſuc de la grappe.* Auicenne vſe ſouuent du mot *marca*, pour dire *du potage*, qui eſt le ſuc de la viande. Les Hebreux diſent *marach* pour ſignifier la meſme choſe. Iud. VI. 20. & Eſaie LXV. 4.

MARCHE. *marquer.* ADI. Le vieux Gloſſaire de Lipſe : *gemerke*, terminos.

MARE. Iob. XIV. 9. ADI. & en pluſieurs endroits du nouueau Teſtament, *mare Galilææ, mare Tyberiadis*, c'eſt à dire *Lacus*.

amaræ ſunt. ADI. Les Allemans diſent auſſi-bien *mareſc* que *maraſt*. *Mariſcetum, à Mariſcis*, c'eſt à dire *iuncis*. Pline XXI. 18. Et ce qui teſmoigne qu'il faudroit eſcrire *mareſc*, c'eſt l'adjectif *mareſcageux*, que nous en formons.

MAREINE. Voyez Voſſius *de vitiis ſermonis* pag. 498.

MARESCHAL. *ſeruiteur.* ADI. L'ancien Gloſſaire de Lipſe : *ſcalc*, ſeruus : *vnde mariſcalcus, qui equis curator.*

MARGVILLIERS. ADI. On a dit autrefois *Mareglier*, teſmoin l'Arreſt des Maregliers, qui eſt pour cauſe d'offrandes, extrait des Regiſtres du Parlement de l'an 1380. & inſeré en la pag. 996. du Recueil des Preuues des Libertez de l'Egliſe Gallicane : & on prononce encore en quelques endroits de la Touraine *marillier*.

MARMELADE. C'eſt vne eſpece de cotignac. Les Portugais diſent *mermelada* de *mermello*, qui ſignifie *coin*. Ma-

810 *ADDITIONS.*

lum cotoneum: Les Espagnols le nomment *membrillo*, a cause vray-semblablement qu'il se couppe par membres, c'est à dire par quartiers, pour en faire de la marmelade : & de *membrillo* Espagnol s'est fait *mermello* Portugais.

* MARMOTTE. De l'Italien *marmotta* : *Muris genus in Alpibus, quasi* murem montanum *dicas.*

* MARMOVSET. Ce mot vient peuteftre du Bas-Breton *Marmous*, qui signifie *vn Singe*. Ils disent aussi *mounica*, & les Espagnols *mouna*..

MARONS. vient de l'Italien. ADI. L'Italien a esté fait du Grec μάεξον, qui se trouue en cette signification dans Euftathius sur l'Odissée K : ὁ δὲ κάρπος αὐτῆς στύμπται μὲν Ὁμήρῳ ἀλλὰ τὸ δυσεκφώνητον. καλεῖται δέ φασι πίταξις, οἱ δὲ βάρβιλοι φασίν, οἱ δὲ μάεξον. Ce passage, qui est fort curieux, m'a esté indiqué par M. Bochart.

MARTE. *Zibeline.* ADI. Les Allemans la nomment *Zobel*, & les Esclauons & Polonois *sebol* & *seboël*.

MARTINET. C'est vn petit oiseau que les Grecs & les Latins nomment *Cypselus*, & que quelques-vns se figurent que nous auons ainsi appellé, *quia in fine mensis Martis aduolat, & ante B. Martini Festum auolat.*

MASQVE. Hesychius en son Glossaire : μάσσων, Σικελλά. Il faut peuteftre lire δείκελα, ou bien δείκελα, c'est à dire τὰ πρόσωπα, des *masques*. Au Canon 14. d'vn Concile de Reims en la pag. 621. du III. volume des Conciles de France du Pere Sirmond : *Nec laruas Dæmonum, quas vulgò* Talamascas *dicunt*, &c. Rotharis au liure I. titre XI. chap. 9. & au liure II. titre IX. chap. 3. des Loix des Lombards, se sert du mot *masca* pour expliquer celuy de *striga*, qui signifie *veneficam* ou *maleficam*. Il y en a qui dériuent ce mot *à retium maculis, quibus laruati alios videbant ipsi ignoti*. Pline XII. 14. *Persona adiicitur capiti, densisque reticulus*. Les autres s'imaginent, mais assez grossierement, que les Espagnols disent *mascara*, comme si'ls disoient *mas cara*, c'est à dire *vn visage de plus, vn autre visage outre le naturel*. Voyez M. de Saumaise sur le liure de Tertullien de *Pallio* pag. 70. & Vossius *de vitijs sermonis* pag. 244.

C'est

ADDITIONS.

C'est de M. Bochart que ie tiens cette obseruation : & il m'a aduerty que le mot *macara*, que j'auois marqué en Arabe, ne peut eftre Arabe.

MASSEPAN, que le vulgaire nomme *Mafche-pain*. De l'Italien *Marzapane*. Les vns tiennent qu'il eft ainfi appellé, *quafi Marfus panis*; & les autres, *quafi Martius panis*.

MAST. En Alleman, en Flaman & en Anglois *maft*. En Italien *mafto*, & en Efpagnol *maftel* ou *maftil*.

MATES de lait. En Efpagnol *nata* : & de là *naterones*, fromages de crême.

MAVSSADE. *oftade*, &c. ADI. On a dit auffi *fadinet* pag. 465. en la mefme fignification.

MEDAILLE. chap. 25. ADI. Mais j'apprens de M. Bochart que le mot Arabe *methal* ne fignifie autre chofe que *imago, forma, fpecies*. Et il n'eftime pas qu'il fe prenne parmy les Arabes pour des pieces de monnoye, ny pour d'autres medailles : fi ce n'eft pour diftinguer celles des Chreftiens, fur lefquelles font empraintes des figures d'hommes, d'auec celles des Mahometans, qui font confcience de reprefenter aucune creature viuante.

MENACES. De *minaciæ*, qui fe trouue dans Plaute in *Milite gloriofo*, Acte 2. Scene 4. *Non poffunt mihi minacijs tuis hifce, oculi fodiri.*

MENER. *deferti*. ADI. Au 11. liure des Rois VI. 3. *minabant plauftrum nouum*. pag. 467.

MENESTRIER. En Anglois *minftrell*.

MENVISIER. *lignarius*. ADI. Voyez M. de Saumaife fur Solin pag. 1034. E.

MERCI. Peuteftre de *miferefce*, par contraction.

MERELLES. MEREAV. ADI. ou, comme on dit en quelques Prouinces, MARREAV. pag. 468.

MERVEILLES. En Italien *marauiglia*, en Latin *mirabilia*.

MESLE. On appelle ainfi en plufieurs Prouinces le fruit qu'on nomme à Paris *neffle*. De *mefpilum*.

MESLER. En Italien *mifcolare*, & en Efpagnol *mefclar*, du Latin *mifcere*.

Iliii

ADDITIONS.

MEVRTRE. *sermonis.* Adi. pag. 246. *pag. 473.*

MIGNON. caresse. Adi. ou bien, comme tiennent aucuns, de *mi niño*, *mi puer*.

* **MILORD**, c'est à dire en Anglois *Monseigneur*: & il y en a qui croyent que *lord* ait esté ainsi abbregé de l'ancien mot *laford*, qui signifioit autrefois *liberal*, *qui donnoit du pain*.

* **MITE.** C'est le nom d'vn petit vermisseau. Du Grec Μίδας, que Hesychius explique ainsi : ἐνειδίον τι διεσθίον τῶς κυάμως. Theophraste en parle au chap. 16. du IV. liure *de cauſ. Plant.*

* **MITAINES.** En Anglois *mittens*.

* **MODERNE.** Voyez Vossius *de vitijs sermonis* pag. 76. & 507.

MOINEAV. moineav. Adi. En toute la Normandie les moineaux sont appellez *moissons*. Et c'est vne espece de diminutif. *pag. 476.*

* **MOLE.** C'est vne masse de chair qui se forme *in vtero*. De mola, μόλη, μολόσαρξ.

MOMMIE. M. de Saumaise sur Solin pag. 401. B. dériue ce mot d'*amomo*. Mais M. Bochart le dériue de l'Arabe *mumia*, qui signifie la mesme chose : *Arabicum porrò mummia* (dit-il) *factum est ex mum, idest cera. Auicennæ propriè* mum *est* μεςπολῆς, *idest cera illa crassior, qua in fundamentis operum, omnes frigoris aut iniuriæ aditus apes obstruunt. Sed & mum, est cera quæuis. Itaque Esa.* LXIV. 2. *in Græca interpretatione* τῶς Septuag. κηρὸς, *cera, respondet Hebrææ voci* םום *pro qua nimirum* םום mum *legerunt. Inde igitur nata* mumiæ *vox, pro medicamento ex eo humore facto, quem humana corpora variis aromatibus condita exsudant, quia corpora κατακηρῶν mos fuit antiquissimus, vt ex Herodoto constat lib.* I. *cap.* 140.

* **MONTER.** De *montare*. Au chap. I. du II. liure *de mirabil. Script.* que quelques-vns ont attribué à Saint Augustin, bien qu'il n'ait esté composé qu'en l'an 627. *Et ab oppositis vallibus aquas in excelsum montare.*

MOQVER. Adi. & *mouk* en Chaldéen & en Syriaque signifie la mesme chose; mais en Arabe il signifie *estre fol*. *pag. 477.*

ADDITIONS.

MOREAV. Martial. Add. liu. 1. Epigr. 73.

MORILLE. C'est vne espece de champignon. Quelques-vns croyent qu'elle a emprunté ce nom du Latin *morum*, acause qu'elle ressemble à vne meure. Toutefois les Picards l'appellent *meroüille* : & M. de Valois le jeune, de qui ie l'ay appris, le dériue du mot Gaulois *morucla*. Ce qu'il confirme par le témoignage d'vn Moine de Sauuigny, qui viuoit il y a 650. ans, au chap. XIV. de la vie de Saint Mahieu Abbé de Cluny, dont voicy les paroles : *Quadam die ad horam refectionis sibi iubet parari* moruclas, *quæ species sunt cuiusdam boleti, quas Sibrardus famulus eius confractas, & nulli vsui aptas inuenit.* Et plus bas : *Iussit iterum perquiri, si sibi vel in circuitu, quo considebant, aliquas inuenissent* moruclas.

MORION. Il y en a qui doutent si la pratique & le nom de la chose ne viennent point des Maures ; comme il est arriué de *Morisque*, qui est vne certaine sorte de danse.

MORTAISE. Quelques-vns estiment qu'elle ait esté ainsi nommée, comme qui diroit *mord-ais*. D'vn ais qui mord sur vn autre. Mais ie ne voudrois pas demeurer garant de cette etymologie.

MOSQVEE. Lisez : En toutes les Langues Orientales *sagad* signifie *adorer*. D'où vient en Arabe *Mesgid*, c'est à dire *vn lieu d'adoration*. Et les Arabes nomment ainsi leurs Temples. C'est de ce mot que les Espagnols ont fait *Meschita*, les Italiens *Moscheta*, & nous Mosqvee.

MOT. *dicere*. Add. Lucilius : *Non audet dicere* muttum, &c. Et Cornutus sur la 1. Satyre de Perse : *Prouerbialiter dicimus,* Mvttvm *nullum emiseris, idest verbum.*

MOTE. Add. En Bas-Breton *mouden*.

MOVCHER. *mucus*. Add. d'où vient *muccinium* pour dire *vn mouchoir*, qui est vn vieux mot dont Arnobe vse au 11. liure *aduersùs Gentes*. Voyez Vossius *de vitiis sermonis* pag. 513.

MOVE. *Faire la moue*. En Anglois to mowe ou *make a mouth*. Il vient donc du mot Anglois *mouth* qui signifie *bouche*.

MOVETTE. *Larus*. En Anglois mew, en Flaman mouwe.

IIiii ij

ADDITIONS.

Elle tire peuteſtre ce nom du ſon de ſa voix.

pag. 480. MOVFFLES. *veruecinas*. Adi. Et au chap. 79. du Concile d'Aix la Chappelle qui fut tenu en l'an 817. que le Pere Sirmond nous a donné au 11. tome des Conciles de France, pag. 442. *Vt muſſulæ veruecinæ Monachis dentur.*

* MOVLE. MODELE. De *modulus* & de *modellus*.

* MOVSLES. *conchæ margaritiferæ*. Voyez Voſſius *de vitijs ſermonis* pag. 516.

* MOVSSE. De *muſcus*, ou pluſtoſt du mot Latin-Barbare *muſſula*, dont vſe Gregoire de Tours. Voyez Voſſius *de vitiis ſermonis* pag. 516.

* MOVSTACHE. De μύςαξ.

pag. 481. MOVSTARDE. au mot *mouſtarde*. Adi. Mais pour moy, j'eſtime que ce mot ne vient que de *muſtum* tout ſeul; & que *arde* n'eſt qu'vne ſimple terminaiſon, comme *bombarde*, *camarde*.

* MOVSTIER. Vieux mot qui ſignifie *Monaſtere*. L'ancienne Couſtume d'Anjou & du Maine: *Gentil femme peut bien pledoier de ſon doaire en la Court le Roy, ou en la Caſtellie où elle ſeroit, ou en la Court de Sainte Egliſe; & en eſt en ſon choays. Et auſſi puet faire Gentilhomme qui luy a eſté donné à la porte du Mouſtier.*

MOVTON. *porcellos*, &c. Adi. & toutefois *mutoninus* ſe trouue pour *ouillus* ou *veruecinus* en vne Chronique qu'allegue Voſſius *de vitijs ſermonis* pag. 250. Et *maout* eſt *mouton* en Bas-Breton.

* MVGVET. De *muſcatum*. M. de Saumaiſe en ſa premiere Epiſtre *de Cruce* pag. 472. κάρυον μυειςικὸν, quòd *Antiqui* ἀρωματικὸν *dixiſſent, vulgo* muſcatum *dicimus. Nam infimum ævum Latinitatis* muſcata *vocitauit, quæ Antiquis* μυρεψικὰ *&* ἀρωματικὰ *&* ἡδύοσμα. *Hinc* lilium muſcatum, *quod in noſtro idiomate Gallico nuncupamus* DV MVGVET. *Ita enim aui noſtri dixerunt, quod Latini* muſcatum. *Hinc &* muguetos *appellarunt homines vnguenta exotica olentes & nitidè veſtitos. Et quam nunc* nucem muſcatam *vel* muſcadam *nominarunt, vetus ſæculum* nucem muguetam *dixit,* NOIX MVGVETTE. *Inde &* muguerellum *vocitant ruſtici Vezelienſes, ſcarabæum muſcatum, qui apud*

ADDITIONS.

eos in vineis plurimus reperitur. Sanè & muscum pro quolibet suaui odore etiam antiqua Latinitas vsurpauit, & hoc sensu Apuleio & Arnobio & Hieronymo legitur. Voyez le mesme sur Achilles Tatius pag. 611.

MVLES. Espece de souliers. allegué. ADI. Il auoit auparauant escrit sur le liure *de Pallio* de Tertullien pag. 360. que ce mot venoit du Grec μύλλος, qui signifie *repandus*.

MVLE aux talons. Chez Hesychius : χίμετλον.

MVSC. En Arabe *mosch* ou *musch*. En Grec vulgaire μόσχος ou μόσχος. Voyez Meursius en son Glossaire.

MVSCAT. Cette espece de raisin pourroit auoir esté ainsi appellée acause de son odeur & de son goust. Mais M. Bochart estime que nous auons dériué ce nom *a muscis*; de mesme les Latins ont dit *apianas vuas ab apibus*, acause que les mousches à miel & les autres sont extrémement friandes de ce fruit : & il confirme son opinion par l'authorité de Pline, qui escrit en quelque endroit, qu'*apianis vuis apes dedere cognomen, præcipuè earum auidæ* ; & par celle de Columelle, qui escrit au chap. 2. du IV. liure : *Afferunt apibus prædam, quarum vocabulo propter hanc prædam cognominantur.*

MVSEAV. MVSELLIERE. ADI. En Bas-Breton *musell* signifie *la leure*; *an musell whelaff*, la leure haute; *an musell iselaff*, la leure basse.

MVSELIERE. *museau*. ADI. En Anglois *moosle*.

NABOT. NABOT. ADI. Hesychius : Νάβαι, Πυγμαῖοι.

NACELLE. *cistella*. ADI. Voyez le Lexicon Iuris sur le mot *naucellæ*.

NANTIR. Κατέχμε. ADI. *Nemmen* en Flaman, & *nimme* en Anglois signifient *prendre*.

NAQVAIRE. Sorte de haut-bois. En Italien *gnaccara*, en Arabe *nacur.*

NASSE. *contextum*. ADI. En Italien *nagossa*, & en Espagnol *negassa*.

NAVARRE. d'Espagne. ADI. Voyez le President Fauchet au chap. 18. du IV. liure. Les Espagnols appellent *Nauas* les plaines qui sont voisines des montagnes, c'est à dire *ráπας.*

NAVET. NAVEAV. *cupa.* ADI. En Anglois *nauet*, en Italien *nauone*, & en Espagnol *nabo*.

* NEANT. En Bas-Breton signifie *vanus*.

NEF. *clauis.* ADI. *soüef* de *suauis*, *grief* de *grauis*.

pag. 487. NIAIS. *necio.* ADI. En Italien *nidazo* ou *nidaso*.

* NICE. Henry Estienne en son Apologie pour Herodote liure 1. chap. 3. NIAIS (dit-il) *que le vieil François disoit* NICE. *Peuteslre de* nescius, *&c.* En Espagnol *Necear, folastrer*, & Neccador, *le badin de la Comedie*.

* NIPES. En Espagnol *naypes*, *cartes à iouer*.

* NIQVE. *faire la nique.* En Anglois *à nick-name* : *vn nom de nique*, c'est à dire *vn sobriquet*.

pag. 489. NIVEAV. Nicod. ADI. Les Italiens disent encore *liuelare* pour *niueler*. Mais les Espagnols disent *niuelar*, en changeant comme nous, L en N.

* NOIAV. En Arabe *nawa*, & au plurier *nawai* ou *nowai*, signifie *vn noiau* ou *des noiaux de datte* ou *d'oliue*. Mais c'est par hazard que cela se rencontre ainsi.

NOISE. *mouerent.* ADI. & mesme Petrone : *In medjam noxam perfertur.*

pag. NOMBRE. *camera.* ADI. *Nembrod* pour *Nemrod*.

pag. 490. NOMPAREIL. *nonpareil.* ADI. Mais nous changeons N en M deuant le Q & le P, afin d'adoucir la prononciation, comme en *ambre* pour *anbar*.

pag. 491. NONNE. Glossaire. ADI. Toutefois M. Bochart estime, que NONNI est vn mot pur Egyptien. Comme en effet il a tousiours esté & est encore en vsage en Egypte ; & il ne signifie rien dans les autres Langues. Que si *nonni* se disoit au lieu de *moni*, il ne s'escriroit que par vne N simple : & qu'au surplus *moni* est vn abbregé ordinaire de *monachi*.

NVESSE. *simplicité.* ADI. ainsi *soutilesse* pour *subtilité*.

NVQVE. *nake* ADI. Mais M. Bochart le dériue de l'Arabe *nacha*, dont Auicenne se sert frequemment ; & sur tout, au Canon liu. 1. fen. 1. doct. 5. sum. 1. chap. 18 où ce mot est repeté par plusieurs fois : & le traducteur ne l'a point rendu autrement que par *nucca*, *nuha* & *nucha*.

ADDITIONS. 817

OCHE. En Flaman & en Anglois *nocke*.

OIE. de *l'oüe*. ADI. En Arabe, en Chaldéen & en Syriaque *owaz*; en langage Turc *ocke*; en Bas-Breton *gars* & *goaz*. Voyez Vossius de *vitijs sermonis* pag. 176. & 361. — pag. 495.

OIGNONS. Columelle. ADI. XIII. 10.

ONCE. article. ADI. comme en *lazurd*. lierre. ADI. Les Italiens disent *lonza*.

ORANGE. νεράντζιον. ADI. En Arabe *narangion*. — pag. 496.

ORFIS. En Normandie. *acus piscis*. Les Allemans disent *hom-fisch*, quasi *piscem cornutum dicas, quia rostrum valdè prominet cornu instar*.

ORPIN ne vient pas du Flaman *corpün*, c'est à dire *aurium dolor*, ainsi que quelqu'vn l'a crû: mais de *auripigmentum*.

OSEILLE. *vinette*. ADI. En Normandie *surelle*, de *seur* ou *sur*, *acidum*; & en Angleterre *sower*, *andulas*. — pag. 736.

OSIER. De ὀισύα. vel ὀισίον. Glossa Gr. p. 650.

OST. En Anglois *host*, en Espagnol *hueste*. *hosticum*. Voyez Vossius de *vitijs sermonis* pag. 447. — pag. 498.

PACOLET. *Cheual de Pacolet*. Voyez le Roman de Valentin & d'Vrson chap. 24.

PAGE. à pied. ADI. Cependant l'opinion de M. Bochart est, que *Page* se fait sans peine de παιδία. Car, dit-il, les Romans escriuent *Paiges*; l'iota est deuenu consonante, & s'est changé en *g* mol; & le D s'est perdu par necessité, parce qu'il n'eust pas esté possible de le prononcer, & de dire *Paidges*. En effet il n'y a pas plus de difficulté à faire *Page* de παιδίον, que *gage* de *vadium*, sup. pag. 335. ou *plonger* de *plumbicare*, inf. pag. 534. ou *rouge* de *rubius* pag. 586. ou *change* de *cambium* pag. 196. ou *sergent* de *seruiens* pag. 604. Au surplus, tout ainsi que les Espagnols nomment leurs Pages *moços*; de mesme les Ethiopiens les appellent ונד du Grec νέος; & les Pages qui conduisent la mute du grand Negus se nomment *Legameneos* de *legam*, c'est à dire *bride*, & de νέος. Voyez Alvarés & Vincent le Blanc. — pag. 501.

PAGNOTE. ceremonie. ADI. & en Grec moderne Γινῶ παιγνιῶται c'est à dire *des ioüeurs*.

ADDITIONS.

pag. 738. **PAIEN** ou **PAYEN**. *mescreans.* ADI. Voyez aussi M. Herauld sur Arnobe pag. 4.

pag. 105. **PAIS**. Nous auons fait PAÏSAN ADI. de *païs*, comme les Latins ont de *pagus* fait *pagensis*. Au reste, M. Bochart tient que *païs* vient de l'ablatif *pagis*, comme *Pasquis* de *pascuis*; & qu'ainsi la plus grande partie des mots Italiens & Espagnols se forment des ablatifs.

pag. 507. **PALEFROY**. *paraueredus;* ADI. dont Cassiodore se sert en l'epistre 39. du V. liure: *Paraueredorum subuectiones exigere*. En l'epistre 14. du II. liure: *Dum multis itineribus Como ciuitas expetatur, ita se possessores Paraueredorum assiduitate suggerunt esse fatigatos, vt equorum nimio cursu ipsi potius atterantur*. Et encore en l'epistre 15. du XII. liure, *quæ Paraueredorum & annonarum præbitionem constituit esse publicam*.

Redas. ADI. *Etymologicum magnum*: ϲέρης, ὁ δραπέτης, καὶ ϲερεδύς, δραπετεύς. Voyez aussi Vossius *de vitijs sermonis* sur le mot *Paraueredus* pag. 532.

* **PALEMAIL**. Ne viendroit-il point de *pila* & de *malleus*? Les Italiens disent *palemaglio*, & les Espagnols *pallemalla*.

* **PALET**. En Arabe *balât*, d'vn verbe qui signifie *lapidibus sternere*.

PALISSADE. *oras*. ADI. Voyez Vossius *de vitiis sermonis* pag. 527.

* **PANTALON**. Sorte d'habit. Des Venitiens qui le portent, & qu'on appelle *Pantaloni*. Les Venitiens ont esté ainsi appellez de *Saint Pantaleon* qui estoit autrefois leur Patron, qu'ils nomment *Pantalone* pour *Pantaleone*, & dont vray-semblablement plusieurs d'entreux portoient le nom. Ainsi Tassone dans son Poëme de la *Secchia* appelle les Bolognois *Petronii*, & les Modénois *Geuiuani*, *per la moltitudine de Cittadini dell' vna parte, e dell' altra, che hanno questi nomi, non per disprezzo alcuno, poiche per altro sono nomi de Santi Protettori di quelle due città*, comme remarque le Commentateur.

* **PANTOIS**. De l'Anglois *to pant*, qui signifie *haleter*.

* **PAPEGAY**. En Espagnol *papagay*, en Italien *papagallo*, en Anglois *popingeay*, en Arabe *babga*, *psittacus*.

PAPIN,

ADDITIONS. 819

PAPIN, c'est à dire, *boullie pour les enfans*. Varro: *Catone,* *
*vel de liberis educandis: cùm cibum ac potionem buas ac papas di-
cunt.* Perse en sa 3. Satyre:

> *Pappare minutum ———— possis*, &c.
> ———— *nempe instar infantium.*

PARAPHE. De *paragraphus.* *

PARAIGE. des Fiefs. A D 1. & le Lexicon *Iuris.* pag. 509.

PARC. *septum.* En Alleman *phirch*, en Flaman & en *
Anglois *park.* Voyez Vossius *de vitiis sermonis* pag. 257. sur le
mot *parcus.*

PARCHEMIN. *pergamena.* A D 1. Voyez Vossius *de
Idololatria* pag. 1107.

PARDONNER. *perdonare.* A D 1. Voyez Vossius *de* pag. 510.
vitijs sermonis pag. 241. sur le mot *perdonatio.*

PARRAIN. leçon. A D 1. Le mot *patrinus* se trouve
au chap. 19. du Concile tenu à Arles en l'an 813. au tome II.
des Conciles de France du Pere Sirmond, pag. 271. *Vt parentes filios suos, & patrini, eos quos de fonte lauacri suscipiunt, erudire
summoperè studeant.*

PARPAILLOTS. Languedoc. A D 1. & *parpoüillon* pag. 512.
en Bas-Breton.

PASMER. *se pasmer.* En Italien *spasimarsi* de σπασμα. *

PAVANE. En Espagnol, en Italien & en François; *
C'est le nom d'vne sorte de danse. Ce mot ne viendroit-il
point à *pauone*?

PAVOIS. En Italien *pauese*, en Espagnol *pauex.* *

PEAGE. tourné. A D 1. & toutefois nous lisons dans pag. 519.
la Continuation des Annales de Baronius de Bzouius, ad
ann. 1252. art. 5. *Innocentius IV. Alphonso Pictauiæ, & Tolosano
Comiti, fratri Regis Galliæ, vt in recens extructo quodam portu nouum
pedagium imponere posset, concessit.* Et ad ann. 1255. art. 8.
*Alexander IV. Legato in Regno Siciliæ, ne indidem à ciuibus Romanis
pedagium exigeret, imposuit.*

PELISSON. En Italien *pelliccia*. De *pelliceum*, dont se *
sert Cæsarius de Mirac. VI. 5. & XII. 15. Voyez Vossius *de vitiis
sermonis* pag. 540.

KKkkk

820 *ADDITIONS*

* PENDV. De *pendutus*. Lex Ripvar. tit. LXXIX. *Et legitimè superiuratus, & iudicio Principis pendutus*. Voyez Voſſius au meſme endroit.

* PENSEE. Fleur. En Anglois *panſie*.

* PERCER ou PERSER. En l'Italien *pertugiare*, en Anglois *to pearce*. Quelques-vns ont cru qu'il pourroit venir du Grec περάν. Mais il viendroit pluſtoſt de *pertuſus*; d'où il y a de l'apparence qu'on a premierement dit *perſé*, & de là *perſer*.

pag. 521. & 739. PERLE. σφαῖρα. ADI. Au reſte, PERLA *alijs* PERNA: *Quomodo vocatur vna è conchis, ex quibus margarita elicitur, quia formam habet pernæ*. Pline vers la fin du liure XXXII. *Et pernæ concharum generis, circa Pontias Inſulas frequentiſſimæ. Stant velut ſuillo crure longè in arena defixæ, hiantéſque qua limpitudo eſt pedali non minus ſpacio*.

pag. 739. PERRIER. *cleta*. ADI. (& ce dernier mot ſignifie volontiers des clayes, *crates ferreas, quarum in caſtris vſus*. Au moins Nicod eſcrit *clées*.

pag. 522. PERS. ὄμεια. ADI. Neantmoins il y en a qui aiment encore mieux dériuer ce mot de *praſinus* : tant acauſe qu'il ſignifie la meſme couleur que *pers*; qu'à cauſe en outre que les factions des Coureurs ont rendu le mot *praſinus* tres-commun & tres-connu parmy la populace, & meſme en France. Ce qui n'eſt pas de celuy de περκνός. Au reſte, ceux-cy tiennent que l'N de *praſinus* s'eſt perduë par neceſſité, d'autant qu'il n'euſt pas eſté poſſible de prononcer *perſn*.

PERSIL. *perſele*, ADI. ou *parſley*. En Eſpagnol *perexil*.

* PERTVISANE. En Anglois *partiſan*, en Grec. recent περτζάνη. Voyez Meurſius en ſon Gloſſaire. p. 422.

PESCHES. *mala perſica*. De *perſica*, en oſtant l'R.

* PESNE, ou pluſtoſt PENE. En Grec πηνίον, πήνη, πῆνος.

* PET. De *peditus*. Voyez Scaliger ſur l'Epigramme de Catulle, qu'il commence ainſi: OTHONIS CAPVT, pag. 49.

* PETARADE: *cùm equus pedibus poſterioribus calcitrat cum crepitu*.

ADDITIONS. 821

PEVFFE. C'est vn mot vsité en Normandie, pour dire friperie. En Anglois pelfe. Peufiere, fripiere.

PHISICIEN. signification. ADI. Car ils nomment physicion vn medecin, physike vne medecine, & physicall medical ou medicinal. *pag. 523.*

PIECE. ADI. En Espagnol pedaço, en Italien pezzo, en Anglois peece. De pecia, &c. *pag. 524.*

Etymologique. ADI. Et pecia vient sans doute de pittacium, qui se trouue en la mesme signification en diuers endroits, & entr'autres au verset 5. du IX. chap. de Iosué, selon la version vulgaire : *Calceamentáque perantiqua, quæ ad indicium vetustatis pittacijs consuta erant.* Ce que Vatable explique ainsi : *Quæ varia frusta corii assuta habebant;* c'est à dire, qui estoient rapetassez. Et en ce mot rapetassez les vestiges de celuy de pittacium y paroissent manifestement. Voyez ce qui a esté remarqué sur le mot pitance.

PIFFRE. En Anglois to pilfer signifie dérober, & pilferer vn larron.

PIGNON sus ruë. Il y en a qui le font descendre de tignum, par la commutation de T en P qui est frequente, & laquelle estoit particuliere aux Æoliens.

PILE. PILIER. De pila & pilarium. ADI. Voyez Vossius de vitiis sermonis pag. 543.

PILE, pour amas. De πιλόω, constipo.

PILLER. pour brigand. ADI. & dans les Hymnes d'Homere, non pour brigand, mais pour larron. Car Mercure est surnommé Φηλητῶν ὄρχαμος, & ἀρχὸς Φηλητέων, Prince des larrons ; acause qu'il auoit dérobé les bœufs d'Apollon par surprise, & non par violence.

pilare, PILLER. ADI. Que si neantmoins quelqu'vn ayme mieux se tenir à la premiere etymologie, comme estant plus proche, & par cette raison, qu'il ne faut auoir recours au Grec, qu'au defaut du Latin ; ie ne m'obstineray pas beaucoup contre son sentiment.

PILOTE. pilota, PILOTE. ADI. Cependant les Flamans s'adoptent ce mot, & disent que c'est *pil-loote* ou *loode*; *pag. 526.*

KKkkk ij

822 *ADDITIONS.*

c'est à dire, *explorator vadorum*, *plumbea bolide*. De *pülen* ou *peylen*, qui signifie *fundum tentare*; & *lood*, qui signifie *plumbum*. Mais ie m'en rapporte au jugement du Lecteur.

* PINACE. C'est vne espece de nauire. En Italien *pinaccia*, en Espagnol *pinaca*. De *pinus*.

* PINCEAV. De *penicillum*.

* PIONNIERS. Quelques-vns dériuent ce mot à Pœonibvs *Mysinis Asiæ populis, quibus mos erat specus subterraneas effodere pro domiciliis, & ad perscrutandum aurum.*

pag. 527. PIPEE. παρθενοπίπης. Adi. Les Allemans appellent *pfeiffe* vne fluste, & les Anglois *bagpipe* vne cornemuse.

PIQVER. *pycare*. Adi. Ou bien encore de *picus Martius*, qui est vn perpetuel δρυοκολάπτης. Turnebe en ses Aduersaires xxi. 25. tire *pique* & *piquer* de *spicare*. Gratius:

Quàm longa exigui spicant hastilia dentes.

Et Virgile au 1. liure de ses Georgiques:

——— *Ferróque faces inspicat acuto.*

PISSER. Adi. En Italien *pisciare*.

* PISTACHE. *Fistaq.* Adi. Mais ie me sens obligé de vous faire icy part d'vne obseruation que M. Bochart m'a depuis nagueres communiquée, qui est bien digne de sa singuliere doctrine; dont le fondement est en cét endroit d'Hesychius: βίςαξ, ὁ βασιλεὺς ὡς δὴ Πέρσαις. I'estime donc, dit-il, que de là les mesmes Perses ont appellé cette sorte de noix *bistac*, ou bien, ainsi qu'escriuent les Arabes, *phistac*; comme estant la noix vrayment *royale*, c'est à dire *principale*. Mais les Anciens ne sont pas bien d'accord entr'eux touchant cela. Chez les Grecs Διὸς βάλανος estoit *la noisette*, *nux pontica*. Chez les Latins *Iuglans*, c'est à dire, *Iouis glans*, est *Basilica seu Persica*, *la noix*. Dioscoride appelle βασιλικὰ, *nuces iuglandes*. Et mesme aujourd'huy parmy les Perses *sachbelot*, *regina glandium*, c'est *la chastaigne*.

pag. 528. PITANCE. *pietas*. Adi. & Vossius *de vitiis sermonis* pag. 543. est de la mesme opinion: *Pitancia* (dit-il) *quomodo à* pietate *dixere ferculum in Monasteriis*. Quoy qu'il en soit, *pitancia* se trouue en des liures assez anciens. Voyez cy-deuant sur le mot *piece*.

ADDITIONS.

PLAIDER. *rapporté*, &c. A D I. Au furplus, le Roy pag. Saint Loüis vſe par pluſieurs fois du mot *placitare* en vn 533. Arreſt qui fut rendu l'an 1235. entre l'Archeueſque & les Bourgeois de Reims, lequel eſt inſeré en la pag. 990. & en la pag. 991. du Recueil des Preuues des Libertez de l'Egliſe Gallicane : *Coram Bailliuo ſuo placitare, &c. placitent & iura audiant, &c. priuilegium & vſum rationabilem, per quæ non debeant venire, vel implacitare.*

PLAINTE. ou, comme quelques-vns parloient autrefois, PLAINT. De *planctus.*

PLANCHE. πλατύπες. A D I. Scaliger ſur Varron, croit que *plancæ* ſont ainſi appellées quaſi *palangæ*, φάλαγγες. Les autres deriuent *planca* de πλάξ. Pour moy, il me ſemble que *planca*, &c.

PLANE ou PLATAN. De *platanus.*

PLAQVE. De πλάξ.

PLASTRE. *gypſum.* A D I. Il y en a qui le tirent de πλάγης.

PLAT. De *patula*, par tranſpoſition, d'où vient *patella.*

PLONGEON. *ſubmergere.* A D I. Chez les Anglois pag. *plungeun* & *didapper* ſignifient la meſme choſe, qu'en Latin, 534. *vrinator.*

POCHE. En Anglois *pocke.*

POINT. *mica.* A D I. C'eſt par vne ſemblable figure pag. que nous diſons, Ie ne voy goutte, pour Ie ne voy point. 740.

POIRE'. De *piraticum*, comme *poire* de *pyrum*. Saint Hieroſme au 11. liure contre Iouinian : *Paulus Timotheo dolenti ſtomachum, vinum ſuadet bibere, non piraticum. Et Fortunat de S. Randevige liure 1. Potum, præter aquam mulſam, & piraticum* (ou, comme portent quelques exemplaires, *piratium*) *non bibit.*

POLTRON. LISEZ: De l'Alleman *polſter*, qui ſignifie *culcitam, vne coite.* M. Naudé a traitté de ce mot en ſon liure de *ſtud. milit.* pag. 206.

PORCESPI. *ſpicatus.* A D I. Mais ce qui me confirme 537. en la premiete etymologie, c'eſt que les Eſpagnols diſent & 740.

KKkkk iij

puerco-espin, & les Italiens *porco spinoso*.

PORTRAIRE. apres *ritratto* Lisez, de *ritrahere*.

POTIRON. renuersé. Adi. En Arabe *Alphotir* ou *Alphotor* est la mesme chose que *fungus* en Latin. Et Auicenne se sert de ce mot au liure 11. Can. & en beaucoup d'autres endroits.

POVLE. *Gallina*. Saint Augustin sur le liure des Iuges chap. 25. *Apud nos pulli appellantur gallinæ cuiuslibet ætatis.*

POVLETS. *polypticum*. Adi. En Italien *boletta* signifie ce que nous appellons *bulletin*. Voyez *poulier*.

POVLIE. En Anglois *pully*, de *pult* qui signifie *tirer*: & de là mesme, à ce qu'aucuns tiennent, vient *poulain*, que les autres dériuent de *palanx*.

POVLPE. charnure. De *pulpa*.

POVLPE. Poisson. De *polypus*.

POVPEE. *pupa*. Adi. Perse en la 2. de ses Satyres :
  Veneri donatæ à virgine pupæ.
Et Lactance au chap. 4. du 11. liure : *Deorum imagines & statuas, nihil aliud esse ait, quàm grandes pupas.*

POVRPOINT. De *perpunctum*. En effet les Gascons le nomment encore aujourd'huy *perpunt*.

PREST. De *præstus*. Glossa, *præstos habeat, idest præsentes*. Du Latin *præsto esse*. Voyez Vossius *de vitiis sermonis* pag. 555.

PREV. fasse. Adi. Toutefois il y en a qui estiment que ce *preu* est la mesme chose que *prou*, & que l'vn & l'autre vient de *probè*.

PREVX. Latins. Adi. Mais quelques-vns dériuent *preud* de *probus*, & *preux* de *procus*.

PRIS. De *prensus*. Et de là *prison*. Et ie ne comprens pas bien pourquoy Vossius *de vitijs sermonis* pag. 259. rejette cette etymologie, comme estant tirée par les cheueux.

PROTOCOLLE. Protocolle. Adi. qui est mesme encore en vsage en quelques Prouinces.

PVTOIS. *appellatur*. Adi. Ainsi, c'est Scaliger qui l'appelle *chat*. Mais c'est vne espece de *Bellette*. Les Arabes le nomment *d'arban*.

ADDITIONS. 825

QVAY. caiet. ADI. & Vossius confirme cette opinion pag. 466. *de vitiis sermonis.* Cependant M. de Saumaise monstre sur l'Histoire Auguste pag. 335. que *caïare*, &c. *pag. 549.*

QVENOVILLE. *acus.* ADI. Voyez Vossius *de vitijs sermonis* pag. 192. où entr'autres choses il remarque que le mot de *conucula*, se trouue au §. 18. du LVIII. titre des Loix Ripuaires.

QVIDAN. Au lieu de *pheloni* LISEZ *peloni* : & au lieu de *fala* LISEZ *pala* : & apres *qui* ADI. *au nimphal.* *pag. 550.*

QVIGNON de pain. Ce mot pourroit bien venir de *quinio*, comme si c'estoit la cinquiesme partie d'vn pain tout entier; de la mesme sorte que les Latins disoient *quadram panis* pour signifier *vn quartier* ou *vn morceau de pain*. Et c'est ainsi que M. de Valois le jeune explique ce mot de la Satyre v. de Iuuenal :

———— aliena viuere quadra :

Ce qu'il confirme par l'authorité: non seulement de Virgile au VII. de l'Eneïde; *patulis nec parcere quadris*, & de Martial III. 77. VI. 75. IX. 92. XII. 32. mais encore de Gregoire de Tours.

QVILLE de la galere. En Flaman *kiel*, en Anglois *keele*, en Espagnol *quilla*. Ce mot ne viendroit-il point du Grec χοῖλος ?

QVILLES. En Alleman *kegelen*, en Flaman *keghelen*, en Anglois *kiles*.

QVINQVAILLE ou CLINQVAILLE. Il y a grande apparence que ce nom a esté ainsi formé acause du son de la chose qu'il signifie.

QVINPERLAY. signifie LISEZ *ville* au lieu d'*ad.* *pag. 551.*

QVITER. *payer.* ADI. & voyez encore en la continuation de Bzouius pag. 511. ce passage de la 1. Session du Concile de Lyon de l'an 1245. *Ac quietabat si aliquod ius habuisset in Electionibus Ecclesiarum prædicti Regni.*

RABATER. qui le dériuent ADI. aprés Petrus Victorius en ses diuerses Leçons XVI. 16. *pag. 552.*

RADE. ADI. En Flaman *reede*, en Anglois *rode.* *pag. 553.*

* RADOTER. allusion. ADI. Mais ce mot est composé ; au moins en Anglois *dote* tout seul signifie *radoter*: & *doting* ou *dotage*, ce que nous appellons *resverie*. Les Normans disent *redouter*.

pag. 554. RAIN. *manus*. ADI. *vain* de *vanus*; *sain* de *sanus*; *haim* de *hamus*; *grain* de *granum*.

pag. 743. Allemans. ADI. Toutefois c'est *ring*, qui en Alleman & mesme en Anglois, signifie *anneau*.

* RAISOIR. Il faut que ce mot ait esté en vsage aussi-bien que *raiseul* ou *reseul*, pour signifier *reticulatum opus*. Car ceux de la Religion Pretenduë Reformée s'en sont seruis en la version qu'ils ont faite de la Bible, comme au verset 16. du chap. VII. des Prouerbes : *I'ay entouré mon lit de tours de raisoirs*. Et au verset 9. du XIX. chap. d'Esaie : *Ceux qui tissent les raisoirs*. Voyez *reseul*.

pag. 554. RAME de papier. *abondance*. ADI. Mais ce mot vient de l'Alleman *riem*, qui signifie *vne courroye* ou *vn lien*. En effet, les Allemans & les Flamans disent *riem papers*, pour *vne rame* ou *liasse de papier*: & les Anglois *reame off paper*. On diroit en Latin *scapus*.

* RAMENTEVOIR pour *ramentoir*. De *rementere*. Les anciennes Gloses : *rementus*, ἀναμνησθείς.

pag. 555. RANG. *ring*. ADI. qui signifie, non seulement *anneau*, mais aussi *cercle*, *circulum*, *orbem*.

* RAQVETTE. De *retiquetta*. *Retis*, *reticus*, d'où vient *reticulum* ; *retica*, *reticetta*, *retiquetta*, RAQVETTE. La forme de rets que representent les mailles de cét instrument, a fait conjecturer à vn des plus excellens Critiques de nostre siecle, que Martial l'a voulu designer par le mot *fenestris*, tant en l'Epigramme 72. du VII. liure, qu'en l'Epigramme 44. du XIV. liure; & qu'il faut restablir ce mot en l'vn & en l'autre, au lieu de *sinistris*, suiuant l'authorité de quelques anciens manuscrits, & particulierement de celuy de Messieurs du Puy, qui est de fort ancienne & de tres-bonne marque; de sorte qu'au premier on lise ainsi :

Nec laudet Polybi magis fenestras.

&

& qu'au second *pila trigonalis*, parle ainsi:
Si me mobilibus scis expulsare fenestris,
Sum tua; si nescis, rustice, redde pilam.

Ce n'est pas qu'il ne se souuienne bien de ce que dit le mesme Poëte en l'Epigramme 84. du XII. liure:

Captabit tepidum dextra læuâque trigonem.

Mais certainement, il n'y a gueres d'apparence, qu'en chacune de ces deux autres là, où le Poëte ne parle que d'vne seule personne, ou à vne seule personne, il n'eust point fait de difficulté de luy attribuer deux mains gauches. Et ce qui peut beaucoup aider à confirmer cette leçon, c'est ce passage du 7. chap. du III. liure *de Re Rustica* de Varron: ὡςπερεὼν sit *vt testudo, magna camera tectus, vno ostio angusto, fenestris punicanis, aut latioribus, reticulatis vtrinque: vt locus omnis sit illustris, néue serpens, aliúdne quod animal maleficum, introire possit.* De sçauoir maintenant comment cét hemistiche *Si me mobilibus scis,* doit estre corrigé; c'est à dire, s'il faut lire *Si me mobilibus* ou *Si me nobilibus,* ou *Si me scis Polybi leuis,* ou *Si me scis Polybi Libys,* ou bien encore autrement: c'est vne question dont l'examen est trop éloigné du sujet de cette petite digression, pour s'y arrester dauantage.

RAPER, ou plustost *rasper du bresil*, ou quelqu'autre ✶ chose. En Alleman & en Flaman *raspen*, en Anglois *to raspe*, en Espagnol *raspar*, & en Italien *raspare*.

RAPT. De *raptus*. Au chap. 8. du Concile de Trosley ✶ tenu en l'an 909. *Est præterea quædam execrabilis species rapinæ, vel potiùs sacrilegij, quam ex ipso actu Rustici raptum vocant.*

REBEC. l'Arabe LISEZ *rebab* ou *rebaba*, qui signifie, &c. pag. *et ricbebus, Borel p. 549* au mot *rabel*. ADI. En Italien c'est *ribebba*; & au Lexicon 556. Coptique ce mot est expliqué *lyra*.

REBOVRS. *burre*. ADI. *Chronicon Beccense apud Ludou. de La Cerda, Aduers. Sacr. cap.184. num.27. Habebat capillos crispos & rigidos, & vt ita dicam* reburſos, *ad modum ramorum pini, qui semper tendunt sursum.* Voyez Vossius *de vitiis sermonis* pag.163.

REBVFFADE. *soufflet*. ADI. Et Marot en sa version de quelqu'vn des Pseaumes:

LLlll

828 *ADDITIONS.*

Qui de buffes renuerses
Mes ennemis mordans :
Et qui leur romps les dens
En leurs gueules peruerses.

buffetad.s. ADI. Les Italiens *buffetto*, & les Anglois *a buffet*.

REBVTER. Peuteftre de *but*, c'eft à dire *efloigner du but*.

RECHIGNER. ADI. En Bas-Breton *rechinaff*.

le rude. ADI. Voyez Guillaume de Tyr XIV. 1. Paul Emile en la vie de Philippes I. qui l'appelle *afperum*, & du Pleix au mefme endroit.

REFRAIN. *prouerbe.* ADI. quafi *referaneus cantus*, c'eft à dire ἀωοιβαῖος.

RENTRAIRE. RENTRAITVRE. M. de Saumaife fur Achilles Tatius : *Illa futura, quam nos retracturam vocamus vulgò, filum quo confutæ & contextæ funt partes fic occultat, & intus retrahit, ut non cernatur, sed textura pro futura videatur.*

REPAS. En Anglois *repaft*, en Italien & en Efpagnol *pasto*. De *paftus*.

REPRESAILLES. En Italien *represaglia*, en Anglois *reprifels.* ἀντεκδίκησις, *clarigatio*.

RESEVL. *un rez.* ADI. L'Autheur de la vieille verfion Françoife ayant à traduire cét endroit du 10. verfet du Pfeaume 140. de la verfion Latine vulgate : *Cadent in retiaculo eius peccatores* ; le rend ainfi : *Les pecheurs cherront en fon raifeul.* refeul. ADI. Voyez cy-deuant fur le mot *Raifoir*.

RESNE. *redina.* ADI. & les Efpagnols *riende*.

RESPIT. *Canonici & Ciuilis.* ADI. Mais depuis nagueres, M. de Gyvés condefcendant à la priere qui luy auoit efté faite de ma part, m'a enuoyé trois Actes, qui font autant de preuues de cette curieufe obferuation, ainfi qu'il a pris la peine de les extraire du Chartulaire de la Commanderie de Saint Marc lez Orleans, de l'Ordre de Saint Iean de Ierufalem. Et comme ils font exquis, & qu'il s'en peut encore tirer d'autres inftructions ; j'ay crû auffi que ie les deuois deuois communiquer au public. Les voicy donc felon l'ordre de leurs dattes.

ADDITIONS.

I. Vniversis præsentes literas inspecturis: Gaucherus Dominus de Ruppeforti & de Puisaco, ac Vicecomes Carnotensis, Salutem in Domino. Noueritis, quòd nos scientes, prudentes & spontanei, nullâ fraude seu dolo interuenientibus, vtilitate nostrâ pensatâ, de voluntate & assensu nobilis mulieris Agnetis vxoris nostræ, vendimus, & titulo puræ & perfectæ venditionis, tradimus & concedimus in perpetuum Fratri Petro du Hamne Præceptori Domus, & Fratribus Militiæ Templi Aurelianis, totam decimam, quam habemus & tenemus, & quam habebant & tenebant Cleri Chori Ecclesiæ Carnotensis sibi obligatam à defuncto Ioanne de Orphino Milite, & Mathilde eius vxore, quæ decimæ sitæ sunt in Parrochijs de Nouiaco & de Tancrevilla, cum omnibus iuribus & pertinentijs dictarum decimarum, exceptis feodis & vauassoribus ad nos ratione dictæ decimæ pertinentibus. Item vendimus, &c. (l'Acte est long, & contient la vente de plusieurs autres droits) Promittentes bonâ fide pro nobis & successoribus nostris seu heredibus in perpetuum, quod nos contra venditionem eiusmodi nullatenus de cetero veniemus, nec venire aliquatenus attemptabimus in futurum, facto, vel verbo; in iudicio, vel extra iudicium, prætextu alicuius iuris, seu consuetudinis aut statuti, seu prætextu alicuius læsionis, deceptionis seu circonuentionis, vel alio quocumque modo seu etiam ratione. Immo promittimus bonâ fide pro nobis & successoribus nostris & heredibus vniuersis seu singularibus, nos huiusmodi venditionem dictis Præceptori & Fratribus, & eorum domui prædictæ successoribus eorumdem in perpetuum garantire, liberare & deffendere contra omnes, cum nostris proprijs sumptibus & expensis, & facere & præstare fideliter & legitimè quicquid in causa emptionis debet fieri & præstari, & dictis Præceptori & Fratribus, & eorum in perpetuum successoribus reddere & soluere omnia damna deperdita & expensas, quæ & quas ex defectu garantiæ dicti Præceptor & Fratres, & qui iam sunt & qui tempore erunt, dicent se sustinuisse, fecisse, seu etiam incurrisse, nobis tamen nihilominus retentis vauassoribus & feodis ad nos ratione dictæ decimæ pertinentibus. Et pro præmissis & singulis tenendis & inuiolabiliter in perpetuum obseruandis, obligamus nos & heredes nostros & successores vniuersos, & etiam singulares, & omnia bona nostra mobilia & immobilia, præsentia & futura, vbicumque sint, & quæcumque, ad vsus & consuetudines patriæ: renunciantes in hoc facto, bona fide, ex

LLlll ij

certa scientia, omni actioni & exceptioni doli & in factum, non numerati, non habiti pretij, in vtilitatem nostram non conuersi, rei minori pretio, vel minùs dimidio iusti pretij venditæ subsidio ; omni læsioni, deceptioni, circonuentioni, consuetudini & statuto; priuilegio Crucis sumptæ & assumendæ; & omni iuris auxilio Canonici & Ciuilis, per quæ prædicta venditio seu aliquid de prædictis possent retractari, seu etiam adnullari. In cuius rei testimonium præsentibus litteris sigillum nostrum duximus apponendum. Datum Aureliæ in Curia Domini Aurelianensis Episcopi, consentiente ad hoc Ioanne filio nostro, anno Domini M.CC. octogesimo secundo, die Lunæ post quindenam Paschæ.

II. VNIVERSIS præsentes literas inspecturis: Officialis Aurelianensis, Salutem in Domino. Noueritis, quòd in nostra præsentia constitutus Simon dictus le Cronier, attendens quòd Præceptor & Fratres Domus Militiæ Templi Sancti Marci Aurelianensis ipsum receperunt in Confratrem & in plenam participationem bonorum spiritualium, dedit pro remedio animæ suæ liberè, dictis Præceptori & Fratribus, duos solidos Parisienses annui redditus, quos promisit se redditurum & soluturum per fidem suam, quamdiu vixerit, in Festo Sancti Marci ad domum dictorum Religiosorum. Cùm verò prædictus Simon mortuus fuerit, heredes ipsius à præstatione dicti redditus erunt penitus liberati: sed quadraginta solidos turonenses dictis Religiosis tantummodò soluere tenebuntur. Solutis quadraginta solidis Turonensibus, præsens litera non habebit roboris firmitatem. Promittens dictus Simon per fidem suam in manu nostra datam, quòd contra prædicta vel aliquid de prædictis non veniet in futurum, nec venire aliquatenus attemptabit vllo iure, ratione deceptionis, vel alicuius læsionis, ratione aliquâ seu causâ, nec reuocabit seu faciet reuocari. Quantum verò ad omnia prædicta & singula de prædictis firmiter, fideliter & inuiolabiliter obseruanda & tenenda, obligauit se, heredes suos & successores vniuersos, & omnia bona sua mobilia & immobilia, præsentia & futura, vbicunque sint ; & se iurisdictioni Curiæ nostræ supposuit: renuncians dictus Simon & per dictam fidem, omni iuris auxilio Canonici & Ciuilis, priuilegio Crucis assumptæ & assumendæ, exceptioni doli mali & in factum, omni consuetudini loci & patriæ, ac statuto, & omnibus alijs exceptionibus facti & iuris, quæ contra præsentes litteras possent obijci siue dici. In cuius rei fidem & testimonium præsentibus litteris sigillum Curiæ

ADDITIONS.

nostræ duximus apponendum. Datum anno Domini M. CC. *nonagesimo die Lunæ post Octauas Pentecostes.*

A TOVS CEVX *qui verront cestes presentes lettres:* Iean Dasnieres III. *Garde de la Preuosté d'Orliens, Salut. Sçachent tant que* Vincent de Bogi *Harencher d'Orliens,* & Adelot de Lour *sa femme, ont reconnu pardeuant Nous en droit, que ils ont pris* & *retenu à ferme ou à pension de honnorables hommes Religieux* & *sages le Maistre* & *les Freres de l'Hospital d'Orleans, vn estaçon à harens vendre, qui fut iadis du Temple, assis au coin de la Porte Harencherie d'Orliens, deuant la maison* Gautier Moreau, *à tout le plein de la vie desdits* Vincent & Adelot, & *de celui ancore d'eux deux qui plus viura, pour le prix de cinquante* & *cinq sols parisis chacun an, de pension ou ferme, à rendre* & *payer audit Maistre, ou au porteur de ces Lettres, à la Feste de Toussaints* & *de Pasques, à chacun d'icels termes vingt-sept sols six deniers parisis chacun an, dés ores en auant, tant comme lesdits* Vincent & Adelot, *ou l'vn d'eux, viuront ou viura,* & *commençant le premier payement à la Toussaints prochaine venant: en telle maniere que par marché* & *conuenant fait entr'eux, lesdits* Vincent & Adelot *soustendront* & *seront tenus de soustenir ledit estaçon durant le terme deuantdit:* & *apres leurs decés le rendront* & *laisseront en bon estat. Et se les Maistre* & *Freres dessusdits auoient* & *soustenoient cousts ou mises, despens ou dommages, par deffaute de paie, de la soustenance dudit estaçon,* & *de ce que lesdits* Vincent & Adelot *ne laissassent* & *rendissent ledit estaçon en bon point* & *en bon estat, si comme dessus est dit; lesdits* Vincent & Adelot *promisrent que ils les leurs rendront,* & *en croiront le porteur de ces lettres par son simple serment, sans autre preuue querre. Et quant à ces choses, lesdits* Vincent & Adelot *ont obligé chacun pour le tout aux Maistre* & *Freres dessusdits,* & *sousmis à la iurisdiction de la Preuosté d'Orliens eux* & *leurs hoirs,* & *tous leurs biens meubles* & *non meubles, presens* & *à venir, où qu'ils soient:* & *renoncerent quant à ces choses, à toutes graces* & *à tous priuileges de* Croiz *prise & à prendre, à toute erreur* & *deceuance, au priuilege de veueté, si ladite* Adelot *deuenoit vefue,* & *au benefice velleian à elle exposé,* & *à toutes exceptions* & *deffenses de fait* & *de droit. Ce fut fait en l'an de Nostre Seigneur mil trois cens* & *treize, le Vendredy lendemain de la Feste Saint* Aignan *d'Esté.*

832 *ADDITIONS.*

* RESPONDRE, pour *cautionner*. De *respondere*, dont les Latins ont vsé en cette signification. Asconius Pædianus: *Deponitur in sequestri : accipitur ab eo qui corrumpitur :* recipitur, *idest*, promittitur, *idest*, pro judicato respondetur. *Spondere* dont *respondere* est composé, signifioit anciennement *dicere*. Festus: Spondere *antea ponebatur pro* dicere, *vnde & * respondere *adhuc manet. Sed posteà vsurpari cœptum est in promisso.* Les Grecs se sont seruis de mesme de ἀντιφωνεῖν pour cautionner. Hesychius: ἀντιφωνεῖν, ἐγγυάζειν. Suidas: ἀντιφωνῶ σοι, ἐγγυῶμαί σοι. Les Gloses anciennes: *spopondit*, ὑπέσχετο, ἀντεφώνησεν. Voyez M. de Saumaise *de modo vsurarum* pag. 715. & 716. 718. & 735.

RESVER. REVER. ADI. En Alleman *rasen*, en Flaman *rauelen*, & en Anglois *raue*. Il y en a qui disent *vn resve* pour signifier *vn songe*.
pag. 560.

RIBAVD. Roy des Ribaux. ADI. C'est possible vn mot composé. Cat *baud* en Anglois signifie *leno* ; *baudy*, *libidinosus* ; & *baudry*, *lenocinium*, *stuprum*, *obscœnitas*.
pag. 561.

RICHE. Au lieu de *ricchi homines*, LISEZ *riccos hombres*.

RIDDES. nommées. ADI. En Anglois *to ride* signifie aller à cheual ; & *rider*, caualier.
pag. 562.

RIEN. Qui n'a souffisance, il n'a riens. ADI. Et Marot au Pseaume 34.

    Le Lion affamé
    Bien souuent ne treuuera riens.
    Mais ceux-là sont remplis de biens,
    Qui ont Dieu reclamé.

Il y en a qui estiment que l'N n'a point esté adjoustée au mot *rien* ; mais qu'il y tient lieu de l'M, qui est en l'accusatif *rem*. *Non habeo* rem ; Ie n'ay rien : *Non facit* rem ; Il ne fait rien. A quoy ils adjoustent, que *riens* est le pluriel de *rien*.

RINSER. *to rinse*. ADI. & les Hollandois *rynsen*, & *reinighen*, de *rein* ; c'est à dire, *pur*, *net*.
pag. 553.

RIOTES. *riotz*. ADI. Mais la signification ordinaire du mot *riote* en Anglois, c'est *luxe*.

ROBE. *lobus*. ADI. *Vestis* en Hebreu c'est *lebus*, en
pag. 564.

ADDITIONS. 833

Arabe *lobas* ou *libas*: & ρῶπος en Grec, est *merx, sarcina*. Voyez Vossius *de vitijs sermonis* pag. 262. & 265. sur les mots *raupa* & *roba*.

ROCHET. *sermonis* pag. LISEZ: 208. & 265. où il pretend que *floccus* & *roccus* sont la mesme chose. — pag. 565.

RONCE. *romcha*. ADI. Mais *romcha* en Syriaque signifie *vne lance*. Et M. de Saumaise en sa Refutution *de Pallio* pag. 123. dériue *ronce* de *runcare*, qu'il expose par le verbe Grec ἀχαντίζιν. — pag. 574.

ROSEAV. De *rausellum*: & *rausellum*, de *rauseum*, qui vient de l'Alleman *raus*. L'Abbé Ionas en la vie de Saint Vulfran Archeuesque de Sens: *Locorum palustrium, quæ plena erant longißimis rauseis virgultis*. Ce qu'il semble à quelqu'vn, que Vossius *de vitijs sermonis* pag. 263. n'a pas suffisamment entendu.

ROSTIR. *arrostire*. ADI. Les Allemans *rosten*, les Flamans *roosten*, & les Anglois *to roste*. — pag. 577.

ROTVRE. vray-semblable. ADI. Mais afin de mettre les Curieux en estat de penetrer plus auant dans la connoissance de la verité, par la comparaison qu'ils feront des diuerses lumieres, que plusieurs hommes de singuliere doctrine ont découuertes sur le mesme sujet ; j'ay jugé apropos d'extraire & de transcrire en cét endroit, ce que G. Cambden tres-diligent Historien, M. de Gyvés tres-digne Aduocat du Roy au Siege Presidial d'Orleans, & M. d'Avezan tres-celebre Docteur Regent en Droit en l'Vniuersité d'Orleans, ont, chacun à son esgard, touché de *ruta* & de *rutarii*. — pag. 585.

Rutarios (dit Cambden *in Ottadinis* pag. 668.) *vocauit hæc ætas externos illos & prædatorios milites, quos è Belgia & aliunde in subsidium Regis Ioannis, Falcasius de Brent, & Walterus Buc, adduxerunt*. Et pag. 672. *ex Historia Melioßensi: Ioannes Rex Northumbriam totam peruastauit cum suis* Rutarijs. Voicy ce que M. de Gyvés en a escrit en la mesme Lettre que j'ay desia citée dans mes premieres Additions sur le mot *respit*:

Ie ne puis approuuer la difference que M. Dominici s'esforçant d'expliquer au 21. fueillet de son Traitté de Prærogatiua Allodiorum, le 1. chap. du XVII. titre du liure 1. de la v. des anciennes Compilations des Decretales, essaye d'establir inter Ruttarios & Ruptarios: fondant, sans doute, sa coniecture sur ces passages dè Guillaume de Neubourg, au chap. 17. du liure II. de Rebus Angl. Stipendiarias Brabantionum copias, quas *Rutas* vocant, accersiuit; Et au 15. chap. du v. liure, Rex per stipendiariam militiam, quam *Rutas* vocant, expugnato & capto Isonduno; *comme si ce mot de* Ruta *auoit vn rapport necessaire à l'adiectif* stipendiarius. *Ie penserois plustost que* Ruta & Rupta, Ruttarij & Ruptarij *sont synonimes, & ne signifient qu'vne mesme chose. Ainsi les mesmes trouppes qui prirent Yssoudun en Berry, que Guillaume de Neubourg appelle* Rutas, *sont appellées* Ruptarij *par Guillaume le Breton, des Gestes de Philippe Auguste*: Qui imperat Ruptarijs, Cotarellis Marchaderus Essoldinum capit & munit ad opus Richardi Regis, *Et le mesme, comme ie croy, au liure* v. *de sa Philippide, dit*:

   Quos Marchaderi sic clausit Rupta, quod ambo
   Dum patriæ pugnant capti, vinctique cathenis.

Ou, s'il faut mettre quelque difference entre ces mots: ie voudrois dire, que Ruta *est vn terme particulier de l'ancienne milice de Brabant, laquelle les Princes voisins taschoient d'attirer à leur solde, à cause de l'estime de courage & d'addresse qu'elle s'estoit acquise dans les guerres, ainsi qu'il se recueille du mesme au* IX. *liure du mesme Poëme:*

   Othonis socer Henricus, cui mille cateruas
   Exhibet & plures Brabancio, sæuior alter
   Quo nusquam est populus bello, nec assuetior armis.

De maniere que Ruta *voudroit dire vn Corps de gens de guerre, comme en Grec vne phalange, vne legion à Rome, en France vne compagnie d'ordonnances, vn tertio en Espagne; & dans les passages cy-dessus alleguez, ce terme ne se rapporteroit à* stipendiarias *que par accident, & acause que cette milice de Brabant estoit lors à la solde du Roy d'Angleterre, laquelle n'eust pas esté autrement dénommée, quand elle eust combatu pour son Seigneur, ou pour sa patrie.* Ruptarij *sont soldats & gens de pied, qui estoient tirez de la campagne, gens agrestes & accoustumez à rompre la terre,* sueti terram rumpere; *vnde* Ruptarij. *Ils sont aussi appellez* Communes

&

ADDITIONS. 835

& Cotereaux, *comme estans tirez des Coteries, qui sont mesnages champestres: & le témoignage de Guillaume le Breton en ces mots:* Anno 1183. interfecti sunt in pago Bituricensi Cotarelli, qui vulgò dicuntur Ruptarij, vno solo die septem millia; *me persuade qu'ils ne ioüissoient pas d'vne si profonde paix, que se l'est persuadé l'Autheur au fueillet 22.*

Et M. d'Avezan deduit ainsi succintement son opinion en la pag. 363. de l'excellent Liure des Seruitudes Prediales, qu'il a depuis n'agueres donné au public, à l'endroit où il monstre, qu'il n'y a personne qui ne puisse imposer des seruitutes sur les fonds qu'il tient à emphyteose :

Licet autem in initio hoc contractus genere dari tantùm videantur agri deserti, inculti, atque squalidi, sub lege culturæ & meliorationis: verùm tandem emphyteusis dicta est de omni datione perpetua, sub annua præstatione vel pensitatione. Eadémque formâ veteres Franci agros incultos, syluas vel saltus dederunt sub lege rumpendi, scindendi & aperiendi, quod vulgò dicitur, A LA CHARGE DE ROMPRE ET OVVRIR LES TERRES: *& inde terræ istæ vel possessiones ruptæ, scissæ & apertæ, detortis à Latina lingua nominibus, dictæ fuerunt* rupturæ, *scindæ quasi scissæ, & aprisiones quasi aperitiones, pro noualibus, in idiotismo,* TERRES OVVERTES DEFRICHE'ES. *Et ita hodie vocamus* ROVTVRES *à voce ruptura agros rusticos datos initio sub lege rumpendi & meliorandi, eâdem planè formâ quâ Latini emphyteuticos. Ruptura est propriè terra rupta vel proscissa, à qua idiotismus Franc. accepit hanc vocem* ROVTVRE, ROVTVRIERS : *& malè quidam existimant* ROVTVRIERS *dictos fuisse, quasi* ruricolas, *vel* rusticos, *sine vlla analogia.*

RVFFIEN. D'vn Maquereau Italien, qui s'appelloit *Rufo.*

RVT. *brut.* A D I. & les Allemans disent *brunst* pour signifier *rut.* Voyez Gesner de l'Histoire des Animaux, au volume où il traitte des Cerfs.

SAC. SACCAGER. De l'Alleman & Flaman *scaëken,* c'est à dire rapt ou *rapine;* d'où les Autheurs de la basse Latinité ont formé *scachus.* Voyez Vossius de *vitiis sermonis* pag. 274.

MMmmm

836 ADDITIONS.

* SACRE. En Arabe *facron*, accipitris genus.
* SAISIR. Voyez *faysir*.
* SALAIRE. Turnebe en ses Aduersaires XVIII. 20. monstre par l'autorité de Pline, que le mot *salarium* descend à *sale*. En effet, ce que l'Autheur de la version vulgate a ainsi exprimé au verset 14. du IV. chap. d'Esdras: *Nos autem memores salis, quod in Palatio comedimus*; les Autheurs de la version de ceux de la Religion Pretenduë Reformée l'ont ainsi traduit: *Or d'autant que nous sommes aux gages du Roy.* Et Iunius: *Iam propterea quod salarium de Regis Palatio percipimus.* Et Deodati: *Or d'autant que nous sommes salariez du Palais.*

pag. 595. SALE. pag. 4. ADI. & pag. 272. où il s'estend dauantage, & Gottefrid, Vendelinus *in Glossario Salico vocum Aduaticarum.*

* SANER, comme on prononce en Normandie: ou bien *sener*, comme on prononce ailleurs, c'est à dire *chastrer*. On disoit autrefois *samer*; & il y en a qui le dériuent de *samiare*. Vous pouuez voir si Vossius dit quelque chose pag. 745. *de vitijs sermonis*, qui puisse seruir à appuyer leur opinion.

SANGLIER. ὗς. ADI. voire mesme dans la version des LXX. au verset 14. du chap. XXIX. d'Esaie: ϗ μόνος ἄγρος καταπεμνήσετο αυτίω.

* SANTAL. C'est vn mot Arabe, *vulgò santalum*.

pag. 597. SAPIN. *abies*. ADI. Voyez Vossius *de vitijs sermonis* pag. 644. sur le mot *zapinea*.

SARBACANE. *sarbacana*. ADI. Les Espagnols disent *cebracana*.

* SATIN, comme qui diroit *setinum*. De *seta*, ou bien de l'Hebreu *sadin*, que les vns tournent *syndonem*, & les autres autrement.

SAVATE. *Cordonnier*. ADI. Les Italiens disent *sauatta*.
anciens. ADI. Iuuenal en la VI. de ses Satyres: *Et soleâ pulsare nates.* Et Perse en la V. des siennes.
Dialogues. ADI. de Venus & de la Lune, & du Menteur.
SAVCISSE. *lib.II.Sat.* ADI. Voicy les termes d'Acron, ainsi que Canterus les a tirez d'vn ancien manuscrit: *Hilla*

ADDITIONS. 837

dicuntur salsa intestina: hirri *positiuus est, diminutiuè* hilli *dicuntur. Hæc* hilla *quidam in diminutione neutri generis esse; alij dicunt* hilli *siue* hilla *furta* SALSICIA.

SAVLMVRE. Quelques-vns tiennent que ce mot peut venir à *salgamaariis*. Mais les autres le dériuent auec plus d'apparence de verité, à *sale & muria*.

SAYSIR, ou plustost SAISIR. Voyez ADI. Iuret sur l'Epistre CI. d'Yves de Chartres, & Vossius *de vitijs sermonis* pag. 343. & 743.

SCARIOLE. Nom d'herbe. Du Latin *sariola*, touchant l'origine duquel voyez ce qu'escrit Vossius *de vitiis sermonis* pag. 591. & 592.

SEIGLE. Espece de bled. De *sigele*, qui a esté fait par corruption de *secale*, dont parle Pline. Voyez Vossius *de vitiis sermonis* pag. 601.

SENER. Voyez cy-dessus *saner*.

SENESCHAL. *mensæ*. ADI. Ce que rapporte le Lexicon *Iuris* du Dialogue LXI. nombre 2. de la Necyomancie de Forcatel, que *Seneschal* est ainsi nommé comme qui diroit SENO-GALLVS, est toutafait impertinent.

SENTINELLE. *seminella. A sentiendo*. Ainsi les Grecs modernes ont dit σκυλται & σκυλπωπες pour *ausculta* & *auscultatores*. Voyez le Glossaire de M. Rigault, & Vossius *de vitiis sermonis* pag. 598.

SEP de vigne. De *cippus*. Voyez *cep*.

SEQVIN pour vne espée. En Chaldéen *sakkin*, & en Arabe *sekin, culter, gladius*.

SERMENT. ADI. ou, comme prononçoient & escriuoient nos ancestres, *serement*.

SERRAIL. *retraitte*. ADI. Mais M. Bochart n'estime pas qu'il faille chercher le Turc dans l'Hebreu.

SEVERONDE d'vn toit. De *suggrunda*. ou *subrunda*.

SIDRE. De *sicera*, comme *Suede* de *Suecia*.

SIFFLER. Marcellus. ADI. où il est dériué de σιφλοζει, dont Homere a vsé pour signifier *exsibilare*.

SILLER les yeux. *Sigillare oculos*. Voyez Turnebe en

MMmmm ij

ses Aduersaires xxx. 3. *ex Lege Mæuia*. Il y en a qui dériuent ce verbe *à ciliis*, qui sont ces petites peaux qui couurent nos yeux pardessus & pardessous. Mais il le faudroit escrire auec vn c.

pag. 609. SIROP. *mediciner.* ADI. Quelqu'vn dit que le sirop est ainsi appellé, comme si c'estoit Συρίας ὀπός *Syriæ succus*. Mais cela est ridicule.

pag. 610. SOLDAT. *soldats.* ADI. que les Espagnols nomment *soldada* ou *soldata*. En effet, les Anglois appellent *souldier militem*: & dans les Gloses Greco-Barbares σολδάτος est interpreté μισθωτός. Voyez Vossius *de vitiis sermonis* pag. 604.

pag. 611. SOMMIER. *selle.* ADI. Voyez Turnebe en ses Aduersaires xxx. 16. Lampridius en la vie d'Heliogabale: *Quæ pilento, quæ equo sagmario, quæ asino veheretur*. Et Casaubon sur cét endroit.

SOPHI de Perse. Vossius *de vitiis sermonis* pag. 307. *Tulipantum est tegmen lineum subtilissimi operis, quo Turcæ candidis inuoluere spiris caput solent. Atque inter alia eo differunt Turcæ à Persis, quod cùm Turcicus ille habitus superbiæ sit plenus, Persæ modestiæ ergo, iubeant caput velare tegumento de lana confecto. Atque inde nomen* Sophi *seu* Sophini *datum Ismaëli Erdebilis filio, qui à Turcica Alcorani Religione recessit*, &c. *Nam Arabicè* Sophi *est lana*. Mais M. Bochart est d'vn autre aduis. Car c'est *suph*, & non pas *sophi*, qui en Arabe signifie *de la laine*: & *sophi*, qui vient d'vne racine toute differente, signifie *celuy qui est pur en la Religion*, ainsi qu'il y a desia long-temps que Scaliger l'a remarqué en son œuure *de Emendat. Temp.* pag. 400. Teixeira des Rois de Perse au liure 1. chap. 14. pag. 55. *En Parsio se llama communmente* sufy, *vno que dexa el mundo, y trata del seruicio de Dios*.

pag. 614. SORET. *veteres.* ADI. Telle est aussi l'opinion de Hadrianus Iunius en son *Nomenclator*, & de M. Naudé *de Stud. Milit.* pag. 610.

SORTIR son effet. En la Loy vnique au Code *Si de momentan. possess. fuerit appell. Cùm de possessione, & eius momento causa dicitur: etsi appellatio interposita fuerit, tamen lata sententia*

ADDITIONS. 839

sortitur effectum. Ita tamen possessionis reformationem fieri oportet, vt integra omnis proprietatis causa seruetur. Et au §. dernier de la Loy derniere au Code *Communia de Legat. Vt ex omni parte, omnique studio, id quod semper properamus, ad effectum perducatur, & vltima elogia defunctorum, legitimum finem sortiantur.*

SOVDAIN. Il y en a qui le dériuent de σύδην, que Hesychius interprete ταχέως. Mais il vient pluſtoſt de *subitaneus*. En effet, on a autrefois eſcrit *ſoubdain*. Les Bas-Bretons appellent *ſouden* ce que nous appellons *voide*.

SOVFFRANCE. De *ſufferentia*. Voſſius *de vitijs sermonis* pag. 614.

SOVILLER. AD I. En Anglois *to ſoile*.

SOVLIER. De *ſotularis*, qui s'eſt fait de *ſubtalaris* : & l'vn & l'autre ſe trouue en la meſme ſignification. Voyez dans Iſidore : *talares calcei*, M. de Saumaiſe ſur le liure *de Pallio* de Tertullien, & Voſſius *de vitijs sermonis* pag. 606. & 613. A quoy peut eſtre adjouſté le chap. 22. du Concile tenu à Aix la Chappelle en l'an 817. *Calciamenta diurna paria* 11. *ſubtalares, per noctem in Æstate* 11. *in Hyeme verò ſoccos*.

SPAGIRIQVE. C'eſt ainſi que Paracelſe appelle vn Alchymiſte : & Voſſius *de vitijs sermonis* pag. 606. tient que ce mot eſt formé de σπᾶν, *trahere, extrahere*; & d'ἀγείρειν, *congregare* : c'eſt à dire, des deux principales fonctions de l'Art : dont ceux qui en font profeſſion enſeignent comment il faut *composita resoluere & resoluta componere*.

SVAIRE. Syriaque. AD I. Ce n'eſt pas que le mot *ſudar* ne ſe trouue dans la Paraphraſe Syriaque de la Bible; comme au 12. verſet du chap. XIX. des Actes des Apoſtres : & meſme en la Paraphraſe Chaldaïque de Ionath. comme au verſet 15. du chap. XXI. de l'Exode, & aux verſets 33. & 34. du chap. XXXIV. & au verſet 10. du XX. chap. du Leuitique, & encore en celle d'Onkelos, comme au 15. verſet du chap. III. de Ruth. Mais il n'eſt ny Syriaque ny Chaldaïque, que d'vſage, & non pas d'origine.

SVPERCHERIE. M. Bloüin croit que ce mot s'eſt fait par contraction de *ſupertricherie* : & ie ſuis de ſon auis.

MMmmm iij

840 ADDITIONS.

SVR. *repando*. ADI. Voyez le mot IVS.

SVRCOT. pag. 290. ADI. L'ancienne Couſtume d'Anjou & du Maine, qui m'a eſté communiquée eſcrite à la main par M. Niuard Aduocat au Siege Preſidial d'Angers, au chap. de Iuſtice de Vaaſſeur: *Tous Gentilshommes qui ont voierie en leurs terres pendent Larrons de leurs meſfaits faits en leur terre: Més en aucunes Chaſtelies les maine l'en iuger à leur Seigneur*, &c. La Gloſe ſur cét article: *Aucuns ſont qui ont ſimple voierie, quand ils prennent larron en leurs terres ils le rendent au Souuerain pour en faire iuſtice, & n'en ont pas la cognoiſſance. Més il leur en demeure certaines dépoüilles, c'eſt à dire le chaperon ou le ſurcot. Et de ce qu'il y a au deſſus de la ceinture, c'eſt chaperon: & ce qu'il y a au deſſous de la ceinture, c'eſt le ſurcot.*

TABLE à joüer. Voyez Meurſius en ſon Gloſſaire ſur le mot τάβλα & ταβλίζω, & Voſſius *de vitiis ſermonis* pag. 620. ſur le mot *tabliſta*.

TAFETAS. En Grec ταφατά. Du ſon ou bruit que fait cette eſtoffe.

TAILLER. *oſtendit*. ADI. *Talea* eſt vn ancien mot Latin, dont Caton, Varron & Pline ont vſé. Du Grec ϑαλλός. Voyez M. de Saumaiſe en ſon Commentaire ſur le liure de Tertullien *de Pallio*, & Voſſius *de vitiis ſermonis* pag. 298.

TALISMAN. ADI. C'eſt ſans apparence que M. Gafarel en ſes curioſitez inoüyes, rapporte l'origine de ce mot au Chaldéen *tſalman*, qui ſignifie *image*.

ſur l'Hiſtoire Auguſte pag. 360. ADI. Ce qui peut ſeruir à confirmer cela, c'eſt ce qu'eſcriuent Euſebe au liure 11. *de Præparat. Euang.* pag. 39. *ex Clem. Alexandr. Protrept.* pag. 9. Καὶ σημεῖον ὀργίων βακχικῶν ὄφις ἐςὶ τετελεσμένος. Olympiodore dans la Bibliotheque de Photius pag. 182. *vbi de Rhegio: Marichum in Siciliam traiecturum retentum fuiſſe narrat:* ἄγαλμα γὰρ τετελεσμένον ἱςάμενον ἐκώλυε τὼ περαίωσιν. Et en la pag. 187. il parle: περὶ ἀνδριάντων ἀργυρῶν τετελεσμένων εἰς βαρβάρων ὑπόλυσιν. Et parmy ce qu'il auoit extrait du VIII. liure de la vie d'Apollonius de Philoſtrate, il y a vn endroit en la pag. 30. où Philoſtrate dénie ὡς εἴη τελεςὴς, ἤ τινα διετελέσατο

ADDITIONS. 841

τῶς ὁσίοις διαθρυλλυμδύων ὑπ' αὐτῶ πεποιῆοζαι τελεσμάτων. Et enfin, Eustathius sur Dionysius *de situ Orbis* pag. 87. Ἄσιος φιλόσοφος τελεςής, & παλλάδιον ὑπὸ ξύλυ πετελεσμδύον, ἤτοι κατασχηματευμδύον. A quoy il seroit bien aisé d'adjouster plusieurs autres semblables authoritez des Escriuains Arabes, si la chose le meritoit.

TALMOVSE. En Arabe *tarmouth*.

TAMBOVR. de la sorte. Add. En effet le mot Arabe *tambur* signifie aucunefois *tympanum*, comme au verset 19. du xv. chap. de l'Exode de la Paraphrase Arabique; & aucunefois *cithara*, comme au 21. verset du xxi. chap. & au 27. verset du chap. xxxi. de la Genese.

TAMIS. En Bas-Breton *tamoues*.

TANAISIE. *tanacetum*.

TANÉ. *Au lieu de* En Normandie, Lisez: en quelques Prouinces.

TANSER. *de vitiis sermonis* pag. 621. Add. L'ancienne Coustume d'Anjou & du Maine, qui m'a esté communiquée manuscrite par M. Niuard Aduocat au Siege Presidial d'Angers : *Meurtre si est quand l'en tuë homme ou femme, de iour ou de nuit, en son lit ou en autre maniere, pourquoy ce ne soit en meslée, ou sans tancer, ou sans li deffier. En vne foire pourroit l'en homme tuèr en meurtre se l'en le feroit sans tancier auec luy, ou sans li deffier.* De mesme on disoit autrefois *tenson* pour *contentio*. La vieille version de la Bible, Gen. xiii. au lieu de *facta est rixa*: *Tensons monterent entre les Pasteurs des pares d'Abraham & Lot*. Et là mesme au lieu de *ne sit iurgium*; *Que tensons ne soient pas auec nous*.

TANTE. *ce dit-on*. Add. Les paysans de Normandie disent *men ante*, pour *ma tante*.

TARGE. *aux coups.* Add. Voyez Vossius *de vitiis sermonis* pag. 293. Mais j'apprens de M. Bochart, que *tarka* & *darca* en Arabe signifient la mesme chose.

TARIR. *arere*. Add. en preposant r, afin d'en rendre la prononciation plus douce, comme nous auons fait en *tante*, que nous auons tiré d'*amita*.

842 *ADDITIONS.*

TARTE. *tourte.* ADI. Les Italiens & les Espagnols disent *torta*.

* TAS, c'est à dire, *vn monceau, vn amas.* De *tassus*, d'où vient *tassile.* Voyez Vossius *de vitijs sermonis* pag. 294.

* TASCHE. *de vitiis sermonis* pag. 293. *Tasca* se rencontre assez souuent dans le Talmud pour signifier *vn sac.* Et les Arabes vsent de *tasc* pour signifier la mesme chose. Ce mot signifie aussi *tribut* : & vn grand personnage estime qu'il peut venir de *taxa*, qui s'est dit pour *taxatio* : la taxe & la pochette où on la met.

* TASCHE. *pensum.* En Anglois *taske*, & en Italien *tassa.* Il semble qu'il ait semblablement esté formé de *taxa*.

* TASSE. En Arabe *tasson*, *calix amplus.*

pag. 625. TENTE. apresent. ADI. Les Autheurs de la basse Latinité ont dit *tenda*, & les Grecs modernes τένδα ou τέντα. Voyez Meursius en son Glossaire, & Vossius *de vitiis sermonis* pag. 621.

TETON. τιτθός. ADI. En Chaldéen *tad* au lieu de l'Hebreu *schad*, literis ט & ח *de more permutatis* CambroBrit. *teth*, German. *zizt*, Belg. *titte*, Angl. *teate*, Ital. *tetta*, Hisp. *teta*.

pag. 626. TINE. *tonne.* ADI. Voyez Vossius *de vitiis sermonis* sur le mot *tunna* ou *tonna*, pag. 298.

pag. 627. TIPHAINE. Au lieu de *Epiphanie*, de *Epiphania*, LISEZ : *Theophanie*, de *Theophania.* Mais c'est de *Epiphania* que les Italiens ont fait *Befania*.

* TIQVE ou TIQVET. En Anglois *tike*, en Flaman *teke*, en Alleman *zake*, en Grec κρότων, en Latin *ricinus*.

pag. 628. TOMBEREAV. En Anglois *tumbrell.* Dans les Loix Angloises : *tumbrellum* & *tumberella*.

* TORCHE. *à torquendo.* En Italien *torcia.*

TORTVE. *tarda.* ADI. Neantmoins il y en a qui estiment que le tout vient de *testudo* ; Que les Espagnols ont à leur mode changé le D en G ; comme à l'égard de *Dama*, *Delphin* & *dragea* ; au lieu desquels ils ont dit *gama*, *golfin* & *gragea* ; & *Carthago* pour *Chartada* : & que les Italiens les ayant suius, ont accru le mot. Ie me rapporte au Lecteur d'en juger.

TOVAILLE.

ADDITIONS. 843

TOVAILLE. TAVAIOLLE. ADI. Voyez Vossius *de vi-* *pag.* *tijs sermonis* sur le mot *roalia*, pag. 264. Mais il deuoit escrire *629.* *toalia* ou *toralia*, au lieu de *roalia*: & il faut certainement lire au passage d'Orderic qu'il cite, *pulchris toalijs* ou *toralibus, in-* *uoluta corpora.*

TOVFFE. DVVET. ADI. *Touffe* est vn mot qui est vsité en plusieurs Langues. Mais en des significations aucunement differentes. En Grec moderne τύφα ou τέφα est vne Tiare. Zonare *in Basil. Porphyrogen.* πάρα ταινιοσθεὶς ὀρθία, ἣν τέφαν καλεῖ ὁ δημώδης. Et Tzezes en la VIII. de ses Chiliades: σφαῖς κεφαλαῖς ἐπέθετο πάρας ἤτοι τύφας. C'est aussi quelquefois *flammula.* Mauritius *Stratag. lib.* II. *cap.* 2. χρυσίδας ἐχούσας τέφια μικρά: *cassides habentes paruas flammulas.* Et ce mot est souuent repeté au mesme endroit. Voyez Codinus pag. 12. ligne 4. & pag. 28. ligne 5. & Gretser sur Codinus pag. 193. Vegece au chap. 5. du III. liure, met au nombre des enseignes militaires, *flammulas* & *tufas.* Et Lipse explique *tufas*, *pilas*, des *estœufs.* Mais les autres traduisent *des touffes.* Bede au chap. 16. du liure II. de son Histoire, parlant du Roy Edoüin: *Incedente illo per plateas, illud genus vexilli, quod Romani* tufam, *Angli appellant* tuuf, *ante eum ferri solebat.* En Arabe *tauf, sunt natantium vtres, quibus vtuntur super aquas.* Voyez Vossius *de vitijs sermonis* sur le mot *tuphæ* pag. 308. & le Glossaire de M. Rigault.

TOVPIE. Hesychius: τυπίας, ὅτο καλεῖται τῆς ὁ χάλκυ τις τροχὸν.

TOVRBES à se chauffer. En Alleman *turf* & *zorf*, en Flaman *torf*. De là vient *turbaria, tourbiere* le lieu d'où on les tire. Voyez Vossius *de vitius sermonis* pag. 308.

TOVRNOY. Voyez Vossius *de vitijs sermonis* sur le mot *torneamentum*, pag. 299. Il y en a qui le confondent *cum ludo Troiano*; du nombre desquels est M. Naudé *de Stud. Milit.* pag. 232. Mais d'autres les distinguent.

TRAFIC. *tarif.* ADI. Mais M. Bochart ne croit pas *pag.* que ce mot soit Arabe, si ce n'est qu'il ait esté pris de *terasaca*, *631.* qui signifie *comitem esse viæ.*

TRAISNEAV. Voyez Meursius sur le mot Grec mo-

NNnnn

derne τράνα, qu'il n'explique pas; & Seldenus au chap.15. du liure 1. de son *Mare clausum* pag 54.& Vossius *de vitiis sermonis* pag. 300. sur le mot *trana*. C'est ce qui estoit appellé par les anciens Latins, *traha*, qui est vne espece de vehicule, à qui ce nom a esté donné, *quòd non voluatur rotis, sed trahatur*.

* TRANSE En Anglois *traunce*, *exstasis*.

TRAPE. pag 300. Adi. Les Espagnols disent *trampa*, & de là *entrampar*.

pag. 632. TREBVCHER ou TREBVSCHER. vn trou. Adi. ou bien *in boscum impingere*.
pag. 300. Adi. & 302.

pag. 634. TREILLE. *treillis*. Adi. Mais M. de Saumaise sur l'Histoire Auguste pag. 22. refute l'opinion de Scaliger.

* TREPIE' ou TREPIE'S. Le mot *tripetia* estoit desia en vsage parmy les anciens Gaulois. Au moins, il se trouue dans Seuere Sulpice au chap. 1. du 11. de ses Dialogues: *Sedebat Martinus in sella rusticana, vt est in vsibus rusticorum, quam nos rustici Galli* tripetias; *vos scholastici, aut certè tu qui de Græcia venis,* tripodas *nuncupatis*. Les Bas-Bretons disent *trebez* pour trepied.

* TRESTEAVX de table. En Anglois *trestl*.

* TROMPETTE. Au Glossaire de Lipse: *drumbon* & *triampon*. Germ. *tubæ*. φρόμβος en Grec est vne conque, dont on vsoit autrefois au lieu de trompette. Voyez Lycophron.

pag. 637. TRONGNE. d'vn tel. Adi. Cambris *truyn*; & Hibernis, *stron* : *nasus*.

* TROQVER. *trocar*. Adi. & les Anglois *trucke*.

* TROVBLER. En Italien *tribolare*. De *turbare*.

pag. 638. TROVER. trvelle. Adi. Toutefois il y en a qui tiennent que nous pourrions bien auoir pris ce verbe du Grec τρυπέω, qui signifie *perforo*; & trou de τρώγλη, au lieu duquel les Bas-Bretons disent *toul*.

TRVCHEMAN. & ailleurs. Adi. De l'Arabe *targioman* ou *torgiman*, s'est formé le Grec moderne δραγομάνος & δραγομάνος.

* TRVFFE, tromperie, ruse. Voyez Vossius *de vitiis sermonis* sur le mot *trupha*, pag. 304.

ADDITIONS. 845

TRVIE. ventrée. ADI. Pour sçauoir ce que c'est que *porcus Troianus*, il faut voir Macrobe au chap. 13. du III. liure de ses Saturnales: *Cincius in suasione Legis Fanniæ obiicit sæculo suo, quod porcum Troianum mensis suis inferat*, &c. Et Erasme en l'Adage 70. de la x. Centurie, de la iv. de ses Chiliades. *pag. 640.*

TVLIPE. Pradel. ADI. Mais quoy qu'en die Vossius, le turban des Turcs est ainsi nommé, pource que c'est vne bande de teste. *pag. 541.*

TVRBAN. toile. OSTEZ ce qui suit jusques au mot TOILE inclusiuement. *pag. 642.*

vulgò TVRBAN. ADI. Et c'est la veritable origine de ce mot. Toutes les autres etymologies sont imaginaires. Au surplus, la veritable origine du mot *Sophi* a esté cy-deuant expliquée, contre l'opinion de Vossius.

TVTIE. C'est en vain que Vossius *de vitiis sermonis* pag. 308. se trauaille à chercher l'etymologie de ce mot parmy les peuples Septentrionaux. Car il vient de l'Arabe *tutia*.

VALET. *iidem & Barones*. ADI. Et ce qui ne laisse aucun pretexte d'en douter; c'est ce qu'escrit Hirtius ou Oppius *de Bello Alexandrino* · *Concurritur ad Cassium defendendum. Semper enim Barones, complurésque euocatos cum telis secum habere consueuerat.*

VALISE. En Arabe *bilas*.

VETILLES. *vitiligationes*.

VEZIR ou VIZIR. C'est vn mot Arabe. Voyez Meursius sur le mot Βεζηιάδες & sur Ο'υιζήριοι: *Consiliarii Imperatoris Turcici*.

VILAIN. sordides. ADI. Voyez Meursius sur le mot βιλή ou βιλίον.

VIRETON. Espece de jauelot. De *verutum*. Les Toscans disent *verretta*.

FIN.

NNnnn ij

TABLE
DES MOTS LATINS,
dont les Etymologies se trouuent en ce Liure.

Le chiffre Romain renuoye aux pages des Exemples de la Conuersion des Lettres : & le chiffre Arabe renuoye aux pages des Origines de la Langue Françoise.

A.

AB	xxvj	Aper	v
Acus, piscis	817	Apianæ vuæ	815
Ador, Adur	xxxiv	Apium	755
Ædis	xxxiij	Aprisiones	835
Æuum	xxxv	Apua	755. & 756
Affligo	iv. xxxiv	Apud	j
Agrigentum	v	Aqua	j
Alacer	ix	Arar	666
Albus	xij	Aratrum	xxiij
Alius	xviij	Area	xviij
Ambo	xij	Armarium	757
Ambulatura	756	Artus	xxviij
Anchora	xxxvij	Ascalonitæ	278. & 786
Ango	vij	Ascella	xxxvj
Anguilla	xj. xx	Ascia	xxxvj
Angustia	46	Auernum	xxxv
Anguis	xx	Auia	496
Angulus	v	Auripigmentum	817
Anteloquium	758		

B.

Bacario	809

NNnnn iij

Table des Mots Latins.

Balæna	xij	Capulus	iij. 401
Baricæ	759	Cara	212
Baro, *valet*	96. 759. & 845	Carabus	290. 795
Bartæ longæ	807	Carcer	xxij
Bascauda	xix	Carmen	xxij. 522
Belena	viij	Casa	778
Bellum	viij	Casubula *&* casula	778
Bellus	xij	Catiuus	ij
Binio	771	Catus	206
Bis	viij	Celer	xxx
Bonus	xij	Cello	xxiij
Botulus	iij. 772	Centones	xxviij
Brasica	xxvj	Centum	v
Bruges	viij. xij	Ceruus	xxxv
Bruscus	iv	Charta	778
Buas	819	Chartago	viij
Buccina	11	Cima	779
Buda	773	Cinis	xxiv
Buffetto	828	Clarigatio	828
Bulla	771	Claua	viij
Buris	iv. xxij	Clibanus	xxviij
Burrus	xxvj	Clinare	221
Buxus	xxvj	Clupeum	vj
Byrrus	viij	Cocles	xxiij. xxxvij
		Codium	ix
C.		Colaphus	236
		Columella	xx
Cadiuus	212	Confutare	557
Caduceum	xxviij	Conucula	549. & 825
Calix	xxxv. xxxvij	Convenæ	780
Caltha	vij	Copare	236
Caniculus	227	Cornix	xxiij. 356
Canis	xxxv. xxxvij	Cortis	236. 237
Canistrum	ij	Crepusculum	xxij
Canopus	iv	Crispus	xxij
Canthi	803	Crissare	xxij
Capreolus	779		

Table des Mots Latins.

Crocota	233	Fascia	iv
Cuculus	780	Fascinus	ij. iv
Cucuma	780	Fata	791
Cuminus	xxxvij	Fateor & fatus	312
Cuppa	iv	Fatua.	791
Cupressus	xxxvij	Fauissæ	xxiij
Cutiones	779	Faunus	iij
Cygnus	v	Fel	vij
		Felis	xij

D.

		Fellare	xxxiv
Dama	vj. xxxiij	Femo	iv
Dardus	251. & 783.	Fenestræ	826. 827
Declinare	221	Feræ	xxxiv
Dens	xxiij	Fermus	xxxiv
Densus	xx	Ficus	xxx
Deus	xxxiv	Fides	xxvij. xxxij. xxxiij
Diræ	xxij	Fiscus	318. & 792
Dirus	xxij. 522	Flora	vij
Disco	ij	Flos	vij
Doga	vij	Fluctuare	793
Domanium	783	Fœcundus	xxxij
Domicilium	ij	Folium	xviij
Donum	xxix	Follis	xxxiv
		Foras	xxxiv

E.

		Foria	320
Equus	xxvj	Foris	xxxiv
Ericius militaris	801	Forma, formagium, formati-	
Eructo	x. 577. 746	cum	332. 794
Extricare	804	Formica	xix

F.

		Fornale	194
		Fors	xix
Faber lignarius & tignarius		Fossatum	793
467. & 811		Fouea	vij
Fabij	xxiij	Foueo	vij
Falæ	759	Fouissa	vij
Fallo	xxix	Fouo	vij

Table des Mots Latins.

Frango	xij	Her	vij
Frater	xxxiij	Herba	xiij
Fuga	xxxviij	Heri	vij
Fulica	xvij	Herminium	785
Fullo	iv	Hilli, hirri	836. 837
Funda	xxix	Hio	ij
Fungus	xxix	Hirpices	ij
Funis	xxix	Hirundo	vij
Fur	xxv	Hisco	ij
Futilis	vij	Hisginum *ou* hysginum	754
Futus	vij	Hortus	vij

G.

		Humilis	ij. vij
		Humus	vij
Galbannm	vij	Hurpex	j
Galiarius	356	Hyemis	vij
Gallus	v		
Gaudeo	xxxiv		

I.

Gauia	v	Imber	xxiv
Germen	xxij. 522	Inde	xxxiv
Genu	xxiij	Innuleus, innulus	309
Glans	iv	Insipidus	606
Glis	xiv	Intricare	804
Glomus	iv	Iouis barba	804
Gobius	v	Iracundus	xxxiij
Grabatus	v	Is	xxiv
Græcus	xiv	Iugum	xxxviij
Gramia	xiv	Iuno	iij
Groma, gromaticus	xxij	Iuppiter	ij. xxxviij
Grossus	798	Ius	viij
Guastum	367. & 799	Iusum	804
Gubernator	xxxvij		

H.

L.

		Laco, lacino, lacina	xxviij
Hamus	371	Lacrima	viij
Hariolus	xiij	Lacus	809
Hecuba	iij	Læna	vj
		Lallare	

Table des mots Latins.

Lallare	805	Maffilia	ij
Larus	814	Mattea	xxxv. xxxvij
Lectus	xxviij	Mattus	285
Lepifta	ij	Meditari	xviij
Lepus leporis	ix. xxj. 415	Medulla	480
Leuir	j. ix	Melicæ	viij
Liber	xxiij	Melior	xviij
Ligula	xx	Meridies	ix
Lilium	xxviij	Merus	xxij
Lingo	xx	Mefpilum	811
Lingua	806	Meto	j
Linquo	xxvj	Miles	415
Lifta	xxvij. 426	Minaciæ	811
Lix	806	Minare	467. & 811
Loquor	xiv	Minutius, minutus	474
Lorica	ix	Mifer	xiv
Lorus	ix	Modulus	814
Lumbus	807	Mola	xxxvij. 812
Luna	xxv	Montare	812
Lupus	vj	Mora	xxij
Lutra	x. xxj	Moretum	xxxvij. 478
Lymfa	xxj	Mortarium	478
		Morucla	813
M.		Muccinium	813
Machina	ij	Muffulæ	480. 814
Maculæ	808	Mulgeo	j
Madeo	xxxv. xxxvij	Murrha	xxxviij
Madidus	xviij	Mus Ponticus	785
Malatus	808	Mufcata	814
Mama	xix	Mufcus, mufcula	814
Mare, lacus	809	Mutire	479
Marcipor	xxxj	Muttum	479. & 813
Margarita	778		
Marmor	ij	**N.**	
Mars	xix. 450	Nampreda	805
Maffa	xxxvij	Nomen	xxiij

O O o o o

TABLE DES MOTS LATINS.

Nox	xxxvij	Paxillus	506
Noxa	489. & 816	Pecudes	xxiij
Numerus	xxxj	Pecus	104
Nurus	xxviij	Peditus	820
Nyrtia	xix	Pendutus	820
		Penicillum	822
O.		Penna	xxxij
Obliquus	xxiij	Perdo	xxxiv
Ocinum	xix	Perdonare	510. & 819
Odor	xxxviij	Perna	xxxij. 820
Offa	xx. xxvij	Phalæ	759
Orbus	xij	Pietas	822
Ortare	802	Pilare	525
Ouis	xxxv	Pinguis	xx
Ouum	xxxv	Pipio	524. & 526
Oxalis	497	Pipire	521
		Pirata	525
P.		Piraticum	823
Pænula	xiij	Pis, pit, pitpit	xxxiij
Pango	xx	Piso	xxxij. 527
Panis	xxiv	Pistacium	527
Papæ	iv	Pistor	xxxij
Papauer	518	Pitancia	528. & 822
Pappare & papas	819	Pittacium.	524. & 821
Parapsis	xxiij	Placitare	823
Paraueredus	507. & 818	Plancus, plancæ	533. & 823
Parum	xxij	Planta arboris	iv. xx
Pasco	iv. xxiij	Planta pedis	xx
Passa, passer	506	Plantus	iij
Pastus	828	Plico	xj
Patina	ij	Pollen	ij
Patrinus	510. & 819.	Pollenta	ii
Patruus	496	Polypus	824
Pauio	517	Popa	xxxiv
Paulum	xxvij	Portulaca	741
Pauo	xxxiij	Post	xxiii

TABLE DES MOTS LATINS.

Præcoqua	7. & 755
Præstus	824
Prasinus	820
Pretium	j
Primus	xxiv
Proserpina	xj
Psittacus	818
Pubes	xiij. xxv
Publipor	xxxj
Puer	ij. xxxj
Pugna	xix
Pulli	824
Pulmo	xxj
Pulpa	824
Pupa	540. & 824
Purpura	xiij
Puteus	iv

Q.

Quadra	825
Quaternio	777
Quatuor	xxvj
Quietare	551. & 825
Quinio	825
Quinque	vj
Quis	xxvi
Quotus	xxvj

R.

Ramus	xxiij
Raptus	827
Rauseum virgultum	833
Reburſus	827
Redarguo	vij
Redeo	vij
Redigo	vij
Redimo	vij
Refutare	557
Rementus	825
Remulcus	xxxv. xxxvij
Remus	xxxv. xxxvij
Reſpondere	832
Retiaculum	828
Ructo	x. 577. & 746
Runcina	ij
Ruo	xxiij. xxxvij
Ruptura	585. 833. 834. & 835
Rura	j
Ruta	x
Ruta & rutarij	585. 833. 834 & 835

S.

Sagena	600
Sagmarius equus	838
Salarium	836
Salcicia	837
Salio	xviij. xxx
Salum	xxx
Sannio	754
Sapa	606
Sapinus	xxx. 597
Sapio	606
Sapor	xxiij. xxx
Sapus	xxiij. 606
Sariola	837
Scabellum	xix
Scæua	xxxv
Scalpo	xxix
Scapus	826
Scara	278
Scintilla	xxvj

TABLE DES MOTS LATINS.

Scopulus	703	Spondere	832
Scrama	788. & 790	Spuo	xxxvij
Scramasaxus	790	Stagnum	xj
Scrinium	24	Staplus, stapula	789
Sculpo	xxx	Stellionatus	363
Scuta	xxx	Struthio	526
Secale	837	Studium	xxvij
Sedes	xxx	Stultus	615
Semi	xxx	Sub	xxvj. xxx
Sepes	vj	Subare	iv
Septem	xxx	Suber	xij
Sequor	xxvj	Subtalaris	839
Sermo	xxx	Suggrunda	837
Sero	xxx	Sulcus	xxx
Serpillum	xxx	Sum	xij
Serpo	xxx	Sunt	xij
Scruus	xxx	Super	xxx
Si	xxx. 595. 597. & 606	Sus	xxx. 595. & 597
Sica	xxx. xxxij	Susum	804
Signum	xix. xxxij	Sylua	xxx
Simul	275		
Singularis	595. & 836	**T.**	
Sirpiculæ	ij	Talea	840
Socer	xii. xxx	Tango	xx
Solca	610	Tassale	842
Solus	xxx	Taxa, taxatio	842
Somnus	xxvij	Taxillus	506
Sorbeo	xxx	Teda	x
Sorex	j. xxx. 616	Tenda	842
Sors	xx. xxx	Tener	xxix
Sortiri effectum	838	Teres	xxxiij
Sotularis	839	Tergus	xiij
Spatium	xxxiij	Terra	x
Specus	j	Tescum	x
Spica	xxxiij	Tignum	821
Spolio, spolium	vj	Tinea	x

TABLE DES MOTS LATINS.

Toalia	843	Verutum	343. 796. & 845
Toralia	843	Vesper, vesperus	xxxiv
Torneamentum	843	Vesta	xxxiv
Torus	xxij	Vestis	xxxiv
Trana	844	Vetus	xxxiv
Tripetia	844	Vexillum	506
Triumphus	iij	Vibices	xxxiv
Trojanus ludus	843	Video	xxxiv
Trojanus porcus	845	Viginti	xxxiv
Trophæum	xxvij	Vinum	xxxiv
Trutina	ij	Vinnus, vinnulus	792
Tu	xxxvij	Viola	xxxiv
Tuber	xij	Virgultum rauseum	833
Tufa	843	Viscus	xxxiv
Tunc	xx	Vitiligationes	845
Turba	xxxvij	Vitta	xix
Turris	xxxj	Vitulus	iij. xxxv
Turtur	xiv	Vitus	xxxiv
		Vitreæ	154
V.		Viuo	xxxiv
Vado	xxxviij	Vlysses	viij
Vadum	xxxiij	Vmbilicus	xij
Variola	753	Vnus	xx. xxv
Vber	xij	Vomo, vomitus	xxxiv
Vbi	498	Vuæ apianæ	815
Veneo	xxxiv	Vulgus	xxxiv
Venter	xiij. 276	Vulpes	xxiij. 356
Ventus	xxxv	**Z.**	
Verber	viij	Zabolenus	x
Veredus	507	Zarrhytus	x
Vernix	654	Zeta	x

FIN DE LA TABLE DES MOTS LATINS.

TABLE
DES MOTS ITALIENS,
dont les Etymologies se trouuent en ce Liure.

Abbrucciare	156	Arsenale	53
Accattare	10	Assagio	788
Acciaio	12	Attizzare	66
Accorgere	9	Augello	495
Accorto	9	Auolo	74
Acetosa	498	Auolterare	72
Adesso	14	Auoltoio	51
Agio	xxiii, 21	Azurro	xvij
Agro	19		
Ajutare	755	**B.**	
Albergo	69	Badile	389
Alcuno	70	Bagatellaro	770
Alebarda	373	Bajo	100
Alegro	vi	Balcone	xxvj. 85
Alto	37	Balestra	53
Amido	xviii. 41	Balgia	773
Ammalato	446	Bambino	75
Ancora	272	Bambo	75
Andare	27	Bambole	75
Angoscia	xxxiij. 757	Bambolo	75
Anzi	20	Banca	90
Apo	215	Bancarotta	90
Apresso	541	Banco	86
Araldo	383	Banda	87
Arciocco *ou* articiocco	758	Banderuola	90
Arcobusio	62	Bandiera	90

TABLE DES MOTS ITALIENS.

Barbacane	92	Capanna	162
Baretta	118	Caragolo	179
Beccaficho	101	Carcioffo	758
Becco	113	Cargar	200
Befania, bephania	627. 842	Carogna	203
Bergantino	149	Cascata	183
Bericco, bericolo	7	Cassola	185
Berniesco	158	Cassoletta	185
Beuero	xij	Catafalco	279
Bichiere	524	Cattare	367
Bieco	xxiij	Cattiuo	212
Bifolco	iv. 130	Caualcare	213
Bionco	121	Caualcata	213
Birra	113	Ceppo	229
Boccale	99	Cercare	211
Boletta	824	Ceretano	202
Bolgia	773	Cetra	370
Bordello	127	Chiamare	xviij. 192
Bosco	124	Chiamata	192
Botta	128	Chiaue	xviij
Botte	139	Chiepa	xviij. 33
Botteca	140	Chinea	375
Bottone	141	Chiodo	221
Brina	153	Chioftro	xviij
Brusare	156	Ciambellotto	173. 776
Bucato	157	Cigala	ix. 218
Buccone	129	Cinghiale	747
Buffone	130	Ciuetta	219
Burlesco	158	Ciurma	xxxiij. 218
Buffare	141	Cochilla, cochillia	228
		Codardo	234
C.		Coffano	xvj. 224
Cabaco	162	Colpo	236
Camoccia	192	Colto	217
Campidoglio	xxxiij	Come	226
Camuccia	192	Conchiglia	228
		Congedo	

TABLE DES MOTS ITALIENS.

Congedo	227		
Conocchia	549	**F.**	
Contrabando	228	Facchino	310
Coridore	230	Falda	311
Corsaro	781	Faldistoro	311
Costa, costare	238	Fanciullo	xxxiij
Costretto	234	Fanfalucha	310
Costume	239	Fantassino	310
Cottola	233	Farfalla	512
Cottone	234	Fastello	461
Creato	241	Fata	312
Cremesino	240	Fecato	321
Crusca	799	Fi	791
Cucina	245	Fiasco	318
Cuffia	224	Fichetta	317
Cugino	238	Fiera	793
		Fieuole	320
D.		Fica, figa	317
Dadi	257	Fioccare	793
Daga	247	Fiore	xviij
Dardo	251	Folle, follica, follicia	321
Darsena	54	Forbire	794
Datteri	662	Forfante	322
Definare	258	Forsennato	793
Destriere	255	Fracasso	794
Doana	258	Frangipani	328. & 329
Doccia	260	Fregare	333
Donde	vij	Fregio	331
Dragomano	640	Frego	794
Dritto	261	Fresco	327
Drizzare	261	Freto	791
Drudo	262	Fronzutto	x
		Frumba	viij
E.		Fucina	xxiij. 563
Ella	269	Fuero	791
Esso	14	Furbo	326

PPppp

TABLE DES MOTS ITALIENS.

Furero	794	Golfo	354
Fustana	333	Gombito	xx
G.		Gonfaloniere	xxij. 355
Gabare, gabatina	335	Gonfiato	798
Gabbia	795	Gosciola	xxxiij
Gabia	337	Graticola	361
Gabino	341	Greguesce	798
Gabione	335	Greppia	242
Galla	338	Grieco	361
Gamba	400	Gridare	243
Gambero	xix	Grifo	362
Garbino	341	Grola	363
Gargatoglio	796	Grua	799
Gata	206	Guadagno	365
Gazetta	345	Guanti	340
Geloso	803	Guiderdone	799
Gergo	400	Guisa	370
Gialdo	803	Guscia	798
Giallo	402. 803	**H.**	
Giangelina	754	Helluo	
Giardino	400	Hulca	801
Gierolamo	xvj. xxij	**I.**	
Giga	351		
Giglio	xviij	Immantenente	443
Gigotto	351	Impalare	270
Gioia	406	Inanzi	275
Gioire	405	Incanto	271. & 784
Giorno, giornata	viij. 405	Inchiostro	272
Giosta	405	Incinta	271
Girasole	616	Indarno	ij
Gire	xiv. 360	Ingannare	785
Giubetto	797	Insalata	591
Giunto	xiv. 360	Intricare, intrico	403
Giuso	viij. 408	Io	x
Gliero	425	Isnello	804
Gnaccara	815	Iuppone	407

Table des mots Italiens.

L.

Laccio di cani	806
Laido	410
Latrone	418
Lazaretti	410
Leccare	417
Legna	422
Leuatura	806
Limone	537
Linguate, linguattole	610
Lista	426
Listra	426
Liuelare	816
Liuto	436
Locha	807
Lontra	xx
Lui	436
Lusingare	435

M.

Maccaroni, maccheroni, maccaronici	438. & 439
Machinone	451
Madriale, madrigale, mandriale	440
Maëstro	xiij
Magasino	440
Magion	445
Magro	vj
Manco	447
Mancini	447
Mandra	440
Maniero	449
Manto, mantello	450
Marchese	453
Marescallo	456
Marroni	460
Martello	461
Marzapane	811
Mascarata	462
Masto	811
Medesimo	470
Menare	467
Mentre	273
Meschino	471
Metà	472
Mezzo, mezzello	x. 473
Minera	474
Miscolare	811
Misura	xx
Moglie	312
Mollare, molle	480
Montgibel	2
Montone	481
Morca	j
Morcha, morchia	452
Morello	477
Moscheta	479. & 813
Mosquete	481
Motto	479

N.

Nagossa	815
Natale	
Nauone	816
Nerancio	496
Nespola	486
Nicchio	487
Nidaso & nidazo	816
Noia	274. & 289

TABLE DES MOTS ITALIENS.

O.

O	498
Occa	495
Orzo	x
Ouero	498

P.

Padiglione	xxvij. 517
Palafreno	507
Palemaglio	818
Palermo	xxij
Pancia	508
Pandora	808
Paonchello	645
Papagallo	818
Parabolano, parabolofo	511. & 512
Parenti	511
Parola	511
Pasto	828
Pauentare	xx
Pauefo	819
Pauonazzo	509
Pecora	624
Pellegrino	xxix. 520
Pelliccia	819
Perdonare	510
Pergamena	509
Pertuggiare	820
Pezo	821
Piano	xviij
Pianta	xviij
Piccolo	xx
Pieno	xviij
Pigliare	525
Pinaccia	822
Piota	517
Pipiſtrello	xxxvj
Piſta	527
Piſtaccio	527
Piua	530
Poggio	547. 548
Poltro	536
Poltrone	536
Porco ſpinoſo	824
Porgere	9
Poſcia	xxxiij
Poſta	538
Potta	547
Preſo	xx
Preſſo che	541
Pro	542
Pulcella	546
Puntinara	537
Puta, putana	547
Putto	522

Q.

Quaglia	771
Qualche	549
Qualcheduno	205

R.

Rado	xxviij
Raffa, raffio	553
Raſpare	827
Rebebba	827
Redina	559
Repatriatione	555
Repreſaglia	828
Reſtio	560

Table des mots Italiens.

Ricamare	557	Scuro	xxiij. 563
Ricco	561	Senno	610
Rimasto	xxiij. 621	Serare	606
Riscuottere	289	Sergente	604
Riso	xxiij	Serraglio	606
Riso *pour* oryza	564	Sforzato	793
Ritratto	537	Siauatta	836
Roano	564	Signore	609
Roba	564	Snello	407.804
Romita	x	Smeraldo	270
Ronca	572	Soldato	610
Rossignuolo	xviij. 577	Sorgere	614
Rouere	588	Sottana	616
Rugire	III	Spada	291
Ruquetta	x	Spalla	291
		Spasimarsi	819
S.		Spento	xxxiv
Saferano	590	Sperone	291
Saggio	788	Spia	294
Saldo	xxiij	Spigola	
Satollo	596	Spinto	530
Sbottonare, sbottoneggiare 141		Spoltrire	536
		Sposo	xx
Scacchi	279. *& suiuans.*	Squadrone	277
Scaccomatto	282	Squifare	788
Scalco, scalcheria	456	Stagione	590
Scarlato	278	Stallone	303
Scarpi, scarpini	278	Stampa	789
Scarso	268	Stoccata	299
Sceuero	607	Stocco	299
Schermire	290	Strada	417
Schioppo, schiopetto, schioppetta	289	**T.**	
		Tartaruga	628
Schiuare	294	Tassa	842
Scorno	289	Tentoni	622
Scoto	289	Testa	625

TABLE DES MOTS ITALIENS.

Tetta	842	Veleno	xxij
Tigna	624	Vermiglio	653
Tinello	626	Verno	385
Tirare	627	Verziere	652
Tizo	66	Volta	661
Torcia	842	Vrlare	xviij. 662
Tosto	621	Vrtare	802
Touaglia	628	Vscio	xxxiij. 396
Traboccare	632	Vscire	xxxvj. & xxxvij
Traccia	631	Vuoto	662
Traffico	631		
Trappola	637	**Z.**	
Tratto	631	Zani	663
Tribolare	844	Zappa	xxxij. 596
Triglia	634	Zappare	596
Trincea	631	Zecchino	603
Tripa, tripone	637	Zimarra	608
Troja, trojata	640	Zio	xxxiv
Tuttauia	630	Zoccolanti	288
V.		Zucca	xxxij
Varcare, varco	454	Zuppa	xxxij

FIN DE LA TABLE DES MOTS ITALIENS.

TABLE
DES MOTS ESPAGNOLS,
dont les Etymologies se trouuent en ce Liure.

A.

Abrigo	6	Axedres	280. & suiuans.
Abuelo	xxxv. 74	Azar	382
Ageno	xviij	Azero	12
Agora	272	Azul	xvij

B.

Alcanala	795	Badajo	80
Alfaiate	45	Bahul	83
Alfilel	45	Balleſtra	53
Alforia	45	Bandurria	808
Alguno	70	Bardaxo	758
Aljuba	407	Bergante	149
Almido	41	Bellotas	263
Almirante	42	Bigotera	117
Alquitran	353	Birete	118
Altambo	620	Bizarro	115
Aluarcoque	7	Blanco	121
Aluerque	69	Blandon	142
Amparo	558	Bodega	140
Anbar	756	Bodegon	140
Antes	20	Borracho	138
Apercebir	51	Borricia	137
Apretador	51	Bramido	xij
Aroz	563	Buffetada, buffeton	556
Arrojar	61	Bufon	130
Aſſi	20	Burdel	127
Aueſtardas	499	Burra	137

TABLE DES MOTS ESPAGNOLS.

Burracea 138

C.

Cabe	v. 215
Cabracana	836
Cabron	231
Cada	164
Cadahalſo	787
Cadena	164
Camelote ou chamelote	173. & 776
Caparaſſon	179
Capato, capatero	597
Caracol	179
Carmeſi	240
Carrera	182
Caſcabeles	183. & 184
Caſtañetas	185
Catar	367
Caualgar	213
Cauallo remendado	524
Cepa	299
Chico	215. 521
Cicho	521
Clarin	220
Cola	ix. 218
Como	226
Coredor	230
Coſer	234
Coſtombre	239
Coxo	221
Coxquear	221
Criado	241
Cuidar	245
Cuſano	232

D.

Dados	256. & 257
Dardo	251
Demas	445
Derecho	261
Deſaſtre	255
Deſuenturada	255
Diana	257
Digiunare	253
Don	249
Dorſena	54

E.

Encinta	271
Enerbolar, enerbolado	274
Enpoçonar	535
Entrampar	844
Enuez	417
Eredad	383
Eſcoba	289
Eſpada	291
Eſtrella	xxviij
Eſtribo	301

F.

Faca	375
Fanfarron	310
Fe	791
Feo	791
Fiera	793
Fletar	331. 794
Foriado	793
Fracaſſo	794
Friſa	794
Fuina	324
Fulano	

Table des mots Espagnols.

Fulano	550	Guesca	xiv
Furrier	794	Gueuo	xiv
Fustana	333	Guindas	370
		Guirnalda	797

G.

		Guisa	370
Gaco	797	Guitarra	370
Galar	336	Guuo	360
Galardon	365		
Galgo	276		

O.

Galla	338	Hablar, hablador	xiij. 371
Gama	viij	Haca	375
Garça	796	Hambre	iv. 13
Garcetas	796	Hazer	xiij
Garguera	796	Herido	xiij
Garrote	343	Hermano	xiv
Gastan	207. 208	Hermoso	xiij
Gastore	207. 208	Higado	xiij. 321
Gauachos	344	Hipo	802
Gauilla	401. & 803	Hoder	xiij
Geldre	797	Hombre	iv
Gerigonza	400	Huele	xvj
Gibraltar	2	Huesca	xvj
Gigote	351	Hueuo	xvj
Ginete	346. & 797	Hurca	xiij
Golfin	viij	Huron	795
Golpe	236	Hurto	xiij
Gordo	357		
Gorgaran	797		

I.

Gozo, gozare	x. 345	Iman	20
Greua	797	Infrascar	330
Griego	361. xvj	Ingenieros	274
Groguescos	797	Io	x
Grulla	799	Ionjoli	754
Gualda	797		
Guantes	340		

L.

Guaragnon	314	Laton	418

Table des mots Espagnols.

Laud	436. & 437	Meschita	479. & 813
Legua	422	Mesclar	811
Lenguadas	610	Meson	445
Lerida	128	Minera	474
Leuadura	806	Mirlicotones	474
Lindo	xx	Monipodio	xviij
Liron	425	Montera, montero	481
Lisbona	xxiij	Moura	810
Llama	xiij. xviij	Muger	xviij
Llamare	vij. xviij	Mugier	312
Llano	xviij	Murciegalo	209
Llanto	xviij		
Llaue	vij. xviij	**N.**	
Lleno	xviij	Nabo	816
Loba	564	Nacarado	484
Lobo	xxvj	Naranjas	xvj. 496
Lombarda	124. 125	Nata	811
Loxa	807	Nauas	815
		Necio, necear & neceador 487. & 816	
M.		Negassa	815
Madrastra	452	Niño	473
Mancebo	xxvj	Niuelar	816
Manero	449	Numbre	iv
Manojo			
Marane	452	**O.**	
Martillo	461	Olor	xxxviij
Mas	xiij. 445		
Mascarata	810	**P.**	
Mastel & mastil	811	Palabra	xxix. 511
Mate	285	Pallemalla	818
Membrillo	810	Papagay	818
Menester	472	Papel	xxix
Meollo	479	Parentesco, parientes	511
Merancolico	xviij	Pasto	828
Mermello	810	Pauez	819
Mesa	xx	Pedaço	821

TABLE DES MOTS ESPAGNOLS.

Perexil	820	Sobre pujar	548
Petita	521	Sombra	vij. xxx. 610
Pinaca	822	Sombrero	vij. 610
Poncona	535	Somerguion	534
Priuado	543	Squadrones	277
Puerco espin	824	Suso	616
Pujo	548		

Q.

Quadrilla	181

R.

Rabel	556
Racion	553
Reale	556
Recamar	557
Redezilla	559
Regalar	336
Rostro	483
Rua, ruar	588
Ruin	111
Ruyseñor	xviij. 577

S.

Samarra	608
Sapo	128
Señor	609
Seso	xx
Sesudo	xx
Sidra	219
Sierbo	227
Sierra	xvj. 606

T.

Tambor	620
Telaraña	53
Tio	xxxiv
Tortuga	628
Trapo	261
Traupa	637
Tripa	637
Trobejar	632
Trocar	637
Trucheman	639

V.

Vara	57
Vayo	100
Vergel	652
Vezes	320
Vicuñas	656
Vrlo	802

X.

Xaroper	609
Xigote	351

Y.

Yuso	408

FIN DE LA TABLE DES MOTS ESPAGNOLS.

PRIVILEGE DV ROY.

LOVIS par la grace de Dieu, Roy de France & de Nauarre: A nos amez & feaux Conseillers les gens tenans nos Cours de Parlement, Maistres des Requestes ordinaires de nostre Hostel, Baillifs, Seneschaux, Preuosts, leurs Lieutenans, & à tous autres nos Iusticiers & Officiers qu'il appartiendra, Salut: Nostre amé & feal Conseiller & Aumosnier ordinaire, le sieur Ménage, Doyen de l'Eglise de Saint Pierre d'Angers, nous a fait remonstrer qu'il a composé vn Liure intitulé *Les Origines de la Langue Françoise*, & diuers Opuscules de vers & de prose, tant en Latin qu'en François, lesquels ouurages il est sollicité de donner au public, ce qu'il ne peut faire sans auoir nos Lettres sur ce necessaires, qu'il nous a tres-humblement fait supplier de luy accorder. A CES CAVSES, Nous auons permis & permettons par ces presentes audit Exposant de faire imprimer, vendre & debiter en tous les lieux de nostre obeïssance, par tel Imprimeur ou Libraire qu'il voudra choisir ledit Liure *Des Origines de la Langue Françoise*, ensemble tous les Opuscules Latins & François, tant de vers que de prose par luy composez, & ce conjointement ou separément, en vn ou en plusieurs volumes, en telles marges, en tels caracteres, & autant de fois que bon luy semblera, durant l'espace de dix ans accomplis, à compter du jour que chaque piece ou volume sera acheué d'imprimer pour la premiere fois. Et faisons tres-expresses defenses à toutes personnes, de quelque qualité ou condition qu'elles soient d'en imprimer, vendre ny distribuer aucune chose, en aucun lieu de nostre obeïssance, sous pretexte d'augmentation, correction, changement de titre, fausses marques ou autrement, en quelque sorte que ce soit, sans le consentement de l'Exposant, ou de ceux qui auront son droit, à peine de deux mil liures d'amende, applicables vn tiers à nous, vn tiers aux Hostels-Dieu des lieux où se feront les saisies; & l'autre tiers au Libraire dont il se sera serui pour lesdites impressions, de confiscation des exemplaires contrefaits, & de tous dépens, dommages & interests; à condition qu'il sera mis deux exemplaires de chaque piece ou volume, qui s'imprimera en vertu des presentes, en nostre Bibliotheque publique, & vn en celle de nostre tres-cher & feal le Marquis de Chasteauneuf, Cheualier, Garde des Seaux de France, auant que de l'exposer en vente, à peine de nullité des presentes. Du contenu desquelles nous vouions, & vous mandons que vous faſſiez joüir plainement & paiſiblement l'Expoſant, & ceux qui auront droit de luy, ſans qu'il leur ſoit donné aucun empeſchement. Voulons auſſi qu'en mettant au commencement ou à la fin de chacun deſdits volumes vn Extrait des preſentes, elles ſoient tenuës pour deuëment ſignifiées, & que foy y ſoit adjouſtée, & aux copies collationnées par vn de nos amez & feaux Conſeillers & Secretaires, comme à l'original. Mandons au premier noſtre Huiſſier ou Sergent ſur ce requis, de faire pour l'execution d'icelles tous exploits neceſſaires, ſans demander autre permiſſion: CAR tel eſt noſtre plaiſir, nonobſtant clameur de Haro, chartre Normande, & autres Lettres à ce contraires. Donné à Paris le huictieſme iour de May l'an de grace 1650. & de noſtre Regne le ſeptieſme. Signé, Par le Roy en ſon Conſeil, CONRART. Et ſeellé du grand ſeau de cire jaune ſur ſimple queuë.

Et ledit ſieur Ménage a cedé & tranſporté ſon droit de Priuilege à Auguſtin Courbé, Marchand Libraire à Paris, ſuiuant l'accord fait entr'eux.

Acheué d'imprimer pour la premiere fois le dernier Octobre 1650.

Les Exemplaires ont eſté fournis.

Pages.	Fautes.	Corrections.	Pages.	Fautes.	Corrections.
vij	Changé en D.	Changé en B.	91	baraguin	baragouin
xv	Osté du commence-	Adjousté.		baraguiner	baragouiner
	ment.			la mesme chose	frumentum
xvj	Aptes 1, Osté du com-	ADI. LAT. ischia-	92	BARBEAN	BAREBEAV
	mencement	tici, schiatici.	93	Bucanan	Buchanan
xvij	Aprés ἀπήχυ	ADI. λαίχυη, ἄχυη	96	hac enim	hac enim
		λαίψρός, αἰψιρός.	99	Adamantius Mar-	Adamantius Mar-
1	ὕδατος.	ὕδατος.		tyr.	tyrus
3	quantum	quantum		de l'Anglois bad	du Breton bad
4	abasiles	abasiles	103	Anseguise	Ansegise
	Domine	Domina	104	gelbfnabil	gelbschnabel
7	sachad	sakad	107	berreither	berahurter
	sachad	sakad	108	Histoire des choses	Histoire de France
8	on est s'est	OSTEZ est		de France	
	à Saint Clair.	ADI.& à sainte Luce.	110	charactér	character
9	de l'Anglois	du Breton	113	Coulonnes	Colonnes
10	Vossius	Vossius	115	BIEVVRE	BIEVRE
	à autre	à l'autre		bieber	bever
12	l'ethymologie	l'etymologie		BIEVVRE	BIEVRE
13	acher	acher		deffences	deffenses
	Columelle cerio	Columella pro cerio	118	διλημμα	Διλημμα
16	Ritterhusius	Ritterhusius		bareño	bareño
	c'est à dire acheté.	c'est à dire estimé.	119	bareñado	barrenado
17	Lunes	Lune	122	blada	biada
22	fust faite	fut	123	BLESLER	BLESSER
23	alcoran	alkoran	124	botellum	botelis
	Koran	Koran	126	verniculo	vermiculo
	kere	kara	130	litterali	littorali
	phereke	pharaka		Peuteftre de Bugie	dele peuteftre
24	chábgia	chauvabgia	132	deffences	defenses
26	altacsir	attacsir	133	Archambault	ADI. Bains.
27	du fleuue	d'vn fleuue	134	comme en urade de	OSTEZ CELA
	nasistur	nasissur		brigsa	
31	prerogatiua	prerogatiua		mais	mais
	en Anglois	en Breton	135	canne baurra	canne baurra
32	manacut	manacus		bourretta	bourette
	circinnatio	circinatio		bourrard	bourard
34	altitudines vocantur	Alpes vocantur		de couts	des couts
	aericas	aerias	138	Vitruue liu. v.	Vegece liu. iv.
36	liu. xi. ses Animad-	de ses Animaduer-		Byrthus	Burrus
	uersions	sions	141	sbonotrare	sbottonare
37	Al oga	Alogia	142	les Anglois	les Bretons
39	an prapositio	am	145	Monacus	Monachus
	abreuiatorem	abbreuiatorem	146	barrayne	barren
40	Asturconus	Asturconum	147	blumbi	plumbi
54	ΕΥΛΑΒΝC	ΕΥΛΑΒΗC	148	esaculari	esaculari
	arsenade	arsenale	150	depredascones	depredationes
57	furent taillez	furent taillées	151	adjecto. recentissimo	adjecto recentissimo
	au mont de Vis	à Mondeuis		ont a fait	on a fait
	colomnis	columnis	152	λ en γ	λ en ρ
	לחות	לחת	155	trouue	trouue
60	celsi	celsis		prausulare	peristulare
65	Parthelin	Pathelin	164	casar	casara
70	Village	Ville	165	qui son propres	qui sont propres
72	Abricantum	Abrincatum	172	de femme	de fille
77	Bachelier furé	Bachelier juré		Camalgdoli	Camaldogli
78	des Comtes de Pro-	des Ducs & Comtes	175	canicola	canalicola
	uence	de Prouince	177	Capiro	Capito
83	Therence	Terence		canobrem canquam	canóbrem cancam
84	bistancia	bilancia			quate
	histanx	bilanx	179	CARACT	CARAT
			181	Clicthoneus	Clicthoueus

Pages.	Fautes.	Corrections.	Pages.	Fautes.	Corrections.
	Phœniciam	Phœniciã	303	Fougues	Foulques
	Palestinam	Palestina		de Preau	de Breau
195	Henry	Errici s	308	fain' faits	fain f₁tis
198	victoria	vectoriæ		fereti	tereti
201	καρυβηρικά	καρυβαρικά	311	me semblé vray-semblabe	ne me semble pas vr₁s-semblable
	Γυναικας	Γυναίκας	312	Majorica	Majolica
	ὀρχησις, ἡ &c.	ΑΔΙ. Ἀρίστου ἥ	319	λαγὲς	λαγων
204	Chartteuse	Chartrousse	320	vendidique	vendendique
206	de l'Hebreu	du Chaldee		Sozyme	Sozomene
208	Contractas	Contractus	327	Fort l'Euesque	For l'Euesque
209	ratpenade	ratpenade	328	ciascuna	ciascuna
	nurciegole	murciegalo		ançon	ou ançon
215	celeberr'me	celerr'me	329	Romanos	ΑΔΙ. familiæ
218	turba	turma	331	fringurient	fringultientem
221	campagne	cimpañe	334	stipe collatitia	st'ps collatitia
222	de Bellay au chap.	4. du II. liure de		Villaptandus	Villalpandus
224	malus. Pout rasa.	malus.) Pout cusa.	340	la maison petit coust.	les maisons Ostez petit.
225	tit. VI. de la Corinthius	tit. VI. du liu. II. de la Corinthios	343	garsonastasium interiotiores	gorsonostasium inferiores
231	Comnenus. Andronicus	Comnenus liure II. Andronicus	347	Gentio	Gentius
	κερασφόρον	κερασφόρον	348	Ethiques	Ethuiques
	masalha Cadmoni	masal hac admoni.	357	gouhou, de	gougourde
253	coate ΑΔΙ.	& cotage	358	Hecat	Hecal
234	disenc	disent	361	Kermas	Kermasa
237	Gr. ab σπειρας	Gr ab eadem ratione σπείρας	364	λυπαρός	λιπαρος
238	L's s'est	L. s'est	366	de l'Anglois	du Breton
239	ptes les Iesuites	vis à vis des Iesuites	371	αγγος	αγγον
240	verniculus	verniculus	384	deprauatione	deprauatione
241	Clermond	Clermont	385	Ibrum	Imbrum
244	coxem	Oaxem	386	Helmodius	Helmoldus
	καλῶς παχὺς	καλῶς παχύς	397	Olenois	Orleanois
248	COVRTIBAVIT	COVRTIBAVT	400	compagus	campagus
253	ἐπιτειλεῖσθαι	ἐπιτειλεῖσθαι	401	v'debitur	videatur
255	du combat	de combat	407	gileb	giuleb
258	DOLE	DOL	408	G en D	D en G
263	vai ota	valour	409	Child	Chiliad,
	chesne	chesne & gland	410	faueur	fureur
	DVEIL	DEVIL	411	lambale	lambales
268	ECROV	ESCROVE ou ESCROVE	419	μιλιαφόριον	μιλιαρισιον
	ὑπομνηγρ.	ὑπομνημα τογεφ	423	Limoge Lemoura	Limoges Lemorica
269	chesre	chasera	425	LIRIPION	LIRIPIPION
276	spank	sponnell	432	lott	lo'st
279	BAGANDS	BAGAVDS	440	chasan	chazan
283	qui er	quière	443	Ciceron	Brutus
284	recentiore	recentiores		optatis	optast's
286	distincte	districte	463	arbalestre	arbaleste
288	vne petite bout.	vne boutique	470	mann	manu
291	polypticus	Polyptychus	472	ville	bourg
	pecturam	p'cturam	474	240	246
	ESCVRVEIL	ESCVREVIL	476	ἐν τῷ χαρ	ἐν ᾧ τὸ χαρ
292	Psal. 19.	Psal. 2. 9.	488	λιος	mʼ ἑος
293	iste	spsn	490	Tustochius	Eustochium
	ship & schipper	ship & shipper	491	fraxineto	fiaxineto
294	Emphyteutico metrein	Emphyteutico mattain	495	aes ours & des ours	aux oues & aux ouys
298	luccentore	succentore	498	ἔ	ἔ
259	egressu vallis hecher	gressu valuis chel	509	pergaminum	pergamenum
300	Disurenne	Surenne	513	ῥοδίων	ποδίων
			517	σκύνουσα	ἐκήνουσα
				ferrula	ferrula

Pages.	Fautes.	Corrections.	Pages.	Fautes.	Corrections.
519	cul'um	peculium		fantariorum	scutariorum
522	chan	changeant	603	Adem	Aden
526	pediles	pedites	696	panadent	panadent
534	30	80	702	citas	citus
	ἔρυστες	ὄρυνεσ	704	spinler	spengel
544	procemium	præonium	710	Hauteserre	Dominici
545	paper	papel	714	sener	sener
546	sc licet	si licet	716	Conſtitionibus	Conſtitutionibus
554	perche	se perche	725	Brodée	Brodeau
558	reitter	reuter	728	ἵνεκα	ἵνεκα
563	atix	atiz ou aroz	735	mots	monts
566	culpabilius	culpabilis	741	μεμορευεθαι ἐμῦ	μεμορευθαι ὁμῦ
577	eructare	ructare		ἀναδίκκ	ἀναδίκχε
580	Poéte	Poëte	770	farine	farine
599	schem	schelm	776	d'Eſpagne & Gall.	d'Eſpagne, où Galle-
615	differend	differenti			fero
616	SOVRI	SOVRIS	788	crama	ſcrama
	Bucanan	Buchanan		ſcrauis	ſcramis
620	interpretanda	interpolanda	789	Anglus	Anglus
624	Chieti	Tieti	795	& galloſero	ou galloſero
627	Canterbery	Cantorbery		χριτῦ	κριτῦ
636	Iebet	habet	797	caryophullata	caryophyllata
	Apollonis	Apollinis	800	χαλκρός	χαλκος
	Symmaco	Symmacho	805	congeminatione	congeminatio ne-
641	toten	todten		quicquam	quicquam
646	Beard	Bearn		inuiten	inu'tet
649	se liſent encore au-	se liſent sur le		Gaulois. Delà	Gaulois : Que delà
	jourd'huy sur le				les Allemans
653	verm'culum	verm'culus	810	διστκφώνητοι	διστεφώνητον
678	Scafnbnrg	Scafnaburg	817	mute	mulo
	in gloriam	ingloriam	837	salgamarijs	salgamarijs
683	ſcu ar's	ſcutar'is			

www.ingramcontent.com/pod-product-compliance
Lightning Source LLC
Chambersburg PA
CBHW071228300426
44116CB00008B/949